[illegible] Im sechzehnten Jahrhundert war es das Haus Habsburg, das nach der Vormacht in Europa strebte, im achtzehnten war es die Krone Frankreichs, und im achtzehnten begann der Aufstieg Großbritanniens zur [illegible] Welt. Im zwanzigsten Jahrhundert schlug [illegible] Stunde, [illegible] System der [illegible] Jahre [illegible]. Im ökonomischen und militärischen Wandel [illegible] der britische Historiker Paul Kennedy [illegible] Aufstieg, [illegible] von den Habsburgern [illegible] bis zur UdSSR und den Vereinigten Staaten an der Schwelle zum 21. Jahrhundert.

[illegible] Geschichte [illegible] aufgenommen und diskutiert worden wie Paul Kennedys Aufstieg und Fall der großen Mächte. [illegible] an der Spitze der [illegible] USA [illegible] Großbritanniens [illegible]. [illegible] dieses [illegible] historischen Werk [illegible] durch Kennedy [illegible] Entwicklungen in der UdSSR und den Vereinigten Staaten [illegible] Chinas und Japans und unter den [illegible] Bedingungen [illegible] Europa [illegible].

Der Autor: Paul Kennedy studierte an den Universitäten Newcastle, Oxford und Bonn. [illegible] an der University of East Anglia, bevor er 1983 an die Yale University in den Vereinigten Staaten ging, wo er die [illegible] Professur für Geschichte [illegible] lehrt. [illegible] Connecticut (USA). [illegible] Autor [illegible] von elf Büchern, darunter [illegible] and Diplomacy 1870–1945 (1983), The Rise of the Anglo-German Antagonism (1980), The Realities behind Diplomacy (1981).

Über dieses Buch Im sechzehnten Jahrhundert war es das Haus Habsburg, das nach der Vormacht in Europa strebte, im siebzehnten waren es die Könige Frankreichs, und im achtzehnten begann der Aufstieg Großbritanniens zur kolonialen Hegemonialmacht in der Welt. Im zwanzigsten Jahrhundert schlug Deutschlands kurze Stunde, ehe sich das bipolare System der letzten fünfzig Jahre herausbildete. Im ökonomischen und militärischen Wandel der Jahrhunderte spürte der britische Historiker Paul Kennedy einen gleichbleibenden Rhythmus auf: Aufstieg, Überdehnung, Erschöpfung, Abstieg – von den Habsburgern im 16. Jahrhundert bis zur UdSSR und den Vereinigten Staaten an der Schwelle zum 21. Jahrhundert.

Kaum je ist ein Geschichtswerk so breit aufgenommen und diskutiert worden wie Paul Kennedys ›Aufstieg und Fall der großen Mächte‹. Monatelang stand es an der Spitze der Bestsellerlisten der USA, Großbritanniens, jetzt auch Japans. Ausgelöst wurde dieses für ein historisches Werk sensationelle Interesse durch Kennedys geschichtlich untermauerte Prognosen: Er sagt den Abstieg der UdSSR und der Vereinigten Staaten, den Aufstieg Chinas und Japans und unter bestimmten Bedingungen auch Europas voraus.

Der Autor Paul Kennedy studierte an den Universitäten Newcastle, Oxford und Bonn. Er lehrte an der Universität von East Anglia, bevor er 1983 an die Yale University in den Vereinigten Staaten ging, wo er die Dilworth-Professur für Geschichte innehat. Paul Kennedy lebt in Hamden, Connecticut (USA).

Er ist Autor oder Herausgeber von elf Büchern, darunter ›Strategy and Diplomacy 1870–1945‹ (1983), ›The Rise of the Anglo-German Antagonism‹ (1980), ›The Realities behind Diplomacy‹ (1981).

Paul Kennedy

Aufstieg und Fall der großen Mächte

Ökonomischer Wandel und militärischer Konflikt von 1500 bis 2000

Aus dem Englischen
von Catharina Jurisch

Historische Beratung
Karin Schambach

Fischer
Taschenbuch
Verlag

Ungekürzte Ausgabe
Veröffentlicht im Fischer Taschenbuch Verlag GmbH,
Frankfurt am Main, November 1991

Lizenzausgabe mit freundlicher Genehmigung des
S. Fischer Verlages GmbH, Frankfurt am Main

Die amerikanische Originalausgabe erschien 1987 unter dem Titel
›The Rise and Fall of the Great Powers‹ im Verlag Random House, New York

Umschlaggestaltung: Buchholz/Hinsch/Walch
Satz: Fotosatz Otto Gutfreund, Darmstadt
Druck und Bindung: Clausen & Bosse, Leck
Printed in Germany
ISBN 3-596-10937-X

Für Cath

Inhalt

Strategie und Ökonomie in der industriellen Ära

Strategie und Ökonomie heute und morgen

Einführung

Dies ist ein Buch über nationale und internationale Macht in der Neuzeit – das heißt in der Periode nach der Renaissance. Es versucht, den relativen Aufstieg und Fall der großen Mächte in den fünf Jahrhunderten nach der Ausbildung der »Neuen Monarchien« Westeuropas und dem Beginn des neuen, nun Ozeane überspannenden Staatensystems zu verfolgen und zu erklären. Dabei ist es unvermeidbar, daß viel von Kriegen die Rede sein wird, besonders von jenen großen, ausgedehnten Konflikten, die von Großmachtkoalitionen ausgefochten wurden und deren Verlauf und Ergebnis solch enorme Auswirkungen auf die internationale Ordnung hatten. Aber es ist deshalb noch kein Buch, das nur von Militärgeschichte handelt. Es stellt auch die Veränderungen dar, die seit 1500 das wirtschaftliche System der Welt beeinflußt haben, und dennoch ist es nicht, zumindest nicht direkt, ein wirtschaftshistorisches Werk. Es legt den Schwerpunkt auf das *Zusammenspiel* von Volkswirtschaft und Strategie zu einer Zeit, als alle führenden Staaten in diesem internationalen System danach strebten, ihren Wohlstand und ihre Macht zu vergrößern, um reich und stark zu werden (oder zu bleiben).

Der »militärische Konflikt«, auf den sich der Untertitel des Buches bezieht, wird daher immer im Kontext des »ökonomischen Wandels« betrachtet. Der Triumph einer großen Macht und der Zusammenbruch einer anderen waren in dieser Zeit meistens die Folge langanhaltender Kämpfe; aber oft war das Ergebnis auch davon bestimmt, wie effizient der Staat seine produktiven wirtschaftlichen Ressourcen zu Kriegszeiten nutzte, und, im Hintergrund, wie sich die Wirtschaft dieses Staates *im Verhältnis* zu den anderen führenden Nationen in den Jahrzehnten vor dem tatsächlichen Konflikt entwickelt hatte. Deshalb ist für diese Studie der Wandel in der Position der großen Mächte in Friedenszeiten ebenso wichtig wie die Kampfkraft in Kriegszeiten.

Die dahinterstehende Argumentation wird im Text selbst viel ausführlicher analysiert und dargelegt, aber sie kann hier ganz kurz zusammengefaßt werden: Die relative Fähigkeit der führenden Nationen, die Weltpolitik zu bestimmen, bleibt nie konstant, hauptsächlich weil die ungleichmäßigen Wachstumsraten verschiedener Gesellschaften und technologische und organisatorische Neuerungen einer Gesellschaft größere Vorteile bringen als einer anderen. Zum Beispiel begünstigte die Entwicklung des mit Kanonen bestückten Hochseeseglers und der Aufstieg des atlantischen Handels nach 1500 nicht alle Staaten Europas in *gleichem* Maße – sie förderten manche weit mehr als andere. Ebenso vergrößerte die spätere Entwicklung der Dampfkraft und die dafür notwendige Erschließung der Kohle- und Metallressourcen die relative Macht einiger Staaten und verringerte damit die relative Macht anderer. Sobald ihre Produktionskapazität erst einmal erhöht war, fiel es den Staaten meistens leichter, in Friedenszeiten die Rüstung zu finanzieren und in Kriegszeiten große Armeen und Flotten zu unterhalten. Es mag krude merkantilistisch klingen, es so auszudrücken, aber Wohlstand ist in der Regel notwendig, um militärische Macht abzustützen, und militärische Macht ist in der Regel notwendig, um Wohlstand zu erwerben und zu schützen. Wenn aber ein zu großer Teil der Ressourcen des Staates von der Schaffung des Wohlstands abgelenkt wird und statt dessen militärischen Zwecken zufließt, führt dies wahrscheinlich langfristig zu einer Schwächung der nationalen Macht. Ähnliches gilt, wenn ein Staat sich strategisch überdehnt – zum Beispiel dadurch, daß er ausgedehnte Territorien erobert oder kostspielige Kriege führt. Er läuft dann Gefahr, daß die potentiellen Vorteile dieser äußeren Expansion von den großen Kosten der ganzen Unternehmung überschattet werden – ein Dilemma, das akut wird, wenn die betroffene Nation in eine Phase relativen wirtschaftlichen Abstiegs eintritt. Die Geschichte des Aufstiegs und späteren Falls der führenden großen Mächte seit dem Aufstieg Westeuropas im 16. Jahrhundert – das heißt solcher Nationen wie Spanien, die Niederlande, Frankreich, das Britische Empire und heute die Vereinigten Staaten – zeigt eine *auf lange Frist* sehr signifikante Korrelation von Produktionskapazität und Staatseinnahmen auf der einen Seite und militärischer Stärke auf der anderen.

Die Geschichte des »Aufstiegs und Falls der großen Mächte«, die in diesen Kapiteln geboten wird, soll hier kurz zusammengefaßt werden: Das erste Kapitel bereitet die Bühne für alles Folgende, indem es die Welt um 1500 und die Stärken und Schwächen der »Machtzentren« dieser Zeit untersucht – Ming China; das Osmanische Reich und sein moslemischer Ableger in Indien, das Mogul-Reich; den Moskauer Staat; Tokugawa-Japan; und die Staaten in Westzentraleuropa. Zu Beginn des 16. Jahrhunderts war es keineswegs offensichtlich, daß diese zuletzt genannte Region dazu bestimmt war, alle anderen in den Schatten zu stellen. Aber wie imposant und wohlorganisiert manche dieser orientalischen Reiche auch im Vergleich zu Europa erschienen, sie litten alle unter einer zentralisierten Autorität, die auf einer Uniformität von religiöser und gesellschaftlicher Praxis bestand – und dies nicht nur auf dem Gebiet der Staatsreligion, sondern auch auf dem kommerziellem Sektor und bei der Waffenentwicklung. Das Fehlen einer solchen höchsten Autorität in Europa und die kriegerischen Rivalitäten zwischen den verschiedenen Königreichen und Stadtstaaten stimulierten eine stetige Suche nach miltitärischen Verbesserungen, die in fruchtbarer Wechselwirkung zu den neueren technologischen und kommerziellen Fortschritten standen. In den wettbewerbsorientierten europäischen Gesellschaften gab es weniger Hindernisse für Neuerungen als anderswo, und so bewegten sie sich auf einer ständig ansteigenden Spirale des wirtschaftlichen Wachstums und der erhöhten militärischen Effektivität, die sie im Laufe der Zeit über alle anderen Regionen der Welt hinaustragen sollte.

Während diese Dynamik technologischen Wandels und militärischer Konkurrenz Europa auf seine typisch pluralistische Weise vorantrieb, bestand immer noch die Möglichkeit, daß einer der Staaten genügend Ressourcen anhäufte, um die anderen zu überholen und den Kontinent zu beherrschen. Nach 1500 drohte der dynastisch-religiöse Block unter den spanischen und österreichischen Habsburgern 150 Jahre lang, genau dies zu tun, und die Bemühungen der anderen großen europäischen Staaten, diesem »Griff der Habsburger nach der Macht« Einhalt zu gebieten, nehmen das zweite Kapitel in Anspruch. Wie im ganzen Buch, werden auch hier die *relativen* Stärken und Schwächen der führenden Mächte im Rahmen der breiteren wirtschaftlichen und technologischen Veränderungen in der westlichen Gesellschaft analysiert, damit der Leser den Ausgang der vielen Kriege dieser Zeit besser verstehen kann. Die Hauptthese dieses Kapitels ist, daß sich die Habsburger trotz ihrer großen Ressourcen im Zuge wiederholter Konflikte stetig überdehnten und im Verhältnis zu ihrer schwächer werdenden wirtschaftlichen Basis militärisch kopflastig wurden. Auch wenn die anderen großen Mächte unter diesen ausgedehnten Kriegen unermeßlich litten – es gelang ihnen doch, wenn auch nur knapp, das Gleichgewicht zwischen materiellen Ressourcen und militärischer Macht besser zu bewahren als ihren Habsburger Feinden.

Die Großmachtkonflikte, die zwischen 1660 und 1815 stattfanden und in Kapitel 3 behandelt werden, können nicht so leicht als Auseinandersetzung zwischen einem großen Block und seinen vielen Rivalen zusammengefaßt werden. In dieser komplizierten Zeit, in der bestimmte frühere Großmächte wie Spanien und die Niederlande in eine zweitrangige Position zurückfielen, bildeten sich langsam fünf große Staaten (Frankreich, Großbritannien, Rußland, Österreich und Preußen) heraus. Sie sollten im 18. Jahrhundert die Diplomatie und die Kriegführung Europas beherrschen und in eine Serie langandauernder Koalitionskriege mit wechselnden Allianzen verwickelt werden. In diesem Zeitalter war Frankreich – zuerst unter Ludwig XIV., dann unter Napoleon – näher daran, Europa zu beherrschen, als zu irgendeiner Zeit davor oder danach, aber seine Anstrengungen wurden letzten Endes immer wieder durch eine Verbindung anderer Großmächte gebremst. Da die Kosten stehender Armeen und nationaler Flotten im 18. Jahrhundert entsetzlich hoch geworden waren, genoß ein Land wie Großbritannien, das ein fortschrittliches Bank- und Kreditsystem entwickeln konnte, viele Vorteile gegenüber seinen finanziell rückständigeren Rivalen. Aber auch die geographische Position eines Landes war von großer Bedeutung, denn sie entschied bei den vielen, sich häufig wandelnden

Auseinandersetzungen oft das Schicksal der Mächte – was teilweise erklärt, weshalb die beiden »Flankenmächte« Rußland und Großbritannien bis 1815 so stark an Gewicht gewonnen hatten. Beide erhielten sich die Fähigkeit, in die Konflikte Westzentraleuropas einzugreifen, während sie geographisch von ihnen abgeschirmt waren; und beide expandierten im Laufe des 18. Jahrhunderts in die *außer*-europäische Welt, während sie zugleich das Gleichgewicht der Mächte auf dem Kontinent sicherten. Schließlich begann in den letzten Jahrzehnten des Jahrhunderts die Industrielle Revolution in Großbritannien, die es dem Staat in weit höherem Maße ermöglichen sollte, die überseeische Welt zu kolonisieren und zugleich den Griff Napoleons nach der Vorherrschaft in Europa zu vereiteln.

Im Gegensatz dazu gab es nach 1815 bemerkenswerterweise ein ganzes Jahrhundert lang keine großen Koalitionskriege. Es herrschte ein strategisches Gleichgewicht, das von allen führenden Mächten des europäischen Konzerts gestützt wurde, so daß keine einzelne Nation nach der Hegemonie greifen konnte oder wollte. Das Hauptinteresse der Regierungen in diesen Jahrzehnten nach 1815 galt der inneren Stabilität und (im Falle Rußlands und der Vereinigten Staaten) der Expansion auf ihren kontinentalen Landmassen. Diese relativ stabile Lage erlaubte es dem Britischen Empire, in maritimer, kolonialer und kommerzieller Beziehung in seinen Zenit zu treten, während es gleichzeitig ein praktisches Monopol in der dampfgetriebenen industriellen Produktion erreichte. Im Laufe der zweiten Hälfte des Jahrhunderts breitete sich die Industrialisierung jedoch auf andere Regionen aus und begann, die Gewichte der internationalen Macht von den älteren führenden Nationen weg und zu den Ländern hin zu verlagern, die sowohl die Ressourcen als auch die Organisationsstruktur hatten, um diese neuen Produktionsmethoden und Technologien auszunutzen. Schon die wenigen großen Konflikte dieser Ära – in gewisser Weise der Krimkrieg, besonders der Amerikanische Bürgerkrieg und der Preußisch-Französische Krieg – brachten jenen Gesellschaften Niederlagen bei, die es versäumt hatten, ihr Militär zu modernisieren, und denen die breite Basis industrieller Infrastruktur fehlte, um die gewaltigen Armeen und das viel teurere und kompliziertere Kriegsmaterial, das nun die Form des Krieges veränderte, zu unterhalten.

Als das 20. Jahrhundert heranrückte, war das internationale System durch die Geschwindigkeit der technologischen Veränderung und die ungleichen Wachstumsraten viel instabiler und komplexer geworden als fünfzig Jahre zuvor. Dies zeigte sich nach 1880 im hektischen Streit der Großmächte um zusätzliche koloniale Territorien in Afrika, Asien und im Pazifik. Der Grund dieses Streites waren teils die Gewinne, teils die Angst, in den Schatten der Geschichte zu geraten. Die Instabilität manifestierte sich auch im zunehmenden Wettrüsten zu Lande und zur See und in der Schaffung fester militärischer Bündnisse in Friedenszeiten, da die verschiedenen Regierungen Alliierte für einen möglichen zukünftigen Krieg suchten. Im Hintergrund der häufigen kolonialen Streitigkeiten und internationalen Krisen der Zeit vor 1914 deuteten jedoch Jahrzehnt um Jahrzehnt die Indices wirtschaftlicher Macht auf noch grundsätzlichere Veränderungen des globalen Gleichgewichts hin – die bis zum Untergang des mehr als drei Jahrhunderte herrschenden *eurozentrischen* Weltsystems führten. Trotz größter Anstrengungen schieden traditionelle europäische Großmächte wie Frankreich, Österreich-Ungarn und das kürzlich vereinte Italien aus dem Rennen. Dagegen stießen die gewaltigen, kontinentumspannenden Länder wie die Vereinigten Staaten und Rußland in die vordere Front vor – und dies trotz der Unzulänglichkeiten des zaristischen Staates. Unter den westeuropäischen Nationen hatte nur Deutschland möglicherweise die Kraft, sich den Weg in die auserwählte Liga zukünftiger Weltmächte zu bahnen. Auf der anderen Seite strebte Japan die Vorherrschaft in Ostasien – aber nicht in weiterer Ferne – an. Es war unvermeidbar, daß diese Veränderungen beträchtliche und letzten Endes unüberwindbare Probleme für ein Britisches Empire darstellten, dem es jetzt weit schwerer fiel, seine globalen Interessen zu verteidigen als vor einem halben Jahrhundert.

Obwohl daher die Entstehung einer bipolaren Welt mit der daraus resultierenden Krise der »Mittelmächte« (auf die sich die Titel der Kapitel 5 und 6 beziehen) als die wichtigste Entwicklung der fünfzig Jahre nach 1900 angesehen werden kann, verlief diese Metamorphose des gesamten Systems keineswegs glatt. Im Gegenteil: die zermürbenden blutigen Massenschlachten des Ersten Weltkrieges, die eine hohe industrielle Organisation und nationale Effizienz forderten, gaben dem kaiserlichen Deutschland gewisse Vorteile gegenüber dem sich rasch modernisierenden aber immer noch rückständigen zaristischen Rußland. Aber innerhalb weniger Monate nach dem Sieg an der Ostfront mußte sich das Deutsche Reich der Niederlage im Westen stellen, während seine Verbündeten auf ähnliche Weise auf den Kriegsschauplätzen in Italien, auf dem Balkan und im Nahen Osten zusammenbrachen. Dank der späten militärischen und besonders der wirtschaftlichen Hilfe Amerikas hatte die westliche Allianz endlich genügend Ressourcen, um sich gegen die feindliche Koalition zu behaupten. Aber es war für alle ursprünglich kriegführenden Parteien ein erschöpfender Kampf. Österreich-Ungarn existierte nicht mehr, in Rußland herrschte die Revolution, Deutschland war besiegt; selbst Frankreich, Italien und Großbritannien hatten trotz ihres Sieges schwer gelitten. Die einzigen Ausnahmen waren Japan, das seine Position im Pazifik weiter ausbaute, und natürlich die Vereinigten Staaten, die im Jahre 1918 unbestritten die stärkste Macht der Welt waren.

Der rasche amerikanische Rückzug von ausländischen Verpflichtungen nach 1919 und die gleichzeitige russische Isolationspolitik unter dem Regime der Bolschewiken hinterließen ein internationales System, das stärker aus den Fugen fundamentaler wirtschaftlicher Realität geraten war als zu irgendeinem anderen Zeitpunkt dieser fünf Jahrhunderte. Großbritannien und Frankreich waren zwar geschwächt, standen aber immer noch im Zentrum der diplomatischen Bühne. In den 30er Jahren wurde ihre Stellung allerdings von den hochmilitarisierten revisionistischen Staaten Italien, Japan und Deutschland untergraben. Dabei griff das Deutsche Reich viel entschlossener nach der europäischen Hegemonie als vor 1914. Im Hintergrund jedoch blieben die Vereinigten Staaten bei weitem die mächtigste Industrienation der Welt, und auch Stalins Rußland verwandelte sich schnell in eine industrielle Supermacht. Das daraus folgende Dilemma für die *revisionistischen* »Mittelmächte« war, daß sie schnell expandieren mußten, um nicht von den beiden kontinentalen Riesen überschattet zu werden. Für Frankreich und Großbritannien lag das Problem darin, daß sie sich höchstwahrscheinlich selber schwächten, wenn sie die deutschen und die japanischen Herausforderer abwehrten. Der Zweite Weltkrieg bestätigte im Grunde diese Ahnungen des Abstiegs. Trotz ihrer spektakulären frühen Siege konnten sich die Achsenmächte letztendlich nicht gegen das Übergewicht feindlicher produktiver Ressourcen, das weit größer war als im Krieg von 1914–1918, durchsetzen. Was sie erreichten, war die Ausschaltung Frankreichs und eine nicht wiedergutzumachende Schwächung Großbritanniens – bevor sie selbst von einer überlegenen Macht geschlagen wurden. Im Jahre 1943 war die bipolare Welt, die sich schon Jahrzehnte zuvor angekündigt hatte, endlich Wirklichkeit, und die militärische Gewichtsverteilung stimmte nun wieder mit der globalen Verteilung wirtschaftlicher Ressourcen überein.

Die letzten beiden Kapitel dieses Buches untersuchen die Jahre, in denen eine bipolare Welt tatsächlich wirtschaftlich, militärisch und ideologisch zu existieren schien – und sich politisch in den vielen Krisen des Kalten Krieges spiegelte. Die Position der Vereinigten Staaten und der UdSSR als Mächte eigener Kategorie schien auch durch die Entwicklung der atomaren Waffen und der Langstreckenraketen bekräftigt zu werden – Waffen, die deutlich machten, daß die strategische und die diplomatische Landschaft jetzt eine ganz andere war als um 1900, ganz zu schweigen von der um 1800.

Und dennoch hatte der Prozeß des Aufstiegs und Falls der großen Mächte – der Unterschiede in den Wachstumsraten und der technologischen Veränderung, die zu Verlagerungen des globalen wirtschaftlichen Gleichgewichts führen, was sich wiederum allmählich auf das politische und militärische Gleichgewicht auswirkt – nicht aufgehört. Militärisch blieben die Vereinigten Staaten und die UdSSR erstrangig, als die 60er in die 70er und 80er Jahre übergingen. Weil beide die internationalen Probleme aus einem bipolaren und oftmals manichäischen Blickwinkel betrachteten, trieb sie ihre Rivalität in einen ständig eskalierenden Rüstungswettlauf, bei dem keine der anderen Mächte mitziehen konnte. Aber in den gleichen wenigen Jahrzehnten haben sich die Produktionsverhältnisse in der Welt schneller geändert als je zuvor. Der Anteil der Dritten Welt am gesamten Produktionsvolumen und Bruttosozialprodukt der Welt –

der in dem Jahrzehnt nach 1945 auf einem Tiefpunkt angelangt war – ist seitdem ständig gestiegen. Europa hat sich von seinen Kriegsschäden erholt und durch die Europäische Wirtschaftsgemeinschaft zur größten Handelsmacht der Welt entwickelt. Die Volksrepublik China prescht mit beeindruckender Geschwindigkeit nach vorne. Japans Wirtschaftswachstum nach dem Krieg war so phänomenal, daß es, einigen Einschätzungen zufolge, vor kurzem das Bruttosozialprodukt Rußlands überholt hat. Im Gegensatz dazu waren die amerikanischen und russischen Wachstumsraten eher träge, und ihre Anteile an der Produktion und dem Reichtum der Welt sind seit den 60er Jahren drastisch geschrumpft. Läßt man all die kleineren Nationen außer acht, wird deutlich, daß die Welt aus wirtschaftlicher Sicht bereits wieder *multi*polar ist. Da sich dieses Buch mit dem Zusammenspiel von Strategie und Ökonomie beschäftigt, scheint es angemessen, ein letztes (wenn auch notwendigerweise spekulatives) Kapitel anzufügen, das die derzeitige Disparität zwischen den militärischen und wirtschaftlichen Gewichten der Großmächte untersucht, und das auf die Probleme und das Potential der fünf großen politisch-ökonomischen »Machtzentren« – China, Japan, die EG, die Sowjetunion und die Vereinigten Staaten – eingeht, die mit der jahrhundertealten Aufgabe ringen, nationale Mittel mit nationalen Zielen in Einklang zu bringen. Die Geschichte des Aufstiegs und Falls der großen Mächte ist keineswegs an ihrem Endpunkt angelangt.

Da der Rahmen dieses Buches so weit gesteckt ist, wird es von verschiedenen Menschen zu verschiedenen Zwecken gelesen werden. Manche Leser werden hier das finden, was sie sich erhofft haben: eine umfassende und doch relativ detaillierte Untersuchung der Politik der großen Mächte im Laufe der letzten fünf Jahrhunderte, eine Analyse der Art und Weise, in der die relative Position der führenden Staaten von wirtschaftlichen und technologischen Veränderungen beeinflußt worden ist, und des ständigen Zusammenspiels von Strategie und Wirtschaft sowohl in Zeiten des Friedens als auch in den Prüfungen des Krieges. Dieses Buch befaßt sich, wie bereits aus dem Titel ersichtlich, nicht mit den *kleinen* Mächten und normalerweise auch nicht mit den kleinen bilateralen Kriegen; und es konzentriert sich, besonders in den mittleren Kapiteln, sehr stark auf Europa. Aber das ist bei diesem Thema nur natürlich.

Anderen Lesern, wahrscheinlich besonders den Politikwissenschaftlern, die so daran interessiert sind, allgemeine Regeln über »Weltsysteme« oder die wiederkehrenden Muster der Kriege aufzustellen, bietet diese Studie möglicherweise weniger, als sie sich erhofft haben. Um Mißverständnisse zu vermeiden, sollte an dieser Stelle deutlich gemacht werden, daß sich das Buch beispielsweise nicht mit der Theorie befaßt, die besagt, daß große (oder »systemische«) Kriege zu den Kondratieff-Zyklen des wirtschaftlichen Auf- und Abschwunges in Beziehung gesetzt werden können. Außerdem beschäftigt es sich auch nicht hauptsächlich mit allgemeinen Theorien über die *Ursachen* von Kriegen und auch nicht mit der Frage, ob sie durch das »Aufsteigen« und »Fallen« der großen Mächte herbeigeführt werden. Es ist auch kein Buch über Theorien des »Empire« oder darüber, wie man ein solches Reich kontrolliert (davon handelt Michael Doyles kürzlich erschienenes Buch *Empires*), und es klärt nicht, ob Kolonialreiche zur nationalen Stärke beitragen. Letztendlich liefert es auch keine allgemeine Theorie darüber, welche Art von Gesellschaft and sozialstaatlicher Ordnung am besten in der Lage ist, in Kriegszeiten Ressourcen zu mobilisieren.

Andererseits gibt es aber in diesem Buch eine Fülle von Material für Wissenschaftler, die solche allgemeinen Schlüsse ziehen möchten (ein Grund für die vielen Anmerkungen, die Leser, die beispielsweise an der Finanzierung von Kriegen interessiert sind, auf genauere Quellen hinweisen). Aber das Problem, das Historiker – im Gegensatz zu Politologen – im Umgang mit allgemeinen Theorien haben, liegt darin, daß die Zeugnisse der Vergangenheit fast immer zu verschiedenartig sind, um »harte« wissenschaftliche Schlußfolgerungen zu erlauben. So kann man zwar einige Kriege (zum Beispiel den Zweiten Weltkrieg) mit den Befürchtungen einiger Politiker über die Veränderungen des gesamten Gleichgewichts der Mächte in Verbindung bringen, aber das würde den Amerikanischen Revolutionskrieg (1776) oder den Französischen Revolutionskrieg (1792) oder den Krimkrieg (1854) nicht erklären. Auf ähnliche Weise könnte zwar Österreich-Ungarn im Jahre 1914 als ein gutes Beispiel für eine »absteigende« Großmacht dienen, die einen großen Krieg mitverursachte, aber dann muß der Theoretiker immer noch mit den ebenso entscheidenden Rollen der »aufsteigenden« Großmächte Deutschland und Rußland fertig werden. So wird auch jede allgemeine Theorie darüber, ob sich Kolonialreiche bezahlt machen oder ob die Kontrolle über diese Reiche von dem meßbaren Verhältnis »Macht zu Entfernung« abhängt, höchstwahrscheinlich – bedingt durch die widersprüchliche Beweislage – die banale Antwort hervorbringen: manchmal ja, manchmal nein.

Läßt man jedoch *a priori*-Theorien beiseite und betrachtet einfach die Geschichte des »Aufstiegs und Falls der großen Mächte« in den letzten fünfhundert Jahren, wird deutlich, daß man einige allgemeine Schlüsse ziehen kann – wobei man Raum für individuelle Ausnahmen lassen muß. Man kann beispielsweise ein kausales Verhältnis zwischen den Verlagerungen der allgemeinen wirtschaftlichen und produktiven Gewichte und der Stellung der einzelnen Mächte im internationalen System erkennen. Die Verlagerung der Handelsflüsse vom Mittelmeer zum Atlantik und nach Nordwesteuropa im 16. Jahrhundert oder die Neuordnung der Anteile am globalen Produktionsvolumen – zuungunsten Westeuropas – in den Jahrzehnten nach 1890 sind hierfür gute Beispiele. In beiden Fällen kündigten die wirtschaftlichen Verlagerungen den Aufstieg neuer Großmächte an, die eines Tages einen entscheidenden Einfluß auf die militärische und territoriale Ordnung haben sollten. Deshalb kann die Verschiebung der globalen Produktionsgewichte zum Rande des Pazifiks, die im Laufe der letzten Jahrzehnte stattgefunden hat, nicht allein für Wirtschaftwissenschaftler von Interesse sein.

Der Ablauf der Geschichte deutet außerdem auf eine *auf lange Sicht* deutliche Verbindung zwischen dem wirtschaftlichen Aufstieg und Fall einer einzelnen Großmacht und ihrem Wachstum und Niedergang als wichtige militärische Macht (oder als Weltreich) hin. Dies ist auch kaum überraschend, da die beiden Faktoren eng miteinander verknüpft sind. Der erste besagt, daß wirtschaftliche Ressourcen nötig sind, um einen großangelegten Militärapparat zu unterhalten. Der zweite bedeutet, daß Wohlstand und Macht auf das internationale System bezogen immer *relativ* sind. Schon vor dreihundert Jahren bemerkte der deutsche merkantilistische Schriftsteller von Hörnigk:

Es ist derowegen die Übertrefflichkeit, womit eines dem andern bei uns Europäern überlegen ist, nur in die Maß zu setzen, womit das eine weniger als das andere dependent ist.*

In den folgenden Kapiteln wird diese Beobachtung immer wieder bestätigt werden. Die Niederlande waren in der Mitte des 18. Jahrhunderts *absolut* gesehen reicher als hundert Jahre zuvor, aber sie waren in dieser Zeit viel weniger eine Großmacht als Staaten wie Frankreich und Großbritannien, da diese »weniger dependent« waren. Frankreich war um 1914 absolut betrachtet mächtiger als um 1850 – aber dies war nur ein schwacher Trost, da es von einem viel stärkeren Deutschland überflügelt wurde. Großbritannien besitzt heute einen viel größeren Wohlstand und eine Armee mit weitaus stärkeren Waffen als zu seiner viktorianischen Glanzzeit – aber das hilft wenig, wenn sein Anteil an der Weltproduktion von 25 auf 3 Prozent gesunken ist. Wenn eine Nation mehr Macht und Reichtum hat, ist alles gut; wenn sie weniger davon hat, gibt es Probleme.

Das heißt indessen nicht, daß die relative wirtschaftliche und militärische Macht einer Nation *parallel* steigt und fällt. Die meisten historischen Beispiele deuten darauf hin, daß es eine sichtbare zeitliche Verzögerung zwischen der Kurve der relativen wirtschaftlichen Stärke und der Kurve des militärischen und territorialen Einflusses eines Staates gibt. Wiederum ist der Grund dafür nicht schwer zu begreifen. Eine wirtschaftlich expandierende Macht – Großbritannien in den 1860ern, die Vereinigten Staaten in den 1890er Jahren, Japan heute – mag es vorziehen, reich zu werden, statt viel Geld für Rüstung auszugeben. Ein halbes Jahrhundert später können sich die Prioritäten sehr wohl geändert haben. Die frühere wirtschaftliche Expansion hat überseeische Verpflichtungen mit sich gebracht (Abhängigkeit von ausländischen Märkten und Rohstoffen, militärische Bündnisse, vielleicht Stützpunkte und Kolonien). Andere rivalisierende Mächte expandieren jetzt wirtschaftlich schneller und wollen ihrerseits ihren Einfluß im Ausland ausdehnen. Die Welt ist stärker wettbewerbsorientiert geworden, und

* P. W. Hörnigk, *Österreich über alles, wann es nur will* (1684). Frankfurt 1948, S. 121.

Marktanteile gehen verloren. Pessimistische Beobachter sprechen von Abstieg; patriotische Politiker fordern »Erneuerung«.

Unter solchen Bedingungen gibt die Großmacht wahrscheinlich *mehr* für Verteidigung aus als zwei Generationen zuvor und wird trotzdem feststellen, daß die Welt immer unsicherer wird – einfach weil andere Mächte schneller gewachsen sind und stärker werden. Das imperiale Spanien gab in den schwierigen 1630er und 1640er Jahren mehr für seine Armee aus als in den 1580ern, als die kastilische Wirtschaft gesünder war. Die Verteidigungsausgaben Großbritanniens zu Eduards Zeiten lagen 1910 weit höher als beispielsweise zur Zeit von Palmerstons Tod im Jahre 1865, als sich die britische Wirtschaft auf einem relativen Höhepunkt befand; aber welche Briten fühlten sich um 1910 schon sicherer? Dem gleichen Problem, wie später ausgeführt wird, scheinen die Vereinigten Staaten und die UdSSR heute gegenüberzustehen. Große Mächte, die sich in einem relativen Abstieg befinden, reagieren instinktiv, indem sie mehr für ihre »Sicherheit« ausgeben und dadurch potentielle Ressourcen von »Investitionen« abziehen und so ihr langfristiges Dilemma verstärken.

Eine weitere allgemeine Schlußfolgerung, die aus dem Ablauf der hier vorgestellten fünfhundert Jahre gezogen werden kann, besteht darin, daß es eine sehr starke Wechselbeziehung zwischen dem möglichen Ausgang der *großen Koalitionskriege* um die Vorherrschaft in Europa oder in der Welt und den produktiven Ressourcen jeder Seite gab. Dies galt für die Auseinandersetzungen mit den spanisch-österreichischen Habsburgern, für die großen Kämpfe des 18. Jahrhunderts wie den Spanischen Erbfolgekrieg, den Siebenjährigen Krieg und den Napoleonischen Krieg ebenso wie für die zwei Weltkriege dieses Jahrhunderts. Ein langgezogener zermürbender Krieg verwandelt sich schließlich in eine Prüfung der relativen wirtschaftlichen Kapazität jeder Koalition. Ob eine Seite mehr oder »weniger dependent ist«, gewinnt mit zunehmender Länge des Konflikts an Bedeutung.

Man kann diese Verallgemeinerungen durchaus formulieren, ohne in die Falle eines groben wirtschaftlichen Determinismus zu gehen. Obwohl dieses Buch ein durchgehendes Interesse daran hat, die »umfassenderen Entwicklungen« der Welt in den letzten fünf

Jahrhunderten aufzuzeigen, behauptet es *nicht*, daß die Ökonomie jedes Ereignis bestimmt oder der einzige Grund für Erfolg oder Mißerfolg einer jeden Nation ist. Es gibt einfach zu viele Indizien, die auf andere Faktoren deuten: Geographie, Organisation des Militärwesens, nationale Kampfmoral, Bündnissysteme und viele weitere Faktoren können die relative Macht einzelner Mitglieder des Staatensystems beeinflussen. Im 18. Jahrhundert beispielsweise waren die Vereinigten Niederlande der reichste und Rußland der ärmste Teil Europas – und trotzdem, die Niederländer verloren an Macht, und die Russen stiegen auf. Individuelle Torheit (wie die Hitlers) und hohe Kompetenz auf dem Schlachtfeld (ob auf seiten spanischer Regimenter im 16. oder der deutschen Infanterie in diesem Jahrhundert) tragen in großem Maße dazu bei, individuelle Siege und Niederlagen zu erklären. Unbestreitbar jedoch scheint es, daß der Sieg in den langgezogenen Kriegen der großen Mächte häufig mit der robusteren wirtschaftlichen Basis zusammenfiel – oder, wie die spanischen Feldherren zu sagen pflegten, an den ging, der den letzten Escudo hatte. Viel von dem, was folgt, wird dieses zynische, aber grundsätzlich richtige Urteil bestätigen. Und genau weil die Machtposition der führenden Nationen in den letzten fünf Jahrhunderten eng mit ihrer relativen wirtschaftlichen Situation einherging, scheint es lohnend zu fragen, wie sich die heutigen wirtschaftlichen und technologischen Entwicklungen auf die gegenwärtigen Machtverhältnisse auswirken könnten. Damit soll nicht geleugnet werden, daß die Menschen ihre eigene Geschichte schreiben, aber sie tun es im Rahmen gewisser historischer Umstände, die ihre Möglichkeiten beschränken (oder auch erweitern) können.

Ein frühes Modell für das vorliegende Buch war der Essay des berühmten preußischen Historikers Leopold von Ranke aus dem Jahre 1833 über *Die großen Mächte*, in dem er das Auf und Ab des internationalen Machtverhältnisses seit dem Abstieg Spaniens betrachtete und zu zeigen versuchte, weshalb bestimmte Länder in den Vordergrund getreten und dann wieder zurückgefallen waren. Ranke schloß seinen Essay mit einer Analyse der damaligen Welt und ihrer Entwicklung, nachdem der französische Griff nach der Vorherrschaft in den Napoleonischen Kriegen abgewehrt worden war. Indem er die »Aussichten« der einzelnen großen Mächte untersuchte, sah auch er sich der Versuchung ausgesetzt, den eigentlichen Beruf des Historikers beiseite zu lassen und sich in die unsichere Welt der Zukunftsspekulation zu begeben.

Einen Essay über »Die großen Mächte« zu schreiben, ist eine Sache; die Geschichte in Buchform zu erzählen eine durchaus andere. Meine ursprüngliche Intention war es, ein kurzes, »essayistisches« Buch zu schreiben – in der Annahme, daß der Leser die Hintergrunddetails über die sich verändernden Wachstumsraten oder die besonderen geostrategischen Probleme der einzelnen großen Mächte (wie vage auch immer) kannte. Als ich aber die ersten Kapitel des Buches hinausschickte, um Kommentare zu hören, oder versuchsweise Diskussionen über einige der Themen führte, wurde mir immer bewußter, daß diese Annahme falsch war: was die meisten Leser und Hörer wollten, waren *mehr* Details, *mehr* Informationen über den Hintergrund des Geschehens, einfach weil es keine Studien über die Veränderungen der wirtschaftlichen oder strategischen Machtverteilung gab. Gerade weil weder Wirtschaftshistoriker noch Militärexperten sich mit diesem Gebiet befaßt hatten, war diese besondere Geschichte vernachlässigt worden. Wenn die Fülle an Details im Text und in den Anmerkungen eine Rechtfertigung hat, dann jene, diese Lücke in der Geschichte des Aufstiegs und Falls der großen Mächte zu schließen.

Strategie und Ökonomie in der vorindustriellen Welt

1 Der Aufstieg der westlichen Welt

Im Jahre 1500, dem von zahlreichen Gelehrten ausgewählten Datum, um die Trennlinie zwischen Mittelalter und Neuzeit zu markieren,[1] war es für die Bewohner Europas keineswegs offensichtlich, daß ihr Kontinent auserwählt war, einen großen Teil der restlichen Welt zu beherrschen. Das Wissen der Zeitgenossen über die Kulturen des Orients war fragmentarisch und oftmals fehlerhaft. Es beruhte auf Reiseerzählungen, die durch viele Wiederholungen immer reicher und phantastischer wurden. Trotzdem war die weitverbreitete Vorstellung von ausgedehnten östlichen Reichen mit phantastischen Schätzen und gewaltigen Armeen einigermaßen richtig, und bei erster Betrachtung müssen diese Gesellschaften weitaus vielversprechender ausgestattet erschienen sein als die westeuropäischen Völker und Staaten. Verglichen mit den anderen großen kulturellen und wirtschaftlichen Zentren *waren* Europas relative Schwächen offensichtlicher als seine Stärken. Es war, um damit zu beginnen, weder die fruchtbarste noch die am dichtesten bevölkerte Gegend der Welt; in beiderlei Hinsicht nahmen Indien und China einen höheren Rang ein. Geopolitisch betrachtet hatte der europäische »Kontinent« eine seltsame Form: im Norden und Westen war er durch Eis und Wasser begrenzt, aus dem Osten drohten häufig Invasionen, und im Süden war Europa verwundbar, weil es strategisch von den Flanken her angegriffen werden konnte. Um 1500, und lange Zeit davor und danach, waren dies keine abstrakten Überlegungen. Erst acht Jahre zuvor war Granada, die letzte moslemische Region Spaniens, den Armeen von Ferdinand und Isabella erlegen; aber das bedeutete nur das Ende eines regionalen Konflikts, nicht das des weit größeren Kampfes zwischen dem Christentum und den Mächten des Propheten. Die westliche Welt stand noch immer unter dem Schock des Falls von Konstantinopel im Jahre

1453 – ein Ereignis, das um so bedeutungsvoller war, als es bei weitem nicht den Abschluß des osmanischen Vorstoßes markierte. Bis zum Ende des Jahrhunderts hatten die Türken Griechenland, die Ionischen Inseln, Bosnien, Albanien und einen großen Teil des restlichen Balkans erobert; und Schlimmeres sollte in den 1520er Jahren folgen, als die Janitscharen auf Budapest und Wien vorstießen. Im Süden, wo osmanische Galeeren italienische Häfen plünderten, begannen die Päpste zu fürchten, Rom könnte schon bald das Schicksal Konstantinopels erleiden.[2]

Während diese Bedrohungen als Teil einer von Sultan Mehmed II. und seinen Nachfolgern geleiteten, zusammenhängenden, Großstrategie erschienen, war die Antwort der Europäer unzusammenhängend und sporadisch. Im Gegensatz zum osmanischen und chinesischen Reich und zu dem Reich, das die Moguln bald in Indien errichten sollten, gab es nie ein vereintes Europa, in dem alle Länder einen gemeinsamen weltlichen oder kirchlichen Führer anerkannten. Statt dessen bestand Europa aus einem Gemenge kleiner, unbedeutender Königreiche und Fürstentümer, Markgrafschaften und Stadtstaaten. Einige mächtigere Monarchien stiegen im Westen auf, vor allem Spanien, Frankreich und England, aber keine sollte von inneren Spannungen frei sein, und jede betrachtete im Kampf gegen den Islam die anderen eher als Rivalen denn als Alliierte.

Auch konnte man nicht behaupten, daß Europa in den Bereichen der Kultur, Mathematik, Technik oder der Navigation ausgesprochene Vorteile gegenüber den großen asiatischen Zivilisationen hatte. Ein beträchtlicher Teil des europäischen kulturellen und wissenschaftlichen Erbes war sowieso vom Islam »geliehen«, wie auch die moslemischen Gesellschaften durch Handel, Eroberung und Besiedelung jahrhundertelang von China profitiert hatten. Rückblickend kann man erkennen, daß sich die wirtschaftliche und technische Entwicklung Europas am Ende des 15. Jahrhunderts beschleunigte; aber vielleicht wäre der gerechteste allgemeine Kommentar der, daß sich die großen Zentren der Zivilisation zu dieser Zeit ungefähr auf der gleichen Entwicklungsstufe befanden – die einen waren auf dem einen Gebiet weiter fortgeschritten und dafür auf einem anderen weniger. Technologisch, und damit militärisch, waren das Osmanische Reich, China unter der Ming-Dynastie, ein

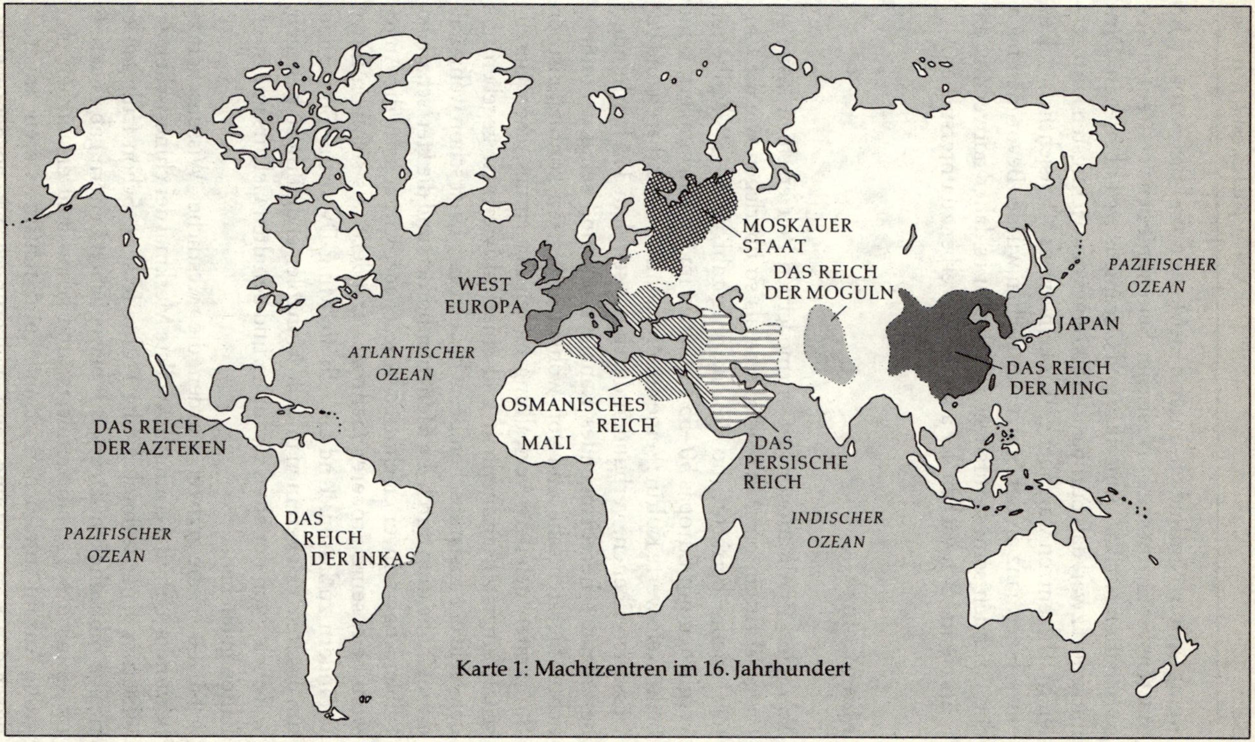

Karte 1: Machtzentren im 16. Jahrhundert

wenig später Nordindien unter den Moguln und das europäische Staatensystem mit seiner russischen Seitenlinie den verstreuten Gesellschaften Afrikas, Amerikas und Ozeaniens weit überlegen. Dies impliziert zwar, daß Europa um 1500 eines der wichtigsten kulturellen Machtzentren war, aber es war keineswegs offensichtlich, daß es eines Tages ganz an der Spitze auftauchen würde. Bevor man nach den Gründen seines Aufstiegs forscht, ist es daher notwendig, die Stärken und Schwächen der anderen Bewerber zu untersuchen.

Ming-China

Von allen Zivilisationen der vormodernen Zeit erschien keine so fortgeschritten, empfand sich keine als so überlegen wie die Chinas.[3] Seine beträchtliche Bevölkerungszahl, 100–130 Millionen verglichen mit Europas 50–55 Millionen im 15. Jahrhundert; seine bemerkenswerte Kultur; seine außerordentlich fruchtbaren und bewässerten Ebenen, verbunden durch ein seit dem 11. Jahrhundert bestehendes hervorragendes Kanalsystem; und seine vereinheitlichte, hierarchische und von wohlausgebildeten konfuzianischen Bürokraten geleitete Verwaltung hatten der chinesischen Gesellschaft einen Zusammenhalt und eine Kultiviertheit gegeben, die den Neid der ausländischen Besucher erregte. Es ist schon wahr, daß diese Zivilisation durch die Mongolenhorden und die Herrschaft des Kublai Khan schwer erschüttert wurde, aber China hatte die Angewohnheit, seine Eroberer mehr zu verändern, als sich von ihnen verändern zu lassen. Und als sich die Ming-Dynastie 1368 erhob, um das Reich zu vereinen und die Mongolen endgültig zu besiegen, war vieles von der alten Ordnung und der alten Gelehrsamkeit erhalten geblieben.

Für Leser, die erzogen wurden, die »westliche« Wissenschaft zu bewundern, muß das eindruckvollste Merkmal der chinesischen Zivilisation seine technologische Frühreife sein. Schon früh gab es riesige Bibliotheken. Druck mit beweglichen Lettern gab es bereits im China des 11. Jahrhunderts, und schon bald erschienen eine große Anzahl von Büchern. Handel und Industrie waren, angeregt durch den Kanalbau und den Bevölkerungsdruck, hochentwickelt.

Die chinesischen Städte waren viel größer als die im mittelalterlichen Europa und die chinesischen Handelsrouten dementsprechend ausgedehnt. Papiergeld hatte den Handelsfluß und das Wachstum der Märkte gefördert. In den letzten Jahrzehnten des 11. Jahrhunderts gab es in Nordchina bereits eine gewaltige Eisenindustrie. Sie produzierte ungefähr 125 000 Tonnen pro Jahr, die hauptsächlich für militärische und für staatliche Zwecke genutzt wurden – die Armee, mit über einer Million Mann, war beispielsweise ein großer Markt für die Eisenindustrie. Bemerkenswert ist, daß diese Produktion weit höher war als die des britischen Eisenausstoßes zu Beginn der Industriellen Revolution sieben Jahrhunderte später! Auch waren die Chinesen wahrscheinlich die ersten, die echtes Schießpulver erfanden; und Kanonen wurden bereits im späten 14. Jahrhundert von den Ming benutzt, um die mongolischen Herrscher zu stürzen.[4]

Angesichts dieses Zeugnisses kulturellen und technischen Fortschritts ist es nicht überraschend, daß sich die Chinesen Forschungsreisen und dem Handel in Übersee zuwandten. Der magnetische Kompaß war eine weitere chinesische Erfindung, manche ihrer Dschunken waren so groß wie später die spanischen Galeonen, und der Handel mit Ostindien und den pazifischen Inseln war *potentiell* so profitabel wie der entlang den Karawanenrouten. Schon Jahrzehnte zuvor wurde auf dem Yangtse Seekrieg geführt – um die Schiffe von Sung-China in den 1260er Jahren zu besiegen, war Kublai Khan gezwungen, eine eigene große Kriegsflotte zu bauen, die mit Wurfmaschinen ausgerüstet war – und der Getreidehandel zur See erlebte Anfang des 14. Jahrhunderts einen Boom. 1420 besaß die Ming-Marine zeitgenössischen Berichten zufolge 1300 Kampfschiffe, darunter 400 große schwimmende Festungen und 250 für weite Reisen ausgerüstete Segelschiffe. Diese Zahlen schließen nicht die vielen privaten Schiffe ein, die bereits zu dieser Zeit mit Korea, Japan, Südostasien und sogar Ostafrika Handel trieben und dem chinesischen Staat, der sich bemühte, den Seehandel zu besteuern, Einnahmen brachten.

Die berühmtesten *offiziellen* Übersee-Expeditionen waren die sieben ausgedehnten Seefahrten des Admirals Cheng Ho zwischen 1405 und 1433. Manchmal liefen diese Flotten, bestehend aus Hunderten von Schiffen und Zehntausenden Mann Besatzung, in die Häfen von Malakka und Ceylon ein und fuhren bis zum Eingang des Roten Meeres und nach Sansibar. Ehrerbietigen lokalen Herrschern brachten sie Geschenke, Widerspenstige zwangen sie zur Anerkennung Pekings. Ein Schiff kehrte mit Giraffen zur Unterhaltung des chinesischen Kaisers aus Ostafrika zurück; ein anderes mit einem Herrscher aus Ceylon, der so unklug gewesen war, die überragende Stellung des Sohnes des Himmels nicht anzuerkennen. (Es muß jedoch angemerkt werden, daß die Chinesen nie plünderten oder mordeten – im Gegensatz zu den Portugiesen, Holländern und anderen europäischen Invasoren des Indischen Ozeans.) Von dem, was uns Historiker und Archäologen über die Größe, die Macht und die Seetauglichkeit von Cheng Hos Flotte berichten – einige der großen Schatzschiffe scheinen ungefähr 400 Fuß lang gewesen zu sein und eine Wasserverdrängung von 1500 Tonnen gehabt zu haben –, ist es durchaus möglich, daß sie Afrika hätten umsegeln und Portugal »entdecken« können – mehrere Jahrzehnte bevor die Expeditionen Heinrichs des Seefahrers ernstlich begannen.[5]

Aber die chinesische Expedition von 1433 war die letzte dieser Art, und drei Jahre später verbot ein kaiserliches Edikt den Bau von hochseetüchtigen Schiffen; danach untersagte eine besondere Order sogar Schiffe mit mehr als zwei Masten. Das Marinepersonal sollte zukünftig auf kleineren Schiffen im Kaiser-Kanal dienen. Cheng Hos große Kriegsschiffe wurden abgetakelt und verrotteten. Trotz aller Möglichkeiten, die in Übersee winkten, hatte sich China entschlossen, der Welt den Rücken zu kehren.

Ohne Zweifel gab es einen plausiblen strategischen Grund für diese Entscheidung. Die nördlichen Grenzen des Reiches waren wieder dem Druck der Mongolen ausgesetzt, und es schien wahrscheinlich klug, das militärische Potential in diesen verwundbaren Gebieten zu konzentrieren. Unter solchen Umständen war eine große Marine ein teurer Luxus, zumal die chinesische Expansion nach Annam (Vietnam) sich als fruchtlos und kostspielig erwies. Diese durchaus triftigen Überlegungen wurden jedoch später, als die Nachteile der Flottenverkleinerung deutlich wurden, nicht revidiert, denn die chinesische Küstenlinie und sogar Städte am Yangtse wurden innerhalb eines Jahrhunderts von japanischen Piraten angegriffen, ohne daß die kaiserliche Marine ernsthaft wiederhergestellt wurde. Selbst das wiederholte Auftauchen von portugiesischen Schiffen vor der chinesischen Küste erzwang keine Neubewertung der Lage.* Nur eine Verteidigung zu Land würde benötigt, so argumentierten die Mandarine, denn war den chinesischen Untertanen der Seehandel nicht sowieso verboten worden?

Neben den Kosten und anderen Hinderungsgründen war daher der reine Konservativismus der konfuzianischen Bürokratie der Hauptgrund des chinesischen Rückzuges[6] – ein Konservativismus, der in der Ming-Periode noch durch die Ablehnung der ihnen von den Mongolen aufgezwungenen Änderungen verstärkt wurde. In dieser Atmosphäre der »Restauration« war die allein entscheidende Bürokratie bemüht, die Vergangenheit zu erhalten und wieder einzufangen und nicht eine glänzende, auf Expansion und Überseehandel basierende Zukunft zu schaffen. Der konfuzianischen Lehre zufolge galt Kriegführung an sich schon als eine erbärmliche Tätigkeit, und eine Streitmacht wurde einzig und allein aufgrund der Angst vor barbarischen Angriffen und internen Revolten als notwendig angesehen. Die Abneigung der Mandarine gegenüber Armee (und Marine) ging mit Mißtrauen gegenüber Händlern einher. Die Akkumulation von Privatkapital, das Verfahren billig einzukaufen und teuer zu verkaufen, die Protzerei der »neureichen« Kaufleute, all dies erzürnte die elitären, gelehrten Bürokraten fast in demselben Maße, wie es die Abneigung der arbeitenden Massen erregte. Obwohl sie nicht die gesamte Marktwirtschaft zum Erliegen bringen wollten, intervenierten die Mandarine oft gegen einzelne Kaufleute, indem sie ihren Besitz beschlagnahmten und ihre Geschäfte verboten. Von chinesischen Untertanen betriebener Außenhandel mußte in den Augen der Mandarine noch zweifelhafter sein, schon allein weil er sich stärker ihrer Kontrolle entzog.

Die Abneigung gegen Handel und Privatkapital steht nicht im Gegensatz zu den zuvor erwähnten gewaltigen technologischen Errungenschaften. Der Wiederaufbau der »Großen Mauer« durch die

* In den 1590er Jahren half für kurze Zeit eine schwach wiederbelebte chinesische Küstenflotte den Koreanern, zwei japanische Invasionsversuche abzuwehren; aber selbst dieser Rumpf der Ming-Marine verfiel danach wieder.

Ming, die Entwicklung des Kanalsystems, die Eisenwerke und die kaiserliche Marine dienten *Staats*zwecken, denn die Bürokraten hatten den Kaiser von ihrer Notwendigkeit überzeugt. Aber so wie diese Unternehmungen begonnen wurden, konnten sie auch plötzlich wieder vernachlässigt werden. Man ließ die Kanäle verkommen, die Armee wurde durch Ausrüstungsmängel zeitweise geschwächt, die astronomischen Uhren (gebaut um 1090) wurden nicht gewartet, und die Eisenkonstruktionen verfielen. Dies waren nicht die einzigen Hemmnisse wirtschaftlichen Wachstums. Die Druckkunst war auf wissenschaftliche Werke beschränkt und wurde nicht für die Verbreitung von praktischem Wissen und schon gar nicht für Sozialkritik genutzt. Der Gebrauch von Papiergeld wurde eingestellt. Chinesischen Städten wurde nie die gleiche Autonomie wie westlichen Städten gewährt; es gab keine chinesischen Bürger, mit allem, was dieser Begriff umfaßt; wenn sich der Sitz des kaiserlichen Hofes änderte, mußte auch die Hauptstadt umziehen. Aber ohne offizielle Unterstützung konnten weder Kaufleute noch andere Unternehmer profitabel arbeiten; und selbst diejenigen, die zu Geld kamen, gaben es in der Regel für Land und Erziehung aus, statt es in vorindustrielle Entwicklungen zu investieren. In ähnlicher Weise nahmen die Verbote des Überseehandels und der Fischerei einen weiteren möglichen Anreiz für andauernde wirtschaftliche Expansion; der in den folgenden Jahrhunderten mit Portugiesen und Holländern betriebene Außenhandel galt Luxusartikeln und wurde (obwohl es zweifellos viele Umgehungen gab) von Beamten kontrolliert.

Aus all dem ergab sich, daß China in der Ming-Zeit ein wesentlich weniger aktives und unternehmerisches Land war als vier Jahrhunderte zuvor unter der Sung-Dynastie. Sicherlich gab es unter der Ming- Dynastie verbesserte Agrartechniken, aber nach einer Weile konnten selbst dieser intensivere Ackerbau und die Ausnutzung von Randgebieten die rasch zunehmende Bevölkerung nicht mehr versorgen. Nur die malthusianischen Elemente wie Seuchen, Überschwemmungen und Krieg wirkten dem entgegen. Selbst als die Ming nach 1644 von den energischeren Mandschu abgelöst wurden, konnte der stetige relative Verfall nicht aufgehalten werden.

Ein letztes Detail soll diese Geschichte zusammenfassen. Im

Jahre 1736 – gerade als Abraham Darbys Eisenwerke in Coalbrookdale ihren ersten Boom erlebten – wurden die Hochöfen und Koksöfen von Honan und Hopei vollkommen aufgegeben. Sie waren für China schon bedeutend, bevor Wilhelm der Eroberer in Hastings gelandet war. Nun sollten sie ihre Produktion bis zum 20. Jahrhundert nicht wiederaufnehmen.

Die Moslemische Welt

Sogar die ersten europäischen Seefahrer, die China Anfang des 16. Jahrhunderts besuchten, hätten, obwohl von seiner Größe, seiner Bevölkerung und seinen Reichtümern beeindruckt, bemerken können, daß sich dieses Land auf sich selbst zurückgezogen hatte. Ähnliches hätten sie zu jener Zeit sicherlich nicht über das Osmanische Reich sagen können, das sich in der mittleren Phase seiner Expansion befand und, da der Heimat näher, für das Christentum viel bedrohlicher war. Betrachtet man die Lage aus einer größeren historischen und geographischen Perspektive, wäre es tatsächlich gerechtfertigt zu behaupten, daß die moslemischen Staaten im 16. Jahrhundert die am schnellsten expandierenden Kräfte der Welt bildeten. Nicht nur stießen die osmanischen Türken in den Westen vor, auch die Safawiden-Dynastie in Persien erlebte eine Renaissance ihrer Macht, ihres Reichtums und ihrer hohen Kultur, insbesondere unter der Herrschaft von Ismail I. (1500–1524) und Abbas I. (1587–1629). Eine Reihe mächtiger moslemischer Khanate kontrollierte noch immer die alte Seidenstraße über Kashgar und Turfan nach China, ähnlich der Kette westafrikanischer islamischer Staaten wie Bornu, Sokoto und Timbuktu. Das Hindu-Reich in Java wurde Anfang des 16. Jahrhunderts durch moslemische Kräfte gestürzt, und der König von Kabul, Babur, der vom Nordwesten über die Route nach Indien kam, die die Eroberer schon immer genommen hatten, errichtete 1526 das Mogulreich. Obwohl seine Macht in Indien anfangs noch auf unsicheren Füßen stand, wurde sie von Baburs Enkel Akbar (1556–1605) erfolgreich gefestigt. Das von ihm geschaffene nordindische Reich erstreckte sich von Balutschistan im Westen bis Bengalen im Osten. Während des gesamten 17. Jahrhunderts drangen die Nachfolger Akbars weiter nach Süden auf das Gebiet der hinduistischen Marathen vor. Zur gleichen Zeit stießen die Holländer, Briten und Franzosen von See her auf die indische Halbinsel vor, wenn auch natürlich nur in vereinzelten Expeditionen. Zu diesen säkularen Zeichen moslemischer Expansion muß der gewaltige Zuwachs an Gläubigen in Afrika und auf den ostindischen Inseln gerechnet werden, gegen den die Zahl von Bekehrungen durch christliche Missionare verblaßt.

Aber die größte moslemische Herausforderung des modernen Europa stellten natürlich die osmanischen Türken dar – oder besser ihre hervorragende Armee mit dem besten Belagerungsgerät des Zeitalters. Schon zu Beginn des 16. Jahrhunderts reichte das Osmanische Reich von der Krim (wo die Türken genuesische Handelsposten überrannt hatten) und der Ägäis (wo sie das Venetianische Reich Stück um Stück zerstörten) bis zur Levante. 1516 hatten die osmanischen Truppen bereits Damaskus eingenommen, und im folgenden Jahr drangen sie in Ägypten ein, wo sie die mamelukischen Truppen mit ihren Kanonen zerschmetterten. Somit hatten sie die Gewürz-Route nach Ostindien gesperrt und fuhren nun den Nil hinauf, stießen durch das Rote Meer in den Indischen Ozean vor und wehrten dort die portugiesischen Einfälle ab. Wenn dies die iberischen Seeleute beunruhigte, so war das eine Kleinigkeit verglichen mit der Furcht der Fürsten und Völker Ost- und Südeuropas vor den türkischen Armeen. Schon hatten die Türken Bulgarien und Serbien in der Hand und waren die vorherrschende Macht in der Walachei und rund um das Schwarze Meer. Nach dem Vorstoß nach Süden gegen Ägypten und Arabien erneuerte sich der Druck auf Europa unter Suleiman (1520–1566). Ungarn, in diesen Jahren die große östliche Bastion des Christentums, konnte die überlegenen türkischen Armeen nicht länger aufhalten und wurde nach der Schlacht bei Mohács 1526 überrannt – zufällig im selben Jahr, als Babur bei Panipat siegte und damit das Mogulreich errichtete. Würde ganz Europa bald das Schicksal Nordindiens erleiden? Als die Türken 1529 Wien belagerten, muß dies manchen als eine reale Möglichkeit erschienen sein. Tatsächlich stabilisierte sich aber die Grenze im nördlichen Ungarn und das Heilige Römische Reich blieb erhalten. Aber von da an stellten die Türken eine permanente Gefahr dar und übten einen militärischen Druck aus, der nie vollständig ignoriert werden konnte. Noch 1683 belagerten sie Wien erneut.[7]

In vielerlei Hinsicht war die Expansion der osmanischen Seemacht fast ebenso alarmierend. Wie Kublai Khan in China hatten die Türken eine Marine entwickelt, nur um eine meerumschlungene, feindliche Festung zur Übergabe zu zwingen – in diesem Fall Konstantinopel, das Sultan Mehmed mit großen Galeeren und Hunderten kleinerer Boote einschloß, um den Angriff von 1453 zu unterstützen. Von da an wurden gewaltige Galeerenflotten bei Operationen im Schwarzen Meer eingesetzt, beim Vorstoß nach Süden in Richtung Syrien und Ägypten und bei einer ganzen Reihe von Zusammenstößen mit Venedig, um die Kontrolle über die Ägäis, Rhodos, Kreta und Zypern zu gewinnen. Für einige Jahrzehnte im frühen 16. Jahrhundert gelang es den venetianischen, genuesischen und Habsburger Flotten, sich die osmanische Seemacht vom Leibe zu halten; aber in der Mitte des Jahrhunderts waren moslemische Flotten entlang der ganzen nordafrikanischen Küste im Einsatz, plünderten italienische, spanische und balearische Häfen, und es gelang ihnen schließlich 1570–1571 Zypern einzunehmen, bis ihnen in der Seeschlacht bei Lepanto Einhalt geboten wurde.[8]

Das Osmanische Reich war natürlich weit mehr als nur eine Militärmaschinerie. Als erobernde Elite (wie die Mandschus in China) hatten die Osmanen eine vereinheitlichte Staatsreligion, eine Kultur und eine Sprache für ein Gebiet geschaffen, das größer war als das Römische Reich und eine große Zahl unterworfener Völker einschloß. Vor 1500 war die Welt des Islam Europa jahrhundertelang kulturell und technologisch überlegen gewesen. Die islamischen Städte waren groß, wohlbeleuchtet und mit Abflußkanälen versehen, und einige von ihnen besaßen Universitäten, Büchereien und überwältigend schöne Moscheen. In der Mathematik, der Kartographie, der Medizin und vielen anderen Bereichen von Wissenschaft und Industrie – Spinnereien, Waffengießereien, Leuchttürme, Pferdezucht – waren die Moslems führend. Das osmanische System, zukünftige Janitscharen unter der christlichen Jugend des Balkan anzuwerben, hatte eine hochmotivierte einheitliche Truppe geschaffen. Die Toleranz gegenüber anderen Rassen hatte manchen talentierten Griechen, Juden und Heiden in den Dienst des Sultans gezogen – ein Ungar war Mehmeds Erster Waffenmeister bei der Belagerung Konstantinopels. Unter einem erfolgreichen Führer wie Suleiman I. überwachte eine mächtige Bürokratie 14 Millionen Untertanen – und das zu einer Zeit, in der Spanien fünf Millionen und England lediglich zweieinhalb Millionen Einwohner besaß. Konstantinopel war in seiner Blütezeit um 1600 mit über 500000 Einwohnern größer als jede europäische Stadt.

Aber auch die osmanischen Türken sollten ihren Schwung verlieren, sich auf sich selbst zurückziehen und ihre Chance verpassen, die Welt zu beherrschen, obwohl dies erst ein Jahrhundert nach dem auffallend ähnlichen Niedergang der Ming deutlich wurde. Bis zu einem gewissen Grad könnte man argumentieren, daß dieser Prozeß die natürliche Konsequenz früherer türkischer Erfolge war: die osmanische Armee, egal wie gut verwaltet, wäre zwar in der Lage gewesen, die langen Grenzen zu schützen, aber eine weitere Expansion wäre ohne enorme Kosten an Menschen und Material nicht möglich gewesen; und der osmanische Imperialismus, im Gegensatz zu dem späteren spanischen, holländischen und englischen, brachte wenig wirtschaftlichen Nutzen ein. In der zweiten Hälfte des 16. Jahrhunderts zeigte das Reich Anzeichen strategischer Überdehnung. Eine große Armee stand in Mitteleuropa, eine teure Marine operierte im Mittelmeer. In Nordafrika, der Ägäis, Zypern und dem Roten Meer waren Truppen in Kämpfe verwickelt, und es wurden Verstärkungen benötigt, um die Krim gegen die aufsteigende Macht der Russen zu verteidigen. Selbst im Nahen Osten gab es keine ruhige Flanke mehr, weil es zu einer verhängnisvollen religiösen Spaltung der moslemischen Welt gekommen war, als der schiitische Zweig, mit Schwerpunkt im Irak und dann in Persien, die vorherrschenden Sunna-Praktiken und Lehren angriff. Zu manchen Zeitpunkten ähnelte die Situation den gleichzeitigen religiösen Kämpfen in Deutschland, und der Sultan konnte sich nur behaupten, indem er die schiitischen Dissidenten mit Gewalt unterdrückte. Das benachbarte schiitische Königreich von Persien unter Abbas dem Großen war jedoch durchaus bereit, mit den europäischen Staaten gegen die Osmanen zu paktieren, genauso wie Frankreich mit dem »ungläubigen« Türken gegen das Heilige Römische Reich zusammengearbeitet hatte. Bei diesem Aufgebot an Gegnern hätte das Osmanische Reich einen außergewöhnlichen Führer gebraucht, um sein Wachstum aufrechtzuerhalten; aber nach 1566 regierten nacheinander dreizehn inkompetente Sultane.

Äußere Feinde und persönliche Fehler liefern jedoch noch nicht die ganze Erklärung. Das System, wie das in Ming-China, litt in zunehmendem Maße unter der Zentralisation, dem Despotismus und der streng orthodoxen Unterdrückung von Initiative, Handel und abweichendem Glauben. Ein schwachsinniger Sultan konnte das Osmanische Reich in einer Weise lähmen, wie es einem Papst oder einem Kaiser des Heiligen Römischen Reiches in Europa nie möglich gewesen wäre. Ohne klare Richtlinien von oben verhärtete sich die Einstellung der Bürokraten, die Konservativismus dem Wandel vorzogen und alle Innovation erstickten. Die fehlende territoriale Expansion und der daraus resultierende Mangel an Beute nach 1550 brachte in Verbindung mit einem immensen Preisanstieg die unzufriedenen Janitscharen dazu, sich Plünderungen im Inneren des Reiches zuzuwenden. Früher ermutigte und tolerierte Händler und Unternehmer (die fast alle Ausländer waren) sahen sich jetzt unberechenbaren Steuern oder sogar direkter Beschlagnahmung ihres Eigentums ausgesetzt. Immer höhere Abgaben ruinierten den Handel und entvölkerten Städte. Vielleicht am stärksten betroffen waren die Bauern, deren Ernten und Vieh von Soldaten geplündert und geraubt wurde. Als sich die Situation zunehmend verschlechterte, wandten sich auch die Zivilbehörden der Plünderung zu, indem sie Bestechungsgelder verlangten und Warenvorräte beschlagnahmten. Die Kriegskosten und der Verlust des asiatischen Handels während der Kämpfe mit Persien intensivierten die verzweifelte Suche der Regierung nach neuen Einnahmequellen, was im Gegenzug skrupellosen Steuerpächtern zunehmende Macht verlieh.[9]

Sehr deutlich spiegelte die harte Reaktion auf die schiitische religiöse Herausforderung eine Verhärtung der offiziellen Einstellung gegenüber allen Formen freien Denkens wider. Die Druckerpresse wurde verboten, weil sie zur Verbreitung gefährlicher Meinungen beitragen könnte. Die ökonomische Theorie blieb unterentwickelt;

Importe westlicher Erzeugnisse waren erwünscht, Exporte aber verboten; die Zünfte wurden in ihren Bemühungen, Innovationen und den Aufstieg »kapitalistischer« Produzenten zu kontrollieren, unterstützt; religiöse Kritik an den Händlern nahm zu. Verachtungsvoll gegenüber europäischen Vorstellungen und Praktiken, lehnten die Türken neuere Methoden zur Eindämmung von Seuchen ab; folglich litt ihre Bevölkerung zunehmend unter grimmigen Epidemien. In einem wahrlich erstaunlichen Anfall von Bildungshaß zerstörte eine Truppe von Janitscharen 1580 ein staatliches Observatorium mit der Begründung, von ihm sei eine Seuche ausgegangen.[10] Die Armee war in der Tat zu einer Bastion des Konservativismus geworden. Obwohl sie die neueren Waffen der europäischen Streitkräfte bemerkten und gelegentlich unter ihnen zu leiden hatten, modernisierten sich die Janitscharen nur langsam. Ihre sperrigen Kanonen wurden nicht durch leichtere gußeiserne ersetzt. Selbst nach der Niederlage bei Lepanto bauten sie nicht den größeren, europäischen Schiffstyp nach. Den moslemischen Flotten im Süden wurde lediglich befohlen, in den ruhigeren Gewässern des Roten Meeres und des Persischen Golfes zu bleiben, und damit wurde die Notwendigkeit umgangen, seetüchtige Schiffe nach portugiesischem Vorbild zu bauen. Vielleicht tragen technische Gründe dazu bei, diese Entscheidungen zu erklären, aber auch der kulturelle und technologische Konservativismus spielte eine große Rolle (im Gegensatz dazu übernahmen die berbischen Korsaren prompt den Kriegsschiffstyp der Fregatte).

Diese Bemerkungen über den Konservativismus könnten mit gleichem oder sogar größerem Nachdruck über das Reich der Moguln gemacht werden. Trotz der Größe des Königreichs auf dem Höhepunkt seiner Macht und des militärischen Genies mancher seiner Kaiser, trotz seines glanzvollen Hofs und der Kunstfertigkeit seiner Luxusprodukte, trotz seines ausgefeilten Bank- und Kreditwesens war das System im Kern schwach. Eine moslemische Eroberungselite herrschte über eine ungeheure Masse verarmter Bauern, die meist dem Hinduismus anhingen. In den Städten selbst gab es eine sehr erhebliche Zahl von Händlern und geschäftigen Märkten, und unter den hinduistischen Geschäftsleuten herrschte eine Einstellung gegenüber Produktion, Handel und Kredit, die ein hervorragendes Beispiel für Webers protestantische Ethik abgegeben hätte. Diesem Bild einer unternehmerischen Gesellschaft, die, bevor sie das Opfer des englischen Imperialismus wurde, gerade vor einem großen wirtschaftlichen »Aufbruch« zu stehen schien, sind die düstereren Porträts der vielen einheimischen, hemmenden Faktoren des indischen Lebens entgegenzuhalten. Die schiere Rigidität hinduistischer religiöser Tabus wehrte sich gegen jede Modernisierung: Nagetiere und Insekten, die riesige Mengen an Nahrungsmitteln vernichteten, durften nicht getötet werden; soziale Bräuche, die den Umgang mit Abfall und Exkrementen bestimmten, führten zu dauerhaft unhygienischen Zuständen, Brutplätzen für die Beulenpest; das System der Kasten drosselte die Initiative, impfte Rituale ein und beschränkte den Markt; und der Einfluß, den brahmanische Priester auf die lokalen indischen Herrscher ausübten, bedeutete, daß diese Kulturfeindlichkeit auch auf höchster Ebene wirkte. Hier gab es tiefestgreifende soziale Bremsen jeglichen Versuchs radikaler Veränderung. Es ist kaum verwunderlich, daß später viele Briten das Land, nachdem sie es zunächst ausgeplündert und dann versucht hatten, es nach utilitaristischen Prinzipien zu regieren, schließlich mit dem Gefühl verließen, seine Rätsel nie gelöst zu haben.[11]

Aber die Herrschaft der Moguln kann kaum mit der britischen Zivilverwaltung Indiens verglichen werden. Die glanzvollen Höfe waren Zentren einer Verschwendung, die selbst dem Sonnenkönig in Versailles als ausschweifend erschienen wäre. Tausende Diener und Schmarotzer, extravagante Kleidung, Juwelen, Harems, Menagerien und gewaltige Aufgebote an Leibwächtern konnten nur durch die Schaffung einer systematischen Ausbeutungsmaschinerie finanziert werden. Steuereintreiber, die ihren Herren eine fixe Summe abliefern mußten, lauerten Bauern und Kaufleuten gnadenlos auf; egal wie die Ernte oder der Handel ausfiel, das Geld mußte aufgebracht werden. Da es weder verfassungsmäßige noch andere Kontrollen solcher Plünderungen gab – außer der Rebellion –, überrascht es nicht, daß Besteuerung als »das Fressen« bezeichnet wurde. Für diesen enormen jährlichen Tribut erhielt die Bevölkerung so gut wie keine Gegenleistung. Es gab nur geringfügige Verbesserungen auf dem Gebiet der Verkehrsverbindungen aber keine Hilfsmittel bei Katastrophen wie Hungersnöten, Überschwemmungen und Seuchen – die natürlich recht häufig vorkamen. All dies läßt die Ming-Dynastie vergleichsweise gütig, fast progressiv erscheinen. Äußerlich gesehen, sollte das Mogulreich verfallen, weil es ihm immer schwerer fiel, sich der Marathas im Süden, der Afghanen im Norden und schließlich der Ostindischen Kompanie zu erwehren. In Wirklichkeit waren aber die Gründe für seinen Verfall mehr interner als externer Natur.

Zwei Außenseiter – Japan und Rußland

Im 16. Jahrhundert gab es noch zwei weitere Staaten, die, obwohl sie nicht entfernt an die Größe und Bevölkerungszahl des Ming-, Osmanen- und Mogulreiches heranreichten, Anzeichen politischer Konsolidierung und wirtschaftlichen Wachstums zeigten. Im Fernen Osten machte Japan seine ersten Schritte nach vorn, gerade als sein großer chinesischer Nachbar zu verkümmern begann. Die Geographie hatte die Japaner (wie die Briten) mit einem erstklassigen strategischen Vorteil bedacht, denn die Insellage bot einen Schutz gegen Landinvasionen, den China nicht hatte. Die Kluft zwischen den Inseln Japans und dem asiatischen Festland war aber keineswegs unüberbrückbar, und ein großer Teil der japanischen Kultur und Religion war von der älteren Kultur übernommen worden. Aber wohingegen China von einer einheitlichen Bürokratie regiert wurde, lag in Japan die Macht in den Händen der an der Sippe orientierten feudalen Freiherren, und die Kaiserwürde hatte nur symbolische Bedeutung. Das zentralisierte Herrschaftssystem des 14. Jahrhunderts war durch einen fortwährenden Kampf der Sippen untereinander ersetzt worden, der dem Streit unter den Klans in Schottland ähnelte. Obwohl dies nicht die idealen Bedingungen für Händler und Kaufleute waren, hemmten sie ein sehr beträchtliches Maß wirtschaftlicher Aktivität nicht. Auf See und an Land drängelten sich Unternehmer, Kriegsherren und bewaffnete Abenteurer, die alle den Profit im Auge hatten, der im ostasiatischen Seehandel steckte. Japanische Piraten suchten die chinesischen und koreanischen Küsten nach Beute ab, während zur selben

Zeit andere Japaner die Chance willkommen hießen, Waren mit den portugiesischen und holländischen Besuchern aus dem Westen auszutauschen. Die japanische Gesellschaft wurde von christlichen Missionen und europäischen Waren leichter durchdrungen als das sich abseits haltende, in sich selbst ruhende Reich der Ming.

Diese lebendige, wenn auch turbulente Szene sollte bald durch den verstärkten Gebrauch importierten europäischen Kriegsgeräts verwandelt werden. Wie auch in anderen Gegenden der Welt, fiel hier die Macht den Individuen und Gruppen zu, die genügend Mittel besaßen, um eine große, mit Musketen und vor allem mit Kanonen ausgerüstete Armee zu unterhalten. In Japan resultierte das in einer Machtkonzentration unter dem großen Kriegsherrn Hideyoshi, dessen Ehrgeiz ihn sogar dazu führte, zweimal eine Eroberung Koreas zu versuchen. Als dies scheiterte und Hideyoshi 1598 starb, drohte Japan wieder der Bürgerkrieg. Aber innerhalb weniger Jahre sammelte sich alle Macht in den Händen von Iejasu und den anderen Shoguns aus dem Geschlecht der Tokugawa. Dieses Mal war die zentralisierte Militärmacht nicht mehr zu erschüttern.

In vielerlei Hinsicht besaß das Tokugawa-Japan die Merkmale der »Neuen Monarchien«, die im Westen während des vorhergehenden Jahrhunderts aufgestiegen waren. Der große Unterschied lag darin, daß die Shoguns der überseeischen Expansion und schlechthin allem Kontakt mit der Außenwelt abschworen. 1636 wurde der Bau von seetüchtigen Schiffen gestoppt und japanischen Untertanen verboten, die Meere zu befahren. Der Handel mit den Europäern wurde auf das eine geduldete holländische Schiff beschränkt, das Deshima im Hafen von Nagasaki anlief; alle anderen wurden hinausgeworfen. Schon früher waren fast alle Christen (Fremde oder Einheimische) auf Befehl des Shogunats unbarmherzig ermordet worden. Das Hauptmotiv dieser drastischen Maßnahmen war offensichtlich die Entschlossenheit des Tokugawa-Clans, uneingeschränkte Kontrolle zu erlangen; Fremde und Christen wurden daher von ihnen als potentiell subversiv angesehen. Aber dasselbe galt für die Feudalherren, und deshalb wurde von ihnen verlangt, die Hälfte des Jahres in der Hauptstadt zu verbringen. Und während der sechs Monate, die sie auf ihren Besitzungen verbringen durften, mußten ihre Familien in Yedo (Tokio) praktisch als Geiseln zurückbleiben.

Diese erzwungene Einheitlichkeit verhinderte allerdings nicht schon aus sich heraus den wirtschaftlichen Fortschritt oder herausragende künstlerische Leistungen. Nationaler Friede war gut für den Handel, die Städte wuchsen, die Bevölkerungszahl stieg, und der zunehmende Gebrauch von Bargeld erhöhte den Einfluß von Kaufleuten und Bankiers. Letzteren wurde jedoch nie die soziale und politische Bedeutung zugestanden, die sie in Italien, den Niederlanden und Großbritannien erlangten. Die Japaner waren offensichtlich nicht in der Lage, sich Wissen über die neuen, aus anderen Ländern kommenden technologischen und industriellen Entwicklungen anzueignen oder sie zu übernehmen. Wie die Ming-Dynastie wählte auch das Tokugawa-Shogunat – sieht man von einigen Ausnahmen ab – freiwillig die Isolation. Dies mag zwar die wirtschaftlichen Aktivitäten in Japan selbst nicht gehemmt haben, aber es fügte der relativen Macht des japanischen Staates Schaden zu. Da es unter der Würde der Samurai-Krieger war, sich im Handel zu engagieren, und da es ihnen verboten war zu reisen oder ihre Waffen außer zu zeremoniellen Anlässen zu tragen, führten sie ein von Ritual und Langeweile bestimmtes Leben. Das gesamte militärische System verknöcherte auf zwei Jahrhunderte, so daß 1853, als Kommodore Perrys berühmte »schwarze Schiffe« ankamen, die überwältigte japanische Regierung nichts anderes tun konnte, als dem amerikanischen Ersuchen, sich mit Kohlen versorgen und andere Anlagen benutzen zu dürfen, stattzugeben.

Zu Beginn seiner Phase politischer Konsolidierung und ökonomischen Wachstums schien Rußland Japan in mancherlei Hinsicht zu ähneln. Geographisch vom Westen weit entfernt – teils wegen der schlechten Nachrichtenverbindungen, und teils, weil immer wiederkehrende Zusammenstöße mit den Litauern, Polen, Schweden und dem Osmanischen Reich die vorhandenen Routen unterbrachen –, war das Moskauer Reich dennoch, nicht zuletzt durch die russisch-orthodoxe Kirche, von seinem europäischen Erbe tief beeinflußt. Außerdem kam aus dem Westen die dauerhafte Lösung für die russische Verwundbarkeit gegenüber den Reiterarmeen aus den asiatischen Ebenen: Musketen und Kanonen. Mit diesen neuen

Waffen konnte sich Moskau jetzt als eines der »Schießpulver-Reiche« etablieren und somit expandieren. Eine Ausdehnung nach Westen war problematisch, da die Schweden und Polen die gleiche Kriegsausrüstung besaßen. Aber der koloniale Vorstoß gegen die Stämme und Khanate im Süden und Osten wurde durch diesen militärtechnischen Vorteil sehr erleichtert. Im Jahre 1556 erreichten russische Truppen das Kaspische Meer. Dieser militärische Expansionismus wurde von Forschern und Abenteurern begleitet – und oftmals noch übertroffen –, die östlich des Urals durch Sibirien vorstießen und 1638 die Pazifikküste erreichten.[13] Trotz der hart erkämpften militärischen Überlegenheit über die mongolischen Reiter war das Wachstum des Russischen Reiches weder einfach noch unvermeidlich. Je mehr Völker erobert wurden, desto größer wurde die Wahrscheinlichkeit innerer Streitigkeiten und Revolten. Die Adligen im Reich selbst waren auch nach den von Iwan dem Schrecklichen durchgeführten Säuberungen oft unruhig. Das tatarische Khanat der Krim blieb ein mächtiger Feind; seine Truppen plünderten 1571 Moskau, und es erhielt sich seine Unabhängigkeit bis zum späten 18. Jahrhundert. Die Herausforderung aus dem Westen war sogar noch bedrohlicher; so besetzten beispielsweise die Polen zwischen 1608 und 1613 Moskau.

Eine weitere Schwäche Rußlands war, daß es trotz bestimmter Übernahmen aus dem Westen technologisch rückständig und wirtschaftlich unterentwickelt blieb. Extreme Klimaunterschiede, die gewaltigen Entfernungen und schlechte Verkehrsverbindungen begründen dies teilweise. Weitere Erklärungen aber sind die tiefen sozialen Mängel: der militärische Absolutismus der Zaren, das Erziehungsmonopol in den Händen der orthodoxen Kirche, die Bestechlichkeit und Willkür der Bürokraten und die Institution der Leibeigenschaft, die das landwirtschaftliche System feudal und unbeweglich machte. Dennoch, trotz dieser relativen Rückständigkeit und trotz der Rückschläge expandierte Rußland weiter und erlegte den neuen Territorien den gleichen militärischen Druck und das gleiche autokratische Regime auf, das dazu diente, den Gehorsam der Moskowiter zu erzwingen. Man hatte genug von Europa übernommen, um dem Regime die Bewaffnung zu geben, die es zum eigenen Schutz benötigte, während man sich allen westlichen

Errungenschaften sozialer und politischer Modernisierung standhaft widersetzte; Ausländer wurden beispielsweise in Rußland von Einheimischen getrennt, um subversive Einflüsse zu unterbinden. Im Gegensatz zu den anderen in diesem Kapitel erwähnten Gewaltherrschaften gelang es dem Zarenreich zu überleben, und Rußland sollte eines Tages sogar zu einer Weltmacht werden. Um 1500 jedoch, und sogar noch um 1650, war dies für viele Franzosen, Niederländer und Engländer, die über den russischen Herrscher wahrscheinlich soviel wußten wie über den legendären Priesterkönig Johannes, kaum offensichtlich.[14]

Das »Europäische Wunder«[15]

Wie kam es, daß unter den verstreuten und relativ unkultivierten Völkern, die die westlichen Teile der eurasischen Landmasse bewohnten, ein unaufhaltsamer Prozeß wirtschaftlicher Entwicklung und technologischer Innovation in Gang kam, der Europa nach und nach zur kommerziellen und militärischen Führungsmacht der Welt machte? Dies ist eine Frage, die Wissenschaftler und andere Beobachter seit Jahrhunderten beschäftigt, und alles, was die folgenden Absätze leisten können, ist, eine Synthese des vorhandenen Wissens zu bieten. Doch so grob eine solche Zusammenfassung auch sein mag, sie besitzt doch den Vorteil, die wichtigsten Argumentationslinien aufzuzeigen, die dieses gesamte Werk durchlaufen: nämlich, daß es in der Tat eine *Dynamik* gab, die von wirtschaftlichen und technologischen Fortschritten angetrieben wurde, wenn auch immer im Zusammenwirken mit anderen veränderlichen Größen wie Sozialstruktur, Geographie und auch dem einen oder anderen Zufall; daß es, um den Ablauf der Weltpolitik zu verstehen, notwendig ist, sich auf die materiellen und langfristig entscheidenden Elemente zu konzentrieren, statt auf die Unberechenbarkeit von Persönlichkeiten oder die wöchentlichen Verschiebungen in Diplomatie und Politik; und daß die Macht eine relative Sache ist, die nur durch häufige Vergleiche zwischen verschiedenen Staaten und Gesellschaften beschrieben oder gemessen werden kann.

Das eine Merkmal Europas, das beim Betrachten einer Karte der »Machtzentren« der Welt im 16. Jahrhundert sofort ins Auge springt, ist die politische Zersplitterung (siehe Karten 1 und 2). Dies war nicht ein zufälliger oder kurzlebiger Zustand, wie er in China nach dem Zusammenbruch eines Reiches eintrat, bevor die nachfolgende Dynastie die Fäden der zentralisierten Macht wiederaufnehmen konnte. Europa war schon *immer* politisch zersplittert gewesen, trotz größter Bemühungen der Römer, denen kaum Eroberungen nördlich des Rheins und der Donau gelungen waren; und auch tausend Jahre nach dem Untergang Roms blieb die grundsätzliche politische Machteinheit klein und lokal begrenzt – ganz im Gegensatz zu der stetigen Expansion der christlichen Religion und Kultur. Gelegentliche Machtkonzentrationen wie unter Karl dem Großen im Westen oder dem Kiewschen Rußland im Osten waren vorübergehende Angelegenheiten, die von einem Herrscherwechsel, inneren Rebellionen oder Invasionen beendet wurden.

Diese politische Vielgestaltigkeit verdankte Europa seiner Geographie. Es gab weder riesige Ebenen, denen ein Reitervolk seine geschwinde Herrschaft aufzwingen konnte; noch gab es weite und fruchtbare Flußniederungen wie die des Ganges, Nil, Tigris und Euphrat, Hwang Ho und Yangtse, die den Massen von leicht besiegbaren Bauern Nahrung boten. Europas Landschaft war viel stärker durch Gebirgszüge und große Wälder gegliedert, die vereinzelte Bevölkerungszentren in den Tälern voneinander trennten. Und sein Klima unterschied sich zwischen Nord und Süd, zwischen Westen und Osten beträchtlich. Dies hatte eine Reihe von wichtigen Konsequenzen. Zunächst erschwerte beides die Etablierung einer einheitlichen Herrschaft – auch durch einen mächtigen und entschlossenen Kriegsherrn. Und es machte es sehr unwahrscheinlich, daß der Kontinent von einer äußeren Macht wie den Mongolenhorden überrannt werden konnte. Umgekehrt förderte diese vielfältige Landschaft das Wachstum und die fortbestehende Existenz dezentralisierter Macht mit lokalen Königreichen, Markgrafschaften, im Hochland angesiedelten Stämmen und Stadtzusammenschlüssen in den Niederungen, wodurch eine politische Karte Europas, gezeichnet zu irgendeiner Zeit nach dem Untergang Roms, einer Flickendecke ähnelte. Die Muster dieser Decke veränderten sich

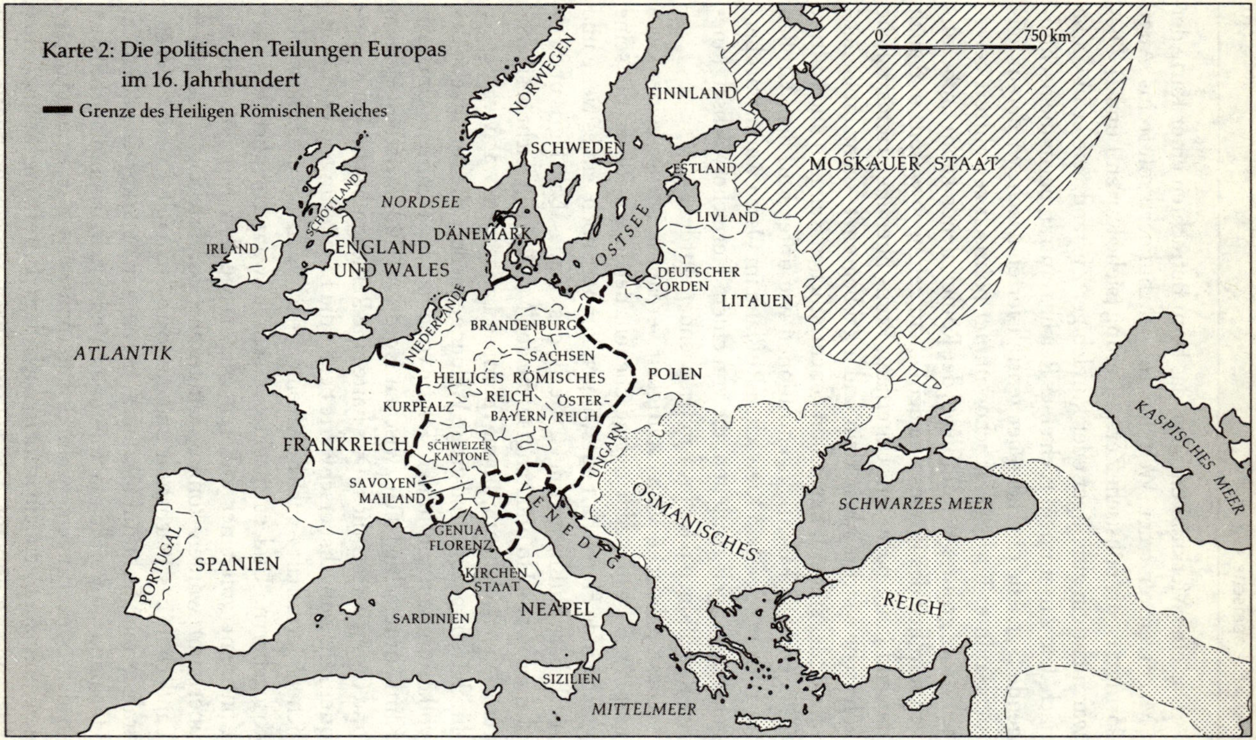

Karte 2: Die politischen Teilungen Europas im 16. Jahrhundert

Grenze des Heiligen Römischen Reiches

von Jahrhundert zu Jahrhundert, aber niemals konnte nur eine einzige Farbe gebraucht werden, um ein vereintes Reich zu kennzeichnen.[16]

Europas unterschiedliches Klima zog unterschiedliche Produkte nach sich, die sich zum Austausch eigneten; mit der Zeit entwickelten sich Marktbeziehungen, und die Produkte wurden über Flüsse und Wege transportiert, die durch die Wälder von einem Siedlungsgebiet zum nächsten führten. Das wichtigste Merkmal dieses Handels war wahrscheinlich, daß er in erster Linie aus *Grundprodukten* wie Holz, Getreide, Wein, Wolle, Heringen usw. bestand, um die wachsende Bevölkerung im Europa des 15. Jahrhunderts zu versorgen, während die orientalischen Karawanen Luxusgüter transportierten. Hier spielte wiederum die Geographie eine entscheidende Rolle, denn der Transport dieser Güter auf dem Wasserwege war wesentlich wirtschaftlicher, und Europa besaß viele schiffbare Flüsse. Von Meeren umgeben zu sein, war ein weiterer Anreiz für die lebensnotwendige Schiffsbauindustrie, und im Spätmittelalter wurde ein florierender Seehandel zwischen der Ostsee, der Nordsee, dem Mittelmeer und dem Schwarzen Meer getrieben. Wie nicht anders zu erwarten, wurde dieser Handel immer wieder von Kriegen unterbrochen und von lokalen Katastrophen wie Mißernten und Seuchen in Mitleidenschaft gezogen; aber im allgemeinen expandierte er, vermehrte Europas Wohlstand, bereicherte den Speisezettel und schuf neue Zentren des Reichtums wie die Hansestädte oder die italienischen Stadtstaaten. Der regelmäßige Austausch von Waren über weite Entfernungen förderte wiederum das Wechselgeschäft, ein Kreditsystem und das Bankwesen auf internationaler Ebene. Die bloße Existenz des merkantilen Kredits und des Wechsels deutete auf eine grundsätzliche *Vorhersagbarkeit* von wirtschaftlichen Bedingungen hin, die private Händler bis dahin selten, wenn überhaupt, irgendwo auf der Welt erlebt hatten.[17]

Weil ein großer Teil dieses Handels in den rauhen Gewässern der Nordsee und der Biskaya getrieben wurde – und weil Hochseefischerei eine wichtige Nahrungs- und Wohlstandsquelle wurde –, waren die Schiffsbauer gezwungen, robuste (wenn auch eher langsame und unelegante) Schiffe zu bauen, die in der Lage waren, große Ladungen zu transportieren und deren einzige Antriebskraft der Wind war. Obwohl sie im Laufe der Zeit mit mehr Segeln und Masten und mit Hecksteuerrudern ausgestattet und dadurch manövrierfähiger wurden, mögen Nordsee-»Koggen« und ihre Nachfolger nicht so eindrucksvoll gewirkt haben wie die leichteren Schiffe, die regelmäßig an den Küsten des östlichen Mittelmeers und des Indischen Ozeans verkehrten; aber sie sollten, wie wir schon bald sehen werden, auf lange Sicht einschneidende Vorteile besitzen.[18]

Die politischen und sozialen Konsequenzen dieses dezentralisierten und zum großen Teil unkontrollierten Wachstums des Handels, der Kaufleute, der Häfen und Märkte war von größter Bedeutung. Zunächst einmal gab es überhaupt keine Möglichkeit, solche wirtschaftlichen Entwicklungen vollständig zu unterdrücken. Dies heißt aber nicht, daß der Aufstieg von Handelsmärkten nicht viele Herrscher beunruhigte. Feudalherren, die den Städten, die sie als Zentren Andersdenkender und als Zufluchtsort Leibeigener ansahen, mißtrauisch gegenüberstanden, versuchten oft, deren Privilegien zu beschneiden. Wie anderswo wurden Kaufleute oftmals beraubt, ihre Waren wurden gestohlen und ihr Eigentum beschlagnahmt. Päpstliche Verkündigungen gegen den Wucher spiegeln in vielerlei Hinsicht die konfuzianische Abneigung gegen profitmachende Mittelsmänner und Geldverleiher wider. Die grundlegendste Tatsache aber war, daß es in Europa keine einheitliche Autorität gab, die in der Lage gewesen wäre, der einen oder anderen wirtschaftlichen Entwicklung effektiv Einhalt zu gebieten; es gab keine Zentralregierung, deren wechselnde Prioritäten den Aufstieg oder den Verfall einer bestimmten Industrie verursachen konnte; noch gab es eine systematische und allumfassende Ausplünderung von Geschäftsleuten und Unternehmern durch die Steuereinzieher, welche die wirtschaftliche Entwicklung des Mogulreiches so gehemmt hatte. Um ein bezeichnendes und einleuchtendes Beispiel zu nennen: es war unvorstellbar, daß bei der zersplitterten, politischen Lage in Europa im Zeitalter der Reformation ein jeder die päpstliche Teilung der überseeischen Welt (1494) in spanische und portugiesische Gebiete anerkennen würde – und noch weniger vorstellbar, daß eine Verordnung, die den Überseehandel verbot (ähnlich den in

Ming-China und Tokugawa-Japan verkündeten Erlassen), irgendeinen Effekt haben würde.

Immer gab es in Europa einige Fürsten und Lehensherren, die willens waren, Kaufleute und deren Gepflogenheiten zu tolerieren, selbst wenn andere diese ausplünderten und vertrieben; und, wie die Geschichte zeigt, zogen unterdrückte jüdische Händler, ruinierte flämische Textilarbeiter und verfolgte Hugenotten weiter und nahmen ihre Kenntnisse mit. Ein rheinländischer Freiherr, der reisende Händler zu hoch besteuerte, stellte bald fest, daß die Handelswege und damit seine Einnahmen sich verlagerten. Ein Monarch, der seine Staatsschulden nicht anerkannte, würde große Schwierigkeiten haben, einen Kredit aufzunehmen, wenn der nächste Krieg drohte und es notwendig wurde, schnell Gelder zur Ausrüstung seiner Armeen und Flotten aufzubringen. Bankiers, Waffenhändler und Handwerker standen im Zentrum, nicht am Rande der Gesellschaft. Allmählich und ungleichmäßig gingen die meisten europäischen Regime eine symbiotische Beziehung mit der Marktwirtschaft ein, gaben ihr eine nationale Ordnung und ein nicht auf Willkür beruhendes Rechtssystem (selbst für Ausländer) und hatten über die Steuern Anteil am wachsenden Profit des Handels. Lange bevor Adam Smith die Begriffe dafür prägte, erkannten die Herrscher bestimmter westeuropäischer Gesellschaften stillschweigend an, daß »wenig sonst benötigt wird, um einen Staat von der tiefsten Barbarei zum höchsten Reichtum zu führen, als Friede, geringe Besteuerung und eine erträgliche Rechtsprechung...«[19] Von Zeit zu Zeit schlachteten weniger umsichtige Führer – wie die spanischen Verwalter Kastiliens oder gelegentlich ein bourbonischer König Frankreichs – die Gans, die goldene Eier legte; aber der daraus resultierende Verfall des Reichtums und somit auch der Militärmacht wurde bald allen außer den ganz Kurzsichtigen deutlich.

Der wahrscheinlich einzige Faktor, der zu einer Zentralregierung hätte führen können, wäre ein Durchbruch in der technologischen Entwicklung von Feuerwaffen in einem Staat gewesen, der alle Gegner eingeschüchtert hätte. Dies war bei dem sich beschleunigenden Tempo wirtschaftlicher und technologischer Entwicklung im Europa des 15. Jahrhunderts, als sich die Bevölkerung des Kontinents vom Schwarzen Tod erholte und die italienische Renaissance erblühte, keineswegs unmöglich. Wie bereits erwähnt, wurden in dieser ausgedehnten Phase von 1450 bis 1600 in anderen Teilen der Welt »Schießpulver-Reiche« errichtet. Rußland, Tokugawa-Japan und das Mogulreich in Indien sind ausgezeichnete Beispiele dafür, wie große Staaten von Führern geschaffen werden konnten, die über Feuerwaffen und Kanonen verfügten, welche ihre Rivalen zum Gehorsam zwangen.

Da außerdem im spätmittelalterlichen und frühneuzeitlichen Europa revolutionäre Techniken der Kriegführung häufiger erfunden wurden als anderswo, war ein solcher Durchbruch nicht unwahrscheinlich. Es gab Anzeichen für eine solche Zusammenballung der militärischen Macht.[20] In Italien hatte der Einsatz von Armbrustschützen, deren Kompanien, wenn nötig, von Soldaten mit Piken beschützt wurden, das Zeitalter des Ritters zu Pferde und des ihn begleitenden, schlecht ausgebildeten feudalen Aufgebots beendet. Es wurde aber auch deutlich, daß nur die wohlhabenderen Stadtstaaten wie Venedig und Mailand sich die neuen, von den berühmten *Condottieri* geführten Armeen leisten konnten. Um 1500 hatten die Könige von Frankreich und England jedoch das Artilleriemonopol im Lande errungen und waren somit, falls nötig, in der Lage, einen zu mächtig gewordenen Untertanen zu überwältigen, selbst wenn er hinter Burgmauern Schutz suchte. Aber würde diese Tendenz nicht schließlich zu einem sich über Europa erstreckenden, übernationalen Monopol führen? Diese Frage müssen sich um 1550 viele Menschen gestellt haben, als sie die gewaltige Konzentration von Ländereien und Armeen unter Kaiser Karl V. beobachteten.

Eine ausführlichere Darstellung dieses habsburgischen Versuches – und Fehlschlags –, die Herrschaft über Europa zu erlangen, folgt im nächsten Kapitel. Aber der allgemeinere Grund dafür, warum eine Vereinigung des Kontinents unmöglich war, kann hier kurz genannt werden. Wieder einmal war die Existenz einer *Vielfalt* wirtschaftlicher und militärischer Machtzentren ausschlaggebend. Kein italienischer Stadtstaat konnte danach streben, sich zu vergrößern, ohne daß die anderen eingegriffen hätten, um das Gleichgewicht zu bewahren; keine »Neue Monarchie« konnte ihr Gebiet vergrößern, ohne dadurch ihre Rivalen aufzurütteln, Kompensation zu suchen. Als die Reformationsbewegung wirklich in Gang kam, traten religiöse Feindschaften zu dem traditionellen Ringen um das Gleichgewicht der Macht hinzu und schwächten die Aussichten auf politische Vereinigung noch mehr. Die wirkliche Erklärung liegt jedoch ein wenig tiefer; die bloße Existenz von Konkurrenten und die bitteren Feindschaften zwischen kriegführenden Gruppen gab es schließlich auch in Japan, Indien und anderswo, aber das allein hatte die Vereinigung nicht verhindert. In Europa war die Situation anders, weil hier jede der rivalisierenden Kräfte die Möglichkeit hatte, Zugang zu den neuesten Militärtechniken zu finden, so daß niemals eine einzelne Macht einen entscheidenden Vorsprung besaß. Die Dienste der Schweizer oder anderer Söldnertruppen, beispielsweise, wurden jedem angeboten, der sie bezahlen konnte. Es gab kein Zentrum für die Herstellung von Armbrüsten oder Kanonen – ob nun für die bronzenen Kanonen oder später für die billigeren, gußeisernen Artilleriegeschütze. Sie wurden jeweils in der Nähe der Erzlager im englischen Weald, in Zentraleuropa, in Malaga, in Mailand, in Lüttich und später in Schweden hergestellt. Auf ähnliche Weise machte es die Verbreitung von Schiffsbaukenntnissen über die verschiedenen Häfen von der Ostsee bis zum Schwarzen Meer einem Land extrem schwer, als Seemacht eine Monopolstellung zu erringen. Die Eroberung und Vernichtung von überseeischen, rivalisierenden Waffenproduktionszentren wurde dadurch fast unmöglich.

Es ist also keine Tautologie zu behaupten, daß Europas dezentralisiertes Staatensystem ein großes Hindernis für die Zentralisation des Kontinents darstellte. Da eine Anzahl rivalisierender politischer Einheiten existierten, *von denen die meisten die militärischen Mittel, die zur Erhaltung ihrer Unabhängigkeit benötigt wurden, besaßen oder sie erwerben konnten,* konnte keine allein den Durchbruch zur Herrschaft über den Kontinent schaffen.

Während dieser Wettstreit zwischen den europäischen Staaten das Fehlen eines vereinten »Schießpulver-Reiches« zu erklären scheint, gibt er auf den ersten Blick keine Begründung für Europas stetigen Aufstieg zur Weltherrschaft her. Hätten die Truppen der Neuen Monarchien um 1500 etwa nicht kümmerlich ausgesehen, wenn sie gegen die gewaltigen Armeen des Sultans und die Truppenmassen des Ming-Reiches aufgestellt worden wären? Dies traf für das frühe 16. Jahrhundert und in mancherlei Hinsicht selbst für das 17. Jahrhundert zu; aber in der letzteren Phase neigte sich die Waagschale militärischer Stärke schnell zugunsten des Westens. Um diese Verlagerung zu erklären, muß man erneut auf die Dezentralisierung der Macht in Europa hinweisen. Vor allen Dingen erzeugte sie unter den Stadtstaaten und dann den größeren Königreichen eine primitive Form des Wettrüstens. Zu einem gewissen Grade hatte dies wahrscheinlich sozio-ökonomische Wurzeln. Als die wetteifernden Armeen in Italien nicht länger aus feudalen Rittern und deren Gefolgsmännern, sondern aus Pikenieren, Armbrustschützen und (die Flanke deckender) Kavallerie bestanden, die von Kaufleuten einer bestimmten Stadt bezahlt und von der Stadtverwaltung beaufsichtigt wurden, war es fast unvermeidlich, daß diese einen Gegenwert für ihr Geld sehen wollten – trotz der allerbesten Manöver der *Condottieri,* sich nicht selbst überflüssig zu machen. In anderen Worten, die Städte forderten eine Art von Waffen und eine Taktik, die einen schnellen Sieg bringen und somit die Kriegskosten reduzieren konnten. Ähnlich war es bei den französischen Monarchen des späten 15. Jahrhunderts, die, als sie erst einmal eine »nationale« Armee unter ihrer direkten Kontrolle und in ihrem Sold hatten, sehr darauf erpicht waren, entscheidende Ergebnisse zu sehen.[21]

Aus dem gleichen Grunde zwang dieses System des freien Marktes nicht nur die zahlreichen *Condottieri* dazu, sich um Verträge zu bewerben, sondern ermutigte auch die Handwerker und Erfinder, die Qualität ihrer Waren zu verbessern, damit sie neue Aufträge erhielten. Während sich diese Rüstungsspirale schon in der Herstellung von Armbrüsten und Rüstungen zu Beginn des 15. Jahrhunderts abzeichnete, weitete sich das Prinzip in den folgenden 50 Jahren auf das Experimentieren mit Schußwaffen aus. Es ist wichtig, sich ins Gedächtnis zu rufen, daß es, als Kanonen zum ersten Mal eingesetzt wurden, nur geringe Unterschiede in der Konstruktion und Wirkung zwischen den westlichen und den asiatischen gab. Gigantische schmiedeeiserne Röhren, die eine Steinkugel abfeuerten und ungeheuren Lärm verursachten, machten enormen Eindruck und zeigten sogar manchmal Wirkung; dies war der Kanonentyp, der 1453 bei der Bombardierung der Stadtmauern von Konstantinopel benutzt wurde. Und doch scheint es nur in Europa den Impuls zu ständigen Verbesserungen gegeben zu haben. Man bemühte sich, die Körnung des Schießpulvers zu verbessern, viel kleinere (aber genauso wirkungsvolle) Kanonen aus Bronze und aus Eisenlegierungen zu gießen, die Form und Beschaffenheit des Geschützrohres und des Geschosses und die Geschützlafetten zu verbessern. All dies erhöhte die Schlagkraft und Mobilität der Artillerie gewaltig und gab dem Besitzer solcher Waffen Mittel in die Hand, die stärkste Festung zur Übergabe zu zwingen – was die italienischen Stadtstaaten entsetzt feststellen mußten, als eine französische Armee mit mächtigen bronzenen Geschützen 1494 in Italien einmarschierte. Es überrascht daher kaum, daß man Erfinder und Gelehrte drängte, irgendeine Gegenmaßnahme zu erfinden (und es überrascht noch weniger, daß Leonardos Notizbuch zu dieser Zeit Skizzen zu einem Maschinengewehr, einem primitiven Panzer und einer dampfbetriebenen Kanone enthält).[22]

Das heißt nicht, daß andere Zivilisationen ihre Bewaffnung gegenüber früheren, groben Konstruktionen nicht auch verbesserten; manche taten es und kopierten dabei meistens europäische Modelle oder überredeten europäische Besucher (wie die Jesuiten in China), ihnen ihre Fachkenntnisse zur Verfügung zu stellen. Aber da die Ming-Regierung ein Kanonenmonopol besaß und die vorwärtsdrängenden Führer Rußlands, Japans und des Mogulreiches schon bald ein solches Monopol erwarben, gab es viel weniger Ansporn, die Waffen zu verbessern, als die Herrschaft einmal gesichert war. Da sie sich auf sich selbst zurückzogen, vernachlässigten Chinesen und Japaner die Entwicklung einer eigenen Waffenproduktion. Indem sie an ihrer traditionellen Kampftaktik festhielten, verschmähten die islamischen Janitscharen Kenntnisse auf dem Gebiet der Artillerie so lange, bis es zu spät war, den europäischen Vorsprung einzuholen. Da sie weniger fortgeschrittenen Völkern gegenüberstanden, waren verbesserte Waffen für die russische Armee und für die Armee der Moguln keine zwingende Notwendigkeit, denn was sie besaßen, war für ihre Gegner bereits überwältigend. Wie in der Wirtschaft im allgemeinen, so gewann Europa angetrieben von einem florierenden Waffenhandel auch in dem speziellen Bereich der Militärtechnologie einen entscheidenden Vorsprung vor den anderen Zivilisationen und Machtzentren.

Zwei weitere Konsequenzen dieser Rüstungsspirale müssen hier genannt werden. Die eine sicherte die politische Pluralität Europas, die andere seine schließliche Seeherrschaft. Erstere ist eine einfache Geschichte und kann daher kurz abgehandelt werden.[23] Innerhalb eines Vierteljahrhunderts nach der französischen Invasion von 1494, und teilweise schon davor, entdeckten einige Italiener, daß erhöhte Erdschanzen hinter den Stadtmauern die Wirkung von Artilleriebombardierungen stark verminderten; wenn die Kanonenkugeln in die zusammengepreßten Erdschanzen eindrangen, verloren sie die verheerende Wirkung, die sie früher auf die Außenmauern gehabt hatten. Wenn sich vor diesen verschiedenartigen Schanzen außerdem ein tiefer Graben befand (und später eine verfeinerte Reihe gesicherter Bastionen, aus denen sich ein Kreuzfeuer von Musketen und Kanonen ergoß), waren sie ein fast unüberwindliches Hindernis für die belagernde Infanterie. Dies stellte die Sicherheit der italienischen Stadtstaaten wieder her – oder zumindest die Sicherheit derjenigen Stadtstaaten, die keinem fremden Eroberer zum Opfer gefallen waren und das enorme Menschenpotential besaßen, das für den Bau und die Besatzung solch komplexer Befestigungsanlagen nötig war. Außerdem war dies von Vorteil für die Armeen, die zur Abwehr der Türken eingesetzt wurden, was die christlichen Garnisonen in Malta und Nordungarn schon bald bemerkten. Vor allem aber hinderte es eine anmaßende Macht in Europa daran, Rebellen und Gegner problemlos zu unterwerfen, was die ausgedehnten, die niederländische Revolte begleitenden Belagerungskämpfe verdeutlichen. Siege, die im offenen Feld beispielsweise von der kampfstarken spanischen Infanterie erfochten wurden, brachten keine endgültige Entscheidung, wenn der Feind gut befestigte Stützpunkte besaß, in die er sich zurückziehen konnte. Eine Vormachtstellung, wie sie das Tokugawa-Shogunat oder Akbar in Indien durch Schießpulver erlangten, blieb im Westen, der weiterhin durch politischen Pluralismus und seine tödliche Begleiterscheinung, den Rüstungswettlauf, bestimmt war, unerreichbar.

Der Einfluß der »Schießpulver-Revolution« zur See war sogar noch weitreichender.[24] Wie schon zuvor ist die relative Ähnlichkeit des Schiffbaus und der Seestreitmacht auffallend, die im Mittelalter zwischen Nordwesteuropa, der islamischen Welt und dem Fernen Osten existierte. Wenn überhaupt, so hätten die großen Seefahrten Cheng Hos und der schnelle Vorstoß der türkischen Flotten ins Schwarze Meer und in den östlichen Mittelmeerraum es für einen Beobachter um 1400 und 1450 so aussehen lassen können, als ob die Zukunft der maritimen Entwicklung in den Händen dieser beiden Mächte läge. Auch gab es vermutlich in bezug auf Kartographie und Astronomie und im Einsatz von Kompaß, Astrolabium und Quadranten kaum Unterschiede zwischen den drei Machtzentren. Was sie aber unterschied, war *Beständigkeit der Organisation* und das Durchhaltevermögen der Europäer. Professor Jones bemerkt zum Beispiel: »Vergleicht man die Strecken, die von anderen Seefahrern, wie beispielsweise den Polynesiern, befahren wurden, erscheint die Länge der (iberischen) Fahrten weniger beeindruckend als Europas Fähigkeit, sie zu rationalisieren und die Ressourcen innerhalb ihrer Reichweite auszuschöpfen.«[25] Die systematische Sammlung geographischer Fakten durch die Portugiesen, die Bereitwilligkeit der genuesischen Handelshäuser, Geldmittel für atlantische Unternehmen, die eines Tages den Verlust des Schwarzmeerhandels ausgleichen sollten, zur Verfügung zu stellen und – weiter nördlich – die systematische Entwicklung der neufundländischen Kabeljaufischerei, zeigen alle eine anhaltende Bereitschaft, zu neuen Ufern aufzubrechen, die in anderen Gesellschaften dieser Zeit nicht vorhanden war.

Aber die vielleicht wichtigste »Rationalisierungsmaßnahme« war die stetige Verbesserung der Schiffsbewaffnung. Die Bestükkung der Segelschiffe mit Kanonen war zu einer Zeit, in der die Kriegführung auf See der an Land so ähnelte, eine natürliche Entwicklung; wie in mittelalterlichen Burgen Bogenschützen entlang der Mauern und auf den Türmen postiert waren, um die belagernde Armee abzuwehren, so setzten die mächtigen genuesischen, venetianischen und aragonischen Handelsschiffe mit Armbrüsten bewaffnete Männer ein, die in an Bug und Heck gelegenen »Kastellen« saßen, um sich gegen die moslemischen Piraten im Mittelmeer zu verteidigen. Dies konnte ernsthafte Verluste unter den Galeerenmannschaften verursachen, wenn auch nicht unbedingt genug, um ein bekalmtes Handelsschiff zu retten, wenn die Angreifer entschlossen genug waren. Sobald Seeleute jedoch auf die Fortschritte im Kanonenbau aufmerksam wurden – also die Entwicklung neuerer, viel kleinerer Kanonen aus Bronze, die mehr Feuerkraft hatten, aber für die Mannschaft weniger gefährlich waren als die gewaltigen gußeisernen Bombarden –, war es abzusehen, daß diese Bewaffnung auch an Bord installiert werden würde. Schließlich waren Katapulte, Steinschleudermaschinen und andere Wurfmaschinen schon auf chinesische und westliche Kriegsschiffe montiert worden. Selbst als Kanonen weniger unzuverlässig und gefährlich für die Mannschaft wurden, gab es noch erhebliche Probleme; durch das wirksamere Schießpulver konnte der Rückstoß so gewaltig sein, daß eine nicht zurückgehaltene Kanone rückwärts über das ganze Deck raste. Und diese Waffen waren immer noch schwer genug, um ein Schiff aus dem Gleichgewicht zu bringen, wenn genügend davon an Bord waren (und besonders wenn sie auf den Kastellen installiert waren). In dieser Beziehung genoß der kräftig gebaute, mit runderem Rumpf versehene Allwetter-Dreimaster des Westens einen Vorteil gegenüber den schmalen Galeeren der Inlandsgewässer des Mittelmeeres, der Ostsee und des Schwarzen Meeres, und gegenüber den arabischen Dhaus und den chinesischen Dschunken. Er konnte auf jeden Fall eine größere Breitseite abfeuern, ohne dabei die Stabilität zu verlieren – obwohl es natürlich auch bei diesen Schiffen von Zeit zu Zeit Katastrophen gab. Sobald man aber entdeckte, daß die Plazierung der Kanonen mittschiffs günstiger war als auf den Kastellen, war die *potentielle Kampfkraft* dieser Karavellen und Galeonen gewaltig. Im Vergleich dazu litten leichtere Schiffe unter dem doppelten Nachteil, weniger Kanonen tragen zu können und durch feindliche Kanonenkugeln verwundbarer zu sein.

Man muß die Worte »potentielle Kampfkraft« betonen, weil die Evolution der bewaffneten Hochseesegelschiffe eine langsame und oft ungleichmäßige Entwicklung war. Viele hybride Typen wurden konstruiert – manche hatten mehrere Masten, Kanonen *und* Ruderreihen. Galeerenartige Schiffe konnten bis zum 16. Jahrhundert im englischen Kanal gesichtet werden. Außerdem gab es bedeutende Argumente für die Stationierung von Galeeren im Mittelmeer und im Schwarzen Meer; sie waren zu vielen Gelegenheiten schneller, nahe der Küste leichter zu manövrieren, und somit war es günstiger, sie in Verbindung mit Landoperationen entlang der Küste einzusetzen. In den Augen der Türken überwog dieser Vorteil den Nachteil, daß sie nur für Kurzstrecken geeignet und auf hoher See nicht einsatzfähig waren.[26]

Ebensowenig sollten wir uns vorstellen, daß mit der portugiesischen Umseglung des Kaps der Guten Hoffnung das Zeitalter ungebrochener westlicher Vorherrschaft begonnen hatte. Was die Historiker als »die Epoche Vasco da Gamas« und »das Zeitalter des Kolumbus« bezeichnen – nämlich die drei oder vier Jahrhunderte europäischer Vorherrschaft nach 1500 –, war ein sehr allmählicher Prozeß. Auch wenn die portugiesischen Entdecker um 1490 die indische Küste erreichten, so waren ihre Schiffe doch noch klein (oft nur 300 Tonnen) und nicht sehr gut bewaffnet – schon gar nicht, wenn man sie mit den mächtigen holländischen Ostindienfahrern vergleicht, die ein Jahrhundert später in diese Gewässer segelten. Tatsächlich gelang es den Portugiesen lange Zeit nicht, in das Rote Meer vorzudringen. Auch in China konnten sie kaum Fuß fassen; und im späten 16. Jahrhundert verloren sie einige ihrer ostafrikanischen Stützpunkte an eine arabische Gegenoffensive.[27]

Es wäre auch falsch anzunehmen, die nicht-europäischen Mächte wären beim ersten Anzeichen westlicher Expansion einfach wie ein Kartenhaus zusammengefallen. Genau dies geschah in Mexiko, Peru und in anderen weniger entwickelten Gesellschaften der Neuen Welt, als die spanischen Abenteurer landeten. Anderswo aber verlief die Geschichte ganz anders. Da die chinesische Regierung dem Seehandel freiwillig den Rücken gekehrt hatte, interessierte es sie nicht besonders, daß der Handel in barbarische Hände fiel; selbst die halbamtlichen Handelsposten, die 1557 von den Portugiesen in Macao gegründet wurden, scheinen, so lukrativ sie auch für die lokalen Seidenhändler und die ein Auge zudrückenden Verwaltungsbeamten gewesen sein müssen, Pekings Gleichmut nicht gestört zu haben. Die Japaner waren sehr viel grober. Als die Portugiesen 1640 eine Gesandtschaft ausschickten, um gegen die Ausweisung der Ausländer zu protestieren, wurden fast alle ihre Mitglieder getötet; Lissabon hatte keine Möglichkeit, Vergeltung zu üben.

Und schließlich hielt die osmanische Seemacht ihre Stellung im östlichen Mittelmeer, und die osmanische Landstreitkraft blieb eine massive Bedrohung für Zentraleuropa. In der Tat war im 16. Jahrhundert »für die meisten europäischen Staatsmänner der Verlust Ungarns von weitaus größerer Bedeutung als die Errichtung von Handelsposten im Orient, und die Bedrohung Wiens erschien bedeutsamer als die eigenen Angriffe auf Aden, Goa und Malakka; nur die an den Atlantik grenzenden Monarchien und ihre späteren Historiker konnten diese Tatsache übersehen«.[28]

Nachdem all diese Vorbehalte ausgesprochen worden sind, gibt es dennoch keinen Zweifel daran, daß die Entwicklung des bewaffneten Großsegelschiffes einen grundlegenden Aufstieg Europas in der Welt ankündigte. Diese Schiffe versetzten die westlichen Seemächte in die Lage, die Handelsrouten der Ozeane zu kontrollieren und alle Gesellschaften, die durch Seemacht verwundbar waren, einzuschüchtern. Schon die ersten großen Zusammenstöße zwischen den Portugiesen und ihren moslemischen Gegnern im Indischen Ozean verdeutlichten dies. Sicherlich haben sie rückschauend übertrieben, aber liest man die Tagebücher und Reiseberichte von da Gama und Albuquerque, die schildern, wie ihre Kriegsschiffe sich mit überlegener Feuerkraft den Weg durch die Flotten arabischer Dhaus und anderer leichter Schiffe freischossen, auf die sie in der Nähe von Malabar und in der Straße von Hormus und Malakka trafen, gewinnt man den Eindruck, als wäre eine außerirdische, übermenschliche Macht über ihre unglückseligen Gegner hereingebrochen. Die neue Taktik, »auf keinen Fall zu entern, sondern die Artillerie einzusetzen«, machte die portugiesischen Besatzungen auf See fast unbesiegbar.[29] Zu Land stand die Sache ganz anders, wie die grimmigen Schlachten (und gelegentlichen Niederlagen) bei Aden, Jidda, Goa und anderswo demonstrierten. So entschlossen und brutal waren diese westlichen Angreifer jedoch, daß es ihnen gelang, sich bis zur Mitte des 16. Jahrhunderts eine Kette von befestigten Stationen zu schaffen, die vom Golf von Guinea bis zum Südchinesischen Meer reichte. Obwohl sie nie in der Lage waren, die ostindische Gewürzroute zu monopolisieren – die meisten Waren flossen weiterhin auf den traditionellen Wegen nach Venedig –, sicherten die Portugiesen sich doch einen beträchtlichen Teil des

Handels und profitierten in großem Maße von ihrer frühen Führung im Wettlauf um die Weltmacht.[30]

Der Profit war natürlich in dem gewaltigen Reich, das die Konquistadoren in kurzer Zeit in der westlichen Hemisphäre errichteten, noch offenkundiger. Von den frühen Siedlungen in Haiti und Kuba aus stießen die Spanier auf das Festland vor und eroberten um 1520 Mexiko und um 1530 Peru. Innerhalb weniger Jahrzehnte erstreckte sich ihr Herrschaftsgebiet vom Rio de la Plata im Süden bis zum Rio Grande im Norden. Spanische Galeonen, die entlang der westlichen Küste verkehrten, handelten mit von den Philippinen kommenden Schiffen und tauschten chinesische Seide gegen peruanisches Silber. In ihrer »Neuen Welt« zeigten die Spanier sehr deutlich, daß sie zu bleiben beabsichtigten, sie bauten eine imperiale Verwaltung auf, errichteten Kirchen, trieben Viehzucht und begannen mit dem Bergbau. Die Eroberer beuteten die Bodenschätze – und mehr noch die eingeborenen Arbeitskräfte – aus, und Zucker, Koschenillefarbstoff, Felle und andere Waren flossen nun in einem nicht mehr abreißenden Strom in ihr Heimatland. Vor allem sandten sie das Silber der Potosí-Mine nach Hause, die über ein Jahrhundert lang die größte Silbermine der Welt war. Dies alles führte zu einem »blitzartigen Anwachsen des transatlantischen Handels, wobei das Volumen zwischen 1510 und 1550 um das Achtfache und zwischen 1550 und 1610 noch einmal um das Dreifache zunahm«.[31]

Alle Anzeichen sprachen also dafür, daß dieser Imperialismus dauerhaft sein sollte. Nicht zu vergleichen mit den flüchtigen Besuchen Cheng Hos, symbolisierte das Verhalten der portugiesischen und spanischen Entdecker, daß sie entschlossen waren, das politische und wirtschaftliche Gleichgewicht der Welt zu verändern. Mit ihren Bordkanonen und ihren musketentragenden Soldaten taten sie genau das. Rückblickend ist es manchmal schwer zu begreifen, wie ein Land mit so begrenzter Bevölkerungszahl und eingeschränkten Ressourcen wie Portugal so weit ausgreifen und so viel an sich reißen konnte. Im Kontext der militärischen Überlegenheit Europas zur See und zu Lande, wie sie oben beschrieben wurde, war dies aber keineswegs unmöglich. War der Anfang einmal getan, beschleunigten die offenkundigen Profite eines Weltreiches und der Wunsch nach mehr aus sich heraus die Expansion.

Es gibt Elemente in dieser Geschichte der »Europäischen Expansion«, die bisher ignoriert oder nur kurz erwähnt worden sind. Der Aspekt der Persönlichkeit ist nicht untersucht worden, und doch spielte er – wie in allen großen Unternehmungen – eine enorme Rolle: in den Ermutigungen durch Männer wie Heinrich dem Seefahrer; in der Erfindungsgabe der Schiffsbauer, Waffenschmiede und Gelehrten; in dem Unternehmertum der Kaufleute und vor allem in dem schieren Mut derer, die an Übersee-Expeditionen teilnahmen und alles erduldeten, was die mächtige See, feindliches Klima, wilde Landschaft und grimmige Gegner ihnen entgegenstellen konnten. Eine komplexe Mischung von Motiven – persönlicher Gewinn, nationaler Ruhm, religiöser Eifer, vielleicht Abenteuerlust – brachte Männer dazu, Kopf und Kragen zu riskieren. Auch wurden die Grausamkeiten bisher eher vernachlässigt, welche die europäischen Eroberer ihren Opfern in Afrika, Asien und Amerika zufügten. Wenn diese Dinge hier kaum erwähnt wurden, dann, weil viele Gesellschaften zu einer Zeit Individuen und Gruppen hervorgebracht haben, die gewillt waren, alles zu wagen und alles zu tun, um sich die Welt untertan zu machen. Was die europäischen Kapitäne, Mannschaften und Forscher auszeichnete, war, daß sie die Schiffe und die Feuerkraft besaßen, um ihre Ziele zu erreichen und daß sie aus einer politischen Umgebung kamen, in der Wettbewerb, Risiko und Unternehmertum vorherrschten.

Die wirtschaftlichen Vorteile, die sich aus der europäischen Expansion ergaben, waren weitreichend und beständig, und – am allerwichtigsten – sie halfen, eine bereits vorhandene Dynamik zu beschleunigen. Die Betonung des Erwerbs von Gold, Silber, kostbaren Metallen und Gewürzen – so wichtig diese Kostbarkeiten auch waren – sollte den Wert der weniger glanzvollen Waren, die in Europas Häfen flossen, sobald die Seeleute die ozeanische Grenze durchbrochen hatten, nicht verdecken. Der Zugang zu den Fischereigründen Neufundlands eröffnete eine offenbar unerschöpfliche Lebensmittelquelle, und der Atlantik sorgte für Wal- und Seehundtran, der für die Beleuchtung, das Schmieren und viele andere Zwecke wichtig war. Zucker, Indigo, Tabak, Reis, Pelze, Holz und neue Pflanzen wie die Kartoffel und der Mais sollten den Wohlstand und das Wohlergehen des Kontinentes fördern; später kamen dann natürlich noch Getreide, Fleisch und Baumwolle hinzu. Man braucht nicht die kosmopolitische Weltwirtschaft des späten 19. Jahrhunderts vorwegzunehmen, um zu verstehen, daß die portugiesischen und spanischen Entdeckungen – innerhalb von Jahrzehnten – eine große, ständig wachsende Bedeutung für die Steigerung des Reichtums und der Macht Westeuropas besaßen. Der Handel mit Massengütern, wie in der Fischerei betrieben, beschäftigte viele Menschen, sowohl im Fischfang als auch in der Verteilung, was die Marktwirtschaft weiter ankurbelte. All dies gab der europäischen Schiffsbauindustrie einen großen Anreiz und zog eine gewaltige Menge Handwerker, Lieferanten, Händler und auch Versicherungsgesellschaften in die Häfen von London, Bristol, Antwerpen, Amsterdam und vielen anderen Städten. In der Wirkung brachte der Handel einem beträchtlichen Teil der westeuropäischen Bevölkerung – und nicht nur einer kleinen Elite – einen dauernden materiellen Nutzen aus den Gewinnen des Überseehandels.

Wenn man noch den Handel hinzufügt, der die russische Expansion zu Lande begleitete – Pelze, Felle, Holz, Hanf, Salz und Getreide, die von dort nach Westeuropa gelangten –, dann haben Gelehrte einigen Grund, dies als den Anfang eines »modernen Weltsystems«[32] zu bezeichnen. Was als eine Anzahl einzelner Expansionen begonnen hatte, entwickelte sich langsam zu einem ineinandergreifenden Ganzen: das Gold von der Küste Guineas und das Silber Perus wurden von Portugiesen, Spaniern und Italienern dazu verwandt, Gewürze und Seide aus dem Orient zu bezahlen; Nutzhölzer aus Rußland dienten dem Kauf von englischen Eisenkanonen; Getreide aus dem Ostseeraum passierte auf seinem Weg ins Mittelmeer Amsterdam. All dies erzeugte einen kontinuierlichen Austausch – jede weitere europäische Expansion brachte neue Entdekkungen und damit Handelsmöglichkeiten, die in zusätzlichen Gewinnen resultierten, die wiederum weitere Expansion anregten. Das geschah nicht unbedingt in einer ungebrochenen Aufwärtsbewegung: ein großer Krieg in Europa oder innere Unruhen konnten die überseeischen Aktivitäten stark reduzieren. Aber die Kolonialmächte gaben selten, wenn überhaupt, ihre Eroberungen wieder auf, und schon nach kurzer Zeit begann eine neue Welle der Expansion und Entdeckung. Denn wenn die etablierten imperialistischen

Mächte ihre Stellung nicht ausnutzten, warteten andere nur darauf, an ihre Stelle zu treten.

Dies war schließlich der wichtigste Grund, warum die Dynamik weiterhin so funktionierte: die vielfältigen, ohnedies scharfen Rivalitäten der europäischen Staaten gingen auf die Territorien in Übersee über. Sosehr sie es auch versuchten, Spanien und Portugal konnten das päpstliche Monopol über die koloniale Welt einfach nicht halten – um so mehr, als man bald feststellte, daß es weder eine nordöstliche noch eine nordwestliche Passage von Europa nach China gab. Schon um 1560 wagten sich holländische, französische und englische Schiffe über den Atlantik vor und ein wenig später bis in den Indischen Ozean und den Pazifik. Dieser Prozeß wurde durch den Verfall des englischen Tuchhandels und den Freiheitskampf der Niederlande beschleunigt. Mit königlichen und aristokratischen Schutzherren, mit Geldmitteln, die von großen Kaufleuten aus Amsterdam und London zur Verfügung gestellt wurden, und mit all dem religiösen und nationalistischen Eifer, den Reformation und Gegenreformation hervorgebracht hatten, machten sich neue Handels- und Plünderungsexpeditionen aus Nordwesteuropa auf den Weg, um sich einen Anteil an der Beute zu sichern. Da gab es die Aussicht, Ruhm und Reichtümer zu erringen, einen Gegner niederzuwerfen, die Ressourcen des eigenen Landes aufzustocken und neue Seelen zu dem einen, wahren Glauben zu bekehren; Argumente gegen solche Unternehmungen waren schwer zu finden.[33]

Ein schönerer Aspekt dieser zunehmenden kommerziellen und kolonialen Rivalität war die sich aufwärtsbewegende Spirale der menschlichen Erkenntnisse – in Wissenschaft und Technologie.[34] Ohne Zweifel waren viele Fortschritte dieser Zeit Abfallprodukte des Wettrüstens und des Raufens um den Überseehandel; aber der allmählich eintretende Nutzen überstrahlte bald seinen ruhmlosen Ursprung. Verbesserte Kartographie, Navigationstabellen, neue Instrumente wie das Fernrohr, das Barometer, der Meßstab und der Kompaß mit kardanischer Aufhängung und bessere Methoden des Schiffsbaus machten Seereisen zu einer weniger unberechenbaren Art der Fortbewegung. Neue Getreidesorten und Pflanzen verbesserten nicht nur die Ernährung, sondern dienten gleichzeitig als Anregung für die Botanik und die Agrarwissenschaften. Metallurgische Kenntnisse und die gesamte Eisenindustrie machten rapide Fortschritte; das gleiche galt für den Bergbau. Auch Astronomie, Medizin, Physik und die Ingenieurwissenschaften profitierten von dem sich beschleunigenden Wirtschaftsrhythmus und der erhöhten Wertschätzung, welche die Wissenschaft genoß. Der forschende, rationale Geist nahm mehr wahr und experimentierte mehr; und die Druckerpressen verbreiteten neben Bibeln in der Landessprache und politischen Abhandlungen auch diese Erkenntnisse. Der kumulative Effekt dieser Wissensexplosion sollte Europas technologische – und damit militärische – Überlegenheit untermauern. Selbst die mächtigen Osmanen, oder zumindest ihre Frontsoldaten und Seeleute, spürten am Ende des 16. Jahrhunderts einige dieser Konsequenzen. Für andere, weniger aktive Gesellschaften sollten die Folgen weitaus schlimmer sein. Ob einige asiatische Staaten, wenn sie ungestört gewesen wären, eine aus eigener Kraft geschöpfte kommerzielle und industrielle Revolution erlebt hätten, bleibt zu bezweifeln;[35] aber klar war, daß es für andere Gesellschaften ungeheuer schwer werden würde, die Leiter zur Weltmacht emporzusteigen, wenn die weiter fortgeschrittenen europäischen Staaten die obersten Sprossen besetzten.

Man kann durchaus sagen, daß sich dieses Problem noch verschärfte, weil es, um die Leiter emporzusteigen, nicht nur der Beschaffung europäischer Ausrüstung und europäischer Technik bedurft hätte: es hätten auch all die Charakteristika übernommen werden müssen, durch die sich die westlichen Gesellschaften von allen anderen unterschieden. Es hätte der Existenz einer Marktwirtschaft bedurft – wenn schon nicht in der von Adam Smith vorgeschlagenen Form, dann wenigstens in dem Maße, daß Kaufleute und Unternehmer nicht ständig abgeschreckt, behindert und ausgebeutet worden wären. Es hätte außerdem der Existenz einer Vielzahl von Machtzentren bedurft, jedes mit einer eigenen wirtschaftlichen Basis, so daß keine Aussicht auf die aufgezwungene Zentralisierung durch ein despotisches Regime im orientalischen Stil bestanden hätte, sondern die Aussicht auf einen progressiven, wenn auch turbulenten und manchmal brutalen Wettbewerbsgeist. Setzt man diesen Gedankengang fort, würde das Fehlen wirtschaftlicher und politischer Rigidität ein ähnliches Fehlen kultureller und ideologischer Orthodoxie implizieren – das heißt, eine Freiheit zu forschen, sich auseinanderzusetzen, zu experimentieren, ein Glaube an die Möglichkeiten der Verbesserung, ein Interesse am Praktischen eher als am Abstrakten, einen Rationalismus, der den Kodex der Mandarine, das religiöse Dogma und die traditionellen Verhaltensweisen ablehnt.[36] In den meisten Fällen waren es weniger positive Elemente, die eine Rolle spielten, als eine Verringerung der Zahl der *Hindernisse*, die das Wirtschaftswachstum und die politische Vielfalt hemmten. Europas größter Vorteil war, daß es weniger *Nach*teile hatte als andere Zivilisationen.

Obwohl es unmöglich ist, dies zu beweisen, drängt sich der Verdacht auf, daß diese verschiedenen allgemeinen Faktoren zueinander in Beziehung standen, daß sie durch eine Art innerer Logik verknüpft und alle notwendig waren. Es war eine Kombination von wirtschaftlichem Laisser-faire, politischem und militärischem Pluralismus und intellektueller Freiheit – wie rudimentär jeder Faktor im Vergleich zu späteren Zeitaltern auch erscheinen mag –, die in ständiger Interaktion standen, um das »Europäische Wunder« zu schaffen. Da das Wunder historisch einmalig ist, scheint es plausibel, anzunehmen, daß nur eine Entsprechung aller Komponenten anderswo ein ähnliches Resultat produziert hätte. Weil diese Mischung entscheidender Zutaten weder in Ming-China, noch in den moslemischen Reichen des Mittleren Ostens und Asiens, noch in anderen zuvor untersuchten Gesellschaften existierte, schienen sie stillzustehen, während Europa sich auf die Mitte der Weltbühne zubewegte.

2 Der Griff der Habsburger nach der Macht, 1519–1659

Im 16. Jahrhundert halfen dann innere Machtkämpfe Europa, sich wirtschaftlich und militärisch über die anderen Regionen der Welt zu erheben. Allerdings war noch nicht entschieden, ob einer der rivalisierenden europäischen Staaten genügend Ressourcen sammeln könnte, um die anderen zu übertreffen und dann zu beherrschen. Nach 1500 drohte anderthalb Jahrhunderte lang eine den Kontinent umspannende Verbindung von Königreichen, Herzogtümern und Provinzen, regiert von spanischen und österreichischen Mitgliedern der Familie der Habsburger, die vorherrschende politische und religiöse Kraft Europas zu werden. Die Geschichte dieses ausgedehnten Kampfes und der endgültigen Zerstörung der habsburgischen Ambitionen durch eine Koalition anderer europäischer Staaten bildet den Kern dieses Kapitels. Um 1659, als Spanien im Pyrenäenfrieden endlich seine Niederlage eingestand, war die politische »Pluralität« Europas – mit fünf oder sechs großen und vielen kleinen Staaten – eine unbestreitbare Tatsache. Zu klären, welche dieser führenden Staaten am meisten von weiteren Verschiebungen innerhalb des Systems der großen Mächte profitieren sollten, kann dem folgenden Kapitel überlassen werden. In der Mitte des 17. Jahrhunderts wurde immerhin deutlich, daß kein einzelner dynastisch-militärischer Block in der Lage war, Beherrscher Europas zu werden, wie es zu manchen Zeiten im Laufe der vergangenen Jahrzehnte möglich erschienen war.

Die ineinandergreifenden Kämpfe um die Vorherrschaft Europas, die für diese anderthalb Jahrhunderte charakteristisch waren, unterschieden sich daher sowohl in ihrem Ausmaß als auch in ihrer Art von den Kriegen vor 1500. Die Auseinandersetzungen, die den europäischen Frieden in den vorhergehenden 100 Jahren gestört hatten, waren »lokaler« Natur; die Zusammenstöße zwischen den verschiedenen italienischen Staaten, die Rivalität zwischen den englischen und französischen Königshäusern und die Kriege der Deutschordensritter gegen die Litauer und die Polen sind typische Beispiele.[1] Als jedoch das 16. Jahrhundert seinen Lauf nahm, wurden diese traditionellen regionalen Kämpfe in einen aus Sicht der Zeitgenossen weit größeren Wettstreit um die Herrschaft des Kontinents eingegliedert oder verblaßten zumindest neben ihm.

Die Bedeutung und die Chronologie des Kampfes

Obwohl es auch immer spezifische Gründe dafür gab, warum ein bestimmter Staat in diesen größeren Konflikt hineingezogen wurde, waren zwei eher allgemeine Gründe für die Veränderung der Intensität und der geographischen Ausdehnung der europäischen Kriegsführung verantwortlich. Der erste war das Einsetzen der Reformation – entflammt durch Martin Luthers persönliche Revolte gegen die päpstlichen Ablässe um 1517. Sie verlieh den traditionellen dynastischen Rivalitäten auf dem Kontinent rasch eine neue, grimmige Dimension. Aus bestimmten sozio-ökonomischen Gründen trug die protestantische Reformation – und die als Antwort folgende katholische Gegenreformation zur Vernichtung der Häresie – zur Trennung der südlichen von der nördlichen Hälfte Europas und des aufsteigenden städtischen Bürgertums von den feudalen Schichten bei (wobei es natürlich immer Ausnahmen zu solch generellen Eingruppierungen gibt).[2] Aber entscheidend war, daß die »Christenheit« sich spaltete und daß auf dem Kontinent jetzt eine große Zahl von Individuen in einen *übernationalen* Kampf um religiöse Doktrin verstrickt war. Erst in der Mitte des 17. Jahrhunderts, als die Menschen schließlich vor den Exzessen und der Sinnlosigkeit der Religionskriege zurückschreckten, kam es zu einer allgemeinen, wenn auch widerwilligen, Anerkennung der konfessionellen Spaltung Europas.

Der zweite Grund für die nach 1500 viel weitläufigere, verwobenere Struktur der Kriegsführung war das von der dynastischen Verbindung der Habsburger geschaffene Netzwerk von Territorien, das von Gibraltar bis Ungarn und von Sizilien bis Amsterdam reichte und in seiner Größe alles übertraf, was Europa seit den Zeiten Karls des Großen 700 Jahre zuvor gesehen hatte. Den Habsburger Herrschern, die ursprünglich aus Österreich stammten, war es gelungen, regelmäßig zum Kaiser des Heiligen Römischen Reiches gewählt zu werden – ein Titel, der seit dem Hochmittelalter nur noch nominell von Bedeutung war, aber immer noch von allen Fürsten, die eine größere Rolle in deutschen wie in europäischen Belangen spielen wollten, angestrebt wurde.

Von größerer praktischer Bedeutung war die unübertroffene Gabe der Habsburger, durch Heirat und Erbe ihre Territorien zu vermehren. Ein solcher Schachzug Maximilians I. von Österreich (1493–1519 und Kaiser des Heiligen Römischen Reiches von 1508–1519) hatte ihnen die reichen, erblichen Ländereien von Burgund und damit die seit 1477 mit ihnen verbundenen Niederlande eingebracht. Außerdem kamen als Ergebnis eines Heiratsvertrages von 1515 die wichtigen Territorien Ungarn und Böhmen dazu. Obwohl Ungarn nicht zum Heiligen Römischen Reich gehörte und daher viele Freiheiten besaß, beherrschten die Habsburger somit einen großen Länderblock, der sich quer durch Mitteleuropa zog. Aber die am weitesten reichende von Maximilians dynastischen Verbindungen war die Heirat seines Sohnes Philipp mit Johanna, der Tochter Ferdinands und Isabellas von Spanien, deren eigene frühere Eheschließung die Besitzungen von Kastilien und Aragon (das Neapel und Sizilien einschloß) zusammengeführt hatte. Der »letztliche Erbe«[3] all dieser Heiratsverträge war Karl, der älteste Sohn von Philipp und Johanna. Geboren im Jahre 1500, wurde er im Alter von 15 Jahren Herzog von Burgund und ein Jahr später als Karl I. König von Spanien und trat dann im Jahre 1519 die Nachfolge seines Großvaters väterlicherseits Maximilian I. als Kaiser des Heiligen Römischen Reiches und als Herrscher über die habsburgischen Erblande in Österreich an. Als Kaiser Karl V. vereinigte er also alle vier Erbschaften bis zu seinen Abdankungen von 1555 und 1556 (siehe Karte 3). Nur einige Jahre nach seiner Wahl zum deutschen Kaiser, 1526, gab der Tod des kinderlosen Ungarnkönigs Ludwig in der Schlacht gegen die Türken bei Mohács Karl die Möglichkeit, Anspruch auf die beiden Kronen von Ungarn und Böhmen zu erheben.

Die Heterogenität und Ausdehnung dieser Territorien, die wir im

Karte 3: Das Erbe Karl V., 1519
Von seinem Großvater väterlicherseits, Maximilian von Österreich
Von seiner Großmutter väterlicherseits, Maria von Burgund
Von seinem Großvater mütterlicherseits, Ferdinand von Aragon
Von seiner Großmutter mütterlicherseits, Isabella von Kastilien
NORDSEE
OSTSEE
ATLANTIK
NIEDERLANDE
ÖSTERREICH
KASTILIEN
ARAGON
SARDINIEN
NEAPEL
MITTELMEER
SIZILIEN
0
750 km

folgenden näher betrachten werden, mögen den Eindruck erwekken, daß das habsburgische Imperium niemals den einheitlichen, zentralisierten asiatischen Reichen ebenbürtig sein konnte. Schon in den 1520er Jahren übergab Karl seinem jüngeren Bruder Ferdinand die Verwaltung und fürstliche Souveränität über die österreichischen Erblande und über die neu erworbenen Ländereien Ungarn und Böhmen – lange vor seiner Abdankung erkannte er damit die Tatsache an, daß die spanischen und österreichischen Erblande nicht in effektiver Weise von einer Person regiert werden konnten. Dies war jedoch *nicht* die Ansicht der anderen Fürsten und Staaten über diese gewaltige Zusammenballung habsburgischer Macht. Den französischen Königen aus dem Hause Valois, die gerade ihre Autorität im Innern gefestigt hatten und begierig waren, auf die reiche italienische Halbinsel vorzudringen, schien es, als kreisten die Besitzungen Karls V. den französischen Staat ein – und es ist kaum übertrieben zu sagen, daß es das wichtigste Ziel der Franzosen in Europa für die nächsten zwei Jahrhunderte sein würde, den Einfluß der Habsburger zu brechen. In ähnlicher Weise mußte es die deutschen Fürsten und Kurfürsten, die lange gegen jede wirkliche Macht des Kaisers innerhalb Deutschlands gekämpft hatten, alarmieren, daß die Position Karls V. durch die vielen zusätzlichen Territorien so gestärkt war, daß er nun vielleicht genügend Ressourcen hatte, um ihnen seinen Willen aufzuzwingen. Auch die Päpste mochten diese Anhäufung habsburgischer Macht nicht, selbst wenn diese oft zur Bekämpfung der Türken, der Lutheraner und anderer Gegner benötigt wurde.

Betrachtet man daher die dem europäischen Staatensystem innewohnenden Rivalitäten, war es kaum wahrscheinlich, daß die Macht der Habsburger unangefochten bleiben würde. Dieses Konfliktpotential wurde durch seine Verflechtung mit den religiösen, durch die Reformation hervorgerufenen Auseinandersetzungen in eine bittere und anhaltende Realität verwandelt. Denn die hervorragendsten und mächtigsten Habsburger Monarchen – Kaiser Karl V. und sein späterer Nachfolger Ferdinand II. (1619–1637) und die spanischen Könige Philip II. (1556–1598) und Philip IV. (1621–1665) – waren anderthalb Jahrhunderte lang auch die militantesten Verteidiger des Katholizismus. Als Folge davon wurde es fast unmöglich, die machtpolitischen von den religiösen Strängen der europäischen Rivalitäten zu trennen, die den Kontinent zu dieser Zeit durchzogen. Jeder Zeitgenosse erkannte, daß falls es Karl V. gelungen wäre, die deutschen protestantischen Fürsten in den 1540er Jahren zu vernichten, dies nicht nur ein Sieg des katholischen Glaubens, sondern auch der Habsburger gewesen wäre – und das gleiche galt für den Versuch Philips II., die religiösen Unruhen in den Niederlanden nach 1566 zu unterdrücken; und es trifft im übrigen auch für die Entsendung der Spanischen Armada zu, die 1588 England angreifen sollte. Dynastische Rivalitäten waren nun mit religiösem Eifer verschmolzen und ließen Männer da weiterkämpfen, wo sie früher zu Kompromissen bereit gewesen wären.

Es mag zwar etwas übertrieben erscheinen, mit dem Titel »Der Griff der Habsburger nach der Macht« die gesamte Zeitspanne von 1519, als Karl V. als Kaiser des Heiligen Römischen Reiches den Thron bestieg, bis 1659, als die Spanier ihre Niederlage im Pyrenäenfrieden anerkannten, zu umschreiben. Offensichtlich *glaubten* ihre Feinde aber fest daran, daß die Habsburger Monarchen entschlossen waren, die absolute Vorherrschaft an sich zu reißen. So schilderte der elisabethanische Schriftsteller Francis Bacon 1595 den »Ehrgeiz und die Bedrückung Spaniens« in düsteren Farben:

> Frankreich ist auf den Kopf gestellt ... Portugal einverleibt ... die Niederlande werden bekriegt ... Ähnliches versucht man heute mit Aragon ... Die armen Indianer werden zu Sklaven gemacht.[4]

Aber trotz der gelegentlichen Rhetorik einiger Habsburger Minister, die von einer »Welt-Monarchie«[5] sprachen, gab es keinen bewußten Plan, Europa im Stile Napoleons oder Hitlers zu beherrschen. Einige der dynastischen Vermählungen oder Erbfolgen waren eher ein glücklicher Zufall, allenfalls von einem inspirierten Moment getragen, als ein Beweis für einen langfristigen Plan territorialer Vergrößerung. In bestimmten Fällen – zum Beispiel der häufigen französischen Invasionen Norditaliens – wurden die Habsburger mehr provoziert, als daß sie selbst provozierten. Nach 1540 wurden die spanischen und die kaiserlichen Armeen im Mittelmeerraum wiederholt durch die Kampfhandlungen des wiederauflebenden Islam in die Defensive gedrängt.

Trotzdem bleibt die Tatsache bestehen, daß den Habsburger Herrschern, wenn sie ihre begrenzten, regionalen Ziele erreicht hätten – auch nur ihre *defensiven* Ziele –, die Herrschaft Europas praktisch in die Hände gefallen wäre. Sie hätten das Osmanische Reich von der nordafrikanischen Küste und aus den Gewässern des östlichen Mittelmeeres verdrängt. Der Protestantismus wäre innerhalb Deutschlands unterdrückt worden. Die Revolte der Niederlande wäre niedergeschlagen worden. Man hätte freundlich gesonnene Regierungen in England und Frankreich auf dem Thron gehalten. Nur Skandinavien, Polen, Rußland und die unter osmanischer Herrschaft stehenden Länder wären nicht der Macht und dem Einfluß der Habsburger – und dem gleichzeitigen Triumph der Gegenreformation – unterworfen worden. Obwohl Europa selbst dann noch nicht an die Einheit Ming-Chinas herangekommen wäre, hätten die politischen und religiösen Prinzipien der Habsburger mit Sitz in Madrid und Wien doch den Pluralismus stark untergraben, der über so lange Zeit das Hauptmerkmal des Kontinents gewesen war.

Die Chronologie dieser anderthalb Jahrhunderte des Krieges kann in einer analytischen Arbeit wie dieser nur kurz zusammengefaßt werden. Was dem modernen Leser wahrscheinlich viel mehr ins Auge springt als die Namen und der Ausgang verschiedener Schlachten (Pavia, Lützen etc.), ist die enorme Länge dieser Auseinandersetzungen. Der Kampf gegen die Türken zog sich über Jahrzehnte hin. Der Versuch Spaniens, die Revolte der Niederlande zu zerschlagen, dauerte mit einer kurzen Unterbrechung von 1560 bis 1648 und wird in manchen Werken als Achtzigjähriger Krieg bezeichnet; der große, multidimensionale Konflikt, den die österreichischen und spanischen Habsburger gegen die unterschiedlichsten Koalitionen feindlicher Länder von 1618 bis zum Westfälischen Frieden von 1648 ausfochten, ist schon immer unter dem Namen Dreißigjähriger Krieg bekannt gewesen. Offensichtlich gewann dadurch die relative *Fähigkeit* einzelner Länder, Jahr für Jahr und Jahrzehnt um Jahrzehnt die Lasten des Krieges zu tragen, eine große Bedeutung. Und die Rolle der materiellen und finanziellen

Grundbedingungen des Krieges wuchs durch die Tatsache, daß zu dieser Zeit eine »militärische Revolution« stattfand, welche die Formen des Kampfes veränderte und ihn viel teurer machte als je zuvor. Die Gründe für diesen Wandel und seine Hauptmerkmale werden in Kürze dargestellt werden. Aber schon bevor ein knapper Überblick über die Ereignisse gegeben wird, sollte man wissen, daß zum Beispiel die militärischen Gefechte der 1520er Jahre, vom Einsatz an Menschen und Material her gesehen, verglichen mit denen der 1630er Jahre sehr geringfügig erschienen.

Die erste Serie größerer Kriege konzentrierte sich auf Italien, dessen reiche und verletzliche Stadtstaaten schon 1494 die französischen Monarchien zur Invasion verführt hatten – was, wie vorherzusehen war, wiederum zu einer Reihe von Koalitionen rivalisierender Mächte (Spanien, die österreichischen Habsburger, sogar England) geführt hatte, die versuchten, die Franzosen zum Rückzug zu zwingen.[6] 1519, als Spanien und Frankreich sich immer noch über den Anspruch auf Mailand stritten, wurde bekannt, daß Karl V. zum Kaiser des Heiligen Römischen Reiches gewählt worden war und die vereinten Habsburger Ländereien Spaniens und Österreichs geerbt hatte. Diese Anhäufung von Titeln seines Erzfeindes trieb den ehrgeizigen französischen König Franz I. (1515–1547) dazu, eine ganze Reihe von Gegenzügen nicht nur in Italien, sondern auch an den Grenzen Burgunds, in den südlichen Niederlanden und in Spanien zu initiieren. Der Einfall Franz I. nach Italien endete mit seiner Niederlage und Gefangennahme in der Schlacht bei Pavia (1525), aber schon nach vier Jahren führte der Monarch wieder eine Armee nach Italien – und wurde wieder von den Habsburgern zurückgeschlagen. Obwohl Franz seine Ansprüche auf Italien 1529 im Frieden von Cambrai erneut aufgab, führte er wegen dieser Besitzungen in den 1530er und 1540er Jahren immer wieder Krieg mit Karl V.

Betrachtet man das Ungleichgewicht der Armeen Frankreichs und Habsburgs zu dieser Zeit, so fiel es Karl V. wahrscheinlich nicht sehr schwer, die französischen Expansionsversuche immer wieder aufzuhalten. Seine Aufgabe wurde jedoch dadurch erschwert, daß er als Kaiser des Heiligen Römischen Reiches viele andere Feinde geerbt hatte. Die gefährlichsten unter ihnen waren die Türken, die sich in den 1520er Jahren nicht nur über die ungarischen Ebenen ausgedehnt hatten (und 1529 Wien belagerten), sondern auch von der See eine Bedrohung Italiens und in Verbindung mit den berbischen Korsaren Nordafrikas sogar der spanischen Küsten selbst darstellten.[7] Was außerdem die Situation verschlimmerte, war die heimliche und unheilige Allianz, die in diesen Jahrzehnten zwischen dem osmanischen Sultan und Franz I. gegen die Habsburger bestand: 1542 verbanden sich tatsächlich französische und osmanische Flotten zu einem Angriff auf Nizza.

Das andere große Problemgebiet Karls V. war Deutschland, das von der Reformation zerrissen worden war, und wo Luthers Angriff auf die alte Ordnung nun von einem Bund protestantischer Fürstentümer unterstützt wurde. Betrachtet man seine anderen Probleme, überrascht es nicht, daß Karl V. seine Energien nicht vor Mitte der 1540er Jahre auf die Herausforderung Luthers in Deutschland konzentrieren konnte. Als er es dann tat, war er zuerst recht erfolgreich – besonders als er die Armeen der führenden protestantischen Fürsten in der Schlacht bei Mühlberg (1547) besiegte. Aber jegliche Vergrößerung der habsburgischen und der kaiserlichen Autorität alarmierte immer die Gegner Karls V., so daß sowohl die norddeutschen Fürsten als auch die Türken, Heinrich II. von Frankreich (1547–1559) und selbst das Papsttum danach strebten, seine Position zu schwächen. 1552 waren französische Armeen zur Unterstützung der protestantischen Staaten nach Deutschland einmarschiert und versetzten sie in die Lage, sich den zentralisierenden Tendenzen des Kaisers zu widersetzen. Dies wurde durch den Augsburger Religionsfrieden (1555), der die Glaubenskriege in Deutschland zu einem vorläufigen Ende brachte, und durch den Frieden von Cateau-Cambrésis (1559), der den französisch-spanischen Konflikt beendete, bestätigt. Es wurde in gewisser Weise auch durch die Abdankungen Karls V. bekräftigt – 1555 als Kaiser des Heiligen Römischen Reiches zugunsten seines Bruders Ferdinand I. (Kaiser von 1555–1564) und 1556 als König von Spanien zugunsten seines Sohnes Philipp II. (1556–1598). Wenn die österreichischen und die spanischen Zweige der Familie auch nach dieser Zeit noch in enger Beziehung zueinander standen, so war es jetzt so, daß (wie der Historiker Mamatey es ausdrückt) »die Habsburger, wie der doppelköpfige schwarze Adler im kaiserlichen Wappen, von nun an zwei Köpfe hatten: einen in Wien und einen in Madrid, mit Blick nach Osten und nach Westen«.[8]

Während der östliche Zweig unter Ferdinand I. und seinem Nachfolger Maximilian II. (Kaiser von 1564–1576) in seinen Besitzungen relativen Frieden genoß (bis auf einen türkischen Angriff von 1566–1567), hatte der westliche Zweig unter Philipp II. von Spanien weit weniger Glück. Die berbischen Korsaren griffen die Küsten von Portugal und Kastilien an, und nach ihnen nahmen die Türken ihren Kampf um den Mittelmeerraum wieder auf. Demzufolge wurde Spanien wiederholt in neue große Kriege gegen das Osmanische Reich verwickelt – angefangen bei der Expedition nach Djerba, über den Streit um Malta 1565, der Seeschlacht bei Lepanto 1571 und der wechselvollen Schlacht um Tunis, bis schließlich zum Waffenstillstand von 1581.[9] Fast zur gleichen Zeit hatte jedoch Philipps Politik religiöser Intoleranz und erhöhter Besteuerung die Unzufriedenheit in den habsburgischen Niederlanden geweckt und bis zur offenen Revolte getrieben. Auf den Zusammenbruch der spanischen Autorität Mitte der 1560er Jahre reagierte Madrid, indem es eine Armee unter dem Herzog von Alba nach Norden schickte und dem Land eine militärische Gewaltherrschaft auferlegte. Das wiederum provozierte den totalen Widerstand der meerumgürteten, streitbaren niederländischen Provinzen Holland und Seeland und warnte England, Frankreich und Deutschland vor den spanischen Absichten. Die Engländer waren noch aufgewühlter, als Philipp II. 1580 das benachbarte Portugal mitsamt seinen Kolonien und Flotten annektierte. Aber wie bei allen anderen Versuchen der Habsburger, ihre Macht auszudehnen, war das vorhersehbare Ergebnis, daß sich ihre vielen Rivalen bemüßigt fühlten einzugreifen, um eine zu große Verschiebung des Mächtegleichgewichts zu vermeiden. In den 1580er Jahren hatte sich das, was als lokale Rebellion niederländischer Protestanten gegen die spanische Herrschaft begonnen hatte, zu einem neuen internationalen Konflikt ausgeweitet.[10] In den Niederlanden selbst setzten sich die Kriegshandlungen mit Belagerungen und Gegenbelagerungen ohne spektakuläre Ergebnisse fort. Jenseits des Kanals, in England, hatte Elisabeth I. mit inneren Bedrohungen ihrer Autorität (seien sie spanisch oder päpstlich) aufgeräumt und bot den niederländischen Rebellen militärische Unterstützung. In Frankreich hatte die Schwächung der Monarchie zu einem bitteren religiösen Bürgerkrieg geführt, in dem die Katholische Liga (von Spanien unterstützt) und ihre Rivalen, die Hugenotten (von Elisabeth und den Niederländern unterstützt), um die Vorherrschaft kämpften. Auf See unterbrachen niederländische und englische Freibeuter die spanische Nachschubroute in Richtung Niederlande und trugen den Kampf bis nach Westafrika und in die Karibik.

Während einiger Phasen dieses Ringens, besonders in den späten 1580er und frühen 1590er Jahren, sah es so aus, als würde der mächtige spanische Feldzug erfolgreich sein; im September 1590 beispielsweise waren spanische Armeen in Languedoc und in der Bretagne im Einsatz, und eine weitere Armee unter dem großen Feldherren Herzog von Parma marschierte von Norden her auf Paris zu. Aber die Linien der anti-spanischen Armeen hielten stand – sogar unter so starkem Druck. Der charismatische, hugenottische Anwärter auf die Krone von Frankreich, Heinrich von Navarra, war flexibel genug, vom Protestantismus zum Katholizismus überzutreten, um seinen Anspruch auf den Thron zu untermauern – und um dann einen ständig wachsenden Teil der französischen Nation gegen die Spanier und die diskreditierte Katholische Liga zu führen. Im Frieden von Vervins 1598 – dem Todesjahr Philipps II. von Spanien – erklärte sich Madrid bereit, jegliche Einmischung in Frankreich aufzugeben. Zu dieser Zeit war auch Elisabeths England gesichert. Die große Armada von 1588 und zwei weitere spanische Invasionsversuche waren kläglich gescheitert, wie auch der Versuch, eine katholische Rebellion in Irland auszunutzen, das von Elisabeths Armeen langsam zurückerobert wurde. 1604, nach dem Tode Philipps II. und Elisabeths, gingen Spanien und England einen Kompromißfrieden ein. Es dauerte jedoch noch weitere fünf Jahre, nämlich bis zum Waffenstillstand von 1609, bis Madrid mit den niederländischen Rebellen einen Frieden aushandelte. Aber schon lange davor wurde deutlich, daß die Macht der Spanier nicht ausreichte, um die Niederlande zu unterwerfen, denn sie konnten sie weder zur See schlagen noch die von der kampftüchtigen Armee Moritz von Nassaus bemannten, stark verteidigten Landbefestigungen einnehmen. Die fortdauernde Existenz der drei Staaten, Frankreich, England und die Vereinigten Niederlande, von denen jeder die Macht hatte, den Habsburgern in Zukunft ihre Ansprüche streitig zu machen, zeigte erneut, daß Europa um 1600 aus vielen Nationen bestehen und nicht unter die Hegemonie einer Macht fallen würde.

Die dritte große Folge von Kriegen, die Europa in dieser Zeit erschütterte, begann nach 1618 und fiel schwer auf Deutschland. Das Land war im späten 16. Jahrhundert von einem umfassenden Konfessionskrieg verschont geblieben, aber nur weil die Autorität und der Intellekt Rudolfs II. (Kaiser des Heiligen Römischen Reiches, 1576–1612) schwächer geworden war und die Türken erneut das Donaubecken bedrohten (1593–1606). Hinter dieser Fassade deutscher Einheit kämpften jedoch die rivalisierenden katholischen und protestantischen Kräfte darum, die eigene Position zu stärken und die des Feindes zu schwächen. Zu Beginn des 17. Jahrhunderts verstärkte sich die Rivalität zwischen der Protestantischen Union (gegründet 1608) und der Katholischen Liga (1609). Weil darüber hinaus die spanischen Habsburger ihre österreichischen Cousins unterstützten und der Führer der Protestantischen Union, der Kurfürst Friedrich IV., Verbindungen zu England und den Niederlanden hatte, schien es, als bereiteten sich die meisten europäischen Staaten auf eine endgültige Austragung ihrer politisch-religiösen Gegensätze vor.[11]

Die Revolte der protestanischen Stände Böhmens von 1618 gegen ihren neuen katholischen Herrscher, Ferdinand II. (Kaiser 1619–1637), entzündete daher eine weitere Runde grausamer Religionskämpfe: den Dreißigjährigen Krieg von 1618–1648. In den frühen Phasen dieses Konfliktes erging es den von einer spanisch-habsburgischen Armee unter General Spinola geschickt unterstützten kaiserlichen Truppen gut. Aber daraus folgte, daß eine heterogene Verbindung religiöser und weltlicher Mächte in den Konflikt eintrat, die wieder einmal eifrig bemüht war, das Mächtegleichgewicht in die entgegengesetzte Richtung zu verschieben. Die Niederländer, die ihren Waffenstillstand mit Spanien 1609 aufhoben, rückten in das Rheinland vor, um Spinolas Armeen entgegenzuwirken. 1626 marschierte eine dänische Armee unter ihrem Monarchen Christian IV. von Norden nach Deutschland ein. Hinter den

Kulissen bemühte sich der einflußreiche französische Staatsmann Kardinal Richelieu, den Habsburgern, wo er nur konnte, Ärger zu bereiten. Keiner dieser militärischen oder diplomatischen Gegenzüge war jedoch sehr erfolgreich, und in den späten 1620er Jahren war Kaiser Ferdinands machtvoller Feldherr Wallenstein auf dem besten Wege, eine allumfassende Zentralmacht über Deutschland zu errichten, die im Norden sogar bis zur Ostseeküste reichte.[12]

Aber diese rapide Anhäufung imperialer Macht spornte die vielen Feinde der Habsburger zu noch härterem Kampf an. In den 1630er Jahren war der entschlossenste unter ihnen der attraktive und einflußreiche schwedische König, Gustav Adolf II. (1611–1632), dessen gutausgebildete Armee 1630 in Norddeutschland einfiel und im folgenden Jahr nach Süden in das Rheinland und nach Bayern vorstieß. Obwohl Gustav Adolf selbst 1632 in der Schlacht von Lützen fiel, verminderte dies in keiner Weise die beträchtliche schwedische Rolle in Deutschland – oder die Dimension des Krieges im ganzen. Im Gegenteil, 1634 hatten sich die Spanier unter Philipp IV. (1621–1655) und seinem ausgezeichneten Ersten Minister Graf-Herzog von Olivares dazu entschlossen, ihren österreichischen Cousins umfassender zu helfen als zuvor. Aber die Entsendung einer mächtigen spanischen Armee unter General Kardinal-Infante in das Rheinland zwang Richelieu wiederum, sich für ein direktes französisches Eingreifen zu entscheiden und 1635 Truppen über die Grenzen zu schicken. Schon Jahre zuvor war Frankreich der stillschweigende, indirekte Führer der anti-habsburgischen Koalition gewesen, der allen geholfen hatte, die gegen die kaiserlichen und spanischen Armeen kämpften. Jetzt brach der Konflikt offen aus, und beide Koalitionen begannen noch mehr Truppen, Waffen und Geld zu mobilisieren. Die Sprache wurde kriegerischer. »Entweder ist alles verloren, oder Kastilien beherrscht die Welt«, schrieb Olivares 1635, als er die drei Invasionen Frankreichs für das nächste Jahr plante.[13]

Die Eroberung eines Gebietes, das so groß war wie Frankreich, lag jedoch jenseits der Möglichkeiten der Habsburger Armeen, die sich zwar kurzzeitig Paris näherten, aber im ganzen zu weit über Europa verteilt waren. Schwedische und deutsche Truppen bedrängten die kaiserlichen Armeen im Norden. Die Niederländer und die Franzosen nahmen die spanischen Niederlande in die Zange. Außerdem zwang 1640 eine portugiesische Revolte Madrid, spanische Truppen und Ressourcen aus Nordeuropa abzuziehen, um sie in weit größerer Nähe des eigenen Landes einzusetzen. Trotzdem waren es nie genug, um eine Wiedervereinigung der Halbinsel zu bewirken. In der Tat drohte durch die gleichzeitige katalanische Rebellion – welche die Franzosen freudig unterstützten – in den frühen 1640er Jahren die Gefahr einer Zersplitterung des spanischen Kerngebietes. In Übersee fielen niederländische See-Expeditionen in Brasilien, Angola und Ceylon ein und verwandelten somit die Auseinandersetzung in das, was manche Historiker als den ersten Weltkrieg bezeichnen.[14] Wenn die letztgenannten Aktionen den Niederlanden auch Gewinne einbrachten, so litten die meisten anderen kriegführenden Länder zu dieser Zeit doch schwer unter den langjährigen militärischen Anstrengungen; die Armeen der 1640er Jahre wurden langsam kleiner als die der 1630er, die finanzielle Lage der Regierungen hoffnungsloser, die Geduld der Menschen geringer und ihre Proteste heftiger. Aber die verschlungene Struktur dieses Kampfes erschwerte jedem einzelnen den Rückzug. Viele protestantische deutsche Staaten hätten sich zurückgezogen, wären sie sicher gewesen, daß die schwedischen Armeen den Kampf einstellen und nach Hause gehen würden; und Olivares und die anderen spanischen Staatsmänner hätten einen Waffenstillstand mit Frankreich ausgehandelt, aber diese wollten die Niederländer nicht im Stich lassen. Auf verschiedenen Ebenen wurden geheime Friedensverhandlungen geführt, während gleichzeitig an den unterschiedlichen Fronten gekämpft wurde, und jede Macht tröstete sich mit dem Gedanken, daß ein weiterer Sieg ihre Ansprüche am Tage der allgemeinen endgültigen Abrechnung stärken würde.

Demzufolge war das Ende des Dreißigjährigen Krieges eine unordentliche Angelegenheit. Spanien schloß 1648 plötzlich mit den Niederlanden Frieden und erkannte endlich deren vollständige Unabhängigkeit an. Aber dies geschah nur, um Frankreich eines Alliierten zu berauben, und der französisch-habsburgische Kampf setzte sich fort. Er wurde allerdings Ende des Jahres zu einem ausschließlich französisch-spanischen Konflikt, denn durch den Westfälischen Frieden (1648) kam Deutschland endlich zur Ruhe, und die österreichischen Habsburger konnten sich aus dem Kampf zurückziehen. Während einzelne Staaten und Herrscher gewisse Gewinne erzielten (und gewisse Verluste hinnehmen mußten), war das Wesentliche des Westfälischen Friedens, daß er innerhalb des Heiligen Römischen Reiches ein religiöses und politisches *Gleichgewicht* herstellte und somit die Grenzen kaiserlicher Macht festschrieb. So blieben Frankreich und Spanien in einen Krieg verstrickt, der ausschließlich mit nationalen Rivalitäten und nichts mehr mit Religion zu tun hatte, was Richelieus Nachfolger Mazarin bewies, indem er 1655 mit Cromwells protestantischem England eine Allianz einging, mit deren Hilfe er die Spanier schließlich dazu brachte, Frieden zu schließen. Die Bedingungen des Pyrenäenfriedens (1659) waren zwar nicht besonders hart, aber da Spanien gezwungen war, sich mit seinem Erzfeind zu einigen, wurde deutlich, daß das Zeitalter der habsburgischen Vorherrschaft in Europa zu Ende war. Der Regierung Philipps IV. blieb als einziges »Kriegsziel« die Erhaltung der iberischen Einheit, und selbst dieses Ziel mußte 1668 aufgegeben werden, als Portugals Unabhängigkeit offiziell anerkannt wurde.[15] Die politische Fragmentierung des Kontinents blieb im Grunde so erhalten, wie sie seit der Thronbesteigung Karls V. im Jahre 1519 existiert hatte. Spanien allerdings hatte noch unter weiteren Rebellionen und Gebietsverlusten bis zum Ende des 17. Jahrhunderts zu leiden (s. Karte 4) – es zahlte den Preis für seine ursprüngliche strategische Überdehnung.

Stärken und Schwächen des Habsburger Blocks

Warum scheiterten die Habsburger?[16] Da dieses Thema so umfassend ist und der Prozeß so langwierig war, scheint es wenig sinnvoll, nach persönlichen Gründen wie dem Wahnsinn des Kaisers Rudolf II. oder der Inkompetenz Philipps III. von Spanien zu suchen. Es ist auch schwer zu argumentieren, daß die Dynastie der Habsburger und ihre Herrscher besonders unzulänglich gewesen wären, wenn man die Schwächen vieler zeitgenössischer französischer und englischer Monarchen und die Korruptheit oder die Geistesschwäche mancher deutscher Fürsten in Betracht zieht. Das Puzzle scheint

Karte 4: Der Zusammenbruch der spanischen Herrschaft in Europa
REVOLTEN
VERSCHWÖRUNGEN
ABTRETUNGEN
NORDSEE
OSTSEE
ATLANTIK
NIEDERLANDE
(Holländische Unabhängigkeit 1648 anerkannt)
SÜDLICHE NIEDERLANDE
(1714 an Österreich)
ARTOIS
(1659 an Frankreich)
FRANCHE COMTÉ
(1678 an Frankreich)
MAILAND
(1714 an Österreich)
ROSELLON
(1659 an Frankreich)
VIZCAYA
(Revolte 1631–32)
ARAGON
(1648)
PORTUGAL
(Unabhängigkeitskrieg 1640–68)
KATALONIEN
(Revolte 1640–52)
NEAPEL
(Revolte 1647)
ANDALUSIEN
(1641)
SARDINIEN
(1714 an Österreich)
NEAPEL
(1714 an Österreich)
MITTELMEER
SIZILIEN
(Aufstände 1647, 1674)
0
750 km

um so schwieriger, wenn man sich an die gewaltige Akkumulation materieller Macht erinnert, die den Habsburgern zur Verfügung stand:

> Karl V. erbte die vier Kronen der vier wichtigen Dynastien Kastilien, Aragon, Burgund und Österreich; später erwarb sein Haus die Kronen von Böhmen, Ungarn, Portugal und für kurze Zeit sogar die von England; diese dynastischen Ereignisse gingen mit der spanischen Eroberung und Ausbeutung der Neuen Welt einher, und dies alles brachte dem Haus der Habsburger eine Fülle von Ressourcen, mit der sich keine andere europäische Macht messen konnte.[17]

In Anbetracht der Lücken und Ungenauigkeiten in vorhandenen Statistiken sollte man sich nicht zu sehr auf die Bevölkerungszahlen dieser Zeit verlassen; aber es scheint gerechtfertigt anzunehmen, daß ein Viertel aller europäischen Völker in von Habsburg regierten Gebieten lebten. Solche groben Schätzungen* sind jedoch weniger bedeutsam als der Wohlstand dieser Regionen, und da schien die dynastische Erbschaft reich gesegnet zu sein.

Die Habsburger hatten fünf Haupt- und mehrere kleinere Einnahmequellen. Bei weitem die wichtigste war die spanische Erbschaft Kastiliens, da es direkt regiert wurde und die Cortes und die Kirche der Krone verschiedene Arten von Steuern (die Umsatzsteuer, die »Kreuzzugssteuer« auf kirchliches Eigentum) gewährt hatten. Außerdem konnten die beiden wohlhabendsten Handelsgegenden Europas – die italienischen Staaten und die Niederlande – vergleichsweise große Geldsummen aufbringen, die aus dem florierenden Handel und dem beweglichen Kapital stammten. Die vierte Quelle, deren Bedeutung mit der Zeit zunahm, war das Einkommen aus dem amerikanischen Kolonialreich. Der »königliche Fünfte« des dort gefundenen Goldes und Silbers in Verbindung mit der Umsatzsteuer, den Zöllen und den Kirchensteuern der Neuen Welt, sicherte den spanischen Königen ein gewaltiges Einkommen. Sie profitierten davon nicht nur direkt, sondern auch indirekt, denn die amerikanischen Schätze, die in private Hände fielen, ob in

* Grob geschätzt hieße das ca. 25 Millionen, während um 1600 die gesamte europäische Bevölkerung 105 Millionen umfaßte.

spanische, flämische oder italienische, halfen diesen Individuen und Kompanien, die ihnen auferlegten steigenden Steuern zu zahlen, und in Notfällen konnte der Monarch bei den Bankiers Kredite in der Erwartung aufnehmen, seine Schulden bei Ankunft der Silberflotte zurückzahlen zu können. Die Tatsache, daß sich die führenden Finanz- und Handelshäuser – die Süddeutschlands, einiger italienischer Staaten und Antwerpens – auf habsburgischem Gebiet befanden, muß als ein zusätzlicher Vorteil und als die fünfte wichtige Einnahmequelle gewertet werden.[18] Diese war sicherlich leichter zugänglich als zum Beispiel Steuereinnahmen aus Deutschland, wo Fürsten und freie Städte dem Kaiser nur dann Geld bewilligten, wenn die Türken vor den Toren standen.[19]

Im nachfeudalen Zeitalter, in dem man (in den meisten Ländern) weder von Rittern individuellen Kriegsdienst noch von Küstenstädten die Bereitstellung eines Schiffes erwartete, war es für jeden am Krieg beteiligten Staat von essentieller Bedeutung, über bares Geld und Kreditwürdigkeit zu verfügen. Nur durch direkte Zahlung (oder durch Zahlungsversprechen) war es möglich, im System der Marktwirtschaft die nötigen Schiffe, Schiffsbedarf, Bewaffnung und Nahrungsmittelvorräte zur Ausrüstung einer kampftüchtigen Flotte aufzubringen. Nur dadurch, daß man die eigenen Truppen einigermaßen regelmäßig mit Vorräten und Sold versorgte, konnten ihre Energien von der Meuterei abgelenkt und auf den Feind gerichtet werden. Außerdem vertrauten alle Regierungen stark auf fremde Söldnertruppen zur Unterstützung ihrer Armeen, obwohl dies im allgemeinen in historischen Begriffen als das Zeitalter angesehen wird, in dem sich in Westeuropa der »Nationalstaat« durchsetzte. Auch in diesem Fall hatten die Habsburger Glück, da sie mühelos Soldaten aus Italien, den Niederlanden, Spanien und Deutschland rekrutieren konnten; die berühmte Armee von Flandern setzte sich zum Beispiel aus sechs verschiedenen Nationalitäten zusammen, die relativ loyal hinter der katholischen Sache standen, aber trotzdem natürlich regelmäßigen Sold verlangten. Was den Seekrieg betraf, so waren die Habsburger in der Lage, ein beeindruckendes Reservoir an Kampfschiffen zusammenzubringen: in der späten Regierungszeit Philipps II. beispielsweise konnten Galeeren aus dem Mittelmeer, große Galeonen aus Genua oder

Neapel und die starke portugiesische Flotte die Flottenverbände Kastiliens und Aragons verstärken.

Aber vielleicht war der größte militärische Vorteil der Habsburger in diesen 140 Jahren die gutgedrillte spanische Infanterie. Die Sozialstruktur und das ideologische Klima Kastiliens machten es zu einer idealen Rekrutierungsbasis. Dort, so bemerkt Lynch, »war das Soldatsein zu einer modischen und profitablen Beschäftigung nicht nur für die Adligen, sondern für die ganze Bevölkerung geworden«.[20] Außerdem veränderte der »Große Capitan« Gonzalo de Córdoba im frühen 16. Jahrhundert die Organisation der Infanterie, und von da an bis zur Mitte des Dreißigjährigen Krieges war das spanische *tercio* die schlagkräftigste Einheit der europäischen Schlachtfelder. Mit diesen aus bis zu 3000 Pikenieren, Schwertträgern und Arkebusieren zusammengesetzten Regimentern, die zur gegenseitigen Unterstützung ausgebildet waren, fegte die spanische Armee unzählige Gegner aus dem Feld und schmälerte dadurch den Ruf – und die Wirkung – der französischen Kavallerie und der Schweizer Piken-Schlachtreihen. Noch in der Schlacht bei Nördlingen (1634) konnte die Infanterie Kardinal-Infantes fünfzehn Angriffen der gewaltigen schwedischen Armee widerstehen, um dann, wie Wellingtons Truppen bei Waterloo, unaufhaltsam vorzurücken und den Feind zu vernichten. Bei Rocroi (1643) kämpften die Spanier, obwohl sie von den Franzosen umzingelt waren, bis zum Tode. Die Infanterie war in der Tat einer der wichtigsten Pfeiler des Habsburger Gefüges; und es ist bezeichnend, daß die Macht der Spanier erst in der Mitte des 17. Jahrhunderts *sichtbar* erschüttert wurde, nämlich als ihre Armee hauptsächlich aus deutschen, italienischen und irischen Söldnern und weit weniger Kriegern aus Kastilien bestand.

Dennoch – trotz all dieser Vorteile konnte die spanisch-österreichische Allianz nie die Oberhand gewinnen. So gewaltig ihre finanziellen und militärischen Ressourcen den Zeitgenossen auch erschienen, sie reichten nie aus, um den Anforderungen zu entsprechen. Dieser entscheidende Mangel kann auf drei während der ganzen Periode interagierende Faktoren zurückgeführt werden, die im weiteren Sinne wichtige Lektionen für die Analyse des bewaffneten Konflikts liefern.

Der erste Faktor, der bereits kurz erwähnt wurde, war die »militärische Revolution« des frühmodernen Europas; das heißt die massive Steigerung im Umfang, den Kosten und der Organisation des Krieges, die in den 150 Jahren nach den 1520ern einsetzte.[21] Diese Veränderung selbst war das Ergebnis verschiedenartiger, miteinander verknüpfter, taktischer, politischer und demographischer Elemente. Die Kavallerie, die bislang das Schlachtfeld beherrscht hatte, mußte zuerst durch die Schweizer Pikeniere und dann durch die gemischten Formationen, bestehend aus Soldaten, die Piken, Degen, Armbrüste und Arkebusen trugen, schwere Schläge hinnehmen. Dies bedeutete, daß die Infanterie jetzt zum größten und wichtigsten Teil der Armee wurde. Dieses Ergebnis wurde durch die Entwicklung des *trace italienne* bestärkt, jenem hochentwickelten System von Stadtbefestigungen und Bastionen, das bereits im letzten Kapitel erwähnt wurde. Um solche Verteidigungsanlagen zu bemannen oder zu belagern, bedurfte es einer sehr großen Zahl von Truppen. Selbstverständlich setzte ein gut organisierter Kommandeur in einem größeren Feldzug auch eine erhebliche Menge an Kavallerie und Artillerie ein, aber diese beiden waren lange nicht so allgegenwärtig wie Regimenter von Fußsoldaten. Die Nationen rangierten daher ihre Kavallerieeinheiten nicht aus, sondern erhöhten den Infanterieanteil in ihren Armeen beträchtlich. Da es billiger war, Fußsoldaten auszurüsten und zu versorgen, konnten sie, besonders weil Europas Bevölkerung wuchs, in größerer Anzahl rekrutiert werden. Die Regierungen wurden durch diese Entwicklung natürlich organisatorisch stark belastet, aber nicht in einem solchen Maße, daß die Bürokratien der »Neuen Monarchien« des Westens davon erdrückt worden wären – genausowenig machte die enorme Vergrößerung der Armeen die Aufgabe eines Generals unmöglich, vorausgesetzt seine Truppen hatten eine gute Befehlsstruktur und waren gut gedrillt.

Die Armee des Spanischen Reiches bietet wahrscheinlich das beste Beispiel für die Auswirkungen der »militärischen Revolution«. Wie ein Historiker bemerkte, »gab es keinen Beweis dafür, daß irgendein Staat im französisch-spanischen Kampf um Italien vor 1529 mehr als 30000 aktive Soldaten ins Feld führte«; aber:

1536–37 mobilisierte Kaiser Karl V. 60000 Mann in der Lombardei, allein um seine neue Eroberung, Mailand, zu verteidigen und um in die französische Provence einzufallen. 1552, als Karl V. an allen Fronten gleichzeitig angegriffen wurde – in Italien, Deutschland, den Niederlanden und Spanien, auf dem Atlantik und dem Mittelmeer –, stellte er 109000 Mann in Deutschland und den Niederlanden, 24000 weitere in der Lombardei und noch zusätzliche in Sizilien, Neapel und Spanien auf. Der Kaiser muß das Kommando über ungefähr 150000 Mann gehabt haben und trug daher auch ihre Kosten. Der Aufwärtstrend hielt an. 1574 zählte allein die spanische Armee von Flandern 86000 Mann, während Philipp IV. nur ein halbes Jahrhundert später stolz verkünden konnte, daß die Streitkräfte unter seinem Kommando 1625 nicht weniger als 300000 Mann zählten. In allen diesen Armeen fand der Zuwachs in den Reihen der Infanterie und insbesondere bei den Pikenieren statt.[22]

Die Entwicklung auf See verlief in hohem Maße parallel zu der an Land. Die Expansion des Seehandels (besonders des Überseehandels), die Rivalitäten der Flotten im Ärmelkanal, im Indischen Ozean oder an der Küste des spanischen Festlandes, die Bedrohungen durch die berbischen Korsaren und die osmanischen Galeerenflotten beeinflußten die neue Schiffsbautechnologie und bewirkten, daß die Schiffe größer und viel besser bewaffnet wurden. Zu dieser Zeit unterschied man nicht strikt zwischen einem Kriegsschiff und einem Handelsschiff; fast alle Handelsschiffe von ansehnlicher Größe waren mit Kanonen ausgerüstet, um Piraten und andere Räuber abzuwehren. Aber es gab eine Entwicklung hin zur Gründung von *königlichen* Marinen, damit der Monarch zumindest eine Anzahl regulärer Kriegsschiffe besaß, die den Kern bilden sollten, um den sich in Kriegszeiten eine große Flotte von bewaffneten Handelsschiffen, Galeassen und Pinassen sammeln konnte. Heinrich VIII. von England förderte eine solche Flotte nach Kräften, während Karl V. es vorzog, die im Privatbesitz befindlichen Galeonen und Galeeren seiner spanischen und italienischen Besitzungen einzuziehen, statt eine eigene Marine aufzubauen. Philipp II., der im Mittelmeer und dann im Atlantik unter viel stärkerem Druck stand als seine Vorgänger, konnte sich diesen Luxus nicht leisten. Er mußte eine gewaltige Galeerenproduktion in Barcelona, Neapel und Sizilien organisieren und bezahlen; 1574 unterhielt er insgesamt 146 Galeeren, beinahe dreimal soviel wie ein Dutzend Jahre zuvor.[23] Die kriegerische Explosion im Atlantik im Laufe des folgenden Jahrzehnts machte dort noch größere Anstrengungen erforderlich: seetüchtige Kriegsschiffe wurden benötigt, um die Routen zu den Westindischen Inseln und (nachdem Portugal 1580 einverleibt worden war) nach Osten zu verteidigen, um die spanische Küste vor englischen Überfällen zu schützen und schließlich um Invasionstruppen auf die Britischen Inseln zu entsenden. Selbst nach dem englisch-spanischen Frieden von 1604 wurde noch eine große Flotte benötigt, um die niederländischen Angriffe auf hoher See abzuwehren und die Verbindung mit Flandern aufrechtzuerhalten. Und von Jahrzehnt zu Jahrzehnt wurden solche Kriegsschiffe schwerer bewaffnet und sehr viel teurer.

Es waren diese eskalierenden Kriegskosten, welche die wirkliche Schwäche des habsburgischen Systems aufdeckten. Die allgemeine Inflation, die die Lebensmittelpreise zwischen 1500 und 1630 um das Fünffache und Preise für Gewerbegüter um das Dreifache ansteigen ließ, versetzte den Finanzen der Regierung bereits einen schweren Schlag; aber zusätzlich war dies verbunden mit der Verdoppelung und nochmaligen Verdoppelung der Größe der Armeen und der Marine. Die Folge war, daß die Habsburger fast kontinuierlich um ihre Zahlungsfähigkeit kämpften. Karl V. stellte nach seinen verschiedenen Feldzügen in den 1540er Jahren gegen Algier, die Franzosen und die deutschen Protestanten fest, daß seine ordentlichen *und* seine außerordentlichen Einnahmen die Ausgaben in keiner Weise decken konnten und daß seine Einkünfte auf Jahre im voraus an die Bankiers verpfändet waren. Nur durch die verzweifelte Maßnahme, die Schätze aus Westindien und alle harte Münze in Spanien zu beschlagnahmen, konnte genug Geld aufgebracht werden, um den Krieg gegen die protestantischen Fürsten zu finanzieren. Die Belagerung von Metz im Jahre 1552 kostete allein 2,5 Millionen Dukaten – ungefähr das Zehnfache des jährlichen kaiserlichen Einkommens aus Amerika. Es überrascht nicht, daß Karl wiederholt dazu gezwungen war, neue Kredite zu immer schlechteren Bedingungen aufzunehmen. Im gleichen Maße wie die Kreditwürdigkeit der Krone zerfiel, stiegen die von den Bankiers geforderten Zinsen in die Höhe, so daß ein großer Teil der Staatseinnahmen dazu verwandt werden mußte, die Zinsen der alten Schulden zu bezahlen.[24] Als Karl abdankte, hinterließ er Philipp II. eine offizielle spanische Staatsschuld von etwa 20 Millionen Dukaten.

Philipp erbte außerdem einen Krieg mit Frankreich, der so teuer war, daß die spanische Krone 1557 den Bankrott erklären mußte. Dies zwang sogar große Bankhäuser wie die Fugger in die Knie. Es war nur ein schwacher Trost, daß Frankreich im gleichen Jahr den Bankrott erklären mußte (dies war der Hauptgrund dafür, daß beide Parteien 1559 bereit waren, in Cateau-Cambrésis zu verhandeln), denn Philipp mußte sich sofort dem mächtigen türkischen Feind stellen. Der zwanzigjährige Krieg im Mittelmeer, der Feldzug gegen die Mauren von Granada und dann die miteinander verbundenen militärischen Anstrengungen in den Niederlanden, Nordfrankreich und im Ärmelkanal zwangen die Krone, nach allen nur denkbaren Einnahmequellen zu suchen. Die Staatseinkünfte hatten sich unter Karl V. verdreifacht, aber die Philipps II. »hatten sich allein in der Zeit von 1556–1573 verdoppelt und verdoppelten sich bis zum Ende seiner Regierungszeit noch einmal«.[25]

Seine Ausgaben waren jedoch noch größer. Es wurde geschätzt, daß die Unterhaltung der christlichen Flotten und Soldaten in der Seeschlacht bei Lepanto (1571) jährlich über 4 Millionen Dukaten gekostet hat, wenn auch ein ansehnlicher Teil dieser Belastung von Venedig und vom Papsttum mitgetragen wurde.[26] Die Zahlungen an die Armee von Flandern waren schon in den 1570er Jahren gewaltig und fast immer überfällig. Dies wiederum provozierte Meutereien, besonders nachdem Philipp 1575 die Zahlung der Zinsen an die genuesischen Bankiers einstellte.[27] Die viel höheren Einnahmen aus amerikanischen Minen – ungefähr zwei Millionen Dukaten in den 1580er Jahren, zehnmal so viel wie vier Jahrzehnte zuvor – retteten vorübergehend die Finanzen und den Kredit der Krone; aber die Armada von 1588 kostete zehn Millionen Dukaten, und ihr trauriges Schicksal war nicht nur eine maritime, sondern auch eine finanzielle Katastrophe. 1596 war Philipp, nachdem er Staatsanleihen zu einem sagenhaften Kurs ausgegeben hatte, wieder bankrott. Bei seinem Tode zwei Jahre später beliefen sich seine Schulden auf die gewaltige Summe von 100 Millionen Dukaten, und die Zinszahlungen entsprachen ungefähr zwei Dritteln aller Einkünfte.[28] Wenn auch der Frieden mit Frankreich und England bald folgte, so quälte sich doch der Krieg gegen die Niederlande bis zum Waffenstillstand von 1609 weiter, der wiederum durch eine Meuterei der spanischen Armee und durch einen weiteren Bankrott im Jahre 1607 erzwungen wurde.

In den wenigen Jahren des Friedens, die folgten, gingen die spanischen Regierungsausgaben kaum zurück. Ganz abgesehen von den gewaltigen Zinszahlungen gab es im Mittelmeer immer noch Spannungen (die einen grandiosen Plan zum Bau von Küstenfestungen erforderten), und das weit ausgedehnte spanische Kolonialreich war immer noch Plünderungen durch Freibeuter ausgesetzt (die beträchtliche Verteidigungsausgaben auf den Philippinen, in der Karibik und für die Hochseeflotte nötig machten).[29] Der Zustand eines bewaffneten Waffenstillstands in Europa nach 1610 legte den stolzen, spanischen Herrschern kaum nahe, ihre Rüstungsausgaben zu reduzieren. Alles, was der Ausbruch des Dreißigjährigen Krieges im Jahre 1618 daher bewirkte, war, daß ein kalter Krieg in einen heißen verwandelt und ein größerer Strom spanischer Truppen und spanischen Geldes nach Flandern und Deutschland gelenkt wurde. Es ist interessant, daß die früheren habsburgischen Siege dieser Zeit in Europa und die erfolgreiche Verteidigung Amerikas im wesentlichen mit der bedeutenden Zunahme der Goldlieferungen aus der Neuen Welt einhergingen und von ihr unterstützt wurden. Umgekehrt führten die Reduzierung der Schatzeinnahmen nach 1626, die Bankrotterklärung des darauffolgenden Jahres und der gewaltige niederländische Erfolg der Kaperung der Silberflotte im Jahre 1628 (was Spanien und seine Einwohner 10 Millionen Dukaten kostete) dazu, daß die Kriegsanstrengungen für eine Weile versiegten. Und trotz der Allianz mit dem Kaiser bestand keine Möglichkeit (außer unter Wallensteins kurzer Führung), mit Hilfe der Einnahmen aus Deutschland das Fehlen spanischer Mittel auszugleichen.

Nach diesem Muster nun führten die Spanier die nächsten dreißig Jahre Krieg. Indem sie neue Anleihen zusammenkratzten, neue Steuern erhoben und sich jeden unerwarteten Geldsegen aus Amerika zunutze machten, konnten sie eine militärische Aktion wie Kardinal-Infantes Intervention in Deutschland im Jahre 1634–1635 verkraften; aber die zermürbenden Kriegskosten fraßen immer die kurzzeitigen Gewinne auf, und innerhalb weniger Jahre war die finanzielle Lage schlimmer als je zuvor. In den 1640er Jahren, als katalanische und portugiesische Revolten ihre Nachwirkungen zeigten und weniger Schätze aus Amerika nach Spanien flossen, war ein langer, langsamer Abstieg unvermeidlich.[30] Welches andere Schicksal hätte einer Nation bestimmt sein können, die zwar große Krieger stellte, aber von einer Regierung geleitet wurde, die ständig zwei- bis dreimal soviel ausgab, wie sie normalerweise einnahm?

Die zweite Hauptursache für das spanische und österreichische Scheitern müßte aus dem oben Geschilderten deutlich geworden sein: die Habsburger hatten einfach zu viel zu tun, zu viele Feinde zu bekämpfen, zu viele Fronten zu verteidigen. Die Tapferkeit der spanischen Truppen konnte die Tatsache, daß sie weit verstreut waren – in Heimatgarnisonen, in Nordafrika, Sizilien, Italien, den Niederlanden und der Neuen Welt –, nicht aufwiegen. Wie das Britische Empire drei Jahrhunderte später, war auch der Habsburger Block ein Konglomerat weit verstreuter Territorien, eine politisch-dynastische *tour de force*, die, um zu überleben, gewaltiger ständig fließender Ressourcen und großer Erfindungsgabe bedurfte. So ist dies eines der besten Beispiele der Geschichte für strategische Überdehnung; denn der Preis, den die Habsburger für den Besitz so vieler Territorien zahlen mußten, waren zahlreiche Feinde. Das war eine Bürde, welche die Habsburger zu ihrer Zeit mit dem Osmanischen Reich teilten.[31]

Im Zusammenhang damit steht die sehr bezeichnende Frage nach der Chronologie der habsburgischen Kriege. Europäische Auseinandersetzungen kamen in dieser Zeit wahrlich häufig vor, und ihre Kosten waren für alle Gesellschaften eine schreckliche Bürde. Aber alle anderen Staaten – Frankreich, England, Schweden und sogar das Osmanische Reich – genossen gewisse Phasen des Friedens und der Erholung. Es war das Schicksal Habsburgs, und besonders Spaniens, sich vom Kampf gegen den einen Feind sofort dem nächsten Konflikt zuwenden zu müssen; dem Frieden mit Frankreich folgte der Krieg gegen die Türken; einem Waffenstillstand im Mittelmeer folgte ein ausgedehnter Konflikt im Atlantik, und danach kam das Ringen um Nordwesteuropa. Während mancher fürchterlicher Zeiten kämpfte das kaiserliche Spanien an drei Fronten gleichzeitig, wobei sich seine Feinde gezielt diplomatisch und wirtschaftlich, wenn nicht militärisch unterstützten.[32] Spanien glich, modern gesprochen, einem großen Bären in der Falle: stärker als alle angreifenden Hunde, aber nie in der Lage, alle Gegner zu bekämpfen und langsam der Erschöpfung immer näher kommend.

Aber wie konnten die Habsburger aus diesem Teufelskreis ausbrechen? Historiker haben auf die chronische Verzettelung der Energien hingewiesen und gemeint, Karl V. und seine Nachfolger hätten klare Prioritäten der Verteidigung setzen sollen.[33] Dies impliziert, daß man auf manche Territorien verzichten konnte; aber auf welche?

Rückblickend kann man argumentieren, daß es klüger gewesen wäre, wenn die österreichischen Habsburger und besonders Ferdinand II. die Gegenreformation in Norddeutschland nicht vorangetrieben hätten, denn das brachte ihnen schwere Verluste und geringe Gewinne. Der Kaiser hätte jedoch trotzdem noch eine große Armee in Deutschand unterhalten müssen, um den fürstlichen Partikularismus, französische Intrigen und schwedische Ambitionen in Schach zu halten; und außerdem konnte es keine Reduzierung der Habsburger Armee geben, solange die Türken quer durch Ungarn, nur 250 Kilometer von Wien entfernt standen. Die spanische Regierung konnte ihrerseits nicht erlauben, daß der Besitz ihrer österreichischen Cousins an die Franzosen, die Lutheraner oder die Türken fiel, weil dies Einfluß auf die spanische Position in Europa genommen hätte. Diese Überlegung scheint jedoch umgekehrt nicht zwingend gewesen zu sein. Nachdem sich Karl V. 1556 zurückgezogen hatte, fühlte sich das Reich meistens nicht verpflichtet, Madrid bei den Kriegen in Westeuropa und in Übersee beizustehen; aber Spanien blieb sich des höheren Einsatzes bewußt und *war* bereit, sich dem Reich zu verpflichten.[34] Die langfristigen Konsequenzen dieser Ungleichheit in Empfinden und Bindung sind interessant. Das Scheitern der europäischen Ziele des habsburgischen Spanien in der Mitte des 17. Jahrhunderts war deutlich mit seinen inneren Problemen und seinem relativen wirtschaftlichen Abstieg verbunden; nachdem es sich auf allen Fronten überanstrengt hatte, war es nun im Kern schwach. Das habsburgische Österreich hatte andererseits, obwohl es ihm nicht gelungen war, den Protestantismus in

Deutschland zu besiegen, doch eine *Konsolidierung* der Macht in den dynastischen Ländern (Österreich, Böhmen etc.) erreicht – und dies in einem solchen Maße, daß auf der Basis dieses großen Territoriums und mit Hilfe der späteren Aufstellung eines stehenden Heeres[35] das habsburgische Reich in den letzten Jahrzehnten des 17. Jahrhunderts in der Lage war, wieder als europäische Großmacht aufzutauchen, gerade als Spanien in eine Phase noch steileren Abstiegs eintrat.[36] Zu diesem Zeitpunkt indessen kann die Erholung Österreichs für die Staatsmänner in Madrid, die merkten, daß sie sich woanders nach Alliierten umsehen mußten, kaum einen Trost bedeutet haben.

Es ist leicht zu erkennen, warum die Besitzungen in der Neuen Welt für Spanien lebenswichtig waren. Denn über ein Jahrhundert lieferten sie jene regelmäßigen Zusatzeinnahmen für Spanien und damit für seine militärische Macht, ohne die die Habsburger ihre ausgedehnten kriegerischen Unternehmungen nicht hätten aufrechterhalten können. Selbst als die niederländischen und englischen Angriffe auf das spanisch-portugiesische Kolonialreich ständig wachsende Ausgaben für Flotten und überseeische Befestigungen erforderlich machten, blieben die direkten und indirekten Gewinne beträchtlich, die diese Territorien der spanischen Krone einbrachten. Solche Besitztümer aufzugeben war undenkbar.

So kamen noch die habsburgischen Besitzungen in Italien und in Flandern in Betracht. Von diesen beiden Möglichkeiten empfahl sich der Rückzug aus Italien am allerwenigsten. In der ersten Hälfte des 16. Jahrhunderts hätten die Franzosen dort das Großmacht-Vakuum gefüllt und die Reichtümer Italiens zu ihrem eigenen Vorteil – und zum Nachteil der Habsburger – genutzt. In der zweiten Hälfte des Jahrhunderts wurde Italien, angesichts der osmanischen Expansion nach Westen, buchstäblich zum vorgelagerten Bollwerk Spaniens. Abgesehen von dem Schaden, der durch einen türkischen Angriff auf Sizilien, Neapel und Rom dem spanischen Prestige und der christlichen Religion zugefügt worden wäre, hätte der Verlust dieses Bollwerkes einen schwerwiegenden strategischen Rückschlag bedeutet. Spanien hätte dann immer mehr Geld in Küstenbefestigungen und Galeerenflotten investieren müssen, die ohnehin den größten Teil des Rüstungsetats der ersten Jahrzehnte der Regierungszeit Philipps II. in Anspruch nahmen. So war es militärisch sinnvoll, die zur Verfügung stehenden Einheiten zur aktiven Verteidigung des zentralen Mittelmeerraumes einzusetzen, denn das hielt den türkischen Feind auf Distanz; und es hatte den weiteren Vorteil, daß die Kosten solcher Feldzüge von den habsburgischen Besitzungen in Italien, vom Papsttum und manchmal von Venedig mitgetragen wurden. Der Rückzug von dieser Front brachte keine Vorteile, sondern viele potentielle Gefahren mit sich.

So bleiben die Niederlande das einzige Gebiet, in dem die Verluste der Habsburger reduziert werden konnten; und schließlich waren die Kosten der Armee von Flandern im »Achtzigjährigen Krieg« gegen die Holländer wegen des schwierigen Terrains und der Fortschritte im Befestigungswesen[37] enorm und überstiegen bei weitem die an allen anderen Fronten. Selbst auf dem Höhepunkt des Dreißigjährigen Krieges wurde den Garnisonen in Flandern fünf- bis sechsmal mehr Geld zugeteilt als den Truppen in Deutschland. »Der Krieg in den Niederlanden«, bemerkte ein spanischer Ratsherr, »bedeutet den totalen Ruin dieser Monarchie.« Tatsächlich wurden zwischen 1566 und 1654 mindestens 218 Millionen Dukaten an die Heereskasse in den Niederlanden gesandt; das war beträchtlich mehr als die Gesamteinnahmen aus Westindien (121 Millionen Dukaten).[38] Auch strategisch war Flandern viel schwerer zu verteidigen: der Seeweg war oft den Franzosen, Engländern oder Niederländern ausgeliefert – was sehr deutlich wurde, als der niederländische Admiral Tromp im Jahre 1639 eine spanische Flotte mit Truppenverstärkungen an Bord vernichtete. Aber die »Spanische Straße« von der Lombardei über die Schweizer Täler oder Savoyen und die Franche-Comté entlang der französischen Ostgrenzen bis hin zum Niederrhein hatte auch einige sehr verwundbare Engpässe.[39] Lohnte sich wirklich der Versuch, zwei Millionen widerspenstige Niederländer, die am Ende langer Nachschublinien lebten, zu beherrschen – und das zu solch horrenden Kosten? Warum, so schlugen die hoch besteuerten Repräsentanten des Cortes von Kastilien listig vor, ließ man die Rebellen nicht in ihrer Häresie verrotten? Die Strafe des Himmels wäre ihnen gewiß, und Spanien müßte diese Bürde nicht länger tragen.[40]

Die gegen einen kaiserlichen Rückzug von dieser Bühne sprechenden Gründe hätten diejenigen, die über die Verschwendung von Ressourcen stöhnten, nicht überzeugt, aber dennoch sind sie in gewisser Weise plausibel. Erstens wäre Flandern, wenn nicht mehr in spanischem Besitz, an Frankreich oder die Vereinigten Niederlande gefallen und hätte somit die Macht und das Prestige eines hartnäckigen Feindes der Habsburger vergrößert; allein die Idee war für die Führer der spanischen Politik abstoßend, denen ihr »Ruf« mehr bedeutete als alles andere. Zweitens, argumentierten Philipp IV. und seine Berater, hielte eine Konfrontation in dieser Region die feindlichen Truppen wenigstens von empfindlicheren Orten fern: »Obwohl der Krieg, den wir in den Niederlanden geführt haben, unsere Schatzkammer erschöpft und uns in die Verschuldung getrieben hat, so hat er doch auch unsere Feinde in diese entfernten Gebiete abgelenkt, so daß wir, hätten wir dies nicht getan, gewiß einen Krieg in Spanien oder irgendwo näher gehabt hätten.«[41] Schließlich gab es noch die »Domino-Theorie«: wenn die Niederlande verlorengingen, so auch die habsburgische Sache in Deutschland, kleinere Besitzungen wie die Franche-Comté und vielleicht sogar Italien. Dies waren natürlich hypothetische Argumente; aber es ist interessant, daß die Staatsmänner in Madrid sowie ihre Kommandanten in Brüssel ein miteinander verknüpftes strategisches Ganzes wahrnahmen, das zusammenbrechen würde, wenn ein Teil fiele:

> Die ersten und größten Gefahren [so hieß es im kritischen Jahr 1635 in Spanien] sind die, die der Lombardei, den Niederlanden und Deutschland drohen. Eine Niederlage in einem dieser drei Gebiete hätte fatale Folgen für diese Monarchie. Wäre es nämlich eine große Niederlage, würde die Monarchie zusammenbrechen; denn auf Deutschland würden Italien und die Niederlande folgen, und auf die Niederlande Amerika, und auf die Lombardei würden Neapel und Sizilien folgen, ohne daß Spanien die Möglichkeit hätte, irgendeines zu verteidigen.[42]

Indem die spanische Krone diese Logik annahm, verschrieb sie sich einem verstreuten Zermürbungskrieg, der so lange währen würde, bis der Sieg gesichert, ein Kompromißfrieden ausgehandelt oder das gesamte System erschöpft war.

Vielleicht genügt es zu zeigen, daß die bloßen Kosten des ununterbrochenen Krieges und der Entschluß, keine der vier Hauptfronten aufzugeben, die kaiserlich-spanischen Ambitionen auf jeden Fall untergraben mußten. Die Beweislage läßt jedoch noch einen dritten, mit den anderen in Beziehung stehenden Grund zu: nämlich, daß es der spanischen Regierung nicht gelang, die vorhandenen Ressourcen auf die effektivste Weise zu mobilisieren und sie selbst durch wirtschaftliche Torheit dazu beitrug, die eigene Macht zu zerstören.

Obwohl Ausländer das Reich Karls V. oder Philipps II. oft für monolithisch und diszipliniert hielten, war es in Wirklichkeit eine Anhäufung von Territorien, von denen jedes seine eigenen Privilegien besaß und stolz auf seine charakteristische Eigentümlichkeit war.[43] Es gab weder eine Zentralverwaltung noch eine zentrale Legislative oder Rechtsprechung, und das einzige wirklich verbindende Glied war der Monarch selbst. Das Fehlen von Institutionen, die ein Gefühl der Einheit hätten vermitteln können, und die Tatsache, daß der König das Land unter Umständen nie besucht hatte, machten es ihm schwer, Gelder in einem Teil seines Herrschaftsgebietes aufzubringen, um in einem anderen zu kämpfen. Die Steuerzahler in Sizilien und Neapel zahlten willig für den Bau einer Flotte zur Abwehr der Türken, beklagten sich aber bitter über die Idee, daß sie den spanischen Kampf in den Niederlanden finanzieren sollten; die Portugiesen sahen einen Sinn darin, die Verteidigung der Neuen Welt zu unterstützen, zeigten aber keine Begeisterung für deutsche Kriege. Dieser starke Lokalpatriotismus spiegelte sich darin, daß die Rechte der Steuereinziehung eifersüchtig gehütet wurden. In Sizilien beispielsweise widersetzten sich die Stände frühen habsburgischen Bemühungen, die Besteuerung zu erhöhen, und erhoben sich in den Jahren 1516 und 1517 gegen den spanischen Vizekönig. Da Sizilien arm und anarchisch war und ein Parlament besaß, war es kaum geneigt, die Verteidigung allgemeiner habsburgischer Interessen sehr zu unterstützen.[44] Im Königreich Neapel und im neuerworbenen Mailand hatten die spanischen Verwaltungsbeamten, die von Madrid unter Druck gesetzt wurden, neue Geldmittel aufzutreiben, weniger rechtliche Hindernisse. Beide *konnten* Karl V. also während seiner Regierungszeit beträchtliche finanzielle Unterstützung gewähren; aber in der Praxis bewirkten der Kampf um Mailand und die Kriege gegen die Türken meistens, daß diese Gelder wieder zurückflossen. Um sein »Bollwerk« im Mittelmeer zu halten, mußte Spanien Millionen von Dukaten nach Italien schicken und sie zu den dort erhobenen hinzufügen. Während des Dreißigjährigen Krieges kehrte sich dieses Verhältnis wieder um, und italienische Steuern halfen die Kriege in Deutschland und den Niederlanden zu finanzieren; betrachtet man aber die Zeit von 1519–1659 im Ganzen, so fällt es schwer zu glauben, daß die italienischen Besitzungen der Habsburger erheblich mehr – wenn überhaupt – zu dem gemeinsamen Fonds beitrugen, als sie ihm zur eigenen Verteidigung entnahmen.[45]

Die Niederlande wurden, wie gesagt, zu einer immer größeren Belastung der kaiserlichen Finanzen. In der frühen Regierungszeit Karls V. lieferten die Generalstaaten eine wachsende Steuersumme, obwohl sie immer um deren Höhe feilschten und auf der Anerkennung ihrer Privilegien bestanden. Am Ende von Karls Amtszeit vermischte sich der Ärger über die häufigen außerordentlichen Zahlungen, die für die Kriege in Italien und Deutschland gefordert wurden, mit religiöser Unzufriedenheit und wirtschaftlichen Schwierigkeiten und schufen einen weitverbreiteten Unwillen gegen die spanische Herrschaft. 1565 erreichte die Staatsverschuldung der Niederlande zehn Millionen Gulden, und die Tilgung der Schulden zuzüglich der normalen Verwaltungskosten überschritt die Einnahmen, so daß Spanien das niederländische Defizit ausgleichen mußte.[46] Als sich der Unwille nach einem weiteren Jahrzehnt spanischer Ungeschicklichkeiten in einer offenen Revolte entlud, wurden die Niederlande zu einer kolossalen Belastung des kaiserlichen Budgets, denn die 65 000 (oder mehr) Soldaten der Armee von Flandern verschlangen Jahrzehnt um Jahrzehnt ein Viertel der gesamten spanischen Ausgaben.

Aber das verheerendste Scheitern, Ressourcen zu mobilisieren, trug sich in Spanien selbst zu, wo das königliche Recht der Steuereinziehung in Wirklichkeit stark eingeschränkt war. Alle drei Gebiete der Krone von Aragon (Aragonien, Katalonien, Valencia) hatten ihre eigenen Gesetze und Steuersysteme, die ihnen eine bemerkenswerte Autonomie verschafften. Tatsächlich kam das einzige sichere Einkommen des Königs aus seinen eigenen Besitzungen; zusätzliche Beiträge wurden selten und widerwillig geleistet. Wenn beispielsweise ein Herrscher wie der verzweifelte Philipp IV. im Jahre 1640 versuchte, Katalonien dazu zu bringen, die Truppen zu bezahlen, die zur Verteidigung der spanischen Grenze dorthin entsandt worden waren, führte dies nur zu einer langen und berühmten Revolte. Obwohl Portugal von 1580 bis zu seiner Rebellion im Jahre 1640 zu Spanien gehörte, war es in Finanzfragen autonom und steuerte der allgemeinen habsburgischen Sache keine regelmäßigen Geldmittel bei. So blieb Kastilien als die wahre »Milchkuh« des spanischen Besteuerungssystems, obwohl hier die baskischen Provinzen immun waren. Der grundbesitzende, in den kastilischen Cortes stark repräsentierte Adel war meistens dazu bereit, die Steuern zu bewilligen, von denen er selbst befreit war. Die *alcabala* (eine zehnprozentige Umsatzsteuer) und die Zölle, die zu den normalen Einkünften zählten, die *servicios* (Zuwendungen von den Cortes), die *millones* (auch eine von den Cortes bewilligte Steuer auf Lebensmittel) und die verschiedenen Kirchenabgaben, die zu den höchsten außerordentlichen Einnahmen gehörten, trafen meistens den Handel, den Warenaustausch und die Armen und verbreiteten somit Verelendung und Unzufriedenheit und entvölkerten das Land durch Emigration.[47]

Bis der Strom amerikanischen Silbers der spanischen Krone massive zusätzliche Einkünfte brachte (ungefähr von den 1560ern bis in die späten 1630er Jahre), wurden die habsburgischen Kriege hauptsächlich auf dem Rücken der kastilischen Bauern und Kaufleute ausgetragen; und selbst auf seinem Höhepunkt belief sich das königliche Einkommen aus der Neuen Welt nur auf ungefähr ein Viertel bis ein Drittel der Einnahmen aus Kastilien mit seinen sechs Millionen Einwohnern. Solange diese Steuerlast nicht gerechter auf das Königreich und in der Tat auf das gesamte habsburgische Territorium verteilt wurde, war dies eine zu kleine Basis, um die überwältigenden militärischen Kosten dieses Zeitalters zu tragen.

Was diese Unzulänglichkeit noch verstärkte, waren die rückschrittlichen Maßnahmen, die die Ausbeutung der kastilischen Steuerzahler begleiteten.[48] Das Sozialethos des Königreiches war für den Handel noch nie sehr ermutigend gewesen, aber im frühen 16. Jahrhundert war das Land relativ wohlhabend und rühmte sich einer wachsenden Bevölkerung und einiger bedeutender Gewerbezweige. Das Aufkommen der Gegenreformation und der vielen habsburgischen Kriege förderte jedoch die religiösen und militärischen Elemente der spanischen Gesellschaft und schwächte die kommerziellen. Die wirtschaftlichen Anreize dieser Gesellschaft ließen es klug erscheinen, eine kirchliche Pfründe oder einen niederen Adelsbrief zu erwerben. Es gab einen chronischen Mangel an ausgebildeten Handwerkern – zum Beispiel in der Waffenindustrie –, und die Zünfte verhinderten die Mobilität der Arbeiter und die Flexibilität der Berufsausübung.[49] Selbst die landwirtschaftliche Entwicklung wurde durch die Privilegien der *Mesta* gehemmt, einer berühmten Gilde von Schafzüchtern, deren Vieh in ausgedehnten Teilen des Königreiches grasen durfte; angesichts Spaniens wachsender Bevölkerung in der ersten Hälfte des 16. Jahrhunderts führte dies zu einem erhöhten Bedarf an Getreideeinfuhren. Da die Zahlungen der *Mesta* für dieses Privileg direkt in die königliche Schatzkammer flossen und eine Aufhebung dieser Praxis eine der mächtigsten Stützen der Krone erzürnt hätte, bestand wenig Aussicht auf Verbesserung des Systems. Schließlich war die kastilische Wirtschaft, mit einigen bemerkenswerten Ausnahmen – den Kaufleuten, die mit Wolle handelten, dem Finanzmann Simon Ruiz, der Gegend um Sevilla – in großem Maße von Importen ausländischer Erzeugnisse abhängig und von Leistungen, die von Nicht-Spaniern, insbesondere von genuesischen, portugiesischen und flämischen Unternehmern erbracht wurden. Außerdem war die kastilische Wirtschaft selbst während des Krieges von den Niederländern abhängig; »um 1640 wurden drei Viertel aller Güter in spanischen Häfen von niederländischen Schiffen hereingebracht«,[50] zum Profit des größten Feindes der Nation. So überrascht es nicht, daß Spanien unter einer konstant unausgeglichenen Handelsbilanz litt, die nur durch den Weiterexport amerikanischen Goldes und Silbers ausgeglichen werden konnte.

Die horrenden Kosten eines 140 Jahre dauernden Krieges wurden also einer Gesellschaft aufgebürdet, die wirtschaftlich schlecht gerüstet war, sie zu tragen. Da die Habsburger Monarchen nicht in der Lage waren, sich durch effiziente Maßnahmen Einkünfte zu verschaffen, griffen sie auf eine Vielzahl von Hilfsmitteln zurück, die für kurze Zeit Erfolg hatten, sich aber für das langfristige Wohl des Staates als katastrophal erwiesen. Die Steuern wurden durch alle möglichen Mittel stetig angehoben, aber nur selten wurden diejenigen getroffen, die diese Last am leichtesten tragen konnten. Fast immer waren die Gewerbetreibenden die Opfer. Die unterschiedlichsten Privilegien, Monopole und Ehrentitel wurden von einer Regierung verkauft, die verzweifelt Bargeld benötigte. Es hatte sich eine grobe Art der Defizitfinanzierung entwickelt, wobei einerseits zukünftige kastilische Steuern oder Schätze aus Amerika bei Bankiers hoch beliehen und andererseits zinsbringende Staatspapiere (*juros*) ausgegeben wurden, die wiederum Gelder abzogen, die sonst in Handel und Industrie investiert worden wären. Aber die Schuldenpolitik der Regierung verlief immer nach dem Motto »von der Hand in den Mund«, ohne Rücksicht auf umsichtige Begrenzungen und ohne die Kontrolle, die eine Zentralbank vielleicht ausgeübt hätte. Selbst in der späteren Phase der Regierungszeit Karls V. waren daher die Regierungseinnahmen auf Jahre im voraus verpfändet; im Jahre 1543 mußten 65 Prozent der regulären Staatseinnahmen für die Zinsen auf die bereits ausgegebenen *juros* bezahlt werden. Je mehr die »normalen« Einkünfte der Krone veräußert wurden, desto verzweifelter gestaltete sich die Suche nach außerordentlichen Einnahmen und neuen Steuern. Die Silbermünzen wurden wiederholt durch Kupfer verfälscht. Gelegentlich beschlagnahmte die Regierung einfach ankommendes amerikanisches Silber, das für Privatpersonen bestimmt war, und zwang sie, statt dessen *juros* anzunehmen. Zu anderen Gelegenheiten stornierten spanische Könige, wie bereits erwähnt, die Zinszahlungen und erklärten sich vorübergehend bankrott. Wenn solche Aktionen die Finanzhäuser auch nicht immer ruinierten, so reduzierten sie doch die zukünftige Kreditwürdigkeit Madrids.

Auch wenn einige Schläge, welche die kastilische Wirtschaft erschütterten, nicht von Menschenhand rührten, so wurde ihre Wirkung durch menschliche Torheit vergrößert. Die Seuchen, die große Teile des Landes Anfang des 17. Jahrhunderts entvölkerten, waren unvorhersehbar, aber sie kamen zu den anderen Dingen hinzu – der erpresserisch hohen Pacht, dem Verhalten der *Mesta* und dem Militärdienst –, die bereits die Landwirtschaft schädigten. Der Zufluß amerikanischen Silbers mußte wirtschaftliche Probleme (besonders Inflation) verursachen, die keine Gesellschaft dieser Zeit bewältigen konnte. Aber die in Spanien vorherrschenden Zustände hatten zur Folge, daß die produzierenden Schichten mehr geschädigt wurden als die nicht produzierenden, daß das Silber aus Sevilla heraus und in die Hände ausländischer Bankiers und Waffenhändler floß und daß diese neuen transatlantischen Quellen des Reichtums von der Krone in einer Art und Weise ausgebeutet wurden, die eher gegen als für »solide Finanzen« arbeitete. Die Flut kostbarer Metalle aus Mittelamerika war für Spanien, so sagte man, wie Wasser auf das Dach – es ergoß sich darauf und floß dann sofort wieder ab.

Zentral für den spanischen Verfall war die Tatsache, daß man nicht erkannte, wie wichtig die Erhaltung der wirtschaftlichen Basis einer mächtigen Militärmaschinerie war. Immer wieder wurden falsche Maßnahmen ergriffen. Die Vertreibung der Juden und später der Mauren; der Abbruch der Beziehungen zu ausländischen Universitäten; die Verfügung der Regierung, daß die Werften an der Biskaya sich auf den Bau großer Kriegsschiffe konzentrieren sollten, was den Bau kleinerer, nützlicherer Handelsschiffe fast ausschloß; der Verkauf von den Handel beschränkenden Monopolen; die hohe Besteuerung von Wollexporten, die dazu führte, daß sie auf dem ausländischen Markt nicht wettbewerbsfähig waren; die *inneren* Zollbarrieren des spanischen Königreiches, die dem Handel schadeten und die Preise in die Höhe trieben – dies alles sind nur einige der schlecht durchdachten Entscheidungen, die auf lange Sicht Spaniens Fähigkeit beeinträchtigten, jene große militärische Rolle zu spielen, die es sich in der europäischen (und außereuropäischen) Politik zugedacht hatte. Obwohl der Verfall spanischer Macht sich erst in den 1640er Jahren vollständig offenbarte, existierten seine Ursachen schon Jahrzehnte zuvor.

Internationale Vergleiche

Dennoch war dieses Scheitern der Habsburger, das ist wichtig zu betonen, nur *relativ.* Dies wäre eine unvollständige Analyse, wenn man die Erfahrungen anderer europäischer Mächte außer acht ließe. Der Krieg war, wie ein Historiker feststellte, »bei weitem die härteste Prüfung, die ein Staat im 16. Jahrhundert bestehen mußte«.[51] Die Veränderungen der militärischen Technik, die den gewaltigen Anstieg der Armeen und die fast gleichzeitige Entwicklung des großen Seekrieges erlaubten, setzten die organisierten Gesellschaften des Westens gewaltigen neuartigen Pressionen aus. Jedes kriegführende Land mußte eine Verwaltungsstruktur schaffen, um der »militärischen Revolution« gerecht zu werden; und es mußte, was ebenso wichtig war, neue Mittel finden, um für die eskalierenden Kriegskosten aufzukommen. Die starken finanziellen Belastungen, die den Habsburger Herrschern und ihren Untertanen auferlegt wurden, waren vielleicht schon wegen der langen Jahre, in denen ihre Armeen kämpften, ungewöhnlich. Wie die Tabelle 1 aber zeigt, forderte die Überwachung und Finanzierung einer größeren Militärmacht alle Staaten, von denen einige weit weniger Ressourcen als das kaiserliche Spanien zu besitzen schienen, in gleichem Maße heraus. Wie begegneten die anderen dieser Prüfung?

Tabelle 1 Anstieg der Truppenstärke 1470–1660[52]

Zeit	Spanien	Niederlande	Frankreich	England	Schweden
1470	20000		40000	25000	
1550	150000		50000	20000	
1590	200000	20000	80000	30000	15000
1630	300000	50000	150000		45000
1650	100000		100000	70000	70000

Einer der hartnäckigsten und bedrohlichsten Feinde der Habsburger, das Osmanische Reich, fehlt in diesem Überblick hauptsächlich deshalb, weil seine Stärken und Schwächen bereits im vorhergehenden Kapitel besprochen wurden. Es ist aber sinnvoll, sich ins Gedächtnis zu rufen, daß viele der Probleme und Mängel, mit denen die türkischen Verwalter kämpften, denen Philipps II. und seiner Nachfolger ähnelten – die strategische Überdehnung, die Unfähigkeit, Hilfsmittel effizient zu machen, und die Unterdrückung des kommerziellen Unternehmertums aus religiöser Orthodoxie oder militärischem Prestigedenken. Auch Rußland und Preußen sind ausgenommen, deren Zeit als Großmächte noch nicht gekommen war; und außerdem Polen-Litauen, da es trotz seines territorialen Ausmaßes durch die ethnische Vielfalt und die Fesseln des Feudalismus (Leibeigenschaft, rückständige Wirtschaft, Wahlmonarchie, »aristokratische Anarchie, die es zum Musterbeispiel politischer Unfähigkeit machte«[53]) daran gehindert war, sich zum modernen Nationalstaat zu entwickeln. Statt dessen sollen die »Neuen Monarchien« Frankreich, England, Schweden und die »bürgerliche Republik« der Vereinigten Niederlande untersucht werden.

Da Frankreich der Staat war, der schließlich Spanien als größte Militärmacht ablöste, ist es nur natürlich, daß sich Historiker auf seine vielen Vorteile konzentriert haben. Es wäre jedoch falsch, die Periode französischer Vorherrschaft vorzudatieren; während der meisten in diesem Kapitel behandelten Jahre schien – und war – Frankreich entschieden schwächer als sein südlicher Nachbar. Es erschien in den auf den Hundertjährigen Krieg folgenden Jahrzehnten durch die Konsolidierung der königlichen Territorien, durch die direkten Steuererhebungen (besonders der *taille,* einer Kopfsteuer) ohne Anruf der Generalstände, durch die beständige Verwaltungsarbeit der neuen Minister und durch die Existenz einer »königlichen Armee« mit einer mächtigen Artillerie als eine erfolgreiche, vereinheitlichte, postfeudale Monarchie.[54] Aber die Zerbrechlichkeit dieser Struktur sollte schon bald deutlich werden. Die italienischen Kriege zeigten nicht nur, wie kurzlebig und verheerend die französischen Versuche waren, auf der Halbinsel Fuß zu fassen (selbst in Allianz mit Venedig oder den Türken), sie waren auch sehr teuer. Schließlich mußten nicht nur die Habsburger, sondern auch die französische Krone im schicksalsträchtigen Jahr 1557 den Bankrott erklären. Lange vor diesem Zusammenbruch und trotz der Erhöhungen der *taille,* der indirekten Steuern wie der *gabelle* und der Zölle, ging die französische Monarchie dazu über, sich von Finanziers umfangreiche Kredite zu hohen Zinssätzen (10–16 Prozent) geben zu lassen und griff weiterhin auf dubiose Hilfsmittel wie den Ämterverkauf zurück. Schlimmer war noch, daß in Frankreich, früher als in Spanien oder England, religiöse Rivalitäten und die Ambitionen der großen Adelshäuser aufeinanderstießen und einen blutigen, langandauernden Bürgerkrieg verursachten. Weit davon entfernt, ein Machtfaktor in internationalen Angelegenheiten zu sein, drohte Frankreich nach 1560 zum Schlachtfeld Europas zu werden; vielleicht sogar nach Glaubensgrenzen geteilt zu werden, wie es das Schicksal der Niederlande und Deutschlands sein sollte.[55]

Erst nach der Krönung Heinrichs von Navarra als Heinrich IV. (1589–1610) und durch seine Politik des inneren Kompromisses und der militärischen Aktionen gegen Spanien verbesserte sich die Lage. Der Frieden, den er 1598 mit Madrid schloß, hatte den großen Vorteil, daß Frankreich als unabhängige Macht erhalten blieb. Aber es war ein durch Bürgerkrieg, Räuberunwesen, hohe Preise, zerstörten Handel und ruinierte Landwirtschaft geschwächtes Land, dessen Steuersystem einem Scherbenhaufen glich. Im Jahre 1596 betrug die Staatsschuld fast 300 Millionen Livres, und vier Fünftel der Jahreseinnahmen von etwa 31 Millionen Livres waren bereits zugeteilt und überschrieben.[56] Die französische Gesellschaft brauchte eine lange Zeit, um sich zu erholen. Ihre natürlichen Ressourcen waren jedoch vergleichsweise groß. Die Bevölkerung mit ungefähr 16 Millionen Einwohnern war doppelt so groß wie die Spaniens und viermal so groß wie die Englands. Während es in Urbanisierung, Handel und Finanzwirtschaft nicht so fortgeschritten gewesen sein mag wie die Niederlande, Norditalien und die Gegend um London, war die Landwirtschaft diversifiziert und gesund, und das Land produzierte normalerweise einen Lebensmittelüberschuß. Der latente Reichtum Frankreichs wurde im frühen 17. Jahrhundert deutlich, als der Minister Heinrichs IV., der große Sully, die Wirtschaft und die Staatsfinanzen beaufsichtigte. Außer der *paulette* (dem Verkauf und der Besteuerung erblicher Ämter) führte Sully keine neuen fiskalischen Instrumente ein; statt dessen überholte er gründlich die Besteuerungmaschinerie, befreite das System von Tausenden von Individuen, die illegal Steuerfreiheit beanspruchten, gewann Krongüter und Einnahmen zurück und handelte den Zinssatz für die Staatsschuld neu aus. Innerhalb weniger Jahre nach 1600 war das Staatsbudget ausgeglichen. Zusätzlich versuchte Sully – die Maßnahmen des Ministers Ludwigs XIV., Colbert, vorwegnehmend – der Industrie und der Landwirtschaft durch die verschiedensten Maßnahmen zu helfen: durch die Reduzierung der *taille*, durch den Bau von Brücken, Straßen und Kanälen zur Unterstützung des Gütertransportes, durch Förderung der Tuchindustrie, durch die Errichtung königlicher Manufakturen zur Herstellung von Luxusgütern, die die Importe ersetzen sollten, und durch vieles andere mehr. Nicht alle diese Maßnahmen waren in dem erhofften Maße erfolgreich, aber der Gegensatz zum Spanien Philipps III. war markant.[57]

Es ist schwer zu sagen, ob man diesen Wiederaufbau fortgesetzt hätte, wenn Heinrich IV. nicht 1610 ermordet worden wäre. Keine der »Neuen Monarchien« konnte ohne adäquate Führung funktionieren, und in der Zeit zwischen dem Tode Heinrichs IV. und Richelieus Konsolidierung der königlichen Macht in den 1630er Jahren schwächte die französische Innenpolitik, die Unzufriedenheit der Hugenotten und der Hang der Adligen zu Intrigen wieder einmal die Fähigkeit des Landes, als europäische Großmacht zu agieren. Als Frankreich schließlich offen in den Dreißigjährigen Krieg eintrat, war es keine geeinte, gesunde Macht, wie manche Historiker es darstellen, sondern ein Land, das immer noch unter vielen seiner alten Krankheiten litt. Aristokratische Intrigen blieben verbreitet und erreichten erst in den Jahren 1648–1653 ihren Höhepunkt; Aufstände von Bauern, arbeitslosen städtischen Arbeitern und Hugenotten störten zusammen mit der Obstruktionspolitik örtlicher Amtsinhaber die Effizienz der Regierung; und die vom allgemeinen Bevölkerungsrückgang, dem rauheren Klima, den gesunkenen landwirtschaftlichen Erträgen und dem häufigeren Auftreten von Seuchen, die große Teile Europas zu dieser Zeit getroffen zu haben scheinen,[58] geschwächte Wirtschaft war kaum in der Lage, einen großen Krieg zu finanzieren.

Von 1635 an mußten daher die französischen Steuern durch verschiedene Mittel erhöht werden. Der Ämterverkauf wurde gesteigert und die *taille* , die in zurückliegenden Jahren reduziert worden war, wurde so sehr angehoben, daß sich das jährliche Steueraufkommen bis 1643 verdoppelt hatte. Aber selbst dies konnte die Kosten des Kampfes gegen die Habsburger, das heißt, sowohl die direkte militärische Belastung durch die Versorgung einer 150000 Mann starken Armee als auch die Hilfszahlungen für die Alliierten, nicht decken. Im Jahre 1643, dem Jahr des großen französischen

Sieges über Spanien bei Rocroi, waren die Ausgaben der Regierung fast doppelt so hoch wie ihre Einnahmen, und Richelieus Nachfolger Mazarin war zu noch verzweifelteren Verkäufen von Regierungsämtern und einer noch strengeren Kontrolle der *taille* gezwungen – beides sehr unbeliebte Maßnahmen. Es war kein Zufall, daß die Rebellion von 1648 mit einem Steuerstreik gegen Mazarins neue fiskalische Maßnahmen begann und daß solche Unruhen schnell zu einem Verlust der Kreditwürdigkeit der Regierung und zu ihrer widerwilligen Bankrotterklärung führten.[59]

So glichen die beiden Rivalen in den nach dem Westfälischen Frieden von 1648 noch verbleibenden elf Jahren des französisch-spanischen Krieges angeschlagenen Boxern, die sich in einem Zustand der Erschöpfung aneinanderklammerten und unfähig waren, den anderen zu erledigen. Beide litten unter Rebellionen im Inneren, weitverbreiteter Verarmung und Abneigung gegen den Krieg, und beide waren am Rande des finanziellen Zusammenbruchs. Es stimmt zwar, daß sich die französische Armee durch Generäle wie d'Enghien und Turenne und Militärreformer wie Le Tellier langsam zu der mächtigsten Kampftruppe Europas entwickelte, aber wegen der hohen Anforderungen des Heeres verfiel dafür die von Richelieu aufgebaute Flotte Frankreichs schnell.[60] Und das Land hatte immer noch keine solide wirtschaftliche Basis. Schließlich war es Frankreichs Glück, daß England, das unter Cromwell als Militär- und Seemacht wieder aufgelebt war, in den Konflikt eintrat und damit endlich das Gleichgewicht zuungunsten des bedrängten Spaniens verschob. Der daraus resultierende Pyrenäenfrieden symbolisierte weniger die Größe Frankreichs als den relativen Abstieg seines strategisch überdehnten südlichen Nachbarn, der mit bemerkenswerter Zähigkeit weitergekämpft hatte.[61]

Mit anderen Worten, jede europäische Macht besaß eine Mischung aus Stärken und Schwächen, und es galt zu verhindern, daß letztere erstere überwogen. Dies traf sicherlich auf die »Flankenmächte« im Westen und Norden, England und Schweden zu, deren Interventionen zu mehreren kritischen Zeitpunkten halfen, die Habsburger Ambitionen in Schach zu halten. Es war beispielsweise kaum je der Fall, daß England während dieser 140 Jahre gelassen und für einen kontinentalen Konflikt wohlvorbereitet dastand. Der Schlüssel zur englischen Erholung nach den Rosenkriegen lag darin, daß sich Heinrich VII., zumindest nach dem Frieden mit Frankreich im Jahre 1492, auf innere Stabilität und finanzielle Zurückhaltung konzentrierte. Indem er seine eigenen Ausgaben herabsetzte, seine Schulden bezahlte und den Wollhandel, den Fischfang und den allgemeinen Handel förderte, gab der erste Tudor-Monarch seinem von Bürgerkrieg und Unruhen erschöpften Land die stark benötigte Atempause. Die natürliche Produktivität der Landwirtschaft, der florierende Tuchhandel mit den Niederlanden, Belgien und Luxemburg, die zunehmende Nutzung der reichen küstennahen Fischgründe und die Geschäftigkeit des Küstenhandels taten ein übriges. Auf dem Gebiet der Staatsfinanzen dienten die königliche Wiederbeschaffung von Krongütern und die Beschlagnahmung von Ländereien, die sich im Besitz von Rebellen oder konkurrierenden Anwärtern auf den Thron befanden, die Zollerträge des wachsenden Handels und die Gewinne der Sternkammer und anderer Gerichtshöfe dazu, einen ausgeglichenen Haushalt zu erreichen.[62]

Aber politische und wirtschaftliche Stabilität war nicht unbedingt gleichbedeutend mit *Macht*. Im Vergleich zu der weit größeren Bevölkerung Frankreichs und Spaniens schienen die drei bis vier Millionen Einwohner Englands und Wales' nicht viel zu sein. Die Finanzinstitutionen des Landes und die wirtschaftliche Infrastruktur waren, im Vergleich zu Italien, Süddeutschland, den Niederlanden, Belgien und Luxemburg, grob und unfertig, obwohl im Laufe des »Tudor-Jahrhunderts« ein beträchtliches wirtschaftliches Wachstum stattfinden sollte.[63] Auf militärischem Gebiet war der Abstand weit größer. Sobald sich Heinrich VII. den Thron gesichert hatte, löste er große Teile seiner Armee auf und verbot (mit einigen Ausnahmen) die privaten Armeen der großen Magnaten. Abgesehen von der »königlichen Leibgarde« und bestimmten Garnisonstruppen gab es in England zu der Zeit, als die französisch-habsburgischen Kriege in Italien die Art und das Ausmaß militärischer Konflikte veränderten, keine reguläre stehende Armee. Daraus folgte, daß die Truppen unter den frühen Tudors noch immer mit traditionellen Waffen (Langbogen, Pike) ausgerüstet waren und auf traditionelle Weise rekrutiert wurden (Bürgerwehr der Counties,

Freiwilligen-»Kompanien« usw.). Diese Rückständigkeit hielt seinen Nachfolger, Heinrich VIII., indessen nicht davon ab, Krieg gegen die Schotten zu führen. Der englische König ließ auch nicht von seinen Interventionen gegen Frankreich in den Jahren 1513 und 1522–1523 ab, da er in der Lage war, eine große Anzahl »moderner« Truppen – Pikeniere, Arkebusiere, schwere Kavallerie – aus Deutschland anzumieten.[64]

Wenn auch weder diese frühen englischen Operationen in Frankreich noch die zwei späteren Invasionen der Jahre 1528 und 1544 in einem militärischen Desaster endeten – sie zwangen den französischen Monarchen sogar oft dazu, die unliebsamen englischen Plünderer abzufinden –, so hatten sie dennoch verheerende finanzielle Konsequenzen. Von den 700000 Pfund Gesamtausgaben der Schatzkammer im Jahre 1513 wurden 632000 Pfund für Soldaten, für Artillerie, Kriegsschiffe und andere militärische Ausgaben verwandt.* Schon bald waren die von Heinrich VII. angesparten Reserven von seinem ehrgeizigen Erben ausgegeben, und der erste Minister Heinrichs VIII., Wolsey, provozierte durch seine Bemühungen, mittels erzwungener Kredite, »Zwangsanleihen« und anderer willkürlicher Maßnahmen Geld zu beschaffen, weitverbreitete Beschwerden. Erst als Thomas Cromwell in den 1530er Jahren die Ländereien der Kirche einzog, verbesserte sich die finanzielle Lage; tatsächlich verdoppelte die englische Reformation die königlichen Einnahmen und erlaubte Ausgaben für defensive militärische Projekte – Festungen entlang der Kanalküste und der schottischen Grenze, neue, mächtige Kriegsschiffe für die Königliche Britische Marine und die Unterdrückung von Rebellionen in Irland. Aber die verheerenden Kriege gegen Frankreich und Schottland in den 1540er Jahren kosteten die gewaltige Summe von 2135000 Pfund, was ungefähr dem Zehnfachen der regulären Jahreseinkünfte der Krone entsprach. Dies zwang die Minister des Königs zu Verzweif-

* Mein Kollege Prof. Robert Ashton hat mich darauf aufmerksam gemacht, daß alle Zahlen englischer (und wahrscheinlich auch anderer) Staatseinnahmen und -ausgaben in dieser gesamten Zeitspanne als *nominal* angesehen werden müssen; die Beträge, die von den Amtsinhabern einbehalten wurden – Bestechung, Korruption und ungenaue Buchführung –, reduzierten die aufgeführten »Zuteilungen« an Armee und Marine drastisch. Ebenso erreichte nur ein Teil des königlichen »Einkommens« jemals den Monarchen. Die hier angegebenen Zahlen sind also lediglich grobe Hinweise.

lungsmaßnahmen wie den Verkauf von kirchlichen Besitztümern zu Schleuderpreisen, die Beschlagnahmung von Gütern Adliger aufgrund falscher Anschuldigungen, erzwungene Kredite, Münzverschlechterung und schließlich die Zuflucht zu den Fuggern und anderen ausländischen Bankiers.[65] Als England 1550 seine Differenzen mit Frankreich beilegte, war dies daher eine willkommene Erleichterung für eine fast bankrotte Regierung.

Dies alles weist auf die sehr realen Grenzen der englischen Macht in der ersten Hälfte des 16. Jahrhunderts hin. England war ein zentralisierter, relativ homogener Staat, obwohl dies weit weniger auf die Grenzgebiete und auf Irland zutrifft, das immer in der Lage war, die königlichen Ressourcen und die Aufmerksamkeit auf sich zu lenken. Vor allem dank des Interesses Heinrichs VIII. war England in der Abwehr stark. Es besaß einige moderne Festungen, eine Artillerie, Werften, eine beträchtliche Rüstungsindustrie und eine gut gerüstete Marine. Aber die Armee war rückständig, und das Land konnte keinen größeren Krieg finanzieren. Als Elisabeth I. im Jahre 1558 den Thron bestieg, war sie umsichtig genug, diese Grenzen zu erkennen und ihre Ziele zu erreichen, ohne sie zu überschreiten. Dies war in den gefährlichen Jahren nach 1570, als die Gegenreformation ihren Höhepunkt erreichte und spanische Truppen in den Niederlanden aktiv waren, eine schwierige Aufgabe. Da ihr Land keiner anderen wahren europäischen »Supermacht« ebenbürtig war, versuchte Elisabeth, Englands Unabhängigkeit mit Hilfe der Diplomatie aufrechtzuhalten, und selbst als die anglo-spanischen Beziehungen sich verschlechterten, ließ sie nur einen »Kalten Krieg« zur See zu, was ökonomisch vertretbar war und manchmal sogar Profit brachte.[66] Obwohl sie Gelder zur Verfügung stellen mußte, um ihre schottischen und irischen Flanken zu sichern und um die niederländischen Rebellen in den späten 1570er Jahren zu unterstützen, gelang es Elisabeth und ihren Ministern, während der ersten 25 Jahre ihrer Regierungszeit einen gesunden Überschuß zu erwirtschaften – was auch vonnöten war, denn die Königin brauchte dringend eine »Kriegskasse«, nachdem 1585 die Entscheidung gefallen war, ein Expeditionskorps unter der Führung Leicesters in die Niederlande zu entsenden.

Der Konflikt mit Spanien nach 1585 stellte sowohl strategische als auch finanzielle Anforderungen an Elisabeths Regierung. Kommandeure wie Hawkins, Raleigh, Drake und andere überlegten, welche Strategie England am besten anwenden sollte und drängten die Königin, die spanischen Silberschiffe abzufangen, die feindlichen Küsten und Kolonien zu überfallen und ganz allgemein die Vorteile des Seekrieges zu nutzen, um billig Krieg zu führen – theoretisch ein attraktiver Vorschlag, in der Praxis aber oft schwer umzusetzen. Außerdem war es notwendig, Truppen in die Niederlande und nach Nordfrankreich zu entsenden, um dort diejenigen zu unterstützen, die gegen die Spanier kämpften. Diese Strategie wurde nicht etwa aus großer Liebe zu den niederländischen Rebellen oder zu den französischen Protestanten übernommen, sondern einfach weil Elisabeth argumentierte, daß »wenn der letzte Tag Frankreichs käme, dies der Vorabend der Zerstörung Englands wäre«.[67] Es war daher lebenswichtig, das europäische Gleichgewicht notfalls durch aktive Intervention zu erhalten. Diese »kontinentale Verpflichtung« blieb bis zum frühen 17. Jahrhundert bestehen, zumindest in personeller Form, denn viele englische Truppen blieben dort, auch nachdem das Expeditionskorps im Jahre 1594 in der Armee der Vereinigten Niederlande aufging.

Da England die Doppelfunktion hatte, die Pläne Philipps II. an Land zu kontrollieren und sein Reich dauernd auf See zu belästigen, trug es zur Erhaltung der politischen Pluralität Europas bei. Aber es war eine gewaltige Belastung, 8000 Mann im Ausland zu unterhalten. 1586 beliefen sich die in die Niederlande geschickten Gelder auf über 100 000 Pfund. 1587 waren es 175 000 Pfund, was jeweils der Hälfte der gesamten Jahresausgaben entsprach; im Jahre der Armada überstiegen die Zuteilungen an die Flotte 150 000 Pfund. Demzufolge waren Elisabeths jährliche Ausgaben in den späten 1580er Jahren ungefähr zwei- bis dreimal so hoch wie in den frühen 1580er Jahren. Im Laufe des nächsten Jahrzehnts gab die Krone jährlich mehr als 350 000 Pfund aus, und der irische Feldzug erhöhte den Jahresdurchschnitt in den letzten vier Regierungsjahren der Königin auf über 500 000 Pfund.[68] Sosehr die Regierung auch versuchte, Geldmittel aus anderen Quellen zu beschaffen – wie beispielsweise dem Verkauf von Krongütern und von Monopolen –, hatte sie keine andere Möglichkeit, als wiederholt das Unterhaus einzuberufen und um zusätzliche Unterstützung zu bitten. Daß diese (insgesamt in Höhe von ungefähr 2 Millionen Pfund) gewährt wurde und daß sich die englische Regierung weder bankrott erklärte, noch es versäumte, ihre Truppen zu besolden, zeugte von dem Geschick und der Klugheit der Monarchin und ihrer Ratsmitglieder; aber die Kriegsjahre hatten das gesamte System auf eine schwere Probe gestellt, dem ersten Stuart-König Schulden hinterlassen und ihn und seinen Nachfolger von einem mißtrauischen Unterhaus und von einem vorsichtigen Londoner Finanzmarkt abhängig gemacht.[69]

Es würde zu weit führen, den wachsenden Konflikt zwischen Krone und Parlament zu untersuchen, der die englische Politik in den vier Jahrzehnten nach 1603 beherrschte und in dem die Finanzen eine zentrale Rolle spielten.[70] Die ineffektiven gelegentlichen Interventionen englischer Truppen während der großen europäischen Auseinandersetzung der 1620er Jahre hatten, obwohl sie sehr teuer waren, wenig Auswirkung auf den Ablauf des Dreißigjährigen Krieges. Die Bevölkerung, der Handel, die Kolonien in Übersee und der allgemeine Wohlstand Englands wuchsen in dieser Zeit, aber ohne Harmonie im Inneren bildete dies alles keine sichere Grundlage für die Macht des Staates; in der Tat stürzte der Streit um Steuern wie das Schiffsgeld – das theoretisch die Militärmacht der Nation hätte vergrößern können – schon bald Krone und Parlament in einen Bürgerkrieg, der England als Machtfaktor in der europäischen Politik für einen großen Teil der 1640er Jahre praktisch ausschaltete. Als England aus seinen inneren Wirren wiederauftauchte, verwickelte es die Niederländer in einen Handelskrieg (1652–1654), der, was auch immer die Kriegsziele der beiden Parteien gewesen sein mögen, wenig mit dem allgemeinen europäischen Gleichgewicht zu tun hatte.

Cromwells England der 1650er Jahre konnte jedoch die Rolle einer Großmacht erfolgreicher spielen als jede vorhergehende Regierung. Seine *New Model Army*, die aus dem Bürgerkrieg hervorging, hatte endlich die Lücke geschlossen, die zwischen den englischen Truppen und ihren europäischen Gegenspielern geklafft hatte. Nach modernen, von Moritz von Nassau und Gustav Adolf eingeführten Richtlinien organisiert und trainiert, abgehärtet durch viele Kampfjahre, diszipliniert und (normalerweise) regelmäßig bezahlt, konnte die englische Armee großen Einfluß auf das europäische Gleichgewicht nehmen, was deutlich wurde, als sie die spanischen Truppen in der Schlacht bei Dünkirchen im Jahre 1658 schlug. Überdies war die Marine des Commonwealth sogar noch fortschrittlicher für das Zeitalter. Die Flotte, die vom Unterhaus bevorzugt wurde, weils sie sich während des Bürgerkriegs gegen Karl I. entschieden hatte, erlebte in den späten 1640er Jahren eine Renaissance; die Zahl der Schiffe wurde von 39 (1649) auf 80 (1651) erhöht, der Sold angehoben, die Werften und die logistische Unterstützung wurden verbessert, und die Geldmittel dafür regelmäßig von einem Unterhaus bewilligt, das glaubte, Profit und Macht gingen Hand in Hand.[71] Dies war auch gut so, denn in ihrem ersten Krieg gegen die Niederländer mußte die Marine den Kampf mit einer ebenbürtigen Flotte aufnehmen, die von Kommandeuren wie Tromp und de Ruyter geführt wurde, die genauso qualifiziert waren wie Blake und Monk. Es war daher nicht erstaunlich, daß die Flotte, als sie nach 1655 auf das spanische Kolonialreich losgelassen wurde, Erfolge erzielte: sie nahm Acadia (Neuschottland) ein; eroberte 1656 nach einem Fiasko in Haiti Jamaika, kaperte Teile der spanischen Schatzflotte; blockierte Cádiz und zerstörte 1657 die *flota* in Santa Cruz.

Auch wenn diese englischen Aktionen letztendlich das Gleichgewicht verschoben und Spanien zwangen, im Jahre 1659 den Krieg mit Frankreich zu beenden, war dies mit schweren Belastungen im eigenen Lande verbunden. In diesen Jahren nach 1655 verlor man den profitablen Handel mit Spanien an die neutralen Niederländer, und feindliche Kaperschiffe erbeuteten auf den Routen im Atlantik und im Mittelmeer eine Vielzahl englischer Handelsschiffe. Vor allen Dingen waren eine aus bis zu 70000 Mann bestehende Armee und eine große Marine eine kostspielige Angelegenheit; einer Schätzung zufolge wurden von den gesamten Regierungsausgaben von 2878000 Pfund im Jahre 1657 über 1900000 der Armee und 742000 der Marine zugeteilt.[72] Steuern wurden in noch nie dagewesenem Maße auferlegt und effizient eingetrieben, und trotzdem reichten die Einnahmen der Regierung nie aus, da sie »viermal mehr ausgab als das, was man noch unter Karl I. (vor der englischen

Revolution) für unerträglich gehalten hatte«.[73] Die Schulden stiegen ständig, und man war mit der Soldzahlung an Soldaten und Matrosen im Rückstand. Diese wenigen Jahre spanischen Krieges erhöhten unzweifelhaft die öffentliche Abneigung gegen Cromwells Herrschaft und veranlaßten die Mehrheit der Kaufleute und Händler, sich für den Frieden einzusetzen. England wurde natürlich nicht gänzlich durch diesen Konflikt ruiniert, obwohl dies sicherlich der Fall gewesen wäre, wenn es sich so lange wie Spanien an den Kämpfen der großen Mächte beteiligt hätte. Das Wachstum seines Binnen- und Überseehandels zuzüglich des Gewinns aus den Kolonien und der Schiffahrt begann eine solide wirtschaftliche Basis zu bilden, auf die sich die Regierung in London in zukünftigen Kriegsfällen verlassen konnte; und gerade weil England – wie auch die Vereinigten Niederlande – eine leistungsfähige Marktwirtschaft entwickelt hatte, gelang die seltene Großtat, einen wachsenden Lebensstandard mit einer wachsenden Bevölkerung zu verbinden.[74] Trotzdem war es für England weiterhin lebenswichtig, das richtige Gleichgewicht zwischen den militärischen Bemühungen zu Lande und zu See und der Förderung des nationalen Wohlstandes zu finden; am Ende des Protektorats war dieses Gleichgewicht gefährdet.

Wie kritisch wichtig diese Lektion in der Staatskunst war, tritt noch deutlicher hervor, wenn man Englands Aufstieg mit dem der anderen »Flankenmacht« Schweden vergleicht.[75] Während des gesamten 16. Jahrhunderts waren die Aussichten des nördlichen Königreiches armselig. Eingeschlossen durch Lübeck und insbesondere durch Dänemark, war ihm der freie Zugang zu Westeuropa verwehrt; in eine Serie von Auseinandersetzungen mit Rußland an seiner östlichen Flanke verstrickt und wiederholt durch sein Verhältnis zu Polen abgelenkt, hatte Schweden genug damit zu tun, sich selbst zu behaupten. In der Tat deutete seine schwere Niederlage gegen Dänemark im Krieg von 1611–1613 darauf hin, daß eher der Abstieg als die Expansion das Schicksal des Landes sein sollte. Zusätzlich litt es unter inneren Spaltungen, die eher konstitutioneller als religiöser Natur waren und die dazu führten, daß die Privilegien des Adels bestätigt wurden. Aber Schwedens größte Schwäche war seine wirtschaftliche Basis. Große Teile seines ausgedehnten

Territoriums bestanden aus arktischer Einöde oder aus Wald. Die verstreute, größtenteils sich selbst versorgende Bauernschaft stellte 95 Prozent der Gesamtbevölkerung von 900000; mit Finnland waren es ungefähr 1250000, weniger als die Einwohnerzahl mancher italienischer Stadtstaaten. Es gab wenig Städte und wenige Gewerbebetriebe; eine »Mittelschicht« war kaum zu finden; und der Tausch von Gütern und Leistungen war immer noch die wichtigste Art des Handels. Als der jugendliche Gustav Adolf 1611 den Thron bestieg, war Schweden militärisch und wirtschaftlich ein Zwerg.

Zwei Faktoren, ein äußerer und ein innerer, halfen Schweden, schnell aus diesen wenig versprechenden Anfängen aufzusteigen. Der erste Faktor waren die ausländischen Unternehmer, insbesondere die Niederländer, aber auch Deutsche und Wallonen, für die Schweden ein vielverprechendes »unterentwickeltes« Land darstellte, das mit Rohstoffen wie Nutzholz, Eisen und Kupfererzen reich gesegnet war. Der berühmteste dieser ausländischen Unternehmer, Louis de Geer, verkaufte nicht nur fertige Produkte an Schweden und kaufte Rohstoffe von ihnen, sondern gründete im Laufe der Zeit auch Sägewerke, Gießereien und Fabriken, gab dem König Kredite und bezog Schweden in das merkantile »Weltsystem«, dessen Zentrum Amsterdam war, ein. Schon bald wurde das Land zum größten Eisen- und Kupferproduzenten Europas, und diese Exporte brachten ihm ausländisches Geld, das bald helfen sollte, die Streitkräfte zu bezahlen. Außerdem wurde Schweden in bezug auf die Rüstungsproduktion unabhängig; ein seltenes Kunststück, das wiederum ausländischen Investitionen und Kenntnissen zu verdanken war.[76]

Der innere Faktor bestand aus der wohlbekannten Serie von Reformen, die Gustav Adolf und seine Helfer eingeleitet hatten. Die Gerichtshöfe, die Schatzkammer, das Steuersystem, die Zentralverwaltung und das Erziehungswesen waren nur einige Bereiche, deren Leistungsfähigkeit in dieser Zeit erhöht wurde. Der Adel wurde aus seinen Fehden heraus und in den Staatsdienst hineingeführt. Das religiöse Zusammengehörigkeitsgefühl war gesichert. Lokale und zentrale Verwaltungen schienen zu funktionieren. Auf dieser soliden Grundlage konnte Gustav eine schwedische Marine aufbauen, um die Küsten vor den dänischen und polnischen Rivalen zu schützen und um eine sichere Überfahrt schwedischer Truppen über die Ostsee zu gewährleisten. Der Ruhm des Königs ruhte aber vor allem auf seinen großen Militärreformen. Er entwickelte eine nationale stehende Armee, die auf einer Art Wehrpflicht basierte, er bildete die Truppen in neuen Schlachtfeldtaktiken aus, verbesserte die Kavallerie und führte mobile, leichte Artillerie ein, und schließlich brachte seine Führung der Armee Disziplin und eine hohe Moral, so daß Gustav die vielleicht beste Kampftruppe der Welt kommandierte, als er im Sommer des Jahres 1630 in Norddeutschland einmarschierte, um die protestantische Sache zu unterstützen.[77]

All diese Vorteile waren notwendig, denn die Dimensionen des europäischen Konfliktes waren weit größer und die Kosten weit höher, als Schweden es in irgendeinem örtlich beschränkten Krieg gegen seine Nachbarn erlebt hatte. Ende 1630 hatte Gustav das Kommando über 42000 Mann; zwölf Monate später war die Zahl schon doppelt so hoch; und kurz vor der verhängnisvollen Schlacht bei Lützen war seine Streitmacht auf 150000 Mann angewachsen. Obwohl schwedische Truppen in allen großen Schlachten einen *corps d'élite* bildeten und zur Bewachung strategischer Stützpunkte eingesetzt wurden, war die Zahl der Schweden unzureichend, um eine Armee dieser Größe zu unterhalten. In der Tat bestanden vier Fünftel der 150000 Mann starken »schwedischen« Armee aus ausländischen Söldnern – Schotten, Engländern und Deutschen, die entsetzlich teuer waren. Schon die Kämpfe gegen die Polen in den 1620er Jahren hatten die schwedischen Finanzen überfordert, aber der deutsche Krieg drohte noch viel kostspieliger zu werden. Erstaunlicherweise gelang es den Schweden jedoch, andere dafür zahlen zu lassen. Die ausländischen Subventionen, besonders die französischen, sind wohlbekannt, aber sie deckten nur einen Bruchteil der Kosten. Die eigentliche Quelle war Deutschland selbst: die verschiedenen freundlich gesonnenen Fürstentümer und freien Städte mußten Gelder beisteuern; die feindlichen mußten Lösegeld zahlen, um der Plünderung zu entgehen. Zusätzlich forderte diese gewaltige von Schweden geführte Armee Quartier, Verpflegung und Futter von den Territorien, auf denen sie lagerte. Dieses System hatte freilich schon des Kaisers General Wallenstein perfektioniert, dessen Politik, »Kontributionen« zu fordern, eine kaiserliche Armee von über 100000 Mann finanziert hatte;[78] aber der Punkt hierbei ist, daß es *nicht* die Schweden waren, die für die große Armee aufkamen, welche von 1630 bis 1648 half, die Habsburger in Schach zu halten. In eben dem Monat des Westfälischen Friedens plünderte die schwedische Armee Böhmen; und es entsprach vollkommen ihrer Praxis, daß sie sich nur nach Zahlung einer großen »Kompensation« zurückzog.

Obwohl dies eine bemerkenswerte Leistung der Schweden war, gibt sie doch in vielerlei Hinsicht ein falsches Bild von der Stellung des Landes innerhalb Europas. Seine mächtige Kriegsmaschinerie war in hohem Maße *parasitär*, die schwedische Armee in Deutschland mußte plündern, um zu überleben – sonst meuterten die Truppen, was für die Deutschen noch schädlicher war. Natürlich mußten die Schweden für ihre Marine, für Verteidigungsanlagen im eigenen Land und für außerhalb Deutschlands stationierte Truppen bezahlen; und, wie in allen anderen Staaten, hatte dies die Staatsfinanzen stark beansprucht, was zum verzweifelten Verkauf von Krongütern und Staatseinkünften an den Adel und damit wiederum zu langfristig verminderten Einkünften führte. Der Dreißigjährige Krieg hatte außerdem einen hohen Tribut an Menschenleben gefordert, und die außerordentlichen Steuern belasteten die Bauernschaft. Überdies hatte Schweden durch seine militärischen Erfolge eine Vielzahl an der Ostsee gelegener Besitzungen erhalten – Estland, Livland, Bremen, einen großen Teil Pommerns –, die zugegebenermaßen wirtschaftliche und fiskalische Vorteile brachten, aber deren Unterhaltung in Friedenszeiten und deren Verteidigung in Kriegszeiten eine weitaus höhere Belastung für den schwedischen Staat bedeuteten als die gesamten Feldzüge quer durch Deutschland in den 1630er und 1640er Jahren.

Schweden blieb auch nach 1648 eine bedeutende Macht, aber nur auf regionaler Ebene. Unter Karl X. (1654–1660) und Karl XI. (1660–1697) erreichte es wahrscheinlich sogar den Höhepunkt seiner Macht im Ostseeraum, wo es die Dänen in Schach hielt und seine Position gegenüber den Polen, Russen und der aufstrebenden Macht Preußens behauptete. Die Wendung zum Absolutismus unter Karl XI. verbesserte die königlichen Finanzen und ermöglichte so auch in Friedenszeiten die Unterhaltung einer großen stehenden

Armee. Dies waren aber lediglich Maßnahmen, die den Abstieg Schwedens verzögerten. In den Worten von Professor Robert:

Eine Generation lang war Schweden siegestrunken und mit Beute beladen; Karl XI. führte das Land in das graue Licht alltäglicher Existenz zurück, gab ihm eine Politik, die seinen Ressourcen und seinen wahren Interessen entsprach, rüstete es dafür aus, diese durchzusetzen und bereitete es auf eine Zukunft der Bedeutung und Würde einer zweitrangigen Macht vor.[79]

Dies waren keine geringen Errungenschaften, aber im größeren europäischen Kontext hatten sie nur beschränkte Bedeutung. Und es ist interessant, das Ausmaß zu beachten, in dem das Mächtegleichgewicht des Ostseeraumes – von dem die Schweden nicht weniger als Dänemark, Polen und Brandenburg abhingen – in der zweiten Hälfte des 17. Jahrhunderts von den Franzosen, den Niederländern und sogar den Engländern zu ihren eigenen Zwecken mit Hilfe von Subsidien, diplomatischen Interventionen und in den Jahren 1644 und 1659 einer niederländischen Flotte beeinflußt und »manipuliert« wurde.[80] So blieb Schweden, obwohl es nie als ein »Marionettenstaat« in diesem großen diplomatischen Spiel bezeichnet werden konnte, verglichen mit den aufsteigenden Mächten des Westens ein wirtschaftlicher Zwerg, der dazu neigte, von ihren Subsidien abhängig zu werden. Um 1700 belief sich sein Außenhandel auf einen Bruchteil des Handels der Vereinigten Niederlande oder Englands; seine Staatsausgaben waren nur ungefähr ein Fünfzigstel der französischen.[81] Mit dieser unzureichenden materiellen Basis und ohne Zugang zu überseeischen Kolonien hatte Schweden – trotz seiner bewundernswerten sozialen und administrativen Stabilität – kaum eine Chance, die militärische Vorherrschaft aufrechtzuerhalten, die es für kurze Zeit unter Gustav Adolf innegehabt hatte. In den kommenden Jahrzehnten war es vollauf damit beschäftigt, die Vorstöße Preußens im Süden und Rußlands im Osten aufzuhalten.

Das letzte Beispiel, nämlich das der holländischen Macht in dieser Zeit, bietet einen bemerkenswerten Kontrast zu dem schwedischen Fall. Eine Nation, die aus den Wirren einer Revolution hervorging, eine Gruppe von sieben heterogenen Provinzen, die durch unregelmäßige Grenzen von den restlichen habsburgischen Niederlanden getrennt waren, ein bloßer Teil eines Teils eines ausgedehnten dynastischen Herrschaftsgebietes, eingeschränkt in Bevölkerungszahl und territorialer Ausdehnung, aber eine Nation, die schnell zu einer großen Macht innerhalb und *außerhalb* Europas wurde und es für fast 100 Jahre blieb. Sie unterschied sich von den anderen Staaten – außer von seinem italienischen Vorläufer Venedig – durch ihre republikanische, oligarchische Regierungsform; aber ihr ausgeprägtestes Merkmal bestand darin, daß das Fundament ihrer Stärke fest in der Welt des Handels, des Gewerbes und der Finanzen verankert war. Sie war mit Sicherheit eine schlagkräftige Militärmacht, zumindest in der Verteidigung. Außerdem war sie, bis sie im späten 17. Jahrhundert von England in den Schatten gestellt wurde, die leistungsfähigste Seemacht. Aber diese Militärmacht war die Folge, nicht das Wesen von Hollands Stärke und Einfluß.

Die rund 70000 niederländischen Rebellen hatten natürlich in den frühen Jahren der Revolte kaum Einfluß auf die europäische Politik. Tatsächlich dauerte es einige Jahrzehnte, bis sie sich als eigenständige Nation begriffen, und erst Anfang des 17. Jahrhunderts waren die Grenzen überhaupt festgelegt worden. Der sogenannte »Freiheitskampf der Niederlande« war anfangs eine sporadische Angelegenheit, bei der verschiedene soziale Gruppen und Regionen sowohl gegeneinander als auch gegen die habsburgischen Herrscher kämpften – oder manchmal mit ihnen Kompromisse schlossen; und es gab in den 1580er Jahren die verschiedensten Zeitpunkte, zu denen sich die geschickte Politik des Herzogs von Parma, der versuchte, die Territorien für Spanien zurückzugewinnen, an der Schwelle zum Erfolg befand. Wären die Subventionen und die militärische Hilfe Englands und anderer protestantischer Staaten, die Importe vieler englischer Kanonen und der häufige Abzug der spanischen Armee nach Frankreich nicht gewesen, hätte der Herzog die Rebellion zerschlagen können. Da sich die niederländischen Häfen und Werften jedoch fast alle in den Händen der Rebellen befanden und es Spanien nicht gelang, die Seeherrschaft zu gewinnen, konnte der Herzog die Rückeroberung nur durch langwierige Belagerungen zu Lande durchführen, die jedesmal ihren Schwung verloren, wenn er mit seinen Armeen nach Frankreich beordert wurde.[82]

Als die 1590er Jahre anbrachen, hatten die Vereinigten Niederlande überlebt und konnten nun sogar die meisten der im Osten verlorenen Provinzen und Städte zurückerobern. Zu dieser Zeit war die Armee gut ausgebildet und wurde von Moritz von Nassau geführt, dessen taktische Innovationen und Nutzung des Wassers ihn zu einem der großen Feldherren des Zeitalters machten. Seine Streitmacht als eine niederländische Armee zu bezeichnen, wäre eine Fehlbenennung, denn im Jahre 1600 bestand sie aus 43 englischen, 32 französischen, 20 schottischen, 11 wallonischen, 9 deutschen und nur 17 niederländischen Kompanien.[83] Trotz dieser großen (aber nicht untypischen) Bandbreite von Nationalitäten schmiedete Moritz seine Streitkräfte zu einem einheitlichen Ganzen zusammen. Was half, war zweifellos die verläßliche finanzielle Unterstützung durch die niederländische Regierung. So wurde seine Armee regelmäßig bezahlt – im Gegensatz zu denen der meisten europäischen Länder –, und die Regierung sorgte ständig für die Unterhaltung der ansehnlichen Marine.

Es wäre sicher falsch, den Wohlstand und die finanzielle Stabilität der niederländischen Republik zu überschätzen oder anzudeuten, daß es ihr leichtgefallen wäre, den Konflikt, besonders in seinen Anfangsphasen, zu finanzieren. In den östlichen und südlichen Teilen der Vereinigten Niederlande verursachte der Krieg erhebliche Schäden, sorgte für Einbußen im Handel und einen Rückgang der Bevölkerungszahl. Selbst die reiche Provinz Holland empfand die Steuerbelastung als gewaltig; 1579 mußte sie 960000 Gulden, 1599 fast 5,5 Millionen Gulden für den Krieg aufbringen. Im frühen 17. Jahrhundert, als die jährlichen Kosten des Krieges gegen Spanien auf 10 Millionen Gulden anstiegen, fragten sich viele, wie lange der Kampf noch ohne totale finanzielle Erschöpfung aufrechterhalten werden könne. Die Niederländer hatten das Glück, daß die spanische Wirtschaft – und damit ihre Fähigkeit, die zu Meutereien neigende Armee von Flandern zu bezahlen – noch mehr unter der Belastung gelitten hatte und Madrid daher im Jahre 1609 einem Waffenstillstand zustimmen mußte.

Dennoch, obwohl der Konflikt die niederländischen Ressourcen auf die Probe gestellt hatte, hatte er sie nicht erschöpft; und in der Tat wuchs die Wirtschaft ab 1590 schnell und bot damit ein solides

»Kredit«-Fundament, als sich die Regierung – wie es alle kriegführenden Staaten tun mußten – am Geldmarkt eindecken mußte. Ein offensichtlicher Grund für diesen Wohlstand war das Zusammentreffen eines schnellen Bevölkerungswachstums mit größerem kommerziellen Unternehmungsgeist, nachdem die Herrschaft der Habsburger abgeworfen worden war. Außerdem kamen zu dem normalen Bevölkerungszuwachs noch Zehntausende (vielleicht sogar Hunderttausende) von Flüchtlingen aus dem Süden und aus vielen anderen Teilen Europas hinzu. Viele dieser Immigranten scheinen Facharbeiter, Lehrer, Handwerker und Unternehmer gewesen zu sein, die alle eine Menge zu bieten hatten. Die Plünderung Antwerpens durch spanische Truppen im Jahre 1576 erhöhte Amsterdams Chancen im internationalen Handel, aber es ist auch wahr, daß die Niederländer jede sich ihnen bietende Gelegenheit zu wirtschaftlichem Fortschritt nutzten. Zusätzliche Quellen des Wohlstands waren der reiche Heringshandel, den die Niederländer beherrschten, und die Landgewinnung. Die gewaltige Handelsflotte der Niederländer, und insbesondere ihre *fluyts* (Flüten, einfache, robuste Frachtschiffe), brachten ihnen um 1600 eine dominierende Stellung im Frachtgeschäft Europas: Nutzhölzer, Getreide, Tuch, Salz und Heringe wurden auf allen Wasserwegen von niederländischen Schiffen transportiert. Mit Empörung sahen ihre englischen Verbündeten und viele niederländische calvinistische Geistliche, daß die Händler aus Amsterdam ihren Todfeind Spanien willig mit Gütern versorgten, solange der Profit größer war als das Risiko. Die Niederländer importierten Rohstoffe in großen Mengen, und die Handwerker in Amsterdam, Delft und Leiden verarbeiteten sie. Da »das Raffinieren von Zucker, das Schmelzen von Metall, das Branntweinbrennen, das Brauen, das Tabakschneiden, das Spinnen von Seide, das Töpfern, das Glasblasen, die Rüstungsindustrie, das Drucken und die Papierherstellung«[84] zu den Hauptgewerbezweigen gehörten, überrascht es kaum, daß 1622 ungefähr 56 Prozent der holländischen Bevölkerung von 670000 in mittelgroßen Städten lebten. Jede andere Gegend der Welt muß im Vergleich dazu wirtschaftlich rückständig erschienen sein.

Zwei weitere Aspekte der niederländischen Wirtschaft verstärkten ihre militärische Macht. Der erste war die Expansion in Übersee. Obwohl sich dieser Handel nicht mit dem weniger glänzenden, aber in der Menge weit größeren Handel mit Massengütern in europäischen Gewässern vergleichen ließ, erhöhte er doch die Ressourcen der Republik. »Zwischen 1598 und 1605 segelten im Durchschnitt jährlich 25 Schiffe nach Westafrika, 20 nach Brasilien, 10 nach Ostindien und 150 in die Karibik. 1605 wurden in Amboina und 1607 in Ternate unabhängige Kolonien gegründet; Fabriken und Handelsposten wurden an den Küsten des Indischen Ozeans, in der Nähe der Amazonasmündung und (1609) in Japan errichtet.«[85] Wie England profitierten nun auch die Vereinigten Niederlande von der langsamen Verschiebung des wirtschaftlichen Schwerpunktes vom Mittelmeer zur atlantischen Welt, einer der wichtigsten säkularen Entwicklungen der Zeit von 1500–1700, die sich zuerst zum Vorteil Portugals und Spaniens auswirkte, später aber jene Gesellschaften stimulierte, die besser darauf vorbereitet waren, Profit aus dem Welthandel zu ziehen.[86]

Das zweite Merkmal war Amsterdams wachsende Rolle als internationales Finanzzentrum, eine natürliche Begleiterscheinung der niederländischen Rolle als Verschiffer, Tauschhändler und Gebrauchsgüterhändler Europas. Was ihre Finanziers und Institutionen zu bieten hatten (Annahme von Zinsdepots, Überweisung von Geldern, Kreditieren und Einlösen von Wechseln, Ausgabe von Anleihen), unterschied sich nicht von den Praktiken, die beispielsweise in Venedig und Genua bereits geübt wurden, aber den größeren Handelswohlstand der Vereinigten Niederlande widerspiegelnd wurden die Geschäfte hier in größerem Maßstab und mit einem größeren Maß an Sicherheit durchgeführt – dies um so mehr, als die Hauptinvestoren aus den Reihen der Regierung stammten und daran interessiert waren, die Prinzipien gesunder Währung, sicheren Kredits und regelmäßigen Schuldendienstes aufrechtzuerhalten. Folglich stand meistens Geld für Regierungsanleihen zur Verfügung, was der niederländischen Regierung einen unschätzbaren Vorteil gegenüber ihren Rivalen gab; und da ihre Kreditwürdigkeit wegen prompter Schuldenrückzahlung gesichert war, konnte sie billiger leihen als jede andere Regierung – ein wichtiger Vorteil im 17. Jahrhundert und in der Tat zu allen Zeiten!

Als die Feindseligkeiten mit Spanien im Jahre 1621 wiederaufgenommen wurden, war die Fähigkeit, Anleihen leicht aufnehmen zu können, von noch größerer Bedeutung, denn die Kosten der Armee stiegen von 13,4 (1622) auf 18,8 Millionen Gulden (1640). Dies waren große Summen, die selbst für eine wohlhabende Bevölkerung schwer zu tragen waren, zumal der niederländische Überseehandel durch den Krieg – entweder durch direkte Verluste oder weil der Handel in neutrale Hände umgelenkt wurde – Schaden nahm. Es war daher politisch einfacher zu erlauben, einen möglichst großen Teil des Krieges durch öffentliche Anleihen zu finanzieren. Obwohl dies zu einem massiven Anwachsen der Staatsverschuldung führte – die Schulden der Provinz Holland beliefen sich im Jahre 1651 auf 153 Millionen Gulden –, sorgten die wirtschaftliche Stärke des Landes und die Zuverlässigkeit, mit der die Zinsen zurückgezahlt wurden, dafür, daß das Kreditsystem des Landes nie in Gefahr war zusammenzubrechen.[87] Während dies zeigt, daß selbst wohlhabende Staaten unter der Höhe der Militärausgaben litten, bestätigt es auch, daß solange der Kriegserfolg von der Größe des Geldbeutels abhing, die Niederländer die anderen höchstwahrscheinlich überdauern würden.

Krieg, Geld und der Nationalstaat

Lassen Sie uns nun die wichtigsten Schlußfolgerungen dieses Kapitels zusammenfassen. Nach 1450 war das Kriegführen eng mit »der Geburt des Nationalstaates« verbunden.[88] Zwischen dem späten 15. und dem späten 17. Jahrhundert wurden die meisten europäischen Länder Zeuge einer Zentralisierung politischer und militärischer Autorität, normalerweise unter einem Monarchen (aber in manchen Ländern auch unter örtlichen Fürsten oder einer Handelsoligarchie). Diese Zentralisierung wurde von einem vermehrten Umfang und neuen Methoden staatlicher Besteuerung begleitet und von einer bürokratischen Maschinerie ausgeführt, die viel weiter entwickelt war als zu der Zeit, als Könige »von ihrem Besitz lebten« und nationale Armeen von einem feudalen Aufgebot gestellt wurden.

Es gab verschiedene Gründe für diese Entwicklung des europäischen Nationalstaates. Wirtschaftliche Veränderungen hatten bereits große Bereiche des alten Feudalsystems untergraben, und verschiedene soziale Gruppen mußten durch neuere Formen von Vertrag und Verpflichtung in Beziehung zueinander treten. Die Reformation, die das Christentum nach dem Prinzip *cuius regio, eius religio*, das heißt nach dem religösen Bekenntnis des Herrschers teilte, vermischte weltliche mit kirchlicher Macht und dehnte somit die Säkularisation auf die nationale Ebene aus. Der Rückgang des Lateins und der wachsende Gebrauch der Landessprache durch Politiker, Rechtsanwälte, Bürokraten und Poeten unterstrich diese säkulare Entwicklung. Verbesserte Nachrichtenverbindungen, der weiter verbreitete Warenaustausch, die Erfindung des Buchdrucks und die überseeischen Entdeckungen führten nicht nur dazu, daß die Menschen andere Völker zur Kenntnis nahmen, sondern auch dazu, daß sie sich der Unterschiede in Sprache, Geschmack, kulturellen Gewohnheiten und Religion bewußt wurden. Unter diesen Umständen ist es nicht verwunderlich, daß viele Philosophen und Schriftsteller dieser Zeit den Nationalstaat für die natürliche und die beste Form der Gesellschaft hielten. Sie glaubten, seine Macht müsse vergrößert und seine Interessen verteidigt werden, und seine Herrscher und Beherrschten – wie auch immer das spezifische konstitutionelle Gebilde aussehen mochte – müßten harmonisch im Sinne eines allgemeinen nationalen Wohls zusammenarbeiten.[89]

Aber es waren der Krieg und die Folgen des Krieges, die einen viel mächtigeren und beständigeren Druck auf die Bildung von Nationalstaaten ausübten, als es durch diese philosophischen Überlegungen und die sich langsam entwickelnden sozialen Tendenzen geschah. Ihre Militärmacht erlaubte es den meisten europäischen Dynastien, ihre Stellung gegenüber den großen Magnaten des Landes zu behaupten und die politische Einheit des Landes und ihre Autorität zu sichern (wenn dies auch oft nur durch Zugeständnisse an den Adel gelang). Militärische – oder besser geostrategische – Faktoren halfen, die territiorialen Grenzen der Nationalstaaten zu formen, während die häufigen Kriege ein Nationalbewußtsein schufen – zumindest in negativer Form, indem nämlich Engländer die Spanier, Schweden die Dänen und die niederländischen Rebellen ihre früheren Habsburger Oberherren hassen lernten. Es war vor allem der

Krieg – und insbesondere die neuen Techniken, die zum Wachstum der Infanterie und zu teueren Befestigungsanlagen und Flotten führten –, der wiederum die beteiligten Staaten dazu zwang, mehr Geld denn je auszugeben und vergleichsweise starke Einnahmequellen zu erschließen. Alle Ausführungen über den allgemeinen Anstieg der Regierungsausgaben oder über die neue Organisation der Besteuerung oder über die sich verändernden Beziehungen zwischen dem König und den Ständen im frühmodernen Europa bleiben *abstrakt,* bis man sich die zentrale Bedeutung des militärischen Konfliktes ins Gedächtnis ruft.[90] In den letzten Jahren Englands unter Elisabeth oder Spaniens unter Philipp II. waren bis zu drei Viertel aller Regierungsausgaben dem Krieg oder der Abzahlung von Schulden aus vergangenen Kriegen gewidmet. Militärische und maritime Unternehmungen waren vielleicht nicht immer die *raison d'être* der neuen Nationalstaaten, aber sie waren sicherlich ihre teuerste und dringendste Aktivität.

Es wäre jedoch falsch anzunehmen, daß die Techniken, Steuern einzutreiben, Armeen zu unterhalten, Flotten auszurüsten, Kommunikationswege aufzubauen und Feldzüge zu kommandieren, im 16. und 17. Jahrhundert in irgendeiner Weise mit den Techniken zu vergleichen wären, die beispielsweise der Invasion der Normandie im Jahre 1944 vorausgingen. Wie die vorhergehende Analyse gezeigt haben sollte, waren die Militärmaschinen des frühmodernen Europa schwerfällig und ineffizient. Eine Armee aufzustellen und zu kontrollieren, war zu dieser Zeit eine erschreckend schwierige Angelegenheit: zusammengewürfelte Truppen, potentiell illoyale Söldner, unzureichende Versorgung, Transportprobleme und nicht standardisierte Waffen brachten die meisten Befehlshaber zur Verzweiflung. Selbst wenn genügend Geld zur Verfügung stand, forderten Korruption und Verschwendung ihren Tribut.

Die Streitkräfte waren daher kein berechenbares und zuverlässiges Werkzeug des Staates. Immer wieder gerieten Armeeteile und Einheiten außer Kontrolle, weil es Versorgungsmängel oder, was noch schwerwiegender war, keinen Sold gab. Die spanische Flandernarmee meuterte von 1572 bis 1607 nicht weniger als 46 Male; aber auch ähnlich kampftüchtige Truppen wie die Schweden in Deutschland oder Cromwells *New Model Army* meuterten, wenn auch nicht so häufig. Es war Richelieu, der in seinem *Testament Politique* bitter bemerkte:

> Die Geschichte kennt weit mehr Armeen, die durch Mangel und Aufruhr als durch die Anstrengungen ihrer Feinde ruiniert worden sind; und ich habe beobachtet, daß alle Unternehmungen, die in meinen Tagen begonnen wurden, allein aus diesem Grund mangelhaft waren.[91]

Dieses Problem der Besoldung und Versorgung hatte alle nur möglichen Auswirkungen auf die militärische Leistung. So hat ein Historiker gezeigt, daß die verblüffenden Eilmärsche Gutav Adolfs in Deutschland, statt von militärisch-strategischer Planung im Clausewitzschen Sinne geleitet zu sein, eher die einfache, aber zwingende Suche nach Nahrung und Futter für seine gewaltige Truppe widerspiegelten.[92] Lange vor Napoleons Aphorismus wußten Befehlshaber bereits, daß eine Armee mit dem Bauch marschiert.

Aber diese physischen Grenzen bestanden auch auf nationaler Ebene, besonders was das Aufbringen von Geldmitteln für den Krieg anbetraf. Kein Staat, wie reich auch immer, konnte in dieser Zeit aus dem Stand die Kosten eines größeren Konflikts bezahlen. Egal wie viele neue Steuern erhoben wurden, es gab immer eine Lücke zwischen den Einkünften der Regierung und ihren Ausgaben, die nur durch Kredite von privaten Bankiers wie den Fuggern, oder später durch einen formal organisierten Finanzmarkt, der mit Regierungsanleihen handelte, geschlossen werden konnte. Immer wieder zwangen jedoch die eskalierenden Kriegskosten die Monarchen, die Rückzahlung ihrer Schulden einzustellen, die Münzen zu verschlechtern oder irgendeine andere Verzweiflungsmaßnahme zu ergreifen, die kurzfristig Erleichterung, aber langfristig Nachteile brachte. Wie ihre Befehlshaber, die krampfhaft versuchten, ihre Truppe in Ordnung zu halten und die Pferde zu füttern, so lebten auch die frühmodernen Regierungen immer gefährdet »von der Hand in den Mund«. Monarchen und ihre Beamten waren in dieser Zeit praktisch ununterbrochen gezwungen, die Stände um die Bewilligung von weiteren außerordentlichen Steuern zu bitten, von reichen Leuten und der Kirche Zwangsanleihen zu fordern, mit Bankiers und Munitionshändlern zu feilschen, ausländische

Schatzschiffe zu kapern und sich die vielen Gläubiger vom Hals zu halten.

Die These dieses Kapitels besagt daher *nicht*, daß den Habsburgern mißlang, was anderen Mächten so brillant gelang. Es gibt in dieser Beweisführung keine erstaunlichen Kontraste; Erfolg und Versagen müssen anhand sehr kleiner Unterschiede festgestellt werden.[93] Alle Staaten, selbst die Vereinigten Niederlande, waren durch die ständige Auszehrung der Ressourcen durch Feldzüge und Unternehmungen zur See einer harten Belastung ausgesetzt. Alle Staaten erlebten finanzielle Probleme, Meutereien von Truppen, unzureichende Versorgung und Opposition gegen höhere Besteuerung im eigenen Lande. Wie im Ersten Weltkrieg waren dies Jahre von Abnutzungskriegen, die die kriegführenden Parteien der Erschöpfung immer näher brachten. Im letzten Jahrzehnt des Dreißigjährigen Krieges wurde deutlich, daß keine Allianz mehr so große Armeen ins Feld führen konnte wie Gustav Adolf und Wallenstein am Anfang des Konfliktes, denn jeder Seite gingen buchstäblich die Männer und das Geld aus. Der Sieg der antihabsburgischen Truppen war daher nur marginal und relativ. Es war ihnen gerade ein wenig besser gelungen, das Gleichgewicht zwischen ihrer materiellen Basis und ihrer militärischen Stärke zu erhalten. Zumindest einige der Sieger hatten begriffen, daß die Quellen nationalen Wohlstands während eines langen Konfliktes vorsichtig und nicht rücksichtslos ausgebeutet werden mußten. Sie mögen sich außerdem, wie unwillig auch immer, eingestanden haben, daß der Händler, der Gewerbetreibende und der Bauer ebenso wichtig waren wie der Kavallerieoffizier und der Pikenier. Aber der Grad ihrer Überlegenheit gegenüber den Habsburgern, ihrer besseren Handhabung der wirtschaftlichen Faktoren, war gering. Es war, um die späteren Worte des Herzogs von Wellington zu borgen, »eine verdammt knappe Angelegenheit« – wie die meisten der großen Kämpfe.

3 Finanzwesen, Geographie und das Gewinnen von Kriegen, 1660–1815

Die Unterzeichnung des Pyrenäenfriedens beendete natürlich weder die Rivalitäten zwischen den europäischen Großmächten noch ihre Angewohnheit, diese durch Krieg beizulegen. Aber die anderthalb Jahrhunderte internationalen Kampfes, die nach 1660 begannen, unterschieden sich in einigen sehr wichtigen Punkten von denen der vorhergehenden hundert Jahre; und diese Veränderungen reflektieren eine weitere Phase in der Entwicklung der internationalen Politik.

Das bezeichnendste Merkmal der Großmachtszene nach 1660 war das Heranreifen eines echten *multipolaren* Systems europäischer Staaten, von denen jeder seine Entscheidungen über Krieg und Frieden eher auf der Basis »nationaler« als übernationaler oder religiöser Interessen traf. Dies war sicherlich keine unmittelbare oder absolute Veränderung, denn die europäischen Staaten handelten auch vor 1660 im Sinne ihrer säkularen Interessen, und religiöse Vorurteile fachten noch im 18. Jahrhundert viele internationale Streitigkeiten an. Aber nun verschwand das Hauptmerkmal der Ära von 1519–1659 – die österreichisch-spanische Achse der Habsburger Mächte, die eine Koalition protestantischer Staaten einschließlich Frankreichs bekämpfte – und wurde durch ein viel lockereres System kurzfristiger, wechselnder Allianzen ersetzt. Länder, die in einem Krieg Feinde waren, fanden sich im nächsten oft als Verbündete wieder. Somit lag die Betonung in der Politik eher auf kalkulierter Realpolitik als auf tiefverwurzelter religiöser Überzeugung.

Die Schwankungen in Diplomatie und Krieg, die in diesem instabilen, multipolaren System normal waren, wurden durch etwas nicht Neues, sondern allen Zeitaltern Gemeines, kompliziert: durch den Aufstieg bestimmter Staaten und den Abstieg anderer. Im Laufe dieser anderthalb Jahrhunderte internationaler Rivalität, die von der vollen Machtübernahme Ludwigs XIV. in Frankreich (1660–1661) bis zu Napoleon Bonapartes Kapitulation bei Waterloo im Jahre 1815 reichte, fielen bestimmte führende Nationen der vorhergehenden Periode (das Osmanische Reich, Spanien, die Niederlande, Schweden) in den zweiten Rang zurück, und Polen trat ganz in den Schatten. Den österreichischen Habsburgern gelang es, durch verschiedene territoriale und strukturelle Anpassungen in den Erblanden, ihre erstrangige Stellung zu behaupten; und im Norden Deutschlands stieg Brandenburg-Preußen aus wenig vielversprechenden Anfängen zu diesem Status auf. Im Westen dehnte Frankreich seine militärische Macht rasch aus und wurde zum mächtigsten Staat Europas – für viele Beobachter erschien es nun genauso übermächtig wie die Habsburger ein halbes Jahrhundert zuvor. Frankreichs Fähigkeit, den Westen Zentraleuropas zu beherrschen, wurde nur durch eine Allianz maritimer und kontinentaler Nachbarn in einer Reihe ausgedehnter Kriege (1689–1697; 1702–1714; 1739–1748; 1756–1763) gezügelt; aber in anderer Form zeigte sie sich in der Ära Napoleons erneut und führte zu einer großen Serie französischer Siege, die nur durch eine Koalition von vier anderen Großmächten beendet werden konnte. Selbst zum Zeitpunkt seiner Niederlage im Jahre 1815 blieb Frankreich einer der führenden Staaten Europas. Zwischen Frankreich im Westen und den beiden Ländern Preußen und Österreich im Osten bildete sich im Laufe des 18. Jahrhunderts im europäischen Kerngebiet langsam ein grobes, trilaterales Gleichgewicht heraus.

Aber die wirklich bedeutenden Änderungen im System der Großmächte während dieses Jahrhunderts erfolgten an den *Flanken* Europas und in sogar noch weiterer Ferne. Einige westeuropäische Staaten verwandelten stetig ihre kleinen, unsicheren Enklaven in den Tropen in ausgedehntere Herrschaftsgebiete; besonders in Indien, aber auch in ganz Südostasien, Südafrika und sogar im so weit entfernten Australien. Die erfolgreichste dieser kolonisierenden Nationen war England, das, innenpolitisch »stabilisiert«, nachdem Jakob II. 1688 durch Wilhelm und Maria ersetzt worden war, allmählich sein elisabethanisches Potential als die größte europäische Seemacht entfaltete. Selbst als die Briten in den 1770er Jahren die Kontrolle über die nordamerikanischen Kolonien verloren – aus denen die unabhängigen Vereinigten Staaten hervorgingen, die eine beträchtliche Defensivkraft und eine eindrucksvolle Wirtschaftsmacht besaßen –, hemmte dies nur kurzzeitig das Wachstum des britischen Einflusses in der Welt. Ebenso bemerkenswert war die Leistung Rußlands, das sich im Laufe des 18. Jahrhunderts nach Osten und Süden über die asiatischen Steppen ausdehnte. Außerdem waren England und Rußland, obwohl sie an den westlichen und östlichen Flanken plaziert waren, an dem Schicksal der Mitte interessiert – England war durch seine dynastische Verbindung zu Hannover (nach der Thronbesteigung Georgs I. im Jahre 1714) in die deutsche Politik verstrickt, und Rußland war fest entschlossen, das Schicksal des benachbarten Polen maßgeblich zu bestimmen. Allgemein strebten die Regierungen in London und St. Petersburg nach einem Kräftegleichgewicht auf dem europäischen Kontinent, und sie waren gewillt, wiederholt einzugreifen, um das ihren Interessen entsprechende Gleichgewicht zu sichern. Mit anderen Worten, das europäische Staatensystem entwickelte sich zu einem System aus *fünf* Großmächten – Frankreich, das Habsburger Reich, Preußen, England und Rußland –, daneben gab es kleinere Mächte wie Savoyen und absteigende Staaten wie Spanien.[1]

Woran lag es, daß sich gerade diese fünf Mächte – die offensichtlich nicht genau die gleichen Stärken besaßen – in der »Ersten Liga« der Staaten behaupten konnten? Rein militärische Erklärungen werden uns nicht sehr weit bringen. Es ist zum Beispiel kaum vorstellbar, daß der Aufstieg und Fall der großen Mächte zu dieser Zeit hauptsächlich durch Veränderungen in der Militär- und Seetechnologie ausgelöst wurde, die vielleicht einem Land größere Vorteile verschafften als anderen.* Es gab natürlich viele kleine Verbesserungen der Waffentechnik: durch das Steinschloßgewehr (mit Bajonettring) wurde der Pikenier überflüssig; die Artillerie wurde beweglich, besonders durch die neuen von Gribeauval im Frankreich der 1760er Jahre entworfenen Geschütze; und die kurze, dicke Schiffskanone mit geringerer Reichweite, die als Karronade bekannt war (zuerst von der Carron Company in Schottland in den

* So wie beispielsweise das Aufkommen dampfgetriebener Kriegsschiffe nach 1860 England (das genügend Kohle hatte) gegenüber Frankreich (das nur wenig besaß) einen Vorteil brachte.

späten 1770er Jahren gebaut), erhöhte die Kampfkraft der Kriegsschiffe. Es gab auch Verbesserungen im taktischen Denken und im Hintergrund eine stetige Zunahme der Bevölkerung und der landwirtschaftlichen Produktion, welche die Organisation weit größerer Militäreinheiten (die Division, das Korps) und deren Versorgung aus den üppigen Feldern des späten 18. Jahrhunderts ermöglichte. Trotzdem ist es gerechtfertigt zu sagen, daß sich Wellingtons Armee von 1815 nicht besonders von der Marlboroughs im Jahre 1710 unterschied und daß Nelsons Flotte technologisch nicht viel weiter entwickelt war als die Flotte, die den Kriegsschiffen Ludwigs XIV. begegnete.[2]

Die bedeutendste Veränderung im militärischen und maritimen Bereich im 18. Jahrhundert fand wahrscheinlich auf dem Gebiet der *Organisation* statt, die sich aus der gesteigerten Aktivität des Staates ergab. Ein Musterbeispiel dafür war ohne Zweifel das Frankreich Ludwigs XIV. (1661–1715), in dem Minister wie Colbert, Le Tellier und andere alles daransetzten, die Macht des Königs zu Hause und seinen Ruhm im Ausland zu mehren. Die Gründung eines französischen Kriegsministeriums mit Verwaltern, die die Finanzierung, Versorgung und Organisation der Truppen kontrollierten, während Martinet als Generalinspekteur neue Richtlinien für Ausbildung und Disziplin aufstellte; der Bau von Kasernen, Krankenhäusern, Exerzierplätzen und Depots jeglicher Art zur Versorgung der gewaltigen Armee des Sonnenkönigs und die Schaffung einer zentral organisierten, mächtigen Flotte – all dies zwang die anderen Mächte, diesem Beispiel zu folgen, wenn sie nicht zurückfallen wollten. Die Monopolisierung und Bürokratisierung der militärischen Macht durch den Staat ist offensichtlich ein zentraler Teil der »Nationalstaatsbildung«, und der Prozeß war wechselseitig, da die gesteigerte Macht und die größeren Ressourcen des Staates der Streitmacht einen Grad an *Beständigkeit* gaben, den sie ein Jahrhundert zuvor nicht gehabt hatte. Es gab nicht nur »professionelle«, »stehende« Armeen und »königliche« Flotten, sondern auch eine viel besser entwickelte Infrastruktur mit Militärakademien, Kasernen, Werften und Verwaltern, die sie leiteten. Macht war jetzt *nationale* Macht, ob durch die aufgeklärten Despoten Osteuropas, die parlamentarische Kontrolle Englands oder die späteren demagogischen Kräfte des revolutionären Frankreichs ausgedrückt.[3] Aber solche organisatorischen Verbesserungen konnten von anderen Staaten rasch kopiert werden (das dramatischste Beispiel dafür ist die Umwandlung der russischen Armee durch Peter den Großen innerhalb zweier Jahrzehnte nach 1698) und waren alleine keine Garantie für die Erhaltung einer Großmachtstellung.

Um die relative Position der Großmächte in den Jahren 1660–1815 zu erklären, sind zwei andere Faktoren weit wichtiger als die rein militärischen Entwicklungen: die Finanzen und die Geographie. Betrachtet man diese beiden zusammen – denn sie beeinflußten sich häufig wechselseitig –, dann ist es möglich, ein tieferes Verständnis für das zu erlangen, was auf den ersten Blick ein verwirrendes Muster von Erfolgen und Mißerfolgen zu sein scheint, das sich aus den vielen Kriegen dieser Zeit ergab.

Die »finanzielle Revolution«

Die Bedeutung des Finanzwesens und einer produktiven wirtschaftlichen Basis war schon den Renaissancefürsten bewußt, wie das vorhergehende Kapitel gezeigt hat. Der Aufstieg der *Ancien régime*-Monarchien im 18. Jahrhundert mit ihren großen Militärmaschinerien und Kriegsflotten führte dazu, daß die Regierungen die Wirtschaft unterstützen und finanzielle Institutionen schaffen mußten, die fähig waren, das dazu notwendige Geld aufzubringen und zu verwalten.[4] Überdies waren die sieben anglo-französischen Kriege der Zeit von 1689 bis 1815 – wie der Erste Weltkrieg – Abnutzungskriege. Der Sieg fiel an die Macht – oder besser an die Koalition von Großmächten, da sowohl England als auch Frankreich gewöhnlich Alliierte hatten –, die besser in der Lage war, ihre Kreditwürdigkeit zu bewahren und immer weiter Nachschub zu beschaffen. Allein die Tatsache, daß es sich hier um *Koalitionskriege* handelte, verlängerte sie, da sich ein kriegführendes Land, das seine Ressourcen schwinden sah, nach einem Verbündeten umsah, dessen Kredite und Verstärkungen ihm die Möglichkeit gaben weiterzukämpfen. Was beide Seiten bei solch teuren und anstrengenden Konflikten dringend benötigten, war – um einen alten Aphorismus zu benutzen – »Geld, Geld und nochmals Geld«. Vor diesem Hintergrund spielte sich das ab, was die »finanzielle Revolution« des späten 17. und frühen 18. Jahrhunderts genannt worden ist,[5] als einige westeuropäische Staaten zur Finanzierung ihrer Kriege ein relativ ausgefeiltes Bank- und Kreditsystem entwickelten.

Es gab allerdings noch einen zweiten, nicht-militärischen Grund für die finanziellen Entwicklungen dieser Zeit. Das war die chronische Knappheit an Hartgeld besonders in den Jahren vor den großen Goldfunden im portugiesischen Brasilien 1693. Je intensiver der europäische Handel mit dem Orient im 17. und 18. Jahrhundert wurde, desto mehr Silber floß angesichts der unausgeglichenen Handelsbilanz aus dem Lande, woraufhin sich überall Kaufleute und Händler über die Münzknappheit beschwerten. Zusätzlich führten das ständige Anwachsen des europäischen Handels, besonders mit wichtigen Produkten wie Tuch und Schiffsbedarf, und die Tendenz, die saisonabhängigen Märkte des mittelalterlichen Europas durch feste Handelszentren zu ersetzen, zu einer größeren Regelmäßigkeit und Vorhersehbarkeit kaufmännischer Abschlüsse und damit zu einem erhöhten Gebrauch von Wechseln und Kreditbriefen. Besonders in Amsterdam, aber auch in London, Lyon, Frankfurt und anderen Städten, etablierten sich in großer Zahl Geldverleiher, Warenhändler, Goldschmiede (die sich oft als Geldverleiher betätigten), Wechselhändler und Börsenspekulanten, die mit den Wertpapieren einer zunehmenden Zahl von Aktiengesellschaften handelten. Indem sie Bankpraktiken annahmen, die es in Italien schon zur Zeit der Renaissance gab, schufen diese Individuen oder auch Finanzhäuser langsam ein System nationalen und internationalen Kredits, das zum Stützpfeiler der frühmodernen Weltwirtschaft wurde.

Den stärksten und beständigsten Auftrieb erfuhr die »finanzielle Revolution« in Europa jedoch durch den Krieg. Auch wenn der Unterschied zwischen den finanziellen Belastungen der Zeitalter Philipps II. und Napoleons nur in ihrem Ausmaß lag, so war er doch bemerkenswert genug. Die Kosten eines Krieges im 16. Jahrhundert beliefen sich auf einige Millionen Pfund; im späten 17. Jahrhundert waren sie auf einige *zehn* Millionen Pfund angewachsen; und am Ende der Napoleonischen Kriege stiegen die Ausgaben der

Hauptparteien gelegentlich auf hundert Millionen Pfund *im Jahr.* Ob diese ausgedehnten und häufigen Zusammenstöße zwischen den Großmächten ökonomisch betrachtet eher einen Vorteil oder ein Hemmnis für den wirtschaftlichen und industriellen Aufstieg des Westens darstellten, wird nie zufriedenstellend geklärt werden. Die Antwort ist in großem Maße abhängig davon, ob man versucht, das *absolute* Wachstum eines Landes oder seinen *relativen* Wohlstand und seine *relative* Stärke vor und nach einem langen Konflikt zu bewerten.[6] Offensichtlich konnten selbst die blühendsten und »modernsten« Staaten des 18. Jahrhunderts die Kriege dieser Zeit nicht aus dem Stand mit ihren regulären Einnahmen finanzieren. Außerdem konnten enorme Steuererhöhungen, selbst wenn man in der Lage war, die Steuern einzuziehen, leicht innere Unruhen provozieren, die von allen Regierungen gefürchtet wurden – besonders natürlich, wenn sie sich gleichzeitig ausländischen Angreifern gegenübersahen.

Folglich blieb einer Regierung zur Finanzierung ihrer Kriege nur der Ausweg, Geld zu leihen: durch den Verkauf von Schuldverschreibungen und Ämtern oder besser von wandelbaren, langfristigen Staatsanleihen, die allen, die dem Staat Gelder zur Verfügung stellten, Zinsen einbrachten. Wenn der Eingang von Geldern gesichert war, konnten die Beamten die Zahlungen an Lieferanten der Armee, Versorgungshändler, Schiffsbauer und an die Armee selbst überweisen. In vielerlei Hinsicht wirkte dieses System der Erhebung und *gleichzeitigen* Ausgabe enormer Geldsummen wie ein Blasebalg, der die Entwicklung des westlichen Kapitalismus und der Nationalstaaten anfachte.

Indessen, wie natürlich diese Entwicklung aus heutiger Sicht auch erscheinen mag, es ist wichtig zu betonen, daß der Erfolg dieses Systems von zwei entscheidenden Faktoren abhängig war: eines einigermaßen effizienten Systems zur Aufnahme von Darlehen sowie der Aufrechterhaltung der »Kreditwürdigkeit« einer Regierung an den Finanzmärkten. In beiderlei Hinsicht waren die Vereinigten Niederlande führend – nicht überraschend, da dort die Kaufleute einen Teil der Regierung stellten und wünschten, daß die Staatsgeschäfte nach den gleichen Prinzipien finanzieller Korrektheit geführt würden wie, beispielsweise, eine Aktiengesellschaft. Es verwundert daher nicht, daß die Generalstaaten der Niederlande, die effizient und regelmäßig Steuern erhoben, um die Regierungsausgaben zu decken, in der Lage waren, niedrige Zinssätze festzulegen, um damit die Höhe der Schuldenrückzahlungen gering zu halten. Dieses System, das von den vielen finanziellen Aktivitäten der Stadt Amsterdam hervorragend unterstützt wurde, brachte den Vereinigten Niederlanden bald internationales Ansehen für das Verrechnen von Wechseln, den Währungstausch und die Bereitstellung von Krediten. Dies schuf natürlich eine Struktur und eine Atmosphäre, in der eine langfristig finanzierte Staatsschuld als völlig normal angesehen wurde. Amsterdam wurde mit solchem Erfolg zum Zentrum des niederländischen »Kapitalüberschusses«, daß es schon bald in der Lage war, in Aktien ausländischer Gesellschaften zu investieren und, was am wichtigsten war, eine ganze Reihe von Anleihen zu zeichnen, die besonders in Kriegszeiten von ausländischen Regierungen ausgegeben wurden.[7]

Die Auswirkungen dieser Aktivitäten auf die Wirtschaft der Vereinigten Niederlande müssen hier nicht untersucht werden, obwohl deutlich ist, daß Amsterdam ohne den Hintergrund einer florierenden Handels- und Produktionsbasis gar nicht erst zum Finanzzentrum des Kontinents geworden wäre. Übrigens waren die langfristigen Konsequenzen dieser Entwicklung wahrscheinlich sogar nachteilig, da sich die Vereinigten Niederlande durch die ständigen Zinseinnahmen aus Regierungskrediten immer mehr von einer gewerbetreibenden Wirtschaft zu einer *Rentier*-Wirtschaft entwickelten, deren Bankiers Ende des 18. Jahrhunderts nicht allzu geneigt waren, Kapital in großangelegte industrielle Unternehmungen zu investieren. Die Leichtigkeit, mit der Darlehen aufgenommen werden konnten, bürdete der niederländischen Regierung allmählich eine gewaltige Schuldenlast auf, die durch indirekte Steuern bedient werden mußte, welche sowohl die Löhne als auch die Preise auf ein nicht konkurrenzfähiges Niveau hoben.[8]

Für unser Argument ist von größerer Bedeutung, daß die Niederländer beim Zeichnen *ausländischer* Anleihen weniger an der Religion oder Ideologie ihrer Klienten interessiert waren als an deren finanzieller Stabilität und Zuverlässigkeit. Dementsprechend können die Bedingungen, zu denen europäischen Mächten wie Rußland, Spanien, Österreich, Polen und Schweden Darlehen eingeräumt worden sind, als Maßstab für das wirtschaftliche Potential dieser Mächte gesehen werden, für die Sicherheiten, die sie den Bankiers boten, für ihren Ruf bei der Zahlung von Zinsen und Agio, und schließlich für ihre Aussichten, aus einem der Kriege zwischen den Großmächten erfolgreich hervorzugehen. Daher spiegelte das Sinken der polnischen Staatspapiere im späten 18. Jahrhundert und umgekehrt die erstaunliche – und oft übersehene – Jahrzehnte anhaltende Stärke des österreichischen Kredits die relative Beständigkeit dieser Staaten wider.[9]

Aber das beste Beispiel für dieses kritische Verhältnis von finanzieller Stärke und Machtpolitik betrifft die beiden größten Rivalen dieser Periode, England und Frankreich. Da das Ergebnis ihres Konfliktes das gesamte europäische Gleichgewicht beeinflußte, ist es eine längere Untersuchung wert. Die frühere Annahme, Großbritannien weise im 18. Jahrhundert eine unzerstörbare und unermüdlich wachsende kommerzielle und industrielle Stärke, eine unerschütterliche Kreditwürdigkeit und eine flexible, nach oben hin offene Sozialstruktur auf – wohingegen das Frankreich des *Ancien régime* auf dem Treibsand militärischer Hybris, wirtschaftlicher Rückständigkeit und einem starren Klassensystem aufgebaut sei –, scheint nicht länger haltbar zu sein. In mancherlei Hinsicht war das französische Steuersystem weniger rückschrittlich als das britische. Außerdem gab es im 18. Jahrhundert in Frankreich auch einige Anzeichen für einen »Aufbruch« in die industrielle Revolution, obwohl nur begrenzte Vorräte solch wichtiger Rohstoffe wie Kohle vorhanden waren. Seine Rüstungsindustrie war beträchtlich, und es besaß viele Facharbeiter und einige beeindruckende Unternehmer.[10] Aufgrund seiner weit größeren Bevölkerung und seiner ausgedehnteren Landwirtschaft war Frankreich viel wohlhabender als sein Inselnachbar. Seine Regierungseinnahmen und die Größe seiner Armee stellten die jedes westeuropäischen Rivalen weit in den Schatten; und sein *dirigistisches* Regime schien verglichen mit der auf Parteien gegründeten Politik von Westminster größere Kohärenz und Berechenbarkeit zu gewährleisten. Demzufolge waren sich die Engländer im 18. Jahrhundert, wenn sie über den Kanal blickten, der relativen Schwächen ihres Landes bewußter als seiner Stärken.

Trotz alledem besaß das englische System auf dem Finanzsektor entscheidende Vorteile, welche die Macht des Landes in Kriegszeiten erhöhten und seine politische Stabilität und das Wirtschaftswachstum in Friedenszeiten stützten. Wenn es auch zutrifft, daß das *allgemeine* englische Steuersystem rückschrittlicher war als das französische – das heißt es beruhte weit mehr auf indirekter als auf direkter Besteuerung –, scheinen bestimmte Merkmale dieses Systems es bei der Öffentlichkeit weniger unbeliebt gemacht zu haben. So gab es in England beispielsweise nichts Vergleichbares zu dem gewaltigen Aufgebot französischer Steuerpächter, Steuereinzieher und anderer Mittelsmänner; viele englische Steuern waren »unsichtbar« (wie die Verbrauchssteuer auf einige Grundprodukte) oder schienen die Ausländer zu treffen (Zölle). Es gab jene *Binnenzölle* nicht, welche die französischen Kaufleute so erzürnten und ein Hemmnis für den Binnenhandel darstellten. Die englische Grundsteuer – die wichtigste direkte Steuer für einen großen Teil des 18. Jahrhunderts – kannte keine privilegierten Ausnahmen und war für weite Teile der Gesellschaft »unsichtbar«; und diese verschiedenen Steuern wurden von einer gewählten Versammlung diskutiert und dann autorisiert, die trotz aller Mängel repräsentativer erschien als das *Ancien régime* in Frankreich. Wenn man die wichtige Tatsache hinzuzieht, daß das Pro-Kopf-Einkommen schon um 1700 in England etwas höher lag als in Frankreich, ist es nicht völlig überraschend, daß die Bevölkerung des Inselstaates bereit und in der Lage war, proportional höhere Steuern zu zahlen. Schließlich kann man argumentieren – obwohl dies statistisch schwerer zu belegen ist –, daß die vergleichsweise geringe Last direkter Besteuerung in England nicht nur bei den Wohlhabenderen der Gesellschaft den Hang zum Sparen erhöhte (und damit in Friedenszeiten die Akkumulation von Anlagekapital begünstigte), sondern auch in *Kriegszeiten* eine enorme Reserve besteuerbaren Reichtums geschaffen hatte, als erhöhte Grundsteuern und im Jahre 1799 eine direkte Einkommenssteuer eingeführt wurden, um dem nationalen Notstand zu begegnen. So verzeichnete England in der Zeit der Napoleonischen Kriege, obwohl seine Bevölkerung weniger als halb so groß war wie die Frankreichs, zum ersten Mal jährlich *absolut* gesehen höhere Steuereinnahmen als sein größerer Nachbar.[11]

So bemerkenswert diese Leistung war, sie wird durch den noch bedeutsameren Unterschied zwischen den englischen und französischen Systemen staatlichen Kredits in den Schatten gestellt. Denn tatsächlich stammten während der meisten Konflikte des 18. Jahrhunderts drei Viertel der zur Deckung der Kriegsausgaben erhobenen *zusätzlichen* Gelder aus Darlehen. Mehr als in jedem anderen Bereich waren hier die britischen Vorteile entscheidend. Der erste war die Entwicklung eines institutionellen Rahmens, der für langfristige Kredite und die regelmäßige Zahlung der Zinsen sowie die Rückzahlung der Schuld sorgte. Die Gründung der Bank von England im Jahre 1694 (zuerst als Hilfsmittel in Kriegszeiten) und die bald darauf folgende Regulierung der Staatsschuld einerseits, die florierende Börse und das Wachstum der »Provinzbanken« andererseits trieb den Geldvorrat, der sowohl der Regierung als auch den Kaufleuten zur Verfügung stand, in die Höhe. Dieser Zuwachs an Papiergeld, der auf verschiedene Art und Weise und *ohne* ernsthafte Inflation oder Verlust der Kreditwürdigkeit geschaffen wurde, brachte in einem Zeitalter, das unter Münzknappheit litt, viele Vorteile. Die »finanzielle Revolution« wäre jedoch kaum erfolgreich gewesen, wenn die Verpflichtungen der Regierung nicht durch aufeinanderfolgende Parlamente, welche die Macht hatten, zusätzliche Steuern zu erheben, garantiert worden wären; und wenn die Kabinette von Walpole bis zu Pitt dem Jüngeren sich nicht sehr darum bemüht hätten, ihre Bankiers im besonderen und die Öffentlichkeit im allgemeinen davon zu überzeugen, daß auch sie von den Prinzipien finanzieller Korrektheit und »wirtschaftlicher« Regierung geleitet wurden; und wenn nicht die stetige und in manchen Handelszweigen erstaunliche Erweiterung von Handel und Industrie für den gleichzeitigen Anstieg von Einnahmen aus Zöllen und Verbrauchssteuern gesorgt hätte. Selbst ein Kriegsausbruch bremste einen solchen Zuwachs nicht, vorausgesetzt, daß die Royal Navy den Überseehandel des Landes schützte, während sie den des Feindes drosselte. Auf dieser soliden Grundlage beruhte der englische »Kredit« – trotz gewisser Unsicherheiten am Anfang, beträchtlicher politischer Opposition und finanzieller Beinahe-Katastrophen wie dem Platzen der berühmten South-Sea-Seifenblase im Jahre 1720. »Trotz aller Schwächen in der Handhabung der englischen Staatsfinanzen«, schrieb ein Historiker, »blieben sie für den Rest des Jahrhunderts ehrlicher und effizienter als die aller anderen europäischen Staaten.«[12]

Ergebnis all dieser Dinge war, daß nicht nur die Zinssätze stetig fielen,* sondern auch, daß britische Staatsobligationen für ausländische und besonders niederländische Investoren immer attraktiver wurden. Der Handel mit diesen Papieren am Amsterdamer Markt wurde daher zum wichtigen Bestandteil der Verknüpfung Englands und der Niederlande in wirtschaftlicher und finanzieller Hinsicht, was bedeutende Auswirkungen auf die Wirtschaft beider Länder hatte.[13] *Machtpolitisch* gesehen lag der Wert dieser Verknüpfung darin, daß die Ressourcen der Vereinigten Provinzen wiederholt den britischen Kriegsanstrengungen zu Hilfe kamen, selbst als die niederländische Allianz im Kampf gegen Frankreich durch eine unsichere Neutralität ersetzt worden war. Nur zur Zeit des amerikanischen Revolutionskrieges – bezeichnenderweise des einen Konfliktes, in dem die militärischen, maritimen und diplomatischen Schwächen Englands am offensichtlichsten zutage traten und daher sein Kredit am niedrigsten war – trocknete der Strom niederländischer Gelder aus, obwohl London bereit war, höhere Zinssätze zu zahlen. Um 1780 jedoch, als die Niederländer auf seiten Frankreichs in den Krieg eintraten, stellte die britische Regierung fest, daß die Stärke ihrer eigenen Wirtschaft und die Vorräte einheimischen Kapitals so groß waren, daß fast alle Staatsanleihen von inländischen Investoren gezeichnet werden konnten.

Die enormen Dimensionen der britischen Kriegsanleihen sind in Tabelle 2 zusammengefaßt.

Strategisch ergibt sich aus diesen Zahlen, daß das Land in der Lage war, »im Vergleich zu seinen Steuereinnahmen unverhältnismäßig viel Geld für den Krieg auszugeben und somit die entscheidende Menge mehr an Schiffen und Männern in den Krieg mit Frankreich und seinen Alliierten zu werfen, ohne die vorher eingebrachte Ressourcen vielleicht umsonst gewesen wären«.[14] Obwohl viele britische Chronisten während des 18. Jahrhunderts beim Ge-

* Zur Zeit des Österreichischen Erbfolgekrieges (1739–1747) war die Regierung in der Lage, große Summen zu einem Zinssatz von drei bis vier Prozent zu leihen, was der Hälfte des zu Marlboroughs Zeiten vorherrschenden Zinssatzes entsprach.

Tabelle 2 Britische Kriegsausgaben und Steuereinnahmen 1688–1815 (in Pfund)

Jahre	Gesamt-ausgaben	Gesamt-einkommen	Ausgleich durch Anleihen	Anleihen in % der Ausgaben
1688–1697	49320145	32766754	16553391	33,6
1702–1713	93644560	64239477	29405083	31,4
1739–1748	95628159	65903964	29724195	31,1
1756–1763	160573366	100555123	60018243	37,4
1776–1783	236462689	141902620	94560069	39,9
1793–1815	1657854518	1217556439	440298079	26,6
Summe	2293483437	1622924377	670559060	33,3

danken an die Größe der Staatsschuld und die möglichen Konsequenzen erzitterten, blieb die Tatsache bestehen, daß (in Bischof Berkeleys Worten) Kredit »der größte Vorteil ist, den England gegenüber Frankreich besitzt«. Und schließlich produzierten der große Zuwachs der Staatsausgaben und der enorme, anhaltende Bedarf, der besonders durch Admiralitätsverträge für Güter wie Eisen, Holz-, Tuch und andere Waren entstand, einen »Rückkoppelungseffekt«, der die britische industrielle Produktion unterstützte und eine Serie technologischer Durchbrüche anregte, die dem Land einen weiteren Vorteil gegenüber Frankreich einbrachten.[15]

Warum es den Franzosen nicht gelang, mit diesen britischen Leistungen gleichzuziehen, ist heute leicht zu sehen.[16] Es gab, um damit zu beginnen, kein richtiges System *staatlicher* Finanzen. Vom Mittelalter an waren die finanziellen Transaktionen der französischen Monarchie von einer Gruppe verschiedener Körperschaften – von Gemeinderegierungen, dem Klerus, den Provinzialständen und in zunehmendem Maße von Steuerpächtern – »gemanagt« worden, die die Einnahmen eintrieben und die Monopole der Krone gegen einen Anteil am Erlös überwachten und die gleichzeitig der französischen Regierung Gelder – zu ansehnlichen Zinssätzen – auf die von den finanziellen Transaktionen erwarteten Einnahmen vorstreckten. Die Korruptheit dieses Systems bezog sich nicht nur auf die Hauptsteuerpächter, die die Tabak- und Salzgebühren einzogen; sie traf auch auf die Hierarchie der Gemeindebezirkseinnehmer, der Distrikteinnehmer und der regionalen Einnehmer zu, die für die direkten Steuern wie die *taille* verantwortlich waren. Jeder von ihnen nahm sich seinen »Schnitt«, bevor er die Gelder an eine höhere Stelle weiterleitete; außerdem erhielt jeder von ihnen fünf Prozent Zinsen auf das Geld, mit dem er sein Amt gekauft hatte; und viele höhere Beamte wurden beschuldigt, Gelder direkt an Regierungslieferanten oder als Löhne zu zahlen, ohne sie über die königliche Schatzkammer laufenzulassen. Auch liehen diese Männer der Krone – gegen Zinsen – Geld.

So eine lockere, planlose Organisation war unheilbar korrupt, und ein großer Teil der Steuergelder landete in privaten Taschen. Gelegentlich, besonders nach Kriegen, wurden Untersuchungen gegen Finanziers eingeleitet, von denen viele gezwungen wurden, »Kompensationen« zu zahlen oder niedrigere Zinssätze zu akzeptieren; aber solche Unternehmungen waren lediglich Gesten. »Der wirkliche Schuldige«, hat ein Historiker argumentiert, »war das System selbst.«[17] Die zweite Konsequenz dieser Ineffizienz war, daß man zumindest bis zu Neckers Reformen in den 1770er Jahren von einem staatlichen Rechnungswesen nicht reden kann. Jährliche Abstimmungen von Einnahmen und Ausgaben und die Problematik der Defizite wurden kaum als bedeutsam erachtet. Solange die Monarchie in der Lage war, Gelder für den Bedarf des Militärs und des Hofes zu beschaffen, wurde die stetige Eskalation der Staatsschuld nicht weiter ernst genommen.

Während eine ähnliche Verantwortungslosigkeit früher unter den Stuarts geherrscht hatte, entwickelte sich im England des 18. Jahrhunderts eine vom Parlament kontrollierte Form der staatlichen Finanzen, die ihm zahlreiche Vorteile im Kampf um die Vorherrschaft einbrachte. Nicht der geringste scheint gewesen zu sein, daß der Anstieg der Regierungsausgaben und der Staatsschuld den britischen Investitionen in Handel und Industrie nicht schadete (und sie vielleicht sogar förderte), während die vorherrschenden Bedingungen in Frankreich Leute mit überschüssigem Kapital angeregt zu haben scheinen, eher ein Amt oder eine Jahresrente zu kaufen, als in die Wirtschaft zu investieren. Gelegentlich gab es zwar Versuche, Frankreich mit einer Nationalbank auszustatten, damit die Schulden vernünftig verwaltet und billige Kredite beschafft werden konnten, aber solche Versuche wurden immer von denen vereitelt, die ein Interesse am Fortbestand des Systems hatten. Die Finanzpolitik der französischen Regierung, wenn sie überhaupt diesen Namen verdient, lebte immer von der Hand in den Mund.

Frankreichs wirtschaftliche Entwicklung litt auch unter anderen Dingen. Es ist beispielsweise interessant, die Bedingungen festzuhalten, unter denen ein französischer Hafen wie La Rochelle im Vergleich zu Liverpool oder Glasgow arbeiten mußte. Alle drei waren begierig, die aufblühende »Wirtschaft des Atlantik« des 18. Jahrhunderts auszubeuten, und La Rochelle lag besonders günstig für den Dreieckshandel nach Westafrika und zu den Westindischen Inseln. Aber der französische Hafen litt unter den wiederholten Raubzügen der Krone, die »in ihren fiskalischen Forderungen unersättlich und unerbittlich in ihrer Suche nach neuen und größeren Einnahmequellen« war. Eine enorme Menge »schwerwiegender, ungerechter und willkürlich erhobener direkter und indirekter Steuern auf den Kommerz« verzögerten das Wirtschaftswachstum; der Ämterkauf lenkte das örtliche Kapital von Investitionen im Handel ab; und die Gebühren, die von den bestechlichen Amtsinhabern erhoben wurden, verstärkten diese Entwicklung; monopolartige Gesellschaften beschränkten den freien Handel. Außerdem war die Krone, obwohl sie die Einwohner von La Rochelle dazu zwang, in den 1760er Jahren ein großes und teures Arsenal zu bauen (andernfalls wären die gesamten Einnahmen der Stadt beschlagnahmt worden!), im Kriegsfall nicht dazu bereit, eine Gegenleistung zu erbringen. Da sich die französische Regierung meistens mehr auf ihre militärischen Ziele zu Lande als zur See konzentrierte, waren die häufigen Zusammenstöße mit der überlegenen Royal Navy eine Katastrophe für La Rochelle, das zusehen mußte, wie seine Handelsschiffe gekapert, der profitable Sklavenhandel unterbrochen und seine überseeischen Märkte in Kanada und Louisiana eliminiert wurden. All dies geschah zu einer Zeit, als Versicherungsprämien für Schiffe sprunghaft anstiegen und Notsteuern erhoben wurden. Schließlich sah sich die französische Regierung oft gezwungen, den Bewohnern ihrer überseeischen Kolonien zu erlauben, in Kriegszeiten neutrale Schiffe zu chartern, was die Rückeroberung dieser Märkte, wenn Frieden geschlossen war, sehr erschwerte. Im Vergleich dazu wuchs der atlantische Sektor der britischen Wirtschaft im Laufe des 18. Jahrhunderts stetig und profitierte in Kriegszeiten (trotz der Angriffe französischer Freibeuter) von der Politik einer Regierung, die Profit und Macht, Handel und Herrschaft für untrennbar hielt.[18]

Die schlimmste Konsequenz von Frankreichs finanzpolitischer Unreife war, daß sie in Kriegszeiten seine militärischen Anstrengungen zu Lande und zur See untergrub.[19] Aufgrund der Ineffizienz und der Unzuverlässigkeit des Systems dauerte es länger, den Nachschub von, beispielsweise, Schiffsversorgungsgütern sicherzustellen, während die Lieferanten meistens mehr berechnen mußten als bei britischen oder niederländischen Admiralitäten. In Kriegszeiten große Summen aufzubringen, war für die französische Monarchie immer ein Problem, selbst wenn sie in den 1770er und 1780er Jahren zunehmend auf niederländisches Kapital zurückgriff. Die lange Kette der Geldabwertungen, die teilweise Nichtanerkennung der Schulden und andere willkürliche Aktionen gegen Inhaber kurzfristiger und langfristiger Wechsel hatten zur Folge, daß Bankiers Zinssätze verlangten – denen ein verzweifelter französischer Staat auch zustimmte –, die weit über denen lagen, die den britischen und vielen anderen europäischen Regierungen berechnet wurden.* Aber selbst die Bereitschaft, mehr als andere zu zahlen, sicherte den bourbonischen Monarchen nicht die Summen, die zur Aufrechterhaltung einer allumfassenden militärischen Anstrengung in einem langwierigen Krieg notwendig gewesen wären.

Am deutlichsten zeigte sich diese relative französische Schwäche in den auf den amerikanischen Revolutionskrieg folgenden Jahren. Dies war zwar für die Briten, die ihre größte Kolonie verloren hatten und deren Staatsschuld auf über 220 Millionen Pfund gestiegen war, kaum ein glorreicher Konflikt gewesen, aber da diese Summen hauptsächlich zu einem Zinssatz von lediglich drei Prozent geliehen worden waren, beliefen sich die jährlichen Rückzahlungen nur auf insgesamt 7,33 Millionen Pfund. Für Frankreich waren die Kosten dieses Krieges beträchtlich geringer, denn schließlich war es erst in der mittleren Phase in den Konflikt eingetreten, und außerdem

* Im Gegensatz dazu war Frankreich zur frühen Regierungszeit Ludwigs XIV. in der Lage gewesen, zu günstigeren Zinssätzen zu leihen als die Stuarts oder sogar Wilhelm III.

mußte es dieses eine Mal keine große Armee bereitstellen. Trotzdem kostete der Krieg die französische Regierung mindestens eine Milliarde Livres, die fast vollständig dadurch finanziert wurden, daß Staatsanleihen zu Zinssätzen ausgegeben wurden, die mindestens doppelt so hoch waren wie jene, die der britischen Regierung zugestanden wurden. In beiden Ländern verschlang die Abzahlung der Schulden die Hälfte der jährlichen Staatsausgaben, aber nach 1783 veranlaßten die Briten sofort eine Reihe von Maßnahmen (den Tilgungsfonds, den konsolidierten Staatsfonds, verbessertes staatliches Rechnungswesen), um die Gesamtsumme nicht weiter anwachsen zu lassen und die Kreditwürdigkeit zu stärken. Dies war vielleicht die größte Leistung des jüngeren Pitt. Im Gegensatz dazu gab Frankreich jedes Jahr eine große Menge Staatsanleihen aus, da seine »normalen« Einnahmen noch nicht einmal die Ausgaben in Friedenszeiten decken konnten; und mit jährlich wachsenden Defiziten wurde der Kredit der Regierung immer weiter geschwächt.

Die erstaunliche Konsequenz war, daß die französische Staatsschuld in den späten 1780er Jahren fast genauso groß war wie die britische – ungefähr 215 Millionen Pfund –, die Zinszahlungen aber jedes Jahr fast doppelt so hoch – ungefähr 14 Millionen Pfund. Schlimmer noch, die Bevölkerung setzte den Bemühungen aufeinanderfolgender Finanzminister, neue Steuern zu erheben, zunehmenden Widerstand entgegen. Schließlich waren es Calonnes vorgeschlagene Steuerreform (die zur Versammlung der Notabeln führte), die Aktionen gegen die *parlements,* die Zahlungseinstellung der Schatzkammer und dann (das erste Mal seit 1614) die Einberufung der Generalstände im Jahre 1789, die den endgültigen Zusammenbruch des *Ancien régime* in Frankreich auslösten.[20] Die Verbindung von Staatsbankrott und Revolution war nur zu deutlich. In ihrer verzweifelten Lage gab die Regierung im Folgenden noch mehr Banknoten aus (bis zu einem Wert von 100 Millionen Livres im Jahre 1789 und 200 Millionen im Jahre 1790). Diese Maßnahme wurde von der konstituierenden Nationalversammlung dadurch ersetzt, daß sie Kirchenländereien beschlagnahmte und Papiergeld in Höhe des geschätzten Werts ausgab. Dies alles führte zu weiterer Inflation, die durch den Kriegsausbruch im Jahre 1792 nur verschlimmert wurde. Und wenn es auch zutrifft, daß spätere Verwaltungsreformen innerhalb des Schatzamtes und die Entschlossenheit des revolutionären Regimes, die wahre Lage der Dinge zu erfahren, langsam ein einheitliches, bürokratisches Gefüge zum Einziehen von Steuern schuf, das dem in England und anderswo ähnelte, führten die bis 1815 anhaltenden inneren Unruhen und die äußere Überdehnung dazu, daß die französische Wirtschaft im Vergleich zu ihrem größten Rivalen immer mehr in Rückstand geriet.

Dieses Problem, Einnahmen für laufende – und vergangene – Kriege einzuziehen, nahm *alle* Regime und ihre Staatsmänner völlig in Anspruch. Selbst in Friedenszeiten verschlang die Aufrechterhaltung der Streitkräfte 40 bis 50 Prozent der Einnahmen eines Landes; in Kriegszeiten konnte dies auf 80 oder sogar 90 Prozent der dann viel höheren Einnahmen steigen! Wie auch immer ihre Verfassungen aussahen, seien es autokratische Reiche, konstitutionelle Monarchien oder bürgerliche Republiken, ganz Europa sah sich den gleichen Schwierigkeiten gegenüber. Nach jeder Runde des Kampfes (und besonders nach 1714 und 1763) brauchten die meisten Länder dringend eine Atempause, um sich von ihrer wirtschaftlichen Erschöpfung zu erholen und um mit der Unzufriedenheit im Inneren zu ringen, die nur allzuoft durch den Krieg und die höhere Besteuerung provoziert worden war. Aber die kompetitive, egoistische Natur des europäischen Staatensystems hatte zur Folge, daß ein *anhaltender* Friede ungewöhnlich war und innerhalb weniger Jahre Vorbereitungen für weitere Feldzüge getroffen wurden. Wenn aber die finanziellen Belastungen von den drei reichsten Völkern Europas, den Franzosen, den Niederländern und den Briten, kaum getragen werden konnten, wie konnten dann weit ärmere Staaten diese Kosten verkraften?

Die einfache Antwort auf diese Frage ist, daß sie es nicht konnten. Selbst das Preußen Friedrichs des Großen, das einen großen Teil seiner Einnahmen aus den ausgedehnten, gut verwalteten königlichen Domänen und Monopolen bezog, konnte die enormen Kosten des Österreichischen Erbfolgekrieges und des Siebenjährigen Krieges nicht decken, ohne auf drei »außerordentliche« Einnahmequellen zurückzugreifen: auf die Münzverschlechterung; auf die Ausplünderung benachbarter Staaten wie Sachsen und Mecklenburg; und, nach 1757, auf beträchtliche Subsidien seines wohlhabenderen Verbündeten England. Für das weniger effiziente und dezentralisiertere habsburgische Reich stellte die Kriegsfinanzierung ein immenses Problem dar; aber auch in Rußland oder in Spanien war die Situation wohl kaum besser, da dort die Aussichten, Gelder zu beschaffen – außer durch weiteres Schröpfen der Bauern und der wenig entwickelten mittleren Schichten –, nicht vielversprechend waren. Da so viele Stände (z. B. der ungarische Adel, der spanische Klerus) unter den *Anciennes régimes* Anspruch auf Steuerbefreiung erhoben, reichte selbst die Einführung ausgeklügelter indirekter Steuern, die Entwertung des Geldes und das Drucken von Papiergeld kaum mehr aus, um die teuren Armeen und Höfe in Friedenszeiten zu unterhalten; und während der Ausbruch des Krieges zu »außerordentlichen« fiskalischen Maßnahmen für den nationalen Notfall führte, mußte man sich auch in zunehmendem Maße auf die westeuropäischen Finanzmärkte, oder noch besser, auf direkte Subsidien aus London, Amsterdam oder Paris verlassen, die dann wiederum zum Kauf von Söldnern und Nachschub verwandt werden konnten. Der Ausspruch *pas d'argent, pas de Suisses* mag den Fürsten der Renaissance gegolten haben, aber er drückte auch in den Zeiten Napoleons und Friedrichs des Großen eine unumgängliche Tatsache aus.[21]

Das heißt jedoch nicht, daß die Finanzen in diesen Kriegen des 18. Jahrhunderts *immer* das Schicksal der Nationen bestimmt haben. Obwohl Amsterdam für einen großen Teil dieser Periode das größte Finanzzentrum der Welt war, verhinderte dies nicht den Abtritt der Vereinigten Niederlande als führende Macht; umgekehrt war Rußland wirtschaftlich rückständig, und seine Regierung hungerte nach Kapital, trotzdem wuchsen der Einfluß und die Macht des Landes in der europäischen Politik ständig. Um diese scheinbare Diskrepanz zu erklären, ist es notwendig, dem zweiten bestimmenden Faktor, dem Einfluß der Geographie auf die nationale Strategie, die gleiche Aufmerksamkeit zu widmen.

Die Geopolitik

Aufgrund der wettbewerbsorientierten Natur der europäischen Machtpolitik und der Kurzlebigkeit von Allianzen während des gesamten 18. Jahrhunderts sahen sich rivalisierende Staaten oft von einem großen Konflikt zum nächsten erstaunlich unterschiedlichen Umständen – und manchmal extremen Schwankungen des Kriegsglücks – gegenüber. Geheime Abkommen und »diplomatische Revolutionen« brachten wechselnde Machtblöcke und als Konsequenz relativ häufige Veränderungen des europäischen Gleichgewichts zu Lande und zur See hervor. Dies führte natürlich dazu, daß man sich auf die Kenntnisse seiner Diplomaten und selbstverständlich auf die Effizienz seiner Streitkräfte verließ, aber es weist auch auf die Bedeutung des geographischen Faktors hin. Dieser Begriff umfaßt hier nicht nur solche Elemente wie das Klima eines Landes, die Rohstoffe, die Fruchtbarkeit der Landwirtschaft und den Zugang zu den Handelswegen – die zwar alle wichtig für den Wohlstand waren –, sondern auch die entscheidende Frage des strategischen *Standortes* während dieser multilateralen Kriege. War eine bestimmte Nation in der Lage, ihre Energien auf eine Front zu konzentrieren, oder mußte sie an mehreren kämpfen? Stießen ihre Grenzen an schwache oder mächtige Staaten? War sie hauptsächlich eine Landmacht, eine Seemacht, oder eine Mischung aus beidem – und was für Vor- und Nachteile brachte dies mit sich? Konnte sie sich leicht aus einem großen Krieg in Zentraleuropa zurückziehen, wenn sie das wollte? Konnte sie sich zusätzliche Ressourcen aus Übersee sichern?

Das Schicksal der Vereinigten Niederlande in dieser Zeit ist ein gutes Beispiel für den Einfluß der Geographie auf die Politik. Im frühen 17. Jahrhundert besaßen sie viele der für nationales Wachstum wichtigen Zutaten – eine florierende Wirtschaft, soziale Stabilität, eine gut ausgebildete Armee und eine mächtige Marine; und das Land schien nicht durch die Geographie benachteiligt zu sein. Im Gegenteil, sein Netzwerk an Flüssen bildete eine Barriere (zumindest bis zu einem gewissen Grad) gegen die spanischen Truppen, und die Lage an der Nordsee erlaubte den Zugriff auf reichhaltige

Heringsfanggründe. Aber ein Jahrhundert später kämpften die Niederländer darum, sich gegen eine Anzahl von Rivalen zu behaupten. Die Übernahme einer merkantilistischen Politik durch Cromwells England und Colberts Frankreich schadete dem niederländischen Handel und der Schiffahrt. Denn trotz aller taktischen Brillanz von Kommandeuren wie Tromp und de Ruyter mußten niederländische Handelsschiffe in den Seekriegen gegen England entweder auf der Kanalroute Spießruten laufen oder den längeren, stürmischeren Kurs um Schottland wählen, der (wie ihre Heringsfanggründe) immer noch von der Nordsee aus angegriffen werden konnte; die vorherrschenden westlichen Winde gaben den englischen Admirälen in den Seeschlachten die bessere Position; und die seichten Gewässer vor der holländischen Küste beschränkten den Tiefgang – und letztendlich die Größe und die Kampfkraft – der niederländischen Kriegsschiffe.[22] So wie der Handel mit Amerika und Südostasien in zunehmendem Maße den Operationen der britischen Seemacht ausgesetzt war, so wurde auch der Handel in der Ostsee – der eine der Grundlagen des frühen Wohlstands gewesen war – durch die Schweden und andere lokale Rivalen untergraben. Obwohl es den Niederländern gelang, sich durch Entsendung einer großen Kampfflotte zu einem bedrohten Ort vorübergehend zu behaupten, gab es für sie keine Möglichkeit, auf Dauer ihre ausgedehnten und verwundbaren Interessen auf entfernten Meeren zu verteidigen.

Dieses Dilemma wurde von den späten 1660er Jahren an durch die niederländische Verwundbarkeit gegenüber der französischen Bedrohung verschärft. Da diese Gefahr noch größer war als die spanische ein Jahrhundert zuvor, sahen sich die Niederländer gezwungen, ihre Armee zu vergrößern (im Jahre 1693 war sie 93000 Mann stark) und immer mehr Ressourcen zur Besetzung der südlichen Grenzbefestigungen zur Verfügung zu stellen. Dies belastete die niederländischen Energien auf zweifache Weise: einerseits floß eine enorme Menge Geld in die Militärausgaben, und damit wurden ständig steigende Kriegsschulden, Zinszahlungen, höhere Verbrauchssteuern und Löhne produziert, die langfristig die wirtschaftliche Wettbewerbsfähigkeit des Landes unterhöhlten; andererseits brachten die Kriege einen großen Aderlaß an Menschenleben, und das bei einer Bevölkerung, deren Zahl von etwa zwei Millionen während dieser gesamten Periode erstaunlich konstant blieb. So ist die niederländische Bestürzung über die erbitterten Mann-gegen-Mann-Schlachten im Spanischen Erbfolgekrieg (1702–1713) und die hohen Verluste gut zu verstehen. Sie entstanden dadurch, daß Marlborough die englisch-niederländischen Truppen unbedenklich in blutige Frontalangriffe gegen die Franzosen schickte.[23]

Die Allianz mit England, die Wilhelm III. im Jahre 1689 geschmiedet hatte, war gleichzeitig die Rettung der Vereinigten Niederlande und ein bedeutender Faktor in ihrem Abstieg als unabhängige Großmacht. Auf ähnliche Weise rettete und untergrub zugleich zwei Jahrhunderte später die Allianz mit den Vereinigten Staaten das Britische Empire, das unter Marlboroughs entferntem Verwandten Winston Churchill um sein Überleben kämpfte. Die Unzulänglichkeit der niederländischen Ressourcen in den verschiedenen Kriegen gegen Frankreich zwischen 1688 und 1748 hatte zur Folge, daß die Holländer ungefähr drei Viertel ihrer Verteidigungsausgaben auf die Armee konzentrieren mußten und ihre Flotte vernachlässigten – während die Briten einen zunehmenden Anteil an den Seegefechten und den Feldzügen in den Kolonien übernahmen, was für sie von wirtschaftlichem Nutzen war. Grob ausgedrückt, je besser es den Kaufleuten in London und Bristol erging, desto mehr litten die Händler in Amsterdam. Dies wurde dadurch verschlimmert, daß die Briten häufig versuchten, in Kriegszeiten *jeglichen* Handel mit Frankreich zu verhindern, während im Gegensatz dazu die Niederländer solche profitablen Verbindungen zu erhalten wünschten. Dies zeigt, wieviel stärker die Vereinigten Niederlande während dieser Zeit in den *Außenhandel* verwickelt und von fremden Finanzen abhängig waren, während die britische Wirtschaft noch relativ selbstgenügsam war. Selbst als die Vereinigten Niederlande zur Zeit des Siebenjährigen Krieges in die Neutralität entschlüpft waren, half ihnen dies wenig, denn eine anmaßende Royal Navy, die sich weigerte, die Doktrin »frei Schiff, frei Gut« anzuerkennen, war fest entschlossen zu verhindern, daß der französische Überseehandel mit Hilfe neutraler Schiffe geführt wurde.[24] Die diplomatischen Streitigkeiten zwischen England und den Vereinigten

Niederlanden über diese Frage in den Jahren 1758–1759 wiederholten sich in den ersten Jahren des amerikanischen Revolutionskrieges und führten schließlich nach 1780 zu offenen Feindseligkeiten, was weder dem britischen noch dem niederländischen Seehandel zugute kam. Zur Zeit der Französischen Revolution und der Napoleonischen Kriege wurden die Niederländer immer mehr zwischen England und Frankreich zerrieben. Sie litten darunter, daß ihre Gläubigerstaaten immer weniger zahlungswillig waren, schwächten sich selbst durch Spaltungen im Innern und verloren Kolonien und Überseehandel in einem weltweiten Wettkampf, dem sie nicht aus dem Weg gehen, aus dem sie aber auch keinen Vorteil ziehen konnten. Unter solchen Umständen reichten Kenntnisse auf dem Finanzsektor und das Vertrauen auf Kapitalgewinne einfach nicht aus.[25]

In ähnlicher Weise, obwohl in größerem Maßstab, litt auch Frankreich während des 18. Jahrhunderts darunter, ein hybrider Staat zu sein, dessen Energien zwischen kontinentalen Zielen auf der einen und maritimem und kolonialem Ehrgeiz auf der anderen Seite zerrissen wurden. In der Anfangsphase der Regierung Ludwigs XIV. war diese strategische Ambivalenz noch nicht so ausgeprägt. Die Stärke Frankreichs fußte auf *heimischen* Elementen: seinem großen und relativ homogenen Territorium, seiner landwirtschaftlichen Selbstgenügsamkeit und seiner Bevölkerung von etwa 20 Millionen, die es Ludwig XIV. erlaubten, seine Armee von 30000 Mann im Jahre 1659 auf 97000 im Jahre 1666 bis zu der kolossalen Zahl von 350000 im Jahre 1710 zu steigern.[26] Auch die außenpolitischen Ziele des Sonnenkönigs waren landorientiert und traditionell. Er wollte die habsburgischen Positionen durch Aktionen im Süden gegen Spanien und im Osten und Norden gegen das verletzliche Band spanisch-habsburgischer und deutscher Territorien in der Franche Comté, Lothringen, Elsaß, Luxemburg und den südlichen Niederlanden untergraben. Da die Spanier erschöpft, die Österreicher durch die türkische Bedrohung abgelenkt und die Engländer zuerst neutral und dann freundlich gesinnt waren, genoß Ludwig zwei Jahrzehnte diplomatischer Erfolge. Dann aber alarmierte die Hybris der französischen Ansprüche die anderen Mächte.

Das strategische Hauptproblem Frankreichs war, daß es bei großer Stärke in der Verteidigung weniger gut für einen entscheidenden Eroberungsfeldzug gerüstet war. Nach jeder Seite war es eingeschlossen, teils durch geographische Barrieren, teils durch die Ansprüche und Interessen einer ganzen Anzahl von Großmächten. Ein Angriff auf die südlichen (das heißt habsburgischen) Niederlande beispielsweise erforderte zermürbende Feldzüge durch ein Territorium, das von Festungen übersät und von Wasserwegen zerschnitten war, und provozierte nicht nur die Habsburger Mächte, sondern auch die Vereinigten Niederlande und England. Auch Expeditionen nach Deutschland waren äußerst schwierig: Die Grenze war zwar leichter zu überschreiten, aber die Verbindungen waren viel länger, und unvermeidlich würde man sich einer Koalition gegenübersehen – den Österreichern, den Niederländern, den Briten (besonders nach der Thronbesteigung des Hauses Hannover im Jahre 1714) und dann den Preußen. Selbst als Frankreich Mitte des 18. Jahrhunderts bereit war, sich einen starken deutschen Verbündeten zu suchen – das heißt entweder Österreich oder Preußen –, war die natürliche Konsequenz solch einer Allianz, daß die *andere* deutsche Macht sich dagegenstellte und, was noch wichtiger war, danach strebte, aus England und Rußland Unterstützung zu erhalten, um die französischen Ambitionen zu neutralisieren.

Außerdem lenkte jeder Krieg gegen Seemächte einen gewissen Teil der französischen Kräfte und der Aufmerksamkeit vom Kontinent ab und machte somit einen erfolgreichen Landfeldzug weniger wahrscheinlich. Hin- und hergerissen zwischen Kämpfen in Flandern, Deutschland und Norditalien auf der einen und dem Ärmelkanal, den Westindischen Inseln, dem südlichen Kanada und dem Indischen Ozean auf der anderen Seite, führte die französische Strategie wiederholt dazu, daß sich die Franzosen »zwischen zwei Stühle setzten«. Nie wirklich willens, eine allumfassende finanzielle Anstrengung zu unternehmen, um die Vormachtstellung der Royal Navy herauszufordern,* teilten nachfolgende französische Regie-

* Während der Konflikte der Jahre 1689–1697 und 1702–1714 beispielsweise teilte Frankreich weniger als zehn Prozent der Gesamtausgaben der Marine und zwischen 57 und 65 Prozent der Armee zu. (Die vergleichbaren britischen Zahlen belaufen sich auf 35 Prozent für die Marine und 40 Prozent für die Armee.) 1760 bekam die französische Marine

rungen der Marine Gelder zu, die – wäre Frankreich *ausschließlich* eine Landmacht gewesen – zur Verstärkung der Armee hätten verwandt werden können. Einzig in dem Krieg von 1778–1783 gelang es den Franzosen dadurch, daß sie die amerikanischen Rebellen unterstützten, aber auf jegliche Aktionen in Deutschland verzichteten, den britischen Feind zu demütigen. In allen ihren anderen Kriegen genossen die Franzosen nie den Luxus strategischer Konzentration – und mußten im Ergebnis darunter leiden.

Zusammenfassend betrachtet, blieb das Frankreich des *Ancien régime* von der Größe, der Bevölkerung und seinem Reichtum her immer der größte europäische Staat; aber es war nicht groß oder gut organisiert genug, um eine »Supermacht« zu sein. Auf dem Lande eingeschränkt und durch die See abgelenkt, konnte es sich nicht gegen die Koalition durchsetzen, die seine Ambitionen unausweichlich ins Leben rief. Die französischen Aktionen bestätigten die Pluralität der Macht in Europa eher, als daß sie sie störten. Erst als die nationalen Energien durch die Revolution konzentriert und dann von Napoleon brillant umgesetzt wurden, konnte Frankreich seine Ideen – eine Zeitlang – dem Kontinent aufdrängen. Aber selbst da war der Erfolg nur vorübergehend, und kein noch so großes militärisches Genie konnte eine permanente französische Kontrolle über Deutschland, Italien und Spanien, ganz zu schweigen von Rußland und Großbritannien, sichern.

Frankreichs geostrategisches Problem, potentiellen Feinden an den verschiedensten Fronten begegnen zu müssen, war nicht einzigartig, wenn dieses Land auch seine Lage durch wiederholte Aggressivität und chronische Richtungslosigkeit verschlimmert hatte. Auch die beiden deutschen Großmächte dieser Zeit – die österreichischen Habsburger und Brandenburg-Preußen – waren von ihrer geographischen Position her dazu bestimmt, mit dem gleichen Problem zu kämpfen. Für die österreichischen Habsburger war dies nichts Neues. Die unhandlich geformte Ansammlung von Territorien, die

nur ein Viertel der Summe, die der Armee zugeteilt wurde. Selbst wenn die Marine Geld erhielt, war es wegen Frankreichs geographischer Position extrem schwierig, in Kriegszeiten Schiffsbedarf von der Ostsee zu bekommen, um die Flotte in gutem Zustand zu halten.

sie regierten (Österreich, Böhmen, Schlesien, Mähren, Ungarn, Mailand, Neapel, Sizilien und nach 1714 die südlichen Niederlande – siehe Karte 5), und die Position der anderen Mächte zu diesen Ländern, forderten ein alptraumartiges Jonglieren, um auch nur das Erbe zu bewahren; es zu vermehren, verlangte entweder Genialität oder Glück und wahrscheinlich beides.

Die verschiedenen Kriege gegen die Türken (1663–1664, 1683–1699, 1716–1718, 1737–1739, 1788–1791) zeigten zwar, daß die Armeen der Habsburger ihre Position auf dem Balkan im allgemeinen verstärken konnten, aber der Kampf gegen ein verfallendes Osmanisches Reich beanspruchte in diesen Phasen fast alle Energien Wiens.[27] Als die Türken im Jahre 1683 vor den Toren seiner kaiserlichen Hauptstadt standen, war Leopold I. beispielsweise gezwungen, sich gegen Frankreich neutral zu verhalten, obwohl Ludwig XIV. ihn durch die »Wiedervereinigung« von Elsaß und Luxemburg mit Frankreich im selben Jahr schwer provozierte. Diese österreichische Ambivalenz war während des Neunjährigen Krieges (1689–1697) und des darauffolgenden Spanischen Erbfolgekrieges (1702–1713) weniger deutlich, da Wien zu dieser Zeit Teil einer gigantischen anti-französischen Allianz geworden war; aber die Ambivalenz schwand selbst da nie vollständig. Im Verlauf späterer Kriege im 18. Jahrhundert wurde für Wien sowohl die Verteidigung allgemeiner habsburgischer Interessen in Europa als auch die spezifische Erhaltung seiner Interessen in Deutschland angesichts des preußischen Aufstiegs immer schwieriger. Spätestens seit der preußischen Inbesitznahme der Provinz Schlesien im Jahre 1740 mußte Wien seine Außen- und Militärpolitik immer mit einem Auge auf Berlin führen. Dies wiederum machte die habsburgische Diplomatie noch komplizierter als zuvor: um ein aufsteigendes Preußen innerhalb Deutschlands in Schach zu halten, mußten die Österreicher die Hilfe Frankreichs im Westen und, häufiger noch, Rußlands im Osten in Anspruch nehmen; aber Frankreich war unzuverlässig und mußte wiederum von Zeit zu Zeit durch eine englisch-österreichische Allianz gezügelt werden (z. B. 1744–1748). Außerdem war Rußlands stetiges Wachstum ein weiterer Grund zur Besorgnis, besonders da der Expansionsdrang des Zaren die osmanische Herrschaft über Ländereien des Balkan bedrohte, die Wien für sich beanspruchte. Als jedoch der Imperialismus Napoleons *alle* anderen Mächte Europas herausforderte, hatte das Reich der Habsburger keine Wahl; es mußte einer großen Koalition beitreten, um die französische Hegemonie zu verhindern.

Die Koalitionskriege gegen Ludwig XIV. zu Beginn und die gegen Napoleon am Ende des 18. Jahrhunderts geben uns wahrscheinlich weniger Einblick in die Schwäche der Österreicher als die dazwischenliegenden Konflikte. Der ausgedehnte Kampf mit Preußen nach 1740 ist besonders aufschlußreich: er zeigt, daß sich die Habsburger trotz aller militärischer, fiskalischer und administrativer Reformen dieser Zeit nicht gegen einem kleineren deutschen Staat behaupten konnten, dessen Armee, Steuersystem und Bürokratie wesentlich effizienter waren. Außerdem trat immer deutlicher zutage, daß die nicht-deutschen Mächte Frankreich, Großbritannien und Rußland weder eine österreichische Eliminierung Preußens noch eine preußische Eliminierung Österreichs wünschten. Betrachtet man den größeren europäischen Kontext, so war das Reich der Habsburger bereits zu einer *marginalen* Macht ersten Ranges geworden und sollte es bis 1918 bleiben. Es rutschte sicherlich nicht so weit ab wie Spanien und Schweden, und es entging dem Schicksal Polens; aber die Verstreutheit der Territorien, die ethnische Vielfältigkeit und wirtschaftliche Rückständigkeit vereitelten alle Versuche von aufeinanderfolgenden Wiener Regierungen, es zum größten europäischen Staat zu machen. Trotzdem ist es gefährlich, diesen Abstieg vorwegzunehmen. Wie Olwen Hufton bemerkt, ist »die hartnäckige – für viele widernatürliche – Weigerung des Österreichischen Reiches entgegenkommenderweise zu zerfallen« ein Zeichen dafür, daß es verborgene Stärken besaß. Auf Katastrophen folgten oft Zeiten der Reform – die *rétablissements* –, welche die sehr beträchtlichen Ressourcen des Reiches offenbarten, selbst wenn sie auch zeigten, welche Probleme Wien ständig damit hatte, ihrer habhaft zu werden. Und jeder Historiker, der sich mit dem Verfall der Habsburger beschäftigt, muß irgendwie den erstaunlich hartnäckigen und manchmal beeindruckenden militärischen Widerstand gegen die dynamische Kraft des französischen Imperialismus in den 14 Jahren von 1792–1815 erklären.[28]

Preußens Situation ähnelte in geostrategischer Hinsicht sehr der österreichischen. Im Inneren allerdings unterschieden sich die Staaten deutlich. Die Gründe für den schnellen preußischen Aufstieg zum mächtigsten norddeutschen Königreich sind wohlbekannt und müssen hier nur aufgezählt werden: das organisatorische und militärische Genie dreier Herrscher, des Großen Kurfürsten (1640–1688), Friedrich Wilhelms I. (1713–1740) und Friedrichs »des Großen« (1740–1786); die Wirksamkeit der von Junker-Offizieren geführten preußischen Armee, in die vier Fünftel der Steuereinnahmen des Staates flossen; die (relative) fiskalische Stabilität, basierend auf ausgedehnten königlichen Domänen und der Ermutigung von Handel und Gewerbe; der bereitwillige Einsatz von ausländischen Soldaten und die Liberalität gegenüber ausländischen Unternehmern; dazu die berühmten preußischen Beamten, die unter der Leitung des Kriegskommissariates arbeiteten.[29] Es trifft jedoch auch zu, daß der Aufstieg Preußens einherging mit dem Zusammenbruch Schwedens, mit der Auflösung des chaotischen, geschwächten polnischen Königreichs und mit den Ablenkungen, denen Wien durch die vielen Kriege und die unsichere Thronfolge des Reiches in den frühen Jahrzehnten des 18. Jahrhunderts ausgesetzt war. Wenn die preußischen Monarchen also ihre Chancen nutzten, so war es auch eine Tatsache, daß es Chancen gab, die man nutzen konnte. Außerdem profitierte der preußische Staat davon, daß es 1770 in Nordzentraleuropa ein »Machtvakuum« gab. Rußlands Aufstieg half, Schweden, Polen und das Osmanische Reich abzulenken (und zu zerrütten). Und Frankreich war weit genug weg, um in der Regel keine tödliche Gefahr darzustellen; in der Tat konnte es manchmal sogar als nützlicher Alliierter gegen Österreich dienen. Wenn andererseits Frankreich aber aggressiv nach Deutschland vorstieß, würde es höchstwahrscheinlich von den Truppen der Habsburger, Hannoveraner (und damit den Briten) und vielleicht von den Niederländern und von Preußen selbst bekämpft werden. Und schließlich konnte Preußen, falls diese Koalition versagte, mit Paris leichter einen Frieden aushandeln als die anderen Mächte; eine anti-französische Allianz war also für Berlin manchmal nützlich, aber nicht zwingend notwendig.

Im Rahmen dieses vorteilhaften diplomatischen und geographischen Kontextes spielten die frühen preußischen Könige ihre Karten geschickt aus. Besonders die Aneignung Schlesiens – das von manchen Historikern als *die* gewerbliche Zone im Osten bezeichnet wird – erhöhte die militärisch-wirtschaftliche Kapazität des Staates in großem Maße. Aber die Grenzen preußischer Macht in europäischen Angelegenheiten, Grenzen der Größe und Bevölkerung, traten im Siebenjährigen Krieg von 1756–1763 grausam zutage, als die diplomatischen Bedingungen nicht mehr so günstig und die mächtigen Nachbarn Friedrichs des Großen entschlossen waren, ihn für seine Verschlagenheit zu strafen. Nur durch die unglaublichen Anstrengungen des preußischen Monarchen und seiner gut ausgebildeten Truppen – unterstützt von Koordinationsmängeln seiner Feinde – konnte er eine Niederlage angesichts solch erschreckender »Einkreisung« vermeiden. Die Kosten dieses Krieges an Menschen und Material waren jedoch gewaltig, und mit einer in Konventionen erstarrenden Armee war Berlin von den 1770er Jahren an nicht mehr in der Lage, sich des späteren diplomatischen Drucks Rußlands, geschweige denn des kühnen Angriffs Napoleons im Jahre 1806 zu erwehren. Selbst die spätere Erholung unter Scharnhorst, Gneisenau und anderen Heeresreformern konnte nicht verbergen, daß die Basis der preußischen Macht um 1813–1815 immer noch unzureichend war.[30] Es wurde inzwischen militärisch von Rußland überschattet, verließ sich sehr auf Subsidien aus England, dem Zahlmeister der Koalition, und hätte es allein mit Frankreich noch immer nicht aufnehmen können. Das Königreich Friedrich Wilhelms III. (1797–1840) gehörte, wie Österreich, immer noch zu den kleinsten der großen Mächte und sollte es auch bis zu den industriellen und militärischen Umwälzungen in den 1860er Jahren bleiben.

Im Gegensatz dazu genossen die zwei weiter entfernten Mächte, Rußland und die Vereinigten Staaten, relative Unverwundbarkeit und waren frei von den strategischen Ambivalenzen, welche die zentraleuropäischen Staaten im 18. Jahrhundert plagten. Beide zukünftigen Supermächte besaßen eine »fließende Grenze«, die beobachtet werden mußte; aber weder den Amerikanern in ihrer Expansion über die Alleghenies und in die *Great Plains*, noch den Russen in ihrer Expansion über die Steppen, standen militärisch fortgeschrittene Völker gegenüber, die eine Gefahr für das Kernland dargestellt hätten.[31] In ihrem Verhältnis zu Westeuropa hatten beide daher den Vorteil einer relativ einheitlichen »Front«. Beide konnten einige der etablierten Großmächte herausfordern – oder zumindest ablenken – und dabei immer noch die Unverwundbarkeit genießen, die sie der Entfernung von den europäischen Hauptkampfgebieten verdankten.

Wenn man eine so lange Periode wie die von 1660–1815 betrachtet, ist es natürlich wichtig zu betonen, daß der Einfluß Amerikas und Rußlands am Anfang dieser Ära viel weniger sichtbar war als an ihrem Ende. In der Tat war das europäische »Amerika« in den 1660er und 1670er Jahren nicht mehr als eine Kette voneinander isolierter Küstensiedlungen; und der Moskauer Staat war vor der Regierungszeit Peters des Großen (1689–1725) fast genauso entlegen und sogar noch rückständiger. Wirtschaftlich betrachtet waren beide »unterentwickelt«, produzierten Holz, Hanf und andere Rohmaterialien und bezogen verarbeitete Produkte aus England und den Vereinigten Niederlanden. Der amerikanische Kontinent war für einen großen Teil dieser Zeitspanne mehr ein umkämpftes Objekt als ein Machtfaktor aus eigener Kraft. Diese Situation änderte sich durch den überwältigenden britischen Erfolg am Ende des Siebenjährigen Krieges (1763), als Frankreich aus Kanada und Neuschottland und Spanien aus Westflorida vertrieben wurde. Befreit von der ausländischen Bedrohung, die bis dahin Loyalität zu Westminster bewirkt hatte, konnten die amerikanischen Kolonisten nun auf einer rein nominalen Verbindung zu England bestehen, und, sollte ihnen dies von einer imperialen Regierung, die andere Vorstellungen hatte, versagt bleiben, eine Rebellion wagen. Außerdem waren die nordamerikanischen Kolonien bis zum Jahre 1776 gewaltig angewachsen: die Bevölkerung von zwei Millionen verdoppelte sich mittlerweile alle 30 Jahre, dehnte sich nach Westen aus, war wohlhabend und in der Versorgung mit Lebensmitteln und anderen Waren autark. Das bedeutete, wie die Briten in den nächsten sieben Jahren zu ihrem Schaden feststellen mußten, daß die rebellierenden Staaten allein durch Operationen zur See praktisch nicht verwundbar waren, das Land aber gleichzeitig zu weitläufig war, um von einer Armee, die 3000 Meilen von der Heimat entfernt operieren mußte, unterworfen zu werden.

Auf längere Sicht ergaben sich aus der Unabhängigkeit der Vereinigten Staaten zwei wichtige Konsequenzen für das sich ständig wandelnde Muster der Weltmacht. Zum einen gab es von 1783 an ein wichtiges außereuropäisches Zentrum der Produktion, des Wohlstands und – letztendlich – der militärischen Macht, das im Gegensatz zu anderen außereuropäischen (aber wirtschaftlich absteigenden) Gesellschaften wie China und Indien die globale Machtverteilung langfristig beeinflussen würde. Schon in der Mitte des 18. Jahrhunderts belegten die amerikanischen Kolonien einen bedeutenden Platz im Seehandel und traten in die ersten zögernden Phasen der Industrialisierung ein. Einigen Berichten zufolge produzierte diese aufsteigende Nation im Jahre 1776 mehr Roheisen und Stabeisen als ganz Großbritannien; und danach »vergrößerte sich die Fertigung beinahe um den Faktor 50, so daß sich das Land im Jahre 1830 zur sechstgrößten Industriemacht der Welt entwickelt hatte«.[32] Bei dieser Geschwindigkeit des Wachstums überrascht es nicht, daß einige Beobachter den Vereinigten Staaten schon in den 1790er Jahren für das nächste Jahrhundert eine große Zukunft voraussagten. Die zweite Konsequenz aus der Unabhängigkeit der Vereinigten Staaten war viel schneller zu spüren, besonders in England, dessen Rolle als »Flankenmacht« der europäischen Politik dadurch berührt wurde, daß ein potentiell feindlicher Staat, der die kanadischen und westindischen Besitzungen bedrohte, an seiner eigenen atlantischen Front aufstieg. Dies war natürlich kein ständiges Problem, und die enorme Entfernung bedeutete zusammen mit der amerikanischen Isolationspolitik, daß London Amerika nicht so ernst nehmen mußte wie beispielsweise Wien die Türken oder später die Russen. Aber die Erfahrungen der Kriege von 1779–1783 und von 1812–1814 zeigten nur zu deutlich, wie schwer es für England werden würde, sich ganz den europäischen Kämpfen zu widmen, wenn es feindlich gesonnene Vereinigte Staaten im Rücken hatte.

Der Aufstieg des zaristischen Rußland hatte wesentlich direktere Auswirkungen auf das internationale Machtgefüge. Der überwältigende russische Sieg über die Schweden bei Poltava (1709) zeigte den anderen Mächten, daß der bislang entlegene und ein wenig barbarische Moskauer Staat die Absicht hatte, eine Rolle in der europäischen Politik zu spielen. Als der ehrgeizige erste Zar, Peter der Große, schnell eine Marine zur Verteidigung seiner Stützpunkte im Ostseeraum (Karelien, Estland, Livland) aufbaute, baten die Schweden die Royal Navy schon bald um Unterstützung, um zu verhindern, daß sie von dem östlichen Koloß überrannt würden. Aber es waren die Polen und die Türken, die am meisten unter dem Aufstieg Rußlands leiden sollten, und als Katharina die Große im Jahre 1796 starb, hatte sie dem bereits riesigen Reich noch 320000 Quadratkilometer hinzugefügt. Noch beeindruckender erschienen die Vorstöße, welche die russischen Truppen von Zeit zu Zeit nach Westen machten. Die Grausamkeit und die furchterregende Zähigkeit der russischen Truppen während des Siebenjährigen Krieges und ihre vorübergehende Besetzung Berlins im Jahre 1760 änderten das Bild Friedrichs des Großen von seinen Nachbarn beträchtlich. Vier Jahrzehnte später nahmen die russischen Truppen unter ihrem General Suworow während des Zweiten Koalitionskrieges (1798–1802) an Feldzügen in Italien und im Alpengebiet teil – eine weit entfernte Operation, die ein Vorläufer des unwiderstehlichen russischen Marsches von Moskau nach Paris in den Jahren 1812–1814 war.[33]

Es ist schwierig, Rußlands Rang im 18. Jahrhundert genau zu ermessen. Seine Armee war oftmals größer als die Frankreichs; und in wichtigen Produktionszweigen (Textilien, Eisen) machte es große Fortschritte. Es war ein Land, das für seine Gegner unendlich schwer, vielleicht unmöglich zu erobern war – zumindest vom Westen her; und durch seinen Status als »Schießpulver-Reich« war es in der Lage, die berittenen Stämme des Ostens zu besiegen und damit zusätzliche Ressourcen an Menschen, Rohmaterialien und Ackerland zu gewinnen, die wiederum seine Stellung unter den Großmächten verbesserten. Das Land war offensichtlich entschlossen, sich unter zentraler Führung auf vielfache Art und Weise zu modernisieren, obwohl die Geschwindigkeit und der Erfolg dieser Politik oft übertrieben worden sind. Die mannigfaltigen Zeichen der Rückständigkeit waren immer noch vorhanden: erschreckende Armut und Brutalität, außerordentlich niedriges Pro-Kopf-Einkommen, schlechte Verkehrsverbindungen, rauhes Klima, Unterentwicklung auf dem Technologie- und dem Bildungssektor, ganz zu schweigen von dem reaktionären, energielosen Charakter so vieler Romanows. Selbst die Regierungszeit der tatkräftigen Katharina war in wirtschaftlichen und finanziellen Angelegenheiten wenig beeindruckend.

Die relative Stagnation europäischer militärischer Organisation und Technik im 18. Jahrhundert jedoch gab Rußland (durch Aneignung ausländischer Kenntnisse) die Möglichkeit, aufzuholen und dann Länder mit weniger Ressourcen zu überflügeln. Dieser grobe Vorteil der überlegenen Zahl sollte erst erschüttert werden, als die Industrielle Revolution im folgenden Jahrhundert den Maßstab und die Geschwindigkeit der Kriegführung veränderte. In der Phase vor 1840 stellte die russische Armee trotz ihrer oben aufgeführten Mängel manchmal eine gewaltige offensive Macht dar. Dem Militär wurde ein so großer Teil (ungefähr drei Viertel) der Staatseinnahmen geopfert, und der durchschnittliche Soldat ertrug stoisch so viele Härten, daß russische Regimenter in der Lage waren, weitreichendere Operationen zu unternehmen als alle anderen Armeen im 18. Jahrhundert. Es ist zwar richtig, daß die logistische Basis der russischen Armeen oft unzureichend war (bedingt durch schlechte Pferde, ein untaugliches Versorgungssystem und inkompetente Beamte), um einen großen Feldzug allein durchzuhalten – der Marsch nach Frankreich in den Jahren 1813–1814 verlief durch »freundlich gesonnene« Gebiete und wurde durch große britische Subsidien unterstützt. Aber diese seltenen Aktionen reichten aus, um Rußland sogar schon zur Zeit des Siebenjährigen Krieges einen beachtlichen Ruf einzutragen. Strategisch betrachtet, gab es hier eine weitere Macht, die in die Waagschale geworfen werden konnte, um eine französische Hegemonie während dieser Periode zu verhindern.

Dennoch, es bezog sich auf die *ferne* Zukunft, wenn Schriftsteller des frühen 19. Jahrhunderts, wie de Tocqueville, argumentierten, daß Rußland und die Vereinigten Staaten »durch den Willen Gottes auserwählt schienen, die Geschicke der halben Welt zu lenken«.[34] In der Zeit zwischen 1660 und 1815 war es eine Seemacht, Großbritannien, nicht diese kontinentalen Riesen, die am schnellsten voranschritt und schließlich Frankreich aus seiner Position als größte aller Mächte verdrängte. Auch hier spielte die Geographie eine wichtige, wenn auch nicht ausschließliche Rolle. Der britische Lagevorteil wurde vor fast einem Jahrhundert in Mahns klassischem Werk *Der Einfluß der Seemacht auf die Geschichte* (1890) beschrieben:

> ... wenn ein Land eine Lage hat, die es weder dazu zwingt, sich zu Lande zu verteidigen, noch dazu veranlaßt, sein Gebiet auf dem Landwege auszudehnen, so hat es durch die Konzentration seiner Zielsetzung auf die See einen Vorteil gegenüber den Völkern, die eine kontinentale Grenze besitzen.[35]

Mahans Aussage setzt natürlich eine Reihe weiterer Punkte voraus. Der erste ist, daß die britische Regierung nicht an den Flanken des *eigenen* Landes abgelenkt sein durfte – was nach der Eroberung Irlands und der Union mit Schottland (1707) im großen und ganzen zutraf. Die späteren französischen Versuche, die Engländer entlang der keltischen Ränder in Verlegenheit zu bringen, sind dennoch interessant, und sie wurden von London in der Tat sehr ernst genommen. Ein irischer Aufstand war der Heimat viel näher als die strategische Verlegenheit, in die man durch die amerikanischen Rebellen versetzt wurde. Für die Briten war es ein Glück, daß ihre Feinde diese Verwundbarkeit nie richtig ausbeuteten.

Die zweite Annahme in Mahans Aussage ist, daß der Status der Seekriegführung und der Seemacht höher sei als der einer Landmacht. Dies war eine tiefe Überzeugung der sogenannten »navalistischen« Schule,[36] und sie schien durch die wirtschaftlichen und politischen Trends der Zeit nach 1500 gerechtfertigt. Die stetige Verlegung der Haupthandelswege vom Mittelmeer in den Atlantik und die großen Profite, die durch koloniale und kommerzielle Unternehmungen auf den Westindischen Inseln, in Nordamerika, auf dem indischen Subkontinent und im Fernen Osten erzielt werden konnten, begünstigten natürlich ein Land, das an der westlichen Flanke des europäischen Kontinents lag. Selbstverständlich war außerdem eine Regierung wichtig, die sich der Bedeutung des Seehandels bewußt und bereit war, eine große Kriegsflotte zu bezahlen. Im Rahmen dieser Voraussetzungen scheint die britische Elite im 18. Jahrhundert ein Rezept für das andauernde Wachstum des nationalen Wohlstandes und der Macht gefunden zu haben. Der florierende

Überseehandel half der britischen Wirtschaft, förderte die Seefahrt und den Schiffsbau, versorgte die Staatskasse mit Einnahmen und war die Lebensader zu den Kolonien. Die Kolonien boten nicht nur einen Absatzmarkt für britische Produkte, sondern lieferten außerdem viele Rohstoffe, angefangen beim kostbaren Zucker, Tabak und Kaliko bis zu dem immer wichtigeren nordamerikanischen Holz und Schiffsbedarf. Und die Royal Navy sorgte dafür, daß in Friedenszeiten britische Kaufleute respektiert, der Handel geschützt und in Kriegszeiten zum politischen und wirtschaftlichen Vorteil des Landes weiterer Kolonialbesitz erobert wurde. Der Handel, die Kolonien und die Marine bildeten daher ein »treffliches Dreieck«, das sich zu Großbritanniens langfristigem Vorteil wechselseitig beeinflußte.

Obwohl diese Erklärung des britischen Aufstiegs zum Teil zutrifft, ist sie nicht die ganze Wahrheit. Wie viele andere Merkantilisten neigte auch Mahan dazu, die Bedeutung des britischen Außenhandels – besonders des »Kolonialhandels« gegenüber der heimischen Produktion – zu übertreiben. Die Landwirtschaft blieb das ganze 18. Jahrhundert hindurch das Fundament des britischen Wohlstandes, während die Exporte (die bis zu den 1780er Jahren wahrscheinlich weniger als zehn Prozent des nationalen Einkommens ausmachten) oftmals starker ausländischer Konkurrenz und Zöllen unterworfen waren, die durch keine noch so große Seemacht überwunden werden konnten.[37] Außerdem ließen die »Navalisten« oft die Tatsache außer acht, daß der britische Handel mit dem Ostseeraum, Deutschland und dem Mittelmeerraum immer noch von großer wirtschaftlicher Bedeutung war – obwohl er weniger schnell wuchs als der Handel mit Zucker, Gewürzen und Sklaven.* Also konnte Frankreich, wenn es Europa beherrschte, der britischen Industrie einen schrecklichen Schlag versetzen. Unter diesen Umständen wäre es wirtschaftliche Torheit gewesen, sich aus der europäischen Machtpolitik zurückzuziehen.

Auch gab es eine entscheidende »kontinentale« Dimension briti-

* Ganz zu schweigen von der *strategischen* Bedeutung des Schiffsbedarfs aus dem Ostseeraum, von dem sowohl die Royal Navy als auch die Handelsflotte abhing – eine Abhängigkeit, die durch die häufige Entsendung einer britischen Flotte in die Ostsee, um das Kräftegleichgewicht zu erhalten und den Strom von Bauholz und Masten zu garantieren, belegt wird.

scher Strategie, die von denjenigen übersehen wurde, die nur zu den Westindischen Inseln, nach Kanada und Indien blickten. Einen reinen Seekrieg zu führen, war während der englisch-niederländischen Auseinandersetzungen von 1652–1654, 1665–1667 und 1672–1674 vollkommen logisch, da ja kommerzielle Rivalität zwischen den beiden Seemächten der Feindschaft zugrundelag. Die strategische Situation war jedoch nach der Glorreichen Revolution von 1688, als Wilhelm von Oranien sich den englischen Thron gesichert hatte, völlig verändert. Die Herausforderung britischer Interessen kam während der sieben zwischen 1689 und 1815 stattfindenden Kriege von einer hauptsächlich *landgestützten* Macht, von Frankreich. Zwar trugen die Franzosen diesen Kampf in die westliche Hemisphäre, in den Indischen Ozean, nach Ägypten und sonstwohin, aber diese Kampagnen stellten, obwohl sie für Händler in London und Liverpool wichtig waren, nie eine direkte Bedrohung der britischen nationalen Sicherheit dar. Die konnte nur durch französische Siege über die Niederländer, das Haus Hannover und Preußen entstehen, denn dadurch wäre Frankreich die überlegene Macht im westlichen Zentraleuropa geworden und hätte genügend Ressourcen auf dem Schiffsbausektor ansammeln können, um die britische Vorherrschaft auf See zu brechen. Daher waren es keineswegs nur die persönlichen Verbindungen Wilhelms III. mit den Vereinigten Niederlanden oder die späteren Verwandtschaften mit dem Hause Hannover, die aufeinanderfolgende britische Regierungen in diesen Jahrzehnten veranlaßten, auf dem Kontinent militärisch einzugreifen. Dazu kam noch das überzeugende Argument – es spiegelte die Angst Elizabeths I. vor Spanien wider –, daß man Frankreichs Feinde *in* Europa unterstützen müsse, um die Ambitionen der Bourbonen (und Napoleons) im Zaum zu halten und damit Englands langfristige Interessen zu wahren. Eine »maritime« und eine »kontinentale« Strategie waren aus dieser Sicht komplementär, nicht gegensätzlich.

Der Kern dieser strategischen Überlegungen wurde im Jahre 1742 vom Herzog von Newcastle schön zusammengefaßt:

Frankreich wird uns zur See ausstechen, wenn es zu Lande nichts zu fürchten hat. Ich habe schon immer die Ansicht vertreten, daß unsere Marine unsere Allianzen auf dem Kontinent schützen und uns dadurch, daß Frankreichs Aufwendungen abgelenkt werden, in die Lage versetzen sollte, unsere Vorherrschaft zur See aufrechtzuerhalten.[38]

Diese britische Unterstützung von Ländern, die willens waren, »die Aufwendungen Frankreichs abzulenken«, hatte zweierlei Gestalt. Die erste war die direkte militärische Operation, entweder durch kurze Überfälle an der Peripherie oder durch Entsendung eines beträchtlichen Expeditionskorps, das Seite an Seite mit den jeweiligen britischen Alliierten kämpfte. Die Strategie des Überfalls war billiger und bei bestimmten Ministern sehr beliebt, aber ihr Effekt war meistens unbedeutend, und der Angriff endete manchmal in einer Katastrophe (wie bei der Walcheren-Expedition im Jahre 1809). Die Bereitstellung einer kontinentalen Armee kostete mehr Menschen und mehr Geld, aber es war auch viel wahrscheinlicher, daß sie zur Erhaltung des europäischen Gleichgewichtes beitragen würde, wie die Feldzüge Marlboroughs und Wellingtons bewiesen.

Die zweite Form britischer Unterstützung war finanziell, entweder durch den Ankauf von Söldnern zum Kampf gegen Frankreich oder durch Zahlungen an die Alliierten. Friedrich der Große erhielt beispielsweise von 1757 bis 1760 jährlich die beträchtliche Summe von 675 000 Pfund; und in der Endphase der Napoleonischen Kriege erreichte der Strom britischer Gelder noch größere Ausmaße (z. B. gingen allein im Jahre 1813 elf Millionen Pfund an die verschiedenen Alliierten; 65 Millionen Pfund wurden im Laufe des gesamten Krieges gezahlt). Aber dies alles war nur möglich, weil die britische Expansion des Handels, besonders in den lukrativen überseeischen Märkten, der Regierung erlaubte, in beispiellosem Maße Kredite aufzunehmen und Steuern zu erheben, ohne den Staatsbankrott zu riskieren. Obwohl also »die Aufwendungen Frankreichs abzulenken« eine teure Angelegenheit war, sorgte es doch meistens dafür, daß Frankreich weder eine ununterbrochene Kampagne gegen den Seehandel führen noch den europäischen Kontinent in einer Weise beherrschen konnte, daß eine Invasion Englands drohte – was wiederum London die Möglichkeit gab, seine Kriege zu finanzieren und seine Alliierten zu unterstützen. Geographischer Vorteil und wirtschaftlicher Nutzen gingen daher Hand in Hand und versetzten die Briten in die Lage, ihre janusgesichtige Strategie brillant zu verfolgen: »das eine Gesicht dem Kontinent zugewandt, um das Machtgleichgewicht zu erhalten, und das andere der See zugewandt, um ihre maritime Vorherrschaft zu stärken.«[39]

Nur wenn man die Bedeutung der oben beschriebenen finanziellen und geographischen Faktoren erfaßt, kann man die Statistiken über das Bevölkerungswachstum und die Größe von Heer und Marine der einzelnen Mächte in dieser Periode ganz verstehen (siehe Tabellen 3–5).

Mit Statistiken vertrauten Lesern wird bewußt sein, daß solche groben Zahlen mit extremer Vorsicht zu behandeln sind. Bevölkerungszahlen, vor allem in der frühen Periode, sind lediglich Schätzungen (und im Falle Rußlands kann die Fehlerspanne mehrere Millionen umfassen). Die Größe der Armeen variierte sehr, was davon abhing, ob das ausgewählte Datum am Anfang, in der Mitte oder auf dem Höhepunkt eines bestimmten Krieges gewählt wurde; und die Gesamtzahlen umfassen oft beträchtliche Söldnereinheiten und (in Napoleons Fall) sogar Truppen von widerwillig hinzugezogenen Alliierten. Die Zahl der Linienschiffe sagt weder etwas darüber aus, ob sie einsatzfähig waren noch ob genügend ausgebildete Mannschaften vorhanden waren. Außerdem nehmen Statistiken keine Notiz von geschickter Kriegführung oder guter Seemannschaft, von Kompetenz oder Nachlässigkeit, von nationaler Leidenschaft oder Zaghaftigkeit. Trotzdem scheinen die Zahlen wenigstens ein *grobes* Bild der wichtigsten machtpolitischen Tendenzen des Zeitalters zu

Tabelle 3 Bevölkerungszahlen der Mächte 1700–1800[40] (Mio.)

	1700	1750	1800
Britische Inseln	9,0	10,5	16,0
Frankreich	19,0	21,5	28,0
Habsburger Reich	8,0	18,0	28,0
Preußen	2,0	6,0	9,5
Rußland	17,5	20,0	37,0
Spanien	6,0	9,0	11,0
Schweden		1,7	2,3
Vereinigte Provinzen	1,8	1,9	2,0
Vereinigte Staaten	–	2,0	4,0

Tabelle 4 Größe der Armeen 1690–1814[41]

	1690	1710	1756/60	1778	1789	1812/14
Großbritannien	70000	75000	200000		40000	250000
Frankreich	400000	350000	330000	170000	180000	600000
Habsburger Reich	50000	100000	200000	200000	300000	250000
Preußen	30000	39000	195000	160000	190000	270000
Rußland	170000	220000	330000		300000	500000
Spanien		30000			50000	
Schweden		110000				
Vereinigte Niederlande	73000	130000	40000			
Vereinigte Staaten	–	–	–	35000	–	–

geben: Frankreich und in zunehmendem Maße Rußland sind in Bevölkerung und militärischer Stärke führend; Englands Stellung zur See ist gewöhnlich unangefochten; Preußen überholt Spanien, Schweden und die Vereinigten Niederlande; und Frankreich kommt mit den gewaltigen Armeen Ludwigs XIV. und Napoleons der Beherrschung Europas näher als zu irgendeinem anderen Zeitpunkt im 18. Jahrhundert.

Wenn man sich jedoch der finanziellen und geographischen Dimension dieser 150 Jahre dauernden Auseinandersetzungen der Großmächte zuwendet, wird deutlich, daß das in diesen drei Tabellen aufgezeigte Bild weiter verfeinert werden muß. Zum Beispiel wiederholt sich der im Vergleich zu den anderen Nationen relativ schnelle Verfall der Armee der Vereinigten Niederlande nicht auf dem Gebiet der Kriegsfinanzierung, wo sie für lange Zeit eine entscheidende Rolle spielten. Die nichtmilitärische Rolle der Vereinigten Staaten verbirgt die Tatsache, daß sie eine beträchtliche stra-

Tabelle 5 Größe der Flotten 1689–1815[42] (Linienschiffe)

	1689	1739	1756	1779	1790	1815
Großbritannien	100	124	105	90	195	214
Dänemark	29	–	–	–	38	–
Frankreich	120	50	70	63	81	80
Rußland	–	30	–	40	67	40
Spanien	–	34	–	48	72	25
Schweden	40	–	–	–	27	–
Vereinigte Niederlande	66	49	–	20	44	–

tegische Ablenkung darstellen konnten. Die Zahlen untertreiben auch den militärischen Beitrag Großbritanniens, da es zu Zeiten sowohl 100000 alliierte Soldaten (1813 sogar 450000!) auf dem Kontinent bezahlte, als auch seine eigene Armee und in den Jahren 1813–1814 Marinetruppen von 140000 Mann besoldete;[43] umgekehrt würde die wahre Stärke Preußens und des Reichs der Habsburger, die in den meisten Kriegen von Subsidien abhängig waren, übertrieben, wenn man lediglich die Größe ihrer Armeen betrachtete. Wie bereits beschrieben, war die gewaltige französische Streitmacht durch finanzielle Schwächen und geostrategische Hindernisse in ihrer Wirkung geschwächt, während die Wirksamkeit der russischen Armee durch wirtschaftliche Rückständigkeit und die enormen Entfernungen eingeschränkt wurde. Die Stärken und Schwächen dieser Mächte sollten wir uns ins Gedächtnis rufen, wenn wir uns jetzt einer detaillierteren Untersuchung der Kriege selbst zuwenden.

Das Gewinnen von Kriegen, 1660–1763

Als Ludwig XIV. im März 1661 die französische Regierung ganz übernahm, war die europäische Szene für einen Monarchen, der entschlossen war, sie nach seinem Willen zu gestalten, besonders günstig.[44] Im Süden erschöpfte sich Spanien immer noch in dem aussichtslosen Versuch, Portugal zurückzugewinnen. Jenseits des Kanals versuchte eine wiedereingesetzte Monarchie unter Karl II., auf die Füße zu kommen, und in englischen Handelskreisen herrschte große Eifersucht auf die Niederländer. Im Norden hatte ein Krieg Dänemark und Schweden geschwächt hinterlassen. In Deutschland warteten die protestantischen Fürsten mißtrauisch auf jeden neuen Versuch der Habsburger, ihre Position zu verbessern, aber die kaiserliche Regierung in Wien hatte genug Probleme in Ungarn und Siebenbürgen und wenig später mit der wiedererwachten Macht der Türken. Polen litt bereits unter der Anstrengung, die schwedischen und russischen Angreifer abwehren zu müssen. So konnte die französische Diplomatie in der besten Tradition Richelieus diese Umstände für sich nutzen, indem sie die Portugiesen gegen die Spanier, die Magyaren, Türken und deutschen Fürsten gegen die Österreicher und die Engländer gegen die Niederländer ausspielten. Gleichzeitig sicherte sie sich durch den wichtigen Vertrag mit den Schweizer Kantonen aus dem Jahre 1633 geographisch ab und erschloß sich neue Rekrutierungsmöglichkeiten. All dies gab Ludwig XIV. genug Zeit, um sich als absoluter Monarch zu etablieren, der gegen alle inneren Konflikte, die französische Regierungen im vergangenen Jahrhundert gequält hatten, gefeit war. Wichtiger noch, Colbert, Le Tellier und andere bedeutende Minister gewannen die Möglichkeit, die Verwaltung zu durchforsten und die Armee und die Marine – des Sonnenkönigs Streben nach Ruhm vorausahnend – mit Geldern zu überschütten.[45]

Es war daher für Ludwig nur zu leicht, am Anfang seiner Herrschaft die Grenzen »abzurunden«, um so mehr, als die englisch-niederländischen Beziehungen 1665 in offene Feindseligkeit umschlugen (Zweiter Englisch-Holländischer Seekrieg). Obwohl Frankreich dazu verpflichtet war, die Vereinigten Niederlande zu unterstützen, beteiligte es sich kaum an den Kämpfen zur See und bereitete statt dessen eine Invasion der südlichen Niederlande vor, die immer noch einem geschwächten Spanien gehörten. Als die Franzosen schließlich im Mai 1667 in die Niederlande eindrangen, fiel ihnen schnell eine Stadt nach der anderen in die Hände. Was dann folgte, war ein frühes Beispiel für die rasanten diplomatischen Verschiebungen dieser Zeit. Die Engländer und die Niederländer, die beide ihren unprofitablen Krieg satt hatten und die Ambitionen der Franzosen fürchteten, schlossen im Juni in Breda Frieden und versuchten, von Schweden unterstützt, in dem französisch-spanischen Disput zu »vermitteln«, um Ludwigs Gewinne zu begrenzen. Der Aachener Friede von 1668 erreichte genau dieses, allerdings auf Kosten eines erzürnten französischen Königs, der den Entschluß faßte, sich an den Niederlanden zu rächen, die er als wichtigstes Hindernis bei der Verwirklichung seiner Ambitionen ansah. In den nächsten Jahren, während Colbert seinen Zollkrieg gegen die Niederlande führte, wurden die französische Armee und Marine weiter ausgebaut. Durch Geheimdiplomatie verführte Frankreich England und Schweden, von ihrer Allianz mit den Vereinigten Niederlanden abzulassen, die Ängste der Österreicher und der deutschen Staaten wurden beschwichtigt, und im Jahre 1672 war die französische Kriegsmaschinerie – mit englischer Hilfe zur See – bereit zuzuschlagen.

Obwohl es London war, das den Vereinigten Niederlanden zuerst den Krieg erklärte, muß man die erbärmlichen englischen Bemühungen im dritten englisch-niederländischen Konflikt von 1672–1674 hier nur kurz erwähnen. Auf See durch de Ruyter hervorragend in Schach gehalten und daher nicht in der Lage, zu Lande irgend etwas auszurichten, war die Regierung Karls II. zu Hause zunehmender Kritik ausgesetzt. Politische Doppelzüngigkeit und finanzielle Mißwirtschaft und eine starke Abneigung gegen die Allianz mit einer autokratischen katholischen Macht wie Frankreich machten den Krieg unbeliebt und zwangen die Regierung, sich 1674 aus dem Konflikt zurückzuziehen. Rückblickend erinnert dies daran, wie unausgereift und unsicher die politische, finanzielle und administrative Basis der englischen Macht noch unter den späten Stuarts war.[46] Londons politischer Umschwung war jedoch von *internationaler* Bedeutung, weil er die weitverbreitete Furcht, die Ludwigs Pläne jetzt in ganz Europa weckten, widerspiegelte. Innerhalb eines Jahres fanden die Niederländer durch ihre Diplomatie und ihre Subsidien viele Allierte, die gewillt waren, ihre Macht gegen die Franzosen in die Waagschale zu werfen. Deutsche Fürstentümer, Brandenburg (das den einzigen verbliebenen französischen Partner, Schweden, im Jahre 1675 bei Fehrbellin schlug), Dänemark, Spanien und das Reich der Habsburger traten alle in den Streit ein. Diese Koalition war zwar nicht stark genug, Frankreich zu überwältigen, denn die meisten der Beteiligten verfügten nur über ziemlich kleine Armeen und wurden an ihren eigenen Flanken bedroht. Aber die Wassergrenze im Norden und die Verwundbarkeit der französischen Nachschublinien durch verschiedene Feinde im Rheinland hatten zur Folge, daß auch Ludwig keine dramatischen Gewinne machen konnte. Ein ähnliches Patt gab es zur See; die französische Marine kontrollierte das Mittelmeer, die niederländischen und dänischen Flotten hielten die Ostsee, und auf den Westindischen Inseln konnte keine Seite die Oberhand gewinnen. Sowohl der französische als auch der niederländische Handel litt unter diesem Krieg, was den neutralen Ländern wie England indirekten Nutzen brachte. 1678 drängten denn auch die Amsterdamer Kaufleute ihre Regierung in einen Separatfrieden mit Frankreich, was wiederum hieß, daß die deutschen Staaten (die von niederländischen Subsidien abhingen) nicht allein weiterkämpfen konnten.

Obwohl der Friede zu Nimwegen aus dem Jahre 1678–1679 die offenen Kämpfe beendete, beunruhigte der Wunsch Ludwigs XIV., die nördlichen Grenzen Frankreichs abzurunden, sein Anspruch, der »Schiedsrichter Europas« zu sein und die alarmierende Tatsache, daß er in Friedenszeiten eine Armee von 200000 Mann unterhielt, die Deutschen, Niederländer, Spanier und Engländer weiterhin.[47] Dies bedeutete nicht, daß man sofort zum Krieg zurückkehrte. Die niederländischen Kaufleute trieben lieber im Frieden Handel; die deutschen Fürsten waren, wie auch Karl II. von England, durch Subsidien an Paris gebunden; und das Reich der Habsburger war in einen verzweifelten Kampf mit den Türken verstrickt. Als Spanien daher 1683 versuchte, seine luxemburgischen Territorien gegen Frankreich zu verteidigen, mußte es alleine kämpfen und eine unvermeidbare Niederlage hinnehmen.

Von 1685 an indessen begannen sich die Dinge gegen Frankreich zu wenden. Die Verfolgung der Hugenotten schockierte das protestantische Europa. Innerhalb weiterer zwei Jahre waren die Türken gründlich geschlagen und aus der Nähe Wiens vertrieben, und Kaiser Leopold konnte nun – mit gesteigertem Prestige und erhöhter militärischer Stärke – einen Teil seiner Aufmerksamkeit dem Westen zuwenden. Im September 1688 entschloß sich ein mittlerweile nervöser französischer König, in Deutschland einzumarschieren, und verwandelte damit schließlich diesen europäischen »kalten« Krieg in einen heißen. Das veranlaßte nicht nur die kontinentalen Rivalen, den Krieg zu erklären, sondern gab auch Wilhelm von Oranien die Möglichkeit, über den Kanal zu gehen und den diskreditierten Jakob II. auf dem englischen Thron abzulösen.

Ende 1689 stand Frankreich daher allein gegen die Vereinigten Niederlande, England, das Reich der Habsburger, Spanien, Savoyen und die wichtigsten deutschen Staaten.[48] Dies war keine so erschreckende Verbindung, wie sie erschien, denn der harte Kern der Großen Allianz bestand in Wirklichkeit nur aus den englisch-niederländischen Truppen und den deutschen Staaten. Obwohl die

Verbündeten in vieler Hinsicht sehr disparate Interessen hatten, besaßen sie genügend Entschlossenheit, finanzielle Ressourcen, Armeen und Flotten, um ein Gegengewicht zum Frankreich des Sonnenkönigs darzustellen. Zehn Jahre früher hätte Ludwig möglicherweise die Oberhand gewonnen, aber die Lage der französischen Finanzen und des Handels waren nach Colberts Tod weit weniger zufriedenstellend, und weder die Armee noch die Marine – obwohl zahlenmäßig ehrfurchtgebietend – war für einen anhaltenden Kampf in der Ferne ausgerüstet. Durch einen schnellen Sieg über einen der Alliierten konnte das Patt überwunden werden, aber gegen wen sollte dieser Schlag geführt werden, und war Ludwig willensstark genug, so kühne Maßnahmen anzuordnen? Drei Jahre lang zögerte er, und als er endlich 1692 eine Invasionstruppe von 24000 Mann sammelte, um sie über den Kanal zu schicken, waren die »Seemächte« einfach zu stark und vernichteten die französischen Kriegsschiffe und Barken in den Schlachten von Barfleur und La Hogue.[49]

Von 1692 an entwickelte sich die Auseinandersetzung zur See zu einem zähen, zermürbenden, für beide Seiten ruinösen Handelskrieg. Die französische Regierung ermutigte ihre Freibeuter, englisch-niederländischen Handelsschiffen aufzulauern, während sie gleichzeitig die Zuwendungen für die Kriegsflotte reduzierte. Die alliierte Marine versuchte ihrerseits, den Druck auf die französische Wirtschaft durch eine Handelsblockade zu erhöhen und unterband damit die alte niederländische Gewohnheit, mit dem Feind Handel zu treiben. Keine der beiden Maßnahmen zwang den Gegner in die Knie; beide erhöhten die wirtschaftliche Belastung des Krieges und machten ihn damit bei Kaufleuten und Bauern, die ohnedies unter einer Folge schlechter Ernten litten, gleichermaßen unbeliebt. Auch die Feldzüge zu Land waren teure, schwerfällige Kämpfe gegen Festungen und über Wasserwege: Vaubans Befestigungen machten Frankreich beinahe unangreifbar, aber die gleiche Art von Hürden auf der anderen Seite verhinderte einen leichten französischen Vorstoß nach Holland. Dadurch, daß jede Seite über 250000 Soldaten ins Feld führte, waren die Kosten selbst für diese reichen Länder horrend.[50] Es gab auch außereuropäische Expeditionen (auf den Westindischen Inseln, in Neufundland, Arkadien, Pondichéry), aber keine war bedeutsam genug, um das grundsätzliche kontinentale oder maritime Gleichgewicht zu verändern. In England beschwerten sich die Landedelleute und in Amsterdam die Bürger über die Steuerlast, während Frankreich unter einer Hungersnot stöhnte, und so hatten Ludwig XIV. und Wilhelm von Oranien 1696 reichlich Gründe, einen Kompromiß zu schließen.

Der Friede zu Ryswijk (1697) gestand Ludwig zwar einige seiner frühen Grenzgewinne zu, aber ansonsten kam man auf den Status quo ante zurück. Trotzdem waren die Ergebnisse des Neunjährigen Krieges von 1689–1697 nicht so unbedeutend, wie zeitgenössische Kritiker annahmen. Die Ambitionen Frankreichs waren zu Lande zurückgewiesen und seine Macht zur See war geschwächt worden. Die Ergebnisse der Glorreichen Revolution von 1688 blieben bewahrt, und England hatte seine irische Flanke gesichert, seine finanziellen Institutionen gestärkt und seine Armee und Flotte wiederaufgebaut. Und eine englisch-niederländisch-deutsche Tradition, die Franzosen aus Flandern und aus dem Rheinland herauszuhalten, hatte sich etabliert. Wenn auch zu gewaltigen Kosten: die politische Pluralität Europas war erneut behauptet.

Angesichts der Kriegsmüdigkeit in den meisten Hauptstädten schien ein Wiederaufleben des Krieges kaum möglich. Als jedoch dem Enkel Ludwigs im Jahre 1700 der spanische Thron angeboten wurde, sah der Sonnenkönig dies als ideale Gelegenheit, die Macht Frankreichs zu erhöhen. Anstatt mit seinen potentiellen Rivalen Kompromisse zu schließen, besetzte er rasch im Namen seines Enkels die südlichen Niederlande und sicherte französischen Kaufleuten im großen spanischen Reich in der westlichen Hemisphere *exklusive* Handelskonzessionen. Durch diese und verschiedene andere Provokationen beunruhigte er die Briten und die Niederländer so sehr, daß sie sich, um Ludwigs Ambitionen Einhalt zu gebieten, im Jahre 1701 den Österreichern in einem weiteren Koalitionskampf anschlossen: dem Spanischen Erbfolgekrieg.

Wieder einmal schien das Gleichgewicht der Truppen und der Ressourcen anzudeuten, daß jede Allianz der anderen zwar ernsthaften Schaden zufügen, sie aber nicht besiegen konnte.[51] In mancherlei Hinsicht war Ludwig in einer stärkeren Position als im Krieg von 1689–1697. Die Spanier mochten seinen Enkel, jetzt ihr

Philipp V., und die »bourbonischen Mächte« konnten auf vielen Schauplätzen gemeinsam auftreten; das spanische Silber tat den französischen Finanzen wohl. Ferner hatte Frankreich militärisch stark aufgerüstet, zu einem Zeitpunkt hielt es fast eine halbe Million Soldaten unter Waffen. Andererseits spielten die Österreicher, die weniger Sorgen mit ihrer Balkanflanke hatten, in diesem Krieg eine gewichtigere Rolle als im letzten. Aber am allerwichtigsten war, daß eine entschlossene britische Regierung einen beträchtlichen Teil ihrer nationalen Ressourcen in Form von mächtigen Subsidien für die deutschen Alliierten, einer überlegenen Flotte und, was ungewöhnlich war, einer großen kontinentalen Armee unter dem brillanten Marlborough zur Verfügung stellten. Diese Armee mit zwischen 40 000 und 70 000 britischen Soldaten und Söldnern konnte sich mit der exzellenten niederländischen Armee von über 100 000 Mann und der ähnlich großen Habsburger Armee vereinigen, um Ludwigs Versuch, Europa seinen Willen aufzuzwingen, zu vereiteln.

Dies hieß aber nicht, daß die Große Allianz Frankreich oder auch Spanien *ihre* Wünsche aufzwingen konnte. Außerhalb dieser beiden Königreiche wendeten sich die Ereignisse aber tatsächlich zugunsten der Alliierten. Marlboroughs entscheidender Sieg bei Blindheim (1704) fügte den französisch-bayrischen Armeen großen Schaden zu und befreite Österreich von der Drohung einer französischen Invasion. Die spätere Schlacht bei Ramillies (1706) gab den englisch-niederländischen Kräften Kontrolle über einen großen Teil der südlichen Niederlande, und die bei Oudenaarde (1708) beendete den französischen Versuch, dort wieder Boden zu gewinnen.[52]

Da es nach der entscheidungslosen Seeschlacht bei Malaga (1704) keine feindliche Hauptflotte mehr gab, konnten die Royal Navy und ihr niederländisches Gegenstück die Beweglichkeit überlegener Seemacht demonstrieren. Der neue Alliierte Portugal konnte von See her unterstützt werden, während Lissabon im Gegenzug eine vorgeschobene Flottenbasis stellte und brasilianisches Gold lieferte. Truppen konnten in die westliche Hemisphäre entsandt werden, um französische Besitzungen auf den Westindischen Inseln und in Nordamerika anzugreifen, und Kaperverbände konnten spanische Gold- und Silberflotten jagen. Die Eroberung Gibraltars brachte der Royal Navy nicht nur einen Stützpunkt, der den Ausgang des Mittelmeers kontrollierte, sondern schnitt auch die französisch-spanischen Stützpunkte – und Flotten – voneinander ab. Britische Schiffe sicherten die Eroberung Menorcas und Sardiniens; sie schützten Savoyen und die italienischen Küsten vor französischen Angriffen, und als die Alliierten in die Offensive gingen, geleiteten und versorgten sie die kaiserlichen Armeen bei ihrer Invasion Spaniens und unterstützten den Angriff auf Toulon.[53]

Diese allgemeine Überlegenheit der Alliierten zur See konnte jedoch nicht verhindern, daß die Franzosen ihren Kaperkrieg gegen die Handelsschiffahrt wieder aufnahmen. So sah sich die Royal Navy 1708 gezwungen, ein Konvoisystem einzuführen, um die Verluste der Handelsflotte zu begrenzen. Und die britischen Fregatten waren weder in der Lage, die französischen Freibeuter davon abzuhalten, nach Dünkirchen oder in die Gironde herein- und hinauszuschlüpfen, noch konnten sie eine Handelsblockade durchsetzen, denn dazu hätten sie die gesamte französisch-spanische Küste patrouillieren müssen; selbst die Kaperung von Getreideschiffen vor den bedeutenden französischen Häfen im schrecklichen Winter des Jahres 1709 konnte Ludwigs weitgehend autarkes Reich nicht in die Knie zwingen.

Die Fähigkeit der Alliierten zu verletzen, nicht aber zu töten, trat in den Feldzügen zu Lande gegen Frankreich und Spanien noch deutlicher hervor. 1709 zog sich die Invasionstruppe der Alliierten nach einer kurzen Besetzung Madrids zurück, da sie angesichts des zunehmenden spanischen Drucks nicht fähig war, das Land zu halten. In Nordfrankreich hatten die englisch-niederländischen Armeen keine weitere Gelegenheit zu Siegen wie bei Blindheim; stattdessen war der Krieg zermürbend, blutig und teuer. Außerdem regierte seit 1710 in Westminster ein Tory-Kabinett, das begierig auf einen Frieden war, der Englands maritime und koloniale Interessen sichern und die Kosten des kontinentalen Krieges vermindern sollte. Schließlich trat der Erzherzog Karl, der Kandidat der Alliierten für den spanischen Thron, unerwartet die Nachfolge als Kaiser an und nahm seinen Partnern so alle Begeisterung dafür, ihm auch die Herrschaft Spaniens zu übergeben. Durch Englands einseitigen Rückzug aus dem Krieg 1712, dem später die Niederländer folgten, sah selbst Kaiser Karl, der so darauf erpicht war, »Carlos III.« von

Spanien zu werden, ein, daß es nach einem weiteren fruchtlosen Kriegsjahr unumgänglich war, Frieden zu schließen.

Die Friedensbedingungen, die den Spanischen Erbfolgekrieg beendeten, wurden im Frieden von Utrecht (1713) und Rastatt (1714) festgelegt. Im ganzen gesehen besteht kein Zweifel, daß Großbritannien der große Nutznießer dieser Vereinbarungen war.[54] Obwohl es Gibraltar, Menorca, Neuschottland, die Hudson Bay und Handelkonzessionen in der spanischen Neuen Welt hinzugewonnen hatte, ließen die Verträge das europäische Gleichgewicht nicht außer acht. In der Tat schuf der Komplex aus elf einzelnen Verträgen, aus denen das Abkommen aus dem Jahre 1713–1714 bestand, eine zufriedenstellende, ausgefeilte Unterfütterung des Kräftegleichgewichts. Das französische und das spanische Königreich sollten auf alle Zeit getrennt bleiben, wohingegen die protestantische Thronfolge in England offiziell anerkannt wurde. Dem Reich der Habsburger, das Spanien verloren hatte, wurden die südlichen Niederlande, Mailand (womit weitere Kontrollen gegen Frankreich eingebaut waren), Neapel und Sardinien zugeschlagen. Die niederländische Unabhängigkeit blieb erhalten, aber die Vereinigten Niederlande stellten nicht mehr eine so gewaltige See- und Handelsmacht dar und sahen sich jetzt gezwungen, einen größeren Teil ihrer Energien darauf zu richten, ihre südlichen Grenzbefestigungen zu verstärken. Vor allem war den dynastischen und territorialen Ambitionen Ludwigs XIV. endgültig und entschieden Einhalt geboten, und die französische Nation war durch die horrenden Kosten des Krieges gestraft worden, die neben anderen Konsequenzen die Staatsschuld um das *Siebenfache* vergrößert hatten. Zu Lande war das Mächtegleichgewicht gesichert, während Großbritannien zur See unangefochten blieb. Kein Wunder, daß die Whigs, die nach der Thronbesteigung Georgs I. im Jahre 1714 wieder an der Regierung waren, alles daransetzten, die Vereinbarungen von Utrecht aufrechtzuerhalten und sich schließlich sogar bereit erklärten, eine Entente mit Frankreich einzugehen, als ihr Erzfeind Ludwig im folgenden Jahre starb.

Die Neuverteilung der Macht unter den westeuropäischen Staaten, die in diesem halben Jahrhundert der Kriege stattfand, war weniger dramatisch als die Veränderungen im Osten. Die Grenzen dort waren fließender als im Westen, und riesige Landflächen wurden von Markgrafen, kroatischen Freischärlern und Kosakenhorden, nicht von den Berufsarmeen eines aufgeklärten Monarchen kontrolliert. Selbst wenn sich im Osten die Nationalstaaten bekriegten, überspannten ihre Feldzüge oft große Entfernungen, und sie mußten irreguläre Truppen, Husaren und ähnliches einsetzen, um einen großen strategischen Schlag führen zu können. Anders als bei den Feldzügen in den Niederlanden brachten Sieg oder Niederlage hier enorme Übertragungen von Land mit sich und betonten so die spektakuläreren Wendungen im Schicksal der Mächte. Beispielsweise sahen diese Jahrzehnte den letzten großen Angriff der Türken auf Wien, ihre Niederlage und ihren rapiden Abstieg. Die bemerkenswerte anfängliche Reaktion der österreichischen, deutschen und polnischen Truppen rettete nicht nur 1683 die kaiserliche Stadt vor der belagernden türkischen Armee, sondern führte auch zu ausgedehnteren Kampagnen der erweiterten Heiligen Liga.[55] Nach der großen Schlacht bei Mohács (1687) war die Herrschaft der Türken über die ungarischen Ebenen für immer zerschlagen. Wenn sich auch die Fronten stabilisierten, weil die deutschen und habsburgischen Truppen wiederholt zum Krieg von 1689–1697 gegen Frankreich abgezogen wurden, so bestärkten die weiteren Niederlagen der türkischen Armee bei Slankamen (1691) und Zenta (1697) diese Entwicklung. Unter der Voraussetzung, daß das Reich der Habsburger seine Ressourcen auf die Balkanfront konzentrieren konnte und Generäle vom Kaliber Prinz Eugens hatte, war es jetzt zu mehr in der Lage, als sich nur gegen die Türken zu behaupten. Auch wenn die Habsburger ihre heterogenen Besitzungen nicht so wirksam organisieren konnten wie die westlichen Monarchien, war ihre Zukunft als einer der mächtigen europäischen Staaten gesichert.

An diesem Maßstab gemessen war Schweden in einer weit weniger glücklichen Lage. Sobald der junge Karl XII. im Jahre 1697 den schwedischen Thron bestieg, erwachten die räuberischen Instinkte der benachbarten Staaten; Dänemark, Polen und Rußland wollten alle ihren Anteil an Schwedens exponiertem Ostseereich und vereinigten sich im Herbst 1699 gegen das Land. Als die Kämpfe jedoch begannen, wurde Schwedens offensichtliche Verwundbarkeit durch seine sehr beträchtliche Armee, seinen militärisch brillanten Monarchen und die englisch-niederländische Unterstützung zur See mehr als wettgemacht. Die Verbindung dieser drei Faktoren ermöglichte es Karl, Kopenhagen zu bedrohen und die Dänen bis August 1700 aus dem Krieg zu drängen. Danach verschiffte er seine Armee über die Ostsee und schlug drei Monate später die Russen mit dem überwältigenden Sieg bei Narva in die Flucht. Nachdem Karl nun einmal den Rausch von Kampf und Sieg genossen hatte, überrannte er in den nächsten Jahren Polen und marschierte nach Sachsen ein.

Mit der Weisheit des Rückblicks haben Historiker die Meinung vertreten, daß Karls unkluge Konzentration auf Polen und Sachsen seinen Blick von den Reformen ablenkte, die Peter der Große Rußland nach der Niederlage bei Narva aufzwang.[56] Von ausländischen Beratern unterstützt und bereit, in großem Maße von den militärischen Kenntnissen des Westens zu lernen, baute Peter mit der gleichen Energie, mit der er St. Petersburg den Sümpfen entrissen hatte, eine große Armee und Marine auf. Als Karl im Jahre 1708 mit einer Streitmacht von 40000 Mann Peter entgegentrat, war es wahrscheinlich bereits zu spät. Obwohl die schwedische Armee der russischen an Kampfkraft überlegen war, erlitt sie beträchtliche Verluste, war nie in der Lage, die Hauptarmee der Russen zu vernichten, und wurde durch eine unzureichende Logistik behindert – diese Schwierigkeiten verschärften sich, als Karls Truppen nach Süden in die Ukraine vorstießen und den harten Winter von 1708–1709 erdulden mußten. Als es schließlich im Juli 1709 bei Poltava zur Entscheidungsschlacht kam, war die russische Armee zahlenmäßig enorm überlegen und hielt die günstigere defensive Stellung. Dieses Treffen löschte nicht nur die schwedische Armee aus, es zwang Karl zur Flucht auf türkisches Gebiet, und sein langes Exil dort gab den benachbarten Feinden Schwedens ihre Chance. Als Karl endlich im Dezember 1715 nach Schweden zurückkehrte, hatte er alle seine Besitzungen im Ostseeraum verloren, und Teile Finnlands waren in russischer Hand.

Nach weiteren Jahren des Kampfes (in denen Karl XII. bei einem Zusammenstoß mit den Dänen im Jahre 1718 fiel) mußte ein erschöpftes, isoliertes Schweden 1721 im Frieden von Nystad den Verlust der meisten Ostseeprovinzen anerkennen. Es war nun auf eine zweitrangige Machtposition zurückgefallen, während Rußland in den ersten Rang aufrückte. So nahm Peter nun als Zeichen für seinen Sieg über die Schweden im Jahre 1721 den Titel Kaiser aller Reußen an. Trotz des späteren Verfalls der Flotte des Zaren und trotz der großen Rückständigkeit des Landes hatte Rußland klar gezeigt, daß es wie Frankreich und Großbritannien »die Kraft hatte, unabhängig, ohne auf äußere Hilfe angewiesen zu sein, als Großmacht zu handeln«.[57] Im Osten wie im Westen Europas gab es jetzt, mit Dehios Worten, ein »Gegengewicht zu einer Konzentration im Zentrum«.[58]

Dieses allgemeine politische, militärische und wirtschaftliche Gleichgewicht wurde durch die englisch-französische *détente,* die nach 1715 mehr als zwei Jahrzehnte bestehenblieb, gestützt.[59] Besonders Frankreich mußte sich von einem Krieg erholen, der seinem Außenhandel extrem geschadet und die Staatsschuld so erhöht hatte, daß allein die Zinszahlungen den normalen Einnahmen entsprachen. Außerdem reagierten die Monarchien in London und Paris, die beide um den Erhalt ihrer dynastischen Linien fürchteten, finster auf jegliche Versuche, den Status quo zu verändern, und sie empfanden es als für beide Seiten profitabel, in vielen Fragen zu kooperieren.[60] Im Jahre 1719 beispielsweise gebrauchten beide Mächte Gewalt, um Spanien daran zu hindern, in Italien eine expansionistische Politik zu betreiben. In den 1730er Jahren jedoch änderte sich das Muster internationaler Beziehungen erneut. In dieser Phase begeisterten sich die Franzosen deutlich weniger an ihrer Verbindung zu England und versuchten statt dessen, ihre alte Position als führende Nation Europas zurückzuerlangen. Die Thronfolge in Frankreich war jetzt gesichert, und die Jahre des Friedens hatten dem Wohlstand des Landes gutgetan – und zu einer Ausweitung des Überseehandels, die die Seemächte herausforderte, geführt. Während Frankreich unter seinem Minister Fleury schnell seine Beziehungen zu Spanien verbesserte und seine diplomatischen Aktivitäten in Osteuropa intensivierte, bemühte sich Großbritannien unter dem vorsichtigen Isolationspolitiker Walpole darum, sich aus kontinentalen Angelegenheiten herauszuhalten. Selbst ein französischer Angriff auf die österreichischen Besitzungen Lothringen und Mailand im Jahre 1733 und ein französischer Vorstoß in das Rheinland provozierten keine britische Reaktion. Da Wien nicht in der Lage war, Unterstützung von Walpole oder den verängstigten Niederländern zu bekommen, war es gezwungen, mit Paris den Kompromißfrieden von 1738 auszuhandeln. Gestützt auf die militärischen und diplomatischen Erfolge in Westeuropa, auf die Allianz mit Spanien, angesichts der Unterwürfigkeit der Vereinigten Niederlande und der zunehmenden Nachgiebigkeit von Schweden und Österreich, genoß Frankreich jetzt ein Prestige wie seit den frühen Jahren Ludwigs XIV. nicht mehr. Dies wurde im nächsten Jahr sogar noch deutlicher, als französische Diplomatie den österreichisch-russischen Krieg gegen das Osmanische Reich (1735–1739) beendete und dabei den Türken viele der Besitzungen zurückgab, die sich die beiden östlichen Monarchien gegriffen hatten.

Während die Briten unter Walpole dazu neigten, diese Ereignisse innerhalb Europas zu ignorieren, waren Leute mit kommerziellen Interessen und Oppositionspolitiker besorgt über die zunehmende Zahl von Zusammenstößen mit Frankreichs Verbündetem, Spanien, in der westlichen Hemisphäre. Dort boten der reiche Kolonialhandel und die widerstreitenden Expansionswünsche der Siedler ausreichenden Anlaß für Streit.[61] Der daraus resultierende englisch-spanische Krieg, dem Walpole im Oktober 1739 widerwillig zustimmte, wäre vielleicht einer der kleineren regionalen Konflikte geblieben, die im 18. Jahrhundert zwischen diesen beiden Ländern ausgefochten wurden, wenn Frankreich nicht beschlossen hätte, Spanien alle mögliche Hilfe, besonders zur See in der Karibik, zukommen zu lassen. Verglichen mit dem Spanischen Erbfolgekrieg von 1702–1713 waren die bourbonischen Mächte diesmal in einer weitaus besseren Position, in Übersee zu konkurrieren, zumal weder die britische Armee noch die Marine für eine Eroberung der spanischen Kolonien, die von den Politikern zu Hause favorisiert wurde, gerüstet war.

Der Tod Karls VI. – gefolgt von der Thronbesteigung Maria Theresias und dann von der Entscheidung Friedrichs des Großen, daraus seinen Vorteil zu ziehen, indem er Schlesien im Winter 1740–1741 an sich riß –, veränderte die Situation vollständig und lenkte den

Karte 5: Europa 1721

Blick wieder auf den Kontinent. Unfähig sich zu zügeln, unterstützten anti-österreichische Kreise in Frankreich Preußen und Bayern bei ihren Angriffen auf das Erbe Habsburgs. Aber dies führte wiederum zu einer Erneuerung der alten englisch-österreichischen Allianz, was der bedrohten Maria Theresia beträchtliche Hilfsgelder einbrachte. Durch hohe Subsidien, durch Druck auf Preußen und Sachsen und durch die militärische Aktion bei Dettingen im Jahre 1743 entlastete London die Österreicher, schützte Hannover und schwächte den französischen Einfluß in Deutschland. Als die englisch-französischen Gegensätze im Jahre 1744 in offene Feindseligkeiten umschlugen, verschärfte sich der Konflikt. Die französische Armee stieß nach Norden durch die Grenzbefestigungen der österreichischen Niederlande den entsetzten Niederländern entgegen. Auf See blockierte die Royal Navy, die von der bourbonischen Flotte kaum herausgefordert wurde, den französischen Handel in zunehmendem Maße. In Übersee setzten sich die Angriffe und Gegenangriffe im Gebiet der Westindischen Inseln, entlang des St.-Lorenz-Stroms, in der Gegend von Madras und entlang der Handelsrouten in die Levante fort. Preußen, das sich 1743 wieder an dem Krieg gegen Österreich beteiligte, wurde zwei Jahre später wiederum zum Rückzug aus dem Konflikt überredet. Große britische Subsidien wurden eingesetzt, um die Österreicher bei der Stange zu halten, um Söldner zum Schutz Hannovers anzuwerben und sogar um eine russische Armee zur Verteidigung der Niederlande anzuheuern. Dies war für den Standard des 18. Jahrhunderts eine teure Art, Krieg zu führen, und viele Engländer beschwerten sich über die zunehmende Besteuerung und die Verdreifachung der Staatsschuld; aber allmählich wurde dadurch das noch erschöpftere Frankreich zu einem Kompromißfrieden getrieben.

Die Geographie ebenso wie die Finanzen – die beiden bereits besprochenen Hauptfaktoren – zwangen schließlich die britische und die französische Regierung, ihre Differenzen im Aachener Frieden von 1748 beizulegen. Zu diesem Zeitpunkt waren die Niederländer der französischen Armee praktisch ausgeliefert; aber würde das für die Franzosen den ständig zunehmenden Druck auf den Seehandel oder den Verlust von wichtigen Kolonien ausgleichen? Umgekehrt, was nutzten den Briten die Einnahme Louisbourgs am St.-Lorenz-

Strom und die Seesiege von Anson und Hawke, wenn Frankreich die Niederlande eroberte? Folglich richteten sich die diplomatischen Gespräche auf eine Rückkehr zum Status quo ante – mit der bedeutenden Ausnahme von Friedrichs Eroberung Schlesiens. Sowohl zu der Zeit als auch im Rückblick wurde der Aachener Friede eher als Waffenstillstand denn als andauernde Regelung angesehen. Maria Theresia war weiterhin darauf aus, sich an Preußen zu rächen, Frankreich überlegte, wie es sowohl in Übersee als auch auf dem Kontinent siegreich sein konnte, und England war begierig sicherzustellen, daß sein großer Feind beim nächsten Mal nicht nur in der maritimen und kolonialen Auseinandersetzung besiegt wurde, sondern auch auf den Schlachtfeldern des Kontinents.

Für die Lage in den nordamerikanischen Kolonien, wo britische und französische Siedler (beide unterstützt von Indianern und einigen örtlichen Garnisonen) in den frühen 1750er Jahren wiederholt aufeinanderprallten, war sogar das Wort »Waffenstillstand« eine falsche Bezeichnung. Es schien fast unmöglich, die dortigen Truppen durch die Regierungen zu Hause zu kontrollieren, zumal in beiden Ländern eine »patriotische Lobby« auf Unterstützung der Kolonisten drängte und die Ansicht vertrat, daß sich eine fundamentale Auseinandersetzung – nicht nur um die Ohio- und Mississippi-Täler, sondern um Kanada, die Karibik, Indien, ja, um die gesamte außereuropäische Welt – abzeichnete.[62] Da beide Länder um 1755 weitere Verstärkungen entsandten und ihre Marine auf Kriegsstärke brachten, begannen die anderen Staaten sich auf einen weiteren englisch-französischen Konflikt vorzubereiten. Für Spanien und die Vereinigten Niederlande, die nun beide Mächte zweiten Ranges waren und befürchteten, zwischen den Kolossen im Westen aufgerieben zu werden, blieb nur der Weg in die Neutralität – trotz der daraus resultierenden Schwierigkeiten für eine Handelsnation wie die Niederländer.[63]

Die östlichen Monarchien Österreich, Preußen und Rußland konnten sich jedoch unmöglich aus einem englisch-französischen Krieg heraushalten. Der erste Grund war, daß man – obwohl manche Franzosen der Ansicht waren, der Krieg solle zur See und in den Kolonien ausgefochten werden – in Paris natürlich dazu neigte, die

Briten über ihre strategische Achillesferse, Hannover, anzugreifen. Dies wiederum alarmierte nicht nur die deutschen Staaten, sondern zwang die Engländer dazu, militärische Verbündete zu suchen und diese zu unterstützen, um den Franzosen auf dem Kontinent Einhalt zu gebieten. Der zweite Grund war noch bedeutsamer: die Österreicher waren entschlossen, Schlesien von Preußen zurückzuerobern; und die Russen unter der Zarin Elisabeth suchten auch nach einer Chance, den respektlosen, ehrgeizigen Friedrich zu strafen. Jede dieser Mächte hatte eine beachtliche Armee aufgestellt (Preußen mehr als 150000 Mann, Österreich fast 200000 und Rußland ungefähr 330000), und alle überlegten, wann sie zuschlagen sollten; aber sie alle brauchten Subsidien aus dem Westen, um ihre Armeen auf diesem Stand halten zu können. Schließlich lag es in der Logik der Dinge, daß, sobald einer dieser östlichen Rivalen in Paris oder London einen »Partner« gefunden hatte, die anderen sich gezwungen sahen, sich der anderen Seite anzuschließen.

So schien die berühmte »diplomatische Revolution« von 1756 strategisch nur eine Neuverteilung der Karten zu sein. Frankreich begrub seine uralten Gegensätze mit Habsburg und schloß sich Österreich und Rußland in ihrem Kampf gegen Preußen an, während Berlin Wien als kontinentalen Verbündeten Londons ablöste. Auf den ersten Blick schien die französisch-österreichisch-russische Koalition das bessere Blatt zu sein. Sie war militärisch gesehen entscheidend stärker: Bis 1757 mußte Friedrich alle seine frühen territorialen Gewinne wieder abgeben, und die englisch-deutsche Armee unter dem Herzog von Cumberland hatte sich ergeben. Damit war die Zukunft Hannovers – und Preußens selbst – zweifelhaft. Menorca war an die Franzosen gefallen, und auch an entfernteren Schauplätzen machten Frankreich und seine eingeborenen Verbündeten Gewinne. Den Frieden von Utrecht, und im Falle Österreichs den von Aachen, umzustoßen, schien jetzt durchaus möglich.

Der Grund, warum dies nicht geschah, lag darin, daß die englisch-preußische Verbindung in drei lebenswichtigen Aspekten überlegen blieb: der Führung, dem finanziellen Stehvermögen und den Fähigkeiten zur See.[64] Über Friedrichs Leistung, die gesamten Energien Preußens auf das Streben nach dem Sieg zu konzentrieren, und über seine Feldherrnkunst kann es keine Zweifel geben. Aber

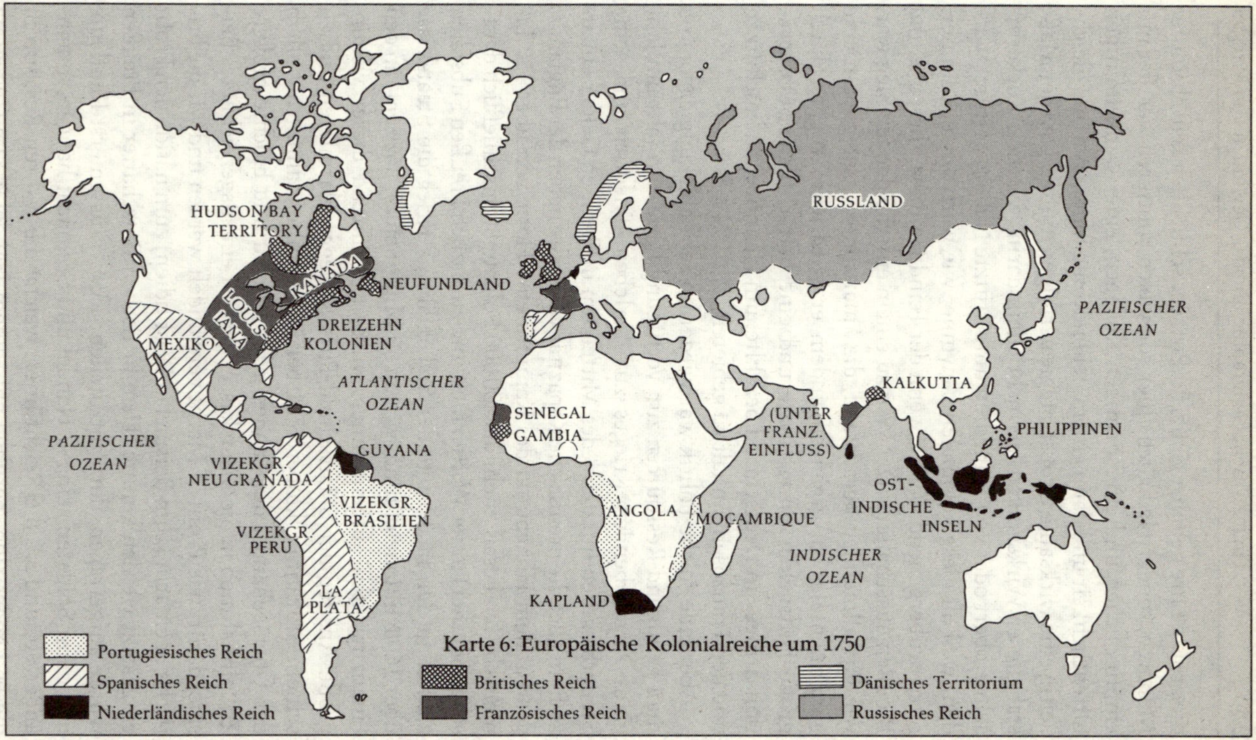

Karte 6: Europäische Kolonialreiche um 1750

die größte Ehre gebührt vielleicht Pitt, der schließlich kein absoluter Monarch, sondern lediglich einer von vielen Politikern war, der mit empfindlichen und eifersüchtigen Kollegen, einer wankelmütigen Öffentlichkeit und dann einem neuen König jonglieren und gleichzeitig eine wirksame Großstrategie verfolgen mußte. Und der Maßstab dieser Wirksamkeit lag nicht allein darin, wie viele Zuckerinseln erobert oder von Franzosen unterstützte Nabobs gestürzt wurden, weil all diese kolonialen Gewinne, wie wertvoll auch immer, nur vorübergehend waren, wenn der Feind Hannover besetzte und Preußen ausschaltete. Der Weg zu einem entscheidenden Sieg war, wie Pitt allmählich herausfand, die »maritime« Strategie um eine »kontinentale« zu ergänzen, indem er Friedrichs Truppen durch große Hilfsgelder unterstützte und eine beträchtliche »Observationsarmee« in Deutschland bezahlte, um Hannover zu beschützen und den Franzosen Einhalt zu gebieten.

Aber eine solche Politik war wiederum sehr abhängig davon, ob man genügend Ressourcen zur Verfügung hatte, um Jahr um Jahr eines zermürbenden Krieges zu überleben. Friedrich und seine Steuerbeamten nutzten jedes Mittel, um in Preußen Gelder einzuziehen, aber die preußische Kapazität verblaßte neben der Englands, das auf dem Höhepunkt des Kampfes eine Flotte von über 120 Linienschiffen besaß, mehr als 200 000 Soldaten (einschließlich deutscher Söldner) unter Waffen hielt und zusätzlich Preußen Subsidien zahlte. In der Tat kostete der Siebenjährige Krieg die Staatskasse über 160 Millionen Pfund, wovon 60 Millionen (37 Prozent) an den Finanzmärkten aufgenommen wurden. Während dieser weitere große Anstieg der Staatsschuld Pitts Kollegen alarmieren und zu seinem Sturz im Oktober 1761 beitragen sollte, nahm trotz allem der Überseehandel des Landes jedes Jahr zu und brachte größere Zolleinnahmen in die Staatskasse. Dies ist ein ausgezeichnetes Beispiel dafür, wie Profit in Macht verwandelt werden und wie die britische Seemacht (zum Beispiel in Westindien) zum nationalen Profit eingesetzt werden konnte. Dem britischen Botschafter in Preußen wurde aufgetragen, dort mitzuteilen: »Wir müssen erst Kaufleute und dann Soldaten sein ... Handel und Seemacht hängen voneinander ab, und ... die Reichtümer, welche die wahren Ressourcen dieses Landes sind, beruhen auf seinem Handel.«[65] Im Gegensatz dazu litt die Wirtschaft aller anderen Mitstreiter sehr unter dem Krieg, und selbst in Frankreich mußte der Minister Choiseul reumütig zugeben, daß

> im derzeitigen Zustand Europas die Kolonien, der Handel und demzufolge die Seemacht das Machtgleichgewicht auf dem Kontinent bestimmen. Das Haus Österreich, Rußland und der König von Preußen sind nur zweitrangige Mächte – wie alle, die keinen Krieg führen können, wenn sie nicht von den Handelsmächten unterstützt werden.[66]

In der Land- und Seekriegführung ging die englisch-preußische Allianz nach den frühen Rückschlägen folgendermaßen vor: Zur See blockierte die mächtige Royal Navy unter dem Kommando Ansons die französischen Atlantikhäfen und hatte noch genügend Schiffe, um Toulon einzuschließen und auch im Mittelmeer die Seeherrschaft zurückzugewinnen. Wenn es zu Seegefechten kam – bei Cartagena, vor der Küste von Lagos und bei Hawkes unvergleichlicher sturmumtoster Verfolgung von Conflans' Flotte in die Bucht von Quiberon –, zeigte sich immer wieder die Überlegenheit britischer Seemannschaft. Außerdem erstickte diese Blockadepolitik – die nun bei jedem Wetter aufrechterhalten wurde, wobei die Geschwader durch ein umfassendes Versorgungssystem unterhalten wurden – nicht nur einen großen Teil des französischen Seehandels und schützte damit den englischen Handel und seine territoriale Sicherheit, sie verhinderte auch, daß Verstärkungen französischer Truppen auf die Westindischen Inseln, nach Kanada oder Indien entsandt werden konnten. Im Jahre 1759, dem *annus mirabilis,* fielen um den ganzen Globus herum französische Kolonien in britische Hände und ergänzten damit den beachtlichen Sieg der englisch-deutschen Truppen über zwei französische Armeen bei Minden. Als Spanien törichterweise 1762 in den Krieg eintrat, erlitten seine Kolonien in der Karibik und auf den Philippinen das gleiche Schicksal.

Mittlerweile hatte auch das Haus Brandenburg seinen Anteil an »Wundern« erlebt. In den Schlachten bei Roßbach und Leuthen hatte Friedrich nicht nur nacheinander eine französische und eine österreichische Armee vernichtet, sondern auch das Verlangen der beiden Nationen, nach Norddeutschland vorzustoßen, sehr gemäßigt; nachdem Friedrich die Österreicher im Jahre 1760 bei Liegnitz und Torgau erneut geschlagen hatte, war Wien praktisch bankrott. Die enormen Kosten dieser Feldzüge zermürbten jedoch langsam auch die preußische Kraft (60000 Soldaten fielen allein im Jahre 1759), und der russische Feind zeigte sich viel furchtbarer als erwartet – zum Teil, weil die Zarin Elisabeth Friedrich so sehr haßte, jedoch vor allem, weil jedes Treffen mit russischen Armeen eine solch blutige Angelegenheit war. Aber auch als die anderen Mitstreiter die Folgen des Krieges spürten und Frankreich dazu neigte, sich mit der britischen Regierung zu einigen, war Preußen immerhin noch stark genug, die Österreicher und die Russen in Schach zu halten, bis es dann 1762 durch den Tod Elisabeths gerettet wurde. Nachdem der neue Zar Peter sich rasch aus dem Krieg zurückgezogen hatte, konnten weder Österreich noch Frankreich ein besseres Friedensangebot als die Rückkehr zu dem vor dem Krieg in Europa herrschenden Status erwarten – was im Grunde eine Niederlage für diejenigen war, die versucht hatten, Preußen zu Fall zu bringen.

Der eine offensichtlich Begünstigte bei den Übereinkünften von 1762–1763 war wieder einmal Großbritannien. Selbst nach Rückgabe verschiedener eroberter Gebiete an Frankreich und Spanien hatte England auf den Westindischen Inseln und in Westafrika an Boden gewonnen, den französischen Einfluß in Indien praktisch ausgeschaltet und, am wichtigsten von allem, es besaß jetzt auf dem größten Teil des nordamerikanischen Kontinents die Vorherrschaft. So gewann Großbritannien Territorien von weit größerer Ausdehnung und viel mehr potentiellem Reichtum als Lothringen, Schlesien und die anderen Regionen, um welche die kontinentalen Staaten so bitter gekämpft hatten. Zusätzlich hatte Großbritannien geholfen, den französischen diplomatischen und militärischen Ambitionen in Europa Einhalt zu gebieten, und dadurch das allgemeine Mächtegleichgewicht erhalten. Frankreich hatte, im Vergleich dazu, nicht nur in Übersee katastrophal verloren, sondern war – anders als im Jahre 1748 – auch in Europa gescheitert; in der Tat, seine glanzlose militärische Leistung wies darauf hin, daß das Kraftzentrum sich von Westeuropa nach Osten verlagert hatte, eine Tatsache, die durch die allgemeine Mißachtung französischer Wünsche während der ersten Teilung Polens im Jahre 1772 bestätigt wurde. All dies kam einer britischen Politik sehr entgegen, die mit ihrem Primat außerhalb Europas zufrieden und keinesfalls versessen darauf war, in kontinentale Verpflichtungen hineingezogen zu werden.

Das Gewinnen von Kriegen, 1763–1815

Die »Atempause« von mehr als einem Jahrzehnt, die vor dem nächsten Abschnitt der englisch-französischen Auseinandersetzung eintrat, gab nur wenig Andeutungen auf die folgende Wendung des britischen Schicksals. Der Siebenjährige Krieg hatte die Steuerkraft und die soziale Struktur der Großmächte so überfordert, daß die meisten Herrscher sich nun von außenpolitischen Abenteuern abwandten; der Blick nach innen und die Reform waren an der Tagesordnung. Die Kosten des Krieges für Preußen (eine halbe Million Tote, einschließlich 180000 Soldaten) hatten Friedrich, der nun ein ruhigeres Leben vorzog, erschüttert. Obwohl sie über 300000 Mann verlor, hatte die Armee der Habsburger nicht allzu schlecht abgeschnitten, aber das gesamte Regierungssystem erforderte offensichtlich Reformen, die ohne Zweifel lokale Verstimmungen wecken (besonders bei den Ungarn) und die Aufmerksamkeit von Maria Theresias Ministern in Anspruch nehmen würden. In Rußland mußte Katharina II. um legislative und administrative Reformen ringen und dann den Aufstand unter Pugatschow (1773–1775) niederschlagen. Dies verhinderte nicht die weitere russische Expansion in den Süden oder Manöver zur Verminderung von Polens Unabhängigkeit; aber solche Aktionen konnten noch als lokale Angelegenheiten eingeordnet werden und waren etwas ganz anderes als die großen *europäischen* Bündnisse, welche die Mächte während des Siebenjährigen Krieges beschäftigt hatten. Verbindungen zu den westlichen Monarchien waren jetzt weniger wichtig.

Auch in Großbritannien und Frankreich standen innere Angelegenheiten im Mittelpunkt des Geschehens. Der gewaltige Anstieg der Staatsschuld beider Länder führte zur Suche nach neuen Einnahmequellen und zu Verwaltungsreformen und diese zu Kontroversen, die das ohnehin gespannte Verhältnis zwischen Georg III.

und der Opposition, in Frankreich zwischen der Krone und den *parlements,* weiter verschlechterten. Dadurch, daß die Briten so in Anspruch genommen waren, wurde ihre Außenpolitik in Europa unweigerlich unberechenbarer als zu Pitts Zeiten – eine Tendenz, die durch die zunehmenden Streitigkeiten mit den amerikanischen Kolonisten über Besteuerung und Durchsetzung der »Acts of Trade and Navigation« noch verstärkt wurde. Auf französischer Seite wurden außenpolitische Angelegenheiten jedoch nicht so vollständig von Problemen im Inneren überschattet. Choiseul und seine Nachfolger, die die Niederlage von 1763 nicht vergessen hatten, ergriffen Maßnahmen, um Frankreichs zukünftige Position zu stärken. Die französische Marine wurde trotz der dringenden Notwendigkeit, sparsam zu wirtschaften, stetig ausgebaut, und man vertiefte den »Bourbonischen Familienpakt« mit Spanien. Es ist zwar richtig, daß Ludwig XV. Choiseuls Ermutigung Spaniens in der Auseinandersetzung von 1770 mit England um die Falkland-Inseln mißbilligte, da ein Krieg der Großmächte zu diesem Zeitpunkt finanziell ruinös gewesen wäre. Aber die französische Politik blieb entschieden anti-britisch und versuchte aus allen Problemen, die den Briten in Übersee erwuchsen, Vorteile zu ziehen.[67]

All dies bedeutete, daß Großbritannien, als sich Londons Auseinandersetzung mit den amerikanischen Kolonien in offene Feindseligkeit verwandelte, in vielerlei Hinsicht in einer viel schwächeren Position war als im Jahre 1739 oder 1756.[68] Dies lag zum großen Teil an den beteiligten Persönlichkeiten. Weder North noch Shelburne noch irgendein anderer Politiker hatte eine klare nationale Führung und eine zusammenhängende Großstrategie zu bieten. Politische Zwietracht, die durch die Interventionen Georgs III. und durch die erbitterte Debatte über die Sache der amerikanischen Kolonisten verstärkt wurde, spaltete die Nation. Zusätzlich wurden die beiden Stützen britischer Macht – die Wirtschaft und die Marine – in diesen Jahren untergraben. Die Exporte, die nach der Phase des Booms während des Siebenjährigen Krieges stagniert hatten, sanken in den 1770er Jahren – zum Teil aufgrund des Boykotts der Kolonisten und dann aufgrund der wachsenden Konflikte mit Frankreich, Spanien und den Niederlanden. Die Royal Navy war während dieser fünfzehn Friedensjahre systematisch geschwächt worden, und manche ihrer Flaggoffiziere waren genausowenig abgehärtet wie das Holz, das man zum Bau der Linienschiffe benutzt hatte. Die Entscheidung, die enge Blockadestrategie aufzugeben, als Frankreich 1778 in den Krieg eintrat, mag die britischen Schiffe vor Verschleiß bewahrt haben, aber im Grunde gab man damit die Seeherrschaft auf: Entsatzexpeditionen nach Gibraltar, nach Westindien und an die nordamerikanische Küste waren kein wirklicher Ersatz für die Kontrolle der westlichen Seerouten vor der französischen Küste, die auf jeden Fall verhindert hätte, daß feindliche Flotten zu diesen entfernten Kriegsschauplätzen entsandt werden konnten. Bis die Stärke der Royal Navy wiederhergestellt und ihre Vorherrschaft durch Rodneys Sieg in der Schlacht bei den Saints und Howes Entsatz von Gibraltar im Jahre 1782 aufs neue etabliert wurde, war der Krieg in Amerika praktisch vorbei.

Aber auch wenn die Marine besser gerüstet gewesen und die Nation besser geführt worden wäre, hätte es in dem Konflikt von 1776–1783 zwei strategische Probleme gegeben, die einfach in keinem anderen im 18. Jahrhundert von Großbritannien geführten Krieg existiert hatten. Das erste Problem bestand darin, daß die Unterdrückung der amerikanischen Rebellion, sobald diese sich ausgedehnt hatte, umfangreiche *kontinentale* Einsätze britischer Truppen erforderte, die 5000 Kilometer von ihrem Heimatstützpunkt entfernt stattfanden. Entgegen Londons anfänglichen Hoffnungen konnte die maritime Überlegenheit allein die größtenteils autarken Kolonisten nicht in die Knie zwingen (obwohl sie offensichtlich den Strom von Waffen und Soldaten aus Europa hätte reduzieren können). Die gesamten östlichen Gebiete Amerikas zu erobern und zu halten, wäre selbst für Napoleons »Große Armee« eine schwierige Aufgabe gewesen, ganz zu schweigen von den britischen Truppen der 1770er Jahre. Die Entfernungen und die daraus folgenden Kommunikationsschwierigkeiten behinderten nicht nur die strategische Führung des Krieges von London oder sogar von New York aus, sondern verschärften auch jedes einzelne logistische Problem: »Jeder Zwieback, jeder Soldat und jede Kugel, die von den britischen Truppen in Amerika benötigt wurde, mußte über 5000 Kilometer Meer herangeschafft werden.«[69] Trotz bedeutender Verbesserungen durch das britische Kriegsministerium waren die Probleme der Verschiffung und des Nachschubs einfach zu groß. Außerdem war die koloniale Gesellschaft Nordamerikas so dezentralisiert, daß die Eroberung einer Stadt oder einer großen Ortschaft wenig zu bedeuten hatte. Nur wenn reguläre Truppen das fragliche Territorium besetzten, konnte sich die britische Autorität durchsetzen; sobald sie abgezogen wurden, behaupteten sich die Rebellen wieder gegen die Loyalisten. Wenn man zwei Jahrzehnte zuvor *trotz beträchtlicher kolonialer Unterstützung* 50000 britische Soldaten gebraucht hatte, um das französische Kanada zu erobern, wieviel benötigte man jetzt, um die imperiale Herrschaft wiederherzustellen – 150000 oder vielleicht 250000? »Die britische Autorität in Amerika wiederherzustellen war wahrscheinlich ein Problem«, so argumentiert ein Historiker, »das nicht mit militärischen Mitteln, auch wenn sie optimal eingesetzt worden wären, gelöst werden konnte.«[70]

Die zweite beispiellose Schwierigkeit im Bereich der Großstrategie lag darin, daß Großbritannien allein kämpfte, ohne von europäischen Partnern unterstützt zu werden, die Frankreich hätten ablenken können. Dies war natürlich im hohen Grade ein diplomatisches und nicht ein militärisches Problem. Die Briten zahlten nun für ihren Bruch mit Preußen nach 1762, ihre Arroganz gegenüber Spanien, ihre starre Behandlung der Frage der Verschiffung durch neutrale Staaten wie Dänemark und die Vereinigten Niederlande, und dafür, daß es ihnen nicht gelungen war, sich die Unterstützung Rußlands zu sichern. So war London nicht nur ohne Freunde in Europa, sondern sah sich auch noch einer Liga »bewaffneter Neutralität« (Rußland, Dänemark, Portugal) und den feindlichen Vereinigten Niederlanden gegenüber, während es schon durch die Auseinandersetzungen mit den amerikanischen Rebellen und den französisch-spanischen Flotten überdehnt war. Aber es gibt für diese Geschichte noch mehr Erklärungen als die diplomatische Unfähigkeit der Briten. Wie bereits erwähnt, lösten sich in den 1760er und 1770er Jahren die Interessen der östlichen Monarchien etwas von denen der westlichen und konzentrierten sich auf die Zukunft Polens, die bayrische Thronfolge und die Beziehungen zu den Türken. Ein Frankreich, das wie zu Ludwigs XIV. Zeiten darauf erpicht war, »Schiedsrichter Europas« zu werden, hätte eine solche Ablösung vielleicht unmöglich gemacht, aber der relative Verfall seiner Armee nach dem Siebenjährigen Krieg und sein fehlendes politisches Engagement im Osten führten dazu, daß Londons akute Sorge über die französischen Pläne ab 1779 von den früheren Verbündeten nicht geteilt wurde. Wahrscheinlich brachten die Russen unter Katharina II. den Briten noch die meiste Sympathie entgegen, aber selbst sie würden nicht intervenieren, solange nicht wirklich die Gefahr bestand, daß Großbritannien vollständig vernichtet werden könnte.

Schließlich war da noch die bedeutende Tatsache, daß Frankreich dieses eine Mal den früheren Rat Choiseuls angenommen hatte und nun der Versuchung widerstand, Hannover anzugreifen oder die Niederländer herumzuschubsen. Der Krieg gegen Großbritannien sollte *ausschließlich* in Übersee geführt werden und somit den »kontinentalen« vom »maritimen« Zweig der traditionellen britischen Strategie trennen. Zum allerersten Mal konzentrierten die Franzosen ihre Ressourcen auf einen kolonialen Seekrieg.

Die Ergebnisse waren bemerkenswert und widerlegten das Argument der britischen Anhänger der Isolationspolitik, daß ein durch kontinentale Verbündete und Feldzüge unbelasteter Konflikt für den Inselstaat das Beste sei. Während des Siebenjährigen Krieges wurden der französischen Marine jährlich nur 30 Millionen Livres zugeteilt, was einem Viertel der Zuwendungen für die Armee und nur einem Fünftel der Gelder, die der Royal Navy jährlich zur Verfügung gestellt wurden, entsprach. Von der Mitte der 1770er Jahre an stieg das Budget für die französische Marine stetig; um 1780 betrug es insgesamt 150 Millionen Livres, und um 1782 hatte es die überwältigende Summe von 200 Millionen Livres erreicht.[71] Als Frankreich in den Krieg eintrat, hatte es 52 Linienschiffe, viele davon größer als die britischen, und die Zahl wurde bald auf 66 erhöht. Dazu konnte man noch die spanische Flotte mit 58 Linienschiffen und im Jahre 1780 die niederländische Flotte mit allerdings nicht mehr als 20 einsatzbereiten Schiffen zählen. Obwohl die Royal Navy zahlenmäßig jedem einzelnen maritimen Rivalen überlegen blieb (1778 hatte sie 66 Linienschiffe; 1779 sogar 90), waren nun wiederholt die Rivalen in der Überzahl. 1779 verlor sie sogar die Kontrolle über den Ärmelkanal, und eine französisch-spanische Invasion schien möglich; und im Jahre 1781, als Graves' und de Grasses Flotten in der Chesapeake Bay aufeinanderstießen, hielt die französische zahlenmäßige Überlegenheit die britischen Kräfte in Schach und führte zur Kapitulation von Cornwallis' Armee bei Yorktown und zum effektiven Ende des amerikanischen Feldzuges. Selbst als die Größe der Royal Navy zunahm und die ihrer Feindflotten geringer wurde (1782 hatte sie 94 Linienschiffe gegenüber Frankreichs 73, Spaniens 54 und den 19 der Vereinigten Niederlande), reichten ihre Möglichkeiten noch immer nicht aus, um *alle* geforderten Aufgaben zu lösen: um die nordatlantischen Konvois zu beschützen, periodisch Gibraltar zu entsetzen, den Ausgang der Ostsee zu bewachen, Geschwader zum Indischen Ozean zu entsenden und die militärischen Operationen in der Karibik zu unterstützen. Die britische Seemacht kam nur zeitweilig und regional zur Geltung und war nicht, wie in vergangenen Kriegen, alles beherrschend. Die Tatsache, daß die französische Armee nicht in Europa kämpfte, stand in engem Zusammenhang mit der mißlichen Lage Großbritanniens.

Ab 1782 allerdings setzte die finanzielle Belastung der Unterhaltung einer solch großen Marine der französischen Wirtschaft zu und machte einige Einschränkungen erforderlich. Es war jetzt schwieriger geworden, Schiffsbedarf zu erhalten, und es bestand ein noch ernsterer Mangel an Seeleuten. Zusätzlich fürchteten einige französische Minister, daß der Krieg die Aufmerksamkeit und die Ressourcen in unangemessener Weise auf Gebiete außerhalb Europas lenken und es damit unmöglich machen würde, auf dem Kontinent überhaupt noch eine Rolle zu spielen. Dieses politische Kalkül und die gleichzeitige Sorge, die Briten und die Amerikaner könnten ihre Differenzen bald beilegen, führten dazu, daß Paris ein baldiges Ende der Feindseligkeiten herbeisehnte. Wirtschaftlich betrachtet waren ihre niederländischen und spanischen Alliierten in einer ebenso mißlichen Lage. Trotzdem, selbst Großbritanniens größeres finanzielles Durchhaltevermögen, der deutliche Anstieg der Exporte ab 1782 und die stetige Verbesserung der Royal Navy konnten jetzt weder den Sieg retten noch die politischen Parteiungen im eigenen Lande überzeugen, den Krieg weiterzuführen, sobald Amerika offensichtlich verloren war. Obwohl die britischen Zugeständnisse im Versailler Frieden von 1783 (Menorca, Florida, Tobago) kaum eine Umkehr der großen imperialen Gewinne des Jahres 1763 darstellten, konnten die Franzosen mit dem Entstehen der unabhängigen Vereinigen Staaten und mit dem Schlag gegen die britische Position in der Welt sehr zufrieden sein. Aus Pariser Sicht war das durch den Siebenjährigen Krieg erschütterte strategische Gleichgewicht wiederhergestellt worden, wenn auch zu einem enormen Preis.

Im Gegensatz dazu war die strategische Lage in Osteuropa durch die Manöver der drei großen Monarchien in den Jahrzehnten nach 1763 nicht sehr verändert worden.[72] Dies war hauptsächlich der Dreiecksstruktur der Machtpolitik dort zu verdanken: weder Berlin noch Wien noch das anmaßendere St. Petersburg wollten die beiden anderen zu einer feindlichen Allianz provozieren oder in Kämpfe vom Ausmaß des Siebenjährigen Krieges verwickelt werden. Der kurze und übervorsichtig geführte Bayrische Erbfolgekrieg (1778–1779), bei dem Preußen sich dem österreichischen Expansionsversuch entgegenstellte, bestätigte lediglich den verbreiteten Wunsch, die Kosten eines Großmachtskonflikts zu vermeiden. Weitere Gebiete konnten daher nur durch diplomatische »Geschäfte« auf Kosten der schwächeren Mächte erworben werden. Als bemerkenswertestes Beispiel dafür gilt Polen, das in den Jahren 1772–1773, 1793 und 1795 nach und nach zerstückelt wurde. In den späteren Stadien wurde das Schicksal Polens in zunehmendem Maße von der Französischen Revolution beeinflußt – das heißt von der Entschlossenheit Katharinas II., die »Jakobiner« Warschaus niederzuwerfen – und von Preußens und Österreichs Streben, im Osten einen Ausgleich für ihr Versagen gegen Frankreich zu finden. Aber trotz dieser neuen Besorgnis über die Französische Revolution führten die drei östlichen Monarchien in den folgenden Jahren ihre Politik wechselseitiger Antagonismen und widerwilliger Kompromisse fort.

Angesichts der geographischen und diplomatischen Grenzen dieser Dreiecksbeziehung überrascht es nicht, daß sich die Position Rußlands im Verhältnis zu Österreich und Preußen weiter verbesserte. Trotz seiner Rückständigkeit war Rußland viel weniger verwundbar als seine westlichen Nachbarn, die beide danach strebten, die furchterregende Katharina zu besänftigen. Diese Tatsache und die traditionellen russischen Ansprüche auf Einflußnahme in Polen sorgten dafür, daß der größte Teil dieses unglücklichen Staates nach der Teilung an St. Petersburg fiel. Außerdem besaß Rußland nach Süden hin eine offene, »fließende« Grenze, so daß während der frühen 1770er Jahre große Vorstöße auf Kosten der Türkei gemacht werden konnten; die Krim wurde 1783 formell annektiert, und eine Reihe neuer Landgewinne entlang der nördlichen Küste des Schwarzen Meeres wurden 1792 abgesichert. All dies bestätigte den Verfall osmanischer Kampfkraft und bereitete Österreich und Preußen insgeheim beinah soviel Sorge wie jenen anderen Staaten (Schweden im Jahre 1788, Großbritannien unter dem jüngeren Pitt im Jahre 1791), die noch aktiver versuchten, den russischen Expansionismus einzudämmen. Aber da Wien und Berlin das Wohlwollen St. Petersburgs nicht verspielen wollten und die westlichen Mächte zu sehr abgelenkt waren, um eine dauernde und wirksame Rolle in Osteuropa zu spielen, schritt das Wachstum des zaristischen Reiches rasch voran.

Die Struktur der internationalen Beziehungen etwa ein Jahrzehnt vor 1792 lieferte daher kaum Anzeichen für die Umwälzung, die über sie hereinbrechen sollte. In der Hauptsache waren die gelegentlichen Streitigkeiten zwischen den großen Mächten unzusammenhängende regionale Angelegenheiten und schienen das allgemeine Machtgleichgewicht nicht zu bedrohen. So wie die Zukunft Polens und des Osmanischen Reiches die großen Nationen des Ostens beschäftigte, beanspruchte das traditionelle Taktieren um das Schicksal der österreichischen Niederlande und um »rivalisierende Handelsimperien« die Aufmerksamkeit der westlichen Mächte. Der englisch-spanische Konflikt um den Sund von Nootka (1790) brachte beide Länder an den Rand des Krieges – bis Spanien widerwillig nachgab. Während die politischen Beziehungen zwischen Großbritannien und Frankreich wegen der beiderseitigen Erschöpfung nach 1783 ruhig blieben, setzte sich ihre kommerzielle Rivalität unvermindert fort. Ihr gegenseitiges Mißtrauen flackerte bei einer Krise in den Niederlanden in den Jahren 1787–1788 wieder auf, als die profranzösische Partei der »Patrioten« durch preußische

Truppen, angetrieben von dem selbstbewußten jüngeren Pitt, aus der Regierung gedrängt wurde.

Pitts wesentlich aktivere Diplomatie spiegelte nicht nur seine Persönlichkeit wider, sondern zeigte auch, wie schnell Großbritannien nach dem Rückschlag von 1783 seine Stellung unter den Großmächten zurückerobert hatte. Der Verlust Amerikas hatte dem transatlantischen Handel nicht geschadet; im Gegenteil, die Exporte in die Vereinigten Staaten schnellten in die Höhe. Und dieser Markt wie auch der indische waren weit wertvoller als die, in denen Frankreich führend war. In den sechs Jahren von 1782–1788 verdoppelte sich der britische Seehandel. Die Industrielle Revolution entwickelte sich schnell, angefacht von der Verbrauchernachfrage im eigenen Lande und im Ausland und gefördert durch eine Flut neuer Erfindungen. Außerdem konnte die Produktivität der britischen Landwirtschaft mit dem Nahrungsmittelbedarf einer wachsenden Bevölkerungszahl Schritt halten. Pitts Steuerreformen verbesserten die Staatsfinanzen und stellten den Kredit der Regierung wieder her, obwohl der zahlenmäßig starken und gut verwalteten Marine beträchtliche Summen bewilligt wurden. Diese sichere Basis gab der britischen Regierung das Gefühl, eine aktivere Rolle im Ausland spielen zu können, falls die nationalen Interessen dies erforderten. Insgesamt aber sahen die politischen Führer in Whitehall und Westminster in näherer Zukunft keinen Krieg der Großmächte in Europa voraus.[73]

Der einleuchtendste Grund, weshalb Europa nicht von einem allgemeinen Konflikt erschüttert werden würde, schien die sich verschlechternde Lage Frankreichs zu sein. Auf einige Jahre nach dem Sieg von 1783 schien seine diplomatische Position so stark wie eh und je zu sein; die heimische Wirtschaft sowie der Außenhandel mit Westindien und der Levante wuchsen rapide. Nichtsdestoweniger gingen die enormen Kosten des Krieges von 1778–1783 – der teurer war als die drei vorhergehenden Kriege Frankreichs zusammen – und das Versäumnis, die Staatsfinanzen zu reformieren, mit wachsender politischer Unzufriedenheit, wirtschaftlicher Not und sozialen Mißständen eine explosive Verbindung ein und brachten das *Ancien régime* in Verruf. Ab 1787, als sich die innere Krise verschärfte, schien Frankreich immer weniger in der Lage, in außenpolitischen Angelegenheiten eine entscheidende Rolle zu spielen. Die diplomatische Niederlage in den Niederlanden ging hauptsächlich auf die Erkenntnis der französischen Regierung zurück, daß sie sich einfach keinen Krieg gegen Großbritannien und Preußen leisten konnte. Die Aufkündigung der Unterstützung Spaniens in der Kontroverse um den Sund von Nootka kam dadurch zustande, daß die französische Nationalversammlung das Recht Ludwigs XVI., Krieg zu erklären, in Frage stellte. All dies deutete kaum darauf hin, daß Frankreich bald versuchen sollte, die gesamte »alte Ordnung« Europas umzustürzen.

Der Konflikt, der über zwei Jahrzehnte die Energien eines großen Teils des Kontinents beanspruchen sollte, entwickelte sich daher langsam und stockend. In der Periode nach dem Sturm auf die Bastille waren die Franzosen ausschließlich mit ihren inneren Kämpfen beschäftigt; und obwohl manchen ausländischen Regierungen die Radikalisierung der französischen Politik Sorge bereitete, erweckten die Unruhen in Paris und den Provinzen den Anschein, als wäre Frankreich für die europäische Machtpolitik kaum noch von Bedeutung. Aus diesem Grunde sah Pitts Politik noch im Februar 1792 eine Reduzierung der britischen Militärausgaben vor, während die drei Monarchien im Osten weit mehr an der Zerstückelung Polens interessiert waren. Erst durch die wachsenden Gerüchte über Verschwörungen von Emigranten, die die Monarchie wiederherstellen wollten, und durch die Tendenz der französischen Revolutionäre, ihrerseits eine aggressivere Politik an ihren Grenzen zu treiben, eskalierten innere und äußere Konflikte zum Krieg. Die langsamen und unsicheren Manöver, mit denen sich die alliierten Armeen über die französischen Grenzen bewegten, zeigten, wie schlecht sie auf diesen Kampf vorbereitet waren, was wiederum den Revolutionären die Möglichkeit gab, nach der eher unbedeutenden Kanonade von Valmy (September 1792) den Sieg zu beanspruchen. Erst im nächsten Jahr, als die Erfolge der französischen Armee das Rheinland, die österreichischen Niederlande und Italien zu bedrohen schienen und die Hinrichtung Ludwigs XVI. den radikalen Republikanismus des neuen Regimes in Paris demonstrierte, nahm die Auseinandersetzung ihre volle strategische und ideologische Dimension an. Zu den ursprünglichen Gegnern Preußen und Habsburg gesellte sich jetzt eine enorme Phalanx von Staaten, die von Großbritannien und Rußland angeführt wurde und die alle Nachbarn Frankreichs einschloß.

Obwohl es rückblickend leicht ist festzustellen, weshalb die Erste Koalition (1793–1795) gegen Frankreich so kläglich scheiterte, war das Ergebnis damals eine Überraschung und eine bittere Enttäuschung, denn schließlich waren die Chancen so ungleich verteilt wie in *keinem* vorhergehenden Krieg. Aber der enorme Impuls der Französischen Revolution führte zu Verzweiflungsmaßnahmen – der *levée en masse* und der Mobilisierung aller verfügbaren nationalen Ressourcen, um die zahlreichen Feinde Frankreichs niederzuwerfen. Außerdem durchlief die französische Armee, wie viele Historiker betont haben, in den zwei oder drei Jahrzehnten vor 1789 eine wichtige Periode der Reform – auf dem Gebiet der Organisation, der Stabsplanung, der Artillerie und der Kampftaktiken. Und die Revolution bewirkte, daß die aristokratischen Hindernisse dieser Ideen zur Seite gefegt und den Reformern die Möglichkeit (und das zahlenmäßige Gewicht) gegeben wurde, ihre Konzepte bei Kriegsausbruch in die Praxis umzusetzen. Die Methoden des »totalen Krieges«, die an der Heimatfront angewandt wurden, und die neuen Taktiken auf dem Schlachtfeld schienen die freigewordenen demagogischen Energien der Franzosen in gleicher Weise widerzuspiegeln, wie die vorsichtigen, halbherzigen Manöver der Koalitionsarmeen zum Symbol für den Zustand der alten Ordnung wurden.[74] Die französische Armee von über 650000 Mann (Juli 1793), die von Enthusiasmus befeuert und bereit war, alle Risiken langer Märsche und aggressiver Taktiken in Kauf zu nehmen, überrannte schon bald die benachbarten Territorien. Das hieß, daß von nun an die Kosten für die Versorgung dieser gewaltigen Truppe zum großen Teil den Bevölkerungen *außerhalb* der französischen Grenzen aufgebürdet wurden, wodurch sich die französische Wirtschaft in gewissem Grade erholen konnte.

Jede Macht, die es unternahm, diesen hitzigen Expansionismus zu bremsen, mußte daher angemessene Mittel finden, einer solchen neuen, bestürzenden Art der Kriegführung Einhalt zu gebieten. Diese Aufgabe war nicht unlösbar. Die Operationen der französischen Armee unter ihrem frühen Feldherrn Dumouriez und selbst die viel größeren und durchdachteren Feldzüge Napoleons zeigten Mängel in Organisation und Ausbildung und Schwächen der Versorgung und der Verbindungen, die ein gutausgebildeter Feind ausbeuten konnte. Aber wo war dieser gutausgebildete Feind? Es lag nicht nur daran, daß die ältlichen Generäle und die langsamen, vom Troß behinderten Truppen der Koalition angesichts der Schlagkraft und Aggressivität der Franzosen taktisch überfordert waren. In Wirklichkeit mangelte es den Feinden Frankreichs auch am nötigen politischen Engagement und der strategischen Klarheit. Es gab offensichtlich keine transzendente politische Ideologie, um die Soldaten und Bürger der *Anciennes régimes* anzufeuern; in der Tat fühlten sich viele von den berauschenden Ideen der Revolution angezogen, und erst viel später, als Napoleons Armeen »Befreiung« in Eroberung und Plünderung verwandelten, konnte der Patriotismus eingesetzt werden, um die französische Hegemonie zu schwächen.

Außerdem nahmen nur wenige Staaten der Koalition die französische Bedrohung in diesem frühen Stadium ernst. Die verschiedenen Mitglieder der Allianz, deren unsichere Einheit praktisch nur durch ihren gemeinsamen steigenden Bedarf an britischen Subsidien deutlich wurde, waren sich über Ziele und Strategien nicht grundsätzlich einig. Vor allen Dingen wurden die ersten Jahre der Revolution von der Teilung Polens überschattet. Trotz ihrer beißenden Verurteilung der Französischen Revolution kümmerte sich Katharina II. mehr um die Eliminierung polnischer Unabhängigkeit als um die Entsendung von Truppen ins Rheinland. Dies führte dazu, daß eine beunruhigte preußische Regierung, bereits durch die frühen Feldzüge im Westen enttäuscht, ihre Truppen mehr und mehr vom Rhein zur Weichsel verlegte, was wiederum die Österreicher zwang, 60000 Mann an ihrer nördlichen Grenze zu belassen, falls Rußland und Preußen gemeinsam gegen die verbliebenen polnischen Territorien vorgehen sollten. Als 1795 die dritte und letzte Teilung erfolgte, wurde allzu deutlich, daß Polen in seinem Todeskampf ein wirksamerer Alliierter Frankreichs gewesen war denn als lebender, funktionierender Staat. Zu diesem Zeitpunkt hatte Preußen bereits um Frieden gebeten und das linke Rheinufer den Franzosen preisgegeben. Damit ließ es Deutschland in einem Zustand unsicherer Neutralität und gab den Franzosen die Möglichkeit, ihre Aufmerksamkeit anderen Gebieten zuzuwenden. Die meisten deutschen Staaten waren dem Beispiel Preußens gefolgt; die Niederlande waren überrannt und in die Batavische Republik umgewandelt worden; Spanien hatte die Koalition verlassen und war in seine frühere anti-britische Allianz mit Frankreich zurückgekehrt.

So blieben nur noch Piemont-Sardinien, das Anfang 1796 von Napoleon niedergeworfen wurde; das glücklose Reich der Habsburger, das aus großen Teilen Italiens verdrängt und zum Frieden von Campoformio (Oktober 1797) gezwungen wurde; und Großbritannien. Obwohl der jüngere Pitt eifrig versuchte, seinen Vater in der Eindämmung des französischen Expansionismus zu imitieren, führte auch die britische Regierung den Krieg nicht mit der nötigen Entschlossenheit und strategischen Klarheit.[75] Die Expeditionstruppe, die unter dem Kommando des Herzogs von York in den Jahren 1793–1795 nach Flandern und Holland geschickt wurde, war weder stark noch erfahren genug, um der französischen Armee ernsthaft Widerstand zu leisten. Ihre Überbleibsel kehrten nach und nach über Bremen in die Heimat zurück. Außerdem zogen die Minister (wie Dundas und Pitt) wie schon oft zuvor und danach die »britische Art der Kriegführung« – das heißt koloniale Operationen, Seeblockade und Überfälle auf die feindlichen Küsten – jeder großangelegten kontinentalen Operation vor. Angesichts der überwältigenden Überlegenheit der Royal Navy und des Verfalls der französischen Marine schien dies eine attraktive und leicht durchführbare Option zu sein. Aber zwischen 1793 und 1796 brach unter den Truppen in Westindien eine Seuche aus. London mußte für dieses strategische Ablenkungsmanöver teuer bezahlen: 40000 Mann starben, weitere 40000 waren danach nicht mehr dienstfähig. Die Operation kostete mindestens 16 Millionen Pfund. Es war ohnehin zweifelhaft, ob Großbritanniens ständig wachsende Beherrschung der außereuropäischen Schauplätze oder seine peripheren Angriffe auf Dünkirchen und Toulon einen Ausgleich für die wachsende Macht Frankreichs in Europa darstellte. Schließlich schnellten auch noch die Subsidien, die von Preußen und Österreich zur Unterhaltung ihrer Armeen gefordert wurden, alarmierend in die Höhe. London konnte solche Summen nicht aufbringen. Mit anderen Worten, die britische Strategie hatte sich als ineffizient *und* teuer erwiesen. Und 1797 wurden die Fundamente des gesamten Systems – zumindest vorübergehend – durch die Zahlungseinstellung der Bank von England und die Marinemeutereien in Spithead und Nore erschüttert. Während dieser beängstigenden Zeit baten die erschöpften Österreicher um Frieden und gesellten sich zu all den anderen Staaten, die den französischen Primat in Westeuropa anerkannten.

Wenn die Briten Frankreich nicht besiegen konnten, so war auch die revolutionäre Regierung in Paris nicht in der Lage, die Seeherrschaft Großbritanniens zu erschüttern. Frühe Versuche, in Irland einzufallen und die westlichen Küsten Englands zu plündern, brachten wenig Erfolg, obwohl dies eher dem Wetter als örtlichen Befestigungsanlagen zuzuschreiben war. Trotz des vorübergehenden Schocks der Zahlungseinstellung im Jahre 1797 hielt das britische Kreditsystem stand. Als Spanien und die Niederlande auf seiten Frankreichs in den Krieg eintraten, führte dies zur Vernichtung der spanischen Flotte vor Kap Sao Vicente (Februar 1797) und zu schweren Schlägen gegen die Holländer bei Camperdown (Oktober 1797). Frankreichs neue Alliierte mußten auch hinnehmen, daß sie nach und nach ihre überseeischen Kolonien verloren – in Südostasien, Westindien, Colombo, Malakka und am Kap der Guten Hoffnung –, alles neue Märkte für den britischen Handel und zusätzliche Stützpunkte für die Flotte. Da Pitt und seine Minister nicht bereit waren, den hohen Preis, den die französische Regierung für den Frieden forderte, zu zahlen, beschlossen sie weiterzukämpfen, führten die Einkommenssteuer ein und nahmen neue Darlehen auf, um den Kampf zu finanzieren, der – nachdem sich französische Truppen entlang der Kanalküste gesammelt hatten – nun ebenso ein Kampf um das nationale Überleben war wie um die Sicherheit des Imperiums.

Hier nämlich lag das grundsätzliche strategische Dilemma, dem sich Frankreich und Großbritannien in den nächsten zwei Jahrzehnten des Krieges gegenübersahen. Wie der Wal und der Elefant waren beide bei weitem die größten Wesen ihres jeweiligen Lebensraums. Aber die britische Kontrolle über die Seewege konnte die französische Hegemonie in Europa ebensowenig zerstören, wie Napoleons militärische Überlegenheit zu Lande die Inselbewohner zur Kapitulation zwingen konnte. Weil Frankreichs territoriale Akquisitionen und die politische Einschüchterung seiner Nachbarn beträchtliche Ressentiments weckten, konnte sich die Regierung in Paris außerdem so lange nicht sicher sein, daß die anderen Kontinentalmächte das französische Imperium akzeptierten, wie Großbritannien – das Subsidien, Rüstungsgüter und möglicherweise sogar Truppen anbot – unabhängig blieb. Dies war offensichtlich auch Napoleons Sicht der Dinge. 1797 argumentierte er: »Laßt uns unsere Anstrengung darauf konzentrieren, eine Flotte aufzubauen und England zu vernichten. Wenn das getan ist, wird uns Europa zu Füßen liegen.«[76] Dieses Ziel konnte jedoch nur erreicht werden, wenn man eine erfolgreiche maritime und kommerzielle Strategie gegen Großbritannien entwickelte, da militärische Gewinne zu Lande nicht ausreichten; ebenso mußten die Briten Napoleons Beherrschung des Kontinents brechen – indem sie direkt intervenierten und sich Alliierte sicherten –, da die Seeherrschaft der Royal Navy allein nicht ausreichte. Solange der eine Rivale zu Lande und der andere zur See überlegen war, fühlte sich jeder der beiden bedroht und unsicher; und daher suchte jeder nach neuen Mitteln und Verbündeten, mit deren Hilfe er die Gewichte entscheidend verschieben konnte.

Napoleons Versuch, dieses Gleichgewicht zu verändern, war charakteristisch kühn – und riskant: die schwache Position Großbritanniens im Mittelmeer ausnutzend, fiel er im Sommer 1798 mit 31000 Mann in Ägypten ein und brachte sich somit in eine Position, von der aus er die Levante, das Osmanische Reich und den Seeweg nach Indien kontrollieren konnte. Fast zur gleichen Zeit wurden die Briten durch eine weitere französische Expedition nach Irland abgelenkt. Jede dieser Aktionen hätte, wenn sie erfolgreich gewesen wäre, Großbritanniens unsicherer Position einen schweren Schlag zugefügt. Aber die Invasion Irlands war von zu kleinem Zuschnitt und kam zu spät, und sie wurde im frühen September gestoppt. Zu dieser Zeit erfuhr ganz Europa von Nelsons Sieg über die französische Flotte bei Abukir und von der daraus resultierenden »Gefangenschaft« Napoleons in Ägypten. Genau wie man in Paris vermutet hatte, wurden die Gegner der französischen Vorherrschaft durch einen solchen Rückschlag ermutigt, ihre Neutralität aufzugeben und in den Zweiten Koalitionskrieg einzutreten (1798–1800). Neben den kleineren Staaten wie Portugal und Neapel waren nun auch Rußland, Österreich und die Türkei auf seiten Großbritanniens, sammelten ihre Armeen und verhandelten über Subsidien. Nachdem sie Menorca und Malta verloren hatten, in der Schweiz und Italien von österreichisch-russischen Truppen geschlagen worden waren und Napoleon selbst nicht in der Lage war, einen Sieg in der Levante zu erfechten, schienen die Franzosen ernsthafte Probleme zu haben.

Aber die zweite Koalition ruhte wie die erste politisch und strategisch auf einem unsicheren Fundament.[77] Preußen fehlte sichtlich, so daß keine norddeutsche Front eröffnet werden konnte. Ein voreiliger Feldzug des Königs von Neapel führte zu einer Katastrophe, und einer schlecht vorbereiteten englisch-russischen Expedition nach Holland gelang es nicht, die dortige Bevölkerung aufzurütteln, und so mußte man sich schließlich zurückziehen. Die britische Regierung – weit davon entfernt, den Schluß zu ziehen, daß kontinentale Operationen substantieller sein müßten, und sich außerdem der finanziellen und politischen Schwierigkeiten des Aufstellens einer großen Armee bewußt – fiel auf ihre traditionelle Politik der »Nadelstiche« an der Küstenlinie des Feindes zurück. Ihre begrenzten Angriffe auf Belle-Isle, Ferroll, Cádiz und andere Orte dienten aber keinem sinnvollen strategischen Ziel. Noch schlimmer war, daß die Österreicher und die Russen bei der Verteidigung der Schweiz nicht zusammenarbeiteten und die Russen durch das Gebirge nach Osten abgedrängt wurden. Dadurch verwandelte sich die Unzufriedenheit des Zaren mit seinen Alliierten in ein tiefes Mißtrauen gegenüber der britischen Politik. Er war nun bereit, mit Napoleon zu verhandeln, der aus Ägypten entwischt und nach Frankreich zurückgekehrt war. Der Rückzug Rußlands ließ Österreich bei Marengo und Hochstädt (beides im Juni 1800) und sechs Monate später bei Hohenlinden das ganze Ausmaß des französischen Zornes spüren, was Wien wieder einmal zwang, um Frieden zu bitten. Als Preußen und Dänemark diese Wendung der Ereignisse nutzten, um Hannover zu überrennen, und Spanien in Portugal einfiel, stand Großbritannien im Jahre 1801 praktisch allein – wie schon drei Jahre zuvor. In Nordeuropa hatten sich Rußland, Dänemark,

Schweden und Preußen zu einer neuen Liga »bewaffneter Neutralität« zusammengeschlossen.

Auf der anderen Seite waren die Briten in ihren maritimen und außereuropäischen Feldzügen erneut relativ erfolgreich gewesen. Sie hatten Malta den Franzosen entrissen, und damit erhielt die Royal Navy einen bedeutenden strategischen Stützpunkt. Die dänische Flotte – die beste Waffe der neuen Liga »bewaffneter Neutralität«, in dem Versuch, den britischen Handel aus der Ostsee zu verdrängen – wurde vor Kopenhagen vernichtet (die Ermordung des Zaren Paul wenige Tage später bedeutete allerdings sowieso das Ende der Liga). Im selben Monat, im März 1801, schlug eine britische Expeditionsarmee die französische Armee bei Alexandria, was zu einem vollständigen französischen Abzug aus Ägypten führte. In noch größerer Ferne überwältigten die britischen Truppen in Indien den von den Franzosen unterstützten Tipu in Maisur und machten weitere Gewinne im Norden. Französische, holländische, dänische und schwedische Besitzungen in Westindien fielen in britische Hände.

Aber das Fehlen eines festen kontinentalen Verbündeten um 1801 und die wenig überzeugenden englischen Operationen gegen Frankreich selbst trugen dazu bei, daß viele Politiker in England an Frieden dachten; diese Tendenzen wurden durch das Drängen der merkantilen Kreise bestärkt, deren Handel im Mittelmeer und in geringerem Ausmaß in der Ostsee unter dem Krieg litt. Pitts Rücktritt wegen der Frage katholischer Emanzipation intensivierte den Wunsch nach einem Verhandlungsfrieden. Nach Napoleons Kalkül konnte er durch einen zeitweiligen Frieden wenig verlieren: die Konsolidierung des französischen Einflusses in den Vasallenstaaten würde voranschreiten, während man den Briten ihre früheren kommerziellen und diplomatischen Privilegien in diesen Gegenden sicherlich nicht wieder zugestehen würde; die auf die verschiedensten Häfen verstreute französische Flotte könnte zusammengezogen und wiederhergestellt werden; und die Wirtschaft könnte sich bis zur nächsten Runde der Auseinandersetzung erholen. Infolgedessen wandte sich die britische öffentliche Meinung – die beim Abschluß des Friedens von Amiens (März 1802) wenig Kritik an der Regierung geübt hatte – langsam gegen die Friedenspolitik, als spürbar wurde, daß Frankreich den Kampf nur mit anderen Mitteln fortsetzte. Dem britischen Handel wurde in großen Teilen Europas jeder Zugang verweigert. London wurde mit Festigkeit bedeutet, sich aus niederländischen, schweizerischen und italienischen Angelegenheiten herauszuhalten. Und man hörte von Maskat bis Westindien und von der Türkei bis Piemont von französischen Intrigen und Übergriffen. Diese Berichte und die Kenntnis über ein großangelegtes französisches Programm für den Bau von Kriegsschiffen brachten die britische Regierung unter Addington dazu, die Rückgabe Maltas zu verweigern und im Mai 1803 den kalten Krieg wieder in einen heißen zu verwandeln.[78]

Diese letzte Runde der sieben großen englisch-französischen Kriege zwischen 1689 und 1815 sollte zwölf Jahre dauern und war die härteste Prüfung von allen. Genau wie zuvor hatte jede Seite verschiedene Stärken und Schwächen. Trotz gewisser Einschränkungen war die Royal Navy beim Ausbruch der Feindseligkeiten in einer sehr starken Position. Während schlagkräftige Geschwader die französische Küste blockierten, wurde in Übersee das Imperium Frankreichs und seiner Vasallenstaaten systematisch zurückerobert. St. Pierre und Miquelon, Santa Lucia, Tobago und Niederländisch-Guayana wurden vor der Schlacht von Trafalgar eingenommen, und man machte weitere Vorstöße in Indien; das Kap der Guten Hoffnung fiel 1806; Curaçao und Dänisch-Westindien im Jahre 1807; mehrere Inseln der Molukken im Jahre 1808; Cayenne, Französisch-Guayana, Santo Domingo, Senegal und Martinique 1809; Guadeloupe, Mauritius, Amboina und Banda 1810 und Java im Jahre 1811. Wieder einmal hatte dies keine *direkte* Auswirkung auf die europäischen Machtverhältnisse, aber es verstärkte die britische Vorherrschaft in Übersee und brachte neue »Öffnungen« für Exporte, denen der traditionelle Zugang nach Antwerpen und Livorno verwehrt wurde. Und schon die ersten Eroberungen führten dazu, daß Napoleon ernsthafter als je zuvor eine Invasion Südenglands erwog. Als sich die Große Armee vor Boulogne sammelte und ein grimmig entschlossener Pitt 1804 in sein Amt zurückgekehrt war, wartete jede Seite auf den einen, letzten, entscheidenden Zusammenstoß.

Obwohl die Kämpfe zu Lande und zu See von 1805 bis 1808 einige berühmte Schlachten aufweisen, zeigten sie tatsächlich wieder einmal die strategischen Beschränkungen dieses Krieges. Die französische Armee war mindestens dreimal so groß wie die britische und wesentlich erfahrener, aber die Seeherrschaft war unabdingbar, wollte man sicher in England landen. Von der Zahl ihrer Schiffe her gesehen, war die französische Marine beträchtlich (ungefähr 70 Linienschiffe), was davon zeugte, welche Ressourcen Napoleon zu Gebote standen. Außerdem wurde sie im weiteren Verlauf des Jahres 1804, als Spanien in den Krieg eintrat, durch die spanische Marine (mehr als 20 Linienschiffe) verstärkt. Die französisch-spanischen Flotten waren jedoch auf ein halbes Dutzend Häfen verstreut, und sie konnten nicht zusammengezogen werden, ohne zu riskieren, einer Royal Navy von erheblich größerer Kampferfahrung zu begegnen. Die vernichtende Niederlage dieser Flotten bei Trafalgar im Oktober 1805 zeigte den »Qualitätsunterschied« zwischen den rivalisierenden Flottenverbänden in der verheerendsten Weise. Aber auch wenn dieser dramatische Sieg die Britischen Inseln absicherte, konnte er Napoleons Position zu Lande nicht untergraben. Aus diesem Grunde bemühte sich Pitt, Rußland und Österreich in die dritte Koalition zu locken, indem er ihnen 1,75 Millionen Pfund pro 100000 Mann zahlte, die sie gegen die Franzosen ins Feld führten. Aber schon vor Trafalgar hatte Napoleon seine Armee von Boulogne zur oberen Donau gehetzt, vernichtete die Österreicher bei Ulm und zog dann weiter nach Osten, um im Dezember eine österreichisch-russische Armee von 85000 Mann bei Austerlitz zu zerschlagen. Als die entmutigten Wiener zum dritten Mal um Frieden baten, konnten die Franzosen wieder einmal ihre Kontrolle über die italienische Halbinsel behaupten und dort einen hastigen Rückzug der englisch-russischen Truppen erzwingen.[79]

Ob die Nachrichten über diese großen Rückschläge nun Pitts Tod Anfang 1806 verursachten oder nicht, sie zeigten wieder einmal, wie schwierig es war, ein militärisches Genie wie Napoleon zu bezwingen. In der Tat leiteten die folgenden Jahre den Höhepunkt französischer Vorherrschaft in Europa ein (siehe Karte 7). Preußen, dessen frühere Zurückhaltung die Koalition geschwächt hatte, erklärte im Oktober 1806 den Franzosen unbesonnen den Krieg und wurde innerhalb desselben Monats niedergeworfen. Die großen und standhaften russischen Armeen waren von ganz anderem Kaliber, aber nach mehreren Gefechten wurden auch sie in der Schlacht von Friedland (Juni 1807) schwer getroffen. Im Frieden zu Tilsit wurde Preußen praktisch in einen Vasallenstaat verwandelt, und Rußland, das sich weniger geschädigt aus der Affäre ziehen konnte, erklärte sich bereit, den britischen Handel zu boykottieren, und versprach schließlich, sich einer französischen Allianz anzuschließen. Da Süddeutschland und große Teile des westlichen Deutschland im Rheinbund zusammengefaßt, das westliche Polen in das Großherzogtum Warschau verwandelt, Spanien, Italien und die Niederlande unterworfen und das Heilige Römische Reich am Ende war, gab es zwischen Portugal und Schweden keinen unabhängigen Staat mehr und damit keinen Verbündeten für die Briten. Dies wiederum bot Napoleon die Gelegenheit, die »Nation von Kleinhändlern« dort zu treffen, wo es sie am meisten schmerzte: er verbot ihre Exporte nach Europa und schädigte ihre Wirtschaft, während er für seine Zwecke Holz, Masten und andere Materialien für den Schiffsbau ansammelte, die der Royal Navy jetzt versagt blieben. So wurden die Briten indirekt geschwächt, bevor er einen weiteren direkten Angriff unternahm. Angesichts der britischen Abhängigkeit von den europäischen Exportmärkten, den baltischen Masten und dem dalmatinischen Eichenholz für die Flotte war diese Drohung schwerwiegend. Schließlich hatte London bei reduzierten Einnahmen nicht genügend Kapital, um an mögliche Alliierte Subsidien zu zahlen und seine eigenen Expeditionsarmeen zu versorgen.

Mehr als je zuvor vermischten sich in diesem Krieg wirtschaftliche und strategische Faktoren. In der zentralen Phase des englisch-französischen Duells um die Vorherrschaft – zwischen Napoleons Verhängung der Kontinentalsperre durch die Berliner/Mailänder Dekrete (1806–1807) und dem französischem Rückzug aus Moskau im Jahre 1812 – verdienen die relativen Stärken der beiden gegnerischen Systeme eine weitere Analyse. Da jeder versuchte, den anderen wirtschaftlich zu ruinieren, mußten signifikante Schwächen früher oder später hervortreten – und schwere machtpolitische Folgen nach sich ziehen.

Karte 7: Europa zur Zeit Napoleons, 1810
Französisches Reich
Von Napoleon abhängige Staaten
Nominelle Verbündete Napoleons
Napoleon feindliche Staaten, unter Protektion Großbritanniens
ATLANTIK
GROSSFÜRSTENTUM FINNLAND
SCHWEDEN
NORWEGEN UND DÄNEMARK
GROSSBRITANNIEN UND IRLAND
OSTSEE
RUSSISCHES REICH
NORDSEE
PREUSSEN
GROSSHERZOGTUM WARSCHAU
RHEIN-BUND
ÖSTERREICH UNGARN
FRANZÖSISCHES REICH
SCHWEIZ
KÖNIGREICH ITALIEN
ILLYRISCHE PROVINZEN
OSMANISCHES REICH
PORTUGAL
SPANIEN
Korsika
KÖNIGREICH SARDINIEN
KÖNIGREICH NEAPEL
KÖNIGREICH SIZILIEN
MITTELMEER
0
750 km

Es gibt keinen Zweifel, daß Großbritanniens ungewöhnlich starke Abhängigkeit vom Außenhandel es zu dieser Zeit für die von Napoleon verhängte »Kontinentalsperre« sehr verwundbar machte.[80] Im Jahre 1808 und erneut im Jahre 1811–1812 verursachte der von den Franzosen und ihren willfährigeren Vasallen (z. B. den Dänen) geführte Wirtschaftskrieg eine Krise des britischen Außenhandels. In den Warenhäusern stapelten sich enorme Vorräte an Handelsgütern, und die Londoner Docks waren bis zum Bersten gefüllt mit Waren aus den Kolonien. Die Arbeitslosigkeit in den Städten und die Unruhen in den Grafschaften verstärkten die Ängste der Geschäftsleute und brachten viele Ökonomen dazu, Frieden zu fordern. Dazu trug auch der schwindelerregende Anstieg der Staatsschuld bei. Als sich die Beziehungen zu den Vereinigten Staaten verschlechterten und die Exporte in diesen wichtigen Markt nach 1811 deutlich sanken, schien der wirtschaftliche Druck fast unerträglich.

Aber er wurde ertragen – hauptsächlich, weil er nie lang oder konsequent genug angewandt wurde, um voll zu wirken. Die Revolution in Spanien, die sich gegen die französische Hegemonie richtete, verminderte die wirtschaftliche Krise in Großbritannien im Jahre 1808, und der Bruch der Russen mit Napoleon linderte die Wirtschaftskrise der Jahre 1811–1812, denn nun konnten sich britische Güter in den Ostseeraum und nach Nordeuropa ergießen. Außerdem wurden während dieser ganzen Zeit große Mengen britischer Erzeugnisse und kolonialer Waren auf den Kontinent geschmuggelt – mit enormen Profiten und meistens mit der stillschweigenden Duldung bestochener Beamter. Von Helgoland bis Saloniki flossen die verbotenen Waren auf Umwegen zu ihren begierigen Kunden – so wie die Waren später während des englisch-amerikanischen Krieges von 1812 zwischen Kanada und Neuengland hin- und herwanderten. Und schließlich konnte die britische Exportwirtschaft auch durch den gewaltigen Anstieg des Handels mit Regionen, die von der Kontinentalsperre oder der amerikanischen Politik der »Aufhebung der Außenhandelsbeziehungen« unberührt blieben, wie Asien, Afrika, Westindien, Lateinamerika (trotz aller Bemühungen örtlicher spanischer Gouverneure) und dem Nahen Osten, überleben. Aus all diesen Gründen und trotz ernsthafter Einbrüche des britischen Handels auf *einigen* Märkten für *einige* Zeit war die übergreifende Entwicklung deutlich: die Exportsumme britischer Güter stieg von 21,7 Millionen Pfund (1794–1796) über 37,5 Millionen Pfund (1804–1806) auf 44,4 Millionen Pfund (1814–1816).

Der andere Hauptgrund dafür, daß die britische Wirtschaft nicht unter dem äußeren Druck zusammenbrach, lag darin, daß sie sich zu Napoleons Unglück bereits mitten in der Industriellen Revolution befand. Daß diese beiden wichtigen historischen Ereignisse in vielerlei Hinsicht aufeinander einwirkten, ist offensichtlich: die Regierungsaufträge für Rüstungsgüter regten den Eisen-, Stahl-, Kohle- und Holzhandel an, die gewaltigen Staatsausgaben (geschätzt auf 29 Prozent des Bruttosozialproduktes) führten zu neuen Finanzierungstechniken, und die neuen Exportmärkte ersetzten die Verluste durch die französische »Blockade«. Wie genau nun die Revolutionskriege und die Napoleonischen Kriege das Wachstum der Wirtschaft *im Ganzen* beeinflußten, ist ein komplexes und kontroverses Thema, das immer noch von Historikern untersucht wird. Viele nehmen an, daß frühere Einschätzungen der Geschwindigkeit der britischen Industrialisierung in diesen Jahrzehnten übertrieben sind. Sicher ist allerdings, *daß* die Wirtschaft zu dieser Zeit wuchs. Der Ausstoß von Roheisen stieg von nur 68000 Tonnen im Jahre 1778 auf bereits 244000 Tonnen im Jahre 1806 und weiter bis auf 325000 Tonnen im Jahre 1811. Die Baumwollindustrie, vor dem Krieg praktisch ein neuer Industriezweig, expandierte in den darauffolgenden zwei Jahrzehnten gewaltig und nahm immer mehr Maschinen, Dampfkraft, Kohle und Arbeitskräfte in Anspruch. Um 1815 waren Baumwollprodukte mit Abstand zum größten Exportartikel Großbritanniens geworden. Eine enorme Anzahl neuer Hafenanlagen, neuer Kanäle im Lande, Landstraßen und Schienenwege verbesserten die Verkehrsverbindungen und regten die Produktion weiter an. Ungeachtet dessen, ob dieser »Boom« ohne die Auseinandersetzung mit Frankreich zu Lande und zur See noch stärker gewesen wäre, bleibt die Tatsache bestehen, daß die Produktivität und der Wohlstand Großbritanniens schnell anwuchsen – und dies half, die Belastungen zu ertragen, die Pitt und seine Nachfolger der Bevölkerung aufbürdeten, um den Krieg zu bezahlen. Die Zölle und die Einnahmen aus Verbrauchssteuern sprangen beispielsweise von 13,5 Millionen Pfund (1793) auf 44,8 Millionen Pfund (1815), während die Erträge aus den neuen Einkommens- und Grundsteuern von 1,67 Millionen Pfund im Jahre 1799 auf 14,6 Millionen Pfund im letzten Jahr des Krieges stiegen. In der Tat gelang es der britischen Regierung, zwischen 1793 und 1815 die überwältigende Summe von 1,217 Milliarden Pfund aus direkten und indirekten Steuern einzuziehen. Außerdem nahm sie noch weitere 440 Millionen Pfund an den Finanzmärkten auf, ohne ihren Kredit zu erschöpfen – zum Erstaunen des in fiskalischen Dingen konservativeren Napoleon. In den entscheidenden letzten Jahren des Krieges lieh die Regierung mehr als 25 Millionen Pfund im Jahr und sicherte sich damit den ausschlaggebenden Vorsprung.[81] Mit Sicherheit wurden die Briten weit höher besteuert, als es sich die Bürokraten des 18. Jahrhunderts hätten vorstellen können, und die Staatsschuld verdreifachte sich fast. Aber durch den neuen Wohlstand ließ sich diese Bürde leichter tragen – und so konnte Großbritannien die Kosten des Krieges trotz seiner geringeren Größe und Bevölkerungszahl besser verkraften als das imposante Napoleonische Reich.

Die Geschichte der französischen Wirtschaft zwischen 1789 und 1815 und ihrer Fähigkeit, einen großen Krieg durchzuhalten, ist für Historiker sogar noch schwerer zu enträtseln.[82] Der Zusammenbruch des *Ancien régime* und das darauffolgende Chaos verursachten zweifellos eine zeitweilige Reduzierung der französischen Wirtschaftstätigkeit. Andererseits führte aber die Begeisterung des Volkes für die Revolution und die Mobilisierung aller nationaler Ressourcen, um ausländischen Feinden entgegentreten zu können, zu einem überwältigenden Anstieg der Produktion von Kanonen, Handwaffen und anderen Rüstungsgütern, was wiederum die Eisen- und Textilindustrie anregte. Zusätzlich wurden noch einige wirtschaftliche Hemmnisse der alten Ordnung – wie zum Beispiel die Binnenzölle – weggefegt, und Napoleons Rechts- und Verwaltungsreformen beschleunigten die Modernisierung des Staates. Selbst wenn in der Zeit des Konsulats und des »Grand Empire« viele Merkmale monarchischer Regime (zum Beispiel die Finanzierung durch Privatbankiers) zurückkehrten, hemmte dies nicht das stetige Wirtschaftswachstum, das auf natürliche Weise durch den Zuwachs der Bevölkerung, den Stimulus durch die Staatsausgaben, verstärkte Schutzzölle und die Einführung gewisser neuer Technologien angeheizt wurde.

Trotzdem scheint die Wachstumsrate der französischen Wirtschaft zweifellos geringer gewesen zu sein als die der britischen. Der tiefgreifendste Grund dafür war, daß die Landwirtschaft, der bei weitem größte Sektor von allen, sich sehr wenig veränderte: denn daß der Grundherr von seinen Bauern ersetzt wurde, war an sich keine *landwirtschaftliche* Revolution; und solche lauthals verkündete Programme wie der Anbau von Zuckerrüben (als Ersatz für den britischen kolonialen Rohrzucker) zeigten nur begrenzte Wirkung. Schlechte Verkehrsverbindungen bedeuteten, daß die Bauern noch immer an lokale Märkte gebunden waren, und es gab wenig Anreize für radikale Neuerungen. Diese konservative Gesinnung konnte man auch im neu entstehenden industriellen Sektor entdecken, in dem neue Maschinen und großangelegte Unternehmungen, zum Beispiel in der Eisenindustrie, eher eine Ausnahme als die Regel waren. Es wurden natürlich bedeutsame Fortschritte gemacht, aber viele von ihnen unterlagen dem verzerrenden Einfluß des Krieges und der britischen Seeblockade. So profitierte die Baumwollindustrie vom Kontinentalsystem, weil sie vor der überlegenen britischen Konkurrenz geschützt war (ganz zu schweigen von der Konkurrenz der neutralen oder Vasallenstaaten, deren Güter durch die hohen französischen Zölle verteuert wurden); und sie profitierte auch vom vergrößerten Binnenmarkt, da Napoleons Eroberungen der angrenzenden Länder die Zahl der »Franzosen« von 25 Millionen im Jahre 1789 auf 44 Millionen im Jahre 1810 erhöht hatten. Aber dieser Vorteil wurde durch die Verknappung und den hohen Preis der Rohbaumwolle und durch die verlangsamte Einführung neuer Techniken aus England wieder zunichte gemacht. Im Ganzen betrachtet war die französische Industrie nach dem Krieg deutlich *weniger wettbewerbsfähig,* weil sie vor ausländischen Rivalen geschützt worden war.

Die Seeblockade bewirkte, daß sich die französische Wirtschaft verstärkt dem Inland zuwandte.[83] Ihr atlantischer Sektor, der sich im 18. Jahrhundert am schnellsten ausgedehnt hatte und der (wie in Großbritannien) möglicherweise ein wichtiger Katalysator für die Industrialisierung war, wurde in zunehmendem Maße von der Royal Navy beschnitten. Besonders der Verlust Santo Domingos versetzte dem französischen Atlantikhandel einen schweren Schlag. Auch andere überseeische Kolonien und Investitionen gingen verloren, und nach 1806 fand sogar der Handel durch neutrale Schiffe ein Ende. Bordeaux hatte entsetzlich darunter zu leiden. Nantes verlor seinen profitablen Sklavenhandel. Selbst Marseille, das alternative Handelspartner im Hinterland und in Norditalien besaß, mußte zusehen, wie seine gewerbliche Produktion zwischen 1789 und 1813 bis auf ein Viertel sank. Im Gegensatz dazu genossen Regionen im Norden und Osten Frankreichs, wie das Elsaß, die beträchtliche Sicherheit des landgestützten Handels. Aber selbst wenn diese Gegenden und ihre Bewohner wie die Weinbauern und Baumwollspinner von ihrer geschützten Lage profitierten, war die Auswirkung auf die französische Wirtschaft *insgesamt* weit weniger befriedigend. »Entindustrialisiert« in seinem atlantischen Sektor, von einem großen Teil der Außenwelt abgeschnitten, wandte sich Frankreich seinen Bauern, seinem kleinstädtischen Handel und seinen lokalen, nicht wettbewerbsfähigen und relativ kleinen Gewerbezweigen im Inneren zu.

Angesichts dieses wirtschaftlichen Konservatismus – und in einigen Fällen deutlichen Rückschritts – scheint es um so bemerkenswerter, daß die Franzosen jahrzehntelang in der Lage waren, Großmachtskriege zu finanzieren.[84] Während die allgemeine Mobilmachung von Anfang bis Mitte der 1790er Jahre eine naheliegende Erklärung bietet, kann sie die napoleonische Ära, in der eine Berufsarmee von über 500000 Mann (die wahrscheinlich 150000 Rekruten pro Jahr benötigte) bezahlt werden mußte, nicht ausreichend erklären. Die Militärausgaben, die sich schon im Jahre 1807 auf 462 Millionen Francs beliefen, waren 1813 auf 817 Millionen Francs gestiegen. Es ist nicht überraschend, daß die regulären Staatseinnahmen diese Ausgaben nie decken konnten. Direkte Steuern waren im Lande unbeliebt und konnten daher nicht wesentlich angehoben werden – was eine Erklärung dafür liefert, weshalb Napoleon auf Tabak-, Salz- und andere indirekte Steuern des *Ancien régime* zurückgriff. Aber weder sie noch die verschiedenen Stempelsteuern und Zollgebühren konnten ein jährliches Defizit von mehreren hundert Millionen Franc verhindern. Die Gründung der »Banque de France« einschließlich einer Reihe anderer finanzieller Hilfsmittel und Institutionen gaben dem Staat die Möglichkeit, eine versteckte Papiergeldpolitik zu betreiben und so über Kredite liquide zu bleiben – obwohl der Kaiser es haßte, Darlehen aufzunehmen. Aber selbst das reichte nicht aus. Die Lücke konnte nur auf anderem Wege geschlossen werden.

Tatsächlich wurde der napoleonische Imperialismus in hohem, wenn auch unberechenbarem Maße durch Plünderungen bezahlt. Dieser Prozeß hatte im Inneren begonnen: das Eigentum von angeblichen »Feinden der Revolution« wurde beschlagnahmt und verkauft.[85] Als die Feldzüge zur Verteidigung dieser Revolution die französische Armee in benachbarte Länder getragen hatten, schien es völlig selbstverständlich, daß diese Länder dafür zahlen sollten. Kurz gesagt, der Krieg sollte den Krieg ernähren. Durch Beschlagnahmung königlichen und feudalen Besitzes in besiegten Ländern; durch Beute, die direkt von der Armee, den Garnisonen, aus den Museen und den Schatzkammern des Feindes geraubt wurde; durch Forderungen auf Kriegsentschädigung in Form von Geld oder Waren und dadurch, daß französische Regimenter in Vasallenstaaten einquartiert wurden und man von diesen Staaten forderte, daß sie Truppen zur Verfügung stellten, deckte Napoleon nicht nur seine gewaltigen Kriegsausgaben, sondern machte tatsächlich noch beträchtliche Profite für Frankreich – und für sich selbst. Die Summe, die von den Verwaltern dieser *domaine extraordinaire* auf dem Höhepunkt der napoleonischen Herrschaft eingezogen wurde, war bemerkenswert und deutet in mancherlei Beziehung auf das Nazi-Deutschland im Zweiten Weltkrieg hin, das seine Vasallenstaaten und besiegten Feinde in ähnlicher Weise ausplünderte. Preußen mußte zum Beispiel nach der Schlacht bei Jena eine Strafe von 311 Millionen Francs zahlen, was der Hälfte der regulären Einnahmen der französischen Regierung entsprach. Bei jeder Niederlage wurde das Reich der Habsburger gezwungen, Territorien abzutreten *und* eine große Entschädigung zu leisten. In Italien gingen zwischen 1805 und 1812 ungefähr die Hälfte des Steueraufkommens an die

Franzosen. All dies hatte den doppelten Vorteil, daß ein großer Teil der riesigen französischen Armee *außerhalb* des Heimatlandes stationiert war und der französische Steuerzahler nicht die gesamten Kosten des Krieges tragen mußte. Vorausgesetzt, die Armee blieb unter ihrem brillanten Feldherrn erfolgreich, schien das System unverwundbar. Es ist daher nicht überraschend, daß der Kaiser häufig verkündete:

> Meine Macht beruht auf meinem Ruhm und mein Ruhm auf den Siegen, die ich erfochten habe. Meine Macht wird versagen, wenn ich sie nicht mit neuem Ruhm und neuen Siegen speise. Die Eroberung hat mich zu dem gemacht, was ich bin, und nur die Eroberung kann mir helfen, meine Position zu bewahren.[86]

Wie dann *konnte* Napoleon zu Fall gebracht werden? Großbritannien, dessen Truppenstärke zu gering war, konnte es alleine nicht schaffen. Und ein Angriff auf Frankreich durch einen einzelnen kontinentalen Gegner mußte scheitern. Preußens Kriegseintritt zur falschen Zeit im Jahre 1806 beweist dies, obwohl er die Österreicher nicht davon abhielt, im Jahre 1809 ihre Kriegshandlungen gegen Frankreich wiederaufzunehmen. Aber während Österreich noch mit viel Kampfgeist in die Schlachten bei Eckmühl und Aspern ging, waren die Wiener nach den weiteren Verlusten bei Wagram wieder einmal gezwungen, um Frieden zu bitten und zusätzliche Ländereien an Frankreich und seine Alliierten abzutreten. Die französischen Erfolge gegen Österreich erfolgten überdies kurz nach Napoleons Feldzug gegen Spanien, in dem er die dortige Revolte niedergeschlagen hatte. So schien es, als würde jegliche Opposition gegen den Kaiser rasch erstickt. Und obwohl die Briten zur See ähnlich entschlossen und rücksichtslos mit ihren potentiellen oder wirklichen Feinden umsprangen, zum Beispiel bei ihrem Angriff auf Kopenhagen (August 1807), neigten sie immer noch dazu, ihre militärischen Ressourcen in kleinen Überfällen auf Küstenstädte Süditaliens, in einem schlechtgeführten Angriff auf Buenos Aires und in der katastrophalen Walcheren-Expedition des Sommers 1809 zu vergeuden.[87]

Aber gerade als Napoleons System unschlagbar schien, kamen die ersten signifikanten Risse im imperialen Gefüge zum Vorschein.

Trotz der Kette militärischer Siege waren die französischen Verluste in diesen Schlachten groß – 15000 Tote bei Preußisch-Eylau und 12000 bei Friedland, 23000 waren bei Bailén gefallen oder hatten kapituliert, erschreckende 44000 Tote bei Aspern und weitere 30000 bei Wagram. Erfahrene Soldaten wurden rar, zumindest außerhalb der elitären Garderegimenter. So waren zum Beispiel im Jahre 1809 von den 148000 Soldaten der »Armée de l'Allemagne« (die Garde ausgenommen) 47000 minderjährige Rekruten.[88] Während Napoleons Armee wie die Hitlers viele Soldaten aus den eroberten Gebieten und den Vasallenstaaten aufnahm, ließ der Strom französischer Soldaten deutlich nach. Der unberechenbare Zar dagegen verfügte immer noch über gewaltige Reserven, und die standhaften und grollenden Österreicher besaßen selbst nach Wagram ein sehr ansehnliches »stehendes Heer«. All dies sollte in der nahen Zukunft Bedeutung erlangen.

Überdies hatte Napoleons Vorstoß gegen Spanien Ende 1808 den Feldzug nicht »entschieden«, wie er zuversichtlich gehofft hatte. Indem er die spanischen Armeen zerstreute, hatte er unbeabsichtigterweise die lokale Bevölkerung ermutigt, auf eine Guerillakriegführung zurückzugreifen, die schwerer zu unterdrücken war und das Versorgungsproblem der französischen Truppen verschärfte. Da die örtliche Bevölkerung ihnen die Nahrungsmittel versagte, war die französische Armee bedenklich abhängig von ihrem eigenen unsicheren Nachschub. Ferner hatte Napoleon, indem er Spanien und mehr noch Portugal in ein Schlachtfeld verwandelte, unbeabsichtigt eine der wenigen Gegenden gewählt, welche die vorsichtigen Briten dazu verlocken konnten, direkt einzugreifen. Zunächst zögerten sie, aber ihr Vertrauen wuchs, als sie sahen, wie Wellington die lokalen Sympathien, die Geographie der Halbinsel, die Seeherrschaft und schließlich seine eigenen zunehmend professionellen Regimenter nutzte, um den französischen *élan* zu hemmen und zu ermüden. Die 25000 Mann Verluste, die Massénas Armee auf ihrem fruchtlosen Marsch gegen Lissabon in den Jahren 1810–1811 hinnehmen mußte, waren ein frühes Zeichen dafür, daß das »spanische Geschwür« nicht herausgeschnitten werden konnte, selbst wenn man 300000 französische Soldaten über die Pyrenäen schickte.[89]

Die spanische Angelegenheit schwächte nicht nur Frankreich,

sondern nahm gleichzeitig sowohl in strategischer als auch in kommerzieller Hinsicht Druck von den Briten. Schließlich hatte Spanien in den meisten vorhergehenden englisch-französischen Kriegen auf seiten Frankreichs gekämpft – was nicht nur eine Bedrohung Gibraltars vom Lande aus und eine Bedrohung der britischen Seeherrschaft (durch vereinte französisch-spanische Flotten) bedeutet hatte, sondern sich auch auf die Exportmärkte der spanischen Halbinsel, Lateinamerikas und des Mittelmeeres ganz allgemein auswirkte. Ein eher freundlich als feindlich gesonnenes Spanien setzte diesem Druck ein Ende. Der Schaden, der dem britischen Handel durch das Kontinentalsystem zugefügt worden war, verringerte sich jetzt, als die Produkte Lancashires und der Midlands in ihre alten Märkte zurückkehrten. Um 1810 waren die britischen Exporte auf eine Rekordhöhe von 48 Millionen Pfund (nach 37 Millionen im Jahre 1808) gestiegen. Obwohl diese Erleichterung nur vorübergehend war und in zunehmendem Maße von der Abschottung der Ostsee und dem englisch-amerikanischen Disput über die Zwangsrekrutierung und die Blockade überschattet wurde, reichte sie aus, um Napoleons größten *außer*-kontinentalen Feind genau zu dem Zeitpunkt zu stärken, als der europäische Kontinent selbst revoltierte.

Tatsächlich beruhte das napoleonische System in Europa auf einem Widerspruch. Was auch immer die Verdienste oder die Mängel der Revolution in Frankreich selbst gewesen sein mögen, eine Nation, die Freiheit, Gleichheit und Brüderlichkeit verkündete, eroberte jetzt – auf Befehl ihres Kaisers – nicht-französische Völker, stationierte ihre Armee dort, beschlagnahmte deren Güter, brachte den Handel aus dem Gleichgewicht, zog gewaltige Entschädigungen und Steuern ein und rekrutierte die Jugend.[90] Unmut gegenüber den Kontrollen des Kontinentalsystems wurde spürbar, denn nicht nur Nantes und Bordeaux, sondern auch Amsterdam, Hamburg und Triest litten unter dem Wirtschaftskrieg Napoleons gegen Großbritannien. Nur wenige griffen offen zu den Waffen wie die Spanier oder entschlossen sich zum Rückzug aus dem ruinösen Kontinentalsystem wie die Russen im Dezember 1810.[91] Als aber Napoleons Große Armee in den Moskau-Feldzügen zerrüttet und die »Armée de l'Espagne« auf die Pyrenäen zurückgedrängt worden war, lockte die Gelegenheit, die französische Hegemonie abzuschütteln. Was die Preußen, Russen, Schweden, Österreicher und andere benötigten, war die Versorgung mit Gewehren, Stiefeln und Kleidung – ganz zu schweigen von Geld –, welche die Briten bereits ihren portugiesischen und spanischen Verbündeten lieferten. So griffen die Sicherheit der Britischen Inseln und ihr *relativer* Wohlstand einerseits und die überdehnte und zunehmend räuberische Natur der französischen Regierung andererseits letztlich ineinander, um den Fall des napoleonischen Imperiums einzuleiten.

Eine so vereinfachte Analyse der wirtschaftlichen und geopolitischen Faktoren hat unvermeidlich die Tendenz, die persönlicheren Aspekte der Geschichte wie Napoleons eigene zunehmende Lethargie und Selbsttäuschung herunterzuspielen. Sie vernachlässigt eventuell auch, wie unsicher das militärische Gleichgewicht fast bis zum letzten Jahr des Krieges war – denn die Franzosen besaßen selbst zu diesem Zeitpunkt noch genügend Ressourcen, um eine gewaltige Marine aufzubauen, hätten sie dies wirklich gewollt. Der britische Außenhandel erlebte erst im Jahre 1812 seine härteste Prüfung; und bis zur »Völkerschlacht« bei Leipzig (Oktober 1813) erschienen die Aussichten durchaus günstig, daß Napoleon einen seiner östlichen Feinde vernichten und damit die feindliche Koalition aufsprengen könnte.

Wie auch immer, die französische »Überdehnung«, welche die Hybris Napoleons widerspiegelte, war zu dieser Zeit extrem, und jeder größere Rückschlag mußte die anderen Teile des Systems in Mitleidenschaft ziehen – einfach weil man diesen Teilen Truppen nehmen mußte, um die gebrochene Front wieder zu festigen. Im Jahre 1811 standen ungefähr 353 000 französische Soldaten in Spanien, und trotzdem hatten sie, wie Wellington bemerkte, nur dort Autorität, wo sie präsent waren. Die Verteidigung ihrer Nachschublinien kostete sie die meiste Energie und machte sie für einen englisch-portugiesisch-spanischen Vorstoß leicht verwundbar. Als Napoleon im folgenden Jahr beschloß, der russischen Unabhängigkeit ein Ende zu machen, konnte er für den Marsch nach Moskau nur 27 000 Mann aus Spanien abziehen. Von den mehr als 600 000 Soldaten der Großen Armee waren nur 270 000 Franzosen – ebenso viele blieben in Spanien zurück. Da jetzt auch viele Belgier, Niederländer und Italiener aus den annektierten Gebieten als »geborene« Franzosen galten, waren die Soldaten, die aus den *vor* 1789 bestehenden Grenzen stammten, während des Rußlandfeldzuges in der Minderheit. Dies machte in den frühen, erfolgreichen Stadien noch nicht viel aus, aber es wurde während des Rückzugs wichtig, als die Männer verzweifelt versuchten, dem grimmigen Wetter und den marodierenden Kosaken zu entfliehen und in ihre Heimat zurückzukehren.[92]

Die Verluste der Großen Armee im Rußlandfeldzug waren gewaltig: bis zu 270000 Mann fielen und 200000 wurden gefangengenommen. Ungefähr 1000 Kanonen und 200000 Pferde gingen verloren. Die Front im Osten demoralisierte die französische Armee mehr als jeder andere Faktor. Trotzdem ist es wichtig zu verstehen, wie die osteuropäischen und spanischen Feldzüge von 1813 an zusammenwirkten, um schließlich den Niedergang herbeizuführen – denn zu dieser Zeit hatte die russische Armee kaum die Fähigkeit (und viele Generäle wenig Neigung), die Franzosen durch Deutschland zu verfolgen. Die Briten wurden durch ihren amerikanischen Krieg etwas abgelenkt, und Napoleon hatte im Frühsommer des Jahres 1813 eine neue Armee von 145000 Mann aufgestellt, die es ihm ermöglichte, die Front in Sachsen zum Stehen zu bringen und einen Waffenstillstand auszuhandeln. Obwohl Preußen sich klugerweise auf die russische Seite geschlagen hatte und Metternich drohte, mit einer österreichischen Armee von einer viertel Million Mann einzugreifen, blieben die östlichen Mächte gespalten und unsicher. Daher war die Nachricht, daß Wellingtons Truppen Joseph Bonapartes Armee bei Vitoria (Juni 1813) geschlagen hatten und sie auf die Pyrenäen zurücktrieben, von großer Bedeutung, denn sie ermutigte die Österreicher, den Franzosen den Krieg zu erklären und sich mit den russischen, schwedischen und preußischen Truppen zu vereinigen, um die Franzosen aus Deutschland hinauszuwerfen. Die im Oktober folgende Schlacht bei Leipzig hatte ein für die Briten unerhörtes Ausmaß – 195000 Franzosen wurden in vier Kampftagen von 365000 verbündeten Soldaten überwältigt; aber letztere wurden durch gewaltige britische Subsidien wirtschaftlich unterstützt und mit 125000 Musketen, 218 Artilleriegeschützen und weiterer Ausrüstung aus dem Inselstaat versorgt.[93]

Die französische Niederlage bei Leipzig ermutigte wiederum Wellington, jetzt nördlich der Pyrenäen auf Bayonne und Toulouse vorzustoßen. Als die preußischen und österreichischen Armeen sich über den Rhein ergossen und die Kosaken nach Holland einfielen, leitete Napoleon im frühen Jahre 1814 eine taktisch glänzende Verteidigung des nordöstlichen Frankreich, aber seine Armee war erschöpft und umfaßte zu viele schlechtausgebildete Rekruten. Ferner war die französische Bevölkerung (wie Wellington vorausgesagt hatte) alles andere als enthusiastisch, als die Kämpfe nun auf ihrem Grund und Boden stattfanden. Angetrieben von Großbritanniens Drängen, Frankreich auf seine frühere Größe zu reduzieren, und unterstützt durch weitere 5 Millionen Pfund an Subsidien, hielten die verbündeten Regierungen den Druck bis zum Ende aufrecht. Am 30. März 1814 hatten selbst Napoleons Marschälle genug, und innerhalb einer weiteren Woche dankte der Kaiser ab.

Im Vergleich zu diesen epischen Ereignissen war der englisch-amerikanische Krieg von 1812–1814 ein strategischer Nebenkriegsschauplatz.[94] Wirtschaftlich wäre er vielleicht für die britischen Interessen weit bedrohlicher gewesen, wenn er nicht mit dem Zusammenbruch des Kontinentalsystems zusammengefallen wäre und wenn die Staaten Neuenglands, die zum großen Teil vom englisch-amerikanischen Handel abhängig waren, sich in diesem Konflikt nicht schwankend (und oft neutral) verhalten hätten. Der angekündigte »Marsch auf Kanada« durch amerikanische Truppen verlief bald im Sande, und auf dem Lande wie zur See – trotz der Angriffe auf York (Toronto) und Washington und einiger beeindruckender Fregattenduelle – bewiesen beide Seiten, daß sie die andere verletzen, aber nicht besiegen konnten. Den Briten zeigte der Krieg, wie wichtig der amerikanische Handel und zugleich wie schwer es war, eine große Armee und Marine in Übersee zu unterhalten, wenn die Streitmacht zur gleichen Zeit auf dem europäischen Schauplatz dringend benötigt wurde. Wie auch das Beispiel Indiens bewies, bedeuteten Besitzungen und Handel in Übersee sowohl eine Stärkung der britischen Macht als auch eine strategische Ablenkung.[95]

Napoleons letzter Feldzug von März bis Juni 1815 war, wenn auch sicherlich kein Nebenkriegsschauplatz, so doch eine strategische Fußnote zum großen Krieg in Europa.[96] Seine plötzliche Rückkehr aus dem Exil nach Frankreich unterbrach die Streitigkeiten der Sieger über die Zukunft Polens, Sachsens und anderer Länder, aber sie erschütterte nicht die Allianz. Selbst wenn die hastig zusammengezogene französische Armee nicht von Wellington und Blücher bei Waterloo geschlagen worden wäre, kann man sich nur schwer vorstellen, wie sie sich gegen die anderen Armeen, die nach Belgien in Marsch gesetzt wurden, zur Wehr gesetzt hätte. Und noch schwerer ist es, sich vorzustellen, wie Frankreich danach einen langen Krieg hätte finanzieren sollen. Napoleons letzte Eskapade war jedoch trotzdem politisch bedeutsam. Sie bestätigte die britische Stellung in Europa und stärkte das Argument, daß Frankreich in Zukunft von einer Reihe starker Pufferstaaten umgeben sein müsse. Sie demonstrierte Preußens militärische Erholung nach Jena und stellte so teilweise das Gleichgewicht in Osteuropa wieder her. Und sie zwang all die Mächte in Wien, ihre verbleibenden Differenzen zu begraben, um einen Frieden zu schaffen, der das Prinzip der »balance of power« verewigen sollte.[97] Nach zwei Jahrzehnten beinahe ständigen Krieges und weit über einem Jahrhundert der Spannungen und Konflikte zwischen den Großmächten wurde das europäische Staatensystem nach Grundsätzen gestaltet, die ein annäherndes Gleichgewicht sicherten.

Die endgültigen Beschlüsse des Wiener Kongresses von 1815 sahen keine Teilung Frankreichs vor, wie Preußen es zu einem Zeitpunkt vorgeschlagen hatte. Aber sie umgaben die Domäne Ludwigs XVIII. mit beträchtlichen territorialen Einheiten – dem Königreich der Niederlande im Norden, einem vergrößerten Königreich von Sardinien (Piemont) im Südosten und Preußen im Rheinland; Spanien, das an die Bourbonen zurückgegeben wurde, garantierte man die staatliche Integrität. Auch im Osten wurde die Idee eines *Gleichgewichts* der Mächte nach hitzigen Streitigkeiten zwischen den Siegern verwirklicht. Aufgrund österreichischer Einwände durfte Preußen sich Sachsen nicht einverleiben, und es akzeptierte statt dessen Kompensationen in Posen und im Rheinland, während Österreich in Italien und in Teilen des südöstlichen Deutschland Entschädigungen dafür erhielt, daß es nur die galizische Region Polens behalten durfte. Selbst Rußland, dessen Forderung nach dem Löwenanteil der polnischen Territorien man schließlich nachgeben mußte, ließ sich zu Beginn des Jahres 1815 von einer drohenden englisch-französisch-österreichischen Allianz beeindrucken, die sich dem russischen Diktat über die Zukunft Sachsens widersetzte, und nahm schnell von einer Konfrontation Abstand. Keiner Macht, so schien es, sollte erlaubt werden, dem Rest Europas seine Wünsche so aufzuzwingen, wie es Napoleon getan hatte. Der Egoismus der führenden Mächte war keineswegs durch die Ereignisse der Jahre 1793–1815 geschwächt worden, aber das doppelte Prinzip der »Eindämmung und des gegenseitigen Ausgleichs«[98] bedeutete, daß ein einseitiger Griff nach der Herrschaft Europas jetzt unwahrscheinlich war und selbst kleinere territoriale Veränderungen einer mehrheitlichen Zustimmung der Mitglieder des Europäischen Konzerts bedurften.

So kann man durchaus von einer europäischen »Pentarchie« sprechen. Aber man muß im Gedächtnis bewahren, daß die fünf großen Mächte nicht in der gleichen Beziehung zueinander standen wie 1750 oder auch 1789. Trotz des russischen Wachstums ist es richtig, daß es nach Napoleons Fall zu Lande ein grobes Gleichgewicht der Macht gab. Es existierte aber andererseits kein Gleichgewicht zur See, da die Briten dort beinahe ein Machtmonopol besaßen, was gleichzeitig ihre wirtschaftlich führende Stellung stärkte und untermauerte. In einigen Fällen, wie in Indien, war dies das Ergebnis stetiger militärischer Expansion und Ausplünderung, so daß das Zusammenwirken von Krieg und Profitgier den Subkontinent gegen Ende des 18. Jahrhunderts in einen rein britischen Machtbereich gezogen hatte.[99] Ähnlich wirkte die Beschlagnahmung Santo Domingos, das vor der Revolution für bemerkenswerte drei Viertel des französischen Kolonialhandels verantwortlich gewesen war und in den späten 1790er Jahren einen wertvollen Markt *britischer* Waren und einen großen Umschlaghafen *britischer* Wiederausfuhren darstellte. Überdies wuchsen die überseeischen Märkte in Nordamerika, Westindien, Lateinamerika, Indien und dem Orient nicht nur schneller als die europäischen, sondern der Fernhandel war meistens auch profitabler und ein besserer Anreiz für Verschiffung, Warenhandel, Schiffsversicherungen, Wechselgeschäfte und andere Bankaktivitäten, die London zum neuen Finanzzentrum der Welt machten.[100] Obwohl in letzter Zeit die Wachstumsrate der britischen Wirtschaft im 18. Jahrhundert und die Bedeutung des Außenhandels für dieses Wachstum[101] in Frage gestellt worden sind, bleibt die Tatsache bestehen, daß die Expansion in Übersee dem Land unangefochtenen Zugang zu unermeßlichen neuen Reichtümern gab, die seinen Rivalen nicht zur Verfügung standen. Die Briten kontrollierten im Jahre 1815 die meisten Kolonien Europas, beherrschten die Seewege und den profitablen Wiederausfuhrhandel, waren den anderen Gesellschaften im Prozeß der Industrialisierung weit voraus und somit pro Kopf gerechnet die reichste Nation der Welt. Im Laufe des folgenden halben Jahrhunderts sollten sie – wie wir im nächsten Kapitel sehen werden – noch reicher werden, da Großbritannien sich zur »superdominanten Ökonomie« in der Handelsstruktur der Welt entwikkelte.[102] Das Prinzip des Gleichgewichts, das Pitt und Castlereagh so hochhielten, bezog sich nur auf die europäischen territorialen Abmachungen, nicht auf die kolonialen und kommerziellen Sphären.

Wenig hiervon kann intelligente Beobachter des frühen 19. Jahrhunderts überrascht haben. Trotz seiner sich selbst zugeschriebenen »grandeur« scheint Napoleon manchmal von Großbritannien geradezu besessen gewesen zu sein – von seiner Unverwundbarkeit, seiner Seeherrschaft, seinem Bank- und Kreditsystem –, und er scheint sich danach gesehnt zu haben, dies alles in den Staub zu treten. Solche Gefühle des Neids und der Abneigung existierten zweifelsohne – wenn auch in abgemilderter Form – ebenfalls bei den Spaniern, den Niederländern und anderen, die zusehen mußten, wie Großbritannien die Welt außerhalb Europas praktisch allein beherrschte. Der russische General Kutusow, der im Jahre 1812 keinen weiteren Vorstoß seiner Armee nach Westen wollte, sobald die Große Armee aus seinem Heimatland vertrieben worden war, mag für mehr als einen gesprochen haben, als er bezweifelte, daß es weise sei, Napoleon ganz zu vernichten. Denn, so sagte er voraus, die »Nachfolge wird nicht an Rußland oder eine andere kontinentale Macht fallen, sondern an die Macht, die bereits die See beherrscht und deren Herrschaft unerträglich sein würde«.[103] Am Ende war dieses Ergebnis jedoch unvermeidbar: Napoleons Hybris und seine Kompromißlosigkeit garantierten nicht nur seinen Untergang, sondern auch den Sieg seines größten Feindes. Gneisenau, ein anderer

General mit Sinn für größere Zusammenhänge, zog trocken den Schluß, daß Großbritannien niemandem mehr schulde als Napoleon. Denn durch die Ereignisse, die er herbeigeführt habe, seien Größe, Wohlstand und Reichtum Englands sehr gestiegen. Das Land müsse als Beherrscher der Meere weder in diesem Bereich noch im Welthandel einen einzigen Rivalen fürchten.[104]

Strategie und Ökonomie in der industriellen Ära

4 Industrialisierung und die Verschiebung der globalen Machtverhältnisse, 1815–1885

Das internationale System, das sich in dem halben Jahrhundert nach Napoleons Sturz herausbildete, besaß eine Reihe ungewöhnlicher Charakteristika – einige waren nur temporärer Natur, andere wurden zu permanenten Merkmalen der Moderne.

Das erste war das stetige und (nach den 1840er Jahren) spektakuläre Wachstum einer integrierten Weltwirtschaft, die immer mehr Regionen in das transozeanische und transkontinentale Netzwerk von Handel und Finanzen mit seinem Zentrum in Westeuropa und besonders in Großbritannien zog. Diese Jahrzehnte britischer Wirtschaftshegemonie wurden von umfassenden Verbesserungen des Transportwesens und der Verkehrsverbindungen, von dem zunehmend schnelleren Transfer industrieller Technologie und von einem enormen Anstieg des Produktionsvolumens, der wiederum das Erschließen neuer landwirtschaftlicher Gebiete und Rohstoffressourcen anstieß, begleitet. Das allmähliche Verschwinden der Zollschranken und anderer merkantilistischer Einrichtungen deutete zusammen mit der weiten Verbreitung der Ideen des Freihandels und des internationalen Friedens darauf hin, daß sich eine neue internationale Ordnung entwickelte, die ganz anders war als die Welt der permanenten Großmachtkonflikte im 18. Jahrhundert. Die Turbulenzen und die Kosten des Kampfes von 1793 bis 1815 – im 19. Jahrhundert als »der Große Krieg« bekannt – führten dazu, daß sich Konservative und Liberale gleichermaßen für Frieden und Stabilität entschieden, gestützt auf solch unterschiedliche Instrumente wie das Europäische Konzert oder Freihandelsverträge. Diese Bedingungen ermutigten natürlich langfristige kommerzielle und industrielle Investitionen und stimulierten damit das Heranwachsen einer Weltwirtschaft.

Zweitens bedeutete das Fehlen großer Kriege zwischen den Großmächten nicht, daß nun alle zwischenstaatlichen Konflikte zur Ruhe gekommen waren. Die europäischen und nordamerikanischen Eroberungskriege gegen weniger entwickelte Völker verstärkten sich eher und waren in vielerlei Hinsicht die militärische Begleiterscheinung einer wirtschaftlichen Durchdringung der überseeischen Welt, die mit dem schnellen Rückgang ihres Anteils an der Weltproduktion einherging. Überdies gab es immer noch regionale und individuelle Konflikte zwischen den europäischen Mächten, besonders in Nationalitäten- und Grenzfragen. Aber wir werden sehen, daß offene Kämpfe wie der französisch-österreichische Krieg von 1859 oder der deutsche »Einigungskrieg« in den 1860er Jahren auf eine bestimmte Dauer und Gegend beschränkt waren. Selbst der Krimkrieg kann kaum als größerer Konflikt gelten. Nur der Amerikanische Bürgerkrieg bildet eine Ausnahme von dieser Regel und verdient es, als solche behandelt zu werden.

Drittens begann sich die in der Industriellen Revolution entwickelte Technik auf die Kriegführung zu Lande und zur See auszuwirken. Aber die Veränderungen gingen viel langsamer vonstatten, als manchmal behauptet worden ist, und erst in der zweiten Hälfte des Jahrhunderts entwickelten sich die Eisenbahnen, Telegraphen, Schnellfeuergewehre, der Dampfantrieb und gepanzerte Kriegsschiffe wirklich zu entscheidenden Indikatoren militärischer Stärke. Während die neue Technologie die Überlegenheit der großen Mächte an Feuerkraft und Mobilität verstärkte, sollte es viele Jahrzehnte dauern, bis die Feldherren und Admiräle ihre Vorstellungen darüber, wie ein europäischer Krieg zu führen war, revidierten. Trotzdem wirkten sich die Zwillingskräfte des technischen Wandels und der industriellen Entwicklung zu Lande und zur See stetig aus und beeinflußten die relative Stärke der Mächte.

Obwohl es schwer zu verallgemeinern ist, hat die Ungleichzeitigkeit industrieller und technologischer Veränderungen wahrscheinlich den Ausgang der Kriege in der Mitte des 19. Jahrhunderts stärker beeinflußt als das Finanzwesen. Dies läßt sich teilweise darauf zurückführen, daß die massive Expansion des nationalen und internationalen Bankwesens im 19. Jahrhundert und die Gründung von staatlichen Verwaltungssystemen (Schatzämter, Inspektoren,

Steuereintreiber) es den meisten Regierungen erleichterte, Gelder von den Finanzmärkten zu beziehen – es sei denn, ihre Kreditwürdigkeit hatte gelitten oder es gab im internationalen Banksystem eine vorübergehende Liquiditätskrise. Aber der Hauptgrund dafür, daß die Finanzen eine untergeordnete Rolle spielten, lag in der Tatsache, daß die meisten Kriege relativ kurz waren, so daß die Betonung eher auf einem schnellen Sieg auf dem Schlachtfeld unter Einsatz der vorhandenen militärischen Schlagkraft lag als auf der langfristigen Mobilisierung der nationalen Ressourcen und der Erschließung neuer Einnahmequellen. Keine noch so hohe Summe hätte beispielsweise Österreich nach seinen Schlachtfeldniederlagen 1859 und 1866 oder das sehr wohlhabende Frankreich, nachdem seine Armeen im Krieg des Jahres 1870 vernichtet worden waren, retten können. Es ist zwar richtig, daß die überlegenen Finanzen zum Sieg des Nordens über den Süden im Amerikanischen Bürgerkrieg beitrugen, und daß Großbritannien und Frankreich sich den Krimkrieg eher leisten konnten als ein beinahe bankrottes Rußland, aber das spiegelt eher die allgemeine Überlegenheit ihrer Wirtschaft als den außergewöhnlichen Vorteil wider, den sie in bezug auf Kredit und Finanzierung hatten. Aus diesem Grunde ist über die Rolle der Kriegsfinanzierung im 19. Jahrhundert weniger zu sagen als in der vorhergehenden Periode.

Dieses Bündel von Faktoren – das Entstehen einer internationalen Wirtschaft, die von der Industriellen Revolution freigesetzten Produktivkräfte, die relative Stabilität Europas, die stetige Modernisierung der Kriegstechnik zu Lande und zur See und das Vorkommen örtlich begrenzter und kurzer Kriege – begünstigte natürlich einige der großen Mächte mehr als andere. In der Tat profitierte Großbritannien beispielsweise so sehr von den allgemeinen wirtschaftlichen und geopolitischen Trends der Ära nach 1815, daß es sich von allen anderen Mächten absetzte. Das wirkte sich sehr ernsthaft auf die relative Stärke aller anderen Länder aus. In den 1860er Jahren jedoch begann sich – durch die Verbreitung der Industrialisierung – das globale Gleichgewicht der Kräfte wieder einmal zu verschieben.

Noch ein weiteres Merkmal dieser Zeit ist zu beachten. Seit dem 19. Jahrhundert helfen historische Statistiken (besonders für wirtschaftliche Indikatoren), die Verschiebungen im Machtgleichgewicht nachzuvollziehen und die Dynamik des Systems genauer zu messen. Es ist jedoch wichtig, sich vor Augen zu halten, daß ein Großteil der Daten nur Näherungen sind, besonders bei Ländern, die keine adäquate Verwaltung besaßen; daß gewisse Berechnungen (z. B. der Anteil an der Weltindustrieproduktion) lediglich Schätzungen sind, die Statistiker Jahre später erstellt haben; und daß – die wichtigste Warnung von allen – der wirtschaftliche Wohlstand sich nicht sofort oder immer in militärische Macht umsetzte. Die Statistiken geben lediglich eine grobe Schätzung des materiellen Potentials eines Landes und seiner Position in der Rangliste der führenden Staaten wieder.

Die »Industrielle Revolution« vollzog sich, so betonen die meisten Wirtschaftshistoriker, nicht über Nacht. Sie war, verglichen mit den politischen »Revolutionen« von 1776, 1789 und 1917, ein allmählicher, langsam fortschreitender Prozeß; sie betraf nur bestimmte Fertigungszweige und bestimmte Produktionsmittel; und sie ergriff Region um Region, ereignete sich nicht in einem ganzen Land auf einmal.[1] Aber trotz all dieser Einschränkungen ist es eine Tatsache, daß sich irgendwann um 1780 eine grundlegend wichtige Veränderung der wirtschaftlichen Bedingungen der Menschheit vollzog – nicht weniger bedeutsam, wie manche Historiker meinen, als die (zugegebenermaßen viel langsamere) Verwandlung des wilden paläolithischen Jägers in den seßhaften neolithischen Bauern.[2] Die Industrialisierung und besonders die Dampfmaschine ersetzten lebendige durch leblose Kraftquellen; durch die Umwandlung von Wärme in Arbeit mittels Maschinen – »schnelle, regelmäßige, präzise, unermüdliche Maschinen«[3] – war die Menschheit in der Lage, gewaltige neue Energiequellen auszubeuten. Die Folgen dieser Einführung neuer Maschinen waren einfach ungeheuer: Schon in den 1820er Jahren konnte jemand, der mehrere Webmaschinen bediente, zwanzigmal so viel produzieren wie ein Handarbeiter, während eine Spinnmaschine die zweihundertfache Kapazität eines Spinnrades hatte. Eine einzige Lokomotive konnte so viele Güter transportieren wie Hunderte von Packpferden, und sie war viel schneller. Sicherlich gab es noch viele andere wichtige Aspekte der Industriellen Revolution – beispielsweise das Fabriksystem oder die

Arbeitsteilung. Aber der für unsere Zwecke essentielle Punkt ist die massive Zunahme der Produktivität, insbesondere in der Textilindustrie. Dies regte wiederum die Nachfrage nach Maschinen und Rohstoffen (vor allem Baumwolle) an und stimulierte das gesamte Verkehrswesen.

Mehr noch, dieser beispiellose Anstieg der menschlichen Produktivität war, wie Professor Landes festgestellt hat, sozusagen selbsterhaltend:

Während früher den Verbesserungen der Lebensbedingungen – also der Überlebenschancen – und der Zunahme der wirtschaftlichen Möglichkeiten immer ein Bevölkerungsanstieg folgte, der schließlich die neuen Errungenschaften aufsog, wuchs nun zum ersten Mal in der Geschichte die Wirtschaft und das Wissen schnell genug, um einen kontinuierlichen Strom von Investitionen und technischen Innovationen zu erzeugen – ein Strom, der sich über die Höchstgrenze von Malthus' repressiven Hemmungen hinwegsetzte.[4]

Letztere Bemerkung ist von wesentlicher Bedeutung. Vom 18. Jahrhundert an hat sich das Wachstum der Weltbevölkerung beschleunigt. In Europa wuchs die Bevölkerung von 140 Millionen im Jahre 1750 auf 187 Millionen im Jahre 1800 und 266 Millionen im Jahre 1850. Asien explodierte von über 400 Millionen im Jahre 1750 auf rund 700 Millionen ein Jahrhundert später.[5] Was auch immer die Gründe waren – bessere klimatische Bedingungen, erhöhte Fruchtbarkeit, Rückgang der Krankheiten –, ein Anstieg in dieser Größenordnung war alarmierend. Und obwohl sich auch der landwirtschaftliche Ertrag in Europa und Asien im 18. Jahrhundert erhöhte – ein weiterer Grund für den Bevölkerungsanstieg –, drohte die enorme Kopf- und Bauch-Zahl, mit der Zeit alle Steigerungen des landwirtschaftlichen Ertrags aufzufressen. Der Druck auf Randgebiete, städtische Arbeitslosigkeit und die Abwanderung einer großen Zahl von Familien in die bereits überlaufenen Städte Europas waren im späten 18. Jahrhundet nur einige der Symptome dieser Bevölkerungswoge.[6]

Die Industrielle Revolution in Großbritannien bewirkte (in sehr groben makroökonomischen Begriffen), daß die Produktivität auf ein so hohes Niveau stieg, daß die folgende Expansion des nationalen Wohlstands und der Kaufkraft der Bevölkerung permanent ihren zahlenmäßigen Anstieg kompensierte. Zwar wuchs die Bevölkerung des Landes von 10,5 Millionen im Jahre 1801 auf 41,8 Millionen im Jahre 1911 – ein jährlicher Anstieg von 1,26 Prozent, aber das Bruttosozialprodukt stieg im Laufe des 19. Jahrhunderts viel schneller, ungefähr um das Vierzehnfache. Abhängig von dem Gebiet, das die Statistiken abdecken,* gab es einen durchschnittlichen jährlichen Anstieg des Bruttosozialproduktes von 2 bis 2,25 Prozent. Allein in der Regierungszeit Königin Viktorias wuchs das Bruttosozialprodukt pro Kopf um das Zweieinhalbfache.

Verglichen mit den Wachstumsraten mancher Nationen nach 1945 sind dies keine spektakulären Zahlen. Es ist auch wahr, daß die Industrielle Revolution, wie Sozialhistoriker uns erinnern, auf Kosten des neuen Proletariats ging, das in den Fabriken und Bergwerken unter grauenvollen Bedingungen schuftete und in ungesunden, überfüllten und unsolide gebauten Städten lebte. Aber im Grundsatz ist festzuhalten, daß der anhaltende Anstieg der Produktivität im Maschinenzeitalter mit der Zeit weiten Kreisen zugute kam; die durchschnittlichen Reallöhne in Großbritannien stiegen in den Jahren 1815 bis 1850 zwischen 15 und 25 Prozent und um beeindruckende achtzig Prozent im nächsten halben Jahrhundert. »Das zentrale Problem dieses Zeitalters«, erinnert Ashton jene Kritiker, welche die Industrialisierung als ein Desaster ansehen, »war, wie man Generationen von Kindern ernähren, kleiden und beschäftigen sollte, die an Zahl alle Generationen früherer Zeiten weit übertrafen.«[7] Die neuen Maschinen beschäftigten nicht nur einen zunehmend größeren Teil der explodierenden Bevölkerung, sondern erhöhten außerdem das Pro-Kopf-Einkommen der Nation. Und die steigende Nachfrage der städtischen Arbeiter nach Nahrungsmitteln und lebenswichtigen Gütern wurde schon bald durch die dampfgetriebene Revolution des Transportsystems gedeckt. Eisenbahnen und Dampfschiffe lieferten nun die landwirtschaftlichen Überschüsse der Neuen Welt, um den Bedarf der Alten Welt zu befriedigen.

Wir können diesen Punkt auf eine andere Art und Weise erfassen,

* Manche historischen Statistiken beziehen sich auf Großbritannien (ohne Irland), manche auf das Vereinigte Königreich (mit Irland), und manche schließen Nord-, aber nicht Südirland mit ein.

indem wir Professor Landes' Berechnungen nutzen. 1870, so bemerkt er, brauchte das Vereinigte Königreich einhundert Millionen Tonnen Kohle, was mit »800 Millionen Kilokalorien Energie gleichgesetzt werden kann – genug um eine Bevölkerung von 850 Millionen erwachsener Männer ein Jahr lang zu ernähren (die tatsächliche Bevölkerungszahl belief sich damals auf 31 Millionen)«. Die Kapazität der britischen Dampfmaschinen im Jahre 1870, ungefähr vier Millionen Pferdestärken, entsprach wiederum der Kraft von vierzig Millionen Männern; aber »so viele Männer hätten 320 Millionen Scheffel Weizen im Jahr verzehrt – dreimal soviel wie der jährliche Ertrag des gesamten Vereinigten Königreiches in den Jahren 1867 bis 1871«.[8] Der Einsatz von Maschinenkraft erlaubte es den Menschen dieser Zeit, die biologischen Grenzen zu überschreiten und einen spektakulären Anstieg der Produktion und des Wohlstands zu erreichen, ohne unter dem Gewicht einer schnellwachsenden Bevölkerung zusammenzubrechen. Ashton lieferte 1947 ein nüchternes kontrastierendes Bild:

> Es gibt heutzutage auf den Ebenen Indiens und Chinas Männer und Frauen, geplagt und hungrig, ein Leben lebend, das nach außen wenig besser als das des Viehs erscheint, welches tagsüber mit ihnen schuftet und nachts ihre Schlafstätte teilt. Solche asiatischen Normen und solche nichtmechanisierten Schrecken sind das Los derjenigen Länder, deren Bevölkerung zunimmt, ohne eine Industrielle Revolution zu durchleben.[9]

Der Niedergang der nicht-europäischen Welt

Bevor die Auswirkungen der Industriellen Revolution auf das System der großen Mächte behandelt werden, sollte man ihren Einfluß auf weiter entfernte Länder, besonders auf China, Indien und andere nicht-europäische Gesellschaften betrachten. Die Verluste, die sie erlitten, waren sowohl relativ als auch absolut. Es trifft nicht zu, wie man einst glaubte, daß die Völker Asiens, Afrikas und Lateinamerikas ein zufriedenes, ideales Leben führten, bevor sie unter westlichen Einfluß gerieten. »Es muß die elementare Wahrheit betont werden, daß das Los jedes Landes vor der industriellen Revolution und der Modernisierung die Armut ist ... mit niedriger Produktivität und einem niedrigen Pro-Kopf-Ertrag in der traditionellen Landwirtschaft. Jede Wirtschaft, die sich auf die Landwirtschaft als Haupteinnahmequelle stützt, produziert kaum mehr, als für den sofortigen Bedarf benötigt wird...«[10] Dabei waren die Unterschiede im Pro-Kopf-Einkommen noch um 1800 nicht sehr groß. Die landwirtschaftliche Produktion bildete zu der Zeit die Basis sowohl der europäischen als auch der nicht-europäischen Staaten, und auch in Ländern wie Indien und China gab es viele Händler, Textilhersteller und Handwerker. Ein indischer Weber beispielsweise mag vor der Industriellen Revolution über ungefähr die Hälfte des Einkommens eines englischen Webers verfügt haben. Das hieß auch, daß Asien – bevor die Dampfmaschine und die Webmaschine das Gleichgewicht auf der Welt verschoben – durch seine vielen Bauern und Handwerker immer noch einen weit größeren Anteil an der Produktion der Welt* hatte als Europa mit seiner viel kleineren Bevölkerung.

Wie dramatisch sich die Gewichte infolge der europäischen Industrialisierung und Expansion verschoben, kann aus den beiden klugen Berechnungen Bairochs abgelesen werden (siehe Tabellen 6 und 7).[11]

Die Wurzel dieser Veränderungen liegt eindeutig in dem von der Industriellen Revolution ausgehenden atemberaubenden Anstieg der Produktivität. Zwischen den 1750er und den 1830er Jahren erhöhte beispielsweise die Mechanisierung des Spinnens die Produktivität dieses Sektors allein um den Faktor 300 bis 400. Daher ist es nicht überraschend, daß der britische Anteil am globalen Produktionsvolumen dramatisch anstieg – und immer weiter wuchs, während sich Großbritannien zur »ersten Industrienation«[12] entwikkelte. Als andere europäische Länder und die Vereinigten Staaten auf dem Pfad der Industrialisierung folgten, stiegen auch ihr Anteil am Produktionsvolumen und ihr nationaler Wohlstand stetig. Aber in China und Indien sah die Geschichte ganz anders aus. Nicht nur sank ihr Anteil am Produktionsvolumen der Welt relativ betrachtet, weil der Ertrag des Westens so schnell stieg, sondern in manchen Fällen verfiel ihre Wirtschaft auch absolut gesehen – das heißt sie

* Zumindest wenn man von Bairochs Definition von »Produktion« ausgeht (siehe auch Anmerkung 11).

Tabelle 6 Relative Anteile an der Welt-Industrieproduktion 1750–1900

	1750	1800	1830	1860	1880	1900
(Europa als Ganzes)	23,2	28,1	34,2	53,2	61,3	62,0
Großbritannien	1,9	4,3	9,5	19,9	22,9	18,5
Habsburger Reich	2,9	3,2	3,2	4,2	4,4	4,7
Frankreich	4,0	4,2	5,2	7,9	7,8	6,8
Deutsche Staaten/Deutschland	2,9	3,5	3,5	4,9	8,5	13,2
Italienische Staaten/Italien	2,4	2,5	2,3	2,5	2,5	2,5
Rußland	5,0	5,6	5,6	7,0	7,6	8,8
Vereinigte Staaten	0,1	0,8	2,4	7,2	14,7	23,6
Japan	3,8	3,5	2,8	2,6	2,4	2,4
Dritte Welt	73,0	67,7	60,5	36,6	20,9	11,0
China	32,8	33,3	29,8	19,7	12,5	6,2
Indien/Pakistan	24,5	19,7	17,6	8,6	2,8	1,7

de-industrialisierten, weil ihre traditionellen Märkte von den weitaus billigeren und besseren Produkten der Lancashire-Textilfabriken überschwemmt wurden. Nach 1813 (als das Handelsmonopol der Ostindischen Kompanie auslief) stiegen die Importe von Baumwollstoffen nach Indien in spektakulärem Maße, von einer Million *yards* im Jahre 1814 über 51 Millionen im Jahre 1830 bis auf 995 Millionen im Jahre 1870. Viele einheimische Hersteller wurden dadurch im Laufe der Zeit aus dem Geschäft gedrängt. Schließlich –

Tabelle 7 Industrialisierungsniveau pro Kopf 1750–1900
(Im Vergleich zu Großbritannien: 1900 = 100)

	1750	1800	1830	1860	1880	1900
(Europa als Ganzes)	8	8	11	16	24	35
Großbritannien	10	16	25	64	87	[100]
Habsburger Reich	7	7	8	11	15	23
Frankreich	9	9	12	20	28	39
Deutsche Staaten/Deutschland	8	8	9	15	25	52
Italienische Staaten/Italien	8	8	8	10	12	17
Rußland	6	6	7	8	10	15
Vereinigte Staaten	4	9	14	21	38	69
Japan	7	7	7	7	9	12
Dritte Welt	7	6	6	4	3	2
China	8	6	6	4	4	3
Indien	7	6	6	3	2	1

und dies bringt uns zurück zu Ashtons Aussage über die zermürbende Armut »derjenigen Länder, deren Bevölkerung zunimmt, ohne eine industrielle Revolution zu durchleben« – reduzierte der steile Anstieg der Bevölkerung in China, Indien und anderen Ländern der Dritten Welt wahrscheinlich das allgemeine Pro-Kopf-Einkommen von einer Generation zur nächsten. So erklärt sich Bairochs bemerkenswerte – und erschreckende – Annahme, daß das Industrialisierungsniveau pro Kopf in Europa und in der Dritten Welt zwar um 1750 noch nicht so weit auseinanderlag, um 1900 aber das Niveau der Dritten Welt nur ein Achtzehntel (zwei Prozent im Vergleich zu 35 Prozent) des europäischen und ein Fünfzigstel (zwei Prozent im Vergleich zu einhundert Prozent) des Niveaus des Vereinigten Königreichs betrug.

Der »Einfluß des Westens« war in verschiedener Hinsicht einer der bemerkenswertesten Aspekte der Dynamik globaler Macht im 19. Jahrhundert. Er zeigte sich nicht nur in der Vielfalt wirtschaftlicher Beziehungen – vom »inoffiziellen Einfluß« der Händler, Reeder und Konsuln bis zu direkteren Eingriffen durch Siedler, Eisenbahnbauer und Bergwerksgesellschaften[13]–, sondern auch im Auftauchen von Forschern, Abenteurern und Missionaren, im Einschleppen westlicher Krankheiten und im Bekehrungseifer der westlichen Religionen. Dies geschah ebenso in der Mitte der Kontinente – westlich des Missouri, südlich des Aralsees – wie in den Mündungsgebieten afrikanischer Flüsse und um die Küsten der pazifischen Inselgruppen. Wenn dieser Einfluß seine beeindruckenden Monumente in Form von Straßen, Eisenbahnnetzen, Telegraphenleitungen, Häfen und Verwaltungsgebäuden hinterließ, die beispielsweise die Briten in Indien errichteten, so waren andererseits Blutvergießen, Raub und Plünderung seine häßlicheren Züge, Grausamkeiten, die so viele Kolonialkriege dieser Zeit begleiteten.[14] Sicherlich gab es diese Merkmale der Gewalt und Eroberung seit den Tagen von Cortez, aber jetzt hatte sich die Gangart beschleunigt. Im Jahre 1800 hielten die Europäer 35 Prozent allen Landes der Welt besetzt oder kontrollierten es; bis zum Jahre 1878 war diese Zahl auf 67 Prozent und bis 1914 auf über 84 Prozent gestiegen.[15]

Die fortschrittliche Technik der Dampfmaschinen und der Werkzeugmaschinen brachte Europa entscheidende wirtschaftliche und militärische Vorteile. Die Verbesserungen des Vorderladers (des Zündhütchens, des gezogenen Laufes etc.) waren schon verhängnisvoll genug; die Entwicklung des Hinterladers, der die Schußfolge enorm beschleunigte, war ein weit größerer Fortschritt; und die Gatling- und Maxim-Maschinengewehre und die leichte Feldartillerie gaben der neuen »Feuerkraft-Revolution« den letzten entscheidenden Anstoß. Somit waren die Chancen eines erfolgreichen Widerstands der Eingeborenen, die nur über ältere Waffen verfügten, denkbar gering. Ferner bewirkte das dampfgetriebene Kanonenboot, daß die in offenen Gewässern bereits überlegene europäische Seemacht auf Wasserwegen wie dem Niger, dem Indus und dem Yangtse weiter ins Inland vordringen konnte. So war die Mobilität und Feuerkraft der gepanzerten *Nemesis* während des Opiumkrieges von 1841 und 1842 eine Katastrophe für die verteidigenden chinesischen Truppen, die leicht beiseite gefegt werden konnten.[16] Natürlich trifft es zu, daß schwieriges Gelände (wie zum Beispiel in Afghanistan) die Vorstöße des westlichen militärischen Imperialismus bremste und daß der Widerstand bei nicht-europäischen Völkern, welche die neuen Waffen und Taktiken übernommen hatten – wie die Sikhs und die Algerier – um so größer war. Aber immer wenn der Kampf auf offenem Gelände stattfand und der Westen seine Maschinengewehre und schwereren Waffen einsetzen konnte, war der Ausgang eindeutig. Wahrscheinlich standen einander nie ungleichere Truppen gegenüber als in der Schlacht bei Omdurman (1898), als die Maxims und die Lee-Enfield-Gewehre von Kitcheners Armee innerhalb eines halben Vormittags 11000 Derwische töteten und nur 48 englische Soldaten fielen. Folglich bedeutete die Kluft in der Feuerkraft – wie die in der industriellen Produktivität –, daß die führenden Nationen fünfzig- bis hundertmal größere Ressourcen hatten als die auf der untersten Sprosse der Leiter. Die seit den Tagen Vasco da Gamas bestehende globale Dominanz des Westens war jetzt beinahe grenzenlos.

Eine britische Hegemonie?

Wenn die Pandschabis und die Annamiten und die Sioux und die Bantu die »Verlierer« (um Hobsbawms Ausdruck zu verwenden)[17] dieser Expansion im frühen 19. Jahrhundert waren, so waren die Briten unzweifelhaft die »Gewinner«. Wie im vorhergehenden Kapitel geschildert, hatten sie dank ihrer geschickten Verbindung von Seeherrschaft, finanziellem Kredit, kommerzieller Expertise und kluger Allianzdiplomatie bereits 1815 ein bemerkenswertes Maß an globaler Überlegenheit erreicht. Die Industrielle Revolution hatte also die Position eines Landes verstärkt, das bereits in dem vorindustriellen, merkantilistischen Ringen des 18. Jahrhunderts extrem erfolgreich gewesen war. Auch wenn sich, um dies zu wiederholen, die Veränderungen eher allmählich als revolutionär vollzogen, waren die Ergebnisse höchst beeindruckend. Zwischen 1760 und 1830 war das Vereinigte Königreich für ungefähr »zwei Drittel des europäischen Anstiegs des Produktionsvolumens«[18] verantwortlich, und sein Anteil an der Weltindustrieproduktion sprang von 1,9 auf 9,5 Prozent. In den nächsten dreißig Jahren trieb die britische industrielle Expansion diese Zahl auf 19,9 Prozent, obwohl sich die neuen Techniken auch in anderen westlichen Ländern ausbreiteten. Um 1860 – als das Land wahrscheinlich seinen relativen Höhepunkt erreichte – produzierte das Vereinigte Königreich 53 Prozent des Eisens und 50 Prozent der Stein- und Braunkohle und verbrauchte fast die Hälfte der ungesponnenen Baumwolle der Welt. »Mit nur zwei Prozent der Weltbevölkerung und zehn Prozent der europäischen Bevölkerung scheint das Vereinigte Königreich eine Kapazität in den modernen Industrien gehabt zu haben, die mit 40–45 Prozent des Weltpotentials und 55–60 Prozent des europäischen Potentials gleichzusetzen war.«[19] Sein Energieverbrauch aus modernen Quellen (Schwarz-, Braunkohle, Öl) war 1860 fünfmal so hoch wie der der Vereinigten Staaten oder des preußischen Deutschland, sechsmal so hoch wie der Frankreichs und 155mal so hoch wie der Rußlands! Großbritannien allein war für ein Fünftel des Welthandels und zwei Fünftel des Handels mit Industriegütern verantwortlich. Über ein Drittel der Handelsmarine der Welt segelte unter britischer Flagge, und dieser Anteil stieg ständig. Es war keine Überraschung, daß die Briten angesichts ihres einzigartigen Staates, der jetzt (wie der Wirtschaftsexperte Jevons es 1865 ausdrückte) das Handelszentrum der Welt war, triumphierten:

Die Ebenen Nordamerikas und Rußlands sind unsere Getreidefelder; Chicago und Odessa unsere Kornkammern; Kanada und die Baltik unsere Nutzholzwälder; Australasien beherbergt unsere Schaffarmen, und in Argentinien und auf den westlichen Prärien Nordamerikas weiden unsere Rinderherden; Peru schickt sein Silber, und das Gold aus Südafrika und Australien fließt nach London; die Hindus und die Chinesen bauen Tee für uns an, und unsere Kaffee-, Zucker und Gewürzplantagen liegen auf den Westindischen Inseln. Spanien und Frankreich sind unsere Weinberge und der Mittelmeerraum unser Obstgarten; und unser Baumwollanbaugebiet, das lange Zeit im Süden der Vereinigten Staaten lag, erstreckt sich jetzt auf die warmen Regionen der ganzen Welt.[20]

Da ein solches Manifest der Selbstsicherheit – und die industriellen und kommerziellen Statistiken, auf denen es beruht – nahezulegen scheinen, daß Großbritannien eine Position unvergleichlicher Dominanz eingenommen hatte, ist es sinnvoll, einige Punkte zu erwähnen, um dies alles in seinen Kontext zu rücken. Zunächst einmal ist es – obwohl dies etwas pedantisch erscheinen mag – unwahrscheinlich, daß das Bruttosozialprodukt des Landes in den Jahrzehnten nach 1815 jemals das größte der Welt war. Angesichts der gewaltigen chinesischen Bevölkerung (und später der russischen) und der offensichtlichen Tatsache, daß die landwirtschaftliche Produktion und Distribution überall, selbst im Großbritannien vor 1850, die Basis des nationalen Wohlstands bildete, war das Bruttosozialprodukt Großbritanniens nie so beeindruckend wie sein Pro-Kopf-Bruttosozialprodukt oder sein Industrialisierungsniveau. Dennoch, »das gesamte Bruttosozialprodukt hat für sich allein genommen keine große Bedeutung«;[21] das physische Produkt von Hunderten von Millionen Bauern mag das von fünf Millionen Fabrikarbeitern klein erscheinen lassen, aber da ein großer Teil davon sofort verbraucht wird, führt es wahrscheinlich kaum zu Mehrwert oder zu militärischer Kraft. Großbritannien hingegen war um 1850 stark, ja unangefochten auf dem Gebiet moderner, wohlstandproduzierender Industrie – mit allen Vorteilen, die ihm daraus erwuchsen.

Auf der anderen Seite – und dieser zweite Punkt ist nicht pedantisch – war die wachsende britische Industriemacht in den Jahrzehnten nach 1815 nicht so organisiert, daß sie dem Staat schnell Zugang zu militärischem Gerät und zu Truppen erlaubte, wie es beispielsweise Wallensteins Domänen in den 1630ern oder die Nazi-Wirtschaft taten. Im Gegenteil, die Ideologie der Laisser-faire-Ökonomie, die zur Zeit der frühen Industrialisierung aufblühte, predigte den ewigen Frieden, niedrige Regierungsausgaben (besonders für die Verteidigung) und eine Reduzierung staatlicher Kontrolle der Wirtschaft und des Individuums. Es mochte notwendig sein, wie Adam Smith in *The Wealth of Nations* (1776) einräumte, die Unterhaltung einer Armee und einer Marine zu tolerieren, um die britische Gesellschaft vor »der Gewalt und der Eroberung durch andere unabhängige Gesellschaften« zu schützen; aber da Streitkräfte *per se* »unproduktiv« seien und im Gegensatz zu einer Fabrik oder einem Bauernhof keinen Wertzuwachs einbrächten, sollten sie auf das niedrigste mit der nationalen Sicherheit in Einklang zu bringende Niveau reduziert werden.[22] Da die Schüler Adam Smiths und mehr noch die Richard Cobdens annahmen (oder zumindest hofften), daß der Krieg nur eine letzte Zuflucht sei und in Zukunft immer weniger vorkommen würde, wären sie über die Idee, einen ganzen Staat für den Krieg zu organisieren, entsetzt gewesen. Folglich zog die »Modernisierung« der britischen Industrie und der Transportwege nicht gleichzeitig Verbesserungen in den Streitkräften nach sich, die (mit einigen Ausnahmen)[23] in der Zeit nach 1815 stagnierten.

Wie hervorragend die britische Wirtschaft auf dem Höhepunkt des viktorianischen Zeitalters auch gewesen sein mag, sie war wahrscheinlich weniger für den Konfliktfall »mobilisierbar« als zu irgendeiner Zeit seit den frühen Stuarts. Merkantilistische Maßnahmen mit ihrer Betonung der Verbindung von nationaler Sicherheit und nationalem Wohlstand wurden langsam abgebaut: man schaffte die Schutzzölle ab, man hob das Verbot des Exports fortschrittlicher Technik (zum Beispiel der Textilmaschinen) auf; man zog die Navigationsakte, unter anderem geschaffen, um eine Menge britischer Handelsschiffe und Seeleute für den Fall des Krieges bereitzuhalten, zurück; imperiale »Vorrechte« liefen aus. Auf der anderen Seite wurden die Verteidigungsausgaben auf einem absoluten Minimum gehalten. Sie beliefen sich in den 1840er Jahren im Durchschnitt auf jährlich ungefähr 15 Millionen Pfund und lagen in den unruhigen 1860ern bei nicht mehr als 27 Millionen Pfund, während das Bruttosozialprodukt in dieser Zeit eine Milliarde Pfund betrug. In der Tat verschlangen die Streitkräfte in den fünfzig und mehr Jahren nach 1815 nur ungefähr zwei bis drei Prozent des Bruttosozialproduktes, und die Ausgaben der Regierung betrugen insgesamt weniger als zehn Prozent – prozentual waren sie damit weit niedriger als im 18. oder im 20. Jahrhundert.[24] Dies wären für ein Land mit bescheidenen Mitteln und Ambitionen schon beeindruckend niedrige Zahlen gewesen. Für einen Staat, dem es gelang, »Herr der Meere« zu sein, der ein riesiges, ausgedehntes Reich besaß und immer noch vorgab, ein Interesse an der Erhaltung des europäischen Mächtegleichgewichts zu haben, waren sie wahrhaft bemerkenswert.

Wie bei den Vereinigten Staaten der frühen 20er Jahre, spiegelte sich die Größe der britischen Wirtschaft in der Welt daher nicht in der Kampfkraft des Landes wider. Auch wäre die nach Laisser-faire-Prinzipien operierende Verwaltung mit einer winzigen Bürokratie, die in zunehmendem Maße von Handel und Industrie abgekoppelt wurde, nicht in der Lage gewesen, ohne eine Gewaltanstrengung britische Ressourcen für einen umfassenden Krieg zu mobilisieren. Wie wir später sehen werden, hatte selbst der begrenzte Krimkrieg das System ernsthaft erschüttert, aber die Sorge angesichts dieser plötzlich bloßgestellten Schwächen ließ schnell wieder nach. Die Briten zeigten auf dem Höhepunkt des viktorianischen Zeitalters nicht nur weniger Begeisterung für militärische Interventionen in Europa, die immer teuer und manchmal unmoralisch waren, sondern sie glaubten auch, daß das in den sechs Jahrzehnten nach 1815 im allgemeinen vorherrschende Gleichgewicht zwischen den großen Kontinentalmächten jedes größere Engagement Großbritanniens unnötig machte. Während es zwar auf diplomatischem Wege oder durch Entsendung seiner Flotte versuchte, die politischen Ereignisse an der Peripherie Europas (Portugal, Belgien, die Dardanellen) zu beeinflussen, neigte es dazu, von Interventionen anderswo Abstand zu nehmen. In den späten 1850er und den frühen 1860er

Jahren wurde sogar der Krimfeldzug in weiten Kreisen als ein Fehler angesehen. Aus mangelnder Neigung und Effektivität spielte Großbritannien beim Schicksal Piemonts in dem entscheidenden Jahr 1859 keine große Rolle, es kritisierte Palmerstons und Russels »Einmischung« in die Schleswig-Holstein-Frage im Jahre 1864, und die Öffentlichkeit sah zu, als Preußen 1866 Österreich und vier Jahre später Frankreich besiegte. Es ist nicht überraschend zu sehen, daß Großbritanniens militärische Kapazität sich in der während dieser Periode relativ bescheidenen Größe seiner Armee spiegelte (siehe Tabelle 8) – von der sowieso nur ein geringer Teil für den europäischen Schauplatz mobilisiert werden konnte.

Selbst in der außereuropäischen Welt, wo Großbritannien vorzugsweise seine Regimenter stationierte, beklagten sich militärische Führer und politische Beamte an Orten wie Indien angesichts der gewaltigen Größe des von ihnen kontrollierten Territoriums fast immer über die *Unzulänglichkeit* der ihnen verfügbaren Truppen. Wie imposant das Empire auf einer Weltkarte auch ausgesehen haben mag, die Bezirksbeamten wußten, wie dünn die Decke war. Aber all das heißt lediglich, daß sich Großbritannien Anfang bis Mitte des 19. Jahrhunderts zu einem neuen Typus von Großmacht entwickelt hatte, deren Einfluß nicht mit den traditionellen Kriterien militärischer Hegemonie gemessen werden konnte. Es war auf anderen Gebieten stark, von denen die Briten jedes als wertvoller ansahen als eine große und teure stehende Armee.

Das erste dieser Gebiete war die Royal Navy. Vor 1815 war sie ein Jahrhundert lang die größte Marine der Welt gewesen. Aber diese Seeherrschaft war häufig, besonders von den bourbonischen Mächten, angefochten worden. Das auffallendste Merkmal der auf Tra-

Tabelle 8 Truppenstärke der Mächte 1816–1880[25]

	1816	1830	1860	1880
Großbritannien	255 000	140 000	347 000	248 000
Frankreich	132 000	259 000	608 000	544 000
Rußland	800 000	826 000	862 000	909 000
Preußen/Deutschland	130 000	130 000	201 000	430 000
Habsburger Reich	220 000	273 000	306 000	273 000
Vereinigte Staaten	16 000	11 000	26 000	36 000

falgar folgenden achtzig Jahre lag darin, daß kein anderes Land, oder keine Verbindung anderer Länder, die britische Kontrolle der Meere ernsthaft herausforderte. Es gab zwar die gelegentliche französische »Bedrohung«, und die Admiralität behielt das Schiffsbauprogramm der Russen und den amerikanischen Bau von großen Fregatten wachsam im Auge, aber alle diese angeblichen Herausforderungen verblaßten schnell, und so konnte die britische Seemacht (in Professor Lloyds Worten) »einen größeren Einfluß ausüben, als man es je in der Geschichte der Seereiche erlebt hat«.[26] Trotz einer stetigen Reduzierung ihrer Flottenstärke war die Royal Navy zu manchen Zeiten wahrscheinlich so mächtig wie die nächststärkeren drei oder vier Flotten zusammengenommen. Und die englischen Kriegsschiffe *waren* ein Faktor in der europäischen Politik, zumindest an der Peripherie. Das Geschwader, das im Tajo vor Anker lag, um die portugiesische Monarchie gegen innere oder äußere Gefahren zu schützen; der entscheidende Einsatz der Seemacht im Mittelmeer (1816 gegen die algerischen Piraten; die Vernichtung der türkischen Flotte 1827 bei Navarino; die Abwehr Mohamed Alis 1840 bei Acre); und die kalkulierte Entsendung der Flotte vor die Dardanellen, wann immer die »östliche Frage« akut wurde: dies waren Manifestationen britischer Seemacht, die zwar geographisch beschränkt waren, aber trotzdem bei den europäischen Regierungen Gewicht hatten. Außerhalb Europas, wo kleinere Flotten der Royal Navy oder sogar einzelne Kriegsschiffe in eine ganze Reihe von Aktivitäten verwickelt waren – um die Piraterie zu unterdrücken, Sklavenschiffe abzufangen, Seesoldaten auszuschiffen und von Kanton bis Sansibar örtliche Potentaten zu zügeln –, war die Wirkung vielleicht noch größer.[27]

Die zweite bedeutende Sphäre britischen Einflusses lag in dem expandierenden Kolonialreich des Landes. Auch auf diesem Gebiet hatte es weniger Konkurrenz als in den vorhergehenden zwei Jahrhunderten, als Großbritannien sein Empire wiederholt gegen Spanien, Frankreich und andere europäischen Staaten verteidigen mußte. Jetzt gab es außer der gelegentlichen Angst vor den französischen Flottenbewegungen im Pazifik oder den russischen Übergriffen auf Turkestan keine ernsthaften Rivalen mehr. Es ist daher kaum übertrieben zu sagen, daß das Britische Empire zwischen 1815 und 1880 in einem machtpolitischen Vakuum existierte. Auch darum konnte es seine Kolonialarmee relativ klein halten. Es gab natürlich Grenzen des britischen Imperialismus – und gewisse Probleme mit der expandierenden amerikanischen Republik in der westlichen Hemisphäre sowie mit den Franzosen und den Russen im Osten. Aber in vielen Teilen der Tropen und über lange Zeit stellte sich den britischen Interessen (d. h. den Händlern, Pflanzern, Forschern, Missionaren) außer den eingeborenen Völkern niemand entgegen.

Dieser relative Mangel an äußerem Druck führte in Verbindung mit dem Anstieg des Laisser-faire-Liberalismus im eigenen Land dazu, daß viele Kommentatoren argumentierten, koloniale Erwerbungen seien unnötig und lediglich »Mühlsteine« am Hals der überlasteten britischen Steuerzahler. Aber wie die Rhetorik der Anti-Imperialisten innerhalb Großbritanniens auch lauten mochte, Tatsache war, daß das Empire zwischen 1815 und 1865 weiterhin durchschnittlich um ungefähr 250000 Quadratkilometer pro Jahr wuchs.[28] Manche Gebiete wurden sowohl aus strategischen als auch kommerziellen Gründen erobert – wie Singapur, Aden, die Falklandinseln, Hongkong, Lagos; andere wurden von landhungrigen weißen Siedlern beansprucht, die sich im südafrikanischen »veldt«, auf den kanadischen Prärien und im australischen Busch niederließen. Diese Expansion weckte meistens den Widerstand der Eingeborenen, der oft durch Truppen aus Großbritannien oder Britisch-Indien unterdrückt werden mußte. Und selbst wenn formale Annexionen von der britischen Regierung, die angesichts dieser wachsenden Liste neuer Verpflichtungen beunruhigt war, abgelehnt wurden, war der »inoffizielle Einfluß« einer expandierenden britischen Gesellschaft von Uruguay bis zur Levante und vom Kongo bis zum Yangtse sehr spürbar. Verglichen mit den sporadischen Kolonisierungsbemühungen der Franzosen und der lokaleren und im Innern stattfindenden Kolonisation der Amerikaner und Russen, waren die Briten als Imperialisten für den größten Teil des 19. Jahrhunderts eine Klasse für sich.

Das dritte Gebiet britischer Besonderheit und Stärke war der Finanzsektor. Sicherlich kann dieses Element kaum von dem allgemeinen industriellen und kommerziellen Fortschritt des Landes getrennt werden. Geld wurde benötigt, um die Industrielle Revolution anzuheizen, die wiederum in Form von Gewinnen auf das investierte Kapital Geld produzierte. Und wie das vorhergehende Kapitel gezeigt hat, wußte die britische Regierung schon lange, wie es seinen Kredit auf den Finanz- und Aktienmärkten richtig ausnutzen konnte. Aber die Entwicklungen auf dem Finanzsektor waren in der Mitte des 19. Jahrhunderts sowohl qualitativ als auch quantitativ beispiellos. Auf den ersten Blick springt der quantitative Unterschied ins Auge. Die lange Zeit des Friedens und der leichte Zugang zu Kapital im Vereinigten Königreich zusammen mit den Verbesserungen der finanziellen Institutionen des Landes hatten die Briten angeregt, mehr im Ausland zu investieren als je zuvor: Die rund sechs Millionen Pfund, die in dem Jahrzehnt nach Waterloo jährlich ins Ausland flossen, waren bis zur Mitte des Jahrhunderts auf ungefähr dreißig Millionen Pfund und zwischen 1870 und 1875 auf überwältigende 75 Millionen Pfund gestiegen. Das für Großbritannien daraus resultierende Einkommen in Zinsen und Dividenden, das in den späten 1830ern acht Millionen Pfund jährlich betragen hatte, war bis zu den 1870ern auf über fünfzig Millionen Pfund jährlich gestiegen. Ein großer Teil dieser Gelder wurde sofort wieder in Übersee investiert. Eine solch wirkungsvolle Aufwärtsspirale erhöhte nicht nur den britischen Wohlstand, sondern war gleichzeitig eine kontinuierliche Anregung für den Handel und das Transportwesen.

Dieser gewaltige Kapitalexport hatte mehrere bedeutende Folgen. Die erste war, daß die Gewinne auf die überseeischen Investitionen das jährliche Handelsdefizit Großbritanniens bei den sichtbaren Gütern deutlich reduzierten. So traten die Einkünfte aus den Investitionen zu den bereits beträchtlichen unsichtbaren Gewinnen aus der Verschiffung, den Versicherungen, Bankgebühren und so weiter. Zusammengenommen garantierten sie, daß es nicht nur keine Krise der Handelsbilanz gab, sondern daß Großbritannien im In- und Ausland stetig reicher wurde. Der zweite Punkt war, daß die britische Wirtschaft wie ein enormer Blasebalg wirkte, der riesige Mengen an Rohstoffen und Nahrungsmitteln ansog und gewaltige Mengen an Textilien, Eisenwaren und anderen Industrieprodukten ausstieß. Und parallel zu dieser Struktur des sichtbaren Handels –

und sie ergänzend – entstand ein Netzwerk von Schiffahrtslinien, Versicherungsgeschäften und Bankverbindungen, das sich von London (im besonderen), Liverpool, Glasgow und den meisten anderen Städten im Laufe des 19. Jahrhunderts über die Welt ausbreitete.

Durch die Offenheit des britischen Binnenmarktes und die Bereitschaft Londons, das Einkommen aus Übersee wieder in neue Eisenbahnstrecken, Häfen, öffentliche Einrichtungen und landwirtschaftliche Unternehmungen von Georgia bis Queensland zu stekken, ergänzten sich der sichtbare Handelsfluß und die Investitionsstrukturen.* Wenn man nun noch bedenkt, daß der Goldstandard immer mehr akzeptiert wurde und sich ein internationaler Tausch- und Zahlungsmechanismus entwickelte, dessen Basis auf London ausgestellte Wechsel waren, ist es kaum überraschend, daß die Briten in den 1860er und 1870er Jahren davon überzeugt waren, daß sie mit der Anwendung der Prinzipien der klassischen Nationalökonomie das Geheimnis entdeckt hatten, das sowohl zunehmende Prosperität als auch den Frieden in der Welt garantierte. Obwohl viele Einzelpersonen – Tory-Protektionisten, orientalische Despoten, neuerungssüchtige Sozialisten – immer noch zu kurzsichtig seien, um diese Tatsache einzugestehen, müsse mit der Zeit doch jeder die fundamentale Richtigkeit der Laisser-faire-Wirtschaft und der utilitaristischen Form der Regierung erkennen.[29]

Dies alles machte die Briten zwar kurzfristig weit wohlhabender als je zuvor, aber war es nicht langfristig strategisch gefährlich? Mit rückblickender Weisheit kann man mindestens zwei Auswirkungen dieser strukturellen wirtschaftlichen Veränderungen erkennen, die später Großbritanniens relative Macht in der Welt beeinflussen sollten. Die erste war die Art, in der das Land zur langfristigen Expansion anderer Nationen beitrug, indem es Industrie und Landwirtschaft im Ausland mit Hilfe wiederholter Finanzspritzen eta-

* Argentinien fand beispielsweise im Vereinigten Königreich einen offenen Markt für seine Rindfleisch- und Getreideexporte. Damit war es nicht nur in der Lage, die aus Großbritannien importierten Industriegüter und die verschiedenen Dienstleistungsgebühren zu bezahlen, sondern konnte auch die langfristigen in London aufgenommenen Kredite zurückzahlen und somit den eigenen Kredit für die Zukunft auf einem hohen Niveau halten. Der Kontrast zu den heutigen US-Krediten für Lateinamerika – kurzfristig zu leihen und den Import landwirtschaftlicher Erzeugnisse nicht zuzulassen – ist auffallend.

blierte und entwickelte und indem es Eisenbahnstrecken, Häfen und Dampfschiffe baute, die überseeische Produzenten später in die Lage versetzen würden, Großbritanniens Produktion Konkurrenz zu machen. In dieser Beziehung ist bemerkenswert, daß die Dampfkraft, das Fabriksystem, die Eisenbahnen und später die Elektrizität es den Briten zwar ermöglichten, ihre natürlichen physischen Hindernisse für eine höhere Produktivität zu überwinden und damit den Wohlstand und die Stärke der Nation zu erhöhen, solche Erfindungen den Vereinigten Staaten, Rußland und Zentraleuropa aber noch weit mehr halfen, weil die natürlichen physischen Hindernisse für die Entwicklung ihres landumschlossenen Potentials viel größer waren. Grob ausgedrückt, hat die Industrialisierung bewirkt, daß allen die gleichen Chancen zur Ausbeutung ihrer Ressourcen gegeben und damit die Vorteile der kleineren, am Rande liegenden See- und Handelsstaaten auf die größeren Flächenstaaten übertragen wurden.[30]

Die zweite potentielle strategische Schwäche lag in der zunehmenden Abhängigkeit der britischen Wirtschaft vom internationalen Handel und, noch wichtiger, vom internationalen Finanzwesen. In den mittleren Jahrzehnten des 19. Jahrhunderts schufen die Exporte ein Fünftel des gesamten Nationaleinkommens[31] – ein weit höherer Anteil als zu Walpoles oder Pitts Zeiten. Besonders für die gewaltige Baumwoll-Textilindustrie waren die überseeischen Märkte lebenswichtig. Aber ausländische Importe von Rohstoffen und (in zunehmendem Maße) von Nahrungsmitteln wurden auch immer wichtiger, als sich Großbritannien von einer vornehmlich landwirtschaftlichen zu einer hauptsächlich städtisch-industriellen Gesellschaft entwickelte. Und in dem am schnellsten wachsenden Sektor von allen, den »unsichtbaren« Dienstleistungen des Bankwesens, der Versicherungen und der überseeischen Investitionen, war die Abhängigkeit vom Weltmarkt noch entscheidender. Für die Perle London war die Welt eine Auster, was in Friedenszeiten schön und gut war; aber wie würde die Situation aussehen, wenn es je wieder zu einem Krieg der großen Mächte käme? Wären die britischen Exportmärkte nicht noch schlimmer betroffen als in den Jahren 1809 und 1811 bis 1812? War nicht die gesamte Wirtschaft und die heimische Bevölkerung zu abhängig von importierten Waren, von denen sie in Zeiten eines Konfliktes leicht abgeschnitten werden konnten? Und würde das auf London basierende weltweite Bank- und Finanzsystem beim Ausbruch eines neuen Weltkrieges nicht zusammenbrechen, wenn die Märkte geschlossen, Versicherungen ausgesetzt, internationale Kapitaltransfers verzögert und der Kredit ruiniert wurde? Unter solchen Umständen könnte die fortschrittliche britische Wirtschaft größeren Schaden nehmen als ein Staat, der weniger »hochentwickelt«, aber auch weniger abhängig vom internationalen Handel und Finanzwesen war.

Angesichts der liberalen Glaubenssätze von zwischenstaatlicher Harmonie und ständig zunehmender Prosperität schienen dies leere Ängste zu sein; gefordert war nur, daß die Staatsmänner rational handelten und die uralte Torheit vermieden, mit anderen Völkern zu streiten. Und in der Tat, so argumentierten die Laisser-faire-Liberalen, je mehr die britische Industrie und der Handel in die Weltwirtschaft integriert und von ihr abhängig wurden, desto eher würde man eine Politik vermeiden, die zum Konflikt führte. In gleicher Weise war das Wachstum des finanziellen Sektors zu begrüßen, da es nicht nur den »Boom« der Mitte des Jahrhunderts anheizte, sondern auch demonstrierte, wie modern und progressiv Großbritannien geworden war. Selbst wenn andere Länder seinem Beispiel folgten und sich industrialisierten, konnte es diese Entwicklung unterstützen und dadurch noch mehr Profit machen. In Bernhard Porters Worten war es der erste Froschlaich, dem Beine wuchsen, die erste Kaulquappe, die sich in einen Frosch verwandelte, und der erste Frosch, der aus dem Teich hüpfte. Wirtschaftlich unterschied sich Großbritannien in der Tat von den anderen Ländern – aber nur, weil es ihnen weit voraus war.[32] Angesichts dieser günstigen Umstände schien die Furcht vor strategischen Schwächen unbegründet, und die meisten Briten zogen es vor – wie Kingsley, der bei der Weltausstellung des Jahres 1851 im »Crystal Palace« Tränen des Stolzes vergoß –, daran zu glauben, daß Großbritannien vom Schicksal ausersehen sei:

> Die Spinnmaschine und die Eisenbahn, Cunards Passagierdampfer und der elektrische Telegraph sind für mich . . . Zeichen, daß wir, zumindest in manchen Punkten, mit dem Universum in Einklang sind; daß ein mächtiger Geist unter uns wirkt . . . der Ordnende und Erschaffende Gott.[33]

Wie alle Zivilisationen, für die das Glücksrad günstig steht, konnten die Briten daran glauben, daß ihre Position »natürlich« und daher unerschütterlich wäre. Und wie all diese anderen Zivilisationen erwartete sie ein schlimmer Schock. Aber der lag noch etwas in der Zukunft, und in der Zeit von Palmerston und Macaulay verdeckten die britischen Stärken alle Schwächen.

Die »Mittelmächte«

Die wirtschaftlichen und technischen Veränderungen wirkten sich in dem halben Jahrhundert nach 1815 viel weniger dramatisch auf die relative Position der kontinentalen Großmächte aus, hauptsächlich weil die Industrialisierung dort von einem viel niedrigeren Niveau als in Großbritannien ausging. Je weiter man nach Osten blickte, desto feudaler und agrarischer war die Ökonomie. Aber selbst in Westeuropa, das vor 1790 in vielen Aspekten der kommerziellen und technologischen Entwicklung Großbritanniens kaum nachstand, hatten zwei Jahrzehnte des Krieges tiefe Narben hinterlassen: Bevölkerungsverluste, veränderte Zollgrenzen, höhere Steuern, die Verödung der atlantischen Häfen, der Verlust überseeischer Märkte und Rohstoffe, die Schwierigkeiten, die neuesten britischen Erfindungen zu erwerben. Das alles waren Rückschläge für das allgemeine Wirtschaftswachstum, selbst wenn (aus besonderen Gründen) gewisse Handelszweige und Regionen während der Napoleonischen Kriege florierten.[34] Auch wenn der Frieden die Wiederaufnahme des normalen Handels bedeutete und den kontinentalen Unternehmern vor Augen führte, wie weit sie hinter Großbritannien zurückgefallen waren, löste er keine Modernisierungswelle aus. Es gab ganz einfach nicht genug Kapital oder Nachfrage oder staatliche Ermutigung, um den Wandel zu schaffen; und viele Kaufleute, Handwerker und Weber widersetzten sich erbittert der Einführung englischer Techniken, denn sie sahen in ihnen nicht zu Unrecht eine Bedrohung ihres alten Lebensstils.[35] Obwohl die Einführung der Dampfmaschine, der Webmaschine und der Eisenbahn im kontinentalen Europa große Fortschritte machten, blieben folglich die traditionellen Merkmale der Wirtschaft zwischen 1815 und 1848 vorherrschend: die Überlegenheit der Landwirtschaft gegenüber der industriellen Produktion, das Fehlen billiger und schneller Transportmittel und der Vorrang, den Verbrauchsgüter gegenüber der Schwerindustrie genossen.[36]

Wie Tabelle 7 zeigt, war das Industrialisierungsniveau pro Kopf in dem Jahrhundert nach 1750 nicht sehr beeindruckend, und das Bild begann sich erst in den 1850er und den 1860er Jahren zu wandeln.

Die vorherrschenden politischen und diplomatischen Bedingungen des »Europas der Restauration« wirkten zusammen, um den internationalen Status quo festzuschreiben. Zumindest ließen sie nur kleinere Veränderungen der existierenden Ordnung zu. Gerade weil die Französische Revolution eine so erschreckende Bedrohung für die innere soziale Ordnung und das traditionelle europäische Staatensystem dargestellt hatte, standen Metternich und die anderen konservativen Politiker jeglicher neuen Entwicklung mißtrauisch gegenüber. Eine abenteuerliche Diplomatie, die das Risiko eines allgemeinen Krieges einging, wurde ebenso verachtet wie Kampagnen für nationale Selbstbestimmung oder Verfassungsreformen. Im Ganzen waren die politischen Führer genügend damit beschäftigt, mit den heimischen Turbulenzen und der Agitation von Interessengruppen fertigzuwerden. Denn viele dieser Gruppen fühlten sich durch die Einführung neuer Maschinen, die zunehmende Verstädterung und die sich andeutende Erschütterung der Macht der Zünfte, der Gilden und der Einrichtungen einer vorindustriellen Gesellschaft bedroht. Was ein Historiker als einen »endemischen Bürgerkrieg, der den großen Ausbruch der Rebellionen im Jahre 1830 sowie eine Reihe von mittleren Revolten hervorrief,«[37] bezeichnete, beschäftigte die Staatsmänner so, daß sie im allgemeinen weder die Energie aufbrachten, noch den Wunsch besaßen, sich in ausländischen Konflikten, die ihr eigenes Regime schwächen konnten, zu engagieren.

In diesem Zusammenhang ist es bemerkenswert, daß viele der dennoch stattfindenden militärischen Aktionen begonnen wurden, um die existierende soziopolitische Ordnung vor der revolutionären Bedrohung zu schützen – zum Beispiel die Niederwerfung des Widerstands in Piemont im Jahre 1823 durch die österreichische Armee, der im selben Jahr erfolgende französische Vorstoß nach Spanien, um König Ferdinands Macht wiederherzustellen, und die bemerkenswerteste dieser Affären, der Einsatz russischer Truppen zur Unterdrückung der ungarischen Revolution im Jahre 1848. Auch wenn diese reaktionären Maßnahmen in Großbritannien sehr unbeliebt waren, hatte man keineswegs die Absicht einzugreifen, um die liberalen Kräfte zu schützen. Und territoriale Veränderungen innerhalb Europas konnten nur erfolgen, nachdem das »Konzert« der großen Mächte seine Zustimmung gegeben hatte, der einen oder anderen Macht irgendeine Kompensation zuzubilligen. Anders als zuvor im napoleonischen Zeitalter oder danach in der Ära Bismarcks wurden daher heikle Probleme (Belgien, Griechenland) in der Zeit von 1815 bis 1865 internationalisiert und einseitige Aktionen mit Stirnrunzeln betrachtet. All dies gab dem existierenden Staatensystem eine grundlegende, wenn auch gefährdete Stabilität.

Die internationale Position Preußens war in den Jahrzehnten nach 1815 eindeutig von diesen allgemeinen politischen und sozialen Bedingungen beeinflußt.[38] Obwohl der Hohenzollern-Staat sich durch die Akquisition des Rheinlandes territorial stark vergrößert hatte, wirkte er jetzt viel weniger beeindruckend als unter Friedrich dem Großen. Schließlich fand erst in den 1850er und 1860er Jahren auf preußischem Boden eine schnellere wirtschaftliche Expansion statt als in irgendeinem anderen europäischen Land. Im Gegensatz dazu schien Preußen in der ersten Hälfte des Jahrhunderts ein wirtschaftlicher Pygmäe zu sein, dessen jährlicher Eisenausstoß nicht nur von Großbritannien, Frankreich und Rußland, sondern auch vom Habsburger Reich übertroffen wurde. Außerdem spaltete der Erwerb des Rheinlandes Preußen nicht nur geographisch, sondern erweiterte die politische Kluft zwischen den »liberalen« westlichen und den eher »feudalen« östlichen Provinzen des Staates. Für den größten Teil dieser Periode standen innere Spannungen im Vordergrund der Politik; und während die reaktionären Kräfte meistens die Oberhand behielten, waren sie angesichts der reformistischen Tendenzen der Jahre 1810–1819 alarmiert und verfielen bei der Revolution von 1848–1849 sogar in Panik. Selbst als das Militär wieder ein zutiefst antiliberales Regime errichtete, lehnte es die preußische Elite aus

Angst vor inneren Unruhen ab, außenpolitische Abenteuer zu erwägen; im Gegenteil, die Konservativen dachten, es sei nötig, sich so stark wie möglich mit anderen Kräften der Stabilität in Europa, besonders in Rußland und Österreich, zu identifizieren.

Preußens innenpolitische Auseinandersetzungen wurden durch die Debatte über die »deutsche Frage« – das heißt über die Möglichkeit einer eventuellen Vereinigung der 39 deutschen Staaten und über die Mittel, mit denen man dieses Ziel erreichen könnte – weiterhin kompliziert. Denn die Frage spaltete nicht nur, wie vorherzusehen war, die liberal-nationale Bourgeoisie Preußens von den meisten Konservativen, sie umfaßte auch heikle Verhandlungen mit den mittel- und süddeutschen Staaten, und sie ließ – dies war der bedeutendste Faktor – die Rivalität mit Österreich wieder aufflakkern, die zuletzt in den hitzigen Auseinandersetzungen um Sachsen im Jahre 1814 zutage getreten war. Obwohl Preußen der unumstrittene Führer des an Bedeutung gewinnenden Zollvereins war, der sich in den 1830ern entwickelte und dem die Österreicher aufgrund des protektionistischen Drucks ihrer eigenen Industriellen nicht beitreten konnten, war Wien in diesen Jahrzehnten insgesamt in der politisch günstigeren Lage. Erstens fürchteten sowohl Friedrich Wilhelm III. (1797–1840) als auch Friedrich Wilhelm IV. (1840–1861) das Ergebnis eines Zusammenstoßes mit dem Habsburger Reich mehr als Metternich und sein Nachfolger Schwarzenberg einen Krieg mit dem nördlichen Nachbarn. Zweitens führte Österreich bei den Versammlungen des Deutschen Bundes in Frankfurt den Vorsitz; es hatte die Sympathie vieler kleinerer deutscher Staaten, ganz zu schweigen von der älterer preußischer Konservativer; und es schien ohne Zweifel eine europäische Macht zu sein, während Preußen kaum mehr als eine deutsche Macht war. Das sichtbarste Zeichen von Wiens größerem Gewicht trat in der Olmützer Punktation im Jahre 1850 zutage, als Preußen einer Demobilisierung seiner Armee zustimmte und von seinen deutschen Vereinigungsplänen Abstand nahm. Friedrich Wilhelm IV. zog so kurz nach der 1848er Revolution eine diplomatische Erniedrigung einem riskanten Krieg vor. Und selbst preußische Patrioten wie Bismarck, die darüber grollten, daß man den österreichischen Forderungen nachgegeben hatte, wußten gleichzeitig, daß woanders wenig erreicht werden konnte, bevor nicht das »Ringen um die Vorherrschaft in Deutschland« entschieden war.

Friedrich Wilhelm unterwarf sich in Olmütz hauptsächlich, weil ihm klar war, daß der russische Zar in der »deutschen Frage« die österreichische Sache unterstützte. Während der ganzen Periode von 1812 bis 1871 bemühte sich Berlin in der Tat, den militärischen Koloß im Osten nicht zu provozieren. Ideologische und dynastische Gründe halfen sicherlich, eine solche Unterwürfigkeit zu rechtfertigen, aber sie konnten das Minderwertigkeitsgefühl Preußens nicht ganz verdecken, das durch die russische Akquisition Kongreßpolens im Jahre 1814 unterstrichen wurde. Der Ausdruck der Mißbilligung St. Petersburgs gegenüber jeglichen Liberalisierungsbestrebungen in Preußen, die bekannte Überzeugung des Zaren, daß eine deutsche Vereinigung utopischer Unsinn sei (besonders wenn sie – wie es 1848 versucht worden war – aus einer radikalen Frankfurter Nationalversammlung hervorging, die dem preußischen König die Kaiserkrone anbot!), und die russische Unterstützung der Österreicher vor Olmütz waren Manifestationen dieses unübersehbaren ausländischen Einflusses. Es war daher kaum überraschend, daß sich die preußische Regierung beim Ausbruch des Krimkrieges im Jahre 1854 verzweifelt darum bemühte, neutral zu bleiben, denn sie fürchtete die Folgen eines Krieges mit Rußland, auch wenn sie besorgt war, den Respekt Österreichs und der anderen westlichen Mächte zu verlieren. Angesichts der gegebenen Umstände war die Position Preußens verständlich, aber weil die »schwankende« Politik Berlins den Briten und den Österreichern mißfiel, wurde den preußischen Diplomaten anfänglich untersagt, sich bei den Friedensverhandlungen von Paris (1856) zu den anderen Delegierten zu gesellen. Symbolisch wurde Preußen also immer noch als eine marginale Macht behandelt.

Auch auf anderen Gebieten fühlte sich Preußen – wenn auch weniger beharrlich – von ausländischen Mächten eingeschränkt. Palmerstons Verurteilung des Vorstoßes der preußischen Armee nach Schleswig-Holstein im Jahre 1848 war noch am wenigsten besorgniserregend. Viel beunruhigender erschien dagegen die potentielle französische Bedrohung des Rheinlandes im Jahre 1830, dann 1840 und schließlich in den 1860er Jahren. Diese Zeiten der Spannungen bestätigten lediglich, was die Streitigkeiten mit Wien und das gelegentliche Grollen aus St. Petersburg nahelegten: daß Preußen in der ersten Hälfte des 19. Jahrhunderts die unbedeutendste der Großmächte war, benachteiligt durch seine geographische Lage, von mächtigen Nachbarn überschattet, abgelenkt durch innenpolitische und innerdeutsche Probleme und dadurch unfähig, eine größere Rolle in der internationalen Politik zu spielen. Dies scheint, wenn man die vielen preußischen Stärken betrachtet, vielleicht ein zu hartes Urteil zu sein: Sein Bildungssystem war von der Grundschule bis zur Universität das beste Europas; seine Verwaltung war relativ effizient; und seine Armee und sein Generalstab beschäftigten sich schon früh mit Reformen der Taktik und der Strategie, besonders im Hinblick auf die militärischen Auswirkungen von »Eisenbahnen und Gewehren«.[39] Aber entscheidend war, daß dieses Potential nicht ausgeschöpft werden konnte, bis die innenpolitische Krise zwischen Liberalen und Konservativen überwunden war, bis eine feste Führung an die Stelle des unschlüssigen Friedrich Wilhelm IV. getreten und Preußens industrielle Basis entwickelt worden war. Erst nach 1860 konnte der Hohenzollern-Staat daher aus seiner beinahe zweitrangigen Position aufsteigen.

Indessen sind wie viele andere Dinge im Leben auch strategische Schwächen relativ, und verglichen mit dem Reich der Habsburger im Süden waren Preußens Probleme vielleicht nicht so beängstigend. Obwohl das Österreich in der Zeit von 1648 bis 1815 »aufgestiegen« war und »sich behauptet«[40] hatte, beseitigte diese Expansion doch nicht alle Schwierigkeiten, mit denen Wien zu kämpfen hatte, während es darum rang, die Rolle einer Großmacht zu spielen. Im Gegenteil, langfristig komplizierten die Friedensregelungen von 1815 die Dinge. Zum Beispiel bedeutete die bloße Tatsache, daß die Österreicher so oft gegen Napoleon gekämpft hatten und schließlich auf seiten der Sieger standen, daß sie bei der allgemeinen Neuordnung der Grenzen während der Verhandlungen von 1814–1815 »Kompensationen« forderten. Und obwohl die Österreicher klugerweise zustimmten, sich aus den südlichen Niederlanden, Südwestdeutschland (den Vorlanden) und Teilen Polens zurückzuziehen, wurde dies durch ihre Expansion in Italien und dadurch, daß sie ihre führende Rolle in dem neugeschaffenen Deutschen Bund behaupteten, aufgewogen.

Im Rahmen der allgemeinen Theorie des europäischen Mächtegleichgewichts war diese erneute Etablierung österreichischer Macht empfehlenswert. Das Habsburger Reich, das sich von der norditalienischen Ebene bis Galizien erstreckte, sollte als der zentrale Angelpunkt des Gleichgewichts wirken, den französischen Ambitionen in Westeuropa und in Italien Einhalt gebieten, den Status quo in Deutschland sowohl vor den »großdeutschen« Nationalisten als auch vor den preußischen Expansionisten schützen und jedem russischen Einfluß auf den Balkan entgegenwirken. Es ist wahr, daß jede dieser Aufgaben je nach Kontext von einer oder von mehreren der anderen Großmächte unterstützt wurde, aber das Habsburger Reich war eine Voraussetzung für das Funktionieren dieses komplizierten fünfseitigen Patts – auch wenn das nur daran lag, daß es das größte Interesse daran hatte, den Zustand von 1815 festzuschreiben, wohingegen Frankreich, Preußen und Rußland früher oder später nach Veränderungen streben würden. Die Briten ihrerseits sahen nach 1820 immer weniger strategische und ideologische Gründe, Metternich und damit die österreichischen Versuche der Aufrechterhaltung der existierenden Ordnung zu unterstützen. Aus der Sicht gewisser Historiker war der allgemeine Frieden, der für einige Jahrzehnte nach 1815 in Europa herrschte, in der Tat hauptsächlich der Position und den Funktionen des Habsburger Reiches zu verdanken. Als es in den 1860er Jahren von den anderen Mächten keine militärische Unterstützung bei der Bewahrung des Status quo in Italien und Deutschland erfuhr, wurde es von beiden Schauplätzen vertrieben; und als sein Überleben nach 1900 zweifelhaft wurde, erwies sich ein großer Erbfolgekrieg – mit fatalen Auswirkungen für das europäische Gleichgewicht – als unvermeidlich.[41]

Solange sich die konservativen Mächte in Europa in der Erhaltung des Status quo – gegen den französischen Aufstieg oder die »Revolution« im allgemeinen – einig waren, wurde diese Schwäche der Habsburger verdeckt. Indem er die ideologische Solidarität der Heiligen Allianz anrief, konnte Metternich sich meistens der Unterstützung Rußlands und Preußens versichern, was ihm wiederum freie Hand bei den Interventionen gegen liberale Bewegungen gab – sei es, indem er österreichische Truppen zur Niederwerfung der Rebellion in Neapel im Jahre 1821 entsandte, sei es, indem er die französischen Militäraktionen in Spanien zur Stützung des bourbonischen Regimes zuließ, oder indem er den Mitgliedern des Deutschen Bundes die reaktionären Karlsbader Beschlüsse (1819) aufzwang. In ähnlicher Weise profitierten die Beziehungen des Habsburger Reiches zu St. Petersburg und Berlin von dem gemeinsamen Interesse an der Unterdrückung des polnischen Nationalismus, der für die russische Regierung ein wichtigeres Thema war als die gelegentlichen Unstimmigkeiten über Griechenland oder die Dardanellen. Die gemeinsame Unterdrückung der polnischen Revolte in Galizien und Österreichs Einverleibung der Freien Stadt Krakau im Jahre 1846 unter Zustimmung Rußlands und Preußens erwiesen die Vorteile solch monarchischer Solidarität.

Langfristig indessen war diese Strategie Metternichs tief problematisch. Eine radikale *soziale* Revolution konnte im Europa des 19. Jahrhunderts relativ leicht in Schach gehalten werden, denn immer, wenn eine stattfand (sei es im Jahre 1830, 1848 oder bei der Kommune von 1871), schlug sich die verängstigte Mittelschicht auf die Seite von »Recht und Ordnung«. Aber die weitverbreiteten Ideen und Bewegungen nationaler Selbstbestimmung, die durch die Französische Revolution und die Befreiungskriege zu Beginn des Jahrhunderts verstärkt worden waren, konnten nicht ewig unterdrückt werden. Und die Versuche Metternichs, Unabhängigkeitsbewegungen zu ersticken, erschöpften langsam das Habsburger Reich. Indem es jede Regung nationaler Eigenständigkeit entschlossen unterdrückte, verlor Österreich schnell die Sympathie seines alten Alliierten Großbritannien. Der wiederholte Einsatz militärischer Gewalt in Italien provozierte eine Reaktion aller Klassen gegen den Habsburger »Gefängniswärter«. Dies kam wenige Jahrzehnte später Napoleon III. zugute, als dieser ehrgeizige französische Monarch Cavour half, die Österreicher aus Norditalien zu vertreiben. Außerdem waren viele deutsche Nationalisten darüber enttäuscht, daß Österreich aus wirtschaftlichen Gründen nicht bereit war, dem Zollverein beizutreten, und aus konstitutionell-geographischen Gründen nicht Teil eines »Großdeutschen Reiches« werden konnte.

So begannen sie, auf preußische Führung zu hoffen. Selbst das zaristische Regime, das im allgemeinen Wiens Versuche, Revolutionen niederzuschlagen, unterstützte, wurde mit den nationalen Fragen besser fertig als Österreich. Davon zeugte die Politik Alexanders I., der in den späten 1820er Jahren in Zusammenarbeit mit den Briten – trotz der Gegenargumente Metternichs – die griechische Unabhängigkeit unterstützte.

Tatsache ist, daß das Reich der Habsburger in einem Zeitalter zunehmenden Nationalbewußtseins immer anachronistischer wirkte. In allen anderen großen Mächten

teilte die Mehrheit der Bürger eine Sprache und eine Religion. Mindestens neunzig Prozent der Franzosen sprachen Französisch und ebensoviele gehörten zumindest nominell der katholischen Kirche an. Mehr als acht von zehn Preußen waren deutsch (der Rest war meist polnisch), und von den Deutschen waren siebzig Prozent protestantisch. Zu den siebzig Millionen Untertanen des Zaren gehörten einige große Minderheiten (fünf Millionen Polen, dreieinhalb Millionen Finnen, Esten und Letten und drei Millionen Kaukasier unterschiedlicher Nationalität), aber damit blieben immer noch fünfzig Millionen, die sowohl russisch waren als auch der orthodoxen Kirche angehörten. Und die Bewohner der Britischen Inseln sprachen zu neunzig Prozent Englisch und waren zu siebzig Prozent protestantisch. In solchen Ländern mußte man nicht um den Zusammenhalt kämpfen; sie hatten eine innere Bindung. Im Gegensatz dazu herrschte der österreichische Kaiser über ein ethnisches Gemisch. Er und acht Millionen seiner Untertanen waren deutsch, aber doppelt so viele waren Slawen unterschiedlicher Herkunft (Tschechen, Slowaken, Polen, Ruthenen, Slowenen, Kroaten und Serben), fünf Millionen waren Ungarn, fünf Millionen Italiener und zwei Millionen Rumänen. Was für eine Nation ergab das? Die Antwort lautet: überhaupt keine.[42]

Die Habsburger Armee, die als »eine der wichtigsten, wenn nicht als die wichtigste Institution des Reiches« angesehen wurde, spiegelte diese ethnische Vielfalt wider. »Im Jahre 1865 (ein Jahr vor dem entscheidenden Konflikt mit den Preußen um die Vorherrschaft in Deutschland) bestand die Armee aus 128286 Deutschen, 96300 Tschechen und Slowaken, 52700 Italienern, 22700 Slowenen, 20700 Rumänen, 19000 Serben, 50100 Ruthenen, 33700 Polen, 32500 Magyaren, 27600 Kroaten und 5100 Soldaten anderer Nationalitäten.«[43] Obwohl die Armee dadurch fast so farbenfroh und vielfältig war wie die britisch-indischen Regimenter unter dem Radscha, brachte dies auch, verglichen mit den viel homogeneren französischen und preußischen Armeen, alle möglichen Nachteile mit sich.

Diese potentielle militärische Schwäche wurde noch durch schwache Finanzen verschärft, die zum Teil auf die Schwierigkeiten zurückgingen, im Reich Steuern einzutreiben, aber hauptsächlich von der unzureichenden kommerziellen und industriellen Basis des Reiches herrührten. Obwohl Historiker heute von einem »wirtschaftlichen Aufstieg des Habsburger Reiches«[44] in der Periode von 1760 bis 1914 sprechen, ist es eine Tatsache, daß in der ersten Hälfte des 19. Jahrhunderts nur in gewissen westlichen Gebieten wie Böhmen, in den Alpenländern und um Wien eine Industrialisierung stattfand, während der größte Teil des Reiches relativ unberührt blieb. Österreich selbst entwickelte sich also, aber das Reich *als Ganzes* fiel in bezug auf das Industrialisierungsniveau pro Kopf, die Eisen- und Stahlproduktion, die Dampfkraftkapazitäten und so weiter hinter Großbritannien, Frankreich und Preußen zurück.

Zusätzlich hatten die Kosten der französischen Kriege »das Reich finanziell erschöpft, es mit einer großen Staatsschuld und einer Menge abgewerteten Papiergeldes hinterlassen«.[45] Dies zwang die Regierung praktisch, die Militärausgaben auf einem Minimum zu halten. Im Jahre 1830 erhielt die Armee nur ungefähr 23 Prozent der Steuereinnahmen (1817 waren es noch fünfzig Prozent gewesen), und bis zum Jahre 1848 sank der Anteil auf zwanzig Prozent. Bei Krisen wie in den Jahren 1848–1849, 1854–1855, 1859–1860 und 1864 wurden außerordentliche Militärausgaben bewilligt, aber sie reichten nie aus, um die Armee auch nur annähernd auf volle Stärke zu bringen, und sie wurden ebenso schnell wieder reduziert, sobald man dachte, die Krise sei vorüber. Beispielsweise sank das Militärbudget von 179 Millionen Florins im Jahre 1860 auf 118 Millionen im Jahre 1863, stieg auf 155 Millionen im Konflikt mit Dänemark im Jahre 1864 und wurde 1865 drastisch auf 96 Millionen gekürzt – kurz vor dem Krieg mit Preußen. Keine dieser Gesamtsummen hielt Schritt mit den militärischen Etats Frankreichs, Großbritanniens, Rußlands und (wenig später) Preußens; und da die österreichische Militärverwaltung als korrupt und – selbst nach dem Standard der Mitte des 19. Jahrhunderts – ineffizient verschrien war, wurden die Gelder überdies wahrscheinlich nicht sinnvoll eingesetzt. Zusammenfassend kann man sagen, daß die militärische Stärke des Habsburger Reiches in keiner Weise mit den Aufgaben, die es unter Umständen bestreiten mußte, im Einklang stand.[46]

All dies soll den Untergang des Reiches nicht vordatieren. Sein Stehvermögen war, wie viele Historiker bemerkt haben, außergewöhnlich. Nachdem es die Reformation, die Türken und die Französische Revolution überlebt hatte, war es in der Lage, die Ereignisse von 1848 bis 1849, die Niederlage von 1866 und, bis in die letzten Stadien, die Belastungen des Ersten Weltkrieges zu überstehen. Während seine Schwächen offensichtlich waren, besaß es auch Stärken. Die Monarchie weckte nicht nur ein Gefühl der Loyalität bei den deutschen Untertanen, sondern auch bei vielen Aristokraten und Beamtenfamilien in den nicht-deutschen Provinzen. Seine Herrschaft in Polen war, verglichen mit den russischen und preußischen Verwaltungen, relativ mild. Außerdem ließ der komplexe, multinationale Charakter des Reiches mit seinen lokalen Rivalitäten ein gewisses Maß an *divide et impera* von der Mitte her zu, wie der durchdachte Einsatz der Armee zeigte: ungarische Regimenter waren hauptsächlich in Italien und Österreich stationiert, italienische Regimenter in Ungarn, die Hälfte der Husaren-Regimenter im Ausland und so weiter.[47]

Schließlich besaß es den negativen Vorteil, daß keine der anderen Großmächte – selbst wenn sie in Feindseligkeiten mit dem Reich der Habsburger verstrickt waren – wußte, was man an seine Stelle setzen sollte. Zar Nikolaus I. mochte sich an den österreichischen Ansprüchen auf dem Balkan stoßen, aber er war dennoch bereit, eine Armee zur Verfügung zu stellen, um die ungarische Revolution von 1848 niederzuwerfen. Frankreich mochte intrigieren, um die Habsburger aus Italien zu drängen, aber Napoleon III. wußte nur zu gut, daß Wien ein nützlicher Alliierter gegen Preußen oder Rußland sein konnte. Und Bismarck, obwohl entschlossen, allen österreichischen Einfluß aus Deutschland zu verbannen, war 1866 nach der Kapitulation des Habsburger Reiches sehr daran interessiert, es zu erhalten. Solange diese Situation bestehenblieb, würde das Reich überleben – stillschweigend geduldet.

Trotz seiner Verluste während der Napoleonischen Kriege war die Position Frankreichs in dem halben Jahrhundert nach 1815 in vielerlei Hinsicht signifikant besser als die Preußens oder Habsburgs.[48] Sein Staatseinkommen war größer und Kapital leichter zugänglich; seine Bevölkerung war zahlreicher als die Preußens und viel homogener als die des Habsburger Reiches; es konnte sich eine große Armee viel müheloser leisten und war gleichzeitig in der Lage, eine beträchtliche Marine zu bezahlen. Trotzdem wird es hier als eine »Mittelmacht« behandelt, ganz einfach, weil strategische, diplomatische und wirtschaftliche Umstände in ihrer Bündelung Frankreich daran hinderten, seine Ressourcen zu konzentrieren und auf irgendeinem Gebiet eine entscheidende Führungsrolle zu erlangen.

Machtpolitisch bedeutsam war in den Jahren 1814–1815 die Tatsache, daß sich alle anderen großen Staaten entschlossen zeigten, Frankreichs Versuche zu vereiteln, seine Hegemonialstellung in Europa zurückzugewinnen. Und London, Wien, Berlin und St. Petersburg waren nicht nur willens, ihre Streitigkeiten über andere Fragen (z. B. Sachsen) beizulegen, um Napoleons letztes Aufbäumen zu unterdrücken, sie arbeiteten auch darauf hin, ein Nachkriegssystem zu errichten, das Frankreich in Zukunft von seinen traditionellen Expansionsgelüsten abhalten sollte. Während Preußen somit als Bewacher des Rheinlandes fungierte, festigte Österreich seine Position in Norditalien, und der britische Einfluß auf der Iberischen Halbinsel wurde verstärkt. Im Hintergrund stand eine große russische Armee, bereit, die Vereinbarungen von 1815 in ganz Europa zu verteidigen. Wie sehr folglich auch viele Franzosen auf eine Politik der »Wiedergewinnung«[49] drängen mochten, so war doch klar, daß keine dramatische Verbesserung ihrer Position möglich schien. Erreichbar war bestenfalls die Anerkennung Frankreichs als gleichwertiger Partner im Europäischen Konzert und andererseits die Restauration des französischen politischen Einflusses auf benachbarte Regionen *neben* dem Einfluß der existierenden Mächte. Aber selbst wenn die Franzosen beispielsweise auf der Iberischen Halbinsel mit den Briten eine Parität erzielen konnten und wieder eine größere Rolle in der Levante spielten, mußten sie immer besorgt sein, eine andere Koalition gegen sich aufzubringen. Jeder Vorstoß der Franzosen in die Niederlande mußte, wie in den 1820er und 1830er Jahren deutlich wurde, instinktiv eine anglo-preußische Allianz heraufbeschwören, die zu stark war, um sie zu bekämpfen.

Die andere Karte, die Paris spielen konnte, war der Aufbau enger Beziehungen mit *einer* der großen Mächte, die dann genutzt werden konnten, um die französischen Ziele abzusichern.[50] Angesichts der latenten Rivalitäten zwischen den anderen Staaten und den beträchtlichen Vorteilen, die eine französische Allianz bieten konnte (Geld, Soldaten, Waffen), war dies eine plausible Möglichkeit, aber sie hatte drei Schwächen. Erstens könnte die andere Macht in der Lage sein, die Franzosen mehr auszunutzen als umgekehrt – wie Metternich es Mitte der 1830er Jahre tat, als er auf französische Annäherungen einging, nur um London und Paris zu entzweien. Zweitens beeinträchtigten die Regimewechsel, die in diesen Jahrzehnten in Frankreich stattfanden, unweigerlich die diplomatischen Beziehungen in einer Zeit, in der die Ideologie eine so große Rolle spielte. So brachen die langgehegten Hoffnungen auf eine Allianz mit Rußland zusammen, als die 1830er Revolution Frankreich erschütterte. Schließlich bestand noch das unüberwindbare Problem, daß keine der anderen großen Mächte in dieser Periode eine Veränderung des Status quo wünschte: das heißt, sie boten Frankreich lediglich diplomatische Freundschaft und nicht die Aussicht auf territoriale Gewinne. Erst nach dem Krimkrieg gab es auch außerhalb Frankreichs einen weitverbreiteten Wunsch nach einer Neuordnung der Grenzen von 1815.

Diese Hindernisse hätten weniger Wirkung gehabt, wenn Frankreich gegenüber dem restlichen Europa so stark gewesen wäre wie auf dem Höhepunkt der Macht Ludwigs XIV. oder auf dem Zenit von Napoleons Herrschaft. Aber tatsächlich war Frankreich nach 1815 kein besonders dynamisches Land. Ungefähr 1,5 Millionen Franzosen waren in den Kriegen von 1793 bis 1815 gefallen[51] und, was noch signifikanter ist, die französische Bevölkerung wuchs im gesamten 19. Jahrhundert langsamer als die jeder anderen großen Macht. Der lange Kampf hatte nicht nur der französischen Wirtschaft auf vielfältige Weise geschadet, nun im Frieden sah sich Frankreich von seinem großen britischen Rivalen kommerziell herausgefordert. »Die wichtigste Tatsache für die meisten französischen Produzenten war nach 1815 die Existenz eines überwältigend dominanten und mächtigen industriellen Produzenten, der nicht nur ihr nächster Nachbar, sondern auch eine wichtige Kraft auf allen ausländischen Märkten und sogar auf den eigenen stark geschützten Märkten war.«[52] Diese mangelnde Konkurrenzfähigkeit, die Hemmnisse einer Modernisierung Frankreichs (z. B. geringe Größe der landwirtschaftlichen Betriebe, schlechte Verkehrsverbindungen, hauptsächlich lokale Märkte, das Fehlen billiger, leicht abbaubarer Kohle) und der Verlust jeglichen Anreizes von den überseeischen Märkten, bedeutete, daß zwischen 1815 und 1850 sein industrielles Wachstum viel geringer war als das Großbritanniens. Zu Beginn des Jahrhunderts entsprach das Produktionsvolumen Großbritanniens dem Frankreichs; um 1830 war es auf 182,5 und um 1860 auf 251 Prozent des französischen gestiegen.[53] Danach beschleunigten sich zwar der französische Eisenbahnbau und die allgemeine Industrialisierung in der zweiten Hälfte des 19. Jahrhunderts, aber Frankreich stellte mit Besorgnis fest, daß sich Deutschland noch weit schneller entwickelte.

Historikern erscheint es dennoch heute nicht mehr so eindeutig, ob die französische Wirtschaft in diesem Jahrhundert leichtfertig »rückständig« oder »enttäuschend« genannt werden kann; in vieler Beziehung war der französische Weg zur nationalen Prosperität ebenso logisch wie der ganz andersartige Weg der Briten.[54] Die gesellschaftlichen Schrecken der Industriellen Revolution waren in Frankreich weniger verbreitet; aber indem man sich eher auf Produkte mit hoher Qualität als auf Massenware konzentrierte, war der Wertzuwachs in der Herstellung des einzelnen Produktes pro Kopf beträchtlich größer. Wenn die Franzosen im Inneren meist nicht in großangelegte industrielle Unternehmungen investierten, war dies oft eher eine Frage der Berechnung als ein Zeichen für Armut oder Rückständigkeit. Es gab im Land tatsächlich erhebliches überschüssiges Kapital, von dem viel in industrielle Investitionen in anderen europäischen Ländern floß.[55] Die französischen Regierungen kamen kaum in die Verlegenheit, über zuwenig Geld zu verfügen, und es *wurde* in Kriegsmaterial, in die metallverarbeitende Industrie, die den Streitkräften zulieferte, investiert. Es waren französische Erfinder, welche die Granatenkanone unter General Paixhans, die

»epochemachenden Schiffskonstruktionen« der *Napoleon* und der *La Gloire* und die Minié-Kugel und den gezogenen Lauf hervorbrachten.[56]

Trotzdem bleibt die Tatsache bestehen, daß Frankreichs *relative* Macht sowohl auf wirtschaftlichem als auch auf anderen Gebieten langsam zurückging. Während Frankreich, um dies zu wiederholen, größer als Preußen oder das Reich der Habsburger war, gab es keine Sphäre, in der es eine entschiedene Führungsposition einnahm, wie es ein Jahrhundert zuvor der Fall gewesen war. Seine Armee war groß, aber sie lag zahlenmäßig auf dem zweiten Platz hinter Rußland. Seine Flotte, durch aufeinanderfolgende französische Regierungen ungleichmäßig gefördert, war meistens die zweitgrößte nach der Royal Navy – aber der Abstand zu ihr war riesig. In Produktionsvolumen und Bruttosozialprodukt fiel Frankreich hinter seinen bahnbrechenden Nachbarn zurück. Die *La Gloire* wurde schnell von der H. M. S. *Warrior* der Royal Navy in den Schatten gestellt, ebenso wie Frankreichs Feldartillerie hinter den neueren Konstruktionen Krupps zurückblieb. Außerhalb Europas spielte es eine Rolle, aber wiederum waren seine Besitzungen und sein Einfluß viel weniger ausgedehnt als der Großbritanniens.

All dies weist auf ein weiteres akutes Problem hin, das es oft schwer macht, die Stärke Frankreichs zu ermessen. Es blieb eine klassische *hybride* Macht,[57] häufig zwischen seinen europäischen und seinen außer-europäischen Interessen hin- und hergerissen. Und dies beeinträchtigte wiederum seine Diplomatie, die durch ideologische Überlegungen und das komplizierte Spiel des Mächtegleichgewichts in Europa ohnehin schon schwierig genug war. War es wichtiger, den russischen Vorstoß auf Konstantinopel zu stoppen, als die britischen Ansprüche in der Levante zu blockieren? Sollte man versuchen, die Österreicher aus Italien zu drängen oder lieber die Royal Navy im Ärmelkanal herausfordern? Sollte man die frühen deutschen Einigungsversuche fördern oder sie behindern? Angesichts der Vor- und Nachteile, die mit jeder dieser politischen Entscheidungen einhergingen, waren die Franzosen oft ambivalent und zögernd, selbst als sie als vollwertiges Mitglied des Europäischen Konzerts angesehen wurden.

Andererseits darf man nicht vergessen, daß Frankreich zwar

durch die Lage in Europa gehemmt wurde, gleichzeitig aber die Möglichkeit hatte, die anderen Mächte zu kontrollieren. Dies war besonders unter Napoleon III., aber auch in den späten 1820er Jahren der Fall. Allein schon aufgrund seiner Größe hatte Frankreichs Erholung Auswirkungen auf die Iberische und die italienische Halbinsel, die Niederlande und auch auf weiter entfernte Staaten. Sowohl die Briten als auch die Russen mußten bei ihrem Versuch, die Ereignisse im Osmanischen Reich zu beeinflussen, mit den Franzosen rechnen. Es war Frankreich, viel mehr als das wankelmütige Habsburger Reich oder auch Großbritannien, das die Russen im Krimkrieg militärisch am tatkräftigsten in Schach hielt. Es war Frankreich, das die österreichische Position in Italien untergrub, und es war hauptsächlich Frankreich, das, weniger dramatisch, garantierte, daß das Britische Empire kein vollständiges Einflußmonopol entlang der afrikanischen und chinesischen Küsten gewann. Als schließlich das österreichisch-preußische Ringen um die Vorherrschaft in Deutschland seinen Höhepunkt erreichte, zeigten beide Rivalen tiefe Besorgnis über das, was Napoleon III. tun oder lassen mochte. Zusammenfassend kann man sagen, daß Frankreich, als es sich in den Jahren nach 1815 erholt hatte, für einige Jahrzehnte eine beachtliche Macht blieb, die diplomatisch sehr aktiv und militärisch einigermaßen stark war und die man besser zum Freund als zum Feind hatte – selbst wenn seinen Führern bewußt war, daß es nicht mehr so dominant war wie in den zwei Jahrhunderten zuvor.

Der Krimkrieg und der Verfall der russischen Macht

Die *relative* Macht Rußlands sollte in den Jahrzehnten des internationalen Friedens und der Industrialisierung nach 1815 am meisten abnehmen – obwohl dies bis zum Krimkrieg (1854 bis 1856) nicht vollständig offensichtlich war. 1814 waren die Europäer überwältigt, als die russische Armee nach Westen vorstieß, und die Pariser Massen hatten vorsichtshalber »Vive l'empéreur Alexandre!« gerufen, als der Zar hinter seinen Kosakenbrigaden in die Stadt einritt. Die Friedensvereinbarungen selbst mit ihrer erzkonservativen Betonung, daß es in Zukunft keine territorialen oder politischen Veränderungen geben dürfe, wurden von einer russischen Armee von 800000 Mann garantiert, die zu Lande allen Rivalen so überlegen war wie die Royal Navy anderen Flotten zur See. Sowohl Österreich als auch Preußen wurden von diesem östlichen Koloß in den Schatten gestellt und fürchteten seine Stärke, selbst wenn sie ihre monarchische Solidarität mit ihm verkündeten. Die russische Rolle als Gendarm Europas nahm an Bedeutung eher noch zu, als der messianische Alexander I. von dem autokratischen Nikolaus I. (1825–1855) abgelöst wurde; und die Position des letzteren wurde durch die revolutionären Ereignisse von 1848 bis 1849 weiter gestärkt. Denn zu dieser Zeit waren, wie Palmerston es ausdrückte, Rußland und Großbritannien die einzigen Mächte, die noch »aufrecht standen«.[58] Die verzweifelten Appelle der Habsburger Regierung um Hilfe bei der Unterdrückung der ungarischen Revolte wurden durch die Entsendung dreier russischer Armeen belohnt. Im Gegensatz dazu provozierte die schwankende Haltung Friedrich Wilhelms IV. von Preußen gegenüber inneren Reformbewegungen unerbittlichen russischen Druck, bis der Berliner Hof auf eine reaktionäre Innenpolitik umschwenkte und den diplomatischen Rückzug von Olmütz vollzog. Was die »Kräfte der Veränderung« selbst betraf, so waren sich nach 1848 alle – ob polnische oder ungarische Nationalisten oder frustrierte bürgerliche Liberale oder Marxisten – einig, daß für lange Zeit das Reich der Zaren das größte Bollwerk gegen den Fortschritt in Europa darstellen würde.

Aber auf wirtschaftlicher und technologischer Ebene verlor Rußland – verglichen mit den anderen Mächten zwischen 1815 und 1880 – in alarmierender Weise an Boden. Das heißt nicht, daß es keine ökonomischen Verbesserungen gab. Selbst unter Nikolaus I., dessen Beamte den Marktkräften und jeglichen Anzeichen der Modernisierung feindlich gegenüberstanden, fanden einige Fortschritte statt. Die Bevölkerung wuchs rapide (von 51 Millionen im Jahre 1816 auf 76 Millionen im Jahre 1860, dann auf hundert Millionen im Jahre 1880) – vor allem in den Städten. Der Eisenausstoß nahm zu, und die Textilindustrie vergrößerte sich beträchtlich. Nach einigen Quellen stieg zwischen 1804 und 1860 die Zahl der Fabriken oder industriellen Unternehmen von 2400 auf 15000. Dampflokomotiven und andere moderne Maschinen wurden aus dem Westen importiert; und ab den 1830er Jahren begann sich das Eisenbahnnetz auszuweiten. Allein die Tatsache, daß Historiker sich darüber gestritten haben, ob in diesen Jahrzehnten eine »industrielle Revolution« stattgefunden habe oder nicht, bestätigt zumindest, daß etwas in Gang war.[59]

Aber das restliche Europa bewegte sich einfach weit schneller, und Rußland verlor an Boden. Aufgrund seiner viel größeren Bevölkerung hatte es im frühen 19. Jahrhundert noch leicht das *absolut* größte Bruttosozialprodukt behauptet. Zwei Generationen später war dies nicht mehr der Fall, wie aus Tabelle 9 ersichtlich wird.

Tabelle 9 BSP der europäischen Großmächte 1830–1890[60]
(zu Marktpreisen in US-Dollar von 1960; in Milliarden)

	1830	1840	1850	1860	1870	1880	1890
Rußland	10,5	11,2	12,7	14,4	22,9	23,2	21,1
Frankreich	8,5	10,3	11,8	13,3	16,8	17,3	19,7
Großbritannien	8,2	10,4	12,5	16,0	19,6	23,5	29,4
Deutschland	7,2	8,3	10,3	12,7	16,6	19,9	26,4
Habsburger Reich	7,2	8,3	9,1	9,9	11,3	12,2	15,3
Italien	5,5	5,9	6,6	7,4	8,2	8,7	9,4

Aber die Zahlen wirken noch erschreckender, wenn man das Bruttosozialprodukt pro Kopf betrachtet (siehe Tabelle 10).

Tabelle 10 Pro-Kopf-BSP der europäischen Großmächte 1830–1890[61]
(in US-Dollar von 1960)

	1830	1840	1850	1860	1870	1880	1890
Großbritannien	346	394	458	558	628	680	785
Italien	265	270	277	301	312	311	311
Frankreich	264	302	333	365	437	464	515
Deutschland	245	267	308	354	426	443	537
Habsburger Reich	250	266	283	288	305	315	361
Rußland	170	170	175	178	250	224	182

Die Zahlen zeigen, daß der Anstieg des russischen Bruttosozialproduktes in dieser Zeit überwiegend auf das Bevölkerungswachstum zurückzuführen ist – ob nun durch Geburtenanstieg oder durch Eroberungen in Turkestan und anderswo – und wenig mit einem tatsächlichen Anstieg der Produktivität (besonders der industriellen Produktivität) zu tun hatte. Rußlands Pro-Kopf-Einkommen und sein Bruttosozialprodukt pro Kopf hatte schon immer hinter dem Westeuropas gelegen; aber jetzt fiel es noch weiter zurück, von (beispielsweise) der Hälfte des Pro-Kopf-Einkommens Großbritanniens im Jahre 1830 auf ein Viertel dieser Zahl sechzig Jahre später.

In demselben Sinne war die Verdoppelung der russischen Eisenproduktion im frühen 19. Jahrhundert verglichen mit der *dreißigfachen* Steigerung der britischen unbedeutend.[62] Innerhalb zweier Generationen hatte sich Rußland vom größten Eisenproduzenten und -exporteur zu einem Land entwickelt, das zunehmend von Importen westlicher Industriegüter abhängig war. Selbst die Verbesserungen der Verkehrsverbindungen durch die Eisenbahn und die Dampfschiffahrt müssen in die richtige Perspektive gerückt werden. Um 1850 hatte Rußland kaum mehr als 800 Kilometer an Eisenbahnstrecken, verglichen mit den 13600 Kilometern der Vereinigten Staaten; und ein großer Teil des Zuwachses im Dampfschiffhandel auf den großen Flüssen oder in der Ostsee und dem Schwarzen Meer drehte sich um den Transport von Getreide, das benötigt wurde, um die wachsende Bevölkerung zu Hause zu versorgen und um die importierten Industriegüter durch Getreidelieferungen nach Großbritannien zu bezahlen. Neuentwicklungen lagen allzuoft in den Händen ausländischer Kaufleute und Unternehmer (der Exporthandel mit Sicherheit) und verwandelten Rußland somit immer mehr in einen Lieferanten von *Rohstoffen* für fortschrittlichere Wirtschaften. Bei näherer Betrachtung zeigt sich, daß die meisten neuen »Fabriken« und »Industrieunternehmen« weniger als sechzehn Menschen beschäftigten und kaum mechanisiert waren. Kapitalmangel, geringe Konsumentennachfrage, eine winzige Mittelschicht, enorme Entfernungen, extreme Klimabedingungen und die schwere Hand eines autokratischen, mißtrauischen Staates verdüsterten die Aussichten auf einen industriellen »Aufbruch« in Rußland mehr als in jedem anderen Land Europas.[63]

Lange Zeit setzten sich diese verhängnisvollen wirtschaftlichen Trends nicht in eine sichtbare militärische Schwächung Rußlands um. Im Gegenteil, die nach 1815 bei den Großmächten vorherrschende Neigung zu *Ancien régime*-Strukturen zeigte sich nirgendwo so deutlich wie in der sozialen Zusammensetzung, den Waffen und der Taktik ihrer Armeen. Noch unter dem Eindruck der Französischen Revolution, kümmerten sich die Regierungen mehr um die politische und soziale Zuverlässigkeit ihrer Streitkräfte als um militärische Reformen; und die Generäle selbst, nicht länger der Prüfung eines großen Krieges ausgesetzt, betonten Hierarchie, Gehorsam und Vorsicht – Eigenschaften, die durch die Vorliebe Nikolaus' I. für offizielle Paraden und Aufmärsche verstärkt wurden. Angesichts dieser Umstände waren ausländische Beobachter von der schieren Masse der russischen Armee und der gewaltigen Zahl an jährlichen Rekrutierungen beeindruckter, als von solch geheimnisvollen Angelegenheiten wie der militärischen Logistik oder dem Ausbildungsstand des Offizierskorps. Außerdem *war* die russische Armee aktiv und in ihren häufigen Expansionsfeldzügen in den Kaukausus und nach Turkestan oft erfolgreich. Diese Vorstöße bereiteten den Briten in Indien bereits Sorgen, und die anglo-russischen Beziehungen sollten dadurch im 19. Jahrhundert viel belasteter werden, als sie es im 18. Jahrhundert waren.[64] Ebenso beeindruckend war für Außenstehende die russische Unterdrückung der ungarischen Rebellion von 1848 bis 1849 und die Behauptung des Zaren, daß er jederzeit 400000 Soldaten bereitstellen könnte, um die gleichzeitige Revolte in Paris niederzuwerfen. Was diese Beobachter nicht bemerkten, war die weniger beeindruckende Tatsache, daß ein großer Teil der russischen Armee durch Besatzungspflichten im Inneren, durch »Polizeiaktionen« in Polen und Finnland und andere Aktivitäten wie Grenzpatroullien und die Militärkolonien festgenagelt war, und daß der Rest nicht besonders effizient erschien – von den 11000 Verlusten, die sie im ungarischen Feldzug erlitten, waren alle bis auf 1000 auf Krankheiten zurückzuführen, da die Logistik und die medizinische Versorgung der Armee völlig unzureichend blieben.[65]

Der Krimfeldzug von 1854 bis 1855 bestätigte die russische Rückständigkeit auf schockierende Weise. Die zaristischen Kräfte konnten nicht konzentriert werden, da die Operationen der Alliierten in der Ostsee (obwohl sie nie sehr ernst waren) und die drohende schwedische Intervention 200000 russische Soldaten im Norden banden. Die frühen Feldzüge in den Donaufürstentümern und die weit größere Gefahr, daß Österreich seine Interventionsdrohung wahrmachen könnte, gefährdeten Bessarabien, die westliche Ukraine und das russische Polen. Der Kampf gegen die Türken im Kaukasus und die Verteidigung der russischen Territorien im Fernen Osten stellten enorme Anforderungen an die Truppen und das Versorgungssystem.[66] Als der anglo-französische Angriff auf die Krim den Krieg in eine hochempfindliche Gegend der russischen Territorien verlegte, waren die Streitkräfte des Zaren nicht in der Lage, die Invasion abzuwehren.

Zur See hatte Rußland eine recht ansehnliche Marine mit kompetenten Admirälen, und sie schaffte es, die schwächere türkische Flotte im November 1853 bei Sinope vollständig zu vernichten. Aber sobald die anglo-französischen Flotten in den Kampf eintraten, kehrte sich das Kräfteverhältnis vollständig um.[67] Viele russische Schiffe waren aus Holz und nicht hochseetüchtig, ihre Feuerkraft war unzureichend und ihre Besatzungen nur schlecht ausgebildet. Die Alliierten verfügten über viel mehr dampfgetriebene Kriegsschiffe, manche davon bewaffnet mit Schrapnellkanonen und Congreve-Raketen. Vor allen Dingen hatten die Feinde Rußlands die industrielle Kapazität, neue Schiffe zu bauen (einschließlich Dutzender dampfgetriebener Kanonenboote), so daß ihr Vorteil immer größer wurde, je länger sich der Krieg hinzog.

Aber die russische Armee war noch schlechter dran. Der gewöhnliche Infanterist kämpfte gut, und die langgezogene Verteidigung Sewastopols unter der brillanten Führung des Admirals Nakhimow und dem technischen Genie Oberst Todtlebens war eine bemerkenswerte Leistung. Aber in jeder anderen Beziehung war die Armee erbärmlich. Den Kavallerieregimentern fehlte es an Unternehmungsgeist, und ihre Paradepferde waren für anstrengende Feldzüge ungeeignet (hierfür waren die irregulären Kosaken besser geeignet). Noch schlimmer war die miserable Bewaffnung der russischen Soldaten. Ihre altmodischen Steinschloßmusketen hatten eine Reichweite von ungefähr 80 Metern, wohingegen die Gewehre der alliierten Soldaten bis zu 200 Metern weit schießen konnten; daher waren die russischen Verluste weit größer.

Vor allem aber erwies sich das russische System *als Ganzes* als unfähig, auf die riesige Herausforderung zu reagieren. Die Führung der Armee war schlecht, von persönlichen Rivalitäten geplagt und nie in der Lage, eine zusammenhängende Großstrategie zu entwikkeln – in dieser Hinsicht spiegelte sie lediglich die allgemeine Inkompetenz der zaristischen Regierung. Es gab nur sehr wenige ausgebildete Offiziere in den mittleren Dienstgraden, wie sie die preußische Armee im Überfluß besaß, und Eigeninitiative wurde völlig mißbilligt. Erstaunlicherweise gab es auch kaum Reservisten, auf die man im Falle eines nationalen Notstands zurückgreifen konnte, da es für die Einführung einer Armee mit kurzen Dienstzeiten nötig gewesen wäre, die Leibeigenschaft abzuschaffen.* Eine Folge dieses Systems war, daß die russische Berufsarmee viele *überalterte* Soldaten hatte. Eine weitere, fatalere Konsequenz lag darin, daß die ungefähr 400000 neuen Rekruten, die man zu Beginn des Krieges hastig angeworben hatte, vollkommen unausgebildet waren – denn dafür standen nicht genügend Offiziere zur Verfügung –, und die vielen Männer aus der Landwirtschaft abzuziehen schadete der russischen Ökonomie.

Schließlich gab es da noch die logistischen und wirtschaftlichen Schwächen. Da es südlich von Moskau keine Eisenbahnen gab (!), mußten die von Pferden gezogenen Nachschubwagen Hunderte von Kilometern Steppe überqueren, die während des Tauwetters im Frühjahr und des Regens im Herbst Matschseen waren. Außerdem brauchten die Pferde so viel Futter (das wiederum von anderen Packpferden getragen werden mußte und so weiter), daß ein riesiger logistischer Aufwand unproportional kleine Ergebnisse hervorbrachte. Die alliierten Truppen und Verstärkungen konnten von Frankreich und England aus auf dem Seeweg binnen dreier Wochen die Krim erreichen, während russische Truppen aus Moskau manchmal drei Monate brauchten, um zur Front zu gelangen. Noch alarmierender war, daß der russischen Armee sehr schnell Waffen und Munition ausgingen. »Zu Beginn des Krieges hatte man eine Million Gewehre; [Ende 1855] waren nur noch 90000 übrig. Von den 1656 Feldkanonen waren nur noch 253 vorhanden. Der Stand

* In Rußland fürchtete man, daß ein Mann, der zwei oder drei Jahre in der Armee gedient hatte, nicht länger Leibeigener sein wollte, und sah es daher als sicherer an, jedes Jahr einen kleinen Teil der männlichen Bevölkerung als langjährige *Berufssoldaten* anzuwerben.

der Pulver- und Kugelvorräte war noch katastrophaler.«[68] Je länger der Krieg dauerte, desto größer wurde die Überlegenheit der Alliierten, während die britische Blockade den Import neuer Waffen verhinderte.

Aber die Blockade bewirkte mehr als das: sie schnitt den Strom russischer Getreideausfuhren und anderer Exporte ab (außer denen, die über Land nach Preußen gingen) und machte es für die russische Regierung unmöglich, den Krieg anders zu bezahlen als durch hohe Kredite. Die Militärausgaben, die selbst in Friedenszeiten vier Fünftel der Staatseinnahmen beanspruchten, stiegen von ungefähr 220 Millionen Rubel im Jahre 1853 auf ungefähr 500 Millionen in den beiden Kriegsjahren 1854 und 1855. Um einen Teil des erschreckenden Defizits zu decken, nahm die russische Schatzkammer in Berlin und Amsterdam Kredite auf. Aber dadurch fiel der internationale Kurs des Rubels. Um den Rest abzudecken, griff die Regierung auf die Ausgabe von Papiergeld zurück, was zu einer enormen Inflation führte und die Unruhe unter den Bauern verstärkte. Die früheren tapferen Versuche des Finanzministeriums, einen auf Silberdeckkung basierenden Rubel zu schaffen und Schuldscheine zu verbieten – die während der Napoleonischen Kriege und der Feldzüge gegen Persien, die Türkei und die polnischen Rebellen der Ruin »gesunder Finanzen« gewesen waren –, wurden nun durch den Krimkrieg völlig vereitelt. Wenn Rußland an seinem fruchtlosen Kampf festhielte, so wurde der Kronrat am 15. Januar 1856 gewarnt, ginge der Staat dem Bankrott entgegen.[69] Nur Friedensverhandlungen mit den Großmächten boten einen Ausweg aus der Katastrophe.

All dies heißt nicht, daß den Alliierten der Krimkrieg leichtfiel. Auch sie waren großen Belastungen und unangenehmen Überraschungen ausgesetzt. Frankreich litt interessanterweise am wenigsten, denn in diesem Fall profitierte es einmal davon, eine hybride Macht zu sein – es war industriell und wirtschaftlich weniger rückständig als Rußland und weniger »entmilitarisiert« als Großbritannien. Die unter General Saint-Arnaud nach Osten entsandten Truppen waren gut ausgerüstet, dank der nordafrikanischen Operationen gut ausgebildet und einigermaßen erfahren in überseeischen Feldzügen. Ihre logistischen und medizinischen Versorgungssysteme waren so effizient, wie es einer Armeeverwaltung in der

Mitte des Jahrhunderts möglich war, und die französischen Offiziere machten sich zu Recht über die amateurhaften britischen Partner mit ihrem riesigen Troß lustig. Das französische Expeditionskorps war bei weitem das größte und erkämpfte die entscheidenden Siege des Krieges. Zu einem gewissen Grad gewann die Nation in diesen Kämpfen also ihr napoleonisches Erbe zurück.

In den späteren Stadien des Krieges machten sich bei Frankreich jedoch Anzeichen der Überanstrengung bemerkbar. Obwohl es ein reiches Land war, mußte die Regierung mit Eisenbahnfirmen und anderen, die von der Crédit Mobilier und anderen Banken Kapital wollten, konkurrieren. Das Gold floß zur Krim und nach Konstantinopel ab und trieb die Preise in Frankreich in die Höhe; schlechte Getreideernten waren keine Hilfe. Obwohl die volle Höhe der Kriegsverluste (100000 Mann) nicht bekannt war, verflüchtigte sich der anfängliche französische Enthusiasmus für diesen Konflikt schnell. Volksaufstände wegen der Inflation verstärkten das nach der Nachricht über die Einnahme Sewastopols weitverbreitete Argument, daß der Krieg nur noch weiterging, weil die Briten egoistische und ehrgeizige Ziele verfolgten.[70] Zu dieser Zeit war auch Napoleon III. sehr daran interessiert, die Kämpfe zu beenden: Rußland war gestraft, das französische Prestige gestiegen (und würde nach der großen internationalen Friedenskonferenz in Paris noch weiter steigen), und es war wichtig, sich nicht zu sehr von den deutschen und italienischen Angelegenheiten ablenken zu lassen, indem man den Konflikt im Schwarzen Meer eskalierte. Selbst wenn Napoleon die Landkarte Europas im Jahre 1856 nicht wesentlich verändern konnte, hatte er mit Sicherheit das Gefühl, daß Frankreichs Aussichten rosiger waren als zu irgendeiner anderen Zeit nach Waterloo. Für die Dauer eines weiteren Jahrzehntes sollten die nach dem Krimkrieg entstandenen Risse zwischen den europäischen Großmächten diese Illusion zulassen.

Im Gegensatz dazu waren die Briten mit dem Ausgang des Krimkrieges alles andere als zufrieden. Trotz gewisser Reformbemühungen war die Armee immer noch im gleichen Zustand wie unter Wellington, und ihr Kommandeur Raglan war auch tatsächlich Wellingtons Attaché im Spanienkrieg (1808–1814) gewesen. Die Kavallerie war – soweit man das bei Kavallerie überhaupt sagen kann –

adäquat, wurde aber oft falsch eingesetzt (nicht nur in Balaklawa) und konnte bei der Belagerung Sewastopols natürlich nichts ausrichten. Obwohl die Soldaten kampferprobt und tapfer waren, verursachten der schreckliche Mangel an Schutzhütten gegen den Regen und den Winter auf der Krim, die Unfähigkeit der primitiven Sanitätsdienste, mit den Ausbrüchen von Ruhr und Cholera fertigzuwerden, und der Mangel an Transportmitteln unnötige Verluste und Rückschläge, welche die britische Nation erbosten. Noch unangenehmer war, daß die britische Armee – wie die russische eine Berufstruppe – keine ausgebildete Reserve hatte, auf die man in Kriegszeiten zurückgreifen konnte. Aber während die Russen zumindest mit Gewalt Hunderttausende von unerfahrenen Rekruten einziehen konnten, war das Laisser-faire-Großbritannien dazu nicht in der Lage. So mußte die Regierung ausländische Söldner anwerben, um den Soldatenmangel auf der Krim auszugleichen. Während deshalb die britische Armee für die Franzosen immer ein untergeordneter Partner blieb, hatte die Marine Großbritanniens keine wirkliche Chance, einen Nelsonschen Sieg gegen einen Feind zu erringen, der seine Flotten vorsichtig in befestigte Häfen zurückzog.[71]

Der Ausbruch öffentlichen Unmuts in Großbritannien, der nach den berüchtigten Enthüllungen der Londoner *Times* über militärische Inkompetenz und das Leiden der kranken und verwundeten Soldaten ausbrach, kann hier nur kurz erwähnt werden. Er führte nicht nur zu einem Ministerwechsel, sondern auch zu einer ernsten Debatte über die Schwierigkeiten eines »liberalen Staates im Kriege«.[72] Großbritanniens eigentümliche Stärken – geringes Maß an staatlicher Kontrolle, kleine imperiale Armee, starkes Vertrauen auf die Seemacht, Betonung der individuellen Freiheiten und eine unbeschränkte Pressefreiheit, Macht des Parlaments und der einzelnen Minister – verwandelten sich sehr leicht in Schwächen, wenn das Land gezwungen war, eine ausgedehnte, jahrelange militärische Operation gegen eine feindliche Großmacht zu führen.

Die britische Reaktion auf diese Prüfung bestand darin (ähnlich der amerikanischen Reaktion auf die Kriege im 20. Jahrhundert), den Streitkräften enorme Geldsummen zuzuteilen, um die Vernachlässigung in der Vergangenheit wiedergutzumachen. Und wieder einmal tragen die groben Zahlen der Militärausgaben der kämpfenden Parteien eine Menge zur Erklärung des Ausgangs dieses Konfliktes bei (siehe Tabelle 11).

Tabelle 11 Militärische Ausgaben der Großmächte im Krimkrieg[73] (in Mio. Pfund)

	1852	1853	1854	1855	1856
Rußland	15,6	19,9	31,3	39,8	37,9
Frankreich	17,2	17,5	30,3	43,8	36,3
Großbritannien	10,1	9,1	76,3	36,5	32,3
Türkei	2,8	?	?	3,0	?
Sardinien	1,4	1,4	1,4	2,2	2,5

Aber selbst als sich Großbritannien auf sein Militär besann, konnte es die nötigen Machtinstrumente nicht so schnell schaffen: die militärischen Ausgaben mochten erhöht, Hunderte von dampfgetriebenen Schiffen bestellt werden, die Expeditionstruppe mochte nach 1855 sogar einen *Überschuß* an Zelten, Decken und Munition besitzen, und ein angriffslustiger Palmerston konnte behaupten, es sei notwendig, das russische Reich zu zerschmettern – trotzdem konnte Großbritanniens kleine Armee wenig ausrichten, wenn Frankreich Frieden schloß und Österreich neutral blieb –, und genau dies geschah in den Monaten nach dem Fall Sewastopols. Nur wenn sich die britische Nation und die Volkswirtschaft sehr viel mehr »militarisiert« hätten, wären sie alleine fähig gewesen, den Krieg gegen Rußland in erfolgversprechender Weise fortzusetzen. Aber die zu erwartenden Kosten waren viel zu hoch für eine politische Führung, die bereits durch die strategischen, konstitutionellen und wirtschaftlichen Schwierigkeiten, die der Krimfeldzug aufgeworfen hatte, tief verunsichert war.[74] Daher waren die Briten, obwohl sie sich um einen wirklichen Sieg betrogen fühlten, dennoch bereit, einen Kompromiß einzugehen. Dies führte dazu, daß viele Europäer (Franzosen, Österreicher sowie Russen) die Ziele und Verläßlichkeit Londons mit wachsendem Mißtrauen beobachteten und die britische Öffentlichkeit immer weniger davon hielt, überhaupt in kontinentale Angelegenheiten verstrickt zu werden. Während sich Napoleons Frankreich daher auf die Mitte der europäischen Bühne des Jahres 1856 zubewegte, rutschte Großbritannien zunehmend an den Rand – ein Abdriften, das durch den Aufstand in Indien (1857) und die inneren Reformbewegungen noch beschleunigt wurde.

Auch wenn der Krimkrieg die Briten schockierte, so war dies nichts verglichen mit dem Schlag, den die Macht und das Selbstbewußtsein Rußlands hinnehmen mußte – ganz zu schweigen von den Verlusten: etwa 480000 Mann waren gefallen. »Wir können uns nicht länger betrügen«, bemerkte Großfürst Konstantin Nikolajewitsch nüchtern, ». . . wir sind sowohl schwächer als auch ärmer als die erstrangigen Mächte und, mehr noch, ärmer nicht nur an materiellen sondern auch an geistigen Ressourcen, besonders in der Verwaltung.«[75] Diese Erkenntnis trieb die Reformer im russischen Staat zu einer ganzen Serie von radikalen Veränderungen, von der die bemerkenswerteste die Abschaffung der Leibeigenschaft war. Außerdem förderte Alexander II. den Eisenbahnbau und die Industrialisierung weit mehr als sein Vater. Die Kohleförderung, die Eisen- und Stahlproduktion, große staatliche Versorgungsbetriebe und industrielle Unternehmen traten von den 1860er Jahren an zunehmend in den Vordergrund, und die Statistiken in den wirtschaftsgeschichtlichen Werken über Rußland sind auf den ersten Blick recht beeindruckend.[76]

Wie immer beeinflußt jedoch eine Änderung der Perspektive das Urteil. Konnte diese Modernisierung den enormen jährlichen Zuwachs an armen Bauern ohne Ausbildung kompensieren oder etwa wirklich über ihn hinausgehen? Konnte sie mit der explosionsartigen Erhöhung der Eisen- und Stahlproduktion und der Fertigung, die in den West Midlands, dem Ruhrgebiet, Schlesien und Pittsburgh in den folgenden zwei Jahrzehnten stattfand, Schritt halten? Konnte Rußland sich selbst mit einer reorganisierten Armee mit der »militärischen Revolution« messen, die Preußen der Welt bald vorführen sollte und die wieder die *qualitativen* und nicht die *quantitativen* Elemente nationaler Stärke betonen sollte? Die Antworten auf all diese Fragen mußten einen russischen Nationalisten enttäuschen. Denn er wäre sich nur zu bewußt gewesen, daß sein Land bei weitem keine solch bedeutende Position mehr einnahm wie 1815 und 1848.

Die Vereinigten Staaten und der Bürgerkrieg

Wie bereits erwähnt, hatten Beobachter der Weltpolitik, angefangen bei de Tocqueville, den Eindruck, daß der Aufstieg des Russischen Reiches mit dem der Vereinigten Staaten parallel einherging. Sicherlich gestand jeder zu, daß es fundamentale Unterschiede in der politischen Kultur und der Verfassung der beiden Staaten gab, aber in den Begriffen der Weltmacht schienen sie aufgrund ihrer geographischen Größe, ihrer »offenen«, sich verändernden Grenzen, ihrer schnell wachsenden Bevölkerung und ihrer kaum erschlossenen Ressourcen sehr ähnlich.[77] Während vieles davon zutrifft, bleibt dennoch die Tatsache bestehen, daß es im ganzen 19. Jahrhundert bedeutende wirtschaftliche Diskrepanzen zwischen den Vereinigten Staaten und Rußland gab, die sich in zunehmendem Maße auf ihre nationale Macht auswirken sollten. Der erste Unterschied bestand in der Bevölkerungszahl, obwohl diese Kluft zwischen 1816 (Rußland 51,2 Millionen, Vereinigte Staaten 8,5 Millionen) und 1860 (Rußland 76 Millionen, Vereinigte Staaten 31,4 Millionen) bedeutend kleiner wurde. Aussagekräftiger war die Zusammensetzung dieser Bevölkerung: während die Rußlands überwiegend aus Leibeigenen mit geringem Einkommen und niedriger Produktionskapazität bestand, genossen die Amerikaner auf ihren Farmen oder in den rapide wachsenden Städten im allgemeinen* einen im Vergleich zu anderen Ländern hohen Lebensstandard und ein hohes Bruttosozialprodukt. Schon um 1800 waren die Löhne um ungefähr ein Drittel höher als in Westeuropa, und dieser Vorsprung sollte das ganze Jahrhundert hindurch erhalten bleiben oder sogar ausgebaut werden. Trotz des enormen Zustroms europäischer Immigranten in den 1850er Jahren führten das im Westen reichlich zur Verfügung stehende Land und das stetige industrielle Wachstum zu einem relativen Mangel an Arbeitskräften und damit zu hohen Löhnen. Dies regte wiederum die Fabrikanten an, in arbeitsparende Maschinen zu investieren, was die nationale Produkti-

* Abgesehen von den schwarzen Sklaven und den immer noch relativ zahlreichen Indianern.

vität zusätzlich stimulierte. Da die junge Republik von den europäischen Machtkämpfen isoliert war und die Royal Navy (und nicht die Monroedoktrin) einen *cordon sanitaire* zog, um die Alte Welt von der Neuen zu trennen, konnte die einzige Bedrohung des zukünftigen Wohlstands der Vereinigten Staaten nur aus Großbritannien selbst kommen. Aber trotz der Erinnerungen an 1776 und 1812 und an einige Grenzkonflikte im Nordwesten[78] war ein anglo-amerikanischer Krieg unwahrscheinlich. Der Strom von britischem Kapital und Industriegütern in die Vereinigten Staaten und der Rückstrom amerikanischer Rohstoffe (besonders Baumwolle) verknüpften die beiden Wirtschaften immer enger miteinander und regten das amerikanische Wirtschaftswachstum weiter an. Anstatt finanzielle Ressourcen in Verteidigungsausgaben lenken zu müssen, konnten die strategisch sicheren Vereinigten Staaten daher ihr (und das britische) Kapital auf die Entwicklung ihres enormen wirtschaftlichen Potentials konzentrieren. Weder Konflikte mit den Indianern noch der Krieg mit Mexiko im Jahre 1846 zogen nennenswerte Summen von den produktiven Investitionen ab.

Unter diesen Umständen entwickelten sich die Vereinigten Staaten bereits vor dem Ausbruch des Bürgerkrieges im April 1861 zu einem wirtschaftlichen Riesen, obwohl ihre Entfernung von Europa, ihre Konzentration auf die innere Entwicklung (statt auf den Außenhandel) und die enorme, ungezähmte Natur des Landes diese Tatsache manchmal verhüllten. Während der Anteil der Vereinigten Staaten am globalen Produktionsvolumen im Jahre 1860 noch weit hinter dem Großbritanniens lag, waren sie bereits an Deutschland und Rußland vorbeigezogen und im Begriff, Frankreich zu überholen. Die Vereinigten Staaten hatten mit nur vierzig Prozent der russischen Bevölkerung im Jahre 1860 eine mehr als doppelt so große städtische Bevölkerung, sie produzierten 830000 Tonnen Eisen gegenüber 350000 in Rußland, hatten einen Energieverbrauch aus modernen Brennstoffquellen, der 15mal so groß war. Das Schienennetz war dreißigmal so groß wie das Rußlands und auch dreimal so groß wie das Großbritanniens. Andererseits besaßen die Vereinigten Staaten eine reguläre Armee von bloß 26000 Mann, verglichen mit Rußlands riesigen Streitkräften von 862000 Mann.[79] Die Disparität zwischen den wirtschaftlichen und den militärischen Indices der beiden kontinentumspannenden Staaten war vielleicht nie größer als zu dieser Zeit.

Innerhalb eines weiteren Jahres begann der Bürgerkrieg natürlich die Menge an nationalen Ressourcen, welche die Amerikaner militärischen Zwecken widmeten, zu verändern. Die Ursprünge und Gründe dieses Konfliktes stehen hier nicht zur Diskussion, aber da die Führung auf beiden Seiten entschlossen war, bis zum bitteren Ende zu kämpfen, und da beide Seiten auf Hunderttausende von Männern zurückgreifen konnten, war es wahrscheinlich, daß es zu einem langen Krieg kommen würde. Dazu trugen auch die enormen Entfernungen bei, denn die »Front« reichte von der Küste Virginias bis zum Mississippi und sogar noch weiter in den Westen bis Missouri und Arkansas, wobei ein Großteil dieses Geländes aus Wäldern, Gebirgen und Sümpfen bestand. Außerdem zwang die Seeblockade den Norden, eine Küstenlinie zu bewachen, die so lang war wie die zwischen Hamburg und Genua. Mit anderen Worten, den Süden zu besiegen, war eine außerordentlich schwierige logistische und militärische Aufgabe, besonders für ein Volk, das seine Streitkräfte auf einem Minimum gehalten hatte und in der Kriegführung unerfahren war.

Obwohl die vier Kriegsjahre zermürbend und entsetzlich blutig waren – die Union verlor 360000 Mann und die Konföderierten 258000* –, wirkten sie wie ein Katalysator auf die latente nationale Macht der Vereinigten Staaten und verwandelten sie bis zur Demobilisierung nach 1865 in die größte Militärnation der Welt. Aus amateurhaften Anfängen entwickelten sich die Streitkräfte beider Seiten zu gewaltigen Wehrpflichtarmeen, die moderne Artillerie und Gewehre einsetzten, sich im Stellungskrieg Nordvirginias quälten oder in Massen per Zug zu den westlichen Kriegsschauplätzen gekarrt wurden, mittels Telegraphie mit dem Armeehauptquartier Kontakt hielten und auf die Ressourcen einer mobilisierten Kriegswirtschaft zurückgriffen. Die Seegefechte sahen den ersten Einsatz gepanzerter Schiffe, drehbarer Geschütztürme, früher Tor-

* Ungefähr ein Drittel fiel im Kampf, der Rest starb hauptsächlich an Krankheiten. Die Gesamtzahl von 620000 Gefallenen war mehr als die amerikanischen Verluste im Ersten und Zweiten Weltkrieg und im Koreakrieg zusammengenommen, und sie wurden von einer viel kleineren Bevölkerung erlitten.

pedos und Minen und schneller, dampfgetriebener Kaperschiffe. Da dieser Konflikt weit mehr als der Krimkrieg oder die preußischen »Einigungskriege« als der erste industrialisierte »totale Krieg« gelten kann – ein Vorläufer der Kriege des 20. Jahrhunderts –, ist es nützlich festzustellen, weshalb der Norden ihn gewann.

Der erste und offensichtlichste Grund – vorausgesetzt, der Siegeswille blieb auf beiden Seiten gleich – war das Mißverhältnis von Ressourcen und Bevölkerungszahl. Es mag stimmen, daß der Süden in der Kampfmoral einen gewissen Vorteil hatte, weil er um seine Existenz kämpfte und (meistens) auf eigenem Boden; weil er auf einen größeren Anteil an weißen Männern zurückgreifen konnte, die reiten und schießen konnten; weil er entschlossene und qualifizierte Generäle besaß und weil er, über lange Zeit, Munition und anderen Nachschub importieren konnte, wodurch er seine materielle Unterlegenheit wettmachte.[80] Aber dies alles konnte das große zahlenmäßige Ungleichgewicht zwischen dem Norden und dem Süden nicht kompensieren. Während ersterer eine Bevölkerung von ungefähr zwanzig Millionen Weißen besaß, hatte der Süden nur sechs Millionen. Ferner wurde die Bevölkerung der Union ständig durch Immigranten (zwischen 1861 und 1865 kamen mehr als 800000 ins Land) und durch die Entscheidung des Jahres 1862 verstärkt, schwarze Soldaten anzuwerben – eine Maßnahme, die der Süden erwartungsgemäß bis in die letzten Kriegsmonate vermied. Ungefähr zwei Millionen Soldaten dienten in der Armee der Union, die in den Jahren 1864 bis 1865 mit einer Million den Höhepunkt ihrer Kampfstärke erreichte. Bei der konföderierten Armee dienten im Laufe des Krieges 900000 Mann, aber ihre maximale Stärke lag nie höher als bei 464500 Mann – und von diesem »Höhepunkt«, den sie Ende 1863 erreichte, ging es langsam abwärts.

Aber wie immer kann der Krieg nicht allein aus Zahlen erklärt werden. Selbst um diese Armeestärke zu erreichen, lief der Süden Gefahr, zuviele Männer aus der Landwirtschaft, den Bergwerken und Gießereien abzuziehen und somit die ohnehin fragwürdige Fähigkeit, einen langen Krieg zu führen, zu schwächen. Tatsächlich waren die Konföderierten von Anfang an wirtschaftlich benachteiligt. Im Jahre 1860 besaß der Norden 110000 Produktionsbetriebe im Vergleich zu den 18000 des Südens (und viele der letzteren waren von technologischer Expertise und geschulten Arbeitern des Nordens abhängig). Die Konföderierten produzierten nur ungefähr 36 700 Tonnen Roheisen, wohingegen allein Pennsylvania einen Ausstoß von 580 000 Tonnen verzeichnete. Der Staat New York stellte Waren im Wert von beinahe 300 Millionen Dollar her – weit mehr als das Vierfache der Produktion Virginias, Alabamas, Louisianas und Mississippis zusammengenommen. Diese überwältigende wirtschaftliche Ungleichheit der beiden kriegführenden Parteien verwandelte sich stetig in reale militärische Effektivität.

Während der Süden beispielsweise nur sehr wenige Gewehre herstellen konnte (hauptsächlich mit den Werkzeugmaschinen, die er bei Harper's Ferry erbeutet hatte) und stark von Importen abhängig war, dehnte der Norden seine heimische Waffenindustrie massiv aus und produzierte fast 1,7 Millionen Gewehre. Das Eisenbahnnetz des Nordens – es war ungefähr 30 000 Kilometer lang und erstreckte sich vom Osten bis zum Südwesten – konnte während des Krieges erhalten und sogar ausgedehnt werden; die lediglich 12 000 Kilometer des Südens und die unzureichende Anzahl an Lokomotiven und Waggons waren im Laufe der Zeit nicht instand zu halten. Ähnliches gilt für die Marine, denn beim Ausbruch des Konfliktes besaß keine der beiden Seiten eine Flotte, aber der Süden war dadurch benachteiligt, daß er keine Fabriken besaß, mit denen er Schiffsmaschinen hätte bauen können, während der Norden mehrere Dutzend solcher Anlagen hatte. Obwohl es einige Zeit dauerte, bis die maritime Überlegenheit der Union spürbar wurde – in dieser Zeit brachten Blockadebrecher der konföderierten Armee europäisches Kriegsmaterial, und Kaperschiffe der Südstaaten fügten der Handelsflotte des Nordens schwere Schäden zu –, zog sich langsam und unaufhaltsam das Netz um die Häfen des Südens zu. Im Dezember 1864 zählte die Marine der Union 671 Kriegsschiffe, darunter 236 Dampfschiffe, die seit Beginn des Krieges gebaut worden waren. Die Seemacht des Nordens war außerdem wichtig, weil sie den Streitkräften Kontrolle über die großen inländischen Flüsse gab, besonders im Mississippi-Tennessee-Gebiet. Der erfolgreiche Einsatz von *kombiniertem* Bahn- und Wassertransport war es, der die Offensiven der Union auf dem westlichen Schauplatz unterstützte.

Schließlich war es den Konföderierten unmöglich, den Krieg zu finanzieren. In Friedenszeiten war ihre Haupteinnahmequelle der Export von Baumwolle gewesen. Als dieser Handel versickerte und als – zur Enttäuschung des Südens – die europäischen Mächte nicht in den Kampf eingriffen, konnten sie diesen Verlust nicht kompensieren. Es gab im Süden nur wenige Banken und kaum flüssiges Kapital, und das Besteuern von Land und Sklaven brachte nur geringe Einnahmen, da die Produktivität durch den Krieg stark eingeschränkt wurde. Auch ausländische Kredite brachten wenig, aber ohne fremdes Kapital konnte man schwerlich die lebenswichtigen Importe bezahlen. Es war wahrscheinlich unvermeidlich, daß sich die Schatzämter der Konföderierten der Notenpresse zuwandten, aber »zuviel Papiergeld verbunden mit einer ernsten Warenknappheit führte zu einer zügellosen Inflation«[81] – die wiederum dem Kampfwillen der Bevölkerung zusetzte. Im Gegensatz dazu konnte der Norden durch Besteuerung und Kredite jederzeit genug Geld aufbringen, um den Konflikt zu finanzieren, und das Drucken von »greenbacks«* regte das industrielle und wirtschaftliche Wachstum in mancher Hinsicht weiter an. Beeindruckenderweise stieg die Produktivität der Union – nicht nur in der Rüstungsindustrie, im Eisenbahnbau und im Bau von Panzerschiffen, sondern auch in der Landwirtschaft – während des Kampfes weiter an. Gegen Ende des Krieges waren die Soldaten des Nordens wahrscheinlich besser ernährt und ausgerüstet als irgendeine andere Armee in der Geschichte. Falls es ein typisch amerikanisches Verhalten in einem militärischen Konflikt gibt – einen »american way of war«, um Professor Weigleys Ausdruck zu gebrauchen –,[82] dann ist er hier geformt worden: indem die Union ihr enormes industriell-technologisches Potential mobilisierte und einsetzte, um ihren Feind zu vernichten.

Wenn dies wie eine zu deterministische Erklärung für den Ausgang eines Konfliktes klingt, der vier Jahr lang auf Messers Schneide zu stehen schien, dann mag es sinnvoll sein, das fundamentale strategische Problem des Südens herauszustellen. Angesichts des Ungleichgewichts der Größe und der Bevölkerungszahl gab es für den Süden keine Möglichkeit, den Norden zu überren-

* Amerikanische Dollarnoten. A. d. Ü.

nen. Das einzig erreichbare Ziel war, die Armeen und den Kampfgeist des Feindes zu schwächen, so daß er seine Zwangspolitik aufgab und den Ansprüchen des Südens (auf Sklaverei, auf Sezession oder auf beides) nachgab. Dieser Strategie wäre sehr geholfen gewesen, wenn Grenzstaaten wie Maryland und Kentucky überwiegend dafür gestimmt hätten, der Konföderation beizutreten, was aber nicht geschah; und ihr wäre unvergleichlich geholfen gewesen, wenn eine ausländische Macht wie Großbritannien interveniert hätte. Aber dies als wahrscheinlich anzusehen, hieß die britischen politischen Prioritäten der frühen 1860er Jahre in erstaunlichem Maße mißzuverstehen.[83] Da diese beiden Möglichkeiten, das *gesamte* Kräfteverhältnis zugunsten des Südens zu verschieben, ausgeschlossen waren, blieb den Konföderierten lediglich die Strategie, dem Druck der Union zu widerstehen und zu hoffen, daß eine Mehrheit der Nordstaatler kriegsmüde werden würde. Das aber bedeutete unvermeidlich einen langgezogenen Krieg – und je länger er dauerte, desto besser konnte die Union ihre größeren Ressourcen mobilisieren, ihre Rüstungsproduktion steigern, Hunderte von Kriegsschiffen auf Kiel legen und den Süden durch die Seeblockade, durch unverminderten Druck auf Nordvirginia, durch weite Feldzüge in den Westen und durch Shermans Vernichtungskampagnen durch Feindgebiet unerbittlich in die Enge treiben. Als die Wirtschaft, die Moral und die Kampftruppen des Südens schwanden – zu Beginn des Jahres 1865 war ihre »einsatzbereite« Truppe auf 155 000 Mann gesunken –, blieb nur noch die Kapitulation.

Die deutschen Einigungskriege

Obwohl der amerikanische Bürgerkrieg von einer Reihe von europäischen Militärbeobachtern[84] untersucht wurde, ließen seine besonderen Merkmale (die Entfernungen, die Wildnis, sein Bürgerkriegscharakter) ihn weniger als Lehrbeispiel für allgemeine militärische Neuentwicklungen erscheinen als die bewaffneten Auseinandersetzungen, die sich in den 1860er Jahren in Europa abspielen sollten. Dort hatte der Krimkrieg nicht nur die alte »Konzertdiplomatie« untergraben, sondern auch dazu geführt, daß sich die »Flankenmächte« einer Intervention im Zentrum weniger verpflichtet fühlten. Rußland brauchte viele Jahre, um sich von seiner erniedrigenden Niederlage zu erholen, und Großbritannien zog es vor, sich auf imperiale und innenpolitische Fragen zu konzentrieren. So wurde die europäische Politik auf, wie sich später herausstellte, künstliche Weise von Frankreich beherrscht. Preußen, das während des Krimkrieges unter Friedrich Wilhelm IV. einen wenig glorreich erscheinenden Rang eingenommen hatte, wurde jetzt durch den Verfassungsstreit zwischen seinem Nachfolger Wilhelm I. und dem preußischen Parlament erschüttert, bei dem es vor allem um die Heeresreform ging. Das Reich der Habsburger jonglierte immer noch mit den ineinandergreifenden Problemen, ihre italienischen Interessen gegen Piemont und ihre deutschen Interessen gegen Preußen zu verteidigen und gleichzeitig zu versuchen, die ungarische Unzufriedenheit im Reich im Zaum zu halten.

Im Gegensatz dazu erschien Frankreich unter Napoleon III. stark und zuversichtlich. Das Finanzwesen, der Eisenbahnbau und die industrielle Entwicklung hatten seit den frühen 1850er Jahren Fortschritte gemacht. Sein Kolonialreich war in Westafrika, in Indochina und im Pazifik ausgedehnt worden. Man hatte die Flotte vergrößert, so daß sie zu gewissen Zeiten (zum Beispiel 1859) auf der anderen Seite des Kanals Alarm auslöste. Militärisch und diplomatisch gesehen schien Frankreich die entscheidende dritte Macht bei jeder denkbaren Lösung der deutschen oder der italienischen Frage zu sein – wie 1859 deutlich wurde, als Frankreich schnell und entschlossen zugunsten Piemonts in den kurzen Krieg gegen Österreich eingriff.[85]

Aber gleichgültig, wie wichtig die Schlachten bei Magenta und Solferino für den Versuch waren, die Habsburger aus der Lombardei zu verdrängen, scharfsinnige Beobachter hätten 1859 bemerkt, daß es österreichische Inkompetenz und nicht französische militärische Brillanz (und sicherlich nicht die militärische Kraft Piemonts!) war, die den Ausgang entschied. Die französische Armee hatte den Vorteil, viel mehr Gewehre zu besitzen als die Österreicher – was die großen Verluste brachte, die Kaiser Franz Joseph so entnervten –, aber die französischen Mängel waren auch bemerkenswert: Es fehlte an Medikamenten und Munition, die Mobilisierungspläne waren ungeordnet und die militärische Führung durch Napoleon III. selbst war alles andere als glänzend. Dies spielte zu diesem Zeitpunkt keine große Rolle, da die Armee der Habsburger schwächer und ihre Führung durch General Gyulai noch unentschlossener war.[86] Militärische Effektivität ist schließlich *relativ* – was später dadurch demonstriert wurde, daß die habsburgischen Streitkräfte immer noch leicht mit den Italienern an Land (bei Custozza im Jahre 1866) und zur See (bei Lessa) fertigwurden, auch wenn sie nie in der Lage gewesen wären, es mit Frankreich, Preußen oder Rußland aufzunehmen. Aber dies bedeutete auf jeden Fall, daß Frankreich in einem zukünftigen Krieg gegen einen *anderen* Feind nicht automatisch überlegen wäre. Der Ausgang dieses Krieges hinge dann wiederum von dem unterschiedlichen Niveau der militärischen Führung, der Waffensysteme und der produktiven Basis beider Seiten ab.

Da sich die von der Industriellen Revolution verursachte rasante technologische Entwicklung genau in der Ära der 1850er und 1860er Jahre erstmals auf die Kriegführung auswirkte, ist es nicht überraschend, daß die Streitkräfte überall mit bisher unbekannten operativen Problemen zu kämpfen hatten. Welche Waffengattung würde sich im Gefecht als wichtiger erweisen – die Infanterie mit ihren neuen Hinterladern oder die Artillerie mit ihren neuen mobilen Kanonen und stählernen Geschützrohren? Wie wirkten sich die Eisenbahn und die Telegraphie auf das Kommando im Feld aus? Verschaffte die neue Kriegstechnologie der angreifenden oder der verteidigenden Armee einen Vorteil?[87] Die richtige Antwort auf solche Fragen war natürlich, daß alles von den Umständen abhing. Das heißt, der Ausgang wurde nicht nur durch die neueren Waffen, sondern auch durch das Gelände, in dem sie eingesetzt wurden, durch die Moral und die taktische Kompetenz der Truppe, durch die Wirksamkeit des Nachschubsystems und all die anderen unzähligen Faktoren beeinflußt, die dazu beitragen, das Schicksal der Schlachten zu entscheiden. Da es unmöglich war, den Ablauf des Krieges vorherzusehen, wurde es besonders wichtig, eine militärisch-politische Führung zu besitzen, die mit den verschiedenen Elementen geschickt jonglieren konnte, und ein militärisches Instrument, das flexibel genug war, auf Veränderungen sofort zu reagieren. Und in diesen lebenswichtigen Punkten sollte weder Österreich-Ungarn noch Frankreich so erfolgreich sein wie Preußen.

Die preußische »militärische Revolution« der 1860er, die schon bald die »deutsche Revolution« der europäischen Politik hervorbringen sollte, wie Disraeli sie etwas pompös nannte, basierte auf einer Anzahl ineinandergreifender Faktoren. Der erste war ein einzigartiges System kurzen Militärdienstes, das vom neuen König Wilhelm I. und seinen Ministern gegen die liberale Opposition durchgesetzt wurde. Diese Wehrpflicht umfaßte drei Jahre Dienst in der regulären Armee und dann weitere vier Jahre in der Reserve, wonach jeder Soldat in die Landwehr kam. Das hieß, daß sich die voll mobilisierte preußische Armee aus sieben Jahrgängen zusammensetzte.* Da kein Ersatz zulässig war und die Landwehr die meisten Garnisons- und Etappenpflichten übernehmen konnte, gewann Preußen durch dieses System eine im Vergleich zu ihrer Bevölkerung weit größere Frontarmee als irgendeine andere Großmacht. Dies war wiederum von einem relativ hohen Niveau der Volksbildung abhängig – ein System kurzer Dienstzeiten, das im Krisenfall schnell ausgebaut werden muß, wäre nach Meinung der meisten Experten in einer Nation ungebildeter Bauern schwer durchführbar gewesen – und von einer hervorragenden Organisation, allein um mit der großen Zahl an Soldaten fertigzuwerden. Es war schließlich wenig sinnvoll, eine Truppe von einer halben oder einer Million Mann aufzustellen, wenn sie nicht ausreichend ausgebildet, bekleidet, bewaffnet, ernährt und zu den entscheidenden Kampfgebieten transportiert werden konnte; und es wäre eine noch größere Verschwendung von Menschen und Ressourcen, wenn die Befehlshaber keine guten Nachrichtenverbindungen zu ihren großen Armeen besaßen, um sie zu lenken und zu kontrollieren.

Die Gruppe, die diese Kontrolle ausübte, war der preußische Generalstab, der in den frühen 1860er Jahren aus dem Dunkel der Geschichte auftauchte und dank des Genies des älteren Moltke zum »Gehirn der Armee« wurde. Bis dahin bestanden die meisten Armeen in Friedenszeiten aus Kampfverbänden und Versorgungseinheiten. Stäbe wurden erst dann hastig zusammengestellt, wenn die

* Und, was eine Ausnahme war, zusätzlich aus einem Jahrgang der Landwehr.

Feldzüge begannen und Kommandostrukturen aufgebaut wurden. Im Falle Preußens indessen hatte Moltke die besten Schüler der Kriegsakademie zusammengezogen und lehrte sie, zukünftige Konflikte zu planen und vorzubereiten. Operationspläne mußten aufgestellt, durchgespielt und immer wieder revidiert werden; Sandkastenspiele und Manöver gehörten zur Ausbildung, historische Feldzüge und Operationen anderer Mächte wurden sorgfältig studiert. Eine besondere Abteilung wurde geschaffen, um das preußische Eisenbahnnetz zu überwachen und sicherzustellen, daß die Truppen und der Nachschub schnell an ihre Bestimmungsorte gebracht werden konnten. Vor allen Dingen versuchte Moltkes Stabssystem, dem Offizierkorps einzuprägen, wie man große Mengen an Soldaten (Armeekorps oder ganze Armeen) führte, die getrennt marschieren und kämpfen, aber immer bereit sein sollten, sich am Ort der entscheidenden Schlacht zu vereinigen. Wenn die Verbindung mit Moltkes Hauptquartier hinter der Front einmal nicht aufrechterhalten werden konnte, durften die Generäle an der Front selbst die Initiative ergreifen und im Einklang mit einigen grundsätzlichen Regeln handeln.

Das soeben Beschriebene ist natürlich ein idealisiertes Modell. Die preußische Armee war nicht perfekt und litt im tatsächlichen Gefecht selbst nach den Reformen von Beginn bis Mitte der 1860er Jahre unter vielen Kinderkrankheiten. Eine Reihe von Befehlshabern im Feld mißachtete Moltkes Rat und warf sich blind in voreilige Angriffe oder stürmte sogar in die falsche Richtung – der österreichische Feldzug von 1866 strotzte von solchen Fehlern.[88] Auf taktischer Ebene demonstrierte der Frontalangriff (und die schweren Verluste) der preußischen Garde bei Gravelotte-Saint Privat im Jahre 1870 grobe Dummheit. Das Eisenbahnversorgungssystem allein garantierte keinen Erfolg; oft diente es nur dazu, eine enorme Menge Nachschub an der Grenze zu stapeln, während die Armee, die diesen Nachschub brauchte, längst fern jeder Eisenbahnlinie operierte. Auch konnte man keinesfalls sagen, daß die preußische wissenschaftliche Planung garantierte, daß die Streitkräfte immer die besten Waffen besaßen: die österreichische Artillerie war 1866 eindeutig überlegen und das französische Chassepotgewehr war 1870 erstaunlich viel besser.

Entscheidend war nicht, daß das preußische System fehlerfrei funktionierte, sondern daß der Generalstab die Fehler der Vergangenheit sorgfältig studierte und Ausbildung, Organisation und Waffen dementsprechend änderte. Als ihm 1866 die Schwäche ihrer Artillerie demonstriert wurde, wandte sich die preußische Armee schnell ihrem neuen Krupp-Hinterlader zu, der 1870 sehr wirkungsvoll sein sollte. Als es Verzögerungen im Eisenbahnnachschub gab, wurde eine neue Organisation ins Leben gerufen, um diese Schwäche zu beseitigen. Schließlich führte Moltkes Betonung des Einsatzes mehrerer vollständiger Armeen, die getrennt, aber in Verbindung miteinander operierten, dazu, daß bei einer Niederlage einer dieser Armeen in der Schlacht – was sowohl im österreichisch-preußischen als auch im französisch-preußischen Krieg geschah – der Feldzug als Ganzes nicht gescheitert war.[89]

Es war daher eine Kombination von Faktoren, die den Preußen im Sommer 1866 zu ihrem schnellen Sieg über die Österreicher verhalf. Es war ein Sieg, den nur wenige vorhergesehen hatten. Obwohl Hannover, Sachsen und andere norddeutsche Staaten auf seiten Habsburgs in den Konflikt eintraten, hatte Bismarcks Diplomatie garantiert, daß keine der Großmächte in den Anfangsstadien des Kampfes eingriff; und dies wiederum gab Moltke die Möglichkeit, drei Armeen auf verschiedenen Gebirgsrouten zu entsenden, die auf der böhmischen Ebene zusammenstießen und die Österreicher bei Königgrätz angriffen. Rückblickend scheint der Ausgang nur zu vorhersehbar. Über ein Viertel der Habsburger Truppen wurde in Italien gebraucht (wo sie siegreich waren), und das preußische Rekrutierungssystem bedeutete, daß Moltke trotz Preußens kleinerer Bevölkerung ungefähr genausoviele Kampftruppen zur Verfügung standen wie seinen Gegnern. Die Habsburger Armee hatte nicht genug Geld, kein wirkliches Stabssystem und wurde von Benedek inkompetent geführt; und wie tapfer individuelle Einheiten auch kämpfen mochten, sie wurden in offenen Zusammenstößen von den weit überlegenen preußischen Gewehren zusammengeschossen. Bis zum Oktober 1866 waren die Habsburger gezwungen, Venetien abzutreten und jegliche Interessen in Deutschland aufzugeben – das zu dieser Zeit schon im Prozeß der Neuformierung unter Bismarcks Norddeutschem Bund stand.[90]

Der »Kampf um die Herrschaft in Deutschland« war fast beendet; aber die Auseinandersetzung darum, wer die westeuropäische Vormacht war, Preußen oder ein zunehmend nervöses und mißtrauisches Frankreich, rückte näher, und in den späten 1860er Jahren berechnete jede Seite ihre Chancen. Allen Anzeichen nach schien Frankreich immer noch stärker zu sein. Seine Bevölkerung war viel größer als die Preußens (obwohl in Europa die Zahl derer, die *deutsch sprachen*, höher war). Die französische Armee hatte im Krimkrieg, in Italien und in Übersee Erfahrungen gesammelt. Sie besaß das beste Gewehr der Welt, das Chassepotgewehr, das viel weiter schoß als das preußische Zündnadelgewehr, und sie hatte eine neue Geheimwaffe, die *mitrailleuse*, ein Maschinengewehr, das 150 Schuß in der Minute abgeben konnte. Frankreichs Marine war der Preußens weit überlegen, und es konnte mit Unterstützung aus Österreich-Ungarn und aus Italien rechnen. Als im Juli 1870 die Zeit gekommen war, die Preußen für ihre Unverfrorenheit zu züchtigen (das heißt für Bismarcks verschlagene Diplomatie in der Frage der Zukunft Luxemburgs und eines möglichen Hohenzollern-Kandidaten für den spanischen Thron), zweifelten nur wenige Franzosen am Ausgang des Konfliktes.

Das Ausmaß und die Schnelligkeit des französischen Zusammenbruchs – am 4. September hatte die zerschlagene Armee bei Sedan kapituliert, Napoleon III. war ein Gefangener und das kaiserliche Regime in Paris gestürzt – versetzte solchen rosigen Annahmen einen vernichtenden Schlag. Wie sich herausstellte, kamen weder Österreich-Ungarn noch Italien Frankreich zu Hilfe, und die französische Seemacht stellte sich als völlig ineffektiv heraus. Alles hing daher von den rivalisierenden Armeen ab, und hier erwiesen sich die Preußen als unzweifelhaft überlegen. Obwohl beide Seiten ihr Eisenbahnnetz einsetzten, um starke Kräfte an die Front zu transportieren, war die französische Mobilisierung viel weniger effizient. Einberufene Reservisten mußten auf eigene Faust versuchen, ihre Regimenter, die bereits zur Front aufgebrochen waren, einzuholen. Artilleriebatterien waren über ganz Frankreich verstreut und konnten nur schwer zusammengezogen werden. Im Gegensatz dazu marschierten binnen 15 Tagen nach der Kriegserklärung drei deutsche Armeen (von über 300000 Mann) ins Saarland und ins

Elsaß ein. Die Überlegenheit des Chassepotgewehrs wurde nur zu oft durch die preußische Taktik, ihre mobile, schnellfeuernde Artillerie in die vorderste Linie zu bringen, neutralisiert. Die *mitrailleuse* wurde hinter der Front gehalten und nie effektiv eingesetzt. Marschall Bazaines Lethargie und Unfähigkeit waren unbeschreiblich, und Napoleon selbst war nur wenig besser. Einzelne preußische Einheiten machten zwar auch grobe Fehler und erlitten im »Nebel des Krieges« schwere Verluste, aber Moltkes distanzierte Überwachung der verschiedenen Armeen und seine Bereitschaft, die Pläne umzugestalten, um unerwartete Möglichkeiten zu nutzen, hielten den Schwung der Invasion aufrecht, bis die Franzosen zusammenbrachen. Obwohl republikanische Kräfte noch einige Monate Widerstand leisteten, wurden die Umklammerung von Paris und die deutsche Beherrschung des nordöstlichen Frankreich immer fester; die fruchtlosen Gegenangriffe auf die Loire-Armee und die Irritationen durch die *francs-tireurs* (Freischützen) konnten die Tatsache nicht verdecken, daß Frankreich als unabhängige Großmacht vernichtet worden war.[91]

Der Triumph Preußens war ganz eindeutig ein Triumph seines Militärsystems; aber, wie Michael Howard klug bemerkt, »das militärische System einer Nation ist kein vom Gesellschaftssystem unabhängiger Bereich, sondern ein Aspekt seiner Gesamtheit«.[92] Hinter den schwungvollen Vorstößen der deutschen Kolonnen und der kontrollierten Führung des Generalstabs stand eine Nation, die viel besser für die Bedingungen des modernen Krieges gerüstet war als irgendein anderes Volk in Europa. Im Jahre 1870 besaßen die deutschen Staaten zusammengenommen bereits eine größere Bevölkerung als Frankreich, und diese Tatsache war nur durch ihre Uneinigkeit verdeckt geblieben. Deutschland hatte längere Bahnstrecken, die besser auf militärische Zwecke ausgerichtet waren. Sein Bruttosozialprodukt und seine Eisen- und Stahlproduktion überholten gerade zu diesem Zeitpunkt die französische Produktion. Seine Kohleförderung war zweieinhalbmal so groß, und sein Energieverbrauch lag um fünfzig Prozent höher. Die Industrielle Revolution schuf in Deutschland viele große Firmen – wie beispielsweise das Kombinat der Krupp Stahl- und Rüstungsindustrie –, die dem preußischen Staat sowohl militärische als auch industrielle

Kraft gaben. Das Wehrdienstsystem der Armee erregte bei Liberalen im In- und Ausland Anstoß – und Kritik am »preußischen Militarismus« war in diesen Jahren weit verbreitet –, aber es mobilisierte das Menschenpotential der Nation besser für Kriegszwecke als der Laisser-faire-Westen oder der rückständige, agrarische Osten. Und hinter dem Ganzen stand ein Volk mit einem höheren Grad an elementarer und technischer Ausbildung, einem unvergleichlichen Universitätswesen, mit wissenschaftlichen Einrichtungen, Laboratorien und Forschungsinstituten, die ihresgleichen suchten.[93]

Europa hatte, um einen damaligen Aphorismus zu wiederholen, eine Maitresse verloren und einen Herren gewonnen. Unter Bismarcks erstaunlich geschickter Führung sollte das System der großen Mächte für zwei Jahrzehnte nach 1870 von Deutschland beherrscht werden; alle Wege, so bemerkten Diplomaten, führten nun nach Berlin. Aber wie die meisten Beobachter erkannten, war es nicht nur die Klugheit und die Rücksichtslosigkeit des Reichskanzlers, die Deutschland zur wichtigsten Macht auf dem europäischen Kontinent machten. Es war auch die deutsche Industrie und Technologie, deren Entwicklung noch an Tempo gewann, seit die nationale Einigung erreicht worden war; es war die deutsche Wissenschaft, das Erziehungswesen und die lokale Verwaltung; und es war die beeindruckende preußische Armee. Daß das Zweite Deutsche Reich große innere Schwächen besaß, um die sich Bismarck ständig sorgte, wurde von ausländischen Beobachtern kaum wahrgenommen. Jede Nation in Europa, selbst die isolationistischen Briten, fühlte sich von diesem neuen Koloß bedrängt. Obwohl die Russen während des Krieges von 1870–1871 wohlwollend neutral blieben und die Krise in Westeuropa ausnutzten, um ihre Position am Schwarzen Meer zu verbessern,[94] mißfiel ihnen die Tatsache, daß das Gravitationszentrum Europas jetzt in Berlin lag, und sie machten sich insgeheim Sorgen darüber, was Deutschland als nächstes tun würde. Die Italiener, die 1870 Rom besetzten, während die Franzosen (die Beschützer des Papstes) in Lothringen geschlagen wurden, neigten sich langsam Berlin zu. Dasselbe galt für das Österreichisch-Ungarische Reich (wie es nach dem Kompromiß Wiens mit den Ungarn im Jahre 1867 hieß), das auf dem Balkan für seine Verluste in Deutschland und Italien entschädigt zu werden hoffte – sich aber wohl bewußt war, daß solche Ambitionen eine russische Reaktion provozieren konnten. Schließlich sahen sich die schockierten und verbitterten Franzosen der Notwendigkeit gegenüber, große Bereiche von Gesellschaft und Verwaltung zu überprüfen und zu reformieren (Erziehung, Wissenschaft, Eisenbahnwesen, Streitkräfte, Wirtschaft) – um mit ihrem mächtigen Nachbarn jenseits des Rheins gleichzuziehen.[95] Schon zur damaligen Zeit und mehr noch im Rückblick wurde das Jahr 1870 als eine bedeutende Wasserscheide in der europäischen Geschichte gesehen.

Vielleicht weil die meisten Länder nach den Turbulenzen der 1860er Jahre die Notwendigkeit verspürten, Luft zu schöpfen, und weil die Staatsmänner unter der neuen Ordnung vorsichtig operierten, war die *diplomatische* Geschichte der großen Mächte in dem Jahrzehnt nach 1871 von der Suche nach Stabilität geprägt. Da die Vereinigten Staaten mit der »Reconstruction« nach dem Bürgerkrieg und die Japaner mit den Nachwirkungen der Meiji-Revolution beschäftigt waren, gehörten sie beide nicht zum »System«, das eher noch eurozentrischer war als je zuvor. Es existierte jetzt eine neue Version der »europäischen Pentarchie«, in der die Gewichtsverteilung gegenüber 1815 allerdings beträchtlich verschoben war. Das preußische Deutschland unter Bismarcks Führung war jetzt der mächtigste und einflußreichste europäische Staat. Es gab noch eine weitere neue Macht, das vereinte Italien, aber seine verzweifelte wirtschaftliche Rückständigkeit (besonders der Mangel an Kohle) sorgte dafür, daß es in der Liga der großen Mächte nie wirklich akzeptiert wurde, obwohl es offensichtlich in der europäischen Diplomatie eine größere Rolle spielte als Länder wie Spanien oder Schweden.[96] Aufgrund seiner Ansprüche im Mittelmeerraum und in Nordafrika geriet Italien in zunehmende Rivalitäten mit Frankreich, womit es jenes ablenkte und für Deutschland zu einem nützlichen zukünftigen Alliierten wurde. Durch sein Erbe der Befreiungskriege gegen Wien und aufgrund seiner eigenen Ambitionen auf dem westlichen Balkan beunruhigte es ferner Österreich-Ungarn (zumindest bis Bismarck diese Spannungen im Dreibundvertrag des Jahres 1882 zwischen Österreich, Deutschland und Italien aufhob). Das hieß, daß weder Österreich-Ungarn noch Frankreich, die beiden »Hauptopfer« des deutschen Aufstiegs, ihre Energien ganz auf Berlin konzentrieren konnten, da beide nun ein energisches (wenn auch nicht allzu kraftvolles) Italien im Rücken hatten. Und während diese Tatsache ein weiterer Grund für die Österreicher war, sich mit Deutschland zu versöhnen und in der Folge fast ein Vasallenstaat zu werden, bedeutete es zugleich, daß auch das weit stärkere Frankreich in seiner Handlungsfreiheit[97] durch die Existenz eines feindlichen und unberechenbaren Italiens im Süden eingeschränkt war.

Jetzt, da Frankreich isoliert, Österreich-Ungarn eingeschüchtert und die dazwischenliegenden »Pufferstaaten« Süddeutschlands und Italiens in ihren größeren nationalen Einheiten aufgegangen waren,[98] konnten nur noch die unabhängigen »Flankenmächte« Rußland und Großbritannien eine weitere Expansion des Deutschen Reiches verhindern. Den britischen Regierungen, die zwischen Gladstones Betonung innerer Reformen (1868–1874) und Disraelis Konzentration auf die »imperialen« und »asiatischen« Ziele (1874–1880) hin- und herpendelten, erschien die Frage des europäischen Gleichgewichts selten sehr dringlich. Dies war in Rußland wahrscheinlich anders, denn dort verfolgten der Kanzler Gortschakow und andere die Verwandlung ihres ehemaligen preußischen Klientenstaates in ein mächtiges Deutschland mit einigem Ressentiment. Aber solche Gefühle vermischten sich mit den engen dynastischen und ideologischen Sympathien, die zwischen den Höfen von St. Petersburg und Potsdam nach 1871 bestanden, mit der immer noch zwingenden Notwendigkeit, sich nach dem Desaster des Krimkrieges zu erholen, mit der Hoffnung, Berlins Unterstützung für die russischen Interessen auf dem Balkan zu erhalten, und mit der Erneuerung des Interesses an Zentralasien. Ob die Flankenmächte tatsächlich in die Angelegenheiten Westzentraleuropas eingreifen würden, hing im Ganzen gesehen jedoch stark davon ab, wie sich Deutschland verhielt. Es bestand sicherlich keine Notwendigkeit sich zu engagieren, wenn man annehmen konnte, daß das Zweite Deutsche Reich jetzt eine saturierte Macht sei.[99]

Diese Versicherung gab Bismarcks selbst nach 1871 nur zu bereitwillig ab, da er keinen großdeutschen Staat zu errichten wünschte, der Millionen von österreichischen Katholiken miteinbeziehen, das österreichisch-ungarische Reich zerstören und Deutschland zwischen einem rachsüchtigen Frankreich und einem mißtrauischen Rußland isolieren mußte.[100] Es schien ihm daher viel sicherer, dem Dreikaiserabkommen (1873) zuzustimmen, einer Quasi-Allianz, welche die ideologische Solidarität der östlichen Monarchien (gegenüber dem »republikanischen« Frankreich) betonte und gleichzeitig einige der österreichisch-russischen Interessenkonflikte auf dem Balkan glättete. Und als es während der »Krieg-in-Sicht-Krise« von 1875 Anzeichen dafür gab, daß die deutsche Regierung eventuell einen Präventivschlag gegen Frankreich erwog, überzeugten die Warnungen aus London und (besonders) aus St. Petersburg den Reichskanzler Bismarck, daß es eine starke Opposition gegen jegliche weitere Veränderung des europäischen Gleichgewichts geben würde.[101] Aus innenpolitischen wie aus außenpolitisch-diplomatischen Gründen blieb Deutschland daher innerhalb der 1871 gesteckten Grenzen – eine »halb-hegemoniale Macht«, wie manche Historiker es genannt haben –, bis sein militärisch-industrielles Wachstum und die politischen Ambitionen einer Führung nach Bismarck es wieder dahin brachte, die bestehende territoriale Ordnung in Frage zu stellen.[102]

Diese Wandlung der deutschen Haltung zu verfolgen, würde uns jedoch weit in das nächste Kapitel tragen. Für die Periode der 1870er und 1880er Jahre garantierte Bismarcks Diplomatie, daß der Status quo, den er nun für die deutschen Interessen als lebenswichtig erachtete, bewahrt blieb. Dem Kanzler kam dabei das erneute Aufflackern der jahrhundertealten »östlichen Frage« im Jahre 1876 zu Hilfe, als das türkische Massaker an bulgarischen Christen und die russische militärische Reaktion darauf alle Aufmerksamkeit vom Rhein ab und nach Konstantinopel und zum Schwarzen Meer lenkte.[103] Es traf zu, daß der Ausbruch der Feindseligkeiten an der unteren Donau oder auf den Dardanellen selbst für Deutschland gefährlich sein konnte, wenn man zuließ, daß die Krise zu einem Krieg der Großmächte eskalierte – eine Möglichkeit, die Anfang 1878 gegeben zu sein schien. Bismarcks diplomatische Fähigkeiten aber verhinderten das. Als »ehrlicher Makler« gelang es ihm, alle Mächte beim Berliner Kongreß zu einem Kompromiß zu bewegen. Die friedliche Lösung der Krise betonte noch einmal, welch zentrale

– und stabilisierende – Rolle Deutschland nun in der europäischen Politik einnahm.

Aber die große östliche Krise der Jahre 1876–1878 verstärkte auch Deutschlands *relative* Position. Während sich die kleine russische Flotte im Schwarzen Meer gegen die Türken glänzend bewährte, bewiesen die Feldzüge der russischen Armee im Jahre 1877, daß die nach dem Krimkrieg eingeleiteten Reformen nicht wirklich gegriffen hatten. Obwohl Tapferkeit und die zahlenmäßige Überlegenheit den Russen sowohl auf dem bulgarischen als auch auf dem kaukasischen Schauplatz schließlich den Sieg über die Türken eintrugen, gab es viel zu viele Beispiele von »extrem unzureichender Kenntnis der feindlichen Positionen, Koordinationsmangel bei den Einheiten und Verwirrung beim Oberkommando«.[104] Außerdem zwang die Androhung britischer und österreichischer Intervention zugunsten der Türkei die russische Regierung, die im übrigen wieder einmal vor dem Staatsbankrott stand, Ende 1877 einem Kompromiß zuzustimmen. Auch wenn die russischen Panslawisten später Bismarck die Schuld daran gaben, daß Rußland auf dem Berliner Kongreß demütigende Konzessionen unterschreiben mußte, ändert das nichts an der Tatsache, daß viele in der St. Petersburger Führung sich mehr denn je der Notwendigkeit bewußt waren, gute Beziehungen zu Berlin zu unterhalten – und sogar, in revidierter Form, 1881 einen neuen Dreikaiservertrag abzuschließen. Ähnlich verhielt es sich mit Wien, das zwar auf dem Höhepunkt der Krise im Jahre 1879 aus Bismarcks Kontrolle auszubrechen drohte, aber durch die geheime österreichisch-deutsche Allianz im folgenden Jahre wieder an Deutschland gekettet wurde. Dieses Bündnis wurde später durch den Dreikaiservertrag des Jahres 1881 und den Dreibundvertrag zwischen Berlin, Wien und Italien 1882 ergänzt. All diese Vereinbarungen hatten zudem den Effekt, die Signatarmächte von Frankreich wegzuziehen und sie in gewisser Weise von Deutschland abhängig zu machen.[105]

Schließlich hatten die Ereignisse der späten 1870er Jahre die lange bestehende anglo-russische Rivalität im Nahen Osten und in Asien wieder betont, weshalb beide Mächte dazu neigten, von Berlin wohlwollende Neutralität zu erhoffen. Außerdem wurde, wie gesagt, dadurch die Aufmerksamkeit noch mehr von Elsaß-Lothringen und Zentraleuropa abgelenkt. Diese Tendenz verstärkte sich in den 1880er Jahren noch, als eine ganze Serie von Ereignissen – die französische Annexion von Tunis (1881), die britische Intervention in Ägypten (1882), der »Wettlauf« um Gebiete im tropischen Afrika (ab 1884) und die erneute Drohung eines anglo-russischen Krieges um Afghanistan (1885) – den Beginn der Ära des »neuen Imperialismus«[106] kennzeichnete. Obwohl dieser erneute Ausbruch des westlichen Kolonialismus die Position vieler Großmächte langfristig sehr verändern sollte, war die kurzfristige Konsequenz, daß der deutsche diplomatische Einfluß innerhalb Europas verstärkt und damit Bismarcks Bemühung, den Status quo zu erhalten, gestützt wurde. Auch wenn das merkwürdig verschlungene System von Verträgen und Gegenverträgen, das er in den 1880er Jahren entwikkelte, wahrscheinlich keine langfristige Stabilität bringen konnte, schien es zumindest in der nahen Zukunft den Frieden zwischen den europäischen Mächten zu garantieren.

Schlußfolgerungen

Mit der wichtigen Ausnahme des amerikanischen Bürgerkrieges gab es in der Periode von 1815 bis 1885 keine langen, beide Seiten erschöpfenden militärischen Auseinandersetzungen. Die kleineren Kriege dieses Zeitalters wie der französisch-österreichische Zusammenstoß 1859 oder der russische Angriff auf die Türkei 1877 berührten das System der großen Mächte kaum. Selbst die bedeutenderen Kriege waren auf gewisse Art begrenzt: Der Krimkrieg war hauptsächlich regional und ging zu Ende, bevor Großbritannien seine Ressourcen voll mobilisiert hatte; und der österreichisch-preußische sowie der französisch-preußische Krieg waren innerhalb einer Jahreszeit beendet – ein bemerkenswerter Gegensatz zu den ausgedehnten Konflikten des 18. Jahrhunderts. Kein Wunder, daß die militärischen Führer und strategischen Denker bei zukünftigen Großmachtkämpfen an die Vision der schnellen K.-o.-Siege *à la Prusse* von 1870 glaubten – eine Vision von Eisenbahn- und Mobilisierungsplänen, von Generalstabsplänen für eine schnelle Offensive, von schnellfeuernden Gewehren und Massenarmeen mit kurzen Dienstzeiten. Und all dies sollte zusammenwirken, um den Feind innerhalb weniger Wochen zu überwältigen. Daß die neuen Schnellfeuerwaffen, falls sie vernünftig eingesetzt wurden, eher eine defensive als eine offensive Kriegführung begünstigten, wurde zu der Zeit nicht erkannt. Auch verdrängte man die Lehren des amerikanischen Bürgerkriegs, bei dem die Kombination aus nicht zu vereinbarenden im Volk verankerten Prinzipien mit ausgedehntem Terrain für einen Konflikt gesorgt hatte, der weit länger und verlustreicher war als alle kurzen, scharfen europäischen Kämpfe dieser Zeit.

All diese Kriege jedoch – ob sie im »Tennessee Valley« oder auf der böhmischen Ebene, auf der Krimhalbinsel oder den Feldern Lothringens geführt wurden – verwiesen auf eine allgemeine Folgerung: Es wurden diejenigen Mächte besiegt, denen es nicht gelungen war, die »militärische Revolution« der Mitte des 19. Jahrhunderts zu übernehmen, neue Waffen zu kaufen, große Armeen zu mobilisieren und auszurüsten, die es versäumten, die verbesserten Verkehrs- und Nachrichtenverbindungen der Bahn, des Dampfschiffes und des Telegraphen in Anspruch zu nehmen und eine produktive industrielle Basis zu schaffen, um die Streitkräfte unterhalten zu können. In allen diesen Konflikten wurden auf den Schlachtfeldern auch von den siegreichen Generälen und Armeen von Zeit zu Zeit schwere Fehler begangen – aber sie waren nie gravierend genug, die Vorteile in bezug auf ausgebildete Truppen, Nachschub, Organisation und wirtschaftliche Basis zunichte zu machen.

Dies führt zu einer Reihe von endgültigeren und allgemeineren Bemerkungen über die Zeit nach 1860. Wie zu Beginn dieses Kapitels erwähnt, wurde das halbe Jahrhundert nach Waterloo durch das stetige Wachstum einer industriellen Wirtschaft, durch einen großen Anstieg des Produktionsvolumens – verursacht durch industrielle Entwicklung und technische Neuerungen – durch eine relative Stabilität des Systems der großen Mächte und das Auftreten von lokalen und nur kurzen Kriegen charakterisiert. Zwar waren die Waffen für die Land- und Seekriegführung modernisiert worden, aber die neuen Entwicklungen innerhalb der Streitkräfte waren weit weniger entscheidend als die in der zivilen Sphäre, die sowohl der Industriellen Revolution als auch konstitutionell-politischen

Umwandlungen ausgesetzt war. Großbritannien war der Hauptnutznießer der Entwicklungen in diesem halben Jahrhundert; sowohl in den Begriffen der Produktionskraft als auch des Einflusses in der Welt erreichte es in den späten 1860er Jahren wahrscheinlich seinen absoluten Höhepunkt (auch wenn die Politik der ersten Regierungszeit Gladstones diese Tatsache eher verhüllte). Die Hauptverlierer waren die nichtindustrialisierten, bäuerlichen Gesellschaften der außer-europäischen Welt, die weder den Industriegütern noch den militärischen Vorstößen des Westens widerstehen konnten. Aus demselben fundamentalen Grund begannen die weniger industrialisierten europäischen Großmächte – Rußland, Österreich-Ungarn – ihre frühere Stellung zu verlieren, und der neu vereinten Nation Italien gelang es nie wirklich, in den ersten Rang aufzusteigen.

Von den 1860er Jahren an verstärkten sich diese Trends sogar noch. Das Volumen des Welthandels und, was noch wichtiger war, das Produktionsvolumen erhöhten sich schnell. Die Industrialisierung, vormals auf Großbritannien und bestimmte Teile Kontinentaleuropas und Nordamerikas beschränkt, griff nun auch auf andere Regionen über. Besonders stärkte sie die Position Deutschlands, das 1870 bereits 13 Prozent des *industriellen* Produktionsvolumens der Welt auf sich vereinigte, und die Vereinigten Staaten, deren Anteil sogar 23 Prozent betrug.[107] Somit waren die Hauptmerkmale des am Ende des 19. Jahrhunderts aufkommenden internationalen Systems bereits erkennbar, selbst wenn dies nur einigen Beobachtern bewußt war. Auf der anderen Seite löste sich die relativ stabile Pentarchie des Europäischen Konzerts, die seit 1815 bestanden hatte, langsam auf. Dies geschah nicht nur, weil ihre Mitglieder jetzt eher als vor einigen Jahrzehnten bereit waren, einander zu bekämpfen, sondern auch, weil einige dieser Staaten zwei- bis dreimal so stark waren wie andere. Gleichzeitig wurde das europäische Monopol der modernen industriellen Produktion jenseits des Atlantiks gebrochen. Dampfkraft, Eisenbahnen, Elektrizität und andere moderne Techniken konnten jeder Gesellschaft nützen, die den Willen und die Freiheit besaß, sie anzunehmen.

Das Fehlen größerer Konflikte in der Zeit nach 1871, in der Bismarck die europäische Diplomatie beherrschte, mag darauf hindeuten, daß nach den Spannungen der 1850er und 1860er Jahre ein neues Gleichgewicht geschaffen worden war. Aber jenseits der Welt der Armeen und Flotten und Außenministerien waren weitreichende industrielle und technische Entwicklungen im Gang, welche die globale wirtschaftliche Gewichtsverteilung schneller veränderten als je zuvor. Und es sollte nicht lange dauern, bis sich diese Veränderungen der produktiven und industriellen Basis auf die militärische Kapazität und die Außenpolitik der großen Mächte auswirkten.

5 Das Entstehen einer bipolaren Welt und die Krise der »Mittelmächte«: Teil I, 1885–1918

Im Winter des Jahres 1884–1885 trafen sich die Großmächte der Welt und einige kleinere Staaten in Berlin. Sie wollten versuchen, ein Abkommen über den Handel, die Schiffahrt und die Grenzen Westafrikas und des Kongos und allgemein Vereinbarungen über die Besetzung Afrikas zu treffen.[1] In vielerlei Hinsicht kann man die Kongokonferenz als den symbolischen Höhepunkt der Vorherrschaft des alten Europa in der Weltpolitik betrachten. Japan nahm nicht an der Konferenz teil; obwohl es sich schnell modernisierte, wurde es vom Westen immer noch als ein seltsamer, rückständiger Staat angesehen. Im Gegensatz dazu nahmen die Vereinigten Staaten an der Kongokonferenz teil, denn die dort diskutierten Fragen des Handels und der Schiffahrt wurden von Washington als für Amerikas überseeische Interessen relevant angesehen.[2] In den meisten anderen Angelegenheiten aber blieben die Vereinigten Staaten der internationalen Szene fern, und erst 1892 verwandelten die europäischen Großmächte ihre diplomatischen Repräsentanzen in Washington von Gesandtschaften zu Botschaften – das Merkmal einer erstrangigen Nation. Auch Rußland nahm an der Konferenz teil; aber während seine Interessen in Asien beträchtlich waren, hatte es in Afrika keinen nennenswerten Besitz. Schon in der Form der Einladung hatte sich ausgedrückt, daß Rußland als zweitrangig betrachtet wurde, und auf der Konferenz spielte es keine Rolle – außer daß es im allgemeinen Frankreich gegen Großbritannien unterstützte. Im Mittelpunkt des Geschehens stand daher das Dreiecksverhältnis zwischen London, Paris und Berlin, wobei Bismarck die entscheidende mittlere Position einnahm. Das Schicksal des Planeten schien immer noch am selben Ort bestimmt zu werden wie im vergangenen Jahrhundert: in den Kanzleien Europas. Sicherlich hätten Länder wie Österreich-Ungarn und Rußland eine größere Rolle gespielt, wenn die Konferenz über die Zukunft des Osmanischen Reiches statt über die des Kongobeckens zu befinden gehabt hätte. Aber auch das hätte nichts an der damals als unumstößlich angesehenen Wahrheit geändert: daß Europa der Mittelpunkt der Welt war. In ebendieser Zeit sollte der russische General Dragimirow verkünden, daß »die Geschicke des Fernen Ostens in Europa entschieden werden«.[4]

Innerhalb dreier Jahrzehnte – einer wahrlich sehr kurzen Zeitspanne in den Begriffen des Großmachtssystems – sollte sich dieser Kontinent Europa selbst zerstören. Mehrere seiner Großmächte sollten dem Zusammenbruch sehr nahe kommen. Und noch drei Jahrzehnte weiter sollte das vollständige Ende eintreten: ein Großteil des Kontinents wirtschaftlich ruiniert, weite Regionen in Schutt und Asche – und seine Zukunft in den Händen von Entscheidungsträgern in Washington und Moskau.

Während offensichtlich ist, daß keiner im Jahre 1885 voraussagen konnte, welches Ausmaß an Ruin und Verwüstung sechzig Jahre später in Europa herrschen würde, *erkannten* einige scharfsinnige Beobachter im späten 19. Jahrhundert, in welche Richtung die Dynamik der Weltmacht trieb. Intellektuelle und besonders Journalisten, aber auch Tagespolitiker sprachen und schrieben in der Sprache eines vulgären Sozialdarwinismus von einer Welt des Kampfes, des Erfolgs und des Versagens, des Wachtums und des Niedergangs. Die zukünftige Weltordnung nahm – zumindest ab 1895 oder 1900 – bereits Gestalt an.[5]

Das deutlichste Merkmal dieser Prognosen war die Wiederbelebung der Idee de Tocquevilles, daß die Vereinigten Staaten und Rußland die beiden Weltmächte der Zukunft sein würden. Es ist kaum überraschend, daß diese Idee zur Zeit des russischen Krimdesasters, der mittelmäßigen Leistung Rußlands im Krieg gegen die Türkei im Jahre 1877 und des amerikanischen Bürgerkrieges mit den darauffolgenden nach innen blickenden Jahrzehnten der Rekonstruktion und der Ausdehnung nach Westen in Vergessenheit geraten war. Im späten 19. Jahrhundert führte jedoch der industrielle und landwirtschaftliche Aufstieg der Vereinigten Staaten und die militärische Expansion Rußlands in Asien dazu, daß sich die verschiedensten europäischen Beobachter um die Weltordnung des 20. Jahrhunderts

Sorgen machten, die, wie man sagte, von der russischen Knute und den amerikanischen Geldsäcken beherrscht werden würde.[6] Vielleicht lag es an den neomerkantilistischen kommerziellen Ideen, die wieder einmal über die friedlichen Vorstellungen eines globalen Freihandelssystems nach Cobden die Oberhand gewannen, daß man jetzt wieder zu der Auffassung neigte, Veränderungen der wirtschaftlichen Macht müßten auch zu politischen und territorialen Veränderungen führen. Selbst der gewöhnlich sehr vorsichtige britische Premierminister Lord Salisbury erklärte 1898, die Welt sei in »lebende« und »sterbende« Mächte eingeteilt.[7] Die chinesische Niederlage 1894–1895 im Krieg gegen Japan, die Demütigung Spaniens durch die Vereinigten Staaten in ihrer kurzen Auseinandersetzung von 1898 und der französische Rückzug beim »Faschoda-Vorfall« am oberen Nil wurden alle als Beweis dafür gedeutet, daß »the survival of the fittest« das Schicksal der Nationen ebenso bestimmte wie das der Tierspezies. Die großen Mächte stritten sich nicht mehr ausschließlich um europäische Fragen – wie es 1830 oder auch 1860 der Fall gewesen war –, sondern um Märkte und Territorien auf dem ganzen Globus.

Aber wenn es den Vereinigten Staaten und Rußland durch ihre Größe und Bevölkerungszahl bestimmt war, zu den zukünftigen Großmächten zu gehören, wer würde sie begleiten? Die »Theorie der drei Weltreiche« – das heißt der verbreitete Glaube, daß nur die drei (oder manchmal vier) größten und stärksten Nationalstaaten ihre Unabhängigkeit behalten würden – beunruhigte so manchen imperialen Staatsmann.[8] »Es scheint mir«, teilte der britische Kolonialminister Joseph Chamberlain einem Publikum im Jahre 1897 mit, »daß die Tendenz der Zeit dahingeht, alle Macht in die Hände der größeren Imperien zu legen, und die kleineren Reiche, die nicht fortschrittlich sind, scheinen in einen untergeordneten Rang zurückzufallen . . . «[9] Es sei für Deutschland lebenswichtig, so drängte Admiral Tirpitz Kaiser Wilhelm, eine große Marine aufzubauen, um »eine der vier Weltmächte: Rußland, England, Amerika und Deutschland«[10] zu sein. Auch Frankreich müsse seinen Rang erhalten, warnte ein Monsieur Darcy, denn »wer nicht vorwärts geht, geht rückwärts, und wer rückwärts geht, geht unter«.[11] Die alten etablierten Mächte Großbritannien, Frankreich und Österreich-Ungarn standen vor der Frage, ob sie sich angesichts der neuen Herausforderungen des internationalen Status quo behaupten könnten oder nicht. Für die neuen Mächte Deutschland, Italien und Japan lag das Problem darin, ob sie den Durchbruch zu einer »weltpolitischen Freiheit«, wie Berlin es nannte, schaffen konnten, bevor es zu spät war.

Es muß wohl kaum erwähnt werden, daß nicht jedes Mitglied der menschlichen Rasse am Ende des 19. Jahrhunderts von solchen Ideen besessen war. Viele Politiker sorgten sich weitaus mehr um innenpolitische und soziale Fragen. Andere hingen an den liberalen, Laisser-faire-Idealen einer friedlichen Kooperation.[12] Aber in den Kreisen der regierenden Eliten, des Militärs und der imperialistischen Organisationen herrschte eine Sicht der Weltordnung vor, die Kampf, Wandel, Wettbewerb, Einsatz von Gewalt und die Mobilisierung nationaler Ressourcen zur Verstärkung der Staatsmacht betonte. Die weniger entwickelten Gebiete der Welt waren schnell aufgeteilt, aber das war erst der Anfang der Geschichte. Als es nur noch wenige Territorien zu annektieren gab, argumentierte der Geopolitiker Sir Halford Mackinder, daß Effizienz und innere Entwicklung die Expansion als das Hauptziel des modernen Staates ersetzen müßten. Es würde sich eine viel engere Korrelation als bisher »zwischen den größeren geographischen und den größeren historischen Generalisierungen«[13] herausbilden, das heißt, Größe und Zahlen würden sich in der internationalen Machtpolitik viel klarer durchsetzen, vorausgesetzt man beutete die Ressourcen richtig aus. Ein Land mit Hunderten Millionen von Bauern hätte wenig Gewicht. Auf der anderen Seite könnte aber auch ein moderner Staat überholt werden, wenn er nicht auf einem ausreichend großen industriellen und produktiven Fundament stand. »Diejenigen Mächte werden erfolgreich sein, welche die größte industrielle Basis besitzen«, warnte der britische Imperialist Leo Amery. »Die Völker, die industrielle Macht und technologische wissenschaftliche Macht besitzen, werden in der Lage sein, alle anderen zu besiegen.«[14]

Ein großer Teil dieser Vorhersagen sollte sich in der Geschichte der internationalen Politik des folgenden halben Jahrhunderts erfüllen. Es gab sowohl innerhalb als auch außerhalb Europas dramatische

Veränderungen der Machtverhältnisse. Alte Reiche brachen zusammen und neue stiegen auf. Die *multipolare* Welt von 1885 wurde schon 1943 durch eine *bipolare* ersetzt. Die internationalen Auseinandersetzungen verstärkten sich, und es brachen Kriege aus, die völlig anders waren als die begrenzten Zusammenstöße im Europa des 19. Jahrhunderts. Industrielle Produktivität, Wissenschaft und Technologie wurden zu immer bedeutenderen Elementen nationaler Stärke. Veränderte Anteile am internationalen Produktionsvolumen spiegelten sich in veränderten Anteilen an militärischer Macht und diplomatischem Einfluß. Persönlichkeiten waren weiterhin wichtig – wer könnte das im Zeitalter von Lenin, Hitler und Stalin leugnen? –, aber sie zählten in der Machtpolitik nur, weil sie die produktiven Kräfte eines großen Staates kontrollieren und reorganisieren konnten. Und, wie das Schicksal Nazi-Deutschlands offenbarte, war der Krieg eine unbarmherzige Prüfung für jede Nation, der die industrielle und technische Kraft – und damit die militärische Kapazität – fehlte, um die Weltmachtambitionen ihres Führers zu erfüllen.

Auch wenn die groben Umrisse dieser sechs Jahrzehnte der Großmachtkämpfe bereits in den 1890er Jahren vorgezeichnet waren, mußte der Erfolg oder das Versagen *einzelner* Länder noch von der Geschichte entschieden werden. Offensichtlich hing viel davon ab, ob ein Land sein Produktionsvolumen halten oder erhöhen konnte. Aber wie immer hing auch viel von den unveränderbaren Realitäten der geographischen Lage ab. Lag ein Land in der Nähe des Zentrums eines internationalen Krisenherdes oder lag es an der Peripherie? War es vor Invasionen sicher? Mußte es sich gleichzeitig mit zwei oder drei Fronten befassen? Auch der nationale Zusammenhalt, der Patriotismus und die Kontrolle, die ein Staat über seine Bürger ausübte, waren wichtig. Ob eine Gesellschaft der Belastung des Krieges standhalten konnte, würde sehr von ihrer inneren Struktur abhängen. Dabei konnte aber auch die Allianzpolitik und die Entscheidungsfindung eine gewichtige Rolle spielen. Kämpfte man als Teil eines großen Allianzblocks oder isoliert? Trat man schon bei Kriegsausbruch in den Krieg ein, oder erst, als er schon halb vorbei war? Traten andere, vormals neutrale Mächte auf der Gegenseite in den Kampf ein?

Solche Fragen legen nahe, daß jede vernünftige Analyse des »Entstehens einer bipolaren Welt und der Krise der ›Mittelmächte‹« drei getrennte aber aufeinander einwirkende Ebenen der Kausalität in Betracht ziehen muß: erstens, die Veränderungen der militärisch-industriellen Produktionsbasis, die stattfinden, wenn gewisse Staaten materiell stärker oder schwächer werden; zweitens, die geopolitischen, strategischen und soziokulturellen Faktoren, welche die Reaktionen jedes *einzelnen* Staates auf diese größeren Veränderungen der globalen Machtverhältnisse beeinflussen; und drittens, die diplomatischen und politischen Veränderungen, die sich auch auf die Erfolgschancen in den großen Koalitionskriegen des frühen 20. Jahrhunderts auswirkten.

Die globalen Machtverschiebungen

Die *Fin de siècle*-Beobachter der Weltpolitik waren sich einig, daß die wirtschaftliche und politische Dynamik sich weiter beschleunigen und dadurch die internationale Ordnung noch unsicherer machen würden als zuvor. Es hatte schon immer Veränderungen der Machtverhältnisse gegeben, die Instabilität und oft Krieg verursacht hatten. »Was den Krieg unvermeidlich machte«, schrieb Thukydides in der *Geschichte des Peloponnesischen Krieges*, »war die wachsende Macht Athens und die Angst, die diese in Sparta auslöste.«[15] Aber im letzten Viertel des 19. Jahrhunderts waren die Veränderungen, die auf das System der großen Mächte einwirkten, umfassender und vollzogen sich meistens schneller als je zuvor. Das weltweite Handels- und Verkehrsnetz – Telegraphen, Dampfschiffe, Eisenbahnen, moderne Druckerpressen – führte dazu, daß wissenschaftliche und technologische Erfindungen oder neue Fortschritte bei der Produktion innerhalb weniger Jahre von einem *Kontinent* auf einen anderen übertragen werden konnten. Nachdem Gilcrist und Thomas im Jahre 1879 ein billiges Verfahren zur Umwandlung phosphorhaltiger Erze in Stahl erfunden hatten, arbeiteten innerhalb von fünf Jahren 84 Konverter nach dem Thomas-Verfahren in West- und Zentraleuropa,[16] und die Technik hatte bereits den Atlantik überquert. Das Ergebnis ging über eine Erhöhung des jeweiligen nationalen Anteiles an der Stahlproduktion hinaus; es implizierte auch eine signifikante Verschiebung des militärischen Potentials.

Militärisches Potential kann, wie wir gesehen haben, nicht mit militärischer Macht gleichgesetzt werden. Ein wirtschaftlicher Riese könnte es aus Gründen politischer Kultur oder geographischer Sicherheit voziehen, ein militärischer Pygmäe zu bleiben, während ein Staat ohne große wirtschaftliche Ressourcen seine Gesellschaft trotzdem so organisieren könnte, daß sie zu einer beachtlichen Militärmacht wird. Ausnahmen zu der einfachen Gleichung »wirtschaftliche Macht = militärische Macht« gab es auch in dieser Zeit, und sie müssen später diskutiert werden. Aber in dem Zeitalter moderner, industrialisierter Kriegführung wurde die Verbindung zwischen Wirtschaft und Strategie immer enger. Um die langfristigen Verschiebungen des internationalen Machtsystems zwischen den 1880er Jahren und dem Zweiten Weltkrieg zu verstehen, muß man die wirtschaftlichen Daten hinzuziehen. Diese Daten wurden ausgewählt, um das Kriegspotential einer Nation zu ermessen, und sie umfassen daher einige bekannte wirtschaftliche Indices* nicht, da sie in diesem Fall weniger hilfreich wären.

Die Bevölkerungsgröße ist für sich betrachtet nie ein zuverlässiger Machtindikator, aber die Tabelle 12 auf Seite 308 legt nahe, daß zumindest demographisch gesehen Rußland und die Vereinigten Staaten als eine andere Art von Großmacht angesehen werden können als die übrigen, wobei Deutschland und (später) Japan langsam einen Vorsprung in ihrer Gruppe gewannen.

Es gibt jedoch zwei Möglichkeiten, die Daten aus Tabelle 12 auszuwerten. Die erste ist, die Gesamtbevölkerung eines Landes mit der städtischen Bevölkerung zu vergleichen (Tabelle 13), denn dies ist in den meisten Fällen ein Indikator für die industriell-kommerzielle Modernisierung. Die zweite Möglichkeit besteht darin, dieses Ergebnis mit dem Industrialisierungsniveau pro Kopf in Relation zu setzen und es mit dem »Fixpunkt« Großbritannien zu vergleichen (Tabelle 14). Beide Auswertungen sind enorm lehrreich und ergänzen einander weitgehend.

* Zum Beispiel den Anteil am Welthandel, der die Position maritimer Handelsnationen unproportional verstärkt und die Wirtschaftsmacht weitgehend autarker Staaten unterbewertet.

Tabelle 12 Gesamtbevölkerung der Mächte 1890–1938 (in Mio.)[17]

	1890	1900	1910	1913	1920	1928	1938	
1 Rußland	116,8	135,6	159,3	175,1	126,6	150,4	180,6	1
2 Vereinigte Staaten	62,6	75,9	91,9	97,3	105,7	119,1	138,3	2
3 Deutschland	49,2	56,0	64,5	66,9	42,8	55,4	68,5	4
4 Österreich-Ungarn	42,6	46,7	50,8	52,1	–	–	–	
5 Japan	39,9	43,8	49,1	51,3	55,9	62,1	72,2	3
6 Frankreich	38,3	38,9	39,5	39,7	39,0	41,0	41,9	7
7 Großbritannien	37,4	41,1	44,9	45,6	44,4	45,7	47,6	5
8 Italien	30,0	32,2	34,4	35,1	37,7	40,3	43,8	6

Ohne bei der Analyse der Zahlen in Tabellen 13 und 14 momentan zu sehr ins Detail zu gehen, können einige Verallgemeinerungen formuliert werden. Sobald solche Maßstäbe der »Modernisierung« wie die Größe der städtischen Bevölkerung und der Grad der Industrialisierung eingeführt werden, ändern sich die Positionen der Mächte im Vergleich zu Tabelle 12 beträchtlich: Rußland fällt, zumindest bis zur seiner industriellen Expansion in den 30er Jahren, vom ersten auf den letzten Platz zurück, Großbritannien und Deutschland steigen auf, und die bei den Vereinigten Staaten einmalige Kombination einer großen Bevölkerung *und* einer hochindustrialisierten Gesellschaft hebt sich deutlich von jeder anderen Nation ab. Bereits zu Beginn dieser Periode ist die Kluft zwischen der stärksten und der schwächsten Großmacht enorm – absolut und relativ gesehen. Am Vorabend des Zweiten Weltkrieges gibt es immer noch gewaltige Unterschiede. Obwohl alle diese Länder die gleichen »Phasen«[18] im Prozeß der Modernisierung durchliefen, hieß das nicht, daß sie alle in den Begriffen der *Macht* in gleichem Maße davon profitierten.

Die wichtigen *Unterschiede* zwischen den Großmächten treten deutlicher hervor, wenn man detaillierte Daten über die industrielle Produktivität untersucht. Da die Eisen- und Stahlproduktion in dieser Zeit oft als Indikator potentieller militärischer Stärke und als Indikator der Industrialisierung *per se* angesehen wurde, werden die dafür relevanten Zahlen in Tabelle 15 dargestellt.

Aber vielleicht kann das Industrialisierungsniveau einer Nation am besten an Hand ihres Energieverbrauches aus modernen Quel-

Tabelle 13 Städtische Bevölkerung der Mächte (in Mio.) und in Prozent der Gesamtbevölkerung 1890–1938[19]

	1890	1900	1910	1913	1920	1928	1938
Großbritannien	11,2	13,5	15,3	15,8	16,6	17,5	18,7
	(29,9%)	(32,8%)	(34,9%)	(34,6%)	(37,3%)	(38,2%)	(39,2%)
Vereinigte Staaten	9,6	14,2	20,3	22,5	27,4	34,3	45,1
	(15,3%)	(18,7%)	(22,0%)	(23,1%)	(25,9%)	(28,7%)	(32,8%)
Deutschland	5,6	8,7	12,9	14,1	15,3	19,1	20,7
	(11,3%)	(15,5%)	(20,0%)	(21,0%)	(35,7%)	(34,4%)	(30,2%)
Frankreich	4,5	5,2	5,7	5,9	5,9	6,3	6,3
	(11,7%)	(13,3%)	(14,4%)	(14,8%)	(15,1%)	(15,3%)	(15,0%)
Rußland	4,3	6,6	10,2	12,3	4,0	10,7	36,5
	(3,6%)	(4,8%)	(6,4%)	(7,0%)	(3,1%)	(7,1%)	(20,2%)
Italien	2,7	3,1	3,8	4,1	5,0	6,5	8,0
	(9,0%)	(9,6%)	(11,0%)	(11,6%)	(13,2%)	(16,1%)	(18,2%)
Japan	2,5	3,8	5,8	6,6	6,4	9,7	20,7
	(6,3%)	(8,6%)	(10,3%)	(12,8%)	(11,6%)	(15,6%)	(28,6%)
Österreich-Ungarn	2,4	3,1	4,2	4,6	–	–	–
	(5,6%)	(6,6%)	(8,2%)	(8,8%)	–	–	–

Tabelle 14 Industrialisierungsniveau pro Kopf 1880–1938[20] (im Vergleich zu Großbritannien: 1900 = 100)

	1880	1900	1913	1928	1938	
1 Großbritannien	87	[100]	115	122	157	2
2 Vereinigte Staaten	38	69	126	182	167	1
3 Frankreich	28	39	59	82	73	4
4 Deutschland	25	52	85	128	144	3
5 Italien	12	17	26	44	61	5
6 Österreich	15	23	32	–	–	
7 Rußland	10	15	20	20	38	7
8 Japan	9	12	20	30	51	6

len (d. h. Kohle, Erdöl, Erdgas und Wasserkraft, aber nicht Holz) gemessen werden, da dies sowohl etwas über die Fähigkeiten eines Landes, leblose Formen der Energie (im Gegensatz zur Arbeitskraft des Menschen) auszubeuten, als auch über seinen wirtschaftlichen Pulsschlag aussagt. Diese Zahlen zum Energieverbrauch werden in Tabelle 16 dargestellt.

Tabelle 15 Eisen-/Stahlproduktion der Mächte 1890–1938[21] (in Mio. Tonnen; Roheisen 1890, danach Stahl)

	1890	1900	1910	1913	1920	1930	1938
Vereinigte Staaten	9,3	10,3	26,5	31,8	42,3	41,3	28,8
Großbritannien	8,0	5,0	6,5	7,7	9,2	7,4	10,5
Deutschland	4,1	6,3	13,6	17,6	7,6	11,3	23,2
Frankreich	1,9	1,5	3,4	4,6	2,7	9,4	6,1
Österreich-Ungarn	0,97	1,1	2,1	2,6	–	–	–
Rußland	0,95	2,2	3,5	4,8	0,16	5,7	18,0
Japan	0,02	–	0,16	0,25	0,84	2,3	7,0
Italien	0,01	0,11	0,73	0,93	0,73	1,7	2,3

Tabelle 16 Energieverbrauch der Mächte 1890–1938[22] (in Mio. Tonnen Kohleäquivalent)

	1890	1900	1910	1913	1920	1930	1938
Vereinigte Staaten	147	248	483	541	694	762	697
Großbritannien	145	171	185	195	212	184	196
Deutschland	71	112	158	187	159	177	228
Frankreich	36	47,9	55	62,5	65	97,5	84
Österreich-Ungarn	19,7	29	40	49,4	–	–	–
Rußland	10,9	30	41	54	14,3	65	177
Japan	4,6	4,6	15,4	23	34	55,8	96,5
Italien	4,5	5	9,6	11	14,3	24	27,8

Tabellen 15 und 16 bestätigen beide den schnellen industriellen Wandel, der absolut gesehen in manchen Ländern zu bestimmten Zeiten vonstatten ging – in Deutschland vor 1914, in Rußland und Japan in den 30er Jahren. Gleichzeitig zeigen sie die langsamere Wachstumsrate in Großbritannien, Frankreich und Italien. Diese kann auch *vergleichend* dargestellt werden, um die industrielle Position eines Landes im Laufe einer gewissen Zeitspanne zu zeigen (Tabelle 17).

Schließlich ist es nützlich, auf Tabelle 18 mit Bairochs Zahlen über den Anteil an der Weltindustrieproduktion zurückzukommen, um die Veränderungen zur Situation im 19. Jahrhundert (siehe vorhergehende Kapitel) aufzuzeigen.

Tabelle 17 Gesamtes Industriepotential der Mächte im Vergleich 1880–1938[23] (Großbritannien: 1900 = 100)

	1880	1900	1913	1928	1938
Großbritannien	73,3	[100]	127,2	135	181
Vereinigte Staaten	46,9	127,8	298,1	533	528
Deutschland	27,4	71,2	137,7	158	214
Frankreich	25,1	36,8	57,3	82	74
Rußland	24,5	47,5	76,6	72	152
Österreich-Ungarn	14	25,6	40,7	–	–
Italien	8,1	13,6	22,5	37	46
Japan	7,6	13	25,1	45	88

Tabelle 18 Relative Anteile an der Welt-Industrieproduktion 1880–1938[24]

	1880	1900	1913	1928	1938
Großbritannien	22,9	18,5	13,6	9,9	10,7
Vereinigte Staaten	14,7	23,6	32,0	39,3	31,4
Deutschland	8,5	13,2	14,8	11,6	12,7
Frankreich	7,8	6,8	6,1	6,0	4,4
Rußland	7,6	8,8	8,2	5,3	9,0
Österreich-Ungarn	4,4	4,7	4,4	–	–
Italien	2,5	2,5	2,4	2,7	2,8

Die Positionen der Mächte, 1885–1914

Angesichts solch enervierend spezifischer Zahlen ist es wichtig zu betonen, daß all diese Statistiken abstrakt bleiben, bis man sie in ihren historischen und geopolitischen Kontext setzt. Länder mit ungefähr gleicher industrieller Produktivität können in den Begriffen der Weltmacht ganz unterschiedlich abschneiden, da zusätzlich solche Faktoren wie innerer Zusammenhalt, die Fähigkeit, Ressourcen zu mobilisieren, die geopolitische Position und die diplomatischen Fähigkeiten eine Rolle spielen. Aus Platzmangel wird es nicht möglich sein, in diesem Kapitel für alle großen Mächte eine solche Analyse zu erarbeiten, wie Correlli Barnett sie vor einigen Jahren in seiner breitangelegten Studie Großbritanniens zu leisten versuchte. Aber das folgende wird sich an Barnetts Bezugsrahmen orientieren, in dem er argumentiert, daß

> die Macht eines Nationalstaates auf keinen Fall nur von seinen Streitkräften bestimmt wird, sondern auch von seinen wirtschaftlichen und technologischen Ressourcen; von der Geschicklichkeit, dem Weitblick und der Bestimmtheit, mit der seine Außenpolitik geführt wird; von der Effizienz seiner sozialen und politischen Organisationen. Sie besteht vor allen Dingen aus der Nation selbst, den Fähigkeiten, der Energie, dem Ehrgeiz, der Disziplin, der Initiative des Volkes; seinem Glauben, den Mythen und den Illusionen. Und sie besteht außerdem aus der Verknüpfung dieser Faktoren. Ferner darf die nationale Macht nicht allein in ihrem absoluten Ausmaß betrachtet werden, sondern in Relation zu den außenpolitischen und imperialen Verpflichtungen des Staates. Sie muß überdies in der Relation zu anderen Staaten betrachtet werden.[25]

Man kann die diversen Elemente strategischer Effektivität wahrscheinlich am besten am Beispiel der drei relativen Neulinge im internationalen System, Italien, Deutschland und Japan, demonstrieren. Die ersten beiden waren erst 1870–1871 zu vereinten Staaten geworden; der dritte begann nach der Meiji-Restauration von 1868 aus seiner selbstgewählten Isolation aufzutauchen. In allen drei Gesellschaften gab es Impulse, den etablierten Mächten nachzueifern. In den 1880er und 1890er Jahren erwarben alle überseeische Territorien; außerdem begann jeder dieser Staaten, eine moderne Flotte als Ergänzung zu seinem stehenden Heer aufzubauen. Jeder stellte einen bedeutenden Faktor im diplomatischen Kalkül des Zeitalters dar, und spätestens 1902 war jeder ein Allianzpartner einer älteren Macht. Aber alle diese Parallelen können die fundamentalen Unterschiede in der tatsächlichen Stärke dieser Mächte nicht verdecken.

Italien Auf den ersten Blick stellte der Aufstieg eines vereinigten Italien eine wichtige Verschiebung der europäischen Machtverhältnisse dar. Anstelle einer Gruppe rivalisierender Kleinstaaten, die zum Teil unter ausländischer Souveränität standen und denen immer ausländische Interventionen drohten, war ein solider Block von dreißig Millionen Menschen getreten, der so schnell wuchs, daß er

Tabelle 19 Truppen- und Flottenstärke der Mächte 1880–1914[26]

	1880	1890	1900	1910	1914
Rußland	791 000	677 000	1 162 000	1 285 000	1 352 000
Frankreich	543 000	542 000	715 000	769 000	910 000
Deutschland	426 000	504 000	524 000	694 000	891 000
Großbritannien	367 000	420 000	624 000	571 000	532 000
Österreich-Ungarn	246 000	346 000	385 000	425 000	444 000
Italien	216 000	284 000	255 000	322 000	345 000
Japan	71 000	84 000	234 000	271 000	306 000
Vereinigte Staaten	34 000	39 000	96 000	127 000	164 000

Tabelle 20 Kriegsschifftonnage der Mächte 1880–1914[27]

	1880	1890	1900	1910	1914
Großbritannien	650 000	679 000	1 065 000	2 174 000	2 714 000
Frankreich	271 000	319 000	499 000	725 000	900 000
Rußland	200 000	180 000	383 000	401 000	679 000
Vereinigte Staaten	169 000	? 240 000	333 000	824 000	985 000
Italien	100 000	242 000	245 000	327 000	498 000
Deutschland	88 000	190 000	285 000	964 000	1 305 000
Österreich-Ungarn	60 000	66 000	87 000	210 000	372 000
Japan	15 000	41 000	187 000	496 000	700 000

sich um 1914 der Bevölkerungszahl Frankreichs näherte. Seine Armee und seine Marine waren zu dieser Zeit nicht besonders groß, aber wie die Tabellen 19 und 20 zeigen, immerhin beachtlich.

Wie bereits bemerkt,[28] wirkte sich der Aufstieg Italiens diplomatisch gesehen auf seine beiden Nachbarn, die Großmächte Frankreich und Österreich-Ungarn, direkt aus; und während Italiens Beitritt zum Dreibund im Jahre 1882 die italienisch-österreichische Rivalität scheinbar »beilegte«, bestätigte er, daß sich das isolierte Frankreich an beiden Fronten Feinden gegenübersah. Schon ein Jahrzehnt nach seiner Vereinigung schien Italien also ein vollwertiges Mitglied des europäischen Großmachtsystems zu sein, und Rom hatte nun den gleichen Rang wie die anderen großen Hauptstädte (London, Paris, Berlin, St. Petersburg, Wien, Konstantinopel), die Botschaften in die italienische Hauptstadt entsandten.

Aber Italiens angeblicher Großmachtstatus verdeckte einige gewaltige Schwächen, vor allem seine wirtschaftliche Rückständigkeit im ländlichen Süden. Das Ausmaß des Analphabetentums – insgesamt 37,6 Prozent, wobei der Süden wieder stärker betroffen war – war viel höher als in irgendeinem anderen west- oder nordeuropäischen Staat. Es spiegelte die Rückständigkeit eines großen Teils der italienischen Landwirtschaft – kleinbäuerliche Struktur, schlechter Boden, kaum Investitionen, Pachtsystem und unzulängliche Transportmittel. Italiens gesamtes Produktionsvolumen und der nationale Wohlstand pro Kopf waren eher mit dem der bäuerlichen Gesellschaften Spaniens und Osteuropas als mit den Niederlanden oder Westfalen zu vergleichen. Italien hatte keine Kohlevorkommen, und trotz seines Einsatzes von Wasserkraft wurden 88 Prozent des Energiebedarfs durch britische Kohle gedeckt. Dies belastete nicht nur die Zahlungsbilanz, sondern war auch eine erschreckende strategische Schwäche. Unter diesen Umständen war der italienische Bevölkerungsanstieg ohne bedeutende industrielle Expansion ein zweifelhafter Segen, denn er verlangsamte den Anstieg des Industrialisierungsniveaus pro Kopf im Vergleich zu den anderen westlichen Mächten.[29] Und der Vergleich wäre noch ungünstiger ausgefallen, wenn nicht jährlich Hunderttausende von Italienern (meist die mobileren und tüchtigeren) in die Vereinigten Staaten ausgewandert wären. All dies machte es, mit Kemps Worten, zum »benachteiligten Nachzügler«.[30]

Das heißt nicht, daß keine Modernisierung stattfand. In der Tat haben viele Historiker genau diese Zeit als die »industrielle Revolution der Ära Giolitti« bezeichnet und »eine entschiedene Veränderung im wirtschaftlichen Leben des Landes«[31] festgestellt. Zumindest im Norden fand eine beträchtliche Verlagerung zur Schwerindustrie – Eisen, Stahl, Schiffsbau, Automobil- sowie zur Textilindustrie statt. Aus Gerschrenkons Sicht zeugten die Jahre 1896–1908 von einem »großen Schub« der Industrialisierung in Italien. Tatsächlich wuchs die italienische Industrie schneller als irgendeine andere in Europa, die Bevölkerung zog vom Land in die Stadt, das Banksystem veränderte sich, um der Industrie Kredite zur Verfügung stellen zu können, und das reale Nationaleinkommen stieg kräftig.[32] Die Landwirtschaft Piemonts zeigte ähnliche Fortschritte.

Sobald man aber die italienischen Statistiken in eine vergleichende Perspektive rückt, verblaßt der Glanz schnell. Es entwickelte sich zwar eine Eisen- und Stahlindustrie, aber im Jahre 1913 lag ihr Produktionsvolumen nur bei einem Achtel des britischen, bei einem Siebzehntel des deutschen und bei nur zwei Fünfteln des belgischen.[33] Das Wachstum verlief in Italien zwar rasant, aber es ging von einem so niedrigen Anfangsniveau aus, daß die realen Ergebnisse nicht beeindruckend waren. Zu Beginn des Ersten Weltkrieges hatte es noch nicht einmal ein Viertel der industriellen Kapazität Großbritanniens im Jahre 1900 erreicht, und sein Anteil an der Weltindustrieproduktion war tatsächlich von lediglich 2,5 Prozent im Jahre 1900 auf 2,4 Prozent im Jahre 1913 gefallen. Obwohl Italien noch zu den großen Mächten zählte, ist es bemerkenswert, daß jede andere Macht – ausgenommen Japan – zwei- bis dreimal so große industrielle Kapazität besaß; einige (Deutschland und Großbritannien) waren sechsmal stärker und eine (die Vereinigten Staaten) sogar dreizehnmal.

Ein hohes Maß an nationaler Einigkeit und Entschlossenheit hätte diese Schwächen kompensieren können, aber solche Elemente fehlten. Die Loyalitäten in der italienischen Politik waren familiär und lokal, vielleicht regional, aber nicht national. Die chronische Kluft zwischen Norden und Süden, die durch die Industrialisierung des Nordens noch erweitert wurde, und die Abgeschlossenheit der dörflichen Gemeinden in so vielen Teilen der Halbinsel, sowie die Feindschaft zwischen der italienischen Regierung und der katholischen Kirche, die ihren Mitgliedern verbot, dem Staat zu dienen, trugen nicht gerade zu nationaler Einigkeit bei: Das Ideal des *risorgimento*, von einheimischen und ausländischen Liberalen begeistert aufgenommen, drang nicht sehr tief in die italienische Gesellschaft ein. Rekrutierung für die Streitkräfte war schwierig und die Stationierung von Einheiten der Armee nach strategischen Gesichtspunkten statt nach regionalpolitischem Kalkül unmöglich. Die Beziehungen zwischen den Politikern und den Militärs waren von gegenseitigem Mißtrauen geprägt. Der verbreitete Antimilitarismus der italienischen Gesellschaft, die schlechte Qualität des Offizierskorps und der Mangel an Kapital für moderne Rüstung weckten lange vor der verheerenden Schlacht bei Karfreit oder dem ägyptischen Feldzug von 1940 Zweifel an der militärischen Effektivität Italiens.[34] Der Erfolg in den Einigungskriegen war nur durch die Intervention Frankreichs und dann durch Preußens Druck auf Österreich-Ungarn möglich geworden. Die Katastrophe bei Adua (in Abessinien) im Jahre 1896 brachte Italien den schrecklichen Ruf ein, die einzige europäische Armee zu besitzen, die von einer afrikanischen Gesellschaft ohne moderne Waffen geschlagen worden war. Die Entscheidung der italienischen Regierung, 1911–1912 in Libyen Krieg zu führen, die selbst den Generalstab überraschte, war eine finanzielle Katastrophe ersten Ranges. Die Marine, die 1890 sehr stark schien, nahm an relativer Größe ständig ab. Außerdem war ihre Effektivität von jeher fragwürdig. Die Oberbefehlshaber der Royal Navy im Mittelmeer hofften zu dieser Zeit immer, daß die italienische Flotte neutral bliebe und nicht zu ihrem Alliierten würde, falls es in dieser Zeit zu einem Krieg gegen Frankreich kommen sollte.[35]

Die Folgen für Italiens strategische und diplomatische Position waren deprimierend. Der italienische Generalstab war sich nicht nur der zahlenmäßigen und technischen Unterlegenheit seiner Streitkräfte in erster Linie gegenüber Frankreich und Österreich-Ungarn deutlich bewußt, sondern er erkannte auch, daß es mit Italiens unzureichendem Eisenbahnnetz und dem tiefverwurzelten Regionalismus unmöglich war, großangelegte, flexible Truppenbewegungen nach preußischem Vorbild durchzuführen. Die italienische Marine wußte nicht nur um ihre Unzulänglichkeiten, sie mußte überdies Italiens sehr verwundbare und lange Küstenlinie schützen, was die Bündnispolitik nicht erleichterte und somit die strategische Planung chaotischer machte denn je. Das Bündnis, das Italien 1882 mit Berlin abschloß, war zunächst beruhigend, besonders da Bismarck die Franzosen lahmzulegen schien. Aber selbst zu diesem Zeitpunkt drängte die italienische Regierung auf eine engere Bindung an Großbritannien, das allein in der Lage war, die französische Flotte zu neutralisieren. Als sich Großbritannien und Frankreich in den Jahren nach 1900 näher kamen und als sich die Kooperation zwischen Großbritannien und Deutschland in Antagonismus verkehrte, glaubten die Italiener, sich der anglo-französischen Verbindung anschließen zu müssen. Die nie ganz überwundene Abneigung gegen Österreich-Ungarn bestärkte sie in diesem Schritt. Aber der Respekt vor Deutschland und die Bedeutung des deutschen industriellen Engagements in Italien hinderte sie daran, einen offenen Bruch mit Berlin herbeizuführen. So nahm Italien 1914 eine ähnliche Position ein wie 1871. Es war »die unbedeutendste der großen Mächte«,[36] aus Sicht seiner Nachbarn war es frustrierend unberechenbar und skrupellos und hatte kommerzielle und expansionistische Ambitionen im Alpengebiet, auf dem Balkan, in Nordafrika und weiter in der Ferne, die mit denen seiner Freunde und Rivalen kollidierten. Wirtschaftliche und soziale Umstände schränkten weiterhin seine Macht ein, die europäische Politik zu beeinflussen – und trotzdem blieb es am Spiel beteiligt. Zusammenfassend scheint die Beurteilung der meisten Regierungen den Schluß nahezulegen, daß es besser war, Italien zum Partner als zum Feind zu haben; aber der Unterschied wurde offenbar als nicht groß empfunden.[37]

Japan Italien war 1890 ein sehr marginales Mitglied des Systems der großen Mächte, aber Japan gehörte überhaupt nicht dazu. Jahrhundertelang war es von einer dezentralisierten feudalen Oligarchie regiert worden, die sich aus Feudalherren (den *Daimyo*) und aus einem aristokratischen Kriegerstand (den Samurai) zusammensetzte. Da Japan keine Rohstoffe besaß und das Land sehr gebirgig war – nur zwanzig Prozent des Bodens konnten bebaut werden – fehlten ihm alle herkömmlichen Voraussetzungen für eine wirtschaftliche Entwicklung. Durch eine komplexe Sprache von der restlichen Welt isoliert, ohne nahe Verwandte und mit einem intensiven Bewußtsein kultureller Einzigartigkeit blieben die Japaner bis zur zweiten Hälfte des 19. Jahrhunderts introvertiert und gegen ausländische Einflüsse resistent. Aus all diesen Gründen schien es Japan in den Begriffen globaler Macht bestimmt zu sein, politisch unreif, wirtschaftlich rückständig und militärisch schwach zu bleiben.[38] Innerhalb zweier Generationen jedoch übernahm es in der internationalen Politik des Fernen Ostens eine bedeutende Rolle.

Die Ursache dieses von der Meiji-Restauration 1868 bewirkten Wandels lag in der Entschlossenheit einflußreicher Mitglieder der japanischen Elite, ihr Land nicht vom Westen beherrschen oder kolonisieren zu lassen, so wie es überall sonst in Asien zu geschehen schien. Dafür nahm die Elite in Kauf, daß die feudale Ordnung abgeschafft wurde und die Samurai-Klans in eine erbitterte Opposition gingen.[39] Japan wurde nicht modernisiert, weil einzelne Unternehmer dies vorantrieben, sondern weil der »Staat« es für notwendig hielt. Nachdem die anfängliche Opposition unterdrückt worden war, schritt die Modernisierung mit einem solchen Dirigismus und und Engagement voran, daß die Bemühungen Colberts oder Friedrichs des Großen dagegen verblassen. Eine neue, auf dem preußisch-deutschen Modell basierende Verfassung wurde eingeführt. Man reformierte das Rechtssystem. Das Bildungssystem wurde so weit ausgedehnt, daß es im Land bald nur noch außergewöhnlich wenige Analphabeten gab. Der Kalender wurde geändert. Man kleidete sich jetzt anders. Ein modernes Bankwesen wurde entwickelt. Man holte Experten von Großbritanniens Royal Navy, die helfen sollten, eine moderne japanische Flotte zu schaffen. Offiziere des preußischen Generalstabs unterstützten die Modernisierung der Armee. Japanische Offiziere wurden auf westliche Militär- und Marineakademien geschickt. Man kaufte im Ausland moderne Waffen, schuf aber zugleich im eigenen Lande eine Rüstungsindustrie. Der Staat förderte den Bau eines Eisenbahnnetzes, die Errichtung von Telegraphen- und Schiffahrtslinien. Er arbeitete mit den aufsteigenden japanischen Unternehmern zusammen, um die Schwerindustrie, die Eisen- und Stahlindustrie und den Schiffsbau weiterzuentwickeln. Gleichzeitig wurde die Textilproduktion modernisiert. Subventionen der Regierung wurden eingesetzt, um Exporteure zu unterstützen, die Frachtschiffahrt zu fördern und beim Aufbau neuer Industrien zu helfen. Die japanischen Exporte, besonders von Seide und Textilien, schnellten sprunghaft in die Höhe. Hinter alledem stand ein beeindruckendes politisches Engagement, das darauf zielte, den nationalen Wahlspruch *fukoken kyohei* (»reiches Land mit starker Armee«) zu verwirklichen. Für die Japaner gingen wirtschaftliche und militärische Macht Hand in Hand.

Aber dies alles brauchte Zeit, und die Hindernisse blieben groß.[40] Obwohl sich die städtische Bevölkerung in der Zeit von 1890 bis 1913 mehr als verdoppelte, blieb die Zahl derer, die auf dem Lande beschäftigt waren, ungefähr konstant. Noch am Vorabend des Ersten Weltkrieges arbeiteten mehr als ein Drittel der Japaner in der

Land- und Forstwirtschaft und im Fischfang. Und trotz aller Verbesserungen der landwirtschaftlichen Techniken verhinderte die gebirgige Struktur des Landes und die kleinen Parzellen eine »agrarische Revolution« beispielsweise nach britischem Modell. Durch diese belastende landwirtschaftliche Basis erschien Japan in vergleichenden Statistiken des industriellen Potentials und des Industrialisierungsniveaus pro Kopf in der Liste der großen Mächte weit unten oder ganz am Ende (siehe Tabellen 14 und 17). Obwohl man an dem großen Anstieg des Energieverbrauchs aus modernen Brennstoffen und an dem Anstieg des Anteils am Produktionsvolumen der Welt klar erkennen kann, daß Japan vor 1914 industriell einen Sprung nach vorn machte, blieb es noch auf vielen Gebieten rückständig. Seine Eisen- und Stahlproduktion war gering, und es war dadurch stark von Importen abhängig. Die Schiffsbauindustrie wurde zwar deutlich vergrößert, aber man bestellte trotzdem noch Kriegsschiffe in anderen Ländern. Außerdem mangelte es Japan an Kapital. Es mußte wachsende Beträge im Ausland leihen und besaß nie genug, um in die Industrie, die Infrastruktur und die Streitkräfte zugleich zu investieren. Wirtschaftlich hatte das Land Wunder vollbracht, indem es zum einzigen nichtwestlichen Staat wurde, der im Zeitalter des Hochimperialismus eine industrielle Revolution durchlief. Trotzdem blieb es im Vergleich zu Großbritannien, den Vereinigten Staaten und Deutschland ein industrielles und finanzielles Leichtgewicht.

Zwei weitere Faktoren unterstützten jedoch Japans Aufstieg zum Status einer Großmacht und helfen zu erklären, warum es beispielsweise Italien überholen konnte. Der erste war seine geographische Isolation. Die nächstgelegene kontinentale Küste wurde von dem wenig bedrohlichen, zerfallenden Chinesischen Reich gehalten. Und während China, die Mandschurei und (was noch gefährlicher war) Korea in die Hände einer anderen Großmacht fallen konnten, lag Japan viel näher an diesen Ländern als alle anderen imperialistischen Staaten – wie Rußland zu seinem Unbehagen herausfinden sollte, als es zwischen 1904 und 1905 versuchte, eine Armee über 10000 Kilometer Eisenbahnstrecke zu versorgen, und wie die britischen und die amerikanischen Flotten einige Jahrzehnte später merken sollten, als sie mit den logistischen Problemen kämpften, welche die Entsetzung der Philippinen, Hongkongs und Malaysias mit sich brachten. Bei einer Fortsetzung der Expansion Japans in Ostasien hätte zu jener Zeit kaum eine andere große Macht Japan daran hindern können, diese Region unter seine Herrschaft zu bringen.

Der zweite Faktor war der *Patriotismus*. Es scheint unbestritten zu sein, daß das starke japanische Gefühl kultureller Einzigartigkeit, die Traditon der Kaiserverehrung und der Ehrfurcht vor dem Staat, der Samurai-Ethos von militärischer Ehre und Tapferkeit und die Betonung der Disziplin und des Mutes eine politische Kultur schufen, die stark patriotisch war. Sie fürchtete keine Opfer und stärkte den japanischen Impuls, sich sowohl aus Gründen strategischer Sicherheit als auch, um Märkte und Rohstoffe zu gewinnen, nach »Großostasien« auszudehnen. Dies spiegelte sich in den erfolgreichen Feldzügen auf dem Lande und zur See gegen China im Jahre 1894 wider, als beide Länder um ihre Ansprüche in Korea stritten.[41] Die besser ausgerüsteten japanischen Truppen schienen von Siegeswillen geradezu besessen zu sein. Gegen Ende des Krieges zwang die Drohung einer »dreifachen Intervention« durch Rußland, Frankreich und Deutschland eine erbitterte japanische Regierung, ihren Anspruch auf Port Arthur und die Liaotung-Halbinsel aufzugeben. Aber das verstärkte nur Tokios Entschlossenheit, es zu einem anderen Zeitpunkt wieder zu versuchen. Kaum einer in der Regierung stimmte nicht mit der finster entschlossenen Schlußfolgerung Hayashis überein:

> Wenn neue Kriegsschiffe nötig sind, müssen wir sie um jeden Preis bauen. Wenn die Organisation unserer Armee unzureichend ist, müssen wir sie ab sofort verbessern. Wenn nötig, muß das gesamte militärische System verändert werden ...
>
> Im Moment muß Japan ruhig bleiben und ausharren, um das Mißtrauen der anderen Länder zu beschwichtigen. In dieser Zeit muß das Fundament nationaler Macht konsolidiert werden; und wir müssen Ausschau halten und auf die Gelegenheit im Osten warten, die sich eines Tages sicherlich auftun wird. Wenn dieser Tag gekommen ist, wird Japan sein Schicksal selbst entscheiden ....[42]

Zehn Jahre später, als die japanischen Ambitionen in Korea und der Mandschurei mit denen des zaristischen Rußlands kollidierten, kam der Moment der Rache.[43] Viele Experten waren von der Flotte Admiral Togos beeindruckt, welche die russischen Schiffe in der entscheidenden Seeschlacht von Tsuschima vernichtete. Aber auch der Kampfgeist der gesamten japanischen Gesellschaft fiel Beobachtern auf. Dem Überraschungsangriff auf Port Arthur (eine Taktik, die im Konflikt mit China 1894 eingeführt und 1941 beim Angriff auf Pearl Harbor wiederaufgenommen wurde) applaudierte man im Westen ebenso wie dem Engagement der japanischen Nationalisten für einen eindeutigen Sieg, egal um welchen Preis. Noch bemerkenswerter erschien die Leistung der japanischen Offiziere und Soldaten in den Landschlachten um Port Arthur und bei Mukden, wo Zehntausende fielen, als sie tollkühn über Minenfelder und Stacheldraht hinweg und durch feindliches Maschinengewehrfeuer attackierten, um die russischen Gräben zu nehmen. Der Samurai-Geist konnte, wie es schien, selbst im Zeitalter der industrialisierten Massenkriegführung Schlachtfeldsiege mit dem Bajonett erkämpfen. Wenn Kampfmoral und Disziplin immer noch wichtige Bestandteile nationaler Macht waren, dann war Japan, so schlossen alle zeitgenössischen Militärexperten, reich an diesen Ressourcen.

Aber selbst zu diesem Zeitpunkt stellte Japan noch keine voll entwickelte Großmacht dar. Es hatte Glück, weil es gegen ein noch rückständigeres China und gegen ein zaristisches Rußland gekämpft hatte, das militärisch schwerfällig und durch die enorme Entfernung zwischen St. Petersburg und dem Fernen Osten benachteiligt war. Außerdem konnte Japan aufgrund des britisch-japanischen Bündnisses von 1902 ohne eine Intervention von Drittmächten in seinem Heimatgebiet kämpfen. Seine Flotte vertraute auf in Großbritannien gebaute Schlachtschiffe, seine Armee auf Kanonen von Krupp. Am wichtigsten aber war, daß es, als die enormen Kosten des Krieges seine Finanzkraft überstieg, auf Kredite der Vereinigten Staaten und Großbritanniens zurückgreifen konnte.[44] Wie sich herausstellte, war Japan 1905, als die Friedensverhandlungen mit Rußland in Gang kamen, dem Bankrott nahe. Das aber war der Öffentlichkeit in Tokio wahrscheinlich nicht bewußt, die auf die relativ milden Bedingungen, mit denen Rußland in dem Abkommen davonkam, mit Empörung reagierte. Als aber der Sieg gesichert war, Japans Streitkräfte glorifiziert und bewundert wurden, die

Wirtschaft sich erholen konnte und sein Status als Großmacht (wenn auch einer regionalen) von allen anerkannt wurde, war Japan als Macht erwachsen geworden. Kein anderer Staat konnte im Fernen Osten irgend etwas Bedeutendes tun, ohne Japans Reaktion einzukalkulieren. Ob es indessen weiter expandieren konnte, ohne die Reaktion der etablierten Großmächte herauszufordern, war keineswegs gesichert.

Deutschland Zwei Faktoren garantierten, daß sich der Aufstieg des kaiserlichen Deutschland schneller und bedeutsamer auf das Gleichgewicht der großen Mächte auswirken sollte als der aller anderen »Neuankömmlinge«. Der erste war, daß Deutschland nicht wie Japan in geopolitischer Isolation, sondern im Zentrum des alten europäischen Staatensystems aufgestiegen war. Die Schaffung des Deutschen Reiches berührte direkt die Interessen Österreich-Ungarns und Frankreichs, und seine Existenz allein hatte die relative Position *aller* anderen Großmächte in Europa verändert. Der zweite Faktor war die enorme Geschwindigkeit und das Ausmaß des weiteren industriellen, kommerziellen und militärischen Wachstums Deutschlands. Bis zum Vorabend des Ersten Weltkrieges war seine nationale Macht nicht nur drei- bis viermal so groß wie die Italiens oder Japans, sondern es besaß auch einen großen Vorsprung vor Frankreich oder Rußland und hatte wahrscheinlich sogar Großbritannien überholt. Im Juni 1914 bemerkte der achtzigjährige Lord Welby, daß »das Deutschland der 1850er Jahre eine Ansammlung von unbedeutenden Staaten gewesen war, regiert von unbedeutenden Prinzchen«,[45] aber nun war es in der Spanne eines Menschenlebens zum mächtigsten Staat Europas geworden – und wuchs weiter. Das allein machte »die deutsche Frage« auf mehr als ein halbes Jahrhundert nach 1890 zum Epizentrum eines großen Teils der Weltpolitik.

An dieser Stelle können nur einige Details des explosiven Wirtschaftswachstums Deutschlands angeführt werden.[46] Seine Bevölkerung war von 49 Millionen im Jahre 1890 auf 66 Millionen im Jahre 1913 angestiegen – in Europa wurde das nur noch durch die russische Bevölkerungszahl übertroffen. Aber da das Bildungsniveau, die soziale Versorgung und das Pro-Kopf-Einkommen in

Deutschland weit höher waren als in Rußland, war es nicht nur hinsichtlich der Quantität, sondern auch der Qualität seiner Bevölkerung stark. Während in Italien 330 von 1000 in die Armee eintretenden Rekruten Analphabeten waren, in Österreich-Ungarn 220 von 1000, in Frankreich 68 von 1000, war es in Deutschland die erstaunliche Zahl von 1 von 1000.[47] Davon profitierten nicht nur die preußische Armee, sondern auch die Fabriken, die geschulte Arbeiter benötigten, die Unternehmen, die gut ausgebildete Ingenieure brauchten, die Labors, die Chemiker suchten, und die Firmen, die nach Führungskräften und Verkäufern Ausschau hielten. Das deutsche Schulsystem, die polytechnischen Institute und Universitäten versorgten sie alle zur Genüge. Da dieser hohe Wissensstand auch auf die Landwirtschaft angewandt wurde und die deutschen Landwirte chemische Düngemittel einsetzten und großangelegte Modernisierungsmaßnahmen einleiteten, waren ihre Erträge pro Hektar höher als die irgendeiner anderen Großmacht.[48] Um die Junker und die Bauernverbände zu beschwichtigen, wurde die deutsche Landwirtschaft durch Zölle vor den billiger produzierten amerikanischen und russischen Nahrungsmitteln geschützt. Weil er dennoch relativ effizient arbeitete, zog der landwirtschaftliche Sektor das Nationaleinkommen und das Produktionsvolumen pro Kopf nicht so in die Tiefe wie bei den anderen kontinentalen Großmächten.

Aber was Deutschland in diesen Jahren wirklich auszeichnete, war seine industrielle Expansion. Die Kohleförderung stieg von 89 Millionen Tonnen im Jahre 1890 auf 277 Millionen Tonnen im Jahre 1914 – nur etwas weniger als Großbritannien mit 292 Millionen und weit mehr als Österreich-Ungarn mit 47 Millionen, Frankreich mit 40 Millionen und Rußland mit 36 Millionen. Auf dem Stahlsektor war der Zuwachs noch spektakulärer, und die deutsche Produktion von 17,6 Millionen Tonnen im Jahre 1914 lag höher als die Großbritanniens, Frankreichs und Rußlands zusammengenommen. Und noch beeindruckender war die deutsche Leistung auf dem Gebiet der neueren Industrien des 20. Jahrhunderts: der elektrotechnischen, optischen und chemischen Industrie. Riesige Firmen wie Siemens und AEG, die insgesamt 142 000 Leute beschäftigten, beherrschten die europäische Elektroindustrie. Deutsche Chemiekonzerne, angeführt von Bayer und Hoechst, produzierten neunzig Prozent der industriellen Farbstoffe der Welt. Diese Erfolgsgeschichte spiegelte sich natürlich in der deutschen Außenhandelsbilanz. Die Exporte verdreifachten sich zwischen 1890 und 1913 und brachten das Land nahe an Großbritannien, den führenden Exporteur der Welt, heran. Es überrascht nicht, daß auch die Handelsmarine expandierte und am Vorabend des Weltkrieges zur zweitgrößten der Welt geworden war. Zu diesem Zeitpunkt war Deutschlands Anteil an der Industrieproduktion der Welt (14,8 Prozent) höher als der Großbritanniens (13,6 Prozent) und zweieinhalbmal so groß wie der Frankreichs (6,1 Prozent). Es wurde zur wirtschaftlichen Kraftquelle Europas, und selbst seine vielzitierte Kapitalschwäche schien es nicht zu bremsen. Kein Wunder, daß Nationalisten wie Friedrich Naumann von diesen Manifestationen des Wachstums und ihren Auswirkungen auf Deutschlands Position in der Welt entzückt waren. »Die deutsche Rasse bringt es«, schrieb er, »sie bringt Heer, Flotte, Geld und Macht . . . Moderne Riesenmachtmittel sind nur möglich, wenn ein ganzes Volk frühlingsartigen Saft in seinen Gliedern hat.«[49]

Daß Publizisten wie Naumann und besonders solche rabiat expansionistischen Interessengruppen wie der Alldeutsche Bund und der Deutsche Flottenverein einen Aufstieg des deutschen Einflusses in Europa und in Übersee willkommen hießen und vorantrieben, ist kaum überraschend. In diesem Zeitalter des »neuen Imperialismus« gab es ähnliche Töne in jeder anderen Großmacht. Wie Gilbert Murray im Jahre 1900 boshaft bemerkte, schien *jedes* Land der Meinung zu sein: »Wir sind die Auserwählten unter den Nationen . . . vor allen anderen sind wir dazu berufen, andere zu regieren.«[50] Wichtiger war vielleicht, daß die deutsche regierende Elite nach 1895 auch von der Notwendigkeit einer großangelegten territorialen Expansion, wenn die Zeit reif war, überzeugt schien. So argumentierte Admiral Tirpitz, daß Deutschlands Industrialisierung und seine überseeischen Eroberungen so unabänderlich wie ein Naturrecht seien. Kanzler Bülow erklärte: »Die Frage liegt nicht so, ob wir kolonisieren wollen oder nicht, sondern wir *müssen* kolonisieren, ob wir wollen oder nicht.« Und Kaiser Wilhelm verkündete leichthin, daß Deutschland außerhalb der engen Grenzen des alten

Europa große Taten vollbringen müsse, obwohl er sich auch vorstellte, es müsse eine friedliche »napoleonische Suprematie-Politik« auf dem Kontinent ausüben.[51] All dies klang ganz anders als Bismarcks wiederholte Beteuerung, daß Deutschland eine »saturierte Macht« sei, die den Status quo in Europa erhalten wolle, und (trotz der kolonialen Bemühungen von 1884–1885) nicht übermäßig an Territorien in Übersee interessiert sei. Selbst hier muß man aber sagen, daß dies nicht auf eine besonders aggressive Natur des deutschen »ideologischen Konsensus«[52] in der Frage territorialer Expansion hinweist. Staatsmänner in Frankreich und Rußland, Großbritannien und Japan, den Vereinigten Staaten und Italien verkündeten zu dieser Zeit ebenfalls, daß es *ihrem* Land vom Schicksal bestimmt sei, sich auszudehnen, wenn auch vielleicht in einem weniger deterministischen und hektischen Tonfall.

Bezeichnend für den deutschen Expansionismus *war*, daß das Land entweder die Machtinstrumente zur Veränderung des Status quo schon besaß, oder die materiellen Ressourcen, um solche Instrumente zu schaffen. Die beeindruckendste Demonstration dieser Fähigkeit war der schnelle Aufbau der deutschen Kriegsmarine nach 1898, die sich unter Tirpitz von der sechstgrößten Flotte der Welt zur zweitgrößten nach der Royal Navy entwickelte. Am Vorabend des Krieges bestand die Hochseeflotte aus dreizehn Schlachtschiffen des Dreadnought-Typs, aus sechzehn älteren Schlachtschiffen und fünf Schlachtkreuzern. Diese Flotte war so stark, daß sie die britische Admiralität zwang, allmählich alle ihre Kampfverbände aus überseeischen Stützpunkten abzuziehen und in der Nordsee zu konzentrieren. Gleichzeitig gab es Anzeichen dafür (bessere innere Konstruktion, bessere Geschosse, optische Geräte, Zielsysteme und so weiter), daß die deutschen Schiffe Tonne um Tonne überlegen waren.[53] Obwohl Tirpitz nie das enorme Kapital aufbringen konnte, um »eine England ebenbürtige Flotte zu haben«[54] – sein eigentliches Ziel –, gelang es ihm, eine Marine zu schaffen, die für die rivalisierenden Flotten Frankreichs und Rußlands überwältigend war.

Deutschlands militärische Fähigkeiten zu Lande schienen einigen Beobachtern weniger beeindruckend. In der Tat war die deutsche Reichswehr in dem Jahrzehnt vor 1914 auf den ersten Blick zahlenmäßig deutlich schwächer als die Armee des zaristischen Rußland.

Frankreichs Truppenzahl entsprach in etwa der deutschen. Aber der Schein trog. Aus komplexen innenpolitischen Gründen hatte sich die deutsche Regierung entschieden, die Armee auf eine bestimmte Größe zu beschränken und der Tirpitzschen Flotte einen beträchtlich größeren Teil des Verteidigungsbudgets zur Verfügung zu stellen.[55] Als die Spannungen der Jahre 1911 und 1912 Berlin dazu veranlaßten, das Heer im großen Stil zu erweitern, war der schnelle Wandel beeindruckend. Zwischen 1910 und 1914 wuchs das Budget des Heeres von 204 Millionen Dollar auf 442 Millionen Dollar, wohingegen das französische nur von 188 Millionen Dollar auf 197 Millionen Dollar stieg – aber Frankreich mußte, um diesen Aufbau zu erreichen, 89 Prozent der in Frage kommenden jungen Männer einziehen und Deutschland nur 52 Prozent. Es ist zwar richtig, daß Rußland 1914 ungefähr 324 Millionen Dollar für seine Armee aufbrachte, aber dies war mit einer gewaltigen Belastung verbunden. In Rußland beanspruchten die Verteidigungsausgaben 6,3 Prozent des Nationaleinkommens, in Deutschland nur 4,6 Prozent.[56] Mit Ausnahme Großbritanniens trug Deutschland die »Bürde der Rüstung« leichter als irgendein anderer europäischer Staat. Außerdem konnte das deutsche Heer Millionen von Reservisten mobilisieren und ausrüsten und sie – aufgrund ihrer besseren Ausbildung – tatsächlich sofort an der Front einsetzen. Frankreich und Rußland waren dazu nicht in der Lage. Der französische Generalstab war überzeugt, daß seine Reservisten nur hinter den Linien eingesetzt werden konnten;[57] und Rußland besaß weder die Waffen, die Stiefel und Uniformen, um seine theoretisch millionenstarke Reservearmee auszurüsten, noch die Offiziere, um sie zu überwachen. Aber selbst damit kommt man der deutschen militärischen Fähigkeit, die sich auch in solchen nicht quantifizierbaren Faktoren wie guten Verkehrswegen, schnelleren Mobilisierungsmöglichkeiten, überlegener Stabsausbildung, fortschrittlicher Technologie und so weiter spiegelte, nicht ganz auf den Grund.

Andererseits war das Deutsche Reich durch seine Geographie und Diplomatie geschwächt. Weil es in der Mitte des Kontinents lag, schien sein Wachstum mindestens zwei Großmächte gleichzeitig zu bedrohen. Die Effizienz seiner Militärmaschinerie verknüpft mit den Rufen der Alldeutschen nach einer Neuordnung der europäischen Grenzen alarmierte die Franzosen und die Russen und brachte sie einander näher. Die schnelle Expansion der deutschen Marine sowie die latente Bedrohung der Niederlande und Nordfrankreichs beunruhigten Großbritannien. Deutschland war, in den Worten eines Historikers, »von Geburt an eingekreist«.[58] Und selbst wenn der deutsche Expansionismus nach Übersee abgelenkt wurde, wohin sollte er sich wenden, ohne in die Einflußsphären der anderen Großmächte einzudringen? Ein Vorstoß nach Lateinamerika konnte nur auf Kosten eines Krieges mit den Vereinigten Staaten durchgeführt werden. Eine Expansion in China wurde in den 1890er Jahren von Rußland und Großbritannien mißbilligt und stand nach dem japanischen Sieg über Rußland im Jahre 1905 außer Diskussion. Versuche, die Eisenbahnverbindung Berlin-Bagdad weiterzuentwickeln, alarmierten London und St. Petersburg. Bemühungen, sich die portugiesischen Kolonien anzueignen, wurden von den Briten gebremst. Während die Vereinigten Staaten ihren Einfluß in der westlichen Hemisphäre ausdehnten, Japan in China vorrückte, Rußland und Großbritannien in den Mittleren Osten vordrangen und Frankreich seine Besitzungen in Nordwestafrika »abrunden« durfte, sollte Deutschland mit leeren Händen dastehen. Als Bülow in seiner berühmten »Hammer oder Amboß«-Rede im Jahre 1899 zornig erklärte: »Aber jedenfalls können wir nicht dulden, daß irgend eine fremde Macht, daß irgend ein fremder Jupiter zu uns sagt: Was thun? Die Welt ist weggegeben.«, machte er einem weitverbreiteten Unmut Luft. Kein Wunder, daß deutsche Publizisten eine Neuverteilung der Welt forderten.[59]

Es ist historisch immer so gewesen, daß aufsteigende Mächte Veränderungen der internationalen Ordnung fordern, die zum Vorteil der älteren, etablierten Mächte festgelegt wurde.[60] Aus realpolitischer Sicht stellte sich die Frage, ob dieser bestimmte Herausforderer, das Deutsche Reich, Veränderungen erwirken konnte, ohne eine zu große Opposition hervorzurufen. Und neben der Geographie spielte auch die Diplomatie hier eine wichtige Rolle; denn da Deutschland nicht die geographische Lage von zum Beispiel Japan genoß, mußte seine Staatskunst von außerordentlich hohem Rang sein. Weil Bismarck das Unbehagen und die Eifersucht erkannte, die der plötzliche Aufstieg des Zweiten Reiches geweckt hatte, strebte er nach 1871 danach, die anderen großen Mächte (besonders die Flankenmächte Rußland und Großbritannien) davon zu überzeugen, daß Deutschland keine weiteren territorialen Ambitionen hegte. Wilhelm II. und seine Berater, begierig ihre Tatkraft zu beweisen, waren viel unvorsichtiger. Sie zeigten nicht nur ihre Unzufriedenheit mit der bestehenden Ordnung, sondern – und das war ein weit größeres Versagen – der Entscheidungsprozeß in Berlin verbarg hinter einer Fassade hohen imperialistischen Zielbewußtseins ein Chaos und eine Labilität, welche alle verblüffte, die ihn aus nächster Nähe erlebten. Vieles davon ist auf die Charakterschwäche Wilhelms II. zurückzuführen, aber es wurde durch institutionelle Mängel der Bismarckschen Verfassung verstärkt. Ohne ein Gremium (wie ein Kabinett), das gemeinsam die Verantwortung für die gesamte Regierungspolitik trug, verfolgten verschiedene Abteilungen und Interessengruppen ihre Ziele, ohne von oben kontrolliert zu werden und ohne Ordnung der Prioritäten.[61] Die Marine dachte fast ausschließlich an einen zukünftigen Krieg mit England; das Heer plante die Niederwerfung Frankreichs; Finanz- und Geschäftsleute wollten auf den Balkan, in die Türkei und in den Fernen Osten vordringen und dabei den russischen Einfluß eliminieren. Das Ergebnis war, so stöhnte Kanzler Bethmann Hollweg im Juli 1914, daß sie »alle reizen und sich allen in den Weg stellen und keinen dabei wirklich schwächen«.[62] Dies war in einer Welt voller egoistischer und mißtrauischer Nationalstaaten kein Erfolgsrezept.

Wenn es aber nicht gelang, diplomatische oder territoriale Erfolge vorzuweisen, bestand letztendlich die Gefahr, daß die empfindliche Innenpolitik des wilhelminischen Deutschland leiden würde. Die Junker-Elite sorgte sich bereits über den (relativen) Niedergang der Landwirtschaft, den Aufstieg der organisierten Arbeiterschaft und den wachsenden Einfluß der Sozialdemokratie in einer Zeit des industriellen Booms. In der Tat trieb man nach 1897 auch deshalb »Weltpolitik«, weil man glaubte, dies sei politisch populär und würde die Aufmerksamkeit von der innenpolitischen Zerrissenheit Deutschlands ablenken.[63] Aber das Regime in Berlin lief immer ein doppeltes Risiko: Im Falle eines Zurückweichens vor einer Konfrontation mit einem »fremden Jupiter« würde der nationalistische Flügel den Kaiser und seine Gehilfen schmähen und verächtlich machen; falls aber das Land in einen umfassenden Krieg verstrickt würde, war nicht klar, ob der Patriotismus der Arbeiter, Soldaten und Seeleute über ihre Ablehnung des erzkonservativen preußisch-deutschen Staates siegen würde. Während manche Beobachter glaubten, daß ein Krieg die Nation hinter ihrem Herrscher vereinigen würde, fürchteten andere, daß er die deutsche soziopolitische Struktur weiter belasten würde. Dies aber muß wiederum im Kontext gesehen werden – denn beispielsweise waren die inneren Schwächen Deutschlands lange nicht so ernst wie die Rußlands oder Österreich-Ungarns. Dennoch existierten sie, und sie konnten die Fähigkeit des Landes, einen langen, »totalen« Krieg zu führen, mit Sicherheit beeinträchtigen.

Viele Historiker haben argumentiert, daß das imperiale Deutschland ein »Sonderfall« war. Es sei einen *Sonderweg* gegangen, der eines Tages in den Exzessen des Nationalsozialismus kulminiert habe. Allein an der politischen Kultur und Rhetorik um 1900 wäre dies schwer nachzuweisen: Der russische und der österreichische Antisemitismus waren mindestens ebenso stark wie der deutsche, der französische Chauvinismus so markant wie der deutsche, das japanische Gefühl kultureller Einzigartigkeit und Bestimmung so weitverbreitet wie das deutsche. Jede der hier untersuchten Mächte war »besonders« und im Zeitalter des Imperialismus nur zu begierig, diese Besonderheit geltend zu machen. Machtpolitisch betrachtet, besaß Deutschland allerdings einige einzigartige Merkmale, die von großer Bedeutung waren. Es war die einzige Großmacht, welche die moderne, industrialisierte Kraft der westlichen Demokratien mit dem autokratischen (man ist versucht zu sagen, unverantwortlichen) Charakter der Entscheidungsfindung in den östlichen Monarchien verband.[64] Es war mit Ausnahme der Vereinigten Staaten der eine »Neuankömmling« der wirklich die Kraft hatte, die alte Ordnung herauszufordern. Und es war die einzige aufsteigende Großmacht, die ihre Grenzen nur auf Kosten ihrer mächtigen Nachbarn im Osten oder Westen ausdehnen konnte: das eine Land, dessen zukünftiges Wachstum, mit Calleos Worten, das europäische Gleichgewicht eher »direkt« als »indirekt« untergrub.[65] Eine explosive Mischung für eine Nation, die laut Tirpitz glaubte, es sei »eine Lebensfrage für Deutschland, das Versäumte nachzuholen«.[66]

Es schien für die aufsteigenden Staaten lebenswichtig, den Durchbruch zur Vormachtstellung zu schaffen, aber es war für die unter Druck geratenen etablierten Mächte noch wichtiger, standzuhalten. An dieser Stelle ist es wiederum notwendig, auf die sehr bedeutenden Unterschiede zwischen den drei betroffenen Mächten Österreich-Ungarn, Frankreich und Großbritannien – und vielleicht besonders auf die Unterschiede zwischen dem erst- und dem letztgenannten Land – hinzuweisen. Nichtsdestoweniger zeigen die Graphiken über ihre relative Macht in der Welt, daß sie am Ende des 19. Jahrhunderts schwächer waren als fünfzig oder sechzig Jahre zuvor,[67] obwohl ihre Verteidigungsbudgets größer und ihre Kolonialreiche ausgedehnter waren und sie (im Falle Frankreichs und Österreich-Ungarns) auch in Europa noch territoriale Ambitionen hatten. Ferner kann man durchaus behaupten, daß die Regierungen dieser Nationen *wußten*, daß die internationale Szene komplizierter und bedrohlicher geworden war als die, mit der ihre Vorgänger konfrontiert worden waren, und daß dieses Wissen sie zwang, radikale Veränderungen der Politik zu erwägen, um sich den neuen Umständen anzupassen.

Österreich-Ungarn Obwohl Österreich-Ungarn bei weitem die schwächste der etablierten Großmächte war – und, mit Taylors Worten, langsam aus ihren Reihen zurücktrat –[68], wird dies aus den makroökonomischen Statistiken nicht ersichtlich. Trotz erheblicher Emigration wuchs die Bevölkerung von 41 Millionen im Jahre 1890 auf 52 Millionen im Jahre 1914, überholte damit deutlich Frankreich und Italien und war Großbritannien um einiges voraus. Das Reich erlebte in diesen Jahrzehnten auch eine rasche Industrialisierung, obwohl die Veränderungen vor 1900 wahrscheinlich schneller vonstatten gingen als danach. Seine Kohleförderung belief sich um 1914 auf respektable 47 Millionen Tonnen, was mehr als die französische oder russische war. Und selbst in seiner Stahlproduktion und im Energieverbrauch lag es nicht bedeutend hinter Rußland und Frankreich zurück. Seine Textilindustrie erlebte einen Aufschwung, die Brauereiwirtschaft und die Zuckerrübenproduktion stiegen, die Ölfelder Galiziens wurden ausgebeutet, die ungarische Landwirtschaft mechanisiert, die Skoda-Rüstungswerke vergrößerten sich gewaltig, Großstädte wurden elektrifiziert, und der Staat förderte energisch den Eisenbahnbau.[69] Einer Berechnung Bairochs zufolge war das Bruttosozialprodukt Österreich-Ungarns im Jahre 1913 ungefähr genauso hoch wie das Frankreichs,[70] was etwas suspekt erscheint – wie auch die Behauptung Farrars, daß der Anteil Österreich-Ungarns an der »europäischen Macht« von 4,0 Prozent im Jahre 1890 auf 7,2 Prozent im Jahre 1910 stieg.[71] Aber es wird deutlich, daß die Wachstumsraten des Reiches von 1870 bis 1913 zu den höchsten in Europa zählten, und daß das »industrielle Potential« des Landes noch schneller wuchs als das russische.[72]

Sobald man aber die Wirtschaft und die Gesellschaft Österreich-Ungarns genauer betrachtet, tauchen signifikante Mängel auf. Der vielleicht grundlegendste war die enorme Differenz des Pro-Kopf-Einkommens und der Pro-Kopf-Produktion in den verschiedenen Regionen, die zum großen Teil die sozioökonomische und ethnische Vielfalt eines Territoriums spiegelte, das sich von den Schweizer Alpen bis zur Bukowina erstreckte. Es war nicht allein die Tatsache, daß 73 Prozent der Bevölkerung Galiziens und der Bukowina im Jahre 1910 in der Landwirtschaft beschäftigt waren, wohingegen die Zahl im gesamten Reich bei nur 55 Prozent lag; viel bezeichnender und erschreckender war der enorm unterschiedliche Grad des Wohlstands. Das Pro-Kopf-Einkommen betrug in Niederösterreich 850 Kronen und in Böhmen 761 Kronen und war damit weit höher als in Galizien (316 Kronen), der Bukowina (310 Kronen) und Dalmatien (264 Kronen).[73] Während aber in den österreichischen Provinzen und den tschechischen Territorien ein industrieller »Aufbruch« stattfand und in Ungarn landwirtschaftliche Verbesserungen in Gang kamen, vergrößerte sich die Bevölkerung in den verarmten slawischen Gegenden am schnellsten. Folglich blieb das Pro-Kopf-Industrialisierungsniveau Österreich-Ungarns weit hinter dem der führenden Großmächte zurück, und trotz der Steigerung des Produktionsvolumens in absoluten Zahlen blieb der Anteil am Produktionsvolumen der Welt in diesen Jahrzehnten bei lediglich 4,5 Prozent stecken. Dies war für ein Land mit solchen strategischen Aufgaben keine starke wirtschaftliche Basis.

Diese relative Rückständigkeit hätte durch ein hohes Maß an national-kulturellem Zusammenhalt, wie er in Japan oder Frankreich existierte, ausgeglichen werden können. Aber Wien kontrollierte die ethnisch vielfältigste Ansammlung von Völkern in Europa[74] – als der Krieg 1914 ausbrach, wurde der Mobilmachungsbefehl in fünfzehn verschiedenen Sprachen ausgegeben. Die jahrhundertealte Spannung zwischen der deutsch-sprechenden und der tschechisch-sprechenden Bevölkerung in Böhmen war nicht das ernsteste Problem, dem sich Kaiser Franz Joseph und seine Berater gegenübersahen, selbst wenn die Bewegung der »Jungtschechen« diesen Anschein weckte. Die Beziehung zu Ungarn, das trotz seines nach 1867 geltenden Status als gleichwertiger Partner immer wieder mit Wien über solche Fragen wie Zölle, die Behandlung ethnischer Minderheiten, »Magyarisierung« der Armee und anderes in Streit geriet, war so gespannt, daß 1899 westliche Beobachter ein Auseinanderbrechen des Reiches befürchteten und der französische Außenminister Delcassé heimlich die Bedingungen der Doppelallianz mit Rußland neu aushandelte, um zu verhindern, daß Deutschland sich Österreich einverleibte und damit Zugang zur Adria erhielt. Um 1905 entwickelte der Generalstab in Wien tatsächlich einen Plan zur militärischen Besetzung Ungarns für den Fall, daß sich die Krise verschlimmern sollte.[75] Die Nationalitätenprobleme Wiens endeten nicht bei den Tschechen und Magyaren. Die Italiener im Süden lehnten die strenge Germanisierung ihrer Territorien ab und erhofften Hilfe aus Rom – so wie das besetzte Rumänien, wenn auch in geringerem Maße, auf östliche Hilfe aus Bukarest hoffte. Im Gegensatz dazu verhielten sich die Polen ruhig – zum Teil, weil sie unter den Habsburgern mehr Rechte genossen als die Polen in den deutsch und russisch beherrschten Territorien. Aber die größte Gefahr für die Einheit des Reiches lag bei den Südslawen, da dort Dissidentengruppen ihre Blicke auf Serbien und, noch weiter in die Ferne, auf Rußland richteten. Liberalere Kreise in Wien drängten oft darauf, Kompromisse mit den Südslawen zu schließen, aber der ungarische Adel, der sich jeder Verminderung des ungarischen Sonderstatus widersetzte und gleichzeitig seine eigene starke Diskriminierung ethnischer Minderheiten innerhalb Ungarns aufrechterhielt, lehnte dies entschieden ab. Da die Gemäßigten keine politische Lösung erzielen konnten, stand die Tür für österreichisch-deutsche Nationalisten wie den Generalstabschef General Conrad offen. Sie konnten nun argumentieren, daß man den Serben und ihren Sympathisanten mit Gewalt begegnen müsse. Obwohl Kaiser Franz Joseph selbst zur Zurückhaltung neigte, blieb dies immer eine letzte Ausflucht, falls die Existenz des Reiches wirklich bedroht schien.

All dies beeinträchtigte die Macht Österreich-Ungarns zweifellos auf vielerlei Weise. Das hieß nicht, daß eine multi-kulturelle Gesellschaft unbedingt militärisch schwach sein mußte. Die Armee blieb eine vereinende Institution und ging sehr geschickt mit der sprachlichen Vielfalt um. Sie hatte auch ihren alten Leitspruch *divide et impera* nicht vergessen, wenn es um die Errichtung von Garnisionen und um Stationierungen ging. Aber es wurde zunehmend schwieriger, sich unter gewissen Umständen auf die rückhaltlose Loyalität der tschechischen oder ungarischen Regimenter zu verlassen. Selbst die traditionelle Treue der Kroaten (die man jahrhundertelang an den »militärischen Grenzen« eingesetzt hatte) wurde durch ungarische Verfolgung untergraben. Wiens klassische Antwort auf all diese Einzelprobleme war, sie durch Komitees, neue Stellen, Steuerkonzessionen, zusätzliche Eisenbahnlinien und so weiter zu übertünchen. »Es gab um 1914 weit mehr als 3000000 Beamte, die so unterschiedliche Institutionen wie Schulen, Krankenhäuser, Fürsorgestellen, Steuerbehörden, Eisenbahnen, Postämter etc. leiteten ... so ... daß nicht viel Geld für die Armee übrigblieb.«[76] Wrights Zahlen zufolge nahmen die Verteidigungsausgaben in Österreich-Ungarn einen kleineren Teil der »nationalen (d. h. Zentralregierungs-) Ausgaben« in Anspruch als bei irgendeiner anderen Großmacht.[77] Folglich hatte die Flotte nie genug Kapital, um mit der italienischen oder gar der französischen Marine im Mittelmeer gleichzuziehen, und die Zuteilungen an das Heer waren um zwei Drittel bis zur Hälfte kleiner als bei der russischen und der preußischen Armee. Die Waffen der Armee, besonders die Artillerie, waren veraltet und zahlenmäßig nicht ausreichend. Aus Geldmangel wurden nur dreißig Prozent der zur Verfügung stehenden Männer eingezogen, und viele wurden »auf Dauer beurlaubt« oder erhielten nur eine achtwöchige Ausbildung. Es war kein System, das darauf ausgelegt war, Massen von einsatzfähigen Reservisten für Kriegszeiten auszubilden.[78]

Als sich die internationalen Spannungen in dem Jahrzehnt nach 1900 verschärften, wirkte die strategische Position von Österreich-Ungarn in der Tat hochgefährdet. Die inneren Spannungen schienen das Reich auseinanderzureißen und erschwerten die Beziehungen zu den meisten Nachbarstaaten. Trotz seines markanten Wirtschaftswachstums war das Reich nicht in der Lage, die führenden Großmächte wie Großbritannien und Deutschland einzuholen. Es gab pro Kopf weniger für die Verteidigung aus als viele der anderen Mächte, und es zog weit weniger junge Männer zum Wehrdienst ein als irgendeine andere kontinentale Nation. Wie um das alles zu krönen, schien es so viele potentielle Feinde zu besitzen, daß der Generalstab eine ganze Reihe von Feldzügen planen mußte – eine Komplikation mit der sich nur sehr wenige Großmächte herumschlagen mußten.

Daß das österreichisch-ungarische Reich so viele potentielle Feinde hatte, lag an seiner einzigartigen geographischen und multinationalen Situation. Trotz des Dreibundvertrages verschärften sich die Spannungen mit Italien nach 1900, und Conrad sprach sich mehrmals für einen militärischen Schlag gegen den südlichen Nachbarn aus. Auch wenn sein Plan vom Außenminister und vom Kaiser entschieden abgelehnt wurde, baute man die Garnisonen und Befestigungen entlang der italienischen Grenze stetig aus. Weiter in der Ferne mußte sich Wien um Rumänien sorgen, das 1912 zu einer deutlichen Bedrohung wurde, als es sich dem gegnerischen Lager zuwandte. Aber als das tückischste Land erschien Serbien, das zusammen mit Montenegro die Südslawen innerhalb des Reiches magnetisch anzog und damit zu einem Gefahrenherd wurde, den man beseitigen zu müssen glaubte. Das einzige Problem dieser glatten Lösung lag darin, daß ein Angriff auf Serbien leicht eine militärische Reaktion des gefährlichsten Rivalen Österreich-Ungarns, des zaristischen Rußland, provozieren konnte, das in dem Moment im Nordosten einzudringen drohte, wenn der größte Teil der österreichisch-ungarischen Armee nach Süden, an Belgrad vorbei, vorstieße. Obwohl selbst der extrem kriegerische Conrad verkündete, daß es »Aufgabe der Diplomaten ist«[79], das Reich davor zu bewahren, gegen alle Feinde auf einmal kämpfen zu müssen, zeigen seine eigenen vor 1914 entwickelten Pläne den phantastischen militärischen Jonglierakt, auf den sich die Armee vorbereiten mußte. Während eine Hauptstreitmacht (A-Staffel) bestehend aus neun Armeekorps auf den Einsatz entweder(!) gegen Italien oder gegen Rußland vorbereitet wurde, sollte eine kleinere Streitkraft (Minimalgruppe Balkan), bestehend aus drei Armeekorps, gegen Serbien-Montenegro mobilisiert werden. Zusätzlich sollte sich eine strategische Reserve aus vier Armeekorps (B-Staffel) bereithalten, um »entweder die A-Staffel zu verstärken und zu einer mächtigen Offensivkraft zu machen, oder, wenn irgendeine Gefahr aus Italien oder Rußland drohte, sich der Minimalgruppe Balkan zu einer Offensive gegen Serbien anzuschließen«.[80]

»Der Kern der Sache«, urteilt ein Historiker, »war ganz einfach, daß Österreich-Ungarn versuchte, die Rolle einer Großmacht zu spielen, aber nur die Ressourcen einer zweitrangigen Macht besaß.«[81] Die verzweifelten Versuche, an allen Fronten stark zu sein, brachten das ernsthafte Risiko mit sich, das Reich überall zu schwächen; zumindest legte man dem Eisenbahnsystem des Reiches und den Stabsoffizieren, die es kontrollierten, übermenschliche Belastungen auf. Außerdem bestätigte dieses strategische Dilemma, was die meisten Beobachter in Wien seit 1870 widerwillig akzeptiert hatten: daß Österreich-Ungarn im Falle eines Großmachtkrieges deutscher Unterstützung bedurfte. Dies wäre nur in einem reinen österreichisch-italienischen Krieg nicht nötig gewesen (obwohl dieser entgegen Conrads häufigen Befürchtungen unwahrscheinlich war); aber deutsche militärische Unterstützung wurde sicherlich gebraucht, wenn Österreich-Ungarn in einen Krieg mit Serbien verwickelt würde, und Rußland letzterem beistünde. So erklären sich auch die wiederholten Versuche Conrads, Berlin vor 1914 in dieser Hinsicht festzulegen. Schließlich spiegelte die barocke Natur dieser Einsatzplanung das wider, was viele Zeitgenossen erkannten, aber einige spätere Historiker nicht wahrhaben wollten:[82] Sollten die nationalistischen Ausbrüche auf dem Balkan und im Reich selbst weitergehen, war es kaum möglich, Kaiser Franz Josephs einzigartiges, aber anachronistisches Erbe zu erhalten. Und wenn das Reich zusammenbrechen sollte, würde dies das europäische Gleichgewicht ins Wanken bringen.

Frankreich Im Jahre 1914 besaß Frankreich beträchtliche Vorteile gegenüber Österreich-Ungarn. Vielleicht der wichtigste bestand darin, daß es nur einen Feind hatte, nämlich Deutschland, auf den die gesamten nationalen Ressourcen konzentriert werden konnten. Dies war in den späten 1880er Jahren nicht der Fall gewesen, als Frankreich Großbritannien in Ägypten und Westafrika herausforderte und sich in einen entschlossenen Rüstungswettlauf mit der Royal Navy warf, sich mit Italien stritt, bis es fast zum Kriege kam, und für eine Revanche gegen Deutschland rüstete.[83] Selbst als vorsichtigere Politiker das Land vom Abgrund zurückzogen und dann in die frühen Phasen der Allianz mit Rußland eintraten, war das französische strategische Dilemma noch akut. Sein gefährlichster Feind war mit Sicherheit das Deutsche Reich, das jetzt mächtiger war als je zuvor. Aber die italienische maritime und koloniale Herausforderung schien (aus französischer Sicht) ebenso beunruhigend, nicht nur um ihrer selbst willen, sondern auch, weil ein Krieg mit Italien dessen deutschen Alliierten sicherlich miteinbeziehen würde. Für die Armee bedeutete dies, daß eine beträchtliche Zahl von Divisionen im Südosten stationiert werden mußten; für die Marine verschärfte es das jahrhundertealte Problem, ob man die Flotten im Mittelmeer oder in Atlantikhäfen stationieren oder das Risiko eingehen sollte, sie in zwei kleinere Verbände zu unterteilen.[84]

All dies wurde durch den schnellen Verfall der anglo-französischen Beziehungen kompliziert, der auf die britische Besetzung Ägyptens im Jahre 1882 folgte. Von 1884 an waren die beiden Länder in einen eskalierenden Rüstungswettlauf zur See verstrickt, der auf britischer Seite mit der Angst vor einem möglichen Verlust der Verbindungen im Mittelmeer und (gelegentlich) mit der Furcht vor einer französischen Invasion über den Kanal hinweg einherging.[85] Noch beständiger und bedrohlicher waren die häufigen anglo-französischen kolonialen Zusammenstöße. Großbritannien und Frankreich hatten sich 1884–1885 um den Kongo und während der gesamten 1880er und 1890er Jahre um Westafrika gestritten. 1893 schienen sie wegen Siam am Rande eines Krieges zu stehen. Die größte Krise von allen ereignete sich 1898, als die sechzehn Jahre alte Rivalität um die Kontrolle des Niltals in einem Zusammenstoß zwischen Kitcheners Armee und Marchands kleiner Expeditionstruppe bei Faschoda gipfelte. Obwohl die Franzosen bei dieser Gelegenheit zurückwichen, waren sie energische und mutige Imperialisten. Weder die Einwohner von Timbuktu noch die von Tonkin hätten Frankreich als eine absteigende Macht angesehen, ganz im Gegenteil. Zwischen 1871 und 1900 erweiterte Frankreich seine kolonialen Territorien um neun Millionen Quadratkilometer, und es besaß ohne Zweifel das größte überseeische Reich nach Großbritannien. Obwohl die Wirtschaftskraft dieser Länder nicht besonders groß war, hatte Frankreich eine beträchtliche koloniale Armee und eine Reihe von erstklassigen Seestützpunkten von Dakar bis Saigon aufgebaut. Selbst in Gegenden, die Frankreich nicht direkt kolonisiert hatte, wie die Levante und Südchina, war sein Einfluß groß.[86]

Frankreich hatte es nach Meinung einiger Historiker geschafft, eine solch dynamische Kolonialpolitik zu treiben, weil die Regierungsstruktur es erlaubte, daß eine kleine Gruppe von Bürokraten, kolonialen Gouverneuren und *parti colonial*-Enthusiasten eine »Vorwärtsstrategie« betrieb, die von den ständig wechselnden Ministern der Dritten Republik kaum kontrolliert werden konnte.[87] Es mag sein, daß die extrem unbeständige französische Parlamentspolitik einer starken und konsistenten Imperialpolitik sozusagen aus Versehen in die Hände spielte – indem sie sie einigen Staatsbeamten und ihren Freunden in der kolonialen »Lobby« überließ –, aber auf die militärische Lage zu Lande und zur See wirkte sie sich weit weniger glücklich aus. So brachten die schnellen Regierungswechsel manchmal Marineminister ins Amt, die entweder nur mit einem Posten versorgt wurden oder aber sehr widersprüchliche und häufig umschlagende Meinungen zur Seestrategie hatten. Folglich wurden zwar der Marine in diesen Jahrzehnten hohe Summen zugeteilt, aber diese wurden nicht vernünftig ausgegeben: Die Schiffbauprogramme spiegelten die häufigen Veränderungen der Präferenzen verschiedener Regierungen wider. Die einen zogen eine *guerre de course*-(Kaper-)Strategie, die anderen den Bau großer Schlachtschiffe vor, und sie ließen die Marine mit einer heterogenen Ansammlung von Schiffen zurück, die es mit der britischen oder später der deutschen Flotte nicht aufnehmen konnte.[88] Aber die Auswirkungen der Politik auf die französische Marine verblaßten im Vergleich zu den Folgen für die Armee. Die starke Ablehnung, die das Offizierskorps den republikanischen Politikern entgegenbrachte, und eine ganze Reihe von Zusammenstößen zwischen Politik und Militär (von denen die Dreyfus-Affäre nur die bekannteste ist) schwächten die innere Struktur Frankreichs und stellten sowohl die Loyalität als auch die Effizienz der Armee in Frage. Erst die bemerkenswerte Renaissance des Nationalismus nach 1911 beendete diese Dispute zwischen Politikern und Militärs und ließ sie in einem gemeinsamen Kreuzzug gegen den deutschen Feind aufgehen. Aber die Zweifel, ob die zu starke politische Ausrichtung den französischen Streitkräften nicht irreparablen Schaden zugefügt hatte, blieben bestehen.[89]

Das andere offensichtliche innere Hemmnis der französischen Macht war der Zustand seiner Wirtschaft.[90] Dieses Problem ist komplex, und seine Auswertung ist von Wirtschaftshistorikern, die eine Vorliebe für sehr unterschiedliche Indices haben, noch weiter erschwert worden. Folgendes erscheint auf der positiven Seite:

Diese Periode erlebte eine breite Entwicklung im Bank- und Finanzwesen, das sich industriellen Investitionen und ausländischen Krediten zuzuwenden begann. Die Eisen- und Stahlindustrie etablierte sich, und große neue Fabriken wurden gebaut, besonders auf den Erzlagerstätten Lothringens. Die Kohlereviere Nordfrankreichs entwickelten sich zu den bekannten, häßlichen Landschaften der Industriegesellschaft. Im Ingenieurwesen und in den neueren Industrien wurden wichtige Fortschritte erzielt . . . Frankreich hatte seine bemerkenswerten Unternehmer und Erneuerer, die sich im späten 19. und frühen 20. Jahrhundert einen führenden Platz in der Stahlindustrie, im Ingenieurwesen, in der Auto- und der Flugzeugindustrie erkämpften. Firmen wie Schneider, Peugeot, Michelin und Renault bildeten die Vorhut.[91]

Bis Henry Ford die Fließbandfertigung entwickelte, war Frankreich tatsächlich der führende Automobilhersteller der Welt. In den 1880er Jahren erlebte der Eisenbahnbau einen weiteren Aufschwung, der zusammen mit dem verbesserten Telegraphennetz, dem Postsystem und den inländischen Wasserwegen den Trend zu einem zentralisierten nationalen Markt verstärkte. Die Landwirtschaft war durch den Méline-Zoll aus dem Jahre 1892 geschützt worden, und es lag weiterhin ein Schwerpunkt auf der Produktion von Gütern hoher Qualität mit einem großen Mehrwertanteil. Angesichts dieser Indices absoluter wirtschaftlicher Expansion und des kleinen Zuwachses der französischen Bevölkerung in diesen Jahrzehnten wirkt das Produktionsvolumen in Relation zur französischen Bevölkerung beeindruckend – zum Beispiel die Pro-Kopf-Wachstumsraten, Pro-Kopf-Exporte und so weiter.

Außerdem war Frankreich enorm reich an flüssigem Kapital. Dieses konnte (und wurde) systematisch eingesetzt, um den diplomatischen und strategischen Interessen des Landes zu dienen. Der beeindruckendste Beweis hierfür war die sehr schnelle Abzahlung der deutschen Kriegsentschädigung von 1871, die – nach Bismarcks irrtümlicher Berechnung – Frankreich auf viele Jahre schwächen sollte. Aber in der folgenden Zeit ergoß sich das französische Kapital auch über verschiedene Länder innerhalb und außerhalb Europas. Um 1914 beliefen sich die gesamten ausländischen Investitionen Frankreichs auf neun Milliarden Dollar – nur die Großbritanniens waren höher. Während diese Investitionen halfen, einen beträchtlichen Teil Europas, einschließlich Spaniens und Italiens, zu industrialisieren, brachten sie auch Frankreich große politische und diplomatische Vorteile ein. Das langsame Abwerben Italiens aus dem Dreibund um die Jahrhundertwende wurde zumindest durch den Kapitalmangel Italiens beeinflußt, wenn nicht begründet. Französisch-russische Kredite an China – im Austausch für Rechte an der Eisenbahn und anderen Konzessionen – wurden fast immer in Paris aufgebracht und liefen über St. Petersburg. Frankreichs massive Investitionen in der Türkei und auf dem Balkan, mit denen die frustrierten Deutschen vor 1914 nie gleichziehen konnten, gaben ihm nicht nur in politisch-kultureller Hinsicht einen Vorsprung, sondern sicherten ihm auch Aufträge für französische statt für deutsche Rüstungsgüter. Vor allen Dingen steckten die Franzosen viel Geld in die Modernisierung ihres russischen Alliierten – angefangen bei der Ausgabe des ersten Kredits von Paris im Oktober 1888 bis zu dem entscheidenden Angebot von 1913, Rußland unter der Bedingung 500 Millionen Francs zu leihen, daß das russische strategische Eisenbahnsystem in den polnischen Provinzen stark erweitert wurde, damit die »russische Dampfwalze« schneller mobilisiert werden konnte, um Deutschland zu erdrücken.[92] Dies war die deutlichste Demonstration der französischen Fähigkeit, finanzielle Stärke einzusetzen, um die eigene strategische Kraft zu erhöhen. (Es lag darin allerdings eine historische Ironie, denn je effizienter das russische Militär wurde, desto besser mußten die Deutschen vorbereitet sein, Frankreich schnell zu schlagen).

Zieht man aber vergleichende Wirtschaftsdaten heran, verblaßt dieses positive Bild des französischen Wachstums. Während Frankreich im Ausland sicherlich ein großer Investor war, gibt es wenig Anzeichen dafür, daß dieses Kapital dem Land optimale Erträge brachte, weder in bezug auf die Zinsen[93] noch in bezug auf den Anstieg der ausländischen Bestellungen französischer Produkte. Allzuoft griffen sich die deutschen Kaufleute selbst in Rußland den Löwenanteil des Importhandels. Der deutsche Anteil exportierter europäischer Güter lag schon in den frühen 1880er Jahren höher als der Frankreichs; um 1911 war er bereits doppelt so hoch. Aber dies reflektiert wiederum die merkwürdige Tatsache, daß die französische Wirtschaft, nachdem sie eine oder zwei Generationen zuvor unter der energischen industriellen Konkurrenz Großbritanniens gelitten hatte, jetzt von dem Aufstieg des deutschen Industrieriesen beeinträchtigt wurde. Mit wirklich seltenen Ausnahmen wie der Automobilindustrie zeigen die Statistiken immer wieder, wie Frankreich auf allen Gebieten übertroffen wurde. Am Vorabend des Krieges belief sich sein gesamtes industrielles Potential auf nur vierzig Prozent des deutschen, die Stahlproduktion betrug nur ein Sechstel, die Kohleförderung kaum ein Siebtel. Kohle, Stahl und Eisen waren meistens teurer, da sie aus kleineren Fabriken und weniger ergiebigen Bergwerken kamen. Auch war das Land, trotz aller angeblichen Fortschritte der chemischen Industrie, massiv von deutschen Importen in diesem Bereich abhängig. Angesichts der kleinen Fabriken, der veralteten Maschinen und der großen Abhängigkeit von geschützten Binnenmärkten, ist es nicht überraschend, daß das industrielle Wachstum Frankreichs im 19. Jahrhundert abschätzig als »arthritisch .... zögerlich, sprunghaft und langsam«[94] beschrieben worden ist.

Auch der ländliche Charme Frankreichs war kein Trost, zumindest nicht in den Begriffen relativer Macht und Wirtschaftskraft.

Das Land erholte sich nie wirklich von den Schlägen, die der Seidenproduktion und dem Weinbau durch Seuchenbefall und Schädlinge zugefügt worden waren; und der Méline-Zoll bewirkte mit seinem Versuch, die Einkommen der Höfe zu schützen und die soziale Stabilität zu erhalten, nur eine Verlangsamung der Landflucht und unterstützte ineffiziente Produzenten. Da die Landwirtschaft um 1910 immer noch vierzig Prozent der arbeitenden Bevölkerung beschäftigte und es überwiegend kleine Höfe gab, war dies eine offensichtliche Belastung für die französische Produktivität und den Wohlstand des Landes. Bairochs Berechnungen zeigen, daß das französische Bruttosozialprodukt im Jahre 1913 nur 55 Prozent des deutschen betrug und sein Anteil an der Weltindustrieproduktion bei vierzig Prozent des deutschen lag. Nach Wright betrug das Nationaleinkommen im Jahre 1914 nur sechs Milliarden Dollar im Vergleich zu Deutschlands 12 Milliarden Dollar.[95] Ein weiterer Krieg mit seinem östlichen Nachbarn konnte, falls Frankreich alleine kämpfte, nur genauso enden wie der Krieg von 1870–1871.

Bei vielen dieser vergleichenden Indices war Frankreich auch weit hinter die Vereinigten Staaten, Großbritannien und Rußland zurückgefallen, so daß es Anfang des 20. Jahrhunderts unter den Großmächten nur den fünften Rang belegte. Aber es war die Erosion der französischen Macht im Vergleich zu Deutschland, die den Ausschlag gab – einfach weil die Beziehungen der beiden Staaten so angespannt und vergiftet waren. In dieser Hinsicht war der Trend unheilverkündend. Deutschlands Bevölkerung stieg zwischen 1890 und 1914 um beinahe 18 Millionen; die Frankreichs hingegen nur um etwas mehr als eine Million. Dies in Verbindung mit dem größeren nationalen Wohlstand Deutschlands hieß, daß die Franzosen, wie sehr sie sich auch bemühten, militärisch mitzuhalten, immer weiter zurückfielen. Indem sie achtzig Prozent der tauglichen jungen Männer einzogen, hatten sie eine für die Bevölkerungszahl des Landes erstaunlich große Armee geschaffen. Zum Beispiel schnitten die achtzig Divisionen, die Frankreich aus einer Bevölkerung von vierzig Millionen mobilisieren konnte, im Vergleich zu den 48 österreichischen Divisionen bei einer Bevölkerung von 52 Millionen günstig ab. Aber dies half gegen das Deutsche Reich kaum. Denn der preußische Generalstab konnte nicht nur – durch Einsatz seiner besser ausgebildeten Reservisten – etwas über hundert Divisionen mobilisieren, sondern zusätzlich auf ein enormes Potential für den Wehrdienst geeigneter Männer zurückgreifen. Beinahe 10 Millionen Männer im Vergleich zu Frankreichs fünf Millionen standen in der fraglichen Altersgruppe zur Verfügung; und Deutschland besaß die phantastische Zahl von 112000 gut ausgebildeten Unteroffizieren – dem Schlüsselelement einer expandierenden Armee – verglichen mit Frankreichs 48000. Außerdem widmete Deutschland zwar einen kleineren Teil des Nationaleinkommens den Rüstungsausgaben, aber absolut gesehen war der Betrag höher. Im Laufe der 1870er und 1880er Jahre hatte das französische Oberkommando vergeblich gegen »einen Zustand unannehmbarer Unterlegenheit«[96] gekämpft. Und am Vorabend des Ersten Weltkrieges war ein vertrauliches Memorandum über die deutsche materielle Überlegenheit ebenso alarmierend: »4500 Maschinengewehre gegenüber 2500 französischen; 6000 77-Millimeter Kanonen gegenüber 3800 französischen 75ern und eine beinahe uneingeschränkte Alleinstellung in der schweren Artillerie.«[97] Besonders der letzte Aspekt verdeutlicht die gravierenden französischen Schwächen.

Und doch ging die französische Armee 1914 siegessicher in den Kampf. Sie hatte ihre defensive Strategie zugunsten einer totalen Offensive fallengelassen, was die verstärkte Betonung der Kampfmoral widerspiegelte, die Grandmaison und andere der Armee einzuimpfen versuchten – eine psychologische Kompensation, so darf man vermuten, der sehr materiellen Schwächen. »Weder Zahlen noch Wunderwaffen werden über den Sieg befinden«, predigte General Messing. »Er wird den Soldaten mit Ehre und Qualität zufallen – und damit meine ich überlegenes physisches und moralisches Durchhaltevermögen und offensive Kraft.«[98] Dieses Selbstbewußtsein war eng mit der nach der Marokkokrise einsetzenden »Wiederbelebung des Patriotismus« verbunden. Sie legte nahe, daß Frankreich trotz der Klassenspannungen und der politischen Zerrissenheit zum Beispiel während der Dreyfus-Affäre weit kampfkräftiger war als 1870. Die meisten Militärexperten nahmen an, daß der bevorstehende Krieg nicht lange dauern würde. Entscheidend war daher, wie viele Divisionen sofort ins Feld geführt werden konnten, und nicht die Größe der deutschen Stahlindustrie und der chemischen Industrie oder die Millionen potentieller Rekruten, die Deutschland besaß.[99]

Die Wiederbelebung des nationalen Selbstbewußtseins wurde durch die Verbesserungen der französischen internationalen Position, die der Außenminister Delcassé und seine Diplomaten nach der Jahrhundertwende erwirkt hatten, am stärksten beeinflußt.[100] Sie hatten nicht nur die lebenswichtige Verbindung zu St. Petersburg gegen alle diplomatischen Versuche der kaiserlichen Regierung, diese zu schwächen, gehegt und gepflegt, sondern auch die Beziehungen zu Italien ständig verbessert und es tatsächlich aus dem Dreibund herausgelöst (und damit hatten sie ihr strategisches Problem, sowohl in Savoyen als auch in Lothringen kämpfen zu müssen, gelöst). Aber am wichtigsten war, daß es den Franzosen 1904 gelang, in der *Entente Cordiale* ihre kolonialen Differenzen mit Großbritannien beizulegen und dann die liberale Regierung in London davon zu überzeugen, daß die französische Sicherheit für Großbritannien von nationalem Interesse sei. Obwohl die britische Regierung aus innenpolitischen Gründen eine feste Allianz nicht schließen konnte, stiegen die Chancen einer zukünftigen britischen Unterstützung Frankreichs mit jedem zusätzlichen Schiff der deutschen Hochseeflotte und mit jedem Anzeichen eines deutschen Vorstoßes durch das neutrale Belgien. Wenn Großbritannien eingriffe, mußten sich die Deutschen nicht nur um Rußland sorgen, sondern auch auf Angriffe der Royal Navy auf ihre Hochseeflotte vorbereiten, sie mußten die Zerstörung ihres Überseehandels befürchten, und es würde eine kleine, aber signifikante britische Expeditionstruppe in Nordfrankreich geben. Die »Boches« mit Rußland und Großbritannien an seiner Seite zu bekämpfen, war seit 1871 Frankreichs Traum; jetzt konnte er Wirklichkeit werden.

Da Frankreich nicht stark genug war, um Deutschland allein entgegenzutreten, versuchten alle französischen Regierungen, dies zu vermeiden. Wenn eine Großmacht dadurch charakterisiert wird, daß sie willens und fähig ist, es mit jedem anderen Land aufzunehmen, dann war Frankreich (wie Österreich-Ungarn) auf eine niedrigere Position abgerutscht. Aber diese Definition schien 1914 zu abstrakt für eine Nation, die sich psychologisch auf Krieg eingestellt hatte,[101] wohlhabender und militärisch stärker war als je zuvor und vor allem mächtige Alliierte besaß. Ob selbst die Kombination all dieser Elemente Frankreich dazu verhelfen würde, Deutschland zu widerstehen, war eine offene Frage; aber die meisten Franzosen schienen es ihrem Land zuzutrauen.

GROSSBRITANNIEN Auf den ersten Blick war Großbritannien eine imponierende Macht. Um 1900 kontrollierte es das größte Reich, das die Welt je gesehen hatte, ungefähr dreißig Millionen Quadratkilometer Land und vielleicht ein Viertel der Weltbevölkerung. Allein in den vorhergehenden drei Jahrzehnten hatte es dem Empire elf Millionen Quadratkilometer und 66 Millionen Menschen hinzugefügt. Nicht nur ein kritischer späterer Historiker, sondern auch die Franzosen und die Deutschen, die Ashanti und die Burmesen und viele andere Zeitgenossen teilten die folgende Einschätzung:

> In dem halben Jahrhundert vor dem Krieg (1914) hatte eine gewaltige Expansion der britischen Macht stattgefunden, begleitet von einem betonten Mangel an Sympathie für ähnliche Ambitionen anderer Nationen ... Wenn irgendeine Nation wirklich nach der Weltmacht gegriffen hatte, dann war es Großbritannien. Und es hatte nicht nur danach gegriffen. Es hatte sie sogar erlangt. Die Deutschen sprachen lediglich darüber, eine Eisenbahn nach Bagdad zu bauen. Die Königin von England war Kaiserin von Indien. Wenn irgendeine Nation das Gleichgewicht der Macht in der Welt erschüttert hatte, dann war es Großbritannien.[102]

Es gab noch andere Indikatoren britischer Stärke: der enorme Zuwachs der Royal Navy, die genauso stark war wie die beiden nächstgroßen Flotten zusammen; das unvergleichliche Netz von Seestützpunkten und Telegraphenstationen auf der ganzen Welt; die bei weitem größte Handelsmarine, welche die Güter der immer noch größten Handelsnation transportierte; und die finanziellen Dienstleistungen der Stadt London, die Großbritannien zum größten Investor, Bankier, Versicherer und Rohstoffhändler der Weltwirtschaft machte. Die Menschenmengen, die Viktoria bei den Feierlichkeiten zu ihrem diamantenem Jubiläum im Jahre 1897 ekstatisch zujubelten, hatten guten Grund, stolz zu sein. Wenn man über die drei oder vier Weltreiche des kommenden Jahrhunderts sprach, war Großbritannien – und nicht Frankreich oder Österreich-Ungarn oder viele andere Kandidaten – mit Gewißheit dabei.

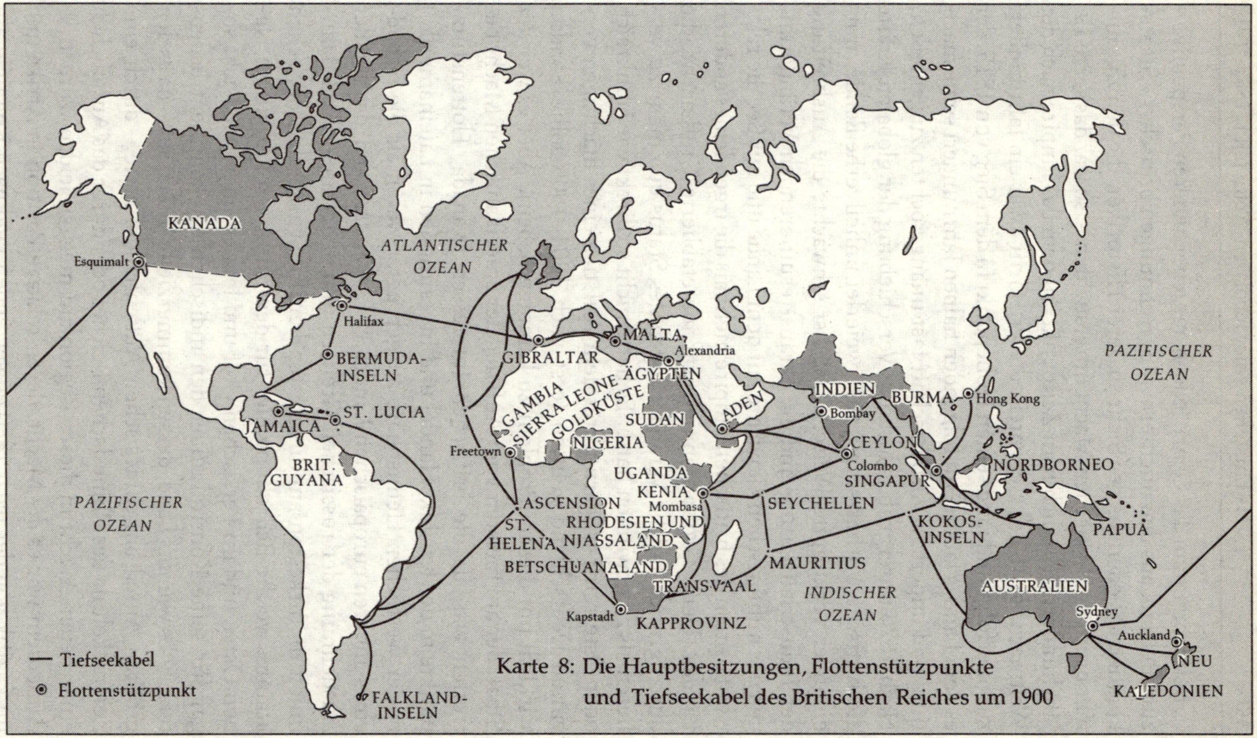

Karte 8: Die Hauptbesitzungen, Flottenstützpunkte und Tiefseekabel des Britischen Reiches um 1900

Betrachtet man das Ganze jedoch aus einer anderen Perspektive – zum Beispiel aus den nüchternen Berechnungen britischer »Staatsklugheit«[103] oder aus der Sicht späterer Historiker, die den Zusammenbruch der britischen Macht untersuchten –, so war das späte 19. Jahrhundert sicherlich kein Zeitpunkt, zu dem das Empire nach der Weltmacht griff. Im Gegenteil, dieser »Griff« war ein Jahrhundert zuvor erfolgt und fand seinen Höhepunkt in dem Sieg von 1815, der es dem Land erlaubte, im folgenden halben Jahrhundert seine maritime und imperiale Vorherrschaft fast unangefochten zu genießen. Nach 1870 untergrub jedoch die Verschiebung der globalen Kräfte die britische Vorherrschaft auf zweierlei unheilverheißende, miteinander verknüpfte Weise. Zunächst schwächte die Ausbreitung der Industrialisierung und die daraus resultierenden Veränderungen der militärischen Gewichte auf dem Lande und zur See die relative Position des britischen Empire mehr als die irgendeines anderen Landes. Denn Großbritannien war *die* etablierte Großmacht, die durch grundsätzliche Veränderungen des Status quo mehr zu verlieren als zu gewinnen hatte. Es hatte nicht so direkt wie Frankreich oder Österreich-Ungarn unter dem Aufstieg eines mächtigen vereinten Deutschland gelitten (erst nach 1904–1905 sollte London wirklich mit diesem Problem zu kämpfen haben). Aber es war *der* Staat, der am meisten vom Aufstieg der amerikanischen Macht betroffen war, da die britischen Interessen (Kanada, Flottenstützpunkte in der Karibik, Handel und Investitionen in Lateinamerika) in der westlichen Hemisphäre ausgeprägter waren als die irgendeines anderen europäischen Landes.[104] Es war *das* Land, das von der Ausdehnung der russischen Grenzen und der strategischen Bahnlinien in Turkestan am direktesten berührt wurde, da jeder sehen konnte, welche Bedrohung dies für den britischen Einfluß im Nahen Osten und im Persischen Golf und letzten Endes vielleicht sogar für seine Kontrolle über den indischen Subkontinent bedeutete.[105] Es war *das* Land, dessen kommerzielle Interessen – da es den größten Anteil am chinesischen Außenhandel hatte – durch eine Zerstückelung des Chinesischen Reiches oder durch das Auftauchen einer neuen Macht in dieser Region am meisten leiden würden.[106] Außerdem war es *die* Macht, deren relative Position in Afrika und im Pazifik von der nach 1880 einsetzenden Jagd nach Kolonien am stärksten gefährdet war, da es (in Hobsbawms Worten) »die inoffizielle Herrschaft über den größten Teil der unterentwickelten Welt gegen die offizielle Herrschaft über ein Viertel davon eingetauscht hatte«[107] – was kein gutes Geschäft war, obwohl weiterhin Akquisitionen zu den Dominien Königin Viktorias hinzukamen.

Während einige dieser Probleme (in Afrika oder China) relativ neu waren, hatten andere (die Rivalität mit Rußland in Asien und die mit den Vereinigten Staaten in der westlichen Hemisphäre) bereits viele frühere britische Regierungen beschäftigt. Jetzt war aber die relative Macht der verschiedenen herausfordernden Staaten viel größer, und die Bedrohungen schienen alle gleichzeitig aufzutauchen. So wie das österreichisch-ungarische Reich dadurch abgelenkt wurde, daß es mit einer Anzahl von Feinden innerhalb Europas zu kämpfen hatte, waren britische Staatsmänner in einen diplomatischen und strategischen Balanceakt verwickelt, der buchstäblich weltweite Dimensionen annahm. Im entscheidenden Jahr 1895 sorgte sich das Kabinett beispielsweise um das mögliche Auseinanderbrechen Chinas nach dem chinesisch-japanischen Krieg, um den Zusammenbruch des Osmanischen Reiches infolge der Armenien-Krise, um die drohende Auseinandersetzung mit Deutschland über Südafrika, um den beinahe gleichzeitig ausbrechenden Streit mit den Vereinigten Staaten über die Grenze Venezuelas zu Britisch-Guayana, um die französischen Militärexpeditionen nach Äquatorialafrika und um den russischen Vorstoß zum Hindukusch.[108] Auch zur See mußte Großbritannien einen Balanceakt vollbringen; denn egal wie regelmäßig das Budget der Royal Navy erhöht wurde, sie herrschte angesichts der fünf oder sechs ausländischen Flotten, die in den 1890er Jahren gebaut wurden, nicht mehr in dem Maße »über die Wellen« wie Mitte des Jahrhunderts. Die Admiralität wies wiederholt darauf hin, daß sie der amerikanischen Herausforderung begegnen *konnte,* aber nur, wenn sie Kriegsschiffe aus europäischen Gewässern abzog. Ebenso *konnte* die Royal Navy im Fernen Osten verstärkt werden, aber nur indem die Geschwader im Mittelmeer geschwächt wurden. Sie konnte nicht überall stark sein. Schließlich mußte mit den knappen Landstreitkräften jongliert werden, indem Bataillone von Aldershot nach Kairo oder von Indien nach Hongkong versetzt wurden, um den neuesten Notfällen zu begegnen. Und all dies mußte eine kleine Freiwilligenarmee vollbringen, die von den Massenarmeen nach preußischem Modell vollkommen in den Schatten gestellt wurde.[109]

Die zweite Schwäche war weniger spürbar und weniger dramatisch, aber vielleicht um so ernster. Es war die Erosion britischer industrieller und kommerzieller Vorherrschaft, auf der die britische militärische und imperiale Stärke letztlich beruhte. Etablierte Industriezweige wie die Kohle-, Textil- und Eisenindustrie erhöhten in diesen Jahrzehnten das Produktionsvolumen, aber ihr relativer Anteil an der Weltproduktion nahm stetig ab; und in den neueren, zunehmend wichtigen Industriezweigen wie der Stahl-, Chemie-, Werkzeugmaschinen- und der elektrotechnischen Industrie verlor Großbritannien rasch seine frühere Führung. Die industrielle Produktion, die in der Zeit von 1820 bis 1840 eine jährliche Wachstumsrate von ungefähr vier Prozent und zwischen 1840 und 1870 von ungefähr drei Prozent hatte, wurde deutlich träger; zwischen 1875 und 1894 stieg sie nur um 1,5 Prozent jährlich – weit weniger als die Wachstumsrate von Großbritanniens größten Rivalen. Dieser Verlust der industriellen Vorherrschaft machte sich schon bald in einem weit härteren Wettbewerb um Kunden bemerkbar. Zuerst wurden britische Exportartikel wegen zu hoher Preise aus den industrialisierten europäischen und nordamerikanischen Märkten gedrängt, die überdies oft durch Zollschranken geschützt waren, und dann auch aus gewissen kolonialen Märkten. Und schließlich wurde die britische Industrie noch durch eine ständig steigende Flut importierter ausländischer Produkte, die ihren ungeschützten heimischen Markt überschwemmten, geschwächt – das deutlichste Zeichen dafür, daß das Land langsam an Konkurrenzfähigkeit verlor.

Die Verlangsamung der britischen Produktivität und die Abnahme seiner Konkurrenzfähigkeit im späten 19. Jahrhundert ist eines der meistuntersuchten Probleme der Wirtschaftsgeschichte.[110] Es geht dabei um so komplexe Probleme wie den Nationalcharakter, die Generationsunterschiede, das Sozialethos und das Bildungssystem sowie spezifisch wirtschaftliche Faktoren wie die niedrige Investitionsrate, veraltete Fabriken, die vielen Arbeitskämpfe, mangelnde Verkaufstüchtigkeit und vieles mehr. Wenn man sich aber mit Fragen der Großstrategie befaßt, bei der es vor allem um das *relative* Bild geht, sind diese Erklärungen weniger wichtig als die Tatsache, daß Großbritannien im ganzen an Boden verlor. Während das Vereinigte Königreich 1880 noch 22,9 Prozent des gesamten Produktionsvolumens der Welt erwirtschaftete, sank diese Zahl bis 1913 auf 13,6 Prozent. Und während sein Anteil am Welthandel 1880 23,2 Prozent betrug, lag er von 1911 bis 1913 bei nur 14,1 Prozent. In bezug auf die industrielle Stärke war es sowohl von den Vereinigten Staaten als auch vom kaiserlichen Deutschland überholt worden. Die »Werkstatt der Welt« lag nun an dritter Stelle, nicht weil ihre Produktivität nicht stieg, sondern weil die der anderen schneller wuchs.

Nichts erschreckte nachdenkliche britische Imperialisten mehr als dieser relative wirtschaftliche Abstieg, denn er wirkte sich direkt auf die britische *Macht* aus. »Angenommen eine Industrie, die [von ausländischer Konkurrenz] bedroht wird, läge an der Wurzel unserer nationalen Verteidigung, wo sind wir dann?« fragte Professor W. A. S. Hewins im Jahre 1904. »Wir können nicht ohne eine Eisenindustrie, ohne ein großes Ingenieurwesen leben, weil wir dann im Falle eines Krieges nicht die Mittel hätten, die Flotten und Armeen aufzubauen und im Zustand der Effizienz zu halten.«[111] Verglichen mit dieser Entwicklung waren Streitigkeiten über koloniale Grenzen in Westafrika oder über die Zukunft der Samoainseln trivial. So erklärt sich das Interesse der Imperialisten an einer Zollreform – die das Konzept des freien Handels aufgab, um die britische Industrie zu schützen – und an engeren Bindungen zu den weißen Dominien, um sich Zuschüsse zur Verteidigung und einen exklusiven imperialen Markt zu sichern. Großbritannien war nun, so Joseph Chamberlains erschreckender Ausspruch, »der müde Titan, [schwankend] unter der zu großen Last seines Schicksals«.[112] In den folgenden Jahren, so warnte der Erste Seelord, »wird das Vereinigte Königreich allein nicht stark genug sein, um sich neben den Vereinigten Staaten, Rußland und wahrscheinlich Deutschland zu behaupten. Wir werden durch das bloße Gewicht dieser Staaten beiseitegedrängt werden.«[113]

Während die Imperialisten *langfristig* gesehen zweifelsohne recht hatten – »wird das Reich, das die Hundertjahrfeier von Trafalgar begeht, das nächste Jahrhundert überleben?« so die düstere Frage des einflußreichen Journalisten Garvin im Jahre 1905[114] –, neigten sie alle dazu, die gegenwärtigen Gefahren zu überschätzen. Die Eisen-, Stahl-, und Maschinenbauindustrie waren von anderen Ländern überholt, aber keineswegs erdrückt worden. Die Textilindustrie erlebte in den Jahren vor 1914 einen Exportboom, der nur im Rückblick wie ein Altweibersommer anmutet. Die britische Schiffsbauindustrie – lebenswichtig für die Royal Navy wie für die florierende Handelsmarine – war der Konkurrenz immer noch um Längen voraus. Sie ließ in diesen Jahrzehnten über sechzig Prozent der Handelsschifftonnage der Welt und 33 Prozent der Kriegsschiffe vom Stapel, was diejenigen tröstete, die fürchteten, Großbritannien wäre in Kriegszeiten zu abhängig von importierten Nahrungsmitteln und Rohstoffen. Allerdings war unbestreitbar, daß Großbritannien in einem langen Abnutzungskrieg der Großmächte bald festgestellt hätte, daß ein großer Teil seiner Rüstungsindustrie (z. B. Granaten, Artillerie, Flugzeuge, Kugellager, optische Ausrüstung, Magnetzünder, Farbstoffe) unzureichend war. Dies ging darauf zurück, daß man von dem traditionellen Konzept ausgegangen war, die britische Armee für kleine koloniale Kriege auszurüsten und nicht für gigantische kontinentale Auseinandersetzungen. Aber in dieser Epoche mußte die Armee genau diese Art von Konflikten bestreiten. Allerdings standen die Briten angesichts des »modernen« langandauernden Stellungskrieges mit seinen Gräben und Maschinengewehren, den einige Fachleute schon 1898 vorausgesagt hatten, mit ihrer falschen Ausrüstung nicht alleine da. Auch andere Staaten waren darauf nicht vorbereitet.

Da Großbritannien in dieser Zeit auch wirtschaftliche *Stärken* besaß, sollte man sich hüten, ein zu düsteres und verallgemeinerndes Bild der Probleme dieses Landes zu zeichnen. Rückblickend kann man durchaus sagen: »Von 1870 bis 1970 war die Geschichte Großbritanniens von einem stetigen und ungebrochenen Niedergang auf wirtschaftlichem, militärischem und politischem Gebiet geprägt – jedenfalls im Vergleich zu den anderen Nationen. Von dem Gipfel des Wohlstandes und der Macht, den es in der Mitte des 19. Jahrhunderts durch seine industrielle Revolution erreicht hatte, ging es ständig bergab.«[115] Aber es ist auch gefährlich, das Tempo dieses Abstiegs zu übertreiben und vorwegzunehmen und die sehr beträchtlichen Reserven des Landes – auch in der nichtindustriellen Sphäre – zu vernachlässigen. In erster Linie war es enorm wohlhabend, sowohl zu Hause als auch im Ausland, obwohl das britische Schatzamt in den zwei Jahrzehnten vor 1914 aufgrund der neuen Technologie, die den Preis eines einzelnen Schlachtschiffes mehr als verdoppelte, Mühe hatte, die Kosten zu decken. Außerdem führte das neue Wahlrecht mit seiner erweiterten Wählerschaft zum ersten Mal zu beträchtlichen »Sozialausgaben«. Wenn jedoch die Erhöhung der Ausgaben für »Kanonen und Butter« absolut gesehen alarmierend wirkten, lag dies nur daran, daß der »Nachtwächterstaat« zuvor sehr wenig Steuern eingezogen und nur einen sehr geringen Teil des Nationaleinkommens für Regierungszwecke ausgegeben hatte. Selbst 1913 beliefen sich die gesamten Ausgaben der Zentralregierung *und* der örtlichen Verwaltung auf nur 12,3 Prozent des Bruttosozialproduktes. So mußte Großbritannien, obwohl es vor 1914 absolut die höchsten Verteidigungsaufwendungen hatte, einen kleineren Teil des Nationaleinkommens opfern als irgendeine andere Großmacht in Europa;[116] und auch wenn Erzimperialisten dazu neigten, die britische *finanzielle* Kraft im Gegensatz zur *industriellen* Macht geringzuschätzen, so hatte Großbritannien zu dieser Zeit doch die phantastische Summe von ungefähr 19,5 *Milliarden* Dollar im Ausland investiert – ungefähr 43 Prozent der Auslandsinvestitionen der Welt[117] –, die eine unzweifelhafte Quelle nationalen Wohlstandes darstellte. Ohne Frage konnte Großbritannien, wenn nötig, einen umfassenden, teuren Krieg bezahlen. Zweifelhafter war hingegen, ob es seine liberale politische Kultur – Freihandel, niedrige Regierungsausgaben, keine Wehrpflicht, Vertrauen vorwiegend auf die Royal Navy – aufrechterhalten konnte, wenn es dazu gezwungen war, einen immer größeren Teil seiner nationalen Ressourcen der Rüstung und dem modernen, industrialisierten Krieg zu opfern.[118] Aber daß sein Geldbeutel groß genug war, ist unbestritten.

Gewisse andere Faktoren stärkten ebenfalls Großbritanniens Position unter den Großmächten. Obwohl es immer schwieriger wurde, die *Landgrenzen* eines Reiches in einem Zeitalter zu verteidigen, in dem die strategischen Eisenbahnen und die Massenarmeen die geopolitische Sicherheit Indiens und anderer Besitzungen untergruben,[119] blieb die Insellage Großbritanniens ein genauso großer Vorteil wie eh und je. Sie nahm der Bevölkerung die Angst vor einer plötzlichen Invasion benachbarter Armeen, erlaubte die Betonung der Seemacht statt der Landmacht und gab den Staatsmännern einen viel größeren Handlungsspielraum bei der Entscheidung über Krieg und Frieden, als ihn kontinentale Staaten genossen. Obwohl ein ausgedehntes und schwer zu verteidigendes Kolonialreich immense strategische Probleme mit sich brachte, hatte es auch beträchtliche strategische Vorteile. Die Kette von imperialen Garnisonen, Kohlestationen und Flottenstützpunkten, die leicht von See aus verstärkt werden konnten, versetzten Großbritannien gegenüber anderen europäischen Mächten in jedem Konflikt, der außerhalb des Kontinents ausgefochten wurde, in eine starke Position. So wie Großbritannien Hilfe zu seinen überseeischen Besitzungen schicken konnte, so konnten diese (besonders die selbstregierten Dominien und Indien) der imperialen Macht mit Truppen, Schiffen, Rohstoffen und Geld zur Seite stehen – und dies war eine Zeit, in der die Politiker in Whitehall sich mit ihren Verwandten in Übersee für den Fall einer »imperialen Verteidigung« gut stellten.[120] Schließlich könnte man zynisch argumentieren, daß Großbritannien durch die frühere Ausdehnung britischer Macht und britischen Einflusses jetzt viele Pufferzonen, viele nicht lebenswichtige Interessensphären und daher viel Raum für »Kompromisse« besaß, besonders im Bereich des sogenannten »inoffiziellen Weltreichs«.

Ein Großteil der staatlichen Rhetorik des britischen Imperialismus läßt nicht vermuten, daß Konzessionen und Rückzüge an der Tagesordnung waren. Aber die vorsichtige Abschätzung britischer strategischer Prioritäten – ermöglicht durch das System der Konsultationen zwischen den verschiedenen Ministerien und der Entscheidungsfindung im Kabinett[121] – setzte sich Jahr um Jahr fort, wobei jedes Problem im *Kontext* der weltweiten Verpflichtungen des Landes betrachtet und eine Politik des Kompromisses oder der Festigkeit beschlossen wurde. Da ein anglo-amerikanischer Krieg wirtschaftlich verheerend, politisch unpopulär und strategisch sehr schwierig gewesen wäre, schien es sinnvoll, im Streit um Venezuela, den Panamakanal, die Grenze Alaskas und so weiter Zugeständnisse zu machen. Im Gegensatz dazu war Großbritannien zwar in den 1890ern bereit, mit Frankreich über koloniale Streitigkeiten in Westafrika, Südostasien und im Pazifik zu verhandeln, aber es kämpfte entschlossen darum, das Niltal zu behalten. Ein Jahrzehnt später versuchte es den anglo-deutschen Antagonismus zu entschärfen, indem es Vorschläge zur Flottenbegrenzung, zu den portugiesischen Kolonien und zur Bagdad-Eisenbahn machte; aber es wollte Deutschland auf keinen Fall versprechen, bei Ausbruch eines kontinentalen Krieges neutral zu bleiben. Während die Versuche des Außenministers Grey, sich Berlin anzunähern, ungefähr genauso erfolgreich waren wie die früheren Versuche Salisburys, mit St. Petersburg zu einer Einigung über Asien zu gelangen, beharrten beide nach wie vor auf der verbreiteten Annahme, daß Diplomatie die Probleme der Weltpolitik lösen könne. Zu behaupten, daß die britische Position in der Welt um 1900 so schwach war wie in den späten 30er Jahren, oder zu argumentieren, daß es vor 1914 eine »gewaltige Expansion britischer Macht« gegeben hatte, die das Machtgefüge der Welt veränderte,[122] sind gleichermaßen einseitige Darstellungen einer viel komplexeren Lage.

In den wenigen Jahrzehnten vor dem Ersten Weltkrieg wurde Großbritannien industriell von den Vereinigten Staaten und Deutschland überholt und war auf kommerziellem, kolonialem und maritimem Gebiet enormer Konkurrenz ausgesetzt. Trotzdem bedeutete die Verbindung von finanziellen Ressourcen, produktiver Kapazität, imperialen Besitzungen und der Seemacht, daß es wahrscheinlich immer noch die »erste« Weltmacht war, selbst wenn seine Führung weniger markant schien als 1850. Aber diese Position als »Nummer Eins« war auch das größte britische Problem. Großbritannien war jetzt ein *hochentwickelter* Staat mit dem dazugehörigen Interesse, den Status quo zu erhalten oder zumindest zu garantieren, daß er sich nur langsam und friedlich veränderte. Es war bereit, für bestimmte offensichtliche Ziele zu den Waffen zu greifen – für die Verteidigung Indiens, die Erhaltung der Seeherrschaft besonders in heimischen Gewässern, wahrscheinlich auch für die Bewahrung des europäischen Mächtegleichgewichts –, aber jedes Problem mußte in einen größeren Kontext gestellt und an den anderen britischen Interessen gemessen werden. Aus diesem Grunde widersetzte sich Salisbury in den Jahren 1889 und 1898–1901 einem festen militärischen Bündnis *mit* Deutschland und aus diesem Grunde versuchte Grey, in den Jahren 1906–1914 ein festes militärisches Bündnis *gegen* Deutschland zu vermeiden. Während dies die zukünftige britische Politik für die Entscheidungsträger in Paris und Berlin frustrierend vieldeutig und unsicher machte, spiegelte es Palmerstons immer noch weitverbreitete Meinung, daß das Land zwar dauerhafte Interessen, aber keine dauerhaften Alliierten habe. Wenn gegen Ende des 19. Jahrhunderts auch die Umstände, die eine solche Handlungsfreiheit erlaubten, schwanden, der traditionelle Balanceakt zwischen den verschiedenen britischen Interessen – imperialen gegenüber kontinentalen,[123] strategischen gegenüber finanziellen[124] – setzte sich in der alten Weise fort.

Russland Das Reich der Zaren war nach Ansicht der meisten Experten ein selbstverständliches Mitglied im auserwählten Klub der »Weltmächte« des kommenden 20. Jahrhunderts. Seine enorme Größe, von Finnland bis Wladiwostok, und die gigantische, schnell wachsende Bevölkerung, beinahe dreimal so groß wie die Deutschlands und fast viermal so groß wie die Großbritanniens, garantierten dies. Vier Jahrhunderte lang hatte es sich nach Westen, Süden, und Osten ausgedehnt, und trotz einiger Rückschläge gab es keine Anzeichen dafür, daß es damit aufzuhören gedachte. Seine stehende Armee war im ganzen 19. Jahrhundert die gewaltigste Europas und am Vorabend des Ersten Weltkrieges mit ihren 1,3 Millionen Frontsoldaten und, wie behauptet wurde, bis zu fünf Millionen Reservisten noch immer die größte. Auch die Rüstungsausgaben Rußlands waren extrem hoch, und mit den »außerordentlichen« Kapitalzuwendungen, die zu den schnell steigenden »normalen« Ausgaben hinzukamen, zogen sie beinahe mit den Gesamtausgaben Deutschlands gleich. Der Eisenbahnbau schritt vor 1914 rasant voran – und drohte somit innerhalb kurzer Zeit den deutschen Plan, zuerst nach Westen vorzustoßen (den sogenannten Schlieffenplan), zu untergraben. Nach dem Krieg mit Japan wurde auch viel Geld in den Aufbau der neuen russischen Flotte gesteckt. Selbst der preußische Generalstab gestand ein, über die Expansion russischer Macht alarmiert zu sein. Der jüngere Moltke bestätigte um die Jahreswende

1916/17: »Die militärische Übermacht unserer Feinde wäre dann so groß, daß er nicht wüßte, wie wir ihrer Herr werden könnten.«[125] Im Gegensatz dazu freuten sich manche französischen Beobachter auf den Tag, an dem die »russische Dampfwalze« nach Westen rollen und Berlin dem Erdboden gleich machen würde. Und eine gewisse Zahl von Briten, besonders diejenigen, die mit dem britischen Botschafter in St. Petersburg in Verbindung standen, schärften ihren politischen Vorgesetzten ein, daß »Rußland so schnell so mächtig wird, daß wir uns seine Freundschaft fast um jeden Preis erhalten müssen«.[126] Von Galizien bis Persien und Peking bereitete das Anwachsen der russischen Macht Sorge.

War Rußland tatsächlich wieder dabei, der Gendarm Europas zu werden, wie es diese Aussagen vermuten lassen? Die effektive Stärke des Landes zu messen, war für westliche Beobachter im 18. Jahrhundert ein Problem, und das ist es heute noch. Dies wurde immer durch die Knappheit an zuverlässigen, vergleichenden Daten, durch die Unterschiede zwischen dem, was die Russen Ausländern sagten, und dem, was sie sich selbst eingestanden, und durch die Gefahr, sich auf generalisierende subjektive Aussagen statt auf objektive Fakten zu berufen, kompliziert. Untersuchungen darüber, »wie Europa Rußland vor 1914 einschätzte«, wie gründlich sie auch sein mögen, sind *nicht* dasselbe wie eine exakte Analyse über »die Macht Rußlands« selbst.[127]

Aus den existierenden glaubwürdigen Quellen gewinnt man jedoch den Eindruck, daß Rußland in den Jahrzehnten vor 1914 gleichzeitig stark *und* schwach war – wie immer war dies davon abhängig, durch welches Ende des Teleskops man blickte. Zunächst einmal war es industriell viel stärker als zur Zeit des Krimkrieges.[128] Zwischen 1860 und 1913 – eine sehr lange Spanne – wuchs das russische industrielle Produktionsvolumen jährlich um beeindrukkende fünf Prozent, und in den 1890er Jahren lag die Rate ungefähr bei acht Prozent. Seine Stahlproduktion hatte am Vorabend des Ersten Weltkrieges die Frankreichs und Österreich-Ungarns überholt und lag weit vor der Italiens und Japans. Sein Kohleförderung stieg noch schneller, von sechs Millionen Tonnen im Jahre 1890 auf 36 Millionen Tonnen im Jahre 1914. Es war der zweitgrößte Ölproduzent der Welt. Während seine schon lange etablierte Textilindustrie wuchs – Rußland besaß mehr Baumwollspindeln als Frankreich oder Österreich-Ungarn –, entwickelte sich außerdem die chemische und elektrotechnische Industrie, ganz zu schweigen von der Rüstungsindustrie. Riesige Fabriken, die häufig Tausende von Arbeitern beschäftigten, wurden um St. Petersburg, Moskau und andere große Städte aus dem Boden gestampft. Das russische Eisenbahnnetz, das schon um 1900 ungefähr 50000 Kilometer umfaßte, wurde ständig erweitert, so daß es um 1914 beinahe 75000 Kilometer lang war. Der Außenhandel, der sich stabilisierte, als Rußland 1892 zum Goldstandard übergegangen war, verdreifachte sich zwischen 1890 und 1914 fast, und Rußland wurde zur sechstgrößten Handelsnation der Welt. Ausländische Investitionen, die nicht nur von den russischen Staatsanleihen und Eisenbahnobligationen, sondern auch von den Möglichkeiten der russischen Wirtschaft angezogen wurden, brachten enorme Kapitalmengen für die Modernisierung der Wirtschaft. Dieser große Strom an ausländischem Kapital mündete in den Geldfluß (vor allem aus erhöhten Zolleinnahmen und Steuern auf Wodka und andere Konsumgüter), den der Staat in die wirtschaftliche Infrastruktur lenkte. 1914 hatte sich Rußland, wie viele Historiker festgestellt haben, zur viertgrößten Industriemacht der Welt entwickelt. Wenn diese Trends anhielten, würde es dann nicht zu guter Letzt die industrielle Stärke besitzen, die der Größe seines Territoriums und seiner Bevölkerung entsprach?

Blickt man jedoch vom anderen Ende durch das Teleskop, erscheint ein ganz anderes Bild. Selbst wenn es um 1914 ungefähr drei Millionen Arbeiter in russischen Fabriken gab, entsprach dies nur der erschreckend niedrigen Rate von 1,75 Prozent der Bevölkerung; und während Firmen, die 10000 Arbeiter in einer Textilfabrik beschäftigten, auf dem Papier beeindruckend wirkten, sind sich heute die meisten Experten einig, daß diese Zahlen täuschen, da die Spinnmaschinen in der technologisch armen, aber an Arbeitskräften reichen Gesellschaft, nachts mit einer zweiten »Schicht« von Männern und Frauen besetzt wurden.[129] Vielleicht noch bezeichnender war das Ausmaß, in dem die russische Industrialisierung, von den Anstrengungen einiger einheimischer Unternehmer abgesehen, von Ausländern betrieben wurde – beispielsweise von einer erfolgreichen internationalen Firma wie Singer oder von der großen

Anzahl britischer Ingenieure – oder zumindest von ausländischen Investoren ermöglicht wurde. »Um 1914 waren neunzig Prozent des Bergbaus, beinahe hundert Prozent der Ölförderung, vierzig Prozent der metallurgischen Industrie, fünfzig Prozent der chemischen Industrie und sogar 28 Prozent der Textilindustrie in ausländischen Händen.«[130] Dies war an sich nicht ungewöhnlich – in Italien sah es ähnlich aus –, aber es verweist auf eine extreme Abhängigkeit von ausländischem Unternehmertum und Kapital, das sein Interesse vielleicht aufrechterhielt, vielleicht aber auch nicht (wie im Jahre 1899 und 1905). Im frühen 20. Jahrhundert war Rußland mit der größten Auslandsschuld der Welt belastet und mußte, um den Zustrom der Gelder aufrechtzuhalten, den Investoren überdurchschnittlich hohe Zinsen zahlen. Diese Zinszahlungen ins Ausland waren jedoch in zunehmendem Maße höher als die »sichtbare« Handelsbilanz: insgesamt eine prekäre Situation.

Vielleicht war dies, wie auch die Tatsache, daß der größte Teil der russischen Industrie Textilien und Nahrungsmitteln gewidmet war (statt beispielsweise dem Maschinenbau und der chemischen Industrie), ein weiteres Zeichen für eine »unterentwickelte« Wirtschaft. Rußlands Zölle, die dem Schutz einer unterentwickelten wie ineffizienten Industrie dienten, waren die höchsten in Europa, und trotzdem stieg die Flut importierter Güter mit jeder Steigerung des Verteidigungsbudgets und des Eisenbahnbaus. Aber der vielleicht beste Indikator für den unterentwickelten Status des Landes war die Tatsache, daß noch 1913 ganze 63 Prozent der russischen Exporte aus landwirtschaftlichen Produkten und elf Prozent aus Nutzholz bestanden[131]. Beides wurde verzweifelt benötigt, um die landwirtschaftlichen Maschinen aus Amerika, die deutschen Werkzeugmaschinen und die Zinsen auf die enorme Auslandsschuld des Landes zu bezahlen – was jedoch nie ganz gelang.

Die Berechnung russischer Stärke fällt noch schlechter aus, wenn man das Produktionsvolumen *vergleichend* betrachtet. Obwohl Rußland vor 1914 die viertgrößte Industriemacht war, lag es weit hinter den Vereinigten Staaten, Großbritannien und Deutschland zurück. Die Indices der Stahlproduktion, des Energieverbrauchs, der Anteil am Weltindustrieprodukt und das gesamte industrielle Potential wurden von Großbritannien und Deutschland weit übertroffen; und wenn man diese Zahlen mit der Bevölkerungszahl in Relation setzt und Pro-Kopf-Zahlen ermittelt, zeigt sich eine gewaltige Kluft. 1913 betrug Rußlands Industrialisierungsniveau pro Kopf nur ein Viertel des deutschen und ein Sechstel des britischen.[132]

Im Grunde genommen war das Rußland, das 1914 den jüngeren Moltke und den britischen Botschafter in St. Petersburg einschüchterte, eine bäuerliche Gesellschaft. Rund achtzig Prozent der Bevölkerung lebten von der Landwirtschaft, und ein guter Teil der restlichen zwanzig Prozent standen immer noch mit ihren Dörfern und Kommunen in enger Verbindung. Diese schmerzliche Tatsache muß mit zwei weiteren in Beziehung gesetzt werden. Die erste ist, daß der größte Teil des enormen Anstiegs der russischen Bevölkerung – allein zwischen 1890 und 1914 wuchs die Zahl um 61 Millionen – in Dörfern und rückständigen (nicht-russischen) Regionen stattfand, wo der Boden schlecht war, es wenig Dünger gab und wo noch mit hölzernen Pflügen gearbeitet wurde. Zweitens verdeutlichen alle vergleichenden internationalen Daten dieser Zeit, wie ineffizient die russische Landwirtschaft insgesamt arbeitete – der Ernteertrag an Getreide betrug weniger als ein Drittel des britischen und des deutschen, der an Kartoffeln ungefähr die Hälfte.[133] Obwohl es im Ostseeraum modern geführte Güter und Gehöfte gab, wurden die Menschen in so vielen anderen Gegenden durch kommunalen Landbesitz und mittelalterlichen Wanderfeldbau aller Initiative beraubt. Die periodische Umverteilung des Landes hatte den gleichen Effekt. Der beste Weg, um den Landbesitz der Familie zu erhöhen, war, vor der nächsten Umverteilung möglichst viele Söhne zu gebären. Dieses strukturelle Problem wurde durch die schlechten Verkehrsverbindungen, die unvorhersehbaren Auswirkungen des Klimas auf die Ernte und den großen Unterschied zwischen den »Überschuß«-Provinzen im Süden und den überbevölkerten, weniger fruchtbaren »importierenden« Provinzen im eigentlichen Altrußland noch verstärkt. Folglich wurde der landwirtschaftliche Ertrag, der zwar in diesen Jahrzehnten stetig wuchs (um ungefähr zwei Prozent jährlich), von dem Anstieg der Bevölkerung (jährlich 1,5 Prozent) gleich wieder verschlungen. Und weil dieser gewaltige landwirtschaftliche Sektor seinen *Pro-Kopf-Ertrag* nur um 0,5 Prozent jährlich erhöhte, stieg das *reale Sozialprodukt Rußlands* nur um 1 Prozent pro Kopf[134] – viel weniger als in Deutschland, den Vereinigten Staaten, Japan, Kanada und Schweden und natürlich ein ganz anderer Wert als der vielzitierte jährliche *industrielle* Anstieg von fünf oder acht Prozent.

Die sozialen Konsequenzen dieser Gesamtentwicklung müssen in eine Bewertung der russischen *Macht* einbezogen werden. Professor Grossman bemerkt, »das außerordentlich rasche Wachstum der Industrie ging oft mit großer Schwerfälligkeit – und sogar signifikanten Rückschlägen – in anderen Bereichen, besonders in der Landwirtschaft und dem persönlichen Konsum einher; es neigte auch dazu, die Modernisierung der Gesellschaft hinter sich zu lassen, falls diese Redewendung erlaubt ist«.[135] Tatsächlich ist diese Redewendung höchst angemessen. Denn hier wurde ein wirtschaftlich extrem rückständiges Land von einer Regierung in das Zeitalter der Moderne gestoßen, die von der Notwendigkeit, »den Status einer europäischen Großmacht zu erwerben und zu erhalten«,[136] geradezu besessen war. Obwohl man also sicherlich beträchtliche unternehmerische Aktivitäten entdecken kann, die auf Eigeninitiative beruhten, kam der große *Schub* zur Modernisierung vom Staat und verband sich aufs engste mit dem militärischen Bedarf – Eisenbahnen, Eisen und Stahl, Bewaffnung und so weiter. Aber um sich den enormen Strom importierter ausländischer Güter leisten und die Zinsen auf die gewaltige Auslandsschuld zahlen zu können, mußte der russische Staat garantieren, daß die landwirtschaftlichen Exporte (besonders von Getreide) selbst in Zeiten großer Hungersnöte wie 1891 stetig zunahmen. Der langsame Anstieg des landwirtschaftlichen Ertrages konnte den Lebensstandard der verarmten und unterernährten Bauernschaft daher auch über viele Jahre nicht erhöhen. Desgleichen mußte der Staat, um seine hohen Kapitalinvestitionen in die Industrialisierung und die Verteidigungsausgaben finanzieren zu können, wiederholt hohe (hauptsächlich direkte) Steuern erheben, wodurch der private Konsum eingeschränkt wurde. Um einen Ausdruck der Wirtschaftshistoriker zu benutzen: die zaristische Regierung forderte von der hilflosen Bevölkerung »erzwungene« Sparleistungen. Daher die erstaunliche Tatsache, daß »der durchschnittliche Russe dem Staat um 1913 für die Verteidigung einen um fünfzig Prozent höheren Anteil seines Einkommens zur Verfügung stellen mußte als der durchschnittliche Engländer, obwohl das Einkommen eines Russen nur 27 Prozent des Einkommens seines britischen Zeitgenossen betrug«.[137]

Den sozialen Preis dieser ungesunden Verbindung von agrarischer Rückständigkeit, Industrialisierung und extrem hohen Militärausgaben kann man sich leicht vorstellen. Während die russische Regierung im Jahre 1913 den Streitkräften 970 Millionen Rubel zuteilte, wurden lediglich 154 Millionen Rubel für das Gesundheits- und Erziehungswesen ausgegeben. Und da die administrative Struktur den lokalen Verwaltungen nicht die fiskalische Macht der amerikanischen Bundesstaaten oder der englischen Grafschaften zugestand, konnten diese Unzulänglichkeiten vor Ort nicht aufgefangen werden. Die Arbeiter in den schnell wachsenden Städten mußten sich mit fehlender Kanalisation, katastrophaler Hygiene, entsetzlichen Wohnbedingungen und hohen Mieten abfinden. Der Alkoholismus war unglaublich verbreitet – eine kurzfristige Flucht aus der brutalen Wirklichkeit. Die Lebenserwartung war die kürzeste in Europa. Solche Zustände, die harte Disziplin innerhalb der Fabriken und das Ausbleiben jedes realen Anstiegs des Lebensstandards führten zu einer tiefempfundenen Ablehnung des ganzen Systems, was Populisten, Bolschewiken, Anarcho-Syndikalisten, Radikale auf den Plan rufen *mußte*. Nach dem gewaltigen Aufstand von 1905 beruhigte sich die Lage für einige Zeit; aber in den drei Jahren von 1912 bis 1914 stieg die Anzahl der Zwischenfälle wie Streiks, Massenproteste, Verhaftungen und Attentate in alarmierendem Maße.[138] Indessen verblaßte selbst diese Art von Unruhe im Vergleich zu der Frage, die alle russischen Führer von Katharina der Großen bis zum heutigen Regime geängstigt hat – der »Bauernfrage«. Wenn schlechte Ernten und hohe Preise mit den tiefen Ressentiments gegen hohe Pachtzahlungen und üble Arbeitsbedingungen zusammentraten, provozierten sie gewaltige Bauernunruhen. Der Historiker Norman Stone berichtet über die Verhältnisse nach 1900:

Die Provinzen von Poltawa und Tambow waren zum größeren Teil zerstört; die Herrenhäuser niedergebrannt, das Vieh abgeschlachtet. Im Jahre 1901 intervenierten die Truppen 155mal (1898 nur 36mal) und 322mal im Jahre 1903. Dabei setzten sie 295 Kavallerieschwadronen und 300 Infanteriebataillone, einige davon mit Artillerie, ein. 1902 war der Höhepunkt des Ganzen. 365mal wurden Truppen eingesetzt, um die Bauernschaft niederzuschlagen. 1903 wurde eine Streitkraft aufgeboten, die weit größer war als die Armee von 1812, nur um die innere Ordnung wiederherzustellen. ... In 68 von 75 Distrikten des zentralen Schwarzerde-Gebiets gab es »Schwierigkeiten« – 54 Besitzungen wurden zerstört. Das am härtesten betroffene Gebiet war Saratow.[139]

Als jedoch der Innenminister Stolypin versuchte, den Widerstand zu vermindern, indem er im Jahre 1908 die Bauernkommunen auflöste, provozierte er lediglich neue Unruhen – ob nun von Dörfern, die entschlossen waren, ihre Kommunalsysteme aufrechtzuerhalten, oder von neuerdings unabhängigen Bauern, die schnell bankrott gingen. Deshalb wurden »Truppen im Januar 1909 bei 13507 und im ganzen Jahr bei 114108 Gelegenheiten eingesetzt. Bis 1913 gab es 100000 Festnahmen wegen ›Angriffs auf die Staatsgewalt‹«.[140] Es ist unnötig zu erwähnen, daß dies alles eine mürrische Armee belasten mußte, die zusätzlich damit beschäftigt war, aufgebrachte ethnische Minderheiten – Polen, Finnen, Georgier, Letten, Esten, Armenier – niederzuhalten, welche versuchten, sich die widerwilligen Zugeständnisse der Jahre 1905–1906 an eine relative Eigenständigkeit zu erhalten.[141] Bei jeder weiteren militärischen Niederlage Rußlands, das war sicher, würden solche Minderheiten versuchen, der Herrschaft Moskaus zu entkommen. Obwohl wir keine genauen Zahlen besitzen, gab es ohne Zweifel eine große Anzahl von Menschen aus diesen Minderheiten unter der unglaublichen Masse von zwei Millionen Bürgern Rußlands, die im August 1914 heirateten – nur um nicht in die Armee eingezogen zu werden.

Kurz gesagt, man konnte nicht erst nach der bolschewistischen Revolution erkennen, daß Rußland vor 1914 ein soziopolitisches Pulverfaß war, das sehr wahrscheinlich im Falle weiterer schlechter Ernten oder eines sinkenden Lebensstandards der Fabrikarbeiter oder – möglicherweise – eines großen Krieges explodieren würde. Man ist geneigt, »sehr wahrscheinlich« zu sagen, da (neben dieser Unzufriedenheit) in vieler Hinsicht eine tiefe Loyalität zum Zaren und zum Heimatland, eine zunehmend nationalistische Volksvertretung, weitverbreitete panslawistische Sympathien und ein damit einhergehender Ausländerhaß existierten. In der Tat gab es 1904 wie 1914 viele leichtfertige Publizisten und Höflinge, die argumentierten, daß es sich das Regime nicht leisten könne, sich in den großen internationalen Fragen zurückzuhalten. Wenn es zum Krieg käme, behaupteten sie, würde die Nation geschlossen um den Sieg kämpfen.[142]

Aber war ein Sieg angesichts der wahrscheinlichen Gegenspieler Rußlands im Jahre 1914 überhaupt vorstellbar? Im Krieg gegen Japan hatte der russische Soldat tapfer und unerschütterlich gekämpft – wie auch auf der Krim und im Krieg gegen die Türkei 1877 –, aber inkompetente Stabsarbeit, schlechte logistische Unterstützung und einfallslose Taktik brachten das um seine Wirkung. Konnten es die Streitkräfte jetzt mit Österreich-Ungarn – und insbesondere mit dem militärisch-industriellen Kraftpaket des kaiserlichen Deutschland – aufnehmen und ein besseres Resultat erwarten? Trotz des absoluten Zuwachses des industriellen Produktionsvolumens ging Rußlands produktive Stärke im Verhältnis zu Deutschland tatsächlich *zurück*. Zwischen 1900 und 1913 stieg seine Stahlproduktion beispielsweise von 2,2 auf 4,8 Millionen Tonnen, aber die Deutschlands sprang von 6,3 auf 17,6 Millionen Tonnen. Auch der Anstieg des russischen Energieverbrauchs und des gesamten industriellen Potentials waren nicht so groß, weder absolut noch relativ, wie der Deutschlands. Schließlich wird man feststellen, daß Rußlands Anteil an der Weltindustrieproduktion in den Jahren 1900–1913 von 8,8 auf 8,2 Prozent *sank*, weil der deutsche und besonders der amerikanische Anteil stiegen.[143] Dies waren keine ermutigenden Trends.

Aber, so ist andererseits argumentiert worden, »nach dem Maßstab, mit dem Armeen im Jahre 1914 bemessen wurden«, war Rußland mächtig, da die Militärexperten »keinen Krieg erwarteten, der die Wirtschaft und die staatlichen administrativen Strukturen in gleichem Maße strapazierte wie die Armee«.[144] Wenn das so war, dann wundert man sich, warum militärische Experten der Zeit ihre Aufmerksamkeit *ebenso* auf Krupp-Stahl, die Werften, die chemische Industrie und die Effizienz der deutschen Eisenbahnen richteten wie auf die Kampftruppen.[145] Wenn man nur die militärischen

Zahlen nahm, dann war die Tatsache, daß Rußland immer mehr Divisionen, Artillerieregimenter, strategische Eisenbahnen und Schlachtschiffe schuf, beeindruckend. Unter der Voraussetzung eines kurzen Krieges verwiesen die militärischen Statistiken in der Tat auf eine wachsende Stärke Rußlands.

Verläßt man jedoch diese oberflächliche Ebene der Zahlen, wird selbst die Frage nach der militärischen Kraft problematischer. Wieder einmal war Rußlands sozioökonomische und technische Rückständigkeit der entscheidende Faktor. Weil seine bäuerliche Bevölkerung so groß war, konnte nur ein Fünftel jedes Jahrgangs tatsächlich eingezogen werden; wenn man jeden geeigneten Mann aufgenommen hätte, wäre das System zusammengebrochen. Aber die Bauern, die eingezogen wurden, besaßen kaum ideale Voraussetzungen für einen modernen industrialisierten Krieg. Aufgrund der übertriebenen Konzentration auf Rüstung statt auf das weitere, subtilere Feld nationaler Stärke (das heißt das allgemeine Bildungsniveau, die technologische Expertise, die bürokratische Effizienz) war Rußland auf *personeller* Ebene erschreckend rückständig. Noch 1913 konnten erst dreißig Prozent der Bevölkerung lesen und schreiben, was, wie ein Historiker herablassend bemerkte, »eine viel niedrigere Rate war als in England um 1750«.[146] Und es war sehr fraglich, ob die enormen Summen für die neuen Rekruten sinnvoll waren, wenn die Armee zu wenige ausgebildete Unteroffiziere hatte. Die Experten des russischen Generalstabs, die mit »Gefühlen der Unterlegenheit und des Neids« auf die deutsche Stärke blickten, glaubten es nicht. Auch waren sie sich (wie manche ausländische Beobachter) des verzweifelten Mangels an guten Offizieren sehr bewußt.[147] In der Tat vermitteln die vorhandenen Berichte den Eindruck, daß das russische Militär selbst seine Schwächen – bei der schweren Artillerie, den Maschinengewehren, der Führung großer Infanterieeinheiten, im Niveau der technischen Ausbildung, bei den Verkehrsverbindungen und selbst bei der großen Luftflotte – nur zu gut kannte.[148]

Ähnlich düstere Schlußfolgerungen ergaben sich, wenn man Rußlands Mobilmachung und sein strategisches Eisenbahnsystem im Detail untersuchte. Obwohl die *Streckenlänge* des Eisenbahnnetzes um 1914 beeindruckend war, wurde seine Unzulänglichkeit allzu deutlich, sobald man sie an den gewaltigen Entfernungen des russischen Reiches maß – oder das Schienennetz mit den viel dichteren Systemen Westeuropas verglich. Viele dieser Strecken waren schlecht gebaut, die Schienen oft zu leicht, die Gleisbettung zu schwach, und es gab zu wenig Wassertanks und Weichen. Einige Lokomotiven verfeuerten Kohle, andere Öl, wieder andere Holz, was die Dinge zusätzlich komplizierte – aber das war ein kleineres Problem verglichen mit der merkwürdigen Tatsache, daß die Standorte der Armee in Friedenszeiten sich völlig von ihren potentiellen Einsatzgebieten in Kriegszeiten unterschieden und die Armee unter der bewußten Verteilungspolitik litt. Polen dienten in Asien, Kaukasier in den baltischen Provinzen und so weiter. Im Falle eines großen Krieges mußten die Truppenmassen jedoch irgendwie möglichst effizient durch die unzulänglichen Mannschaften der Eisenbahnbataillone transportiert werden, von denen »über ein Drittel komplette oder teilweise Analphabeten waren, während drei Viertel der Offiziere keinerlei technische Ausbildung besaßen«.[149]

Das Mobilisierungs- und Einsatzproblem wurde durch die beinahe unüberwindlichen Schwierigkeiten, die sich aus den russischen Verpflichtungen gegenüber Frankreich und Serbien ergaben, verstärkt. Angesichts des weniger effizienten Eisenbahnsystems und der Verletzbarkeit derjenigen Truppen, die im polnischen Frontvorsprung einem möglichen »Zangenangriff« aus Ostpreußen und Galizien ausgesetzt waren, schien es dem russischen Oberkommando vor 1900 klug, sich bei Kriegsausbruch defensiv zu verhalten und die militärische Stärke dann stetig auszubauen; und in der Tat waren manche Strategen noch 1912 dieser Meinung. Aber weit mehr Generäle waren darauf erpicht, Österreich-Ungarn (dem gegenüber sie siegessicher waren) zu zerschlagen – also den Serben, wenn die Spannung zwischen Wien und Belgrad wuchs, im Falle einer österreichisch-ungarischen Invasion aktiv beizustehen. Es war jedoch für Rußland unmöglich, all seine Truppen an der südlichen Front zu konzentrieren, weil sie nicht sicher sein konnten, was Deutschland tun würde. Noch Jahrzehnte nach 1871 hatten die Planer angenommen, daß ein russisch-deutscher Krieg mit einem massiven und schnellen deutschen Vorstoß nach Osten beginnen würde. Aber als die Grundzüge des Schlieffenplans deutlich wurden, setzten die

Franzosen ihre russischen Verbündeten unter Druck, *so bald als möglich* offensiv gegen Deutschland vorzugehen, um seinen westlichen Alliierten zu entsetzen. Die Angst, daß Frankreich geschlagen werden könnte, zusammen mit dem unnachgiebigen Beharren von Paris, daß zukünftige Kredite nur zur Verbesserung der russischen *offensiven* Kapazitäten verwandt werden dürften, zwang die russischen Planer, einem schnellstmöglichen Vorstoß nach Westen zuzustimmen. All dies hatte in den wenigen Jahren vor 1914 ein enormes Gerangel innerhalb des Generalstabs ausgelöst. Die verschiedenen Schulen waren sich uneinig über die Anzahl der Armeekorps, die an der nördlichen, beziehungsweise der südlichen Front eingesetzt werden sollten, über den Abbau der alten Defensivanlagen in Polen (in denen absurderweise so viel moderne Artillerie stand) und über die Durchführbarkeit einer teilweisen statt einer vollen Mobilisierung. Angesichts der diplomatischen Verpflichtungen Rußlands war diese Ambivalenz vielleicht verständlich; aber sie trug sicher nicht dazu bei, eine problemlos laufende Militärmaschinerie zu schaffen, die schnelle Siege garantierte.[150]

Dieser Problemkatalog könnte bis zum Überdruß fortgesetzt werden. Die fünfzig Divisionen russischer Kavallerie, die in einem Land mit wenigen modernen Straßen als lebenswichtig erachtet wurden, erforderten so viel Futter – es gab ungefähr eine Million Pferde! –, daß sie allein wahrscheinlich einen Zusammenbruch des Eisenbahnsystems verursachen würden. Das Problem des Heunachschubs mußte jede längere offensive Operation – oder auch nur die Verlagerung von Reservisten – bremsen. Aufgrund der Rückständigkeit des Transportsystems und der Polizeitätigkeit des Militärs konnten Millionen von Soldaten in Kriegszeiten nicht zu den Fronttruppen gerechnet werden. Und obwohl die Geldmenge, die der Armee vor 1914 zur Verfügung gestellt wurde, gewaltig erschien, wurde ein großer Teil von den grundlegenden Bedürfnissen wie Ernährung, Bekleidung und Futter verschlungen. Ähnliches galt für die Marine, die trotz der großangelegten Verstärkung der Flotte und der Tatsache, daß viele Neukonstruktionen als »exzellent«[151] bezeichnet wurden, ein viel höheres Ausmaß an technischer Ausbildung und viel häufigere taktische Übungen der Mannschaften benötigte, um wirklich effektiv zu sein. Da weder das eine noch das andere geschah (die Mannschaften waren immer noch hauptsächlich an der Küste stationiert) und da sie gezwungen war, ihre Flotte zwischen dem Ostseeraum und dem Schwarzen Meer aufzuteilen, waren die Aussichten für die russische Seemacht nicht gut – es sei denn, sie mußte nur gegen die Türken antreten.

Schließlich macht eine Bewertung der gesamten russischen Kapazität dieser Zeit einige Kommentare über das Regime selbst erforderlich. Obwohl gewisse ausländische Konservative Rußlands autokratisches und zentralistisches System bewunderten und argumentierten, daß es der nationalen Politik eine größere Konsistenz und Stärke gäbe, als sie in westlichen Demokratien möglich sei, hätte eine nähere Untersuchung unzählige Mängel aufgedeckt. Zar Nikolaus II. war wie ein personifiziertes Potemkinsches Dorf: einfachen Geistes, zurückgezogen, schwierigen Entscheidungen ausweichend und blind von seiner heiligen Beziehung zum russischen Volk überzeugt (für dessen wirkliches Wohlergehen er sich natürlich nicht interessierte). Die Methoden der Entscheidungsfindung auf höherer Regierungsebene sind selbst mit dem Wort »Byzantinismus« nicht ausreichend umschrieben: unverantwortliche Großherzöge, die emotional gestörte Herrscherin, reaktionäre Generäle und korrupte Spekulanten überwogen gegenüber der Zahl fleißiger und intelligenter Minister, die das Regime rekrutieren konnte und die nur gelegentlich in der Lage waren, sich beim Zaren Gehör zu verschaffen. Der Mangel an Konsultation und Verständigung zwischen beispielsweise dem Außenminister und den Militärs war zeitweise erschreckend. Der Hof begegnete der Volksvertretung (der Duma) mit unverhohlener Verachtung. Es war in dieser Atmosphäre unmöglich, radikale Reformen durchzusetzen, da sich die Aristokratie nur um ihre Privilegien und der Zar nur um seinen inneren Frieden kümmerte. Hier gab es eine Elite, die in ständiger Angst vor Arbeiter- und Bauernunruhen lebte und doch, obwohl die Regierungsausgaben absolut gesehen bei weitem die niedrigsten der Welt waren, die direkte Besteuerung der Reichen auf einem Minimum (sie bildeten nur sechs Prozent der Staatseinnahmen) hielt und Nahrungsmittel und Wodka massiv besteuerte (mit ungefähr vierzig Prozent). Hier war ein Land, das eine hochgefährdete Zahlungsbilanz hatte, aber keine Möglichkeit sah, die russischen Aristokraten daran zu hindern, Unsummen an Geld im Ausland auszugeben, oder dieses Geld wenigstens zu besteuern. Teils aufgrund der Traditionen einer plumpen Autokratie, teils wegen des außergewöhnlich brutalen Klassensystems und teils wegen des niedrigen Bildungs- und Lohnniveaus fehlte es in Rußland an jenen Kadern kompetenter Beamter, die beispielsweise das deutsche, britische und japanische Verwaltungssystem zum *Funktionieren* brachten. Rußland war in Wirklichkeit kein starker Staat; es war ein Land, das angesichts der Energielosigkeit seiner Führung und trotz der Lehren der Jahre 1904/5 immer noch unvorbereitet in außenpolitische Komplikationen hineinschlittern konnte.

Wie soll man also die wirkliche Macht Rußlands in diesen Jahren beurteilen? Daß es Jahr für Jahr im industriellen wie im militärischen Bereich expandierte, steht außer Zweifel. Es besaß auch viele andere Stärken – die Größe seiner Armee, den Patriotismus, das in gewissen Klassen der Gesellschaft vorhandene Gefühl, vom Schicksal ausersehen zu sein, und die beinahe vollständige Unverwundbarkeit des russischen Kernlandes. Seine Aussichten, gegen Österreich-Ungarn, gegen die Türkei und vielleicht sogar gegen Japan zu siegen, waren gut. Andererseits war eindeutig, daß der drohende Zusammenstoß mit Deutschland zu einem Zeitpunkt kam, als Rußland ihm noch nicht gewachsen war. »Gebt dem Staat zwanzig Jahre inneren und äußeren Friedens«, prahlte Stolypin im Jahre 1909, »und ihr werdet Rußland nicht wiedererkennen.« Das *mag* sogar richtig gewesen sein, selbst wenn Deutschlands Stärke in dieser Zeit wahrscheinlich auch zugenommen hätte. Aber den von den Professoren Doran und Parsons zusammengestellten Daten zufolge (siehe Graphik 1) löste sich die »relative Macht« Rußlands in diesen Jahrzehnten gerade von ihrem Tiefpunkt nach 1894, während Deutschlands Macht ihrem Höhepunkt nahe war.[152]

Auch wenn das den meisten Lesern als eine zu schematische Darstellung erscheinen mag, ist es in der Tat zutreffend (wie bereits zuvor erwähnt), daß Rußlands Macht und Einfluß im Laufe des 19. Jahrhunderts proportional zur wachsenden wirtschaftlichen Rückständigkeit des Landes abgenommen hatte. Jeder neue große Krieg (der Krimkrieg, der russisch-japanische Krieg) hatte neue und alte militärische Schwächen zutage treten lassen und das Regime ge-

Graphik 1 Die relative Macht Rußlands und Deutschlands

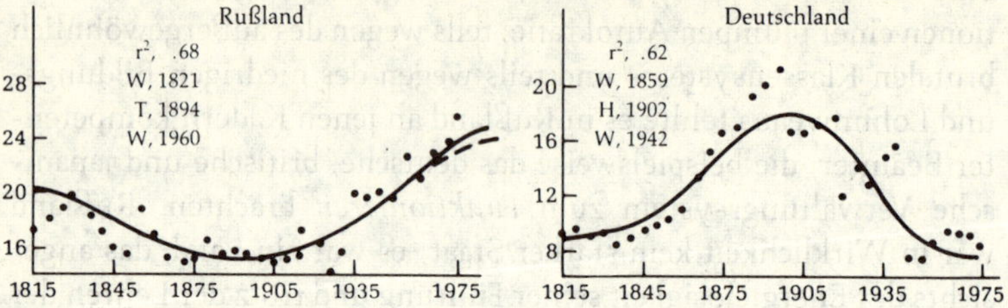

Schlüssel:
T = Jahr des Tiefpunkts
H = Jahr des Höhepunkts
W = Jahr des Wendepunkts
Quelle: Doran und Parsons

zwungen, den Versuch zu unternehmen, die zwischen Rußland und den westlichen Nationen liegende Kluft zu schließen. In den Jahren vor 1914 schien es manchen Beobachtern so, als könnte das gelingen, obwohl andere noch sehr viele Schwächen sahen. Da dem Land die zwei Jahrzehnte des Friedens nicht vergönnt waren, mußte es wieder einmal die Prüfung des Krieges auf sich nehmen, um festzustellen, ob es die Position in der europäischen Machtpolitik zurückerobert hatte, die es 1815 und 1848 besessen hatte.

Die Vereinigten Staaten Die für die Zukunft entscheidendste Veränderung des globalen Machtgefüges im späten 19. Jahrhundert und im frühen 20. Jahrhundert war ohne Zweifel der Aufstieg der Vereinigten Staaten. Als der Bürgerkrieg vorüber war, konnte das Land alle zuvor erwähnten Vorteile ausnutzen – den fruchtbaren Boden, die gewaltigen Rohstoffressourcen und die enormen Möglichkeiten moderner Technologie (Eisenbahnen, die Dampfmaschine, neue Bergbautechniken), um diese Ressourcen auszubeuten. Der Mangel an sozialen und geographischen Hindernissen, das Fehlen bedeutender ausländischer Gefahren und der Zufluß ausländischen sowie die Zunahme heimischen Investitionskapitals trugen dazu bei, das Land mit erstaunlicher Geschwindigkeit zu verwandeln. Zwischen dem Ende des Bürgerkrieges im Jahre 1865 und dem Ausbruch des spanisch-amerikanischen Krieges im Jahre 1898 erhöhten sich beispielsweise die amerikanischen Getreideernten um 256 Prozent, beim Mais waren es 222 Prozent, bei raffiniertem Zukker 460 Prozent; die Kohleförderung stieg um 800 Prozent, die Produktion von Stahlschienen um 523 Prozent und die Länge der in Betrieb genommenen Eisenbahnstrecken um über 567 Prozent. »In den neueren Industriezweigen war das Wachstum, das beinahe bei Null begann, so groß, daß Prozentzahlen bedeutungslos wurden. So stieg die Rohölförderung von drei Millionen Barrel im Jahre 1865 auf 55 Millionen Barrel im Jahre 1898 und die Produktion von Stahl und Gußeisen von weniger als 20000 Tonnen auf beinahe neun Millionen Tonnen.«[153] Dieses Wachstum kam im Krieg gegen Spanien nicht zum Stillstand; im Gegenteil, es stieg im Laufe des ganzen frühen 20. Jahrhunderts mit kometenhafter Geschwindigkeit. Der Prozeß hatte unter den geschilderten Bedingungen fast eine Zwangsläufigkeit. Nur permanente menschliche Unzulänglichkeit oder anhaltender Bürgerkrieg oder eine Klimakatastrophe hätten diese Expansion bremsen – oder die Millionen von Immigranten abschrecken können, die sich über den Atlantik ergossen, um ihren Anteil an diesem Paradies zu suchen, und die die Zahl der produktiven Arbeitskräfte erhöhten.

Die Vereinigten Staaten schienen *alle* wirtschaftlichen Vorteile zu haben, von denen *einige* andere Mächte nur einen *Teil* besaßen, und sie schienen *keine* Nachteile auf sich nehmen zu müssen. Das Land war riesig, aber die gewaltigen Entfernungen wurden durch das im Jahre 1914 400000 Kilometer umfassende Schienennetz überbrückt (im Vergleich dazu besaß Rußland nur 70000 Kilometer, die sich auf ein zweieinhalbmal so großes Gebiet verteilten). Der landwirtschaftliche Ertrag pro Hektar war dem Rußlands immer überlegen; und auch wenn er nie so hoch war wie der der intensiven Anbaugebiete Westeuropas, machten die enorme Größe des kultivierten Landes, die Effizienz der landwirtschaftlichen Maschinen und die sinkenden Kosten des Transports (dank der Eisenbahn und der Dampfschiffe) das amerikanische Getreide, den Mais, das Schweine- und Rindfleisch und andere Produkte billiger als die europäischen. Auf dem Technologiesektor waren die führenden amerikanischen Firmen wie International Harvester, Singer, Du Pont, Bell, Colt und Standard Oil ebenso gut oder oft sogar besser als alle anderen der Welt. Und sie genossen im Gegensatz zu ihren deutschen, britischen und Schweizer Rivalen die Vorteile eines gewaltigen Binnenmarktes und damit die Möglichkeit der Kostendegression. »Gigantismus« war in Rußland kein guter Indikator für industrielle Effizienz[154] – in den Vereinigten Staaten in der Regel schon. Als Beispiel: »Andrew Carnegie erzeugte im Jahre 1901, als er seine Gesellschaft an J. P. Morgans gewaltige Organisation, die United States Steel Corporation, verkaufte, mehr Stahl als ganz England.«[155] Als der berühmte britische Schlachtschiffkonstrukteur Sir William White im Jahre 1914 die USA bereiste, war er erschüttert, als er entdeckte, daß in amerikanischen Werften 14 Schlachtschiffe und 13 gepanzerte Kreuzer gleichzeitig gebaut wurden (obwohl die US-Handelsmarine erstaunlicherweise klein blieb). Die Industrie *und* die Landwirtschaft *und* das Verkehrwesen waren gewaltig und funktionierten effizient. Es war daher nicht überraschend, daß das amerikanische Volkseinkommen im Jahre 1914 absolut und pro Kopf weit über dem aller anderen Länder lag.[156]

Die Folgen dieser rapiden Expansion spiegeln sich in Tabelle 21 und in den entsprechenden vergleichenden Statistiken wider. Im Jahre 1914 förderten die Vereinigten Staaten 455 Millionen Tonnen Kohle und hielten damit einen großen Vorsprung vor Großbritannien mit 292 Millionen und Deutschland mit 277 Millionen. Die USA waren der größte Ölproduzent der Welt und hatten den größ-

Tabelle 21 Volkseinkommen, Bevölkerung und Pro-Kopf-Einkommen der Mächte 1914

	Volkseinkommen	Bevölkerung	Pro-Kopf-Einkommen
Vereinigte Staaten	$ 37 Milliarden	98 Mio.	$ 377
Großbritannien	11	45	244
Frankreich	6	39	153
Japan	2	55	36
Deutschland	12	65	184
Italien	4	37	108
Rußland	7	171	41
Österreich-Ungarn	3	52	57

ten Bedarf an Kupfer. Sie produzierten mehr Roheisen als die nächsten drei Länder (Deutschland, Großbritannien und Frankreich) und ungefähr genausoviel Stahl[157] wie die nächsten vier Länder (Deutschland, Großbritannien, Rußland und Frankreich) zusammen. Ihr Energieverbrauch aus modernen Quellen war 1913 ebenso hoch wie der Großbritanniens, Frankreichs, Rußlands und Österreich-Ungarns zusammen. Sie produzierten und besaßen mehr Automobile als die gesamte restliche Welt. Amerika war in der Tat ein rivalisierender Kontinent, der so schnell wuchs, daß er ganz Europa zu überholen drohte. Einer Berechnung zufolge hätten die Vereinigten Staaten – ohne den Weltkrieg – Europa 1925 übertroffen und wären somit die Region mit dem größten Produktionsvolumen der Welt geworden.[158] Der Erste Weltkrieg mit seinen wirtschaftlichen Verlusten und Zerstörungen zog diesen Zeitpunkt um sechs Jahre vor – auf 1919.[159] Die »Ära Vasco da Gamas« – die vier Jahrhunderte europäischer Weltherrschaft – ging bereits vor der Katastrophe von 1914 zu Ende.

Der Außenhandel spielte beim Wirtschaftswachstum der Vereinigten Staaten nur eine geringe Rolle (1913 kamen ungefähr acht Prozent des Bruttosozialproduktes aus dem Außenhandel, verglichen mit Großbritanniens 26 Prozent),[160] aber die wirtschaftlichen Auswirkungen auf andere Länder waren beachtlich. Die Vereinigten Staaten hatten traditionell Rohstoffe exportiert (besonders Baumwolle), Industrieerzeugnisse importiert und das Defizit des »sichtbaren« Handels durch den Export von Gold ausgeglichen. Aber der Industrialisierungsboom nach dem Bürgerkrieg veränderte dieses Muster. Die Vereinigten Staaten verwandelten sich schnell zum größten Hersteller von Industrieprodukten, und ihre landwirtschaftlichen Maschinen, Eisen- und Stahlwaren, Werkzeugmaschinen, elektrischen Geräte und andere Produkte begannen, auf den Weltmarkt zu strömen. Gleichzeitig war die Lobby der Industriellen im Norden so mächtig, daß sie ausländische Produkte durch immer höhere Zölle vom Heimatmarkt fernhalten konnte. Im Gegensatz dazu wurden Rohstoffe oder spezialisierte Produkte (wie deutsche Farbstoffe) zur Versorgung der amerikanischen Industrie in immer größeren Mengen importiert. Zwar war die Welle industrieller Exporte die bezeichnendste Veränderung, aber auch die »Revolution des Transportwesens« erhöhte die amerikanischen Agrarexporte. Da die Kosten für den Transport eines Scheffels Weizen von Chicago nach London innerhalb eines halben Jahrhunderts vor 1900 von vierzig Cents auf zehn Cents sanken, ergossen sich die amerikanischen Agrarprodukte über den Atlantik. Die Maisexporte erreichten 1897 mit 212 Millionen Scheffel, die Weizenexporte im Jahre 1901 mit 239 Millionen Scheffel ihren Höhepunkt; diese Flutwelle schloß auch Mehl, Fleisch und Fleischprodukte ein.[161]

Die Folgen dieser kommerziellen Wandlung waren natürlich hauptsächlich wirtschaftlicher Natur, aber sie wirkten sich auch auf die internationalen Beziehungen aus. Die Überproduktivität der amerikanischen Fabriken und Farmen führte zu der weitverbreiteten Sorge, daß selbst der gewaltige Binnenmarkt bald nicht mehr in der Lage wäre, die Flut dieser Produkte aufzunehmen. Daher drängten mächtige Interessengruppen (Farmer des mittleren Westens ebenso wie Stahlproduzenten aus Pittsburgh) die Regierung, die Öffnung neuer oder zumindest das Offenhalten bestehender überseeischer Märkte zu unterstützen. Die Bemühung, sich in China eine »offene Tür« zu bewahren, und das massive Interesse daran, die Vereinigten Staaten zur vorherrschenden Wirtschaftskraft in Lateinamerika zu machen, waren nur zwei Manifestationen desselben Anliegens: nämlich den Anteil des Landes am Welthandel zu erhöhen.[162] Zwischen 1860 und 1914 steigerten die Vereinigten Staaten ihre Exporte auf mehr als das Siebenfache (von 334 Millionen Dollar auf 2,365 Milliarden Dollar), aber da sie ihren eigenen Markt schützten, stiegen die Importe nur um das Fünffache (von 356 Millionen Dollar auf 1,896 Milliarden Dollar). Angesichts dieser Lawine billiger amerikanischer Nahrungsmittel forderten die europäischen Landwirte höhere Zölle – und setzten sie auch meistens durch. In Großbritannien, wo die Getreideanbauer bereits dem Freihandel geopfert worden waren, verursachte die amerikanische Exportoffensive auf dem Gebiet der Maschinen, des Eisens und des Stahls Alarm. Während der Journalist W. T. Stead unheilverkündend von der »Amerikanisierung der Welt« schrieb – dies war der Titel seines Buches aus dem Jahre 1902 –, wiesen Kaiser Wilhelm und andere europäische Häupter auf die Notwendigkeit hin, sich gegen den »unfairen« amerikanischen Handelskoloß zusammenzuschließen.[163]

Noch destabilisierender war die Wirkung der Vereinigten Staaten auf das Finanzsystem und die Geldflüsse der Welt, auch wenn dies nicht so klar erkannt wurde. Weil sie einen so enormen Überschuß im Handel mit Europa hatten, mußten dessen Defizite durch Kapitalübertragungen ausgeglichen werden – diese begleiteten den gewaltigen Strom direkter europäischer Investitionen in die US-Industrie, Versorgungseinrichtungen und Dienstleistungsbetriebe (die um 1914 ungefähr sieben Milliarden Dollar betrugen). Obwohl ein Teil dieses Goldstroms Richtung Westen durch die Gewinne auf europäische Investitionen und durch amerikanische Zahlungen für Dienstleistungen wie Verschiffung und Versicherungen ausgeglichen wurden, waren die Kapitalabflüsse aus Europa gewaltig – und schwollen ständig weiter an. Zusätzlich wurden sie durch die Politik der US-Schatzkammer verstärkt, die beinahe ein Drittel des Goldvorrats der Welt anhäufte (um dann einfach auf ihm zu sitzen). Obwohl das Land inzwischen zu einem integrierten Bestandteil des Welthandelssystems geworden war – es hatte ein Defizit gegenüber Rohstoff exportierenden Ländern und einen enormen Überschuß gegenüber Europa –, war seine finanzielle Struktur unterentwickelt. Ein großer Teil des Außenhandels wurde beispielsweise in Sterling abgewickelt, und London war für Gold der Kreditgeber letzter Instanz. Ohne eine Zentralbank, die in der Lage gewesen wäre, die Finanzmärkte zu kontrollieren, mit einem gewaltigen saisonbedingten Abfluß und Zustrom von Kapital zwischen New York und den Prärie-Staaten, der allein abhängig von den Getreideernten war, die wiederum vom unbeständigen Klima beeinflußt wurden, und mit Spekulanten, die nicht nur das heimische Finanzsystem, sondern auch den Goldhandel mit London verwirren konnten, entwickelten sich die Vereinigten Staaten schon in den Jahren vor 1914 zu einem unberechenbaren Blasebalg, der dem Welthandelssystem einheizte oder es manchmal drastisch abkühlte. Die Krise des amerikanischen Bankwesens im Jahre 1907 (ursprünglich dadurch verursacht, daß Spekulanten versuchten, den Kupfermarkt zu »cornern«), die sich auf London, Amsterdam und Hamburg auswirkte, war lediglich ein Beispiel dafür, wie stark die Vereinigten

Staaten schon vor dem Ersten Weltkrieg in das wirtschaftliche Leben der anderen Großmächte eingriffen.[164]

Dieser Anstieg der amerikanischen Industriemacht und des Überseehandels wurde, vielleicht unumgänglich, von einer entschlosseneren Diplomatie und von einer weltpolitischen Rhetorik im amerikanischen Stil begleitet.[165] Der Anspruch, im Vergleich zu den anderen Völkern der Welt mit einer speziellen Moral ausgestattet zu sein, welche die amerikanische Außenpolitik angeblich jener der Alten Welt überlegen machte, vermischte sich mit sozial-darwinistischen und rassistischen Argumenten und mit dem Drängen industrieller und landwirtschaftlicher Interessengruppen nach sicheren überseeischen Märkten. Die traditionelle, wenn auch übertriebene Angst vor einer Bedrohung der Monroe-Doktrin wurde begleitet von Aufrufen, Amerikas »Manifest Destiny« (die Doktrin der Ausbreitung der USA über den ganzen Kontinent) zu erfüllen. Obwohl sie sich immer noch nicht auf Allianzen festlegen wollten, wurden die Vereinigten Staaten nun von vielen Gruppen im eigenen Lande zu einer aktiveren Diplomatie gedrängt – die unter den Regierungen von McKinley und besonders unter Theodore Roosevelt dann verwirklicht wurde. Der Auseinandersetzung mit Großbritannien im Jahre 1895 über die venezolanische Grenze – die durch die Monroe-Doktrin gerechtfertigt wurde – folgte drei Jahre später der viel dramatischere Krieg gegen Spanien wegen der Kuba-Frage. Die Forderung Washingtons, alleinige Kontrolle über einen zukünftigen mittelamerikanischen Kanal zu haben (anstelle der älteren Vereinbarung mit Großbritannien, nach der die Kontrolle fünfzig zu fünfzig geteilt war), die Neubestimmung der Grenze Alaskas trotz kanadischer Proteste und die Vorbereitungen der Schlachtflotte in den Jahren 1902–1903 als Reaktion auf die deutschen Aktionen gegen Venezuela waren alles Anzeichen, daß die Vereinigten Staaten entschlossen waren, in der westlichen Hemisphäre unangefochten zu bleiben. Eine »logische Folge« dessen war auch, daß amerikanische Regierungen nun bereit waren, durch diplomatischen Druck *und* mit militärischen Mitteln in lateinamerikanischen Ländern wie Nicaragua, Haiti, Mexiko und der Dominikanischen Republik zu intervenieren, wenn deren Verhalten nicht mit den Vorstellungen der Vereinigten Staaten in Einklang stand.

Aber das wirklich neue Merkmal der amerikanischen Außenpolitik in dieser Zeit waren die Interventionen und die Beteiligung an Ereignissen *außerhalb* der westlichen Hemisphäre. Ihre Teilnahme an der Kongokonferenz in Berlin in den Jahren 1884–1885 war ungewöhnlich und verwirrend. Die US-Delegation hielt grandiose Reden zugunsten des Freihandels und der Politik der offenen Türen, aber das daraus folgende Abkommen wurde von ihr nie ratifiziert. Selbst 1892 schlug der *New York Herald* noch die Abschaffung des Außenministeriums vor, da es in Übersee so wenig zu tun gäbe.[166] Der Krieg mit Spanien im Jahre 1898 änderte dies völlig, da er den Vereinigten Staaten nicht nur einen Stützpunkt im westlichen Pazifik gab (die Philippinen), der sie in eine Art asiatischer Kolonialmacht verwandelte, sondern auch, weil er für die Befürworter einer aggressiveren Politik ein politischer Erfolg war. Die »Offene Tür«-Note des Außenministers Hay im folgenden Jahr sowie die Überstellung von 2500 amerikanischen Soldaten in die internationale Truppe, die entsandt wurde, um die Ordnung in China wiederherzustellen, waren ein frühes Zeichen dafür, daß die Vereinigten Staaten ein Mitspracherecht in China wünschten. Roosevelt zeigte eine noch größere Bereitschaft, sich in der »großen Politik« zu engagieren, als er in den Verhandlungen, die den russisch-japanischen Krieg beendeten, als Vermittler auftrat, als er auf eine amerikanische Teilnahme an der Konferenz über Marokko im Jahre 1906 bestand und mit Japan und anderen Mächten verhandelte, um die »offene Tür« in China zu bewahren.[167] Spätere Historiker waren der Meinung, daß viele dieser Aktivitäten nicht auf einer nüchternen Berechnung amerikanischer Interessen in der Welt, sondern eher auf einer unreifen Außenpolitik, einer ethnozentrischen Naivität und dem Wunsch, die Öffentlichkeit im eigenen Lande und im Ausland zu beeindrucken, beruhte – Züge, die eine zukünftige »realistische« Außenpolitik erschweren würden.[168] Aber selbst wenn dies zutrifft, standen die Vereinigten Staaten im Zeitalter imperialistischen Pomps und nationalistischen Stolzes damit nicht allein. Jedenfalls behielten Roosevelts Nachfolger diesen diplomatischen Aktivismus nicht bei – außer in der China-Politik. Sie zogen es vor, die Vereinigten Staaten aus internationalen Ereignissen, die außerhalb der westlichen Hemisphäre stattfanden, herauszuhalten.

Mit diesen diplomatischen Aktionen gingen Erhöhungen der Rüstungsausgaben einher. Von den beiden Waffengattungen erhielt die Marine das meiste, da sie im Falle eines ausländischen Angriffs (oder einer Herausforderung der Monroe-Doktrin) an der vordersten Front nationaler Verteidigung stand. Außerdem war sie das nützlichste Instrument bei der Unterstützung der amerikanischen Diplomatie und des Handels mit Lateinamerika, mit der Pazifikregion und in Übersee. Bereits in den späten 1880er Jahren hatte der Wiederaufbau der Flotte begonnen, aber der größte Aufschwung fand zur Zeit des spanisch-amerikanischen Krieges statt. Da die leicht erkämpften Seesiege in diesem Konflikt die Argumente Admiral Mahans und der Lobby für eine mächtige Marine rechtfertigten und da einige Strategen über die Möglichkeit eines Krieges gegen Großbritannien und dann von 1898 an gegen Deutschland besorgt waren, wurde die Schlachtflotte stetig ausgebaut. Der Gewinn von Seestützpunkten in Hawaii, Samoa, den Philippinen und der Karibik, der »Polizeieinsatz« von Schiffen in Lateinamerika und Roosevelts dramatische Geste, seine »great white fleet« im Jahre 1907 um die Welt zu schicken, schienen alle die Bedeutung der Seemacht zu betonen.

Folglich wurden die Ausgaben für die Marine von 22 Millionen Dollar im Jahre 1890, was nur 6,9 Prozent der gesamten Staatsausgaben entsprach, im Jahre 1914 auf 139 Millionen Dollar und damit auf 19 Prozent der Staatsausgaben erhöht.[169] Nicht alles Kapital wurde vernünftig eingesetzt – es gab zu viele Heimatstützpunkte (das Ergebnis von lokalem politischem Druck) und zu wenige Geleitschiffe –, aber das Resultat war trotzdem beeindruckend. Obwohl sie beträchtlich kleiner war als die Royal Navy und weniger Schlachtschiffe des *Dreadnought*-Typs besaß als Deutschland, war die US-Marine im Jahre 1914 bereits die drittgrößte der Welt. Selbst der Bau eines US-kontrollierten Panamakanals hielt die amerikanischen Planer nicht davon ab, über das strategische Dilemma, die Flotte teilen oder eine Küste des Landes ungeschützt lassen zu müssen, zu stöhnen. Und die Berichte einiger Offiziere in diesen Jahren lassen das etwas paranoide Mißtrauen gegenüber ausländischen Mächten erkennen.[170] In Wirklichkeit waren die Vereinigten Staaten dank des *rapprochement* mit Großbritannien um die Jahrhundertwende extrem sicher und hatten, selbst wenn sie den Aufstieg der deutschen Seemacht fürchteten, weit weniger Grund zur Sorge als alle anderen großen Mächte.[171]

Die geringe Stärke der amerikanischen Armee zeugte in vielerlei Hinsicht von dieser Sicherheit. Auch sie war im Krieg gegen Spanien verstärkt worden – zumindest insofern, als die Öffentlichkeit erkannte, wie klein sie und wie desorganisiert die »National Guard« war, und daß die frühen Feldzüge in Kuba beinahe in eine Katastrophe gemündet hätten.[172] Aber selbst die Verdreifachung der regulären Armee nach 1900 und die zusätzlichen Besatzungsaufgaben, die sie auf den Philippinen und anderswo übernahm, ließen diese Waffengattung gegenüber den Armeen selbst mittlerer europäischer Länder wie Serbien oder Bulgarien unbedeutend erscheinen. Mehr noch als Großbritannien hielten die Vereinigten Staaten an ihrer Laisser-faire-Abneigung gegen große stehende Armeen fest und vermieden militärische Verpflichtungen gegenüber Alliierten. Weniger als ein Prozent ihres Bruttosozialproduktes wurde der Verteidigung geopfert. Trotz ihrer imperialistischen Aktivitäten in der Zeit von 1898 bis 1914 blieben die Vereinigten Staaten das, was der Soziologe Herbert Spencer eine »industrielle« (im Gegensatz zu einer »militärischen« Gesellschaft, wie zum Beispiel Rußland) genannt hat. Da viele Historiker der Meinung sind, daß »der Aufstieg der Supermächte« in dieser Zeit begann, sollte man die erstaunlichen *Unterschiede* zwischen Rußland und den Vereinigten Staaten am Vorabend des Ersten Weltkriegs aufzeigen. Rußland besaß eine Frontarmee, die ungefähr zehnmal so groß war wie die Amerikas; aber die Vereinigten Staaten produzierten sechsmal so viel Stahl, verbrauchten zehnmal so viel Energie und hatten ein viermal so großes Produktionsvolumen wie Rußland (pro Kopf gerechnet war es sechsmal so produktiv).[173] Ohne Zweifel schien Rußland all jenen europäischen Generalstäben mächtiger, die rein militärisch dachten und sich an der Zahl schnell verfügbarer Truppen orientierten; aber nach allen anderen Kriterien waren die Vereinigten Staaten stark und Rußland schwach.

Die Vereinigten Staaten hatten sich definitiv zu einer Großmacht entwickelt. Aber sie gehörten nicht zum System der großen Mächte. Zum einen machte die Gewaltenteilung zwischen dem Präsidenten und dem Kongreß eine aktive Allianzpolitik praktisch unmöglich, und zum anderen wollte keiner den bestehenden Zustand bequemer Isolation aufgeben. Von den anderen starken Nationen durch Tausende von Kilometern Meer getrennt, mit einer vernachlässigbaren Armee, zufrieden mit der errungenen Vorherrschaft in ihrer Hemisphäre und nach Roosevelts Rücktritt weniger bereit, sich in der weltweiten Diplomatie zu engagieren, standen die Vereinigten Staaten im Jahre 1913 immer noch am Rande des Großmachtsystems. Und da die meisten Länder 1906 nicht mehr Asien und Afrika, sondern den Entwicklungen auf dem Balkan und in der Nordsee ihre Aufmerksamkeit schenkten, überrascht es nicht, daß sie die Vereinigten Staaten als einen geringeren Faktor des internationalen Machtgleichgewichts ansahen als um die Jahrhundertwende. Dies war eine weitere übliche Annahme der Zeit vor 1914, die der Erste Weltkrieg widerlegen sollte.

Bündnisse und die Drift zum Kriege, 1890–1914

Um zu verstehen, wie sich das Großmachtsystem in diesen Jahrzehnten veränderte, muß man als drittes und letztes die Allianzdiplomatie von Bismarcks Abtritt bis zum Ausbruch des Ersten Weltkrieges betrachten. Denn obwohl es in den 1890er Jahren einige relativ kleine Konflikte (den chinesisch-japanischen Krieg, den spanisch-amerikanischen Krieg, den Burenkrieg) und später einen großen, wenn auch örtlich begrenzten Zusammenstoß, den russisch-japanischen Krieg, gab, war die allgemeine Tendenz nach dieser Zeit von einer »Erstarrung« der Allianzblöcke gekennzeichnet, wie es Felix Gilbert genannt hat.[174] Die meisten Regierungen erwarteten, daß sie im Falle eines großen Krieges Mitglieder einer Koalition sein würden. Dies mußte Berechnungen über die relative nationale Stärke komplizieren, da Alliierte Vor- und Nachteile mit sich brachten.

Die Tendenz zu einer Allianzdiplomatie wirkte sich zu dieser Zeit natürlich nicht auf die entfernten Vereinigten Staaten aus, und Japan war nur regional durch das englisch-japanische Bündnis von 1902 und 1905 betroffen. Aber die Allianzdiplomatie gewann aufgrund der wechselseitigen Befürchtungen und Rivalitäten dieser Jahre für alle europäischen Großmächte, selbst für das insulare Großbritannien, zunehmend an Bedeutung. Die Entstehung fester militärischer Bündnisse in Friedenszeiten, die es zuvor kaum gegeben hatte, wurde 1879 von Bismarck eingeleitet, als er versuchte, Wiens Außenpolitik zu »kontrollieren« und St. Petersburg zurückzuschrecken, indem er den Zweibund zwischen Österreich und Deutschland unterschrieb. Nach den geheimen Berechnungen des Kanzlers sollte dieser Schritt die Russen auch dazu zwingen, ihre unberechenbare Politik[175] aufzugeben und zum Dreikaiservertrag zurückzukehren – was sie dann auch für einige Zeit taten; aber das längerwährende Erbe dieser Handlung Bismarcks war die Verpflichtung Deutschlands, Österreich-Ungarn im Falle eines russischen Angriffs zu Hilfe zu kommen. 1882 war Berlin mit Rom ein ähnliches Abkommen auf Gegenseitigkeit für den Fall eines französischen Angriffs eingegangen, und innerhalb eines weiteren Jahres hatten Deutschland und Österreich-Ungarn eine weitere geheime Allianz angeboten, die vorsah, Rumänien bei einer russischen Aggression beizustehen. Historiker, die sich mit dieser Diplomatie beschäftigen, versichern, daß Bismarck vor allem kurzfristige, defensive Ziele im Auge hatte. Er wollte die nervösen Freunde in Wien, Rom und Bukarest beruhigen, Frankreich diplomatisch isolieren und für den Fall, daß die Russen auf dem Balkan vordringen sollten, »Rückfallpositionen« schaffen. Das trifft zweifelsohne zu; aber es bleibt eine Tatsache, daß er Garantien gegeben *hatte*, und daß – selbst wenn der genaue Inhalt dieser Geheimbündnisse nicht öffentlich bekannt war – Frankreich und Rußland begannen, sich über ihre Isolation Sorgen zu machen und vermuteten, daß der große Drahtzieher in Berlin eine mächtige Koalition aufgebaut hatte, um sie in Kriegszeiten zu überwältigen.

Obwohl Bismarcks »geheimer Draht« nach St. Petersburg (der sogenannte Rückversicherungsvertrag von 1887) einen offiziellen Bruch zwischen Deutschland und Rußland verhinderte, war etwas Künstliches und Verzweifeltes an den barocken, verschlungenen Bemühungen des Kanzlers, in den späten 1880er Jahren zu verhindern, daß Frankreich und Rußland in eine Allianz trieben. Den Bestrebungen Frankreichs, Elsaß-Lothringen wiederzuerlangen, und denen Rußlands, sich nach Osteuropa auszudehnen, gebot hauptsächlich die Angst vor Deutschland Einhalt. Es gab für beide keinen anderen erwägenswerten *kontinentalen* Bündnispartner; und der gegenseitige Nutzen französischer Kredite und Waffen für Rußland und russischer Militärhilfe für Frankreich lockte. Während ideologische Differenzen zwischen dem bürgerlichen Frankreich und dem reaktionären zaristischen Regime diese Tendenz für eine Weile hemmten, brachten der Rücktritt Bismarcks im Jahre 1890 und die bedrohlicheren Aktionen der Regierung Wilhelms II. die Sache zum Abschluß. Im Jahre 1894 wurde der Dreibundvertrag zwischen Deutschland, Österreich-Ungarn und Italien durch die russisch-französische Militärkonvention ausgeglichen, eine politische *und* militärische Verpflichtung, die so lange bestehen sollte wie der Dreibundvertrag.[176]

In mehrerlei Hinsicht schien diese neue Entwicklung die europäische Szene zu stabilisieren. Zwischen beiden Allianzblöcken bestand ein grobes Gleichgewicht, das einen Konflikt der Großmächte unberechenbarer und damit unwahrscheinlicher machte. Aus ihrer Isolation entflohen, wandten sich Frankreich und Rußland Afrika und Asien zu. Dies wurde dadurch gefördert, daß die Spannungen im Elsaß und in Bulgarien nachließen; in der Tat hatten sich Wien und St. Petersburg 1897 geeinigt, die Probleme um den Balkan auf Eis zu legen.[177] Außerdem richtete auch Deutschland sein Interesse auf die Weltpolitik, während Italien in seiner unnachahmlichen Art in einen Konflikt in Abessinien verwickelt wurde. In der Mitte der 1890er Jahre schenkte man Südafrika, dem Fernen Osten, dem Niltal und Persien seine Aufmerksamkeit. Es war außerdem die Zeit des »neuen Navalismus«,[178] in der alle Mächte versuchten, ihre Flotten aufzubauen, weil sie glaubten, daß Flotten und Kolonien natürlicherweise Hand in Hand gingen. Es ist daher kaum überraschend, daß dies das Jahrzehnt war, in dem sich das Britische Empire, obwohl es europäischen Verwicklungen sonst aus dem Weg ging, am stärksten von alten Rivalen wie Frankreich und Rußland und neueren Herausforderern wie Deutschland, Japan und den Vereinigten Staaten unter Druck gesetzt fühlte. Unter diesen Umständen schienen die militärischen Klauseln der europäischen Allianzblöcke immer weniger relevant, da ein umfassender Krieg kaum durch Ereignisse wie die englisch-französische Faschodakrise (1898), den Burenkrieg oder durch die Jagd nach Konzessionen in China ausgelöst werden würde.

Auf etwas längere Sicht sollten diese imperialen Rivalitäten die Beziehungen der Großmächte jedoch auch in ihrem europäischen Kontext beeinträchtigen. Zur Zeit der Jahrhundertwende war der Druck auf das Britische Empire so stark, daß manche Kreise um den Kolonialminister Joseph Chamberlain ein Ende der »splendid isolation« und eine Allianz mit Berlin forderten, während Minister wie Balfour und Lansdowne begannen, die Notwendigkeit diplomatischer Kompromisse zu akzeptieren. Man gab den Forderungen der Vereinigten Staaten in einer ganzen Reihe von Streitfragen – dem Panamakanal, der Grenze Alaskas, der Robbenfischerei und so weiter – nach, verhüllte dies mit der Bezeichnung »anglo-amerikanische Annäherung« – und zog sich so aus strategisch unhaltbaren Positionen in der westlichen Hemisphäre zurück. Außerdem veränderte sich, was noch wichtiger war, damit ein Element der Weltpolitik, das die Staatsmänner des 19. Jahrhunderts als gegeben hingenommen hatten: nämlich, daß die anglo-amerikanischen Beziehungen immer kühl, ressentimentgeladen und gelegentlich offen feindselig bleiben würden.[179] Dadurch, daß sie das englisch-japanische Bündnis im Jahre 1902 schmiedeten, hofften britische Staatsmänner, eine schwere strategische Last in China abwerfen zu können – obwohl sie dafür den Preis bezahlten, Japan unter gewissen Umständen unterstützen zu müssen.[180] Und im Jahre 1902–1903 sahen einflußreiche britische Kreise die Möglichkeit, sich mit Frankreich – das bei der früheren Faschodakrise gezeigt hatte, daß es keinen Krieg wegen der Nilfrage riskieren würde – in kolonialen Fragen zu einigen.

Wenn auch all diese Abmachungen zuerst nur außereuropäische Belange zu betreffen schienen, hatten sie doch indirekte Auswirkungen auf die Position der großen Mächte in Europa. Die Lösung des britischen strategischen Dilemmas in der westlichen Hemisphäre und die Unterstützung, die es von der japanischen Flotte im Fernen Osten erhalten würde, nahm einigen Druck von der Royal Navy und erhöhte ihre Aussichten, die Flotten in Kriegszeiten zusammenziehen zu können. Und wenn zusätzlich die englisch-französischen Rivalitäten beigelegt werden könnten, würde dies die maritime Sicherheit Großbritanniens weiter erhöhen. All das wirkte sich auch auf Italien aus, dessen Küste so verwundbar war, daß es das Land kaum riskieren konnte, in ein der englisch-französischen Verbindung feindlich gesinntes Lager überzugehen. Jedenfalls hatten Frankreich und Italien im frühen 20. Jahrhundert ihre eigenen guten Gründe (finanzielle und nordafrikanische), die Beziehungen zu verbessern.[181] Wenn jedoch Italien vom Dreibundvertrag abrückte, mußte sich dies auf die halbunterdrückten Streitigkeiten mit Österreich-Ungarn auswirken. Schließlich sollte selbst die entfernte englisch-japanische Allianz das europäische Staatensystem beeinflussen, da sie eine Intervention durch eine Drittmacht unwahrscheinlich machte, als Japan 1904 beschloß, Rußland in Korea und der Mandschurei herauszufordern. Als der Krieg ausbrach, zwangen außerdem die spezifischen Klauseln* des englisch-japanischen Bündnisses *und* der französisch-russischen Allianz die beiden »Zweiten« Großbritannien und Frankreich zu einer Verständigung zu kommen, um nicht in den Konflikt hineingezogen zu werden. Es war daher nicht überraschend, daß der Ausbruch der Feindseligkeiten im Fernen Osten schnell dazu führte, daß London und Paris ihr koloniales Feilschen aufgaben und im April 1904 eine *entente* eingingen.[182] Die Jahre englisch-französischer Rivalität, ursprünglich von der britischen Besetzung Ägyptens im Jahre 1882 hervorgerufen, fanden jetzt ihr Ende.

Selbst das hätte vielleicht nicht die berühmte »diplomatische Revolution«[183] ausgelöst, hätten da nicht noch zwei weitere Faktoren eine Rolle gespielt. Der erste war das wachsende Mißtrauen der Briten und Franzosen gegenüber Deutschland, dessen Ziele, obwohl unklar, ehrgeizig und gefährlich wirkten – besonders als Kanzler Bülow und sein kaiserlicher Herr Wilhelm II. das Herannahen eines »deutschen Jahrhunderts« ausriefen. Ab 1902 zwang die Hochseeflotte – die in Größe und Ausrichtung nahelegte, daß man bei ihrem

* Großbritannien sollte sich Japan gegenüber »wohlwollend neutral« verhalten, wenn letzteres gegen einen Feind kämpfte, mußte aber militärische Hilfe leisten, wenn es gegen mehr als einen Feind stand; Frankreichs Vereinbarung zur Unterstützung Rußlands hatte einen ähnlichen Wortlaut. Wenn London und Paris also nicht beide beschlossen, sich herauszuhalten, wäre ihre neue Freundschaft schnell ruiniert gewesen.

Bau hauptsächlich auf die Briten zielte – die britische Admiralität, sich Gegenmaßnahmen zu überlegen. Zusätzlich wurden die deutschen Ambitionen in Österreich-Ungarn von Paris mit Unruhe betrachtet, und die in Mesopotamien mißfielen den britischen Imperialisten. Beide Länder beobachteten mit zunehmendem Ärger Bülows diplomatische Bemühungen, nach Kräften einen Krieg in Fernost zu fördern und sie darin zu verwickeln – woraus Berlin den meisten Nutzen ziehen würde.[184]

Einen noch größeren Einfluß auf das europäische Machtgefüge und die Beziehungen der einzelnen Mächte hatten die beeindrukkenden japanischen See- und Landsiege während des russisch-japanischen Krieges, die mit den weitverbreiteten Unruhen in Rußland um 1905 einhergingen. Da Rußland unerwarteterweise für mehrere Jahre auf eine zweitrangige Position zurückfiel, neigte sich die militärische Waagschale entschieden zugunsten Berlins – was hieß, daß die Aussichten für Frankreich jetzt schlechter standen als im Jahre 1870. Wenn es für Deutschland je eine günstige Stunde gab, im Westen zuzuschlagen, dann wäre dies wahrscheinlich der Sommer des Jahres 1905 gewesen. Aber die Besorgnis des Kaisers über die sozialen Unruhen zu Hause, sein Wunsch, die Beziehungen zu Rußland zu verbessern, und das unsichere Gefühl gegenüber Großbritannien, das seine Schlachtschiffe aus China abzog und in heimischen Gewässern stationierte, sowie die Überlegungen in London, ob man den französischen Hilfsersuchen im Falle eines deutschen Angriffs nachkommen sollte, zeigten Wirkung. Statt Hals über Kopf in einen Krieg zu stürzen, bemühte sich Berlin um diplomatische Siege, zwang seinen Erzfeind, den französischen Außenminister Delcassé, zum Rücktritt und bestand auf einer internationalen Konferenz, um den französischen Ansprüchen in Marokko Einhalt zu gebieten. Aber das Ergebnis der Marokko-Konferenz in Algeciras, bei der die meisten Teilnehmer den französischen Anspruch auf eine Sonderstellung in Marokko unterstützten, war eine vernichtende Bestätigung dafür, wie sehr der diplomatische Einfluß Deutschlands seit Bismarcks Zeiten nachgelassen hatte, obwohl seine industrielle und militärische Macht gestiegen war.[185]

Die erste Marokkokrise verlagerte die internationalen Rivalitäten von Afrika zurück auf den europäischen Kontinent. Dieser Trend wurde bald durch drei weitere wichtige Ereignisse verstärkt. Das erste war die anglo-russische Entente über Persien, Tibet und Afghanistan aus dem Jahre 1907. Dies war an sich eine regionale Angelegenheit, aber sie hatte weiterreichende Auswirkungen, denn sie eliminierte nicht nur die asiatischen Streitigkeiten zwischen London und St. Petersburg, die alle Mächte im 19. Jahrhundert als gegeben hingenommen hatten, und erleichterte so die britische Verteidigung Indiens, sondern sie führte auch dazu, daß nervöse Deutsche davon zu sprechen begannen, in Europa »eingekreist« zu sein. Und während es immer noch viele Briten – besonders in der liberalen Regierung – gab, die sich *nicht* als Teil einer anti-deutschen Koalition sahen, wurde ihr Einfluß durch das zweite Ereignis geschwächt: dies war der hitzige englisch-deutsche »Flottenwettlauf« von 1908 bis 1909, der auf einen weiteren Anstieg des Schiffsbauprogramms von Tirpitz und auf die britischen Befürchtungen, daß die Royal Navy selbst in der Nordsee ihre Seeherrschaft verlieren könnte, folgte. Als den britischen Versuchen der nächsten drei Jahre, diesen Wettlauf zu reduzieren, die deutsche Forderung nach Neutralität Londons im Falle eines europäischen Krieges entgegengehalten wurde, zogen sich die mißtrauischen Briten zurück. Sie und die Franzosen hatten die Balkankrise der Jahre 1908 und 1909 nervös beobachtet, bei der die russische Empörung über Österreich-Ungarns formelle Annexion der Provinzen Bosnien-Herzegowina zu der deutschen Forderung führte, die Russen sollten diesen *fait accompli* akzeptieren oder die Konsequenzen tragen.[186] Geschwächt durch den Krieg gegen Japan, gaben die Russen nach. Aber dieser diplomatische Grobianismus führte in Rußland zu einer patriotischen Reaktion, höheren Verteidigungsausgaben und dem Entschluß, sich den Alliierten enger anzuschließen.

Obwohl sich einzelne Regierungen nach 1909 gelegentlich um eine *détente* bemühten, verstärkte sich daher die Tendenz zur »Erstarrung« der Blöcke. Die zweite Marokkokrise 1911, bei der die Briten entschlossen zugunsten Frankreichs und gegen Deutschland intervenierten, führte zu einer Woge patriotischer Gefühle in den beiden letztgenannten Ländern und zu einer enormen Verstärkung der Armeen, während Nationalisten schon offen vom kommenden Konflikt sprachen. Die Regierung in Großbritannien setzte sich nun mit ihren divergierenden Plänen der Kriegführung zu Lande und zur See für den Fall eines Eintritts in einen europäischen Krieg auseinander.[187] Ein Jahr später hatte das Scheitern der diplomatischen Mission des britischen Ministers Haldane in Berlin und der weitere Zuwachs der deutschen Flotte London dazu getrieben, im November des Jahres 1912 den Kompromiß der britisch-französischen Flottenvereinbarung einzugehen. Zu dieser Zeit wurde außerdem ein opportunistischer Angriff italienischer Truppen auf die Türkei von den Staaten der Balkanliga nachgeahmt, die das Osmanische Reich praktisch aus Europa vertrieben, um sich dann über die Kriegsbeute zu zerstreiten. Diese Wiederbelebung der jahrhundertealten »östlichen Frage« war das ernsteste Ereignis von allen, teils weil das leidenschaftliche Streben nach Vorteilen durch die rivalisierenden Balkanstaaten von den Großmächten nicht wirklich kontrolliert werden konnte und teils, weil diese Entwicklungen die Interessen von Großmächten zu berühren schienen: der Aufstieg Serbiens alarmierte Wien, die Aussicht eines verstärkten deutschen militärischen Einflusses auf die Türkei versetzte St. Petersburg in Angst und Schrecken. Als die Ermordung des Erzherzogs Ferdinand im Juni 1914 Österreich-Ungarn zu Aktionen gegen Serbien provozierte und dies russische Gegenreaktionen auslöste, entsprach das alles durchaus dem alten Klischee, daß ein Funke genügt, um das Pulverfaß zum Explodieren zu bringen. Der Tod des Erzherzogs war dieser Funke.[188]

Das Attentat im Juli 1914 ist eines der bekanntesten Beispiele der Geschichte für ein einzelnes Ereignis, das eine allgemeine Krise und dann einen Weltkrieg auslöste. Österreich-Ungarns Forderungen an Serbien, seine Zurückweisung der versöhnlichen serbischen Antwort und sein Angriff auf Belgrad führten dazu, daß die Russen mobil machten, um dem serbischen Alliierten zu Hilfe zu kommen. Aber das wiederum veranlaßte den preußischen Generalstab, auf eine sofortige Durchführung des Schlieffenplans zu drängen – das heißt einen Präventivschlag nach Westen gegen Belgien und Frankreich zu führen –, was bewirkte, daß nun auch die Briten ins Spiel kamen.

Während jede Großmacht in dieser Krise nach ihren nationalen Interessen handelte, wurde ihre Entscheidung, in den Krieg einzutreten, auch von ihren bestehenden Einsatzplänen beeinflußt. Seit 1909 waren die Deutschen Österreich-Ungarn nicht nur diplomatisch, sondern auch militärisch in einem Ausmaß verpflichtet, das Bismarck niemals beabsichtigt hatte. Außerdem umfaßte der deutsche Operationsplan jetzt einen sofortigen und massiven Angriff durch Belgien auf Frankreich, egal was der spezifische Grund für den Krieg war. Im Gegensatz dazu schwankten Wiens Militärplaner immer noch zwischen verschiedenen Fronten, aber die Neigung, Serbien den ersten Schlag zu versetzen, wuchs. Unterstützt von französischen Geldern verschrieb sich Rußland im Falle eines Krieges einer immer schnelleren Mobilisierung und einem Angriff nach Westen. Die Franzosen nahmen im Jahre 1911 mit noch weniger Grund den berühmten Plan XVII an, der einen elanvollen Vorstoß nach Elsaß-Lothringen vorsah. Und während es immer unwahrscheinlicher wurde, daß Italien an der Seite seiner Dreibundpartner kämpfen würde, war eine britische militärische Intervention in Europa im Falle eines deutschen Angriffs auf Belgien und Frankreich wahrscheinlicher geworden. Man braucht kaum zu sagen, daß in allen Generalstäben die Überzeugung vorherrschte, *Schnelligkeit* sei von essentieller Bedeutung. Sobald ein Zusammenprall wahrscheinlich wurde, war es also lebenswichtig, die eigenen Truppen zu mobilisieren und sie an und über die Grenzen zu schicken, bevor der Feind eine Chance hatte, dasselbe zu tun. Auch wenn dies besonders auf Berlin zutrifft, da sich die Armee dort verpflichtet hatte, erst einen vernichtenden Schlag im Westen zu führen, um dann nach Osten zurückzukehren und sich den langsameren Russen entgegenzustellen, herrschte die gleiche Denkart auch in anderen Ländern vor. Im Falle einer großen Krise hatten die Diplomaten nicht viel Zeit, bis die Militärstrategen das Ruder übernahmen.[189]

Der Punkt bei all diesen Kriegsplänen war nicht nur, daß sie rückblickend wie eine Reihe von Dominosteinen erscheinen, die alle nacheinander umfallen mußten, wenn der erste gefallen war. Bedeutend ist auch, daß ein Koalitionskrieg viel wahrscheinlicher war als beispielsweise 1859 oder 1870 und daß damit die Aussichten auf einen in die Länge gezogenen Konflikt viel größer waren – obwohl dies offensichtlich nur wenige Zeitgenossen erkannten. Die berüchtigte Fehlkalkulation, daß der im Juli-August 1914 begonnene Krieg

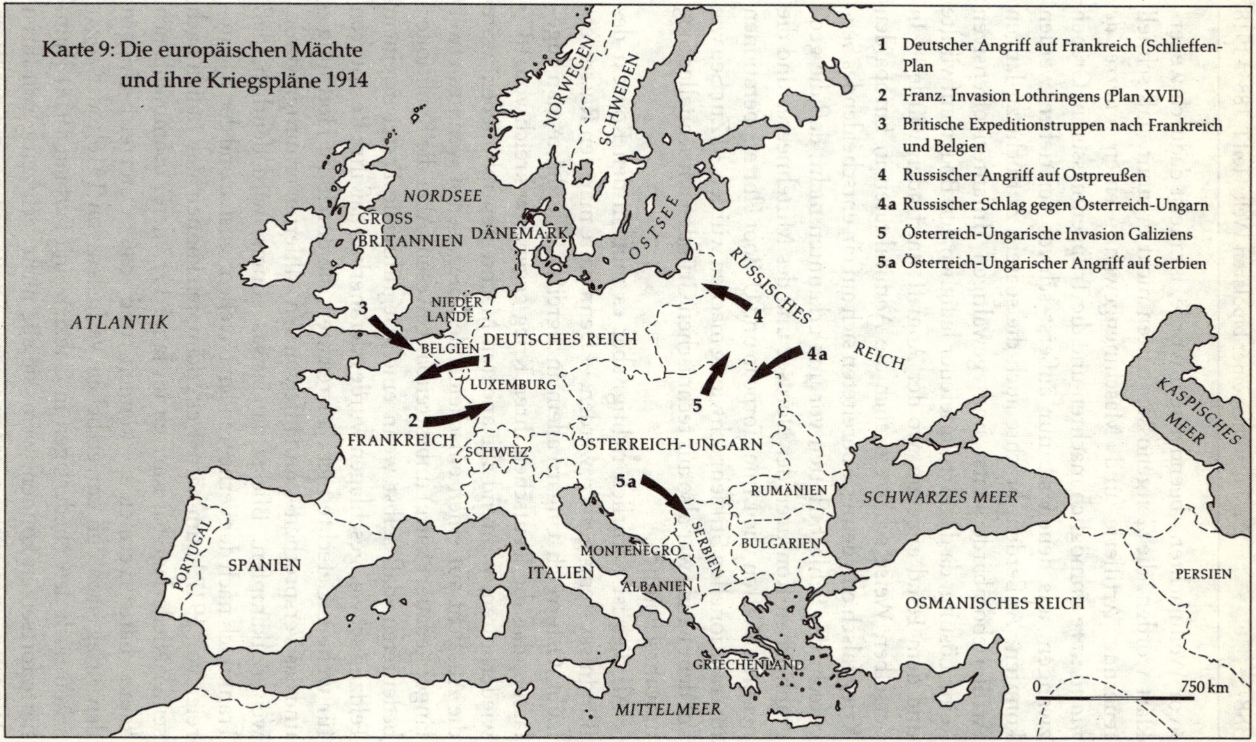
Karte 9: Die europäischen Mächte
und ihre Kriegspläne 1914
1 Deutscher Angriff auf Frankreich (Schlieffen-Plan
2 Franz. Invasion Lothringens (Plan XVII)
3 Britische Expeditionstruppen nach Frankreich und Belgien
4 Russischer Angriff auf Ostpreußen
4a Russischer Schlag gegen Österreich-Ungarn
5 Österreich-Ungarische Invasion Galiziens
5a Österreich-Ungarischer Angriff auf Serbien
ATLANTIK
NORDSEE
GROSS BRITANNIEN
NORWEGEN
SCHWEDEN
DÄNEMARK
OSTSEE
NIEDER LANDE
BELGIEN
DEUTSCHES REICH
LUXEMBURG
FRANKREICH
SCHWEIZ
RUSSISCHES REICH
ÖSTERREICH-UNGARN
RUMÄNIEN
SCHWARZES MEER
KASPISCHES MEER
SERBIEN
MONTENEGRO
ALBANIEN
BULGARIEN
ITALIEN
PORTUGAL
SPANIEN
GRIECHENLAND
OSMANISCHES REICH
PERSIEN
MITTELMEER
0
750 km

»vor Weihnachten« beendet sein würde, ist meist dadurch wegerklärt worden, die Zeitgenossen hätten nicht erkannt, daß schnell feuernde Artillerie und Maschinengewehre einen *guerre de manœuvre* unmöglich machten und die Truppenmassen in Gräben zwangen, aus denen sie nur äußerst schwer vertrieben werden konnten. Außerdem brachte auch die spätere Zuflucht zu langen Artilleriebombardements und gewaltigen Infanterieoffensiven keine Lösung, da das Artilleriefeuer lediglich den Boden aufwühlte und dem Feind anzeigte, wo der Angriff stattfinden würde.[190] In derselben Weise schätzten auch die Admiralitäten in Europa den Krieg falsch ein, denn sie bereiteten sich auf ein entscheidendes Seegefecht der Schlachtflotten vor und erkannten nicht, daß die geographischen Konturen der Nordsee und des Mittelmeeres und die neueren Waffen wie Mine, Torpedo und U-Boot Flottenoperationen im traditionellen Stil sehr schwierig machen würden.[191] Zur See wie auf dem Lande war also aus technischen Gründen ein schneller Sieg unwahrscheinlich.

All dies ist natürlich richtig, aber es muß in den Kontext des Bündnissystems gesetzt werden.[192] Denn hätte man den Russen erlaubt, Österreich-Ungarn allein anzugreifen, oder hätte man zugelassen, daß die Deutschen ihren Krieg gegen Frankreich von 1870 wiederholten, während alle anderen Mächte neutral blieben, wäre die Aussicht auf einen entscheidenden Sieg (selbst wenn es etwas länger gedauert hätte) unbestreitbar gewesen. Aber die Koalitionen bedeuteten, daß selbst wenn eine kriegführende Partei in einem Feldzug schwer geschlagen wurde oder merkte, daß ihre Ressourcen für weitere Gefechte nicht ausreichten, sie durch die Hoffnung – und das Versprechen – auf Hilfe von den Alliierten ermutigt wurde, weiterzukämpfen. Blickt man etwas voraus, wird deutlich, daß Frankreich nach der verheerenden Nivelleoffensive und den Meutereien von 1917 kaum hätte weiterkämpfen können, daß Italien nach seiner Niederlage bei Karfreit im Jahre 1917 den Zusammenbruch kaum hätte vermeiden können und daß Österreich-Ungarn den Krieg nach den entsetzlichen Verlusten von 1916 (oder sogar schon nach den Niederlagen in Galizien und Serbien 1914) kaum hätte fortsetzen können, wenn sie alle nicht rechtzeitig von ihren Alliierten unterstützt worden wären. Somit garantierte praktisch das Allianzsystem, daß der Krieg *nicht* schnell entschieden werden konnte, und das hieß wiederum, daß der Sieg in diesem langgezogenen Duell – wie in den großen Koalitionskriegen des 18. Jahrhunderts – an die Seite mit der besten Kombination militärischer *und* finanzieller, industrieller und technologischer Ressourcen fallen würde.

Der totale Krieg und die Machtverhältnisse zwischen 1914 und 1918

Bevor man den Ersten Weltkrieg im Hinblick auf die Großstrategie der beiden Koalitionen und die ihnen zur Verfügung stehenden militärischen und industriellen Ressourcen untersucht, scheint es sinnvoll, sich die Position der einzelnen großen Mächte im internationalen System von 1914 ins Gedächtnis zu rufen. Die Vereinigten Staaten standen abseits – selbst wenn ihre starken kommerziellen und finanziellen Bindungen an Großbritannien und Frankreich Wilsons Appell widersprachen, das Land möge »in Gedanke und Tat neutral«[193] bleiben. Japan legte die Vereinbarungen des englisch-japanischen Bündnisses großzügig aus, um die deutschen Besitzungen in China und im Pazifik an sich bringen zu können; weder diese Aktion noch seine Geleitschutzpflichten zur See in weiter entfernten Gebieten sollten entscheidend sein, aber für die Alliierten war es offensichtlich weit besser, wenn Japan freundlich statt feindlich gesinnt war. In Gegensatz dazu wählte Italien 1914 die Neutralität, und es wäre angesichts seiner militärischen und sozio-ökonomischen Fragilität klug gewesen, bei dieser Politik zu bleiben. Auch wenn seine Entscheidung von 1915, gegen die Mittelmächte in den Krieg einzutreten, für Österreich-Ungarn ein harter Schlag war, ist es schwer zu sagen, ob sie Großbritannien, Frankreich und Rußland jenen entscheidenden Nutzen brachte, den sich die alliierten Diplomaten davon versprochen hatten.[194] Es ist ähnlich schwer feststellbar, wer von der türkischen Entscheidung, im November 1914 auf Berlins Seite in den Krieg einzutreten, am meisten profitierte. Sicherlich blockierte die Türkei die Dardanellen und damit die russischen Getreideexporte und Waffenimporte; aber 1915 wäre es sowieso kompliziert gewesen, russisches Getreide *irgendwohin* zu transportieren, und es gab im Westen keine »überschüssigen« Waffen mehr. Auf der anderen Seite öffnete die türkische Entscheidung den Nahen Osten für französische und (besonders) britische imperiale Expansion – obwohl dies wiederum die Imperialisten in Indien und Whitehall von der vollen Konzentration auf die westliche Front ablenkte.[195]

Die wirklich kritischen Positionen waren daher die der »Großen Fünf« in Europa. In dieser Phase wäre es gekünstelt, Österreich-Ungarn als etwas von Deutschland vollkommen Separates zu behandeln, denn obwohl Wiens Ziele in vielen Fragen von denen Berlins abwichen, konnte es nur in engem Zusammenhang mit seinem Alliierten Krieg erklären oder Frieden schließen – und als quasiunabhängige Großmacht überleben.[196] Die österreichisch-deutsche Verbindung war militärisch machtvoll. Ihre Frontarmeen waren zwar wesentlich kleiner als die Frankreichs oder Rußlands, aber sie operierten effizienter und konnten von einer zunehmenden Zahl an Rekruten unterstützt werden. Wie man aus Tabelle 22 ersehen kann, war sie der russisch-französischen Allianz auch industriell und technologisch weit überlegen.

Die Lage Frankreichs und Rußlands war natürlich genau umgekehrt. Durch halb Europa voneinander getrennt, sollte es Frankreich und Rußland schwerfallen, ihre militärische Strategie zu koordinieren – falls dies überhaupt möglich war. Und während sie bei Kriegsausbruch einen großen Vorsprung an Truppenstärke zu genießen schienen, wurde dieser in Deutschland durch den geschickten Einsatz ausgebildeter Reservisten in den Kämpfen an der Front vermindert. Und dieser Vorsprung verringerte sich nach den unbesonnenen französisch-russischen Offensiven vom Herbst 1914 weiter. Da der Sieg nicht länger an den Schnellsten fiel, würde der Stärkste ihn erringen; und die industriellen Indices waren nicht ermutigend. Wären die Franzosen und die Russen in diesem langen, »totalen« Krieg gegen die Mittelmächte allein geblieben, hätte man sich ihren Sieg kaum vorstellen können.

Aber die deutsche Entscheidung, einen Präventivschlag durch Belgien gegen Frankreich zu führen, hatte den britischen Befürwortern einer Intervention die Oberhand gegeben.[197] Ob er nun aus traditionellen Gründen der Bewahrung der »balance of power« oder zur Verteidigung des »armen, kleinen Belgien« erfolgte, der britische Entschluß, Deutschland den Krieg zu erklären, war von entscheidender Bedeutung, obwohl die kleine Berufsarmee Großbritanniens das militärische Gleichgewicht nur am Rande beeinflussen konnte – zumindest bis sich die Streitkraft in eine Massenarmee von Wehrpflichtigen nach kontinentalen Maßstäben verwandelt hatte. Aber nun, da der Krieg länger als ein paar Monate dauern *würde*, waren Großbritanniens Stärken beachtlich. Seine Marine konnte die deutsche Flotte neutralisieren und die Mittelmächte blockieren – was letztere nicht in die Knie zwingen, aber ihnen den Zugang zu Nachschubquellen außerhalb des europäischen Kontinents versperren würde. Umgekehrt sicherte sie den Alliierten freien Zugang zu den Nachschubquellen (außer als dieser später durch den U-Boot-Krieg unterbrochen wurde); und es kam hinzu, daß Großbritannien eine wohlhabende Handelsnation mit ausgedehnten Verbindungen in der ganzen Welt und gewaltigen überseeischen Investitionen war, von denen zumindest einige kapitalisiert werden konnten, um Dollar-Käufe zu ermöglichen. Diplomatisch bedeuteten diese überseeischen Verbindungen, daß Großbritanniens Entscheidung zu intervenieren, Einfluß auf die japanischen Aktionen im Fernen Osten, Italiens Neutralitätserklärung (und späteren Wechsel) und die allgemein wohlwollende Haltung der Vereinigten Staaten hatte. Für direktere überseeische Unterstützung sorgten natürlich die selbstregierten Dominien und Indien, deren Truppen schnell in das deutsche Kolonialreich und gegen die Türkei vordrangen.

Zusätzlich konnten Großbritanniens immer noch gewaltige industrielle und finanzielle Ressourcen in Europa eingesetzt werden – sowohl durch Aufnahme von Darlehen und durch Munitionslieferungen an Frankreich, Belgien, Rußland und Italien, als auch dadurch, daß sie die große Armee versorgten und bezahlten, die unter dem Befehl Haigs an der westlichen Front eingesetzt werden sollte. Die wirtschaftlichen Indices in Tabelle 22 zeigen die machtpolitische Bedeutung der britischen Intervention.

Die materielle Überlegenheit der Alliierten war zwar signifikant, aber nicht erdrückend, und als Italien 1915 dazustieß, sollte sich die

Tabelle 22 Industrieller/technologischer Vergleich der Bündnisse von 1914 (den Tabellen 15–18 entnommen)

	Deutschland/ Österreich-Ungarn	Frankreich/ Rußland	+ Großbritannien	
Prozent der Welt-Industrieproduktion (1913)	19,2 %	14,3 %	+ 13,6 %	= 27,9 %
Energieverbrauch (1913), Mio. Tonnen Kohleäquivalent	236,4	116,8	+ 195,0	= 311,8
Stahlproduktion (1913) in Mio. Tonnen	20,2	9,4	+ 7,7	= 17,1
Gesamtes Industriepotential (GB im Jahr 1900 = 100)	178,4	133,9	+ 127,2	= 261,1

Waagschale auch nicht viel weiter zu ihren Gunsten neigen. Wenn jedoch der Sieg in einem langandauernden Krieg der Großmächte meistens an die Koalition mit der größten produktiven Basis fällt, dann stellte sich die offenkundige Frage, warum sich die Alliierten nach zwei oder drei Jahren des Kampfes noch immer nicht durchsetzen konnten – und 1917 sogar Gefahr liefen, zu verlieren –, und warum es ihnen lebenswichtig schien, die Amerikaner zum Kriegseintritt zu bewegen.

Zum Teil muß die Antwort lauten, daß die Bereiche, in denen die Alliierten stark waren, zu einem schnellen und entscheidenden Sieg über die Mittelmächte kaum beitragen konnten. Das deutsche Kolonialreich war 1914 wirtschaftlich (bis auf die Nauru-Phosphate) so unbedeutend, daß sein Verlust wenig bedeutete. Die Ausschaltung des deutschen Überseehandels verursachte sicherlich größeren Schaden – aber nicht in solchem Ausmaß, wie britische Anhänger des »Einflusses der Seemacht« glaubten –, denn die deutschen Exportgewerbe waren auf Kriegsproduktion umgestellt worden. Die Mittelmächte waren, solange sie ihr Transportsystem aufrechterhalten konnten, praktisch autark in der Nahrungsmittelversorgung, militärische Eroberungen (zum Beispiel der Erze in Luxemburg, des Getreides und Öls in Rumänien) glichen viele Rohmaterialverknappungen aus, und anderen Nachschub bezogen sie über neutrale Nachbarländer. Die Seeblockade zeigte nur Wirkung, wenn sie in Verbindung mit militärischem Druck auf alle Fronten angewandt wurde, und selbst dann wirkte sie sehr langsam. Und schließlich konnte die andere traditionelle Waffe des britischen Arsenals, die peripheren Operationen nach der Art des Spanienkrieges von 1808 bis 1814, nicht gegen die deutsche Küste eingesetzt werden, da die see- und landgestützten Verteidigungsanlagen zu gewaltig waren; und selbst als sie gegen schwächere Mächte – bei Gallipoli beispielsweise oder Saloniki – unternommen wurden, schwächten operationelle Fehler auf seiten der Alliierten und neuere Waffen (Minenfelder, schnell feuernde Küstenbatterien) auf seiten der Verteidigung den erhofften Effekt. Wie im Zweiten Weltkrieg zog jedes Suchen nach »Schwachstellen« der feindlichen Koalition alliierte Truppen von den Kämpfen in Frankreich ab.[198]

Dasselbe kann man über die gewaltige Überlegenheit der Alliierten zur See feststellen. Die Geographie der Nordsee und des Mittelmeers bedeuteten, daß die rückwärtigen Verbindungen der Alliierten gesichert waren, *ohne* daß sie die Schiffe des Feindes in Häfen aufspüren oder eine riskant enge Blockade entlang der Küsten durchsetzen mußten. Im Gegenteil, es war Aufgabe der deutschen und österreichisch-ungarischen Flotten, die anglo-französisch-italienischen Flotten herauszufordern, wenn sie die »Seeherrschaft« erringen wollten; denn wenn sie in ihren Häfen blieben, waren sie nutzlos. Aber natürlich hatte keine Marine der Mittelmächte die Absicht, ihre Flotte in einen selbstmörderischen Kampf gegen gewaltig überlegene Kräfte zu schicken. Daher waren die wenigen Zusammenstöße zufällige, strategisch unwichtige Begegnungen (zum Beispiel bei der Doggerbank und im Skagerrak), die lediglich bestätigten, daß die Alliierten die Seewege kontrollierten. Die Aussicht auf weitere Zusammenstöße wurde dadurch reduziert, daß die Kriegsschiffe von Minen, U-Booten, Aufklärungsflugzeugen oder Zeppelinen bedroht wurden. So hüteten sich die Kommandeure beider Seiten zunehmend davor, ihre Flotten hinauszuschicken, es sei denn, feindliche Schiffe näherten sich der eigenen Küste – ein höchst unwahrscheinlicher Fall. Angesichts dieser Schwäche in der

Überwasserkriegführung wandten sich die Mittelmächte allmählich U-BootAngriffen auf alliierte Handelsschiffe zu, was eine weitaus ernstere Bedrohung darstellte. Aber ein U-Boot-Krieg gegen den Handel war eine von Natur aus langsame, zermürbende Angelegenheit, deren wirklicher Erfolg nur daran gemessen werden konnte, wieviel Handelsschifftonnage man im Vergleich zu der Tonnage, die in alliierten Werften vom Stapel gelassen wurde, zerstören konnte – und diese Zahl mußte wiederum an der Zahl der verlorenen U-Boote relativiert werden. Auch diese Form des Krieges versprach keinen schnellen Sieg.[199]

Ein zweiter Grund dafür, daß ihre zahlenmäßige und industrielle Überlegenheit den Alliierten kaum half, lag in der Natur der militärischen Auseinandersetzung selbst. Wenn jede Seite Millionen von Soldaten hatte, die sich über Hunderte von Kilometern Gelände verteilten, war es schwierig (in Westeuropa unmöglich), einen einzigen, entscheidenden Sieg wie bei Jena oder Sadowa zu erringen. Selbst eine »große Offensive«, die methodisch geplant und monatelang vorbereitet werden mußte, löste sich meist in Hunderte kleiner Gefechtsfeldaktionen auf und wurde in der Regel von einem beinahe totalen Zusammenbruch der Verbindungen begleitet. Während sich die Front in bestimmten Abschnitten vor- und zurückbewegen mochte, hatten beide Seiten, da es kein Mittel gab, einen wirklichen Durchbruch zu erzielen, die Möglichkeit, genügend Reservisten, Nachschub an Granaten, Stacheldraht und Artillerie rechtzeitig an die Front zu führen und so den Vorteil des Angreifenden auszugleichen. Die längste Zeit des Krieges hindurch gelang es keiner Armee, eine Methode zu entwickeln, wie sie ihre eigenen Truppen durch die oft *sechs Kilometer tiefen* feindlichen Verteidigungsanlagen bringen konnte, ohne sie entweder vernichtendem Kreuzfeuer auszusetzen oder den Boden durch vorausgehendes Artilleriefeuer so aufzuwühlen, daß Vorstöße schwierig wurden. Selbst wenn die ersten feindlichen Stellungen bei einem gelegentlichen Überraschungsangriff überrannt worden waren, gab es keine spezielle Ausrüstung, um diesen Vorteil zu nutzen. Die Eisenbahnlinien lagen Kilometer zurück, die Kavallerie war zu verwundbar (und von Futternachschub abhängig), schwer beladene Infanteristen konnten keine großen Entfernungen zurücklegen, und die lebenswichtige Artillerie war durch ihren langen Troß der von Pferden gezogenen Nachschubwagen gehemmt.[200]

Zusätzlich zu diesem allgemeinen Problem, schnelle Siege auf dem Schlachtfeld zu erringen, war nicht zu leugnen, daß Deutschland zwei spezifischere Vorteile genoß. Der erste war, daß es durch seinen schwungvollen Vorstoß nach Frankreich und Belgien im August und September des Jahres 1914 die Hügelketten erobert hatte, von denen man die westliche Front überblicken konnte. Von dieser Zeit an und mit seltenen Ausnahmen wie in Verdun, blieb Deutschland im Westen in der Defensive. Dies zwang die anglo-französischen Armeen unter ungünstigen Bedingungen und mit Truppen anzugreifen, die, obwohl zahlenmäßig überlegen, den grundsätzlichen Nachteil der Offensive nicht ausgleichen konnten. Zweitens kompensierte der geographische Vorteil der deutschen Position mit seinen guten Verbindungen zwischen Ost und West bis zu einem gewissen Grad die »Einkreisung« durch die Alliierten, da sie Generälen wie Falkenhayn und Ludendorff erlaubten, Divisionen von einer Front zur anderen zu verlegen und einmal sogar innerhalb einer Woche eine ganze Armee quer durch Mitteleuropa zu transportieren.[201]

So verlegte der preußische Generalstab im Jahre 1914, noch während der Großteil der Armee im Westen angriff, nervös geworden zwei Korps zur Verstärkung der entblößten östlichen Front. Diese Aktion war für den Angriff im Westen, der sowieso logistisch nicht überzeugend erschien, keineswegs tödlich;[202] und sie half den Deutschen, der voreiligen russischen Offensive gegen Ostpreußen zu begegnen, indem sie ihre eigene Operation um die Masurischen Seen unternahmen. Als die blutigen Kämpfe bei Ypern im November 1914 Falkenhayn davon überzeugten, daß es aussichtslos war, auf einen schnellen Sieg im Westen zu hoffen, wurden weitere acht deutsche Divisionen an die östliche Front verlegt. Da die österreichisch-ungarischen Streitkräfte in ihrem Serbien-Feldzug eine demütigende Niederlage erlitten, und da der unrealistische französische Plan XVII des Jahres 1914 in Lothringen mit Verlusten von über 600000 Mann zum Erliegen gekommen war, schien es so, als könnte nur im offenen Gelände des russischen Polen und Galiziens ein Durchbruch erzielt werden – aber ob dies eine russische Wiederholung ihres Sieges über Österreich-Ungarn bei Lemberg oder eine deutsche Wiederholung der Schlacht bei Tannenberg oder bei den Masurischen Seen werden würde, war keineswegs ausgemacht. Während die englisch-französischen Armeen 1915 im Westen um jeden Fußbreit kämpfen mußten (die Franzosen verloren weitere 1,5 Millionen Mann und die Briten 300 000), bereiteten sich die Deutschen auf eine Serie ehrgeiziger Vorstöße entlang der östlichen Front vor, teils um die bedrohten Österreicher und Ungarn in den Karpaten zu retten, aber hauptsächlich, um die russische Armee im Feld zu zerschlagen. In der Tat war letztere immer noch so groß (und weiter im Anwachsen), daß es unmöglich schien, sie ganz zu vernichten. Aber gegen Ende des Jahres 1915 hatten die Russen von den taktisch und logistisch überlegenen Deutschen eine Serie vernichtender Schläge hinnehmen müssen und waren aus Litauen, Polen und Galizien vertrieben worden. Im Süden hatten sich deutsche Verstärkungen mit österreichischen Truppen und den opportunistischen Bulgaren vereint, um endlich Serbien zu überrennen. Nichts von dem, was die westlichen Alliierten 1915 versuchten – sei es der schlecht geführte Einsatz im Gallipoli-Feldzug, die fruchtlose Landung bei Saloniki oder der Eintritt Italiens in den Krieg –, war den Russen wirklich eine Hilfe oder schien den konsolidierten Block der Mittelmächte wirklich zu treffen.[203]

1916 bestätigte Falkenhayns unkluge Umkehr der deutschen Strategie – Einheiten nach Westen zu verlegen, um die Franzosen durch wiederholte Angriffe auf Verdun auszubluten – lediglich die Richtigkeit der älteren Politik. Während eine große Zahl deutscher Divisionen in der Verdun-Kampagne aufgerieben wurden, konnten die Russen unter General Brussilow im Juni 1916 ihre letzte große Offensive im Osten eröffnen. Sie trieben die desorganisierten Habsburger Armeen, denen der Zusammenbruch drohte, bis zu den Karpaten zurück. Ungefähr zur gleichen Zeit begann die britische Armee unter Haig ihre massive Offensive an der Somme und bedrängte monatelang die von den Deutschen gut verteidigten Hügelketten. Sobald diese beiden Operationen der Alliierten zu einem Abklingen der Verdun-Kämpfe geführt hatten (und Falkenhayn im August 1916 durch Hindenburg und Ludendorff ersetzt worden war), verbesserte sich die strategische Position der Deutschen. Ihre

Verluste an der Somme waren schwer, aber geringer als die Haigs; und das Umschalten auf eine defensive Haltung im Westen gab den Deutschen erneut die Möglichkeit, Truppen nach Osten zu verlegen. So konnte man die österreichisch-ungarischen Streitkräfte verstärken, Rumänien überrennen und später den Bulgaren im Süden helfen.[204]

Abgesehen von diesen deutschen Vorteilen der inneren Verbindungen, des effizienten Eisenbahnsystems und der guten Verteidigungspositionen gab es noch die damit verwandte Frage der *zeitlichen Planung*. Die größeren Ressourcen der Alliierten konnten 1914 nicht sofort für den Kampf um den Sieg mobilisiert werden. Die russische Armeeverwaltung konnte immer neue Wellen von Rekruten einziehen, um die Verluste auf den Schlachtfeldern auszugleichen, aber sie hatte weder die Waffen noch den Stab, um die Streitkraft über bestimmte Grenzen auszudehnen. Im Westen hatte Haigs Armee erst 1916 mehr als eine Million Mann, und selbst dann waren die Briten versucht, ihre Truppen für außereuropäische Kampagnen einzusetzen und damit den potentiellen Druck auf Deutschland zu verringern. Das bedeutete, daß Rußland und Frankreich in den ersten zwei Jahren des Konfliktes die Hauptlast des Kampfes mit der deutschen Militärmaschine trugen. Beide hatten äußerst tapfer gekämpft, aber zu Beginn des Jahres 1917 wurde die Anstrengung sehr deutlich; Verdun hatte die französische Armee an ihre Grenzen geführt, wie Nivelles unbesonnene Attacken 1917 zeigten; und obwohl die Brussilow-Offensive die Habsburger Armee als Kampftruppe praktisch zerstörte, hatte sie Deutschland selbst nicht geschadet, das russische Eisenbahnnetz, die Nahrungsmittelvorräte und die Staatsfinanzen noch mehr belastet und einen großen Teil der ausgebildeten russischen Truppen gekostet. Haigs frische Armeen glichen zwar die zunehmende Erschöpfung der Franzosen aus, aber sie bedeuteten noch lange keinen alliierten Sieg im Westen; und wenn sie wieder in Frontaloffensiven verschwendet wurden, konnte Deutschland immer noch in der Lage sein, Flandern zu halten und sich weiter umfassenden Aktionen im Osten zu widmen. Schließlich war Hilfe aus dem Süden nicht zu erwarten, wo die Italiener inzwischen verzweifelt nach Unterstützung riefen.

Beide Seiten brachten auch im finanziellen und industriellen Bereich immer größere Opfer – aber (zumindest bis 1917) ohne Ergebnis. In neuesten Studien wird mit Nachdruck darauf hingewiesen, wie schlagartig der Erste Weltkrieg die nationalen Wirtschaften elektrisierte, zum ersten Mal moderne Industrien in viele Gegenden brachte und zu gewaltigen Zunahmen des Rüstungsvolumens führte.[205] Bei genauerer Betrachtung ist dies allerdings keine Überraschung. Denn obwohl Liberale und andere über die Kosten des Wettrüstens vor 1914 klagten, wurde nur ein kleiner Teil (im Durchschnitt wenig mehr als vier Prozent) des Nationaleinkommens der Rüstung gewidmet. Als der »totale Krieg« dazu führte, daß diese Zahl auf 25 bis 33 Prozent stieg – das heißt, als die Kriegsregierungen entschieden das Kommando über die Industrie, die Arbeiterschaft und die Finanzen übernahmen –, war es unvermeidlich, daß das Produktionsvolumen der Rüstungsindustrie sprunghaft anstieg. Und da die Generäle *jeder* Armee sich im späten 1914 und im frühen 1915 bitter über den chronischen »Munitionsmangel« beklagten, war es auch unvermeidlich, daß Politiker, die fürchteten, den Erwartungen nicht gerecht zu werden, eine Allianz mit der Geschäfts- und der Arbeitswelt eingingen, um den dringend notwendigen Nachschub zu produzieren.[206] Da der moderne bürokratische Staat die Macht hatte, Anleihen auszugeben und Steuern zu erheben, waren die fiskalischen Hindernisse eines langandauernden Krieges, welche die Staaten im 18. Jahrhundert noch gelähmt hatten, verschwunden. So mußte nach einer kurzen Zeit der Anpassung an diese neuen Bedingungen die Waffenproduktion in allen Ländern unweigerlich ansteigen.

Es ist daher wichtig, sich zu fragen, in welchen Bereichen die Kriegswirtschaften der verschiedenen kämpfenden Länder Schwächen zeigten, denn es war höchst wahrscheinlich, daß diese zum Zusammenbruch führen würden, wenn nicht besser ausgestattete Alliierte zu Hilfe kamen. Den beiden schwächsten Großmächten Österreich-Ungarn und Italien wird hier wenig Raum geopfert, da ersteres, obwohl es sich im Laufe seiner ausgedehnten Feldzüge (besonders an der italienischen Front) bemerkenswert gut hielt, ohne die wiederholten deutschen Interventionen, die das Habsburger Reich immer mehr zu einem Vasallen Berlins machten, zusammengebrochen wäre.[207] Italien hingegen war bis zum Desaster von Karfreit nicht annähernd so sehr auf militärische Unterstützung angewiesen, aber es wurde immer abhängiger von den lebenswichtigen Nahrungsmittel-, Kohle- und Rohstofflieferungen der reicheren und mächtigeren Alliierten, von der Verschiffung durch die Briten und den 2,96 Milliarden Dollar Krediten, mit denen es Waffen und andere Güter bezahlen konnte.[208] Sein schließlicher »Sieg« im Jahre 1918 wie auch die Niederlage und schließliche Auflösung des Habsburger Reiches hingen im wesentlichen von Aktionen und Entscheidungen ab, die anderswo getroffen worden waren.

1917, so haben Historiker argumentiert,[209] machten Italien, Österreich-Ungarn und Rußland so etwas wie einen Wettlauf auf den Zusammenbruch zu. Daß er Rußland als erstes ereilte, lag zum großen Teil an zwei Problemen, die Rom und Wien erspart blieben; erstens war Rußland an der Hunderte von Kilometern langen Grenze den vernichtenden Angriffen der viel effizienteren deutschen Armee ausgesetzt. Das zweite Problem war, daß Rußland selbst im August 1914 und sicherlich nach dem Kriegseintritt der Türkei strategisch isoliert war und daher von seinen Alliierten nie genug militärische und wirtschaftliche Unterstützung erhalten konnte, um die gewaltigen Anstrengungen seiner Kriegsmaschinerie aufrechterhalten zu können. Als Rußland wie die anderen Kampfteilnehmer schon bald merkte, daß es seine Munitionsvorräte ungefähr zehnmal schneller aufbrauchte, als man vor dem Krieg geschätzt hatte, mußte es die Produktion im eigenen Lande massiv erhöhen – was sich als viel zuverlässiger herausstellte, als auf die stark verspäteten überseeischen Lieferungen zu warten, selbst wenn dadurch Ressourcen in die Taschen profitgieriger Moskauer Industrieller gelenkt wurden. Aber der beeindruckende Anstieg der russischen Waffenproduktion und in der Tat der ganzen industriellen und landwirtschaftlichen Produktion während der ersten zweieinhalb Kriegsjahre belastete das unzureichende Transportsystem, das kaum mit dem Transport von Truppen, Futter für die Kavallerie und so weiter fertig wurde. Munitionsvorräte häuften sich daher Kilometer von der Front entfernt; Nahrungsmittel konnten nicht in die Notgebiete, oft Städte, gebracht werden; alliierter Nachschub lag monatelang in den Häfen von Murmansk und Archangelsk. Diese Unzulänglichkeiten der Infrastruktur konnten von Rußlands kleiner und ineffizienter Bürokratie nicht überwunden werden, und die zänkische und gelähmte politische Führung war kaum eine Hilfe. Im Gegenteil, das zaristische Regime schaufelte sich durch seine rücksichtslos unausgeglichene Fiskalpolitik sein eigenes Grab. Nachdem der Staat den Alkoholhandel untersagt hatte (der ein Drittel der Staatseinnahmen brachte), große Verluste mit der Eisenbahn machte (seine andere große Einnahmequelle in Friedenszeiten) und – im Gegensatz zu Lloyd George – nicht bereit war, die besser Verdienenden höher zu versteuern, griff er darauf zurück, immer mehr Anleihen auszugeben und immer mehr Papiergeld zu drucken, um den Krieg zu finanzieren. Der Preisindex sprang von nominalen 100 im Juni 1914 auf 398 im Dezember 1916 und auf 702 im Juni 1917. Zu dieser Zeit löste die schreckliche Verbindung von unzureichender Nahrungsmittelversorgung und exzessiver Inflation einen Streik nach dem anderen aus.[210]

Die militärische Leistung Rußlands war, wie auch die industrielle Produktion, in den ersten zwei oder drei Jahren des Krieges respektabel – auch wenn sie den einfältigen Vorkriegsbildern der alles niedermachenden »russischen Dampfwalze« nicht entfernt entsprach. Seine Truppen kämpften wie üblich verbissen und zäh, erduldeten Härten und eine Disziplin, die im Westen unbekannt war; und errangen gegen Österreich-Ungarn vom Sieg bei Lemberg im September 1914 bis zu der brillant geführten Brussilow-Offensive einen Erfolg nach dem anderen. Ähnlich verliefen die Kämpfe im Kaukasus gegen die Türken. Gegen die besser ausgerüsteten und beweglicheren Deutschen sah die Sache allerdings ganz anders aus; aber selbst das muß in die richtige Perspektive gerückt werden, da die Verluste eines Feldzuges (beispielsweise Tannenberg/Masurische Seen im Jahre 1914 oder die Kämpfe in den Karpaten 1915) dadurch ausgeglichen wurden, daß man jedes Jahr neue Rekruten einzog, die dann auf die Operationen des nächsten Sommers vorbereitet wurden. Mit der Zeit litt natürlich die Qualität und Moral der Armee unter diesen hohen Verlusten – 250000 bei Tannenberg, eine Million in den Schlachten in den Karpaten im frühen 1915, weitere 400000, als Mackensen die zentralpolnische Frontausbuchtung angriff, ungefähr eine Million in den Kämpfen des Jahres 1916, die mit der Brussilow-Offensive begannen und mit dem Debakel in Rumänien endeten. Ende 1916 waren ungefähr 3,6 Millionen russische Soldaten gefallen, ernsthaft krank oder verwundet, und weitere 2,1 Millionen waren von den Mittelmächten gefangengenommen worden. Zu dieser Zeit hatte man sich entschieden, die Rekruten der zweiten Kategorie (Männer, welche die einzigen Ernährer ihrer Familien waren) einzuziehen, was nicht nur zu gewaltigen Bauernaufständen in den Dörfern führte, sondern der Armee Hunderttausende von bitter unzufriedenen Wehrpflichtigen einbrachte. Fast ebenso entscheidend waren die sinkenden Zahlen der ausgebildeten Unteroffiziere, der unzureichende Waffen-, Munitions- und Lebensmittelvorrat an der Front und das wachsende Unterlegenheitsgefühl gegenüber der deutschen Kriegsmaschine, die alle russischen Absichten vorauszuahnen schien*, deren Artillerie eine überwältigende Feuerkraft besaß und die sich schneller bewegte als irgendeine andere Armee. Anfang 1917 wirkten diesen wiederholten Niederlagen im Feld mit der Unruhe in den Städten und den Gerüchten über eine neue Landverteilung in den agrarischen Gebieten zusammen und führten zu weitverbreiteten Auflösungserscheinungen der Armee. Kerenskijs Offensive vom Juli 1917 – die wieder anfänglich gegen die Österreicher erfolgreich war und dann durch Mackensens Gegenangriff vernichtend beantwortet wurde – war der letzte Schlag. Die Armee, so schloß die *Stawka***, »ist lediglich ein riesiger, müder, schäbiger und schlecht genährter Haufen wütender Männer, vereinigt nur durch gemeinsamen Hunger nach Frieden und gemeinsame Enttäuschung«.[211] Unausweichlich stand Rußland nun die Niederlage und eine innere Revolution bevor, die weit ernster war als die von 1905.

Es ist sinnlos zu spekulieren, wie nahe Frankreich Mitte des Jahres 1917 einem ähnlichen Schicksal war, als nach Nivelles sinnloser Offensive Hunderttausende von Soldaten meuterten.[212] Unbestreitbar ist, daß die Franzosen, obwohl ihre Situation der russischen oberflächlich ähnelte, entscheidende Vorteile besaßen, die ihnen ein Weiterkämpfen ermöglichten. Der erste war das viel größere Maß

* Was nicht überraschend war, da die Russen unglaublich sorglos mit ihrem Funkverkehr umgingen.

** Der russische Oberbefehlshaber und sein Stab. A.d.Ü.

nationaler Einheit und nationaler Entschlossenheit, die deutschen Invasoren zum Rhein zurückzujagen – aber selbst diese Gefühle hätten sich wahrscheinlich verflüchtigt, wenn Frankreich alleine gekämpft hätte. Der zweite und wohl entscheidende Unterschied lag darin, daß die Franzosen im Gegensatz zu den Russen die Vorteile eines *Koalitionskrieges* nutzen konnten. Seit 1871 wußten sie, daß sie alleine nicht gegen die Deutschen bestehen konnten; der Erste Weltkrieg bestätigte lediglich diese Beurteilung. Damit soll der französische militärische und wirtschaftliche Beitrag zum Krieg nicht abgewertet, sondern lediglich im größeren Zusammenhang gesehen werden. Angesichts der Tatsache, daß 64 Prozent der Roheisenkapazität des Landes, 24 Prozent der Stahlkapazität und vierzig Prozent der Kohlekapazität schnell in deutsche Hände fielen, war die französische industrielle Wiederbelebung nach 1914 bemerkenswert (dies zeigt außerdem, was man mit dem nötigen politischen Engagement im 19. Jahrhundert hätte ausrichten können). Große und kleine Fabriken wurden in ganz Frankreich errichtet und beschäftigten Frauen, Kinder, Veteranen und sogar bereits zum Militärdienst eingezogene ausgebildete Arbeitskräfte, die aus den Stellungen an der Front zurückbeordert wurden. Technokratische Planer, Geschäftsleute und Gewerkschaften vereinigten sich in einer nationalen Anstrengung, soviel Munition, so viele schwere Kanonen, Flugzeuge, Lastwagen und Panzer wie möglich zu produzieren. Der daraus folgende Anstieg des Produktionsvolumens hat einem Historiker folgende Aussage entlockt: »Frankreich wurde, weit mehr als Großbritannien und Amerika, im Ersten Weltkrieg zum Arsenal der Demokratie.«[213]

Aber Frankreich hätte diese kopflastige Konzentration auf die Rüstungsproduktion – die Maschinengewehrherstellung erhöhte sich um das 170fache, die Gewehrproduktion um das 290fache – nicht erreicht, wenn es sich nicht auf britische und amerikanische Hilfe hätte stützen können. Diese kam in Form eines ständigen Stroms von importierter Kohle, Koks, Roheisen, Stahl und Werkzeugmaschinen, die für die neue Waffenindustrie so wichtig waren; in Form von anglo-amerikanischen Krediten von über 3,6 Milliarden Dollar, damit Frankreich seine Rohstoffimporte aus Übersee bezahlen konnte; in der Bereitstellung britischer Frachtschiffe, ohne die der gewaltige Güterverkehr nicht möglich gewesen wäre; und in Form von Lebensmittellieferungen. Diese zuletzt genannte Kategorie wirkt bei Frankreich überraschend, das in Friedenszeiten immer einen landwirtschaftlichen Überschuß erwirtschaftete, aber die Franzosen schadeten wie alle anderen kriegführenden Länder (außer Großbritannien) ihrer Landwirtschaft, indem sie zu viele Männer vom Land abzogen, die Pferde der Kavallerie oder den Versorgungseinheiten zuteilten und in Sprengstoffe und Artillerie statt in Düngemittel und landwirtschaftliche Maschinen investierten. 1917 war ein schlechtes Erntejahr, Lebensmittel waren knapp, die Preise stiegen bedrohlich, und der Getreidevorrat der Armee war auf eine Zweitagesration reduziert – eine potentiell revolutionäre Situation (besonders nach den Meutereien), die nur durch Noteinsätze britischer Schiffe, die amerikanisches Getreide brachten, abgewendet werden konnte.[214]

In ähnlicher Weise mußte sich Frankreich auf zunehmende britische und später amerikanische *militärische* Unterstützung an der westlichen Front verlassen. In den ersten zwei oder drei Jahren des Krieges trug es die Hauptlast der Kämpfe und mußte entsetzliche Verluste hinnehmen – über drei Millionen noch vor Nivelles Offensive des Jahres 1917; und da es nicht so große Reserven an unausgebildeten Männern besaß wie Deutschland, Rußland und das Britische Empire, war es weit schwerer, diese Verluste zu ersetzen. Bis 1916–1917 war Haigs Armee im Westen jedoch auf zwei Drittel der Größe der französischen Armee angewachsen und hielt ungefähr 130 Kilometer Front; und obwohl das britische Oberkommando unter allen Umständen in die Offensive gehen wollte, gibt es keinen Zweifel daran, daß die Somme-Kampagne half, den Druck auf Verdun zu verringern – genauso wie die Schlacht bei Paschendaele im Jahre 1917 die deutschen Energien vom französischen Teil der Front ablenkte, während Pétain verzweifelt versuchte, die Moral seiner Truppen nach den Meutereien wieder aufzurichten, und auf die neuen Lastwagen, Flugzeuge und schweren Artilleriegeschütze wartete, welche die Arbeit tun sollten, die massive Infanterieeinsätze offenkundig nicht leisten konnten. Schließlich konnte sich Frankreich in den gewaltigen hin- und herwogenden Schlachten auf der ganzen Länge der westlichen Front, die zwischen März und

August 1918 tobten, nicht nur auf britische, sondern auch auf eine zunehmende Zahl amerikanischer Divisionen stützen. Und als Foch im September 1918 seine letzte Gegenoffensive einleitete, konnte er die 197 ausgedünnten deutschen Divisionen mit 102 französischen, 60 britischen, 42 amerikanischen (von doppelter Größe) und 12 belgischen Divisionen angreifen.[215] Nur mit dieser *Verbindung* von Armeen konnten die enorm kampfstarken Deutschen endlich von französischem Boden vertrieben, konnte das Land befreit werden.

Als die Briten im August 1914 in den Krieg eintraten, dachten sie nicht im mindesten daran, daß auch sie eines Tages von einer anderen Großmacht abhängig sein würden, um den endgültigen Sieg zu erfechten. Soweit man dies aus den Vorkriegsplänen und Vorbereitungen ableiten kann, glaubten die Strategen, daß – während die Royal Navy deutsche Handelsschiffe (und vielleicht die Hochseeflotte) von den Ozeanen fegte, und während das deutsche Kolonialreich von den Truppen der Dominien und Britisch-Indiens schnell erobert wurde – eine kleine, aber lebenswichtige Expeditionstruppe über den Ärmelkanal entsandt werden mußte, um das Loch zwischen den französischen und den belgischen Armeen zu »stopfen«, um die deutsche Offensive zum Stehen zu bringen, bis die russische Dampfwalze und der französische Plan XVII weit auf deutsches Territorium vorgedrungen wären. Die Briten waren wie alle anderen Mächte nicht auf einen langen Krieg vorbereitet, obwohl sie gewisse Maßnahmen ergriffen hatten, um eine plötzliche Krise ihres empfindlichen internationalen Kredits und ihres Handelsnetzes zu vermeiden. Aber im Gegensatz zu den anderen waren sie auch nicht auf umfassende kontinentale Operationen vorbereitet.[216] Es war daher kaum überraschend, daß ein oder zwei Jahre intensiver Vorbereitung nötig waren, bevor eine Million britischer Truppen in Frankreich bereit standen, und daß der plötzliche gewaltige Regierungsbedarf für Gewehre, Artillerie, Maschinengewehre, Flugzeuge, Lastwagen und Munition unzählige Produktionsschwächen enthüllte, die nur langsam von Lloyd George, der das vom Kriegsministerium getrennte Munitionsressort[217] hielt, behoben werden konnten. Auch in Großbritannien kam es, wie aus Tabelle 23 hervorgeht, zu einem enormen Anstieg des Produktionsvolumens.

Tabelle 23 Britische Rüstungsproduktion 1914–1918[218]

	1914	1915	1916	1917	1918
Kanonen	91	3,390	4,314	5,137	8,039
Panzer	–	–	150	1,110	1,359
Flugzeuge	200	1,900	6,100	14,700	32,000
Maschinengewehre	300	6,100	33,500	79,700	120,900

Die britischen Verteidigungsausgaben stiegen von 91 Millionen Pfund im Jahre 1913 auf 1,956 Milliarden Pfund im Jahre 1918 und machten damit achtzig Prozent der gesamten Regierungsausgaben und 52 Prozent des Bruttosozialproduktes aus.[219]

Die genauen Details des Anstiegs der Zahl britischer Divisionen und jener aus dem Empire, der Luftwaffengeschwader und Batterien schwerer Artillerie interessieren dabei nicht so sehr wie die Schwächen, die der Erste Weltkrieg in der strategischen Position Großbritanniens bloßlegte. Die erste war, daß die Geographie und die zahlenmäßige Überlegenheit der »Grand Fleet« zwar bedeuteten, daß die Alliierten die Seeherrschaft im *Überwasserkonflikt* behielten, aber die Royal Navy ziemlich schlecht darauf vorbereitet war, einem unbeschränkten U-Boot-Krieg zu begegnen, wie ihn die Deutschen seit Anfang 1917 führten. Die zweite Schwäche lag darin, daß die Reihe relativ billiger strategischer Waffen (Blockade, koloniale Feldzüge, amphibische Operationen) gegen Feinde mit solch weitreichenden Ressourcen wie die Mittelmächte keine Wirkung zeigten und die alternative Strategie direkter militärischer Auseinandersetzungen mit der deutschen Armee auch keine Ergebnisse einzubringen schien – und entsetzlich viele Menschenleben kostete. Im November 1916, als die Schlacht an der Somme ihrem Ende zuging, waren die britischen Verluste auf über 400 000 Mann angewachsen. Obwohl damit die besten britischen Freiwilligen ausgelöscht wurden und die Politiker schockiert waren, konnte dieses unglaubliche Blutvergießen Haigs Vertrauen in den Sieg nicht erschüttern. Mitte 1917 plante er eine weitere Offensive von Ypern nordöstlich nach Passchendaele – ein schlammiger Alptraum, der weitere 300 000 Mann Verluste kostete und die Moral der britischen Armee in Frankreich tief erschütterte. Es war daher nur zu vorhersehbar, daß – wie sehr die Generäle Haig und Robertson auch protestieren mochten – Lloyd George und das imperialistisch gesinnte Kriegskabinett versucht waren, immer mehr britische Divisionen in den Nahen Osten zu entsenden, wo substantielle territoriale Gewinne winkten und die Verluste geringer waren als bei den Sturmangriffen auf fast uneinnehmbare deutsche Grabenstellungen.[220]

Schon vor Passchendaele hatte Großbritannien (trotz dieser imperialen Feldzüge) die Führungsrolle im Kampf gegen Deutschland übernommen. Frankreich und Rußland mochten immer noch größere Armeen im Feld haben, aber sie waren durch Nivelles kostspielige Angriffe und durch den deutschen Gegenschlag gegen die Brussilow-Offensive erschöpft. Diese Führungsrolle trat auf wirtschaftlicher Ebene noch deutlicher hervor, da Großbritannien als Bankier und Vermittler auf den Kreditmärkten der Welt fungierte. Es beanspruchte nicht nur Gelder für sich selbst, sondern garantierte auch für das Kapital, das Rußland, Italien und Frankreich aufnahmen – denn keiner der Alliierten konnte aus seinen eigenen Goldreserven oder ausländischen Investitionen genügend Geld aufbringen, um die gewaltige Welle importierter Rüstungsgüter und Rohmaterialien aus Übersee zu bezahlen. Bis zum 1. April 1917 waren die interalliierten Kriegskredite auf 4,3 Milliarden Dollar gestiegen, von denen 88 Prozent von der britischen Regierung gedeckt wurden. Obwohl dies wie eine Wiederholung der britischen Rolle als »Bankier der Koalition« im 18. Jahrhundert aussah, gab es jetzt einen entscheidenden Unterschied: die schiere Größe des Handelsdefizits mit den Vereinigten Staaten, die den Alliierten (wegen der Seeblokkade jedoch nicht den Mittelmächten) Waffen, Munition und Nahrungsmittel im Wert von Milliarden Dollar lieferten, aber im Gegenzug wenig Güter brauchten. Weder der Goldtransfer noch der Verkauf gewaltiger Mengen an Dollarwertpapieren konnten diese Lücke schließen; das Kunststück konnte nur vollbracht werden, indem man an den Geldmärkten New Yorks und Chicagos Kredite aufnahm, um die amerikanischen Rüstungslieferanten in Dollar bezahlen zu können. Dies bedeutete wiederum, daß die Alliierten immer mehr von der finanziellen Hilfe der Vereinigten Staaten abhängig wurden, um ihre Kriegsanstrengungen aufrechtzuerhalten. Im Oktober 1916 warnte der britische Finanzminister, daß »im nächsten Juni oder früher der Präsident der amerikanischen Republik in der Lage sein wird, uns seine Bedingungen zu diktieren, so er dies wünscht«.[221] Dies war für »unabhängige« Großmächte eine alarmierende Lage.

Aber wie stand es um Deutschland? Seine Leistung in diesem Krieg war überwältigend gewesen. Professor Northedge drückte es so aus: »Ohne beträchtliche Unterstützung von seinen Alliierten hielt es den Rest der Welt in Schach, hatte Rußland geschlagen, hatte Frankreich – mehr als zwei Jahrhunderte lang der militärische Koloß Europas – soweit getrieben, daß es am Ende seiner Kräfte angelangt war, und hätte Großbritannien 1917 um ein Haar durch Aushungern zur Kapitulation gezwungen.«[222] Zum Teil kann diese Leistung auf die oben genannten Vorteile zurückgeführt werden: gute innere Verbindungen, leicht zu verteidigende Stellungen im Westen und offener Raum für die mobile Kriegführung gegen die weniger effizienten Feinde im Osten. Der Erfolg war aber auch auf die enorme Kampfqualität der deutschen Truppen zurückzuführen, die von einer Reihe intelligenter, scharfsinniger Stabsoffiziere geführt wurden, die sich den neuen Kampfbedingungen schneller anpaßten als die Offiziere irgendeiner anderen Armee und die bis 1916 die Taktik der defensiven und der offensiven Kriegführung neu durchdacht hatten.[223]

Schließlich konnte der deutsche Staat bei der Führung des »totalen Krieges« auf eine große Bevölkerung und eine massive industrielle Basis zurückgreifen. In der Tat mobilisierte er mehr Männer als Rußland – 13,25 Millionen gegenüber 13 Millionen –, was angesichts der jeweiligen Gesamtbevölkerung eine respektable Leistung war. Während des ganzen Krieges standen immer mehr deutsche als russische Divisionen im Feld. Seine Waffen- und Munitionsproduktion stieg unter den wachsamen Augen des Oberkommandos und solch intelligenter Unternehmer wie Walther Rathenau, die Kartelle schufen, um den Nachschub zu organisieren und Engpässe zu vermeiden, in enorme Höhen. Erfindungsreiche Chemiker schufen für die Rohstoffe, die durch die britische Seeblockade abgeschnitten wurden (zum Beispiel chilenische Nitrate), Ersatz. Man beutete die Erz- und Kohlelager der besetzten Territorien Luxemburgs und Nordfrankreichs aus. Belgische Arbeiter wurden in deutschen Fabriken eingesetzt, und in Rumänien wurden nach der Invasion von 1916 systematisch Weizen und Öl beschlagnahmt. Wie Napoleon und später Hitler versuchte die deutsche militärische Führung zu erreichen, daß sich Eroberungen auszahlten.[224] In der ersten Hälfte des Jahres 1917, als Rußland zusammenbrach, Frankreich erschlaffte und Großbritannien unter der »Gegenblockade« der deutschen U-Boote litt, schien Deutschland dem Sieg nahe zu sein. Trotz aller Rhetorik vom »Kampf bis zum bitteren Ende« sollten Staatsmänner in London und Paris in den nächsten zwölf Monaten die Möglichkeit eines Kompromißfriedens immer wieder überdenken – bis die Wende kam.[225]

Hinter dieser Fassade deutscher militärisch-industrieller Macht lauerten jedoch beträchtliche Probleme. Diese waren bis zum Sommer des Jahres 1916 – das heißt solange die deutsche Armee im Westen in der Defensive blieb und im Osten große Erfolge errang – nicht allzu offensichtlich. Aber die Kämpfe von Verdun und die Schlachten an der Somme waren von einer neuen Dimension, sowohl in der eingesetzten Feuerkraft als auch was die Verluste anging. An der westlichen Front stiegen sie von 850000 im Jahre 1915 sprunghaft auf beinahe 1,2 Millionen im Jahre 1916. Die Somme-Offensive beeindruckte die Deutschen besonders, da sie zeigte, daß die Briten endlich ihre nationalen Ressourcen umfassend für einen Sieg auf dem Schlachtfeld einsetzten; und sie führte zu dem sogenannten Hindenburgprogramm vom August 1916, das eine gewaltige Expansion der Rüstungsproduktion und eine viel strengere Kontrolle über die deutsche Wirtschaft und Gesellschaft proklamierte, um den Anforderungen des totalen Krieges gerecht zu werden. Diese Kombination eines autoritären Regimes, das die Bevölkerung auf allen Gebieten streng kontrollierte, mit dem starken Anstieg der staatlichen Kreditaufnahme und der Ausgabe von Papiergeld (statt die Einkommensteuer und die Steuer auf Dividenden zu erhöhen) – was zu hoher Inflation führte – versetzte der Kampfmoral des Volkes einen schweren Schlag. Und die Moral war ein Bestandteil der Großstrategie, die Ludendorff viel schlechter verstand als zum Beispiel Politiker wie Lloyd George oder Clemenceau.

Das Hindenburgprogramm war selbst als wirtschaftliche Maßnahme problematisch. Die Ankündigung phantastischer Produktionsziele – die Sprengstoffproduktion sollte verdoppelt, die Maschinengewehrherstellung verdreifacht werden – führte zu allen möglichen Engpässen in der deutschen Industrie, als sie sich bemühte, diese Forderungen zu erfüllen. Man benötigte nicht nur viele zusätzliche Arbeiter, sondern auch massive Investitionen in die Infrastruktur, von neuen Hochöfen bis zu Brücken über den Rhein, die noch mehr Arbeitskräfte und Ressourcen kosteten. Innerhalb kürzester Zeit wurde deutlich, daß man das Programm nur erfüllen konnte, wenn geschulte Arbeitskräfte aus dem Militärdienst zurückbeordert wurden. So entließ man im September 1916 1,2 Millionen und im Juli 1917 weitere 1,9 Millionen Soldaten. Angesichts der ernsthaften Verluste an der westlichen Front und den immer noch beträchtlichen Verlusten im Osten bedeuteten solche Freistellungen, daß selbst Deutschlands großes Reservoir an tauglichen Männern bald ausgeschöpft war. Obwohl Passchendaele als Katastrophe für die britische Armee galt, war es auch für Ludendorff, der 400 000 Soldaten durch Tod oder Verwundung verlor, ein Desaster. Ab Dezember des Jahres 1917 lag die Truppenstärke der deutschen Armee ständig unter dem sechs Monate zuvor gehaltenen Höchststand von 5,38 Millionen Mann.[226]

Schließlich litt Hindenburgs Programm unter seiner chronischen Mißachtung der Landwirtschaft. In Deutschland wurden noch mehr Männer, Pferde und Treibstoffe vom Land abgezogen und für die Armee und die Rüstungsindustrie eingesetzt als in Frankreich oder Rußland – ein unsinniges Mißverhältnis, da Deutschland (im Gegensatz zu Frankreich) solche Planungsfehler nicht durch Lebensmittelimporte aus Übersee ausgleichen konnte. Während die landwirtschaftliche Produktion in Deutschland schlagartig sank, schossen die Lebensmittelpreise in die Höhe, und überall klagten die Menschen über die Nahrungsmängel. Die strenge Beurteilung eines Historikers lautet: »Durch einseitige Konzentration auf die Rüstungsproduktion brachten die Militärverwalter der deutschen Wirtschaft das Land Ende 1918 an den Rand des Verhungerns.«[227]

Aber diese Zeit lag Anfang 1917 noch in weiter Ferne. Jetzt spürten vor allem die Alliierten die volle Wucht des Krieges. In Rußland brach das Chaos aus, und auch Frankreich und Italien schienen von diesem Schicksal nicht weit entfernt. In diesen großstrategischen

Kontext – jede Seite war vom Krieg erschöpft, aber Deutschland hatte insgesamt immer noch militärische Vorteile – muß man die ungeschickte Politik des Oberkommandos gegenüber den Vereinigten Staaten in den ersten Monaten des Jahres 1917 stellen. Es war kein Geheimnis, daß der amerikanische Staat der alliierten Seite schon zuvor zuneigte; trotz gelegentlicher Streitereien um die Seeblockade führte die allgemeine ideologische Sympathie für die alliierten Demokratien und die zunehmende Abhängigkeit amerikanischer Exporteure vom westeuropäischen Markt dazu, daß Washington Deutschland nicht mehr vollständig neutral gegenüberstand. Aber die Ankündigung des unbeschränkten U-Boot-Krieges gegen die Handelsschiffahrt und die Enthüllung des geheimen deutschen Allianzangebotes an Mexiko (in der »Zimmermanndepesche«) veranlaßte Wilson und den Kongreß, in den Krieg einzutreten.[228]

Der amerikanische Kriegseintritt blieb zumindest in den ersten zwölf bis fünfzehn Monaten nach dem April 1917 ohne militärische Bedeutung, da die US-Armee noch weniger auf einen modernen Krieg vorbereitet war als irgendeine europäische Streitkraft im Jahre 1914. Aber die produktive Stärke des Landes, angekurbelt durch die Milliardenaufträge der Alliierten, war unübertroffen. Sein Industriepotential und sein Anteil an der Weltindustrieproduktion waren zweieinhalbmal so groß wie das der überanstrengten deutschen Wirtschaft. Die Vereinigten Staaten konnten Hunderte von Handelsschiffen vom Stapel lassen – eine lebenswichtige Notwendigkeit in einem Jahr, als U-Boote monatlich über 500000 Tonnen britischer und alliierter Schiffe versenkten. Sie konnten in der erstaunlichen Zeit von drei Monaten Zerstörer bauen. Sie produzierten die Hälfte der Lebensmittelexporte der Welt, die nun sowohl nach Frankreich und Italien als auch auf den traditionellen britischen Markt geschickt werden konnten.

Die Gewichte der wirtschaftlichen Macht verlagerten sich also durch den Kriegseintritt der Vereinigten Staaten beträchtlich, und gleichzeitig wurde damit der Zusammenbruch Rußlands mehr als ausgeglichen. Wie die Tabelle 24 (die mit Tabelle 22 auf Seite 392 verglichen werden sollte) zeigt, waren die produktiven Ressourcen, die jetzt gegen die Mittelmächte standen, gewaltig.

Tabelle 24 Industrieller/technologischer Vergleich (mit den Vereinigten Staaten, aber ohne Rußland)

	GB/USA/ Frankreich	Deutschland/ Österreich-Ungarn
Prozent der Welt-Industrieproduktion (1913)	51,7	19,2
Energieverbrauch (1913), Mio. Tonnen Kohleäquivalent	798,8	236,4
Stahlproduktion (1913) in Mio. Tonnen	44,1	20,2
Gesamtes Industriepotential (GB im Jahr 1900 = 100)	472,6	178,4

Da es einen »Verzögerungseffekt« gab, bis dieses wirtschaftliche Potential in militärische Effektivität umgewandelt werden konnte, waren die sofortigen Konsequenzen des amerikanischen Kriegseintritts gemischt. Die Vereinigten Staaten konnten in der kurzen zur Verfügung stehenden Zeit nicht die nötigen Mengen eigener Panzer, Artilleriegeschütze und Flugzeuge produzieren (und in der Tat mußten sie sich von Frankreich und Großbritannien solche schweren Waffen leihen); aber sie konnten auch weiterhin die Handfeuerwaffen und die Munition, von denen London, Paris und Rom so abhängig waren, liefern. Und sie konnten von den Bankiers die privaten Kreditarrangements übernehmen und sie in Regierungskredite umwandeln. Auf längere Sicht entwickelte sich die US-Armee jedoch zu einer millionenstarken Truppe frischer, zuversichtlicher, gutausgerüsteter Soldaten, die man in die europäische Waagschale werfen konnte.[229] In der Zwischenzeit mußten sich die Briten ihren Weg durch den Passchendaele-Schlamm bahnen, die russische Armee hatte sich aufgelöst, die deutschen Verstärkungen hatten es den Mittelmächten erlaubt, den Italienern bei Karfreit einen vernichtenden Schlag zuzufügen, und Ludendorff zog einige seiner Kräfte aus dem Osten ab, um einen letzten Schlag gegen die geschwächten anglo-französischen Linien zu führen. Im Nahen Osten machten die Briten zwar gegen die Türken Gewinne, aber die Einnahme Jerusalems und Damaskus' wäre ein schlechter Ausgleich für den Verlust Frankreichs, falls den Deutschen endlich im Westen das gelang, was sie überall sonst bewerkstelligt hatten.

Aus diesem Grund sahen die Befehlshaber aller kriegführenden Länder die Kämpfe des Jahres 1918 als kriegsentscheidend an. Obwohl Deutschland mehr als eine Million Soldaten zurücklassen mußte, um sein neues großes Reich im Osten, das die Bolschewiken im Frieden von Brest-Litowsk (März 1918) endlich anerkannt hatten, zu besetzen, hatte Ludendorff seit dem frühen November 1917 monatlich zehn Divisionen nach Westen verlegt. Als die deutsche Kriegsmaschine Ende März 1918 zum großen Schlag ausholte, war sie den anglo-französischen Streitkräften um beinahe dreißig Divisionen überlegen, und viele Einheiten waren von Bruchmüller und anderen Stabsoffizieren in die neuen Techniken des überraschenden »Sturmtruppenangriffs« eingeführt worden. Wenn es ihnen gelungen wäre, die alliierten Linien zu durchbrechen und nach Paris oder zum Ärmelkanal vorzustoßen, wäre dies die größte militärische Leistung des Krieges gewesen. Aber die Risiken waren gewaltig, denn Ludendorff mobilisierte die gesamten verbliebenen Ressourcen Deutschlands für diese eine Kampagne; das Motto lautete »Alles oder Nichts«, ein Pokerspiel von epischen Dimensionen. Hinter den Kulissen schwächte sich die deutsche Wirtschaft bedrohlich ab. Das Produktionsvolumen betrug nur noch 57 Prozent des Niveaus von 1913. Die Landwirtschaft wurde schlimmer vernachlässigt als je zuvor, und schlechtes Wetter beeinträchtigte die Ernten. Der weitere Anstieg der Lebensmittelpreise verstärkte die Unzufriedenheit im Inneren. Die überlastete Eisenbahn war nicht in der Lage, auch nur annähernd die geplante Menge an Rohstoffen aus den östlichen Gebieten heranzuschaffen. Von den 192 Divisionen, die Ludendorff im Westen stationiert hatte, wurden 56 als »Angriffsarmeen« etikettiert – eine Art Vorwand dafür, daß sie den Löwenanteil des schwindenden Nachschubs an Ausrüstung und Munition erhalten sollten.[230] Es war ein Hasardspiel, von dem das Oberkommando glaubte, es müsse glücken. Aber falls der Angriff fehlschlagen sollte, wären die deutschen Ressourcen erschöpft – und das zu einer Zeit, da die Amerikaner endlich in der Lage waren, monatlich 300000 Soldaten nach Frankreich zu bringen, und der unbeschränkte U-Boot-Krieg von den alliierten Konvois fast vollständig unterdrückt worden war.

Ludendorffs Anfangserfolge – er vernichtete die zahlenmäßig

unterlegene britische Fünfte Armee, trieb einen Keil zwischen die französischen und die britischen Truppen und kam Anfang Juni 1918 bis auf fünfzig Kilometer an Paris heran – erschreckten die Alliierten und veranlaßten sie, Foch den Oberbefehl über alle Truppen der westlichen Front zu geben, hektisch Verstärkungen aus England, Italien und dem Nahen Osten zu schicken und sich wieder einmal (insgeheim) über einen Kompromißfrieden Gedanken zu machen. Es stellte sich indessen bald heraus, daß sich die Deutschen überdehnt hatten und unter den üblichen Folgen jedes Wechsels von der Defensive zur Offensive litten. Bei ihren ersten beiden Schlägen gegen den britischen Sektor hatten sie beispielsweise 240000 britische und 92000 französische Verluste verursacht, aber ihre eigenen waren auf 348000 Mann gestiegen. Bis zum Juli »hatten die Deutschen über 973000 Mann verloren, und über eine Million waren als krank gemeldet. Im Oktober standen nur noch 2,5 Millionen Mann im Westen, und die Rekrutierungslage war verzweifelt.«[231] Von Mitte Juli an waren die Alliierten nicht nur in Mannschaftstärke, sondern mehr noch bei Artillerie, Panzern und Flugzeugen überlegen. So konnte Foch einen ganze Reihe von Offensiven durch Armeen des Britischen Empire, Amerikas und Frankreichs einleiten, die den geschwächten deutschen Truppen keine Ruhe mehr ließen. Gleichzeitig zeigten sich die militärische Überlegenheit und das größere Durchhaltevermögen der Alliierten in beeindruckenden Siegen in Syrien, Bulgarien und Italien. Im September und Oktober des Jahres 1918 schien es einem in Panik verfallenden Ludendorff, als bräche der ganze von Deutschland angeführte Block zusammen. Innere Unzufriedenheit und Aufstände wirkten nun mit den Niederlagen an der Front zusammen und führten zu Kapitulation, Chaos und politischem Aufruhr.[232] Nicht nur der deutsche Griff nach der Vorherrschaft in Europa war gescheitert, auch die Alte Ordnung Europas war zerstört.

Angesichts der entsetzlichen individuellen Verluste, des Leidens und der Zerstörung sowohl auf den Schlachtfeldern als auch an der Heimatfront,[233] angesichts dieses »Selbstmordes« europäischer Zivilisation[234], mag es grob materialistisch scheinen, an dieser Stelle eine weitere Statistik aufzuführen (Tabelle 25). Die Zahlen belegen indessen das oben Gesagte: Die Vorteile der Mittelmächte – gute

Tabelle 25 Kriegsausgaben und gesamte mobilisierte Truppen 1914–1919[235]

	Kriegsausgaben Preis von 1913 (Milliarden $)	Gesamte mobilisierte Truppen (Mio.)
Britisches Empire	23,0	9,5
Frankreich	9,3	8,2
Rußland	5,4	13,0
Italien	3,2	5,6
Vereinigte Staaten	17,1	3,8
Andere Alliierte*	– 0,3	2,6
Summe Alliierte	57,7	40,7
Deutschland	19,9	13,25
Österreich-Ungarn	4,7	9,00
Bulgarien, Türkei	0,1	2,85
Summe Mittelmächte	24,7	25,10

* Belgien, Rumänien, Portugal, Griechenland, Serbien

innere Verbindungen, die Qualität der deutschen Armee, die Besetzung und Ausbeutung vieler Territorien, die Isolation und die Niederlage Rußlands – konnten auf lange Sicht die massive Unterlegenheit an ökonomischer Kraft und die beträchtlich kleinere Gesamtzahl der mobilisierten Truppe nicht ausgleichen. Ebenso wie Ludendorffs Verzweiflung darüber, daß ihm im Juli 1918 die tauglichen Soldaten ausgingen, die Unausgewogenheit der Truppenstärke widerspiegelte, war die Verblüffung des durchschnittlichen Frontsoldaten darüber, wie gut die alliierten Einheiten, die im Frühjahr dieses Jahres von den Deutschen überrannt wurden, versorgt waren, ein Zeichen für die Unausgewogenheit der Produktion.[236]

Obwohl es falsch wäre zu behaupten, der Ausgang des Ersten Weltkrieges sei vorbestimmt gewesen, legen die hier dargestellten Fakten nahe, daß der generelle Ablauf des Konfliktes – die frühe Pattsituation, die Ineffektivität des italienischen Kriegseintritts, die langsame Erschöpfung Rußlands, die entscheidende Wirkung der amerikanischen Intervention und der schließliche Zusammenbruch der Mittelmächte – in enger Korrelation mit der den Bündnissen in verschiedenen Phasen des Konfliktes zur Verfügung stehenden wirtschaftlichen und industriellen Produktivität und der effektiv mobilisierbaren Truppenstärke stand. Sicherlich mußten Generäle immer noch ihre Feldzüge leiten (oder *fehl*leiten), Truppen mußten immer noch den individuellen Mut aufbringen, um eine feindliche Position anzugreifen, und Matrosen mußten immer noch die Härte des Seekrieges erdulden; aber die Quellen zeigen, daß es solche Qualitäten und Talente auf beiden Seiten gab und daß keine der Koalitionen ein entscheidend größeres Maß davon besaß. Aber was eine Seite, besonders nach 1917, in der Tat besaß, war eine markante Überlegenheit der produktiven Kräfte. Wie in früheren langgezogenen Koalitionskriegen stellte sich dieser Faktor schließlich als entscheidend heraus.

6 Das Entstehen einer bipolaren Welt und die Krise der »Mittelmächte«: Teil II, 1919–1942

Die internationale Ordnung der Nachkriegszeit

Die Staatsmänner der größeren und kleineren Mächte, die sich zu Beginn des Jahres 1919 in Paris versammelten, um einen Frieden auszuhandeln, sahen sich einer Reihe von Problemen konfrontiert, die sowohl umfassender als auch schwerer zu handhaben waren als diejenigen, denen ihre Vorgänger in den Jahren 1856, 1814–1815 und 1763 gegenübergestanden hatten. Während viele Punkte der Tagesordnung geklärt und in den Friedensvertrag von Versailles (28. Juni 1919) aufgenommen werden konnten, blieb die wirre Situation in Osteuropa bestehen. Denn rivalisierende ethnische Gruppen drängten darauf, »Nachfolgestaaten« zu errichten, und der Bürgerkrieg und die Interventionen in Rußland sowie die nationalistische Reaktion der Türken gegen die vom Westen vorgesehene Teilung Kleinasiens bedeutete, daß die Lage bis 1920 und in manchen Fällen bis 1923 ungeklärt blieb. Diese Gruppe von Vereinbarungen werden wir jedoch der Kürze wegen als Ganzes betrachten, nicht in der eigentlichen chronologischen Reihenfolge ihres Entstehens.

Die auffallendste Veränderung in Europa war unter territorialrechtlichen Gesichtspunkten betrachtet das Entstehen einer Reihe von Nationalstaaten – Polen, die Tschechoslowakei, Österreich, Ungarn, Jugoslawien, Finnland, Estland, Lettland und Litauen – an Stelle von Ländern, die früher Teil des Habsburg-, Romanow- oder Hohenzollern-Reiches gewesen waren. Während das ethnisch einheitlichere Deutschland weitaus kleinere territoriale Verluste in Osteuropa erlitt als die Sowjetunion oder das vollkommen aufgelöste österreichisch-ungarische Reich, war seine Macht auf andere Art und Weise angegriffen: durch die Rückgabe von Elsaß-Lothringen an Frankreich und durch Grenzberichtigungen mit Belgien und Dänemark; durch die alliierte militärische Besetzung des Rheinlands und die wirtschaftliche Ausbeutung des Saarlandes durch die Franzosen; durch die beispiellosen »Entmilitarisierungsbedingungen« (das hieß eine winzige Armee, eine Marine nur zum Küstenschutz, keine Luftwaffe, Panzer oder U-Boote, Abschaffung des preußischen Generalstabs) und durch gewaltige Reparationsforderungen. Zusätzlich verlor Deutschland sein Kolonialreich an Großbritannien, an selbstverwaltete Dominien und an Frankreich. Auch die Türkei mußte zusehen, wie ihre Territorien im Nahen Osten unter der zurückhaltenden Überwachung des neuen Völkerbundes in britische und französische Mandatsgebiete verwandelt wurden. Im Fernen Osten erbte Japan die ehemals deutschen Inselgruppen nördlich des Äquators, wenn es auch Shantung im Jahre 1922 an China zurückgab. In der Washingtoner Abrüstungskonferenz der Jahre 1921–1922 erkannten die Mächte den territorialen Status quo im Pazifik und im Fernen Osten an und kamen überein, die Größe ihrer Kampfflotten einer relativen Formel entsprechend zu beschränken, womit sie ein englisch-amerikanisch-japanisches Flottenwettrüsten verhinderten. Im Westen wie im Osten schien sich das internationale System zu Beginn der 1920er Jahre stabilisiert zu haben – und um die verbleibenden (und eventuell die zukünftigen) Schwierigkeiten konnte sich der regelmäßig in Genf zusammentretende Völkerbund kümmern, auch wenn die Vereinigten Staaten überraschend ausgetreten waren.[1]

Dieser plötzliche amerikanische Rückzug in die diplomatische Isolation scheint ein weiterer Widerspruch zu den Entwicklungen der Weltmächte zu sein, die sich, wie oben beschrieben, seit 1890 abzeichneten. Den Propheten der Weltpolitik in jener frühen Phase schien es selbstverständlich, daß die internationale Bühne in zunehmendem Maße von den drei aufsteigenden Mächten Deutschland, Rußland und den Vereinigten Staaten beeinflußt, wenn nicht sogar beherrscht werden würde. Statt dessen war Deutschland entscheidend geschlagen worden, Rußland war unter der Revolution zusammengebrochen und hatte sich dann in seine von den Bolschewiken beherrschte Isolation zurückgezogen, und auch die Vereinigten Staaten zogen es vor, obwohl sie bereits um 1919 eindeutig die

Karte 10: Europa nach dem Ersten Weltkrieg
ISLAND
ATLANTIK
NORWEGEN
SCHWEDEN
FINNLAND
OSTSEE
ESTLAND
LETTLAND
NORDSEE
DÄNEMARK
IRLAND
GROSS BRITANNIEN
MEMEL (Freie Stadt)
LITAUEN
UdSSR
OSTPREUSSEN
DANZIG (Freie Stadt)
NIEDER-LANDE
DEUTSCHLAND
POLEN
BELGIEN
LUXEMBURG
SAAR
TSCHECHOSLOWAKEI
FRANKREICH
SCHWEIZ
ÖSTERREICH
UNGARN
RUMÄNIEN
FIUME (Freie Stadt)
JUGOSLAWIEN
BULGARIEN
PORTUGAL
SPANIEN
ITALIEN
ALBANIEN
TÜRKEI
GRIECHENLAND
MITTELMEER
0
750 km

mächtigste Nation der Welt waren, von der diplomatischen Bühne abzutreten. Demzufolge schien sich die internationale Politik in den 1920er Jahren und auch danach entweder auf Frankreich und Großbritannien – beide durch den Ersten Weltkrieg geschwächt – oder auf die Verhandlungen des Völkerbundes, in dem die französischen und die britischen Staatsmänner das Wort führten, zu konzentrieren. Österreich-Ungarn existierte nicht mehr. Italien, wo die Faschisten unter Mussolini ihre Macht nach 1922 festigten, verhielt sich relativ still. Auch Japan schien nach den Washingtoner Abrüstungskonferenzen von 1921–1922 beruhigt.

In einer merkwürdigen und (wie wir sehen werden) künstlichen Form schien die Welt immer noch eurozentrisch zu sein. Die diplomatische Geschichtsschreibung dieser Zeit konzentriert sich stark auf Frankreichs »Suche nach Sicherheit« vor einem zukünftigen deutschen Wiederaufstieg. Da die Franzosen aufgrund der Ablehnung des Versailler Vertrags durch den US-Senat die anglo-amerikanische militärische Garantie verloren hatten, versuchten sie, verschiedenerlei Ersatz zu schaffen: sie ermutigten die Bildung eines »antirevisionistischen« Blocks von Staaten in Osteuropa (der sogenannten Kleinen Entente von 1921); schlossen individuelle Bündnisse mit Belgien (1920), Polen (1921), der Tschechoslowakei (1924), Rumänien (1926) und Jugoslawien (1927); unterhielten eine sehr große Armee und Luftwaffe, um die Deutschen einzuschüchtern, und griffen ein – wie in der Besetzung des Ruhrgebiets 1923 –, als Deutschland seine Reparationszahlungen schuldig blieb. Und sie versuchten aufeinanderfolgende britische Regierungen zu überreden, Frankreichs Grenzen militärisch zu garantieren, was nur indirekt durch den multilateralen Vertrag von Locarno aus dem Jahre 1925 erreicht wurde.[2] Es war auch eine Zeit intensiver finanzpolitischer Diplomatie, da die ineinandergreifenden Probleme der deutschen Reparationszahlungen und der alliierten Kriegsschulden nicht nur die Beziehungen zwischen den Siegern und den Besiegten quälend kompliziert machte, sondern auch die zwischen den Vereinigten Staaten und ihren früheren europäischen Alliierten.[3] Durch den finanziellen Kompromiß des Dawesplans (1924) legte sich ein Teil dieser Unruhe; er bereitete den Boden für den Vertrag von Locarno im folgenden Jahr; diesem wiederum folgte Deutschlands

Eintritt in den Völkerbund und das noch einmal revidierte finanzielle Übereinkommen des Youngplans (1929). In den späten 20er Jahren allerdings, als der Wohlstand wieder in Europa eingezogen, der Völkerbund als ein wichtiger neuer politischer Faktor im internationalen System akzeptiert worden war und eine Reihe von Staaten feierlich übereinkam (Kellogg-Pakt von 1928), bei zukünftigen Konflikten auf kriegerische Mittel zu verzichten, schien die diplomatische Bühne wieder zur Normalität zurückgekehrt zu sein. Staatsmänner wie Stresemann, Briand und Austen Chamberlain wirkten wie die späteren Gegenstücke zu Metternich und Bismarck, die sich in diesem und jenem europäischen Kurort trafen, um die Angelegenheiten der Welt zu regeln.

Trotz dieser oberflächlichen Eindrücke waren indessen die grundlegenden Strukturen des internationalen Systems nach 1919 ganz anders – und viel zerbrechlicher als jene, welche die Diplomatie ein halbes Jahrhundert zuvor bestimmt hatten. Zunächst einmal waren die Verluste an Menschen und die wirtschaftlichen Zerstörungen, die von den viereinhalb Jahren »totalen« Krieges verursacht worden waren, ungeheuer. Ungefähr acht Millionen Mann waren im Gefecht gefallen, weitere sieben Millionen blieben kriegsversehrt, 15 Millionen waren »mehr oder weniger schwer verwundet«[4] – und die große Mehrheit dieser Menschen stand auf dem Höhepunkt ihres produktiven Lebens. Zusätzlich hatte Europa, Rußland *ausgenommen,* wahrscheinlich den Tod von mehr als fünf Millionen Zivilisten zu beklagen, hervorgerufen durch das, was man »kriegsbedingte Ursachen« nannte – »Krankheiten, Hunger und Not als Folgen des Krieges und des militärischen Konfliktes«.[5] Die russischen Verluste, nimmt man die des Bürgerkrieges hinzu, lagen noch höher. Auch waren in diesem Krieg die »Geburtendefizite« (verursacht dadurch, daß viele Männer an der Front waren und die Bevölkerung sich daher nicht mit der normalen Vorkriegsrate erneuerte) extrem hoch. Schließlich gab es, selbst als die großen Schlachten zum Erliegen kamen, durch die Grenzkonflikte, beispielsweise in Osteuropa, Armenien und Polen, immer noch Kämpfe und Massaker; und keine dieser vom Krieg geschwächten Regionen entging der schrecklichen Grippeepidemie der Jahre 1918–1919, die weitere Millionen Menschenleben forderte. So mögen die endgültigen Verluste dieser langen Periode bei etwa 60 Millionen Menschen gelegen haben, wobei Rußland fast die Hälfte dieser Zahl zu beklagen hatte. Aber auch Frankreich, Deutschland und Italien waren stark betroffen. Man kann das persönliche Leid und den psychologischen Schock nicht ermessen, die durch eine solche menschliche Katastrophe verursacht werden, aber es ist leicht zu erkennen, weshalb alle Beteiligten – von Staatsmännern bis zu Bauern – so tief erschüttert waren.

Auch die materiellen Kosten des Krieges waren beispiellos und schienen für diejenigen, die die verwüsteten Landschaften Nordfrankreichs, Polens und Serbiens sahen, fast noch schockierender: Hunderttausende von Häusern waren zerstört, Bauernhöfe niedergebrannt, Straßen, Bahnstrecken und Telegraphenleitungen gesprengt, das Vieh abgeschlachtet, Wälder waren zerschmettert, und riesige Landstriche konnten wegen der Blindgänger und Minen nicht mehr bebaut werden. Wenn man die Verluste an Schiffen, die direkten und indirekten Kosten der Mobilisierung und die von den kämpfenden Parteien aufgebrachten Gelder dieser Liste hinzufügt, wird die Gesamtsumme so groß, daß sie im Grunde genommen unfaßbar ist: tatsächlich handelt es sich um ungefähr 260 Milliarden Dollar, die einer Berechnung zufolge »ungefähr der sechseinhalbfachen Summe der gesamten Staatsschulden der ganzen Welt vom Ende des 18. Jahrhunderts bis zum Beginn des Ersten Weltkriegs entsprach«[6]. Nach Jahrzehnten des Wachstums stürzte das Produktionsvolumen der Welt plötzlich rapide ab. 1920 lag es immer noch um sieben Prozent unter dem von 1913, die Agrarproduktion lag ungefähr um ein Drittel unter dem Normalstand, und das Exportvolumen war nur etwa halb so groß wie in der Vorkriegszeit. Das Wachstum der europäischen Wirtschaft im Ganzen war um ungefähr acht Jahre* zurückgeworfen worden, einzelne Länder aber noch viel stärker betroffen. Erwartungsgemäß hatte Rußland im Chaos des Jahres 1920 die niedrigste Industrieproduktion, nur 13 Prozent der Produktion von 1913. Aber auch in Deutschland,

* Das heißt, die Produktionszahlen von 1929 waren so hoch, wie sie 1921 wahrscheinlich gewesen wären, wenn es keinen Krieg gegeben hätte und sich die Wachstumsraten von vor 1913 fortgesetzt hätten.

Frankreich, Belgien und in großen Teilen Osteuropas war die Produktion um mindestens 30 Prozent niedriger als vor dem großen Konflikt.[7]

Waren manche Gesellschaften schwerer vom Krieg betroffen, so kamen andere besser davon – und viele verbesserten sogar ihre Position. Denn tatsächlich konnten sich der moderne Krieg und die industrielle Produktivität, die er auslöste, auch positiv auswirken. Rein wirtschaftlich und technologisch betrachtet, gab es in diesen Jahren viele Fortschritte: bei der Automobil- und Lastwagenproduktion, in der Luftfahrt, der Ölraffinierung und der chemischen Industrie, in der elektrischen, der Farbstoff- und der Edelstahlindustrie, in der Kältetechnik und Konservenherstellung und bei einer ganzen Reihe anderer Industriezweige.[8] Natürlich war es einfacher, solche Verbesserungen zu entwickeln und wirtschaftlich von ihnen zu profitieren, wenn man von den Störungen der Front weit entfernt war. Deshalb waren es vor allem die Wirtschaft der Vereinigten Staaten, aber auch die Kanadas, Australiens, Südafrikas, Indiens und die von Teilen Südamerikas, die durch die Nachfrage nach Industriegütern, Rohstoffen und Nahrungsmitteln aus einem durch den Zermürbungskrieg erschütterten Europa angeregt wurden. Wie in den vorhergehenden merkantilistischen Konflikten bedeutete der Verlust eines Landes den Profit eines anderen – vorausgesetzt, das letztere vermied die Kosten eines Krieges oder blieb zumindest von dem vollen Ausmaß des Kampfes verschont.

Solche Zahlen über die Industrieproduktion der Welt sind insofern aufschlußreich, als sie festhalten, in welchem Ausmaß Europa

Tabelle 26 Indices der Welt-Industrieproduktion 1913–1925[9]

	1913	1920	1925
Welt	100	93,6	121,6
Europa*	100	77,3	103,5
UdSSR	100	12,8	70,1
Vereinigte Staaten	100	122,2	148,0
Rest der Welt	100	109,5	138,1

* Großbritannien, Frankreich, Belgien, Niederlande, Deutschland, Dänemark, Norwegen, Schweden, Finnland, Schweiz, Österreich, Italien, Tschechoslowakei, Ungarn, Polen, Rumänien, Griechenland und Spanien.

(und besonders die UdSSR) durch den Krieg Schaden genommen hatte, während andere Länder ihre Produktion beträchtlich erhöhen konnten. In gewissem Maße war die Ausbreitung der Industrialisierung von Europa nach Amerika, Japan, Indien und Australien und der zunehmende Anteil, den diese Länder am Welthandel gewannen, natürlich nur eine Fortsetzung wirtschaftlicher Entwicklungen, die schon seit dem Ende des 19. Jahrhunderts sichtbar waren. Einer bereits erwähnten Berechnung zufolge ließ die Wachstumsrate der Produktion der Vereinigten Staaten vor 1914 erwarten, daß ihre Gesamtproduktion 1925 die europäische überholen würde;[10] der Krieg hat dieses Ereignis also lediglich sechs Jahre, nämlich ins Jahr 1919, vorverlegt. Aber diese besonderen Veränderungen des globalen wirtschaftlichen Gleichgewichts fanden, im Gegensatz zu denen von 1880–1913, *nicht* in Friedenszeiten im Laufe mehrerer Jahrzehnte und nicht unter den Bedingungen des Marktes statt. An ihrer Stelle schufen die Instanzen des Krieges und der Blockade ihre eigenen herrischen Bedingungen und verzerrten so auf massive Weise das natürliche Muster der weltweiten Produktion und des Handels. Zum Beispiel wurde (besonders in den Vereinigten Staaten) die Schiffsbaukapazität in der Mitte des Krieges enorm erhöht, um die vielen durch U-Boote versenkten Schiffe ersetzen zu können; aber nach 1919–1920 gab es weltweit zu viele Werften. Die Stahlproduktion des kontinentalen Europa war während des Krieges zurückgegangen, wohingegen die der Vereinigten Staaten und Großbritanniens stark gestiegen war; aber als sich die europäischen Stahlproduzenten erholt hatten, war der Kapazitätsüberschuß erschreckend. Das gleiche Problem betraf auch einen noch bedeutenderen Sektor der Ökonomie – die Landwirtschaft. Während der Kriegsjahre war die landwirtschaftliche Produktion im kontinentalen Europa geschrumpft, und der russische Getreideexport war zum Erliegen gekommen, während die Produktion in Nord- und Südamerika und in Australasien stark gestiegen war. Die Bauern in diesen Gegenden hatten entschieden (wenn auch unbeabsichtigt) vom Tode des Erzherzogs Franz Ferdinand profitiert. Aber als sich die europäische Landwirtschaft in den späten 1920er Jahren erholte, erlebten Produzenten auf der ganzen Welt einen Rückgang der Nachfrage und zusammenbrechende Preise.[11] Diese strukturellen Veränderungen trafen alle Regionen, wurden aber nirgendwo so stark verspürt wie in Ostzentraleuropa, wo die schwachen »Nachfolgestaaten« mit neuen Grenzen, verlagerten Märkten und zerstörten Verkehrswegen zu kämpfen hatten. Allein dadurch, daß man in Versailles Frieden schloß und die Karte Europas entlang (grober) ethnischer Linien neu zeichnete, war eine Wiederherstellung der wirtschaftlichen Stabilität nicht gesichert.

Schließlich hatte die Finanzierung des Krieges wirtschaftliche – und später politische – Probleme von beispielloser Kompliziertheit verursacht. Nur einige der kriegführenden Staaten (Großbritannien und die Vereinigten Staaten gehörten zu den Ausnahmen) hatten versucht, einen Teil der Kriegskosten durch Steuererhöhungen zu finanzieren. Statt dessen verließen sich die meisten Staaten auf Kredite – in der Annahme, der besiegte Feind könne gezwungen werden, die Rechnung zu begleichen –, so wie es Frankreich 1871 ergangen war. Die Staatsschulden, die nicht mehr durch Gold gedeckt waren, stiegen jäh; das Papiergeld, das aus den staatlichen Pressen strömte, ließ die Preise in die Höhe schnellen.[12] Angesichts der durch den Krieg verursachten wirtschaftlichen Zerstörungen und territorialen Verschiebungen war kein europäisches Land im Jahre 1919 bereit, den Vereinigten Staaten zurück in den Goldstandard zu folgen. Eine lockere Geld- und Steuerpolitik führte dazu, daß die Inflation zunahm – mit verheerenden Folgen für Zentral- und Osteuropa. Wettbewerbsbedingte Abwertungen der nationalen Währungen, herbeigeführt durch den verzweifelten Versuch, die Exporte zu erhöhen, schufen eine noch größere finanzielle Unsicherheit – und mehr politische Rivalität. Diese Lage wurde durch die schwer zu handhabenden miteinander verknüpften Probleme der interalliierten Kredite und der Forderungen der Sieger (besonders der Franzosen) nach substantiellen deutschen Reparationszahlungen weiter kompliziert. Alle europäischen Alliierten hatten Schulden bei Großbritannien und in geringerem Ausmaß bei Frankreich; diese beiden Länder wiederum waren selbst bei den Vereinigten Staaten hochverschuldet. Dadurch, daß die Bolschewiken die hohen russischen Schulden von 3,6 Milliarden Dollar nicht anerkannten, die Amerikaner ihr Geld zurückforderten, Frankreich, Italien und andere Länder es ablehnten, ihre Schulden zu bezahlen, bevor sie ihre Reparationszahlungen aus Deutschland erhalten hatten, und die Deutschen erklärten, daß sie die geforderten Summen unmöglich aufbringen konnten, war der Boden für jahrelange bittere Streitereien bereitet, welche die Kluft zwischen Westeuropa und den verärgerten Vereinigten Staaten dramatisch vergrößerten.[13]

Es ist zwar richtig, daß die Wogen durch den Dawesplan von 1924 geglättet wurden, aber die politischen und sozialen Konsequenzen dieser Unruhen waren besonders während der deutschen Hyperinflation des vorhergehenden Jahres enorm. Genauso erschreckend war – obwohl zu der Zeit weniger verstanden –, daß die scheinbare finanzielle und kommerzielle Stabilität der Weltwirtschaft in der Mitte der 1920er auf einem viel gefährdeteren Fundament stand als vor dem Ersten Weltkrieg. Obwohl man zu dieser Zeit in den meisten Ländern zum Goldstandard zurückkehrte, waren die subtilen (und sich fast selbst ausbalancierenden) Mechanismen des internationalen Handels und des Geldstroms der Zeit vor 1914, die ihr Zentrum in London hatten, nicht wiederhergestellt. London hatte in der Tat verzweifelte Versuche gemacht, diese Rolle zurückzuerlangen – dazu gehörte unter anderem das Festsetzen des Sterlingwechselkurses auf dem Vorkriegsniveau von einem Pfund zu 4,86 Dollar, was den britischen Exporteuren schwer schadete; und London begann auch wieder, in großem Maßstab Geld nach Übersee zu verleihen. Aber trotzdem blieb die Tatsache bestehen, daß das Finanzzentrum der Welt zwischen 1914 und 1919, als die internationalen Schulden Europas zunahmen und die Vereinigten Staaten zur größten Gläubigernation der Welt wurden, über den Atlantik gewandert war. Die unterschiedliche Struktur der amerikanischen Wirtschaft – weniger abhängig vom Außenhandel und wesentlich weniger eingebunden in die Weltwirtschaft, zum Protektionismus (besonders in der Landwirtschaft) eher als zum Freihandel neigend, ohne ein vollwertiges Gegenstück zur Bank of England, viel schwankender in seinen Auf- und Abschwüngen, mit Politikern, die von heimischen Lobbies viel direkter beeinflußt wurden – bedeutete indessen, daß das internationale Finanz- und Handelssystem sich um einen unbeständigen und in vieler Hinsicht mangelhaften Mittelpunkt drehte.

So gab es keinen wirklichen »Kreditgeber letzter Instanz«, der langfristige Kredite für die Entwicklung der Infrastruktur der Weltwirtschaft einräumte und vorübergehende Störungen im internationalen Zahlungsverkehr auffing.[14]

Diese strukturellen Unzulänglichkeiten wurden in den späten 1920er Jahren dadurch verdeckt, daß enorme Mengen an Dollars aus den Vereinigten Staaten in Form von kurzfristigen Krediten an europäische Regierungen und Kommunalverwaltungen flossen, die alle bereit waren, hohe Zinsen zu zahlen, um solche Mittel – was nicht immer weise war – sowohl für die Entwicklung des Landes als auch zum Schließen der Lücken in ihren Zahlungsbilanzen zu nutzen. Da auf diese Weise kurzfristige Kredite in langfristige Projekte gingen, ein beträchtlicher Anteil der Investitionen (besonders in Zentral- und Osteuropa) weiterhin in die Landwirtschaft floß und so die Abwärtsentwicklung der Preise für landwirtschaftliche Erzeugnisse verstärkte, die Zinsen in erschreckendem Maße kletterten und die Kredite nicht durch Exporte abbezahlt werden konnten, brach das System schon im Sommer 1928 zusammen, als der amerikanische binnenwirtschaftliche Boom (und die Erhöhung der Zinssätze durch die US-Notenbank) den Kapitalabfluß abrupt verminderte.

Das Ende dieses Booms im »Wall Street Crash« vom Oktober 1929 und die weitere Reduzierung der amerikanischen Kreditvergabe lösten eine Kettenreaktion aus, die unkontrollierbar schien: der Mangel an verfügbaren Krediten schränkte die Investitionen und den Konsum ein; die verringerte Nachfrage innerhalb der industrialisierten Länder traf die Produzenten von Nahrungsmitteln und Rohstoffen hart. Sie reagierten verzweifelt, indem sie das Angebot erhöhten und somit Zeugen eines beinahe totalen Zusammenbruchs der Preise wurden – was es für sie wiederum unmöglich machte, Industrieprodukte zu erwerben. Deflation, Aufgabe des Goldstandards und Abwertung der Währung, restriktive Maßnahmen gegen Handel und Kapital, Zahlungsverweigerung bei internationalen Schulden wurden zu den verschiedenen Notbehelfen des Tages; jeder davon versetzte dem globalen Handels- und Kreditsystem einen weiteren Schlag. Der erzprotektionistische Smoot-Hawley-Zoll (ein Versuch, dem amerikanischen Farmer zu helfen), vom einzigen Land erlassen, das einen beträchtlichen Handelsüberschuß erwirtschaftete, machte es für andere Länder noch schwerer, Dollars zu verdienen – und führte unausweichlich zu Gegenmaßnahmen, die dem amerikanischen Export den Garaus machten. Bis zum Sommer 1932 war die industrielle Produktion vieler Länder nur noch halb so hoch wie 1928, und der Welthandel war um ein Drittel geschrumpft. Der Gegenwert des europäischen Handels (58 Milliarden Dollar im Jahre 1928) lag 1935 immer noch bei nur 20,8 Milliarden Dollar – ein Abstieg, der wiederum der Frachtschiffahrt, dem Schiffsbau, den Versicherungen und vielen anderen Bereichen schadete.[15]

Es gab für die internationale Politik keine Möglichkeit, den Folgen dieser weltweiten Depression und der von ihr ausgelösten massiven Arbeitslosigkeit auszuweichen. Der harte Wettbewerb bei Industriegütern, Rohstoffen und landwirtschaftlichen Produkten erhöhte den nationalen Unmut und bewog manchen Politiker, der sich der Unzufriedenheit seiner Wählerschaft bewußt war, zu versuchen, das Ausland bezahlen zu lassen; extreme Gruppen, besonders Rechte, nutzten die wirtschaftliche Verwirrung, um das gesamte liberal-kapitalistische System anzugreifen und eine aggressive »nationale« Politik zu fordern – wenn nötig gestützt auf das Schwert. Die zerbrechlicheren Demokratien, besonders das Deutschland der Weimarer Republik, aber auch Spanien und Rumänien, brachen unter diesen politisch-wirtschaftlichen Belastungen in die Knie. Die vorsichtigen Konservativen, die Japan regierten, wurden von den Nationalisten und Militaristen verdrängt. Wenn die Demokratien des Westens diese Stürme auch besser überstanden, so waren ihre Staatsmänner doch gezwungen, sich auf die heimische Wirtschaft zu konzentrieren und sich rücksichtslos der nationalen Egoismen zu bedienen. Weder die Vereinigten Staaten noch Frankreich, die Länder mit den größten Goldreserven, waren bereit, Schuldnerstaaten zu entlasten; im Gegenteil, Frankreich nutzte seine Finanzkraft zunehmend, um die Deutschen zu disziplinieren (was lediglich das Ressentiment auf der anderen Seite des Rheins verstärkte) und die eigene Diplomatie in Europa zu unterstützen. Auch konnte das »Hoover-Moratorium« für die deutschen Reparationszahlungen, das die Franzosen so erzürnte, nicht von der Frage der Reduzierungen (und letztendlich der Zahlungseinstellung) der Kriegsschulden getrennt werden, was wiederum die Amerikaner erbitterte. Abwertungen der Währungen zur Erleichterung des Exports und Meinungsverschiedenheiten über den Dollar-Sterling-Wechselkurs bei der Internationalen Wirtschaftskonferenz von 1933 vervollständigten das düstere Bild.

Zu dieser Zeit hatte sich die ökonomische Weltordnung in verschiedene rivalisierende Untereinheiten aufgelöst: einen Sterlingblock, der auf dem britischen Handelssystem beruhte und durch die »imperialen Präferenzen« der britischen Weltreichskonferenz in Ottawa im Jahre 1932 gestärkt wurde; einen Goldblock unter der Führung Frankreichs; einen Yenblock, abhängig von Japan, im Fernen Osten; einen US-geführten Dollarblock (nachdem auch Roosevelt die Golddeckung aufgegeben hatte); und, völlig abgekoppelt von diesen Erschütterungen, eine UdSSR, die stetig »den Sozialismus in einem Land« aufbaute. Der Trend zur Autarkie war also bereits vorhanden, bevor Adolf Hitler anfing, ein Programm für ein wirtschaftlich unabhängiges Tausendjähriges Reich zu entwickeln, in dem der Außenhandel auf besondere Geschäfte und »Tauschhandelsabkommen« beschränkt war. Da Frankreich bei der Behandlung der deutschen Reparationszahlungen wiederholt anderer Meinung war als die angelsächsischen Mächte, da Roosevelt beklagte, daß die Vereinigten Staaten bei Geschäften mit den Briten immer den kürzeren zogen und Neville Chamberlain schon vor seinen späteren Bemerkungen dieses Sinnes überzeugt war, daß die amerikanische Politik nur aus »Worten«[16] bestehe, waren die Demokratien nicht in der Verfassung, gemeinsam gegen den zunehmenden Druck vorzugehen, der sich in der brüchigen Weltordnung von 1919 aufbaute.

Den Staatsmännern der Alten Welt fiel es seit jeher schwer, wirtschaftliche Fragen zu verstehen oder mit ihnen umzugehen. Aber ein noch zerstörerischeres Element für jene, die sehnsüchtig auf die Kabinettsdiplomatie des 19. Jahrhunderts zurückblickten, war der zunehmende Einfluß der Massenmeinung auf die internationale Politik in den 1920er und 1930er Jahren. In mancherlei Hinsicht war dies natürlich unvermeidbar. Schon vor dem Ersten Weltkrieg hatten politische Gruppen in ganz Europa die Geheimverhandlungen und elitären Vorurteile der »alten Diplomatie« kritisiert und statt dessen ein reformiertes System gefordert, in dem die Politik des Staates sich dem Volk und seinen Repräsentanten öffnete.[17] Diese Forderungen wurden durch den Krieg von 1914–1918 enorm verstärkt, teils weil die Führung, welche die totale Mobilisierung der Gesellschaft forderte, erkannte, daß die Gesellschaft ihrerseits einen Ausgleich für ihre Opfer und ein Mitspracherecht in Zeiten des Friedens verlangte; teils weil der Krieg, von alliierten Propagandisten als ein Kampf um Demokratie und nationale Selbstbestimmung bezeichnet, tatsächlich die autokratischen Reiche Ostzentraleuropas zerschlug; und teils, weil die mächtige und sympathische Gestalt Woodrow Wilsons den Kampf um eine neue und aufgeklärte Welt weiterführte, selbst als Clemenceau und Lloyd George die Notwendigkeit eines totalen Sieges verkündeten.[18]

Aber das Problem mit der »öffentlichen Meinung« nach 1919 lag darin, daß sie zum größten Teil der schönen Vision Gladstones und Wilsons von einer liberalen, gebildeten, aufrichtigen Bevölkerung, erfüllt von internationalistischen Ideen und utilitaristischen Annahmen, voller Respekt für Recht und Gesetz, *nicht* entsprach. Wie Arno Mayer gezeigt hat, wurde die »alte Diplomatie«, die (wie weithin behauptet wurde) den Ersten Weltkrieg verursacht hatte, nach 1917 nicht nur durch den Reformgeist Wilsons in Frage gestellt, sondern auch durch die viel systematischere Kritik der bestehenden Ordnung von seiten der Bolschewiken – eine Kritik, die auf die organisierte Arbeiterklasse in den Lagern *beider* kriegführender Parteien beträchtliche Anziehungskraft ausübte.[19] Während dies dazu führte, daß flinke Politiker wie Lloyd George ihr eigenes »Paket« progressiver innenpolitischer wie außenpolitischer Maßnahmen entwickelten, um zugleich Wilsons Anziehungskraft auszugleichen und dem Abdriften der Arbeiterklasse zum Sozialismus Einhalt zu gebieten,[20] war die Wirkung auf konservativere und nationalistischere Personen im alliierten Lager ganz anders. Aus ihrer Sicht mußten die Prinzipien Wilsons im Interesse der nationalen »Sicherheit«, die nur in der harten Währung von Grenzkorrekturen, kolonialen Akquisitionen und Reparationszahlungen gemessen werden konnten, entschieden abgelehnt werden. Die Bedrohung durch Lenin, die noch viel erschreckender war, mußte im bolschewistischen Kernland zerschlagen, die im Westen aufkommenden Arbeiter- und

Soldatenräte erbarmungslos vernichtet werden. Die Politik und Diplomatie der Friedenssuche[21] war also durch unterschwellige ideologische und innenpolitische Elemente in einem Ausmaß bedroht, das bei den Kongressen von 1856 und 1878 ganz unbekannt gewesen war.

Aber da war noch mehr. Das Bild des Ersten Weltkriegs, das in den westlichen Demokratien in den späten 20er Jahren vorherrschte, war von Tod, Zerstörung, Schrecken, Verschwendung und Sinnlosigkeit geprägt. Der »karthagische Friede« von 1919, das Ausbleiben der Belohnungen, welche die Politiker in Kriegszeiten als Ausgleich für die Opfer versprochen hatten, die Millionen von Versehrten und Kriegswitwen, die wirtschaftlichen Probleme der 20er Jahre, der Vertrauensverlust und der Zusammenbruch der viktorianischen sozialen und persönlichen Bindungen: für dies alles wurde die Torheit der Entscheidungen vom Juli 1914 verantwortlich gemacht.[22] Aber die weitverbreitete Ablehnung von Krieg und Militarismus, die sich in manchen Gegenden mit der Hoffnung verband, daß der Völkerbund eine Wiederholung solch einer Katastrophe verhindern könne, wurde nicht von allen Kriegsteilnehmern empfunden – selbst wenn die anglo-amerikanische Literatur diesen Eindruck vermittelt.[23] Für Hunderttausende früherer Frontsoldaten in ganz Europa, die durch die Arbeitslosigkeit, die Inflation und die Langeweile der von der Bourgeoisie beherrschten Nachkriegsordnung desillusioniert waren, blieb der Krieg zwar etwas Furchtbares, zugleich aber auch etwas Positives: kriegerische Werte, die Kameradschaft der Soldaten, die Erregung von Gewalt und Aktion. Für solche Gruppen, besonders in den besiegten Nationen Deutschland und Ungarn und in der erbittert unzufriedenen Siegernation Italien, aber auch innerhalb der französischen Rechten, besaßen die Ideen der faschistischen Bewegung – Ideen von Ordnung, Disziplin und nationalem Ruhm, von der Zerschlagung der Juden, Bolschewiken, der Dekadenz und der selbstzufriedenen liberalen Mittelschichten – große Anziehungskraft. Aus ihrer Sicht (und der Sicht ihrer Gesinnungsgenossen in Japan) waren Kampf, Gewalt und Heldentum die wahrhaft bleibenden Elemente des Lebens und die Grundsätze von Wilsons Internationalismus falsch und überholt.[24]

Dies bedeutete, daß die internationalen Beziehungen in den

1920er und 1930er Jahren weiterhin durch Ideologie und durch die Aufspaltung der Welt in politische Blöcke, die nur teilweise mit den zuvor erwähnten wirtschaftlichen Unterteilungen übereinstimmten, belastet wurden. Einerseits gab es die westlichen Demokratien, besonders die in der englischsprachigen Welt, die sich unter dem Eindruck der Schrecken des Ersten Weltkrieges auf innere (besonders sozioökonomische) Fragen konzentrierten und ihren Verteidigungsapparat massiv reduzierten. Auch in Frankreich, wo man eine große Armee und Luftwaffe aus Angst vor einem wiedererstarkten Deutschland aufrechterhielt, war deutlich, daß ein großer Teil der Öffentlichkeit den Kriegshaß und den Wunsch nach sozialem Wiederaufbau teilte. Andererseits war da die Sowjetunion, die zwar auf vielerlei Weise von dem globalen politisch-ökonomischen System ausgeschlossen war, aber trotzdem westliche Bewunderer anzog, weil sie angeblich eine »neue Zivilisation« bot, die unter anderem der Großen Depression entkommen war.[25] Und schließlich waren da noch, zumindest in den 30er Jahren, die faschistischen »revisionistischen« Staaten Deutschland, Japan und Italien, die nicht nur extrem anti-bolschewistisch waren, sondern auch den liberal-kapitalistischen Status quo, der 1919 wiederhergestellt worden war, ablehnten. All dies erschwerte den demokratischen Staatsmännern die Außenpolitik enorm. Weder von der faschistischen noch von der bolschewistischen Mentalität hatten sie viel begriffen. Im Grunde sehnten sie lediglich die Rückkehr jener Eduardischen »Normalität« herbei, die vom Krieg zerstört worden war.

Verglichen mit diesen Problemen, erschienen die Herausforderungen der eurozentrischen Welt, die sich nach 1919 in den Tropen entwickelten, weniger ernst – aber dennoch wichtig. Auch hier konnte man schon vor 1914 Präzedenzfälle erkennen – wie die Revolte Arabi Paschas in Ägypten, der Durchbruch der Jungtürken nach 1908, Tilaks Versuche, die indische Kongreßbewegung zu radikalisieren, und Sun Yat-sens Feldzug gegen die westliche Beherrschung Chinas; desgleichen haben Historiker festgestellt, daß Ereignisse wie der japanische Sieg über Rußland im Jahre 1905 und die gescheiterte russische Revolution desselben Jahres protonationalistische Kräfte in Asien und im Mittleren Osten faszinierten und begeisterten.[26] Je mehr der Kolonialismus die unterentwickelte Gesellschaft durchdrang, sie in das globale Geflecht von Handel und Finanzen zog und sie mit westlichen Ideen in Kontakt brachte, desto mehr provozierte dies ironischer-, jedoch vorhersehbarerweise eine Reaktion der Einheimischen; ob in der Gestalt von Stammesunruhen gegen Beschränkungen ihrer traditionellen Lebens- und Handelsformen oder, was bezeichnender war, in der Gestalt von westlich gebildeten Anwälten und Intellektuellen, die Volksparteien gründeten und um nationale Selbstbestimmung kämpften – das Ergebnis war eine zunehmende Herausforderung der europäischen kolonialen Herrschaft.

Der Erste Weltkrieg beschleunigte diese Entwicklungen auf verschiedene Weise. Zunächst einmal führte die intensivere wirtschaftliche Ausbeutung der Rohstoffe sowie der Versuch, die Kolonien dazu zu bringen – durch Menschen und Steuern –, zur Kriegsanstrengung der europäischen Mächte beizutragen, zu Fragen nach »Kompensation«, die denen der europäischen Arbeiterklassen ähnelten.[27] Außerdem warfen die Kampagnen in West-, Südwest- und Ostafrika, im Nahen Osten und im Pazifik die Frage nach der Lebensfähigkeit und Beständigkeit von Kolonialreichen im allgemeinen auf – eine Entwicklung, die durch die Propaganda der Alliierten für »nationale Selbstbestimmung« und »Demokratie« und durch die Aktivitäten der deutschen Gegenpropaganda im Maghreb, in Irland, Ägypten und Indien verstärkt wurde. Im Jahre 1919, als die europäischen Mächte ihre Völkerbundsmandate etablierten – ihre imperialen Interessen hinter immer kunstvolleren Feigenblättern versteckend, wie A. J. P. Taylor es einmal ausgedrückt hat –, trat der panafrikanische Kongreß in Paris zusammen, wurde die Wafd-Partei in Ägypten gegründet, war die 4.-Mai-Bewegung in China aktiv, trat Kemal Atatürk als Gründer der modernen Türkei hervor, änderte die Destur-Partei ihre Taktik in Tunesien, erreichte der Sarekat Islam in Indonesien eine Anhängerzahl von 2,5 Millionen und vereinigte Gandhi die vielen verschiedenen Stränge der Opposition gegen die britische Herrschaft in Indien.[28]

Wichtiger noch, die großen Mächte waren angesichts dieser »Revolte gegen den Westen« nicht mehr in der Grundannahme vereint, daß sie bei allen Differenzen untereinander doch eine große Kluft von den weniger entwickelten Völkern der Welt trennte. Auch dies war anders als zum Beispiel zu Zeiten der Kongokonferenz (1884–1885). Diese Einheit war schon durch den Eintritt der Japaner in den Klub der großen Mächte zerstört worden, denn manche Politiker Japans begannen bereits im Jahre 1919 von der Idee einer großostasiatischen »Ko-Prosperitätssphäre« zu sprechen.[29] Und die alte westliche Vorstellung wurde ganz und gar durch die beiden von Lenin und Wilson vertretenen Versionen der »neuen Diplomatie« überholt – denn wie groß die politischen Differenzen zwischen den beiden charismatischen Führern auch gewesen sein mögen, sie teilten die Abneigung gegen die alte europäische Kolonialordnung und den Wunsch, sie in etwas anderes zu verwandeln. Keiner von ihnen konnte – aus einer Vielzahl von Gründen – die weitere Ausdehnung des Kolonialismus unter den Völkerbundsmandaten verhindern; aber ihre Rhetorik und ihr Einfluß sickerten durch imperiale Demarkationslinien und mobilisierten nationalistische Bewegungen in den Kolonien. Dies trat im China der späten 20er Jahre deutlich zutage, wo die alte europäische Ordnung der Vertragsprivilegien, der kommerziellen Durchdringung und gelegentlicher Kanonenbootaktionen langsam gegenüber alternativen, von Rußland, den Vereinigten Staaten und Japan angestrebten »Ordnungen« und dem wiederauflebenden chinesischen Nationalismus an Boden verlor.[30]

Dies hieß nicht, daß der westliche Kolonialismus am Rande des Zusammenbruchs stand. Die scharfe britische Reaktion in Amritsar im Jahre 1919, die niederländische Inhaftierung Sukarnos und anderer indonesischer nationalistischer Führer und die Zerschlagung der Gewerkschaften in den späten 20er Jahren, die feste französische Haltung gegenüber Unruhen in Tonking, die sich gegen den intensiven Anbau von Reis und Kautschuk wandten, zeugten alle von der bleibenden Macht der europäischen Waffen.[31] Und dasselbe gilt natürlich für Italiens verspäteten imperialen Vorstoß nach Abessinien in der Mitte der 30er Jahre. Nur die weit größeren Erschütterungen des Zweiten Weltkrieges sollten diese imperialistische Kontrolle wirklich lockern. Aber die kolonialen Unruhen waren trotzdem für die internationalen Beziehungen in den 20er und besonders in den 30er Jahren von Bedeutung. Zunächst einmal lenkten sie die Aufmerksamkeit (und die Ressourcen) bestimmter großer Mächte von der Beschäftigung mit dem europäischen Gleichgewicht ab. Dies galt insbesondere für Großbritannien, dessen Politiker sich mehr um Palästina, Indien und Singapur als um das Sudetenland oder Danzig sorgten – ihre Prioritäten spiegelten sich in der »imperialen« Verteidigungspolitik nach 1919.[32] Aber Engagements in Afrika betrafen auch Frankreich in gewissem Maße und lenkten natürlich das italienische Militär vollständig ab. Außerdem durchkreuzte das Wiederaufleben außereuropäischer und kolonialer Fragen in bestimmten Bereichen die Allianzstruktur von 1914–1918. Die Frage des Imperialismus führte nicht nur dazu, daß die Amerikaner der englisch-französischen Politik immer mehr mißtrauten, sondern solche Ereignisse wie die italienische Invasion Abessiniens und der japanische Vorstoß auf das chinesische Festland trennten in den 1930er Jahren Rom und Tokio von London und Paris – und boten den deutschen Revisionisten mögliche Partner. Wieder war es ein bißchen schwerer geworden, die internationalen Angelegenheiten nach den Rezepten der »alten Diplomatie« zu regeln.

Letztlich war der wichtigste Grund für die Instabilität der Nachkriegswelt die unangenehme Tatsache, daß die »deutsche Frage« nicht geregelt worden war und jetzt noch unlösbarer erschien als je zuvor. Der rasche Zusammenbruch Deutschlands im Oktober 1918, als seine Armeen noch ganz Europa von Belgien bis zur Ukraine beherrschten, war ein Schock für die nationalistischen Kräfte des rechten Flügels, die dazu neigten, »Vaterlandsverräter« für die erniedrigende Kapitulation verantwortlich zu machen. Als die Bedingungen des Pariser Friedensvertrages weitere Demütigungen brachten, prangerten viele Deutsche den »Schandvertrag« und die Politiker der Weimarer Republik, die solchen Bedingungen zugestimmt hatten, öffentlich an. Die Frage der Reparationen und die damit verbundene Hyperinflation des Jahres 1923 füllten das Faß der deutschen Unzufriedenheit. Nur wenige waren so extrem wie die Nationalsozialisten, die für einen großen Teil der 20er Jahre als eine wunderliche, demagogische Bewegung am äußersten rechten Rand erschienen; aber sehr wenige Deutsche waren *nicht* in der einen oder anderen Form revisionistisch. Die Reparationen, der polnische Korridor, die Truppenbegrenzungen, die Trennung deutschsprachiger Gebiete vom Vaterland würden nicht für immer geduldet werden. Die einzige Frage war, wie bald diese Einschränkungen beseitigt werden konnten und in welchem Ausmaß man die Diplomatie der Gewalt vorziehen sollte, um den Status quo zu ändern. In dieser Beziehung intensivierte Hitlers Machtergreifung im Jahre 1933 lediglich den deutschen Drang zum Revisionismus.[33]

Das Problem, Deutschland einen »angemessenen« Platz in Europa zu verschaffen, wurde durch die merkwürdige und unausgewogene Verteilung der internationalen Macht nach dem Ersten Weltkrieg kompliziert. Trotz der Gebietsverluste, der militärischen Beschränkungen und der wirtschaftlichen Instabilität war Deutschland nach 1919 immer noch eine *potentiell* enorm starke Großmacht. Eine genauere Analyse seiner Stärken und Schwächen wird an späterer Stelle gegeben werden, aber es ist hier interessant zu bemerken, daß Deutschland immer noch eine weit größere Bevölkerung als Frankreich hatte und eine Produktionskapazität für Eisen und Stahl, die ungefähr dreimal so groß war wie die Frankreichs. Sein inneres Verkehrsnetz, die chemische und elektrotechnische Industrie, die Universitäten und technischen Institute waren alle unversehrt. »Im Moment, im Jahre 1919, lag Deutschland darnieder. Das unmittelbare Problem war die Schwäche Deutschlands; aber innerhalb weniger Jahre ›normalen‹ Lebens würde das Problem wieder die Stärke Deutschlands sein.«[34] Außerdem existierte, wie Taylor ausführt, das alte Gleichgewicht der Macht auf dem europäischen Kontinent, das geholfen hatte, den deutschen Expansionismus zu bremsen, nicht mehr. »Rußland hatte sich zurückgezogen; Österreich-Ungarn war verschwunden. Es blieben nur Frankreich und Italien; beide waren Deutschland, sowohl was ihre Kriegsstärke als auch ihre wirtschaftlichen Ressourcen anbelangt, unterlegen; beide waren vom Krieg erschöpft.«[35] Und im Laufe der Zeit zeigten zuerst die Vereinigten Staaten und dann Großbritannien eine zunehmende Abneigung gegen Interventionen in Europa und ein zunehmendes Mißfallen an den französischen Versuchen, Deutschland niederzuhalten. Es war jedoch genau diese Befürchtung, daß Frankreich *nicht* sicher sei, die Paris dazu trieb, ein Wiederaufleben deutscher Macht mit allen möglichen Mitteln zu verhindern: es bestand auf voller Zahlung der Reparationen; unterhielt eine eigene große und kostspielige Armee; es versuchte den Völkerbund in eine

Organisation zu verwandeln, die sich der Wahrung des Status quo verschrieb; und es lehnte sämtliche Vorschläge ab, die Deutschland erlaubten, auf Frankreichs Niveau »aufzurüsten«[36]. All dies intensivierte vorhersehbarerweise das deutsche Ressentiment und war Wasser auf den Mühlen der Rechtsextremisten.

Das andere Mittel in Frankreichs Arsenal diplomatischer und politischer Waffen war seine Verbindung mit den osteuropäischen »Nachfolgestaaten«. Auf den ersten Blick war die Unterstützung Polens und der Tschechoslowakei und der anderen durch die Übereinkommen von 1919–1921 in dieser Gegend Begünstigten eine plausible und vielversprechende Strategie;[37] durch sie würde der deutsche Expansionismus an jeder Flanke gebremst. In Wirklichkeit aber steckte der Plan voller Schwierigkeiten. Aufgrund der geographischen Verteilung der Völker unter den früheren multinationalen Reichen war es im Jahre 1919 nicht möglich gewesen, eine territoriale Regelung zu schaffen, die ethnisch einheitlich war; daher lebten große Gruppen von Minoritäten auf der falschen Seite der jeweiligen Staatsgrenze und boten damit eine Quelle innerer Schwäche wie äußerer Querelen. Mit anderen Worten, Deutschland stand mit seiner Forderung nach einer Revision der Pariser Verträge nicht allein; und selbst wenn Frankreich auf dem Status quo bestehen wollte, wußte es, daß sich weder Großbritannien noch die Vereinigten Staaten wirklich für die hastig gezogenen und willkürlichen Grenzen in dieser Region engagierten. Wie London im Jahre 1925 verdeutlichte – für Osteuropa würde es kein Locarno geben.[38]

Die wirtschaftliche Lage in Ost- und Zentraleuropa machte die Sache noch schlimmer, da die Errichtung von Zollschranken um diese neugeschaffenen Länder die regionalen Rivalitäten verstärkte und die allgemeine Entwicklung hemmte. Es gab jetzt 27 statt wie vor dem Krieg 14 verschiedene Währungen in Europa und zusätzliche 20000 Kilometer Grenze; viele dieser Grenzen trennten Fabriken von ihren Rohstoffen, Stahlwerke von ihren Kohlerevieren, landwirtschaftliche Betriebe von ihren Märkten. Und obwohl französische und britische Bankiers und Unternehmen nach 1919 in diese Nachfolgestaaten vordrangen, blieb Deutschland ein viel »natürlicherer« Handelspartner für diese Nationen, nachdem es in den 30er Jahren seine wirtschaftliche Stabilität wiedergewonnen hatte.

Es war dem östlichen europäischen Markt nicht nur näher und durch Straßen und Bahnlinien besser mit ihm verbunden, sondern konnte auch leicht den Agrarüberschuß dieser Gegend aufnehmen, wozu Frankreich mit seinem eigenen Agrarüberschuß und Großbritannien mit seiner Bevorzugung des Kolonialreiches nicht in der Lage waren. So bot Deutschland im Austauch für ungarisches Getreide und rumänisches Öl dringend benötigte Maschinen und (später) Waffen. Ferner hatten diese Länder – wie Deutschland selbst – Währungsprobleme, und es fiel ihnen daher leichter, auf »Tauschhandelsbasis« zu verkehren. Wirtschaftlich bestand also die Wahrscheinlichkeit, daß sich Mitteleuropa wieder stetig zu einer von Deutschland beherrschten Zone entwickelte.[39]

Viele Teilnehmer der Pariser Verhandlungen des Jahres 1919 waren sich mancher (obwohl offensichtlich nicht aller) dieser Probleme bewußt. Sie hofften jedoch wie Lloyd George, daß sie sich an den neu geschaffenen Völkerbund wenden konnten, »um zu verbessern, wiederherzustellen und wiedergutzumachen . . . [Er] wird als Berufungsgericht dienen, um Fehlgriffe, Regelwidrigkeiten und Ungerechtigkeiten auszugleichen.«[40] Sicherlich konnte nun jeder größere politische oder wirtschaftliche Streit zwischen den Staaten von vernünftigen Männern, die sich um einen Tisch in Genf versammelten, beigelegt werden. Dies schien 1919 eine plausible Annahme zu sein, aber sie sollte an der harten Realität scheitern. Die Vereinigten Staaten traten dem Völkerbund nicht bei. Die Sowjetunion wurde wie ein Paria behandelt und aus dem Völkerbund herausgehalten. Auch die besiegten Mächte ließ man, zumindest für die ersten Jahre, nicht zu. Und als die revisionistischen Staaten in den 30er Jahren mit ihren Aggressionen begannen, verließen sie bald darauf den Völkerbund.

Wegen der früheren Unstimmigkeiten zwischen den französischen und den britischen Vorstellungen über die Rolle des Völkerbundes – sollte er Polizist oder Vermittler sein? – mangelte es der Körperschaft außerdem an Vollstreckungsmacht und an einem richtigen System kollektiver Sicherheit. Daher stellte sich ironischerweise heraus, daß der eigentliche Beitrag des Völkerbundes nicht darin bestand, Aggressoren abzuschrecken, sondern die Demokratien zu verwirren. Er war in der kriegsmüden westlichen Öffentlichkeit enorm beliebt, aber seine Gründung gab vielen das Argument an die Hand, daß nationale Verteidigungskräfte nicht mehr nötig waren, da der Völkerbund den Krieg irgendwie verhindern würde. Folglich brachte die Existenz des Völkerbundes Kabinette und Außenminister dazu, zwischen der »alten« und der »neuen« Diplomatie zu schwanken und sich somit weder den Vorteil der einen noch der anderen zu sichern, wie der Fall der Mandschurei und Abessiniens deutlich zeigten.

Im Licht der oben geschilderten Schwierigkeiten und der überwältigenden Tatsache, daß Europa nur zwanzig Jahre nach Unterzeichnung des Versailler Vertrages in einen weiteren großen Krieg stürzte, ist es kaum überraschend, daß Historiker diese Periode als einen »zwanzigjährigen Waffenstillstand« und als eine düstere und zerrissene Zeit – voller Krisen, Betrug, Brutalität und Ehrlosigkeit – angesehen haben. Aber Buchtitel wie *A Broken World, The Lost Peace* und *The Twenty Years' Crisis*,[41] die diese beiden Jahrzehnte beschreiben, implizieren die Gefahr, daß die großen Unterschiede zwischen den 20er und den 30er Jahren übersehen werden könnten. Um eine zuvor gemachte Bemerkung zu wiederholen, Ende der 20er Jahre schienen der Locarno- und der Kellogg-Pakt, die Beilegung vieler französisch-deutscher Differenzen, die Treffen des Völkerbundes und das allgemeine Wiederaufleben des Wohlstands in Europa darauf hinzuweisen, daß der Erste Weltkrieg, zumindest was die internationalen Beziehungen betraf, überwunden war. Innerhalb der nächsten ein oder zwei Jahre hatte jedoch der katastrophale finanzielle und industrielle Zusammenbruch diese Harmonie erschüttert, und er begann, mit der Bedrohung der existierenden Ordnung durch die japanischen und deutschen (und später italienischen) Nationalisten zusammenzuwirken. In bemerkenswert kurzer Zeit standen die Wolken des Krieges wieder am Himmel. Das System wurde auf fundamentale Weise zu einem Zeitpunkt bedroht, da die Demokratien militärisch und psychologisch denkbar schlecht darauf vorbereitet waren. Überdies waren sie untereinander zerstrittener als je seit dem Übereinkommen von 1919. Was immer daher die Schwächen und Torheiten irgendeines »Appeasement«-Politikers in diesen unglücklichen 30er Jahren gewesen sein mögen – es ist nur gerecht, sich die beispiellose Komplexität, mit der die Staatsmänner dieses Jahrzehnts zu kämpfen hatten, vor Augen zu halten.

Bevor behandelt wird, wie die internationale Krise dieser Zeit in den Krieg mündete, ist es wiederum wichtig, bestimmte Stärken und und Schwächen der einzelnen Großmächte zu untersuchen, die alle nicht nur von dem Krieg der Jahre 1914–1918, sondern auch von den wirtschaftlichen und militärischen Entwicklungen der Zeit zwischen den Kriegen beeinflußt worden waren. Zur Erläuterung des letzteren wird immer wieder auf die Tabellen 12–18, welche die Verschiebungen der wirtschaftlichen Gewichte zwischen den Mächten zeigen, Bezug genommen werden. Es müssen an dieser Stelle noch zwei weitere einleitende Bemerkungen über die volkswirtschaftlichen Aspekte der Wiederaufrüstung gemacht werden. Die erste betrifft die unterschiedlichen Wachstumsraten, die in den 30ern viel deutlicher waren als beispielsweise in dem Jahrzehnt vor 1914; die Spaltung der Weltwirtschaft in verschiedene Blöcke und die bemerkenswert unterschiedlichen Arten, in denen nationale Wirtschaftspolitik betrieben wurde (von Vierjahresplänen und »new deal« zum klassischen deflationären Haushalt), hatten zur Folge, daß die Produktionsleistung und der Wohlstand in einem Land steigen konnten, während sie sich in einem anderen dramatisch verringerten. Zweitens machte die Entwicklung der militärischen Technik in der Zeit zwischen den Kriegen die Streitkräfte abhängiger von der Produktionskapazität ihres Landes. Ohne eine florierende industrielle Basis und, was noch wichtiger war, ohne eine große wissenschaftliche Gemeinschaft, die vom Staat mobilisiert werden konnte, um mit den neuen Entwicklungen der Waffenkunde Schritt zu halten, war ein Sieg in einem großen Krieg unvorstellbar. Wenn die Zukunft (um Stalins Worte zu benutzen) in den Händen der großen Bataillone lag, so entschied sie sich andererseits zunehmend in der Anwendung der modernen Technologie und der Massenproduktion.

Die Herausforderer

Die wirtschaftliche Verwundbarkeit einer Großmacht, wie aktiv und ehrgeizig ihre nationale Führung auch sein mag, wird nirgends deutlicher als am Beispiel Italiens in den 30er Jahren des 20. Jahrhunderts. Oberflächlich betrachtet hatte Mussolinis faschistisches Regime das Land aus der Bedeutungslosigkeit in die vorderste Reihe der diplomatischen Welt geführt. Zusammen mit Großbritannien war es eine der Garantiemächte des Locarno-Paktes von 1925; mit Großbritannien, Frankreich und Deutschland war es einer der Unterzeichner des Münchener Abkommens von 1938. Italiens Anspruch auf Vorherrschaft im Mittelmeer war durch den Angriff auf Korfu (1923), die »Befriedung« von Libyen und durch seine sehr große Intervention (50000 Mann) im Spanischen Bürgerkrieg bekräftigt worden. Zwischen 1935 und 1937 rächte Mussolini die Niederlage bei Adua durch eine erbarmungslose Eroberung Abessiniens und trotzte damit offen den Sanktionen des Völkerbundes und einer feindseligen öffentlichen Meinung im Westen. Andererseits unterstützte er den Status quo, indem er 1934 Truppen zum Brenner schickte, um zu verhindern, daß Hitler Österreich überrannte. Auch unterzeichnete er bereitwillig das anti-deutsche Abkommen von Stresa im Jahre 1935. Seine Tiraden gegen den Bolschewismus trugen ihm in den 20er Jahren die Bewunderung vieler Ausländer (einschließlich Churchills) ein, und er wurde im folgenden Jahrzehnt von allen Seiten umworben – Chamberlain fuhr noch im Januar 1939 nach Rom, um zu versuchen, Italien daran zu hindern, ganz ins deutsche Lager zu treiben.[42]

Aber seine diplomatische Prominenz war nicht der einzige Maßstab für Italiens neue Größe. Der faschistische Staat mit seiner Ausschaltung der streitsüchtigen Parteipolitik, mit seiner »körperschaftlichen« Wirtschaftsplanung anstelle von Auseinandersetzungen zwischen Kapital und Arbeit und mit seiner tatkräftigen Regierung schien der unzufriedenen europäischen Nachkriegsgesellschaft ein neues Modell zu bieten – und eines, das für diejenigen, die das alternative bolschewistische »Modell« fürchteten, attraktiv war. Dank der Investitionen der Alliierten war die Industrialisierung von 1915 bis 1918 rasch vorangeschritten, zumindest in der mit der Waffenproduktion verbundenen Schwerindustrie. Unter Mussolini verpflichtete sich der Staat auf ein ehrgeiziges Modernisierungsprogramm, das von der Trockenlegung der Pontinischen Sümpfe über die beeindruckende Entwicklung von Wasserkraftwerken bis zur Verbesserung des Eisenbahnsystems reichte. Die elektrotechnische Industrie wurde gefördert und Kunstseide und andere künstliche Fasern entwickelt. Die Produktion der Automobilindustrie wurde erhöht, und die italienische Luftfahrtindustrie, deren Flugzeuge eine ganze Reihe von Geschwindigkeits- und Höhenrekorden aufstellten, schien die innovativste der Welt zu sein.[43]

Auch die militärische Stärke schien auf Italiens steigenden Status hinzuweisen. Obwohl Mussolini in den 20er Jahren nicht viel für seine Armee ausgegeben hatte, führte sein Glaube an Macht und Eroberung und sein Wunsch nach Erweiterung der italienischen Territorien während der 30er Jahre zu bedeutenden Erhöhungen der Verteidigungsausgaben. In der Tat wurden in der Mitte der 30er Jahre etwas mehr als zehn Prozent des Nationaleinkommens und ungefähr ein Drittel der Regierungsausgaben für die Streitkräfte aufgewandt, was in absoluten Zahlen mehr war, als Großbritannien oder Frankreich ausgaben – und viel mehr als Amerika. Moderne Kampfschiffe wurden auf Kiel gelegt, um es mit der französischen Marine und der britischen Mittelmeerflotte aufnehmen zu können und um Mussolinis Anspruch zu erhärten, das Mittelmeer sei tatsächlich *mare nostrum*. Als Italien in den Krieg eintrat, besaß es 113 U-Boote – »die größte U-Boot-Flotte der Welt, vielleicht mit Ausnahme der Sowjetunion.«[44] Noch größere Summen wurden in den Jahren bis 1940 der Luftwaffe, der Regia Aeronautica, zugeteilt, vielleicht im Einklang mit Italiens früher faschistischer Betonung von Modernität, Wissenschaft, Schnelligkeit und Glanz. In Abessinien und mehr noch in Spanien demonstrierten die Italiener ihre Luftüberlegenheit und überzeugten sich – und viele ausländische Beobachter – davon, daß sie die modernste Luftwaffe der Welt besaßen. Der Aufbau der Marine und der Luftwaffe ließ weniger Geld für die italienische Armee übrig, aber ihre dreißig Divisionen wurden in den späten 30er Jahren beträchtlich umstrukturiert, und neue Panzer und Artillerie waren in Planung. Außerdem verließ sich Mussolini auf die Massen von faschistischen *squadristi* und ausgebildeten Milizen, so daß die Nation im nächsten totalen Krieg tatsächlich über die behaupteten »acht Millionen Bajonette« verfügte. Dies alles schien auf die Schaffung eines zweiten Römischen Reiches zu deuten.

Das aber waren Träume, denn das faschistische Italien war machtpolitisch gesehen spektakulär schwach. Das Hauptproblem lag darin, daß »Italien selbst am Ende des Ersten Weltkrieges wirtschaftlich gesprochen ein halbentwickeltes Land war«.[45] Sein Pro-Kopf-Einkommen war 1920 ungefähr so hoch wie jenes, das Großbritannien und die Vereinigten Staaten im frühen *neunzehnten* Jahrhundert und Frankreich ein paar Jahrzehnte später erreichte. Daten über das Nationaleinkommen verhüllten die Tatsache, daß das Pro-Kopf-Einkommen im Norden 20 Prozent über und im Süden 30 Prozent unter dem Durchschnitt lag; und diese Kluft weitete sich eher aus. Aufgrund eines ständigen Stroms von Emigranten erhöhte sich Italiens Bevölkerung in der Zeit zwischen den Kriegen nur um ungefähr ein Prozent pro Jahr; da das Bruttosozialprodukt um zwei Prozent pro Jahr anstieg, erhöhte sich das Pro-Kopf-Einkommen um lediglich ein Prozent pro Jahr, was nicht katastrophal, aber wohl kaum ein Wirtschaftswunder war. Die Wurzel der italienischen Schwäche war die unveränderte Dominanz der kleinbäuerlichen Landwirtschaft, die im Jahre 1920 vierzig Prozent des Bruttosozialproduktes ausmachte und fünfzig Prozent der gesamten arbeitenden Bevölkerung beschäftigte.[46] Ein weiteres Zeichen dieser wirtschaftlichen Rückständigkeit war, daß noch 1938 mehr als die Hälfte der Ausgaben einer Familie für Lebensmittel bezahlt werden mußten. Weit davon entfernt, diese Proportionen zu ändern, versuchte die faschistische Regierung mit ihrer starken Betonung der Werte des ländlichen Lebens, die Landwirtschaft durch eine ganze Reihe von Maßnahmen – Schutzzölle, Urbarmachung von Land und schließlich strenger Kontrolle des Getreidemarktes – zu unterstützen. Zentral für die Überlegungen des Regimes war der Wunsch, weniger abhängig von ausländischen Lebensmittelerzeugern zu sein und zu verhindern, daß die Bauern weiter in die Städte flohen, wo sie die Arbeitslosenzahlen erhöhten und das soziale Problem verschärften. Die Folge war eine sehr starke *Unter*beschäftigung auf dem Lande mit all dem, was damit einhergeht: niedrige Produktivität, Analphabetentum, gewaltige regionale Ungleichgewichte.

Angesichts der relativen Rückständigkeit der italienischen Wirtschaft und der Bereitschaft des Staates, die Gelder sowohl für Rüstung als auch für die Erhaltung der dörflichen Landwirtschaft auszugeben, überrascht es nicht, daß wenig Kapital für unternehmerische Investitionen vorhanden war. Schon der Erste Weltkrieg hatte den Bestand des heimischen Kapitals reduziert, und nun wurden ihm durch die wirtschaftliche Depression und durch die Wendung zum Protektionismus weitere Schläge zugefügt. Sicherlich konnten Firmen, die Regierungsaufträge für Flugzeuge oder Lastwagen ergatterten, einen guten Profit erwirtschaften, aber es ist unwahrscheinlich, daß Italiens industrielle Entwicklung (im Ganzen gesehen) von den Autarkiebestrebungen profitierte; Zölle beschützten lediglich ineffiziente Produzenten, während der allgemeine Neo-Merkantilismus des Zeitalters den Zustrom ausländischer Investitionen reduzierte, der in früheren Zeiten so viel zur Anregung der italienischen Industrialisierung beigetragen hatte. Im Jahre 1938 lag Italiens Anteil an der Weltproduktion immer noch bei nur 2,8 Prozent; es produzierte 2,1 Prozent des Stahls, 1,0 Prozent des Roheisens, 0,7 Prozent des Eisenerzes und 0,1 Prozent der Kohle und verbrauchte weit weniger Energie aus modernen Quellen als jede andere Großmacht. Schließlich ist es im Hinblick auf Mussolinis offensichtliche Bereitschaft, gegen Frankreich und manchmal gar gegen Frankreich und Großbritannien zusammen Krieg zu führen, wichtig zu bemerken, daß Italien peinlich abhängig von importiertem Kunstdünger, Kohle, Öl, Roheisen, Kautschuk, Kupfer und anderen lebenswichtigen Rohmaterialien blieb – von denen 80 Prozent über Gibraltar oder Suez eingeführt werden mußten –, und dies größtenteils auf britischen Schiffen. Es war typisch für das Regime, daß es keinen Krisenplan für den Fall vorbereitet hatte, daß diese Importe unterbrochen wurden, und das Einlagern solch strategisch wichtiger Materialien war undenkbar, da Italien seit den späten 30er Jahren noch nicht mal genug Devisen hatte, um seinen laufenden Bedarf zu decken. Dieser chronische Devisenmangel hilft auch zu erklären, weshalb die Italiener es sich nicht leisten konnten, deutsche Werkzeugmaschinen zu kaufen, die so wichtig für den Bau modernerer Flugzeuge, Panzer, Kanonen und Schiffe waren, die in den Jahren nach 1935 entwickelt wurden.[47]

Die wirtschaftliche Rückständigkeit erklärt auch, weshalb die tatsächliche Leistung und der Zustand der Streitkräfte trotz der Aufmerksamkeit und Ressourcen, die Mussolinis Regime ihnen zuteil werden ließ, armselig war – und sich noch verschlechterte. Die Marine war von allen drei Waffengattungen wahrscheinlich die am besten gerüstete, aber sicher trotzdem zu schwach, um die Royal Navy aus dem Mittelmeer zu vertreiben. Sie besaß keine Flugzeugträger – Mussolini hatte deren Bau untersagt – und mußte sich statt dessen auf die Regia Aeronautica verlassen, eine schlechte Idee angesichts der mangelnden Zusammenarbeit der Waffengattungen. Ihre Kreuzer waren Schönwetterschiffe, und ihr großes Aufgebot an U-Booten stellte sich als eine teure Investition in veraltete Technik heraus: »Die U-Boote hatten keine elektronischen Angriffssysteme, aus ihren Klimaanlagen strömten giftige Gase, wenn die Leitungen bei Wasserbombenattacken platzten, und sie tauchten nur langsam, was beim Herannahen feindlicher Flugzeuge unangenehm war.«[48] Die italienische Luftwaffe, die in der Lage gewesen war, abessinische Stammeskrieger zu bombardieren (wenn auch nicht immer zu treffen) und dann viele Beobachter durch ihre Leistung im Spanischen Bürgerkrieg beeindruckte, zeigte ähnliche Veraltungserscheinungen. In den späten 30er Jahren wurden die Fiat-CR42-Doppeldecker schließlich von den neueren britischen und deutschen Eindeckern völlig in den Schatten gestellt; und selbst das Bombergeschwader litt darunter, daß es nur leichte bis mittlere Bomber mit schwachen Maschinen und erstaunlich wenig wirksamen Bomben besaß. Dabei hatten Marine und Luftwaffe einen wachsenden Teil des Verteidigungsbudgets beansprucht. Im Gegensatz dazu sank der Anteil der Armee am Budget von 58,2 Prozent in den Jahren 1935–1936 auf 44,5 Prozent in den Jahren 1938–1939, und das zu einer Zeit, als moderne Panzer, Artillerie, Lastwagen und ein modernes Kommunikationssystem dringend benötigt wurden. Der »Hauptkampfpanzer« der italienischen Armee war, als sie in den Zweiten Weltkrieg eintrat, der Fiat L.3, dreieinhalb Tonnen schwer, ohne Funk, mit geringer Sicht und nur zwei Maschinengewehren – und dies zu einer Zeit, als die neuesten deutschen und französischen Panzer fast 20 Tonnen wogen und viel schwerere Bewaffnung hatten.

Angesichts der fast unheilbaren Schwächen der italienischen Wirtschaft unter dem Faschismus wäre es ziemlich tollkühn anzunehmen, daß es je einen Krieg gegen eine andere wirkliche Großmacht gewonnen hätte; aber seine Aussichten wurden weiter verdüstert durch die Tatsache, daß die Streitkräfte Opfer einer frühen Wiederbewaffnung – und damit einer schnellen Veraltung – waren. Da dies in den 30er Jahren ein allgemeines Problem war, das Frankreich und Rußland fast im gleichen Maße betraf, ist es wichtig, etwas mehr ins Detail zu gehen, bevor wir zu der spezifischen Analyse von Italiens Schwächen zurückkehren.

Der Schlüsselfaktor war in dieser Zeit die intensive Anwendung von Wissenschaft und Technologie auf die militärischen Entwicklungen, welche die Waffensysteme in allen Waffengattungen veränderte. Kampfflugzeuge beispielsweise verwandelten sich rasch von manövrierfähigen (aber leicht bewaffneten und stoffbespannten) Doppeldeckern, die ungefähr 320 km/h flogen, zu »aus Duraluminium bestehenden Eindeckern, ausgerüstet mit schweren Maschinenkanonen, mit Cockpitpanzerung und schußsicheren Benzintanks«[49], die bis zu 640 km/h flogen und viel stärkere Maschinen brauchten. Die Bomber veränderten sich – in den Nationen, die sich diese Entwicklung leisten konnten – von zweimotorigen mittleren Bombern, die nur für kurze Strecken geeignet waren, zu enorm teuren viermotorigen Modellen, die in der Lage waren, große Bombenladungen zu tragen und einen Radius von mehr als zweitausend Kilometern hatten. Nach dem Washingtoner Flottenabkommen gebaute Schlachtschiffe (wie die *King George V.*, die *Bismarck* und die *North Carolina)* waren viel schneller, besser gepanzert und mit viel stärkeren Flugabwehrsystemen ausgerüstet als ihre Vorgänger. Die neueren Flugzeugträger waren große, gut konstruierte Schiffstypen mit einer viel größeren Schlagkraft als die modernisierten Wasserflugzeugträger und die umgewandelten Schlachtschiffe der 20er Jahre. Panzerkonstrukteure kamen mit schwereren und besser gepanzerten Modellen heraus, die viel stärkere Motoren benötigten als die leichten experimentellen Prototypen der Jahre vor 1935. Außerdem wurden all diese Waffensysteme gerade erst von den Veränderungen des Fernmeldewesens, von Verbesserungen der Navigation und der U-Boot-Abwehrsysteme, des frühen Radars und des verbesserten Sprechfunks erfaßt – was die neueren Waffen nicht nur so viel teurer machte, sondern auch den Beschaffungsprozeß erschwerte. Hatte man genügend neue Werkzeugmaschinen, Meßgeräte und Präzisionsbohrer, um auf diese verbesserten Modelle umzusteigen? Konnten die Waffenindustrie und die Zulieferer der elektronischen Industrie den erhöhten Bedarf decken? Hatten sie genug Fabrikressourcen und geschulte Ingenieure? Konnte man es wagen, die Produktion der erprobten, aber vielleicht veralteten Modelle *einzustellen*, während man darauf wartete, daß die neueren Modelle getestet und dann gebaut wurden? Der letzte – und entscheidende – Faktor war, in welchem Verhältnis diese verzweifelten Wiederaufrüstungsversuche zur wirtschaftlichen Lage der Nation standen, zu ihrem Zugang zu überseeischen sowie heimischen Ressourcen und zu ihrer Fähigkeit, finanziell auf eigenen Füßen zu stehen. Dies war natürlich kein neues Dilemma – aber es stürmte auf die Politiker der 30er Jahre mit einer viel größeren Wucht ein als je zuvor.

In diesem technologisch-wirtschaftlichen (sowie diplomatischen) Kontext können die verschiedenen Muster der Wiederaufrüstung der großen Mächte in den 30er Jahren am besten verstanden werden. Es ist sehr schwierig, die tatsächlichen jährlichen Verteidigungsausgaben der einzelnen Nationen zu vergleichen, aber die Tabelle 27 mag als Leitfaden dienen.

In diesem vergleichenden Licht betrachtet, wird das Problem Italiens offensichtlicher. Es hatte in der ersten Hälfte der 1930er Jahre absolut gesehen nicht sehr viel für Rüstung ausgegeben, obwohl es selbst dann einen höheren Anteil seines Staatseinkommens für die Streitkräfte hatte aufwenden müssen als alle anderen Staaten außer der UdSSR. Aber der ausgedehnte abessinische Feldzug, der sich mit der Intervention in Spanien überschnitt, führte zwischen 1935 und 1937 zu stark erhöhten Kosten. So wurde ein Teil der italienischen Verteidigungsausgaben in diesen Jahren den laufenden Operationen und nicht dem Aufbau des Heeres, der Luftwaffe und der Marine oder der Rüstungsindustrie gewidmet. Im Gegenteil, das abessinische und das spanische Abenteuer schwächten Italien beträchtlich – nicht nur wegen der Verluste im Feld, sondern auch, weil man bei längerer Kampfdauer immer mehr lebenswichtige strategische Rohmaterialien importieren – und bezahlen – mußte, was dazu führte, daß die Reserven der Bank von Italien bis 1939 auf ein Minimum schrumpften. Da sich das Land die Werkzeugmaschinen und die andere Ausrüstung, die zur Modernisierung der Luftwaffe und der Armee benötigt wurden, nicht leisten konnte, wurde es in den zwei bis drei Jahren vor 1940 wahrscheinlich *schwächer*. Der Armee wurde durch ihre Reorganisation nicht sehr geholfen, denn dadurch, daß um die Hälfte mehr Divisionen geschaffen wurden, indem man die Zahl der Regimenter von drei auf zwei pro Division reduzierte, gab es zwar viele Offiziersernennungen, aber keinen wirklichen Anstieg der Leistungsfähigkeit. Die Luftwaffe, die von einer Industrie unterstützt wurde (wenn dies das passende

Tabelle 27 Verteidigungsausgaben der Großmächte 1930–1938[50]
(Mio. $ zum heutigen Wert)

	Japan	Italien	D	UdSSR	GB	F	USA
1930	218	266	162	722	512	498	699
1933	183	351	452	707	333	524	570
	(356)	(361)	(620)	(303)	(500)	(805)	(792)
	[387]						
1934	292	455	709	3.479	540	707	803
	(384)	(427)	(914)	(980)	(558)	(731)	(708)
	[427]						
1935	300	966	1.607	5.517	646	867	806
	(900)	(966)	(2.025)	(1.607)	(671)	(849)	(933)
	[463]						
1936	313	1.149	2.332	2.933	892	995	932
	(440)	(1.252)	(3.266)	(2.903)	(911)	(980)	(1.119)
	[488]						
1937	940	1.235	3.298	3.446	1.245	890	1.032
	(1.621)	(1.015)	(4.769)	(3.430)	(1.283)	(862)	(1.079)
	[1.064]						
1938	1.740	746	7.415	5.429	1.863	919	1.131
	(2.489)	(818)	(5.807)	(4.527)	(1.915)	(1.014)	(1.131)
	[1.706]						

D = Deutschland, GB = Großbritannien, F = Frankreich

Wort ist), die *weniger* produktiv war als die von 1915–1918, behauptete, daß sie über 8500 Flugzeuge besaß; nähere Untersuchungen reduzierten diese Zahl auf 454 Bomber und 129 Kampfflugzeuge, von denen nur wenige in einer anderen Luftwaffe als erstklassig erachtet worden wären.[51] Ohne richtige Panzer, Flugabwehrkanonen oder schnelle Kampfflugzeuge, ohne funktionierende Bomben, Flugzeugträger, Radar und ohne ein ausreichendes Versorgungswesen stürzte Mussolini sein Land 1940 in einen neuen Krieg der Großmächte – in der Annahme, daß dieser schon gewonnen sei. In der Tat konnten nur ein Wunder oder die Deutschen ein sagenhaftes Debakel verhindern.

Diese ganze Betonung von Waffen und Zahlen ignoriert natürlich die Faktoren der Führung, der Qualität der Mannschaften und des nationalen Kampfwillens: aber es war eine Tatsache, daß diese Elemente die materiellen Mängel Italiens nicht im entferntesten ausglichen, sondern statt dessen zu seiner relativen Schwäche beitrugen. Trotz der oberflächlichen faschistischen Indoktrination hatte sich in der italienischen Gesellschaft zwischen 1900 und 1930 nichts verändert, was die Armee zu einer attraktiveren Laufbahn für talentierte, ehrgeizige Männer gemacht hätte; im Gegenteil, die kollektive Unfähigkeit, der Mangel an Initiative und die Egozentrik der Offiziere waren erschütternd – und verblüffte die deutschen Attachés und andere Militärbeobachter. Die Armee war nicht Mussolinis fügsames Werkzeug; sie konnte seine Wünsche vereiteln, und oft tat sie dies auch, indem sie eine Unzahl von Gründen dafür angab, warum Dinge nicht erledigt werden konnten. Ihr Schicksal war es, meistens ohne vorherige Konsultation in Konflikte geschickt zu werden, wo etwas getan werden *mußte*. Geführt von vorsichtigen und unzureichend ausgebildeten Offizieren und ohne ein Rückgrat erfahrener Unteroffiziere war die Lage der Armee im Falle eines Krieges der Großmächte hoffnungslos; und die Marine war (bis auf die wagemutigen Mini-U-Boote) kaum besser dran. Auch wenn das Offizierskorps und die Mannschaften der Regia Aeronautica besser ausgebildet waren, half ihnen das wenig, wenn sie veraltete Maschinen flogen, deren Motoren dem Wüstensand erlagen, deren Bomben wirkungslos blieben und deren Feuerkraft kläglich war. Vielleicht muß kaum erwähnt werden, daß es keinen Generalstab gab, um die Pläne der einzelnen Waffengattungen zu koordinieren oder um die Prioritäten der Verteidigung zu diskutieren (geschweige denn festzusetzen).

Schließlich war da noch Mussolini selbst, eine strategische Belastung ersten Ranges. Er war nicht, so haben Historiker argumentiert, der allmächtige Führer im Stile Hitlers, auch wenn er dieses Bild gern selbst entwarf. König Viktor Emmanuel III. strebte danach, seine Privilegien zu bewahren, und es gelang ihm, sich die Loyalität großer Teile der Bürokratie und des Offizierskorps zu erhalten. Das Papsttum war für viele Italiener eine weitere unabhängige und rivalisierende Autorität. Weder die großen Industriellen noch die widerspenstige Bauernschaft standen dem Regime in den 1930er Jahren enthusiastisch gegenüber; und die Faschistische Partei selbst oder zumindest ihre regionalen Führer schienen sich mehr um die Verteilung von Pöstchen als um das Streben nach nationalem Ruhm zu kümmern.[52] Aber selbst wenn Mussolinis Herrschaft absolut gewesen wäre, hätte die Lage Italiens nicht besser ausgesehen – angesichts der Neigung des Duce zum Selbstbetrug, seiner Zuflucht zu Schwulst und Prahlerei, seiner unkurierbaren Unaufrichtigkeit, seiner Unfähigkeit, effektiv zu denken und zu handeln, und der Inkompetenz seiner Regierung.[53]

In den Jahren 1939 und 1940 erwogen die westlichen Alliierten häufig die Vor- und Nachteile der Tatsache, daß Italien an der Seite Deutschlands kämpfte statt neutral zu bleiben. Im ganzen gesehen hätte es der britische Generalstab vorgezogen, Italien aus dem Krieg herauszuhalten, um im Mittelmeer und im Nahen Osten Frieden zu bewahren; aber es gab gewichtige Gegenargumente, die im Rückblick richtig erscheinen.[54] Nur selten in der Geschichte menschlichen Konfliktes hat man argumentiert, daß der Eintritt eines zusätzlichen Feindes in den Krieg dem Gegner mehr schadete als einem selbst; aber Mussolinis Italien war, in dieser Beziehung zumindest, einzigartig.

Die von Japan ausgehende Herausforderung des Status quo war auch sehr individuell, aber sie mußte von den etablierten Mächten wesentlich ernster genommen werden. In der Welt der 20er und 30er Jahre, die von rassistischen und kulturellen Vorurteilen durchtränkt war, neigten viele im Westen dazu, die Japaner als »kleine gelbe Männer« abzutun; erst während der verheerenden Angriffe auf Pearl Harbor, Malaysia und die Philippinen stellte sich heraus, wie unsinnig dieses grobe Klischee eines kurzsichtigen, verkümmerten, technisch unfähigen Volkes war.[55] Die japanische Marine wurde für den Kampf bei Tag und bei Nacht hart gedrillt, und sie lernte gut; die Attachés schickten aus dem Ausland einen kontinuierlichen Strom von Informationen an ihre Konstrukteure und Schiffsbauer in Tokio. Auch die Armee und die Marineflieger waren gut ausgebildet und hatten eine Menge kompetenter Piloten und opferbereiter Besatzungen.[56] Was die Armee selbst anbelangt, so waren entschlossene und hyperpatriotische Offiziere der Kopf einer Truppe, die vom *bushido*-Geist durchdrungen war; sie war weder in der Offensive noch in der Defensive zu unterschätzen. Der Fanatismus, der bis zu Attentaten auf (angeblich) schwache Minister ging, konnte auf dem Schlachtfeld leicht in Effektivität verwandelt werden. Während andere Armeen nur davon redeten, bis zum letzten Mann zu kämpfen, nahmen die Japaner diese Redewendung wörtlich.

Aber was die Japaner beispielsweise von Zulu-Kriegern unterschied, war, daß sie zu dieser Zeit neben großer Tapferkeit auch eine militärisch-technische Überlegenheit besaßen. Der Industrialisierungsprozeß der Jahre vor 1914 war durch den Ersten Weltkrieg enorm beschleunigt worden, zum Teil wegen der alliierten Aufträge für Munitionsherstellung und der großen Nachfrage nach japanischen Frachtschiffen, zum Teil weil japanische Exporteure nun asiatische Märkte übernahmen, die der Westen nicht länger beliefern konnte.[57] Importe und Exporte verdreifachten sich während des Krieges, die Stahl- und Zementproduktion wurde mehr als verdoppelt, und es gab große Fortschritte in der chemischen und elektrotechnischen Industrie. Wie die Vereinigten Staaten tilgte Japan während des Krieges seine Auslandsschulden, und es wurde selbst zum Gläubigerland. Außerdem entwickelte es sich zu einer wichtigen Schiffsbaunation, die 1919 650000 Tonnen vom Stapel ließ – im Jahre 1914 waren es nur 85000 Tonnen gewesen. Wie der *Weltwirtschaftsbericht* des Völkerbunds zeigte, hatte der Krieg die japanische Produktion noch mehr gesteigert als die amerikanische, und die

Fortsetzung des Wachstums während der Zeit von 1919 bis 1938 bedeutete, daß es im Tempo wirtschaftlicher Expansion nach der Sowjetunion an zweiter Stelle lag (siehe Tabelle 28).

Im Jahre 1938 war Japan nicht nur wirtschaftlich viel stärker als Italien, sondern es hatte auch Frankreich in allen Bereichen industrieller Produktion überholt (siehe Tabellen 14–18). Hätten seine militärischen Führer nicht 1937 gegen China und, was noch katastrophaler war, 1941 im Pazifik Krieg geführt, hätte das Land – dieser Schluß ist naheliegend – auch die britische Produktion lange vor der Mitte der 60er Jahre, als dies tatsächlich eintrat, überholt.

Das heißt nicht, daß Japan all seine wirtschaftlichen Probleme ohne Mühe überwunden hatte, sondern nur, daß es deutlich stärker wurde. Aufgrund seines primitiven Banksystems war es ihm nicht leichtgefallen, sich während des Ersten Weltkrieges darauf umzustellen, eine Gläubigernation zu sein, und seine Handhabung der

Tabelle 28 Jahresindex der Industrieproduktion 1913–1938[58] (1913 = 100)

	Welt	USA	D	GB	F	UdSSR	Italien	Japan
1913	100,0	100,0	100,0	100,0	100,0	100,0	100,0	100,0
1920	93,2	122,2	59,0	92,6	70,4	12,8	95,2	176,0
1921	81,1	98,0	74,7	55,1	61,4	23,3	98,4	167,1
1922	99,5	125,8	81,8	73,5	87,8	28,9	108,1	197,9
1923	104,5	141,4	55,4	79,1	95,2	35,4	119,3	206,4
1924	111,0	133,2	81,8	87,8	117,9	47,5	140,7	223,3
1925	120,7	148,0	94,9	86,3	114,3	70,2	156,8	221,8
1926	126,5	156,1	90,9	78,8	129,8	100,3	162,8	264,9
1927	134,5	154,5	122,1	96,0	115,6	114,5	161,2	270,0
1928	141,8	162,8	118,3	95,1	134,4	143,5	175,2	300,2
1929	153,3	180,8	117,3	100,3	142,7	181,4	181,0	324,0
1930	137,5	148,0	101,6	91,3	139,9	235,5	164,0	294,9
1931	122,5	121,6	85,1	82,4	122,6	293,9	145,1	288,1
1932	108,4	93,7	70,2	82,5	105,4	326,1	123,3	309,1
1933	121,7	111,8	79,4	83,3	119,8	363,2	133,2	360,7
1934	136,4	121,6	101,8	100,2	111,4	437,0	134,7	413,5
1935	154,5	140,3	116,7	107,9	109,1	533,7	162,2	457,8
1936	178,1	171,0	127,5	119,1	116,3	693,3	169,2	483,9
1937	195,8	185,8	138,1	127,8	123,8	772,2	194,5	551,0
1938	182,7	143,0	149,3	117,6	114,6	857,3	195,2	552,0

D = Deutschland, GB = Großbritannien, F = Frankreich

Geldmengen hatte eine schwere Inflation verursacht – ganz zu schweigen von den »Reisaufständen« des Jahres 1919.[59] Als Europa in der Friedenszeit seine Produktion von Textilien, Handelsschiffen und anderen Gütern wiederaufnahm, spürte Japan den Druck erneuerter Konkurrenz; die Kosten der japanischen Herstellung lagen in diesem Stadium im allgemeinen höher als die im Westen. Außerdem blieb ein großer Teil der japanischen Bevölkerung in der kleinbäuerlichen Landwirtschaft beschäftigt, und diese Gruppen litten nicht nur unter den zunehmenden Reisimporten aus Taiwan und Korea, sondern auch unter dem Zusammenbruch des lebenswichtigen Seidenexporthandels, als nach 1930 die amerikanische Nachfrage ausfiel. Dieses Elend durch imperiale Expansion zu lindern, war für besorgte und ehrgeizige japanische Politiker immer eine Versuchung – so brachte zum Beispiel die Eroberung der Mandschurei sowohl wirtschaftlichen Nutzen als auch militärische Gewinne. Aber in dem Maße, in dem sich die japanische Industrie und der Handel in den 30er Jahren teils durch die Wiederaufrüstung und teils durch die Ausbeutung der unter ihrer Herrschaft stehenden asiatischen Märkte erholte, wuchs ihre Abhängigkeit von importierten Rohstoffen (in dieser Hinsicht zumindest ähnelte es Italien). Als die japanische Stahlindustrie expandierte, benötigte sie größere Mengen an Roheisen und Erzen aus China und Malaysia. Heimische Vorräte an Kohle und Kupfer konnten den Bedarf der Industrie auch nicht decken; aber selbst das war nicht so kritisch wie die fast vollständige Abhängigkeit des Landes von fossilen Brennstoffen. Japans Gralssuche nach »wirtschaftlicher Sicherheit«[60] – in den Augen leidenschaftlicher Nationalisten und militärischer Führer ein selbstverständlicher Wert – trieb das Land unaufhörlich vorwärts, aber mit sehr gemischten Ergebnissen.

Trotz – und natürlich in gewisser Weise wegen – dieser wirtschaftlichen Schwierigkeiten war das Finanzministerium unter Takahashi bereit, Anfang der 30er Jahre rücksichtslos Kredite aufzunehmen, um den Streitkräften soviel Geld wie möglich zukommen zu lassen. Deren Anteil an den Regierungsausgaben stieg dadurch von 31 Prozent in den Jahren 1931–1932 auf 47 Prozent in den Jahren 1936–1937;[61] als Takahashi schließlich über die wirtschaftlichen Konsequenzen erschrak und versuchte, weitere Zunahmen einzuschränken, fiel er prompt einem Attentat der Militaristen zum Opfer, und die Rüstungsausgaben eskalierten weiter. Schon im nächsten Jahr nahmen die Streitkräfte 70 Prozent der Regierungsausgaben in Anspruch, und Japan gab somit absolut gesehen mehr aus als irgendeine der weit wohlhabenderen Demokratien. Daher war die japanische Armee in den 30er Jahren in einer viel besseren Verfassung als die italienische und eventuell auch die Frankreichs und Großbritanniens. Die Kaiserliche Japanische Marine, die rechtlich durch das Washingtoner Flottenabkommen auf die Hälfte der Größe der britischen oder amerikanischen Marine beschränkt wurde, war in Wirklichkeit viel mächtiger. Während die beiden führenden Seemächte während der 20er und frühen 30er Jahre die Militärausgaben verminderten, rüstete Japan bis an die Grenzen des Abkommens auf – und ging insgeheim weit darüber hinaus. Seine schweren Kreuzer hatten eine Wasserverdrängung, die eher bei 14000 Tonnen als bei den durch den Vertrag vorgeschriebenen 8000 Tonnen lag. Alle großen japanischen Kriegsschiffe waren schnell und sehr schwer bewaffnet; die älteren Schlachtschiffe waren modernisiert worden, und in den späten 30er Jahren gingen die gigantischen Schiffe der *Yamato*-Klasse in See, die größer als alle anderen Kriegsschiffe der Welt waren. Aber das wichtigste Element von allen war – obwohl die Admiräle der Schlachtschiffe dies nicht erkannten – Japans mächtige und leistungsfähige Marineluftwaffe mit 3000 Flugzeugen und 3500 Piloten, die auf die zehn Flugzeugträger der Flotte konzentriert waren, aber auch über einige tödlich wirksame Bomber und torpedobestückte Staffeln an Land verfügten. Die japanischen Torpedos waren von unübertroffener Durchschlagskraft und Qualität. Und schließlich besaß das Land die drittgrößte Handelsmarine der Welt. Um so erstaunlicher, daß die Marine (merkwürdigerweise) die U-Boot-Abwehr regelrecht vernachlässigte.[62]

Aufgrund der Wehrpflicht konnte die japanische Armee leicht auf eine hohe Mannschaftsstärke gebracht werden. Den Rekruten wurden die Traditionen des absoluten Gehorsams und des höchsten Einsatzes eingeschliffen. Während die Größe der Armee in früheren Zeiten beschränkt worden war, sah ihr Expansionsprogramm vor, daß die 24 Divisionen und 54 Luftstaffeln von 1937 bis 1941 auf 51 aktive Divisionen und 133 Luftstaffeln anwachsen sollten. Zusätzlich gab es zehn Ausbildungsdivisionen und eine große Anzahl von unabhängigen Brigaden und Garnisonstruppen, die wahrscheinlich noch weitere 30 Divisionen ausmachten. Am Vorabend des Krieges hatte Japan also eine Armee von über einer Million Mann, hinter der beinahe zwei Millionen ausgebildete Reservisten standen. Die Armee besaß nicht viele Panzer, da weder das Gelände noch die Holzbrücken in großen Teilen Ostasiens dafür geeignet waren, aber sie hatte eine gute, mobile Artillerie und war für den Dschungelkrieg, Flußüberquerungen und amphibische Operationen gut ausgebildet. Zu den 2000 Flugzeugen der Armee (wie der Marine) gehörten die kampfkräftigen Zeros, die ebenso schnell und manövrierfähig waren wie jedes europäische Kampfflugzeug dieser Zeit.[63]

Japans militärische Effektivität war daher extrem hoch; aber das Land war nicht frei von Schwächen. Die Entscheidungsfindung der Regierung war in den 30er Jahren unberechenbar und manchmal unzusammenhängend, was durch Zusammenstöße zwischen den verschiedenen Fraktionen, durch Auseinandersetzungen zwischen Regierung und Militär und durch Attentate bedingt war. Zusätzlich mangelte es an einer vernünftigen Koordination zwischen Armee und Marine – das war keinesfalls ungewöhnlich, aber in Japans Fall besonders gefährlich, da jede Waffengattung einen anderen Feind *und* ein anderes Operationsgebiet im Auge hatte. Während die Marine einen Krieg mit Großbritannien oder den Vereinigten Staaten erwartete, blickte die Armee ausschließlich auf den asiatischen Kontinent und auf die dortige Bedrohung der japanischen Interessen durch die Sowjetunion. Da die Armee einen viel größeren Einfluß auf die japanische Politik hatte und das kaiserliche Oberkommando beherrschte, setzte sich ihre Ansicht im allgemeinen durch. Weder die Marine noch das Außenministerium opponierte wirksam, als die Armee im Jahre 1937 darauf bestand, nach dem provozierten Zwischenfall an der Marco-Polo-Brücke weitere Aktionen gegen China zu unternehmen. Trotz einer von der Mandschurei ausgehenden großangelegten Invasion Nordchinas und den Landungen entlang der chinesischen Küste gelang es der japanischen Armee indessen nicht, einen entscheidenden Sieg zu erringen. Unter großen Verlusten hielt Tschiang Kai-schek den Kampf aufrecht und zog sich weiter ins Inland zurück, verfolgt von japanischen Stoßtrupps und Kampfflugzeugen. Das Problem für das kaiserliche japanische Oberkommando waren nicht so sehr die Verluste, die der Feldzug mit sich brachte – die Armee verlor wahrscheinlich nur 70000 Mann –, sondern die horrenden Kosten einer ergebnislosen und ausgedehnten Kriegführung. Ende 1937 standen mehr als 700000 Soldaten in China, eine Zahl, die noch zunahm (obwohl Willmotts Zahl von 1,5 Millionen im Jahre 1938 viel zu hoch erscheint)[64], ohne daß es je gelang, die Chinesen zur Kapitulation zu zwingen. Der »chinesische Zwischenfall«, wie Tokio das nannte, kostete jetzt fünf Millionen Dollar am Tag und verursachte einen noch steileren Anstieg der Verteidigungsausgaben. 1938 wurden Rationierungsmaßnahmen eingeführt und eine ganze Reihe von Erlassen verabschiedet, die Japan praktisch in den Zustand der Mobilisierung für den »totalen Krieg« versetzten. Die Staatsschuld eskalierte in alarmierender Weise, weil die Regierung mehr und mehr Geld aufnahm, um die gewaltigen Verteidigungskosten bestreiten zu können.[65]

Was es noch schwieriger machte, diese Strategie über längere Zeit durchzuhalten, waren Japans schrumpfende Vorräte an Devisen und Rohstoffen und seine zunehmende Abhängigkeit von den Importen aus Ländern, die der Invasion Chinas mißbilligend gegenüberstanden – den USA, Großbritannien und den Niederlanden. Nachdem die Luftwaffe im Chinafeldzug große Mengen an Benzin verbraucht hatte, »wurde den Fabriken befohlen, ihren Brennstoffverbrauch um 37 Prozent zu vermindern, Schiffe sollten 15 Prozent und Automobile 65 Prozent weniger verbrauchen«.[66] Diese Situation war für die Japaner um so unerträglicher, als sie glaubten, daß Tschiang Kai-scheks Truppen ihren Widerstand nur wegen des Stroms westlichen Nachschubs, der über die Burmastraße, über Französisch-Indochina oder andere Routen lief, aufrechterhalten konnten. Es war logisch und unausweichlich, daß Japan immer mehr zu der Überzeugung kam, es müsse im Süden angreifen, um China zu isolieren und das Öl und die anderen Rohstoffe Südostasiens, Niederländisch-Ostindiens und Borneos in die Hand zu bekommen. Dies war natürlich die Stoßrichtung, welche die japanische Marine schon immer favorisiert hatte; aber selbst die Armee mußte trotz ihrer früheren Besorgnis über die Sowjetunion und deren ausgedehnte Operationen in China allmählich eingestehen, daß die Regierung handeln mußte, um Japans wirtschaftliche Sicherheit zu garantieren.

Dies führte zum gravierendsten Problem von allen. Angesichts der Waffenstärke, die sich die Japaner in den späten 30er Jahren aufgebaut hatten, konnten sie mühelos die Franzosen aus Indochina und die Niederländer aus Ostindien vertreiben. Selbst dem Britischen Empire wäre es schwergefallen, sich gegen Japan zu behaupten, wie die strategischen Denker in Whitehall während der 30er Jahre insgeheim zugaben; und von dem Moment an, da der Krieg in Europa ausgebrochen war, wurde ein volles britisches Engagement in Fernost unmöglich. Es war aber für die Japaner etwas ganz anderes, gegen die Vereinigten Staaten oder die Sowjetunion Krieg zu führen. In den anhaltenden blutigen Grenzzusammenstößen mit der Roten Armee bei Nomonhan zwischen Mai und August 1939 beispielsweise erschrak das kaiserliche japanische Oberkommando über die klare Überlegenheit der sowjetischen Artillerie und Luftwaffe und über die Feuerkraft der viel größeren russischen Panzer.[67] Da die Kwantung-(Mandschurei) Armee nur über halb so viele Divisionen verfügte, wie die Russen in der Mongolei und in Sibirien stationiert hatten, und da große Teilstreitkräfte in China festsaßen, erkannten selbst die extremistischeren Armeeoffiziere, daß ein Krieg gegen die Sowjetunion vermieden werden mußte – zumindest bis die internationale Lage günstiger war.

Aber wenn schon ein Krieg im Norden Japans Grenzen aufdeckte, wäre dies nicht auch bei einem Krieg im Süden der Fall, wenn man dadurch Gefahr liefe, die Vereinigten Staaten in den Konflikt zu ziehen? Und würde die Roosevelt-Regierung, welche die japanischen Aktionen in China so scharf mißbilligte, tatenlos zusehen, während Tokio sich Niederländisch-Ostindien und Malaysia einverleibte und damit dem wirtschaftlichen Druck Amerikas auswich? Das »moralische Embargo« auf den Export von Flugzeugteilen im Juni 1938, die Aufkündigung des amerikanisch-japanischen Handelsabkommens im darauffolgenden Jahr und vor allem das amerikanisch-britisch-niederländische Verbot von Öl- und Eisenerzexporten, das auf die japanische Übernahme Indochinas im Juli 1941 folgte, machte deutlich, daß der Preis für »wirtschaftliche Sicherheit« ein Krieg mit den Vereinigten Staaten war. Aber die Vereinigten Staaten hatten eine fast doppelt so große Bevölkerung wie Japan und die *siebzehnfachen* Staatseinnahmen, sie produzierten fünfmal soviel Stahl, förderten siebenmal so viel Kohle und bauten jährlich achtzigmal so viele Motorfahrzeuge. Ihr Industriepotential war selbst in einem schlechten Jahr wie 1938 siebenmal so groß wie das japanische;[68] in anderen Jahren konnte es neun- bis zehnmal so groß sein. Selbst wenn man den fiebernden Patriotismus der Japaner in Betracht zieht und sich an ihre erstaunlichen Erfolge gegen viel größere Gegner in den Jahren 1895 (China) und 1905 (Rußland) erinnert, grenzte das, was sie jetzt planten, an das Unglaubliche – und das Absurde. In der Tat, für solche nüchternen Strategen wie Admiral Yamamoto war ein Angriff auf ein so mächtiges Land wie die Vereinigten Staaten eine Torheit, besonders als sich abzeichnete, daß der größte Teil der japanischen Armee in China bleiben würde. Aber die Vereinigten Staaten nach dem Juli 1941 nicht anzugreifen, hieße Japan weiterhin der westlichen wirtschaftlichen Erpressung auszusetzen – ebenfalls eine unerträgliche Vorstellung. Unfähig umzukehren, bereiteten sich Japans Militärführer darauf vor, nach vorne zu stürzen.[69]

In den 20er Jahren schien Deutschland bei weitem die schwächste und gequälteste jener Großmächte zu sein, die mit den territorialen und wirtschaftlichen Regelungen der Nachkriegszeit unzufrieden waren. Gefesselt durch die militärischen Auflagen des Versailler Vertrages, belastet durch die Notwendigkeit, Reparationen zu zahlen, strategisch eingeengt durch die Abtretung von Grenzgebieten an Frankreich und Polen, und innerlich erschüttert durch Inflation, Klassenkonflikte und die damit einhergehende Unbeständigkeit und Konfusion der Wählerschaft und der Parteien, genoß Deutschland nicht annähernd die gleiche Handlungsfreiheit in der Außenpolitik wie Italien und Japan. Obwohl sich die Lage in den späten 20er Jahren durch die wirtschaftliche Erholung und die Erfolge Stresemanns, dem es gelang, die deutsche Position zu stärken, enorm verbessert hatte, war das Land immer noch eine politisch labile »halbfreie« Großmacht, als die finanziellen und wirtschaftlichen Krisen der Zeit von 1929–1933 sowohl seine fragile Ökonomie als auch die ungeliebte Demokratie der Weimarer Republik zerstörten.[70]

Wenn der Aufstieg Hitlers die deutsche Stellung innerhalb Europas in wenigen Jahren veränderte, so ist es wichtig, sich an die zuvor dargestellten Punkte zu erinnern: daß praktisch jeder Deutsche mehr oder weniger ein »Revisionist« war und daß ein großer Teil der frühen außenpolitischen Programmatik der Nazis eine *Fortschreibung* früherer Ambitionen der deutschen Nationalisten und der gefesselten Streitkräfte darstellte; daß die Grenzregelungen aus den Jahren 1919–1922 in Ostzentraleuropa für viele andere Nationen und ethnische Gruppen nicht zufriedenstellend waren, die, lange bevor die Nazis die Macht ergriffen, auf Veränderungen drangen und bereit waren, mit Berlin zusammenzuarbeiten, um sie zu berichtigen; daß Deutschland sich trotz seiner Verluste an Territorien, Bevölkerung und Rohstoffen das industrielle Potential bewahrt hatte, die größte europäische Macht zu werden; und daß das internationale Gleichgewicht, das benötigt wurde, um ein Wiederaufleben deutscher Macht zu zügeln, jetzt viel disparater und viel schlechter koordiniert war als vor 1914. An den überwältigenden Erfolgen Hitlers in seinem Versuch, die diplomatische und militärische Position Deutschlands zu verbessern, kann es keinen Zweifel geben; aber deutlich ist auch, daß viele Begleitumstände seine rücksichtslose Ausbeutung der sich bietenden Möglichkeiten begünstigten.[71]

Hitlers »Besonderheit«, was die in diesem Buch behandelten Themen angeht, lag auf zwei Gebieten. Die erste Besonderheit war die merkwürdig angespannte und manische Natur des nationalsozialistischen Deutschlands, das er zu schaffen beabsichtigte: eine Gesellschaft, die rassisch durch die Eliminierung der Juden, Zigeuner und jeglicher anderer angeblich nicht-teutonischer Elemente »gereinigt« werden sollte; ein Volk, das sich mit Leib und Seele der Autorität eines Regimes preisgab, das die alten Loyalitäten von Klasse, Kirche, Heimat und Familie zu ersetzen strebte; eine Wirtschaft, die zu dem Zweck mobilisiert wurde, dem »Deutschtum« neue Territorien zu erobern, wann und wo und gegen wie viele Großmächte auch immer der Führer dies für notwendig erachtete; eine Ideologie der Gewalt, des Kampfes und des Hasses, die ihre Feinde im Staub sehen wollte und schon die Idee des Kompromisses verachtete.[72] Angesichts der Größe und Komplexität der deutschen Gesellschaft des 20. Jahrhunderts muß man kaum erwähnen, daß dies eine irreale Vision war: »Grenzen von Hitlers Macht«[73] gab es überall. Er genoß in den Jahren 1932–1933 und selbst noch 1938–1939 große Unterstützung – wenn auch mit abnehmender Begeisterung. Ohne Zweifel gab es für jeden, der das Regime offen ablehnte, eine Menge anderer, die einen geistigen, inneren Widerstand entwickelten. Aber trotz solcher Ausnahmen steht außer Frage, daß das nationalsozialistische Regime ungeheuer beliebt war und – was noch wichtiger ist – absolut unangefochten über die Ressourcen der Nation verfügen konnte. Mit einer politischen Kultur, die auf Krieg und Eroberung angelegt war, und einer politisierten Wirtschaft, die im Jahre 1938 schon in einem solchen Maße verzerrt war, daß 52 Prozent der Regierungsausgaben und massive 17 Prozent des Bruttosozialproduktes in die Rüstungsindustrie flossen, war Deutschland zu dieser Zeit schon in einer anderen Liga als alle anderen westeuropäischen Staaten. In der Tat gab Deutschland im Jahr des Münchener Abkommens mehr für Waffen aus als Großbritannien, Frankreich und die Vereinigten Staaten zusammen. Alle deutschen nationalen Energien wurden, soweit der Staat sie zusammenziehen konnte, für einen erneuten Kampf mobilisiert.[74]

Die zweite Besonderheit war die erschreckend unsichere Verfassung der nationalen Ökonomie, während sie sich in dieser Expansion aufheizte. Wie bereits erwähnt, hatte sowohl die italienische als auch die japanische Wirtschaft in den späten 30er Jahren ähnliche Probleme – und das gleiche sollte Frankreich und Großbritannien passieren, als sie versuchten, auf die phantastische Geschwindigkeit des neuen Wettrüstens zu reagieren. Aber in keinem dieser Länder ging der Aufbau der Streitkräfte in einem solchen Tempo vonstatten wie in Deutschland. Im Januar 1933 sollte die Armee legal nicht mehr als 100 000 Mann haben, obwohl das Militär lange Zeit vor Hitlers Machtergreifung schon den geheimen Plan hegte, die Armee von sieben auf 21 Divisionen zu erweitern – so wie es auch heimlich die Wiedereinführung der Luftwaffe, von Panzerformationen und anderer durch den Versailler Vertrag verbotener Elemente geplant hatte. Hitlers allgemeine Instruktion an von Fritsch im Februar 1933, eine Armee von größtmöglicher Stärke zu schaffen,[75] wurde von den Planern als Anstoß gesehen, diese Pläne, endlich von finanziellen Einschränkungen und Limitierungen der Truppenstärke befreit, in die Tat umzusetzen. Im Jahre 1935 wurde die Wehrpflicht verkündet und die Obergrenze der Armee auf 36 Divisionen erhöht. Dazu kamen im Jahre 1938 die österreichischen Streitkräfte, die Militärpolizei des Rheinlandes, die Schaffung von Panzerdivisionen und die Reorganisation der Landwehr. Dies alles ließ die Zahl noch höher steigen. Zur Zeit der Krise Ende 1938 zählte die Armee 42 aktive, 8 Reserve- und 22 Landwehrdivisionen; im folgenden Sommer, als der Krieg begann, verfügte die Wehrmacht über 103 Divisionen – ein Sprung von 32 Divisionen innerhalb eines Jahres.[76] Die Erweiterung der Luftwaffe war noch umfassender und verlief noch schneller. Die deutsche Flugzeugproduktion erhöhte sich von lediglich 36 Flugzeugen im Jahre 1932 auf 1938 im Jahre 1934 und 5112 im Jahre 1936, und die 26 Staffeln vom Juli 1933 waren am Anfang des Krieges auf 302 Staffeln mit über 4000 Kampfflugzeugen angewachsen.[77] Wenn die Marine von der Größe her weniger beeindruckend war, dann aufgrund der Tatsache, daß (wie Tirpitz schon früher entdeckt hatte) der Aufbau einer mächtigen Kriegsflotte mindestens ein oder zwei Jahrzehnte forderte. Trotzdem kommandierte Admiral Raeder 1939 eine Reihe von schnellen, modernen Kriegsschiffen, hatte die Marine eine fünfmal so große Mannschaftsstärke wie 1932, gab sie zwölfmal mehr aus als in der Zeit vor Hitlers Machtergreifung.[78] Zur See wie zu Lande und in der Luft war das deutsche Wiederaufrüstungsprogramm darauf angelegt, so bald wie möglich das Gleichgewicht der Macht zu verändern.

Während dies alles von außen beeindruckend aussah, war es im Inneren entschieden wackelig. Die Schläge, welche die deutsche Wirtschaft durch die territorialen Vereinbarungen des Versailler Vertrages hatte einstecken müssen, die große Inflation von 1923, die Reparationszahlungen und die Schwierigkeit, einen Wiedereinstieg in die ausländischen Märkte der Zeit vor 1914 zu finden, bedeutete, daß Deutschlands Produktion erst 1927–1928 den Stand von vor dem Ersten Weltkrieg wieder erreichte. Aber diese Erholung wurde prompt durch die große wirtschaftliche Krise der folgenden Jahre, die Deutschland härter traf als die meisten anderen

Länder, zunichte gemacht. 1932 lag die industrielle Produktion bei nur 58 Prozent von der des Jahres 1928, Exporte und Importe waren um die Hälfte gesunken, das Bruttosozialprodukt war von 89 Milliarden auf 57 Milliarden Reichsmark gefallen, und die Arbeitslosigkeit war von 1,4 auf 5,6 Millionen angestiegen.[79] Hitlers frühe Popularität gründete sich zum großen Teil darauf, daß seine Programme für den Straßenbau, die Elektrifizierung und seine Investitionen in die Industrie die Arbeitslosenquote stark reduzierten, schon bevor die Wehrpflicht den Rest erledigte.[80] 1936 wurde die wirtschaftliche Erholung jedoch zunehmend durch die phantastischen Kosten der Rüstung beeinflußt. Kurzfristig gesehen, stimulierten diese Ausgaben der Regierung auf quasi-keynesianische Art Investitionen und industrielles Wachstum. Auf mittlere oder gar lange Sicht jedoch waren die wirtschaftlichen Konsequenzen furchterregend. Wahrscheinlich hätte nur die Wirtschaft der Vereinigten Staaten die Belastung durch ein so hohes Niveau der Rüstungsausgaben ohne größere Probleme ertragen; die deutsche Wirtschaft konnte es mit Sicherheit nicht.

Das erste ernsthafte Problem, von ausländischen Beobachtern dieser Zeit kaum bemerkt, war die völlig chaotische Struktur der nationalsozialistischen Entscheidungsfindung, etwas, das Hitler gefördert zu haben scheint, um seine absolute Autorität zu sichern. Trotz der Erklärungen des Vierjahresplanes gab es kein zusammenhängendes nationales Programm, um den Aufbau der Rüstung an der Kapazität der deutschen Wirtschaft zu orientieren und um Prioritäten zwischen den verschiedenen Waffengattungen zu setzen. Göring, eigentlich dafür zuständig, war ein hoffnungslos schlechter Verwalter. Statt dessen verfolgte also jede Waffengattung ihre eigene halsbrecherische Expansion, steckte sich neue (oft unsinnige) Ziele und kämpfte dann um die notwendigen Zuteilungen von Investitionsgeldern und besonders Rohstoffen. Sicherlich wäre die Situation noch viel chaotischer gewesen, wenn die Regierung die Arbeiterschaft nicht streng kontrolliert und die private Industrie dazu gezwungen hätte, ihre Profite wieder in von der Regierung empfohlene Industriezweige zu investieren. Überdies wurde durch höhere Steuern, Defizitfinanzierung und durch Einfrieren der Löhne und des persönlichen Konsums ein zunehmender Teil des Nationalproduktes in Kapitalanlagen für die Rüstung gezwungen. Aber selbst als die Regierungsausgaben im Jahre 1938 bis auf 33 Prozent des Bruttosozialproduktes anstiegen (und viele »private« Investitionen in Wirklichkeit auf staatliches Ersuchen hin getätigt wurden), reichten die Ressourcen nicht aus, um den sich überschneidenden und manchmal größenwahnsinnigen Forderungen der Streitkräfte gerecht zu werden. Die Flotte, die nach dem Z-Plan für die deutsche Marine gebaut werden sollte, hätte sechs Millionen Tonnen Öl gebraucht (was dem gesamten deutschen Verbrauch im Jahre 1938 gleichkam); der Plan der Luftwaffe, im Jahre 1942 19000 (!) Kampf- und Reserveflugzeuge zu besitzen, hätte vollends »85 Prozent der Ölproduktion der *Welt* in Anspruch genommen.«[81] In der Zwischenzeit versuchte jede Waffengattung, einen größeren Anteil an geschulten Arbeitskräften, an Stahl, Kugellagern, Erdöl und anderen lebenswichtigen strategischen Materialien an sich zu reißen.

Schließlich kollidierte diese rasante Aufrüstung mit Deutschlands akuter Abhängigkeit von importierten Rohstoffen. Das Reich benötigte, da es nur reich an Kohle war, enorme Mengen an Eisenerz, Kupfer, Bauxit, Nickel, Erdöl, Kautschuk und vielen anderen Rohstoffen, auf die die moderne Industrie – und die modernen Waffensysteme – angewiesen waren.[82] Im Gegensatz dazu waren die Vereinigten Staaten, das Britische Empire und die Sowjetunion in dieser Hinsicht gut ausgestattet. Vor 1914 hatte Deutschland solche Importe durch den florierenden Export von Fertigprodukten finanziert: in den 30er Jahren war dies nicht länger möglich, da die deutsche Industrie jetzt auf die Produktion von Panzern, Kanonen und Flugzeugen für die Wehrmacht umgestellt worden war. Außerdem hatten die Kosten des Ersten Weltkrieges, die späteren Reparationszahlungen und der Zusammenbruch des traditionellen Exporthandels die Devisen Deutschlands fast ganz aufgezehrt; 1938 besaß es nur ein Prozent des Goldes und der finanziellen Reserven der Welt. Im Vergleich dazu verfügten die Vereinigten Staaten über 54 und Frankreich und Großbritannien über jeweils elf Prozent dieser Reserven.[83] So erklärt sich das strenge Regiment der Währungskontrollen, Tauschhandelsabkommen und anderer »Sondergeschäfte«, das von der Reichsregierung verordnet wurde, um wichtige Importe finanzieren zu können, ohne Gold oder Devisen überweisen zu müssen. Daher auch die großangekündigten Versuche, dieser Abhängigkeit durch die Produktion synthetischer Ersatzstoffe (Öl, Dünger etc.) unter dem Vierjahresplan zu entgehen. Jedes dieser Mittel half; keines davon, noch nicht einmal alle zusammen, konnten den Bedarf, der durch die Aufrüstung entstand, ausgleichen. Dies erklärt die wiederkehrenden Krisen innerhalb der deutschen Rüstungsindustrie, als die nationalen Lagerbestände an Rohstoffen erschöpft waren und die Geldmittel zum Ankauf neuer Vorräte ausgingen. 1937 warnte Raeder, daß der gesamte Schiffsbau eingestellt werden müsse, falls keine Materialien beschafft würden. Und im Januar 1939 verordnete Hitler selbst massive Einschränkungen der Zuteilungen von Stahl, Kupfer, Kautschuk und anderen Gütern an die Wehrmacht, während die Wirtschaft eine »Exportschlacht« führte, um Devisen aufzubringen.[84]

Aus dem oben Geschilderten ergaben sich drei miteinander verknüpfte Konsequenzen für die deutsche Macht und die deutsche Politik. Erstens war Deutschland 1938–1939 militärisch nicht so stark, wie Hitler gerne vorgab und wie es die westlichen Demokratien fürchteten. Das Heer, das beim Ausbruch des Krieges angeblich 2,75 Millionen Mann hatte, bestand aus einer kleinen Zahl mobiler, gut bewaffneter Divisionen und einem sehr langen Schweif schlecht ausgerüsteter Reservedivisionen; die erfahrenen Offiziere und Unteroffiziere waren von der Notwendigkeit, eine solche Masse an Rekruten auszubilden, fast überfordert. Munitionsvorräte waren knapp. Selbst die berühmten Panzereinheiten hatten beim Ausbruch der Feindseligkeiten weniger Panzer als die Engländer und Franzosen zusammen. Die Marine, die sich auf einen Krieg Mitte der 40er Jahre vorbereitet hatte, bezeichnete sich selbst als »für einen großen Konflikt mit Großbritannien völlig unzureichend gerüstet«[85] – eine sehr gerechtfertigte Feststellung, wenn man an die Überwasserschiffe denkt, auch wenn die U-Boote dazu beitrugen, das Gleichgewicht wiederherzustellen. Was die Luftwaffe anbetrifft, so war sie hauptsächlich deswegen stark, weil ihre Feinde so chronisch schwach waren – aber sie litt immer unter einem Mangel an Reservisten und Versorgungseinheiten. In der internationalen Krise der späten 30er Jahre war sie nie so stark gewesen, wie sich ihre Gegner das vorgestellt hatten – und sowohl der Flugzeugindustrie als auch den Besatzungen fiel es sehr schwer, sich an die Flugzeuge der »zweiten Generation« zu gewöhnen. Zum Beispiel war die Zahl der »einsatzfähigen« Besatzungen weit geringer als jene, die man während der München-Krise als »kampfbereit« bezeichnet hatte – und allein die Idee, London in Schutt und Asche zu legen, war absurd.[86]

Trotzdem kann man der neuen revisionistischen Literatur, welche die These vertritt, Deutschland sei im Jahre 1939 nicht wirklich kriegsbereit gewesen, nicht völlig zustimmen. Letzten Endes ist militärische Effektivität immer relativ. Wenige, wenn überhaupt irgendwelche, Streitkräfte gestehen jemals zu, alle ihre Bedürfnisse seien befriedigt; und die deutschen Schwächen müssen an denen ihrer Feinde gemessen werden. Wenn man dies tut, sieht das Bild für Berlin wesentlich günstiger aus, besonders aufgrund der Effizienz seiner Streitkräfte *in der operativen Führung:* das Heer war taktisch darauf vorbereitet, die Panzereinheiten konzentriert einzusetzen und ihnen auf dem Schlachtfeld die Initiative zu überlassen – Verbindung wurde über Sprechfunk gehalten; die Luftwaffe war trotz gewisser Tendenzen zu »strategischen Missionen« ausgebildet, die Vorstöße der Armee zu unterstützen; die U-Boot-Waffe war zwar klein, aber flexibel in der Taktik. All dies war ein wichtiger Ausgleich für, beispielsweise, magere Kautschukvorräte.[87]

Dies führt uns zu der zweiten Konsequenz. Weil die deutschen Streitkräfte so schnell wieder aufgerüstet worden waren und die Wirtschaft ernsthaft belastet hatten, war die Versuchung für Hitler massiv, auf Krieg zurückzugreifen, um diesen wirtschaftlichen Schwierigkeiten zu begegnen. Er wußte nur zu gut, daß der Anschluß Österreichs ihm nicht nur fünf weitere Divisionen, etwas Eisenerz und einige Ölfelder und eine beträchtliche Metallindustrie, sondern auch 200 Millionen Dollar an Gold- und Devisenvorräten einbrachte.[88] Das Sudetenland war wirtschaftlich weniger nützlich (obwohl es Kohlevorkommen besaß), und Anfang 1939 war die Devisensituation des Reiches kritisch. Daher ist es kaum überraschend, daß Hitler gierig auf die restliche Tschechoslowakei blickte und im März 1939 nach der Besetzung Prags sofort dorthin eilte, um die Kriegsbeute zu sichten. Abgesehen von den Gold- und Devisenreserven der tschechischen Nationalbank gewannen die

Deutschen auch große Vorräte an Erzen und Metallen, die rasch zur Unterstützung der deutschen Industrie eingesetzt wurden; die große und profitable tschechische Rüstungsindustrie hingegen konnte jetzt dazu genutzt werden, für Deutschland Devisen zu verdienen, indem sie ihre Produkte an Klienten auf dem Balkan verkaufte (oder tauschte). Die Flugzeuge, Panzer und Waffen der beträchtlichen tschechischen Armee wurden übernommen, teils um neue deutsche Divisionen auszurüsten, teils um gegen Devisen verkauft zu werden. Zusammen mit der industriellen Produktion der Tschechoslowakei brachte dies der deutschen Macht in Europa großen Zugewinn und erlaubte es Hitler, sein hektisches und sehr improvisiertes Aufrüstungsprogramm fortzusetzen – bis zur nächsten Krise. Wie Tim Mason aufgezeigt hat, war »die einzige ›Lösung‹, die diesem Regime zur Behebung der strukturellen Spannungen und der durch Diktatur und Aufrüstung verursachten Krisen blieb, noch mehr Diktatur und noch mehr Aufrüstung . . . Einen Krieg zur Plünderung von Menschen- und Kriegsmaterial zu führen, entsprach genau der entsetzlichen Logik der deutschen wirtschaftlichen Entwicklung unter den Nationalsozialisten.«[89]

Die dritte Konsequenz – und das dritte Problem – war folgendes: wie weit konnte Deutschland mit einer solchen Politik der Eroberung und der Plünderung gehen, ohne sich zu überdehnen? Sobald die ursprüngliche deutsche Aufrüstung in Gang war und die Streitkräfte mit modernen Waffen ausgerüstet waren, schien das Muster, schwache Nachbarn zu überwältigen und neue Territorien, Rohstoffe und Devisen zu gewinnen, eine Art Eigenständigkeit anzunehmen; im April/Mai des Jahres 1939 war es klar, daß Polen der nächste Schauplatz sein würde. Aber selbst wenn das Land schnell erobert werden konnte, war Deutschland in der Lage, Frankreich und Großbritannien entgegenzutreten – das heißt, einen Krieg zu bestehen, der für eine großdeutsche Wirtschaft, die immer noch stark von importierten Rohstoffen abhängig war, eine viel größere Herausforderung darstellte? Alles weist darauf hin, daß Hitler 1939 zwar das Risiko in Kauf nahm, die westlichen Demokratien bekämpfen zu müssen, aber hoffte, daß sie noch einmal zurückweichen und ihm einen weiteren begrenzten Plünderungskrieg gegen Polen erlauben würden. Dies wiederum würde der deutschen Wirtschaft die Möglichkeit verschaffen, sich auf einen Krieg der Großmächte irgendwann Mitte der 40er Jahre vorzubereiten.[90] Angesichts der geschwächten wirtschaftlichen und strategischen Macht Frankreichs und Großbritanniens und der Unentschlossenheit ihrer politischen Führung im Jahre 1939 schien selbst ein vorzeitiger Kampf mit diesen Mächten das Risiko wert zu sein. Sollten aber die militärischen Operationen an den Frontlinien des Krieges von 1914–1918 zum Stillstand kommen, würde Deutschlands ursprünglicher Vorsprung durch seine moderne Bewaffnung langsam abschmelzen. Ein Sieg für den Führer und sein Regime wäre jedoch weit schwerer zu erfechten, wenn die Vereinigten Staaten die Alliierten unterstützten oder wenn die Operationen bis nach Rußland ausgedehnt würden, wo schon die Größe des Landes langwierige, ausgedehnte Kämpfe mit sich brachte, bei denen es entscheidend auf das wirtschaftliche Durchhaltevermögen ankam.

Aber da das Nazi-Regime von der Eroberung lebte und Hitler von einer Akquisition zur nächsten getrieben wurde, wie und wo sollte ihm Einhalt geboten werden? Die volle Logik dieses Größenwahns implizierte, daß kein anderer Staat in Europa, und möglichst in der ganzen Welt, eine Herausforderung für Deutschland darstellen sollte. Nur so konnten seine Feinde zerschmettert, die »Judenfrage« gelöst und das Tausendjährige Reich auf sichere Füße gestellt werden.[91] Trotz aller Linien der Kontinuität unterschied sich der deutsche Führer durch seine phantastischen Träume von der Weltherrschaft und durch die letztliche Mißachtung aller Hindernisse, die seinen Entwürfen im Wege standen, vollständig von seinen Vorfahren im Stile Friedrichs des Großen und Bismarcks. Hitler war, wie auch die Japaner, ebenso durch diese besessenen, langfristigen Ambitionen wie durch die Notwendigkeit, kurzfristigen Krisen zu entfliehen, darauf festgelegt, die internationale Ordnung so bald als möglich zu verändern.

Frankreich und Grossbritannien. Die Position beider Staaten angesichts des aufkommenden Sturms war überschattet von akuten und zunehmenden Schwierigkeiten. Obwohl es viele wichtige Unterschiede zwischen diesen Ländern gab, waren beide liberal-kapitalistische Demokratien, die durch den Krieg schweren Schaden genommen hatten, die nicht in der Lage waren (trotz größter Bemühungen), die in ihrer Erinnerung fortbestehende bequeme Nationalökonomie aus Eduards Zeiten dauerhaft zurückzuerlangen, die sich starkem, wachsendem Druck der Arbeiterbewegung zu Hause ausgesetzt sahen und in deren Ländern eine öffentliche Meinung vorherrschte, die unbedingt einen weiteren Konflikt zu vermeiden suchte und fast ausschließlich mit inneren, »sozialen« Fragen und nicht mit außenpolitischen Angelegenheiten beschäftigt war. Das heißt keinesfalls, daß die Diplomatie von London und Paris identisch war; aufgrund ihrer sehr verschiedenen geostrategischen Lage und des unterschiedlichen Drucks, denen ihre jeweiligen Regierungen ausgesetzt waren, hatten die beiden Demokratien oft ganz verschiedene Meinungen darüber, wie das »deutsche Problem« behandelt werden sollte.[92] Aber während sie sich über die Mittel stritten, waren sie sich völlig einig über den Zweck; in den schweren Jahren nach 1919 waren Frankreich und Großbritannien ohne Zweifel Mächte, die den Status quo bewahren wollten.

Zu Beginn der 30er Jahre schien Frankreich die stärkere und einflußreichere Macht zu sein, zumindest auf der alles entscheidenden europäischen Bühne. In diesen Jahren besaß es die zweitgrößte Armee der Großmächte (nach der Sowjetunion) und auch die zweitgrößte Luftwaffe (wieder nach den Russen). Diplomatisch hatte es besonders in Genf und in Osteuropa enormen Einfluß. Frankreich hatte in den Jahren nach 1919, als der Franc sich der Tatsache anpassen mußte, daß er sich nicht länger auf englisch-amerikanische Subventionen stützen konnte und daß die deutschen Reparationszahlungen weit niedriger waren als erwartet, unter schweren wirtschaftlichen Turbulenzen gelitten. Aber Poincarés Stabilisierung der Währung im Jahre 1926 bescherte der französischen Industrie einen bemerkenswerten Boom; die Produktion von Roheisen stieg von 3,4 Millionen Tonnen im Jahre 1920 auf 10,3 Millionen Tonnen im Jahre 1929, die Stahlproduktion von 3 auf 9,7 Millionen Tonnen, die Automobilproduktion von 40 000 auf 254 000 Stück; Chemikalien, Farbstoffe und elektrotechnische Produkte wurden nicht mehr, wie vor dem Krieg, von den Deutschen beherrscht. Die günstige Fixierung des Franc half dem französischen Handel, und der große Goldvorrat trug der Bank von Frankreich in ganz Zentral- und Osteuropa Einfluß ein. Selbst als der »Große Börsenkrach« kam, schien Frankreich am wenigsten betroffen zu sein – teils wegen seiner großen Goldvorräte und der günstig festgesetzten Währung, teils weil die französische Wirtschaft weniger vom internationalen Markt abhing als, beispielsweise, die Großbritanniens.[93]

Nach 1933 jedoch begann die französische Wirtschaft in erschreckender Form geradezu systematisch zusammenzubrechen. Die vergeblichen Versuche, eine Abwertung des Franc zu verhindern, als alle anderen großen Handelsnationen vom Goldstandard abgegangen waren, führten dazu, daß die französischen Exporte immer weniger konkurrenzfähig wurden und der Außenhandel zusammenbrach: »Importe fielen um 60 und Exporte um 70 Prozent.«[94] Nach einigen Jahren der Lähmung fügte die Entscheidung, den Zahlungsmittelumlauf einzuschränken, dem nachgebenden industriellen Sektor einen weiteren schweren Schlag zu. Weitere Einbrüche erlitt er durch die von der Volksfront-Regierung im Jahre 1936 durchgesetzte 40-Stunden-Woche und durch den Anstieg der Löhne. Diese Maßnahme und die massive Entwertung des Franc im Oktober 1936 beschleunigten den ohnehin gewaltigen Abfluß von Gold aus Frankreich und schadeten so dem internationalen Kredit des Landes. Auf dem landwirtschaftlichen Sektor, der nach wie vor die halbe französische Nation beschäftigte und dessen Erträge immer noch in ganz Westeuropa pro Kopf die niedrigsten waren, drückte die Überschußproduktion die Preise und verschlechterte das ohnehin schmale Pro-Kopf-Einkommen – eine Entwicklung, die noch dadurch beschleunigt wurde, daß diejenigen, die in den Städten ihre Arbeit verloren hatten, zurück in die Dörfer strömten. Der einzige (sehr zweifelhafte) Vorteil dieser Rückwanderung auf das Land war, daß er, wie in Italien, das wahre Ausmaß der Arbeitslosigkeit verschleierte. Der Hausbau ließ drastisch nach. Die neueren Industriezweige wie die Automobilindustrie stagnierten in Frankreich gerade dann, als sie sich anderswo erholten. 1938 hatte der Franc nur 36 Prozent seines Standes von 1928, die französische Industrieproduktion lag bei nur 83 Prozent des vorhergehenden Jahrzehntes, die Stahlproduktion bei 64 Prozent, die Bauindustrie bei 61 Prozent. Die vielleicht alarmierendste Zahl – denn sie hatte unmittelbare Auswirkungen auf Frankreichs *Macht* – war die, daß das Nationaleinkommen im Jahre von München um 18 Prozent niedriger lag als im Jahre 1929;[95] und das angesichts eines Deutschen Reiches, das unendlich viel gefährlicher war und massive französische Aufrüstung lebenswichtig machte.

Es wäre daher sehr einfach, den Zusammenbruch der französischen militärischen Effektivität in den 30er Jahren ausschließlich wirtschaftlich zu begründen. Gestützt auf den relativen Wohlstand der späten 20er Jahre und besorgt über die heimliche deutsche Wiederaufrüstung, hatte Frankreich in den Haushaltsjahren 1929–1930 und 1930–1931 seine Verteidigungsausgaben (besonders für die Armee) stark angehoben. Indessen, die falschen Hoffnungen, die sich auf die Genfer Abrüstungsverhandlungen richteten, und die Auswirkungen der Depression forderten ihren Preis. 1934 beliefen sich die Verteidigungsausgaben immer noch auf 4,3 Prozent des nationalen Einkommens, was auch 1930–1931 der Fall gewesen war, aber die absolute Summe war um 4 Millionen Franc geringer, da die Wirtschaft sich so rapide abschwächte.[96] Obwohl sich die Volksfront-Regierung unter Léon Blum bemühte, diesen Abstieg der Rüstungsausgaben abzuwenden, übertraf der veranschlagte Etat für die Verteidigung erst 1937 wieder den von 1930 – und der größte Teil dieses Zuwachses wurde für die Beseitigung der offensichtlichsten Mängel des Heeres und für weitere Befestigungen aufgewandt. In diesen kritischen Jahren eilte Deutschland wirtschaftlich und militärisch weit voraus:

> Frankreich war in der Automobilproduktion hinter Großbritannien und Deutschland zurückgefallen; in der Luftfahrtindustrie war es auf den vierten Platz abgefallen, vom ersten auf den vierten Platz in weniger als einem Jahrzehnt; seine Stahlproduktion stieg zwischen 1932 und 1937 um jämmerliche 30 Prozent, verglichen mit einem 300prozentigen Anstieg der deutschen Industrie; die Kohleförderung zeigte in diesen fünf Jahren einen deutlichen Rückgang, eine Entwicklung, die sich größtenteils durch die Rückgabe der Kohlevorkommen im Saargebiet 1935 und dem daraus folgenden Anstieg der deutschen Förderung erklärt.[97]

Mit einer rasch schwächer werdenden Wirtschaft und angesichts von Schuldzinsen und den Auslagen für die Renten des Ersten Weltkrieges, welche die *Hälfte* der gesamten Staatsausgaben in Anspruch nahmen, war es für Frankreich unmöglich, seine drei Waffengattungen zufriedenstellend auszurüsten – selbst als es in den Jahren 1937 und 1938 über 30 Prozent seines Haushaltes für die Verteidigung ausgab. Ironischerweise wurde die undankbare französische Marine wahrscheinlich am besten versorgt und besaß im Jahre 1939 eine ausgewogene und moderne Flotte – was kaum half, einen deutschen Angriff zu Land aufzuhalten. Die Luftwaffe war am schlimmsten dran, ihr fehlte ständig Geld. Eine kleine verstreute Luftfahrtindustrie fristete mühsam ihr Leben, indem sie zwischen 1933 und 1937 lediglich 50 bis 70 Flugzeuge im Monat baute, was ungefähr einem Zehntel der deutschen Produktion entsprach. 1937 zum Beispiel baute Deutschland 5606 Flugzeuge, wohingegen Frankreich nur 370 (oder 743, je nach Quelle) produzierte.[98] Erst 1938 begann die Regierung, Geld in die Luftfahrtindustrie zu stecken, und schuf damit alle Engpässe, die eine überstürzte Expansion mit sich bringt, ganz zu schweigen von den Konstruktions- und Flugproblemen, die diese Entscheidung für neuere Hochleistungmaschinen mit sich brachte. Die ersten achtzig der vielversprechenden Dewoitine-520-Kampfflugzeuge wurden zum Beispiel erst zwischen Januar und April von der französischen Luftwaffe akzeptiert, und die Piloten waren gerade erst dabei, mit der Maschine zu üben, als der Blitzkrieg über sie hereinbrach.[99]

Aber hinter diesen wirtschaftlichen Schwierigkeiten und Produktionsproblemen lagen, so räumen die meisten Historiker ein, tiefergehende soziale und politische Probleme. Schockiert von den Verlusten des Ersten Weltkrieges, deprimiert durch wiederholte wirtschaftliche Krisen und Enttäuschungen, zerrissen durch Klassenhaß und ideologische Auseinandersetzungen, die sich intensivierten, als Politiker sich erfolglos mit den Problemen der Abwertung, der Deflation, der 40-Stunden-Woche, höherer Steuern und der Wiederaufrüstung herumschlugen, erlebte die französische Gesellschaft in den 1930er Jahren einen Zusammenbruch der politischen Moral. Der Zusammenhalt der Gesellschaft war erschüttert. Weit davon entfernt, eine abwehrende *union sacrée* zu schaffen, hatte der Aufstieg des Faschismus in Europa – zumindest ab der Zeit des Spanischen Bürgerkrieges – die öffentliche Meinung in Frankreich zunehmend gespalten; die extreme Rechte zog (wie Sprechchöre der Straße lauteten) Hitler Blum vor, und vielen unter den Linken mißfiel sowohl der Anstieg der Rüstungsausgaben als auch die vorgeschlagene Aufhebung der 40-Stunden-Woche. Solche ideologischen Zusammenstöße, verbunden mit der Unbeständigkeit der Parteien und der chronischen Labilität der Regierungen zwischen den Kriegen (24 Regierungswechsel zwischen 1930 und 1940), vermittelten manchmal den Eindruck einer Gesellschaft am Rande des Bürgerkrieges. Zumindest war das Land kaum in der Lage, Hitlers kühnen Vorstößen und Mussolinis Ablenkungsmanövern zu begegnen.[100]

Wie so oft zuvor in der französischen Politik beeinflußte all dies die Beziehungen zwischen Zivilisten und Militärs und das gesellschaftliche Ansehen der Armee.[101] Aber ganz abgesehen von dieser allgemeinen Atmosphäre des Mißtrauens und des Pessimismus, in der die französischen Regierungschefs arbeiten mußten, gab es eine ganze Reihe spezifischer Schwächen. Es existierte keine wirkungsvolle Körperschaft wie der Reichsverteidigungsausschuß oder der Generalstabsunterausschuß in Großbritannien, um die Politik der verschiedenen militärischen und nichtmilitärischen Zweige der Regierung im Sinne strategischer Planung systematisch zusammenzufassen, oder auch nur die Ansichten der rivalisierenden Waffengattungen zu koordinieren. Die führenden Leute in der Armee, Gamelin, Georges, Weygand und (im Hintergrund) Pétain waren in den Sechzigern oder Siebzigern, dachten defensiv, vorsichtig und waren an taktischen Neuerungen nicht interessiert. Während sie de Gaulles Vorschläge für eine kleinere, moderne Panzerarmee glattweg ablehnten, kümmerten sie sich selbst wenig um alternative Formen für den Einsatz der neueren Kriegswaffen. Der neue verbundene Einsatz der Waffengattungen wurde nicht praktiziert. Probleme der Führung im Gefecht und der Verbindungen (zum Beispiel durch Sprechfunk) wurden ignoriert. Die Rolle der Luftwaffe wurde abgewertet. Obwohl der französische Geheimdienst eine Menge Information über die neuen Strategien der Deutschen lieferte, wurde nichts davon diskutiert. Man glaubte nicht an die Wirkungskraft des Einsatzes reiner Panzerverbände, wie die Deutschen sie in ihren Manövern vorführten; und die Exemplare der Übersetzung von Guderians *Achtung! Panzer*, die an die Bibliothek jeder Garnison geschickt wurden, blieben wahrscheinlich ungelesen.[102] Das hieß, daß selbst als die französische Industrie angetrieben wurde, eine beträchtliche Anzahl von Panzern – viele, wie der SOMUA-35, von sehr guter Qualität – herzustellen, keine Strategie für ihren Einsatz existierte.[103] Angesichts solchen Versagens in Führung und Ausbildung mußte es für die französische Armee außergewöhnlich schwer werden, die soziopolitische Malaise und den wirtschaftlichen Abstieg des Landes auszugleichen, falls es je zu einem weiteren großen Krieg kam.

Auch konnten solche Schwächen nicht mehr durch Erfolge der französischen Diplomatie und durch eine vorteilhafte Allianzstrategie überwunden werden, wie das vor 1914 der Fall gewesen war. Im Gegenteil, wie die 30er Jahre zeigten, wurden die Widersprüche der französischen Außenpolitik immer offensichtlicher. Der erste Widerspruch bestand natürlich schon immer darin, daß es unvereinbar war, einerseits eine Strategie der Defensive hinter der Maginotlinie zu übernehmen, andererseits aber eine deutsche Expansion in Osteuropa notfalls dadurch stoppen zu wollen, daß man *vorwärts* marschierte, um Frankreichs kontinentale Alliierte, wie in den Verträgen gefordert, zu unterstützen. Die deutsche Wiedereingliederung des Saarlandes 1935 und Hitlers Besetzung des entmilitarisierten Rheinlandes machten einen französischen Vorstoß noch weniger wahrscheinlich, selbst wenn die Führer der Armee bereit gewesen wären, offensive Operationen überhaupt zu erwägen. Dies war aber nichts gegen die Schläge, die im Jahre 1936 auf Frankreichs diplomatische und strategische Position herabprasselten: der Streit mit Italien über den Abessinienkrieg, der es vom potentiellen Alliierten gegen Deutschland zum potentiellen Feind machte; das Einsetzen des Spanischen Bürgerkrieges mit der Aussicht darauf, daß sich eine weitere faschistische Macht im Rücken Frankreichs etablierte; und Belgiens Rückzug in die Neutralität mit seinen strategischen Implikationen. Am Ende dieses katastrophalen Jahres konnte sich Frankreich nicht mehr allein auf die nordöstliche Grenze konzentrieren, und die Vorstellung, ins Rheinland vorzustoßen, um einem östlichen Alliierten zu helfen, war in weite Ferne gerückt. Zur Zeit der Münchener Krise waren viele Franzosen daher schreckensstarr angesichts des Gedankens, ihre Verpflichtungen gegenüber der Tschechoslowakei erfüllen zu müssen.[104] Schließlich merkte Frankreich nach der Unterzeichnung des Münchener Abkommens, daß die UdSSR einer Zusammenarbeit mit dem Westen viel feindlicher gegenüberstand und nicht länger bereit war, den französisch-sowjetischen Beistandspakt von 1935 ernst zu nehmen.

Unter solch düsteren diplomatischen, militärischen und wirtschaftlichen Umständen ist es kaum überraschend, daß Frankreich seine Strategie im wesentlichen darauf richtete, in einem zukünftigen Krieg gegen Deutschland rückhaltlose Garantien Großbritanniens zu erlangen. Dafür gab es offensichtliche wirtschaftliche Gründe. Frankreich war in hohem Maße abhängig von importierter Kohle (zu 30 Prozent), Kupfer (zu 100 Prozent), Öl (zu 99 Prozent), Kautschuk (zu 100 Prozent) und anderen lebenswichtigen Gütern, von denen viele aus dem Britischen Empire kamen und von der britischen Handelsflotte transportiert wurden. Falls der »totale Krieg« käme, wäre der sinkende Franc vielleicht wieder auf die Hilfe der Bank von England angewiesen, damit Frankreich seinen weltweiten Verpflichtungen nachkommen konnte; tatsächlich fühlte sich Frankreich schon 1936–1937 stark von anglo-amerikanischer finanzieller Unterstützung abhängig.[105] Umgekehrt konnte Deutschland nur mit Hilfe der Royal Navy von Nachschub aus Übersee abgeschnitten werden. Ende der 30er Jahre war zusätzlich die Unterstützung durch die Royal Air Force vonnöten – so wie auch ein britisches Expeditionsheer in die Rechnung einging. In dieser Hinsicht, so ist von Historikern argumentiert worden, gab es durchaus eine langfristige Logik in der französischen Politik der strategischen Passivität: wenn man annahm, daß ein deutscher Vorstoß im Westen wie 1914 gestoppt werden könnte, würden schließlich die überlegenen Ressourcen der englisch-französischen Reiche die Oberhand gewinnen – und ohne Zweifel auch die vorübergehend im Osten eroberten tschechischen und polnischen Territorien von den Deutschen nicht zu halten sein.[106]

Trotzdem kann kaum behauptet werden, daß diese französische Strategie des »Wartens auf Großbritannien« ein uneingeschränkter Segen war. Offensichtlich überließ sie Hitler die Initiative, der nach 1934 wiederholt zeigte, daß er sie zu nutzen wußte. Darüber hinaus band sie Frankreich die Hände (obwohl es beträchtliche Beweise dafür gibt, daß Männer wie Bonnet und Gamelin es vorzogen, so eingeschränkt zu sein). Seit 1919 hatten die Briten die Franzosen gedrängt, eine weichere, versöhnlichere Politik gegenüber Deutschland einzuschlagen. Sie tadelten das, was sie als gallische Intransigenz ansahen, und noch Jahre nach Hitlers Machtergreifung brachten sowohl die britische Regierung als auch das Volk wenig Verständnis für Frankreichs Sicherheitsdilemma auf. Besonders mißbilligten die Briten die französischen militärischen Verpflichtungen gegenüber den »Nachfolgestaaten« Osteuropas, und als eine englisch-französische Kooperation unvermeidlich wurde, setzten sie Paris unter Druck, diese Bindungen abzuwerfen. Schon vor der tschechischen Krise hatte Großbritannien die ältere französische Politik der Härte gegenüber Berlin verwässert und untergraben – ohne indessen irgend etwas Substantielles an deren Stelle zu setzen. Erst im Frühjahr 1939 fanden die beiden Länder zu einer richtigen militärischen Allianz zusammen, und selbst dann hatte sich ihr gegenseitiges politisches Mißtrauen noch nicht vollständig verflüchtigt.[107] Wie wir später sehen werden, war Albion zu der Zeit weniger »perfide« als kurzsichtig. Es litt unter einer Art »wishful thinking« und war sehr mit einer Reihe innerer und imperialer Probleme beschäftigt. Aber das bestätigt lediglich die Tatsache, daß es nur eine schwache und unsichere Stütze für die französische Politik sein konnte, wenn es darum ging, den deutschen Expansionismus einzudämmen.

Vielleicht war es die größte Fehlkalkulation Frankreichs zu glauben, Großbritannien wäre in den späten 30er Jahren noch genauso fähig, der deutschen Herausforderung Einhalt zu gebieten wie 1914. Großbritannien war natürlich immer noch eine ansehnliche Macht, die viele strategische Vorteile genoß und ein Produktionsvolumen und ein Industriepotential hatte, das doppelt so hoch war wie das französische; aber auch seine Position war weniger stark und gesichert als zwei Jahrzehnte zuvor. Psychologisch hatte die britische Nation aus dem Ersten Weltkrieg schlimme Narben davongetragen, und sie war desillusioniert von der Fruchtlosigkeit (aus Sicht der Bevölkerung) des »karthagischen« Friedens, der ihm folgte. Diese Abkehr vom Militarismus, dem kontinentalen Engagement und von jeglicher Sorge um das Gleichgewicht der Macht fiel mit der vollständigen Durchsetzung der parlamentarischen Demokratie (durch die Erweiterungen des Wahlrechts von 1918 und 1928) und mit dem Aufstieg der Labour Party zusammen. Vielleicht noch mehr als in Frankreich schien hier die nationale Politik um die »soziale« Frage zu kreisen – eine Tatsache, die sich in dem geringen Prozentsatz (10,5) des Haushalts widerspiegelte, der 1933 für die Armee aufgewandt wurde, im Vergleich zu den Summen, die für Soziales ausgegeben wurden (44,6 Prozent).[108] Dies war kein Klima, erinnerten Baldwin und Chamberlain häufig ihre Kabinettskollegen, in dem man durch Eingriffe in die unlösbaren Probleme Ostzentraleuropas, dessen Grenzen (von Whitehall aus gesehen) alles andere als heilig waren, Stimmen gewinnen konnte.

Selbst solchen politischen Gruppen und strategischen Planern, die sich mehr um Außenpolitik als um soziale Probleme oder um Wahlmanöver kümmerten, schien die internationale Szene nach 1919 Vorsicht und Nichteinmischung zu gebieten. Sobald der Krieg vorbei war, hatten die selbstverwalteten Dominien auf eine Neudefinition ihres Status gedrängt. Als dies durch die Balfour-Deklaration im Jahre 1926 und durch das Statut von Westminster im Jahre 1931 geschehen war, hatten sie sich zu praktisch unabhängigen Staaten mit eigener Außenpolitik (wenn sie das wünschten) entwikkelt. Keiner von ihnen war daran interessiert, in europäische Streitereien verwickelt zu werden; manchen, wie Irland, Südafrika und sogar Kanada widerstrebte es, um irgend etwas zu kämpfen. Wenn Großbritannien das Bild eines vereinten Empire zu wahren wünschte, mußte die Kriegsursache so eindeutig sein, daß die Dominien ihre Unterstützung nicht versagen konnten; und selbst als dieser Separatismus dadurch abgeschwächt wurde, daß die Bedrohung durch Deutschland, Italien und Japan zunahm, blieb sich London der wichtigen *außer*-europäischen Dimension all seiner außenpolitischen Entscheidungen sehr bewußt.[109] Militärisch noch wichtiger waren die »imperialistischen Polizeiaktionen«, in die die britische Armee und die Royal Air Force in Indien, Irak, Ägypten, Palästina und anderswo verstrickt waren. Tatsächlich fiel die britische Armee für einen großen Teil der Zeit zwischen den Kriegen in ihre viktorianische Rolle zurück: die russische Bedrohung Indiens erschien als die größte (wenn auch ziemlich abstrakte) strategische Gefahr, und die Eingeborenen ruhig zu halten, war das tägliche Brot.[110] Schließlich wurde dieser imperialistische Zug der britischen Großstrategie durch die fixe Idee der Royal Navy, eine »Hauptflotte nach Singapur« zu schicken, und durch Whitehalls gerechtfertigte Sorge, seine entlegenen und verwundbaren Besitzungen gegen die Japaner zu verteidigen, verstärkt.[111]

Es ist richtig, daß diese strategische Zwiespältigkeit des britischen »Janus« jahrhundertealt war; aber was viel erschreckender erschien, war die Tatsache, daß dies alles nun auf einer sehr geschwächten industriellen Basis vollbracht werden mußte. Die britische Industrieproduktion war in den 20er Jahren träge, was zum Teil darauf zurückzuführen war, daß der Sterling auf zu hohem Niveau in den Goldstandard zurückkehrte. Obwohl sie nicht so dramatisch litt wie die deutsche und die der Vereinigten Staaten, wurde auch die kränkelnde britische Ökonomie von der Weltwirtschaftskrise von 1929 zutiefst erschüttert. Die Textilproduktion, die immer noch 40 Prozent der britischen Exporte ausmachte, fiel um zwei Drittel; die Kohleförderung, die weitere 10 Prozent der Exporte brachte, fiel um ein Fünftel; der Schiffsbau wurde so schwer getroffen, daß die Produktion 1933 auf sieben Prozent der Vorkriegstonnage absank; die Stahlproduktion fiel in den drei Jahren von 1929–1932 um 45 und die Roheisenproduktion um 53 Prozent. Dadurch, daß der internationale Handel versiegte und durch Währungsblöcke ersetzt wurde, bewegte sich Großbritanniens Anteil am Welthandel weiter abwärts, von 14,15 Prozent (1913) auf 10,75 Prozent (1929) und auf 9,8 Prozent (1937). Ferner konnten die *unsichtbaren* Einnahmen aus der Verschiffung ausländischer Güter, den Versicherungen und den Investitionen in Übersee, die über ein Jahrhundert lang die *sichtbare* Lücke in der Handelsbilanz reichlich gedeckt hatten, diese Aufgabe nun nicht mehr bewältigen. Als die 30er Jahre anbrachen, lebte Großbritannien von seinem Kapital. Das Trauma der Krise von 1931, die den Zusammenbruch der Labour-Regierung und die Entscheidung, von der Golddeckung abzugehen, mit sich brachte, machte den Politikern die wirtschaftliche Verwundbarkeit des Landes nur allzu bewußt.[112]

In gewissem Maße mögen die Befürchtungen dieser Politiker sogar übertrieben gewesen sein. 1934 begann sich die Wirtschaft langsam zu erholen. Während ältere Industriezweige im Norden daniederlagen, verzeichneten neue – wie die Automobil-, die petrochemische und die elektrotechnische Industrie – ein stetiges Wachstum.[113] Der Handel innerhalb des »Sterling-Blocks« war eine Krücke für die britischen Exporteure. Das Sinken der Nahrungsmittel- und Rohstoffpreise half dem britischen Konsumenten. Aber solche Linderungsmittel konnten ein Finanzministerium, das um Großbritanniens anfällige Kreditwürdigkeit in Übersee besorgt war und weitere Anstürme auf den Sterling befürchtete, kaum beruhigen. Aus seiner Sicht war die oberste Priorität, daß das Land sich selbst finanzieren konnte, was hieß, daß der Haushalt ausgeglichen, die Steuern niedrig gehalten und die Ausgaben des Staates kontrolliert werden mußten. Selbst als die Mandschurei-Krise dazu führte, daß die Regierung im Jahre 1932 die berühmte Zehn-Jahre-Regelung* aufgab, bestand das Finanzministerium sofort darauf, daß »dies kein Grund sein darf, eine Ausweitung in den Ausgaben der Verteidigungskräfte ohne Rücksicht auf die anhaltend ernste finanzielle und wirtschaftliche Lage zu rechtfertigen«.[114]

Diese Kombination aus innenpolitischem und wirtschaftlichem Druck sorgte dafür, daß Großbritannien – wie Frankreich – seine Verteidigungsausgaben in den frühen 30er Jahren kürzte, gerade als die Diktaturen anfingen, ihre zu erhöhen. Erst 1936, nach mehreren Jahren, in denen die »Verteidigungsschwächen« des Landes nur studiert wurden, und nach dem doppelten Schock durch Hitlers offene Aufrüstung und die Abessinen-Krise nahmen die britischen Ausgaben für die Streitkräfte das erste Mal beträchtlich zu. Aber der Militäretat dieses Jahres lag noch immer unter dem Italiens und war nur ein Drittel oder ein Viertel jenes der Deutschen. Selbst in diesem Stadium verhinderten die Kontrolle des Finanzministeriums und die Sorgen der Politiker um die öffentliche Meinung eine umfassende Wiederaufrüstung, die erst im Krisenjahr 1938 richtig einsetzte. Schon lange zuvor hatten die Streitkräfte jedoch gewarnt, daß es unmöglich sei, »unseren Handel, unsere Territorien und le-

* Die Zehn-Jahre-Regelung war die nach 1919 gültige Anweisung, daß die Streitkräfte in ihrer Etatplanung davon ausgehen sollten, daß sie innerhalb der nächsten zehn Jahre in keinen größeren Krieg verwickelt werden würden.

benswichtigen Interessen gegen Deutschland, Italien und Japan gleichzeitig zu verteidigen« und hatten die Regierung gedrängt, »die Zahl unserer potentiellen Feinde zu reduzieren und die Unterstützung potentieller Alliierter zu suchen«.[115] In anderen Worten, die Diplomatie – die Diplomatie der Beschwichtigung – war gefordert, um das wirtschaftlich geschwächte, strategisch überdehnte Empire gegen die Bedrohungen im Fernen Osten, im Mittelmeer und in Europa selbst zu verteidigen. Auf keinem ausländischen Schauplatz, glaubten die Stabschefs, war Großbritannien stark genug; und selbst diese traurige Tatsache wurde noch von dem alarmierenden Aufstieg der deutschen Luftwaffe überschattet, der die Inselbewohner zum ersten Mal den militärischen Operationen eines Feindes direkt aussetzte.[116]

Einiges deutet darauf hin, daß auch die britischen Stabschefs, wie die Militärs in fast jedem anderen Staat, die Aussichten ihres Landes übermäßig düster einschätzten;[117] der Erste Weltkrieg hatte sie vorsichtig und pessimistisch gemacht.[118] Aber es gab *keinen* Zweifel daran, daß Großbritannien in den Jahren 1936–1937 von Deutschland in der Luft überholt worden war, daß seine winzige Berufsarmee auf dem europäischen Kontinent wenig ausrichten konnte und daß seine Marine nicht in der Lage sein würde, die europäischen Gewässer zu kontrollieren *und* eine Hauptflotte nach Singapur zu entsenden. Noch bestürzender für die britischen Politiker war es vielleicht, daß sie größte Mühe hatten, die von den Stabschefs geforderten »potentiellen Alliierten« zu finden. Die Koalitionen, die Großbritannien geknüpft hatte, um Napoleon entgegenzutreten, die erfolgreichen *ententes* und *rapprochements* , die in den Jahren nach 1800 zustande gebracht wurden, waren jetzt unauffindbar. Japan hatte sich vom Alliierten zum Feind gewandelt; dasselbe war mit Italien geschehen. Rußland, die andere »Flankenmacht« (um Dehios Begriff zu benutzen)[119], die sich traditionell mit Großbritannien verbunden hatte, wenn es darum ging, einer kontinentalen Hegemonie zu begegnen, war jetzt in diplomatischer Isolation und zutiefst mißtrauisch gegenüber den westlichen Demokratien. Fast ebenso unergründlich und unvorhersehbar, zumindest für die frustrierten Gemüter von Whitehall, war die Politik der Vereinigten Staaten vom Anfang bis zur Mitte der 30er Jahre. Die USA entzogen sich allen diplomatischen und militärischen Verpflichtungen, waren noch immer nicht bereit, in den Völkerbund einzutreten. Sie wandten sich scharf gegen die britischen Versuche, die revisionistischen Staaten durch Zugeständnisse zu beschwichtigen (z. B. dadurch, daß Japan eine besondere Stellung in Ostasien zugesichert oder spezielle Zahlungs- und Tauschvereinbarungen mit Deutschland getroffen wurden). Und sie machten es durch die Neutralitätsgesetzgebung von 1937 unmöglich, in Amerika Kredite für die Aufrüstung aufzunehmen, wie Großbritannien es zwischen 1914 und 1917 getan hatte. Dank all dieser Maßnahmen vereitelten die Vereinigten Staaten ständig die britische Großstrategie in derselben vielleicht unbeabsichtigten Art, wie Großbritannien der französischen Osteuropa-Strategie entgegenwirkte.[120] So blieben als potentielle Alliierte nur noch Frankreich und der Rest des Britischen Empire. Die diplomatischen Bedürfnisse Frankreichs indessen zogen Großbritannien in zentraleuropäische Verpflichtungen, denen die Dominien sehr ablehnend gegenüberstanden und die auch die gesamte Struktur der »Empire-Verteidigung« nicht absichern konnte; auf der anderen Seite lenkten die *außer*-europäischen Interessen des Empire die Aufmerksamkeit und die Ressourcen ab, die benötigt wurden, um die deutsche Bedrohung einzudämmen. Folglich sahen sich die Briten in den 30er Jahren einem globalen diplomatischen und strategischen Dilemma gegenüber, für das es keine zufriedenstellende Lösung gab.[121]

Das heißt aber nicht, daß Baldwin, Chamberlain und ihre Kollegen nicht mehr hätten tun können oder daß die bestimmenden Faktoren der britischen Appeasementpolitik so waren, daß jede alternative Politik, wie sie von Churchill und anderen Kritikern vorgeschlagen wurde, nicht durchführbar gewesen wäre. Es gab auf seiten der britischen Regierung eine beharrliche Bereitschaft – trotz aller Gegenbeweise –, auf »vernünftige« Annäherungen an das Nazi-Regime zu vertrauen. Die emotionale Abneigung gegen den Kommunismus war so stark, daß Rußlands Potential als Mitglied einer antifaschistischen Koalition ständig ignoriert oder unterschätzt wurde. Verwundbare osteuropäische Staaten wie die Tschechoslowakei und Polen wurden nur zu oft als bloße Last angesehen, und das mangelnde Einfühlungsvermögen für Frankreichs Probleme verweist auf einen fatal verengten Geist. Die Macht Deutschlands und Italiens wurde hartnäckig und auf sehr schmaler Beweisgrundlage überschätzt, wohingegen alle britischen Schwächen als ein Grund für Passivität herbeigezerrt wurden. Whitehalls Sicht des europäischen Mächtegleichgewichts war eigensüchtig und kurzfristig. Kritiker der Appeasementpolitik wie Churchill wurden systematisch zensiert und neutralisiert, während die Regierung vorgab, nur der öffentlichen Meinung folgen zu können (statt sie zu führen).[122] Trotz aller plausibler, objektiv gültiger Gründe für den Wunsch der britischen Regierung, die Konfrontation mit den Diktaturen zu vermeiden, gibt es vieles an ihrer kleinmütigen, engstirnigen Haltung, was auch bei diesem zeitlichen Abstand noch sehr zweifelhaft erscheint.

Auf der anderen Seite muß jede Untersuchung der wirtschaftlichen und strategischen Situation am Ende der 30er Jahre auch zugestehen, daß die grundsätzlichen Probleme der britischen Strategie nicht allein durch einen Wechsel der Einstellung oder auch nur des Premierministers gelöst werden konnten. In der Tat, je mehr Chamberlain – durch Hitlers weitere Aggressionen und durch die Empörung in der britischen Öffentlichkeit – gezwungen war, die Beschwichtigungspolitik aufzugeben, desto deutlicher wurden die fundamentalen Gegensätze. Wenn die Stabschefs auf einem massiven Anstieg der Verteidigungsausgaben bestanden, argumentierte das Finanzministerium, daß solche Ausgaben den wirtschaftlichen Ruin bedeuteten. Schon 1937 steckten Großbritannien und Frankreich einen größeren Anteil ihres Bruttosozialproduktes in die Verteidigung als in den Jahren vor der Krise von 1914, aber ohne spürbare Verbesserung ihrer Sicherheit – einfach weil der manisch getriebene, überhitzte deutsche Staat noch weit mehr für die Bewaffnung ausgab. Aber die empfindliche britische Wirtschaft begann unter dem weiteren Anstieg der britischen Verteidigungsausgaben – grob von 5,5 Prozent des Bruttosozialproduktes im Jahre 1937 über 8,5 Prozent im Jahre 1938 bis auf 12,5 Prozent im Jahre 1939 – zu ächzen. Selbst wenn Geld für Rüstungsausgaben bereitgestellt wurde, verlangsamten die Unzulänglichkeit der britischen Industrie und der entscheidende Mangel an ausgebildeten Ingenieuren die erhoffte Produktion von Flugzeugen, Panzern und Schiffen; aber dies zwang wiederum Heer, Marine und Luftwaffe, immer größere Mengen an Waffen, Flachstahl, Kugellagern und anderen Materialien in neutralen Ländern wie Schweden und den Vereinigten Staaten zu bestellen, was die Devisenvorräte weiter verringerte und die Handelsbilanz bedrohte. Als die Gold- und Dollarvorräte des Landes schrumpften, wurde sein internationaler Kredit unsicherer als je zuvor. »Wenn wir glauben, daß wir genauso wie 1914 in der Lage sind, einen langen Krieg zu führen,« bemerkte das Finanzministerium als Antwort auf die neuen Wiederaufrüstungsmaßnahmen vom April 1939 kühl, »stecken wir den Kopf in den Sand.«[123] Dies war keine angenehme Vorhersage für ein Land, dessen strategische Planer davon ausgingen, daß sie keine Chance hatten, in einem kurzen Krieg zu siegen, aber irgendwie hofften, in einem ausgedehnten Konflikt die Oberhand zu gewinnen.

Ähnlich ernstzunehmende Widersprüche tauchten am Vorabend des Krieges auch im militärischen Bereich auf. Während der britische Entschluß von 1939, wieder eine formelle »kontinentale Verpflichtung« für Frankreich einzugehen, und die fast gleichzeitige Entscheidung, dem Mittelmeer bei der Dislozierung von Marineeinheiten den Vorzug vor Singapur zu geben, einige schon lange offene strategische Fragen entschied, waren auf diese Weise die britischen Interessen im Fernen Osten dem nächsten Akt japanischer Aggression schutzlos ausgesetzt. Auf ähnlich widersprüchliche Art zeigten der Beistandspakt mit Polen im Frühjahr 1939, gefolgt von weiteren Garantien für Griechenland, Rumänien und die Türkei, daß Whitehall die Bedeutung Osteuropas und des Balkans für das kontinentale Machtgleichgewicht wiederentdeckt hatte. Aber real hatten die britischen Streitkräfte natürlich kaum eine Chance, diese Länder gegen einen entschlossenen deutschen Angriff zu verteidigen.

Zusammenfassend kann man sagen, daß weder Chamberlains härtere Politik gegenüber Deutschland nach dem März 1939 noch seine Ablösung durch Churchill im Mai 1940 das strategische und wirtschaftliche Dilemma Großbritanniens »gelöst« hatte; die Probleme wurden lediglich neu definiert. Einem überdehnten Weltreich – das immer noch ein Viertel der Welt beherrschte, aber nur über neun bis zehn Prozent der Produktionskraft und des »Kriegspotentials«[124] verfügte – brachte in dieser späten Phase der Geschichte sowohl die Appeasementpolitik als auch die Anti-Appeasementpolitik Nachteile; man konnte nur das geringere Übel wählen.[125] Daß 1939 die richtige Entscheidung getroffen wurde, indem man sich Hitlers weiteren Aggressionen entgegenstellte, steht außer Frage. Aber in diesem Stadium waren die Mächte, die gegen die britischen Interessen in Europa und im Fernen Osten antraten, so übermächtig, daß schwer zu sehen war, wie ein klarer Sieg gegen den Faschismus ohne die Intervention der neutralen Großmächte erfochten werden konnte. Und auch das würde Probleme mit sich bringen.

Die Supermächte hinter den Kulissen

Wie bereits erwähnt, war eine der größten Schwierigkeiten, denen sich die britischen und französischen Politiker gegenübersahen, als sie mit den diplomatischen und strategischen Herausforderungen der 30er Jahre rangen, die ungewisse Haltung der beiden riesigen und etwas distanzierten Mächte Rußland und Amerika. War es die Anstrengung und die Mühe wert, sie zu einer Allianz gegen die faschistischen Staaten zu überreden, selbst wenn dies beträchtliche Zugeständnisse an die Forderungen Moskaus und Washingtons bedeutete und zu Hause Kritik provozierte? Um welche Macht sollte man eindringlicher werben? Würde ein offener Schritt, beispielsweise auf Rußland zu, lediglich eine deutsche oder japanische Reaktion provozieren, statt sie abzuschrecken? Aus der Sicht Berlins und Tokios (weniger aus der Sicht Roms) war die Einstellung Rußlands und der Vereinigten Staaten gleich wichtig. Würden sich diese Mächte zurückhalten, während Hitler die Grenzen Mitteleuropas neu absteckte? Wie würden sie auf eine weitere japanische Expansion in China oder auf Operationen gegen die alten europäischen Kolonialreiche in Südostasien reagieren? Würden die Vereinigten Staaten die westlichen Demokratien zumindest wirtschaftlich unterstützen wie zwischen 1914 und 1917? Und konnte man die UdSSR mit wirtschaftlichen und territorialen Zugeständnissen abfinden? Und schließlich, waren diese beiden rätselhaften, nach innen gekehrten Staaten *wirklich von Bedeutung?* Wie stark waren sie tatsächlich? Und wie wichtig für die sich wandelnde internationale Ordnung?

Es war im Falle einer »geschlossenen« Gesellschaft wie der Sowjetunion schwerer, Antworten auf solche Fragen zu finden. Trotzdem sind heute Strukturen des sowjetischen Wirtschaftswachstums und der militärischen Macht in dieser Ära deutlich erkennbar. Der erste und offensichtlichste Punkt war, daß Rußland mehr als irgendeine andere Großmacht durch den Ersten Weltkrieg, die Revolution und den Bürgerkrieg geschwächt worden war. Seine Bevölkerung war von 171 Millionen im Jahre 1914 auf 132 Millionen im Jahre 1921 gesunken. Der Verlust Polens, Finnlands und der baltischen Staaten kostete das Land viele seiner Fabriken, Eisenbahnen und Bauernhöfe,und die langen Kämpfe zerstörten einen großen Teil dessen, was übriggeblieben war. Der gewaltige Rückgang der Produktion – die bis 1920 auf 13 Prozent des Volumens von 1913 gesunken war – verdeckte den noch größeren Zusammenbruch einiger wichtiger Rohstoffindustrien: »Es wurde nur 1,6 Prozent des Eisenerzes, 2,4 Prozent des Roheisens, 4 Prozent des Stahls und 5 Prozent der Baumwolle der Zeit vor dem Krieg produziert.«[126] Es gab keinen Außenhandel mehr, der landwirtschaftliche Ertrag war gegenüber der Vorkriegszeit um die Hälfte gesunken, und das Pro-Kopf-Einkommen fiel um mehr als sechzig Prozent auf ein wahrlich entsetzliches Niveau. Da dieser extrem starke Abstieg jedoch hauptsächlich durch das soziale und politische Chaos der Jahre 1917–1921 verursacht worden war, konnte man erwarten, daß die Etablierung sowjetischer Herrschaft (oder in der Tat *jeglicher* Herrschaft) irgendeine Art von Erholung bewirken würde. Durch die Entwicklung der russischen Industrie in Vorkriegs- und Kriegszeiten waren den Bolschewiken eine Reihe von Fabriken, Eisenbahnanlagen und Stahlwalzwerken in die Hände gefallen. Es gab eine grundlegende Infrastruktur mit Eisenbahnen, Straßen und Telegraphenleitungen. Das Land hatte Industriearbeiter, die nach Ende des Bürgerkriegs in die Fabriken zurückkehren konnten. Und es gab lange etablierte Muster landwirtschaftlicher Produktion und Vermarktung. Auch der Verkauf von Lebensmitteln an die Städte und Gemeinden konnte wieder aufgenommen werden, sobald sich Lenin (unter der Neuen Ökonomischen Politik von 1921) entschlossen hatte, die fruchtlosen Versuche, die Bauernschaft in »Kommunen« zu organisieren, aufzugeben, und statt dessen individuellen landwirtschaftlichen Anbau zuließ. 1926 war daher der landwirtschaftliche Ertrag und zwei Jahre später auch die Industrieproduktion wieder auf dem Vorkriegsniveau angelangt. Der Krieg und die Revolution hatten Rußland dreizehn Jahre Wirtschaftswachstum gekostet, aber jetzt stand das Land bereit, seine frühere Aufwärtstendenz fortzusetzen.

Aber dieser »Aufschwung« stellte sich nicht mit der erwarteten Schnelligkeit ein – ganz gewiß nicht schnell genug für den zunehmend autokratischen Stalin – denn Rußland litt immer noch unter seinen traditionellen wirtschaftlichen Schwächen. Da kein ausländisches Investitionskapital verfügbar war, mußte man igendwie aus heimischen Quellen Kapital schöpfen, um die Entwicklung einer Großindustrie *und* die Schaffung einer beträchtlichen Streitkraft in einer feindlichen Welt zu finanzieren. Da die Mittelschicht, die man hätte ermutigen können, Kapital zu schaffen oder deren vorhandenen Wohlstand man hätte plündern können, eliminiert worden war, und da außerdem 78 Prozent der russischen Bevölkerung (1928) im landwirtschaftlichen Sektor, der noch überwiegend in privater Hand lag, beschäftigt waren, schien es für Stalin nur einen Weg zu geben, Geld aufzutreiben und gleichzeitig den Wechsel von der landwirtschaftlichen zur industriellen Beschäftigung zu fördern: die Landwirtschaft zu kollektivieren, die Bauern in Kommunen zu stecken, die Kulaken zu vernichten, den landwirtschaftlichen Ertrag zu kontrollieren und sowohl die Löhne der landwirtschaftlichen Arbeitskräfte als auch die (viel höheren) Preise für den Weiterverkauf von Nahrungsmitteln festzulegen. In einer erschreckend drakonischen Art stellte sich der Staat somit zwischen die landwirtschaftlichen Produzenten und die städtischen Konsumenten und zog beiden mehr Geld aus der Tasche, als es das zaristische Regime jemals gewagt hätte. Dies wurde noch durch eine beabsichtigte Preisinflation, durch eine Vielzahl von Steuern und Abgaben und durch den praktisch erzwungenen Kauf von Staatsanleihen ergänzt. Das Gesamtergebnis – repräsentiert in grob makroökonomischen Statistiken – sah so aus, daß der Anteil des dem privaten Verbrauch gewidmeten Bruttosozialproduktes in Rußland auf das erschreckende Niveau von 51 oder 52 Prozent gefallen war, während er in anderen Ländern, die den »takeoff« zur Industrialisierung erlebten, bei ungefähr 80 Prozent lag.[127]

Dieser ungewöhnliche Versuch einer sozialistischen »Befehlswirtschaft« (»command economy«) hatte zwei gegensätzliche, aber vorhersehbare wirtschaftliche Konsequenzen. Die erste war das katastrophale Absinken der sowjetischen landwirtschaftlichen Produktion, nachdem Kulaken (und andere) sich der erzwungenen Kollektivierung widersetzt hatten und daraufhin vernichtet worden waren. Das schreckliche vorsorgliche Abschlachten des Viehs – »die Zahl der Pferde sank von 33,5 Millionen im Jahre 1928 auf 16,6 Millionen im Jahre 1935; und die Zahl der Rinder von 70,5 auf 38,4 Millionen«[128] – führte zu einem katastrophalen Rückgang des Fleisch- und Getreideangebots und drückte den bereits miserablen Lebensstandard weiter. Erst zu Chruschtschows Zeiten sollte er sich wieder erholen. Man hat einigermaßen esoterische Berechnungen angestellt, um den Anteil des nationalen Einkommens festzustellen, der später der Landwirtschaft in Form von Traktoren oder Elektrifizierung zugeführt wurde – im Gegensatz zu dem Betrag, der durch die Kollektivierung und durch die Preiskontrollen abgeschöpft worden war.[129] Aber dies ist für unsere Zwecke eine zu geheimnisvolle Übung, da man (beispielsweise) Traktorenfabriken beim Bau so austattete, daß sie für die Produktion von leichten Panzern umgerüstet werden konnten – denn Bauern konnten der deutschen Wehrmacht natürlich schlecht Einhalt gebieten. Wie auch immer, es ist eine Tatsache, daß die sowjetische Landwirtschaft zu diesem Zeitpunkt praktisch zusammengebrochen war. Die Opfer, besonders während der Hungersnot des Jahres 1933, mußten in Millionen gezählt werden. Als sich der Ertrag in den späten 30er Jahren zu erholen schien, wurde dies durch Hunderttausende von Traktoren, Horden von Agrarwissenschaftlern und Armeen von streng kontrollierten Kollektiven beschleunigt. Aber der Preis an Menschenleben war unermeßlich.

Die zweite Konsequenz war insgesamt positiver, zumindest für die Zwecke der sowjetischen wirtschaftlichen und militärischen Macht. Da die UdSSR den Anteil des privaten Konsums am Bruttosozialprodukt auf ein in der modernen Geschichte wahrscheinlich einmalig niedriges Niveau gedrückt hatte – das sicherlich weit unter dem lag, was sich beispielsweise die Nazis für Deutschland auch nur vorstellen konnten –, war der phantastische Anteil von ungefähr 25 Prozent des Bruttosozialproduktes für industrielle Investitionen einsetzbar, und auch dann blieben immer noch beträchtliche Summen für die Erziehung, die Wissenschaft und die Streitkräfte. Während sich der Arbeitsplatz eines großen Teils der russischen Bevölkerung mit erstaunlicher Geschwindigkeit wandelte – die Zahl der in der Landwirtschaft Beschäftigten fiel in den zwölf Jahren von 1928 bis 1940 von 71 Prozent auf 51 Prozent –, wurde die Bevölkerung in beispielloser Geschwindigkeit ausgebildet. Dies war von entscheidender Bedeutung, da Rußland im Gegensatz etwa zu Deutschland oder den Vereinigten Staaten immer darunter gelitten hatte, erstens schlecht ausgebildete Industriearbeiter und zweitens nur eine winzige Zahl von Ingenieuren, Wissenschaftlern und Managern, die für die Leitung und die *stetige Verbesserung* des Produktionssektors notwendig waren, zu besitzen. Dadurch, daß Millionen von Arbeitern in den Fabriken selbst oder in Fachhochschulen ausgebildet wurden, und dann (etwas später) durch die gewaltige Ausweitung der Universitäten zog sich das Land endlich die für langanhaltendes Wachstum notwendigen ausgebildeten Kader heran. Die Zahl der in der »nationalen Wirtschaft« tätigen Ingenieure wuchs beispielsweise von 47000 im Jahre 1928 auf 289900 im Jahre 1941.[130] Viele Zahlen, mit denen die sowjetischen Propagandisten in dieser Zeit warben, waren ohne Zweifel übertrieben und verschleierten verschiedene Schwachstellen, aber es ist unbestreitbar, daß sehr gezielt Ressourcen für das wirtschaftliche Wachstum eingesetzt wurden. Viele neue Kraftwerke, Stahlwalzwerke und Fabriken wurden jenseits des Urals errichtet, um vor Angriffen aus dem Westen oder aus Japan gesichert zu sein.

Der folgende Aufschwung des Produktionsvolumens und des nationalen Einkommens war – selbst wenn man nur die vorsichtigen Schätzungen akzeptiert – in der Geschichte der Industrialisierung beispiellos. Weil das tatsächliche Volumen und der Wert des Produktionsausstoßes in früheren Jahren (zum Beispiel 1913, ganz zu schweigen von 1920) so niedrig war, ist der Anstieg der Prozentzahlen fast bedeutungslos – auch wenn die bereits aufgeführte Tabelle 28 (S. 451) dazu dienen mag zu zeigen, daß die Industrieproduktion der UdSSR auch während der Großen Depression weiter anstieg. Untersucht man jedoch nur die Zeit der beiden Fünfjahrespläne (1928 bis 1937), sieht man, daß das russische Nationaleinkommen von 24,4 auf 96,3 Milliarden Rubel stieg, sich die Kohleförderung von 35,4 auf 128 Millionen Tonnen und die Stahlproduktion von 4 auf 17,7 Millionen Tonnen erhöhte, der Elektrizitätsausstoß sich um das Siebenfache, die Stückzahlen der produzierten Werkzeugmaschinen um das Zwanzigfache und die der Traktoren beinahe um das Vierzigfache vermehrten.[131] In den späten 30er Jahren war Rußlands Produktionsvolumen nicht nur weit größer als das Frankreichs, Japans und Italiens, sondern hatte wahrscheinlich auch das Großbritanniens bereits überholt.[132]

Hinter diesem beeindruckenden Aufbau lauerten jedoch immer noch viele Mängel. Obwohl der landwirtschaftliche Ertrag in der Mitte der 30er Jahre langsam wuchs, war die russische Landwirtschaft zu dieser Zeit weniger denn je in der Lage, die Nation zu ernähren – ganz zu schweigen von einer Überschußproduktion für den Export; und der Ertrag pro Hektar war immer noch erschrekkend niedrig. Trotz neuer Investitionen in die Eisenbahn blieb das Verkehrssystem primitiv und für die steigenden Bedürfnisse des Landes unzureichend. Viele Industriezweige waren stark abhängig von ausländischen Firmen und ausländischer Expertise – besonders aus den Vereinigten Staaten. Der »Gigantismus« der Fabriken und des gesamten Produktionsprozesses erschwerte jede schnelle Anpassung der Produktpalette oder die Einführung neuer Konstruktionen. Außerdem gab es unvermeidbare Engpässe, weil die geplante Expansion bestimmter Industrien nicht mit den vorhandenen Rohstoffbeständen oder der Anzahl der geschulten Arbeitskräfte in Einklang gebracht werden konnte. Nach 1937 mußte die Umorientierung der sowjetischen Wirtschaft auf ein massives Rüstungsprogramm die industrielle Kontinuität beeinträchtigen und die frühere Planung verzerren. Dazu kamen die großen Säuberungsaktionen. Was auch immer die Gründe für Stalins manische, paranoide Terrorwellen gewesen sein mögen, die wirtschaftlichen Folgen waren ernst: »Beamte, Führungskräfte, Techniker, Statistiker, selbst Vorarbeiter«[133] wurden in Lager gesteckt, wodurch Rußlands Mangel an geschultem Personal noch akuter wurde. Während der Terror ohne Zweifel viele dazu trieb, eine Stachanowsche* Loyalität zum System zu demonstrieren, hemmte er die Innovation, das Experimentieren, die offene Diskussion und die konstruktive Kritik: »Das einfachste war, Verantwortung zu vermeiden, sich bei jeder Handlung um den Beifall seines Vorgesetzten zu bemühen, mechanisch jedem Befehl zu gehorchen, ganz unabhängig von den örtlichen Gegebenheiten.«[134] So rettete man seine Haut; aber nicht das Wachstum einer komplexen Wirtschaft.

Da die UdSSR aus einem Krieg geboren wurde und sich von potentiellen Feinden – Polen, Japan, Großbritannien – akut bedroht fühlte, widmete sie fast die ganzen 20er Jahre hindurch einen großen Teil ihres Etats (12–16 Prozent) den Verteidigungsausgaben. Dieser Anteil sank in den frühen Jahren des ersten Fünfjahresplans. Zu jener Zeit waren die regulären sowjetischen Streitkräfte auf eine Zahl von 600000 Mann abgesunken, die von einer ineffizienten, ungefähr doppelt so großen Miliz unterstützt wurden. Die Krise in der Mandschurei und Hitlers Machtergreifung führten zu einem schnellen Anstieg der Armeegröße – auf 940000 Mann im Jahre 1934 und 1,3 Millionen im Jahre 1935. Die durch die Fünfjahrespläne gestiegene Industrieproduktion und das höhere nationale Einkommen wurden für den Bau einer großen Zahl von Panzern und Flugzeugen eingesetzt. Innovative Offiziere um Tuchatschewskij waren bereit, die Ideen Douhets, Fullers, Liddell Harts, Guderians und anderer westlicher Kriegstheoretiker zu studieren (wenn auch nicht vollständig zu akzeptieren), und in den frühen 30er Jahren besaß die UdSSR nicht nur eine Panzerarmee, sondern auch eine große Fallschirmtruppe. Während die sowjetische Marine klein und ineffektiv blieb, wurde in den späten 20er Jahren eine große Flugzeugindustrie begründet, die eine Zeitlang jährlich mehr Flugzeuge produzierte als alle anderen Mächte zusammen (siehe Tabelle 29).

Aber auch diese Zahlen verdeckten alarmierende Schwächen. Die vorhersehbare Folge des russischen »Gigantismus« war eine über-

* Von der Propaganda zum Vorbild erhobener Arbeiter, der viele Produktionsrekorde aufgestellt hatte. A. d. Ü.

Tabelle 29 Flugzeugproduktion der Mächte 1932–1939[135]

	1932	1933	1934	1935	1936	1937	1938	1939
Frankreich	(600)	(600)	(600)	785	890	743	1382	3163
Deutschland	36	368	1968	3183	5112	5606	5235	8295
Italien	(500)	(500)	(750)	(1000)	(1000)	(1500)	1850	(2000)
Japan	691	766	688	952	1181	1511	3201	4467
Großbritannien	445	633	740	1140	1877	2153	2827	7940
Vereinigte Staaten	593	466	437	459	1141	949	1800	2195
UdSSR	2595	2595	2595	3578	3578	3578	7500	10382

triebene Betonung der Quantität. Unter den Bedingungen einer »Befehlswirtschaft« führte dies in den frühen 30er Jahren zu der Produktion gewaltiger Mengen an Flugzeugen und Panzern; in der Tat produzierte die UdSSR 1932 über 3000 Panzer und mehr als 2500 Flugzeuge – phantastisch viel mehr als irgendein anderes Land der Welt. Da die reguläre Armee nach 1934 gewaltig erweitert wurde, muß es außerordentlich schwierig gewesen sein, ausreichend qualifizierte Offiziere und Unteroffiziere zu finden, welche die Panzerbataillone und Luftwaffengeschwader führen konnten. Es war noch schwerer in einem Land, das viel zu viele Bauern und viel zu wenig ausgebildete Arbeitskräfte besaß, eine moderne Armee und Luftwaffe zu bemannen. Trotz der massiven Ausbildungsprogramme war die Hauptschwäche des Landes in den 30er Jahren wahrscheinlich immer noch die schlechte Ausbildung vieler Arbeiter und Soldaten. Ferner war Rußland wie Frankreich ein Opfer der zu großen Investition in Flugzeuge und Panzertypen der frühen 30er Jahre. Als der Spanische Bürgerkrieg die Grenzen dieser Waffen der ersten Generation in bezug auf Geschwindigkeit, Manövrierfähigkeit, Reichweite und Robustheit aufzeigte, beschleunigte dies den Wettlauf um den Bau schnellerer Flugzeuge und stärkerer Panzer. Aber die sowjetische Rüstungsindustrie konnte wie ein riesiges Schiff auf See ihren Kurs nur sehr langsam ändern; und es erschien unklug, die Produktion vorhandener Typen zu stoppen, während neuere Modelle konstruiert und getestet wurden. (In dieser Verbindung ist es interessant zu bemerken, daß »von den 24000 im Juni 1941 einsatzbereiten russischen Panzern nur 967 von neuerer Bauart waren – die den deutschen Panzern gleichwertig oder überlegen schien.«)[136] Dazu kamen noch die Säuberungen. Die Enthauptung der Roten Armee – neunzig Prozent aller Generäle und achtzig Prozent aller Obersten fielen Stalins manischen Aktionen zum Opfer – hatte nicht nur den Gesamteffekt, eine große Zahl ausgebildeter Offiziere zu eliminieren, sondern noch weitere spezifische Auswirkungen auf die Streitkräfte. Dadurch, daß Tuchatschewskij und die Befürworter der »modernen Kriegführung« sowie diejenigen, die deutsche Methoden und britische Theorien studierten, in den Säuberungen ausgelöscht wurden, fiel die Armee in die Hände solch politisch zuverlässiger, aber intellektuell zurückgebliebener Gestalten wie Woroschilow und Kuluk. Ein frühes Resultat war die Auflösung der sieben mechanisierten Korps – eine Entscheidung, die auf dem Argument basierte, der Spanische Bürgerkrieg hätte gezeigt, daß Panzerformationen auf dem Schlachtfeld keine unabhängige offensive Rolle spielen könnten und sie daher an Maschinengewehrbataillone verteilt werden sollten, um die Infanterie zu unterstützen. Auf ähnliche Weise wurde beschlossen, daß die strategischen Bomber TB-3 für die UdSSR wenig nützlich seien.

Mit einer größtenteils veralteten Luftwaffe und ohne reine Panzertruppen, mit Streitkräften, die durch die Säuberungen verängstigt und zu blindem Gehorsam getrieben worden waren, zeigte sich Rußland Ende der 30er Jahre viel schwächer als fünf oder zehn Jahre zuvor – und in der Zwischenzeit hatten sowohl Deutschland als auch Japan ihre Rüstungsproduktion erhöht und waren deutlich aggressiver geworden. Der Fünfjahresplan nach 1937 umfaßte eine enorme Aufrüstung, die in vielen Bereichen ebenso groß und in manchem größer war – zum Beispiel in der Flugzeugproduktion – als die Deutschlands. Aber bis sich diese Investition auszahlte und eine weit größere und besser ausgerüstete Streitmacht existierte, hatte Stalin das Gefühl, als ginge Rußland durch eine »Gefahrenzone«, die mindestens so bedrohlich war wie die der Jahre 1919 bis 1922. Diese äußeren Umstände helfen, die verschiedenen Kurswechsel in der sowjetischen Diplomatie der 30er Jahre zu erklären. Besorgt über den japanischen Angriff auf die Mandschurei und beinahe noch mehr über Hitlers Deutschland, sah sich Stalin einem potentiellen Zweifrontenkrieg gegenüber, dessen Schauplätze Tausende von Kilometern auseinanderlagen (dasselbe strategische Dilemma, das oft die britischen Entscheidungsträger gelähmt hatte). Und auch Stalins diplomatischer Hakenschlag nach Westen, der Rußlands Eintritt in den Völkerbund im Jahre 1934 und die Verträge mit Frankreich und der Tschechoslowakei aus dem Jahre 1935 umfaßte, brachte nicht die gewünschte Erhöhung der kollektiven Sicherheit. Ohne ein Abkommen mit Polen konnte Rußland weder für Frankreich noch für die Tschechoslowakei viel tun – und dasselbe galt umgekehrt. Und die Briten mißbilligten diese Versuche, eine diplomatische »Volksfront« gegen Deutschland aufzubauen, was zum Teil Stalins Vorsicht während des Spanischen Bürgerkriegs erklärt. Eine triumphierende sozialistische Republik in Spanien konnte die Briten und die Franzosen, fürchtete Moskau, nach rechts treiben und die Russen überdies in einen offenen Konflikt mit Francos Stützen, Italien und Deutschland, verstricken.

1938–1939 muß die äußere Situation aus Stalins Sicht bedrohlicher gewirkt haben denn je (was seine Säuberungen noch dümmer und unerklärlicher macht). Das Münchner Abkommen schien nicht nur Hitlers Ambitionen im Osten Mitteleuropas zu bestätigen, sondern zeigte – was noch besorgniserregender war –, daß der Westen nicht darauf vorbereitet war, sich ihnen entgegenzustellen, und sogar versuchen könnte, die deutschen Energien weiter nach Osten abzulenken. Da es in diesen beiden Jahren auch beträchtliche Zusammenstöße zwischen sowjetischen und japanischen Armeen im Fernen Osten gab (die eine erhebliche Verstärkung der russischen Divisionen in Sibirien nötig erscheinen ließen), war es nicht überraschend, daß auch Stalin sich entschloß, eine »Beschwichtigungs«-Politik gegenüber Berlin zu verfolgen, selbst wenn er sich dafür mit seinem ideologischen Feind an einen Tisch setzen mußte. Angesichts der eigenen politischen Ambitionen in Osteuropa hatte Moskau weit weniger Vorbehalte gegen eine Zerstückelung der unabhängigen Staaten in dieser Region – wenn sein eigener Anteil groß genug war. Der überraschende deutsch-sowjetische Nichtangriffspakt vom August 1939 verschaffte Rußland zumindest eine Pufferzone an seiner westlichen Grenze und mehr Zeit, um aufzurüsten, während der Westen Deutschland wegen des Angriffs auf Polen bekämpfte. Dem Krokodil Brocken vorzuwerfen, war besser, als von ihm gefressen zu werden (wie Churchill zu sagen pflegte).[137]

Dies alles macht es außerordentlich schwierig, die sowjetische Macht gegen Ende der 30er Jahre einzuschätzen, zumal vergleichende Statistiken über das »Kriegspotential«[138] weder etwas über die innere Moral noch über die Qualität der Streitkräfte oder die geographische Lage aussagen. Mit Sicherheit war die Rote Armee nicht mehr die »formidable moderne Truppe mit fortschrittlicher Ausrüstung und außergewöhnlich zähen Kämpfernaturen«, wie Mackintosh sie 1936 beschrieben hatte;[139] aber wieviel Boden sie verloren hatte, wurde noch nicht deutlich. Der Winterkrieg gegen Finnland im Jahre 1939–1940 schien ihren steilen Abstieg zu bestätigen, aber die weniger bekannten Zusammenstöße mit Japan bei Nomonhan im Jahre 1939 zeigten eine klug geführte moderne Truppe im Einsatz.[140] Es ist außerdem offensichtlich, daß Stalin über die verheerenden Blitzkrieg-Siege der deutschen Armee im Jahre 1940 bestürzt und mehr denn je ängstlich darauf bedacht war, Hitler nicht zum Krieg zu provozieren. Seine andere große und unverkennbare Sorge galt der Frage, wo Tokio im Osten zuerst zuschlagen würde – nicht weil Japan so ein tödlicher Feind war, sondern weil die Verteidigung Sibiriens logistisch sehr kräftezehrend war und Rußlands Kapazität gegenüber der deutschen Bedrohung weiter schwächen würde. Der schnelle Rückruf von Schukows Panzertruppen, die sich an der Invasion des östlichen Polens im September 1939 beteiligen sollten, sobald im Osten ein Grenz-Waffenstillstand mit Japan geschlossen worden war, ist bezeichnend für diesen gefährlichen strategischen Balanceakt.[141] Auf der anderen Seite wurde zu dieser Zeit, nachdem die Schäden, die die Rote Armee erlitten hatte, schnell beseitigt und ihre Truppenstärke erhöht (bis 1941 auf 4320000 Mann) worden waren, die gesamte sowjetische Wirtschaft auf Kriegsproduktion umgestellt. In Zentralrußland wurden gewaltige neue Fabriken gebaut und verbesserte Flugzeuge und Panzer (einschließlich des kampfstarken T-34) getestet. Die Verteidigungsausgaben stiegen von 16,5 Prozent des Staatsetats im Jahre 1937 auf 32,6 Prozent im Jahre 1940.[142] Wie die meisten anderen Großmächte dieser Zeit befand sich die UdSSR in einem Wettlauf mit der Zeit. Stalin mußte seine Landsleute noch mehr als im

Jahre 1931 dazu drängen, die Produktionskluft gegenüber dem Westen zu schließen. »Im Tempo nachzulassen, hieße zurückzufallen. Und diejenigen, die zurückfallen, werden geschlagen... « Das Rußland der Zaren sei »immer wieder geschlagen worden«, weil es in der industriellen Produktivität und der militärischen Stärke zurückgefallen sei.[143] Das sowjetische Regime unter der Führung seines autokratischen und rücksichtslosen Führers war entschlossen, den Rückstand schnell aufzuholen. Ob Hitler dies zulassen würde, konnte man unmöglich vorhersagen.

Die relative weltpolitische Macht der Vereinigten Staaten entwickelte sich in diesen Zwischenkriegsjahren gegenläufig zu jener der UdSSR und Deutschlands. Die USA waren in den 20er Jahren außerordentlich stark, verloren dann aber im Laufe der von der Depression geschüttelten 30er Jahre mehr Macht und Einfluß als alle anderen Großmächte und erholten sich (wenn auch nur teilweise) erst ganz am Ende dieser Periode. Die Gründe für ihre Überlegenheit im ersten dieser Jahrzehnte sind bereits dargestellt worden. Die Vereinigten Staaten waren das einzige Land – außer Japan –, das aus dem Großen Krieg Nutzen gezogen hatte. Sie wurden zur größten Finanz- und Gläubigernation der Welt und waren bereits vorher die größten Produzenten von Industriegütern und Nahrungsmitteln. Sie hatten mit Abstand die größten Goldreserven. Ihr Binnenmarkt war so ausgedehnt, daß riesige Firmen, besonders in der Automobilindustrie, das Mittel der Kostendegression massiv einsetzen konnten. Der hohe Lebensstandard und die Verfügbarkeit von Investitionskapital spielten zum gegenseitigen Nutzen zusammen und bildeten einen Anreiz für weitere beträchtliche Investitionen in die herstellende Industrie – da die Verbrauchernachfrage praktisch alle erzeugten Produkte aufsaugen konnte. So produzierten die Vereinigten Staaten 1929 beispielsweise über 4,5 Millionen Motorfahrzeuge – im Vergleich zu Frankreichs 211000, Großbritanniens 182000 und Deutschlands 117000.[144] Es war kaum überraschend, daß es phantastische Sprünge beim Import von Gummi, Zinn, Erdöl und anderen Rohstoffen gab, die für diesen Produktionsboom benötigt wurden. Aber auch die Exporte von Autos, landwirtschaftlichen Maschinen, Büromaschinen und ähnlichen Produkten nahmen im Laufe der 20er Jahre zu, während der ganze Prozeß vom schnellen

Anstieg der amerikanischen Investitionen in Übersee unterstützt wurde.[145] Aber selbst wenn dies wohlbekannt ist, bleibt es immer noch äußerst bemerkenswert, daß die Vereinigten Staaten in diesen Jahren ein »größeres Produktionsvolumen hatten als alle anderen sechs großen Mächte *zusammengenommen*« und daß ihre »überragende produktive Stärke noch von der Tatsache unterstrichen wurde, daß der Bruttowert der Güter, die pro Kopf der amerikanischen Bevölkerung produziert wurden, beinahe doppelt so hoch war wie in Großbritannien oder Deutschland, und mehr als zehn- bis elfmal so hoch wie in der UdSSR oder Italien«.[146]

Zwar ist es auch wahr, »daß der globale Einfluß der Vereinigten Staaten ihrer außerordentlichen industriellen Stärke nicht im mindesten entsprach«[147] – wie der Autor des vorherigen Zitats sogleich anschließt –, aber dies mag in den 20er Jahren nicht so wichtig gewesen sein. Erstens lehnte das amerikanische Volk eine Führungsrolle in der Weltpolitik samt allen damit verbundenen diplomatischen und militärischen Verwicklungen entschieden ab, denn wenn die amerikanischen kommerziellen Interessen von den Aktionen anderer Staaten nicht nachteilig betroffen waren, gab es wenig Grund, sich im Ausland zu engagieren – besonders nicht in Osteuropa oder am Kap von Afrika. Zweitens spielten die amerikanischen Ex- und Importe trotz ihres *absoluten* Anstiegs in der Nationalökonomie keine große Rolle, weil das Land weitgehend autark war. In der Tat »verringerte sich der Anteil der exportierten Industriegüter im Verhältnis zur Gesamtproduktion von etwas weniger als zehn Prozent im Jahre 1914 auf weniger als acht Prozent im Jahre 1929«, und der Buchwert direkter ausländischer Investitionen als Teil des Bruttosozialproduktes blieb unverändert[148] – dies hilft zu erklären, weshalb die amerikanische Wirtschaftspolitik, trotz der breiten Akzeptanz der *prinzipiellen* Idee des Weltmarktes, für die Forderungen des Binnenmarktes viel empfänglicher war. Außer in bezug auf gewisse Rohstoffe war das Ausland für den amerikanischen Wohlstand nicht sehr wichtig. Und schließlich schien es angesichts der internationalen Politik in dem Jahrzehnt nach 1919 keine wirklich ernsthafte Bedrohung der amerikanischen Interessen zu geben: die Europäer stritten sich noch immer, aber viel weniger als in den frühen 20er Jahren, Rußland war isoliert, Japan verhielt sich ruhig. Die

Rivalität zur See war durch das Washingtoner Abkommen eingedämmt worden. Unter diesen Umständen konnten die Vereinigten Staaten ihre Armee auf eine sehr geringe Größe (ungefähr 140 000 reguläre Soldaten) reduzieren, obwohl sie die Schaffung einer einigermaßen großen und modernen Luftwaffe zuließen und die Marine Flugzeugträger und schwere Kreuzer bauen durfte.[149] Wenn sich auch die Generäle und Admiräle vorhersehbarerweise über die unzureichenden Geldmittel, die ihnen der Kongreß bewilligte, beschwerten, und einige dieser Maßnahmen der nationalen Sicherheit schadeten (wie Stimsons Entscheidung aus dem Jahre 1929, den Dechiffrierdienst mit der Begründung aufzulösen, daß »Gentlemen nicht anderer Leute Post lesen«)[150], so war es den Vereinigten Staaten in diesem Jahrzehnt doch immer noch vergönnt, ein wirtschaftlicher Riese, aber ein militärisches Mittelgewicht zu sein. Vielleicht war es für die Ruhe dieser Zeit symptomatisch, daß es in den Vereinigten Staaten keine übergeordnete zivil-militärische Körperschaft zur Erörterung strategischer Fragen wie das »Committee of Imperial Defence« in Großbritannien oder den später geschaffenen Nationalen Sicherheitsrat gab. Wozu sollte eine solche Institution dienen, da doch das amerikanische Volk die Idee des Krieges selbst entschieden zurückwies?

Daß die Vereinigten Staaten maßgeblich daran beteiligt waren, den finanziellen Zusammenbruch des Jahres 1929 herbeizuführen, ist bereits beschrieben worden.[151] Noch bezeichnender für die vergleichende Bewertung der nationalen Macht ist, daß die darauffolgende Depression und die Zollkriege ihnen viel mehr schadeten als allen anderen fortschrittlichen Wirtschaften. Auch wenn dies auf die relativ unkontrollierte und weniger solide Natur des amerikanischen Kapitalismus zurückzuführen ist, wurde es auch von der fatalen Entscheidung beeinflußt, sich mit den Smoot-Hawley-Zöllen von 1930 dem Protektionismus zuzuwenden. Obwohl sich die Farmer und einige industrielle Lobbies über unfaire ausländische Konkurrenz beschwerten, mußte eine Zerstörung der offenen Welthandelsordnung den amerikanischen Exporteuren angesichts der industriellen und landwirtschaftlichen Produktivität des Landes – die aus dem Exportüberschuß ersichtlich wird – mehr schaden als allen anderen. »Das Bruttosozialprodukt der Nation sank von 98,4 Milliarden Dollar im Jahre 1929 in drei Jahren um beinahe die Hälfte. Der Wert der Industriegüter des Jahres 1933 war nur ein Viertel desjenigen von 1929. Fast 15 Millionen Arbeiter hatten ihren Arbeitsplatz verloren und bekamen keine Unterstützung. Im gleichen Zeitraum war der Wert der amerikanischen Exporte von 5,24 Milliarden Dollar auf 1,61 Milliarden Dollar gesunken – ein Rückgang von 69 Prozent.«[152] Da sich die anderen Nationen schnell in protektionistische Handelsblöcke zurückzogen, wurden die stark vom Export abhängigen amerikanischen Industriezweige zerstört. »Getreideexporte, die zehn Jahre zuvor 200 Millionen Dollar betrugen, stürzten 1932 auf 5 Millionen Dollar. Autoexporte fielen von 541 Millionen Dollar im Jahre 1929 auf 76 Millionen im Jahre 1932.«[153] Der gesamte Welthandel brach zusammen, aber der amerikanische Anteil am Außenhandel verfiel noch schneller – von 13,8 Prozent im Jahre 1929 auf weniger als 10 Prozent im Jahre 1932. Während sich das Produktionsvolumen gewisser anderer Großmächte bis Mitte oder Ende der 30er Jahre erholte, stürzten die Vereinigten Staaten 1937 in eine weitere ernste wirtschaftliche Erschütterung, bei der sie wieder viel von dem in den letzten fünf Jahren zurückgewonnenen Boden verloren. Aber aufgrund dessen, was man eine »zergliederte Weltwirtschaft« genannt hat[154] – das heißt der Entwicklung zu Handelsblöcken, die viel abgeschlossener waren als in den 20er Jahren –, schadete dieser zweite amerikanische Zusammenbruch den anderen Ländern weniger. Infolgedessen war der amerikanische Anteil an der Weltindustrieproduktion im Jahr der Münchner Krise niedriger als zu irgendeiner Zeit seit 1910 (siehe Tabelle 30).

Tabelle 30 Anteile an der Welt-Industrieproduktion 1929–1938[155] (in Prozent)

	1929	1932	1937	1938
Vereinigte Staaten	43,3	31,8	35,1	28,7
UdSSR	5,0	11,5	14,1	17,6
Deutschland	11,1	10,6	11,4	13,2
Großbritannien	9,4	10,9	9,4	9,2
Frankreich	6,6	6,9	4,5	4,5
Japan	2,5	3,5	3,5	3,8
Italien	3,3	3,1	2,7	2,9

Da diese wirtschaftliche Krise so ernst war und der Anteil des Außenhandels am Bruttosozialprodukt so stark absank, richtete sich die amerikanische Politik unter Hoover und besonders unter Roosevelt noch mehr nach innen. Angesichts der starken isolationistischen Stimmung und der dringenden Probleme im eigenen Lande konnte man von Roosevelt kaum erwarten, daß er den internationalen Angelegenheiten die konzentrierte Aufmerksamkeit schenkte, die sowohl Cordell Hull als auch das Außenministerium von ihm erwarteten. Aber da die Vereinigten Staaten weiterhin ein kritisches Gewicht in der Weltwirtschaft besaßen, hatte die internationale Kritik an ihrer Politik durchaus einen Punkt. Man stieß an der »Beschäftigung mit der Erholung im Innern«, an dem »Wunsch, sofortige Aktionen und Ergebnisse herbeizuführen, [und] der nationalen Gewohnheit, eine Politik zu entwickeln, ohne einen Gedanken an die möglichen Auswirkungen amerikanischer Programme auf andere Nationen zu verschwenden«.[156] Da die US-Regierung 1934 jeden Kredit an eine ausländische Regierung, die ihre Kriegsschulden nicht bezahlt hatte, verbot, 1935 ein Waffenembargo im Falle eines Krieges verkündete und wenig später überhaupt untersagte, irgendeiner kriegführenden Macht Kredite zu geben, waren die Briten und die Franzosen natürlich vorsichtiger, wenn es darum ging, sich den faschistischen Staaten entgegenzustellen. Washington tadelte Italien im Jahre 1935 mit harten Worten, ließ aber zur Erschütterung der britischen Admiralität einen gewaltigen Anstieg amerikanischer Erdölexporte an Mussolinis Regime zu. Die verschiedenen Handelsrestriktionen gegenüber Deutschland und Japan, die zum Teil als Antwort auf deren Aggressionen ausgesprochen wurden, »führten dazu, sich [beide] zum Gegner zu machen, ohne den Widersachern dieser Nationen Hilfe zu bieten. Roosevelts wirtschaftliche Diplomatie schuf Feinde, ohne Freunde zu gewinnen oder mögliche Alliierte zu unterstützen.«[157] Die schwerwiegendste Folge war vielleicht – obwohl hier beide Seiten Verantwortung tragen – das gegenseitige Mißtrauen, das zwischen Whitehall und Washington gerade zu einer Zeit entstand, als die Diktaturen die Demokratien herausforderten.[158]

Bis 1937 und 1938 scheint Roosevelt indessen selber mehr und mehr über die faschistische Bedrohung besorgt gewesen zu sein, selbst wenn ihn die amerikanische öffentliche Meinung und die wirtschaftlichen Schwierigkeiten davon abhielten, die Führung der Gegenbewegung zu übernehmen. Seine Mitteilungen an Berlin und Tokio wurden entschlossener, und seine Ermutigungen an Großbritannien und Frankreich etwas wärmer (auch wenn das diesen beiden Demokratien kurzfristig kaum weiterhalf). 1938 fanden geheime anglo-amerikanische Konferenzen über die Frage statt, wie man der doppelten Herausforderung durch Japan und Deutschland auf den Meeren begegnen sollte. Die »Quarantänerede« des Präsidenten war ein frühes Zeichen dafür, daß er die Diktaturen durch wirtschaftliche Sanktionen treffen wollte. Vor allem drängte Roosevelt jetzt auf eine Erhöhung der Verteidigungsausgaben. Wie die Zahlen in Tabelle 26 gezeigt haben, investierten die Vereinigten Staaten selbst 1938 weniger für die Rüstung als Großbritannien oder Japan und nur einen Bruchteil der Summe, die von Deutschland und der Sowjetunion dafür freigestellt wurde. Trotzdem hatte sich die Flugzeugproduktion zwischen 1937 und 1938 verdoppelt, und der Kongreß verabschiedete einen »Navy Second to None Act«*, der eine beträchtliche Vergrößerung der Flotte zuließ. Zu dieser Zeit wurde außerdem der Prototyp des B-17-Bombers getestet, das Marinekorps verfeinerte seine Strategie amphibischer Kriegführung, und die Armee beschäftigte sich (obwohl sie noch gar keinen vernünftigen Panzer besaß) mit dem Problem des Panzereinsatzes und Plänen für eine Massenmobilisierung.[159] Als der Krieg in Europa ausbrach, war keine Waffengattung auch nur im entferntesten kampfbereit, aber sie waren gemessen an den Forderungen der modernen Kriegführung besser vorbereitet als 1914.

Selbst diese Aufrüstungsmaßnahmen wirkten sich nicht störend auf eine Wirtschaft der Größe der Vereinigten Staaten aus. Das Hauptmerkmal der amerikanischen Ökonomie Ende der 1930er Jahre bestand darin, daß sie in hohem Maße *unausgelastet* war. Die Arbeitslosigkeit lag im Jahre 1939 bei ungefähr zehn Millionen, aber die industrielle Produktivität der Arbeitsstunde pro Mann war durch Investitionen in Fließbänder, elektrische Motoren (anstelle von Dampfmaschinen) und durch bessere Managementtechniken

* »Second to None«: die Flotte sollte keiner anderen auf der Welt nachstehen. A.d.Ü.

enorm verbessert worden. Allerdings war das aufgrund der beträchtlichen Reduzierung der Arbeitszeit weniger spürbar. Angesichts der flauen Nachfrage, die durch die Rezession der Jahre 1937 und 1938 nicht gerade verbessert wurde, reichten die verschiedenen Pläne des »New Deal« nicht aus, um die Wirtschaft anzuregen und diese schlecht ausgelastete Produktionskapazität auszunutzen. 1938 produzierten die Vereinigten Staaten beispielsweise 26,4 Millionen Tonnen Stahl – weit mehr als Deutschland mit 20,7 Millionen, die UdSSR mit 16,5 Millionen und Japan mit 6 Millionen. Aber die Stahlindustrie der letzten drei Länder arbeitete mit voller Kapazität, während *zwei Drittel* der amerikanischen Stahlwerke brachlagen. Die gewaltigen Rüstungsprogramme sollten das schon bald gründlich ändern.[160] Die Zustimmung des Kongresses von 1940, die Flotte zu verdoppeln(!), der Plan des Luftwaffenkorps der Armee, 84 Gruppen mit 7800 Kampfflugzeugen zu schaffen, das Aufstellen (durch den »Selective Service and Training Act«) einer Armee von beinahe einer Million Mann, beeinflußten alle eine Wirtschaft, die im Gegensatz zu der Italiens, Frankreichs und Großbritanniens nicht unter ernsten strukturellen Problemen litt, sondern lediglich durch die Depression zu wenig ausgelastet war. Gerade weil die Vereinigten Staaten einen enormen Kapazitätsüberschuß hatten, während andere Wirtschaften heißliefen, sind die für das Verständnis des zukünftigen Kriegsausganges aussagekräftigsten Statistiken nicht die Zahlen der tatsächlichen Stahlerzeugung oder der Industrieproduktion von 1938. Interessant sind die Statistiken, die versuchen, das nationale Einkommen (Tabelle 31) und – wie ungenau auch immer – das »relative Kriegspotential« (Tabelle 32) zu messen. Denn sie erinnern uns daran, daß die Vereinigten Staaten, auch wenn sie unverhältnismäßig stark unter der Großen Depression gelitten hatten, immer noch (laut Admiral Yamamoto) ein schlafender Riese waren.

Das Erwachen dieses Riesen nach 1938 und besonders nach 1940 liefert eine endgültige Bestätigung dafür, wie wichtig die *Zeitplanung* für das Wettrüsten und die strategischen Berechnungen dieser Ära war. Wie etwas früher Großbritannien und die UdSSR versuchten die Vereinigten Staaten nun, die Rüstungslücke zu schließen, welche die faschistischen Staaten durch ihre frühen und hohen Rü-

Tabelle 31 Volkseinkommen der Mächte 1937 und Prozentsatz der Ausgaben für die Verteidigung[161]

	Volkseinkommen (Milliarden $)	Prozentsatz für die Verteidigung
Vereinigte Staaten	68	1,5
Britisches Empire	22	5,7
Frankreich	10	9,1
Deutschland	17	23,5
Italien	6	14,5
UdSSR	19	26,4
Japan	4	28,2

Tabelle 32 Relatives Kriegspotential der Mächte 1937[162]

Vereinigte Staaten	41,7 %
Deutschland	14,4 %
UdSSR	14,0 %
Großbritannien	10,2 %
Frankreich	4,2 %
Japan	3,5 %
Italien	2,5 %
	(sieben Mächte 90,5 %)

stungsausgaben aufgerissen hatten. Daß die USA, solange im eigenen Lande ein politischer Konsens herrschte, mehr Geld aufbringen konnten als alle anderen Länder, verdeutlichen die Statistiken: selbst 1939 beanspruchte die amerikanische Verteidigung nur 11,7 Prozent der gesamten Staatsausgaben und nur 1,6 Prozent des Bruttosozialproduktes[163] – Prozentzahlen, die weit unter denen aller anderen Großmächte lagen. Stieg der Anteil der amerikanischen Verteidigungsausgaben am Bruttosozialprodukt auf ein ähnliches Niveau wie bei den faschistischen Staaten, wurden die Vereinigten Staaten automatisch der größte Militärstaat der Welt. Es gab viele Anzeichen dafür, daß sich Berlin und Tokio bewußt waren, wie sehr eine solche Entwicklung ihre zukünftigen Expansionsmöglichkeiten einschränken würde. Hitlers Einschätzung war durch seine Verachtung der Vereinigten Staaten als einer degenerierten, rassisch vermischten Macht getrübt, aber er spürte auch, daß er es nicht wagen durfte, mit weiteren Eroberungen bis Mitte der 40er Jahre zu warten, da sich die militärischen Machtverhältnisse bis dahin entschieden zur anglo-französisch-amerikanischen Seite neigen mußten.[164] Auf japanischer Seite waren die Berechnungen viel präziser, da man die Vereinigten Staaten ernster nahm: so schätzte die japanische Marine, daß ihre Flottenstärke Ende 1941 zwar respektable siebzig Prozent der amerikanischen Marine betragen würde, »diese Zahl 1942 aber auf 65, 1943 auf 50 und 1944 auf verheerende 30 Prozent absinken würde«.[165] Wie Deutschland hatte auch Japan ein mächtiges strategisches Motiv, schnell zu handeln, wenn es dem Schicksal einer mittelgewichtigen Nation in einer in zunehmendem Maße von den Supermächten bestimmten Welt entgehen wollte.

Die sich entfaltende Krise, 1931–1942

Wenn man die relativen Stärken und Schwächen jeder Großmacht in ihrer Gesamtheit und auch in die wirtschaftliche und technologisch-militärische Dynamik des Zeitalters eingebettet betrachtet, erscheint die Entwicklung der internationalen Diplomatie in den 30er Jahren verständlicher. Das soll nicht heißen, daß die *lokalen* Wurzeln der verschiedenen Krisen – ob in Mukden, Äthiopien oder im Sudentenland – vollkommen irrelevant waren oder daß es keine internationalen Probleme gegeben hätte, wenn die Großmächte harmoniert hätten. Aber es wird deutlich, daß die Staatsmänner jeder großen Macht bei einer regionalen Krise gezwungen waren, die Ereignisse sowohl im Lichte der größeren diplomatischen Bühne als auch, und vielleicht besonders, im Lichte ihrer dringenden innenpolitischen Probleme zu betrachten. Der britische Premierminister MacDonald hat dies, nachdem der Einmarsch Japans in die Mandschurei im Jahre 1931 mit der Sterling-Krise und dem Zusammenbruch der zweiten Labour-Regierung zusammengefallen war, gegenüber seinem Kollegen Baldwin einmal so ausgedrückt:

> Wir waren alle durch die alltäglichen Probleme so abgelenkt, daß wir nie die Gelegenheit hatten, die gesamte Situation zu untersuchen und eine dementsprechende Politik auszuarbeiten, sondern statt dessen von einer Aufregung zur nächsten lebten.[166]

Dies erinnert daran, wie sehr das Interesse der Politiker schon immer auf den Moment und auf den praktischen Nutzen statt auf langfristige und strategische Ziele ausgerichtet gewesen ist. Aber selbst nachdem die britische Regierung wieder zu Atem gekommen war, gab es keine Anzeichen dafür, daß sie eine Änderung ihrer vorsichtigen Politik gegenüber der japanischen Eroberung der Mandschurei erwog. Ganz abgesehen von der ständigen Notwendigkeit, mit wirtschaftlichen Problemen fertig zu werden, und der unerbittlichen Abneigung der Öffentlichkeit gegenüber Verwicklungen im Fernen Osten, waren sich die britischen Politiker auch dessen sehr bewußt, daß die Dominien auf Frieden drängten und daß der militärische Zustand der Verteidigungskräfte des Empire in der Region, in der Japan den strategischen Vorteil genoß, sehr heruntergekommen war. Jedenfalls gab es viele Briten, die Tokios Entscheidung, mit den lästigen chinesischen Nationalisten abzurechnen, billigten, und noch viele mehr, die gute Beziehungen zu Japan aufrechterhalten wollten. Selbst als diese Gefühle nach weiteren japanischen Überfällen schwächer wurden, hätte Whitehall nur in Zusammenarbeit mit dem Völkerbund oder den anderen großen Mächten zu durchgreifenden Aktionen bewogen werden können.

Aber der Völkerbund selbst besaß, wie bewundernswert seine Prinzipien auch sein mochten, kein anderes effektives Instrument, um japanische Aggressionen in der Mandschurei zu verhindern, als die Streitkräfte seiner führenden Mitglieder. Als er also Zuflucht zu einem Untersuchungsausschuß (der Lytton-Kommission) nahm, lieferte dies den Mächten lediglich eine Entschuldigung, ihre Aktionen zu verschieben – während Japan zur gleichen Zeit seine Eroberungen fortsetzte. Von den größeren Staaten hatte Italien gar kein wirkliches Interesse am Fernen Osten. Obwohl Deutschland enge kommerzielle und militärische Bindungen zu China hatte, lehnte es sich lieber zurück und beobachtete, ob Japans »Revisionismus« einen nützlichen Präzedenzfall für Europa lieferte. Die Sowjetunion *war* über die japanischen Angriffe besorgt, aber sie erwartete, daß sie von den anderen Mächten zur Zusammenarbeit aufgefordert werden würde, und sie hatte keine Absicht, allein voranzugehen. Die Franzosen befanden sich vorhersehbarerweise in einem Dilemma: sie waren nicht daran interessiert, daß ein Präzedenzfall für die Änderung existierender territorialer Grenzen gesetzt und den Resolutionen des Völkerbunds getrotzt wurde. Andererseits waren die Franzosen, die in zunehmendem Maße über die heimliche deutsche Wiederaufrüstung und um die Erhaltung des Status quo besorgt waren, entsetzt über die Vorstellung von Komplikationen im Fernen Osten, die Aufmerksamkeit und möglicherweise militärische Ressourcen vom deutschen Problem ablenken könnten. Während Paris sich offiziell den Prinzipien des Völkerbunds verschrieb, ließ es Tokio insgeheim wissen, daß es Verständnis für die Probleme Japans in China habe.[167] Im Gegensatz dazu verurteilte die US-Regierung – das heißt, zumindest Außenminister Stimson – die japanischen Aktionen scharf, denn sie sah in ihnen zu Recht eine Bedrohung »der Welt der offenen Tür«, von welcher der amerikanische Lebensstil, zumindest theoretisch, so stark abhing. Aber Stimsons auf hohen Prinzipien beruhende Verurteilungen begeisterten weder Hoover, der Verwicklungen fürchtete, noch die britische Regierung, die sich vorläufig lieber opportunistisch als kämpferisch zeigte. Das Ergebnis war ein Streit zwischen Stimson und Hoover, der sich in ihren jeweiligen Memoiren entlud und (was bedeutsamer war) ein Vermächtnis des Mißtrauens zwischen Washington und London hinterließ. All dies bot ein deprimierendes und sehr überzeugendes Beispiel für die »Grenzen der Außenpolitik«, wie ein Historiker es genannt hat.[168]

Ob der japanische Vorstoß in die Mandschurei ohne Wissen der Regierung in Tokio erfolgte oder nicht,[169] war weniger wichtig als die Tatsache, daß diese Aktion erfolgreich war und noch ausgedehnt wurde, ohne daß der Westen irgend etwas Bedeutsames dagegen unternehmen konnte. Die größere Konsequenz war die Erkenntnis, daß der Völkerbund sich als ein ineffektives, zur Verhinderung von Aggressionen unfähiges Instrument erwiesen hatte und daß die drei westlichen Demokratien zu vereinten Aktionen nicht in der Lage waren. Dies wurde auch in der gleichzeitig in Genf stattfindenden Diskussion über Abrüstung zu Lande und in der Luft deutlich; hier fehlten natürlich die Vereinigten Staaten, aber die Differenzen zwischen Großbritannien und Frankreich über die Frage, wie man auf die deutschen Forderungen nach »Parität« reagieren sollte und darüber, daß Großbritannien ständig vermied, durch eine Sicherheitsgarantie Frankreichs Befürchtungen zu mildern, bedeuteten, daß Hitlers neues Regime vom Verhandlungstisch aufstehen und die existierenden Abkommen ohne Angst vor Vergeltung für nichtig erklären konnte.[170]

Das Wiederaufleben der deutschen Bedrohung im Jahre 1933 belastete die anglo-französisch-amerikanische diplomatische Zusammenarbeit zu einer Zeit, als die Weltwirtschaftskonferenz gescheitert war und die drei Demokratien ihre eigenen Währungs- und Handelsblöcke errichteten. Obwohl Frankreich direkter von Deutschland bedroht wurde, war es Großbritannien, das sich in seiner Handlungsfreiheit eingeschränkter fühlte. Im Jahre 1934 gab sowohl das Kabinett als auch sein »Defence Requirements Committee« zu, daß Japan zwar die unmittelbarere Gefahr, Deutschland aber eine größere langfristige Bedrohung darstelle. Aber da es nicht möglich schien, beiden gleichermaßen mit Stärke zu begegnen, war es wichtig, in einer dieser Gegenden einen Ausgleich zu erzielen. Während manche Kreise eine Verbesserung der Beziehungen zu Japan vorzogen, um sich Deutschland entschiedener widersetzen zu können, argumentierte das Außenministerium, daß eine anglo-japanische Übereinkunft im Fernen Osten Londons empfindliche Beziehungen zu den Vereinigten Staaten ruinieren würde. Andererseits konnte man diese imperialen und maritimen Kreise, die der Stärkung der britischen Verteidigung im Orient den Vorrang geben wollten, darauf hinweisen, daß es unmöglich war, den französischen Befürchtungen über den deutschen Revisionismus den Rükken zu kehren, und daß es (nach 1935) fatal war, die wachsende Bedrohung durch die Luftwaffe zu ignorieren. Das restliche Jahrzehnt lang versuchten die Entscheidungsträger in Whitehall, diesem strategischen Dilemma, potentiellen Feinden an entgegengesetzten Enden der Welt begegnen zu müssen, entgegenzuarbeiten.[171]

In den Jahren 1934 und 1935 schien ein solches Dilemma zwar beunruhigend, aber nicht akut. Auch wenn Hitlers Regime sehr unangenehm war, so hatte er sich überraschend bereitwillig gezeigt, eine Regelung mit Polen auszuhandeln. Auf jeden Fall war Deutschland noch immer militärisch beträchtlich schwächer als Frankreich oder Rußland. Außerdem hatte der deutsche Versuch, nach der Ermordung von Dollfuß im Jahre 1934 in Österreich einzumarschieren, Mussolini dazu gebracht, als Warnung Truppen am Brennerpaß aufmarschieren zu lassen. Die Aussicht, daß Italien mit den Status-quo-Mächten zusammengehen könne, war für Frankreich, das im April 1935 versuchte, mit der »Stresafront« eine anti-deutsche Koalition ins Leben zu rufen, besonders beruhigend. Zu beinahe derselben Zeit deutete Stalin an, daß auch er sich mit den »friedliebenden« Staaten verbünden wollte, und 1935 trat die Sowjetunion nicht nur dem Völkerbund bei, sondern hatte außerdem Beistandspakte mit Paris und Prag abgeschlossen. Obwohl Hitler seine Opposition gegen ein »östliches Locarno« sehr deutlich gemacht hatte, sah es so aus, als sei Deutschland auf allen Seiten eingedämmt. Und im Fernen Osten verhielt sich Japan ruhig.[172]

In der zweiten Hälfte des Jahres 1935 löste sich dieses ermutigende Bild jedoch schnell auf – ohne daß Hitler einen Finger rührte. Die divergierenden Vorstellungen Großbritanniens und Frankreichs zum »Sicherheitsproblem« zeigten sich bereits in Großbritanniens Unbehagen gegenüber Frankreichs erneuten Bindungen an Rußland einerseits und Frankreichs Bestürzung über das anglodeutsche Flottenabkommen im Juni 1935 andererseits. Beide Länder hatten diese einseitigen Maßnahmen ergriffen, um zusätzliche Sicherheit zu erlangen; Frankreich mit dem Wunsch, die UdSSR in das europäische Gleichgewicht einzubringen, und Großbritannien aus dem Verlangen, seinen maritimen Bedürfnissen in europäischen Gewässern und im Fernen Osten gerecht zu werden. Aber jeder dieser Schritte schien dem anderen Nachbarn so, als gebe man Berlin ein falsches Signal.[173] Wie dem auch sei, solche Widersprüche waren schädigend, aber nicht katastrophal – was man von Mussolinis Entscheidung, nach einer Reihe von lokalen Zusammenstößen in Abessinien einzumarschieren, nicht behaupten konnte. Dies war ein weiteres gutes Beispiel für einen regionalen Streit, der außerordentlich weitreichende Auswirkungen hatte. Für die Franzosen, denen der Gedanke, sich einen neuen potentiellen Alliierten gegen Deutschland zum bitteren Feind zu machen, überhaupt nicht behagte, war die ganze Abessinien-Episode ein uneingeschränktes Desaster: die flagrante Mißachtung der Prinzipien des Völkerbundes war ebenso beunruhigend wie Mussolinis Muskelprotzerei (denn wo mochte er als nächstes zuschlagen?); andererseits wäre es realpolitisch gesehen eine Torheit, Italien ins deutsche Lager zu treiben – aber diese Überlegungen würden die idealistischen Briten wohl kaum überzeugen.[174] Whitehalls Dilemma war jedoch mindestens ebenso groß, da es nicht nur mit noch stärkerem öffentlichen Unmut über Italiens offene Verletzung der Völkerbundsprinzipien fertig werden, sondern sich auch Sorgen machen mußte, wie sich Japan im Fernen Osten verhalten würde, wenn der Westen in eine Auseinandersetzung im Mittelmeer verwickelt war. Frankreich fürchtete, daß ein Streit mit Italien Hitler ins Rheinland locken würde, wohingegen Großbritannien vermutete, daß er Japan ermutigen würde, sich in Asien weiter auszudehnen – besonders da Tokio gerade dabei war, von den Flottenabkommen Abstand zu nehmen und einen uneingeschränkten Marineaufbau einzuleiten.[175] Auf lange Sicht gesehen hatten beide Länder recht; die Schwierigkeit lag wie üblich darin, das unmittelbare Problem mit den längerfristigen Implikationen in Einklang zu bringen.

Die französischen Befürchtungen sollten sich zuerst als richtig erweisen. Das anglo-französische Angebot einer territorialen Revision in Nordostafrika zugunsten Italiens (der Hoare-Laval-Pakt) aus dem Jahre 1935 hatte zu großer Empörung in der britischen Öffentlichkeit geführt. Aber während die Regierungen in London und Paris nicht wußten, ob sie dieser Stimmung oder den überragend plausiblen strategischen Gründen, die gegen einen Krieg mit Italien sprachen, nachgeben sollten, befahl Hitler eine Wiederbesetzung des entmilitarisierten Rheinlandes (März 1936). Rein militärisch betrachtet war dies kein schwerer Verlust; Frankreich und Großbritannien hätten zu diesem Zeitpunkt kaum einen offensiven Schlag gegen Deutschland durchführen können oder wollen.[176] Aber diese weitere Schwächung des Versailler Vertrages – und die vollkommene Preisgabe des Locarno-Paktes – warfen die allgemeine Frage auf, was ein international akzeptabler Weg war, den Status quo zu verändern und was nicht. Weil es den führenden Mitgliedern nicht gelungen war, Mussolinis Aggression im Jahre 1935–1936 Einhalt zu gebieten, war der Völkerbund inzwischen ziemlich diskreditiert; er spielte zum Beispiel im Spanischen Bürgerkrieg oder bei Japans offenem Überfall auf China im Jahre 1937 kaum eine

Rolle. Wenn man weitere Veränderungen der territorialen Ordnung bremsen oder zumindest kontrollieren wollte, konnte dies nur durch entschlossene Aktionen der größeren »Status-quo«-Mächte gegen die »revisionistischen« Staaten geschehen.

Aber für die »Status-quo«-Mächte schien die Drohung, auf Waffengewalt zurückzugreifen, keine praktikable Möglichkeit. Gerade als die faschistischen Länder näher zusammenrückten (im November 1937 unterzeichneten Deutschland und Japan den Antikominternpakt, kurz nachdem Mussolini die Achse Berlin–Rom verkündet hatte), wandten sich ihre potentiellen Gegner noch mehr der Innenpolitik zu und zeigten sich noch zerstrittener.[177] Obwohl die Amerikaner über die japanische Invasion Chinas und die Bombardierung ihres Kanonenbootes *U.S.S. Panay* empört waren, konnte Roosevelt 1937 keine entschiedenen Maßnahmen in Übersee ergreifen, selbst wenn er es gewollt hätte: die Wirtschaft hatte einen erneuten Schwächeanfall erlitten, und der Kongreß verabschiedete immer strengere Neutralitätsgesetze. Da Roosevelt nur Worte der Verurteilung, aber keine Taten zu bieten hatte, diente seine Politik lediglich dazu, »die anglo-französischen Zweifel über die amerikanische Verläßlichkeit zu nähren«.[178] Auf andere Art und Weise konzentrierte sich auch Stalin auf innenpolitische Angelegenheiten, da seine Säuberungen und Schauprozesse zu dieser Zeit ihren Höhepunkt erreichten. Obwohl er der spanischen Republik im Bürgerkrieg vorsichtig Hilfe zukommen ließ, war er sich bewußt, daß viele im Westen die »Roten« noch weniger mochten als die »Schwarzhemden« und daß es sehr gefährlich wäre, einen offenen Konflikt mit den Achsenmächten zu provozieren. Japans Aktionen im Fernen Osten und die Unterzeichnung des Antikominternpaktes machten ihn noch vorsichtiger.

Aber die in den Jahren 1936 und 1937 am schlimmsten getroffene Macht war ohne Zweifel Frankreich. Nicht nur zeigte sich seine Wirtschaft stark geschwächt, auch die politische Szene war so zerrissen, daß manche Beobachter glaubten, ein Bürgerkrieg stehe bevor, und zusätzlich war sein kompliziertes Sicherheitssystem in Europa durch eine Reihe von verheerenden Schlägen beinahe völlig zerstört worden. Die deutsche Wiederbesetzung des Rheinlandes machte jede offensive Aktion der französischen Armee, um Berlin unter Druck zu setzen, unmöglich. Das Land schien durch die deutsche Luftwaffe gefährlich verwundbar zu sein, da die französische Luftwaffe veraltet war. Die Abessinien-Affäre und die Achse Rom–Berlin verwandelten den potentiellen Alliierten Italien in einen höchst unberechenbaren und bedrohlichen Feind. Belgiens Rückzug in die Isolation machte die existierenden Pläne für eine Verteidigung der nördlichen Grenzen zunichte, und es gab keine Möglichkeit, die Maginotlinie zu verlängern, um diese Lücke zu schließen. Der Spanische Bürgerkrieg brachte die entsetzliche Aussicht darauf, daß ein faschistischer, der Achse freundlich gesonnener Staat in Frankreichs Rücken errichtet werden könnte. In Osteuropa rückte Jugoslawien näher an Italien heran, und die Kleine Entente schien dem Tode geweiht zu sein.[179]

Unter diesen düsteren, beinahe lähmenden Umständen gewann die Rolle Großbritanniens zu einem Zeitpunkt entscheidende Bedeutung, da Neville Chamberlain (im Mai 1937) Baldwin als Premierminister ablöste. Besorgt über die wirtschaftliche und strategische Verwundbarkeit des Landes und persönlich entsetzt von der Aussicht auf einen neuen großen Krieg, war Chamberlain entschlossen, eine zukünftige Krise in Europa abzuwenden, indem er »positive« Angebote machte, um die Diktatoren zufriedenzustellen. Mißtrauisch gegenüber der Sowjetunion, Roosevelts »Wortschwall« verachtend, ungeduldig mit der in seinen Augen wirren französischen Diplomatie der Intransigenz und Passivität und im Glauben, daß der Völkerbund völlig ineffektiv sei, verfolgte der Premierminister nun seine eigene Strategie, dauerhaften Frieden durch »Appeasement« zu sichern. Schon zuvor hatte London gegenüber Berlin verlauten lassen, daß es zu kommerziellen und kolonialen Konzessionen bereit war; Chamberlains Beitrag bestand darin, diese Gangart zu beschleunigen, indem er auch territoriale Änderungen in Europa selbst erwog. Gleichzeitig – und gerade weil er in Deutschland die größte Gefahr sah – war der Premierminister sehr daran interessiert, die Beziehungen zu Italien zu verbessern, in der Hoffnung, es aus der Achse lösen zu können.[180] All dies mußte umstritten sein – es führte unter anderem Anfang 1938 zum Rücktritt von Chamberlains Außenminister Eden, zu Kritik der kleinen, aber wachsenden Zahl von Gegnern der Beschwichtigungspolitik im eigenen Lande und zu einem zunehmenden Mißtrauen Washingtons und Moskaus – aber andererseits konnte man zu Recht argumentieren, daß fast alle kühnen Handlungen in der Geschichte der Diplomatie umstritten gewesen waren. Der wirkliche Makel in Chamberlains Strategie, der von manchen, aber nicht von der Mehrheit in Europa erkannt wurde, lag darin, daß Hitler grundsätzlich *nicht beschwichtigt* werden konnte und auf eine zukünftige territoriale Neuordnung so fixiert war, daß man ihn durch kleine Anpassungen niemals zufriedenstellen konnte.

Auch wenn diese Schlußfolgerung im Jahre 1939 und noch mehr 1940–1941 deutlich zutage trat, war sie im Krisenjahr 1938 weder für die britische noch für die französische Regierung offensichtlich. Der Anschluß Österreichs im Frühling dieses Jahres war ein unangenehmes Beispiel für Hitlers Vorliebe für unangekündigte Handlungen. Aber konnte man wirklich etwas gegen das Prinzip einwenden, Deutsche mit Deutschen zu vereinen? Wenn überhaupt, so intensivierte der Anschluß Chamberlains Überzeugung, daß die Frage der deutschsprechenden Minderheit in der Tschechoslowakei geregelt werden mußte, bevor diese Krise die Mächte an – und über – den Rand des Krieges führte. Zugegebenermaßen war die Sudetenfrage viel kontroverser: auch die Tschechoslowakei hatte ein international garantiertes Souveränitätsrecht, und der Wunsch der westlichen Mächte, Hitler zufriedenzustellen, schien nun mehr von egoistischen Ängsten als von positiven Idealen beeinflußt zu sein. Die beherrschende Tatsache aber bestand darin, daß Hitler zu dieser Zeit als der einzige Führer erschien, der wirklich bereit war zu kämpfen. Und er wirkte geradezu irritiert darüber, daß die Aussichten, die Tschechen zu vernichten, durch die Zugeständnisse der Münchner Konferenz nun in weite Ferne gerückt waren. Wie immer gehörten zu einem Krieg der Großmächte zwei; und 1938 hatte Hitler einfach keinen Gegner, der zum Kampf bereit war.[181]

Weil es im Westen an politischer und öffentlicher Kriegsbereitschaft mangelte, ist es wenig sinnvoll, die langanhaltende Debatte darüber aufzunehmen, was geschehen wäre, wenn Großbritannien und Frankreich auf seiten der Tschechoslowakei gekämpft hätten. Allerdings ist bemerkenswert, daß die militärische Gewichtsverteilung für Deutschland nicht so günstig war, wie viele Apologeten des

»Appeasement« nahelegten.[182] Es ist jedoch klar ersichtlich, daß sich die Gewichte nach dem Münchner Abkommen zu Hitlers Gunsten verschoben. Die Eliminierung der Tschechoslowakei als eine mittlere europäische Macht im März 1939, die deutsche Akquisition der tschechischen Waffen, Fabriken, Rohstoffe und Stalins zunehmendes Mißtrauen gegenüber dem Westen waren gewichtiger als die Faktoren, die für London und Paris sprachen – wie der beträchtliche Anstieg der britischen Waffenproduktion, die engere anglo-französische militärische Zusammenarbeit oder der Meinungsumschwung in Großbritannien und den Dominien. Zur selben Zeit scheiterte Chamberlains Versuch (Januar 1939), Italien aus der Achse zu lösen oder es von seinen Aggressionen auf dem Balkan abzubringen. Seine Politik war gescheitert, auch wenn Mussolini aus eigenen zwingenden Gründen nicht sofort Seite an Seite mit Hitler in einem Großmachtkrieg gegen die westlichen Nationen kämpfen würde.

Als Hitler im späten Frühjahr 1939 begann, Druck auf Polen auszuüben, waren daher die Möglichkeiten, einen Konflikt zu vermeiden, geringer als im vorhergehenden Jahr – und die Aussichten auf einen anglo-französischen Sieg im Falle eines Krieges *viel* geringer. Die deutsche Annexion des tschechischen Rumpfstaates im März 1939 und Italiens Angriff auf Albanien einen Monat später führten dazu, daß die Demokratien – zunehmend unter dem Druck der öffentlichen Meinung, »Hitler zu stoppen« – Polen, Griechenland, Rumänien und der Türkei Garantieverträge anboten. Damit war Westeuropa in einem Ausmaß an das Schicksal Osteuropas gekettet, wie es zumindest die Briten nie zuvor in Erwägung gezogen hatten. Polen konnte jedoch nicht direkt von den westlichen Ländern unterstützt werden, und jede *indirekte* Unterstützung würde in einer Zeit, da die französische Armee sich strategisch auf Defensive eingerichtet hatte und die Briten ihre Ressourcen auf eine verbesserte Luftverteidigung der Heimat konzentrierten, nicht besonders wirkungsvoll ausfallen. Die einzige direkte Hilfe für Polen mußte aus dem Osten kommen, und wenn Chamberlains Regierung von Übereinkünften mit Moskau nicht begeistert war, so lehnten es die Polen unerbittlich ab, die Rote Armee auf ihrem Territorium zu dulden. Da Stalin hauptsächlich Zeit gewinnen und einen sofortigen Krieg vermeiden wollte, und Hitler den Druck auf die westlichen Nationen, Polen aufzugeben, erhöhen mußte, hatten beide Diktatoren trotz ihrer ideologischen Differenzen ein säkulares Interesse daran, ein »Geschäft« auf Kosten Warschaus abzuschließen. Die schockierende Verkündung des Hitler-Stalin-Paktes (23. August 1939) verbesserte nicht nur Deutschlands strategische Lage, sondern machte außerdem einen Krieg um Polen praktisch unvermeidlich. Dieses Mal war »Appeasement« für London und Paris keine Option, selbst wenn die wirtschaftlichen und militärischen Umstände (vielleicht mehr noch als in den vorhergehenden Jahren) es nahelegten, einem Großmachtkonflikt aus dem Wege zu gehen.[183]

Beim Ausbruch des Zweiten Weltkrieges standen also wiederum Großbritannien und Frankreich Deutschland gegenüber, und wie im Jahre 1914 wurde eine britische Expeditionstruppe über den Kanal entsandt, während die anglo-französischen Flotten eine Seeblockade errichteten.[184] Aber sonst unterschieden sich die strategischen Strukturen dieses Krieges auf vielfache, für die Alliierten unvorteilhafte Weise von dem vorhergehenden. Zum einen gab es keine östliche Front, und zum anderen führte die politische Vereinbarung zwischen Berlin und Moskau über die Aufteilung Polens auch zu kommerziellen Abmachungen, so daß ein zunehmender Strom an Rohstoffen aus Rußland den möglichen Effekt der Blokkade auf die deutsche Wirtschaft zunichte machte. Es ist richtig, daß im ersten Kriegsjahr die Vorräte an Öl und anderen Rohstoffen in Deutschland verzweifelt knapp waren, aber die Ersatzproduktion, das schwedische Eisenerz und die wachsenden Lieferungen aus Rußland halfen die Lücke zu schließen. Zusätzlich führte die Trägheit der Alliierten an der westlichen Front dazu, daß die deutschen Brennstoff- und Munitionsvorräte kaum unter Druck gerieten. Und schließlich mußte Deutschland keine belastenden Alliierten – wie Österreich-Ungarn im Ersten Weltkrieg – unterstützen. Wäre Italien im September 1939 in den Krieg eingetreten, hätten seine wirtschaftlichen Schwächen die schmalen Vorräte des Reiches belastet und eventuell die Chancen für einen deutschen Vorstoß nach Westen im Jahre 1940 verschlechtert. Sicherlich hätte Italiens Beteiligung die anglo-französische Position im Mittelmeer etwas erschwert, aber vielleicht nicht erheblich, und andererseits machte die

Neutralität Roms es zu einer nützlichen Drehscheibe für den deutschen Handel – weshalb viele Planer in Berlin hofften, daß Mussolini an der Seitenlinie bliebe.[185]

Während der »phony war« (»Sitzkrieg«) Deutschlands wirtschaftliche Verwundbarkeit nicht prüfte, erlaubte er es ihm, jene Elemente der nationalen Strategie zu perfektionieren, welche die Wehrmacht so überlegen machten – das heißt Einsatztaktik, Operationen verbundener Waffen, taktischer Luftkrieg und dezentralisierte offensive Kriegführung. Besonders der Polenfeldzug bestätigte die Wirksamkeit der Blitzkriegführung, förderte einige Schwächen zutage (die dann ausgemerzt werden konnten) und stärkte das deutsche Vertrauen in ihre Fähigkeit, Feinde durch schnelle Überraschungsangriffe und durch die richtige Konzentration von Luft- und Panzerstreitkräften überrennen zu können. Dies wurde erneut in der rasanten Besetzung Dänemarks und der Niederlande demonstriert. Da Norwegen für die deutschen Panzerdivisionen unzugänglich war, blieb dieser Feldzug eine Weile unentschieden, bis schließlich die Luftwaffe die Oberhand gewann. Aber das beste Beispiel für die Überlegenheit der deutschen Militärdoktrin und ihrer operativen und taktischen Fähigkeit war der Frankreichfeldzug von Mai bis Juni 1940, als die weniger gut organisierte alliierte Infanterie mit ihren gepanzerten Streitkräften von Guderians Panzergruppe und der motorisierten Infanterie auseinandergetrieben wurden. In allen diesen Begegnungen genoß der Angreifer eine erhebliche Luftüberlegenheit. Im Gegensatz zu den Schlachten von 1914–1916, in denen keine Seite mit den neuen Bedingungen der Kriegführung besonders gut zurechtkam, enthüllten diese Feldzüge des Jahres 1940 Vorteile für Deutschland, welche die langfristige wirtschaftliche Verwundbarkeit des Landes aufzuheben schienen.[186]

Außerdem war die deutsche Kriegsmaschine durch ihre deutlichen Gewinne in den Jahren 1939–1940 in der Lage, ihre Öl- und Rohstoffvorräte erheblich aufzustocken. Man konnte nicht nur die besiegten Feinde ausplündern (und tat es auch!), außerdem führte Frankreichs und Großbritanniens offensichtliche Unfähigkeit, einen größeren militärischen Feldzug in die Wege zu leiten, dazu, daß die Reserven der Wehrmacht nicht ernsthaft unter ausgedehnten Kampfhandlungen zu leiden hatten. Es gab nun eine Landverbindung zu spanischen Rohstoffen, schwedische Erze waren jetzt vor alliierten Expeditionen sicher, und Rußland erhöhte seine Lieferungen – obwohl es insgeheim über Hitlers schnelle Erfolge entsetzt war. Unter diesen Umständen war Italiens Kriegseintritt, der mit Frankreichs Zusammenbruch einherging, wirtschaftlich nicht so unangenehm, wie er hätte sein können – und er lenkte die britischen Ressourcen tatsächlich von Europa zum Nahen Osten, selbst wenn Italiens spektakulär erfolglose Feldzüge zeigten, wie sehr man es in den 30er Jahren überschätzt hatte.[187]

Wäre der Krieg nur mit diesen drei Parteien fortgesetzt worden, kann man schwer sagen, wie lange er gedauert hätte. Das Britische Empire unter Churchill war entschlossen, den Kampf fortzusetzen, und mobilisierte gewaltige Truppenstärken und Waffen- und Munitionsreserven – zum Beispiel produzierte es im Jahre 1941 mehr Flugzeuge und Panzer als Deutschland.[188] Und während Großbritanniens Geld- und Dollarreserven bald nicht mehr ausreichten, den amerikanischen Nachschub zu bezahlen, gelang es Roosevelt, die hinderlichen Neutralitätsgesetze abzuschaffen und den Kongreß davon zu überzeugen, daß die Unterstützung Großbritanniens – durch das Leih-Pacht-Gesetz, durch den Handel »Zerstörer gegen Stützpunkte«, durch Geleitschutz und so weiter – im Sicherheitsinteresse des eigenen Landes lag.[189] Als Ergebnis konnte nun keiner der beiden großen Gegner den anderen entscheidend treffen. So bewies die Schlacht um England, daß eine deutsche Invasion über den Kanal unmöglich war, und beim vorherrschenden Ungleichgewicht der Landstreitkräfte stand ein britischer militärischer Einmarsch in Europa ganz außer Frage. Die Angriffe des Bomberkommandos auf Deutschland waren zwar gut für die britische Moral, verursachten aber in diesem Stadium nur geringen Schaden. Trotz gelegentlicher Streifzüge in den Nordatlantik konnte es die deutsche Überwasserflotte nicht mit der Royal Navy aufnehmen; andererseits war der U-Boot-Kampf dank Dönitz' neuer Taktik und zusätzlicher Boote so bedrohlich wie eh und je. In Nordafrika, Somalia und Abessinien fiel es den Streitkräften des Britischen Empire leicht, die von den Italienern gehaltenen Stellungen einzunehmen, aber es wurde ihnen extrem schwer, der aggressiven Kriegführung von Rommels Afrikakorps zu begegnen oder die deutschen Invasoren Griechenlands zu bekämpfen. Das zweite Jahr des sogenannten »letzten europäischen Krieges« war daher eher von Defensivsiegen und kleinen Gewinnen als von großen Zusammenstößen und Eroberungen gekennzeichnet.[190]

Unweigerlich änderte dann Hitlers schicksalsträchtige Entscheidung, im Juni 1941 in Rußland einzumarschieren, die gesamten Dimensionen des Konfliktes. Strategisch bedeutete sie, daß Deutschland nun an mehreren Fronten kämpfen mußte und damit vor demselben Dilemma wie 1914–1917 stand – was eine besondere Belastung für die Luftwaffe war, deren Staffeln sehr dünn auf den Westen, den Osten und den Mittelmeerraum verteilt waren. Außerdem garantierte die neue Lage, daß die Position des Britischen Empire im Mittleren Osten – der sicherlich überrannt worden wäre, wenn Hitler nur ein Viertel der für die Operation Barbarossa eingesetzten Truppen und Flugzeuge dorthin entsandt hätte – wie die Heimatinseln ein Sprungbrett für eine zukünftige feindliche Gegenoffensive bleiben würde. Das Wichtigste war jedoch, daß die gewaltigen geographischen Ausmaße und die logistischen Anforderungen der Hunderte von Kilometern nach Rußland hineinreichenden Feldzüge den größten Vorteil der Wehrmacht untergruben: ihre Fähigkeit, Überraschungsangriffe innerhalb bestimmter Grenzen auszuführen, um den Feind zu überwältigen, bevor die eigenen Vorräte ausgingen und die Kriegsmaschine sich unvermeidlich verlangsamte. Im Gegensatz zu der gewaltigen Frontstärke der Deutschen und ihrer Alliierten im Juni 1941 waren Nachschub und Versorgung besonders angesichts des schlechten Straßennetzes minimal; man hatte keinen Gedanken an die Winterkriegführung verschwendet, da man annahm, daß der Krieg in drei Monaten vorbei wäre; die deutsche Flugzeugproduktion lag 1941 deutlich unter der Großbritanniens oder Rußlands, ganz zu schweigen von jener der Vereinigten Staaten; die Wehrmacht hatte viel weniger Panzer als Rußland; und die Brennstoff- und Munitionsvorräte waren bei dieser ausgedehnten Kriegführung schnell verbraucht.[191] Selbst wenn die Wehrmacht auf dem Schlachtfeld spektakulär erfolgreich war – und Stalins ungeschickte Aufstellung seiner Armeen angesichts des drohenden Angriffs es den Deutschen ermöglichte, in den ersten vier

Monaten des Kampfes drei Millionen Russen zu töten oder gefangenzunehmen –, löste dies nicht das Problem. Rußland konnte sich einen entsetzlichen Verlust an Menschen und Material und die Aufgabe von einer Million Quadratkilometer Land leisten, ohne geschlagen zu sein; die Einnahme Moskaus oder vielleicht sogar die Gefangennahme Stalins selbst hätte Rußland – dank der außerordentlich großen Reserven des Landes – nicht unbedingt zur Kapitulation gezwungen. Dies war also ein unbegrenzter Krieg, und das Dritte Reich war trotz aller imposanten Erfolge und aller operativen Brillanz nicht für diese Art von Kampf gerüstet.

Ob Rußland die deutsche Armee vor den Toren Moskaus *und* einen Angriff der Japaner auf Sibirien im Dezember 1941 überlebt hätte, ist eine ganz andere Frage – faszinierend, über sie zu spekulieren, unmöglich, sie zu beantworten. Durch die Unterzeichnung des Dreimächtepakts (September 1940) mit Deutschland und Italien und später (April 1941) des Neutralitätsabkommens mit der Sowjetunion hatte Japan gehofft, letztere abzulenken, während es sich auf seine südliche Expansion konzentrierte. Aber in Tokio geriet man bei der Nachricht über den deutschen Vorstoß auf Moskau wieder in Versuchung, den Krieg mit Rußland zu wagen. Falls die japanische Armee tatsächlich einen Schlag gegen ihren traditionellen Feind in Asien geführt hätte, statt den südlichen Operationen zuzustimmen, wäre es für Roosevelt möglicherweise immer noch schwierig gewesen, die amerikanische Öffentlichkeit von der Notwendigkeit eines Kriegseintritts zu überzeugen. Und auch die Unterstützung, welche die Briten Rußland im Fernen Osten hätten bieten können (wäre Churchill allein in den Konflikt mit Japan eingetreten), wäre minimal gewesen. Statt sich diesem furchterregenden Zwei-Fronten-Szenario stellen zu müssen, konnte Stalin Ende 1941 gutausgebildete, winterfeste Divisionen aus Sibirien abziehen, die dazu beitrugen, die deutsche Offensive zu brechen und den Feind zurückzutreiben.[192] Aus Tokios Sicht war die Entscheidung, nach Süden zu expandieren, jedoch vollkommen logisch. Durch das westliche Handelsembargo gegen Japan und das Einfrieren seiner ausländischen Vermögenswerte im Juli 1941 (nach Tokios Inbesitznahme von Französisch-Indochina) wurden sich die Armee und die Marine akut darüber bewußt, daß sie, wenn sie nicht entweder die politischen Forderungen Amerikas erfüllten *oder* versuchten, die Öl- und Rohstoffvorräte Südostasiens an sich zu bringen, innerhalb weniger Monate wirtschaftlich ruiniert wären. Ab Juli 1941 war daher ein nördlicher Krieg gegen Rußland praktisch unmöglich und südliche Operationen praktisch unumgänglich – aber da man kaum annahm, daß die Amerikaner zusehen würden, während sich Japan Borneo, Malaysia und Niederländisch-Ostindien einverleibte, mußte man ihre militärischen Stützpunkte im westlichen Pazifik und ihre Flottenbasis in Pearl Harbor eliminieren. Lediglich um die Dynamik ihres »China-Zwischenfalls« aufrechtzuerhalten, mußten sich japanische Generäle jetzt in großangelegten, Tausende von Kilometern umspannenden Operationen gegen Ziele wenden, von denen sie vorher kaum etwas gehört hatten.[193]

Der Dezember 1941 markierte den zweiten wichtigen Wendepunkt eines inzwischen weltweiten Krieges. Die russischen Gegenangriffe um Moskau im selben Monat bestätigten, daß zumindest hier der Blitzkrieg versagt hatte. Und auch wenn die beeindrukkende Reihe japanischer Erfolge in den ersten sechs Monaten Pazifikkrieg den Alliierten schwer geschadet hatten, war keines der verlorenen Territorien (noch nicht einmal Singapur oder die Philippinen) aus großstrategischer Sicht wirklich bedeutsam. Wichtiger war, daß Japans Aktionen und Hitlers leichtfertige Kriegserklärung an die Vereinigten Staaten endlich das mächtigste Land der Welt in den Konflikt hineinzogen. Sicherlich konnte industrielle Produktivität allein nicht militärische Effektivität garantieren – und besonders die deutschen operativen Fähigkeiten zeigten, daß Mann-gegen-Mann- und Dollar-gegen-Dollar-Vergleiche unsinnig sind[194] –, aber die Große Allianz, wie Churchill sie stolz nannte, war der Achse materiell so überlegen und ihre Produktionszentren waren so weit von den deutschen und japanischen Streitkräften entfernt, daß sie die Ressourcen und die Gelegenheit hatte, eine überwältigendere militärische Stärke aufzubauen, als sie die früheren Gegner der faschistischen Aggression je zu besitzen gehofft hatten. Innerhalb eines weiteren Jahres stand de Tocquevilles Vorhersage aus dem Jahre 1835 über das Entstehen einer bipolaren Welt schließlich kurz vor ihrer Erfüllung.

Strategie und Ökonomie heute und morgen

7 Stabilität und Wandel in einer bipolaren Welt, 1943–1980

Bei der Nachricht über den amerikanischen Kriegseintritt frohlockte Winston Churchill in aller Öffentlichkeit – und mit gutem Grund. Denn, wie er später erklärte: »Hitlers Schicksal war besiegelt. Mussolinis Schicksal war besiegelt. Was die Japaner anbetrifft, sie würden zu Pulver zermalmt werden. Der Rest war lediglich die richtige Anwendung überwältigender Stärke.«[1] Solche Zuversicht muß jedoch auf die vorsichtigeren Gemüter auf alliierter Seite im Jahre 1942 und bis zur ersten Hälfte des Jahres 1943 grob deplaziert gewirkt haben. Denn nach Pearl Harbor waren die japanischen Kräfte sechs Monate lang im Pazifik und in Südostasien weit überlegen, hatten die alten europäischen Kolonialgebiete erobert, China von Süden eingekreist und bedrohten Indien, Australien und Hawaii. Im deutsch-russischen Krieg nahm die Wehrmacht nach dem Winter 1941–1942 ihre brutalen Offensiven wieder auf und schlug sich bis zum Kaukasus durch. Zu beinahe derselben Zeit hatte sich die weit kleinere Truppe unter Rommel in Nordafrika bis auf achtzig Kilometer an Alexandria herangearbeitet. Die U-Boot-Angriffe auf alliierte Geleitzüge waren tödlicher als je zuvor, im Frühjahr 1943 war der höchste Verlust an Handelsschiffen zu beklagen. Die angloamerikanische »Gegenblockade« der deutschen Wirtschaft mittels strategischer Bombardierung hingegen verfehlte ihren Zweck und führte zu ernsten Verlusten unter den Flugbesatzungen. Wenn das Schicksal der Achsenmächte nach dem Dezember 1941 wirklich besiegelt war, so gab es wenig Anzeichen dafür, daß sie es wußten.

»Die richtige Anwendung überwältigender Stärke«

Trotzdem war Churchills grundlegende Annahme richtig. Die Umwandlung des Konflikts aus einem europäischen in einen wahrhaft weltweiten Krieg mag Großbritanniens strategischen Balanceakt erschwert haben – viele Historiker haben darauf hingewiesen, daß der Verlust Singapurs darauf zurückzuführen war, daß die Briten ihre Flugzeuge und ausgebildeten Divisionen im Mittelmeerraum konzentriert hatten[2] –, aber sobald die neuen Kriegsteilnehmer ihre Kräfte mobilisiert hatten, veränderten sie das gesamte Gleichgewicht der Kräfte. In der Zwischenzeit konnten die deutschen und japanischen Kriegsmaschinen ihre Eroberungen fortsetzen, aber je weiter sie sich ausdehnten, desto weniger waren sie in der Lage, den Gegenangriffen, welche die Alliiierten mit großer Stetigkeit vorbereiteten, entgegenzuwirken.

Die erste dieser Gegenoffensiven fand im Pazifik statt, wo die Luftstreitkräfte der Navy unter Nimitz bereits den japanischen Vorstoß in die Korallensee (Mai 1942) und auf Midway zu (Juni 1942) vereitelt hatten und bewiesen, wie wichtig die Marineflieger in der Weite dieses Ozeans waren. Ende des Jahres waren die japanischen Truppen aus Guadalcanal abgezogen, und australisch-amerikanische Truppen stießen in Neu-Guinea vor. Als Ende 1943 die Gegenoffensive im zentralpazifischen Becken begann, wurden die zwei mächtigen amerikanischen Kampfflotten, welche die Invasion der Gilbert-Inseln deckten, selber von *vier* Trägerkampfgruppen (mit zwölf Flugzeugträgern) mit überwältigender Luftüberlegenheit eskortiert.[3] Ein noch größeres Ungleichgewicht der Kräfte hatte den Divisionen des Britischen Empire im Oktober 1942 erlaubt, die deutschen Positionen bei El Alamein zu durchbrechen und Rommels Einheiten zurück in Richtung auf Tunesien zu treiben. Als Montgomery den Angriff befahl, standen ihm sechsmal so viele Panzer und dreimal so viele Soldaten zur Verfügung wie seinem Gegner, und er hatte beinahe vollständige Luftherrschaft. Im folgenden Monat landete Eisenhowers anglo-amerikanische Armee von 100000 Mann in Französisch-Nordafrika, um vom Westen eine »Zangenbewegung« gegen die deutsch-italienischen Truppen einzuleiten, die in deren Kapitulation im Mai 1943 gipfelte.[4] Zu dieser Zeit war Dönitz gezwungen, seine U-Boot-Rudel aus dem Nordatlantik abzuziehen, wo sie schwere Verluste durch alliierte Konvois erlitten hatten. Die Konvois wurden jetzt von Langstreckenflugzeugen des Typs »Liberator«, von Geleitträgern und von mit den neuesten Radar- und Ortungssystemen ausgerüsteten U-Boot-Jäger-Verbänden eskortiert. Überdies brachten die neuen »Ultra«-Dechiffriersysteme genaueste Informationen über die deutschen U-Boot-Bewegungen.[5] Falls es doch länger dauern sollte, bis die Alliierten in Europa die »Luftherrschaft« in Ergänzung zu ihrer Seeherrschaft erkämpften, so hatte man die Lösung in Form des Langstreckenjägers »Mustang«, der im Dezember 1943 erstmals die Bomberflotten der US-Luftwaffe begleitete, bereits zur Hand. Innerhalb weniger Monate war die Fähigkeit der deutschen Luftwaffe, den Luftraum über den Soldaten, Fabriken und der Zivilbevölkerung des Dritten Reiches zu verteidigen, so geschwächt, daß sie sich nie wieder erholen sollte.[6]

Noch schicksalsträchtiger für das Oberkommando der Wehrmacht war die unvorteilhafte Verschiebung der Kräfteverhältnisse an der Ostfront. Bereits im August 1941, als viele Beobachter glaubten, Rußlands letzte Stunde als Großmacht habe geschlagen, vertraute General Halder dem Kriegstagebuch des Generalstabs folgendes an:

> Wir haben bei Kriegsbeginn mit etwa 200 feindlichen Divisionen gerechnet. Jetzt zählen wir bereits 360. Diese Divisionen sind sicherlich nicht in unserem Sinne bewaffnet und ausgerüstet, sie sind taktisch vielfach ungenügend geführt. Und wenn ein Dutzend davon zerschlagen wird, dann stellt der Russe ein neues Dutzend hin. Die Zeit gewinnt er dadurch, daß er nah an seinen Kraftquellen sitzt, wir immer weiter von ihnen abrücken.[7]

Diese Art von rücksichtslosen, brutalisierten Massenschlachten ließen selbst die Verlustzahlen des Ersten Weltkrieges bescheiden erscheinen. Die Deutschen behaupteten, in den ersten fünf Monaten des Ostfeldzuges weit über drei Millionen Russen getötet, verwundet oder gefangengenommen zu haben.[8] Aber zu diesem Zeitpunkt, als Stalin und die *Stawka* die erste Gegenoffensive um Moskau planten, hatte die Rote Armee immer noch 4,2 Millionen Mann in ihren Feldarmeen und eine überlegene Zahl an Panzern und Flugzeugen.[9] Die konnten sich allerdings mit Sicherheit weder mit den technischen noch den operativen Fähigkeiten der Deutschen am Boden oder in der Luft messen – selbst 1944 verloren die Russen noch fünf oder sechs Männer auf jeden deutschen Soldaten[10] –, und als der schreckliche Winter des Jahres 1940–1941 vorbei war, konnte Hitlers Kriegsmaschine ihre Offensive noch einmal fortsetzen –

dieses Mal in Richtung Stalingrad und in das Desaster. Nach Stalingrad versuchte die Wehrmacht im Sommer 1943, ihre gepanzerten Truppen zusammenzuziehen, um auf die phantastische Zahl von 17 Panzerdivisionen für die Umzingelung von Kursk zu kommen. Aber in der größten Panzerschlacht des Zweiten Weltkrieges konterte die Rote Armee mit 34 gepanzerten Divisionen – ungefähr 4000 sowjetische Panzer gegen 2700 deutsche. Während die Zahl der sowjetischen Panzer innerhalb einer Woche um die Hälfte reduziert wurde, hatten die Verbände der Roten Armee doch auch den größten Teil von Hitlers Panzerarmee vernichtet, und sie standen nun für die unaufhaltsame Gegenoffensive auf Berlin bereit. Zu diesem Zeitpunkt gab die Nachricht der Landung der Alliierten in Italien Hitler einen Vorwand, seine Truppen aus diesem vollständigen Desaster zurückzuziehen, und gleichzeitig bestätigte sie, wie eng der Ring sich bereits um das Reich geschlossen hatte.[11]

War dies alles also lediglich auf die »richtige Anwendung überwältigender Stärke« zurückzuführen? Sicherlich war wirtschaftliche Macht nie der *einzige* Einfluß auf militärische Effektivität, selbst im mechanisierten, totalen Krieg von 1939–1945 nicht; die Wirtschaft stand, um Clausewitz zu paraphrasieren, ungefähr im gleichen Verhältnis zum Kampf wie das Schmiedehandwerk zur Fechtkunst. Und die deutsche und japanische Führung machte nach 1941 einfach zu viele schwerwiegende politische oder strategische Fehler, die sie teuer zu stehen kommen sollten. Im Falle Deutschlands reichten sie von relativ kleinen Entscheidungen, wie Anfang 1943 Verstärkungen nach Nordafrika zu schicken, die gerade rechtzeitig kamen, um gefangengenommen zu werden, bis hin zu der entsetzlich dummen und verbrecherischen Behandlung der ukrainischen und anderen nicht-russischen Minderheiten in der UdSSR, die froh waren, der stalinistischen Tyrannei zu entfliehen, nur um über die Greueltaten der Nazis noch entsetzter zu sein. Es begann bei der Arroganz anzunehmen, daß die Geheimkodes nie gebrochen werden konnten, und reichte bis zum ideologischen Vorurteil gegen den Einsatz von deutschen Frauen in Munitionsfabriken, während alle Feinde Deutschlands dieses weitgehend unausgeschöpfte Arbeitskräftereservoir bereitwillig ausnutzten. Die Rivalitäten innerhalb des Oberbefehls der Armee verschärften die Fehler noch. So

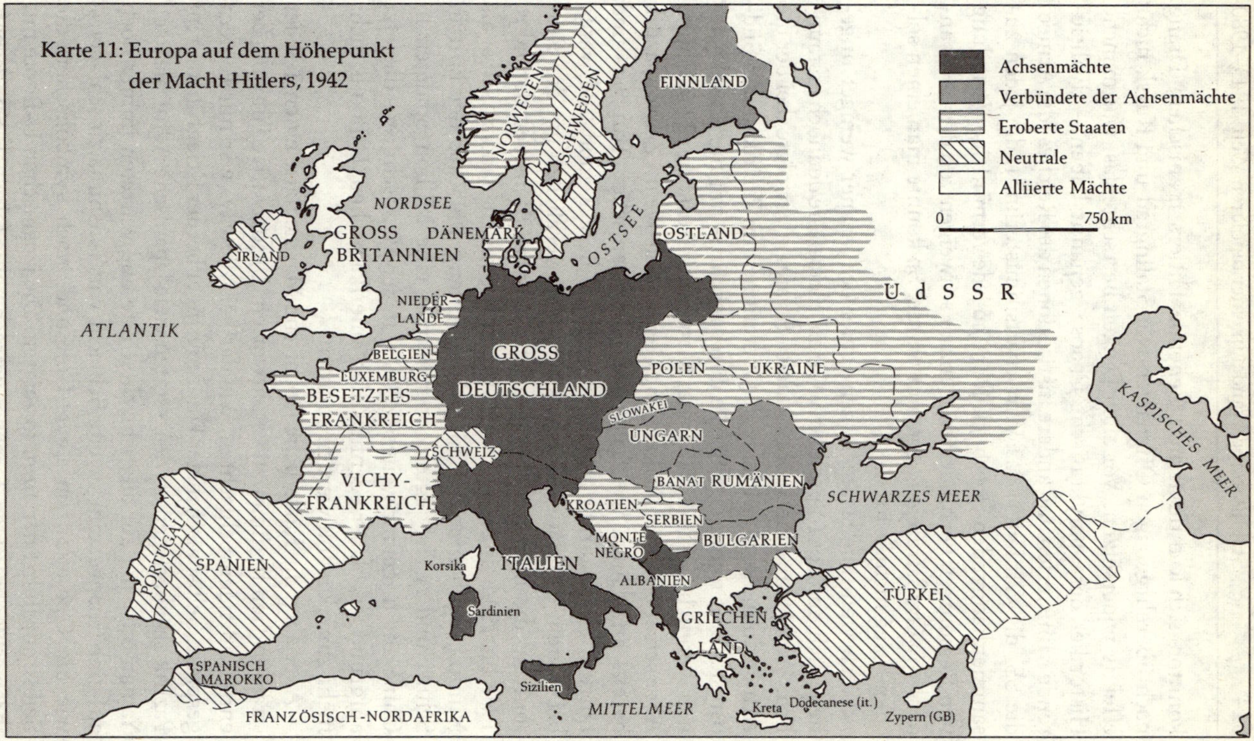

Karte 11: Europa auf dem Höhepunkt der Macht Hitlers, 1942

konnten sich die deutschen Generäle Hitlers manischem Drang nach überehrgeizigen Offensiven wie Stalingrad und Kursk nicht effektiv widersetzen. Vor allen Dingen herrschte das, was manche Historiker das »polykratische Chaos« genannt haben – rivalisierende Ministerien und andere Institutionen des Reiches (die Armee, die SS, die Gauleiter, das Wirtschaftsministerium), die jeden zusammenhängenden Überblick über und jede vernünftige Verteilung von Ressourcen verhinderten, ganz zu schweigen von dem, was anderswo »Großstrategie« genannt wurde. So konnte man einen solchen Krieg nicht führen.[12]

Auch wenn die strategischen Fehler der Japaner weniger ungeheuerlich und kontraproduktiv waren, bleiben sie dennoch erstaunlich. Weil Japan eine »kontinentale« Strategie verfolgte, bei der die Armee dominierte, wurden die Operationen im Pazifik und in Südostasien mit minimaler Stärke durchgeführt – mit nur 11 Divisionen, verglichen mit den 13 in der Mandschurei und den 22 in China. Aber selbst als die amerikanische Gegenoffensive im Zentralpazifik bereits angelaufen war, gelangten die japanischen Truppen- und Luftwaffenverstärkungen zu langsam in diese Region und waren bei weitem nicht ausreichend – besonders verglichen mit den Ressourcen, die man für die gewaltigen China-Offensiven der Jahre 1943 bis 1944 eingesetzt hatte. Ironischerweisen standen, selbst als Nimitz' Jagdbomber Japans Städte Anfang 1945 aus der Luft in Schutt und Asche legten, noch immer eine Million Soldaten in China und ungefähr weitere 780 000 in der Mandschurei – die jetzt aufgrund der Überlegenheit der amerikanischen U-Boote nicht mehr zurückgeholt werden konnten.

Aber auch die Kaiserliche Japanische Marine hatte einen Teil der strategischen Irrtümer zu verantworten. Die operative Führung bei entscheidenden Schlachten, wie der bei Midway, war mit Fehlern gespickt. Selbst als sich der Flugzeugträger bei der Kriegführung im Pazifik als überlegen erwies, setzten viele japanische Admiräle nach Yamamotos Tod auf die Schlachtschiffe und warteten immer noch auf eine Chance, eine zweite Schlacht von Tsushima zu schlagen – wie die Operation im Leyte-Golf und, noch symbolischer, die Selbstmordfahrt der *Yamato* zeigten. Die japanischen U-Boote mit ihren schlagkräftigen Torpedos wurden völlig falsch als Kundschafter für die Schlachtflotte oder als Versorgungsschiffe für belagerte Inselgarnisonen statt zur Zerstörung der rückwärtigen Verbindungen des Feindes eingesetzt. Andererseits gelang es der Marine nicht, ihre eigene Handelsflotte zu schützen. Sie blieb in der Entwicklung von Konvoisystemen, U-Boot-Abwehrtechniken, Geleitträgern und U-Boot-Jägergeschwadern weit hinter Großbritannien und den USA zurück, obwohl Japan noch mehr von importierten Gütern und Rohstoffen abhing als Großbritannien.[13] Es war symptomatisch für diese Schlachtflotten-Besessenheit, daß die Marine zwar dem Bau von riesigen Schiffen des *Yamato*-Typs Ressourcen zuteilte, aber zwischen 1941 und 1943 *keinen* Zerstörer für den Geleitschutz baute – während die Amerikaner 331 Schiffe dieser Art besaßen.[14] Auch Japan verlor die Schlacht der Feindaufklärung, der Kodes und der Dechiffriersysteme vollständig.[15] Dies alles war für die Erhaltung der Großostasiatischen Ko-Prosperitätssphäre ungefähr ebenso hilfreich wie die deutschen Fehler für das Bestehen des Tausendjährigen Reiches.

Es gibt offensichtlich keinen bekannten Weg, diese Fehler »wegzurechnen« und somit aufzudecken, wie die Achsenmächte abgeschnitten hätten, wenn man sie vermieden hätte. Man kann sich jedoch kaum vorstellen, daß die produktive Überlegenheit der Alliierten nicht auf lange Sicht gesiegt hätte, es sei denn, sie hätten ihrerseits ebenso schwerwiegende strategische und politische Fehler begangen. Offensichtlich hätte eine erfolgreiche deutsche Besetzung Moskaus im Dezember 1941 der russischen Kriegsanstrengung (und Stalins Regime) geschadet; aber hätte die Bevölkerung der UdSSR auf der Stelle kapituliert, wenn ihr doch nur die Vernichtung bevorstand – und sie immer noch Tausende von Kilometern weiter östlich über große produktive und militärische Reserven verfügte? Trotz der wirtschaftlichen Verluste, die ihnen das Unternehmen Barbarossa zufügte – die Kohleförderung war um 57 Prozent gefallen, die Roheisenproduktion um 68 Prozent und so weiter[16] –, ist es bemerkenswert, daß Rußland 1941 4000 und 1942 10000 Flugzeuge mehr produzierte als Deutschland, und dies für nur eine statt wie Deutschland für drei Fronten.[17] Angesichts ihrer zunehmenden Überlegenheit an Soldaten, Panzern, Artillerie und Flugzeugen konnte es sich die Rote Armee im zweiten Jahr des Kampfes leisten, Verluste im Verhältnis fünf oder sechs zu eins hinzunehmen (worunter ihre Truppen natürlich entsetzlich litten) und trotzdem die schwächer werdenden Deutschen immer weiter anzugreifen. Anfang 1945 war »die sowjetische Überlegenheit an der weißrussischen und der ukrainischen Front absolut und furchterregend; sie hatten die fünffache Truppenstärke, fünffache Anzahl an Panzern, mehr als die siebenfache Artillerie und eine siebzehnfache Luftüberlegenheit gegenüber den Deutschen«.[18]

Da die anglo-amerikanischen Truppen in Frankreich bei der Invasion einige Monate zuvor »eine effektive Überlegenheit von 20 zu 1 bei den Panzern und 25 zu 1 bei den Flugzeugen«[19] genossen, ist es erstaunlich, daß sich die Deutschen überhaupt so lange so gut hielten; selbst Ende 1944 hatten sie genau wie im September 1918 immer noch Gebiete besetzt, die weit größer waren als die Grenzen des Reiches bei Kriegsausbruch. Auf die Frage, wie dies möglich war, geben Militärhistoriker eine im wesentlichen einmütige Antwort: nämlich, daß die deutsche operative Doktrin, welche die Flexibilität und dezentrale Entscheidungsfindung *auf dem Schlachtfeld* betonte, der vorsichtigen immer gleichbleibenden britischen Taktik, den blutigen Frontalangriffen der Russen und den enthusiastischen, aber unprofessionellen Offensiven der Amerikaner weit überlegen war; daß die Deutschen mit der Taktik »verbundener Waffen« erfahrener waren als alle anderen und daß selbst im letzten Jahr des Krieges das Format und die Ausbildung der Offiziere und der Unteroffiziere außerordentlich hoch war.

Aber unsere heutige Bewunderung für die operative Leistung der Deutschen, die mit jedem Buch zu steigen scheint,[20] sollte die offensichtliche Tatsache nicht verdecken, daß sich Berlin, wie auch Tokio, überdehnt hatte. Im November 1943 schätzte General Jodl, daß 3,9 Millionen Deutsche (vereint mit lediglich 283 000 Soldaten der verbündeten Achsenmächte) an der Ostfront versuchten, 5,5 Millionen Russen abzuwehren. Weitere 177 000 deutsche Soldaten standen in Finnland, während Norwegen und Dänemark von 486 000 Mann besetzt waren. 1 370 000 Mann Besatzungstruppen standen in Frankreich und Belgien. »Weitere 612 000 Mann waren auf dem Balkan gebunden und 412 000 in Italien . . . Hitlers Armeen verteilten sich über die ganze Länge und Breite Europas und waren an jeder Front zahlenmäßig und von ihrer Ausrüstung her unterlegen.«[21] Dasselbe galt für die japanischen Divisionen, die dünn über den ganzen Fernen Osten von Burma bis zu den Alëuten verteilt waren.

Selbst bei den Schlachten, die angeblich »den Verlauf des Krieges änderten«, fragt man sich, ob ein Sieg der Achsenmächte in solchen Kämpfen nicht den endgültigen Ausgang des Krieges nur etwas verzögert hätte. Wären Nimitz beispielsweise bei Midway mehr als ein Flugzeugträger verlorengegangen, wären sie im selben Jahr durch drei neue Flottenträger, drei leichte Flottenträger und 15 Geleitträger ersetzt worden; 1943 kamen fünf Flottenträger, sechs leichte Flottenträger und 25 Geleitträger; 1944 neun Flottenträger, sechs leichte Flottenträger und 35 Geleitträger hinzu.[22] Ähnliches gilt für die kritischen Jahre der Schlacht im Atlantik. Die Alliierten verloren zwar im Jahre 1942 insgesamt 8,3 Millionen Tonnen und 1943 vier Millionen, aber diese erschreckenden Gesamtzahlen wurden dadurch kompensiert, daß sie 1942 sieben und 1943 neun Millionen Tonnen an neuen Handelsschiffen vom Stapel ließen. Dies war hauptsächlich auf die phantastische Ausweitung des amerikanischen Schiffsbaus zurückzuführen, der bereits Mitte 1942 die Schiffe schneller produzierte, als sie die U-Boote versenken konnten. So schloß ein bekannter Historiker: »Im Zweiten Weltkrieg mag der U-Boot-Krieg den Ausgang vielleicht verzögert haben, wirklich beeinflußt hat er ihn nicht.«[23] Auch zu Lande war die deutsche Produktion von Artilleriegeschützen, Kanonen auf Selbstfahrlafetten und Panzern weit geringer als die Rußlands, ganz zu schweigen von den Gesamtzahlen der Alliierten (siehe Tabelle 33) – und der Zweite Weltkrieg war in Europa vorwiegend ein Krieg der Artillerie und der Panzer.

Aber die aussagekräftigste Statistik bezieht sich auf die Flugzeugproduktion (siehe Tabelle 34), denn jeder konnte erkennen, daß Ar-

Tabelle 33 Panzerproduktion 1944[24]

Deutschland	17800
UdSSR	29000
Großbritannien	5000
Vereinigte Staaten	17500 (1943 waren es 29500)

mee und Marine ohne Luftüberlegenheit unmöglich effektiv operieren konnten, und *mit* Luftüberlegenheit konnte man nicht nur Schlachten gewinnen, sondern auch die Kriegswirtschaft des Feindes schwer schädigen.

Tabelle 34 Flugzeugproduktion der Mächte 1939–1945[25]

	1939	1940	1941	1942	1943	1944	1945
Vereinigte Staaten	5856	12804	26277	47836	85898	96318	49761
UdSSR	10382	10565	15735	25436	34900	40300	20900
Großbritannien	7940	15049	20094	23672	26263	26461	12070
Britischer Commonwealth	250	1100	2600	4575	4700	4575	2075
Summe der Alliierten	24178	39518	64706	101519	151761	167654	84806
Deutschland	8295	10247	11776	15409	24807	39807	7540
Japan	4467	4768	5088	8861	16693	28180	11066
Italien	1800	1800	2400	2400	1600	–	–
Summe der Achsenmächte	14562	16815	19264	26670	43100	67987	18606

Solche Statistiken verschleiern jedoch die Tatsache, daß in den anglo-amerikanischen Zahlen viele schwere viermotorige Bomber enthalten sind, so daß die Überlegenheit der Alliierten noch markanter war, wenn man die Zahl der Motoren oder das Gewicht der Flugzeuge vergleicht.[26] Hierin lag der entscheidende Grund dafür, daß – trotz der außerordentlichen Bemühungen der Deutschen, die Luftüberlegenheit zu halten[27] – ihre Städte, Fabriken und Eisenbahnlinien in zunehmenden Maße zerstört wurden. Japan wurde noch stärker getroffen. Hier liegt auch der Grund dafür, warum Dönitz' U-Boote unter der Wasseroberfläche bleiben mußten; warum Slims Burma-Armee Imphal Verstärkungen bringen konnte; warum amerikanische Träger immer wieder japanische Stützpunkte im westlichen Pazifik angreifen konnten; und warum alliierte Soldaten, immer wenn sie von deutschen Verteidigungslinien gestoppt wurden, Luftunterstützung anfordern konnten, um den Feind zu vernichten und die Offensive wieder voranzutreiben.

Am »D-Day« (6. Juni 1944) konnten die Deutschen den 12837 Flugzeugen der Alliierten im Westen nur noch 319 Flugzeuge entgegenstellen. Um Clausewitz' Spruch umzukehren, die Fechtkunst (wie die Kriegskunst) bedurfte in der Tat des Könnens und der Erfahrung; aber das half dem Kämpfer wenig, wenn ihm die Schwerter ausgingen, und die Schlacht der Schmiede gewannen die Alliierten deutlich.

Selbst nach der Expansion der deutschen und japanischen Reiche waren die wirtschaftlichen und produktiven Kräfte beider Seiten *viel unausgeglichener* als im Ersten Weltkrieg. Den groben Schätzungen zufolge, die bereits aufgeführt wurden,[28] entsprach der Anteil am Produktionsvolumen der Welt und das »relative Kriegspotential« des Großdeutschen Reiches im Jahre 1938 ungefähr dem Großbritanniens und Frankreichs zusammen. Dabei waren die britischen und französischen *Kolonialreiche* nicht mitgezählt, aber diese beiden Länder hatten ihre Ressourcen bei Kriegsausbruch nicht im gleichen Maße mobilisiert wie Deutschland, und außerdem waren die Alliierten in der wichtigen Frage operativer Kompetenz deutlich unterlegen. Deutschland gewann durch seine Akquisitionen im Jahre 1939 und (besonders) 1940 einen entscheidenden Vorsprung vor der isolierten und etwas angeschlagenen Macht, deren Regierung Churchill nun übernahm. Frankreichs Zusammenbruch und Italiens Kriegseintritt führten dazu, daß sich das Britische Empire einer Ansammlung von Streitkräften gegenübersah, deren Kriegspotential wahrscheinlich doppelt so groß war wie das eigene; zu Lande war die Achse Berlin–Rom unanfechtbar, zur See immer noch unterlegen und in der Luft ungefähr gleich stark – so erklärt sich die britische Entscheidung, in Nordafrika statt in Europa zu kämpfen. Der deutsche Angriff auf die UdSSR schien die Gewichtsverteilung anfangs nicht zu verändern, denn zunächst erlitt die Rote Armee verheerende Verluste, und die Deutschen gewannen sowjetisches Territorium und industrielles Potential hinzu.

Aber die entscheidenden Ereignisse im Dezember 1941 änderten dies alles grundlegend: der russische Gegenangriff vor Moskau zeigte, daß es der deutschen Blitzkriegführung nicht zum Opfer fallen würde; und der Kriegseintritt Japans und der Vereinigten Staaten in den nun weltweiten Konflikt führte zu einer »Großen Allianz« mit enormem industriell-produktivem Durchhaltevermögen. Sie konnte den Verlauf der Feldzüge nicht *sofort* beeinflussen, da Deutschland immer noch stark genug war, um seine Rußland-Offensive im Sommer 1942 fortzusetzen, und Japan die ersten drei Monate leichter Siege gegen die unvorbereiteten Truppen der Vereinigten Staaten, der Niederländer und des Britischen Empire genoß. All dies konnte jedoch nichts an der Tatsache ändern, daß die Alliierten die *doppelte* Produktionskapazität (selbst wenn man die verzerrten Zahlen des Jahres 1938 nimmt, die den Anteil der USA herabsetzen), das *dreifache* »Kriegspotential« und das *dreifache* Nationaleinkommen der Achsenmächte besaßen, selbst wenn der französische Anteil Deutschland zugerechnet wird.[29] 1942 und 1943 wurde diese *potentielle* Macht in die harte Währung von Flugzeugen, Kanonen, Panzern und Schiffe umgesetzt; in der Tat produzierten allein die Vereinigten Staaten 1943–1944 pro Tag ein Schiff und alle fünf Minuten ein Flugzeug! Überdies stellten die Alliierten viele neue *Waffentypen* her (Fliegende Festungen, Mustangs, leichte Flottenträger), während die Achsenmächte nur weiterentwickelte Waffen (Jagdflugzeuge mit Strahltriebwerken, U-Boote vom Typ 23) in relativ kleinen Stückzahlen produzieren konnten. Der beste Maßstab für die entscheidende Verlagerung der Gewichte sind Wagenführs Zahlen über die Rüstungsproduktion der wichtigsten Kriegsteilnehmer (siehe Tabelle 35).

Tabelle 35 Rüstungsproduktion der Mächte 1940–1943[30]
(Milliarden $ zum Wert von 1944)

	1940	1941	1943
Großbritannien	3,5	6,5	11,1
UdSSR	(5,0)	8,5	13,9
Vereinigte Staaten	(1,5)	4,5	37,5
Summe der Alliierten	3,5	19,5	62,5
Deutschland	6,0	6,0	13,8
Japan	(1,0)	2,0	4,5
Italien	0,75	1,0	–
Summe der Achsenmächte	6,75	9,0	18,3

Die britische Rüstungsproduktion lag 1940 noch deutlich hinter der Deutschlands, aber sie wuchs schnell, so daß sie schon im nächsten Jahr knapp überlegen war – dies war das letzte Jahr, in dem die deutsche Wirtschaft noch relativ liberal betrieben wurde. Der doppelte militärische Schock von Stalingrad und Nordafrika und Speers Übernahme des Wirtschaftsministeriums führten 1943 zu einem gewaltigen Anstieg der deutschen Rüstungsproduktion;[31] und auch Japan verdoppelte sein Produktionsvolumen. Aber der Anstieg der britischen und der sowjetischen Produktion zusammengenommen war in diesen Jahren ebenso groß wie jener der Achsenmächte (Großbritannien und die UdSSR wiesen in den Jahren 1941–1943 10 Milliarden Dollar Zuwachs auf; die Achsenmächte 9,8 Milliarden Dollar), und damit blieben sie in der gesamten Rüstungsproduktion immer noch überlegen. Aber die gewaltigste Veränderung brachte der *mehr als achtfache* Anstieg der amerikanischen Rüstungsproduktion zwischen 1941 und 1943, der dazu führte, daß im letztgenannten Jahr die Produktion der Allierten mehr als dreimal so groß war wie die ihrer Feinde. Dadurch wurde mit großer Verzögerung die von Anfang an bestehende Unausgewogenheit im »Kriegspotential« und im Nationaleinkommen realisiert. Egal wie klug die Wehrmacht ihre taktischen Gegenangriffe an der westlichen und östlichen Front bis zu den letzten Monaten des Krieges auch durchführte, sie mußte letzten Endes der gewaltigen Überlegenheit der alliierten Feuerkraft unterliegen. 1945 manifestierte sich dies in den Tausenden von anglo-amerikanischen Bombern, die jeden Tag auf das Reich einhämmerten, und in den Hunderten von Divisionen der Roten Armee, die bereit waren, bis nach Berlin und Wien zu stürmen. Wieder einmal hatten in diesem langen, mit totalem Einsatz geführten Koalitionskrieg am Ende die Länder mit dem größten Geldbeutel den Sieg davongetragen.

Dasselbe galt auch für Japans Zusammenbruch im Pazifikkrieg. Heute ist deutlich, daß der Abwurf der Atombomben im Jahre 1945 eine Wasserscheide in der Militärgeschichte der Welt markiert – eine, welche die Überlebensfähigkeit der Menschen in Frage stellt, sollte jemals ein Krieg großer Mächte mit Atomwaffen geführt werden. Im Kontext der Feldzüge des Jahres 1945 war er jedoch nur eines von vielen Mitteln, die von den Vereinigten Staaten eingesetzt wurden, um Japan zur Kapitulation zu zwingen. Der erfolgreiche amerikanische U-Boot-Kampf drohte Japan auszuhungern; die Schwärme von B-29-Bombern legten ihre Dörfer und Städte in Schutt und Asche (der »Feuersturm« von Tokio vom 9. März 1945 kostete ungefähr 185000 Menschenleben und zerstörte 267000 Gebäude); und die amerikanischen Planer und ihre Alliierten bereiteten eine massive Invasion der japanischen Inseln vor. Über die Zusammensetzung der Motive, die trotz gewisser Vorbehalte zur Entscheidung für den Abwurf der Atombombe führten – der Wunsch, die Alliierten vor weiteren Verlusten zu bewahren, das Verlangen, Stalin eine Warnung zu schicken, die Notwendigkeit, die gewaltigen Kosten des Atomprojektes zu rechtfertigen –, wird heute noch debattiert;[32] aber in unserem Zusammenhang ist der entscheidende Punkt, daß allein die Vereinigten Staaten zu dieser Zeit die produktiven und technologischen Ressourcen hatten, sowohl zwei große konventionelle Kriege zu führen, als auch Wissenschaftler, Rohstoffe und Geld (ungefähr zwei Milliarden Dollar) zu investieren, um eine neue Waffe zu entwickeln, die vielleicht funktionieren würde, aber vielleicht auch nicht. Die Vernichtung Hiroshimas und die Einnahme Berlins durch die Rote Armee symbolisierten nicht nur das Ende eines weiteren Krieges, sie markierten auch den Anfang einer neuen Weltordnung.

Die neue strategische Landschaft

Die Umrisse dieser neuen Ordnung wurden von amerikanischen Militärplanern bereits beschrieben, als der Konflikt noch auf seinem Höhepunkt war. Eines ihrer Strategiepapiere drückt sie folgendermaßen aus:

> Die siegreiche Beendigung des Krieges gegen unseren derzeitigen Feind wird zu einer Welt führen, in der sich die relative Militär-Macht der einzelnen Nationen grundlegend gewandelt hat – ein Wandel, der sich in der Tat eher mit der durch den Sturz Roms ausgelösten Veränderung vergleichen läßt als mit irgendeiner anderen in den nachfolgenden 1500 Jahren... Nach der Niederlage Japans und Deutschlands werden die Vereinigten Staaten und die Sowjetunion die einzigen Militärmächte erster Ordnung sein.

Bei beiden Ländern ist dies in der Kombination von geographischer Lage, territorialer Ausdehnung und dem ungeheuren Rüstungspotential begründet.[33]

Während Historiker über die Behauptung, daß in den letzten 1500 Jahren nicht Vergleichbares geschehen sei, den Kopf schütteln mochten, war doch eindeutig, daß das globale Machtgefüge nach dem Krieg vollkommen anders aussehen würde. Frühere Großmächte – Frankreich, Italien – waren unbedeutend geworden. Der deutsche Griff nach der Vorherrschaft in Europa war gescheitert, wie auch Japans Kampf im Fernen Osten und im Pazifik. Großbritannien war trotz Churchill keine Macht ersten Ranges mehr. Die bipolare Welt, die im 19. und frühen 20. Jahrhundert so oft vorhergesagt wurde, war nun endlich gekommen; die internationale Ordnung, so DePortes Worte, hatte nun den Sprung »von einem System zum nächsten« vollzogen.[34] Nur die Vereinigten Staaten und die UdSSR zählten noch, so schien es; und im Vergleich der beiden war die amerikanische »Supermacht« weit überlegen.

Weil der Rest der Welt nach dem Krieg entweder so erschöpft war oder sich immer noch im Zustand kolonialer »Unterentwicklung« befand, war die amerikanische Macht 1945 – in Ermangelung eines besseren Begriffes – *künstlich* so hoch wie beispielsweise die britische um 1815. Trotzdem waren die tatsächlichen Dimensionen ihrer Macht in absoluten Zahlen historisch beispiellos. Durch die gewaltige Woge der Kriegsausgaben stimuliert, stieg das Bruttosozialprodukt des Landes gemessen am Dollarkurs des Jahres 1939 von 88,6 Milliarden (1939) auf 135 Milliarden (1945) Dollar, was beim heutigen Dollarkurs ca. 220 Milliarden Dollar betrüge. Endlich war die »Flaute« der Wirtschaft, die der »New Deal« nicht wirklich behoben hatte, beseitigt, und nicht ausgelastete Ressourcen und Arbeitskräfte wurden nun vernünftig genutzt: »Während des Krieges war die Größe der Produktionsanlagen im Lande um beinahe fünfzig Prozent und der Ausstoß an Gütern um mehr als fünfzig Prozent gestiegen.«[35] In der Tat expandierte die Industrie in den Vereinigten Staaten in den Jahren 1940 bis 1944 schneller – über 15 Prozent im Jahr – als je zuvor oder danach. Obwohl der größte Teil dieses Wachstums auf die Kriegsproduktion zurückzuführen war (die sprunghaft von zwei Prozent des gesamten Produktionsvolumens im Jahre 1939 auf vierzig Prozent im Jahre 1943 hochgeschnellt war), nahm auch die Produktion von Gütern für den zivilen Bedarf zu, so daß der zivile Sektor der Wirtschaft nicht so stark in Mitleidenschaft gezogen wurde wie bei anderen kriegführenden Nationen. Der Lebensstandard und die Produktivität pro Kopf waren höher als in allen anderen Ländern. Die Vereinigten Staaten waren das einzige Land unter den Großmächten, das durch den Krieg reicher – und tatsächlich viel reicher – wurde statt ärmer. Am Ende des Krieges besaß Washington Goldreserven im Wert von 20 Milliarden Dollar, beinahe zwei Drittel der gesamten Goldreserven der Welt, die bei 33 Milliarden Dollar lagen.[36] Mehr als die Hälfte der Industrieproduktion der Welt kam aus den Vereinigten Staaten und ein Drittel der Weltproduktion an Gütern aller Art.«[37] Die USA waren bei Kriegsende auch der bei weitem größte Exporteur der Welt, und selbst noch ein paar Jahre später stellten sie ein Drittel des Weltexports. Aufgrund der gewaltigen Expansion ihrer Schiffsbaukapazität befanden sich inzwischen die Hälfte der Schiffe der ganzen Welt in ihrem Besitz. Ökonomisch gesehen war die Welt nun Washingtons Auster.

Diese wirtschaftliche Macht spiegelte sich in der militärischen Stärke der Vereinigten Staaten, die bei Kriegsende ein Militärpersonal von 12,5 Millionen Mann kontrollierten, davon 7,5 Millionen in Übersee. Obwohl diese Zahl in Friedenszeiten sinken sollte (1948 betrug die Truppenstärke nur noch ein Neuntel der Zahl von 1944), ging dies nur auf politische Entscheidungen zurück, nicht auf eine Verminderung des militärischen Potentials. Da sich die Vereinigten Staaten schon kurz nach dem Krieg für eine begrenzte Rolle in Übersee entschieden, sind die Aufstellungen ihrer modernen Waffen ein besseres Indiz ihrer Stärke. Die US-Marine war inzwischen an die erste Stelle gerückt, denn ihre Flotte von 1200 größeren Kriegsschiffen (die sich um Dutzende von Flugzeugträgern statt um Schlachtschiffe konzentrierten) war nun beträchtlich größer als die der Royal Navy, und es existierte keine andere bedeutsame Marine. Mit ihren Trägerkampfgruppen und ihren »Marine Corps«-Divisionen hatten die Vereinigten Staaten demonstriert, daß sie in der Lage waren, auf alle von der See aus zugänglichen Regionen in der ganzen Welt Macht auszuüben. Noch beeindruckender war die amerikanische »Luftherrschaft«; die mehr als 2000 schweren Bomber, die auf Hitlers Europa eingehämmert hatten, und die 1000 Superlangstreckenbomber B-29, die viele japanische Städte in Schutt und Asche gelegt hatten, wurden durch noch schlagkräftigere strategische Bomber mit Strahltriebwerken, wie die B-36 Bomber, ergänzt. Vor allen Dingen aber besaßen die Vereinigten Staaten ein Atombombenmonopol, das jedem zukünftigen Feind ein ebenso entsetzliches Ausmaß an Vernichtung wie das von Hiroshima und Nagasaki zuzufügen drohte.[38] Spätere Analysen haben darauf hingewiesen, daß die amerikanische militärische Macht in Wirklichkeit geringer gewesen sein mochte, als sie schien (es waren weniger Atombomben auf Lager, und sie abzuwerfen, hatte bedeutende politische Auswirkungen), und es war schwierig, das atomare Monopol einzusetzen, um das Verhalten eines Landes zu beeinflussen, das so entlegen und rätselhaft war wie die UdSSR. Aber das Bild unerreichbarer Überlegenheit blieb bis zum Koreakrieg erhalten und wurde dadurch verstärkt, daß viele Nationen um amerikanische Kredite, Waffen und militärische Unterstützung baten.

Angesichts der außerordentlich günstigen wirtschaftlichen und strategischen Situation der Vereinigten Staaten konnte ihr Eintritt in die Weltpolitik nach 1945 niemanden überraschen, der mit der Geschichte der internationalen Macht vertraut war. Da die traditionellen Großmächte zurücktraten, füllten die USA langsam das Vakuum, das deren Niedergang hinterließ. Als »Nummer eins« konnten sie sich nicht mehr innerhalb ihrer eigenen Grenzen oder auch nur in ihrer eigenen Hemisphäre verschanzen. Mit Sicherheit war der Zweite Weltkrieg der Hauptgrund dafür, daß Amerika seine Macht und seinen Einfluß nach außen projizierte. Durch ihn standen 1945 beispielsweise 69 Divisionen in Europa, 26 in Asien und im Pazifik und keine auf dem Kontinent der Vereinigten Staaten.[39] Sie waren »dort drüben« stationiert, weil das Land sich politisch verpflichtet fühlte, Japan und Deutschland (sowie Österreich) neu aufzubauen. Und da seine Feldzüge es zu Inselgruppen im Pazifik, nach Nordafrika, Italien und Westeuropa geführt hatten, standen auch in diesen Territorien Truppen. Es gab jedoch viele Amerikaner (besonders unter den Soldaten), die erwarteten, daß all diese Truppen innerhalb kurzer Zeit wieder zu Hause sein würden und damit die Dislozierung der US-Streitkräfte wieder der von vor 1941 gleichen würde. Aber während diese Vorstellung Leute wie Churchill alarmierte und andererseits republikanische Isolationisten in den USA anzog, zeigte sich bald, daß es unmöglich war, die Uhr zurückzudrehen. Wie die Briten nach 1815 merkten jetzt die Amerikaner, daß ihr inoffizieller Einfluß in verschiedenen Ländern sich langsam zu einem offiziellen erhärtete – und sie nicht mehr losließ; wie die Briten fanden auch sie »neue Grenzen der Unsicherheit«, wann immer sie die Grenze ziehen wollten. Die »Pax Americana« war herangereift.[40]

Zumindest die wirtschaftlichen Aspekte dieser neuen Ordnung aber waren vorhersehbar. Während des Krieges hatten Internationalisten wie Cordell Hull mit einiger Berechtigung argumentiert, daß die Weltwirtschaftskrise der 30er Jahre zum großen Teil durch eine Fehlfunktion der internationalen Wirtschaft ausgelöst worden war: durch Schutzzölle, unfairen Wettbewerb, eingeschränkten Zugang zu Rohstoffen und durch Autarkiebestrebungen der Regierungen. Dieser Aufklärungsglaube des 18. Jahrhunderts, daß »ungehinderter Handel mit Frieden einhergeht«,[41] vereinigte sich mit dem Druck der exportorientierten Industrie, die fürchtete, auf den Rückgang der Regierungsausgaben könnte eine Nachkriegsflaute folgen, wenn die überseeischen Märkte nicht geöffnet würden, um die Waren, welche die erhöhte Produktivität Amerikas hervorbrachte, aufzunehmen. Hinzu kam ein entschlossenes und vielleicht übertriebenes Eintreten des Militärs dafür, die amerikanische Kontrolle über (oder den ungehinderten Zugang zu) strategisch wichtigen Materialien wie Öl, Gummi und Metallerzen zu sichern.[42] All dies spielte zusammen und verpflichtete die Vereinigten Staaten zur Schaffung einer neuen Weltordnung, die auf die Bedürfnisse des westlichen Kapitalismus und natürlich der florierendsten westlichen kapitalistischen Staaten zugeschnitten war – obwohl langfristig auch Adam Smiths Überzeugung zutrifft, daß »die effizientere Verteilung der Ressourcen, die durch den ungehinderten Handel zustande kommt, die Produktivität überall steigern und somit jedermanns Kaufkraft erhöhen wird.«[43] So erklärt sich das Paket internationaler Vereinbarungen, das zwischen 1942 und 1946 ausgehandelt wurde – die Gründung des Internationalen Währungsfonds, der Internationalen Bank für Wiederaufbau und Entwicklung und des Allgemeinen Zoll- und Handelsabkommens (GATT). Diejenigen Länder, die sich einen Teil der von den Vereinigten Staaten für Wiederaufbau und Entwicklung zur Verfügung gestellten Gelder sichern wollten, waren verpflichtet, den amerikanischen Forderungen nach freier Konvertierbarkeit der Währungen und offenem Wettbewerb nachzukommen (was die Briten trotz ihrer Bemühungen, die imperialen Präferenzen zu erhalten, taten)[44] – oder dem ganzen System den Rücken zu kehren (wie es die Russen taten, als sie sahen, wie unvereinbar dies mit sozialistischen Kontrollen war).

Die praktischen Mängel solcher Vereinbarungen lagen erstens darin, daß die vorhandene Geldmenge nicht ausreichte, um der durch sechs Jahre totalen Krieges entstandenen Zerstörung Herr zu werden; und zweitens darin, daß ein Laisser-faire-System unweigerlich das wettbewerbsfähigste Land begünstigt – in diesem Fall die unbeschädigten, hyperproduktiven Vereinigten Staaten – und die für den Wettbewerb schlechter gerüsteten benachteiligt – die vom Krieg zerstörten Nationen mit veränderten Grenzen, Massen von Flüchtlingen, zerbombten Häusern, veralteten Maschinen, ruinösen Schulden, verlorenen Märkten. Erst als die Amerikaner die doppelte Gefahr weitverbreiteter sozialer Unzufriedenheit und wachsenden sowjetischen Einflusses in Europa erkannten und daraufhin den Marshallplan entwickelten, wurden Gelder für den industriellen Wiederaufbau der »Freien Welt« zur Verfügung gestellt. Zu dieser Zeit ging bereits die Expansion des amerikanischen wirtschaftlichen Einflusses mit einer weltweiten Politik von Militärstützpunkten und Sicherheitsverträgen einher. Auch hier gibt es viele Parallelen zur Ausdehnung der britischen Stützpunkte und Bündnisse nach 1815 – mit dem Unterschied allerdings, daß Großbritannien im Gegensatz zu den Vereinigten Staaten im allgemeinen in der Lage war, sich zu vieler verpflichtender Allianzen mit anderen souveränen Ländern zu erwehren. Beinahe alle amerikanischen Verpflichtungen kamen als »Reaktion auf politische Entwicklungen«[45] im Verlauf des Kalten Krieges zustande. Aber wie die Rechtfertigungen auch im einzelnen ausgesehen haben mögen, es bleibt die nackte Tatsache bestehen, daß die Vereinigten Staaten in ein Ausmaß an globaler Überdehnung hineingezogen wurden, das im völligen Widerspruch zu ihrer früheren Geschichte stand.

Nur wenig hiervon scheint den Entscheidungsträgern von 1945 Sorgen bereitet zu haben. Denn viele von ihnen glaubten nicht nur, daß dies die Erfüllung der amerikanischen »manifest destiny«* sei, sondern daß sie jetzt die einzigartige Möglichkeit hätten, das in Ordnung zu bringen, was frühere Großmächte angerichtet hatten. »Die amerikanische Erfahrung«, frohlockte Henry Luce von der Illustrierten *Life*, »ist der Schlüssel für die Zukunft . . . Amerika muß der ältere Bruder der Nationen in der Brüderschaft der Menschheit sein.«[46] Nicht nur China, in das man hohe Erwartungen setzte, sondern alle anderen Länder der »Dritten Welt«, wie sie schon bald bezeichnet wurde, ermutigte man, den amerikanischen Idealen der Selbsthilfe, des Unternehmertums, des Freihandels und der Demokratie nachzueifern. »All diese Prinzipien und diese Politik wirken sich so vorteilhaft aus und entsprechen so sehr dem Gerechtigkeitssinn freier Völker,« prophezeite Hull, »daß die gesamte internationale Maschinerie innerhalb weniger Jahre zufriedenstellend funktionieren wird.«[47] Wer zu kurzsichtig war, um diese Tatsache anzuerkennen – seien es altmodische britische und niederländische Imperialisten, oder nach links tendierende europäische politische Parteien oder der grimmige Molotow –, den würde man mit Zuckerbrot und Peitsche in die richtige Richtung lenken. Wie ein amerikanischer Beamter es ausdrückte: »Wir sind jetzt in Asien am Ball;«[48] und, hätte er hinzufügen können, beinahe überall sonst auch.

Das eine Gebiet, in dem ein amerikanischer Einfluß kaum durchzusetzen war, bestand aus dem von der Sowjetunion kontrollierten Teil der Welt. 1945 (und von diesem Zeitpunkt an) behauptete sie, der wahre Sieger im Kampf gegen den Faschismus zu sein. Die Rote Armee hatte ihren Statistiken zufolge insgesamt 506 deutsche Divisionen vernichtet; und von den 13,6 Millionen deutschen Soldaten, die im Zweiten Weltkrieg getötet oder gefangengenommen wurden, erlitten zehn Millionen ihr Schicksal an der Ostfront.[49] Aber bereits

* »Manifest destiny« ist die Doktrin der Expansion der USA über den Kontinent und später der weltweiten Verbreitung des amerikanischen Systems. A. d. Ü.

bevor das Dritte Reich zusammengebrochen war, verlegte Stalin Dutzende von Divisionen in den Fernen Osten, um sie auf Japans entblößte Kwantung-Armee in der Mandschurei loszulassen, sobald die Zeit reif war – was kaum überraschenderweise drei Tage nach Hiroshima geschah. Der große Sieg an der westlichen Front führte zu einer Umkehr der äußerst schwachen Position, die Rußland nach 1917 in Europa innegehabt hatte; in der Tat hob er das Land auf eine ähnliche Position wie in der Zeit von 1814–1848, als seine große Armee der Gendarm Ostzentraleuropas gewesen war. Die russischen Grenzen im Norden verschoben sich auf Kosten Finnlands, in der Mitte auf Kosten Polens, und im Süden, mit dem Rückgewinn Bessarabiens, auf Kosten Rumäniens. Die baltischen Staaten Estland, Lettland und Litauen waren 1940 in die Sowjetunion eingegliedert worden. Ein Teil Ostpreußens wurde einverleibt und auch ein Stück der östlichen Tschechoslowakei (die Karpatenukraine oder die Waldkarpaten), damit man direkten Zugang zu Ungarn hatte. Westlich und südwestlich dieses vergrößerten Rußlands lag ein neuer *cordon sanitaire* aus Satellitenstaaten: Polen, Ostdeutschland, Tschechoslowakei, Ungarn, Rumänien, Bulgarien und (bis sie sich herauslösten) Jugoslawien und Albanien. Zwischen ihnen und dem Westen fiel der sprichwörtliche »Eiserne Vorhang«; hinter diesem Vorhang sorgten die Kader der Kommunistischen Partei und die Geheimpolizei dafür, daß die gesamte Region von Prinzipien geleitet wurde, die vollkommen von Cordell Hulls Hoffnungen abwichen. Dasselbe galt für den Fernen Osten, wo die schnelle Besetzung der Mandschurei, Nordkoreas und Sachalins nicht nur die Niederlagen der Jahre 1904–1905 rächte, sondern auch eine Vereinigung mit Maos chinesischen Kommunisten erlaubte, welche die Heilslehre des Laisser-faire-Kapitalismus wohl kaum schlucken würden.

Auch wenn dieses Wachstum des sowjetischen Einflusses beeindruckend wirkte, so war die wirtschaftliche Basis des Landes durch den Krieg stark erschüttert worden – im Gegensatz zu dem ungestörten Boom der Vereinigten Staaten. Rußlands Bevölkerungsverlust war erschreckend: 7,5 Millionen Soldaten und 6–8 Millionen Zivilisten wurden von den Deutschen getötet; dazu kamen die »indirekten« Kriegsverluste, die durch die reduzierten Lebensmittelrationen, die Zwangsarbeit und die enorm erhöhte Zahl der Arbeitsstunden verursacht wurden, so daß »zwischen 1941 und 1945 insgesamt ungefähr 20–25 Millionen sowjetischer Bürger vorzeitig starben«.[50] Da hauptsächlich Männer dem Krieg zum Opfer gefallen waren, ergab sich ein Ungleichgewicht zwischen den Geschlechtern, das sich stark auf die demographische Struktur des Landes auswirkte und zu einem ernsthaften Rückgang der Geburtenrate führte. Der materielle Schaden in den ehemals deutsch-besetzten Gebieten des europäischen Rußlands, der Ukraine und Weißrußlands überschritt fast das Vorstellungsvermögen:

Von den 11,6 Millionen Pferden in besetztem Gebiet wurden 7 Millionen getötet und beschlagnahmt. Dasselbe gilt für 20 von 23 Millionen Schweinen. 137 000 Traktoren, 49 000 Mähdrescher und eine große Zahl von Kuhställen und anderen landwirtschaftlichen Gebäuden wurde zerstört. Das Transportwesen litt unter der Zerstörung von 65 000 Kilometern an Schienenwegen, dem Verlust oder der Beschädigung von 15 800 Lokomotiven, 428 000 Güterwaggons, 4280 Flußschiffen und der Hälfte aller Eisenbahnbrücken im besetzten Gebiet. Beinahe 50 Prozent des städtischen Wohnraumes, 1,2 Millionen Häuser, sowie 3,5 Millionen Häuser auf dem Lande waren in diesem Gebiet zerstört.

Viele Städte lagen in Trümmern. Tausende von Dörfern waren dem Erdboden gleichgemacht. Die Menschen lebten in Erdlöchern.[51]

Es war daher kaum überraschend, daß die Russen, als sie in ihre »Besatzungszone« in Deutschland einzogen, versuchten, den Deutschen alle beweglichen Vermögenswerte, Fabrikanlagen, Eisenbahnlinien und so weiter zu entreißen. Außerdem forderten sie Kompensationen von anderen osteuropäischen Territorien (rumänisches Öl, finnisches Holz, polnische Kohle).

Die Sowjetunion hatte die großdeutsche Wirtschaft in der Rüstungsschlacht tatsächlich übertroffen und sich an der Front den Sieg erkämpft; aber dies war ihr nur durch eine unglaublich einseitige Konzentration auf den militärisch-industriellen Komplex und durch drastische Kürzungen in allen anderen Sektoren gelungen – bei den Konsumgütern, im Einzelhandel und in der Landwirtschaft (obwohl der Rückgang des Lebensmittelertrags hauptsächlich durch die Plünderungen der Deutschen verursacht wurde).[52] Im Grunde war also das Rußland von 1945 ein militärischer Riese, zugleich aber arm, des Nötigsten beraubt und unausgeglichen. Da die Zahlungen über das Leih-Pacht-Gesetz eingestellt worden waren und späteres amerikanisches Kapital aufgrund der damit verbundenen politischen Konditionen abgelehnt wurde, nahm die Sowjetunion Zuflucht zu ihrem Programm verstärkten Wirtschaftswachstums aus eigenen Ressourcen, das auf das Jahr 1928 zurückging. Wieder konzentrierte man sich auf die Produktionsgüter (Schwerindustrie, Kohle, Elektrizität, Zement) und auf das Transportwesen, während die Konsumgüterindustrie und die Landwirtschaft vernachlässigt wurden. Außerdem strebte man eine Reduzierung der Militärausgaben an, die natürlich nicht auf Kriegsniveau bleiben konnten. Nach einigen Anfangsschwierigkeiten gab es im Bereich der Schwerindustrie »ein kleines Wirtschaftswunder«[53], durch das sich das Produktionsvolumen zwischen 1945 und 1950 beinahe verdoppelte. Besessen von der Notwendigkeit, die nationale Kraft zu stählen, hatte das stalinistische Regime keine Probleme damit, dieses grobe Ziel zu erreichen, wenn es auch den Zwang bedeutete, den Lebensstandard der meisten Russen auf dem Niveau der Zeit vor der Revolution zu halten. Man sollte jedoch anmerken, daß die »Erholung« der Industrieproduktion – wie beim Wachstum nach 1922 – darin bestand, das *Vorkriegs*produktionsvolumen zu erreichen; in der Ukraine hatten beispielsweise die Fördermenge von Erzen und die jährliche Stromerzeugung um 1950 die Zahlen von 1940 erreicht oder gerade übertroffen. Wieder einmal war das russische Wirtschaftswachstum vom Krieg um ein Jahrzehnt oder mehr zurückgeworfen worden. Langfristig noch ernster war der fortgesetzte Mißerfolg des lebenswichtigen landwirtschaftlichen Sektors. Da die Anreize, die man in Kriegszeiten als Notmaßnahmen angeboten hatte, nun zurückgenommen wurden und die Investitionen vollkommen unzureichend (und fehlgeleitet) waren, erschlaffte die Landwirtschaft, und der Lebensmittelertrag sank. Bis zu seinem Tode hielt Stalin seine bittere »Vendetta« gegen die Liebe der Bauern zum eigenen Grund und Boden aufrecht und garantierte damit, daß sich die traditionell niedrige Produktivität und die hohe Ineffizienz der russischen Landwirtschaft fortsetzten.[54]

Andererseits war Stalin offensichtlich darauf bedacht, in der Nachkriegswelt ein hohes Niveau militärischer Sicherheit beizubehalten. Da ein Wiederaufbau der Wirtschaft vonnöten war, ist es nicht überraschend, daß die gewaltige Rote Armee nach 1945 um zwei Drittel auf die immer noch sehr beträchtliche Zahl von 175 Divisionen, unterstützt von 25000 Kampfpanzern und 19000 Flugzeugen, reduziert wurde. Sie blieb also die größte Verteidigungseinrichtung der Welt – eine Tatsache, die (zumindest aus sowjetischer Sicht) durch die Notwendigkeit, zukünftige Angreifer abzuschrekken und, etwas prosaischer, ihre neu geschaffenen Satellitenstaaten in Europa sowie ihre Eroberungen im Fernen Osten zu kontrollieren, gerechtfertigt wurde. Obwohl dies eine gewaltige Streitmacht war, existierten viele ihrer Divisionen nur als Gerüst oder waren im Grunde Besatzungstruppen.[55] Außerdem liefen die Streitkräfte die gleiche Gefahr, der die gigantische russische Armee in den Jahrzehnten nach 1815 ausgesetzt gewesen war – nämlich angesichts des militärischen Fortschritts zunehmend zu veralten. Die Divisionen der Armee mußten reorganisiert und modernisiert werden,[56] und der sowjetische Staat mußte wirtschaftliche und wissenschaftliche Ressourcen in die Entwicklung neuer Waffensysteme stecken. 1947–1948 wurde die MiG-15, ein Jäger von beachtlicher Kampfkraft, in Dienst gestellt, und man schuf – in Nachahmung der Amerikaner und Briten – eine weitreichende strategische Luftwaffe. Gefangene deutsche Wissenschaftler und Techniker wurden eingesetzt, um Fernlenkraketen zu entwickeln. Schon während des Krieges hatte man Ressourcen zum Bau einer sowjetischen Atombombe zur Verfügung gestellt. Und die russische Marine, die lediglich so etwas wie eine Hilfstruppe im Kampf gegen Deutschland gewesen war, wurde ebenfalls umgewandelt und erhielt neue schwere Kreuzer und noch mehr hochseetüchtige U-Boote. Viele dieser Waffen waren nach westlichen Maßstäben primitiv. Unzweifelhaft jedoch war die sowjetische Entschlossenheit, nicht hinter den Westen zurückzufallen.[57]

Das dritte wichtige Element in der Etablierung russischer Macht war Stalins erneute Betonung der inneren Disziplin und der absoluten Konformität von Ende der 30er Jahre an. Es ist schwer zu sagen, ob dies auf seine wachsende Paranoia zurückzuführen war, oder ob es sich um sorgfältig ausgeklügelte Aktionen zur Stärkung seiner diktatorischen Macht handelte, oder um eine Mischung aus beidem.

Aber die Ereignisse sprachen für sich.[58] Jeder, der Verbindungen zum Ausland hatte, war verdächtig; zurückkehrende Kriegsgefangene wurden erschossen; die Gründung des Staates Israel, und damit einer alternativen jüdischen Loyalität, führte zu erneuten antisemitischen Maßnahmen in Rußland. Die Armeeführung wurde verkleinert und der geachtete Marschall Schukow im Jahre 1946 als Kommandeur der sowjetischen Bodentruppen abgelöst. Die Disziplin in der Kommunistischen Partei wurde verschärft und die Aufnahme erschwert; 1948 wurde die gesamte Parteiführung Leningrads (die Stalin nie gemocht hatte) in einer Säuberungsaktion eliminiert. Die Zensur wurde nicht nur im Bereich der Literatur oder der Künste, sondern auch im Bereich der Naturwissenschaften, der Biologie und der Linguistik intensiviert. Diese umfassende »Straffung« des Systems paßte natürlich zu der zuvor erwähnten erneuten Kollektivierung der Landwirtschaft und zu den Spannungen des Kalten Krieges. Es war auch natürlich, daß ein ähnlicher Prozeß ideologischer Verhärtung und totalitärer Kontrolle in den anderen sowjetisch kontrollierten Staaten Westeuropas folgen würde. Bei ihnen gehörte bald die Eliminierung von rivalisierenden Parteien, die Inszenierung von Schauprozessen und Aktionen gegen individuelle Rechte und gegen das Privateigentum zur Tagesordnung. Dies alles und besonders die Abschaffung der Demokratie in Polen und (1948) in der Tschechoslowakei führte zu einem beträchtlichen Abflauen der westlichen Begeisterung für das sowjetische System. Es ist auch hier wieder unklar, ob diese Maßnahmen alle sorgfältig berechnet waren – es gab und gibt eine krude Logik in dem Wunsch der sowjetischen Elite, ihre Satellitenstaaten und ihr eigenes Volk von den Ideen und Reichtümern des Westens zu isolieren – oder ob sie lediglich Stalins wachsende Paranoia widerspiegelten, als er sein Ende nahen sah. Was auch immer der Grund sein mochte, es würde ein gewaltiges Gebiet geben, das gegen den Einfluß jeglicher »Pax Americana« immun war und in der Tat sogar eine Alternative dazu bot.

Dieses Wachstum des sowjetischen Reiches schien die geopolitischen Vorraussagen Mackinders und anderer zu bestätigen, die besagten, daß eine riesige militärische Macht die Ressourcen des eurasischen »Kernlandes« kontrollieren würde und daß die weitere Expansion dieses Staates in seine Peripherie »Grenzland« von den großen maritimen Staaten bekämpft werden mußte, falls sie ein globales Machtgleichgewicht erhalten wollten.[59] Es sollte noch ein paar Jahre dauern, bis die US-Regierungen, durch den Koreakrieg erschüttert, ihre frühere Vorstellung von »Einer Welt« aufgaben und sie durch das Bild eines unerbittlichen Kampfes der Supermächte in der ganzen Breite der internationalen Arena ersetzten. Zum großen Teil war diese Situation jedoch bereits in den Umständen von 1945 angelegt; die Vereinigten Staaten und die UdSSR waren nun die beiden einzigen Nationen, die, wie Tocqueville es einmal ausdrückte, das Schicksal des halben Globus lenken konnten. Und beide waren dem »globalistischen« Denken zum Opfer gefallen. »Die UdSSR ist jetzt eines der mächtigsten Länder der Welt. Man kann ohne die UdSSR *kein* ernstes Problem der internationalen Beziehungen entscheiden ... «, erklärte Molotow 1946.[60] Dies war ein Echo auf die frühere amerikanische Ankündigung gegenüber Moskau – zu einem Zeitpunkt, als es so schien, als ob Churchill und Stalin vielleicht ein separates Abkommen über Osteuropa treffen könnten –, daß »es in diesem Weltkrieg keine politische oder militärische Frage gibt, an der die Vereinigten Staaten nicht interessiert sind«.[61] Ein ernster Interessenkonflikt war unvermeidlich.

Aber was war mit den ehemaligen Großmächten, die jetzt lediglich Länder von mittlerem Gewicht darstellten und deren Zusammenbruch die Kehrseite des Aufstiegs der Supermächte war? Man muß sofort hinzufügen, daß die besiegten faschistischen Staaten Deutschland, Japan und Italien in der Zeit kurz nach 1945 natürlich nicht in dieselbe Kategorie gehörten wie Großbritannien und vielleicht auch Frankreich. Sobald der bewaffnete Kampf beendet war, verwirklichten die Alliierten Pläne, die garantieren sollten, daß weder Deutschland noch Japan je wieder die internationale Ordnung bedrohen könnten. Dies umfaßte nicht nur eine langfristige militärische Besetzung beider Länder, sondern in Deutschlands Fall eine Teilung in vier Besatzungszonen und später in zwei deutsche Staaten. Japan wurden seine überseeischen Akquisitionen genommen (wie auch Italien im Jahre 1943), und Deutschland mußte seine europäischen Gewinne und seine älteren Territorien im Osten (Schlesien, Ostpreußen, und so weiter) aufgeben. Die durch die Bombardierung, den Zusammenbruch des Transportsystems, den Verlust an Wohnraum und den Mangel an vielen Rohstoffen verursachte Verelendung in diesen Staaten wurde durch die alliierte Kontrolle über die Industrie – und in Deutschland durch Demontage industrieller Anlagen – noch verschärft. Das deutsche Nationaleinkommen und das Produktionsvolumen waren 1946 um zwei Drittel kleiner als 1938, eine ungeheure Reduzierung.[62] In Japan hatte ein ähnlicher wirtschaftlicher Rückschritt stattgefunden; das reale Nationaleinkommen lag 1946 nur bei 57 Prozent des Einkommens von 1934–1936, und die Reallöhne in der Industrie waren auf dreißig Prozent der Löhne dieser Zeit gefallen. Der Außenhandel war so minimal, daß selbst zwei Jahre später die Exporte nur 8 Prozent und die Importe 18 Prozent der Zahlen von 1934–1936 betrugen. Die japanische Frachtschiffahrt war durch den Krieg zum Erliegen gekommen, die Anzahl der Baumwollspindeln war von 12,2 auf zwei Millionen gesunken, die Kohleförderung war halbiert und so weiter.[63] Wirtschaftlich wie militärisch schienen Deutschlands und Japans Tage als mächtige Nationen der Vergangenheit anzugehören.

Obwohl Italien 1943 die Seiten gewechselt hatte, stand es um sein wirtschaftliches Schicksal nicht viel besser. Zwei Jahre lang hatten sich die alliierten Truppen ihren Weg die Halbinsel hinauf freigekämpft und -gebombt und hatten dem durch Mussolinis strategische Extravaganzen entstandenen Schaden weiteren hinzugefügt. »1945 . . . war Italiens Bruttosozialprodukt wieder auf dem Niveau von 1911 und hatte sich damit real um ungefähr vierzig Prozent verringert. Die Bevölkerung hatte sich trotz der Kriegsverluste aufgrund der Rückführung aus den Kolonien und des Stillstands der Emigration stark erhöht. Der Lebensstandard war alarmierend niedrig, und ohne internationale Hilfe, besonders aus den Vereinigten Staaten, wären viele Italiener sicher verhungert.«[64] Die Reallöhne in Italien waren 1945 auf 26,7 Prozent des Werts von 1913 gefallen.[65] Tatsächlich waren alle diese Länder in jenen Jahren entsetzlich abhängig von amerikanischer Hilfe; und so waren sie kaum mehr als wirtschaftliche Satellitenstaaten.

In ökonomischer Hinsicht war es schwer, einen Unterschied zwischen Frankreich und Deutschland festzustellen. Auf vier Jahre der Ausplünderung durch die Deutschen folgten 1944 Monate umfassender Kämpfe. »Die meisten Wasserwege und Häfen waren blokkiert, die meisten Brücken zerstört, ein großer Teil des Eisenbahnnetzes vorläufig unbenutzbar.«[66] Fohlens Indices der französischen Im- und Exporte zeigen, daß sie 1944–1945 praktisch auf Null gefallen waren; Frankreichs Nationaleinkommen zu dieser Zeit war nur ungefähr halb so groß wie 1938, was auch schon ein düsteres Jahr gewesen war.[67] Das Land besaß keine Währungsreserven, und der Franc war an den ausländischen Börsen nicht akzeptiert worden; sein Wert war »rein fiktiv«, als er 1944 auf 50 Francs pro Dollar festgelegt wurde,[68] und innerhalb eines Jahres war er auf 119 Francs pro Dollar gesunken. 1949, als die Lage stabiler erschien, lag er bei 420 Francs pro Dollar. Die französische Parteipolitik und insbesondere die Rolle der Kommunistischen Partei beeinflußten offensichtlich diese rein wirtschaftlichen Probleme des Wiederaufbaus, der Verstaatlichung und der Inflation.

Andererseits waren die »Freien Franzosen« Mitglieder der »Großen Allianz« gegen den Faschismus gewesen und hatten in vielen größeren Feldzügen gekämpft und in ihrem »Bürgerkrieg« gegen Pro-Vichy Kräfte in Westafrika, der Levante und Algerien triumphiert. Angesichts der deutschen Besetzung Frankreichs und der Spaltung der französischen Loyalität während des Krieges war de Gaulles Regierung stark von anglo-amerikanischer Hilfe abhängig – die er, selbst als er mehr davon anforderte, im Grunde mißbilligte. Trotzdem waren die Briten sehr daran interessiert, Frankreich als eine starke militärische Macht in Europa wiederhergestellt zu sehen, damit diese Rußland, nicht etwa dem zusammengebrochenen Deutschland, Einhalt gebieten könnte. Und so gelangte Frankreich zu vielen der Attribute, die einer Großmacht würdig waren: einer Besatzungszone in Deutschland, ständiger Mitgliedschaft im UN-Sicherheitsrat und so weiter. Obwohl es seine ehemaligen Mandate in Syrien und im Libanon nicht zurückgewinnen konnte, versuchte es sich in Indochina und in den Protektoraten von Tunesien und Marokko zu behaupten; und mit seinen überseeischen Departements und Territorien besaß es immer noch das zweitgrößte Kolonialreich der Welt und war entschlossen, daran festzuhalten.[69] Für viele ausländische Beobachter, insbesondere für die Amerikaner, war dieser Versuch, den zu einer Großmacht gehörenden Status zurückzugewinnen, während das Land wirtschaftlich so verzweifelt schwach war – und so abhängig von amerikanischer finanzieller Unterstützung –, nur eine *folie de grandeur*. Und in hohem Maße war es das auch. Die wichtigste Folge dieses Verhaltens bestand vielleicht darin, daß so zumindest einige Jahre lang verborgen blieb, wie sehr sich die globale strategische Landschaft durch den Krieg verändert hatte.

Obwohl die meisten Briten 1945 über den Vergleich empört gewesen wären, verdeckte auch in ihrem Fall die Tatsache, daß ihre Nation und ihr Empire weiterhin als eine Großmacht galt, die neue strategische Gewichtsverteilung – und erschwerte es den Entscheidungsträgern in London, sich psychologisch der Politik des Abstiegs anzupassen. Das Britische Empire war der einzige größere Staat, der am Zweiten Weltkrieg von Anfang bis Ende teilgenommen hatte. Unter Churchills Führung gehörte es ohne Frage zu den »Großen Drei«. Seine militärische Leistung zur See, in der Luft und selbst an Land war bedeutend besser gewesen als im Ersten Weltkrieg. Im August 1945 waren alle königlichen Besitzungen – einschließlich Hongkongs – wieder in britischen Händen. Britische Truppen und Stützpunkte waren über Nordafrika, Italien, Deutschland und Südostasien verteilt. Trotz schwerer Verluste besaß die Royal Navy über 1000 Großkampfschiffe, beinahe 3000 kleinere Kriegsschiffe und etwa 5500 Landungsfahrzeuge. Das Royal Air Force (RAF) Bomberkommando war die (bei weitem) zweitgrößte strategische Luftwaffe der Welt. Und doch war der Sieg, wie Corelli Barnett deutlich herausstellte, nicht

> gleichbedeutend mit der Erhaltung britischer Macht. Die Niederlage Deutschlands [und seiner Alliierten] war nur ein Faktor, wenn auch ein höchst bedeutender Faktor, für diese Erhaltung. Denn Deutschland mochte besiegt worden sein, und die britische Macht war trotzdem am Ende. Was zählte, war nicht so sehr der »Sieg« an sich, sondern die Umstände des Sieges, und insbesondere die Umstände, in denen England sich nach dem Sieg wiederfand . . . [70]

Denn im Kampf um diesen Sieg hatten sich die Briten ernsthaft überanstrengt, ihre Gold- und Dollarreserven aufgebraucht und ihre heimische Industrie erschöpft. Sie waren (trotz außerordentlicher Mobilisierung ihrer Ressourcen und der Bevölkerung) zunehmend von amerikanischer Munition, Verschiffung, Lebensmitteln und anderen Vorräten abhängig geworden. Während ihr Bedarf an solchen Importen von Jahr zu Jahr gestiegen war, verfiel ihr Exporthandel – 1944 belief er sich auf lediglich 31 Prozent des Volumens von 1938. Als die Labour Party im Juli 1945 die Regierung übernahm, mußte sie als eines der ersten Dokumente Keynes' haarsträubendes Memorandum über das »finanzielle Dünkirchen«, das dem Land bevorstand, zur Kenntnis nehmen: sein gewaltiges Handelsbilanzdefizit, seine geschwächte industrielle Basis bei umfangreichen überseeischen Verpflichtungen bedeuteten, daß amerikanische Hilfe verzweifelt benötigt wurde, um die nun abgeschnittenen Zuflüsse aus dem »Leih-Pacht«-Gesetz zu ersetzen. Ohne diese Hilfe wäre in der Tat »ein größeres Maß an wirtschaftlicher ›Austerity‹* nötig, als wir es zu irgendeiner Zeit während des Krieges erlebt haben . . . «[71]. Wieder einmal, wie schon nach dem Ersten Weltkrieg, mußte das Ziel, ein den zurückkehrenden Helden angemessenes Heim zu schaffen, modifiziert werden. Aber dieses Mal war es unmöglich zu glauben, daß Großbritannien immer noch der politische Mittelpunkt der Welt war.

Dennoch lebte die Illusion eines Großmachtstatus selbst unter Labour-Ministern weiter, die begierig waren, aus Großbritannien einen »Wohlfahrtsstaat« zu machen. In den nächsten Jahren gab es daher ernsthafte Anläufe, diese unvereinbaren Wünsche dennoch zu verwirklichen. Man wollte den Lebensstandard erhöhen, zu einer »gemischten Wirtschaftsform« finden, die Handelsbilanz ausgleichen und gleichzeitig eine gewaltige Reihe von überseeischen Stützpunkten in Deutschland, im Nahen Osten und Indien sowie eine große Armee – angesichts der sich verschlechternden Beziehungen zu Rußland – aufrechterhalten. Detaillierte historische Studien über die Zeit der Attlee-Regierung legen nahe,[72] daß man in vieler Hinsicht überraschend erfolgreich war: die industrielle Produktivität stieg, das Handelsdefizit verkleinerte sich, Sozialreformen wurden in die Wege geleitet, und die europäische Szene stabilisierte sich. Die Labour-Regierung fand es außerdem klug, sich aus Indien zurückzuziehen, dem Chaos in Palästina den Rücken zu keh-

* »Austerity«: strenge Einschränkung des Konsums. A. d. Ü.

ren und die Garantieverträge mit Griechenland und der Türkei aufzugeben. Damit hatte sich Großbritannien zumindest einiger seiner ausländischen Bürden entledigt. Andererseits stützte sich die wirtschaftliche Erholung stark auf den großen Kredit, den Keynes 1945 in Washington ausgehandelt hatte, auf die weitere massive Hilfe durch den Marshallplan, und sie zehrte von der extremen Schwäche der kommerziellen Rivalen Großbritanniens. Es war daher eine empfindliche und nur sehr bedingte wirtschaftliche Wiederbelebung. Langfristig war der Erfolg der britischen Rückzüge im Jahre 1947 ebenso suspekt. Sicherlich befreite sich das Land von unerträglichen Belastungen; aber dieser strategische »Verwandlungstrick« beruhte auf der Annahme, daß Großbritannien durch Aufgabe gewisser Regionen die verfügbaren Kräfte seinen wirklichen imperialen Interessen besser anpassen konnte – der Suez-Kanal statt Palästina, arabisches Öl statt Indien. Zu diesem Zeitpunkt wollte sicherlich keiner in Whitehall den *Rest* des Empire aufgeben, das nun wirtschaftlich wichtiger war als je zuvor.[73] Erst unangenehme Überraschungen und die steigenden Kosten des Festhaltens am Empire sollten später eine Neubewertung der britischen Position in der Welt erzwingen. In der Zwischenzeit blieb es eine überdehnte, aber immer noch mächtige strategische Einheit, deren Sicherheit zwar von den Vereinigten Staaten abhing, die aber auch ihr nützlichster Alliierter – und eine wichtige strategische Stütze – in einer Welt war, die sich in zwei große Machtblöcke spaltete.[74]

Obwohl sich die britischen und französischen Regierungen dagegen sträubten, gab es keinen Zweifel daran, daß »das europäische Zeitalter« vorüber war. Während das amerikanische Bruttosozialprodukt im Krieg real um mehr als fünfzig Prozent gestiegen war, fiel das europäische (ohne das der Sowjetunion) um 25 Prozent.[75] Europas Anteil am Produktionsvolumen der Welt war niedriger als zu irgendeiner anderen Zeit seit dem frühen 19. Jahrhundert; selbst 1953, nachdem die meisten Kriegsschäden beseitigt worden waren, hatte es nur einen 26prozentigen Anteil (verglichen mit den 44,7 Prozent der Vereinigten Staaten).[76] Seine Bevölkerung stellte nur 15–16 Prozent der Weltbevölkerung. 1950 war sein Pro-Kopf-Bruttosozialprodukt nur ungefähr halb so groß wie das der USA; außerdem war es der Sowjetunion bis dahin gelungen, beträchtlich aufzuholen, so daß das Bruttosozialprodukt der Mächte folgendermaßen aussah (siehe Tabelle 36).

Tabelle 36 Gesamt-Bruttosozialprodukt und Bruttosozialprodukt pro Kopf 1950[77] (in $ zum Wert von 1964)

	Gesamt-BSP	pro-Kopf-BSP
Vereinigte Staaten	381 Milliarden	2536
UdSSR	126	699
Großbritannien	71	1393 (1951)
Frankreich	50	1172
BRD	48	1001
Japan	32	382
Italien	29	626 (1951)

Der Niedergang der europäischen Mächte spiegelt sich noch markanter in den Zahlen der militärischen Mannschaftsstärke und in den Rüstungsausgaben. 1950 gaben die Vereinigten Staaten beispielsweise 14,5 Milliarden Dollar für die Verteidigung aus und hielten 1,38 Millionen Soldaten unter Waffen, während die UdSSR etwas mehr (15,5 Milliarden Dollar) für ihre größeren Streitkräfte von 4,3 Millionen Mann ausgab. In beiderlei Hinsicht waren die Supermächte Großbritannien (2,3 Milliarden Dollar; 680000 Mann), Frankreich (1,4 Milliarden Dollar; 590000 Mann) und Italien (0,5 Milliarden Dollar; 230000 Mann) weit voraus, wobei Deutschland und Japan noch demilitarisiert waren. Die Spannungen des Koreakrieges bewirkten im Jahre 1951 bei den mittleren europäischen Mächten recht bedeutende Erhöhungen der Verteidigungsausgaben, aber auch diese verblaßten im Vergleich zu den Ausgaben der Vereinigten Staaten (33,3 Milliarden Dollar) und der UdSSR (20,1 Milliarden Dollar). Allein in diesem Jahr machten die Verteidigungsausgaben Großbritanniens, Frankreichs und Italiens *zusammengenommen* weniger als ein Fünftel derjenigen der Vereinigten Staaten aus und weniger als ein Drittel jener der UdSSR; und ihr *gesamtes* Militärpersonal war nur halb so groß wie das der Vereinigten Staaten und ein Drittel so groß wie das Rußlands.[78] In relativer wirtschaftlicher Stärke und in militärischer Macht hatten die Supermächte die europäischen Staaten weit hinter sich gelassen.

Dieser Eindruck wurde durch das Aufkommen der Atomwaffen und der Langstreckenraketen noch verstärkt. Aus den Aufzeichnungen vieler Wissenschaftler, die an der Atombombe arbeiteten, geht deutlich hervor, daß sie sich sehr bewußt waren, an einer Wasserscheide in der gesamten Geschichte der Kriegführung, der Waffensysteme und der Zerstörungsfähigkeit des Menschen zu stehen. Der erfolgreiche Test bei Alamogordo am 16. Juli 1945 bestätigte vielen Beobachtern, daß »etwas Großes und Neues entwickelt worden war, das sich als unermeßlich wichtiger als die Entdeckung der Elektrizität oder irgendeine andere große Erfindung, welche die menschliche Existenz beeinflußt hat, herausstellen wird«. Als der »starke, anhaltende, ehrfurchtgebietende Donner, der vor dem Tag des Jüngsten Gerichts warnte«,[79] bei der Katastrophe von Hiroshima und Nagasaki über Japan hinwegrollte, sollte es keinen Zweifel mehr an der Macht dieser Waffe geben. Ihre Entwicklung bedeutete für die amerikanischen Politiker, daß praktisch alle globalen Probleme neu durchdacht werden mußten. Wie würde sich die Atombombe auf die konventionelle Kriegführung auswirken? Sollte sie sofort bei Kriegsausbruch eingesetzt oder als letzte Zuflucht gesehen werden? Was waren die Auswirkungen der Entwicklung von größeren (H-Bomben) und kleineren (taktischen) Atomwaffen? Sollte man die Erkenntnisse mit anderen teilen?[80] Außerdem gab dies alles der bereits vorhandenen sowjetischen Entwicklung von Atomwaffen neuen Schub, da Stalin seinem formidablen Sicherheitschef Beria am Tag nach Hiroshima die Verantwortung für das Atomprogramm übergab.[81] Obwohl die Russen zu diesem Zeitpunkt in der Entwicklung von Bomben und Trägersystemen klar zurücklagen, schlossen sie viel schneller auf, als es die Amerikaner erwartet hatten. Nach 1945 schien es einige Jahre lang gerechtfertigt, davon auszugehen, daß der amerikanische atomare Vorteil das russische Übergewicht bei den konventionellen Truppen »ausgleichen« half. Aber in einer geschichtlich gesehen kurzen Zeit begann Moskau aufzuholen, und bald konnte es seine Behauptung beweisen, daß die Vereinigten Staaten nur ein vorübergehendes Monopol dieser Waffe besessen hatten.[82]

Die Entwicklung der Atomwaffen veränderte die »strategische Landschaft«, da jeder Staat, der sie besaß, die Fähigkeit der wahllosen Massenvernichtung – sogar der Vernichtung der gesamten Menschheit – hatte. Die unmittelbarere und enger gesteckte Auswirkung dieser neuen Ebene der Waffentechnologie lag darin, daß sie die traditionellen europäischen Staaten noch mehr zwang aufzuholen – oder zuzugeben, daß sie in der Tat auf einen zweitklassigen Status zurückgefallen waren. Sicherlich hatten Deutschland und Japan und das wirtschaftlich und technologisch geschwächte Italien keine Chance, dem Atomklub beizutreten. Aber für die Regierung in London war es, selbst als Attlee Churchill ersetzte, unvorstellbar, daß das Land diese Waffen nicht besitzen sollte – sowohl als Abschreckung als auch, weil sie »eine Manifestation der wissenschaftlichen und technologischen Überlegenheit waren, von der Großbritanniens Stärke, die so unzureichend war, wenn sie an der bloßen Zahl der Männer gemessen wurde, abhängen mußte«.[83] Die Atomwaffen wurden mit anderen Worten als eine relativ *billige* Möglichkeit angesehen, am Einfluß einer Großmacht festzuhalten – eine Berechnung, die kurze Zeit später auch die Franzosen anstellten.[84] Aber wie attraktiv diese Logik auch schien, sie wurde durch zwei praktische Faktoren geschwächt: erstens besaß in den folgenden Jahren noch keiner der beiden Staaten die Waffen oder die Abschußrampen; zweitens würden ihre atomaren Arsenale verglichen mit denen der Supermächte sehr klein sein, und überdies konnten die Waffen durch einen weiteren technologischen Fortschritt schnell wieder veralten. Alle Ambitionen von London und Paris (und später von Peking), dem Atomklub in den Jahrzehnten nach 1945 beizutreten, ähnelten in gewisser Beziehung den österreichisch-ungarischen und italienischen Bemühungen vor 1914, als diese eigene Schlachtschiffe der *Dreadnought*-Klasse besitzen wollten. Sie waren eher ein Zeichen der Schwäche als der Stärke.

Das letzte Element, welches zu betonen schien, daß man die Welt jetzt als strategisch und politisch bipolar und nicht mehr als traditionell multipolar ansehen mußte, war die gesteigerte Rolle der *Ideologie*. Sicherlich spielten auch bei der klassischen Diplomatie des 19. Jahrhunderts ideologische Faktoren eine Rolle – wie die Handlungen von Metternich, Nikolaus I., Bismarck und Gladstone deutlich bestätigen. Aber in den Jahren zwischen den Kriegen, als eine »radikale Rechte« und eine »radikale Linke« sich erhoben, um die vorherrschenden Ideen der »bürgerlich-liberalen Mitte« herauszufordern, wuchs die Ideologie zu weit größerer Bedeutung heran. Trotzdem erschwerte die komplexe Dynamik der multipolaren Rivalitäten in den späten 30er Jahren – als britische Tories wie Churchill eine Allianz mit dem kommunistischen Rußland gegen das nationalsozialistische Deutschland anstrebten, und als liberale Amerikaner die anglo-französische Diplomatie in Europa unterstützen, aber die britischen und französischen Kolonialreiche außerhalb Europas beseitigen wollten – alle Versuche, die Weltpolitik rein ideologisch zu erklären. Und während des Krieges konnten die Differenzen über politische und soziale Prinzipien der überragenden Notwendigkeit, den Faschismus zu bekämpfen, untergeordnet werden. Stalins Auflösung der Kommunistischen Internationale im Jahre 1943 und die Bewunderung des Westens für den russischen Widerstand gegen die deutsche Invasion schienen auch das frühere Mißtrauen beschwichtigt zu haben – besonders in den Vereinigten Staaten, wo das *Life*-Magazin 1943 behauptete, daß die Russen, »wie Amerikaner aussehen, sich wie Amerikaner kleiden und wie Amerikaner denken« und die *New York Times* ein Jahr später erklärte, daß » marxistisches Denken in Rußland nicht mehr gefragt ist«.[85] Solche Empfindungen, wie naiv sie auch sein mochten, erklären die weitverbreitete Abneigung der Amerikaner zu akzeptieren, daß die Nachkriegswelt sich nicht entprechend ihrer Vision einer internationalen Harmonie entwickelte. So werden beispielsweise die verärgerten Reaktionen vieler Amerikaner auf Churchills berühmte »Eiserner Vorhang«-Rede vom März 1946 verständlich.[86]

Aber schon nach ein oder zwei Jahren trat die ideologische Natur des Kalten Krieges zwischen Rußland und dem Westen nur zu deutlich hervor. Die zunehmenden Anzeichen, daß Rußland keine Form von parlamentarischer Demokratie in Osteuropa dulden würde, die gewaltige Größe der russischen Streitkräfte, der Bürgerkrieg zwischen den Kommunisten und ihren Gegnern in Griechenland, China und an anderen Orten und – zu guter Letzt – die wachsende Angst vor der »Roten Gefahr«, Spionageringen und Unterwanderung im eigenen Lande, führte zu einem massiven Umschwung des amerikanischen Denkens, auf den die Truman-Regierung bereitwillig reagierte. In seiner »Truman-Doktrin«-Rede vom März 1947, ausgelöst durch die Angst, Rußland könne das Machtvakuum füllen, das durch Großbritanniens Rücknahme der Garantien gegenüber Griechenland und der Türkei entstanden war, zeichnete der Präsident ein Bild von einer Welt, die zwischen zwei unterschiedlichen ideologischen Prinzipien wählen mußte:

> Der eine Lebensstil basiert auf dem Willen der Mehrheit und zeichnet sich durch freie Institutionen, repräsentative Regierung, freie Wahlen, Garantie der individuellen Freiheit, der Rede- und Glaubensfreiheit und der Freiheit von politischer Unterdrückung aus. Der zweite Lebensstil beruht darauf, daß der Wille einer Minderheit einer Mehrheit aufgezwungen wird. Er stützt sich auf Terror und Unterdrückung, auf eine kontrollierte Presse, manipulierte Wahlen und auf die Aufhebung der persönlichen Freiheit.[87]

Die Politik der Vereinigten Staaten müsse es sich zum Ziel setzen, fuhr Truman fort, »den freien Völkern zu helfen, ihre Institutionen und ihre Integrität im Kampf gegen aggressive Bewegungen aufrechtzuerhalten, die versuchen, ihnen totalitäre Regierungen aufzuzwingen«. Von nun an sollte sich die Weltpolitik in noch weit emotionaleren Worten als ein manichäischer Kampf darstellen; laut Eisenhower standen »sich die Kräfte des Guten und des Bösen so massiv und bewaffnet gegenüber wie selten zuvor in der Geschichte. Freiheit gegen Sklaverei, das Licht gegen die Dunkelheit.«[88]

Ohne Zweifel erfüllte ein großer Teil dieser Rhetorik innenpolitische Zwecke – und das nicht nur in den Vereinigten Staaten, sondern auch in Großbritannien, Italien, Frankreich und überall dort, wo es für die konservativen Kräfte nützlich war. Sicher verstärkte diese Rhetorik Stalins Mißtrauen gegenüber dem Westen – die sowjetische Presse stellte nun den Westen als Aggressor dar, der die russische »Einflußsphäre« in Osteuropa destabilisierte, die Sowjetunion an allen Fronten einschloß, vorgeschobene Stützpunkte errichtete, reaktionäre Regime gegen Volksbewegungen unterstützte und die Vereinten Nationen als sein Instrument mißbrauchte. »Der neue Kurs der amerikanischen Außenpolitik,«

erklärte Moskau, »bedeutet eine Rückkehr zu ihrem alten antisowjetischen Kurs, der dazu bestimmt ist, Krieg auszulösen und die Weltherrschaft Großbritanniens und der Vereinigten Staaten mit Gewalt durchzusetzen.«[89] Diese Erklärung half wiederum dem sowjetischen Regime, sein scharfes Durchgreifen gegen Dissidenten im eigenen Lande, seine verstärkte Unterdrückung Osteuropas, seine erzwungene Industrialisierung und seine hohen Rüstungsausgaben zu rechtfertigen. Somit profitierten die außenpolitischen und die innenpolitischen Bedürfnisse des Kalten Krieges voneinander, und beide wurden durch einen Appell an die ideologischen Prinzipien gedeckt. Der Liberalismus und der Kommunismus, beides universelle Ideen, »schlossen sich gegenseitig aus«.[90] So konnte jede Seite die ganze Welt als eine Arena verstehen und darstellen, in der sich die ideologische Auseinandersetzung nicht vom machtpolitischen Kalkül trennen ließ. Man gehörte entweder zum amerikanischen oder zum sowjetischen Block. Es gab keinen Mittelweg; es war im Zeitalter Stalins und Joe McCarthys unklug zu glauben, daß es einen geben könnte. Dies war die neue strategische Realität, der sich nicht nur die Menschen im geteilten Europa, sondern auch die in Asien, im Mittleren Osten, in Afrika, Lateinamerika und überall sonst anpassen mußten.

Der Kalte Krieg und die Dritte Welt

Wie sich herausstellte, sollte sich ein großer Teil der internationalen Politik der folgenden zwei Jahrzehnte tatsächlich mit der Anpassung an die sowjetisch-amerikanische Rivalität, und dann mit ihrer teilweisen Ablehnung, befassen. Zu Beginn konzentrierte sich der Kalte Krieg auf eine Neuordnung der europäischen Grenzen. Im Hintergrund hatte dies also immer noch etwas mit der »deutschen Frage« zu tun, da die Lösung dieser Frage über den Einfluß entschied, den die Siegermächte von 1945 über Europa ausüben sollten. Die Russen hatten ohne Zweifel am meisten unter den deutschen Aggressionen in der ersten Hälfte des 20. Jahrhunderts gelitten, und sie waren, bestärkt durch Stalins paranoides Sicherheitsbedürfnis, fest entschlossen, in der zweiten Hälfte keine Wiederholung zuzulassen. Die Förderung der kommunistischen Weltrevolution war eine zweitrangige, aber damit verbundene Überlegung, da Rußlands strategische und politische Position am ehesten verstärkt werden konnte, wenn es andere marxistisch geführte Staaten schuf, die auf Führung aus Moskau vertrauten. Solche Überlegungen, viel mehr als das jahrhundertealte Streben nach Warmwasserhäfen, bestimmten wahrscheinlich die sowjetische Politik nach 1945, wobei allerdings die detaillierte Lösung verschiedenster Probleme offenblieb. In erster Linie war man also entschlossen, die territorialen Regelungen von 1918–1922 rückgängig zu machen und aus strategischen Gründen einige »Abrundungen« vorzunehmen. Wie bereits erwähnt, hieß dies eine Wiederherstellung der russischen Kontrolle über die baltischen Staaten, eine Verschiebung der polnisch-russischen Grenze nach Westen, die Eliminierung Ostpreußens und die Akquisition von Territorien in Finnland, Ungarn und Rumänien. Dies beunruhigte den Westen kaum; tatsächlich hatte man manchem schon während des Krieges zugestimmt. Alarmierender waren dagegen die Anzeichen dessen, *wie* Rußland sicherzustellen beabsichtigte, daß die ehemals unabhängigen Länder Ostzentraleuropas von »moskaufreundlichen« Regimen geführt würden.

In dieser Beziehung war das Schicksal Polens ein Vorläufer dessen, was sich an anderen Orten abspielen sollte. Dieser Fall war allerdings besonders bitter, weil die Briten sich 1939 entschlossen hatten, um die Eigenständigkeit Polens zu kämpfen. Auch hatten polnische Truppenkontingente im Westen operiert, und die polnische Exilregierung hatte in London eine Heimat gefunden. Die Entdeckung eines Massengrabs polnischer Offiziere bei Katyn, die russische Mißbilligung des Warschauer Aufstands, Stalins Beharren auf der Änderung der polnischen Grenzen und das Auftauchen einer pro-russischen Fraktion von Polen in Lublin machte Churchill besonders mißtrauisch gegenüber den russischen Absichten. Innerhalb weniger Jahre waren – mit der Einsetzung eines Marionettenregimes und mit der Entmachtung aller pro-westlichen Polen – diese Befürchtungen Realität geworden.[91]

Moskaus Behandlung der polnischen Frage stand mit der »deutschen Frage« in vielerlei Beziehung. Territorial betrachtet, verkleinerte die Verschiebung der polnischen Grenzen nach Westen nicht nur das deutsche Gebiet (die gleiche Wirkung hatte auch das »Schlucken« Ostpreußens), sondern es gab den Polen auch einen Grund, sich jeder zukünftigen deutschen Revision der Oder-Neiße-Linie zu widersetzen. Strategisch sollte das russische Insistieren darauf, Polen zu einer sicheren »Pufferzone« zu machen, garantieren, daß es keine Wiederholung des deutschen Angriffs von 1941 geben würde. Es war daher logisch, daß Rußland darauf bestand, auch das Schicksal des deutschen Volkes zu bestimmen. Politisch unterstützte man die »Lublin«-Polen und bearbeitete zur gleichen Zeit die deutschen Kommunisten im Exil, damit sie eine ähnliche Rolle spielten, wenn sie in ihre Heimat zurückkehrten. Wirtschaftlich war die russische Ausbeutung Polens ein Vorgeschmack auf die Plünderung der deutschen Ressourcen. Als Moskau jedoch bewußt wurde, daß es unmöglich den guten Willen des deutschen Volkes gewinnen konnte, während man es systematisch in die Armut trieb, stellte man den Raubzug ein, und Molotows Tonfall wurde wesentlich freundlicher. Aber diese taktischen Wechsel waren weniger wichtig als die generelle Entschlossenheit Moskaus, bei der Lösung der deutschen Frage ein Wort, wenn nicht das entscheidende Wort, mitzusprechen.[92]

Im Falle Polens wie im Falle Deutschlands mußte die russische Politik mit der des Westens kollidieren. Politisch und wirtschaftlich wünschten die Amerikaner, die Briten und die Franzosen, daß eine freie Marktwirtschaft und demokratische Wahlen zur Norm in Europa würden (obwohl London und Paris dem Staat eindeutig eine größere Rolle zubilligen wollten als die Laisser-faire-Amerikaner). Strategisch gesehen, war der Westen ebenso entschlossen wie Moskau, ein Wiederaufleben des deutschen Militarismus zu verhindern. Besonders den Franzosen bereitete dies bis in die Mitte der 50er Jahre große Sorgen, aber keiner wollte die Herrschaft der Wehrmacht über Europa einfach durch die der Roten Armee ersetzt sehen. Und obwohl es in der französischen wie in der italienischen Regierung nach 1945 Kommunisten gab, verhinderte ein tiefes Mißtrauen in der Bevölkerung, daß die marxistischen Parteien in Westeuropa wirklich an die Macht kamen – ein Gefühl, das durch die konsequente Ausschaltung aller nichtkommunistischen Parteien in Osteuropa bestätigt wurde. Obwohl es immer noch Stimmen gab, die an eine Versöhnung zwischen Rußland und dem Westen glaubten, ging die Tendenz der Realpolitik in die entgegengesetzte Richtung. Wenn das Programm der einen Seite erfolgreich war, fühlte sich die andere bedroht; in dieser Hinsicht schien der Kalte Krieg so lange unvermeidbar, bis beide Seiten bereit waren, von ihren universalistischen Ideen abzugehen.

Aus diesem Grunde ist ein ausführlicher Bericht über die Eskalation der Spannungen an dieser Stelle nicht notwendig.[93] Er hätte für unsere Analyse der Weltmachtdynamik dieselbe Relevanz wie beispielsweise eine detaillierte Ausführung über Metternichs Diplomatie in einem früheren Kapitel. Die Hauptmerkmale des Kalten Krieges nach 1945 sind jedoch eine Betrachtung wert, da sie die internationalen Beziehungen bis zum heutigen Tage beeinflussen.

Das erste Merkmal war die Intensivierung der »Spaltung« zwischen den beiden Blöcken in Europa. Daß diese nicht sofort nach 1945 aufgetreten war, ist verständlich: die Hauptaufgabe für die alliierten Besatzungstruppen und für die »Nachfolgeparteien«, die nach der Kapitulation Deutschlands aus den Verstecken und dem Exil wieder auftauchten, war administrativer Art – die Wiederherstellung der Verkehrsverbindungen und öffentlichen Einrichtungen, die Nahrungsmittelversorgung der Städte, die Unterbringung der Flüchtlinge, das Aufspüren von Kriegsverbrechern. Vieles hiervon trug dazu bei, daß sich die ideologischen Positionen verwischten: in den Besatzungszonen stritten sich die Amerikaner im gleichen Maße mit den Franzosen wie mit den Russen; in den nationalen Volksvertretungen und Kabinetten, die in ganz Europa neu entstanden, saßen im Osten Sozialisten neben Kommunisten und im Westen Kommunisten neben Christdemokraten. Aber Ende 1946 und Anfang 1947 erweiterte sich die Kluft und trat in der Öffentlichkeit deutlicher zutage. Viele Volksentscheide und Regionalwahlen in den deutschen Zonen zeigten, daß »das politische Gesicht Westdeutschlands begann, sich deutlich von dem Ostdeutschlands zu unterscheiden«;[94] die stetige Eliminierung jeglicher anti-kommunistischen Elemente in Polen, Bulgarien und Rumänien spiegelte sich in einer innenpolitischen Krise Frankreichs im April 1947 wider, als die Kommunisten gezwungen wurden, aus der Regierung auszuscheiden. Einen Monat später spielte sich in Italien das gleiche ab. Titos politische Beherrschung Jugoslawiens (anstelle der alliierten Vereinbarung noch zu Kriegszeiten über eine Aufteilung der Macht) wurde vom Westen als ein weiterer Schritt in Moskaus gut geplantem Vormarsch interpretiert. Diese Unstimmigkeiten und die sowjetische Weigerung, dem Internationalen Währungsfonds und der Weltbank beizutreten, beunruhigten besonders die Amerikaner, die gehofft hatten, nach dem Krieg gute Beziehungen zu Moskau aufrechterhalten zu können.

Es bedurfte daher nur eines bescheidenen Gedankensprungs, um dem Westen den Verdacht einzugeben, daß Stalin plane, die Kontrolle auch über das *westliche* und *südliche* Europa an sich zu reißen, sobald die Umstände es zuließen, und daß er in der Tat versuchen würde, diese Umstände so schnell wie möglich herbeizuführen. Dies würde wahrscheinlich nicht mit militärischer Gewalt geschehen, obwohl der zunehmende russische Druck auf die Türkei besorgniserregend war und Washington veranlaßte, 1946 eine Flotteneinheit im östlichen Mittelmeer zu stationieren. Bedrohlicher schien der Versuch moskauhöriger Marionetten, die andauernden, durch den Krieg verursachten wirtschaftlichen Probleme und politischen Rivalitäten auszunutzen. Der kommunistische Aufstand in Griechenland wurde als solch ein gesteuerter Vorgang angesehen; die kommunistisch unterstützten Streiks in Frankreich galten als ein weiterer. Die russischen Versuche, die deutsche öffentliche Meinung zu umwerben, waren verdächtig; dasselbe galt, wenn man sich wirklich Sorgen machen wollte, für die Stärke der Kommunisten in Italien. Heute sind die Historiker, die sich mit diesen Bewegungen beschäftigen, skeptischer und fragen sich, wie ein grundlegender von Moskau erdachter »Plan« sie alle hätte kontrollieren können. Die griechischen Kommunisten, Tito und Mao Tse-tung kümmerten sich um ihre lokalen Feinde, nicht um eine globale marxistische Ordnung; und die Führer der kommunistischen Parteien und Gewerkschaften im Westen mußten in erster Linie auf die Stimmungen ihrer Gefolgsleute reagieren. Andererseits wäre ein kommunistischer Machtzuwachs in einem dieser Länder ohne Zweifel von Rußland begrüßt worden – vorausgesetzt, er führte nicht zu einem größeren Krieg. Und es ist leicht zu verstehen, warum Rußlandexperten wie George Kennan zu dieser Zeit zustimmendes Gehör fanden, wenn sie argumentierten, daß man die Sowjetunion »eindämmen« müsse.

Von den vielen Elementen der sich schnell entwickelnden »Strategie der Eindämmung«[95] traten zwei besonders hervor. Das erste – von dem Kennan zugab, daß es negativer Natur war – bestand darin, Moskau in aller Deutlichkeit zu sagen, in welchen Staaten die USA eine kommunistische Machtübernahme nicht dulden würden, bei denen sie also »nicht zulassen können ..., daß sie in feindliche Hände fallen«.[96] Solche Staaten würde man deshalb militärisch unterstützen, damit sie ihre Widerstandskraft aufbauen könnten, und ein sowjetischer Angriff auf ein solches Land würde praktisch als ein *casus belli* angesehen. Viel positiver war die amerikanische Erkenntnis, daß der Widerstand gegen die russische Unterwanderung geschwächt war aufgrund der durch den Zweiten Weltkrieg verursachten »tiefgreifenden industriellen, physischen und geistigen Erschöpfung«.[97] Der wichtigste Bestandteil einer langfristigen Eindämmungsstrategie mußte daher ein massives wirtschaftliches Hilfsprogramm der Vereinigten Staaten sein, das den Wiederaufbau der zerstörten Industrien, der Landwirtschaften und der Städte in Europa und Japan ermöglichen sollte; denn es würde nicht nur dazu beitragen, daß diese Länder viel weniger für die kommunistische Doktrin des Klassenkampfes und der Revolution empfänglich wären, sondern es würde gleichzeitig helfen, das *Machtgefüge* zu Amerikas Gunsten zu verändern. Wenn es Kennans sehr plausiblem geopolitischem Argument zufolge nur »fünf Zentren industrieller und militärischer Macht in der Welt gibt, die vom Standpunkt der nationalen Sicherheit für uns wichtig sind«[98] – die Vereinigten Staaten selbst, ihr Rivale, die UdSSR, Großbritannien, Deutschland und Mitteleuropa sowie Japan – dann konnte man, wenn man die drei letztgenannten Gebiete im westlichen Lager hielt und ihre Stärke wiederherstellte, eine »Korrelation der Kräfte« schaffen, die garantierte, daß die Sowjetunion permanent unterlegen blieb. Es ist ebenso offensichtlich, daß diese Strategie von Stalins Rußland mit tiefem Mißtrauen betrachtet wurde, insbesondere, da sie den Wiederaufbau zweier Feinde von gestern, Deutschland und Japan, umfaßte.

Wieder einmal ist daher eine exakte Chronologie der verschiedenen Schritte, die jede Seite während und nach dem »Wasserscheidenjahr« 1947 unternahm, weniger wichtig als die Betrachtung der allgemeinen Konsequenzen. Die amerikanische Übernahme der britischen Garantien für Griechenland und die Türkei – symbolisch ein Transfer der Verantwortungen des ehemaligen zum aufsteigenden Weltpolizisten und aus der Sicht Londons ebenso logisch wie aus der Washingtons[99] – wurde von Truman in Form einer »Doktrin« gerechtfertigt, die keine regionalen Beschränkungen kannte. Im europäischen Kontext konnte man die offene amerikanische Bereitschaft, »den freien Völkern zu helfen, ihre Institutionen zu bewahren«, mit den ernsten Diskussionen darüber, wie man mit der weitverbreiteten wirtschaftlichen Not auf dem Kontinent, der Nahrungsmittelknappheit und dem Kohlemangel fertig werden sollte, in Verbindung setzen. Die Lösung der amerikanischen Regierung für diese Probleme – der sogenannte Marshall-Plan mit seiner massiven Unterstützung, der Europa »wirtschaftlich auf die Füße stellen sollte« – wurde bewußt als ein Angebot an *alle* europäischen Nationen, ob kommunistisch oder nicht, formuliert. Aber wie attraktiv diese Hilfe auch für Moskau gewesen sein mag, sie umfaßte eine Zusammenarbeit mit Westeuropa, und das zu einer Zeit, als die sowjetische Wirtschaft zu den strengsten Formen der Sozialisierung und Kollektivierung zurückgekehrt war. Es bedurfte keines Genies, um zu erkennen, daß die *raison d'être* dieses Plans war, die Europäer zu überzeugen, daß das System der Privatwirtschaft besser in der Lage war, ihnen Wohlstand zu bringen, als der Kommunismus. Dadurch daß Molotow die Pariser Gespräche über den Marshall-Plan verlassen hatte und Rußland Polen und die Tschechoslowakei unter Druck setzte, sich nicht um Hilfe zu bewerben, war Europa noch tiefer gespalten als zuvor. In Westeuropa lebte die Wirtschaft dank der Milliarden Dollar schweren amerikanischen Hilfe (die besonders an die größeren Staaten Großbritannien, Frankreich, Italien und Westdeutschland ging) auf, eine Wirtschaft, die von nun an in das nordatlantische Handelsnetz eingebunden war. In Osteuropa hingegen wurden die kommunistischen Kontrollen strenger. Das Kominform (Informationsbüro der kommunistischen Arbeiterparteien) wurde 1947 als eine Art wiederhergestellte nur halb-getarnte Kommunistische Internationale gegründet. Das pluralistische Regime in Prag stürzte 1948 durch einen kommunistischen Staatsstreich. Während es Titos Jugoslawien gelang, aus Stalins klaustrophobischer Umklammerung zu entfliehen, sahen sich andere Satellitenstaaten Säuberungswellen ausgesetzt. 1949 wurden sie gezwungen, dem COMECON (Rat für Gegenseitige Wirtschaftshilfe) beizutreten, der, weit davon entfernt, ein sowjetischer Marshall-Plan zu sein, »lediglich ein neues Instrument war, um die Satellitenstaaten zu melken«.[100] Churchill mag mit seiner Beschreibung des »Eisernen Vorhangs« 1946 etwas voreilig gewesen sein; zwei Jahre später waren seine Worte Realität.

Die Intensivierung der wirtschaftlichen Rivalitäten zwischen Ost und West wurde begleitet von Spannungen auf militärischer Ebene – und wieder stand Deutschland im Mittelpunkt der Auseinandersetzung. Im März 1947 hatten die Briten und Franzosen den Bündnisvertrag von Dünkirchen unterzeichnet, in dem sie sich gegenseitig vollständige militärische Unterstützung im Falle eines deutschen Angriffs zusicherten (obwohl das Auswärtige Amt in London diesen Fall für »sehr theoretisch« hielt und mehr über Westeuropas innere Schwächen besorgt war). Im März 1948 wurde dieser Pakt durch den Brüsseler Fünfmächtevertrag ergänzt, der die Benelux-Staaten mit einbezog. Diese Vereinbarung nannte Deutschland nicht namentlich, aber man kann durchaus sagen, daß viele Politiker in Westeuropa zu dieser Zeit (besonders in Frankreich) immer noch mehr von der »deutschen Frage« als vom »russischen Problem« besessen waren.[101] Wie vorsintflutlich ihre Sorgen waren, sollten sie im Laufe des Jahres 1948 zu spüren bekommen. Im selben Monat, in dem der Brüsseler Fünfmächtevertrag unterzeichnet wurde, kehrten die Russen dem Alliierten Kontrollrat mit der Begründung den Rücken, daß es mit dem Westen unvereinbare Differenzen über die wirtschaftliche und politische Zukunft Deutschlands gäbe. Drei Monate später verkündeten die drei westlichen Kontrollmächte – in dem Versuch, den Schwarzmarkt und das Währungschaos in Deutschland zu beenden – die Schaffung einer neuen Deutschen Mark. Rußland reagierte auf diese einseitige Handlung, indem es nicht nur die westdeutsche Währung aus seiner Zone verbannte, sondern auch die Zugänge nach Berlin blockierte – dieser Insel westlichen Einflusses, die 150 Kilometer tief in ihrem Gebiet lag.

Wenn irgend etwas das Ausmaß des Antagonismus verdeutlichte, so war es die Berlinkrise von 1948–1949.[102] Schon diskutierte man in Washington und London über Wege, wie sich eine Gruppierung europäischer Nationen, der Dominien und der Vereinigten Staaten im Falle von feindseligen Akten Rußlands zusammenschließen könnte. Während die Amerikaner – wie beim Marshall-Plan – wünschten, daß zunächst die Europäer Pläne für ihre militärische Sicherheit entwickeln sollten, gab es in diesem Stadium keinen Zweifel daran, wie ernst die Vereinigten Staaten die kommunistische Herausforderung nahmen. Die nun auf vollen Touren laufende Kommunistenverfolgung (»Red Scare«) im eigenen Lande ging mit härteren Aktionen im Ausland einher. Im März 1948 bat Truman den Kongreß sogar, die Wehrpflicht wieder in Kraft zu setzen – dies wurde ihm durch den »Selective Service Act« vom Juni desselben Jahres gewährt. Während das Zeitalter der Luftmacht den Amerikanern und Briten die Möglichkeit gab, Stalins Bluff aufzudecken, indem sie Berlin in den nächsten elf Monaten auf dem Luftweg versorgten, hatten viele Amerikaner dafür plädiert, einen militärischen Konvoi zu entsenden, der sich den Landweg zur Stadt erzwingen sollte. Es ist schwer vorstellbar, daß eine solche Aktion keinen Krieg verursacht hätte; wie die Dinge standen, verlegten die Vereinigten Staaten dank eines neuen Vertrages eine Flotte von B-29-Bombern auf britische Flugfelder – ein deutlicher Hinweis darauf, wie ernst es ihnen mit dieser Sache war.

Unter diesen Umständen konnten selbst isolationistische Senatoren dazu bewegt werden, Vorschlägen zur Gründung der zukünftigen NATO (North Atlantic Treaty Organization) unter voller amerikanischer Beteiligung zuzustimmen. Hauptgegenstand dieser Organisation war es, den europäischen Staaten im Falle eines russischen Angriffs nordamerikanische Hilfe zuzusichern. In ihren Anfangsjahren spiegelte die NATO eher politische Belange als militärisches Kalkül wider. Die Allianz bekräftigte, daß die Vereinigten Staaten die britische Rolle als führende westliche »Flankenmacht« übernommen hatten. Sie sollte nun das europäische Gleichgewicht sichern. Aus Sicht der amerikanischen und britischen Regierungen war die wichtigste Aufgabe der NATO, die Vereinigten Staaten und Kanada an die Unterzeichner des Brüsseler Fünfmächtevertrags zu binden und das Versprechen gegenseitiger Unterstützung auf solche Länder wie Norwegen und Italien auszuweiten, die sich ebenfalls bedroht fühlten. An dem Tag, als der NATO-Vertrag unterzeichnet wurde, standen lediglich 100000 US-Soldaten in Europa (verglichen mit drei Millionen im Jahre 1945), und es gab nur zwölf Divisionen – sieben französische, zwei britische, zwei amerikanische, eine belgische –, die sich einem sowjetischen Vorstoß in Richtung Westen hätten entgegenstellen können. Obwohl die russischen Streitkräfte in dieser Zeit bei weitem nicht so groß oder qualifiziert waren, wie alarmierte Stimmen im Westen behaupteten, war die Unausgewogenheit der Truppenzahl beider Blöcke beunruhigend; wenig später wurden diese Befürchtungen durch die Sorge verstärkt, daß die Kommunisten ebenso schnell über die Norddeutsche Ebene hinwegfegen könnten, wie sie im Koreakrieg den Yalu überquert hatten. Dies bedeutete, daß die NATO-Strategie nicht nur auf die »massive Vergeltung« durch amerikanische Langstreckenbomber als Antwort auf eine sowjetische Invasion vertrauen durfte, sondern gleichzeitig eine große konventionelle Streitkraft aufbauen mußte. Und das hatte wiederum den Effekt, die drei westlichen »Flankenmächte« – die Vereinigten Staaten, Kanada und Großbritannien – durch permanente militärische Verpflichtungen in einem Ausmaß an den europäischen Kontinent zu binden, das ihre strategischen Planer in den 30er Jahren erstaunt hätte.[103]

Die NATO-Allianz bewirkte auf militärischem Gebiet dasselbe wie der Marshall-Plan auf wirtschaftlichem; sie vertiefte die nach 1945 entstandene Teilung Europas in zwei Lager – mit Ausnahme einiger traditionell neutraler Länder (Schweiz, Schweden), Francos Spanien und einigen besonderen Fällen (Finnland, Österreich, Jugoslawien), die in keines der beiden Lager gehörten. Die Antwort auf die NATO in Form des sowjetisch dominierten Warschauer Paktes sollte schon bald folgen. Durch diese immer tiefer werdende Kluft rückten die Aussichten auf eine deutsche Wiedervereinigung in weite Ferne. Trotz französischer Befürchtungen begann man Ende der 50er Jahre, die westdeutschen Streitkräfte im Rahmen der NATO wiederaufzubauen – was ein logischer Schritt war, wenn der Westen die Kluft zwischen der Truppenstärke beider Blöcke wirklich verkleinern wollte.[104] Aber das wiederum führte unweigerlich dazu, daß die UdSSR eine ostdeutsche Armee aufbaute. Da beide deutschen Staaten in ihre jeweiligen militärischen Allianzen integriert waren, wurde es unvermeidlich, daß beide Blöcke jeden zukünftigen deutschen Versuch, neutral zu werden, mit Alarm und Mißtrauen als einen Schlag gegen ihre eigene Sicherheit betrachteten. Im Falle Rußlands wurde dies selbst nach Stalins Tod im Jahre 1953 durch die Überzeugung verstärkt, daß keinem Land, das einmal kommunistisch geworden war, erlaubt werden solle, diesem Glauben abzuschwören (die sogenannte »Breschnew-Doktrin«, um den späteren Sprachgebrauch anzuwenden). Im Oktober 1953 hatte der Nationale Sicherheitsrat der Vereinigten Staaten insgeheim akzeptiert, daß die osteuropäischen Satellitenstaaten »nur durch einen allgemeinen Krieg oder durch die Russen selbst« befreit werden könnten. Wie Bartlett kryptisch bemerkte: »Keins von beidem war möglich.«[105] 1953 wurde ein Aufstand in Ostdeutschland schnell niedergeschlagen. Alarmiert durch die ungarische Entscheidung, sich aus dem Warschauer Pakt zurückzuziehen, marschierte Rußland 1956 in Ungarn ein und unterdrückte dessen Unabhängigkeitsbewegung. 1961 befahl Chruschtschow den Bau der Berliner Mauer, um die deutsche Massenflucht nach Westen einzudämmen. Dies kam dem Eingeständnis einer kommunistischen Niederlage gleich. 1968 ereilte die Tschechen dasselbe Schicksal wie zwölf Jahre zuvor die Ungarn, wenn auch weniger Blut vergossen wurde. Jede dieser Maßnahmen, die von einer sowjetischen Führung ergriffen wurden, die (trotz ihrer offiziellen Propaganda) nicht in der Lage war, mit der ideologischen oder wirtschaftlichen Anziehungskraft des Westens Schritt zu halten, verstärkte die Spaltung zwischen den Blöcken.[106]

Das zweite Hauptmerkmal des Kalten Krieges war die von Europa ausgehende stetige Eskalation auf den Rest der Welt. Während eines Großteils des Krieges hatte Moskau die russischen Energien fast vollständig darauf konzentriert, die deutsche Bedrohung zu bekämpfen; aber das hieß nicht, daß Moskau sein politisches Interesse an der Zukunft der Türkei, Persiens und des Nahen Ostens aufgegeben hatte – was im August 1945 deutlich wurde. Es war daher in hohem Maße unwahrscheinlich, daß russische Streitigkeiten mit dem Westen über europäische Fragen geographisch auf diesen Kontinent begrenzt bleiben konnten, besonders da die umstrittenen Prinzipien nun weltweit gegeneinander standen – Selbstregierung gegen nationale Sicherheit, wirtschaftlicher Liberalismus gegen sozialistische Planung und so weiter. Noch wichtiger war, daß der Krieg selbst gewaltige soziale und politische Unruhen vom Balkan bis nach Ostindien verursacht hatte; und selbst in den Ländern, die nicht von einfallenden Armeen überrannt worden waren (zum Beispiel Indien oder Ägypten), hatte die Mobilisierung der Bevölkerung, der Ressourcen und *Ideen* zu tiefgreifenden Änderungen geführt. Traditionelle Sozialordnungen waren zusammengebrochen, Kolonialregierungen waren diskreditiert worden, nationalistische Parteien blühten im Untergrund auf, und Widerstandsbewegungen hatten sich entwickelt, die sich nicht nur dem militärischen Sieg, sondern auch der politischen Umgestaltung verpflichtet fühlten.[107] Mit anderen Worten, die Welt war um 1945 so stark von politischen Turbulenzen bestimmt, daß jede Bemühung der Großmächte, schnell einen stabilen Frieden zu schaffen, scheitern mußte; andererseits war dies auch für beide von ihrer universellen Doktrin durchdrungenen Supermächte eine Gelegenheit, sich in der Phalanx von Völkern, die aus den Trümmern der zusammengebrochenen alten Ordnung emporstiegen, Verbündete zu suchen. Während des Krieges hatten die Alliierten jede Art von Widerstandsbewegungen gegen die deutschen oder japanischen Besatzer unterstützt, und natürlich hofften die Gruppen nach 1945 auf eine Fortsetzung dieser Hilfe – während sie selbst noch damit beschäftigt waren, sich mit rivalisierenden Gruppen herumzuschlagen. Daß einige dieser Partisanengruppen kommunistisch waren und andere entschieden anti-kommunistisch, machte es für die Entscheidungsträger in Moskau und Washington besonders schwer, die regionalen Streitigkeiten von der Verfolgung ihrer eigenen globalen Interessen zu trennen. Griechenland und Jugoslawien hatten bereits demonstriert, wie schnell einem örtlichen inneren Disput internationale Bedeutung zuwachsen konnte.

Die erste dieser außereuropäischen Auseinandersetzungen zwischen Rußland und dem Westen war zum großen Teil eine Folge der *ad hoc*-Vereinbarungen aus Kriegszeiten; 1941–1943 hatte man den Iran unter dreiseitigen militärischen Schutz gestellt, teils um sicherzustellen, daß er im alliierten Lager blieb, teils um zu verhindern, daß irgendeiner der Alliierten übermäßigen Einfluß auf das Regime in Teheran gewann.[108] Als Moskau seine Besatzungstruppen Anfang 1946 nicht abzog und statt dessen separatistische, prokommunistische Bewegungen im Norden zu unterstützen schien, wurden dadurch die alten britischen Forderungen, den russischen Einfluß in diesem Teil der Welt zurückzudrängen, verstärkt und später von den scharfen Protesten der Truman-Regierung bekräftigt. Der Abzug der russischen Truppen, dem bald die Unterdrükkung der nördlichen Provinzen und der Tudeh (der kommunistischen Partei) durch die iranische Armee folgte, beruhigte Washington und bestätigte Truman in seinem Glauben, daß man einen »harten Tonfall« gegenüber den Sowjets anschlagen mußte. Laut Ulam demonstrierte dieser Fall »die Bedeutung der Eindämmung, bevor diese Doktrin tatsächlich aufgestellt worden war«,[109] und psychologisch bereitete er Washington darauf vor, auf Nachrichten über anderweitige sowjetische Tätigkeiten ähnlich zu reagieren. So lösten der fortgesetzte Bürgerkrieg in Griechenland, Moskaus Druck auf die Türken, mit dem es Konzessionen bei der Durchfahrt durch die Dardanellen erreichen wollte, und die Erklärung der britischen Regierung von 1947, daß sie ihre Garantien gegenüber diesen beiden Nationen nicht länger aufrechterhalten konnte, eine staatliche amerikanische Reaktion aus (in Form der »Truman-Doktrin«), die bereits rudimentär existiert hatte. Schon im April 1946 betonte das Außenministerium die Notwendigkeit, das »Vereinigte Königreich und die *Verbindungen* des britischen Commonwealth«[110] zu unterstützen. Die wachsende Akzeptanz dieser Sicht und die Art und Weise, in der Washington begann, die verschiedenen Krisen entlang der »nördlichen Grenze« der Länder, welche die russische Expansion ins östliche Mittelmeer und in den Mittleren Osten blokkierten, miteinander in Verbindung zu setzen, zeigt, wie schnell die idealistischen Stränge der amerikanischen Außenpolitik mit geopolitischem Kalkül zusammengeschweißt, oder die ersteren sogar ganz durch das letztere ersetzt wurden.

Auch die Entwicklungen im Fernen Osten sahen die Westmächte als einen Teil des *globalen* kommunistischen Vormarsches an. Aber die Reaktion der alten Kolonialmächte wie zum Beispiel der Niederlande, die schon bald durch Sukarnos nationalistische Bewegung vertrieben wurden, oder der Franzosen, die schnell in einen bewaffneten Konflikt mit Ho Chi Minhs Vietminh gerieten, oder der Briten, die in einen Guerillakampf in Malaysia verwickelt wurden, wäre wahrscheinlich genau dieselbe gewesen, auch wenn es keine Kommunisten östlich von Suez gegeben hätte.[111] (Andererseits war es Ende der 40er Jahre, wenn man Washingtons Sympathie und – wie Frankreich – seine militärische Unterstützung gewinnen wollte, sehr nützlich zu behaupten, die Aufständischen wären von Moskau gelenkt.) Aber der Verlust Chinas war für die Vereinigten Staaten ein größerer Schock als alle diese südlicheren Herausforderungen. Von der Zeit der amerikanischen Missionen im 19. Jahrhundert an hatten die Vereinigten Staaten sehr viel an kultureller und psychologischer (weniger finanzieller) Investitionen in dieses große und bevölkerungsreiche Land gesteckt; und dies war durch die Presseberichterstattung über die Regierung Tschiang Kai-scheks während des Krieges noch verstärkt worden. Die Vereinigten Staaten hatten das Gefühl, in China eine »Mission« zu erfüllen, in einem weiteren als dem religiösen Sinn des Wortes.[112] Und während sich das Außenministerium und das Militär immer mehr der Korruption und der Ineffizienz der Kuomintang bewußt wurden, teilte die Öffentlichkeit diese Sicht nicht generell – besonders die republikanische Rechte nicht, welche die Welt ab Ende der 40er Jahre nur noch in Schwarz-Weiß sah.

Die amerikanische Republik geriet durch die politischen Unruhen und die Ungewißheit im Orient in diesen Jahren wiederholt in ein Dilemma. Einerseits wollte das Land nicht als Unterstützer korrupter Regime der Dritten Welt oder verfallender Kolonialreiche gelten. Andererseits wollte es verhindern, daß sich die »revolutionären Kräfte« weiter ausdehnten, da dies (so behauptete man) Moskaus Einfluß vergrößern würde. Es war relativ leicht, die Briten davon zu überzeugen, sich 1947 aus Indien zurückzuziehen, da dies lediglich eine Umwandlung des Landes in ein parlamentarisches, demokratisches Regime unter Nehru mit sich brachte. Dasselbe konnte erreicht werden, indem man die Niederländer drängte, 1949 Indonesien zu verlassen, obwohl Washington immer noch die Entwicklung eines kommunistischen Aufstands in diesem Gebiet befürchtete –

wie auch auf den Philippinen (die 1946 unabhängig wurden). Aber an anderen Orten zeigte sich die Unklarheit und Widersprüchlichkeit der amerikanischen Haltung. Statt den früheren Plan einer vollständigen gesellschaftlichen Veränderung und Entmilitarisierung der japanischen Gesellschaft zu verfolgen, entwickelten die Planer in Washington langsam die Idee, die japanische Wirtschaft mit Hilfe der großen Firmen (*zaibatsu*) wiederaufzubauen und sogar die Schaffung japanischer Streitkräfte zu fördern – teils um die wirtschaftliche und militärische Last für Amerika zu verringern, teils um sicherzustellen, daß Japan sich zu einer anti-kommunistischen Bastion in Asien entwickelte.[113]

Zwei Faktoren hatten um 1950 zu dieser Verhärtung von Washingtons Position geführt. Der erste war, daß nicht nur die republikanischen Kritiker und der schnell aufsteigende »Kommunistenjäger« Joe McCarthy, sondern auch eine neue Gruppe von Reaktionären in der Regierung selbst – wie Louis Johnson, John Foster Dulles, Dean Rusk und Paul Nitze – die etwas flexiblere »Eindämmungspolitik« Trumans und Achesons immer schärfer angriffen. Sie zwangen Truman, sich entschlossener zu verhalten, um seine innenpolitische Flanke zu schützen. Der zweite Faktor war der nordkoreanische Angriff über den 38. Breitengrad im Juni 1950, der von den Vereinigten Staaten schnell als Teil eines aggressiven, von Moskau initiierten »Plans« gedeutet wurde. Zusammengenommen gaben diese beiden Faktoren den Kräften in Washington die Oberhand, die eine aktivere und sogar kriegerische Politik befürworteten, um die Roten zu stoppen. »Wir verlieren Asien schnell,« schrieb der einflußreiche Journalist Stewart Alsop, das simple Bild eines Bowlingspiels mit zehn Pins heraufbeschwörend. Der Kreml war der gut treffende, ehrgeizige Bowler.

China war der vorderste Pin. Es ist bereits gefallen. Die zwei Pins in der zweiten Reihe sind Burma und Indochina. Wenn sie fallen, werden wahrscheinlich auch die drei Pins in der nächsten Reihe, Siam, Malaysia und Indonesien kippen. Und wenn der ganze Rest Asiens darniederliegt, wird der daraus resultierende politische und wirtschaftliche Magnetismus mit ziemlicher Bestimmtheit die verbleibenden vier Pins in der vierten Reihe, Indien, Pakistan, Japan und die Philippinen umreißen.[114]

Die Folgen dieses Umdenkens beeinflußten die amerikanische Politik in ganz Asien. Seine offensichtlichste Folge war die rapide Eskalation der militärischen Unterstützung Südkoreas – eines unappetitlichen und repressiven Regimes, das im gleichen Maße Schuld an dem Konflikt trug, zu der Zeit aber als unschuldiges Opfer angesehen wurde. Die frühe amerikanische Luft- und Seeunterstützung wurde bald durch die Armee- und Marinedivisionen verstärkt, die MacArthur einen beeindruckenden Gegenangriff (Inchon) erlaubten, bis der Vorstoß der Truppen der Vereinten Nationen nach Norden wiederum Chinas Intervention im Oktober/November 1950 provozierte. Da sie den Einsatz von Atombomben nicht riskieren konnten, waren die Amerikaner gezwungen, einen Feldzug zu führen, der an den Stellungskrieg von 1914–1918 erinnerte.[115] Bis zum Waffenstillstand im Juni 1953 hatten die Vereinigten Staaten ungefähr fünfzig Milliarden Dollar für diesen Krieg bezahlt, hatten über zwei Millionen Soldaten in das Kriegsgebiet geschickt, und mehr als 54000 von ihnen waren gefallen. Die Vereinigten Staaten hatten den Norden zwar eingedämmt, aber gleichzeitig hatten sie sich eine lange währende, beträchtliche militärische Verpflichtung gegenüber dem Süden aufgeladen, aus der sie sich nur schwer, wenn überhaupt, zurückziehen konnten.

Diese Kämpfe führten auch zu bedeutenden Veränderungen der amerikanischen Politik in anderen Teilen Asiens. 1949 hatten viele in der Truman-Regierung die Unterstützung Tschiang Kai-Scheks angewidert aufgegeben, betrachteten die »Rumpf«-Regierung in Taiwan mit Verachtung und dachten daran, den Briten zu folgen und Maos kommunistisches Regime anzuerkennen. Innerhalb eines weiteren Jahres wurde Taiwan jedoch von der US-Marine unterstützt und beschützt und China als bitterer Feind betrachtet, gegen den man (zumindest aus MacArthurs Sicht) Atomwaffen einsetzen sollte, um seinen Aggressionen zu begegnen. In Indonesien, das aufgrund seiner Rohstoffe und Nahrungsmittellieferungen so wichtig war, unterstützte man die neue Regierung bei der Bekämpfung kommunistischer Rebellen; in Malaysia ermutigte man die Briten, dasselbe zu tun; und während man die Franzosen immer noch drängte, in Indochina eine repräsentativere Regierungsform zu errichten, bereiteten sich die Vereinigten Staaten darauf vor,

Waffen und Geld zum Kampf gegen die Vietminh zur Verfügung zu stellen.[116] Da sie nicht länger davon überzeugt waren, daß die moralische und kulturelle Anziehungskraft der amerikanischen Zivilisation ausreichte, um die Verbreitung des Kommunismus zu verhindern, verlegten sich die Vereinigten Staaten, vor allem nachdem Dulles Außenminister geworden war, zunehmend auf militärisch-territoriale Garantien.[117] Im August 1951 bestätigte ein Vertrag den Vereinigten Staaten das Recht, Luftwaffen- und Marinestützpunkte auf den Philippinen zu unterhalten und verpflichtete sie zur Verteidigung dieser Inseln. Ein paar Tage später unterzeichnete Washington einen trilateralen Sicherheitsvertrag mit Australien und Neu-

Tabelle 37 Verteidigungsausgaben 1948–1970[118] (Milliarden $)

Jahr	USA	UdSSR	BRD	F	GB	Italien	Japan	China
1948	10,9	13,1		0,9	3,4	0,4		
1949	13,5	13,4		1,2	3,1	0,5		2,0
1950	14,5	15,5		1,4	2,3	0,5		2,5
1951	33,3	20,1		2,1	3,2	0,7		3,0
1952	47,8	21,9		3,0	4,3	0,8		2,7
1953	49,6	25,5		3,4	4,5	0,7	0,3	2,5
1954	42,7	28,0		3,6	4,4	0,8	0,4	2,5
1955	40,5	29,5	1,7	2,9	4,3	0,8	0,4	2,5
1956	41,7	26,7	1,7	3,6	4,5	0,9	0,4	5,5
1957	44,5	27,6	2,1	3,6	4,3	0,9	0,4	6,2
1958	45,5	30,2	1,2	3,6	4,4	1,0	0,4	5,8
1959	46,6	34,4	2,6	3,6	4,4	1,0	0,4	6,6
1960	45,3	36,9	2,9	3,8	4,6	1,1	0,4	6,7
1961	47,8	43,6	3,1	4,1	4,7	1,2	0,4	7,9
1962	52,3	49,9	4,3	4,5	5,0	1,3	0,5	9,3
1963	52,2	54,7	4,9	4,6	5,2	1,6	0,4	10,6
1964	51,2	48,7	4,9	4,9	5,5	1,7	0,6	12,8
1965	51,8	62,3	5,0	5,1	5,8	1,9	0,8	13,7
1966	67,5	69,7	5,0	5,4	6,0	2,1	0.9	15,9
1967	75,4	80,9	5,3	5,8	6,3	2,2	1,0	16,3
1968	80,7	85,4	4,8	5,8	5,6	2,2	1,1	17,8
1969	81,4	89,8	5,3	5,7	5,4	2,2	1,3	20,2
1970	77,8	72,0	6,1	5,9	5,8	2,4	1,3	23,7

F = Frankreich, GB = Großbritannien

seeland. Eine Woche später wurde der Friedensvertrag mit Japan, der den Pazifikkrieg rechtlich beendete und die vollständige Souveränität des japanischen Staates wiederherstellte, endlich geschlossen – und am selben Tag wurde ein Sicherheitspakt unterzeichnet, der den amerikanischen Truppen das Recht gab, sowohl auf den Inseln als auch in Okinawa Stützpunkte zu unterhalten. Washingtons Politik gegenüber dem kommunistischen China blieb unerbittlich feindselig, und das Verhältnis zu Taiwan wurde immer enger, selbst winzige Vorposten wie Quemoi und Matsu wurden zur amerikanischen Sache.

Das dritte wichtige Element im Kalten Krieg waren der zunehmende Rüstungswettlauf zwischen den beiden Blöcken und die Gründung der militärischen Allianzen. Die Rüstungsausgaben erhöhten sich aber keineswegs gleichmäßig, wie man aus Tabelle 37 ersehen kann.

Nach 1950 hielt die gewaltige Welle amerikanischer Verteidigungsausgaben mehrere Jahre lang an. Dies spiegelte eindeutig die Kosten des Koreakrieges *und* Washingtons Glauben, daß man in einer bedrohlichen Welt aufrüsten müsse. Der Rückgang der Zahlen nach 1953 war auf Eisenhowers Versuch zurückzuführen, den »militärisch-industriellen Komplex« zu kontrollieren, bevor er der Gesellschaft und der Wirtschaft schaden konnte, der Anstieg von 1961–1962 deutet auf die Berliner Mauer und die Kuba-Krise hin; und der Ausgabensprung nach 1965 zeigt die zunehmende amerikanische Verpflichtung in Südostasien.[119] Obwohl die sowjetischen Zahlen lediglich geschätzt sind und die Politik Moskaus in Dunkel gehüllt war, ist es wahrscheinlich gerechtfertigt anzunehmen, daß ihr eigener Aufbau in den Jahren 1950–1955 auf die Sorge zurückzuführen war, daß ein Krieg mit dem Westen zu verheerenden Luftangriffen auf russisches Territorium führen würde, wenn sie die Zahl ihrer Flugzeuge und Raketen nicht gewaltig aufstockten; die Reduzierungen der Jahre 1955–1957 spiegeln Chruschtschows Entspannungsdiplomatie und die Versuche wider, Gelder für den privaten Bedarf freizumachen; und die sehr starke Zunahme nach 1959–1960 zeigt das sich verschlechternde Verhältnis zum Westen, die Erniedrigung durch die Kuba-Krise und die Entschlossenheit, in allen Waffengattungen stark zu sein.[120] Der eher bescheidene Aufbau im kommunistischen China reflektiert hauptsächlich sein langsames Wirtschaftswachstum, aber die Erhöhungen der Ausgaben in den 60er Jahren legen nahe, daß Peking bereit war, den Preis für seinen Bruch mit Moskau zu zahlen. Aus der Tabelle 37 wird außerdem ersichtlich, daß sowohl Großbritannien als auch Frankreich ihre Verteidigungsausgaben zur Zeit des Koreakrieges stark erhöhten, und Frankreichs Ausgaben bis 1954 aufgrund der Verwicklung in Indochina weiter stiegen; aber danach ließen diese beiden Mächte sowie Westdeutschland, Italien und Japan nur bescheidene Erhöhungen der Verteidigungsausgaben zu. Abgesehen von Chinas Wachstum – und diese Zahlen sind sehr ungenau – vermittelt die Struktur der Rüstungsausgaben in den 50er und 60er Jahren immer noch den Eindruck einer bipolaren Welt.

Vielleicht noch bedeutsamer als die bloßen Zahlen war, daß der Rüstungswettlauf auf mehreren Ebenen gleichzeitig ablief. Obwohl die Vereinigten Staaten 1949 schockiert waren, als die Russen ihre eigene Atombombe hergestellt hatten, glaubten sie, daß sie der UdSSR im Falle eines atomaren Schlagabtausches größeren Schaden zufügen könnten als umgekehrt. Andererseits war es, wie es im stark ideologischen Memorandum 68 des Nationalen Sicherheitsrats (NSC-68) vom Januar 1950 formuliert wurde, unumgänglich, »so schnell wie möglich unsere allgemeine Stärke in der Luft, am Boden und zur See sowie die unserer Alliierten so weit zu erhöhen, daß wir militärisch nicht mehr so abhängig von Atomwaffen sind«.[121] Zwischen 1950 und 1953 verdreifachten sich die US-Bodentruppen, und obwohl dies zum großen Teil auf die Einberufung von Reservisten zum Kampf in Korea zurückzuführen ist, war man auch entschlossen, die NATO aus einer sehr allgemein gehaltenen Verpflichtung in eine *tatsächliche* militärische Allianz zu verwandeln – um einem sowjetischen Überrennen Westeuropas, das die amerikanischen und britischen Planer zu dieser Zeit tatsächlich befürchteten, vorzubeugen.[122] Obwohl nicht wirklich die Aussicht bestand, die phantastische Zahl von neunzig alliierten Divisionen zu schaffen, wie man 1952 in der Konferenz von Lissabon beschlossen hatte, erhöhte man die militärischen Verpflichtungen in Europa erheblich – von einer auf fünf US-Divisionen bis 1953, wobei Großbritannien zustimmte, vier Divisionen in Deutschland zu stationieren. Damit war Mitte der 50er Jahre, als die westdeutsche Armee in Kompensation für die Truppenreduzierungen von London und Paris erweitert wurde, das Gleichgewicht einigermaßen hergestellt. Zusätzlich erhöhten die Alliierten die Ausgaben für ihre Luftwaffen drastisch, so daß die NATO 1953 über 5200 Flugzeuge verfügte. Obwohl man viel weniger darüber weiß, wie sich die sowjetische Armee und Luftwaffe in dieser Zeit entwickelten, ist bekannt, daß Schukow eine bedeutende Reorganisation vornahm, nachdem Stalin gestorben war. Dabei entledigte er sich Massen von schlecht ausgebildeten Soldaten, machte dadurch die Einheiten schlagkräftiger, mobiler und kompakter, ersetzte die Artillerie durch Raketen. Insgesamt gesehen verbesserte er die Offensivkapazität der Armee gegenüber 1950–1951, als der Westen die größte Angst vor einem Angriff hatte. Es wird außerdem deutlich, daß auch Rußland den größten Teil dieser Erhöhung der Rüstungsausgaben für seine defensiven und offensiven Luftstreitkräfte einsetzte.[123]

Ein zweites und ganz neues Gebiet des Ost-West-Wettrüstens war die See. Auch hier gab es eine unregelmäßige Entwicklung. Die US-Marine ging aufgrund der beeindruckenden Leistung ihrer schnellen Trägerkampfgruppen und ihrer U-Boot-Flotte von Ruhm umstrahlt aus dem Pazifikkrieg hervor; und auch die Royal Navy hatte das Gefühl, Großes geleistet und viel entschiedener gekämpft zu haben als in der Patt-Situation des Ersten Weltkriegs.[124] Aber die Entwicklung der Atombombe (und besonders die Bikini-Atoll-Versuche, bei denen man sie gegen eine Reihe von Kriegschiffen einsetzte), die von strategischen Langstreckenbombern oder von Raketen transportiert werden konnten, schien einen Schatten auf die Zukunft der traditionellen Instrumente der Seekriegführung und selbst des Flugzeugträgers zu werfen. Als man nach 1945 die Rüstungsausgaben kürzte und die Waffengattungen einem vereinigten Verteidigungsamt unterstellte, geriet die Marine beider Länder unter schweren Druck. Sie wurden in gewissem Maße vom Koreakrieg gerettet, bei dem amphibische Landungen, auf Flugzeugträger gestützte Luftangriffe und die kluge Nutzung der Seemacht wieder eine Rolle spielten. Die US-Navy konnte sich durch die Schaffung einer neuen Klasse von riesigen Flugzeugträgern, die mit Atomwaffen bestückte Jagdbomber trugen, und durch den geplanten

Bau atomgetriebener U-Boote, die in der Lage waren, Langstreckenraketen abzufeuern, nuklear bewaffnen. Die Briten, die sich die modernen Flugzeugträger schlechter leisten konnten, behielten einige kleinere Flugzeugträger für, wie sie es nannten, »Buschfeuerkriege« – also kleinere, überraschende Konflikte. Und wie die Franzosen strebten auch sie danach, eine U-Boot-gestützte atomare Abschrekkung zu schaffen. Auch wenn alle westlichen Flotten 1965 weniger Schiffe und kleinere Mannschaften hatten als 1945, so besaßen sie doch mit Sicherheit eine größere Schlagkraft.[125]

Aber der größte Anreiz für den ständigen Ausbau dieser Marinen war der Aufbau der sowjetischen Flotte. Während des Zweiten Weltkriegs hatte die russische Marine trotz ihrer großen U-Boot-Flotte wenig ausgerichtet, und ein Großteil der Mannschaften wurde an Land eingesetzt (oder half der Armee bei Flußüberquerungen). Nach 1945 erlaubte Stalin den Bau vieler weiterer U-Boote, die auf überlegenen deutschen Konstruktionen basierten und wahrscheinlich für eine ausgedehnte Küstenverteidigung eingesetzt werden sollten. Aber er unterstützte auch den Bau einer größeren Überwasserflotte mit Schlachtschiffen und Flugzeugträgern. Chruschtschow gebot diesem ehrgeizigen Plan schnell Einhalt, denn für ihn hatten große, teure Kriegsschiffe im Zeitalter der Atomraketen keinen Sinn. Diese Meinung teilte er mit vielen Politikern und Luftwaffenkommandeuren im Westen. Was diese Annahme wahrscheinlich ins Wanken brachte, waren die wiederholten Beispiele für den Einsatz der Überwasserseemacht durch Rußlands potentielle Feinde – der anglo-französische seegestützte Angriff auf Suez im Jahre 1956, die Landung der US-Truppen im Libanon 1958 (um die von Rußland unterstützten Syrer in Schach zu halten), und insbesondere der *cordon sanitaire,* den die amerikanischen Kriegsschiffe während der Kuba-Krise im Jahre 1962 um die Insel legten. Daraus zog der Kreml (von dem einflußreichen Admiral Gorschkow angetrieben) die Lehre, daß Rußland so lange im Rennen um die Weltherrschaft benachteiligt bliebe, bis es ebenfalls eine mächtige Marine besaß – eine Schlußfolgerung, die dadurch bestärkt wurde, daß die US-Marine in den 60er Jahren schnell Polaris-Raketen tragende U-Boote entwickelte. Das Ergebnis war eine große Verstärkung aller Schiffsklassen der Roten Marine – Kreuzer, Zerstörer, U-

Boote aller Typen, hybride Flugzeug- und Hubschrauberträger – *und* eine massive Erweiterung ihrer Stützpunkte in Übersee, mit der sie die westliche Vorherrschaft beispielsweise im Mittelmeer oder im Indischen Ozean stärker herausforderten, als Stalin es je versucht hatte.[126]

Die Form dieser Herausforderung konnte durchaus traditionell genannt werden, was an den vielen Vergleichen deutlich wurde, die Beobachter zwischen dem Flottenaufbau Admiral Gorschkows und dem von Tirpitz vier Jahrzehnte zuvor anstellten. Aber selbst wenn sich die Sowjetunion anscheinend einem neuen »Flottenwettrüsten« verschrieben hatte, würde es Jahrzehnte dauern (wenn es überhaupt möglich war), bevor sie mit den enorm teuren Trägerkampfgruppen der US-Marine gleichziehen konnte. Der wirklich *revolutionäre* Aspekt des Rüstungswettlaufs nach 1945 war die Entwicklung der Atomwaffen und der Langstreckenraketen, die sie an ihr Ziel brachten. Trotz der entsetzlichen Verluste in Hiroshima und Nagasaki gab es immer noch viele, die in Atomwaffen »nur eine andere Bombe« sahen und nicht eine Wasserscheide in der Geschichte der menschlichen Fähigkeit zur Zerstörung. Nachdem der Baruch-Plan zur Internationalisierung der Entwicklung der Atomkraft gescheitert war, setzte sich außerdem der beruhigende Gedanke durch, daß die Vereinigten Staaten ein Atommonopol besaßen und die Bomber des »Strategic Air Command« (Strategisches Luftkommando) die große sowjetische Überlegenheit der Bodentruppen kompensierten (und diese abschreckten).[127] Besonders die westeuropäischen Staaten gingen davon aus, daß die Amerikaner (und später die Briten) auf eine russische Invasion mit Atomwaffen antworten würden.

Technische Innovationen und insbesondere sowjetische Fortschritte veränderten die Situation. Rußlands erfolgreiche Atomexplosion im Jahre 1949 (lange vor dem Termin der meisten westlichen Schätzungen) zerstörte das amerikanische Monopol. Noch alarmierender war der Bau von russischen Langstreckenbombern, besonders jenen des Bison-Typs, von denen man in der Mitte der 50er Jahre nicht nur annahm, daß sie in der Lage waren, die Vereinigten Staaten zu erreichen, sondern fälschlicherweise auch glaubte, es gäbe sie in so großer Zahl, daß eine »Bomberlücke« bestünde. Während die darauffolgende Kontroverse andeutete, wie schwer es war, genaue Zahlen über die russischen Kapazitäten zu bekommen und wie sehr die US-Air Force zu Übertreibungen neigte,[128] sollte es in der Tat nur wenige Jahre dauern, bis die Ära amerikanischer Unverwundbarkeit der Vergangenheit angehörte. 1949 hatte Washington der Produktion einer neuen »Superbombe« (der Wasserstoffbombe) mit einer überwältigend höheren Zerstörungskraft zugestimmt. Dies schien den Vereinigten Staaten wieder einen entscheidenden Vorteil zu versprechen, und Anfang bis Mitte der 50er Jahre war sowohl in John Foster Dulles' erstaunlichen Reden als auch in den Plänen der Air Force von einer Verpflichtung zur »massiven Vergeltung« gegenüber Rußland oder China im Falle eines neuen Krieges die Rede.[129] Während diese Doktrin einigen innerhalb der Truman- und Eisenhower-Administrationen insgeheim nicht behagte – was zum Aufbau der konventionellen Kräfte und der taktischen (das heißt, auf dem Schlachtfeld einsetzbaren) Atomwaffen als Alternative zu diesem Armageddon führte – versetzte die russische Seite dieser Strategie den härtesten Schlag. 1953 testete auch Rußland – nur neun Monate später als Amerika – eine Wasserstoffbombe. Außerdem hatte die sowjetische Regierung einen beträchtlichen Teil ihrer Ressourcen auf die Weiterführung der deutschen Raketentechnologie aus Kriegszeiten verwandt. 1955 lief in der UdSSR die Massenproduktion einer Mittelstreckenrakete (der SS-3) an; 1957 hatten die Sowjets eine Interkontinentalrakete mit einer Reichweite von 8000 Kilometern abgefeuert und dabei denselben Raketenantrieb benutzt, der *Sputnik*, den ersten künstlichen Satelliten der Erde, im Oktober in den Weltraum gebracht hatte.

Schockiert von diesen russischen Fortschritten und von der Konsequenz, daß nun sowohl die amerikanischen Städte als auch die amerikanischen Bombergeschwader durch einen sowjetischen Überraschungsangriff verwundbar waren, stellte Washington gewaltige Gelder für seine eigenen Interkontinentalraketen zur Verfügung, um das zu schließen, was man vorhersehbarerweise den »missile gap«[130] (die Raketenlücke) nannte. Aber der Rüstungswettlauf bei den Atomwaffen war nicht auf solche Systeme beschränkt. Von 1960 an entwickelte jede Seite schnell die Fähigkeit,

Atomraketen von U-Booten abzuschießen; und zu dieser Zeit hatte man bereits eine Vielzahl von taktischen Atomwaffen und Kurzstreckenraketen gebaut. All dies wurde vom intellektuellen Ringen der strategischen Planer und der zivilen Analytiker in ihren »Denkfabriken« begleitet, die sich den Kopf zerbrachen, wie man sich in den verschiedenen Stadien der Eskalation angesichts der neuen Strategie der »flexiblen Reaktion« verhalten solle. Wie einleuchtend die vorgeschlagenen Lösungen auch schienen, keine konnte dem schrecklichen Problem entfliehen, daß es schwer, wenn nicht gar unmöglich war, Atomwaffen in die traditionelle konventionelle Kriegführung zu integrieren (beispielsweise erkannte man schon bald, daß die taktischen Atomwaffen den größten Teil Deutschlands unwiderruflich zerstören würden). Wenn man jedoch darauf zurückgriff, die extrem wirksamen Wasserstoffbomben in Richtung Rußland und Amerika abzuschießen, wären die Verluste und Schäden auf beiden Seiten beispiellos. Gefangen in einem, wie Churchill es nannte, Gleichgewicht des Schreckens, steckten Washington und Moskau immer mehr Ressourcen in die Technologie der Atomkriegführung.[131] Und wenn auch Großbritannien und Frankreich in den 50er Jahren mit der Entwicklung eigener Atombomben und Raketen nachzogen, war es immer noch so – nach allen zeitgenössischen Zahlen über Flugzeuge, Raketen und Atombomben – daß auch auf diesem Gebiet eigentlich nur die Supermächte eine Rolle spielten.

Das letzte wichtige Element in dieser Rivalität zwischen Rußland und dem Westen war die Gründung von weltweiten Allianzen und der Wettbewerb bei der Suche nach neuen Partnern – bei dem man zumindest verhindern wollte, daß sich Länder der Dritten Welt auf die andere Seite schlugen. In den ersten Jahren widmeten sich überwiegend die Amerikaner diesem Wettbewerb, was man auf ihre vorteilhafte Position von 1945 zurückführen kann. Sie besaßen bereits viele Garnisonen und Luftstützpunkte außerhalb der westlichen Hemisphäre, und viele Länder hingen von Washingtons wirtschaftlicher und manchmal militärischer Unterstützung ab. Im Gegensatz dazu mußte sich die UdSSR vorrangig mit dem Wiederaufbau des eigenen Landes beschäftigen. Ihr Hauptanliegen im Ausland war die Stabilisierung der eigenen Grenzen, und sie hatte weder die wirtschaftlichen noch die militärischen Mittel, um sich um die weitere Ferne zu kümmern. Trotz territorialer Gewinne im Ostseeraum, Nordfinnland und dem Fernen Osten war Rußland immer noch, relativ gesehen, eine vom Lande eingeschlossene Supermacht. Ferner scheint es heute offensichtlich, daß Stalins Sicht der Außenwelt überwiegend von Vorsicht und Mißtrauen geprägt war – vor allem gegenüber dem Westen, der, wie er fürchtete, keine offenen kommunistischen Gewinne zulassen würde (ein Beispiel war Griechenland im Jahre 1947); aber auch gegenüber solchen kommunistischen Führern wie Tito und Mao, die mit Sicherheit keine »sowjetischen Marionetten«[132] waren. Die Gründung des Kominform im Jahre 1947 und die Propaganda zur Unterstützung ausländischer Revolutionäre erinnerte an die 30er Jahre (und mehr noch an die Ära von 1918–1921); aber tatsächlich scheint Moskau in dieser Zeit ausländische Verwicklungen eher gemieden zu haben.

Aus Washingtons Sicht existierte jedoch ein definitiver »Plan« zur Errichtung der kommunistischen Weltherrschaft, der sich Schritt für Schritt entfaltete und »eingedämmt« werden mußte. Das Garantieangebot an Griechenland und die Türkei im Jahre 1947 war das erste Zeichen dieses Kurswechsels, und der NATO-Vertrag von 1949 das spektakulärste Beispiel. Als in den 50er Jahren neue NATO-Mitglieder aufgenommen wurden, bedeutete dies, daß die Vereinigten Staaten die Verpflichtung zur »Verteidigung des größten Teils Europas und sogar Teilen des Nahen Ostens – von Spitzbergen bis zur Berliner Mauer und weiter bis an die asiatischen Grenzen der Türkei«[133] übernommen hatten. Aber das war nur der Anfang der amerikanischen Überdehnung. Der Pakt von Rio de Janeiro und die besonderen Vereinbarungen mit Kanada dehnten ihre Verantwortung auf die gesamte westliche Hemisphäre aus. Der ANZUS-Pakt verpflichtete sie im südwestlichen Pazifik. Die Konfrontationen in Ostasien Anfang der 50er Jahre hatten dazu geführt, daß verschiedene bilaterale Abkommen unterzeichnet wurden, wobei die Vereinigten Staaten die Länder entlang des asiatischen »Randes« unterstützen mußten – Japan, Südkorea, Taiwan und die Philippinen. 1954 wurde dies durch die Etablierung der SEATO (South East Asia Treaty Organisation; Südostasienpakt) verstärkt – darin vereinigten sich die Vereinigten Staaten mit Großbritannien, Frankreich, Australien, Neuseeland, den Philippinen, Pakistan und Thailand in dem Versprechen gegenseitiger Hilfe im Falle eines Feindangriffs irgendwo in dieser riesigen Region. Im Mittleren Osten waren sie die Hauptstütze einer anderen regionalen Gruppierung, des Bagdadpakts von 1955 (später CENTO, »Central Treaty Organisation« genannt), in dem Großbritannien, die Türkei, Irak, Iran und Pakistan sich gegen Unterwanderung und gegen Angriffe von außen zusammengeschlossen hatten. In anderen Regionen des Mittleren Ostens trafen die Vereinigten Staaten besondere Vereinbarungen mit Israel, Saudi-Arabien und Jordanien, oder sollten sie bald treffen – entweder als Folge der engen israelisch-amerikanischen Bindungen oder als Folge der »Eisenhower-Doktrin« von 1957, die den arabischen Staaten amerikanische Hilfe anbot. Anfang 1970 bemerkte ein Beobachter:

> Die Vereinigten Staaten hatten mehr als eine Million Soldaten in dreißig Ländern stationiert, waren Mitglied von vier regionalen Verteidigungsallianzen und aktiver Teilnehmer einer fünften, hatten bilaterale Verteidigungsbündnisse mit 42 Nationen, waren Mitglied in 53 internationalen Organisationen und stellten beinahe hundert Nationen auf der ganzen Welt militärische und wirtschaftliche Hilfe zur Verfügung.[134]

Angesichts dieser Phalanx von Verpflichtungen wären selbst Ludwig XIV. oder Palmerston ein bißchen nervös geworden. Aber in einer Welt, die immer kleiner zu werden schien und in der alles mit allem in Beziehung stand, besaßen diese Zug-um-Zug-Verpflichtungen ihre eigene Logik. Wo sollte Washington angesichts dieses bipolaren Systems die Grenze ziehen – besonders, da man nun behaupten konnte, ihre frühere Aussage, Korea sei *nicht* lebenswichtig, sei geradezu eine Einladung für den kommunistischen Angriff im darauffolgenden Jahr gewesen?[135] »Dieser Planet ist sehr klein geworden«, argumentierte Dean Rusk im Mai 1965. »Wir müssen uns um alles kümmern – um alle Länder, Gewässer, die Atmosphäre und den uns umgebenden Weltraum.«[136]

Auch wenn die Sowjetunion ihre Macht und ihren Einfluß noch nicht so stark nach außen tragen konnte, gab es in den Jahren nach Stalins Tod doch bemerkenswerte Fortschritte. Chruschtschow wollte, daß die Sowjetunion eher bewundert und sogar geliebt, als gefürchtet wurde; er wollte Ressourcen aus der Rüstung in landwirtschaftliche Investitionen und Konsumgüter zurücklenken. Seine allgemeinen außenpolitischen Ideen spiegelten seine Hoffnung auf ein »Tauwetter« im Kalten Krieg wider. Er überstimmte Molotow und zog die sowjetischen Truppen aus Österreich ab; er gab den Marinestützpunkt in Porkkala an Finnland und Port Arthur an China zurück; er verbesserte die Beziehungen zu Jugoslawien und argumentierte, daß es »verschiedene Wege zum Sozialismus« gebe (eine Position, die für viele seiner Kollegen im Politbüro ebenso beunruhigend war wie für Mao Tse-tung). Obwohl 1955 die offizielle Gründung des Warschauer Paktes als Reaktion auf den westdeutschen Eintritt in die NATO stattfand, war Chruschtschow bereit, diplomatische Beziehungen zu Bonn herzustellen. Er war auch daran interessiert, die Beziehungen zu den Vereinigten Staaten zu verbessern, obwohl seine eigene Unbeständigkeit und das inzwischen chronische Mißtrauen, mit dem Washington alle sowjetischen Handlungen interpretierte, eine wirkliche Entspannung unmöglich machten. In demselben Jahr reiste Chruschtschow nach Indien, Burma und Afghanistan. Die Dritte Welt wurde von nun an, da mehr und mehr Staaten in Afrika und Asien ihre Unabhängigkeit gewannen, von der Sowjetunion ernst genommen.[137]

Wenig hiervon war eine so vollständige oder glatte Verwandlung, wie sie sich der ungeduldige, energische Chruschtschow gewünscht hätte. Im April 1956 war das Instrument stalinistischer Kontrolle, das Kominform, aufgelöst worden. Aber zwei Monate später mußte der ungarische Aufstand – ein sehr »verschiedener Weg«, sich vom Sozialismus zu entfernen – mit stalinistischer Entschlossenheit niedergeschlagen werden. Die Streitigkeiten mit China nahmen zu und schufen, wie später beschrieben wird, einen tiefen Riß in der kommunistischen Welt. Die Entspannung scheiterte an den Felsen der U-2-Affäre (1960), der Berliner Mauer (1961) und dann der Konfrontation mit den Vereinigten Staaten wegen der Stationierung sowjetischer Raketen in Kuba (1962). Dies alles konnte den russischen Schritt in die Weltpolitik jedoch nicht rückgängig machen; die bloße Etablierung diplomatischer Beziehungen mit neuen Ländern und der Kontakt mit ihren Repräsentanten bei den Vereinten Nationen machte es unvermeidlich, daß die sowjetischen Verbindungen zur Außenwelt stärker wurden. Zusätzlich mußte Chruschtschow, der begierig darauf war, die innere Überlegenheit des sowjetischen Systems über den Kapitalismus zu demonstrieren, im Ausland nach neuen Freunden suchen; seine pragmatischeren Nachfolger nach 1964 waren daran interessiert, die amerikanische Sperrkette, die man um die UdSSR gelegt hatte, zu durchbrechen *und* dem wachsenden chinesischen Einfluß Einhalt zu gebieten. Ferner wollten viele Drittweltländer dem »Neokolonialismus«, wie sie es nannten, entfliehen und lieber eine Planwirtschaft als eine Laisser-faire-Wirtschaft errichten – eine Präferenz, die meistens zur Einstellung westlicher Hilfe führte. All dies verband sich zu einer deutlich verstärkten Rolle der sowjetischen Außenpolitik in der Welt.

Den Beginn im Dezember 1953 machte die Unterzeichnung der Handelsvereinbarung mit Indien (sie fiel genau mit Vizepräsident Nixons Besuch in Neu-Delhi zusammen). Danach folgte im Jahre 1955 das Angebot, das Stahlwerk Bhilai zu errichten, und später lieferte man große Mengen Rüstungsgüter. Diese Verbindung zur wichtigsten Macht der Dritten Welt verärgerte die Amerikaner und die Chinesen gleichermaßen und strafte Pakistan für seine Mitgliedschaft im Bagdadpakt. Beinahe zur selben Zeit, in den Jahren 1955–1956, begannen die UdSSR und die Tschechoslowakei, Ägypten zu unterstützen, und ersetzten damit Washington bei der Finanzierung des Assuan-Staudamms. Weitere sowjetische Kredite gingen an den Irak, an Afghanistan und den Nordjemen. Auch ausgesprochen anti-imperialistische Staaten in Afrika wie Ghana, Mali und Guinea wurden von Moskau gefördert. 1960 kam es zum großen Durchbruch in Lateinamerika, als die UdSSR ihr erstes Handelsabkommen mit Castros Kuba unterzeichnete und damit bereits in Streitigkeiten mit den gereizten Vereinigten Staaten hineingezogen wurden. All dies etablierte eine außenpolitische Struktur, die auch Chruschtschows Sturz überlebte. Nachdem sie einen lauten Propagandafeldzug gegen den Imperialismus geführt hatte, bot die UdSSR selbstverständlich jeder gerade entkolonialisierten Macht »Freundschaftsverträge«, Handelskredite und Militärberater an. Die Sowjets profitierten im Mittleren Osten auch von der amerikanischen Unterstützung Israels (so erklärt sich beispielsweise Moskaus wachsende Hilfe für Syrien, den Irak und Ägypten in den 60er Jahren); sie boten Nordvietnam militärische und wirtschaftliche Unterstützung an; und selbst im fernen Lateinamerika verkündeten sie ihre Bereitschaft, nationale Befreiungsbewegungen zu fördern. Im Kampf um Einfluß in der Welt hatte sich die UdSSR von Stalins paranoider Vorsicht weit entfernt.[138]

Aber bedeutete dieser Wettbewerb zwischen Washington und Moskau um die Zuneigung der restlichen Welt, dieses Gerangel um Einfluß mit Hilfe von Verträgen, Krediten und Waffenexporten, daß die Welt jetzt wirklich bipolar war und alle bedeutsamen internationalen Angelegenheiten um die gegensätzlichen Schwerpunkte der Vereinigten Staaten und der UdSSR rotierten? Aus der Sicht eines Dulles oder eines Molotow war dies tatsächlich die neue Ordnung. Aber während diese beiden Blöcke auf der ganzen Welt, selbst in Gegenden, die beide 1941 noch nicht gekannt hatten, miteinander konkurrierten, stießen sie auf einen ganz neuen Trend. Denn gerade jetzt wuchs eine Dritte Welt heran, und viele ihrer Mitglieder, die endlich die Herrschaft der traditionellen europäischen Kolonialreiche abgeworfen hatten, waren keineswegs geneigt, bloße Satellitenstaaten einer entfernten Supermacht zu werden – selbst wenn letztere wirtschaftliche und militärische Hilfen geben konnte.

Was hier geschah, war die Interaktion einer großen Tendenz in der Machtpolitik des 20. Jahrhunderts, des Aufstiegs der Supermächte, mit einer anderen, neueren Tendenz – der politischen Fragmentierung der Welt. In der um 1900 vorherrschenden sozialdarwinistischen und imperialistischen Atmosphäre konnte man leicht annehmen, daß sich alle Macht auf immer weniger Metropolen der Welt konzentrieren würde. Aber die Arroganz und der Ehrgeiz des westlichen Imperialismus brachten den Keim der eigenen Zerstörung mit sich; der übertriebene Nationalismus eines Cecil Rhodes oder der Panslawisten oder des österreichisch-ungarischen Militärs provozierten Reaktionen der Buren, der Polen, der Serben und der Finnen. Die Idee der nationalen Selbstbestimmung, die propagiert wurde, um die Vereinigung Deutschlands und Italiens oder die alliierte Entscheidung zur Unterstützung Belgiens im Jahre 1914 zu rechtfertigen, breitete sich unaufhaltsam aus – nach Osten und Süden, nach Ägypten, Indien und Indochina. Da die Kolonialreiche

Großbritanniens, Frankreichs, Italiens und Japans 1918 über die Mittelmächte triumphiert hatten und Wilsons Idee einer neuen Weltordnung 1919 gescheitert war, wurden die nationalistischen Bewegungen nur sehr selektiv ermutigt: es war in Ordnung, wenn man den Völkern Osteuropas die Selbstbestimmung gewährte, da sie europäisch waren und damit als »zivilisiert« galten; aber es war *nicht* in Ordnung, diese Prinzipien auf den Mittleren Osten, Afrika oder Asien zu übertragen. Dort dehnten die imperialistischen Mächte ihre Territorien sogar noch aus und unterdrückten die Unabhängigkeitsbewegungen. Die Vernichtung dieser Kolonialherrschaft im Fernen Osten nach 1941, die Mobilisierung ihrer Wirtschaften und die Rekrutierung von Soldaten durch den Westen, der ideologische Einfluß der Atlantikcharta und der Niedergang Europas spielten nun alle zusammen und setzten in der zukünftigen Dritten Welt die Kräfte der Veränderung frei.[139]

Aber man bezeichnete diese Länder als eine »Dritte Welt«, gerade weil sie darauf bestanden, sich von den amerikanisch und sowjetisch beherrschten Blöcken abzusetzen. Dies hieß nicht, daß die Länder, die bei der asiatisch-afrikanischen Konferenz in Bandung im April 1955 zusammentrafen, frei von allen Bindungen an die Supermächte waren – die Türkei, China, Japan und die Philippinen gehörten zum Beispiel zu jenen Teilnehmern der Konferenz, für die der Ausdruck »blockfrei« unzutreffend gewesen wäre.[140] Auf der anderen Seite drängten sie alle nach zunehmender Entkolonialisierung, bestanden darauf, daß die Vereinten Nationen sich auf andere Fragen als die Spannungen des Kalten Krieges konzentrieren sollten, und forderten Maßnahmen, um eine Welt zu verändern, die wirtschaftlich immer noch vom weißen Mann beherrscht wurde. In der zweiten Phase der Entkolonialisierung Ende der 50er und Anfang der 60er Jahre gesellten sich zu den ursprünglichen Mitgliedern der Bewegung der Dritten Welt eine große Zahl von neuen Ländern, die unter den Jahrzehnten (oder Jahrhunderten) europäischer Herrschaft gelitten hatten und mit der harten Tatsache kämpften, daß die Unabhängigkeit sie einer Vielzahl wirtschaftlicher Probleme aussetzte. Da ihre Zahl schnell anschwoll, begannen sie, die Vollversammlung der Vereinten Nationen zu dominieren; ursprünglich eine Körperschaft von fünfzig (überwiegend europäischen und lateinamerikanischen) Ländern, entwickelte sich die UN stetig zu einer Organisation mit über hundert Staaten und vielen neuen Mitgliedern aus Afrika und Asien. Dies schränkte jedoch die Handlungen der größeren Mächte nicht ein, da sie ständige Mitglieder des Sicherheitsrates waren und ein Vetorecht besaßen – Bedingungen, auf denen der vorsichtige Stalin bestanden hatte. Aber es bedeutete, daß die beiden Supermächte, wenn sie an die »Weltmeinung« appellieren wollten (wie es die Vereinigten Staaten getan hatten, um die Vereinten Nationen 1950 dazu zu bringen, in Südkorea einzugreifen), die Zustimmung einer Körperschaft gewinnen mußten, die nicht die gleichen Interessen hatte wie Washington oder Moskau. Hauptsächlich weil die 50er und 60er Jahre von den Fragen der Entkolonialisierung und von einem zunehmenden Kampf gegen die »Unterentwicklung« bestimmt waren – Probleme, deren sich die Russen geschickt annahmen –, hatte die Meinung der Dritten Welt einen entschieden anti-westlichen Beigeschmack – angefangen beim Suez-Konflikt von 1956 bis zu den späteren Auseinandersetzungen in Vietnam, dem Mittleren Osten, Lateinamerika und in Südafrika. Selbst bei den offiziellen Gipfeltreffen der blockfreien Länder lag die Betonung zunehmend auf dem Antikolonialismus; und der geographische Standort dieser Treffen (Belgrad im Jahre 1961, Kairo 1964 und Lusaka 1970) symbolisierte diese Abkehr von eurozentrischen Fragen. Die Agenda der Weltpolitik befand sich nicht länger ausschließlich in den Händen der Mächte mit der größten militärischen und wirtschaftlichen Stärke.[141]

Die prominentesten der frühen Kämpfer für die Blockfreiheit – Tito, Nasser, Nehru – symbolisierten diese Wandlung. Es war bemerkenswert, wie Jugoslawien mit Stalin gebrochen hatte (es wurde bereits 1948 aus dem Kominform ausgeschlossen) und seine Unabhängigkeit behielt, ohne daß die Russen einmarschierten. Nicht umsonst fand das erste Gipfeltreffen der blockfreien Staaten in Belgrad statt.[142] Nasser hatte nach seinem Zusammenstoß mit Großbritannien, Frankreich und Israel in der ganzen arabischen Welt Ruhm erlangt. Er war ein unnachgiebiger Feind des westlichen Imperialismus und akzeptierte bereitwillig sowjetische Hilfe, aber er war keine Marionette Moskaus – er »hatte keine Sympathien für die Kommunisten im eigenen Lande, und zwischen 1959 und 1961 wurde eine energische anti-sowjetische Radio- und Pressekampagne in die Wege geleitet«.[143] Die panarabische Bewegung und besonders die moslemischen Fundamentalisten waren keine natürlichen Partner für den atheistischen Materialismus, selbst wenn lokale marxistische Intellektuelle versuchten, eine Vereinigung der beiden Richtungen herbeizuführen. In Indien, das lange der symbolische Führer der »gemäßigten« blockfreien Staaten war, hinderten die wiederholten Infusionen sowjetischer Wirtschafts- und Militärhilfe, die nach dem chinesisch-indischen und pakistanisch-indischen Zusammenstoß neue Höhen erreichten, Nehru nicht daran, die russischen Aktionen an anderen Orten zu kritisieren und die Kommunistische Partei in Indien in ihre Grenzen zu verweisen. Seine Verurteilung der britischen Suez-Politik war auf seine Abneigung gegen *alle* Großmachtinterventionen im Ausland zurückzuführen.

Bei der großen Anzahl neuer Staaten, die in diesen Jahren in die internationale Gemeinschaft eintraten, mußte die Sowjetunion, da sie oft wenig über diese Länder wußte, Fehler machen, was bedeutete, daß ihre diplomatischen »Gewinne« oft von »Verlusten« anderswo begleitet wurden. Das spektakulärste Beispiel hierfür war China, worauf wir später zurückkommen werden; aber es gab noch viele andere. Der Regimewechsel im Irak im Jahre 1958 gab Rußland die Möglichkeit, als Freund dieses arabischen Staates aufzutreten und ihm Kredite anzubieten. Vier Jahre später führte ein Putsch der Baath-Partei zu einer blutigen Unterdrückung der kommunistischen Partei im Irak. Moskaus fortgesetzte Hilfeleistungen für Indien verärgerten Pakistan; es gab keinen Weg, den einen zufriedenzustellen, ohne den anderen zu verlieren. In Burma scheiterte ein vielversprechender Anfang, als das Land *alle* Ausländer verbannte. In Indonesien standen die Dinge noch schlechter; nachdem das Land umfangreiche sowjetische und osteuropäische Unterstützung erhalten hatte, wandte sich Sukarnos Regierung 1963 von Moskau ab und Peking zu. Zwei Jahre später zerschlug die indonesische Armee die kommunistische Partei mit großer Brutalität. In Guinea schickte Sékou Touré 1961 den russischen Botschafter nach Hause, weil er in einen lokalen Aufstand verwickelt war, und während der Kubakrise verweigerte er den Russen die Erlaubnis, ihre Flugzeuge auf dem

Flughafen bei Conakry, den sie selbst ausgebaut hatten, aufzutanken.[144] Rußlands Unterstützung Lumumbas in der Kongokrise des Jahres 1960 untergrub seine politischen Aussichten, und sein Nachfolger Mobutu schloß die sowjetische Botschaft. Der spektakulärste Rückschlag dieser Art – und eine große Niederlage für den sowjetischen Einfluß – kam 1971, als Sadat 21000 russische Ratgeber aus Ägypten wies.

Das Verhältnis zwischen der Dritten Welt und der »ersten und zweiten Welt« war immer komplex und wechselhaft. Es gab sicherlich Länder, die durchgehend pro-sowjetisch waren (Kuba, Angola), und andere waren ausgesprochen pro-amerikanisch (Taiwan, Israel), weil sie sich durch ihre Nachbarn bedroht fühlten. Es gab einige, die, Titos frühem Beispiel folgend, ernsthaft versuchten, blockfrei zu bleiben. Wieder andere neigten sich zwar einem Block zu, weil er ihnen Hilfe bot, widersetzten sich aber gleichzeitig jeder Art von Abhängigkeit. Und schließlich wurden Moskau und Washington immer wieder von Revolutionen, Bürgerkriegen, Regimewechseln und Grenzkonflikten in der Dritten Welt überrascht. Rivalitäten und Kämpfe in Zypern, im Ogaden-Hochland, an der indisch-pakistanischen Grenze und in Kambodscha brachten die Supermächte in Verlegenheit, da beide Parteien um Hilfe ersuchten. Wie schon andere Großmächte vor ihnen, mußten die Sowjetunion und die Vereinigten Staaten mit der unerbittlichen Tatsache kämpfen, daß ihre »universelle« Botschaft nicht automatisch von anderen Gesellschaften und Kulturen akzeptiert wurde.

Das Zersplittern der bipolaren Welt

Als die 60er in die 70er Jahre übergingen, gab es nichtsdestoweniger immer noch viele Gründe, weshalb die Beziehung Washington – Moskau in der Weltpolitik ausschlaggebend war. Militärisch war die UdSSR viel näher an die Vereinigten Staaten herangerückt, aber beide gehörten immer noch einer anderen Klasse an als alle übrigen Länder. 1974 gaben die Vereinigten Staaten beispielsweise 85 Milliarden Dollar und die UdSSR 109 Milliarden Dollar für die Verteidigung aus – drei- bis viermal soviel wie China (26 Milliarden Dollar) und acht- bis zehnmal soviel wie die führenden europäischen Staaten (das Vereinigte Königreich 9,7 Milliarden; Frankreich 9,9 Milliarden; Westdeutschland 13,7 Milliarden).[145] Mit ihren jeweils über zwei und über drei Millionen Soldaten waren die amerikanischen und sowjetischen Streitkräfte viel größer als die der europäischen Staaten, und sie waren viel besser ausgerüstet als die drei Millionen Soldaten der chinesischen Streitkräfte. Beide Supermächte hatten mehr als 5000 Kampfflugzeuge – mehr als zehnmal soviel wie die früheren Großmächte.[146] Ihre gesamte Kriegsschifftonnage – die Vereinigten Staaten hatten 1974 2,8 Millionen Tonnen, die UdSSR 2,1 Millionen Tonnen – übertraf die Großbritanniens (370000 Tonnen), Frankreichs (160000 Tonnen), Japans (180000 Tonnen) und Chinas (150000 Tonnen) bei weitem.[147] Aber am größten war der Unterschied bei der Zahl der Trägerraketen, wie aus Tabelle 38 ersichtlich wird.

Die beiden Supermächte hatten inzwischen solche Kapazitäten zur Vernichtung des anderen (und jedes sonstigen Landes) angehäuft – ein Zustand der bald »MAD«* (Mutually Assured Destruction, garantierte gegenseitige Zerstörung) genannt wurde –, daß sie begannen, Vereinbarungen zu entwickeln, um das atomare Wettrüsten auf verschiedene Weise zu kontrollieren. Nach der Kubakrise installierte man ein »rotes Telefon«, damit beide im Falle einer weiteren kritischen Situation miteinander in Verbindung treten konnten; es gab den Vertrag über die teilweise Einstellung von Kernwaffenversuchen aus dem Jahre 1963, der auch vom Vereinigten Königreich unterzeichnet wurde. Er untersagte Atomtests in der

Tabelle 38 Nukleare Träger 1974[148]

	USA	UdSSR	GB	F	China
Interkontinentalraketen	1054	1575	–	–	–
Mittelstreckenraketen	–	600	–	18	ca. 80
U-Boot-gestützte Raketen	656	720	64	48	–
Langstreckenbomber	437	140	–	–	–
Mittelstreckenbomber	66	800	50	52	100

GB = Großbritannien, F = Frankreich

* »MAD« heißt zugleich »wahnsinnig«, »verrückt«. A. d. Ü.

Atmosphäre, unter Wasser und im Weltall. 1972 wurde der SALT-I-Vertrag (Strategic Arms Limitation Treaty) abgeschlossen, der die Zahl der Interkontinentalraketen beschränkte und der russischen Entwicklung eines Raketenabwehrsystems Einhalt gebot. Diese Vereinbarung wurde 1975 im Abkommen von Wladiwostok erweitert, und Ende 1970 verhandelte man über den SALT-II-Vertrag (der im Juni 1979 unterzeichnet, vom US-Senat aber nie ratifiziert wurde). Aber die verschiedenen Vereinbarungen und die besonderen wirtschaftlichen, innenpolitischen und außenpolitischen Motive, die beide Seiten zum Abschluß dieser Verträge trieben, beendeten den Rüstungswettlauf nicht. Die Limitierung eines Waffensystems führte lediglich zu einem Transfer der Ressourcen auf ein anderes Gebiet. Ab Ende 1950 erhöhte die UdSSR stetig und unerbittlich ihre Zuwendungen für die Streitkräfte. In Amerika war die Kurve der Verteidigungsausgaben zwar durch den teuren Krieg in Vietnam verzerrt, aber der langfristige Trend ging auch hier zu immer höheren Verteidigungsausgaben. Alle paar Jahre kamen neue Waffensysteme hinzu: beide Seiten installierten Mehrfachsprengköpfe; U-Boote mit Raketensystemen verstärkten die Flotten beider Seiten; das atomare Patt bei den *strategischen* Raketen (das die europäische Angst heraufbeschwor, die Vereinigten Staaten könnten auf einen sowjetischen Angriff nicht mit ihren Langstreckenraketen reagieren, da dies wiederum einen Atomschlag gegen amerikanische Städte provozieren würde) führte zu neuen Typen von Mittelstreckenraketen wie der Pershing II und den »cruise missiles«, die als Antwort auf die russische SS-20 entwickelt wurden. Der Rüstungswettlauf und die verschiedenen Rüstungskontrollverhandlungen waren die zwei Seiten derselben Münze; aber durch beides bleiben Washington und Moskau im Mittelpunkt der Bühne.

Auch auf anderen Gebieten schien ihre Rivalität von zentraler Bedeutung zu sein. Wie bereits erwähnt, war eines der bemerkenswertesten Merkmale der sowjetischen Aufrüstung seit 1960 der gewaltige Ausbau ihrer Überwasserflotte – *physisch* durch die Konstruktion von immer mächtigeren, raketentragenden Zerstörern und Kreuzern, mittleren Helikopter- und Flugzeugträgern;[149] und *geographisch*, indem die sowjetische Marine immer mehr Schiffe ins Mittelmeer und weiter in die Ferne, in den Indischen Ozean, nach Westafrika, Indochina und Kuba entsandte, wo sie eine zunehmende Zahl von Stützpunkten anlaufen konnten. Diese letzte Entwicklung spiegelte eine sehr bezeichnende Ausdehnung der amerikanisch-russischen Rivalitäten auf die Dritte Welt wider, die hauptsächlich darauf zurückzuführen war, daß Moskau in Regionen vorstieß, in denen der Westen vormals ein Einflußmonopol besessen hatte. Die andauernden Spannungen im Mittleren Osten und besonders die arabisch-israelischen Kriege von 1967 und 1973 (in denen die amerikanischen Waffenlieferungen an Israel den Ausschlag gaben) bedeuteten, daß verschiedene arabische Staaten – Syrien, Libyen, Irak – sich weiterhin auf Moskau stützen mußten. Die marxistischen Regime im Südjemen und in Somalia boten der russischen Marine Stützpunkte und verhalfen ihr damit zu einer neuen Präsenz im Roten Meer. Aber wie üblich wurden die Fortschritte von Rückschlägen begleitet: Moskaus offensichtliche Bevorzugung Äthiopiens führte 1977 zur Ausweisung des sowjetischen Militärpersonals und der Schiffe aus Somalia. Dasselbe hatte sich einige Jahre zuvor in Ägypten ereignet; und russische Vorstöße in dieser Gegend wurden durch die stärker werdende amerikanische Präsenz in Oman und Diego Garcia, durch Marinebasen in Kenia und Somalia und erhöhte Waffenlieferungen nach Ägypten, Saudi-Arabien und Pakistan ausgeglichen. Weiter südlich jedoch vermittelten die sowjetisch-kubanische Unterstützung der angolanischen Befreiungsbewegung (MPLA), die häufigen Versuche des sowjetisch-gestützten Gaddafi-Regimes in Libyen, die Revolution in andere Gegenden zu exportieren, und die Präsenz der marxistischen Regierungen in Äthiopien, Mosambik, Guinea, Kongo und in anderen westafrikanischen Staaten den Eindruck, daß Moskau im Ringen um Welteinfluß die Oberhand gewann. Der Einmarsch in Afghanistan im Jahre 1979 – die erste Expansion dieser Art (außerhalb Europas) seit dem Zweiten Weltkrieg – und Kubas Förderung linker Regime in Nicaragua und Grenada ließen die amerikanisch-russische Rivalität grenzenlos erscheinen und provozierten Washington zu Gegenzügen und zu einer Erhöhung der Verteidigungsausgaben. Als 1980 eine neue republikanische Regierung in den Vereinigten Staaten die Sowjetunion als das »Reich des Bösen« anprangerte, auf das man nur mit gewaltigen Verteidigungsanstrengungen und unnachgiebiger Politik reagieren könne, schienen die Tage von John Foster Dulles zurückgekehrt.[150]

Aber auch wenn die amerikanisch-russischen Beziehungen und ihre vielen Höhen und Tiefen zwischen 1960 und 1980 im Brennpunkt des Interesses standen, entwickelte sich das internationale System langsam von der *Bipolarität* der früheren Periode weg. Einerseits hatte der Aufstieg der Dritten Welt die Situation kompliziert, und andererseits hatte es bedeutende Risse in den ehemals monolithisch erscheinenden Blöcken, die von Moskau und Washington dominiert wurden, gegeben. Der entscheidendste Riß, dessen Auswirkungen selbst heute noch nicht ganz zu ermessen sind, war die Spaltung zwischen der UdSSR und dem kommunistischen China. Rückblickend mag es offensichtlich sein, daß selbst die vorgeblich »wissenschaftlichen« und »universellen« Forderungen des Marxismus an den Felsen lokaler Umstände, individueller kultureller Gegebenheiten und unterschiedlichen Stadien der wirtschaftlichen Entwicklung zerschellen würden – schließlich mußte selbst Lenin 1917 massiv von der ursprünglichen Doktrin des dialektischen Materialismus abweichen, um die Revolution zu sichern. Und einige ausländische Beobachter der kommunistischen Bewegung Maos in den 30er und 40er Jahren waren sich darüber einig, daß er nicht geneigt war, sich Stalins dogmatischer Ansicht über die relative Bedeutung von Arbeitern und Bauern sklavisch zu unterwerfen. Sie wußten auch, daß Moskau die chinesische kommunistische Partei nur halbherzig unterstützt und noch 1946 und 1948 versucht hatte, ein Gleichgewicht zwischen ihr und Tschiang Kaischeks Nationalisten herzustellen. Dies sollte aus Moskaus Sicht die Schaffung eines »kraftvollen neuen kommunistischen Regimes« verhindern, »das ohne Hilfe der Roten Armee in einem Land mit einer beinahe dreimal so großen Bevölkerung wie Rußland errichtet wurde und sich unweigerlich zu einem konkurrierenden Anziehungspol innerhalb der kommunistischen Weltbewegung entwikkeln würde«.[151]

Trotzdem überraschte das schiere Ausmaß dieser Spaltung die meisten Beobachter und wurde von den Vereinigten Staaten aus Angst vor einer weltweiten kommunistischen Verschwörung einige Jahre lang übersehen. Zugegebenermaßen lenkte der Koreakrieg und das darauffolgende chinesisch-amerikanische Gerangel um Taiwan die Aufmerksamkeit von den abgekühlten Beziehungen zwischen Moskau und Peking ab. Zu dieser Zeit forderte Stalin für die relativ kleinen Hilfeleistungen an China einen Preis, der Rußlands Vorrechte in der Mongolei und der Mandschurei sichern sollte. Obwohl Mao 1954 in seinen Verhandlungen mit den Russen das Gleichgewicht wiederherstellen konnte, machten die Feindseligkeiten mit den Vereinigten Staaten über die vor der Küste liegenden Inseln Quemoi und Matsu und seine (zu dieser Zeit) extreme Überzeugung, daß ein Zusammenstoß mit dem Kapitalismus unvermeidbar sei, ihn mißtrauisch gegenüber Chruschtschows früher Entspannungspolitik. Aus Moskauer Sicht war es Ende der 50er Jahre jedoch dumm, die Amerikaner unnötig zu provozieren, besonders da letztere atomar überlegen waren; es wäre auch ein Rückschlag gewesen, wenn man China 1959 in seinem Grenzkonflikt mit Indien, das so wichtig für die sowjetische Politik in der Dritten Welt war, unterstützt hätte; und es wäre angesichts der Neigung der Chinesen zu unabhängigen Aktionen absolut unklug gewesen, ihr Atomprogramm zu fördern, ohne es irgendwie kontrollieren zu können. All dies wurde von Mao als Verrat betrachtet. 1959 hob Chruschtschow das Atomabkommen mit Peking auf und bot Indien weit höhere Kredite an, als er sie China je gegeben hatte. Im folgenden Jahr wurde die »Spaltung« bei der Gipfelkonferenz aller Kommunistischen Parteien in Moskau für alle offensichtlich. 1962–1963 verschärfte sich der Streit: Mao warf den Russen vor, daß sie in Kuba nachgegeben und den Vertrag über die teilweise Einstellung von Kernwaffenversuchen mit den Vereinigten Staaten und Großbritannien unterzeichnet hatten. Die Russen hatten zu dieser Zeit alle Hilfsleistungen an China und seinen Alliierten Albanien eingestellt und die Lieferungen nach Indien erhöht. Und es kam zum ersten chinesisch-sowjetischen Grenzzusammenstoß (obwohl sie nicht so ernst waren wie die von 1969). Bedeutender aber war die Nachricht, daß die Chinesen 1964 ihre erste Atombombe gezündet hatten und energisch an der Entwicklung von Raketensystemen arbeiteten.[152]

Strategisch gesehen war diese Spaltung das wichtigste Einzelereignis seit 1945. Im September 1964 waren die *Prawda*-Leser schockiert zu erfahren, daß Mao nicht nur die asiatischen Territorien zurückforderte, die China im 19. Jahrhundert an Rußland verloren hatte, sondern die UdSSR auch anklagte, weil sie sich die Kurilen, Teile Polens, Ostpreußen und einen Abschnitt Rumäniens angeeignet hatte. Rußlands Größe mußte, laut Mao, reduziert werden – nach Chinas Forderungen um 1,5 Millionen Quadratkilometer![153] Inwieweit der eigensinnige chinesische Führer von seiner eigenen Rhetorik fortgerissen worden war, ist schwer zu sagen, aber es gab keinen Zweifel daran, daß all dies – einschließlich der Grenzzusammenstöße und der chinesischen Entwicklung von Atomwaffen – für den Kreml alarmierend war. In der Tat ist es wahrscheinlich, daß ein Teil des Aufbaus der russischen Streitkräfte in den 60er Jahren ebenso auf diese neue Bedrohung im Osten wie auf die Notwendigkeit, auf die Steigerung der Rüstungsausgaben unter der Kennedy-Administration zu reagieren, zurückzuführen war. »Die Zahl der an der chinesischen Grenze stationierten sowjetischen Divisionen wurde von 15 im Jahre 1967 auf 30 im Jahre 1970 erhöht.« Dieser letzte sprunghafte Anstieg war durch den ernsten Zusammenstoß bei Damanski auf den Ussuri-Inseln im März 1969 ausgelöst worden. »1972 bewachten 44 sowjetische Divisionen die 7000 Kilometer lange Grenze zu China (verglichen mit 31 in Europa stationierten Divisionen), während ein Viertel der sowjetischen Luftwaffe von West nach Ost verlegt worden war.«[154] Da China nun die Wasserstoffbombe besaß, gab es Anzeichen dafür, daß Moskau einen Präventivschlag gegen die atomaren Anlagen bei Lop-Nor in Erwägung zog – was die Vereinigten Staaten dazu veranlaßte, eigene Pläne für diesen Fall zu entwerfen, da man das Gefühl hatte, nicht zulassen zu dürfen, daß die Sowjetunion China auslöschte.[155] Washington hatte sich weit von seinen Überlegungen aus dem Jahre 1964 entfernt, mit der UdSSR zusammen eine »präventive militärische Aktion« durchzuführen, um Chinas Entwicklung zur Atommacht zu stoppen![156]

Das soll nicht heißen, daß Maos China zu einer vollwertigen dritten Supermacht aufgestiegen war. Wirtschaftlich hatte es gewaltige Probleme – die durch die Entscheidung der Führung, die »Kulturrevolution« mit all ihrem Chaos und ihren Ungewißheiten ins Leben zu rufen, verschlimmert wurden. Und während China mit Recht behauptete, die größte Armee der Welt zu besitzen, konnten seine Volksmilizen sich wohl kaum mit den sowjetischen Divisionen messen. Chinas Marine war unbedeutend im Vergleich zu Rußlands expandierender Flotte; seine Luftwaffe war zwar groß, bestand aber hauptsächlich aus älteren Flugzeugen; und ihre Atomraketen steckten noch in den Anfängen. Falls die UdSSR aber nicht riskieren wollte, die Amerikaner zu provozieren und die Weltöffentlichkeit zu empören, indem sie einen massiven atomaren Schlag gegen China führte, würde jeder Kampf auf *niedrigerem Niveau* schnell zu gewaltigen Verlusten führen. Die Chinesen waren offensichtlich bereit, dies auf sich zu nehmen, nicht aber die russischen Politiker der Breschnew-Ära. Es war daher nicht überraschend, daß Moskau, als sich die russisch-chinesischen Beziehungen verschlechterten, nicht nur an Verhandlungen mit dem Westen zur Begrenzung von Atomwaffen interessiert war, sondern auch versuchte, die Beziehungen zu solchen Ländern wie der Bundesrepublik Deutschland zu verbessern, die unter Willy Brandt gewillter schien, die Entspannung zu fördern, als zu Adenauers Zeiten.

Auf politischer und diplomatischer Ebene war die chinesisch-sowjetische Spaltung für den Kreml noch unangenehmer. Chruschtschow war zwar bereit, »verschiedene Wege zum Sozialismus« (immer vorausgesetzt, diese Wege liefen nicht zu weit auseinander!) zu tolerieren, es war aber etwas ganz anderes, öffentlich angeklagt zu werden, den wahren marxistischen Prinzipien abgeschworen zu haben. Die sowjetischen diplomatischen Anstrengungen in der Dritten Welt wurden durch Pekings rivalisierende Entwicklungshilfe und Propaganda erschwert – besonders weil Maos bäuerlicher Kommunismus diesen Ländern oft angemessener erschien als die russische Betonung des industriellen Proletariats. Das hieß nicht, daß viele Regierungen in Osteuropa versucht waren, der chinesischen Führung zu folgen – nur das exzentrische Regime in Albanien tat dies.[157] Aber es war für Moskau weiterhin peinlich, von China wegen der Unterdrückung der tschechischen Reformen im Jahre 1968 und 1979 wegen seines Einmarsches in Afghanistan angeklagt zu werden. Ferner war China in der Dritten Welt in einer besseren Position, dem russischen Einfluß Paroli zu bieten: im Nordjemen war es eine harte Konkurrenz für die Sowjets; es machte viel Aufhebens um sein Eisenbahnbauprogramm in Tansania; es kritisierte Moskau, weil es die Vietminh und die Vietkong angeblich nicht gegen die Vereinigten Staaten unterstützte; und als es seine Beziehungen zu Japan erneuerte, warnte es Tokio vor einer zu engen wirtschaftlichen Zusammenarbeit mit den Russen in Sibirien. Wieder einmal war dies ein ungleicher Kampf – die Sowjetunion konnte den Ländern der Dritten Welt meistens viel mehr Kredite und fortschrittliche Waffen liefern und ihren Einfluß auch durch kubanische und libysche Stellvertreter ausüben. Aber sowohl mit einem anderen marxistischen Staat als auch mit den Vereinigten Staaten in Konkurrenz zu stehen, war viel ärgerlicher als die berechenbaren bipolaren Rivalitäten der letzten zwei Jahrzehnte.

Chinas selbstbewußte und unabhängige Linie komplizierte die diplomatischen Beziehungen – besonders in Asien – auf verschiedene Weise. Die Chinesen waren durch Moskaus Werben um Indien und mehr noch durch die Entsendung von militärischem Nachschub an Neu-Delhi nach den chinesisch-indischen Grenzzusammenstößen hart getroffen worden. Es war daher nicht überraschend, daß Peking Pakistan in seinen Auseinandersetzungen mit Indien unterstützte und die russische Invasion in Afghanistan scharf kritisierte. Noch mehr wurde China durch Moskaus Unterstützung der nordvietnamesischen Expansion Ende der 70er, durch den Eintritt Nordvietnams in das COMECON und durch die zunehmende russische Präsenz in vietnamesischen Häfen gereizt. Als Vietnam 1978 in Kambodscha einfiel, ließ sich China auf blutige, wenig erfolgreiche Grenzkonflikte mit seinem südlichen Nachbarn ein, der seinerseits gewaltige russische Waffenlieferungen erhielt. In diesem Stadium blickte Moskau sogar wohlwollender auf das Regime in Taiwan, und Peking drängte die Vereinigten Staaten, ihre Seestreitkräfte im Indischen Ozean und im westlichen Pazifik zu verstärken, um den russischen Geschwadern entgegentreten zu können. Nur zwanzig Jahre nachdem China die UdSSR für ihr weiches Verhalten gegenüber dem Westen kritisiert hatte, setzte es die NATO unter Druck, ihre Verteidigungsanstrengungen zu verstärken, und warnte sowohl Japan als auch den Europäischen Gemeinsamen Markt davor, die wirtschaftlichen Bindungen zu Rußland zu stärken![158]

Im Vergleich dazu waren die im westlichen Lager Anfang der 60er

Jahre auftretenden Risse, die hauptsächlich von de Gaulles Kampagne gegen die amerikanische Hegemonie verursacht wurden, weit weniger ernst – obwohl sie sicherlich den Eindruck, daß die beiden Blöcke auseinanderzubrechen drohten, verstärkten. Da er noch stark unter dem Eindruck des Zweiten Weltkriegs stand, war de Gaulle empört darüber, daß er von den Vereinigten Staaten nicht als gleichwertiger Partner behandelt wurde; er mißbilligte die amerikanische Politik während der Suez-Krise im Jahre 1956, ganz zu schweigen von Dulles' Angewohnheit, bei solchen Auseinandersetzungen wie der um Quemoi mit einer atomaren Feuersbrunst zu drohen. Obwohl de Gaulle nach 1958 einige Jahre lang alle Hände voll zu tun hatte, Frankreich von Algerien zu lösen, kritisierte er selbst zu dieser Zeit Westeuropas angebliche Abhängigkeit von amerikanischen Interessen. Wie die Briten ein Jahrzehnt vor ihm, sah er in den Atomwaffen eine Möglichkeit, den Großmachtstatus Frankreichs zu bewahren; als ihn die Nachricht von dem ersten französischen Atomtest im Jahre 1960 erreichte, rief der General aus: »Hurra für Frankreich – seit heute morgen ist es stärker und stolzer.«[159] Entschlossen, Frankreichs atomare Abschreckung vollkommen unabhängig zu gestalten, lehnte er Washingtons Angebot eines Polaris-Raketensystems, das demjenigen Großbritanniens ähnelte, aufgrund der damit verbundenen Bedingungen der Kennedy-Regierung zornig ab. Auch wenn dies hieß, daß Frankreichs Atomwaffenprogramm einen größeren Teil des Verteidigungsetats beanspruchte (vielleicht dreißig Prozent) als in anderen Ländern, fanden de Gaulle und seine Nachfolger, daß es diesen Preis wert sei. Zur selben Zeit begann er, Frankreich aus der militärischen Struktur der NATO zu lösen. Er verbannte das Hauptquartier dieser Organisation 1966 aus Paris und sperrte alle amerikanischen Stützpunkte auf französischem Boden. Gleichzeitig versuchte er, Frankreichs Beziehungen zu Moskau – wo man ihn zu seinen Aktionen herzlich beglückwünschte – zu verbessern, und er betonte unablässig, wie notwendig es sei, daß Europa auf eigenen Füßen stehe.[160]

De Gaulles spektakuläre Handlungen beruhten nicht allein auf gallischer Rhetorik und gallischem Kulturstolz. Durch den Marshall-Plan und andere amerikanische Subventionen angeregt und von der allgemeinen wirtschaftlichen Erholung Europas Ende der

40er profitierend, war die französische Wirtschaft in den letzten beiden Jahrzehnten schnell gewachsen.[161] Die Kolonialkriege in Indochina (1950–1954) und Algerien (1956–1962) hatten die französischen Ressourcen eine Zeitlang abgelenkt, aber dies konnte schnell aufgeholt werden. Da Frankreich bei der Gründung der Europäischen Wirtschaftsgemeinschaft 1957 in der Lage gewesen war, für seine nationalen Interessen sehr günstige Bedingungen auszuhandeln, konnte es von diesem größeren Markt profitieren, während es seine Landwirtschaft umstrukturierte und seine Industrie modernisierte. Während de Gaulle Washington kritisch gegenüberstand und den britischen Eintritt in die EG entschlossen verhinderte, führte er 1963 eine dramatische Versöhnung mit Adenauers Deutschland herbei. Und immer wieder sprach er davon, wie wichtig es sei, daß Europa selbständig bleibe, daß es frei von der Beherrschung durch die Supermächte sein müsse, daß es sich an seine glorreiche Vergangenheit erinnern und im Streben nach einer ebenso glorreichen Zukunft zusammenarbeiten solle – wobei Frankreich natürlich die Führung übernehmen mußte.[162] Dies waren hochfahrende Worte, aber sie beschworen auf *beiden* Seiten des Eisernen Vorhangs eine Antwort herauf und fanden bei vielen Anklang, die weder die russische noch die amerikanische politische Kultur, ganz zu schweigen von ihrer jeweiligen Außenpolitik, für Europa akzeptieren mochten.

Aber 1968 wurde de Gaulles eigene politische Karriere durch die Studenten- und Arbeiterrevolten untergraben. Die Belastungen der Modernisierung und die immer noch relativ bescheidene Kapazität der französischen Wirtschaft (3,5 Prozent der Weltindustrieproduktion im Jahre 1963)[163] zeigten, daß das Land einfach noch nicht stark genug war, um die einflußreiche Rolle zu spielen, die der General sich erträumt hatte. Und wie auch immer die speziellen Vereinbarungen ausgesehen haben mögen, die er den Westdeutschen anbot, sie wagten es nicht, ihre engen Beziehungen zu den Vereinigten Staaten aufzugeben, von denen sie, wie die Politiker in Bonn wußten, letzten Endes abhängig waren. Ferner zeigte die erbarmungslose russische Unterdrückung der tschechischen Reformen im Jahre 1968, daß die östliche Supermacht nicht die geringste Absicht hatte, den Ländern in ihrem Einflußgebiet die Möglichkeit zu geben, ihre

Politik selbst zu bestimmen, geschweige denn ein Teil einer von Frankreich geführten europaweiten Konföderation zu werden.

Trotz seiner Hybris hatte de Gaulle Trends gesetzt und beschleunigt, die nicht mehr aufzuhalten waren. Obwohl die Streitkräfte der westeuropäischen Länder verglichen mit denen der Vereinigten Staaten und der UdSSR Schwächen zeigten, waren sie relativ gesehen viel größer und stärker als in der Zeit nach 1945; zwei von ihnen besaßen Atomwaffen und entwickelten Raketensysteme. Wie später besprochen werden wird, war die wirtschaftliche »Erholung Europas« rapide vorangeschritten. Außerdem schwächte sich trotz der russischen Invasion der Tschechoslowakei im Jahre 1968 die Ära des Kalten Krieges, in der Europa in zwei hermetisch abgeriegelte Blöcke geteilt war, langsam ab. Willy Brandts spektakuläre Politik der Aussöhnung mit Rußland, Polen und der Tschechoslowakei und besonders mit der (am Anfang sehr zögernden) Regierung der DDR zwischen 1969 und 1973, die hauptsächlich darauf beruhte, die Grenzen von 1945 als endgültig zu akzeptieren, läutete eine Zeit der Kontakte zwischen Ost und West ein. Westliche Investitionen und westliche Technologie flossen durch den Eisernen Vorhang, und diese »wirtschaftliche Entspannung« dehnte sich auf den Kulturaustausch aus, auf die Schlußakte von Helsinki (von 1975) über die Menschenrechte und auf Bemühungen, zukünftige militärische Mißverständnisse zu vermeiden und gegenseitige Reduzierungen der Streitkräfte zu erzielen. Die Supermächte gaben diesen Entwicklungen aus gutem Grund und mit einigen unvermeidlichen Vorbehalten (besonders auf sowjetischer Seite) ihren Segen. Aber die vielleicht bezeichnendste Tatsache war, daß die Europäer selbst so beständig diese Annäherung betrieben hatten; selbst als sich die Beziehungen zwischen Moskau und Washington abkühlten, sollte es daher in Zukunft für die UdSSR und die Vereinigten Staaten extrem schwer sein, diesen Prozeß wieder anzuhalten.[164]

Von den beiden waren die Amerikaner in der besseren Position, sich dem neuen, pluralistischen internationalen Umfeld anzupassen. Wie de Gaulles anti-amerikanische Gesten auch wirken mochten, sie waren lange nicht so ernst wie die chinesisch-sowjetischen Grenzkonflikte, die Eliminierung des bilateralen Handels, die ideologischen Beschimpfungen und das weltweite diplomatische Ringen, das manche Beobachter 1969 dazu veranlaßte, einen russisch-chinesischen Krieg als unvermeidbar anzusehen.[165] Wie sehr manche amerikanischen Regierungen die Handlungen Frankreichs auch ablehnen mochten, sie mußten ihre Streitkräfte aufgrund solcher Streitigkeiten nicht verlegen. Auf jeden Fall durfte die NATO ihre Überflugrechte und die Öl-Pipeline, die quer durch Frankreich verlief, behalten. Und Paris hielt seine besonderen Verteidigungsvereinbarungen mit Westdeutschland aufrecht, so daß seine Truppen zur Verfügung stehen würden, falls die Streitkräfte des Warschauer Paktes nach Westen vorstießen. Und schließlich war es ein grundlegendes Axiom der amerikanischen Politik nach 1945, daß ein starkes und unabhängiges Europa (das heißt, unabhängig von russischer Herrschaft) im langfristigen Interesse der Vereinigten Staaten lag und dazu beitragen würde, ihre Verteidigungslast zu reduzieren – auch wenn sie zugeben mußten, daß ein solches Europa eine wirtschaftliche und vielleicht diplomatische Konkurrenz sein könnte. Aus diesem Grunde hatte Washington alle Schritte zu einer europäischen Integration gefördert und drängte Großbritannien, der EWG beizutreten. Im Gegensatz dazu mußte sich Rußland nicht nur militärisch verunsichert fühlen, wenn eine mächtige europäische Konföderation im Westen aufstieg, sondern sich auch um die Anziehungskraft dieser Vereinigung auf die Tschechen, Polen und andere Satellitenvölker Sorgen machen. Eine Moskauer Politik der selektiven Entspannung und der wirtschaftlichen Kooperation mit Westeuropa war schön und gut – weil sie Vorteile für die Technologie und den Handel bringen könnte, weil sie die Europäer weiter von den Amerikanern entfernen mochte und auch aufgrund der chinesischen Herausforderung an Rußlands asiatischer Front. Auf lange Sicht aber konnte ein wohlhabendes, aufsteigendes Europa, das die UdSSR in allen Bereichen außer dem militärischen (und selbst auf diesem Gebiet konnte es schnell stärker werden) überholen würde, kaum in Moskaus Interesse liegen.[166]

Die Vereinigten Staaten waren rückblickend betrachtet besser in der Lage, sich den sich wandelnden Strukturen der Weltmacht anpassen, aber dies war nach 1960 viele Jahre lang nicht offensichtlich. Zunächst einmal gab es eine chronische Abneigung gegenüber dem

»asiatischen Kommunismus«, wobei Maos China in den Augen vieler Amerikaner Chruschtschows Rußland als Anstifter der Weltrevolution ablöste. Chinas Grenzkrieg mit Indien im Jahre 1962 – einem Land, um das Washington (wie Moskau) warb – bestätigte das aggressive Bild, das sich aus den Zusammenstößen um Quemoi und Matsu ergeben hatte. Entspannung zwischen den Vereinigten Staaten und China war Anfang der 60er, als Maos Propagandamaschine die Russen anklagte, in der Kubafrage nachgegeben und den Vertrag über die teilweise Einstellung von Atomwaffenversuchen mit dem Westen unterzeichnet zu haben, kaum vorstellbar. Schließlich wurde China zwischen 1965 und 1968 von den Unruhen der Kulturrevolution geschüttelt, die das Land für die Regierungen in Washington chronisch instabil und ideologisch noch abstoßender erscheinen ließen. Nichts hiervon deutete auf »eine Situation, in der eine Verbesserung der Beziehungen zu den Vereinigten Staaten wahrscheinlich schien«.[167]

Vor allem aber wurden die Vereinigten Staaten in diesen Jahren natürlich immer mehr von den inneren Auswirkungen des Vietnamkriegs erschüttert. Die Nordvietnamesen und die Vietkong im Süden erschienen den Amerikanern als neue Manifestationen des schleichenden asiatischen Kommunismus, der eingedämmt werden mußte, bevor er weiteren Schaden anrichten konnte; und da diese revolutionären Kräfte von China und Rußland ermutigt und versorgt wurden, konnten diese beiden Länder (aber vielleicht besonders das Regime in Peking) nur als ein Teil einer feindlichen marxistischen Koalition angesehen werden, die gegen die »freie Welt« aufmarschierte. Als die Johnson-Regierung immer mehr Truppen nach Vietnam schickte, machten sich die Entscheidungsträger in Washington häufig Sorgen, wie weit sie gehen konnten, *ohne* eine chinesische Intervention wie im Koreakrieg zu provozieren.[168] Die chinesische Regierung ihrerseits muß sich in den 60er Jahren oft ernsthafte Gedanken darüber gemacht haben, ob die wachsende Auseinandersetzung mit den Sowjets im Norden ebenso bedrohlich war wie die stetig eskalierenden südlichen Operationen der Amerikaner zu Lande und in der Luft. Zwar waren Chinas Beziehungen zu den Vietnamesen traditionell von Rivalitäten geprägt, und Peking war tief mißtrauisch gegenüber der Waffenmengen, welche die

Russen Hanoi lieferten, aber diese Spannungen blieben für die meisten westlichen Beobachter in der Zeit der Kennedy- und Johnson-Administrationen unsichtbar.

In vieler Hinsicht, symbolisch wie praktisch, wäre es schwierig, die Auswirkungen des langen Kampfes in Vietnam und in anderen Teilen Südostasiens auf das internationale Machtsystem – und auf die Psyche des amerikanischen Volkes zu übertreiben. Dieser Krieg wurde von einer »offenen Gesellschaft« ausgefochten – und er wurde noch offener durch die Enthüllungen der »Pentagon Papers« und durch die tägliche Fernseh- und Presseberichterstattung über das Blutbad und die offensichtliche Sinnlosigkeit des Krieges. Und es war eine Tatsache, daß dies der erste Krieg war, den die Vereinigten Staaten unzweideutig verloren. Dadurch wurden die Erinnerungen an den Zweiten Weltkrieg überschattet und das Ansehen vieler Menschen von Vier-Sterne-Generälen bis zu hochgelobten Intellektuellen im Dienste des Staates ruiniert. Der Krieg zerstörte den Konsens in der amerikanischen Gesellschaft über die Ziele und Prioritäten der Nation. Er wurde begleitet von hoher Inflation, beispiellosen Studentenprotesten und Unruhen in den Städten. Und ihm folgte die Watergatekrise, welche die Präsidentschaft selbst auf einige Zeit diskreditierte. Der Vietnamkrieg stand für viele Amerikaner in einem bitteren und ironischen Widerspruch zu allem, was die Gründungsväter des Landes gelehrt hatten. Er machte die Vereinigten Staaten auf der ganzen Welt unbeliebt. Und schließlich sollte die schamvolle und lieblose Behandlung der aus Vietnam zurückkehrenden Soldaten ein Jahrzehnt später eine kulturelle Reaktion verursachen, welche die breite Beschäftigung mit diesem Konflikt in Form von Kriegsdenkmälern, Büchern und Fernsehdokumentationen erzwang. All dies bedeutete, daß der Vietnamkrieg trotz weit geringerer Verluste eine ähnliche Auswirkung auf das amerikanische Volk hatte wie der Erste Weltkrieg auf die Europäer. Die Folgen wurden hauptsächlich auf der *persönlichen* und auf der *psychologischen* Ebene sichtbar; etwas weiter gefaßt wurden sie als eine Krise der amerikanischen Zivilisation und Verfassung gedeutet. Als solche sollten sie auch weiterhin Wirkung zeigen – ganz unabhängig von den strategischen Dimensionen dieses Konflikts und seinem Effekt auf das System der Großmächte.

Aber letztere Aspekte sind für diese Untersuchung die wichtigsten und erfordern eine nähere Betrachtung. Zunächst einmal war der Vietnamkrieg eine nützliche und ernüchternde Mahnung, daß sich eine enorme Überlegenheit der Waffen und der wirtschaftlichen Produktivität nicht immer in militärische *Effektivität* umsetzen läßt. Das untergräbt nicht die Aussage dieses Buches, welches die Bedeutung der Wirtschaft und der Technologie in großen, langgezogenen Kriegen (meistens Koalitionskriegen) zwischen den Großmächten, in denen jede Seite gleichermaßen auf den Sieg eingeschworen ist, betont hat. Wirtschaftlich mögen die Vereinigten Staaten fünfzig- bis hundertmal so produktiv wie Nordvietnam gewesen sein; militärisch besaßen sie die Feuerkraft, um den Feind in die Steinzeit zurückzubomben (worauf manche Falken* in der Regierung drängten) – in der Tat hatten sie mit ihren Atomwaffen die Fähigkeit, ganz Südostasien auszulöschen. Aber dies war *kein* Krieg, in dem man eine solche Überlegenheit realisieren konnte. Die Angst vor der öffentlichen Meinung im eigenen Land und vor der Reaktion der Welt verhinderte den Einsatz von Atomwaffen gegen einen Feind, der für die Vereinigten Staaten nie eine *tödliche* Bedrohung darstellen konnte. Die Sorge um den Widerstand der Öffentlichkeit gegen die schweren Verluste in einem Konflikt, dessen Legitimation und Sinn zunehmend in Frage gestellt wurde, hatte auch den Einsatz von konventionellen Kriegführungsmethoden eingeschränkt; der Bombenkrieg unterlag Beschränkungen; der Ho-Chi-Minh-Pfad durch das neutrale Laos konnte nicht besetzt werden; man konnte die russischen Schiffe, die Waffen nach Haiphong brachten, nicht versenken. Es war äußerst wichtig, die beiden anderen großen kommunistischen Staaten nicht in den Krieg zu ziehen. Dies alles reduzierte die Kämpfe auf kleinere Zusammenstöße im Dschungel und in Reisfeldern – ein Gelände, das den amerikanischen Vorteil der Feuerkraft und der (Hubschrauber-gestützten) Mobilität zunichte machte und statt dessen Guerillakriegführung und den Zusammenhalt der Einheiten betonte. Dies war für Elitetruppen ein viel geringeres Problem als für die schnell

* Die »Falken« (hawks) sind im amerikanischen politischen Sprachgebrauch die kriegerischen Regierungsmitglieder oder auch Kommentatoren, die »Tauben« (doves) die friedlichen. A. d. Ü.

wechselnden Kontingente von Wehrpflichtigen auf seiten der Amerikaner. Obwohl Johnson Kennedys Vorbild folgte, indem er immer mehr Soldaten nach Vietnam schickte (der Höhepunkt lag bei 542000 Mann im Jahre 1969), reichte die Zahl nie aus, um die Forderungen General Westmorelands zu befriedigen. Da die Regierung weiter an dem Glauben festhielt, daß es sich immer noch um einen eingeschränkten Konflikt handelte, weigerte sie sich, die Reserve zu mobilisieren oder die Wirtschaft auf Kriegsbedingungen umzustellen.[169]

Die Schwierigkeit, den Krieg zu Bedingungen führen zu müssen, die ein Ausspielen der wahren militärischen Stärke der Vereinigten Staaten nicht erlaubten, spiegelt ein größeres politisches Problem wider – die Diskrepanz zwischen Mittel und Zweck (wie Clausewitz es ausgedrückt haben könnte). Die Nordvietnamesen und die Vietkong kämpften für ihre Überzeugung; diejenigen, für die das nicht galt, waren ohne Zweifel der Disziplin eines totalitären, leidenschaftlich nationalistischen Regimes unterworfen. Im Gegensatz dazu erschien das südvietnamesische Regime korrupt und unbeliebt und wurde nur von einer Minderheit des Volkes anerkannt. Es wurde von den buddhistischen Mönchen bekämpft und von der verängstigten, ausgebeuteten und kriegsmüden Bauernschaft nicht unterstützt; die einheimischen Einheiten, die loyal zur Regierung standen und die oft tapfer kämpften, reichten nicht aus, um diese innere Zersetzung auszugleichen. Als der Krieg eskalierte, stellten immer mehr Amerikaner die Frage, ob es überhaupt sinnvoll sei, für das Regime in Saigon zu kämpfen, und sie sahen mit Sorge, wie dieser ganze Krieg die amerikanischen Streitkräfte korrumpierte – durch den Rückgang der Kampfmoral, den wachsenden Zynismus, die Undiszipliniertheit, das Drogenproblem, die Prostitution, die zunehmenden rassistischen Verhöhnungen der »gooks«* und durch die Greueltaten auf dem Schlachtfeld, ganz zu schweigen von dem Verfall der Währung und dem Schaden für die großstrategische Position der Vereinigten Staaten. Ho Chi Minh hatte gesagt, daß seine Seite bereit sei, Soldaten im Verhältnis zehn zu eins zu verlieren – und als sie tollkühn genug waren, aus dem Dschungel hervorzubre-

* »Gooks« ist ein vom amerikanischen Militär verwandtes Schimpfwort für Vietnamesen, Koreaner, Japaner und andere asiatische Völker. A. d. Ü.

chen und die Städte anzugreifen wie in der Tet-Offensive des Jahres 1968, geschah genau dies; aber trotz aller Verluste würde der Kampf nie aufgegeben, erklärte Ho Chi Minh weiter. Diese Art von Willensstärke gab es in Südvietnam nicht. Und die amerikanische Gesellschaft, in zunehmendem Maße über die Widersprüche des Krieges beunruhigt, war auch keineswegs bereit, für den Sieg Opfer zu bringen. Es zeigte sich, daß es für eine offene Gesellschaft unmöglich ist, einen halbherzigen, schlecht begründbaren Krieg erfolgreich zu führen. Dies war ein fundamentaler innerer Widerspruch, den weder McNamaras Systemanalysen noch die B-52-Bomber auf Guam aufwiegen konnten.[170]

Mehr als ein Jahrzehnt nach der Einnahme Saigons (April 1975) – und obwohl sich geradezu ein Strom von Büchern über alle Aspekte dieses Konfliktes über die Öffentlichkeit ergießt – ist es immer noch schwer einzuschätzen, wie der Vietnamkrieg die amerikanische Position in der Welt beeinflußt hat. Aus längerfristiger Perspektive betrachtet, beispielsweise rückblickend aus dem Jahr 2000 oder 2020, mag man Vietnam als einen begrüßenswerten Schock für die amerikanische globale Hybris (oder was Senator Fulbright die »Arroganz der Macht« genannt hat) ansehen, der das Land dazu zwang, grundlegender über seine politischen und strategischen Prioritäten nachzudenken und sich einer Welt vernünftiger anzupassen, die sich seit 1945 stark verändert hatte – mit anderen Worten, man könnte den Vietnamkrieg mit dem Schock vergleichen, den die Russen im Krimkrieg oder die Briten im Burenkrieg erlitten hatten: dieser Schock hatte in beiden Ländern zu Reformen und Neubewertungen geführt.

Die kurzfristigen Folgen des Krieges können jedoch nur als verheerend bezeichnet werden. Der enorme Anstieg der Kriegsausgaben, der genau zu dem Zeitpunkt kam, als die Sozialausgaben für Johnsons »Great Society« in die Höhe schnellten, zogen die amerikanische Wirtschaft stark in Mitleidenschaft. Darauf werden wir weiter unten noch zurückkommen. Während die Vereinigten Staaten Riesengelder in den Vietnamkrieg steckten, investierte die UdSSR immer größere Summen in ihre atomaren Streitkräfte – so daß sie eine grobe strategische Parität erreichte – und in ihre Marine, die in diesen Jahren zu einer großen Kraft in der globalen »Kanonenbootdiplomatie« aufstieg; und dieses zunehmende Ungleichgewicht wurde noch dadurch verschärft, daß sich die amerikanische Wählerschaft in den 70er Jahren für lange Zeit gegen hohe Militärausgaben wandte. 1978 lagen die Aufwendungen für die nationale Sicherheit bei nur fünf Prozent des Bruttosozialproduktes, niedriger als seit dreißig Jahren.[171] Die Moral der Streitkräfte sank, sowohl als Folge des Krieges als auch aufgrund der Kürzungen des Etats in der Nachkriegszeit. Umwälzungen des CIA und anderer Behörden schadeten ohne Zweifel der Effektivität der Streitkräfte, auch wenn sie zur Verhinderung von Mißbrauch wichtig waren. Die amerikanische Konzentration auf das Geschehen in Vietnam machte selbst den Alliierten Sorge. Die Art, in der die Regierung für ein korruptes Regime kämpfte, stieß die Öffentlichkeit in Westeuropa wie in der Dritten Welt ab und war ein wichtiger Faktor für das, was manche Autoren die amerikanische »Entfremdung« von einem Großteil des Planeten genannt haben.[172] Aufgrund des Krieges schenkte man Lateinamerika kaum noch Aufmerksamkeit – und es entwickelte sich eine Tendenz, Kennedys erhoffte »Alliance for Progress« (»Allianz für den Fortschritt«) durch militärische Unterstützung undemokratischer Regierungen und konterrevolutionärer Aktionen (wie die Intervention in der Dominikanischen Republik im Jahre 1965) zu ersetzen. Die nach dem Vietnamkrieg unvermeidbare öffentliche Diskussion darüber, in welchen Gegenden der Welt die Vereinigten Staaten zukünftig zur Not militärisch eingreifen würden und in welchen *nicht*, beunruhigte die Alliierten, ermutigte ohne Zweifel die Feinde und veranlaßte schwankende Neutrale, sich bei der anderen Seite rückzuversichern. In den Sitzungen der Vereinten Nationen wirkte der amerikanische Delegierte zunehmend belagert und isoliert. Seit Henry Luces Behauptung, die Vereinigten Staaten seien der ältere Bruder in der Bruderschaft der Menschheit, hatte sich die Situation grundlegend geändert.[173]

Die andere machtpolitische Konsequenz des Vietnamkrieges lag darin, daß er Washingtons Erkenntnis des Ausmaßes der chinesisch-sowjetischen Spaltung um beinahe ein Jahrzehnt verzögerte. Somit hatte man auch die Chance versäumt, eine der Situation entsprechende Politik zu entwickeln. Es war daher um so erstaunlicher, daß dieses Versäumnis, kurz nachdem der Kommunismushasser Richard Nixon im Januar 1969 das Amt des Präsidenten angetreten hatte, nachgeholt werden sollte. Aber Nixon besaß mit Professor Gaddis' Worten »eine einzigarte Kombination von ideologischer Starrheit und politischem Pragmatismus«[174] – und letzterer kam besonders in seinem Umgang mit ausländischen Großmächten zum Ausdruck. Obwohl Nixon Radikale im eigenen Lande bekämpfte und beispielsweise Allendes Chile mit seiner sozialistischen Politik feindlich gegenüberstand, war es sein Grundsatz, sich in seiner globalen Diplomatie nicht von Ideologie bestimmen zu lassen. Für ihn bestand kein großer Widerspruch darin, 1972 eine massive Verstärkung der Bombardierung Vietnams anzuordnen – um Hanoi zu zwingen, die amerikanischen Friedensbedingungen zu akzeptieren – und im selben Jahr nach China zu reisen, um mit Mao Tse-tung das Kriegsbeil zu begraben. Noch bezeichnender war, daß er Henry Kissinger zu seinem nationalen Sicherheitsberater (und später zum Außenminister) ernannte. Kissingers Zugang zur Weltpolitik war historisch und relativistisch; die Ereignisse mußten im größeren Kontext betrachtet und zueinander in Beziehung gesetzt werden; Großmächte sollten nach ihren Handlungen beurteilt werden, nicht nach ihrer innenpolitischen Ideologie. Eine absolute Suche nach Sicherheit war in seinen Augen utopisch, da dies alle absolut unsicher machen mußte – man konnte nur hoffen, relative Sicherheit zu erreichen, die auf einem vernünftigen Gleichgewicht globaler Kräfte beruhte. Dies zeugte von der reifen Erkenntnis, daß die Weltpolitik nie völlig harmonisch sein würde und von der Bereitschaft Kompromisse auszuhandeln. Wie die Staatsmänner, über die er geschrieben hatte (Metternich, Castlereagh, Bismarck) glaubte Kissinger, daß es »der Anfang aller Weisheit in zwischenmenschlichen und internationalen Angelegenheiten ist, zu wissen, wann man aufhören muß«.[175] Seine Aphorismen waren ganz im Stile Palmerstons (»Wir haben keine permanenten Feinde«) und Bismarcks (»Die Feindschaft zwischen China und der Sowjetunion diente unseren Zwekken am besten, wenn wir mit beiden Seiten engere Beziehungen aufrechterhielten als sie miteinander«)[176] und beispiellos in der amerikanischen Diplomatie seit Kennan. Aber Kissinger hatte viel bessere Möglichkeiten, Politik zu gestalten, als Kennan, der die

Staatsmänner des 19. Jahrhunderts ebenso bewunderte, sie je gehabt hatte.[177]

Ferner war sich Kissinger der Grenzen amerikanischer Macht bewußt. Er sah nicht nur, daß sich die Vereinigten Staaten keinen ausgedehnten Krieg in den Dschungeln Südostasiens leisten *und* gleichzeitig ihre anderen, lebenswichtigeren Interessen aufrechterhalten konnten, sondern er und Nixon erkannten auch, daß sich das Gleichgewicht der Welt veränderte und daß neue Kräfte die bislang unangefochtene Vorherrschaft der beiden Supermächte untergruben. Zwar waren die Supermächte militärisch immer noch viel stärker als die anderen, aber in allen sonstigen Bereichen war die Welt multipolarer geworden. »In wirtschaftlicher Beziehung«, bemerkte Kissinger 1973, »gibt es mindestens fünf größere Gruppierungen. Politisch haben sich noch viel mehr Zentren des Einflusses herausgebildet ...« Im Anklang an (und mit Ergänzungen zu) Kennan identifizierte er fünf wichtige Regionen: die Vereinigten Staaten, die UdSSR, China, Japan und Westeuropa; und im Gegensatz zu vielen in Washington und (vielleicht) allen in Moskau begrüßte er diese Veränderung. Ein *Konzert* großer Mächte, die sich gegenseitig ausbalancierten, wobei keiner den anderen dominierte, wäre eine »sicherere und eine bessere Welt« als die bipolare Situation, in der »der Gewinn einer Seite als der absolute Verlust der anderen erscheint«.[178] Im Vertrauen auf seine Fähigkeit, die amerikanischen Interessen in einer solch pluralistischen Welt verteidigen zu können, drängte Kissinger auf eine fundamentale Neuausrichtung der amerikanischen Diplomatie.

Die diplomatische Revolution, die durch das stetige chinesisch-amerikanische *rapprochement* nach 1971 verursacht wurde, hatte eine tiefgreifende Wirkung auf die »globale Korrelation der Kräfte«. Obwohl Japan von Washingtons Schritt überrascht wurde, hatte es nun das Gefühl, endlich Beziehungen zur Volksrepublik China aufbauen zu können, die seinem blühenden asiatischen Handel weiteren Auftrieb gaben. Der Kalte Krieg in Asien war, so schien es, vorbei – oder vielleicht ist es besser zu sagen, daß er komplizierter geworden war: Pakistan, das als diplomatisches Zwischenglied für stillschweigende Verständigungen zwischen Washington und Peking gedient hatte, erhielt während seines Zusammenstoßes mit

Indien im Jahre 1971 von beiden Seiten Unterstützung; Moskau trat, wie vorherzusehen gewesen war, auf Neu-Delhis Seite. Auch in Europa hatten sich die Gewichte verschoben. Alarmiert durch Chinas Feindseligkeit und bestürzt über Kissingers Diplomatie, schien es dem Kreml vernünftig, den SALT-I-Vertrag abzuschließen und verschiedene andere Versuche zu unternehmen, die Beziehungen zu Ländern auf der anderen Seite des Eisernen Vorhangs zu verbessern. Die UdSSR hielt sich auch zurück, als Kissinger nach den Spannungen zwischen Moskau und den Vereinigten Staaten zur Zeit des arabisch-israelischen Krieges im Jahre 1973 mit seiner »Pendeldiplomatie« begann, um Ägypten und Israel zu versöhnen, und dabei die Sowjetunion erfolgreich aus einer bedeutenden Rolle drängte.

Es ist schwer zu sagen, wie lange Kissinger diesen Jonglierakt im Stile Bismarcks hätte aufrechterhalten können, wenn die Watergate-Affäre Nixon nicht im August 1974 aus dem Weißen Haus gefegt hätte und so viele Amerikaner noch mißtrauischer gegenüber ihrer Regierung gemacht hätte. Wie die Dinge lagen, blieb der Außenminister während Fords Amtszeit auf seinem Posten, aber seine Handlungsfreiheit wurde immer stärker eingeschränkt. Forderungen für den Verteidigungsetat wurden häufig vom Kongreß zusammengestrichen. Jede weitere Hilfe für Südvietnam, Kambodscha und Laos wurde im Februar 1975, wenige Monate bevor diese Staaten überrannt wurden, eingestellt. Der »War Powers Act« begrenzte die Möglichkeiten des Präsidenten, amerikanische Truppen nach Übersee zu entsenden. Der Kongreß hatte beschlossen, daß man sowjetisch-kubanischen Interventionen in Angola nicht entgegentreten durfte, indem man CIA-Gelder und Waffen an die prowestlichen Parteiungen dort schickte. Als die republikanische Rechte angesichts dieses Verfalls amerikanischer Macht im Ausland zunehmend nervös wurde und Kissinger beschuldigte, nationale Interessen (den Panamakanal) und alte Freunde (Taiwan) aufzugeben, begann die Position des Außenministers, schon bevor Ford in der Wahl des Jahres 1976 sein Amt verlor, zu bröckeln.

Da die Vereinigten Staaten in den 70er Jahren mit ernsten sozioökonomischen Problemen rangen und verschiedene politische Gruppen versuchten, sich mit einer reduzierten internationalen Position des Landes zu versöhnen, war es vielleicht unvermeidlich, daß ihre Außenpolitik unberechenbarer war als in ruhigen Zeiten. Aber in den nächsten Jahren sollte es »Schwankungen« der Politik geben, die nach allen Maßstäben bemerkenswert waren. Erfüllt von den ehrwürdigsten Überzeugungen Gladstones und Wilsons, eine »gerechtere« Weltordnung zu schaffen, trat Carter munter in ein internationales System ein, in dem viele der anderen Akteure (besonders in den »Krisengebieten« der Welt) keineswegs die Absicht hatten, ihre Politik im Einklang mit christlichen Prinzipien zu führen. Angesichts der Unzufriedenheit der Dritten Welt über die wirtschaftliche Kluft zwischen armen und reichen Nationen, die durch die Öl-Krise von 1973 noch verbreitert wurde, zeugten seine Bemühungen um Zusammenarbeit zwischen Nord und Süd von Besonnenheit und Großmut. Auch seine Neuaushandlung des Panamakanal-Vertrages und seine Abneigung, jede Reformbewegung in Lateinamerika mit Marxismus gleichzusetzen, waren von gesundem Menschenverstand geleitet. Carter erhielt außerdem gerechtfertigte Anerkennung für seine »Vermittlungsarbeit« im Camp-David-Abkommen zwischen Ägypten und Israel – obwohl ihn die kritische Reaktion der anderen arabischen Nationen, die der Sowjetunion wiederum die Möglichkeit gab, ihre Beziehungen zu den radikaleren Staaten im Mittleren Osten zu stärken, nicht so hätte überraschen dürfen. Trotz aller ehrenwerten Absichten indessen scheiterte die Carter-Regierung an den Klippen einer komplexen Welt, die immer weniger bereit war, sich amerikanischem Rat zu beugen, und an ihrer eigenen inkonsistenten Politik (oft verursacht durch Streitigkeiten innerhalb der Regierung).[179] Autoritäre, rechte Regime wurden weltweit wegen ihrer Menschenrechtsverletzungen angeklagt und unter Druck gesetzt, und doch unterstützte Washington weiterhin Präsident Mobutu in Zaire, König Hassan von Marokko und den Schah des Iran – zumindest bis zur Absetzung des letzteren im Jahre 1979, die zum Geiseldrama und zu dem fehlgeschlagenen Rettungsversuch führte.[180] In anderen Teilen der Welt von Nicaragua bis Angola fand die Regierung nur schwer demokratisch-liberale Kräfte, die es wert waren, unterstützt zu werden, und sie zögerte, sich entschlossen gegen marxistische Revolutionäre zu engagieren. Auch Carter hoffte, die Verteidigungsausgaben niedrig halten zu können und erschien verblüfft, daß die Entspannung mit der UdSSR weder die Rüstungsausgaben dieses Landes noch seine Aktionen in der Dritten Welt gebremst hatte. Als die russischen Truppen Ende 1979 in Afghanistan einmarschierten, zog Washington, das inzwischen in hohem Maße aufrüstete, den SALT-II-Vertrag zurück, stellte die Getreideverkäufe an Moskau ein und begann – besonders bei Brzezinskis berüchtigten Besuchen in China und Afghanistan – genau jene »Machtpolitik« zu treiben, die der Präsident nur vier Jahre zuvor verurteilt hatte.[181]

Wenn die Carter-Regierung ihr Amt mit einer Reihe von einfachen Rezepten für eine komplexe Welt angetreten hatte, so waren die Vorstellungen seines Nachfolgers im Jahre 1980 nicht weniger einfach – nur völlig anders. Durchdrungen von einer emotionalen Reaktion gegen alles, was mit den Vereinigten Staaten in den letzten zwei Jahrzehnten »schiefgegangen« war, gestärkt durch einen überwältigenden Wahlsieg, der sehr von der Erniedrigung im Iran beeinflußt war, getrieben von einer ideologischen Sicht der Welt, die zeitweise regelrecht manichäisch erschien, ging die Reagan-Regierung sofort daran, das Staatsschiff auf völlig neuen Kurs zu bringen. Entspannung war nicht mehr gefragt, da sie lediglich eine Maskierung des russischen Expansionismus darstellte. Die Aufrüstung wurde auf allen Gebieten verstärkt. Menschenrechte standen nicht mehr auf der Tagesordnung; »autoritäre Regierungen« genossen Wohlwollen. Erstaunlicherweise war selbst die »chinesische Karte« aufgrund der Unterstützung Taiwans durch die republikanische Rechte verdächtig. Wie zu erwarten war, scheiterte ein großer Teil dieser Einfalt an den komplexen Realitäten der modernen Welt, ganz zu schweigen vom Widerstand des Kongresses und der Öffentlichkeit, die den anheimelnden Patriotismus des Präsidenten liebte, aber seiner Politik des Kalten Krieges mißtraute. Interventionen in Lateinamerika oder an irgendwelchen anderen dschungelbewachsenen Orten, die an Vietnam erinnerten, wurden ständig blockiert. Die Eskalation des atomaren Wettrüstens produzierte weitverbreitetes Unbehagen und ein Drängen auf neue Abrüstungsgespräche, besonders wenn Stützen der Regierung davon sprachen, sich in einer atomaren Konfrontation mit der Sowjetunion »zu behaupten«. Autoritäre Regime in den Tropen, die oft durch ihre Verbindung zur amerikanischen Regierung noch unbeliebter geworden waren, brachen zusammen. Die Europäer waren bestürzt über eine Logik, die ihnen verbieten wollte, von der UdSSR Erdgas zu kaufen, aber amerikanischen Farmern erlaubte, diesem Land Getreide zu liefern. Im Mittleren Osten widersprach die Unfähigkeit der Reagan-Regierung, Begins Israel unter Druck zu setzen, seiner Strategie, die arabische Welt zu einer anti-russischen Front zusammenzuschließen. Bei den Vereinten Nationen schienen die Vereinigten Staaten isolierter denn je; 1984 hatten sie sich aus der UNESCO zurückgezogen – eine Situation, die Franklin Roosevelt in Erstaunen versetzt hätte. Durch eine faktische Verdoppelung des Verteidigungsetats innerhalb von fünf Jahren besaßen die Vereinigten Staaten mit Sicherheit ein größeres Waffenarsenal als 1980; aber ob das Pentagon für seine Riesengelder entsprechende Gegenwerte erhielt, wurde immer mehr in Frage gestellt. Man zweifelte außerdem daran, daß es in der Lage war, die Rivalitäten zwischen den einzelnen Waffengattungen zu kontrollieren.[182] Die Invasion Grenadas, die als großer Erfolg in die Medien einging, erinnerte in verschiedenen *operativen* Aspekten besorgniserregend genau an eine »Gilbert and Sullivan«*- Posse. Zuletzt fragten sich selbst wohlwollende Beobachter, ob diese Administration überhaupt eine zusammenhängende Großstrategie ausarbeiten konnte, da sich so viele ihrer Mitglieder miteinander stritten (selbst nach Haigs Rücktritt als Außenminister), da ihr Präsident kritischen Fragen so wenig Aufmerksamkeit zu widmen schien und da sie die Welt (mit wenigen Ausnahmen) durch eine so ethnozentrische Brille betrachtete.[183]

Viele dieser Fragen werden im letzten Kapital aufgegriffen werden. Die verschiedenen Probleme der Carter- und Reagan-Administrationen sind hier zusammen aufgeführt worden, weil sie insgesamt gesehen die amerikanische Aufmerksamkeit von den größeren Tendenzen der globalen Politik ablenkten – und inbesondere von der Verwandlung einer bipolaren in eine multipolare Welt, die Kissinger so früh erkannte und der er seine Politik anzupassen begann. (Wie wir später sehen werden, bedeutete auch der Aufstieg der drei anderen Zentren politischer und wirtschaftlicher Macht – Westeu-

* Gilbert und Sullivan: amerikanische Komiker.

ropa, China und Japan – nicht, daß diese Länder frei von Problemen waren; aber das ist hier nicht der Punkt.) Noch wichtiger war, daß die amerikanische Konzentration auf die Probleme in Nicaragua, dem Iran, Angola, Libyen und so weiter immer noch die Tatsache verschleierte, daß das von den Umwandlungen der Weltpolitik in den 70er Jahren am meisten betroffene Land die UdSSR war – eine Überlegung, die einer kurzen Erläuterung bedarf, bevor dieser Abschnitt beendet wird.

Daß die UdSSR ihre militärische Stärke in diesen Jahren erhöht hatte, stand außer Zweifel. Aber wie Professor Ulam betont, bedeutete dies aufgrund anderer Entwicklungen lediglich, daß

> die Führer der Sowjetunion in einer Position waren, in der sie die unangenehme Entdeckung, welche die Amerikaner in den 40er und 50er Jahren gemacht hatten, nachvollzogen; größere Macht gibt dem Staat nicht automatisch größere Sicherheit, besonders nicht im Atomzeitalter. Aus beinahe jeder Sicht, wirtschaftlicher und militärischer, absoluter und relativer, war die UdSSR unter Breschnew viel mächtiger als unter Stalin. Aber mit dieser erhöhten Stärke gingen neue internationale Entwicklungen und ausländische Verpflichtungen einher, die den sowjetischen Staat gegen äußere Gefahren und die Turbulenzen der Weltpolitik verwundbarer machten, als er es beispielsweise 1952 gewesen war.[184]

Ferner hatten die Vereinigten Staaten in den letzten Jahren der Carter-Regierung eine Aufrüstung begonnen – und unter der Reagan-Regierung mit massiver Geschwindigkeit fortgesetzt –, welche die militärische Überlegenheit der USA auf dem Gebiet der strategischen Atomwaffen wiederherzustellen, die maritime Überlegenheit zu verstärken und die fortschrittliche Technologie mehr denn je zu betonen drohte. Die zornige sowjetische Erwiderung, daß sie sich von den Vereinigten Staaten weder finanziell noch militärisch übertreffen lassen würden, konnte die unangenehme Tatsache nicht verdecken, daß dies eine Wirtschaft, deren Wachstum sich bedeutend verlangsamt hatte und die in keiner guten Position war, sich in ein »High-Technology-Rennen« zu stürzen, zunehmend unter Druck setzen mußte.[185] In den späten 70er Jahren war die UdSSR in der peinlichen Lage, große Mengen ausländischen *Getreides* importieren zu müssen, ganz zu schweigen von ausländischer Technologie. Ihre Satellitenstaaten in Osteuropa wurden, bis auf die privilegierten Kader der kommunistischen Partei, immer mißmutiger; besonders die Unzufriedenheit in Polen war ein schreckliches Problem, und auch eine Wiederholung der Invasion in die Tschechoslowakei 1968 schien wenig Erleichterung zu versprechen. Weit im Süden führte der drohende Verlust des afghanischen Pufferstaates an ausländischen (wahrscheinlich chinesischen) Einfluß zu dem Staatsstreich von 1979, der sich nicht nur zum militärischen Sumpf entwickelte, sondern außerdem einen verheerenden Effekt auf die Stellung der Sowjetunion im Ausland hatte.[186] Die russischen Aktionen in der Tschechoslowakei, in Polen und Afghanistan hatten die Anziehungskraft der UdSSR als ein »Modell« für andere, ob in Westeuropa oder in Afrika, stark reduziert. Der moslemische Fundamentalismus im Mittleren Osten war ein beunruhigendes Phänomen, das sich (wie im Iran) gegen die lokalen Kommunisten und gegen die pro-amerikanischen Gruppierungen zugleich zu entladen drohte. Vor allen Dingen war da noch die unerbittliche chinesische Feindschaft, die aufgrund der Komplikationen in Afghanistan und Vietnam Ende der 70er Jahre markanter schien als zu Beginn des Jahrzehnts.[187] Wenn eine der beiden Supermächte »China verloren« hatte, dann war es die Sowjetunion. Und schließlich sollte es durch die Ethnozentrik, das starke Mißtrauen der alternden Führer und durch den Widerstand der heimischen Elite, der *Nomenklatura*, gegen umfassende Reformen für die UdSSR schwerer sein als für die Vereinigten Staaten, sich dem neuen globalen Machtgefüge anzupassen.

All dies hätte für Washington einigen Trost bedeuten und als eine Leitlinie für eine entspanntere und verfeinerte Sicht außenpolitischer Probleme dienen müssen, selbst wenn diese unerwartet auftraten und unangenehm waren. Zugegebenermaßen wurde die Reagan-Regierung in manchen Fragen, wie beispielsweise der Modifizierung der früheren Unterstützung für Taiwan, pragmatischer und konzilianter. Aber die Sprache der Wahlkampagne von 1979–1980 ließ sich nur schwer abschütteln, vielleicht weil sie nicht nur reine Rhetorik war, sondern eine fundamentalistische Sicht der Weltordnung und des vom Schicksal bestimmten Platzes der Vereinigten Staaten in dieser Ordnung widerspiegelte. Wie so oft in der Vergangenheit erschwerten solche Gefühle den Ländern den Umgang mit den tatsächlichen außenpolitischen Problemen – deren Realität sich manchmal sehr von den ideologischen Vorurteilen unterschied.

Die Verschiebungen der wirtschaftlichen Kräfteverhältnisse, 1950–1980

Im Juli 1971 wiederholte Richard Nixon vor Journalisten und Fernsehleuten seine oft geäußerte Meinung, daß es nun fünf Zentren weltwirtschaftlicher Macht gebe: Westeuropa, Japan, China, die UdSSR und die Vereinigten Staaten. »Dies sind die fünf, welche die ökonomische Zukunft bestimmen werden und, *weil ökonomische Macht der Schlüssel zu den anderen Formen der Macht sein wird,* welche die Zukunft der Welt im letzten Drittel dieses Jahrhunderts in Händen halten.«[188] Wenn diese Bemerkung des Präsidenten über die Bedeutung ökonomischer Macht richtig ist, dann muß man sich die Verschiebungen, die seit dem Beginn des Kalten Krieges vonstatten gingen, deutlicher vor Augen führen. Denn obwohl der internationale Handel und die Entwicklung der Ökonomie einigen ungewöhnlichen Turbulenzen ausgesetzt waren (besonders in den 70ern), schälten sich doch einige Langzeittrends heraus, die sehr wahrscheinlich auch die Weltpolitik der absehbaren Zukunft bestimmen werden.

Wie bei allen früheren Perioden, mit denen sich dieses Buch beschäftigt, kann auch hier von Genauigkeit in den vergleichenden wirtschaftlichen Statistiken nicht die Rede sein. Im Gegenteil, der steile Anstieg der Zahl von Statistikern in Regierungsdiensten und die Verfeinerung der Methoden seit den Tagen von Mulhalls *Dictionary of Statistics* haben eher noch deutlicher gemacht, wie schwierig es ist, überhaupt einigermaßen treffende Vergleiche anzustellen. Der Widerwille »geschlossener« Gesellschaften, ihre Zahlen zu veröffentlichen, unterschiedliche nationale Maßstäbe in der Berechnung der Produktivität und die fluktuierende Bewertung der Wechselkurse machen zusammengenommen jeden Versuch, ökonomische Zahlen zu vergleichen, sehr zweifelhaft.[189] Auf der anderen Seite sind gewisse statistische Indikatoren durchaus brauchbar und lassen sich mit einiger Verläßlichkeit mit anderen korrelieren, und auf die Weise kommt man zu breiten Trends, die sich über große Zeiträume auswirken.

Der erste und bei weitem bedeutendste Trend ist jener, den Bairoch zu Recht als »eine völlig beispiellose Wachstumsrate in der globalen Industrieproduktion«[190] während der Jahrzehnte nach dem Zweiten Weltkrieg bezeichnet hat. Zwischen 1953 und 1975 erreichte dieses Wachstum im Durchschnitt 6 Prozent (4 Prozent pro Kopf), und selbst in der Periode von 1973 bis 1980 betrug es noch 2,4 Prozent im Jahr, was in historischen Maßstäben sehr respektabel ist. Bairochs Kalkulation der »Weltindustrieproduktion«, die durch Rostows Zahlen bestätigt werden,[191] vermittelt ein Gefühl dieses schwindelerregenden Anstiegs (siehe Tabelle 39).

Tabelle 39 Weltproduktion der verarbeitenden Industrien 1830–1980[192] (1900 = 100)

	Gesamtproduktion	Jährliche Wachstumsrate
1830	34,1	(0,8)
1860	41,8	0,7
1880	59,4	1,8
1900	100,0	2,6
1913	172,4	4,3
1928	250,8	2,5
1938	311,4	2,2
1953	567,7	4,1
1963	950,1	5,3
1973	1730,6	6,2
1980	3041,6	2,4

Dazu führt Bairoch aus: »Die akkumulierte weltweite Industrieproduktion zwischen 1953 und 1973 ist im Volumen vergleichbar mit jener der anderthalb Jahrhunderte zwischen 1800 und 1953.«[193] Die Erholung der vom Krieg verwüsteten Länder, die Entwicklung neuer Technologien, der sich fortsetzende Trend weg von der Landwirtschaft und hin zur Industrie, die intensive Nutzung nationaler Ressourcen durch »Planwirtschaften« und die Verbreitung der Industrialisierung auch auf die Dritte Welt – dies alles trug dazu bei, den dramatischen Wandel herbeizuführen.

Noch spektakulärer – und aus den gleichen Gründen – wuchs nach 1945 der Welthandel. Seine Dynamik stand im klaren Kontrast zu den Verzerrungen in der Ära der zwei Weltkriege:

Tabelle 40 Welthandelsvolumen 1850–1971 (1913 = 100)[194]

1850	10,1	1938	103
1896–1900	57,0	1948	103
1913	100,0	1953	142
1921–1925	82	1963	269
1930	113	1968	407
1931–1935	93	1971	520

Noch ermutigender war, wie Ashworth nachgewiesen hat, daß ab 1957 der Welthandel mit Industriegütern zum ersten Mal überhaupt den mit Produkten des primären Sektors überstieg. Der Anstieg in der Industrieproduktion in diesen Jahrzehnten war beträchtlich größer als der (immerhin sehr eindrucksvolle) Anstieg bei der Agrarproduktion und den Mineralien (siehe Tabelle 41).

Tabelle 41 Prozentualer Anstieg der Weltproduktion 1948–1968[195]

	1948–1958	1958–1968
Landwirtschaftliche Güter	32 %	30 %
Mineralien	40 %	58 %
Industrieprodukte	60 %	100 %

Bis zu einem gewissen Grade erklärt sich diese Disparität aus den großen Zuwächsen in der Industrieproduktion und im Handel zwischen den hochentwickelten Industriestaaten (insbesondere denen in der Europäischen Gemeinschaft). Aber ihr steigender Bedarf an Gütern des primären Sektors und der Beginn der Industrialisierung in einer wachsenden Zahl von Ländern der Dritten Welt bedeutete auch, daß die Ökonomien in den Entwicklungsländern ebenfalls schneller wuchsen als zu jeder anderen Zeit im 20. Jahrhundert.[196]

Bei allen Schäden, die der westliche Imperialismus in vielen Gesellschaften in anderen Teilen der Welt hinterlassen hat, scheinen die Exporte und das allgemeine wirtschaftliche Wachstum dieser Gesellschaften am meisten profitiert zu haben, als die Industrienationen sich in ihrer Periode der Ausdehnung befanden. Weniger Entwickelte Länder (Less Developed Countries), argumentiert zum Beispiel Foreman-Peck, wuchsen im 19. Jahrhundert schnell, als »offene« Ökonomien wie Großbritannien rapide expandierten. Und diese Länder traf es am schwersten, als die industrielle Welt in die Wirtschaftskrise der 30er Jahre stürzte. Während der 60er und 70er Jahre konnten sie wiederum höhere Zuwachsraten vorweisen, weil die entwickelten Länder einen Boom erlebten, die Nachfrage nach Rohstoffen stieg und die Industrialisierung sich ausbreitete.[197] Nach dem Tiefpunkt im Jahre 1953 (6,5 Prozent) zeigen Bairochs Zahlen, daß der Anteil der Dritten Welt an der globalen Produktion stetig stieg, auf 8,5 Prozent (1963), dann 9,9 Prozent (1973) und 12 Prozent (1980).[198] Nach Schätzungen der CIA verlief dieser Anstieg von 11,1 Prozent (1960) über 12,3 Prozent (1970) auf 14,8 Prozent (1980).[199]

Angesichts der Bevölkerungszahl in der Dritten Welt war indessen ihr Anteil an der Weltproduktion noch immer unverhältnismäßig niedrig – und ihre Armut erschreckend. Das Bruttoinlandsprodukt pro Kopf in den Industriestaaten 1980 betrug 10660 Dollar, aber nur 1850 Dollar pro Kopf in den Ländern mittleren Einkommens wie Brasilien und schockierende 250 Dollar pro Kopf in den ärmsten Drittweltländern wie Zaire.[200] Wenn auch der Anteil der Weniger Entwickelten Länder an der Weltproduktion *im Ganzen* wuchs, war dieser Gewinn nicht gleichmäßig verteilt. Schon als sich die kolonialistischen Staaten zurückzogen, gab es große Unterschiede im Wohlstand der tropischen Länder, genauso wie vor dem Zeitalter des Imperialismus. Sie wurden durch die ungleichmäßigen Muster der Nachfrage nach den Produkten der Länder verschärft, durch die unterschiedlichen Entwicklungshilfeleistungen, die sie sich sichern konnten, durch die Probleme des Klimas, der politischen Entwicklungen, der Umwelteingriffe und durch ökonomische Kräfte, die ganz außerhalb ihrer Kontrolle lagen. Trockenheit konnte ein Land um Jahre zurückwerfen. Bürgerkriege, Guerillaaktivitäten, die Umsiedlung von Bauern konnte die landwirtschaftliche Produktion reduzieren und den Handel zerstören. Fallende Preise auf den internationalen Märkten, ob nun für Erdnüsse oder Zinn, konnten auf ein einziges Produkt eingestellte Ökonomien fast zum Stillstand bringen. Steigende Zinsen oder ein Anstieg im Wechselkurs des Dollar konnten sie schwer treffen. Ein starkes Bevölkerungswachstum, begründet durch westliche Erfolge in der Seuchenbekämpfung, erhöhte den Druck auf die Nahrungsvorräte und drohte, alle Gewinne im Nationaleinkommen wieder zunichte zu machen. Andererseits gab es Länder, die eine »grüne Revolution« erlebten, deren landwirtschaftliche Produktion durch verbesserte agrarische Techniken und neue Pflanzensorten kräftig anwuchs. Überdies brachten die massiven Einkünfte einiger Länder, die das Glück hatten, Öl zu besitzen, diese in eine ganz andere ökonomische Kategorie – wenn auch die sogenannten OPEC-Staaten unter den Weniger Entwickelten Ländern litten, als in den frühen 80er Jahren die Ölpreise zerfielen. Und schließlich entstanden in einer der bedeutendsten Entwicklungen überhaupt eine Reihe von »Handelsstaaten«, wie Rosecrance sie genannt hat – Südkorea, Taiwan, Singapur und Malaysia. Diese Staaten ahmten in ihrem Unternehmertum und ihrer Produktion von Industriegütern für den Weltmarkt Japan, Westdeutschland und die Schweiz nach.[201]

Die Disparität unter den Weniger Entwickelten Ländern verweist auf den zweiten Faktor des makroökonomischen Wandels über die letzten Jahrzehnte – die differenzierten Zuwachsraten unter den Nationen der Welt. Dies trifft auf die Industriestaaten genauso zu wie auf die kleineren Länder. Da es dieser Trend ist, der – nach den Präzedenzen der vorhergehenden Jahrhunderte – letztlich den größten Einfluß auf das internationale Machtgefüge hatte, mag eine genauere Analyse seiner Auswirkung auf die wichtigsten Nationen in diesen Jahrzehnten nützlich sein.

Ohne Zweifel ist die ökonomische Transformation Japans nach 1945 das spektakulärste Beispiel einer durchgehaltenen Modernisierung in diesem Zeitraum. Es hat fast alle der bestehenden »fortgeschrittenen« Länder als kommerzieller und technologischer Konkurrent deklassiert, und es wurde zum Vorbild für die anderen asiatischen »Handelsstaaten«. Sicherlich hatte sich Japan auch schon ein Jahrhundert zuvor ausgezeichnet, als es das erste asiatische Land war, das den Westen sowohl ökonomisch als auch – zu seinem Unheil – militärisch und machtpolitisch kopierte. Obwohl das Land aus dem Krieg von 1937 bis 1945 schwerste Schäden davontrug und von seinen traditionellen Märkten und Zulieferern abgeschnitten war, besaß es eine industrielle Infrastruktur, die wiederhergestellt werden konnte, und eine begabte, gut ausgebildete und gesellschaftlich kohärente Bevölkerung, deren Ehrgeiz jetzt in friedliche kommerzielle Bahnen gelenkt werden konnte. Einige Jahre nach 1945 lag Japan danieder, ein besetztes Land, abhängig von amerikanischer Hilfe. Im Jahre 1950 schlug das um – ironischerweise in hohem Maße, weil die Amerikaner viel Geld für den Koreakrieg ausgaben, was Japans exportorientierte Wirtschaft ankurbelte. Toyota zum Beispiel stand kurz vor dem Scheitern, als es durch erste Lastwagenaufträge des amerikanischen Verteidigungsministeriums gerettet wurde. Ähnliches geschah mit anderen Firmen.[202]

An dem »japanischen Wunder« war natürlich mehr als nur das Stimulans amerikanischer Verteidigungsausgaben während des Koreakrieges und dann wiederum im Vietnamkrieg. Die Erklärungen in Buchform, wie das Land sich entwickelte und wie andere es imitieren könnten, ist selbst zu einer kleinen Wachstumsindustrie geworden.[203] Ein Hauptgrund war sein fanatischer Glaube an höchste Qualität und die Übernahme der besten Technik und der fortgeschrittensten Produktionsmethoden aus dem Westen. Es profitierte sehr vom ausgezeichneten Bildungsstand seiner Bevölkerung und von der gewaltigen Zahl an Ingenieuren, an Elektronikexperten und Automobilmechanikern. Hinzu kam ein gesellschaftliches Ethos, das die Arbeit und die Firmentreue betonte, und das dazu beitrug, Meinungsverschiedenheiten zwischen Management und Arbeiterschaft friedlich und in einer Mischung aus Kompromißbereitschaft und gegenseitiger Achtung beizulegen. Die Wirtschaft brauchte enorme Ströme an Kapital, um das permanente Wachstum durchzuhalten, und die bekam sie – zum Teil weil so wenig Gelder in die Verteidigung flossen, da sich Japan als ein »demilitarisiertes« Land unter den strategischen Schirm der USA begeben hatte, aber vielleicht noch mehr, weil die japanische Steuerpolitik das Sparen begünstigte – so sammelten sich Gelder, die dann zu Investitionen genutzt werden konnten. Japan profitierte auch von der Rolle, die sein MITI spielte (sein Ministerium für internationalen Handel und Industrie). Das MITI »pflegte und schützte junge Industrien und technologische Entwicklungen, während es zugleich die geordnete Auflösung alternder, zerfallender Industrien koordinierte«[204] – all dies in ganz anderer Form als zum Beispiel in Amerikas Laisser-faire-Wirtschaft.

Aus welchen Elementen man die Erklärung für den Erfolg auch immer zusammensetzen will – und andere Japan-Experten würden kulturelle und soziologische Gründe stärker betonen, ganz zu schweigen von jenem undefinierbaren Zusatzeffekt nationalen Selbstvertrauens in einem Volk, dessen Zeit gekommen ist –, das Ausmaß dieses Erfolges ist unleugbar. Zwischen 1950 und 1973 stieg das Bruttoinlandsprodukt mit einem phantastischen Durchschnitt von 10,5 Prozent jährlich, weit schneller als in jedem anderen industrialisierten Land. Und selbst die Ölkrise von 1973/74, welche die Wachstumskräfte in der Welt hart traf, hinderte Japans Wachstumsrate in den folgenden Jahren nicht daran, beinahe doppelt so hoch zu sein wie die jedes Rivalen. Die Skala der Industriegüter, in denen Japan mit der Zeit zum beherrschenden Anbieter wurde, war überwältigend: Kameras, Küchengeräte, Fernseher und Radios, Musikinstrumente, Motorräder – die Liste erscheint endlos. Japanische Produkte forderten die Schweizer Uhrenindustrie heraus, bedrängten die deutsche Industrie für optische Geräte und zerstörten die britische und amerikanische Herstellung von Motorrädern. Innerhalb eines Jahrzehnts legten Japans Werften 50 Prozent der Welttonnage auf Kiel. Im Laufe der 70er produzierten seine moderneren Stahlwerke soviel wie die amerikanische Stahlindustrie. Noch dramatischer war die Entwicklung der Automobilindustrie. Zwischen 1960 und 1984 wuchs Japans Anteil an der Weltproduktion von 1 auf 23 Prozent – und infolgedessen wurden japanische Autos und Lastwagen in Millionenstückzahlen in die ganze Welt exportiert. Stetig und unerbittlich bewegte sich das Land von der »Low Technology« in den Bereich der »High Technology«, wandte sich Computern, der Telekommunikation, der Luft- und Raumfahrt, Industrierobotern und der Biotechnologie zu. Stetig und unerbittlich stieg sein Handelsbilanzüberschuß und verwandelte das Land auch in einen finanziellen Giganten – und sein Anteil an der Weltproduktion und an den Weltmärkten wuchs. Am Ende der Besatzungszeit 1952 war Japans »Bruttoinlandsprodukt wenig größer als ein Drittel des französischen oder englischen. In den späten 70ern war Japans BIP so groß wie das Frankreichs und Englands *zusammengenommen* und mehr als halb so groß wie das Amerikas.«[205] Innerhalb einer Generation war sein Anteil an der Weltproduktion von zwei bis drei Prozent auf etwa zehn Prozent gewachsen – und wuchs weiter. Nur die UdSSR hatte in den Jahren nach 1928 ein Wachstum zu verzeichnen, das diesem auch nur nahe kam, aber Japan hatte es viel schmerzloser und auf viel beeindruckendere Weise und auf breiterer Basis geschafft.

Im Vergleich mit Japan muß *jede* andere große Macht ökonomisch träge erscheinen. Nichtsdestoweniger, als sich die Volksrepublik China nach 1949 auch ökonomisch etablierte, gab es nur wenige Beobachter, die sie nicht ernst nahmen. Zum Teil mag dies die traditionelle Angst vor »der gelben Gefahr« widergespiegelt haben, da der schlafende Riese im Osten sicherlich eine große Kraft in der Weltpolitik sein würde, sobald er seine 800 Millionen Menschen organisiert und auf nationale Ziele festgelegt hatte. Noch wichtiger war die sehr prominente, um nicht zu sagen, aggressive Rolle, welche die Volksrepublik fast von Beginn an in der Beziehung zu den anderen großen Mächten spielte – auch wenn das anfänglich eine nervöse Reaktion auf die vermeintliche Umzingelung durch andere gewesen sein mag. Die Zusammenstöße mit den Vereinigten Staaten wegen Korea, Quemoi und Matsu; die Invasion Tibets; die Grenzkonflikte mit Indien; der zornige Bruch mit der UdSSR und die darauffolgenden militärischen Konfrontationen in umstrittenen Grenzgebieten; der blutige Zusammenstoß mit Vietnam; und der generell kämpferische Ton der chinesischen Propaganda (besonders unter Mao) machten das Land bedeutender, aber auch weniger berechenbar als die zurückhaltenden und subtilen Japaner.[206] Schon weil China ein Viertel der Weltbevölkerung auf sich vereinigte, mußten seine politischen Schwankungen in die eine oder andere Richtung ernstgenommen werden.

An streng ökonomischen Kriterien gemessen, erschien die Volksrepublik China indessen als ein klassischer Fall von Rückständigkeit. 1953 zum Beispiel war sie nur für 2,3 Prozent der Weltproduktion verantwortlich und verfügte über ein »industrielles Potential«, das nur 71 Prozent dessen entsprach, was Großbritannien 1900 hatte![207] Ihre Bevölkerung, die jedes Jahr um mehrere zehn Millionen Köpfe wuchs, bestand zum überwältigenden Teil aus armen Bauern, deren Pro-Kopf-Produktion extrem niedrig war und dem Staat wenig an »Mehrwert« einbrachte. Die Wirren, welche zuerst die Kriegsherren, dann die japanische Invasion und später der Bürgerkrieg der 40er Jahre verursacht hatten, waren noch nicht vorüber, als landwirtschaftliche Kommunen nach 1949 die Güter der Großgrundbesitzer übernahmen. Trotzdem waren die ökonomischen Aussichten nicht ganz hoffnungslos. China besaß eine grundlegende Infrastruktur von Straßen und Eisenbahnlinien, seine Textilindustrie war beträchtlich, seine Städte und Häfen waren Zentren unternehmerischer Aktivität, und vor allem die Mandschurei war während der 30er Jahre von den Japanern entwickelt worden.[208] Was das Land brauchte, wenn es die Stufe industriellen *takeoffs* erreichen wollte, war eine lange Periode der Stabilität und ein massiver Zufluß an Kapital. Bis zu einem gewissen Grade wurden beide Bedingungen erfüllt – aufgrund der Dominanz der Kommunistischen Partei und des Stroms russischer Hilfe. Der Fünfjahresplan von 1953 richtete sich bewußt an den Stalinschen Prioritäten der Entwicklung der Schwerindustrie und der Steigerung der Stahl-, Eisen- und Kohleproduktion aus. Bis zum Jahre 1957 hatte sich die industrielle Produktion verdoppelt.[209] Andererseits war das flüssige Kapital für industrielle Investitionen, ob nun im Inneren aufgebracht oder von der UdSSR geliehen, für ein Land mit Chinas ökonomischen Bedürfnissen ganz und gar unzureichend. Und der Bruch mit der Sowjetunion brachte die russischen finanziellen und technischen Hilfsleistungen zu einem abrupten Stillstand. Überdies führten Maos törichter Beschluß, durch Tausende kleiner Hochöfen auf dem Lande einen »Großen Sprung Vorwärts« zu schaffen, und seine »Kulturrevolution« (die auch zur Kampagne gegen Techniker, Manager und Ökonomen wurde) zu einer deutlichen Verlangsamung der Entwicklung. Und schließlich bedeutete die Konfrontationspolitik der Volksrepublik in den 50er und 60er Jahren und ihre Grenzzusammenstöße mit fast allen Nachbarn, daß ein viel zu großer Anteil der knappen Ressourcen des Landes in die Streitkräfte floß.

Die Periode der Kulturrevolution war in ökonomischen Begriffen nicht *nur* nachteilig; zumindest betonte sie die Bedeutung der ländlichen Regionen, stimulierte kleine Industrien, verbesserte die landwirtschaftlichen Methoden und brachte den Dörfern ein Minimum an medizinischer und sozialer Versorgung.[210] Signifikante Zuwächse des Nationalproduktes konnten indessen nur aus weiterer Industrialisierung kommen, aus Verbesserungen der Infrastruktur und aus langfristigen Investitionen – alles Dinge, die durch das Abflauen der Kulturrevolution und das Wachstum des Handels mit den Vereinigten Staaten, Japan und anderen hochentwickelten Ökonomien begünstigt wurden. Chinas eigene Kohle- und Ölvorkommen wurden rasch ausgebeutet, ebenso wie seine Edelmetallreserven. Schon 1980 lag Chinas Stahlproduktion deutlich über der von Großbritannien oder Frankreich, und sein Verbrauch an Energie aus modernen Quellen war doppelt so hoch wie der jedes führenden europäischen Staates.[211] Bis zu dieser Zeit war auch sein Anteil an der Weltproduktion auf 5 Prozent angewachsen (von 3,9 Prozent im Jahre 1973) und näherte sich dem Westdeutschlands.[212] Dieses schwindelerregende Wachstum war nicht frei von Problemen, und die Parteiführung mußte die Zielsetzung für die »vier Modernisierungen« 1986 zurücknehmen. Überdies muß man hinzufügen, daß Chinas andauernde relative Rückständigkeit wieder deutlich wird, wenn man Chinas Statistiken in Pro-Kopf-Begriffen liest. Trotzdem, im Laufe der Zeit wurde sehr klar, daß der asiatische Gigant sich bei allen Schwächen in Bewegung gesetzt hatte und entschlossen war, sich eine ökonomische Basis zu schaffen, die seiner zukünftigen Rolle als Großmacht entsprach.[213]

Die fünfte Region ökonomischer Macht, die Nixon in seiner Rede vom Juli 1971 genannt hatte, war »Westeuropa«, was natürlich mehr eine geographische Bezeichnung ist und mit national vereinheitlichten Mächten wie China, der UdSSR oder den Vereinigten Staaten nicht verglichen werden kann. Der Begriff selbst verweist schon für verschiedene Leute auf verschiedene Dinge. Es könnten alle Länder außerhalb der russisch dominierten Sphäre sein (und daher Skandinavien, Griechenland und die Türkei einschließen) oder die ursprüngliche (oder erweiterte) europäische Gemeinschaft, die zumindest einen institutionellen Rahmen besitzt. Westeuropa wurde aber auch oft als kurzer Begriff für jene früher bedeutenden Länder (Großbritannien, Frankreich, Deutschland, Italien) gebraucht, die vom US-Außenministerium konsultiert werden mußten, bevor man einen neuen politischen Kurs, sagen wir, gegenüber der Sowjetunion oder im Mittleren Osten einschlug. Auch das erschöpft die Möglichkeiten semantischer Verwirrung noch nicht, denn über einen langen Zeitraum nach dem Krieg betrachteten die Briten »Europa« als den Kontinent auf der anderen Seite des Kanals. Und es gab überdies viele europäische Politiker, die die Teilung des Kontinents nach 1945 als vorläufig ansahen und auf eine zukünftige Vereinigung beider Seiten hofften. Es ist daher politisch und konstitutionell schwierig, den Begriff »Europa« oder »Westeuropa« anders als metaphorisch oder als ein vages kulturell-geographisches Konzept zu benutzen.[214]

Auf ökonomischer Ebene gab es indessen in den Jahrzehnten nach dem Zweiten Weltkrieg deutliche Ähnlichkeiten in ganz Europa. Das wichtigste Merkmal war ein »anhaltendes und hohes Niveau wirtschaftlichen Wachstums«.[215] Bis 1949–50 hatten die meisten Länder ihre Vorkriegsproduktion wieder erreicht, und einige (besonders natürlich jene, die neutral geblieben waren) hatten sie sogar deutlich übertoffen. Aber dann folgte Jahr um Jahr der Steigerung, des beispiellosen Exportbooms, der Vollbeschäftigung und der historischen Rekorde an Einkommen und Investitionen. Das machte Europa zu der am schnellsten wachsenden Region der Erde – mit der Ausnahme Japans. »Zwischen 1950 und 1970 wuchs das Bruttoinlandsprodukt im Durchschnitt etwa 5,5 Prozent jährlich und 4,4 Prozent auf Pro-Kopf-Basis, verglichen mit einem globalen Durchschnitt von 5,0 und 3,0 Prozent. Die Industrieproduktion stieg sogar noch schneller, 7,1 Prozent gegen eine Weltrate von 5,9 Prozent. 1970 war also die Pro-Kopf-Produktion in Europa fast zweieinhalb mal so hoch wie 1950.«[216] Interessanterweise war dieses Wachstum über den ganzen Kontinent verteilt – das industrielle Herz Europas, der Nordwesten, hatte daran ebenso Anteil wie die Mittelmeerländer und Osteuropa; selbst die träge britische Ökonomie wuchs schneller als seit Jahrzehnten. Europas relative Position in der Weltökonomie, die sich seit der Jahrhundertwende abgeschwächt hatte, verstärkte sich nun wieder. »In dem Zeitraum von

1950 bis 1970 stieg Europas Anteil an der Weltproduktion an Gütern und Dienstleistungen von 37 auf 41 Prozent, in der Industrieproduktion allein war der Anstieg noch größer, von 39 auf 48 Prozent.«[217] Sowohl für 1960 als auch für 1970 zeigen die CIA-Zahlen, die zugegebenermaßen auf umstrittenem statistischem Material fußen,[218] daß die »Europäische Gemeinschaft« einen größeren Anteil an der Weltbruttoproduktion besaß als selbst die Vereinigten Staaten und zweimal soviel wie die Sowjetunion.

Die Ursachen für die ökonomische Erholung Europas sind nicht unbedingt überraschend. Über eine zu lange Zeit hatte der Kontinent unter Invasionen, langen Kämpfen und Besatzungen, unter Bombardierungen von Städten, Fabriken, Straßen und Schienenwegen, unter Nahrungsmittel- und Rohstoffmängeln und vor allem unter den menschlichen Verlusten der Kriege gelitten. Sogar vor dem Beginn der beiden Weltkriege war Europas »natürliche« wirtschaftliche Entwicklung – das heißt die Wirkung von neuen Produktionsformen, Energiequellen und neuen Technologien auf Märkte und Regionen – verzerrt worden durch die politischen Eingriffe des nationalistischen *Machtstaates*.[219] Immer höhere Zollmauern hatten Lieferanten von ihren Märkten getrennt, und Staatssubventionen hatten ineffiziente Firmen und Höfe vor der ausländischen Konkurrenz geschützt. Wachsende Teile des Nationaleinkommens waren in die Rüstung statt in kommerzielle Unternehmungen geflossen. Es war daher unmöglich, Europas ökonomisches Potential in diesem »Klima der Autarkie, des ökonomischen Nationalismus und der Jagd nach Vorteilen auf Kosten anderer«[220] auszuschöpfen. Jetzt, nach 1945, gab es nicht nur die »neuen Europäer« wie Monnet, Spaak und Hallstein, die entschlossen waren, ökonomische Strukturen aufzubauen, welche die Fehler der Vergangenheit vermieden, es gab auch die Hilfestellung der Vereinigten Staaten, die willens waren, Europas Erholung (durch den Marshallplan und andere Hilfsaktionen) zu finanzieren.

Daher hatte nun ein Europa, dessen wirtschaftliches Potential durch den Krieg und die Politik verzerrt und unterfordert gewesen war, die Chance, diese Schwächen auszugleichen. Im Osten wie im Westen existierten ein fester »Aufbauwille« und eine große Bereitschaft, aus den Torheiten der 30er Jahre zu lernen. Staatliche Planung, ob nun nach keynesianischem oder sozialistischem Muster, gab dem Bedürfnis nach gesellschaftlicher und wirtschaftlicher Verbesserung einen konzentrierten Schub; der Zusammenbruch (oder die Diskreditierung) älterer Strukturen erleichterte die Innovation. Die Vereinigten Staaten gaben nicht nur Milliarden von Dollar im Rahmen des Marshallplans – »eine Vitaminspritze zur rechten Zeit« hat man es treffend genannt[221] –, sie sorgten auch für einen militärischen Schutzschirm, unter dem sich die europäischen Staaten entwickeln konnten. (Es ist richtig, daß sowohl Frankreich als auch Großbritannien während der Jahre des Koreakrieges und in der Periode vor der Dekolonialisierung hohe Verteidigungskosten hatten, aber sie und ihre Nachbarn hätten ohne den Schutz der Vereinigten Staaten noch weit mehr ihrer knappen Ressourcen in die Rüstung stecken müssen.) Da es weniger Zollbarrieren gab, konnten sich Unternehmer und Firmen auf sehr viel größeren Märkten bewegen. Dies insbesondere, weil der Handel *zwischen* entwickelten Nationen (in diesem Fall den Nationen Europas) schon immer profitabler war als der mit anderen Kontinenten, einfach weil die gegenseitige Nachfrage größer ist. Wenn der »Außenhandel« in Europa schneller wuchs als jeder andere Bereich, dann vor allem, weil dieser Austausch von Waren unter Nachbarn vor sich ging. In einer Generation nach 1950 stieg das Pro-Kopf-Einkommen um soviel wie in den anderthalb Jahrhunderten davor![222] Die sozioökonomische Dynamik dieses Prozesses war in der Tat bemerkenswert: der Anteil von Westdeutschlands arbeitender Bevölkerung in solchen Bereichen wie Landwirtschaft, Forstwirtschaft und Fischfang fiel von 24,6 Prozent im Jahre 1950 auf 7,5 Prozent 1973, und in Frankreich fiel er in demselben Zeitraum von 28,2 auf 12,2 Prozent (und auf 8,8 Prozent 1980). In Westdeutschland sprang das Pro-Kopf-Einkommen von 320 Dollar 1949 auf 9131 im Jahre 1978, und in Italien stieg es von 639 Dollar 1960 auf 5142 im Jahre 1979. Die Zahl der Automobile pro Tausend der Bevölkerung stieg in Deutschland von 6,3 (1948) auf 227 (1970), und in Frankreich im gleichen Zeitraum von 37 auf 252.[223] Wie immer man es berechnete und trotz regionaler Abweichungen, die Anzeichen sehr realer Zugewinne waren klar.

Dieses allgemeine ökonomische Wachstum bei ansonsten großen

Variationen in der Geschwindigkeit der Veränderung und in ihren Wirkungen kann man sehr gut ablesen, wenn man sich ansieht, was in jeder der früheren Großmächte geschah. Südlich der Alpen ereignete sich das, was Journalisten »das italienische Wunder« nannten. Das Bruttoinlandsprodukt des Landes wuchs nach 1948 beinahe dreimal so schnell wie in der Zeit zwischen den Kriegen; tatsächlich wuchs die italienische Wirtschaft bis 1963, als die Dynamik sich abschwächte, schneller als jede andere außer der Japans und Westdeutschlands. Aber vielleicht ist auch das im Rückblick nicht so überraschend. Italien war immer das am wenigsten entwickelte Land unter den europäischen »Großen Vier« – mit anderen Worten, sein Potential war nie voll ausgeschöpft worden. Von den Absurditäten der faschistischen Wirtschaftspolitik befreit, konnten die italienischen Produzenten mit finanzieller Hilfe der Vereinigten Staaten den guten Ruf des Landes im Design und die niedrigeren Lohnkosten nutzen, um die Exporte besonders innerhalb des Gemeinsamen Marktes in die Höhe zu treiben. Wasserkraft und billig eingeführtes Öl kompensierten den Mangel an heimischen Kohlevorkommen. Die Autoproduktion war ein wichtiger stimulierender Faktor der italienischen Wirtschaft. Als der heimische Konsum ansprang, besetzte FIAT, der größte italienische Autoproduzent, viele Jahre lang eine unangefochtene Spitzenposition auf seinem Heimatmarkt, was ihm eine starke Basis für den Export nördlich der Alpen gab. Traditionelle Verbrauchsgüter wie Schuhe und Kleidung wurden nun durch neuere Produkte ergänzt; italienische Kühlschränke zum Beispiel wurden zu den bestverkauften in Europa. Bei all dem aber blieb der Abstand zwischen Nord und Süd in Italien bestehen, eine chronische Schwäche der italienischen Gesellschaft. Die sozialen Bedingungen, sowohl in den Innenstädten als auch in den ärmeren ländlichen Gegenden, waren viel schlechter als in Nordeuropa. Die Instabilität der Regierungen, eine riesige »Schattenwirtschaft«, ein hohes Staatsdefizit zusammen mit einer beträchtlichen Inflationsrate belasteten den Wechselkurs der Lira und deuteten darauf hin, daß die wirtschaftliche Erholung nicht sehr robust war. Bei allen europäischen Vergleichen des Einkommens oder des Grades der Industrialisierung schnitt Italien gegenüber seinen Nachbarn nicht sehr gut ab; wenn *Wachstumsraten* verglichen wurden, sah es viel besser aus. Das heißt einfach, daß Italien viel weiter unten angefangen hatte.[224]

Im Gegensatz dazu besaß Großbritannien 1945 einen großen Vorsprung, zumindest unter den größeren europäischen Staaten – was zu der Erklärung seines relativen ökonomischen Niedergangs im Laufe der vier folgenden Jahrzehnte beitragen mag. Mit anderen Worten, weil es (genau wie die Vereinigten Staaten) vom Krieg nicht so schwer geschädigt worden war, konnten seine Wachstumsraten nicht so hoch sein wie die der Länder, die sich von den Jahren des Krieges und der militärischen Besatzung erholten. Auch psychologisch machte es die Tatsache, daß Großbritannien zu den Siegern gehörte,[225] daß es immer noch einer der »Großen Drei« in Potsdam war und daß es sein ganzes weltweites Empire zurückgewann, seiner Bevölkerung sehr schwer, die Notwendigkeit drastischer Reformen im Wirtschaftssystem einzusehen. Weit davon entfernt, neuere Strukturen zu fördern, hatte der Krieg traditionelle Institutionen wie die Gewerkschaften, das Beamtentum, die alten Universitäten unverändert erhalten. Obwohl die Labour-Regierung von 1945 bis 1951 ihre Pläne der Verstaatlichung privater Unternehmen und der Schaffung eines »Wohlfahrtsstaates« vorantrieb, wurde eine fundamentale Umstrukturierung der ökonomischen Abläufe und der *Einstellung* zur Arbeit nicht unternommen. Auf seine Sonderstellung in der Welt vertrauend, verließ sich Großbritannien weiter auf die kontrollierten kolonialen Märkte, rang vergeblich darum, die alten Wechselkurse des Pfund Sterling zu erhalten, leistete sich immer noch Garnisonen in Übersee (eine schwere finanzielle Belastung), lehnte jede Beteiligung an den europäischen Einigungsbestrebungen zunächst ab und gab für die Verteidigung mehr aus als jede andere NATO-Macht außer den Vereinigten Staaten.

Die Gebrechlichkeit von Großbritanniens internationaler und wirtschaftlicher Stellung in der frühen Nachkriegsperiode wurde zum Teil durch die noch größeren Schwächen anderer Staaten überdeckt, durch den umsichtigen Rückzug aus Indien, durch einen kurzlebigen Exportboom und die Aufrechterhaltung des Empire im Mittleren Osten und in Afrika.[226] Die Demütigung in Suez 1956 war daher um so schockierender, da sie nicht nur die Schwäche des

Sterling, sondern auch die Tatsache enthüllte, daß Großbritannien in der Dritten Welt militärisch nicht eingreifen konnte, wenn die Amerikaner dies mißbilligten. Trotzdem könnte man durchaus argumentieren, daß die Realität des Niedergangs noch immer nicht offen zutage trat, denn die Verteidigungspolitik nach 1957 stützte sich auf die atomare Abschreckung, die weit billiger war als große konventionelle Streitkräfte, aber dennoch den Status einer Großmacht wahrte. Und im Bereich der Wirtschaft hatte Großbritannien teil an dem allgemeinen Boom der 50er und 60er Jahre. Wenn seine Wachstumsraten mit die niedrigsten in Europa waren, so war die Entwicklung nichtsdestoweniger besser als in den vorhergehenden Jahrzehnten und erlaubte es Macmillan, den britischen Wählern vorzuhalten: »Es ist euch noch nie so gut gegangen!« Gemessen am verfügbaren Einkommen oder an der Zahl der Waschmaschinen und Automobile war diese Behauptung korrekt.

Gemessen an dem viel schnelleren Fortschritt anderwärts, schien das Land unter dem zu leiden, was die Deutschen mitleidlos »die englische Krankheit« nannten – eine Kombination aus militanten Gewerkschaften, schlechtem Management, einer »stop-go«-Politik wechselnder Regierungen und negativen kulturellen Einstellungen zu harter Arbeit und dem Unternehmertum. Die neue Wohlhabenheit zog eine massive Welle an Importen europäischer Produkte besseren Designs und billigerer asiatischer Waren nach sich, was wiederum zu Zahlungsbilanzschwierigkeiten, Sterling-Krisen und Abwertungen führte, welche die Inflation nährten und höhere Lohnforderungen provozierten. Preiskontrollen, gesetzlich vorgeschriebene Lohnerhöhungen und fiskalische Deflationsmaßnahmen wurden verschiedentlich von den Regierungen eingesetzt, um die Inflation zu zügeln und die Bedingungen für erneutes Wachstum zu schaffen, aber das funktionierte nie über einen längeren Zeitraum. Die britische Automobilindustrie verlor gegenüber ihren Konkurrenten stetig an Boden, die einst boomende Schiffsbauindustrie gewöhnte sich daran, sich vollständig auf die Aufträge der Admiralität zu verlassen, die Produzenten von Elektrogeräten und Motorrädern fanden bald heraus, daß sie nicht mehr konkurrenzfähig waren. Einige Firmen (wie ICI) bildeten beachtliche Ausnahmen; die Finanzinstitutionen der Londoner City hielten sich gut, und der Einzelhandel blieb stark – aber die Erosion von Großbritanniens *industrieller* Basis ging unerbittlich weiter. Auch der Anschluß an den Gemeinsamen Markt im Jahre 1971 war nicht das erhoffte Allheilmittel: er setzte den britischen Markt erst recht konkurrierenden Produkten aus, während er Großbritannien an die teure Agrarpreispolitik der EG kettete. Das Nordseeöl erwies sich keineswegs als Gottesgeschenk: es brachte Großbritannien massive Einnahmen in Fremdwährungen, aber das trieb wiederum das Pfund Sterling so in die Höhe, daß es die Exporte erschwerte.[227]

Die ökonomischen Statistiken lassen erkennen, was Bairoch »die Beschleunigung des industriellen Niedergangs Großbritanniens« nennt.[228] Sein Anteil an der Weltproduktion sank von 8,6 Prozent im Jahre 1953 auf 4,0 Prozent 1980. Sein Anteil am Welthandel fiel ebenfalls rapide, von 19,8 Prozent (1955) auf 8,7 Prozent (1976). Sein Bruttoinlandsprodukt, 1945 noch das drittgrößte der Welt, wurde von Westdeutschland übertroffen, dann von Japan, dann von Frankreich. Sein verfügbares Einkommen pro Kopf wurde von einer ganzen Reihe kleiner, aber reicherer europäischer Staaten überholt; bis zu den späten 70ern lag es näher an dem verschiedener Mittelmeerstaaten als an dem Westdeutschlands, Frankreichs oder der Beneluxstaaten.[229] Sicherlich war viel von diesem Rückgang in Großbritanniens *Anteilen* (ob nun am Welthandel oder an der Weltproduktion) der Tatsache zuzuschreiben, daß bestimmte technische und historische Umstände dem Land in früheren Jahrzehnten einen disproportional großen Prozentsatz am Wohlstand und Handel der Welt gegeben hatten; nun, da diese besonderen Umstände nicht mehr vorhanden waren und andere Länder ihr Potential voll ausschöpfen konnten, war es nur natürlich, daß Großbritannien relativ gesehen Einbußen erlitt. Ob diese Einbußen so groß sein *mußten*, ist eine andere Frage; ob sich dieser Trend fortsetzen wird, ist ebenso schwer vorherzusagen. Anfang der 80er Jahre schien sich der Niedergang zu verlangsamen, was Großbritannien immer noch die sechstgrößte Wirtschaft der Welt ließ. Im Vergleich mit den Zeiten Lloyd Georges, oder auch nur mit denen Clement Attlees nach 1945 indessen war es nun eine normale mittlere, keine große Macht mehr.

Während die britische Ökonomie in einen relativen Niedergang sank, erlebte Westdeutschland sein »Wirtschaftswunder«. Wiederum muß gesagt werden, wie – relativ gesprochen – »natürlich« diese Entwicklung war. Obwohl sie nur noch ein Rumpfstaat war, besaß die Bundesrepublik die entwickeltste Infrastruktur in Europa, hatte große innere Ressourcen (von Kohle bis zu Werkzeugmaschinen) und eine Bevölkerung mit hohem Ausbildungsstand, die vielleicht besondere Stärken auf den Gebieten des Managements, des Ingenieurwesens und in der Wissenschaft aufwies. Dies wurde durch die vielen Flüchtlinge aus dem Osten noch verstärkt. Das vorhergehende halbe Jahrhundert hindurch waren die deutschen Wirtschaftskräfte durch die Anforderungen des Militärs verzerrt worden. Jetzt, da die Energien wie in Japan einzig auf den kommerziellen Erfolg gerichtet werden konnten, war die Frage nur, wie schnell die Erholung kommen würde. Die großen Firmen in Deutschland, die sich ziemlich widerstandslos dem Zweiten Reich, der Weimarer Republik und dann dem nationalsozialistischen Regime angepaßt hatten, richteten sich nun genauso problemlos auf die neuen Umstände ein und übernahmen amerikanische Managementprinzipien.[230] Die Großbanken spielten wiederum eine bedeutende Rolle in der Lenkung der Industrie. Die chemische und die elektrotechnische Industrie wurden schnell wieder zu Giganten in Europa. Enorm erfolgreiche Automobilhersteller wie Volkswagen und Daimler-Benz wirkten unvermeidlich als »Multiplikatoren« auf Hunderte von kleineren Zulieferfirmen. Als der Export zu boomen begann – Deutschland stand in dieser Zeit nur den USA als Exportnation nach –, mußten immer mehr Firmen »Gastarbeiter« ins Land holen, um den Bedarf an ungelernten Arbeitern zu decken. Wiederum und zum dritten Mal in hundert Jahren war die deutsche Ökonomie das Kraftwerk des wirtschaftlichen Wachstums in Europa.[231]

In den Statistiken erschien die Entwicklung als eine ungebrochene Erfolgsgeschichte. Schon zwischen 1948 und 1952 stieg die deutsche Industrieproduktion um 110 Prozent und das reale Bruttoinlandsprodukt um 67 Prozent.[232] Da das Land die höchsten Bruttoinvestitionen in Europa vorzuweisen hatte, profitierten die deutschen Firmen immens von ihrem leichten Zugang zu Kapital. Die Stahlproduktion, die 1946 praktisch daniedergelegen hatte, war bald die größte in Europa (über 34 Millionen Tonnen 1960), und ähnliches traf auf die anderen Industrien zu. Jahr um Jahr verzeichnete das Land den größten Zuwachs in der Bruttoinlandsproduktion, die – nach bloßen 32 Milliarden Dollar im Jahre 1952 – ein Jahrzehnt später schon die größte in Europa war (89 Milliarden Dollar), und bis zu den späten 70ern auf über 600 Milliarden anwuchs. Das verfügbare Pro-Kopf-Einkommen, 1960 bescheidene 1186 Dollar (in den Vereinigten Staaten zu der Zeit 2491 Dollar), stand 1979 bei imponierenden 10837 Dollar (als das amerikanische sich auf 9595 belief).[233] Jahr um Jahr wurden Handelsüberschüsse angehäuft, die Deutsche Mark mußte häufig aufgewertet werden und entwickelte sich sogar zu einer Art Reservewährung. Obwohl die Deutschen natürlich über die Konkurrenz der noch effizienteren Japaner besorgt waren, blieben sie unzweifelhaft der zweiterfolgreichste unter den größeren »Handelsstaaten«. Dies war um so beeindruckender, als das Land von 40 Prozent seines Territoriums und von 35 Prozent seiner Bevölkerung abgeschnitten war. Ironischerweise sollte die Deutsche Demokratische Republik bald beweisen, daß sie pro Kopf gesehen der produktivste und industrialisierteste der osteuropäischen Staaten (die UdSSR eingeschlossen) war, und dies trotz des Verlustes von Millionen seiner talentiertesten Menschen an den Westen. Wäre es ihm möglich, in die Grenzen von 1937 zurückzukehren, so wäre ein vereinigtes Deutschland wiederum jedem anderen ökonomischen Rivalen in Europa deutlich überlegen und läge in der Tat nicht weit hinter der viel größeren Sowjetunion.

Eben weil Deutschland besiegt und geteilt worden war und weil sein internationaler Status (und der Berlins) weiterhin von den Siegermächten kontrolliert wurde, übersetzte sich sein ökonomisches Gewicht nicht in politische Macht. Da sie eine natürliche Verantwortung für die Deutschen im Osten empfand, war die Bundesrepublik für jede Abkühlung oder Erwärmung im Verhältnis zwischen der NATO und dem Warschauer Pakt besonders empfindlich. Sie hatte den umfangreichsten Handel mit Osteuropa und der UdSSR, aber die Frontlinie, sollte ein weiterer Krieg ausbrechen, war offensichtlich die Grenze zwischen den deutschen Staaten. Die sowjetische und auch (in nur wenig geringerem Maße) die französische Sorge um ein Wiederaufleben des deutschen Militarismus bedeutete, daß die Bundesrepublik nie eine Nuklearmacht werden konnte. Sie empfand Nachbarn wie den Polen und Tschechen gegenüber eine historische Schuld, sie fühlte sich durch die Russen verwundbar und stark abhängig von den Vereinigten Staaten; sie hieß die besonderen französisch-deutschen Beziehungen, die de Gaulle anbot, mit Wärme willkommen, glaubte aber nie ihre wirtschaftliche Kraft einsetzen zu dürfen, um die selbstbewußtere Politik der Franzosen zu kontrollieren. Immer noch tief in einer intellektuellen Auseinandersetzung mit ihrer Vergangenheit, vermieden es die Deutschen, in der internationalen Politik irgendeine Führungsrolle zu übernehmen.[234]

Dies unterschied sich sehr deutlich von Frankreichs Rolle in der Nachkriegswelt oder, genauer, in der Welt nach 1958, als de Gaulle das Ruder des Staates ergriff. Wie oben gesagt, war der wirtschaftliche Fortschritt, den die Planer um Monnet nach 1945 zu erreichen gehofft hatten, von Kolonialkriegen, Parteipolitik und der Franc-Schwäche beeinträchtigt worden. Dennoch legte die französische Wirtschaft auch während der Kämpfe in Indochina und im Algerienkrieg schnell zu. Zum ersten Mal seit Jahrzehnten wuchs seine Bevölkerung wieder, was die Binnennachfrage belebte. Frankreich war ein reiches, vielfältiges, aber nur halbentwickeltes Land, seine Ökonomie hatte seit den 30er Jahren stagniert. Erst mit dem Frieden, dem Zufluß amerikanischer Hilfe und einem größeren Markt konnte sich ein Wachstum entwickeln. Überdies hatte Frankreich – wie Italien – eine relativ niedrige Pro-Kopf-Industrialisierung, weil seine Ökonomie sehr stark von der Landwirtschaft bestimmt war. Da das Anfangsniveau niedrig war, erschienen die Wachstumsraten spektakulär: von 95 im Jahre 1953 auf 167 (1963) und schließlich auf 259 (1973) – (in Relation zum Stand Großbritanniens 1900 = 100).[235] Die jährliche Wachstumsrate erreichte einen Durchschnitt von 4,6 Prozent in den 50ern, erhöhte sich dann rapide auf 5,8 Prozent in den 60ern unter dem Impetus des Gemeinsamen Marktes. Die Bedingungen der EWG schirmten nicht nur die französische Landwirtschaft vor den Weltmarktpreisen ab, sondern gaben ihr auch einen großen Markt innerhalb Europas. Der allgemeine Boom im Westen stützte den Export von Frankreichs traditionell hochwertigen Waren (Kleidung, Schuhe, Wein, Schmuck), zu denen nun Automobile und Flugzeuge hinzukamen. Zwischen 1949 und 1969 stieg die Automobilproduktion um das Zehnfache, Aluminium um das Sechsfache, Traktoren und Zement um das Vierfache, Eisen und Stahl um das Zweieinhalbfache.[236] Das Land war immer relativ reich, wenn auch unterindustrialisiert gewesen; bis zu den 70ern war es sehr viel reicher und auch sehr viel moderner geworden.

Nichtsdestoweniger ruhte Frankreichs Wachstum nie auf einer so breiten Basis wie das seines Nachbarn auf der anderen Seite des Rheins, und Präsident Pompidous Hoffnungen, daß sein Land Westdeutschland schon bald überholen würde, hatten wenig Aussicht auf Erfüllung. Mit gewissen bemerkenswerten Ausnahmen in der elektrotechnischen, der Automobil- und der Luft- und Raumfahrtindustrie blieben die meisten französischen Firmen klein und unterkapitalisiert, und ihre Preise waren verglichen mit denen der deutschen Konkurrenten zu hoch. Trotz der »Rationalisierung« in der Landwirtschaft blieben viele kleine Parzellen erhalten – und wurden im Grunde von der Subventionspolitik der EWG weiter künstlich am Leben gehalten. Dennoch provozierten der Druck auf das ländliche Frankreich zusammen mit den gesellschaftlichen Folgen industrieller Modernisierung (das Schließen alter Stahl- und Bergwerke und so weiter) Arbeiterunruhen, die in den Aufständen von 1968 gipfelten. Selbst ohne Ölvorkommen, wurde Frankreich stark abhängig von Importöl, und seine Zahlungsbilanz war (trotz eines ehrgeizigen Atomenergieprogramms) den Schwankungen des Ölpreises ausgesetzt. Sein Handelsbilanzdefizit mit Deutschland wuchs stetig und erforderte regelmäßige (und peinliche) Abwertungen des Franc gegen die Deutsche Mark – was wahrscheinlich ein zuverlässigerer Maßstab von Frankreichs ökonomischer Statur war als die wilden Schwankungen im Dollar-Franc-Wechselkurs. Selbst in Perioden permanenten ökonomischen Zuwachses gab es also so etwas wie eine gewisse Zerbrechlichkeit der französischen Wirtschaft, sie war immer prekär – und das trieb viele vorsichtige Bourgeois über die Schweizer Grenze, die Familienersparnisse in der Tasche.

Dennoch hatte Frankreich einen politischen Einfluß, der weit über das hinausging, was man von einem Land mit bloßen vier Prozent der Weltproduktion erwarten würde. Und dies war nicht nur so während de Gaulles Präsidentschaft. Vielleicht ging das auf die schiere nationale und kulturelle Selbstsicherheit der Franzosen zurück,[237] vielleicht auch darauf, daß dies in eine Zeit fiel, als der anglo-amerikanische Einfluß zurückging, als die UdSSR zunehmend unattraktiv wirkte und Deutschland unterwürfig war. Wenn Westeuropa eine Führungsmacht *brauchte*, dann war Frankreich ein offensichtlicher Kandidat, naheliegender jedenfalls als die isolationistischen Briten oder die zurückhaltenden Deutschen. Überdies erkannten aufeinanderfolgende Regierungen in Paris schnell, daß ihre politische Auffassung sehr verstärkt werden konnte, wenn es gelang, den Gemeinsamen Markt auf die französische Linie einzuschwören. Ob es nun um Schutzzölle für die Landwirtschaft ging, um »High Technology«, Entwicklungshilfe, die Zusammenarbeit mit den Vereinten Nationen, die Palästina-Politik und so weiter, wenn der größte Handelsblock der Welt für die Pariser Haltung einzuspannen war, konnte das sehr wirkungsvoll sein. Auf der anderen Seite hinderte es Frankreich nicht, einseitig zu handeln, wenn die Situation es in seinen Augen erforderte.

Die Tatsache, daß diese vier großen europäischen Staaten, aber auch ihre kleineren Nachbarn, während dieser Jahrzehnte ihre Produktion erhöhten und ihren Wohlstand vermehrten, war keine Garantie für ewige Glückseligkeit. Die frühen Hoffnungen auf eine immer enger werdende politische und konstitutionelle Integration scheiterten an den noch sehr lebendigen Nationalismen der Mitgliedsländer, vor allem in de Gaulles Frankreich, aber auch in den Ländern (Großbritannien, Dänemark, Griechenland), die erst später und mit Bedenken in die EWG eingetreten waren. Ökonomische Dispute, besonders über die hohen Kosten der Agrarpolitik, lähmten oft die Zusammenarbeit in Brüssel und Straßburg. Da das neutrale Irland zu den Mitgliedern zählte, war es nicht möglich, eine gemeinsame Verteidigungspolitik zu entwickeln. Das wurde der NATO überlassen (aus deren Kommandostruktur die Franzosen sich nun zurückgezogen hatten). Der Ölpreisschock der 70er schien Europa besonders hart zu treffen und nahm ihm viel von seinem frühen Optimismus. Trotz verbreiteter Sorge um die eigene Konkurrenzfähigkeit und trotz beträchtlichen Planungsanstrengungen in Brüssel war es sehr schwierig, eine »High-Tech«-Politik zu entwickeln, um der amerikanischen und japanischen Herausforderung zu begegnen. Aber trotz dieser vielen Schwierigkeiten bedeutete die schiere ökonomische Größe der EG, daß die internationale Landschaft sich nun signifikant von der im Jahre 1945 oder 1948 unterschied. Die EG war mit Abstand der größte Importeur und Exporteur von Fertigwaren in der Welt (wenn auch ein großer Anteil daran innereuropäischer Handel war), und sie besaß 1983 die höchsten Währungs- und Goldreserven. Sie baute mehr Automobile (34 Prozent) als Japan (24 Prozent) oder die Vereinigten Staaten (23 Prozent), sie produzierte mehr Zement als irgendein anderer Block in der Welt, und seine Rohstahlproduktion stand nur jener der UdSSR nach.[238] Mit einer Gesamtbevölkerung, die 1983 deutlich größer war als die der USA und fast genau der russischen entsprach – beide hatten 272 Millionen –, verfügten die zehn Mitglieder der EG über ein substantiell größeres Bruttosozialprodukt und einen größeren Anteil an der Weltproduktion als die Sowjetunion oder der ganze COMECON-Bereich. Wenn die Europäische Gemeinschaft auch politisch und militärisch noch unreif war, hatte sie nun doch weit mehr Gewicht im ökonomischen Machtgefüge der Welt als 1956.

Fast genau das Gegenteil könnte man über die UdSSR sagen, wenn man ihre Entwicklung von den 50ern in die 80er Jahre verfolgt. Wie oben schon geschildert wurde, waren dies die Jahrzehnte, in denen die Sowjetunion nicht nur eine starke Armee unterhielt, sondern auch die nuklear-strategische Parität mit den Vereinigten Staaten erreichte. Sie entwickelte außerdem eine Hochseeflotte und dehnte ihren Einfluß in verschiedenen Teilen der Welt aus. Aber die durchgehaltene Anstrengung, mit den USA global gleichzuziehen, war nicht durch entsprechende Leistungen auf ökonomischer Ebene untermauert. Ironischerweise (wenn man an die marxistische Betonung der produktiven Basis als determinierenden Faktor denkt) schien ausgerechnet das Land, in dem zuerst der Kommunismus an die Macht kam, unter ökonomischen Schwierigkeiten zu leiden, die sich im Laufe der Zeit verschärften.

Damit soll nicht geleugnet werden, daß seit Stalins letzten Jahren in der Sowjetunion und im ganzen sowjetisch beherrschten Block beeindruckende wirtschaftliche Fortschritte erzielt wurden. In vieler Hinsicht machte diese Gegend der Welt eine noch stärkere Wandlung durch als Westeuropa, wenn das auch vor allem damit zusammenhing, daß sie zu Beginn der Entwicklung in diesen Jahrzehnten viel ärmer und »unterentwickelter« gewesen war. In statistischen Daten waren die Zuwächse auf jeden Fall imposant. Rußlands Stahlproduktion, die 1945 bloße 12,3 Millionen Tonnen betragen hatte, stieg auf 65,3 Millionen Tonnen im Jahre 1960 und bis 1980 auf 148 Millionen Tonnen (was die UdSSR zum größten Stahlproduzenten der Welt machte). Die Stromleistung stieg von 43,2 Millionen Kilowattstunden über 292 Millionen auf 1,294 Milliarden. Im gleichen Zeitraum schnellte die Automobilproduktion von 74 000 Stück über 524 000 auf 2,2 Millionen; und diese Liste könnte man fast unbegrenzt weiterführen.[239] Die Gesamtproduktion, die während der 50er Jahre über 10 Prozent jährlich zulegte, wuchs von einer nominalen Basis von 100 im Jahre 1953 auf 421 im Jahre 1964,[240] was eine bemerkenswerte Leistung war. Ebenso beachtlich waren die Demonstrationen technischen Könnens wie der Sputnik, die Raumfahrt und in der Rüstung. Als Chruschtschow von der politischen Bühne verschwand, besaß das Land eine weit wohlhabendere und breitere ökonomische Basis als unter Stalin, und dieser absolute Zuwachs hat weiter angehalten.

Es gab indessen zwei ernste Schwächen, die diese Leistungen zu überschatten begannen. Die erste war das stetige, langfristige Abbröckeln der Wachstumsrate. In jedem Jahr seit 1959 sank die Zuwachsrate der industriellen Produktion aus ihren zweistelligen Anfängen auf eine kleinere und kleinere Zahl, so daß sie bis zu den späten 70ern auf drei bis vier Prozent gefallen war und immer noch weiter fiel. Im Rückblick gesehen, war das ein recht natürlicher Vorgang, weil man heute weiß, daß die anfänglichen enormen Steigerungen auf gewaltige Zuflüsse an Arbeitskräften und Kapital zurückgingen. Sobald das Arbeitskräftereservoir voll ausgeschöpft war (und die Betriebe mit den Bedürfnissen der Streitkräfte und der Landwirtschaft in Konkurrenz traten), mußte die Zuwachsrate fallen. Was die Kapitalinvestitionen betraf, so wurden sie vor allem in die Schwerindustrie und in den industriell-militärischen Komplex gelenkt, die eher den quantitativen als den qualitativen Zuwachs betonten, und das ließ wenig Kapital für viele andere Sektoren der

Wirtschaft. Obwohl der Lebensstandard sich unter Chruschtschow und seinen Nachfolgern erhöhte, reichte das bei weitem nicht aus, um die Wirtschaft durch Konsumbedarf zu stimulieren (wie es im Westen der Fall war). Im Gegenteil, der persönliche Konsum wurde bewußt niedrig gehalten, um die nationalen Ressourcen für die Schwerindustrie und das Militär zu schonen. Am wichtigsten aber waren vielleicht die chronischen strukturellen und klimatischen Schwächen der sowjetischen Landwirtschaft, deren Nettoproduktion in den 50er Jahren um 4,8 Prozent jährlich anstieg, dann aber nur noch um 3 Prozent in den 60ern und um bloße 1,8 Prozent in den 70ern – trotz allen Kapitals und aller Energie, die verzweifelte sowjetische Planer und Minister ihr zukommen ließen.[241] Wenn man sich die Größe des landwirtschaftlichen Sektors in der UdSSR vor Augen hält und die Tatsache berücksichtigt, daß die Bevölkerung in den drei Jahrzehnten nach 1950 um 84 Millionen wuchs, sind die Steigerungen auf diesem Gebiet pro Kopf signifikant niedriger als die im *industriellen* Sektor.

Die zweite ernste Schwäche liegt, wie kaum anders zu erwarten, in der *relativen* Entwicklung der sowjetischen Wirtschaft. Während der 50er und frühen 60er Jahre, als die Anteile der UdSSR sowohl an der Weltproduktion als auch am Welthandel wuchsen, schien Chruschtschows Behauptung, daß die sozialistische Produktionsform überlegen sei und den Kapitalismus eines Tages »begraben« werde, noch einige Plausibilität zu haben. Seit der Zeit indessen hat sich der Trend zur Sorge des Kreml umgekehrt. Die Europäische Gemeinschaft, angeführt von ihrem industriellen Halb-Giganten Westdeutschland, ist viel wohlhabender und produktiver geworden als die UdSSR. Der kleine Inselstaat Japan wuchs so schnell, daß es nur noch eine Frage der Zeit war, wann er das russische Bruttosozialprodukt überholte. Die Vereinigten Staaten hielten trotz ihres eigenen relativen industriellen Rückgangs den Vorsprung in Reichtum und Produktion. Der Lebensstandard des durchschnittlichen Russen und der seiner osteuropäischen Brüder kam dem der Westeuropäer nie näher, weshalb die Bevölkerungen in Osteuropa immer mit einigem Neid nach Westen blickten. Die neueren Technologien, Computer, Roboter, Telekommunikation, setzten die UdSSR und ihre Satelliten einer Konkurrenz aus, die sie nicht bestehen konnten. Und die Landwirtschaft blieb schwach wie eh und je: 1980 produzierte ein amerikanischer Farmarbeiter genug, um 65 Menschen ernähren zu können, während sein russisches Gegenüber nur acht Menschen versorgte.[242] Dies wiederum führte zu der peinlichen Notwendigkeit, in wachsendem Maße Getreide einführen zu müssen.

Viele der russischen wirtschaftlichen Schwierigkeiten spiegeln sich in den Problemen der Satellitenstaaten, die in den 50er und frühen 60er Jahren ebenfalls hohe Zuwächse erreichten – obwohl wiederum von einem Niveau aus, das im Vergleich zum Westen niedrig war. Sie setzten die gleichen Prioritäten wie die UdSSR und betonten die Planwirtschaft, die Schwerindustrie und die Kollektivierung der Landwirtschaft.[243] Während es durchaus einige signifikante Abweichungen im Wohlstand und Wachstum unter den osteuropäischen Staaten gab (und noch immer gibt), war die generelle Tendenz die einer frühen Expansion und dann einer deutlichen Verlangsamung – was die sozialistischen Planer vor sehr schwierige Entscheidungen stellte. Im Falle der Sowjetunion war eine Option, zusätzliches Land unter den Pflug zu nehmen, wenn dies auch an der Kälte im Norden und an der Trockenheit im Süden gewisse Grenzen fand. Man erinnert sich an Chruschtschows hoffnungsfrohe Kultivierung von Neuland, das sich bald in Staubwüsten verwandelte.[244] Eine intensivere Ausbeutung von Rohstoffen andererseits lief Gefahr, zu Verschwendung und Ineffizienz zu führen,[245] während die Förder- und Abbaukosten ins Unermeßliche stiegen, wenn die Bodenschätze in Dauerfrostgebieten lagen. Man konnte noch mehr Kapital in die Industrie und die technologische Entwicklung stecken, was allerdings zur Folge hatte, daß diese Gelder dem Militär – trotz aller Führungswechsel in der UdSSR durchgehend die erste Priorität – oder dem Konsumgüterbereich fehlten. Eine weitere Einschränkung des Konsums aber war (besonders in Osteuropa) äußerst unpopulär – zu einer Zeit, da verbesserte Nachrichtenverbindungen die relative Prosperität des Westens jedem deutlich vor Augen führten. Schließlich konnten die Sowjetunion und die Regime in Osteuropa den Weg der Reform gehen – nicht mehr nur die periodisch wiederkehrenden »Säuberungen« oder Feldzüge gegen die Korruption, sondern Reformen des *Systems* selbst. Das konnte darin bestehen, Leistungsanreize zu gewähren, realistischere Preise durchzusetzen, der privaten Landwirtschaft mehr Boden zu geben, offene Diskussionen zu ermutigen und auf dem Bereich der neueren Technologien ein privates Unternehmertum zuzulassen. Mit anderen Worten: man konnte einen »schleichenden« Kapitalismus erlauben, wie ihn die Ungarn seit den 70er Jahren geschickt praktizierten. Die Schwierigkeit dieser Strategie lag darin, daß Liberalismus im Detail den Dirigismus im Großen in Frage stellte und damit das Regime selbst gefährdete. Während der zögernden, vorsichtigen Breschnew-Ära wurden solche Ansätze deshalb nicht geduldet.[246] Radikale Maßnahmen zur Umkehrung des relativen wirtschaftlichen Rückgangs waren daher nicht möglich, und die sehr vorsichtigen kleinen Schritte machten einen Erfolg unwahrscheinlich.

Vielleicht der einzige Trost für die Entscheidungsträger im Kreml war die Tatsache, daß ihr Erzrivale, die Vereinigten Staaten, von den 60er Jahren an ebenfalls ökonomische Schwierigkeiten zu haben schien und daß er den *relativen* Anteil an der Weltproduktion und am Welthandel, den er 1945 besessen hatte, schnell verlor. Aber dieses Datum, 1945, erklärt natürlich bereits die eigentliche Ursache dieses relativen Rückgangs. Wie schon gesagt, war die amerikanische Position zu diesem historischen Zeitpunkt sowohl beispiellos als auch künstlich. Die Vereinigten Staaten verdankten ihren ungeheuren Vorsprung vor allem der Schwäche anderer Nationen. Diese Situation mußte sich in dem Moment ändern, da Europa und Japan zu den Vorkriegsvolumen ihrer Produktion und ihres Handels zurückkehrten, und die Tendenz mußte sich weiter verstärken, sobald die Produktion dieser Länder und des Restes der Welt expandierte.

Zwischen 1953 und 1973 stieg die globale Produktion um das Dreifache. Es war einfach unvorstellbar, daß die Vereinigten Staaten ihren 50-Prozent-Anteil von 1945 halten konnten, sobald überall auf der Erde neue Fabriken und Industrieanlagen gebaut wurden. Schon 1953 war der amerikanische Anteil nach Bairochs Berechnungen auf 44,7 Prozent gefallen; um 1980 lag er bei 31,5 Prozent, und die Tendenz war immer noch fallend.[247] Aus dem gleichen Grund zeigen die Indices der CIA, daß der Anteil der USA am Bruttosozialprodukt der Welt von 25,9 Prozent im Jahre 1960 auf 21,5

Prozent im Jahre 1980 zurückging (wenn auch der kurzlebige Anstieg des Dollar diese Tendenz in den folgenden Jahren noch einmal umkehren sollte).[248] Das hieß nicht, daß die USA signifikant weniger produzierten (außer in Industrien, die in der ganzen westlichen Welt verfielen), sondern daß andere mehr produzierten. Vielleicht ist die Automobilindustrie die beste Illustration für diesen Sachverhalt: 1960 bauten die Vereinigten Staaten 6,65 Millionen Autos, was gewaltige 52 Prozent der Weltproduktion von 12,8 Millionen Wagen ausmachte; 1980 produzierten sie nur noch 23 Prozent der weltweiten Stückzahlen, aber da deren Gesamtsumme sich nun auf 30 Millionen erhöht hatte, war die amerikanische Produktion absolut um 6,9 Millionen Stück gestiegen.

Aber trotz dieses halbtröstlichen Gedankens – ähnlich den Argumenten, mit denen die Briten sich ein wenig trösteten, als ihr Anteil an der Weltproduktion zu sinken begann – gab die Entwicklung doch zu denken. Die wirkliche Frage war nicht: »Mußten die USA relativ zurückfallen?« sondern: »Mußten sie *so schnell* zurückfallen?« Denn es ist eine Tatsache, daß die Position der USA schon auf dem Höhepunkt der Pax Americana durch eine irritierend niedrige jährliche Pro-Kopf-Wachstumsrate untergraben wurde, besonders wenn man sie mit vorhergehenden Jahrzehnten vergleicht (siehe Tabelle 42).

Wiederum kann man durchaus argumentieren, dies sei eine »natürliche« historische Entwicklung. Wie Michael Balfour bemerkt, hatten die Vereinigten Staaten ihre Produktion vor 1950 schneller erhöht als alle anderen, weil sie allen anderen in Innovationen auf

Tabelle 42 Durchschnittliches Jahreswachstum der Pro-Kopf-Produktion 1948–1962[249] (in Prozent)

	(1913–1950)	1948–1962
Vereinigte Staaten	(1,7)	1,6
Großbritannien	(1,3)	2,4
Belgien	(0,7)	2,2
Frankreich	(0,7)	3,4
Deutschland/BRD	(0,4)	6,8
Italien	(0,6)	5,6

dem Gebiet der Standardisierung und der Massenproduktion weit voraus waren. Infolgedessen »waren sie weiter als jedes andere Land in der Befriedigung menschlicher Bedürfnisse vorangeschritten und arbeiteten bereits auf einem sehr hohen Effizienzniveau (gemessen an der Pro-Kopf-Produktivität per Stunde), so daß die bekannten Möglichkeiten, die Produktion durch bessere Methoden oder bessere Maschinen zu erhöhen, im Vergleich zum Rest der Welt geringer waren.«[250] Das traf sicherlich zu, aber es gab auch einige Trends in der amerikanischen Wirtschaft, die sich nicht sehr günstig auswirkten: die Steuerpolitik ermutigte hohen Konsum, drückte dadurch die Sparquote; Investitionen in Forschung und Entwicklung, außer im militärischen Bereich, gingen im Vergleich zu anderen Ländern langsam zurück; und die Verteidigungsausgaben selbst machten im Verhältnis zur Gesamtproduktion des Landes einen größeren Anteil aus als irgendwo sonst in der westlichen Welt. Darüber hinaus wechselte ein zunehmender Anteil der amerikanischen Bevölkerung von der Industrie in Dienstleistungsbetriebe, das heißt in Bereiche geringer Produktivität.[251]

Der Glanz der amerikanischen »High Technology« (besonders in der Luftfahrt) überstrahlte diese Tendenzen in den 50er und 60er Jahren. Auch wirkte der hohe Wohlstand, der immer neue Bedürfnisse nach protzigen Autos und Farbfernsehgeräten weckte, jeder Sorge entgegen. Amerikanische Dollars flossen als Entwicklungshilfe in die ärmeren Teile der Welt, als Militärhilfe oder in Form von Investitionen von Banken und großen Firmen ins Ausland. Es ist lehrreich, sich in diesem Kontext an die weitverbreitete Angst vor der »amerikanischen Herausforderung« (wie Servan-Schreiber es nannte) Mitte der 60er Jahre zu erinnern. Die gewaltige Welle amerikanischer Auslandsinvestitionen in Europa (und auch auf anderen Kontinenten) verwandelte, so fürchtete man, diese Länder in ökonomische Satelliten der USA. Man denke an die Sorge oder den Haß, mit dem riesige multinationale Konzerne wie Esso und General Motors betrachtet wurden. Und verbunden damit gab es einen großen Respekt vor den hochentwickelten Management-Techniken in Amerika.[252] Aus einer bestimmten ökonomischen Perspektive war dieser Transfer amerikanischer Investitionen und Produktionsstätten auch wirklich ein Indikator wirtschaftlicher Stärke. Er nutzte die niedrigeren Lohnkosten und sicherte den Zugang zu den Märkten in diesen Ländern. Im Laufe der Zeit wurden diese Kapitalströme aber so groß, daß sie den Gewinn, den die Amerikaner mit ihren Exporten an Fertigwaren, Nahrungsmitteln und »unsichtbaren« Dienstleistungen machten, überwogen. Obwohl dieses wachsende Zahlungsbilanzdefizit in den späten 50ern einiges Gold aus Amerika abzog, begnügten sich die meisten ausländischen Regierungen damit, Dollars zu halten (der Dollar war die führende Reservewährung), statt Zahlung in Gold zu fordern.

Im Laufe der 60er Jahre aber änderte sich die Situation. Kennedy und (noch weit mehr) Johnson waren bereit, die amerikanischen Militärausgaben in Übersee zu erhöhen, und das nicht nur in Vietnam, obwohl dieser Konflikt den Fluß der exportierten Dollars in einen reißenden Strom verwandelte. Und sowohl Kennedy als auch (noch weit mehr) Johnson waren politisch auf erhöhte Sozialausgaben in Amerika festgelegt, ein Trend, der schon vor 1960 spürbar gewesen war. Keine der beiden Regierungen aber wollte den politischen Preis für die unvermeidliche Inflation in Form von erhöhten Steuern zahlen. Das Resultat waren Haushaltsdefizite, enorme Preissteigerungen und eine zunehmende Konkurrenzunfähigkeit der amerikanischen Industrie. Dies wiederum führte zu immer größeren Handelsbilanzdefiziten, zur Eindämmung (durch die Johnson-Regierung) ausländischer Investitionen, was die US-Firmen dazu brachte, sich dem neuen Instrument der Eurodollars zuzuwenden. In derselben Zeit schrumpfte der US-Anteil an den Goldreserven der Welt (außer den COMECON-Staaten) unerbittlich, von 68 Prozent (1950) auf bloße 27 Prozent (1973). Da das ganze internationale Zahlungssystem unter diesen Problemkomplexen in die Knie zu gehen drohte und durch de Gaulles zornige Angriffe auf das, was er den amerikanischen »Export der Inflation« nannte, weiter geschwächt wurde, blieb der Nixon-Regierung nicht viel anderes übrig, als die Goldbindung des Dollars auf den privatwirtschaftlichen Märkten aufzugeben und den Dollar gegen die anderen Währungen »floaten« zu lassen. Das Bretton-Woods-System, das in hohem Maße eine Schöpfung der Zeit darstellte, als die Vereinigten Staaten finanziell übermächtig waren, brach zusammen, als seine wichtigste Säule die Belastung nicht mehr zu tragen vermochte.[253]

Die genaue Geschichte vom Auf und Ab des Dollars in den 70er Jahren, als er nun frei »floatete«, kann hier nicht erzählt werden; auch nicht der Zickzack-Kurs aufeinanderfolgender Regierungen in ihren Bemühungen, die Inflation einzudämmen und Wachstum zu stimulieren – immer ohne irgend jemandem weh tun zu wollen. Die überdurchschnittliche Inflation in den Vereinigten Staaten schwächte im allgemeinen den Dollar gegenüber der japanischen und deutschen Währung in den 70ern. Die Öl-Schocks, die Länder, welche vom OPEC-Öl abhängiger waren als die USA (zum Beispiel Japan oder Frankreich), härter trafen, politische Unruhen in verschiedenen Teilen der Welt und hohe amerikanische Zinsen trugen dazu bei, den Dollar wieder höher zu bewerten, wie zum Beispiel in den frühen 80ern. Aber obwohl diese Oszillationen wichtig waren und sicher globale ökonomische Unsicherheiten verstärkten, sind sie wahrscheinlich für unsere Zwecke weniger bedeutend als die unerbittlich wirkenden langfristigen Trends. Diese bestanden im nachlassenden Wachstum der Produktivität, das auf dem Privatsektor von 2,4 Prozent (1965 bis 1972) auf 1,6 Prozent (1972 bis 1977) und dann auf 0,2 Prozent (1977 bis 1982) fiel;[254] in ansteigenden Haushaltsdefiziten der Bundesregierung, die man als keynesianischen »Antrieb« für die Wirtschaft ansehen konnte, dies aber zum Preis so hohen Kapitalimports (angezogen von den höheren amerikanischen Zinsen), daß der Dollar in künstliche Höhen getrieben wurde und das Land sich von einem Nettogläubiger in einen Nettoschuldner verwandelte; und in den zunehmenden Schwierigkeiten amerikanischer Firmen, mit importierten Automobilen, Elektrogeräten, Küchengeräten und anderen Produkten zu konkurrieren. Es konnte niemanden überraschen, daß das amerikanische Bruttosozialprodukt pro Kopf, einst das höchste der Welt, langsam abrutschte.[255]

Wenn man allerdings die amerikanische Wirtschaft aus allgemeinerer Sicht betrachtete – statt sie mit dem Schweizer Pro-Kopf-Einkommen oder mit japanischer Produktivität zu vergleichen –, gab es immer noch viel Tröstliches. Wie Calleo ausführt, erreichte die amerikanische Politik in der Ära nach 1945 einige grundlegende und bedeutende Ziele: eine anhaltende innere Prosperität – im Gegensatz etwa zu einer Krise im Stil der 30er Jahre; die Eindämmung des sowjetischen Expansionismus ohne Krieg; die Wiederbelebung der Wirtschaften – und demokratischen Traditionen – in Europa, später auch in Japan; die Schaffung »eines zunehmend integrierten wirtschaftlichen Blocks« aus Europa, den USA und Japan mit »einer imposanten Reihe von multilateralen Institutionen, um gemeinsame Wirtschafts- und Verteidigungsprobleme zu behandeln«; und schließlich »die Transformation der alten Kolonialreiche in unabhängige Staaten, die dennoch stark in die Weltwirtschaft integriert sind«.[256] Kurz gesagt, die Vereinigten Staaten hatten die liberale internationale Ordnung aufrechterhalten, von der sie selbst in zunehmendem Maße abhingen. Und während ihr Anteil an der Weltproduktion und am Wohlstand der Welt geschrumpft war – vielleicht schneller, als er hätte schrumpfen müssen –, hinterließ die Umverteilung der wirtschaftlichen Gewichte noch immer Bedingungen, die ihren marktwirtschaftlichen und kapitalistischen Traditionen nicht feindlich waren. Und wenn die amerikanische Führungsposition durch schneller wachsende Ökonomien gefährdet wurde, so hatten die USA in fast allen Bereichen wirklicher nationaler Macht doch einen sehr deutlichen Vorsprung vor der Sowjetunion bewahrt. Indem die Gesellschaft der Vereinigten Staaten an ihren unternehmerischen Grundsätzen festhielt, blieb sie den Anregungen der Eigeninitiative und den Wirkungen technologischer Veränderung gegenüber offen, während ihr sozialistischer Rivale genau mit diesen Elementen weit größere Schwierigkeiten hatte.

Eine detailliertere Diskussion dieser ökonomischen Tendenzen muß bis zum letzten Kapitel warten. Es mag indessen nützlich sein, in statistischer Form (siehe Tabelle 43) die Trends wiederzugeben, die hier untersucht worden sind. Sie spiegeln die ökonomischen Gewichtungen in der Welt wider, nämlich die teilweise Erholung der weniger entwickelten Länder, das bemerkenswerte Wachstum Japans und in geringerem Ausmaß das Chinas, den Rückgang des Anteils der EWG an der Weltproduktion, obwohl sie dennoch der größte ökonomische Block in der Welt blieb, die Verminderung des Anteils der Sowjetunion und den viel schnelleren Rückgang der Vereinigten Staaten, die dennoch wirtschaftlich sehr viel stärker als die andere Supermacht blieben.

In der Tat deuteten die Zahlen der Weltbank für 1980, dem letzten

Tabelle 43 Anteile am Weltbruttoprodukt 1960–1980[257] (in Prozent)

	1960	1970	1980
Entwicklungsländer	11,1	12,3	14,8
Japan	4,5	7,7	9,0
China	3,1	3,4	4,5
Europäische Wirtschaftsgemeinschaft	26,0	24,7	22,5
Vereinigte Staaten	25,9	23,0	21,5
Andere entwickelte Länder	10,1	10,3	9,7
UdSSR	12,5	12,4	11,4
Andere kommunistische Länder	6,8	6,2	6,1

Jahr in Tabelle 43, auf eine multipolare Verteilung der ökonomischen Machtverhältnisse. Das zeigt auch Tabelle 44.

Tabelle 44 Bevölkerung, Bruttosozialprodukt pro Kopf und Bruttosozialprodukt 1980[258]

	Bevölkerung (Mio.)	BSP pro Kopf ($)	BSP (Milliarde $)
Vereinigte Staaten	228	11360	2590
UdSSR	265	4550	1205
Japan	117	9890	1157
EG (12 Staaten)	317	–	2907
davon: BRD	61	13590	828
Frankreich	54	11730	633
Großbritannien	56	7920	443
Italien	57	6480	369
BRD und DDR zusammen	78	–	950
China[259]	980	290 oder 450	284 oder 441

Schließlich muß man sich ins Gedächtnis rufen, daß diese langfristigen Verschiebungen des produktiven Gleichgewichts vor allem auch machtpolitische Implikationen haben. Wie Lenin selbst in den Jahren 1917–1918 feststellte, war es der *ungleiche* ökonomische Zuwachs von Staaten, der unvermeidlich zum Aufstieg bestimmter Mächte führte und zum Abstieg anderer:

Vor einem halben Jahrhundert war Deutschland, wenn man seine kapitalistische Macht mit der des damaligen Englands vergleicht, eine klägliche Null; ebenso Japan im Vergleich zu Rußland. Ist die Annahme »denkbar«, daß das Kräfteverhältnis zwischen den imperialistischen Mächten nach zehn, zwanzig Jahren *un*verändert geblieben sein wird? Das ist absolut undenkbar.[260]

Und bei aller Konzentration Lenins auf die kapitalistisch-imperialistischen Staaten scheint diese Regel doch für *alle* nationalen Einheiten zu gelten, was immer ihre Wirtschaftspolitik auch sein mag – daß nämlich ungleiche ökonomische Zuwachsraten früher oder später zu Verschiebungen der politischen und militärischen Machtverhältnisse führen. Dies ist mit Gewißheit das Muster gewesen, das in den vier Jahrhunderten der Großmachtentwicklung vor dem gegenwärtigen Jahrhundert deutlich hervortritt. Daraus folgt, daß die ungewöhnlich schnellen Verschiebungen in den Zentren der Weltproduktion während der letzten zwei oder drei Jahrzehnte zwangsläufig Rückwirkungen haben müssen auf die großstrategische Zukunft der heute führenden Mächte. Und das verdient gewiß die Aufmerksamkeit eines letzten Kapitels.

8 In das 21. Jahrhundert

Geschichte und Spekulation

Ein Kapitel mit einem solchen Titel impliziert nicht nur einen Wechsel in der Chronologie, sondern, was viel wichtiger ist, einen Wechsel der *Methode*. Selbst das gerade Vergangene ist Geschichte, und obwohl die Voreingenommenheit und die Quellenlage es dem Zeithistoriker »schwer machen, das Vergängliche vom Bleibenden zu trennen«[1], bewegt er sich doch immer noch in der gleichen akademischen Disziplin. Aber Ausführungen darüber, wie sich die Gegenwart in die Zukunft verwandeln wird, selbst wenn sie bereits einsetzende Entwicklungen behandeln, können keinen Anspruch auf historische Wahrheit erheben. Nicht nur die Quellen wechseln von auf Archivmaterial basierenden Monographien hin zu wirtschaftlichen *Vorhersagen* und politischen *Projektionen,* sondern auch die Gültigkeit des Geschriebenen kann nicht länger vorausgesetzt werden. Selbst wenn es auch beim Umgang mit »historischen Tatsachen«[2] immer methodische Probleme gibt, sind vergangene Ereignisse, wie die Ermordung eines Erzherzogs oder eine militärische Niederlage, *tatsächlich geschehen.* Über die Zukunft kann man nichts mit dieser Bestimmtheit sagen. Unvorhergesehene Ereignisse, bloße Unfälle und die Unterbrechung eines Trends können die plausibelste aller Voraussagen ruinieren; wenn sie es nicht tun, hat der Vorhersagende lediglich Glück gehabt.

Das Folgende kann daher nur provisorisch und mutmaßend sein, basierend auf einer begründeten Vermutung darüber, wie sich die gegenwärtigen Tendenzen der Weltwirtschaft und Strategie auswirken werden – aber es gibt keine Garantie, daß dies alles (oder irgend etwas davon) eintreten wird. Die Schwankungen in der internationalen Bewertung des Dollar und der Zusammenbruch des Ölpreises nach 1984 (mit ganz unterschiedlichen Auswirkungen auf Rußland, Japan und die OPEC) sind eine gute Warnung vor Schlußfolgerungen aus ökonomischen Tendenzen; und die Welt der Politik und der Diplomatie hat nie geradlinige Entwicklungen gekannt. Viele letzte Kapitel in Werken, die sich mit zeitgenössischer Politik befassen, müssen nur wenige Jahre später, mit der Weisheit des Rückblicks, geändert werden; es wäre überraschend, wenn dieses Kapitel unversehrt überlebte.

Vielleicht versteht man das, was vor einem liegt, am besten, wenn man kurz *zurück*blickt auf den Aufstieg und Fall der großen Mächte in den vergangenen fünf Jahrhunderten. Die These dieses Buches ist, daß es eine Dynamik der Veränderung gibt, die hauptsächlich von wirtschaftlichen und technologischen Entwicklungen angetrieben wird, die sich dann auf die Sozialstruktur, das politische System, die militärische Macht und die Position der einzelnen Staaten und Reiche auswirken. Die Geschwindigkeit dieser globalen wirtschaftlichen Veränderung war nicht gleichförmig, einfach weil die technische Innovation und das Wirtschaftswachstum selbst unregelmäßig ablaufen, bedingt durch die Umstände des individuellen Erfinders und Unternehmers wie auch durch Klima, Seuchen, Kriege, Geographie, soziales Umfeld und so weiter. So haben verschiedene Regionen und Gesellschaften auf der ganzen Welt eine schnellere *oder* langsamere Wachstumsrate erlebt, was nicht nur von den sich verändernden Technologie-, Produktions- und Handelsformen, sondern auch von ihrer Rezeptivität gegenüber neuen Methoden der Erhöhung von Produktion und Wohlstand abhing. Während manche Gegenden der Welt aufstiegen, sind andere zurückgefallen – relativ oder (manchmal) absolut. Nichts davon ist überraschend. Aufgrund des angeborenen Drangs des Menschen, seine Lage zu verbessern, stand die Welt nie still. Und die intellektuellen Durchbrüche von der Zeit der Renaissance an, die durch das Aufkommen der »exakten Wissenschaften« während der Aufklärung und der Industriellen Revolution gefördert wurden, bedeuteten einfach, daß die Dynamik der Veränderung stärker und anhaltender wurde als zuvor.

Die zweite Hauptthese dieses Buches ist, daß das ungleichmäßige Wirtschaftswachstum langfristige Auswirkungen auf die relative militärische Macht und strategische Position der Mitglieder des Staatensystems gehabt hat. Auch das ist nicht überraschend und schon oft gesagt worden, obwohl Betonung und Präsentation der These anders gewesen sein mögen.[3] Die Welt mußte nicht auf die Zeiten von Engels warten, um zu erfahren, daß »nichts abhängiger von den ökonomischen Vorbedingungen ist als gerade Armee und Marine«.[4] Es war einem Renaissance-Fürsten genauso klar wie heute dem Pentagon, daß militärische Macht auf ausreichendem Wohlstand beruht, der wiederum von einer florierenden Produktionsbasis, von gesunden Finanzen und von überlegener Technologie herrührt. Wie die vorliegenden Ausführungen gezeigt haben, läßt sich wirtschaftliche Prosperität nicht *immer und sofort* in militärische Effektivität umsetzen, denn diese hängt von vielen Faktoren ab, von der Geographie und der nationalen Moral bis zur Feldherrnkunst und der taktischen Kompetenz. Trotzdem bleibt die Tatsache bestehen, daß alle wichtigen Veränderungen der *militärischen Macht*verhältnisse der Welt auf Veränderungen des Produktionsverhältnisses folgten; und weiter, daß Aufstieg und Fall der verschiedenen Reiche und Staaten im internationalen System durch den Ausgang der bedeutendsten Kriege der großen Mächte bestätigt wurden, in denen der Sieg immer der Seite mit den größten materiellen Ressourcen zufiel.

Obwohl das, was folgt, eher Spekulation als Geschichte ist, beruht es auf der plausiblen Annahme, daß sich die allgemeinen Entwicklungen der letzten fünf Jahrhunderte wahrscheinlich fortsetzen werden. Das internationale System, ob es nun eine Zeitlang von sechs oder nur von zwei großen Mächten beherrscht wird, bleibt anarchisch – das heißt, es gibt keine größere Autorität als den souveränen, egoistischen Nationalstaat.[5] In jeder dieser speziellen Zeitspannen wächst oder schrumpft der *relative* Anteil der weltlichen Macht dieser Staaten. Es ist genauso unwahrscheinlich, daß die Welt 1989 oder im Jahre 2000 erstarrt, wie in den Jahren 1870 oder 1660. Im Gegenteil, gewisse Wirtschaftsfachleute würden argumentieren, daß die *Strukturen* der internationalen Produktion und des Handels sich schneller verändern als je zuvor: denn die Landwirtschafts- und Rohstoffprodukte verlieren ihren relativen Wert, der industrielle »Produktionsprozeß« wird immer mehr vom industriellen »Beschäftigungsgrad« abgekoppelt, Produkte von hohem wissenschaftlichen Standard beherrschen alle fortgeschrittenen Gesellschaften, und der Fluß des Weltkapitals löst sich zunehmend von den herkömmlichen Handelswegen.[6] Dies alles und die vielen neuen Entwicklungen in der Wissenschaft werden unvermeidlich die internationale Politik beeinflussen. Zusammengefaßt heißt dies, daß es ohne ein Eingreifen Gottes oder eine katastrophale nukleare Explosion weiterhin eine von technologischen und wirtschaftlichen Veränderungen angetriebene Dynamik globaler Macht geben wird. Wenn sich die rosigen Vorhersagen über die Auswirkungen von Computern, Robotern, der Gentechnologie und so weiter als richtig erweisen – und wenn zusätzlich die Vorhersagen über den Erfolg der »grünen Revolution« in Teilen der Dritten Welt (wobei sich Indien und China zu Exporteuren von Getreide entwickeln)[7] zutreffen –, dann könnte die Welt *im Ganzen* im frühen 21. Jahrhundert viel reicher sein als heute. Selbst wenn der technologische Fortschritt weniger dramatisch verläuft, wird es wahrscheinlich weiteres Wirtschaftswachstum geben. Sich verändernde demographische Muster mit ihren Auswirkungen auf die Nachfrage sowie hochentwickelte Formen der Ausbeutung von Rohstoffen würden das garantieren.

Es ist auch klar, daß dieses Wachstum ungleichmäßig sein wird – hier schneller, da langsamer, je nach den Bedingungen der Veränderung. Es ist dies, mehr als alles andere, was die folgenden Prognosen so provisorisch macht; denn es gibt keine Garantie dafür, daß sich zum Beispiel Japans beeindruckendes Wirtschaftswachstum der letzten vier Jahrzehnte in den beiden nächsten fortsetzt; noch ist es angesichts der Veränderungen in der Wirtschaftspolitik und den wirtschaftlichen Mechanismen des Landes unmöglich, daß die Wachstumsraten Rußlands, die seit den 60er Jahren zurückgegangen sind, in den 90ern wieder zunehmen. Betrachtet man aber die derzeitigen Entwicklungen, scheint keines von beiden wahrscheinlich. Um es anders auszudrücken: wenn es doch passieren sollte, daß Japan bis zum 21. Jahrhundert wirtschaftlich stagniert, während Rußland einen Boom erlebt, dann müßten dazu Veränderungen der Umstände und der Politik eingetreten sein, die weit drastischer sind, als man nach den vorliegenden Informationen annehmen kann. Nur weil Mutmaßungen darüber, wie die Welt in 15 oder

25 Jahren aussehen wird, falsch sein können, bedeutet nicht, daß man wenig plausible Ergebnisse den vernünftigen Erwartungen, die auf derzeitigen allgemeinen Entwicklungen basieren, vorziehen sollte.

Es ist zum Beispiel vernünftig zu erwarten, daß einer der bekannteren heutigen »globalen Trends«, der Aufstieg der pazifischen Region, sich fortsetzen wird, einfach weil diese Entwicklung auf so breiter Basis stattfindet. Zu dieser Region gehört nicht nur die wirtschaftliche Lokomotive Japan, sondern auch der sich schnell verändernde Riese, die Volksrepublik China; nicht nur die wohlhabenden und etablierten Industrienationen wie Australien und Neuseeland, sondern auch die sich gerade industrialisierenden, enorm erfolgreichen asiatischen Länder wie Taiwan, Südkorea, Hongkong und Singapur – sowie die größeren, zur »Association of Southeast Asian Nations (ASEAN)« gehörenden Länder wie Malaysia, Indonesien, Thailand und die Philippinen; und, im weiteren Sinne, die pazifischen Staaten der Vereinigten Staaten und einige Provinzen Kanadas.[8] Das Wirtschaftswachstum in diesem riesigen Bereich ist von einer glücklichen Kombination von Faktoren angeregt worden: einem spektakulären Anstieg der industriellen Produktivität in export-orientierten Ländern, die wiederum zu einem großen Anstieg des Außenhandels, des Frachtaufkommens und der finanziellen Dienstleistungen führte; einer ausgeprägten Hinwendung zu neueren Technologien und billigeren, arbeitsintensiven Produkten; und einer enorm erfolgreichen Bemühung, den landwirtschaftlichen Ertrag (besonders an Getreide und Vieh) schneller zu erhöhen, als die Bevölkerung wuchs. Jeder Erfolg hat sich auf die anderen positiv ausgewirkt und damit eine Dynamik der wirtschaftlichen Expansion geschaffen, die diejenige der traditionellen westlichen Mächte – und des COMECON – in den letzten Jahren weit in den Schatten gestellt hat.

1960 zum Beispiel betrug das Bruttoinlandsprodukt der gesamten asiatisch-pazifischen Länder (ohne die Vereinigten Staaten) lediglich 7,8 Prozent des Bruttoinlandsproduktes der Welt; 1982 hatte es sich mehr als verdoppelt, auf 16,4 Prozent, und seit diesem Zeitpunkt haben die Wachstumsraten dieser Gegend die Europas, der Vereinigten Staaten und der UdSSR mit immer größerem Abstand übertroffen. Im Jahre 2000 wird das Bruttoinlandsprodukt dieser Gegend wahrscheinlich auf 20 Prozent gestiegen sein – den gleichen Anteil, den Europa oder die Vereinigten Staaten an der Bruttoinlandsproduktion der Welt haben; und diese Leistung wird bei *viel kleineren* Wachstumsraten, als denen des letzten Vierteljahrhunderts, eintreten.[9] Die Dynamik des Pazifikbeckens war zur gleichen Zeit auch in den sich verlagernden wirtschaftlichen Gewichten innerhalb der Vereinigten Staaten spürbar. 1960 belief sich der amerikanische Handel mit Asien und dem Pazifik auf nur 48 Prozent des Handels mit Europa (d. h. den OECD-Mitgliedsstaaten), aber er stieg bis 1983 auf 122 Prozent des amerikanisch-europäischen Handels – eine Veränderung, die innerhalb der Vereinigten Staaten von einer Umorientierung der Bevölkerung und des Einkommens hin zum Pazifik begleitet wurde.[10] Trotz einer Verlangsamung des Wachstums *eines* Landes oder Problemen, die einen speziellen Industriezweig betreffen, ist es offensichtlich, daß sich diese Entwicklungen im Ganzen fortsetzen. Es ist daher nicht überraschend, daß ein Wirtschaftsexperte vorhergesagt hat, daß die gesamte pazifische Region, die jetzt 43 Prozent des Bruttosozialproduktes der Welt aufweist, im Jahre 2000 reichlich 50 Prozent stellen wird; und er schließt: »Der wirtschaftliche Schwerpunkt der Welt verlagert sich rasch nach Asien und zum Pazifik, und der Pazifik beginnt seinen Platz als eines der Zentren der Weltwirtschaft einzunehmen.«[11] Das hat man natürlich seit dem 19. Jahrhundert schon oft gehört, aber erst mit dem massiven Wachstum des Handels und der Produktivität dieser Region seit 1960 ist diese Vorhersage Wirklichkeit geworden.

Es ist auch vernünftig anzunehmen, daß die nächsten Jahrzehnte die Fortsetzung eines viel weniger attraktiven, aber weiter verbreiteten Trends erleben werden: der eskalierenden Kosten des Wettrüstens, das durch den enormen Preis der neuen Waffensysteme und durch die internationalen Rivalitäten angeheizt wird. »Eines der wenigen beständigen Dinge in der Geschichte«, sagt ein Historiker, »ist, daß die Höhe der Militärausgaben ständig gestiegen ist.«[12] Und wenn das (abgesehen von einigen kurzfristigen Schwankungen) für die Kriege und den Rüstungswettlauf des 18. Jahrhunderts, als sich die Waffentechnologie nur langsam veränderte, zutraf, so trifft es erst recht in diesem Jahrhundert zu, wo jede neue Generation von Flugzeugen, Kriegsschiffen und Panzern selbst unter Berücksichtigung der Inflation wesentlich teurer ist als die vorhergehende. Staatsmänner aus König Eduards Zeiten, die darüber entsetzt waren, daß 1914 ein Schlachtschiff 2,5 Millionen Pfund kostete, wären erschüttert, wenn sie erführen, daß heute der Ersatz einer *Fregatte* die britische Admiralität 120 Millionen Pfund und mehr kostet! Amerikanische Parlamentarier, die in den späten 30er Jahren bereitwillig Gelder für Tausende von B-17-Bombern zur Verfügung gestellt hatten, zucken heute verständlicherweise bei der Schätzung des Pentagons, daß nur 100 der neuen B-1-Bomber über 200 Milliarden Dollar kosten werden, zusammen. In allen Bereichen ist diese Spirale am Werk:

> Bomber kosten 200mal so viel wie im Zweiten Weltkrieg. Jäger kosten 100- oder mehr Mal so viel wie im Zweiten Weltkrieg. Flugzeugträger sind 20mal so teuer und Kampfpanzer 15mal so teuer wie im Zweiten Weltkrieg. Ein U-Boot der Gato-Klasse kostete im Zweiten Weltkrieg 5500 Dollar pro Tonne, verglichen mit heute 1,6 Millionen Dollar pro Tonne für die Trident.[13]

Diese Probleme werden dadurch verschärft, daß die heutige Rüstung sich in zunehmendem Maße vom freien Markt löst. Die Rüstungsindustrie, die meistens auf einige riesige Firmen konzentriert ist und ein besonderes Verhältnis zu ihrem Verteidigungsministerium hat (ob nun in den Vereinigten Staaten, Großbritannien, Frankreich oder in der »Planwirtschaft« der UdSSR), wird häufig dadurch vor den Mechanismen des Marktes geschützt, daß der Staat Exklusivverträge und Kostenüberschreitungsgarantien für Produkte gibt, die nur er (und andere befreundete Staaten) abnehmen werden. Betriebe außerhalb des Rüstungskomplexes, selbst wenn es sich um gigantische Firmen wie IBM oder General Motors handelt, müssen gegen eine harte Konkurrenz antreten, um auch nur einen *Anteil* des sich ständig wandelnden inneren und äußeren Marktes, in dem Qualität, der Geschmack des Konsumenten und der Preis lebenswichtige Faktoren sind, zu gewinnen. Die Rüstungsindustrie, angetrieben von dem Wunsch der Militärs, Waffen »auf dem letzten Stand der Technik« zu besitzen, damit ihre Streitkräfte in der Lage sind, in allen möglichen (wenn auch manchmal sehr unwahrscheinlichen) Schlachtszenarien zu bestehen, produziert Waren in immer *kleineren Stückzahlen*, die immer teurer und aufwendiger werden. Die Industrie des freien Marktes *senkt* nach anfänglichen großen Investitionen in die frühen Prototypen der Haushaltsprodukte und Bürocomputer ihre Kosten pro durchschnittlicher Produktionseinheit aufgrund der Massenproduktion.[14] Und während es zutreffen mag, daß die Explosion neuer Technologien und wissenschaftlicher Entwicklungen seit dem späten 19. Jahrhundert die Rüstungshersteller unweigerlich in eine enge Beziehung zur Regierung trieb, welche die Normen des »freien Marktes« aufhob,[15] ist die Beschleunigung dieser Entwicklung alarmierend. Die verschiedenen Vorschläge für eine »Militärreform« in den Vereinigten Staaten können vielleicht noch dafür sorgen, daß die Prognose einiger Zyniker nicht eintrifft, im Jahre 2020 werde das gesamte Budget des Pentagon von *einem* Flugzeug verschlungen werden; aber selbst diese Bemühungen können den Trend zu immer weniger, immer teureren Waffen wohl kaum umkehren.

Während vieles hiervon natürlich auf die wachsende und unausweichliche Verfeinerung der Waffen zurückzuführen ist – manche moderne Kampfflugzeuge bestehen aus 100000 Einzelteilen –, wird es auch durch die unvermindert breite Fortführung des Wettrüstens – an Land, über und unter Wasser, in der Luft und im Weltraum – verursacht. Auch wenn die größte dieser Rivalitäten sich zwischen der NATO und den Ländern des Warschauer Pakts abspielt (die, dank beider Supermächte, 80 Prozent der gesamten Weltinvestitionen für Rüstung ausgeben und 60–70 Prozent der Flugzeuge und Schiffe besitzen), gibt es kleinere, aber doch bedeutende Rüstungswettläufe – von Kriegen ganz zu schweigen – im Mittleren Osten, in Afrika, Lateinamerika und in ganz Asien, vom Iran bis Korea. Die Folge ist eine Explosion der Rüstungsausgaben der Dritten Welt gewesen, selbst in den ärmsten Regionen, und eine große Zunahme der Waffenverkäufe und -lieferungen in diese Länder. 1984 hatten die Waffenimporte der Welt mit kolossalen 35 Milliarden Dollar den Weltgetreidehandel (33 Milliarden Dollar) überholt. Im folgenden Jahr, auch das bemerkenswert, erreichten die Rüstungsausgaben der Welt eine Summe von ungefähr 940 Milliarden Dollar, was mehr ist als das gesamte Einkommen der ärmeren Hälfte dieses Planeten. Mehr noch, die Ausgaben für Waffen stiegen schneller, als die Weltwirtschaft und die Wirtschaft in den meisten Ländern expandierte. An der Spitze standen die Vereinigten Staaten und die UdSSR, die jeder jährlich mehr als 250 Milliarden Dollar für Waffen ausgaben und die diese Summe in der nächsten Zukunft wahrscheinlich bis auf über 300 Milliarden Dollar erhöhen werden. In den meisten Ländern nahmen die Ausgaben für die Streitkräfte einen zunehmenden Teil des Haushaltes und des Bruttosozialproduktes in Anspruch, eingeschränkt nur (mit wenigen Ausnahmen wie Japan und Luxemburg, wo andere Motive eine Rolle spielen) durch wirtschaftliche Schwäche, Mangel an harter Währung und so weiter, nicht aber durch eine echte Verpflichtung zur Reduzierung der Rüstung.[16] Die »Militarisierung der Weltwirtschaft«, wie das Worldwatch-Institut es nennt, schreitet jetzt schneller voran als in der vorhergehenden Generation.[17]

Diese beiden Tendenzen – die ungleichmäßige Struktur des Wachstums, in der sich die globalen Produktionsgewichte dem pazifischen Becken zuneigen und die eskalierenden Kosten für Waffen und Streitkräfte – sind natürlich getrennte Entwicklungen. Zugleich ist es jedoch offensichtlich, daß sie sich wahrscheinlich zunehmend gegenseitig beeinflussen werden und es in der Tat bereits tun. Beide werden von der Dynamik der technologischen und industriellen Veränderung angetrieben (selbst wenn einzelne Rüstungswettläufe auch von politischen und ideologischen Motiven bestimmt werden). Beide greifen stark in die nationale Wirtschaft ein: die erste dadurch, daß sie den Wohlstand und die Produktivität etwas schneller oder etwas langsamer fördert und manche Gesellschaften reicher macht als andere; die zweite, indem sie die nationalen Ressourcen aufbraucht – die nicht nur in Form von Investitionskapital und Rohstoffen gemessen werden muß, sondern auch (was vielleicht noch wichtiger ist) an dem Anteil von Wissenschaftlern, Ingenieuren, Angestellten in Forschung und Entwicklung, die in der Rüstungsindustrie, nicht aber in der kommerziellen exportorientierten Wachstumsindustrie beschäftigt sind. Obwohl manchmal behauptet wird, daß Verteidigungsausgaben gewisse kommerzielle, wirtschaftliche »spin-offs«, nützliche Nebenwirkungen, mit sich bringen, ist es zunehmend schwer, die Behauptung zu widerlegen, daß *exzessive* Rüstungsausgaben dem wirtschaftlichen Wachstum schaden.[18] Die Schwierigkeiten, die militärisch kopflastige Gesellschaften heute durchleben, sind lediglich eine Wiederholung der Erfahrungen, die das Spanien Philipps II., das Rußland Nikolaus' II. und Hitlers Deutschland gemacht haben. Eine große Kriegsmacht wirkt wie ein gewaltiges Monument auf den leicht zu beeindruckenden Beobachter, aber wenn sie nicht auf einem festen Fundament steht (in diesem Fall einer produktiven Nationalökonomie), riskiert sie den zukünftigen Zusammenbruch.

Im weiteren Sinne haben daher beide dieser Entwicklungen tiefgreifende sozioökonomische und politische Auswirkungen. Ein langsames Wirtschaftswachstum in einem Land drückt wahrscheinlich auf die öffentliche Stimmung, schafft Unzufriedenheit und verschärft die Diskussion über die Prioritäten nationaler Ausgaben; andererseits wird eine schnelle technologische und industrielle Expansion auch ihre Auswirkungen haben, besonders auf eine bislang nicht industrialisierte Gesellschaft. Rüstungsausgaben im großen Maßstab können bestimmte Industriezweige innerhalb der nationalen Wirtschaft begünstigen; aber sie können auch dazu führen, daß Ressourcen aus anderen Bereichen der Gesellschaft abgezogen werden und die nationale Wirtschaft weniger in der Lage ist, mit der kommerziellen Herausforderung anderer Länder fertig zu werden. Wenn nicht gerade ein Feind vor den Toren steht, haben hohe Verteidigungsausgaben in diesem Jahrhundert fast immer die Kontroverse »Kanonen oder Butter« hervorgerufen. Weniger öffentlich, aber für unsere Zwecke von noch größerer Bedeutung, provozierten sie regelmäßig eine Debatte über das vernünftige Verhältnis von wirtschaftlicher Stärke und militärischer Macht.[19]

Daher droht heute, nicht zum ersten Mal in der Geschichte, eine Spannung zwischen der Existenz einer Nation in einer anarchischen militärisch-politischen Welt und ihrem Bestehen in einer Welt der Laisser-faire-Ökonomie. Es ist eine Spannung zwischen der Suche nach strategischer Sicherheit, die sich in Investitionen in die neuesten Waffensysteme und einem hohen Anteil nationaler Ressourcen für die Streitkräfte ausdrückt, und andererseits der Suche nach wirtschaftlicher Sicherheit, die sich in erhöhter nationaler Prosperität ausdrückt, die wiederum abhängig ist vom Wachstum (das aus neuen Methoden der Produktion und der Wertschöpfung hervorgeht), von erhöhtem Warenausstoß und florierender Nachfrage in In- und Ausland. Alles dies aber kann durch exzessive Rüstungsausgaben gefährdet werden. Gerade weil ein kopflastiger Militärapparat das Wirtschaftswachstum verringern und dazu führen kann, daß der Anteil der Nation am Produktionsvolumen der Welt sinkt – und damit der Wohlstand, und damit die *Macht* –, wird die ganze Frage zu einem Balanceakt zwischen kurzfristiger Sicherheit durch starke Verteidigungskräfte und langfristiger Sicherheit durch steigende Produktion und wachsende Einnahmen.

Die Spannung zwischen diesen gegensätzlichen Zielen ist vielleicht im späten 20. Jahrhundert besonders akut, weil die führenden Nationen zugleich »Modelle« für den Rest der Welt sein wollen. Auf der einen Seite gibt es die extrem erfolgreichen »Handelsstaaten« – hauptsächlich in Asien (Staaten wie Japan und Hongkong), aber auch die Schweiz, Schweden und Österreich –, die den enormen Anstieg der Weltproduktion und der gegenseitigen kommerziellen Abhängigkeit seit 1945 ausgenutzt haben und deren Außenpolitik friedliche Handelsbeziehungen mit anderen Gesellschaften betont. Folglich haben sie alle versucht, die Verteidigungsausgaben so niedrig zu halten, daß es sich gerade mit der Erhaltung der nationalen Souveränität vereinen läßt, und setzten damit Ressourcen für hohen Konsum und Kapitalinvestitionen im Inland frei. Auf der anderen Seite gibt es eine Reihe »militarisierter« Wirtschaften – Vietnam in Südostasien, Iran und Irak, die in einen langgezogenen Krieg verwickelt waren, Israel und seine eifersüchtigen Nachbarn im Nahen Osten und die UdSSR selbst –, die alle jährlich mehr (in manchen Fällen viel mehr) als zehn Prozent ihres Bruttosozialproduktes in die Rüstung stecken und die deutlich unter der Umlenkung der Ressourcen fort von den produktiven, friedlichen Zwecken leiden. Zwischen diesen beiden Polen, den Kaufmanns- und den Kriegerstaaten, um sie so zu nennen, bewegen sich die meisten anderen Nationen dieses Planeten, nicht überzeugt davon, daß die Welt sicher genug ist, um eine Reduzierung der Rüstungsausgaben auf Japans ungewöhnlich niedriges Niveau zu erlauben, aber trotzdem im allgemeinen besorgt über die hohen wirtschaftlichen und sozialen Kosten der riesigen Rüstungsausgaben. Das Problem wird noch komplizierter für Länder, die – wieder im Gegensatz zu Japan – große überseeische militärische Verpflichtungen haben, denen sie sich schlecht entziehen können. Ferner ist den politischen Denkern in vielen führenden Staaten sehr bewußt, daß sie die eskalierenden Kosten der Rüstung nicht nur mit den produktiven Investitionen, sondern auch mit den wachsenden sozialen Anforderungen (besonders da die Bevölkerung in ihren Ländern im Ganzen älter wird) in Einklang bringen müssen, was es schwerer macht als je zuvor, Prioritäten für die Staatsausgaben zu setzen.

Die Leistung, die von den meisten, wenn nicht allen, Regierungen verlangt wird, da sich die Welt dem 21. Jahrhundert nähert, ist daher eine *dreifache:* sie müssen gleichzeitig für militärische Sicherheit (oder irgendeine überzeugende alternative Sicherung) der nationalen Interessen sorgen *und* die sozioökonomischen Bedürfnisse der Bürger befriedigen *und* ein anhaltendes Wachstum gewährleisten – das letzte sowohl für den positiven Zweck, Kanonen und Butter zu liefern, als auch für den negativen Zweck, einen relativen wirtschaftlichen Abstieg zu vermeiden, der die zukünftige militärische und wirtschaftliche Sicherheit des Volkes gefährden könnte. Angesichts der Ungleichmäßigkeit der technologischen und wirtschaftlichen Veränderung und der unvorhersehbaren Fluktuationen der internationalen Politik wird diese dreifache Leistung nicht einfach zu erbringen sein. Nur die ersten beiden Leistungen – oder nur eine von beiden –, ohne die dritte zu vollbringen, wird auf längere Sicht unweigerlich zu einem relativen Verfall führen, was natürlich das Schicksal aller langsam wachsenden Gesellschaften war, die sich der Machtdynamik in der Welt nicht anzupassen vermochten. Wie ein Ökonom es einmal nüchtern ausdrückte: »Es ist schwer vorstellbar, aber ein Land, dessen Produktivitätswachstum ein Jahrhundert lang um nur ein Prozent hinter den anderen Ländern herhinkt, wie das bei England der Fall war, wird sich vom unbestrittenen industriellen Führer der Welt in die mittelmäßige Ökonomie, die es heute ist, verwandeln.«[20]

Der Rest dieses Kapitels beschäftigt sich damit, wie gut (oder schlecht) die führenden Nationen dafür gerüstet sind, diese Aufgabe zu erfüllen. Man muß wohl kaum betonen, daß es keine absolut perfekte Lösung für diese Spannung gibt, da die verschiedenen Forderungen nach Verteidigungsausgaben und militärischer Sicherheit, Sozial- und Konsumbedarf sowie Investitionen für das Wachstum einen dreiseitigen Wettbewerb um die Ressourcen mit sich bringen. Das Beste, was man wahrscheinlich erreichen kann, ist, eine grobe Harmonie zwischen diesen drei Zielen herzustellen, aber wie dieses Gleichgewicht zu erreichen ist, wird stark von den nationalen Umständen und nicht von irgendeiner theoretischen Definition bestimmt sein. Ein von feindlichen Nachbarn umgebener Staat wird mehr Geld für militärische Sicherheit ausgeben als einer, dessen Bürger sich kaum bedroht fühlen; einem Land, das reiche Rohstoffvorkommen besitzt, wird es leichter fallen, Kanonen und Butter zu bezahlen; eine Gesellschaft, die auf Wirtschaftswachstum fixiert ist, um die anderen einzuholen, wird andere Prioritäten setzen als ein Land, das am Rande eines Krieges steht. Geographie, Politik und Kultur garantieren, daß die »Lösung« eines Staates der eines anderen nie genau gleichen wird. Trotzdem, das grundlegende Argument bleibt bestehen: ohne ein grobes Gleichgewicht zwischen diesen drei konkurrierenden Forderungen der Verteidigung, des Konsums und der Investition herzustellen, wird eine Großmacht ihren Status kaum lange erhalten können.

Chinas Balanceakt

Nirgendwo sind die konkurrierenden Forderungen nach Modernisierung der Waffen, der Erfüllung sozialer Bedürfnisse des Volkes und der Notwendigkeit, alle vorhandenen Ressourcen »produktiven« nichtmilitärischen Unternehmen zuzuführen, dringender als in der Volksrepublik China, die gleichzeitig die ärmste und die strategisch wahrscheinlich am ungünstigsten situierte Großmacht ist. Dennoch, auch wenn China unter gewissen chronischen Schwierigkeiten litt, schien seine Führung im letzten Jahrzehnt eine Strategie zu entwickeln, die viel zusammenhängender und zukunftsorientierter war als jene, die in Moskau, Washington oder Tokio, ganz zu schweigen von Westeuropa, vorherrschte. Und während die *materiellen* Zwänge, die auf China lasten, enorm sind, werden sie doch durch eine wirtschaftliche Expansion abgeschwächt, die, *wenn sie aufrechterhalten werden kann*, das Land innerhalb weniger Jahrzehnte umzuwandeln verspricht.

Die Schwächen des Landes sind so wohlbekannt, daß sie hier nur kurz erwähnt werden müssen. Peking hat sich (mit einiger Berechtigung) als strategisch und diplomatisch isoliert angesehen. Dies läßt sich zum Teil auf Maos Politik gegenüber Chinas Nachbarn zurückführen, ist aber auch eine Folge der Rivalitäten und Ambitionen der anderen asiatischen Mächte in den vergangenen Jahrzehnten. Die früheren japanischen Aggressionen sind in der chinesischen Erinnerung noch nicht verblaßt und verstärken die Vorsicht, mit der die Führung in Peking das explosive Wachstum dieses Landes in den letzten Jahren betrachtet. Obwohl die Beziehungen zu Washington in den 70er Jahren aufgetaut sind, begegnet man auch den Vereinigten Staaten mit einigem Mißtrauen – besonders unter einer republikanischen Regierung, die übermäßig darauf erpicht scheint, einen anti-russischen Block zu bilden, die eine anhaltende Vorliebe für Taiwan zu hegen scheint und die zu schnell bereit ist, gegen Länder der Dritten Welt und gegen revolutionäre Bewegungen zu intervenieren, um Pekings Geschmack zu entsprechen. Die Zukunft Taiwans und der kleineren Inseln vor der Küste bleibt ein dorniges, nur halb verdrängtes Problem. Die Beziehungen der Volksrepublik China zu Indien sind kühl geblieben, erschwert durch die jeweiligen Bindungen an Pakistan und Rußland. Trotz kürzlicher »Werbungsversuche« Moskaus fühlt sich China noch immer veranlaßt, die UdSSR als die größte äußere Gefahr anzusehen – und das nicht nur wegen der Massen an russischen Divisionen und Flugzeugen, die entlang der Grenze stationiert sind, sondern auch aufgrund der militärischen Expansion des sowjetisch gestützten vietnamesischen Staates in Richtung Süden. Ähnlich wie die Deutschen früher in diesem Jahrhundert beschäftigt die Chinesen daher der Gedanke an eine »Einkreisung«, während sie gleichzeitig danach streben, ihren Platz im globalen Machtsystem zu verbessern.[21]

Ferner müssen diese widerborstigen, multilateralen diplomatischen Probleme von einem Land gelöst werden, das im Vergleich zu seinen Hauptrivalen weder militärisch noch wirtschaftlich besonders stark ist. Bei aller *numerischen* Größe der chinesischen Armee bleibt sie, was modernes Gerät der Kriegführung anbetrifft, erbärmlich unterbestückt. Die meisten Panzer, Kanonen, Flugzeuge und Kriegsschiffe sind selbstgebaute Versionen russischer oder westlicher Modelle, die China vor Jahren erworben hat und die es mit Sicherheit nicht mit den späteren, verbesserten Modellen aufnehmen können. Der Mangel an harter Währung und die absolute Weigerung, sich von anderen Nationen abhängig zu machen, haben die Käufe ausländischer Waffen auf einem Minimum gehalten. Noch besorgter sind die Führer Pekings vielleicht über die Schwächen der chinesischen Gefechtsfeldführung, die noch auf die maoistischen Angriffe auf das Berufssoldatentum und die Bevorzugung von Bauern-Milizen zurückgeht. Solche utopischen Lösungen waren im Grenzkrieg von 1979 mit Vietnam, dessen kampfgehärtete und gut trainierte Truppen 26000 Chinesen töteten und 37000 verwundeten, wenig hilfreich.[22] Wirtschaftlich scheint China noch weiter zurück zu sein; selbst wenn man die offiziellen Pro-Kopf-Zahlen des Bruttosozialproduktes so abändert, daß sie besser mit den westlichen Konzepten und wirtschaftlichen Maßstäben in Einklang zu bringen sind,[23] kommt man auf lediglich 500 Dollar, verglichen mit über 13000 Dollar für viele fortgeschrittene kapitalistische Staaten und beachtlichen 5000 Dollar oder mehr für die UdSSR. Angesichts des zu erwartenden Bevölkerungswachstums von einer Milliarde Menschen heute auf 1,2 oder 1,3 Milliarden im Jahre 2000 sind die Aussichten für einen größeren Anstieg des Pro-Kopf-Einkommens nicht groß; selbst im nächsten Jahrhundert wird der durchschnittliche Chinese im Vergleich zur Bevölkerung der etablierten Mächte arm sein. Außerdem muß man kaum betonen, daß die Schwierigkeiten, einen solch bevölkerungsreichen Staat zu regieren, die verschiedenen Fraktionen (Partei, Armee, Bürokraten, Bauern) auszusöhnen und Wachstum ohne soziale und ideologische Unruhe durchzusetzen, selbst für die flexibelste und intelligenteste Führung eine harte Prüfung sein wird. Die innere Geschichte Chinas im letzten Jahrhundert liefert keine ermutigenden Präzedenzen für langfristige Entwicklungsstrategien.

Trotzdem, die Indikationen von Reform und Verbesserung, die im Laufe der letzten sechs bis acht Jahre in China zu beobachten waren, sind sehr bemerkenswert und legen nahe, daß die Zeit unter

Deng Xiaoping von Historikern eines Tages auf ähnliche Weise betrachtet werden wird wie Colberts Frankreich oder die frühen Phasen der Herrschaft Friedrichs des Großen, oder auch Japan in den Jahrzehnten der nach Meiji-Restauration: das heißt, als ein Land, das danach strebt, seine Macht (in jeglicher Bedeutung des Wortes) durch alle pragmatischen Mittel zu entfalten. Dazu gehört der Versuch, einen Ausgleich zu finden zwischen der Ermutigung des Unternehmertums, der Privatinitiative, der Veränderung und einer *etatistischen* Entschlossenheit, die Ereignisse so zu lenken, daß die nationalen Ziele so schnell und reibungslos wie möglich erreicht werden. Eine solche Strategie umfaßt die Fähigkeit zu erkennen, in welcher Beziehung die einzelnen Aspekte der Regierungspolitik zueinander stehen. Sie bedarf also eines hochentwickelten Balanceaktes, der eine vorsichtige Beurteilung verschiedener Elemente erfordert: der Geschwindigkeit, mit der diese Veränderungen sicher vonstatten gehen können, der Menge an Ressourcen, die für die langfristigen im Gegensatz zu den kurzfristigen Bedürfnissen zur Verfügung gestellt werden sollen, der Koordinierung der inneren und äußeren Anforderungen des Staates und – in einem Land, das schließlich immer noch ein »modifiziertes« marxistisches System hat – der Wege, wie man Ideologie und Praxis in Einklang bringen kann. Obwohl es Schwierigkeiten gab und in der Zukunft höchstwahrscheinlich neue auftauchen werden, war die bisherige Leistung beeindruckend.

Sie wird zum Beispiel deutlich in der vielfältigen Art, in der sich die chinesischen Streitkräfte nach den Erschütterungen der 60er Jahre verändert haben. Die geplante Reduzierung der Volksbefreiungsarmee (die die Marine und die Luftwaffe mit einschließt) von 4,2 auf 3 Millionen Soldaten ist in Wirklichkeit eine Verstärkung, da viel zu viele Soldaten nur Hilfstruppen waren, die zum Eisenbahnbau und für zivile Zwecke eingesetzt wurden. Diejenigen, die in der Armee bleiben, sind wahrscheinlich von höherer Qualität: neue Uniformen und die Wiedereinführung militärischer Ränge (von Mao als »bürgerlich« abgeschafft) sind ein äußeres Zeichen hierfür. An die Stelle einer reinen Freiwilligenarmee tritt die Wehrpflicht (um dem Staat Zugang zu qualifizierterem Personal zu verschaffen), die Militärregionen werden reorganisiert, der Stab wird durchforstet und verkleinert und die Offiziersausbildung an den Akademien, die auch aus maoistischer Ungnade wiederaufgetaucht sind, wird verbessert.[24] Eine großangelegte Modernisierung der chinesischen Waffen, die zwar zahlenmäßig beachtlich, aber veraltet sind, wird damit einhergehen. Die Marine erhält eine Reihe neuer Schiffe, von Zerstörern über Versorgungsschiffe zu Schnellbooten und sogar Luftkissenbooten; und sie hat sich eine ansehnliche Flotte konventioneller U-Boote (107 im Jahre 1985) aufgebaut, die weltweit drittgrößte Flotte dieser Art. Die chinesischen Panzer haben heute Laserentfernungsmesser; die Flugzeuge sind inzwischen Allwettermodelle und besitzen moderne Radarsysteme. All dies wird von der Bereitschaft begleitet, mit großangelegten Manövern unter modernen Schlachtfeldbedingungen zu experimentieren (an einem solchen Manöver im Jahre 1981 waren sechs oder sieben chinesische Armeen, unterstützt von Flugzeugen, die bei dem Konflikt mit Vietnam 1979 gefehlt hatten, beteiligt)[25] und die Strategie der »Vorwärtsverteidigung« entlang der Grenzen mit Rußland zugunsten von Gegenangriffen im Hinterland der langen, exponierten Grenzen zu überdenken. Auch die Marine experimentiert in viel größerem Maßstab: 1980 hat eine aus 18 Schiffen bestehende Einsatzflotte eine 18000 Seemeilen lange Mission in den Südpazifik unternommen – in Verbindung mit Chinas neuesten Interkontinentalraketenversuchen. (War dies, so fragt man sich, die erste bedeutende Demonstration chinesischer Seemacht seit Cheng Hos Kreuzfahrten im frühen 15. Jahrhundert?)

Noch bezeichnender für Chinas Aufstieg zur militärischen Großmacht ist die außerordentlich schnelle Entwicklung seiner Atomtechnologie. Obwohl die ersten Tests zu Maos Zeiten vonstatten gingen, hat er Atomwaffen öffentlich abgelehnt und den »Volkskrieg« vorgezogen; im Gegensatz dazu ist die Führung unter Deng entschlossen, China so schnell wie möglich den Rang einer *modernen* Militärmacht zu geben. Schon 1980 hat China Interkontinentalraketen mit einer Reichweite von 7000 Seemeilen (was nicht nur die ganze UdSSR, sondern auch Teile der Vereinigten Staaten erreichbar machen würde)[26] getestet. Ein Jahr später hat eine ihrer Raketen drei Satelliten in den Weltraum gebracht, was ein Anzeichen für eine Mehrfachsprengkopftechnologie ist. Die meisten von Chinas Atomwaffen sind *landgestützt* und haben eine eher mittlere als lange Reichweite; aber sie werden ergänzt von neuen Interkontinentalraketen und, vielleicht der bedeutendste Schritt von allen (in den Begriffen nuklearer Abschreckung), von einer Flotte von Raketen tragenden U-Booten. Seit 1982 hat China von U-Booten abgeschossene Raketen getestet und daran gearbeitet, die Reichweite und die Treffgenauigkeit zu verbessern. Es gibt auch Berichte über chinesische Experimente mit taktischen Atomwaffen. Dies alles wird durch eine großangelegte Nuklearforschung abgestützt. Die Chinesen lehnen es ab, die Entwicklung ihrer Atomwaffen durch internationale Begrenzungsabkommen »einfrieren« zu lassen, da dies lediglich den bestehenden Großmächten helfen würde.

Ebenso offensichtlich wie dieses militärisch-technologische Können sind indessen auch fortbestehende Zeichen der Schwäche. Es gibt immer eine bedeutende Verzögerung zwischen der Herstellung eines frühen Prototyps einer Waffe bis zu dem Zeitpunkt, an dem eine große Zahl, geprüft und getestet, im Besitz der Streitkräfte ist; und dies trifft besonders für ein Land zu, das weder reich an Kapital noch an wissenschaftlichen Ressourcen ist. Schwere Rückschläge – z. B. die mögliche Explosion eines chinesischen U-Boots bei dem Versuch, eine Rakete abzuschießen; die Annullierung oder Verzögerung von Waffenprogrammen; mangelnde Kenntnisse auf dem Gebiet der Metallurgie, der fortgeschrittenen Strahltriebwerke, Radar, Navigations- und Fernmeldeausrüstungen – behindern weiterhin Chinas Weg zu einer wirklichen militärischen Gleichwertigkeit mit der UdSSR und den Vereinigten Staaten. Die Marine ist trotz der Übungen im Pazifik weit davon entfernt, eine Hochseeflotte zu sein, und die U-Bootflotte mit Raketenträgersystemen wird noch lange Zeit hinter denen der »Großen Zwei« zurückbleiben, die enorme Summen in die Entwicklung gewaltiger U-Boottypen stecken – zum Beispiel der *Ohio*-Klasse und der *Alpha*-Klasse, die tiefer tauchen können und schneller sind als jeder frühere U-Boot-Typ.[27] Und letztendlich erinnert die Erwähnung von Finanzen daran, daß China, solange es nur ungefähr ein Achtel soviel für die Verteidigung ausgibt wie die Supermächte, keine Chance hat, ganz mit ihnen gleichzuziehen; es kann deswegen nicht planen, *jede*

Waffenart zu erwerben oder sich auf jede vorstellbare Bedrohung vorzubereiten.

Trotzdem, selbst Chinas gegenwärtige militärische Kapazität hat ihm schon einen weit größeren Einfluß verschafft als noch vor einigen Jahren. Durch die Verbesserungen in der Ausbildung, der Organisation und der Ausrüstung sollte die Volksbefreiungsarmee eher in der Lage sein, ihren regionalen Rivalen wie Vietnam, Taiwan und Indien zu begegnen als in den letzten zwei Jahrzehnten. Selbst das militärische Kräfteverhältnis gegenüber der Sowjetunion scheint nicht mehr so unverhältnismäßig stark zugunsten Moskaus geneigt zu sein. Sollte eine zukünftige Auseinandersetzung in Asien zu einem chinesisch-russischen Krieg führen, würde es für die Führung in Moskau wegen der Reaktion der Weltöffentlichkeit und der unvorhersehbaren Antwort der Amerikaner unter Umständen politisch schwierig werden, einen Atomschlag gegen China zu führen; aber falls sie doch die »atomare Option« ergreifen sollte, wird es immer unwahrscheinlicher, daß die sowjetischen Streitkräfte *garantieren* könnten, Chinas landgestützte und (besonders) seegestützte Raketensysteme zu zerstören, bevor diese zurückschlagen könnten. Das sowjetische Dilemma bleibt aber auch akut, wenn nur konventionell gekämpft werden würde. Daß Moskau die Möglichkeit eines Krieges ernst nimmt, wird daraus ersichtlich, daß es ungefähr 50 Divisionen (einschließlich sechs oder sieben Panzerdivisionen) in ihren zwei militärischen Distrikten östlich des Urals stationiert hat. Und während man annehmen kann, daß diese Truppen mit den siebzig oder mehr auch im Grenzgebiet stationierten Divisionen der Volksbefreiungsarmee fertig werden können, wird ihre Überlegenheit kaum groß genug sein, um einen überwältigenden Sieg zu erringen – besonders wenn die Chinesen Raum aufgeben, um Zeit zu gewinnen und den Effekt eines sowjetischen Blitzkrieges abzuschwächen. Für viele Beobachter gibt es heute schon eine »grobe Gleichwertigkeit«, ein »Gleichgewicht der Kräfte« in Zentralasien[28] – und wenn das wahr ist, hat es strategische Auswirkungen weit über die Grenzen der Mongolei hinaus.

Aber der bedeutendste Aspekt langfristiger militärischer Macht Chinas liegt in dem erstaunlich schnellen Wachstum seiner Wirtschaft in den letzten Jahrzehnten, ein Wachstum, das sich wahrscheinlich in Zukunft fortsetzen wird. Wie im vorhergehenden Kapitel erwähnt, war China, schon bevor die Kommunisten ihre Herrschaft fest etabliert hatten, eine ansehnliche industrielle Macht – obwohl das durch die enorme Größe des Landes, die Tatsache, daß ein großer Teil der Bevölkerung Bauern waren, und durch die Unruhen der Kriege und Bürgerkriege verdeckt wurde. Der Aufbau eines marxistischen Regimes und die Sicherung des inneren Friedens ließen zu, daß die Produktion nach oben schoß, unterstützt von einem Staat, der sowohl die Landwirtschaft als auch das industrielle Wachstum förderte – obwohl dies manchmal (z. B. unter Mao) auf bizarren und kontraproduktiven Wegen geschah. In den Jahren 1983/1984 bemerkte ein Korrespondent, daß »China seit 1952 in Industrie und Landwirtschaft ein jährliches Wachstum von ungefähr zehn bzw. drei Prozent und einen Anstieg des Bruttosozialproduktes von fünf bis sechs Prozent im Jahr erreicht hat«.[29] Auch wenn diese Zahlen nicht an die Leistungen solcher export-orientierter asiatischer »Handelsstaaten« wie Singapur und Taiwan heranreichen, sind sie für ein so großes und bevölkerungsreiches Land wie China beeindruckend und lassen sich leicht in wirtschaftliche Macht von einiger Größe übersetzen. In den späten 70er Jahren war die chinesische Industrie einer Berechnung zufolge so groß wie (wenn nicht größer als) die der UdSSR und Japans im Jahre 1961.[30] Dabei muß man im Auge behalten, daß diese *durchschnittlichen* Wachstumsraten die Zeit des sogenannten Großen Sprungs nach Vorn von 1958–1959 umfassen, den Bruch mit Rußland und den Abzug sowjetischer Gelder, Wissenschaftler und Planer in den frühen 60er Jahren sowie den Aufruhr der Großen Proletarischen Kulturrevolution, die nicht nur die Industrieplanung verwirrte, sondern auch das gesamte Bildungs- und Wissenschaftsgefüge fast eine ganze Generation lang zerstörte. Hätten diese Ereignisse *nicht* stattgefunden, wäre China insgesamt noch schneller gewachsen – das ist erkennbar an der Tatsache, daß im Laufe der letzten fünf Jahre unter den von Deng geleiteten Reformen das Wachstum der Industrie durchschnittlich spektakuläre zwölf und das der Landwirtschaft acht Prozent betrug.[31]

Der landwirtschaftliche Sektor bleibt in hohem Maße Chinas Chance und zugleich seine Schwachstelle. Die ostasiatischen Methoden des Reisanbaus sind, was den Ertrag pro Hektar anbetrifft, ungewöhnlich produktiv, aber auch sehr arbeitsintensiv – was eine Umstellung beispielsweise auf großflächige, mechanisierte Techniken der Landwirtschaft, die in den großen amerikanischen Ebenen angewandt werden, erschwert. Aber da die Landwirtschaft 30 Prozent von Chinas Bruttoinlandsprodukt ausmacht und 70 Prozent der Bevölkerung beschäftigt, wird ein Verfall (oder auch nur eine Verlangsamung) auf diesem Sektor zu einer Belastung für die gesamte Wirtschaft – wie es offensichtlich in der Sowjetunion geschehen ist. Diese Herausforderung wird durch die Bevölkerungszeitbombe noch verschärft. Schon heute muß China eine Milliarde Menschen von nur 250 Millionen Morgen Ackerland ernähren (verglichen mit Erträgen von 400 Millionen Morgen für eine Bevölkerung von 230 Millionen in den Vereinigten Staaten).[32] Kann China bis zum Jahre 2000 weitere 200 Millionen Chinesen ernähren, ohne in zunehmendem Maße von importierten Nahrungsmitteln abhängig zu werden, was sich auf die Handelsbilanz und auf die strategische Situation auswirken würde? Es ist schwer, auf diese entscheidende Frage eine klare Antwort zu bekommen, unter anderem, weil die Experten sehr verschiedene Statistiken heranziehen. Chinas traditioneller Export von Nahrungsmitteln sank innerhalb der letzten drei Jahrzehnte langsam ab, und im Jahre 1980 wurde es kurzzeitig zu einem Netto-*Importeur*.[33] Auf der anderen Seite investiert die chinesische Regierung enorme wissenschaftliche Ressourcen, um eine »grüne Revolution« nach dem indischen Modell durchzuführen, und Dengs Förderung von marktorientierten Reformen zusammen mit kräftigen Steigerungen der landwirtschaftlichen Verkaufspreise (ohne daß die Kosten an die Städte weitergereicht würden), haben im Laufe des letzten halben Jahrzehnts zu einem enormen Anstieg der Lebensmittelproduktion geführt. Zwischen 1979 und 1983 – als ein großer Teil der Welt unter einer wirtschaftlichen Depression litt – erhöhten die 800 Millionen Chinesen in ländlichen Gebieten ihr Einkommen um 70 Prozent, und sie nahmen ungefähr soviele Kalorien zu sich wie die Brasilianer und die Malaysier. »1985 produzierten die Chinesen 100 Millionen Tonnen Getreide mehr als vor einem Jahrzehnt, eine der produktivsten Phasen, die je verzeichnet wurden.«[34] Angesichts einer wachsenden Bevölkerung, die sich immer mehr dem Fleischkonsum zuwendet (für den noch mehr Getreide gebraucht wird), wird sich der Druck, die Expansion des landwirtschaftlichen Sektors aufrechtzuerhalten, noch verstärken – und doch bleibt das zur Verfügung stehende Akkerland beschränkt und die durch Anwendung von Düngemitteln erzielte Ertragssteigerung wird sich verlangsamen. Trotzdem, alle Anzeichen legen nahe, daß China diesen Teil des komplizierten Balanceaktes mit beträchtlichem Erfolg zu meistern scheint.

Die Zukunft der chinesischen Industrialisierung ist von noch größerer Bedeutung – im Inneren aber ein noch heikleres Kunststück. Sie wurde nicht nur durch die mangelnde Kaufkraft der Konsumenten, sondern auch durch die Jahre plumper Planung nach russischen und osteuropäischen Modellen behindert. Die »Liberalisierungsmaßnahmen« der letzten Jahre – welche die staatlichen Industrien dazu bringen sollen, auf Marktgegebenheiten wie Qualität, Preis und Nachfrage zu reagieren, die Gründung privat geleiteter, kleiner Unternehmen fördern und eine große Expansion des Außenhandels erlauben sollen[35] – haben zu einem beeindruckenden Anstieg des Produktionsvolumens, aber auch zu vielen Problemen geführt. Die Gründung von Zehntausenden von Privatunternehmen hat die Parteiideologen erschreckt, und der Anstieg der Preise (wahrscheinlich ebensosehr durch die notwendige Anpassung an die Marktkosten wie durch die häufig verurteilte »Geschäfte-« und »Profitmacherei« verursacht) haben bei den städtischen Arbeitern, deren Einkommen nicht so schnell gestiegen sind wie die der Bauern oder Unternehmer, murrende Unzufriedenheit verursacht. Zusätzlich saugte der Außenhandelsboom bald eine große Anzahl importierter Produkte an und führte zu einem Handelsdefizit. Die Aussagen des Ministerpräsidenten Zhao Ziyang aus dem Jahre 1986, daß die Angelegenheiten etwas »außer Kontrolle« geraten seien und eine »Konsolidierung« für einige Zeit nötig sei, weisen – zusammen mit der angekündigten Verringerung der hektischen Wachstumsziele – darauf hin, daß es immer noch gewaltige interne und ideologische Probleme gibt.[36]

Es ist jedoch bemerkenswert, daß selbst die verringerten Wachstumsraten in den nächsten Jahren noch respektable 7,5 Prozent (im Gegensatz zu den zehn Prozent seit 1981) jährlich betragen sollen.

Das allein würde das Bruttosozialprodukt Chinas in weniger als zehn Jahren *verdoppeln* (bei einer zehnprozentigen Wachstumsrate würde dies in sieben Jahren geschehen). Wirtschaftsexperten glauben aus mehreren Gründen, daß dieses Ziel erreicht werden kann. Erstens lag Chinas Spar- und Investitionsrate seit 1970 bei 30 Prozent des Bruttosozialproduktes, und während dies einerseits Probleme mit sich bringt (es reduziert den Teil, der für den Konsum zur Verfügung steht, was durch Preisstabilität und Einkommensgleichheit kompensiert wird, aber wiederum dem Unternehmertum im Wege steht), heißt es andererseits auch, daß große Gelder für produktive Investitionen frei sind. Zweitens gibt es enorme Möglichkeiten der Kosteneinsparungen: China war in bezug auf seinen Energiekonsum eines der verschwenderischsten und extravagantesten Länder (was zu einer Verringerung seiner recht ansehnlichen Ölvorräte geführt hat), aber seine Energiereformen nach 1978 haben die Kosten des größten »Inputs« der Industrie des Landes beträchtlich reduziert und damit Geld für anderweitige Investitionen – oder für den Konsum – freigesetzt.[37] Überdies beginnt China erst jetzt die Folgen der Kulturrevolution abzuschütteln. Nach mehr als einem Jahrzehnt, in dem die chinesischen Universitäten und Forschungsinstitute geschlossen waren (oder gezwungen waren, in einer völlig kontraproduktiven Art zu arbeiten), war vorherzusehen, daß es einige Zeit dauern würde, bis man den wissenschaftlichen und technologischen Rückstand aufholen konnte. »Nur vor diesem Hintergund«, sagte ein Beobachter vor einigen Jahren,

> kann man verstehen, wie wichtig es ist, daß in den späten 70er Jahren Tausende von Wissenschaftlern für ein oder zwei Jahre und gelegentlich auch für längere Zeit in die Vereinigten Staaten oder sonstwo in den Westen gegangen sind . . . schon 1985 – und mit Sicherheit 1990 – wird China einen Kader von vielen tausend Wissenschaftlern und Technikern haben, die mit dem neuesten Stand ihrer verschiedenen Gebiete wohlvertraut sind. Weitere Zehntausende werden in den Instituten und Unternehmen eingesetzt werden, die die notwendigen Programme durchführen werden, um die chinesische industrielle Technologie, zumindest in strategisch wichtigen Bereichen, auf den höchsten internationalen Stand zu bringen.[38]

Desgleichen haben die chinesischen Manager und Unternehmer erst in der Zeit nach 1978, als der Außenhandel (allerdings nur selektiv) und die Investitionen in China gefördert wurden, die Möglichkeit gehabt, sich im Westen technische Geräte, Patente und Produktionsanlagen zu beschaffen. Trotz – oder eher wegen – des Wunsches der Pekinger Regierung, den Umfang und die Art des Außenhandels zu kontrollieren, ist es wahrscheinlich, daß Importe weiterhin gezielt zur Unterstützung des Wirtschaftswachstums eingesetzt werden.

Der letzte und vielleicht bemerkenswerteste Aspekt des chinesischen »Sprungs in das Wachstum« war die sehr strikte Kontrolle der Verteidigungsausgaben, damit die Streitkräfte keine Ressourcen verbrauchten, die anderwo benötigt wurden. Aus Dengs Sicht muß die Verteidigung die vierte von Chinas vielgepriesenen »Vier Modernisierungen« bleiben – nach der Landwirtschaft, der Industrie und der Wissenschaft. Obwohl es schwierig ist, die genauen Zahlen der chinesischen Verteidigungsausgaben zu erhalten (hauptsächlich wegen der unterschiedlichen Berechnungsmethoden),[39] scheint deutlich, daß der Anteil am Bruttosozialprodukt, der den Streitkräften zugebilligt wird, in den letzten 15 Jahren gefallen ist – von ungefähr 17,4 Prozent im Jahre 1971 (einer Quelle zufolge) auf 7,5 Prozent im Jahre 1985.[40] Dies wiederum mag zu Mißstimmung unter den Militärs führen und damit die interne Debatte über die wirtschaftlichen Prioritäten und die Wirtschaftspolitik fördern; und dieses Verhältnis würde sich sicherlich umkehren, falls es im Norden oder im Süden zu ernsthaften Grenzzusammenstößen käme. Trotzdem, die Tatsache, daß die Verteidigungsausgaben eine untergeordnete Rolle spielen müssen, ist heute wahrscheinlich das deutlichste Zeichen der uneingeschränkten Verpflichtung Chinas auf wirtschaftliches Wachstum, und sie steht in völligem Kontrast zu der sowjetischen Besessenheit von »militärischer Sicherheit« und den enormen Aufwendungen für die amerikanische Rüstung in den Reagan-Jahren. Wie viele Experten nachgewiesen haben,[41] wäre es angesichts des chinesischen Bruttosozialproduktes und der Höhe der nationalen Ersparnisse und Investitionen nicht wirklich ein Problem, viel mehr als die jetzigen 30 Milliarden Dollar für die Verteidigung auszugeben. Daß China es nicht tut, spiegelt seinen Standpunkt wider, daß langfristige Sicherheit für die Volksrepublik nur gewährleistet werden kann, wenn die jetzige Produktion und der bestehende Reichtum des Landes sich um ein Vielfaches vermehrt haben.

Zusammenfassend gilt: »Die wahrscheinlich einzigen Ereignisse, die dieses Wachstum aufhalten könnten, wären ein Krieg mit der Sowjetunion oder ein anhaltender politischer Umbruch nach dem Muster der Kulturrevolution. Chinas Management-, Energie- und Landwirtschaftsprobleme sind ernst, aber es sind Probleme, denen sich alle Entwicklungsländer während ihrer Wachstumsphase gegenübersehen und die sie überwinden.«[42] Wenn dies wie eine bemerkenswert rosige Aussage erscheint, verblaßt sie verglichen mit einer neueren Berechnung des *Economist*, die besagt, daß China, wenn es die durchschnittlichen acht Prozent jährlichen Wachstums

Graphik 2 BIP-Projektionen Chinas, Indiens und bestimmter westeuropäischer Staaten 1980–2020

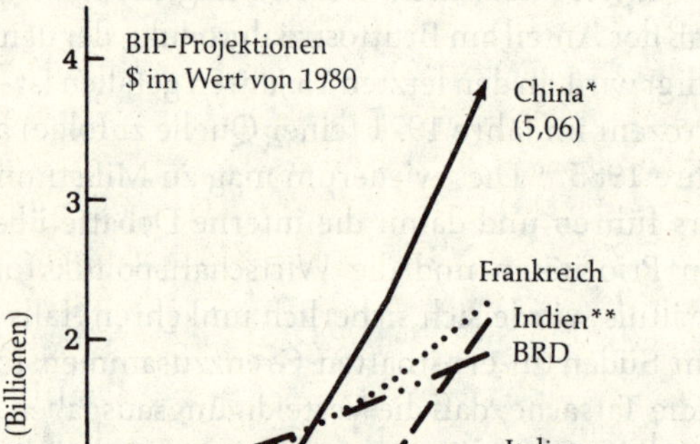

* Eine Wachstumsrate von 7 % 1980–85 und 8 % danach angenommen

** Eine Wachstumsrate von 5,5 % 1980–85 und 7 % danach angenommen

Für andere Länder durchschnittliches Jahreswachstum wie 1970–1982 angenommen

Quelle: The Economist/IMF

aufrechterhält – was »machbar« genannt wird –, vor dem Jahre 2000 das britische und das italienische Bruttosozialprodukt überholen und im Jahre 2020 weit vor *jeder* europäischen Macht liegen wird.[43]

Der größte Fehler überhaupt wäre anzunehmen, daß diese Art der Projektion, mit all den veränderlichen Faktoren, auf denen sie basiert, je mit solcher Exaktheit eintreten könnte. Aber die allgemeine Aussage bleibt: China wird, wenn keine größere Katastrophe eintritt, innerhalb relativ kurzer Zeit ein sehr hohes Bruttosozialprodukt haben; und auch wenn es dann pro Kopf immer noch relativ arm ist, wird es entschieden reicher sein als heute.

Drei weitere Aussagen über Chinas zukünftigen Einfluß auf die internationale Szene sollten gemacht werden. Die erste und für unsere Zwecke unwichtigste, ist, daß es unmöglich erscheint, das Land, obwohl sein Außenhandel durch das Wirtschaftswachstum gefördert wird, in ein zweites Westdeutschland oder Japan zu verwandeln. Die enorme Größe des Binnenmarktes einer kontinentumspannenden Macht wie China, der Bevölkerung und der Rohstoffbasis machen es unwahrscheinlich, daß es je so vom Überseehandel abhängig werden könnte wie die kleineren »Handelsstaaten«.[44] Auch die Größe des arbeitsintensiven landwirtschaftlichen Sektors und die Entschlossenheit der Regierung, nicht zu abhängig von Nahrungsmittelimporten zu werden, wird den Außenhandel bremsen. Es *ist* wahrscheinlich, daß China ein zunehmend wichtiger Hersteller von Billigprodukten wie Textilien werden wird, die ihm helfen, westliche – oder auch russische – Technologie zu bezahlen; aber Peking ist deutlich entschlossen, *nicht* von ausländischem Kapital, Produkten oder Märkten oder von irgendeinem Land oder einem Lieferanten besonders abhängig zu werden. Der Erwerb ausländischer Technologie wird immer hinter den Notwendigkeiten des chinesischen Balanceaktes zurückstehen müssen. Dies steht nicht im Gegensatz zu Chinas neuer Mitgliedschaft in der Weltbank und dem IWF (und seiner möglichen zukünftigen Mitgliedschaften im GATT und der Asian Development Bank). Diese Mitgliedschaften sind nicht so sehr Zeichen dafür, daß Peking in die »Freie Welt« eintritt, sondern eher harte Berechnung: Peking nimmt an, daß es besser sein mag, über internationale Körperschaften Zugang zu ausländischen Märkten und zu langfristigen Krediten zu gewinnen als durch einseitige »Geschäfte« mit einer Großmacht oder privaten Banken. Mit anderen Worten, solche Schachzüge schützen Chinas Status und seine Unabhängigkeit.

Der zweite Punkt ist vom ersten unabhängig, steht aber mit ihm in Verbindung. Er besagt, daß, während Maos Regime in den 60er Jahren fast Gefallen an den häufigen Grenzzusammenstößen zu finden schien, Peking es heute vorzieht, friedliche Beziehungen zu seinen Nachbarn, selbst zu denjenigen, denen es mißtraut, zu unterhalten. Wie oben bereits ausgeführt, ist Frieden für Dengs Wirtschaftsstrategie von zentraler Bedeutung; Krieg, selbst wenn es nur ein regionaler ist, würde Ressourcen auf die Streitkräfte lenken und die Prioritäten der »Vier Modernisierungen« verändern. Es kann auch sein, so hat man kürzlich argumentiert,[45] daß China in seinen Beziehungen zu Moskau heute entspannter ist, weil seine eigenen militärischen Verbesserungen ein grobes Gleichgewicht in Zentralasien geschaffen haben. Nachdem es eine »Korrelation der Kräfte« oder zumindest eine annehmbare Verteidigungskapazität geschaffen hat, kann China sich mehr auf seine wirtschaftliche Entwicklung konzentrieren.

Aber wie friedlich seine Intentionen auch sein mögen, China betont immer wieder, wie sehr es dazu entschlossen ist, sich die vollständige Unabhängigkeit zu bewahren, und wie sehr es die militärischen Interventionen der beiden Supermächte mißbilligt. Selbst Japan betrachten die Chinesen mit wachsamen Augen, beschränken seinen Anteil am Im- und Exporthandel und warnen Tokio davor, sich zu sehr an der Entwicklung Sibiriens zu beteiligen.[46] Washington und Moskau gegenüber ist China sehr zurückhaltend – und kritisch. Alle sowjetischen Vorschläge zur Verbesserung der Beziehungen und selbst die Rückkehr sowjetischer Ingenieure und Wissenschaftler nach China im Jahre 1986 haben die grundsätzliche Haltung Pekings nicht verändert. Demnach kann eine wirkliche Verbesserung nicht stattfinden, bis Moskau in zwei wesentlichen Fragen Zugeständnisse macht: bei der russischen Unterstützung Vietnams und in der schon lange schwelenden Frage der zentralasiatischen Grenzen.[47] Auf der anderen Seite ist auch die US-Politik in Lateinamerika und im Mittleren Osten von China wiederholt scharf verurteilt worden (wie auch ähnliche russische Abenteuer in den Tropen). Weil es wirtschaftlich eines der Weniger Entwickelten Länder ist und der Beherrschung der Welt durch die weiße Rasse von Natur aus mißtrauisch gegenübersteht, gehört China zu den natürlichen Kritikern der Interventionen der Supermächte, selbst wenn es kein formelles Mitglied der Dritte-Welt-Bewegung ist und auch wenn diese Kritik heute relativ mild erscheint – verglichen mit Maos donnernden Anklagen in den 60er Jahren. Und trotz ihrer früheren (und immer noch starken) Feindseligkeit gegenüber russischen Ansprüchen in Asien bleiben die Chinesen mißtrauisch gegenüber der amerikanischen Diskussion darüber, wie und wann man die »chinesische Karte« ausspielen solle.[48] Aus Pekings Sicht mag es notwendig sein, sich Rußland oder (seit den chinesisch-sowjetischen Streitigkeiten häufiger) den Vereinigten Staaten zuzuneigen – zum Beispiel durch gemeinsames Überwachen der russischen Atomtests und den Austausch von Informationen über Afghanistan und Vietnam. Aber die ideale Position ist die Äquidistanz zu beiden Mächten, was dazu führt, daß beide um das Reich der Mitte buhlen.

So wird Chinas Bedeutung als wahrlich unabhängiger Akteur im heutigen (und zukünftigen) internationalen System gesteigert durch das, was man in Ermangelung eines besseren Wortes seinen »Stil« der Beziehungen zu den anderen Mächten bezeichnen kann. Dies ist von Jonathan Pollack so treffend ausgedrückt worden, daß es sich lohnt, es *in extenso* zu wiederholen:

Rüstung, wirtschaftliche Stärke und das Machtpotential können nicht allein die China zugeschriebene Bedeutung in einer globalen Machtgleichung erklären. Da seine strategische Bedeutung als bescheiden bewertet wird und seine wirtschaftliche Leistung höchstens als gemischt zu bezeichnen ist, kann dies nicht der Grund für die beträchtliche Rolle sein, die China in den Berechnungen Washingtons und Moskaus spielt, sowie für die Aufmerksamkeit, die es in anderen Hauptstädten der Welt erfährt. Die Antwort findet man in der Tatsache, daß China, ungeachtet seiner Selbstcharakterisierung als ein bedrohter und in seinen Rechten verletzter Staat, seine politischen, wirtschaftlichen und militärischen Ressourcen sehr klug und sogar unverfroren ausgenutzt hat. Pekings Strategie gegenüber den Supermächten umfaßte zu verschiedenen Zeiten die Konfrontation und den bewaffneten Konflikt, die teilweise Anpassung, die informelle Interessengemeinschaft und eine Sonderstellung, die an ein Disengagement grenzte, manchmal unterbrochen von schriller, zorniger Rhetorik. Als Ergebnis ist China bei anderen Nationen so etwas wie eine Allzweckwaffe geworden, was aber nichts daran ändert, daß viele unsicher und sogar besorgt über seine langfristigen Intentionen sind.

Sicherlich, eine derartig unbestimmte Strategie hat zu manchen Zeiten beträchtliche politische und militärische Risiken mit sich gebracht. Sie hat jedoch der Position Chinas als aufsteigender Großmacht auch eine erhebliche Glaubwürdigkeit verliehen. China hat den Wünschen oder Forderungen der beiden Supermächte oft getrotzt; dann wieder hat es sich ganz anders benommen als erwartet. Trotz seiner anscheinenden Verwundbarkeit hat sich China weder Moskau noch Washington gegenüber fügsam oder nachgiebig gezeigt . . . Wegen all dieser Gründe hat China eine einzigartige internationale Position erreicht, sowohl als Teilnehmer an vielen zentralen politischen und militärischen Konflikten der Nachkriegszeit, als auch als ein Staat, der sich einer einfachen politischen oder ideologischen Kategorisierung widersetzt. In der Tat muß China in gewissem Sinne als ein Supermachtskandidat aus eigener Kraft bewertet werden – nicht in Imitation der Sowjetunion oder der Vereinigten Staaten, sondern als Reflektion von Pekings einzigartiger Position in der Weltpolitik. Langfristig gesehen repräsentiert China eine politische und strategische Macht, die zu bedeutend ist, um als Anhängsel Moskaus oder Washingtons oder einfach als Mittelmacht angesehen zu werden.[49]

Schließlich muß noch einmal betont werden, daß China, obwohl es die Rüstungsausgaben im Moment strikt in Grenzen hält, kaum die Absicht hat, ein strategisches »Fliegengewicht« zu bleiben. Im Gegenteil, je mehr China in einer Colberts Etatismus ähnlichen Weise nach vorne drängt, desto mehr wird diese Entwicklung machtpolitische Implikationen haben. Das ist um so wahrscheinlicher, wenn man sich ins Gedächtnis ruft, welche Aufmerksamkeit China der Ausweitung seiner wissenschaftlich-technologischen Basis widmet und welche beeindruckenden Leistungen es in der Raketentechnik und bei den Atomwaffen bereits vorzuweisen hatte, als diese Basis noch so viel schmaler war. Eine solche Konzentration auf den wirtschaftlichen Unterbau des Landes zu Lasten sofortiger Investitionen in die Rüstung wird Chinas Generäle kaum zufriedenstellen (die, wie militärische Gruppen überall, kurzfristige den langfristigen Sicherheitsmaßnahmen vorziehen). Dennoch, wie der *Economist* treffend bemerkte:

Für [Chinas] Militärs, die die Geduld haben, das Ende der [wirtschaftlichen] Reformen abzuwarten, gibt es eine Belohnung. Wenn man zuläßt, daß Dengs wirtschaftliche Pläne als Ganzes verwirklicht werden können, und wenn sich das chinesische Produktionsvolumen zwischen 1980 und dem Jahre 2000 vervierfacht (zugegebenermaßen sind das große »Wenns«), dann sollte die Wirtschaft in zehn bis fünfzehn Jahren genug Dampf haben, um auch den militärischen Sektor schneller nach vorn zu ziehen. Dann werden Chinas Armee, seine Nachbarn und die großen Mächte wirklich Grund zum Nachdenken haben.[50]

Es ist nur eine Frage der Zeit.

Das japanische Dilemma

Allein die Tatsache, daß Peking so zielbewußt auf das hinarbeitet, was seiner Meinung nach in Ostasien geschehen sollte, verstärkt den Druck auf Japans (selbstverordnete) »allseitige Friedensdiplomatie« – oder was zynischer als »es jedem recht machen wollen«[51] beschrieben werden kann. Das japanische Dilemma läßt sich vielleicht am besten wie folgt zusammenfassen: Dank seines enormen Wachstums seit 1945 genießt das Land eine einzigartige und sehr günstige Position in der wirtschaftlichen und machtpolitischen globalen Ordnung. Aber das ist auch – finden die Japaner – eine besonders anfällige und verwundbare Position, die sehr gestört werden könnte, falls sich die internationalen Beziehungen ändern. Das beste, was aus Tokios Sicht passieren könnte, wäre daher eine Fortsetzung der Faktoren, die zum »japanischen Wunder« geführt haben. Aber gerade weil dies eine anarchische Welt ist, in der »unzufriedene« Mächte immer wieder den »zufriedenen« ins Gehege kommen, und weil die technologischen und wirtschaftlichen Veränderungen so schnell greifen, ist die Wahrscheinlichkeit groß, daß sich diese Faktoren abschwächen – oder sogar ganz verschwinden. Weil Japan an die Empfindlichkeit und Verwundbarkeit der eigenen Position glaubt, fällt es ihm schwer, sich dem Druck auf Veränderung offen zu widersetzen; statt dessen muß diese Veränderung durch diplomatische Kompromisse verlangsamt oder abgewendet werden. So erklärt sich das ständige Eintreten Japans für eine friedliche Lösung internationaler Probleme, die Bestürzung und Verlegenheit, wenn es sich im politischen Kreuzfeuer zwischen anderen Ländern wiederfindet, und der offensichtliche Wunsch, mit allen auf gutem Fuße zu stehen, während es selbst stetig reicher wird.

Die Gründe für Japans phänomenalen wirtschaftlichen Erfolg sind bereits besprochen worden. Seit vierzig Jahren wird das japanische Festland von amerikanischen Atomwaffen und konventionellen Streitkräften, werden die Seewege von der US-Navy geschützt. Dadurch in die Lage versetzt, seine nationalen Energien von der militärischen Expansion und seine Ressourcen von hohen Verteidigungsausgaben abzuziehen, konnte sich Japan ganz dem Streben nach anhaltendem wirtschaftlichen Wachstum besonders im Export widmen. Dieser Erfolg wäre ohne eine breite Akzeptanz des Unternehmertums, ohne die Verpflichtung auf Qualität und die Bereitschaft zu harter Arbeit nicht möglich gewesen, aber er wurde auch von einigen besonderen Faktoren begünstigt: Jahrzehnt um Jahrzehnt wurde der Yen auf einem künstlich niedrigen Niveau gehalten, um die Exporte zu fördern; der Einkauf ausländischer importierter Produkte wurde offiziell und inoffiziell beschränkt (dies galt natürlich nicht für die von der Industrie benötigten lebenswichtigen Rohstoffe); und es existierte eine liberale internationale Handelsordnung, die japanische Produkte wenig behinderte – und die von den Vereinigten Staaten, obwohl sie in zunehmendem Maße die Leidtragenden waren, »offen« gehalten wurde. Im letzten Vierteljahrhundert hat Japan somit alle Vorteile der Entwicklung zu einem wirtschaftlichen Riesen genossen, ohne politische Verantwortung und territoriale Nachteile tragen zu müssen, die sich historisch meist aus solch einem Wachstum ergeben. Kein Wunder, daß Japan möchte, daß die Dinge so bleiben, wie sie sind.

Da die Grundlagen des derzeitigen japanischen Erfolges ausschließlich im wirtschaftlichen Bereich liegen, überrascht es nicht, daß dies auch der Bereich ist, der Tokio die meisten Sorgen bereitet. Auf der einen Seite bietet das technologische und wirtschaftliche Wachstum einem Land, dessen politische Ökonomie von allen Staaten am besten für das 21. Jahrhundert gerüstet ist, neue glitzernde Chancen (was später noch näher beschrieben wird),[52] andererseits aber provoziert der japanische Erfolg schon jetzt einen »Scheren-

Effekt« gegen die exportorientierte Expansion. Die eine »Schneide« dieser Schere ist die Nachahmung des japanischen Modells durch andere ehrgeizige asiatische Länder mit aufstrebender Industrie wie Südkorea, Singapur, Taiwan, Thailand und so weiter – nicht zu vergessen China am unteren Ende der Produktskala (z. B. Textilien).[53] In allen diesen Ländern sind die Löhne viel niedriger als in Japan,* und sie fordern die Japaner auf Gebieten heraus, in denen diese keine entscheidenden Vorteile mehr besitzen: Textilien, Spielzeug, Haushaltsartikel, Schiffbau und selbst (wenn auch in viel kleinerem Maßstab) Stahl und Autos. Das heißt natürlich nicht, daß die japanische Produktion von Schiffen, Personenwagen, Lastwagen und Stahl dem Untergang geweiht ist, aber dadurch, daß es für sie in zunehmendem Maße nötig wird, sich am Markt nach oben zu bewegen (d. h. zu hochwertigerem Stahl oder zu größeren, qualitativ besseren Autos), ziehen sie sich aus dem unteren Ende des Produktionsspektrums, in dem sie vorher unangefochten waren, zurück. Und eine der wichtigeren Aufgaben des MITI (Ministry for International Trade and Industry) ist es, das Auslaufen von Industriezweigen, die nicht mehr konkurrenzfähig sind, zu planen – nicht nur, um den Abstieg weniger traumatisch zu gestalten, sondern auch, um den Transfer von Ressourcen und Arbeitskräften zu anderen wettbewerbsfähigeren Bereichen der internationalen Wirtschaft zu organisieren.

Die zweite, noch besorgniserregendere Schneide dieser Schere ist die zunehmend feindliche Reaktion von Amerikanern und Europäern gegenüber der scheinbar unerbittlichen Durchdringung ihrer heimischen Märkte durch japanische Produkte. Jahr für Jahr haben die Bevölkerungen dieser wohlhabenden Länder japanische Werkzeugmaschinen, Motorräder, Autos, Fernsehapparate und andere elektronische Geräte gekauft. Jahr für Jahr hat Japans Handelsüberschuß mit der EG und den Vereinigten Staaten zugenommen. Die europäische Reaktion war die härtere und reichte von Importquoten bis zu bürokratischer Obstruktionspolitik (wie beispielsweise die französische Forderung, daß japanische Elektronikprodukte nur

* Was der Grund dafür ist, daß selbst japanische Firmen in diesen Ländern ihre Fabriken errichten.

über eine unterbesetzte Zollbehörde in Poitiers importiert werden dürfen).[54] Weil sie selbst an ein offenes Welthandelssystem glauben, haben amerikanische Regierungen gezögert, japanische Importe mit einem Bann zu belegen oder anderweitig zu beschränken, abgesehen von den dubiosen »freiwilligen« Limitierungen. Aber selbst die standhaftesten amerikanischen Vertreter des Laisser-faire können ein steigendes Unbehagen kaum noch verhehlen. Sie sehen sich einer Situation gegenüber, in der die Vereinigten Staaten Japan im Grunde mit Lebensmitteln und Rohstoffen versorgen und im Gegenzug Fertigprodukte erhalten – eine Art »kolonialer« oder »unterentwickelter« Handelsstatus, den die USA seit anderthalb Jahrhunderten nicht mehr kannten. Ferner haben das wachsende US-Handelsdefizit mit Japan – 62 Milliarden Dollar im fiskalischen Jahr, das am 31. März 1986 zu Ende ging – und der Druck der bedrängten amerikanischen Industrien, welche die Wucht dieser transpazifischen Konkurrenz zu spüren bekamen, Washingtons Forderungen nach Maßnahmen zur Reduzierung dieses Ungleichgewichts verstärkt. Sie zielen auf eine höhere Bewertung des Yen und einen beträchtlichen Anstieg amerikanischer Exporte nach Japan. Da die westliche Welt auf einen Quasi-Protektionismus zutreibt, also die *Gesamtsumme* der importierten Textilien oder Fernseher beschränken will, muß sich Japan darauf einrichten, diesen geschrumpften Markt mit seinen asiatischen Rivalen zu teilen.

Es ist daher kaum überraschend, daß manche japanischen Wortführer bestreiten, daß die Dinge gut stehen, und auf eine alarmierende Kette von Bedrohungen ihrer jetzigen Marktanteile und ihres Wohlstandes hinweisen: die zunehmende Herausforderung in vielen Industriezweigen durch die neu industrialisierten asiatischen Länder; die Beschränkungen japanischer Exporte durch die westlichen Regierungen; der Druck, die japanischen Steuergesetze zu ändern, um Geld aus Ersparnissen in den Konsum umzulenken und einen großen Zuwachs an Importen zu stimulieren; und schließlich der rasche Anstieg des Yen. All dies, wird behauptet, könnte das Ende des japanischen exportorientierten Booms, einen Rückgang des Zahlungsbilanzüberschusses und eine Verlangsamung des Wachstums bedeuten (das bereits nachgelassen hat, als Japans Wirtschaft »reifer« wurde und das Potential für spektakuläre Expansionen sich verringerte). In diesem Zusammenhang ist Japan darüber besorgt, daß nicht nur seine Wirtschaft reifer wird: aufgrund der Altersstruktur seiner Bevölkerung wird es im Jahre 2010 den »niedrigsten Anteil an Menschen im arbeitsfähigen Alter (von 15 bis 64 Jahren) aller führenden Industrienationen« haben, was hohe Sozialversicherungsauslagen erfordern wird und zu einem Verlust der Dynamik führen kann.[55] Außerdem beschworen alle Versuche, den japanischen Konsumenten dazu zu bringen, ausländische Produkte zu kaufen (außer solchen mit einem gewissen Prestige, wie Autos von Daimler-Benz), innere politische Kontroversen herauf,[56] was wiederum einen Zusammenbruch der Konsens-Politik verursachen könnte, die ein wesentlicher Bestandteil von Japans dauerhafter exportorientierter Expansion gewesen ist.

Denn obwohl es wahr sein mag, daß Japans Wachstum sich jetzt, da das Land in eine reifere Phase eintritt, abschwächt, und obwohl es sicherlich wahr ist, daß andere Länder nicht bereit sind, Japan die wirtschaftlichen Vorteile zu lassen, welche die Exportexplosion in der Vergangenheit unterstützt haben, gibt es doch wesentliche Gründe dafür, daß es auch in Zukunft wahrscheinlich schneller expandieren wird als die anderen *großen* Mächte. Zunächst einmal profitiert es als ein Land, das unglaublich abhängig von Rohstoffimporten ist (99 Prozent des Öls, 92 Prozent des Eisens, 100 Prozent des Kupfers), enorm von den sich verändernden Handelsbedingungen, durch die die Preise so vieler Erze, Brennstoffe und Nahrungsmittel gefallen sind. Der Verfall der Ölpreise nach 1980–1981, der Japan jährlich Milliarden Dollar an Devisen erspart hat, ist dabei nur der spektakulärste Sturz von Rohstoff- und Lebensmittelpreisen gewesen.[57] Ferner führt eine schnelle Aufwertung des Yen zwar wahrscheinlich zu einer gewissen Verminderung der Exporte nach Übersee (immer abhängig von der Nachfrage), aber sie reduziert auch die Importkosten – und hilft somit der Industrie, wettbewerbsfähig zu bleiben und die Inflation niedrig zu halten. Zusätzlich hat die Ölkrise von 1973 die Japaner angeregt, nach anderen Formen des Energiesparens zu suchen, was die Effizienz ihrer Wirtschaft weiter gesteigert hat; Japan hat allein im letzten Jahrzehnt seine Abhängigkeit von Öl um 25 Prozent reduziert. Weiterhin hat dieselbe Krise Japan dazu gezwungen, nach neuen Rohstoffquellen zu suchen und auf diesem Gebiet hohe Investitionen zu tätigen (das ähnelt ein wenig den britischen Investitionen in Übersee während des 19. Jahrhunderts). Dies alles *garantiert* nicht, daß sich Japan auf einen ununterbrochenen Strom billiger Rohstoffe verlassen kann, aber die Aussichten dafür sind gut.

Noch wichtiger ist der sich fortsetzende Vorstoß der japanischen Industrie in den vielversprechendsten (und letztlich profitabelsten) Bereich der Wirtschaft im 21. Jahrhundert: die »High-Technology«. Mit anderen Worten, während Japan sich stetig aus der Produktion von Textilien, dem Schiffbau und der Stahlproduktion zurückzieht – und diese Bereiche den Ländern mit niedrigeren Lohnkosten überläßt –, hat es offensichtlich die Absicht eine (wenn nicht *die*) führende Macht auf dem Gebiet der hochentwickelten Produkte, die zugleich den höchsten Mehrwert haben, zu werden. Die Leistungen auf dem Gebiet der Computertechnik sind so bekannt, daß sie schon legendär genannt werden können. Sich anfangs schwer auf amerikanische Technologie stützend, konnten japanische Gesellschaften schon bald ihre heimischen Vorteile (einen geschützten Binnenmarkt, die Unterstützung des MITI, bessere Qualität, einen günstigen Yen-Dollar Wechselkurs) ausnutzen und ihre Produkte – höchstwahrscheinlich – zu nicht kostendeckenden Preisen »verschleudern«, um die meisten amerikanischen Unternehmen aus der Produktion von Halbleitern, ob für die 16k RAM (Random Access Memory), 64k RAM oder später 256k RAM zu verdrängen.[58]

Noch besorgniserregender für die amerikanische Computerindustrie sind die Anzeichen für Japans Entschlossenheit, zwei neue (und viel profitablere) Gebiete zu erschließen. Das erste ist die Produktion von fortgeschrittenen Computern, besonders die hochentwickelten und extrem teuren Supercomputer der »fünften Generation«, die Hunderte von Malen schneller arbeiten als die größten heutigen Rechner und die ihren Besitzern enorme Vorteile zu verschaffen versprechen – vom Entschlüsseln von Codes bis zum Entwerfen von Flugzeugen. Amerikanische Experten staunen bereits jetzt darüber, wie schnell die Japaner in diesen Bereich vorgedrungen sind und welch enorme Summen das MITI und große Firmen wie Hitachi und Fujitsu in die Forschung investieren.[59] Das gleiche passiert indessen auf dem Gebiet der Computer-*Software*, auf dem wiederum amerikanische Firmen (und einige europäische) bis in die frühen 80er Jahre unangefochten waren.[60] Sicherlich ist die Herstellung von Supercomputern und Software eine viel größere Aufgabe als die Produktion von Halbleitern und wird die japanischen Konstrukteure aufs äußerste fordern; in der Zwischenzeit werden sich sowohl amerikanische als auch europäische Firmen (letztere mit starker Unterstützung der Regierungen) darauf vorbereiten, dieser kommerziellen Herausforderung zu begegnen, während das US-Verteidigungsministerium massiv eingreifen wird, um zu garantieren, daß die Firmen in den Vereinigten Staaten ihren Vorsprung in der Entwicklung von Supercomputern halten. Trotzdem wäre es sehr optimistisch, wenn diese Firmen und Regierungen annähmen, sie könnten die Japaner auf Dauer in diesen Gebieten abwehren.

Da hochgeachtete Zeitschriften und Zeitungen wie der *Economist*, das *Wall Street Journal*, die *New York Times* und viele andere häufig Artikel über Japans Aufbruch in weitere Gebiete der »High-Tech-Industrie« bringen, wäre es überflüssig, die Details hier zu wiederholen. Mitsubishis Verbindung mit Westinghouse wird als Beweis für das zunehmende Interesse Japans an der Atomindustrie angesehen.[61] Die Biotechnologie ist für Japan von großer Wichtigkeit, besonders wegen ihrer Auswirkungen auf die Erhöhung der landwirtschaftlichen Erträge. Dasselbe gilt für die neuen Möglichkeiten auf dem Gebiet der Keramik. Die Berichte darüber, daß die Japanese Aircraft Development Corporation sich mit Boeing zusammengeschlossen hat, um eine neue Generation von Flugzeugen mit niedrigem Treibstoffverbrauch für die 90er Jahre zu entwickeln – von einem amerikanischen Experten als ein »faustischer Pakt« gerügt, bei dem Japan für günstige Finanzierung sorgt und sich amerikanische Technologie und Kenntnisse aneignen wird[62] –, mag für die Zukunft noch bedeutsamer sein. Aber der wahrscheinlich (aufgrund der enormen Ertragschancen) bedeutendste Faktor ist die beeindruckende japanische Führung auf dem Gebiet der Industrieroboter und der Entwicklung von (experimentellen) Fabriken, die praktisch von Computern, Lasern und Robotern kontrolliert werden: die endgültige Lösung für das Problem der schrumpfenden japanischen Arbeiterschaft! Die neuesten Zahlen zeigen, daß »Japan ungefähr so viele Industrieroboter eingesetzt hat wie die gesamte restliche Welt und ein Mehrfaches der Vereinigten Staaten.« Eine andere Studie deutet darauf hin, daß die Japaner ihre Roboter überdies viel wirksamer einsetzen als die Amerikaner.[63]

Hinter all diesen »High-Tech«-Unternehmungen steckt eine Reihe von weitreichenden strukturellen Faktoren, die Japan weiterhin einen klaren Vorsprung gegenüber seinen Hauptrivalen verschaffen. Die Rolle des MITI als einer Art wirtschaftlichen Gegenstücks zu dem berühmten preußischen Generalstab mag von Ausländern übertrieben worden sein,[64] aber es bestehen kaum Zweifel daran, daß die generelle Richtung, die es der japanischen Wirtschaftsentwicklung vorgibt, indem es die Forschung organisiert und Gelder für Wachstumsindustrien beschafft sowie eine sanfte Euthanasie für absteigende Zweige betreibt, bislang besser funktioniert hat als das unkoordinierte Laisser-faire-Vorgehen der Vereinigten Staaten. Die zweite Stärke – eine der wichtigsten für die Erklärung des Aufstiegs und Falls bestimmter Firmen und Industriezweige – ist die große (und zunehmende) Geldmenge, die in Japan für Forschung und Entwicklung zur Verfügung gestellt wird. »Der Anteil des Bruttosozialproduktes für Forschung und Entwicklung wird sich in diesem Jahrzehnt von 2 Prozent im Jahre 1980 auf prognostizierte 3,5 Prozent im Jahre 1990 praktisch verdoppeln. Die Vereinigten Staaten haben die Ausgaben für Forschung und Entwicklung bei ungefähr 2,7 Prozent stabilisiert. Wenn man jedoch die militärische Forschung ausklammert, widmet Japan der Forschung und Entwicklung schon jetzt so viele Arbeitsstunden pro Mann wie die Vereinigten Staaten, und es wird schon bald genausoviel dafür investieren. Wenn sich derzeitige Entwicklungslinien fortsetzen, wird Japan in den frühen 90er Jahren die Führungsrolle bei den Ausgaben für nichtmilitärische Forschung und Entwicklung einnehmen.«[65] Noch interessanter ist vielleicht die Tatsache, daß in Japan ein viel größerer Teil der Forschung und Entwicklung von der Industrie selbst initiiert und bezahlt wird als in Europa und den Vereinigten Staaten (wo so viel von den Regierungen oder den Universitäten ausgeht). Mit anderen Worten, die Forschung ist direkt auf den Markt ausgerichtet und soll sich so schnell wie möglich auszahlen. Die »reine«

Wissenschaft wird anderen überlassen und nur angezapft, wenn ihre kommerzielle Bedeutung klar wird.

Der dritte Vorteil liegt in der im Vergleich zu den Vereinigten Staaten sehr hohen Sparquote Japans. Dies läßt sich teilweise durch die unterschiedlichen Steuersysteme erklären, die in den Vereinigten Staaten traditionell die privaten Kredite und den Konsum und in Japan das private Sparen gefördert haben. Im allgemeinen muß der einzelne in Japan auch viel mehr für das Alter sparen, da die Renten in der Regel weniger großzügig ausfallen. All dies hat zur Folge, daß die japanischen Banken und Versicherungsgesellschaften mit Kapital überflutet sind und die Industrie mit enormen Geldmengen zu niedrigen Zinsen versorgen können. Der Teil des Bruttosozialproduktes, der in Japan in Form von Einkommenssteuer *und* Sozialabgaben eingezogen wird, ist viel niedriger als in den anderen großen kapitalistischen »Wohlfahrtsstaaten«, und offensichtlich beabsichtigen die Japaner, es dabei zu belassen, um das Geld für Investitionen freizuhalten.[66] Europäer, die den »japanischen Weg« imitieren wollten, müßten zuerst einmal ihre Sozialausgaben massiv reduzieren. Wollten die Amerikaner das japanische System nachahmen, müßten sie ihre Verteidigungs- und Sozialausgaben stark zusammenstreichen *und* ihre Steuergesetze noch drastischer ändern als bisher.

Die vierte Stärke besteht darin, daß die japanischen Firmen praktisch einen garantierten Binnenmarkt für alles außer Prestigeobjekten und spezialisierten Produkten besitzen – eine Situation, die weder die meisten amerikanischen Firmen noch (trotz ihrer protektionistischen Bemühungen) die Mehrheit der europäischen Unternehmen genießen. Während dies durch eingebaute bürokratische Praktiken und Bestimmungen unterstützt wurde, die geschaffen wurden, um die japanischen Produzenten auf ihrem Heimatmarkt zu begünstigen, würde selbst die Abschaffung solch merkantilistischer Instrumente die japanischen Konsumenten kaum davon überzeugen, abgesehen von Rohstoffen und Grundnahrungsmitteln »ausländisch zu kaufen«. Die hohe Qualität und Bekanntheit japanischer Produkte, der große kulturelle Stolz und die komplexe Struktur der heimischen Distribution und des Verkaufs garantieren dies.

Schließlich ist da noch die sehr hohe Qualität der japanischen

Arbeitskräfte – zumindest gemessen nach verschiedenen wissenschaftlichen Eignungsprüfungen –, die nicht nur in einem stark wettbewerbsorientierten staatlichen Erziehungssystem vorbereitet, sondern auch von den Unternehmen selbst systematisch ausgebildet werden. Schon fünfzehnjährige Japaner waren ihren westlichen Gegenspielern in prüfbaren Fächern (z. B. Mathematik) deutlich überlegen. In den höheren Bereichen des Wissens liegen die Gewichte anders: Japan hat einen Mangel an Nobel-Preisträgern, aber es bringt wesentlich mehr Ingenieure hervor als alle westlichen Länder (ungefähr 50 Prozent mehr als die Vereinigten Staaten). Es beschäftigt fast 700000 Angestellte in Forschung und Entwicklung – mehr als alle in diesem Bereich Beschäftigten Großbritanniens, Frankreichs und Westdeutschlands zusammengenommen.[67]

Man kann keine statistisch meßbare Bewertung über den Effekt der Verbindung dieser fünf Faktoren im Vergleich zu den Bedingungen in anderen führenden Nationen vornehmen; aber zusammengenommen geben sie der japanischen Industrie offensichtlich ein enorm starkes Fundament. Dies wird noch unterstützt durch die Fügsamkeit und den Fleiß der japanischen Arbeitskräfte und durch die Harmonie zwischen den Tarifparteien. Es existieren nur Betriebsgewerkschaften, die vor allem nach Übereinstimmung zu suchen scheinen, so daß es praktisch keine Streiks gibt. Natürlich finden sich in der japanischen Arbeitswelt auch unattraktive Merkmale: eine längere Arbeitszeit, die alles durchdringende Konformität mit dem Firmenethos (angefangen bei den morgendlichen sportlichen Übungen), das Fehlen wirklich unabhängiger Gewerkschaften, die beengten Wohnverhältnisse und die Betonung von Hierarchie und Ehrerbietung. Ferner gibt es in Japan außerhalb der Fabriktore eine radikalisierte Studentenschaft. Solche Tatsachen und andere störende Merkmale der japanischen Gesellschaft sind von vielen westlichen Beobachtern kommentiert worden[68] – manche scheinen das Land mit der gleichen Art von Schrecken und Ehrfurcht zu betrachten wie die kontinentalen Europäer das britische »Fabriksystem« im frühen 19. Jahrhundert. Mit anderen Worten, was den *Ertrag* (und damit die Schaffung von Wohlstand) betreffend eindeutig eine effektivere Organisation der Arbeiterschaft und der Gesellschaft im Ganzen ist, widerspricht zugleich traditionellen westlichen Normen und individuellen Formen des Verhaltens. Und weil die Nachahmung des japanischen Wunders nicht nur das Kopieren der einen oder anderen Technologie oder der Art des Management umfassen würde, sondern bedeutete, daß man das japanische Gesellschaftssystem übernehmen müßte, argumentieren Beobachter wie David Halberstam: »Dies ist Amerikas neueste und ... schwierigste Herausforderung für den Rest des Jahrhunderts ... ein viel härterer und intensiverer Wettbewerb als ... der politisch-militärische mit der Sowjetunion.«[69]

Als ob diese industriellen Stärken noch nicht genug wären, gingen sie einher mit dem erstaunlich schnellen Aufstieg Japans zur weltweit führenden Gläubigernation, die viele Milliarden Dollar jährlich exportiert. Diese Transformation, die schon seit 1969, als das MITI die Exportbeschränkungen für japanische Kredite abbaute und finanzielle Anreize für Investitionen in Übersee schuf, im Gang ist, wurzelt in zwei grundlegenden Ursachen. Die erste ist das ungewöhnlich hohe Niveau privater Ersparnisse in Japan – über zwanzig Prozent der japanischen Gehälter werden gespart, so daß im Jahre 1985 die »durchschnittlichen Gesamtersparnisse der japanischen Haushalte zum ersten Mal das durchschnittliche jährliche Einkommen übertrafen«.[70] Die Finanzinstitute schwimmen daher in Geld, das in zunehmendem Maße im Ausland investiert wird, um größere Gewinne einzubringen. Der zweite Grund liegt in den beispiellos hohen Handelsüberschüssen, die Japan in den letzten Jahren durch die Explosion der Exporteinnahmen erwirtschaftet hat. Aus Angst, daß solche Überschüsse die Inflation im eigenen Land anheizen könnten (wenn sie wieder ins Land zurückflössen), hat das japanische Finanzministerium die großen Banken ermutigt, enorme Summen in Übersee zu investieren.[71] Im Jahre 1983 betrug der Netto-Kapitalabfluß 17,7 Milliarden Dollar; 1984 sprang er auf 49,7 Milliarden Dollar und 1985 weiter auf 64,5 Milliarden Dollar. Damit war Japan zur größten Gläubigernation der Welt geworden. Im Jahre 1990, sagt der Direktor des Institute for International Economics voraus, wird die restliche Welt Japan die unglaubliche Summe von 500 Milliarden Dollar schulden; und im Jahre 1995, glaubt das Nomura-Forschungs-Institut, werden die Vermögenswerte Japans im Ausland eine Billion Dollar übersteigen.[72] Daher überrascht es nicht, daß die japanischen Banken und Versicherungsunternehmen sich schnell zu den größten und erfolgreichsten der ganzen Welt entwickelt haben.[73]

Die Folgen dieses enormen Anstiegs japanischer Kapitalexporte sind sowohl nützlich als auch gefährlich für die Weltwirtschaft und vielleicht auch für Japan selbst. Ein beträchtlicher Teil dieser Gelder wird in die Infrastruktur rund um die Welt (z. B. dem Tunnel unter dem Ärmelkanal) oder in die Erschließung neuer Eisenerzabbaugebiete (z. B. in Brasilien) investiert, die Tokio indirekt oder direkt Nutzen bringen werden. Ein anderer Teil der Gelder wird von japanischen Unternehmen in die Gründung von überseeischen Tochtergesellschaften gelenkt (besonders für die Produktion) – entweder um japanische Produkte in Niedrig-Lohn-Ländern herstellen zu lassen, damit sie konkurrenzfähig bleiben, oder um Fabriken in Märkten wie der EG oder den Vereinigten Staaten zu errichten, die es erlauben, Schutzzölle zu umgehen. Der größte Teil dieses Kapitals ist jedoch in kurzfristigen Papieren angelegt worden (besonders in amerikanischen Schatzanweisungen), die, falls sie je in großen Mengen nach Japan zurückgerufen werden sollten, das ganze internationale Finanzsystem – wie im Jahre 1929 – erschüttern und einen gewaltigen Druck auf den US-Dollar *und* die amerikanische Wirtschaft ausüben könnten, da ein großer Teil dieser Gelder zur Finanzierung des riesigen Haushaltsdefizits in der Zeit der Reagan-Regierung eingesetzt wurde. Im Ganzen gesehen ist es jedoch viel wahrscheinlicher, daß Tokio seinen Kapitalüberschuß immer wieder in neue überseeische Unternehmungen stecken wird, statt ihn nach Hause zu bringen.

Der Aufstieg Japans zur größten Gläubigernation der Welt – verbunden mit der Verwandlung der Vereinigten Staaten vom größten Kreditgeber zum größten Kreditnehmer – ging so schnell vonstatten, daß es schwierig ist, all seine Auswirkungen herauszuarbeiten. Da »historisch betrachtet eine Gläubigernation das Wachstum in jeder Phase weltwirtschaftlicher Expansion angeführt hat und Japans Ära gerade beginnt«,[74] kann es gut sein, daß Tokios Aufstieg zum führenden Bankier der Welt – den früheren Beispielen der Niederlande, Großbritanniens und der Vereinigten Staaten folgend – dem internationalen Handel und Finanzwesen einen mittel- bis langfristigen Aufschwung geben wird. Bemerkenswert ist dabei, daß der Aufschwung in der »unsichtbaren« finanziellen Rolle Japans eintrat, *bevor* es eine signifikante Erosion seiner immensen »sichtbaren« industriellen Führung gab, wie es (zum Beispiel) im Falle Großbritanniens geschah. Das mag sich ändern, und zwar schnell, falls der Wert des Yen zu sehr steigt und Japan eine langfristige »Reife« und eine Verlangsamung in der Wachstumsrate seiner Produktion erlebt. Aber auch wenn dies passiert – und es gibt Gründe (wie oben angegeben) anzunehmen, daß jeder Abstieg Japans als Herstellerland ein langsamer Prozeß sein wird – eine Tatsache ist gewiß: mit dem im Jahre 2000 zu erwartenden Betrag an japanischen Vermögenswerten in Übersee werden seine Handelsbilanzen durch einen enormen Zustrom von Gewinnen aus dem Ausland großzügig ergänzt werden. In jeder Hinsicht scheint Japan also dazu bestimmt zu sein, noch viel reicher zu werden.

Wie mächtig wird Japan, wirtschaftlich betrachtet, im frühen 21. Jahrhundert sein? Wenn es nicht zu einem großen Krieg oder einer Unweltkatastrophe oder zu einer Wirtschaftskrise im Stile der 30er Jahre und zu weltweitem Protektionismus kommt, scheint die übereinstimmende Antwort zu sein: *sehr* viel mächtiger. In der Computer-, der Roboter-, der Fernmeldetechnik, der Automobil-, der Lastwagen- und der Schiffbauindustrie und vielleicht sogar in der Biotechnologie und in der Luftfahrttechnik wird Japan entweder die führende Nation sein oder den zweiten Platz einnehmen. Im Finanzwesen könnte es dann eine Klasse für sich sein. Schon jetzt gibt es Berichte, daß das Pro-Kopf-Einkommen Japans das der Vereinigten Staaten und Westeuropas überholt hat und das Land nun beinahe den höchsten Lebensstandard der Welt genießt. Wie hoch sein Anteil am Produktionsausstoß oder am gesamten Bruttosozialprodukt der Welt sein wird, kann man unmöglich vorhersagen. Es ist lohnend, sich ins Gedächtnis zu rufen, daß Japans Anteil am gesamten Bruttosozialprodukt im Jahre 1951 ein Drittel des britischen und ein Zwanzigstel(!) des amerikanischen betrug; innerhalb von drei Jahrzehnten war es indessen auf das Doppelte des britischen und die Hälfte des amerikanischen gestiegen. Sicherlich war das Wachstum während dieser Jahrzehnte aufgrund besonderer Bedingungen ungewöhnlich. Aber vielen Schätzungen zufolge[75] ist es wahrscheinlich, daß die japanische Wirtschaft in den nächsten Jahrzehnten immer noch jährlich um eineinhalb bis zwei Prozent schneller expandieren wird als die der anderen großen Mächte (außer China natürlich).* Aus diesem Grunde haben Wissenschaftler wie Herman Kahn und Ezra Vogel argumentiert, daß Japan im frühen 21. Jahrhundert wirtschaftlich die »Nummer eins« sein wird, und es ist nicht überraschend, daß viele Japaner schon von dieser Aussicht angefeuert werden. Für ein Land, daß nur drei Prozent der Weltbevölkerung und nur 0,3 Prozent des bewohnbaren Landes besitzt, scheint dies eine fast unglaubliche Leistung zu sein; und gäbe es nicht die in den neuen Technologien steckenden Möglichkeiten, wäre man versucht anzunehmen, daß Japan schon nahe an der Maximierung des Potentials seiner Menschen und seines Landes wäre und daß es wie andere relativ kleine Rand- oder Inselstaaten (Portugal, Venedig, die Niederlande, selbst Großbritannien zu seiner Zeit), eines Tages von den Nationen, die über weit größere Ressourcen verfügen und nur seine erfolgreichen Methoden nachahmen müssen, in den Schatten gestellt werden wird. Für die absehbare Zukunft jedoch weist Japans Bahn weiter nach oben.

Wie auch immer man Japans jetzige und zukünftige wirtschaftliche Stärke mißt, zwei Tatsachen sind unübersehbar. Erstens ist es enorm produktiv und reich und wird noch reicher werden. Zweitens stehen seine *militärische* Stärke und seine Verteidigungsausgaben in keiner Relation zu seinem Platz in der internationalen Wirtschaftsordnung. Es besitzt eine recht große Marine (mit 31 Zerstörern und 18 Fregatten), eine defensive Luftwaffe und eine beschei-

* Nimmt man an, daß dies zutrifft, so ist es aus technischen Gründen immer noch schwierig auszudrücken, was das in genauen Zahlen bedeutet. Viele der üblicherweise bei internationalen Vergleichen benutzten Statistiken (z. B. vom CIA) basieren auf dem Dollar und den Wechselkursen des Marktes; so könnte das Sinken des Dollars gegenüber dem Yen um beinahe 40 Prozent in den Jahren 1985–1986 dieser Berechnung zufolge das Bruttosozialprodukt Japans im Vergleich zu dem der Vereinigten Staaten viel größer erscheinen lassen (und auch im Vergleich zu dem der Sowjetunion, da deren Bruttosozialprodukt oft mit dem »geometrischen Mittelwert des Dollars« berechnet wird).[76] Schon allein der Anstieg des Yen von seinem jetzigen Wert auf ein Verhältnis von 120 oder auch nur 100 zum Dollar – was manche für den »wahren« Wechselkurs halten[77] – würde das Bruttosozialprodukt Japans dem der Vereinigten Staaten nahebringen und das der UdSSR überholen lassen. Manche Experten ziehen es wegen der durch schnell fluktuierende Wechselkurse verursachten Probleme vor, eine Berechnung nach »Kaufkraftparität« zugrunde zu legen, obwohl auch das seine Probleme hat.

dene Armee; aber seine militärische Macht ist eindeutig viel geringer – in Relation zu anderen Staaten – als in den 30er Jahren oder sogar in den Jahren nach 1910. Noch wichtiger für die Debatte um die »Lastenverteilung«[78] ist die Tatsache, daß Japan relativ wenig Geld für die Verteidigung ausgibt. Zahlen aus *The Military Balance* zufolge hat Japan im Jahre 1983 11,6 Milliarden Dollar für die Verteidigung ausgegeben, verglichen mit den 21–24 Milliarden Dollar Frankreichs, Westdeutschlands und Großbritanniens und der gewaltigen Summe von 239 Milliarden Dollar der Vereinigten Staaten; pro Kopf mußte ein Japaner in diesem Jahr im Durchschnitt 98 Dollar, eine Brite 439 Dollar und ein Amerikaner 1023 Dollar für die Verteidigung ausgeben.[79] Angesichts seines derzeitigen Wohlstandes scheint Japan bei den Verteidigungsausgaben zu gut wegzukommen – und zwar in zweierlei Hinsicht: erstens wird es von anderen beschützt, nämlich von den Vereinigten Staaten; zweitens halten die niedrigen Verteidigungsausgaben die Staatsausgaben in engen Grenzen, und damit steht mehr Geld für die japanischen Produktionsanstrengungen, die den amerikanischen und europäischen Konkurrenten so schaden, zur Verfügung.[80]

Würde Japan tatsächlich auf den Druck der US-Regierung und der anderen westlichen Kritiker reagieren und seine Verteidigungsausgaben auf das Niveau der europäischen NATO-Mitglieder erhöhen – im Durchschnitt drei bis vier Prozent des Bruttosozialproduktes –, so wäre die Veränderung dramatisch. Sie würde Japan (zusammen mit China) zur drittgrößten militärischen Macht der Welt machen – mit Verteidigungsausgaben von über 50 Milliarden Dollar im Jahr. Außerdem besteht angesichts der technologischen und produktiven Ressourcen Japans kein Zweifel, daß es in der Lage wäre, Flugzeugträgerverbände für seine Marine oder Langstreckenraketen zur Abschreckung zu bauen. Das würde sowohl heimischen Firmen wie Mitsubishi sicherlich nutzen, als auch ein Gegengewicht zur sowjetischen Macht im Fernen Osten bilden und damit den überdehnten Vereinigten Staaten helfen.

Es ist jedoch viel wahrscheinlicher, daß Tokio versuchen wird, diesem äußeren Druck auszuweichen oder die Verteidigungsausgaben zumindest so niedrig wie nur irgend möglich zu halten, ohne einen Bruch mit Washington zu provozieren. Der Hauptgrund dafür ist nicht der rein symbolische Wunsch, die japanischen Verteidigungsausgaben auf einem Niveau von einem Prozent des Bruttosozialproduktes zu belassen – nach der Definition der NATO (d. h. wenn man die Militärpensionen miteinbezieht) ist diese Grenze bereits durchbrochen, und außerdem hat Japan schon in den frühen 50er Jahren mehr als das für die Verteidigung ausgegeben. Es hat auch wenig mit dem 1951 zwischen den Vereinigten Staaten und Japan geschlossenen Sicherheitsvertrag zu tun, der die rechtliche Basis der amerikanischen militärischen Präsenz in Japan darstellt und der Tokio ermutigt hatte, eher an den Handel als an strategische Macht zu denken. Die Lage in den 80er Jahren ist ganz anders als die während des Koreakrieges. Die wahren Gründe – aus Sicht der japanischen Regierung – sind die inneren Widerstände gegen eine massive Erhöhung der Verteidigungsausgaben und gegen eine Änderung der Verfassung, die bisher das Entsenden von Truppen in andere Länder (und sogar den Waffenverkauf) verbietet. Die Erinnerung an die militärischen Exzesse der 30er Jahre, an die Verluste des Krieges und besonders die Schrecken der Atombomben haben dem japanischen Bewußtsein eine tiefe Abneigung und ein Mißtrauen gegenüber dem Krieg und den Instrumenten des Krieges eingeprägt. Diese Gefühle sind mindestens so stark wie der westliche Pazifismus nach dem Ersten Weltkrieg. Und während sich das mit der Zeit, mit dem Heranwachsen einer jüngeren Generation mit mehr Behauptungswillen, ändern mag, wird die vorherrschende Meinung in der nächsten Zeit die Regierung in Tokio eher zwingen, die Erhöhung der Ausgaben für die »Selbstverteidigungskräfte«, wie sie treffend genannt werden, auf bescheidenem Niveau zu halten.[81]

Zu diesen moralischen und ideologischen Gründen kann man noch wirtschaftliche hinzufügen. Unter den japanischen Geschäftsleuten und Politikern gibt es eine beträchtliche Opposition gegen eine Erhöhung der Staatsausgaben (die, wie bereits erwähnt, in Japan viel niedriger sind als in allen anderen OECD-Ländern): ihrer Meinung nach muß eine Verdoppelung oder Verdreifachung der Verteidigungsausgaben entweder durch ein weiteres Ansteigen des Defizits im öffentlichen Sektor oder durch Steuererhöhungen finanziert werden – und beides ist extrem unpopulär. Außerdem wird argumentiert, daß eine große Armee und Marine Japan in den 30er Jahren weder militärische noch wirtschaftliche »Sicherheit« gebracht haben. Und es ist im Moment in der Tat schwer zu erkennen, inwiefern ein Anstieg der Verteidigungsausgaben einen möglichen Lieferstopp arabischen Öls verhindern könnte – was für Japan strategisch eine viel größere Gefahr ist als beispielsweise ein hypothetischer atomarer Winter. Das erklärt Tokios verzweifelte Versuche, sich bei einer Krise im Mittleren Osten sozusagen unsichtbar zu machen. Ist es dann nicht besser für Japan, der Gewalt abzuschwören und alle internationalen Dispute friedlich beizulegen, wie es ein kosmopolitischer »Handelsstaat« tun sollte? Da der moderne Krieg so teuer und meistens höchst kontraproduktiv ist, sind die Japaner der Meinung, daß ihre *zenhoi heiwa gaiko* (»allseitige Friedensdiplomatie«) viele Vorteile hat.

Diese Gefühle werden zweifellos durch Tokios Erkenntnis gefördert, daß viele seiner Nachbarn erschreckt auf einen umfassenden Aufbau militärischer Macht reagieren würden. Ganz sicher wäre das bei den Russen der Fall – gegen die die Vereinigten Staaten sich schließlich von Japan Unterstützung erhoffen und die immer noch mit Tokio über die Inseln im Norden von Hokkaido im Streit liegen und wahrscheinlich das Gefühl haben, im Fernen Osten genug mit der Expansion der chinesischen Macht zu tun zu haben. Aber auch die Länder, die einmal unter japanischer Besatzung standen – Korea, Taiwan, die Philippinen, Malaysia, Indonesien – sowie Australien und Neuseeland würden so reagieren, denn alle haben schon immer bei jeglichen Zeichen eines Wiederauflebens des japanischen Nationalismus und der *bushido*-Mentalität nervös reagiert und Tokio ermutigt, sich auf »produktive nichtmilitärische Wege zur Stärkung des Friedens und der Sicherheit«[82] in Südostasien zu besinnen. Über allem steht für Tokio vielleicht das Problem, das Mißtrauen des empfindlichen Peking zu zerstreuen, das immer noch Erinnerungen an die japanischen Greueltaten der Jahre von 1937–1945 hegt und Japan davor gewarnt hat, zu sehr in die Entwicklung Sibiriens einzusteigen (was wiederum das Verhältnis Tokio–Moskau belastet) oder Taiwan zu unterstützen.

Schon Japans wirtschaftliche Expansion hat (obwohl sie stark benötigte Investitionen plus Entwicklungshilfe und einigen Tourismus mit sich brachte) manche Nachbarn mißtrauisch gemacht. Sie haben das Gefühl, in eine neue, raffiniertere Version der »Großen Ostasiatischen Ko-Prosperitätssphäre« hineingezogen zu werden – um so mehr, da Japan von diesen Ländern (außer Rohstoffen) nicht viel importiert, ihnen aber eine große Menge seiner Produkte verkauft. Auch hier hat sich China am offensten ausgesprochen, indem es in den späten 70er Jahren zuerst den Boom des japanischen Handels und der Investitionen willkommen hieß und ihn dann scharf verurteilte – zum Teil wegen seines eigenen Handelsdefizits, zum Teil, um eine wirtschaftliche Abhängigkeit von einem einzigen Land, das diese Situation ausnutzen könnte, zu vermeiden. Der amerikanische Handel mit China muß, so drängte Deng im Jahre 1979, »mit dem Japans gleichziehen«[83] und damit die Möglichkeit einer japanischen Variante des »Imperialismus des freien Handels« vereiteln.

Dies alles sind im Moment noch schwache Vorboten des Kommenden, aber sie bringen die Politiker in Tokio dazu, sich Sorgen um eine kohärente Außenpolitik für das 21. Jahrhundert zu machen. Es gibt keinen Zweifel, daß Japan sich mit seiner expandierenden wirtschaftlichen Macht in ein zweites Venedig verwandeln könnte – nicht nur im Sinne eines extensiven Handels, sondern auch der Verteidigung der Seewege und der Gründung von quasi-abhängigen Stützpunkten in Übersee; aber die inneren und äußeren Einwände gegen ein starkes Japan sind so gewichtig, daß es nicht nur irgendwelche territorialen Akquisitionen altmodischer imperialistischer Art vermeiden, sondern auch seine Verteidigungskräfte wahrscheinlich nicht verstärken wird. Diese letztere Schlußfolgerung wird die amerikanischen Kreise, die auf eine »Lastenverteilung« im westlichen Pazifik drängen, in zunehmendem Maße verärgern. Ironischerweise wird Japan also kritisiert werden, wenn es seine Rüstungsausgaben nicht beträchtlich erhöht, und verurteilt werden, wenn es dies tut. Beides wird Japans Außenpolitik, die nach dem Motto »maximaler Gewinn bei minimalem Risiko«[84] arbeitet, Probleme einbringen. Dies verweist wieder einmal auf die japanische Präferenz für so wenig wie möglich Veränderungen in den militärischen und politischen Angelegenheiten Ostasiens, selbst bei einem sich beschleunigenden Wirtschaftswachstum in der Region. Auch das macht das Dilemma nur noch schlimmer, denn selbst ein Nicht-

Marxist könnte sich kaum vorstellen, daß die grundlegenden wirtschaftlichen Veränderungen in Asien ohne weitreichende Wandlungen auf anderen Gebieten vonstatten gehen könnten.

Die größten Sorgen der Japaner sind daher wahrscheinlich jene, die selten oder nie öffentlich diskutiert werden – teils aus diplomatischer Diskretion, teils um zu vermeiden, daß Entwicklungen eintreten, welche die zukünftigen Machtverhältnisse in Ostasien betreffen. Eine »allseitige Friedensdiplomatie« ist im Moment ja ganz sinnvoll, aber wie nützlich wird sie sein, wenn die überdehnten Vereinigten Staaten sich aus ihren asiatischen Verpflichtungen zurückziehen oder feststellen, daß es unmöglich ist, den Ölfluß von Arabien nach Yokohama sicherzustellen? Wie sinnvoll wird sie sein, wenn es einen neuen Koreakrieg gibt? Wie sinnvoll, wenn China beginnt, die Region zu beherrschen? Wie sinnvoll, wenn eine niedergehende und nervöse UdSSR aggressiv wird? Es gibt natürlich keine Antwort auf solche hypothetischen und alarmierenden Fragen; aber selbst ein reiner »Handelsstaat« mit kleinen »Selbstverteidigungskräften« wird merken, daß er eines Tages einige Antworten finden muß. Schon andere Nationen haben in der Vergangenheit entdecken müssen, daß kommerzielle Expertise und finanzieller Reichtum in der anarchischen Welt internationaler Machtpolitik manchmal nicht mehr genügen.

Die EG – Potential und Probleme

Von den fünf Hauptballungsgebieten wirtschaftlicher und militärischer Macht in der heutigen Welt ist das einzige, das nicht die Form eines souveränen Nationalstaates hat, Europa – was gleichzeitig auch das Hauptproblem dieser Region definiert, während sie sich auf das 21. Jahrhundert zubewegt. Selbst wenn wir bei unserer Betrachtung der zukünftigen Aussichten dieses Kontinents die kommunistisch regierten Regime im Osten ausschließen (was man aus praktischen Gründen tun muß), bleiben immer noch einige Staaten, die Mitglieder einer wirtschaftlich-politischen Organisation (der EG) sind, aber nicht der militärischen Allianz (der NATO) angehören, und andere, die zu letzterer aber nicht zu ersterer zählen, und einige wichtige neutrale Staaten, die weder zur einen noch zur anderen gehören. Wegen solcher Anomalien wird sich dieses Kapitel eher auf die Europäische Gemeinschaft konzentrieren (und auf die Politik einiger ihrer führenden Mitglieder), als auf das nicht-kommunistische Europa als Ganzes – denn nur in der EG existiert eine Organisation und Struktur, die zumindest *potentiell* eine fünfte Weltmacht sein könnte.

Aber gerade weil wir eher das *Potential* als die heutige Realität betrachten, haben wir das Problem, erraten zu müssen, wie die Lage im Jahre 2000 oder 2020 aussehen wird. In mancherlei Hinsicht ähnelt die Situation der des Deutschen Bundes in der Mitte des 19. Jahrhunderts.[85] Es gab einen Zollverein, der so erfolgreich in der Stimulierung von Handel und Industrie war, daß er schnell neue Mitglieder anzog, und es war deutlich, daß wenn sich diese vergrößerte wirtschaftliche Gemeinschaft in einen Machtstaat verwandelte, ein bedeutender neuer Akteur im internationalen System entstünde – an den sich die etablierten Großmächte entsprechend anpassen müßten. Aber solange diese Veränderung nicht eintrat, solange es Meinungsverschiedenheiten unter den Mitgliedern des Zollvereins über die wirtschaftliche und mehr noch über die politische und militärische Integration gab, solange Streitigkeiten darüber existierten, welcher Staat die Führung übernehmen sollte, und Dispute zwischen den verschiedenen Parteien und Interessengruppen über die Vor- oder Nachteile, die die Gemeinschaft ihnen einbrachte, ausgetragen wurden – so lange mußte der Zollverein zerrissen bleiben, nicht in der Lage, sein Potential zu realisieren und den anderen großen Mächten als gleichwertiger Partner entgegenzutreten. Trotz aller Unterschiede in Zeit und Umständen war die »deutsche Frage« des letzten Jahrhunderts ein Mikrokosmos des »europäischen Problems« heute.

Von seinem *Potential* her hat die EG eindeutig die Größe, den Wohlstand und die produktive Kapazität einer großen Macht. Mit dem Eintritt Spaniens und Portugals beläuft sich die Bevölkerungszahl insgesamt auf 320 Millionen – 50 Millionen mehr als die der UdSSR und ungefähr eineinhalbmal so viel wie die der Vereinigten Staaten. Außerdem ist dies eine Bevölkerung mit einem hohen Ausbildungstand, und es gibt Hunderte von Universitäten und Colleges in ganz Europa sowie Millionen von Wissenschaftlern und Ingenieuren. Obwohl es im durchschnittlichen Pro-Kopf-Einkommen abgrundtiefe Unterschiede gibt – zum Beispiel zwischen Westdeutschland und Portugal –, ist die EG im Ganzen reicher als die UdSSR, und manche seiner Mitgliedsstaaten sind pro Kopf wohlhabender als die Vereinigten Staaten. Wie bereits erwähnt, ist es bei weitem der größte Handelsblock der Welt, obwohl ein großer Teil davon innereuropäischer Handel ist. Ein besserer Maßstab für die Wirtschaftskraft ist vielleicht die Produktion an Autos, Stahl, Zement und so weiter, worin die EG vor den Vereinigten Staaten, Japan und (außer beim Stahl) der UdSSR liegt. Abhängig von den jährlichen Statistiken und den wilden Schwankungen im Verhältnis des Dollar zu den europäischen Währungen in den letzten sechs Jahren, ist das gesamte Bruttosozialprodukt der EG ungefähr genauso groß (1980, 1986) oder um ein Drittel kleiner (1983–1984), als das der USA. Ihr Anteil am Bruttosozialprodukt oder Produktionsvolumen der Welt ist mit Sicherheit weit größer als der Rußlands, Japans oder Chinas.

Auch in militärischer Hinsicht sind die europäischen Mitgliedsstaaten keineswegs zu vernachlässigen. Allein die vier größten Länder (Westdeutschland, Frankreich, Großbritannien, Italien) haben eine reguläre Armee von über einer Million Mann und weitere 1,7 Million Reservisten[86] – eine Gesamtsumme, die natürlich unter der der russischen oder chinesischen Armee liegt, aber beträchtlich über der der US-Army. Zusätzlich besitzen diese vier Staaten Hunderte von großen Kriegsschiffen und U-Booten und Tausende von Panzern, Flugzeugen und Artillerie. Schließlich verfügen sowohl Frankreich als auch Großbritannien über Atomwaffen sowie see- und landgestützte Trägersysteme. Die Implikationen und die Effektivität dieser Streitkräfte werden später diskutiert werden; hier geht es lediglich um die Tatsache, daß die Gesamtsumme, *wenn sie vereint wird*, sehr beachtlich ist. Wichtig ist auch, daß die Ausgaben für diese Streitkräfte durchschnittlich ungefähr vier Prozent des Bruttosozialproduktes betragen. Würden diese Länder oder, was noch bedeutsamer wäre, die gesamte EG, wie die Vereinigten Staaten es heute tun, ungefähr sieben Prozent des gesamten Bruttosozialproduktes auf die Verteidigung verwenden, beliefe sich diese Summe auf Hunderte von Milliarden Dollar – und entspräche damit ungefähr dem Betrag, den die beiden militärischen Supermächte aufwenden.

Und doch ist die wirkliche Macht Europas in der Welt viel kleiner, als diese groben Summen seiner wirtschaftlichen und militärischen Stärke vermuten lassen – einfach aufgrund seiner Uneinigkeit. Die Streitkräfte beispielsweise leiden nicht nur unter einer Vielfalt von Sprachen (ein Problem, das die Mitglieder des Deutschen Bundes nie hatten), sondern sind auch mit vielen unterschiedlichen Waffensystemen ausgerüstet. Es gibt viele markante Unterschiede in der Qualität und der Ausbildung – zwischen der westdeutschen und der griechischen Armee zum Beispiel, oder der Royal Navy und der spanischen Marine. Bei allen Anstrengungen der NATO zu standardisieren, muß man doch immer noch von ungefähr einem Dutzend Armeen, Seestreitkräften und Luftwaffen von unterschiedlichem Wert sprechen. Aber selbst diese Probleme verblassen neben den Hindernissen auf *politischer* Ebene, die mit den Prioritäten in der Außen- und Verteidigungspolitik zu tun haben. Die traditionelle (und anachronistische) Neutralität Irlands verhindert, daß die EG über Verteidigungsfragen diskutiert – aber selbst wenn es Diskussionen gäbe, würden sie wahrscheinlich sehr schnell an griechischen Protesten scheitern. Die Türkei mit ihrer beträchtlichen Armee ist kein Mitglied der EG; und die türkischen und die griechischen Streitkräfte scheinen oft mehr übereinander als über den Warschauer Pakt besorgt zu sein. Frankreichs Unabhängigkeit hat (wie wir später sehen werden) militärische Vor- und Nachteile, aber sie erschwert die Konsultationen über Verteidigungsfragen und Außenpolitik. Sowohl Großbritannien als auch Frankreich leisten sich noch den Luxus von Operationen außerhalb Europas und unterhalten in der Tat immer noch eine Reihe von Stützpunkten und Truppen in Übersee. Für Westdeutschland ist die überragende Verteidigungspriorität – auf die *alle* Kräfte konzentriert werden – die Sicherung seiner östlichen Grenze. Eine vereinte europäische Politik beispielsweise zur Palästina-Frage oder auch nur gegenüber den Vereinigten Staaten zu entwickeln, ist aufgrund der unterschiedlichen Interessen und Traditionen der einzelnen Mitgliedsstaaten eine außerordentlich komplexe Angelegenheit (die oft genug scheitert).

In den Begriffen wirtschaftlicher Integration und konstitutioneller und institutioneller Einrichtungen, die zur Abstützung der Entscheidungen auf dem wirtschaftlichen Sektor ins Leben gerufen wurden, ist die EG offensichtlich schon viel weiter. Trotzdem, als eine »Wirtschaftsgemeinschaft« ist sie viel zersplitterter, als ein souveräner Staat es je sein könnte. Politische Ideologie wirkt sich stets auf die Wirtschaftspolitik und ihre Prioritäten aus. Die Koordination ist schwierig, wenn nicht unmöglich, da in manchen Mitgliedsstaaten sozialistische und in anderen konservative Regierungen im Amt sind. Obwohl die Währungen jetzt erfolgreicher koordiniert werden als zuvor, erinnern die gelegentlichen Anpassungen (die meistens eine Neubewertung der Deutschen Mark bedeuten) an die unterschiedlichen Steuersysteme – und die sehr differenzierte Kreditwürdigkeit – der einzelnen Mitglieder. Trotz der Vorschläge der europäischen Kommission ist man in einer Reihe von Fragen – von der vollen Deregulierung des Luftverkehrs bis zu finanziellen Dienstleistungen – noch weit von einer gemeinsamen europäischen Politik entfernt. An zu vielen der gemeinsamen Grenzen gibt es noch Zollstationen und langwierige Kontrollen – zur Wut der Lastwagenfahrer. Selbst die Landwirtschaft, der Bereich, in dem die EG am meisten Gelder auszahlen darf, und einer der wenigen Wirtschaftsbereiche, in dem es einen »gemeinsamen Markt« gibt, hat sich als ein weiterer Stein des Anstoßes erwiesen. Und wenn es in der Tat wahrscheinlich ist, daß die Nahrungsmittelproduktion der Welt sich weiter erhöhen wird, weil Indien und andere asiatische Länder in zunehmendem Maße in die Exportmärkte drängen, wird sich der Druck, das Preisgarantiesystem der EG zu reformieren, so weit erhöhen, bis die Frage wieder in einer hitzigen Kontroverse explodiert.

Schließlich gibt es da noch die ständige Sorge, daß Europa nach einer Zeit des Wirtschaftswachstums und des Erfolges nach dem Krieg zu stagnieren und vielleicht sogar zurückzufallen beginnt. Die durch die Ölkrise von 1979 verursachten Probleme – der steile Anstieg der Treibstoffpreise, der Druck auf die Zahlungsbilanz, die weltweite Depression in Nachfrage, Produktion und Handel – scheint die Europäer härter getroffen zu haben als viele der anderen großen Wirtschaftsmächte der Erde, wie aus Tabelle 45 ersichtlich wird.

Tabelle 45 Reales Wachstum des BSP 1979–1983[87] (in Prozent)

	1979	1980	1981	1982	1983
Vereinigte Staaten	2,8	−0,3	2,6	−0,5	2,4
Kanada	3,4	1,0	4,0	−4,2	3,0
Japan	5,1	4,9	4,0	3,2	3,0
China	7,0	5,2	3,0	7,4	9,0
EG (zehn Staaten)	3,5	1,1	−0,3	0,5	0,8

Eine der Hauptsorgen der europäischen Staaten betrifft die Auswirkungen dieser Krise auf die Beschäftigungszahlen – in den letzten Jahren haben in Westeuropa mehr Menschen ihre Arbeit verloren als zu irgendeiner Zeit nach 1945 (die Zahl stieg, zum Beispiel, zwischen 1978 und 1982 in der EG von 5,9 auf 10,2 Millionen) und es gibt wenig Anzeichen dafür, daß die Zahl wieder im Sinken begriffen ist. Das wiederum hebt das bereits extrem hohe Niveau der Sozialausgaben weiter an und läßt damit weniger Geld für Investitionen übrig.[88] Außerdem sind im Laufe der 80er Jahre nicht im gleichen Maße neue Arbeitsplätze geschaffen worden wie in den Vereinigten Staaten (hauptsächlich allerdings in schlechtzahlenden Dienstleistungsbetrieben) und in Japan (auf dem Sektor der »High Technology« und der Dienstleistungen). Ob man dies nun dem Mangel an Anreizen für die Industrie, den hohen Kosten und der geringen Mobilität der Arbeitnehmer und der bürokratischen Überregulierung zuschreibt (was die Rechten tun) oder dem Versagen des Staates, ausreichend zu planen und zu investieren (wie die Linken es meistens sehen) oder einer fatalen Kombination aus beidem, das Ergebnis bleibt dasselbe. Noch alarmierender für viele Beobachter sind Anzeichen dafür, daß Europa in dem hochdotierten Wettlauf um die »High Technology« hinter seine amerikanischen und (besonders) seine japanischen Konkurrenten zurückfällt. Daher warnte der *Jahreswirtschaftsbericht* der Europäischen Kommission von 1984–1985:

Die Gemeinschaft muß jetzt auf die Herausforderung einer deutlicher werdenden Unterlegenheit gegenüber den Vereinigten Staaten und Japan in der industriellen Kapazität in neuen und schnellwachsenden Technologien reagieren ... Die nachlassende weltweite Handelsleistung der Gemeinschaft auf solchen Feldern wie Computern, Mikro-Elektronik und elektronischen Geräten ist jetzt allgemein anerkannt.[89]

Höchstwahrscheinlich ist dieses Bild der »Eurosklerose« und des »Europessimismus« in zu düsteren Farben gemalt, denn es gibt auch viele Zeichen für die europäische Wettbewerbsfähigkeit – bei hochwertigen Autos, Zivil- und Kampfflugzeugen, Satelliten, Chemikalien, Fernmeldesystemen, finanziellen Dienstleistungen und so weiter. Trotzdem, die beiden drängendsten Fragen bleiben ungeklärt. Kann die EG mit der soziopolitischen Vielfalt ihrer Mitglieder genausogut wie ihre überseeischen Konkurrenten auf schnelle, bedeutende Verschiebungen in der Beschäftigungsstruktur reagieren? Oder ist sie eher so angelegt, die Auswirkungen der wirtschaftlichen Veränderungen auf nicht wettbewerbsfähige Bereiche (Landwirtschaft, Textilindustrie, Schiffbau, Kohle und Stahl) zu *verlangsamen* und sich selber dadurch, daß sie kurzfristig so human ist, langfristig Nachteile zu schaffen? Und ist die EG in der Lage, die wissenschaftlichen Ressourcen und Investitionen zu mobilisieren, um ein ernsthafter Konkurrent im Rennen um die »High Technology« zu bleiben, wenn ihre eigenen Unternehmen nicht annähernd so groß sind wie die amerikanischen und japanischen Giganten und wenn ihre »Industriestrategie« nicht von einem MITI, sondern von *zwölf* Regierungen (plus der EG-Kommission) ausgearbeitet werden, die alle verschiedene Interessen haben?

Wenn man seine Aufmerksamkeit von der EG als Ganzes auf eine kurze Untersuchung der Situation der *drei* militärisch und politisch führenden Länder Europas lenkt, wird das Gefühl eines von »Problemen« bedrohten »Potentials« nur verstärkt. Kein Staat macht diese Ambivalenz in bezug auf die Zukunft deutlicher als die Bundesrepublik Deutschland – vor allem aufgrund ihres Erbes und der immer noch »provisorischen« Natur der heutigen Struktur Europas.

Wenn sich auch viele Deutsche um die wirtschaftlichen Aussichten ihres Landes im frühen 21. Jahrhundert große Sorgen machen, kann dies kaum als das größte Problem gelten (besonders, wenn man es mit den wirtschaftlichen Schwierigkeiten anderer Länder vergleicht). Obwohl die Zahl der Beschäftigten nur wenig höher liegt als die Großbritanniens oder Frankreichs, ist das Bruttosozialprodukt der Bundesrepublik bedeutend größer. Es spiegelt eine Wirtschaftskraft wider, deren langfristiges Produktionswachstum extrem beeindruckend war. Westdeutschland ist in der EG der größte Hersteller von Stahl, Chemikalien, elektronischen Produkten, Autos, Traktoren und (angesichts des britischen Abstiegs) sogar von Handelsschiffen und Kohle. Aufgrund einer bemerkenswert geringen Inflation und der Vermeidung von Arbeitskämpfen konnte es seine Exportpreise konkurrenzfähig halten – dies trotz häufiger Aufwertungen der D-Mark, die letztendlich nur verspätete Anerkennungen der besseren wirtschaftlichen Leistung Westdeutschlands durch andere Nationen sind. Die starke Konzentration auf Ingenieurwesen und Design (im Gegensatz zur amerikanischen Betonung des Finanzsektors) in der deutschen Managementtradition haben dem Land einen internationalen Ruf für seine Qualitätsprodukte eingebracht. Jahr für Jahr hat die deutsche Wirtschaft einen Handelsbilanzüberschuß erwirtschaftet, der nur von dem Japans übertroffen wird. Seine internationalen Reserven sind größer als die irgendeines anderen Landes der Welt (außer, wahrscheinlich, denen Japans nach seinem kürzlichen stürmischen Aufstieg), und andere Nationen bedienen sich der Deutschen Mark oft als Reservewährung.

Dagegen kann man jene Faktoren halten, die den Deutschen Anlaß zur »Angst« geben.[90] Das EG-System garantierter Preise für die Landwirtschaft, das dem deutschen Steuerzahler schon seit langem das Geld aus der Tasche zieht, verteilt Ressourcen von den wettbewerbsfähigsten zu den am wenigsten wettbewerbsfähigen Bereichen der Wirtschaft um – und das nicht nur in der Bundesrepublik selbst (wo es eine erstaunliche Zahl kleiner Bauernhöfe gibt), sondern bis hin zur Bauernschaft im südlichen Europa. Dies ist zwar offensichtlich von sozialem Wert, aber die Belastung ist proportional gesehen viel größer als bei den protektionistischen Maßnahmen für die amerikanische oder sogar die japanische Landwirtschaft. Die anhaltend hohe Arbeitslosigkeit, ein Zeichen dafür, daß immer noch ein zu großer Teil der Arbeitskräfte in älteren Industriezweigen tätig ist, zehrt ebenfalls sehr an der Wirtschaft, weil die soziale

Sicherung einen disproportional hohen Teil des Bruttoinlandsproduktes in Anspruch nimmt; und während die Jugendarbeitslosigkeit durch das beeindruckend hohe Niveau der Ausbildung und der Lehre und durch das zunehmend höhere Durchschnittsalter der deutschen Bevölkerung gemildert werden wird, ist es die letztere Tendenz, die mit dem vielleicht größten Unbehagen betrachtet wird. Auch wenn es deutlich übertrieben ist zu glauben, die deutsche Bevölkerung werde »aussterben«, wird sich der starke Rückgang der Geburtenrate offensichtlich auf die deutsche Wirtschaft auswirken, denn ein immer größerer Teil der Bevölkerung wird aus Rentnern bestehen. Mit diesen demographischen Befürchtungen geht die viel weniger greifbare Sorge einher, daß die »Nachfolgegeneration« nicht so arbeitswillig sein wird wie diejenigen, die Deutschland aus Schutt und Asche wiederaufgebaut haben, und daß angesichts der im Vergleich zu Japan höheren Lohnkosten und kürzeren Arbeitszeiten selbst die hohe deutsche Produktivität der Herausforderung aus dem Pazifikbecken nicht wird standhalten können.

Indessen ist keines dieser Probleme unüberwindbar, vorausgesetzt, die Deutschen können ihr »Paket« der niedrigen Inflation, der Qualitätsprodukte, der hohen Investitionen in neue Technologien, des überlegenen Designs, der Verkaufstüchtigkeit und des Arbeitsfriedens aufrechterhalten. (Das mindeste, was man sagen muß, ist, daß die oben genannten Probleme der Wirtschaft der europäischen Nachbarn sehr viel mehr schaden werden, wenn sie schon Wirkung auf die deutsche Ökonomie zeigen!) Viel schwerer vorherzusagen ist, ob die außerordentlich komplexen und ganz einzigartigen Konturen der »deutschen Frage«, wie sie seit den späten 40er Jahren bestehen, sich bis ins 21. Jahrhundert unverändert fortsetzen werden: das heißt, ob es weiterhin zwei deutsche Staaten geben wird, die trotz wachsender Nähe untereinander durch feindliche Allianzen getrennt sind; ob die NATO (für die die Bundesrepublik ein so zentraler Teil ist) Deutschland bei aufkommenden Feindseligkeiten zwischen Ost und West verteidigen kann, ohne es zu zerstören; und ob Deutschland und seine großen EG/NATO-Partner im Falle einer Verminderung der amerikanischen Macht und einer Reduzierung ihrer Streitkräfte in Europa in der Lage wären, angemessenen Ersatz für den strategischen Schirm der USA, der ihnen in den letzten 40 Jahren so gut gedient hat, zu bieten. Keine dieser ineinandergreifenden Fragen verlangt nach einer sofortigen Lösung, aber alle geben nachdenklichen Beobachtern Grund zur Sorge.

Das »deutsch-deutsche« Verhältnis wird zum heutigen Zeitpunkt vielleicht als die hypothetischste dieser Fragen erscheinen. Wie in den letzten Kapiteln dargestellt wurde, hat der angemessene Platz für das deutsche Volk im europäischen Staatensystem den Politikern mindestens seit den letzten anderthalb Jahrhunderten Kopfzerbrechen bereitet.[91] Wenn man alle deutschsprachigen Völker zu einem Nationalstaat zusammenschlösse – was in den letzten zwei Jahrhunderten die europäische Norm war –, würde die daraus resultierende Konzentration von Bevölkerung und Industriemacht Deutschland immer zum wirtschaftlichen Machtzentrum Westzentraleuropas machen. Das allein heißt nicht *unbedingt*, daß es auch zur beherrschenden militärisch-territorialen Macht Europas werden müßte – auf die Art und Weise, wie der Imperialismus der Wilhelminischen und (noch mehr) der Nazi-Ära den deutschen Griff nach der Hegemonie nach sich zogen. In einer bipolaren Welt, die militärisch immer noch von Washington und Moskau beherrscht wird, in einem Zeitalter, in dem die Aggressionen zwischen den Großmächten immer die Gefahr in sich bergen, einen atomaren Krieg auszulösen, und mit der »entnazifizierten« Nachkriegsgeneration deutscher Politiker, die in Bonn und Ost-Berlin die Regierungsgeschäfte leiten, scheint die Vorstellung von einem zukünftigen deutschen Griff »nach der Herrschaft in Europa« anachronistisch. Selbst wenn so etwas versucht würde – das Gleichgewicht der europäischen (geschweige denn der globalen) Macht würde sich dagegen durchsetzen. Abstrakt gesprochen ist daher sicher nichts Falsches *und viel Richtiges* daran, den 62 Millionen »Westdeutschen« und den 17 Millionen »Ostdeutschen« die Wiedervereinigung zu erlauben, besonders wenn die Menschen auf beiden Seiten zunehmend feststellen, daß sie mehr miteinander als mit ihrer Vormacht gemein haben.

Es ist jedoch eine tragische Tatsache, daß, wie logisch diese Lösung auch sein mag – und wie sehr die beiden deutschen Völker (trotz der ideologischen Kluft) auch Merkmale ihres gemeinsamen

Erbes und ihrer gemeinsamen Kultur zeigen –, die jetzige politische Realität dagegen spricht, selbst wenn die Wiedervereinigung in Form eines lockeren deutschen Bundes nach dem Modell des 19. Jahrhunderts durchgeführt würde, was schon erfindungsreich vorgeschlagen worden ist.[92] Denn es ist nicht zu übersehen, daß Ostdeutschland als strategische Barriere für die sowjetische Kontrolle über die Pufferstaaten Osteuropas dient (um nicht zu sagen als Absprungposition für einen Vorstoß nach Westen); und solange die Politiker im Kreml in den Begriffen der imperialistischen *Realpolitik* denken, werden sie es nicht zulassen, daß die Deutsche Demokratische Republik auf die Bundesrepublik zutreibt (und schließlich von ihr aufgesogen wird). Wie von offizieller Stelle kürzlich verlautete, könnte ein vereintes Deutschland allein auf der Grundlage seiner jetzigen Streitkräfte über 660000 reguläre Soldaten plus 1,5 Millionen paramilitärische Truppen und Reservisten ins Feld führen. Die UdSSR könnte eine vereinte deutsche Nation mit einer Armee von 2 Millionen Soldaten an ihrer westlichen Flanke nicht gleichgültig lassen.[93] Andererseits ist es schwer einzusehen, warum ein *friedlich* vereintes Deutschland eine Armee von dieser Größe, welche die Spannungen des Kalten Krieges widerspiegelt, unterhalten sollte. Es ist auch schwer zu glauben, daß selbst die sowjetische Führung trotz ihrer plumpen Betonung der Lektionen des Zweiten Weltkrieges ihre eigene Propaganda über den deutschen Revanchismus und den Neo-Nazismus glaubt (was seit der Amtszeit Willy Brandts eine zunehmend schwerer aufrechtzuhaltende Position ist). Aber es ist auch offensichtlich, daß Moskau eine tiefe Abneigung dagegen hat, sich von *irgendwo* zurückzuziehen, und sich außerdem große Sorgen über die politischen Konsequenzen einer deutschen Wiedervereinigung macht. Deutschland wäre dann nicht nur eine ernstzunehmende wirtschaftliche Macht – mit einem Bruttosozialprodukt, das dem der UdSSR gefährlich nahe käme –, sondern es würde auch als Handelsmagnet auf all seine osteuropäischen Nachbarn wirken. Daran schließt sich eine noch grundlegendere Frage: wie könnte sich Rußland aus Ostdeutschland zurückziehen, ohne die Frage nach einem ähnlichen Rückzug aus der Tschechoslowakei, Ungarn und Polen aufzuwerfen, womit als östliche Grenze der UdSSR nur die zweifelhafte polnisch-ukrainische Grenze bliebe, die für die 50 Millionen Ukrainer verführerisch nahe ist?

Was daher bleibt, ist ein Zustand der scheinbaren Bewegungslosigkeit. Innerdeutsche Handelsbeziehungen werden wahrscheinlich wachsen (getrübt nur durch die gelegentlichen Spannungen zwischen den Supermächten); beide deutsche Staaten werden wahrscheinlich produktiver und wohlhabender werden als ihre Nachbarn; beide werden ihren übernationalen militärischen (NATO/Warschauer Pakt) und wirtschaftlichen Organisationen (EG/COMECON) die Treue schwören, während sie mit ihrem deutschen Bruderstaat besondere Vereinbarungen treffen. Man kann unmöglich voraussagen, wie Bonn reagieren würde, wenn die Sowjetunion innere Unruhen erlebte – und das mit ernsthaften Erschütterungen in der Deutschen Demokratischen Republik einherginge. Es ist genauso unmöglich vorherzusagen, wie die »Ost«-Deutschen reagieren würden, wenn der Warschauer Pakt eine Offensive nach Westen unternähme. Sicherlich zeigen die speziellen sowjetischen »Kontrollen« der DDR-Armee und das Beschatten jeder einzelnen ihrer Divisionen durch eine russische motorisierte Division, daß selbst die harten Männer im Kreml besorgt darüber sind, Deutsche gegen Deutsche antreten zu lassen – was sie auch sein sollten.

Aber das konkretere und unmittelbarere Problem, dem sich die Bundesrepublik gegenübersieht – und mit dem sie seit ihrer Existenz zu kämpfen hatte – ist, eine realistische Verteidigungspolitik im Falle eines europäischen Krieges zu entwickeln. Von Anfang an hat die Vorstellung, daß eine enorm überlegene Rote Armee ohne viele Hindernisse nach Westen vorstoßen könnte, sowohl die Deutschen als auch ihre europäischen Mitstreiter veranlaßt, auf die amerikanische nukleare Abschreckung als ihre Hauptsicherheit zu vertrauen. Aber seitdem die UdSSR mit ihren Interkontinentalraketen das amerikanische Festland treffen kann, ist diese Strategie zweifelhaft geworden, auch wenn sie offiziell nie aufgegeben wurde – denn würde Washington tatsächlich als Antwort auf einen konventionellen russischen Angriff auf die Norddeutsche Tiefebene einen atomaren Schlagabtausch auslösen? Dasselbe gilt für die damit verbundene Frage, ob die Vereinigten Staaten tatsächlich strategische atomare Angriffe auf die Sowjetunion starten würden (wobei sie mit

Vergeltungsmaßnahmen gegen ihre eigenen Städte rechnen müßten), wenn die Russen sich darauf beschränkten, Kurz- oder *Mittel*streckenraketen (SS 20) ausschließlich auf europäische Ziele abzufeuern. Es gab sicherlich keinen Mangel an Vorschlägen für eine »glaubwürdige Abschreckung«, um solchen Möglichkeiten begegnen zu können: die Pershing II oder verschiedene Formen von »cruise missile«-Systemen als Gegenstück zu den SS 20 zu installieren; eine Bombe mit erhöhter Radioaktivität (Neutronenbombe) zu bauen, welche die einfallenden Truppen des Warschauer Paktes töten sollte, ohne die Gebäude und die Infrastruktur zu zerstören; und – im Falle Frankreichs – das Vertrauen auf ein von Paris aus kontrolliertes Abschreckungssystem als Alternative zu den unzuverlässigen amerikanischen Verbündeten. Aber alle diese Vorschläge haben ihre eigenen Probleme;[94] und ganz abgesehen von den politischen Reaktionen, die sie hervorrufen, deuten sie alle auf die einzigartig widersprüchliche Natur der atomaren Waffensysteme hin – setzt man sie ein, führt dies wahrscheinlich zur Zerstörung dessen, was man zu verteidigen wünscht.

Es überrascht daher kaum, daß aufeinanderfolgende westdeutsche Regierungen, während sie Lippenbekenntnisse zugunsten der atomaren Abschreckungsstrategie der NATO abgaben und der Anschaffung eigener Atomwaffen abschworen, sich sehr für den Aufbau eines starken *konventionellen* Verteidigungssystems engagierten. Im Moment ist die Bundeswehr nicht nur die größte der NATO-Armeen in Europa (335 000 Soldaten und 645 000 ausgebildete Reservisten),[95] sondern sie ist auch von extrem hoher Qualität und gut ausgerüstet; vorausgesetzt, sie verlöre die Luftüberlegenheit nicht, würde sie sich wahrscheinlich in beeindruckender Weise bewähren. Aber die stark sinkende Geburtenrate macht es immer schwerer, die Bundeswehr auf ihrer vollen Stärke zu halten, während zugleich der Wunsch der Regierung, die Verteidigungsausgaben auf 3,5 bis 4 Prozent des Bruttosozialproduktes zu begrenzen, bedeutet, daß es für die Streitkräfte schwer wird, ihre Bewaffnung auf dem höchsten Stand zu halten.[96] Letzten Endes können solche Probleme bewältigt werden – genauso wie die Mängel der weniger gut ausgerüsteten alliierten Armeen, die in Westdeutschland stationiert sind, beseitigt werden können, wenn der politische Wille vorhanden ist. Aber das ändert nichts daran, daß sich die Deutschen dem unangenehmen (für manche unerträglichen) Dilemma gegenübersehen, daß jeder Ausbruch von Feindseligkeiten in Zentraleuropa zu einem unermeßlichen Blutvergießen und materiellen Verlust auf ihrem Territorium führen wird.

Es ist daher nicht verwunderlich, daß sich die Regierungen in Bonn zumindest seit Willy Brandts Kanzlerschaft in ihrem Streben nach Entspannung in Europa kaum übertreffen ließen. Und dabei bezieht sich die Entspannung nicht nur auf den deutschen Bruderstaat, sondern auch auf die UdSSR selbst, wobei man versucht, die traditionelle Angst vor einem zu starken Deutschland zu besänftigen. Außerdem hat die Bundesrepublik mehr als alle anderen NATO-Partner am Ost-West-Handel mitgewirkt und zu seiner Finanzierung beigetragen – in der Cobdenschen Auffassung, daß gegenseitige wirtschaftliche Abhängigkeit den Krieg erschwert (und weil ohne Zweifel die westdeutschen Banken und die Industrie in einer günstigen Position sind, diesen Handel auszunutzen). Dies heißt nicht, daß sich die beiden Deutschland auf eine »Neutralität« zubewegen – was manchmal von den linken Sozialdemokraten und den Grünen vorgeschlagen wird –, denn das wäre von Moskaus Zustimmung zu einer ostdeutschen Neutralität abhängig, die höchst unwahrscheinlich ist. Was es aber heißt, ist, daß Westdeutschland sein Sicherheitsproblem ausschließlich auf Europa bezieht und sich von jedem »überregionalen« Engagement fernhält – ganz zu schweigen von solchen gelegentlichen außereuropäischen Aktionen, die sich die Franzosen und Engländer manchmal noch leisten. Daraus folgt, daß die Bundesrepublik sich ungern dazu zwingen läßt, bei (aus seiner Sicht) eher vom Kern der Sache ablenkenden Angelegenheiten im Nahen Osten oder in noch weiterer Ferne Position zu beziehen. Und das führt wiederum zu Meinungsverschiedenheiten mit der US-Regierung, die glaubt, daß die Erhaltung der westlichen Sicherheit nicht so sauber auf Zentraleuropa beschränkt werden kann. Es ist für Westdeutschland schwer, wenn nicht unmöglich, in seinen Beziehungen zu Moskau und Ostberlin einerseits und in außereuropäischen Fragen andererseits eine rein bilaterale Diplomatie zu verfolgen; statt dessen muß es die Reaktionen aus Washington (und aus Paris) berücksichtigen. Auch das ist ein

Preis, den Westdeutschland für seine schwierige und einzigartige Stellung im internationalen Machtsystem bezahlen muß.[97]

Wenn die Bundesrepublik die wirtschaftlichen Herausforderungen leichter zu bewältigen vermag als die außen- und verteidigungspolitischen Angelegenheiten, so gilt das nicht für Großbritannien. Auch dieses Land hat eine Geschichte – und natürlich eine geographische Lage – geerbt, die großen Einfluß auf die Außenpolitik hat. Aber, wie wir in früheren Kapiteln gesehen haben, ist es auch das Land unter den ehemaligen Großmächten, dessen Wirtschaft und Gesellschaft in den Jahrzehnten nach 1945 (und in mancherlei Hinsicht schon in den Jahrzehnten davor) die größten Schwierigkeiten hatte, sich den sich wandelnden Strukturen von Technologie und Produktion anzupassen. Am verheerendsten haben sich die globalen Veränderungen auf die Fertigung ausgewirkt, einen Bereich, der Großbritannien einstmals den Titel »Werkstatt der Welt« eingebracht hat. Es ist wahr, daß in vielen fortgeschrittenen Ökonomien der Welt der Anteil der Fertigung an der Produktion und die Beschäftigungszahlen dieses Sektors stetig gesunken sind, während andere Bereiche (z. B. der Dienstleistungssektor) wuchsen; aber in Großbritanniens Fall war der Abstieg viel steiler. Der Anteil am weltweiten Volumen für Fertigprodukte ist nicht nur *relativ* unerbittlich weiter gefallen, sondern er hat auch *absolut* gesehen abgenommen. Noch schockierender war der abrupte Umschwung des Stellenwertes der Fertigprodukte in Großbritanniens Außenhandel. Während es schwierig sein mag, die flotte Beobachtung des *Economist* zu beweisen, daß »seit 1983 Großbritanniens Handelsbilanz für Fertigprodukte zum ersten Mal, seit die Römer Großbritannien erobert haben, ein Defizit aufweist«, ist es eine Tatsache, daß selbst in den späten 50er Jahren die Exporte von Fertigprodukten dreimal so hoch waren wie die Importe.[98] Heute ist dieser Überschuß verschwunden. Und noch schlimmer ist, daß eine Abnahme der Beschäftigungszahlen nicht nur in den älteren Industriezweigen, sondern auch in den »aufgehenden« »High-Tech«-Unternehmen zu beobachten ist.[99]

Auch wenn die Abnahme der britischen Wettbewerbsfähigkeit auf dem Gebiet der Fertigung schon eine jahrzehntealte Geschichte ist,[100] wurde sie offensichtlich durch die Entdeckung des Öls in der

Nordsee beschleunigt, das einerseits half, die sichtbare Handelslücke zu schließen, aber andererseits den Sterling in eine »Petrowährung« verwandelte, was dazu führte, daß der Kurs für eine Weile auf ein unverhältnismäßig hohes Niveau stieg und viele Exportartikel noch weniger konkurrenzfähig machte. Selbst wenn Öl knapp würde und der Sterling weiter fiele, wäre nicht sicher, daß diese Tatsache allein zu einer Wiederbelebung der Fertigung führen würde: viele Fabrikanlagen sind demontiert worden, ausländische Märkte (vielleicht für immer) verloren, und die internationale Wettbewerbsfähigkeit ist durch überdurchschnittliche Lohnerhöhungen untergraben worden. Großbritanniens Wendung zu den Dienstleistungen ist etwas vielversprechender, aber hier wie in den Vereinigten Staaten bringen viele Dienstleistungen (vom Fensterputzen bis zu »Fast Food«) weder Devisen ein, noch sind sie besonders produktiv. Selbst in den expandierenden, hohe Erträge bringenden Bereichen des internationalen Bankwesens, der Kapitalanlagen, des Rohstoffhandels scheint es so, als ob die Konkurrenz immer härter würde – und in den vergangenen dreißig Jahren ist »Großbritanniens Anteil an den weltweiten finanziellen Dienstleistungen von 18 auf 7 Prozent gefallen.«[101] Nun, da sich das Bank- und Finanzwesen zu einem globalen Geschäft entwickelt und in zunehmendem Maße von den (hauptsächlich amerikanischen und japanischen) Firmen mit großen Kapitalressourcen in New York *und* London *und* Tokio beherrscht wird, wird der britische Anteil möglicherweise weiter sinken. Und schließlich deuten zukünftige Entwicklungen des Fernmeldewesens und der Bürotechnik darauf hin, daß die Angestelltenjobs im Westen bald ebenso dahinschmelzen werden wie die der Arbeiter in den alten Industrien.

Nichts von alledem, möchte man hoffen, deutet schon auf einen Zusammenbruch hin. Ein allgemeines Wachstum des weltweiten Produktionsvolumens und des Handels würde helfen, die britische Wirtschaft in Gang zu halten, selbst wenn ihr Anteil am Ganzen leicht zurückginge und ihr Pro-Kopf-Einkommen in vielen anderen Ländern – von Singapur bis Italien – übertroffen würde. Der Abstieg könnte sich verstärken, wenn ein Regierungswechsel zu einem hohen Anstieg der Sozialausgaben (statt produktiver Investitionen), zu einem höheren Steuerniveau, zu einem nachlassenden

Vertrauen der Unternehmen und zu einer Flucht aus dem Sterling führte; er könnte sich verlangsamen, wenn die Regierung eine weniger strenge Zinspolitik betriebe, eine zusammenhängende »industrielle Strategie« entwickelte und mit anderen Europäern bei gut verkäuflichen (und nicht nur auf Prestige ausgelegten) Unternehmungen zusammenarbeitete. Es mag auch stimmen, daß die britische Fertigung jetzt, nachdem sie eine »industrielle Renaissance« durchgemacht hat, insgesamt magerer, fitter und wettbewerbsfähiger ist, wie ein Wirtschaftsexperte behauptet hat.[102] Aber die Chancen für eine spektakuläre Kehrtwendung stehen nicht gut; die relative Unbeweglichkeit und die mangelnde Ausbildung der Arbeitnehmer, die hohen Kosten pro Arbeitseinheit und die vergleichsweise kleinen britischen Herstellungsbetriebe sind sehr beträchtliche Hindernisse. Die Zahl der Ingenieure und Wissenschaftler ist immer noch erschreckend niedrig. Außerdem wird nur wenig in Forschung und Entwicklung investiert: auf jeden Dollar, der in den frühen 80er Jahren in Großbritannien für Forschung und Entwicklung ausgegeben wurde, kamen in Deutschland 1,50, in Japan drei und in den Vereinigten Staaten acht Dollar – außerdem werden 50 Prozent der britischen Forschungsgelder für unproduktive Rüstungsaktivitäten eingesetzt – im Vergleich zu Deutschlands neun Prozent und Japans winzigem Betrag.[103] Im Gegensatz zu ihren größten Rivalen (außer den Vereinigten Staaten) ist die Forschung und Entwicklung in England den Bedürfnissen der Industrie viel weniger angepaßt und wird viel seltener von ihr selbst bezahlt.

Dieser große Anteil der Gelder, der der rüstungsorientierten Forschung und Entwicklung gewidmet wird, bringt uns zur anderen Seite der britischen Zwickmühle. Wäre Großbritannien ein anspruchsloser, unbedeutender, isolierter, friedlicher Staat, so wäre sein langsames industrielles Siechtum ein Jammer – aber für das internationale Mächtesystem irrelevant. Aber tatsächlich ist Großbritannien, obwohl von seiner viktorianischen Blütezeit weit entfernt, immer noch eine der führenden »mittleren« Mächte der Welt – oder behauptet zumindest, es zu sein. Sein Verteidigungsbudget ist das dritt- oder viertgrößte (abhängig davon, wie man Chinas Zahlen berechnet), seine Marine die viertgrößte, seine Luftwaffe ebenfalls die viertgrößte[104] – was alles, so könnte man denken, in keinem Verhältnis zur geographischen Größe des Landes (lediglich 245000 Quadratkilometer), der Bevölkerungszahl (56 Millionen) und dem bescheidenen, sinkenden Anteil am Bruttosozialprodukt der Welt (3,38 Prozent im Jahre 1983) steht. Außerdem hat es, obwohl seine imperiale Sonne untergegangen ist, immer noch sehr ausgedehnte strategische Verpflichtungen im Ausland: das sind nicht nur die 65000 Armee- und Luftwaffensoldaten in Deutschland, sein Beitrag zur zentralen Front der NATO in Europa, sondern auch Garnisonen und Flottenstützpunkte in der ganzen Welt – Belize, Zypern, Gibraltar, Hongkong, auf den Falklandinseln, in Brunei und im Indischen Ozean. Trotz aller verfrühten Warnungen hat Großbritannien noch immer nicht das Schicksal von Ninivé und Tyrus erlitten.[105]

Diese Divergenz zwischen der geschrumpften wirtschaftlichen und der überdehnten strategischen Lage Großbritanniens ist wahrscheinlich extremer als bei allen anderen großen Mächten – außer bei der UdSSR. Es ist daher besonders verwundbar durch die Tatsache, daß die Waffenpreise sechs bis zehn Prozent schneller steigen als die Inflation und daß jedes neue Waffensystem drei- bis fünfmal so teuer ist wie das, welches es ersetzt. Es wird noch verwundbarer durch die innenpolitischen Beschränkungen der Verteidigungsausgaben. Während konservative Regierungen es für notwendig halten, die Rüstungsausgaben einzudämmen, um das Defizit zu reduzieren, wäre jede andere Regierung geneigt, die Verteidigungsausgaben absolut zu kürzen. Aber abgesehen von diesem politischen Dilemma steht Großbritannien vor einer grundlegenden und (bald) unvermeidlichen Entscheidung: *entweder* die Kosten für alle Waffengattungen zu kürzen und sie damit in einen wenig effektiven Zustand zu versetzen; *oder* einige der Verteidigungsverpflichtungen des Landes zu streichen.

Sobald jedoch dieser Vorschlag gemacht wird, erheben die Probleme ihr Haupt. Die Beherrschung des Luftraums wird als unumgänglich angesehen (daher das überlegene Budget der Royal Air Force), während die Kosten für die neuen »Euro-Fighter« in ungeahnte Höhen steigen. Die bei weitem größte überseeische Verpflichtung Großbritanniens ist Deutschland und Berlin (beinahe vier Milliarden Dollar teuer). Selbst diese 65000 Soldaten, 400 Panzer und 3000 weiteren gepanzerten Fahrzeuge sind indessen trotz hoher Moral der Truppe unzureichend versorgt. Aber eine Reduzierung der Rheinarmee oder irgendein schlauer Plan, die Hälfte dieser Soldaten in britischen statt in deutschen Garnisonen unterzubringen, würde wahrscheinlich derartige *politische* Auswirkungen haben – von deutschem Kummer über belgische Nachahmung bis zu amerikanischer Empörung –, daß er völlig kontraproduktiv wäre. Eine zweite Alternative wäre, die Größe der Überwasserflotte zu reduzieren – was der Vorschlag des Verteidigungsministeriums aus dem Jahre 1981 war, bis die Falkland-Krise ihn über den Haufen warf.[106] Aber während diese Alternative in Whitehalls Korridoren der Macht wahrscheinlich am meisten Anhänger findet, kommt sie angesichts der wachsenden russischen Herausforderung zur See und der zunehmenden amerikanischen Betonung einer auch »überregionalen« Stoßkraft der NATO zu einem schlechten Zeitpunkt. (Und es ist sicherlich ein Widerspruch, wenn diejenigen, die eine Erhöhung der konventionellen Kräfte der NATO in Europa unterstützen, der Reduzierung der zweitgrößten Flotte von Geleitschiffen im Atlantik zustimmen.) Ein geeigneterer Kandidat für Kürzungen wären die teuren und (wenn auch emotional verständlichen) enorm übertriebenen Verpflichtungen auf den Falklandinseln: aber selbst dieser Abbau würde eine längerfristige Entscheidung wahrscheinlich nur um einige Jahre aufschieben. Ferner gibt es die Investition in das sehr teure U-Boot-gestützte Raketensystem Trident, dessen Kosten von Monat zu Monat zu steigen scheinen.[107] Angesichts des Enthusiasmus der konservativen Regierung für ein modernes und »unabhängiges« Abschreckungssystem – ganz zu schweigen davon, wie sehr eine Abschaffung der Trident-U-Boote tatsächlich das gesamte atomare Gleichgewicht verändern würde – ist diese Entscheidung nur wahrscheinlich, wenn es einen radikalen Kurswechsel der Regierungspolitik in Großbritannien gibt, was wiederum mehr als nur die zukünftige Verteidigungspolitik in Frage stellen könnte.

Letzten Endes steht man jedoch unausweichlich vor der Wahl zwischen zwei Übeln. Die *Sunday Times* drückte es so aus: »Wenn nicht bald etwas geschieht, wird die Verteidigungspolitik dieses Landes in zunehmendem Maße darin bestehen, dieselbe Arbeit mit weniger Geld zu erledigen, was Großbritannien und der NATO nur schaden kann.«[108] So haben die Politiker (*jeder* Partei) nur die Wahl, bestimmte Verpflichtungen abzubauen und die Konsequenzen zu tragen; oder die Verteidigungsausgaben weiter zu erhöhen – und Großbritannien gibt jetzt schon proportional mehr (5,5 Prozent des Bruttosozialproduktes) aus als irgendein anderer NATO-Partner außer Griechenland – und damit die Investionen in das produktive Wachstum und seine langfristigen Aussichten auf eine wirtschaftliche Erholung zu reduzieren. Wie bei den meisten absteigenden Mächten bleibt nur die Entscheidung zwischen zwei gleichermaßen harten Antworten.

Dasselbe Dilemma beschäftigt Großbritanniens Nachbarn jenseits des Kanals, auch wenn es dadurch verschleiert worden ist, daß es keine wirklich durchschlagenden Zweifel an Frankreichs Verteidigungspolitik gegeben hat und die wirtschaftliche Leistung seit den 50er Jahren bedeutend verbessert (wenn auch keineswegs problemfrei) war. Letztlich muß Paris, wie London, mit dem Problem kämpfen, nur eine »mittlere« Macht mit ausgedehnten nationalen Interessen und überseeischen Verpflichtungen zu sein, deren Verteidigung durch die eskalierenden Kosten der Waffen unter zunehmenden Druck gerät.[109] Während es eine genauso große Bevölkerung hat wie Großbritannien, ist sein Bruttosozialprodukt und sein Pro-Kopf-Einkommen höher. Die Franzosen produzieren mehr Autos und mehr Stahl als die Briten und haben eine sehr große Luftfahrtindustrie. Im Gegensatz zu Großbritannien ist Frankreich weiterhin stark abhängig von importiertem Öl; aber es erwirtschaftet immer noch einen beträchtlichen Überschuß in der Landwirtschaft, die durch die EG stark subventioniert wird. In einer Reihe von bedeutenden Gebieten der »High Technology« – Fernmeldetechnik, Satelliten, Flugzeuge, Atomkraft – haben die Franzosen sich stark engagiert, um der weltweiten Konkurrenz standzuhalten. Auch wenn die Steuererhöhungen und Verstaatlichungen der sozialistischen Regierung in den frühen 80er Jahren der französischen Wirtschaft einige Beulen zugefügt haben (zu einer Zeit, als all die großen Handelspartner sich fiskalisch einschränkten), scheint die darauffolgende strengere Politik die Inflation reduziert, die Handelsbilanzlücke verkleinert und den Franc stabilisiert zu haben, was zusammen eine Fortsetzung des französischen Wirtschaftswachstums erlauben sollte.

Wann immer man aber die wirtschaftliche Struktur und die Aussichten Frankreichs mit denen seines mächtigen Nachbarn jenseits des Rheins vergleicht – oder mit denen Japans –, zeigt sich seine prekäre Lage. Während Frankreich immer noch spektakuläre Erfolge im Export von Kampfflugzeugen, von Wein und Getreide hat, »bleibt es relativ schwach darin, ganz normale Fabrikware ins Ausland zu verkaufen«.[110] Zu viele seiner Kunden waren labile Länder der Dritten Welt, die verschwenderisch teure Projekte wie Staudämme oder Mirages bestellen und dann Probleme haben, sie zu bezahlen; im Gegensatz dazu zeigt die »Importdurchdringung« Frankreichs mit industriellen Gütern, Autos und elektrischen Geräten, daß es weite Felder gibt, auf denen es nicht wettbewerbsfähig ist. Sein Handelsdefizit gegenüber Westdeutschland wächst Jahr um Jahr und wird, da in Frankreich die Preise immer schneller steigen als in Deutschland, aller Wahrscheinlichkeit nach zu weiteren Abwertungen des Franc führen. Das nördliche Frankreich ist immer noch übersät von verrottenden Industriezweigen – Kohle, Eisen, Stahl, Schiffbau –, und ein großer Teil der Autoindustrie spürt schwere Belastungen. Und obwohl die neuen Technologien vielversprechend erscheinen, können sie weder Frankreichs viele Arbeitslose aufnehmen, noch erhalten sie die nötigen Investitionen, um mit den deutschen, japanischen und amerikanischen Entwicklungen Schritt halten zu können. Noch besorgniserregender für ein Land, das wirtschaftlich (und, was vielleicht von noch größerer Bedeutung ist, psychologisch) so an der Landwirtschaft hängt, ist die drohende Krise einer weltweiten Überproduktion von Getreide, Milchprodukten, Obst, Wein und so weiter, die das Budget Frankreichs und der EG zunehmend belastet, wenn die garantierten Preise aufrechterhalten werden, und die soziale Unruhen heraufbeschwört, wenn sie gesenkt werden. Bis vor ein paar Jahren konnte Paris sich darauf verlassen, daß Gelder der Gemeinschaft bei der Umstrukturierung der Landwirtschaft halfen; jetzt geht der größte Teil der Summe wahrscheinlich an die Bauern in Spanien, Portugal und Griechenland. All dies kann dazu führen, daß Frankreich in den nächsten zwei Jahrzehnten nicht genügend Geldmittel für eine größere Anstrengung in der Forschung und Entwicklung und für ein dauerhaftes, auf »High-Tech« basierendes Wachstum hat.

In diesem größeren Kontext, in dem über die Prioritäten für Frankreichs Zukunft entschieden wird, muß man die Debatte um die nationale Verteidigungspolitik betrachten. In vielerlei Hinsicht ist die französische Strategie und sind die militärischen Aktionen der letzten Zeit beeindruckend. Die Franzosen haben die zunehmenden Zweifel an der Glaubwürdigkeit der strategischen atomaren Abschreckung Amerikas erkannt und entschlossen ausgesprochen. Konsequent haben sie sich mit einer eigenen »Triade« von Raketenabschußsystemen für den Fall eines sowjetischen Angriffs gerüstet. Dadurch, daß sie jeden Aspekt (von der Produktion bis zu den Zielsystemen) ihrer atomaren Abschreckung in eigener Hand halten und darauf bestehen, daß ihre gesamten Raketen auf Rußland abgefeuert werden, wenn die Abschreckung versagt, glaubt die Pariser Regierung, den Kreml in Schach halten zu können. Gleichzeitig unterhält Frankreich eine Armee und eine beträchtliche Garnison in Südwestdeutschland und hat sich verpflichtet, der Bundesrepublik im Ernstfall zu Hilfe zu kommen. Obwohl es sich außerhalb der Kommandostruktur der NATO befindet und somit in der Lage ist, eine unabhängige »europäische« Meinung zu strategischen Fragen beizusteuern, hat es seinen Beitrag zur Verstärkung der zentralen Front im Falle eines russischen Angriffs nie in Zweifel gestellt. Die Franzosen haben auch eine außereuropäische Rolle beibehalten und – durch das Mittel gelegentlicher militärischer Interventionen in Übersee, der Präsenz ihrer Garnisonen und Berater in Ländern der Dritten Welt und ihrer erfolgreichen Waffenverkaufspolitik – einen alternativen Einfluß (und eine Quelle des Nachschubs) zu dem der UdSSR und der Vereinigten Staaten geboten. Auch wenn dies Washington oft verärgert hat – und die Atomtests im Südpazifik die Länder dieser Region zu Recht empören –, wird Moskau seinerseits wohl kaum in den manchmal unberechenbaren Manifestationen gallischer Unabhängigkeit Tröstliches entdeckt haben. Da in Frankreich sowohl die Rechten als auch die Linken die bisherige Außenpolitik unterstützen, wecken französische Aktionen im Ausland kaum Kritik im eigenen Lande, wie das bei fast allen anderen westlichen Gesellschaften der Fall wäre. All dies hat ausländische Beobachter (und natürlich auch die Franzosen selbst) diese Politik als logisch, hart und realistisch beschreiben lassen.

Dennoch ist sie nicht unproblematisch – wie manche französische Kommentatoren offen zuzugeben beginnen[111] – und muß Leute mit einem Sinn für Geschichte an die Kluft erinnern, die zwischen Theorie und Realität der französischen Verteidigungspolitik vor 1914 und 1939 bestand. Zunächst liegt ein Stück Wahrheit in der kühlen Beobachtung, daß das ganze Unabhängigkeitsgebaren Frankreichs sich unter dem Schutzschild der Amerikaner und ihrer sowohl konventionellen als auch atomaren Garantie für Westeuropa abspielt. Die stolze gaullistische Politik war nur möglich, so hat Raymond Aron erklärt, weil Frankreich zum ersten Mal in diesem Jahrhundert nicht selbst an der Front stand.[112] Aber was wäre, wenn diese Sicherheit schwände? Was wäre, wenn sich die amerikanische atomare Abschreckung in der Tat als unglaubwürdig erwiese? Wenn die Vereinigten Staaten im Laufe der Zeit ihre Soldaten, Panzer und Flugzeuge aus Europa abzögen? Unter gewissen Umständen könnten diese Möglichkeiten durchaus willkommen sein. Aber, wie die Franzosen selbst zugeben, kaum solange Moskau seine eigenen atomaren Waffen *und* konventionellen Truppen in Europa stetig weiter ausbaut und »Friedensoffensiven« startet, die vielleicht nur darauf angelegt sind, die westdeutsche Öffentlichkeit aus der NATO und in die Neutralität zu locken. Viele Anzeichen für das, was man Frankreichs »New Atlanticism«[113] genannt hat – ein härterer Ton gegenüber der Sowjetunion, Kritik an den neutralistischen Tendenzen unter den deutschen Sozialdemokraten, das französisch-deutsche Abkommen über die Vorwärtsverteidigung in Deutschland (möglicherweise mit taktischen Atomwaffen) durch die Force d'Action Rapide, die engere Bindung an die NATO[114] –, sind offensichtlich Ausdruck französischer Besorgnis. Bis es sicher ist, daß Moskau sich wirklich geändert hat, wird Paris sich Sorgen machen, daß die UdSSR sich nach Westeuropa *hereinbewegen* könnte, wenn (oder sogar bevor) die Vereinigten Staaten sich *hinausbewegt* haben.

Aber wenn diese Bedrohung wahrscheinlicher würde, was täte Frankreich in der *Praxis* dagegen? Natürlich könnte es seine konventionellen Streitkräfte weiter erhöhen und sich damit auf den Aufbau einer verstärkten französisch-deutschen Armee zubewegen, die stark genug wäre, einen russischen Angriff abzuwehren, selbst wenn die amerikanischen Truppen schwächer (oder sogar abwesend) wären. Aus der Sicht von Politikern wie Helmut Schmidt[115] ist dies nicht nur die logische Folge der deutsch-französischen Verständigung, sondern auch der internationalen Entwicklungen (das heißt, der geringeren amerikanischen Möglichkeiten). Die verschiedensten politischen und organisatorischen Probleme stehen diesem Plan im Weg – sie reichen von der möglichen Haltung einer zukünftigen links von der Mitte stehenden deutschen Regierung über Probleme des Kommandos, der Sprache, der Truppenaufstellung bis zu der empfindlichen Frage der französischen taktischen Atomwaffen[116] –, aber auf jeden Fall wird eine solche Strategie wahrscheinlich an der einen unüberwindbaren Klippe scheitern – dem Geldmangel. Frankreich gibt momentan ungefähr 4,2 Prozent seines Bruttosozialproduktes für die Verteidigung aus (verglichen mit 7,4 Prozent in den Vereinigten Staaten und 5,5 Prozent in Großbritannien), aber angesichts der prekären Lage der französischen Wirtschaft kann dieser Prozentsatz nicht sehr erhöht werden. Überdies bedeutet Frankreichs Unabhängigkeitswille in der Entwicklung von Atomwaffen, daß seine nuklearen strategischen Streitkräfte bis zu 30 Prozent des Verteidigungsetats aufsaugen, weit mehr als in irgendeinem anderen Land. So bleibt nicht genug für den AMX-Panzer, für hochentwickelte Flugzeuge, für den neuen atomgetriebenen Flugzeugträger, für »intelligente« Gefechtsfeldwaffen und anderes übrig. Obwohl eine gewisse Erhöhung des Verteidigungsbudgets wahrscheinlich sein mag, kann sie unmöglich alle Forderungen befriedigen.[117] Wie die Briten stehen die Franzosen vor der unangenehmen Entscheidung, entweder einige ihrer Waffensysteme (und deren strategische Rollen) vollständig aufzugeben oder ihnen allen Sparmaßnahmen aufzuzwingen.

Ähnlich besorgniserregend sind die Zweifel, die gegenüber Frankreichs atomarer Abschreckung sowohl auf technischer als auch auf der (damit verbundenen) strategischen Ebene geäußert worden sind. Teile der französischen Atomwaffen-Triade – die landgestützten Raketen und besonders die Flugzeuge – leiden mit der Zeit unter Verfallserscheinungen, und selbst ihre kostspielige Modernisierung vermag mit der neuen Waffentechnologie nicht

Schritt zu halten.[118] Dieses Problem kann besonders akut werden, wenn es bedeutende Durchbrüche in der amerikanischen SDI (Strategic Defense Initiative) -Technologie gibt und wenn die Russen ihrerseits ein noch umfassenderes System der Raktetenabwehr entwickeln. Nichts ist aus französischer Sicht beunruhigender, als wenn die beiden Supermächte ihre potentielle Unverwundbarkeit erhöhen, während Europa exponiert bleibt. Dagegen steht der bedeutende Ausbau der französischen U-Boot-gestützten Raketensysteme. Aber auch hier bleibt das allgemeine Prinzip in Kraft: durch die fortgeschrittene Technologie können sich vorhandene Waffentypen als nutzlos erweisen, und gleichzeitig wird das Ersetzen jeglicher Waffen immer teurer. Jedenfalls befindet sich Frankreich in der gleichen Glaubwürdigkeitsfalle wie alle anderen Atommächte. Wenn Paris glaubt, es sei in zunehmendem Maße unwahrscheinlich, daß die Vereinigten Staaten einen strategischen atomaren Schlagabtausch mit der UdSSR riskieren würden, weil diese die Grenze Westdeutschlands durchbrochen hat, wie glaubwürdig ist dann ihr eigenes Versprechen, Atomwaffen zugunsten der Bundesrepublik einzusetzen? (Die Westdeutschen glauben kaum daran.) Selbst die gaullistische Tradition, das »Heiligtum« Frankreich zu verteidigen, indem man alle Raketen auf Rußland abfeuert, hängt von der nicht bewiesenen Annahme ab, daß die Franzosen lieber ausgelöscht werden wollen, als möglicherweise (oder wahrscheinlich) in einem konventionellen Krieg besiegt zu werden. »Dem russischen Bären einen Arm auszureißen« klang immer gut, bis man sich daran erinnerte, daß man mit Sicherheit von dem Bären gefressen werden würde. Auch wurde es immer wahrscheinlicher, daß die russischen Raketenabwehrsysteme den Schaden begrenzen könnten. Offensichtlich wird die offizielle Haltung der Franzosen in der atomaren Strategie nicht so schnell – wenn überhaupt – geändert werden. Aber man muß sich fragen, wie realistisch sie ist, wenn das Ost-West-Gleichgewicht sich verändern und die Vereinigten Staaten schwächer werden sollten.[119]

Frankreichs Problem ist es also, daß so viele Forderungen auf seinen bescheidenen nationalen Ressourcen lasten. Angesichts der demographischen und strukturellen wirtschaftlichen Entwicklungen ist anzunehmen, daß die Kosten der sozialen Sicherung auch weiterhin einen großen, wahrscheinlich sogar zunehmenden Teil der Nationaleinnahmen in Anspruch nehmen werden. Es könnte sein, daß schon bald große Mengen an Geldern für den landwirtschaftlichen Sektor gebraucht werden. Gleichzeitig beansprucht die Modernisierung der Streitkräfte beträchtliche Summen. Aber all dies muß gegen die dringende Notwendigkeit verstärkter Investitionen in die Forschung und Entwicklung und in die neuen Technologien abgewogen werden. Wenn Frankreich nicht die notwendigen Gelder für diesen Zweck zur Verfügung stellen kann, wird es mit der Zeit alle Aussichten aufs Spiel setzen, sich die Verteidigung, soziale Sicherheit und den ganzen Rest leisten zu können. Offensichtlich ist dies nicht allein Frankreichs Dilemma, obwohl die Franzosen am entschiedensten für eine »europäische« Position bei internationalen Wirtschafts- und Verteidigungsfragen eingetreten sind. Sie artikulieren am deutlichsten die europäischen Interessen. Aus diesem Grund hat Paris meistens die Führungsrolle bei neuen europäischen Initiativen übernommen – zum Beispiel beim Aufbau französisch-deutscher Armeeinheiten, bei der Produktion des europäischen Airbusses und europäischer Satelliten und so weiter. Frankreichs Nachbarn begegneten vielen dieser Pläne mit Skepsis – sie fürchteten die gallische Neigung zu bürokratischer Planung und zu Prestigevorhaben, auch hatten sie den Verdacht, die französischen Firmen würden mit dem Löwenanteil der europäischen Projekte belohnt werden. Einige der Projekte aber haben bereits ihren Wert bewiesen oder scheinen sehr vielversprechend zu sein.

Europa hat natürlich mehr »Probleme« als hier besprochen werden können: dazu gehören eine alternde Bevölkerung und alternde Industrien, ethnische Spannungen in den Großstädten, die Kluft zwischen dem reichen Norden und dem ärmeren Süden, die politisch-sprachlichen Spannungen in Belgien, Irland und Nordspanien. Pessimistische Beobachter spielen gelegentlich auf die Möglichkeit einer »Finnlandisierung« bestimmter europäischer Staaten (Dänemark, Westdeutschland) an, die dann von Moskau abhängig würden. Da diese Entwicklung nur eintreten könnte, wenn es in den betreffenden Ländern eine politische Verschiebung nach links gäbe, ist schwer zu sagen, wie wahrscheinlich sie ist. Wenn man indessen das durch die EG repräsentierte Europa als eine *machtpolitische*

Einheit im globalen System betrachtet, sind die wichtigsten Probleme, denen es sich gegenübersieht, die soeben besprochenen: wie eine gemeinsame Verteidigungspolitik für das nächste Jahrhundert zu entwickeln ist, die selbst in einer Ära bedeutender Veränderungen der internationalen Machtverhältnisse noch funktionstüchtig sein kann; wie Europa angesichts der gewaltigen wirtschaftlichen Herausforderungen, die durch die neuen Technologien und die neuen wirtschaftlichen Rivalen enstehen, konkurrenzfähig bleiben kann. Bei den anderen vier Regionen und Gesellschaften, die in diesem Kapitel untersucht werden, ist es möglich, einigermaßen vorherzusagen, welche Veränderungen in den nächsten Jahrzehnten eintreten werden: Japans und Chinas Status in der Welt wird sich wahrscheinlich verbessern, und die Rolle der UdSSR und selbst der Vereinigten Staaten wird sich abschwächen. Aber Europa bleibt ein Rätsel. Wenn die Europäische Gemeinschaft wirklich zusammenarbeitet, kann sie ihre Position in der Welt verbessern, sowohl militärisch als auch ökonomisch. Wenn nicht – was bei der Natur des Menschen das wahrscheinlichere Ergebnis ist – scheint ihr die Fortsetzung ihres relativen Abstiegs bestimmt zu sein.

Die Sowjetunion und ihre »Widersprüche«

Das Wort »Widerspruch« hat in der marxistischen Terminologie eine besondere Bedeutung und bezieht sich auf die Spannungen, die (so wird behauptet) im Wesen des kapitalistischen Produktionssystems liegen und unweigerlich zu seinem Untergang führen.[120] Es mag daher als eine bewußte Ironie erscheinen, denselben Begriff zu verwenden, um die heutige Lage der Sowjetunion, des ersten kommunistischen Staates der Welt, zu beschreiben. Trotzdem scheint sich, wie später geschildert wird, in einer ganzen Reihe von absolut kritischen Bereichen eine ständig breiter werdende Kluft zwischen den Zielen des sowjetischen Staates und den Methoden, die man anwendet, um sie zu erreichen, aufzutun. Die Sowjetunion proklamiert die Notwendigkeit erhöhter landwirtschaftlicher und industrieller Produktion und erschwert diese Zielvorstellung zugleich durch Kollektivierung und schwerfällige Planung. Sie besteht auf der überragenden Bedeutung des Weltfriedens, aber ihre eigene massive Aufrüstung und ihre Verbindung zu »revolutionären« Staaten (und ihr revolutionäres Erbe) tragen dazu bei, die internationalen Spannungen zu erhöhen. Sie behauptet, absolute Sicherheit entlang ihrer ausgedehnten Grenzen zu benötigen, aber ihre bisher unnachgiebige Politik gegenüber dem Sicherheitsinteresse ihrer Nachbarn verschlechtert die Beziehungen Moskaus zu West- und Osteuropa, zu den Völkern im Mittleren Osten, zu China und Japan. Das wiederum vermittelt den Russen das Gefühl, umzingelt und *weniger* sicher zu sein. Ihre Philosophie behauptet, daß sich die Welt in einem dialektischen Prozeß verändere, der von der Technologie und neuen Produktionsmitteln angetrieben wird und notwendig alle möglichen politischen und sozialen Veränderungen nach sich ziehe; und doch ist die Sowjetunion aufgrund ihrer autokratischen und bürokratischen Gewohnheiten, aufgrund der Privilegien, die der Parteielite das Leben angenehm machen, der Beschränkung des freien Austausches von Wissen und aufgrund des Mangels an einem auf persönlichen Anreizen aufbauendem System entsetzlich schlecht gerüstet, um mit der explosiven, aber subtilen »High-Tech«-Zukunft fertigzuwerden, die sich in Japan und Kalifornien bereits entwickelt. Und obwohl die Führer der Partei häufig darauf bestehen, daß die UdSSR nie wieder eine militärisch unterlegene Position akzeptieren wird und die Nation noch häufiger zu einer Erhöhung der Produktivität drängen, fällt es ihnen offensichtlich schwer, diese beiden Ziele miteinander in Einklang zu bringen; es bereitet ihnen besondere Schwierigkeiten, einer russischen Tradition Einhalt zu gebieten, die einen zu großen Teil der nationalen Ressourcen den Streitkräften opfert – was der Wettbewerbsfähigkeit ihrer Gesellschaft schadet. Vielleicht könnte man diesen Problemen einen anderen Namen geben, aber es scheint nicht unangemessen, sie als »Widersprüche« zu bezeichnen.

Da die marxistische Philosophie die *materielle* Existenzgrundlage betont, scheint es in doppelter Hinsicht ironisch, daß die Hauptschwierigkeiten der UdSSR heute in ihrer wirtschaftlichen Infrastruktur liegen; und doch lassen die von westlichen Experten gesammelten Indizien – ganz zu schweigen von dem zunehmend offenen Eingeständnis der sowjetischen Führung selbst – keinen

Zweifel daran, daß es so ist. Es wäre interessant zu wissen, was Chruschtschow, der in den 50er Jahren zuversichtlich vorausgesagt hat, die UdSSR würde die Vereinigten Staaten wirtschaftlich überholen und den Kapitalismus »begraben«, über die Eingeständnisse Gorbatschows im Jahre 1986 auf dem 27. Parteitag der Kommunistischen Partei gedacht hätte:

In den 70er Jahren stiegen die wirtschaftlichen Schwierigkeiten, als die Wachstumsraten deutlich zurückgingen. Folglich konnten die Ziele der wirtschaftlichen Entwicklung, die im Programm der Kommunistischen Partei festgelegt worden waren, und selbst die niedrigeren Ziele des neunten und zehnten Fünfjahresplans nicht erfüllt werden. Außerdem waren wir nicht in der Lage, das für diese Periode vorgesehene Sozialprogramm durchzuführen. Die materielle Basis reichte für die Fortentwicklung der Wissenschaft und der Erziehung, des Gesundheitswesens, der Kultur und der Dienstleistungen nicht aus.

Obwohl wir uns in letzter Zeit sehr bemüht haben, ist es uns nicht gelungen, diese Situation ganz zu beheben. Es gibt ernsthafte Rückstände im Ingenieurwesen, in der Öl- und Kohleindustrie, der elektrotechnischen Industrie, bei Ferrometallen und Chemikalien und in der Bauindustrie. Auch die Ziele für die Verbesserung des Lebensstandards der Bevölkerung sind nicht erreicht worden.

Die Beschleunigung der sozio-ökonomischen Entwicklung ist der Schlüssel zu all unseren Problemen, den kurz- und langfristigen, den wirtschaftlichen und sozialen, den politischen und ideologischen, den inneren und den äußeren.[121]

Dazu könnte man bemerken, daß *jede* Regierung der Welt die letzte Aussage gemacht haben könnte und daß die bloße Erkenntnis wirtschaftlicher Probleme noch keine Garantie für deren Lösung ist.

Der kritischste Bereich wirtschaftlicher Schwäche in der Geschichte der Sowjetunion ist immer die Landwirtschaft gewesen, was um so erstaunlicher ist, wenn man bedenkt, daß Rußland vor einem Jahrhundert einer der beiden größten Getreideexporteure der Welt war. Seit den frühen 70er Jahren jedoch mußte es jedes Jahr mehrere zehn Millionen Tonnen Weizen und Mais importieren. Wenn die jetzigen globalen Trends in der Nahrungsmittelproduktion anhalten, wird die Sowjetunion (und andere sozialistische Länder Osteuropas) mit Teilen Afrikas und des Nahen Ostens die zweifelhafte Auszeichnung teilen, die einzigen Länder zu sein, die sich in den letzten Jahren von Nahrungsmittel*exporteuren* zu *-importeuren* in großem Maßstab und auf Dauer verwandelt haben.[122] Im Falle Rußlands ist diese peinliche Stagnation des landwirtschaftlichen Ertrags nicht auf mangelnde Aufmerksamkeit oder Mühe zurückzuführen; seit Stalins Tod hat jeder sowjetische Führer auf Erhöhung der Lebensmittelproduktion gedrängt, um die Nachfrage befriedigen und den versprochenen Anstieg des russischen Lebensstandards vorweisen zu können. Es wäre falsch anzunehmen, solche Erhöhungen hätten gar nicht stattgefunden – sicherlich geht es dem durchschnittlichen Russen heute viel besser als 1953, als seine Situation verzweifelt schien. Aber viel deprimierender ist, daß der Lebensstandard, nachdem er über mehrere Jahrzehnte gegenüber dem des Westens aufgeholt hatte, heute wieder zurückfällt – trotz aller Ressourcen, die der Staat der Landwirtschaft widmet. Sie schluckt beinahe dreißig Prozent der gesamten Investitionen (verglichen mit fünf Prozent in den Vereinigten Staaten) und beschäftigt mehr als zwanzig Prozent der Arbeitskräfte (verglichen mit drei Prozent in den USA). Nur um den Lebensstandard zu halten, muß die UdSSR jährlich ungefähr 78 Milliarden Dollar in die Landwirtschaft investieren *und* die Lebensmittelpreise mit weiteren fünfzig Milliarden Dollar subventionieren – und trotzdem scheint sie sich »immer weiter von der Rolle des ehemaligen Exporteurs zu entfernen«.[123] Sie muß statt dessen weitere Milliarden harter Währung für den Import von Getreide und Fleisch aufbringen, um den eigenen Mangel an landwirtschaftlichen Erträgen einigermaßen auszugleichen.

Es gibt, das ist wahr, gewisse *natürliche* Gründe für die ständige Gefährdung der sowjetischen Landwirtschaft und für die Tatsache, daß ihre Produktivität nur ungefähr ein Siebtel der amerikanischen ausmacht. Obwohl die UdSSR und die Vereinigten Staaten oft als geographisch ähnlich angesehen werden – beide als einen ganzen Kontinent umspannende Staaten der nördlichen Hemisphäre –, liegt die UdSSR viel weiter nördlich: Die Ukraine befindet sich auf derselben Breite wie Südkanada. Dies erschwert nicht nur den Maisanbau, auch die sowjetischen Weizenanbaugebiete müssen viel kältere Winter aushalten – und häufigere Dürreperioden – als Staaten wie Kansas und Oklahoma. Die vier Jahre von 1979 bis 1982 waren in dieser Hinsicht besonders schlecht und brachten die Regierung so sehr in Verlegenheit, daß sie aufhörte, den landwirtschaftlichen Ertrag genau zu beziffern (obwohl der jährliche Import von durchschnittlich 35 Millionen Tonnen Getreide Bände sprach!). Selbst in dem »guten« Jahr 1983 war die UdSSR nicht autark – und auf dieses Jahr folgte ein weiteres katastrophales Jahr der Kälte und Dürre.[124] Ferner wird jeder Versuch, die Produktion durch Ausdehnung der Weizenanbaufläche auf »Neuland« zu erhöhen, durch Frost im Norden und Dürre im Süden begrenzt.

Trotzdem wird kein außenstehender Beobachter sich davon überzeugen lassen, daß allein das Klima am schlechten landwirtschaftlichen Ertrag der Sowjetunion schuld ist.[125] Die bei weitem größten Probleme werden durch die »Verstaatlichung« der Landwirtschaft hervorgerufen. Um das russische Volk bei Laune zu halten, werden die Lebensmittelpreise durch Subventionen künstlich niedrig gehalten, so daß »das Fleisch den Staat vier Dollar pro Pfund kostet und er es für 80 Cents verkauft«.[126] Dadurch wird es für die Bauern beispielsweise billiger, ihr Vieh mit Brot und Kartoffeln zu füttern als mit unverarbeitetem Getreide. Die enormen Summen staatlicher Investitionen in die Landwirtschaft werden eher für großangelegte Projekte (Dämme, Entwässerung) eingesetzt als für Scheunen oder moderne kleine Traktoren, die ein normaler Bauer vielleicht gebrauchen könnte. Entscheidungen über Getreidesorten, Investitionen und ähnliches werden nicht von denen, welche die Felder bearbeiten, sondern von Managern und Bürokraten getroffen. Daß man den Bauern keine Verantwortung gibt und ihnen keine Initiative läßt, ist wahrscheinlich der wichtigste einzelne Grund für die enttäuschenden Erträge, die chronische Ineffizienz und die gewaltige Verschwendung, die allerdings auch durch die unangemessenen Lager und Silos und den Mangel an ganzjährig befahrbaren Straßen verursacht wird. Folglich verderben »ungefähr 20 Prozent des Getreides, des Obstes und der Gemüseernte durch schlechte Lagerung, Transport oder Verteilung«.[127] Was man erreichen könnte, wenn das System grundlegend verändert würde – das heißt, wenn es einen massiven Umschwung von der Kollektivierung zur individuellen, von Bauern geleiteten Landwirtschaft gäbe –, wird daraus ersichtlich, daß die vorhandenen Privatflächen ungefähr 25 Prozent der gesamten russischen Ernte produzieren, aber nur vier Prozent des Ackerlandes beanspruchen.[128]

Was indessen auch immer über »Reform« von höchster Ebene zu vernehmen ist, es sieht nicht so aus, als plante die Sowjetunion, dem Vorbild von Dengs großangelegten landwirtschaftlichen Veränderungen zur »Liberalisierung« Chinas (siehe oben) zu folgen, selbst wenn deutlich wird, daß der russische Ertrag weit hinter den des unternehmungslustigeren Nachbarn zurückfällt.[129]

Auch wenn der Kreml wohl kaum offen erklären wird, warum er das jetzige System der kollektiven Landwirtschaft trotz seiner offensichtlichen Mängel vorzieht, gibt es zwei ins Auge stechende Gründe für diese Unbeweglichkeit. Der erste ist, daß eine massive Ausdehnung der privaten Anbauflächen, die Gründung vieler neuer privater Märkte und ein Anstieg der Preise für Agrarprodukte eine deutliche Zunahme des bäuerlichen Anteils am nationalen Einkommen mit sich bringen würde – was einer grollenden städtischen Bevölkerung und vielleicht den industriellen Investitionen schaden würde. Das wäre, mit anderen Worten, der letztliche Triumph der Politik Bucharins (der Anreize für die Landwirtschaft gefordert hatte) und das endgültige Verschwinden Stalinscher Vorurteile.[130] Zweitens würde es einen Rückgang der Macht der Agrar-Bürokraten und -Manager bedeuten und hätte somit Auswirkungen auf alle anderen Sphären der Entscheidungsfindung. Es ist sicherlich wahr, daß »individuelle Bauern, die ihre tägliche Entscheidung von den Signalen des Marktes, dem wechselnden Wetter und dem Zustand ihres Getreides abhängig machen, viel klüger handeln als eine zentralisierte Bürokratie, auch wenn diese gut strukturiert ist und von kompetenten Leuten geleitet wird«.[131] Aber was würde das für die Zukunft der »zentralisierten Bürokratie« bedeuten? Wenn es *wirklich* zutrifft, daß eine beständige und peinliche Verbindung zwischen »Sozialismus und nationalen Lebensmitteldefiziten«[132] besteht, kann das der Aufmerksamkeit des Politbüros wohl kaum entgangen sein. Aber aus seiner Sicht könnte es besser – und bestimmt sicherer – erscheinen, die »sozialistische« (das heißt kollektive) Landwirtschaft beizubehalten, selbst wenn das eine Erhöhung der Nahrungsmittelimporte nach sich zieht, als ein Versagen des kom-

Graphik 3 Getreideproduktion in der Sowjetunion und China 1950–1984

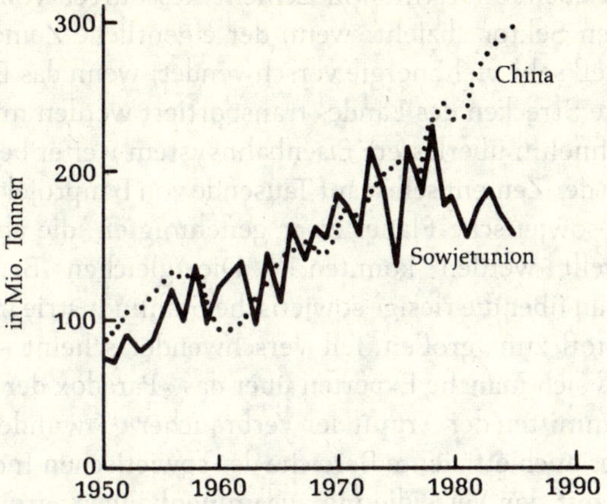

Quelle: Brown et al./US-Landwirtschaftsministerium

munistischen Systems zuzugeben und die Kontrolle über einen so großen Teil der Gesellschaft aufzugeben.

Aus dem gleichen Grunde fällt es der UdSSR schwer, ihren industriellen Sektor zu verbessern. Manche Beobachter halten dies angesichts der bemerkenswerten Leistung der sowjetischen Wirtschaft seit 1945 und der Tatsache, daß sie zum Beispiel mehr Werkzeugmaschinen, Stahl, Zement, Düngemittel und Öl produziert als die Vereinigten Staaten, auch gar nicht für notwendig.[133] Es gibt jedoch viele Anzeichen dafür, daß auch die sowjetische Industrie stagniert und daß die Zeit relativ leichter Expansion – erreicht durch die Fixierung ehrgeiziger Ertragsziele, für deren Erfüllung man dann Unmengen an Geldern und Arbeitskräften einsetzte – zu Ende geht. Das liegt zum Teil an dem zunehmenden Mangel an Arbeitskräften und Energie, auf den später im Detail eingegangen werden wird. Aber ebenso wichtig sind die sich wiederholenden Anzeichen dafür, daß die Fertigung unter dem Übermaß an bürokratischer Planung und unter der Konzentration auf die Schwerindustrie leidet. Außerdem kann sie weder auf die Wünsche der Konsumenten noch auf die Notwendigkeit von Produktveränderungen – zur Befriedigung neuer Bedürfnisse oder Märkte – reagieren. Unmengen an

Zement zu produzieren, ist nicht unbedingt eine gute Sache, wenn die übertriebene Investition in Zement Ressourcen von einem bedürftigeren Sektor abzieht; wenn der eigentliche Zementproduktionsprozeß sehr viel Energie verschwendet; wenn das Endprodukt über weite Strecken des Landes transportiert werden muß und damit das ohnehin überlastete Eisenbahnsystem weiter beansprucht; und wenn der Zement selbst auf Tausende von Bauprojekten verteilt wird, die sowjetische Planer zwar genehmigten, die aber niemals fertiggestellt werden konnten.[134] Die gleichen Bemerkungen könnte man über die riesige sowjetische Stahlindustrie machen, deren Ausstoß zum großen Teil verschwendet scheint – was dazu führt, daß sich manche Experten über das »Paradox der industriellen Fülle inmitten der Armut der Verbraucher«[135] wundern. Sicherlich gibt es auch effiziente Bereiche der sowjetischen Industrie (die meistens mit der Verteidigung zusammenhängen, große Mengen an Ressourcen in Anspruch nehmen und mit dem Westen konkurrieren *müssen*), aber das System als Ganzes leidet darunter, sich auf die Produktion konzentrieren zu müssen, ohne sich um Marktpreise oder Verbrauchernachfrage zu kümmern. Da sowjetische Fabriken nicht wie westliche Konkurs machen können, fehlt ihnen letztlich auch der Anreiz, effizient zu produzieren. Ganz gleich wieviel an der Unterstützung eines schnelleren industriellen Wachstums herumgebastelt wird, es ist schwer zu glauben, daß es einen wirklichen und dauerhaften Durchbruch geben wird, solange das System der »Planwirtschaft« bestehenbleibt.

Wenn aber die sowjetische industrielle Effizienz von heute kaum noch erträglich ist (oder, nach dem härter werdenden Ton der Regierung, immer unerträglicher wird), kann das System wahrscheinlich durch drei weitere Belastungen, die auf es zukommen, noch schwerer getroffen werden. Die erste betrifft die Energiereserven. Es ist zunehmend deutlich geworden, daß die große Expansion des sowjetischen Produktionsvolumens seit den 40er Jahren stark von der üppigen Versorgung mit Kohle, Öl und natürlichen Gasen abhing – fast ohne Rücksicht auf die Kosten. Folglich war die »Energieverschwendung« und die »Stahlverschwendung« sowohl in der UdSSR als auch in ihren wichtigsten Satellitenstaaten im Vergleich zu Westeuropa außerordentlich hoch, wie in Tabelle 46 gezeigt wird.

Tabelle 46 Verwendete Kilogramm Kohleäquivalent und Stahl zur Produktion von $ 1000 des Bruttoinlandprodukts 1979–1980[136]

	Kohle	Stahl		Kohle	Stahl
Rußland	1490	135	Großbritannien	820	38
DDR	1356	88	BRD	565	52
Tschechoslowakei	1290	132	Frankreich	502	42
Ungarn	1058	88	Schweiz	371	26

Im Falle Rußlands mag dieser Mißbrauch von »Eingangsenergie« erträglich erschienen sein, als seine Energiereserven noch so üppig und (relativ) leicht zugänglich waren; aber zu seinem Unglück ist dies nicht mehr der Fall. Die berühmte Voraussage des CIA aus dem Jahre 1977, daß die sowjetische Ölproduktion schnell ihren Höhepunkt erreichen und dann rapide sinken würde, mag voreilig gewesen sein, aber immerhin ist die russische Ölproduktion 1985 und 1986 zum ersten Mal seit dem Zweiten Weltkrieg in der Tat etwas gesunken.[137] Noch alarmierender ist die Tatsache, daß die verbleibenden (und sehr beträchtlichen) Vorräte an Öl – und Erdgas – in viel tieferen Schichten oder in Gegenden wie Westsibirien lagern, die unter Dauerfrost leiden. Im Laufe des letzten Jahrzehnts sind, wie Gorbatschow 1985 berichtet hat, die Kosten für die Gewinnung einer zusätzlichen Tonne sowjetischen Öls um siebzig Prozent gestiegen, und dieses Problem hat sich eher verschärft.[138] So erklärt sich zum großen Teil das hohe Engagement der Sowjetunion beim Ausbau der Atomkraft, um diesen Sektor der Stromerzeugung bis 1990 zu verdoppeln (von zehn auf zwanzig Prozent). Es ist noch zu früh, um festzustellen, ob die Katastrophe von Tschernobyl diese Pläne vereiteln wird – die vier Reaktoren in Tschernobyl produzierten ein Siebtel des gesamten durch Atomkraft erzeugten Stroms in der UdSSR, so daß die Stillegung einen erhöhten Verbrauch anderer Brennstoffvorräte mit sich brachte –, aber es ist offensichtlich, daß die Kosten aufgrund zusätzlicher Sicherheitsmaßnahmen steigen werden und daß sich die geplante Entwicklung der Nuklearindustrie verzögern wird.[139] Schließlich ist da noch die unangenehme Tatsache, daß der Energiesektor bereits enorm viel Kapital aufsaugt – ungefähr dreißig Prozent aller industriellen Investitionen – und daß sich dieser Betrag wahrscheinlich noch erhöhen wird. Es fällt schwer, einem neueren Bericht zu glauben, demzufolge eine »bloße Fortsetzung der jetzigen Investitionen in Öl, Kohle und elektrische Energie, verbunden mit dem geplanten Investitionsanstieg in Erdgas, praktisch den *gesamten* verfügbaren Anstieg der Kapitalressourcen für die sowjetische Industrie von 1981 bis 1985 absorbieren wird«,[140] einfach weil das für die anderen Wirtschaftssektoren zu harte Folgen hätte. Wie dem auch sei, das Muster wird deutlich: Allein um das bescheidene Wirtschaftswachstum aufrechtzuerhalten, wird der Energiesektor einen größeren Anteil des Bruttosozialproduktes beanspruchen müssen.[141]

Ähnlich problematisch ist aus der Sicht der russischen Führung die Herausforderung in den »High-Technology«-Bereichen der Robotertechnik, der Supercomputer, Laser, Optik, Fernmeldetechnik und so weiter – Bereiche, in denen die UdSSR zunehmend Gefahr läuft, hinter den Westen zurückzufallen. Auf dem engeren, rein militärischen Gebiet besteht die Gefahr, daß »intelligente« Gefechtsfeldwaffen und fortgeschrittene Ortungsgeräte Rußlands *quantitativen* Vorteil bei der militärischen Hardware ausgleichen könnten, denn Supercomputer könnten in der Lage sein, russische Kodes zu dechiffrieren, U-Boote unter der Meeresoberfläche zu orten, mit einer sich schnell verändernden Gefechtsfeldszene fertig zu werden, und – zu guter Letzt – amerikanische Atomstützpunkte zu beschützen (was sich in Präsident Reagans »Star Wars«-Programm andeutete). Gleichzeitig könnten hochentwickelte Radar-, Laser- und Fernlenktechnologien westlichen Flugzeugen und Artillerie- oder Raketeneinheiten erlauben, feindliche Flugzeuge und Panzer ungestraft zu orten und zu zerstören – wie es Israel regelmäßig mit syrischen (von den Sowjets gelieferten) Waffensystemen tut. Allein um mit diesen hochentwickelten Technologien Schritt zu halten, müssen immer größere Ressourcen aus dem Bereich der Wissenschaft und des Ingenieurwesens dem russischen Verteidigungssektor zugeteilt werden.[142]

Im zivilen Bereich ist das Problem noch größer. Da man in den klassischen »Input«-Bereichen wie Arbeit und Kapitalinvestitionen an Grenzen stößt, wird richtig erkannt, daß die »High Technology« lebenswichtig ist, um die russische Produktion zu erhöhen. Um nur ein Beispiel zu nennen: Der umfassende Einsatz von Computern könnte die Verschwendung bei der Entdeckung, Produktion und Verteilung von Energievorräten stark reduzieren. Aber eine Einführung dieser neuen Technologie bringt nicht nur große Investitionen mit sich (die woher kommen sollen?), sondern fordert außerdem das so stark auf Geheimwissen angelegte bürokratische und zentralisierte System der UdSSR heraus. Die Computerindustrie, die Textverarbeitungssysteme und die Fernmeldetechnik sind wissensintensive Industrien, die am besten von einer Gesellschaft genutzt werden, deren Bevölkerung technologisch geschult ist und dazu ermutigt wird, frei zu experimentieren und neue Ideen und Hypothesen auf breiter Basis auszutauschen. Das funktioniert in Kalifornien und Japan, aber es droht, das Informationsmonopol des sowjetischen Staates zu lockern. Wenn heutzutage selbst dienstältesten Wissenschaftlern und Gelehrten in der Sowjetunion verboten wird, persönlich ein Kopiergerät zu benutzen (die Kopierabteilungen werden vom KGB besetzt), dann kann man sich kaum vorstellen, wie sich dieses Land ohne beträchtliche Lockerung der Polizeikontrolle und Zensur auf den weitverbreiteten Einsatz von Textverarbeitungsgeräten, vernetzten Computern und elektronischer Informationsübermittlung zubewegen soll.[143] Wie in der Landwirtschaft, so wird auch hier das Engagement des Regimes für »Modernisierung« und seine Bereitschaft, zusätzliche Gelder und Arbeitskräfte zur Verfügung zu stellen, durch einen wirtschaftlichen Unterbau und eine politische Ideologie neutralisiert, die grundsätzliche Hindernisse für den Wandel darstellen.

Im Vergleich dazu ist das zunehmende Vertrauen der Sowjetunion auf importierte Technologie und Maschinen – ob legal erworben oder aus dem Westen gestohlen – ein weniger grundlegendes, wenn auch ernstes Problem. Das Ausmaß der Industrie- und Wissenschaftsspionage (ob für militärische oder kommerzielle Zwecke) kann offensichtlich nicht quantifiziert werden, aber es scheint ein weiteres Anzeichen dafür zu sein, daß die Russen fürchten, zurückzufallen.[144] Der reguläre Handel – westliche Technologie (und auch osteuropäische Produkte) im Austausch gegen russische Rohstoffe zu importieren – ist die traditionelle Art und Weise, mit der das Land versucht, die »Lücke zu schließen«. Das wurde in der Zeit von

1890 bis 1914 und wieder in den 1920er Jahren so gemacht. In diesem Sinne ist das einzige, was sich verändert hat, die Modernität des Produktes: Ölbohrmaschinen, gewalzter Stahl, Rohre, Computer, Werkzeugmaschinen, Ausrüstung für die chemische und die Kunststoffindustrie und so weiter. Was für die sowjetischen Planer viel besorgniserregender sein muß, sind die sich häufenden Anzeichen, daß es heute länger dauert, die importierte Technologie zu installieren, und daß sie viel weniger effizient eingesetzt wird als im Westen.[145] Das zweite Problem ist die Verfügbarkeit von harter Währung für den Ankauf solcher Technologie. Diese Schwierigkeit könnte auf traditionelle Weise umgangen werden, indem man Produkte aus den anderen COMECON-Ländern importiert (und somit keine Devisen verliert), aber diese Produkte sind zunehmend weniger in der Lage, mit denen des Westens Schritt zu halten, auch wenn die Sowjetunion sie immer noch akzeptieren muß, um einen Zusammenbruch der osteuropäischen Ökonomien zu verhindern.[146] Und während Rußland normalerweise einen großen Teil seiner westlichen Importe durch Tauschhandel oder durch direkten Verkauf von überschüssigem Öl erworben hat, könnten sich seine zukünftigen Aussichten (und die Osteuropas) aufgrund der Unsicherheit des Ölpreises, des wachsenden eigenen Energiebedarfs und der allgemeinen Veränderungen der Handelsbedingungen für Rohstoffe, die durch die komplizierter werdenden Fertigungsprozesse bedingt sind, verschlechtern.[147] Während russische Einnahmen aus dem Öl- und Rohstoffverkauf sinken (außer wahrscheinlich beim Gas), bleiben gleichzeitig die Kosten einer Anzahl von Importgütern hoch – wodurch voraussichtlich weniger Geld für Investitionen zur Verfügung stehen wird.

Der dritte gewichtige Grund zur Sorge um das zukünftige russische Wirtschaftswachstum ist demographisch bedingt. Die Situation ist hier so düster, daß ein Wissenschaftler seine neueste Untersuchung »Bevölkerung und Arbeitskräftepotential« mit der folgenden unverblümten Aussage begann:

In jeder Hinsicht, ob kurzfristig oder langfristig, sind die Aussichten für die Entwicklung der sowjetischen Bevölkerung und der Ressourcen an Arbeitskräften bis zum Ende des Jahrhunderts trostlos. Weder der Rückgang der Geburtenrate noch der unglaubliche Anstieg der Sterberate, die weit über allen früheren Schätzungen liegt, weder die Abnahme der Anzahl der in den Arbeitsmarkt eintretenden Menschen und deren unausgeglichene regionale Streuung noch das relative Altern der Bevölkerung lassen der sowjetischen Regierung viel Hoffnung.[148]

Während all diese Faktoren ernst sind – und einander verstärken –, ist die erschreckendste Entwicklung der stetige Rückgang der Lebenserwartung und die Erhöhung der Säuglingssterblichkeit spätestens seit den 70er Jahren gewesen. Aufgrund des langsamen Verfalls der Krankenhaus- und der allgemeinen Gesundheitsversorgung, des schlechten Standards der sanitären Einrichtungen und der öffentlichen Hygiene und aufgrund der unglaublichen Verbreitung des Alkoholismus hat die Sterberate in der Sowjetunion zugenommen, besonders bei der arbeitenden männlichen Bevölkerung: »Heutzutage hat der durchschnittliche sowjetische Mann eine Lebenserwartung von nur sechzig Jahren, sechs Jahre weniger als Mitte der 60er Jahre.«[149] Ebenso schockierend ist der Anstieg der Säuglingssterblichkeit – es gibt nur ein einziges Industrieland, in dem ein solcher Anstieg zu verzeichnen war. Vergleichsweise sterben dreimal so viele Säuglinge wie in den Vereinigten Staaten, trotz der gewaltigen Zahl sowjetischer Ärzte. Doch die russische Bevölkerung stirbt im Durchschnitt nicht nur früher als zuvor, auch die Geburtenrate geht stark zurück. Wahrscheinlich aufgrund der Urbanisierung, der größeren Zahl berufstätiger Frauen, schlechter Wohnverhältnisse und anderer Hemmnisse ist die Zahl der Geburten stetig gesunken – vor allem in der *russischen* Bevölkerung. Die Folge all dieser Trends ist, daß die männliche russische Bevölkerung kaum zunimmt.

Die Implikationen dieser Entwicklung beunruhigen die russischen Politiker seit einiger Zeit und stehen offensichtlich hinter zunehmenden Ermahnungen, größere Familien zu schaffen. Sie sind wahrscheinlich auch Ursache des härteren Feldzugs gegen den Alkoholismus und der Versuche, ältere Arbeiter zu überreden, länger zu arbeiten. Erstens muß das Land eindeutig einen größeren Teil seiner Ressourcen der Gesundheits- und der Sozialversorgung widmen, besonders da der Prozentsatz der alten Menschen in der Bevölkerung steigt: in dieser Beziehung unterscheidet sich die UdSSR nicht von den anderen industrialisierten Ländern (außer in der Zunahme der Sterberate). Aber dies wirft wiederum die Frage nach den Prioritäten in der Verteilung der Ressourcen auf. Zweitens sind die sowjetische Industrie und die Streitkräfte von der demographischen Entwicklung bedroht: Berechnungen zufolge wird von 1980 bis 1990 die Zahl der Arbeitskräfte nur »um 5 990 000 steigen, wohingegen der Anstieg in den letzten zehn Jahren ungefähr 24 217 000 betrug«.[150] Auf die Probleme des Militärs gehen wir später ein, aber diese Entwicklung erinnert uns daran, daß ein großer Teil des Produktionsanstieges von den 50er bis zu den 70er Jahren eher der Zunahme der Arbeitskräfte als größerer Effizienz zuzuschreiben war; von jetzt an kann sich das Wirtschaftswachstum nicht mehr allein auf eine schnell zunehmende Zahl von Arbeitskräften stützen. Diese Schwierigkeit könnte natürlich zu einem beträchtlichen Teil dadurch überwunden werden, daß mehr arbeitsfähige Männer aus der Landwirtschaft abgezogen würden; aber hier liegt das Problem darin, daß eine große Zahl der Jugendlichen in den slawischen Gebieten die ländlichen Kommunen bereits verlassen hat, um in die Stadt zu gehen, während der Überschuß an Arbeitskräften in den nicht-slawischen Republiken schlechter ausgebildet ist und oft kaum russisch spricht. Es würde enorme Investitionen erfordern, sie für die Industrie auszubilden. Dies führt uns zur letzten Entwicklung, welche die Planer in Moskau beunruhigt: Da die Geburtenrate in den zentralasiatischen Sowjetrepubliken wie Usbekistan dreimal so hoch ist wie bei den slawischen und baltischen Völkern, zeichnet sich eine entscheidende Verschiebung in der Bevölkerungsstruktur ab. Man erwartet, daß der Anteil der russischen Bevölkerung von 52 Prozent im Jahre 1980 auf nur 48 Prozent im Jahre 2000 absinkt.[151] Zum ersten Mal in der Geschichte der UdSSR werden die Russen eine Minderheit sein.

Dieser Katalog von Schwierigkeiten mag gewissen Kommentatoren zu düster erscheinen. Die mit dem militärischen Komplex verbundene Produktion in der UdSSR ist oft beeindruckend und wird wegen der Dynamik des Rüstungswettlaufs in ständige Verbesserungen getrieben.[152] Ein Historiker hat darauf hingewiesen (allerdings schon im Jahre 1981)[153], daß das Bild nicht ganz und gar negativ ist, besonders wenn man die wirtschaftlichen Leistungen der Sowjetunion im Laufe des letzten halben Jahrhunderts betrachtet. Und es ist eine Angewohnheit westlicher Beobachter, mal die Stärken, dann wieder die Schwächen der UdSSR zu übertreiben. Aber wie sehr sich die Lage seit Lenins Zeiten auch verbessert hat, es bleibt die unangenehme Tatsache bestehen, daß die Sowjetunion den Westen nicht eingeholt hat und daß sich tatsächlich die Kluft im realen Lebensstandard seit den letzten Jahren des Breschnew-Regimes verbreitert hat, daß sie gemessen an der Pro-Kopf-Produktivität und industrieller Effizienz von Japan und anderen asiatischen Ländern überholt wird, und daß die Verlangsamung der Wachstumsrate, die alternde Bevölkerung und die Schwierigkeiten mit dem Klima, den Energiereserven und der Landwirtschaft einen dunklen Schatten auf die Ansprüche und Ermahnungen der sowjetischen Führung werfen.

In diesem Zusammenhang also wird Gorbatschows Überzeugung, daß »eine Beschleunigung der sozio-ökonomischen Entwicklung der Schlüssel zu all unseren Problemen ist«, verständlicher. Und doch stehen, ganz abgesehen von den natürlichen Problemen (Dauerfrost etc.), zwei wichtige *politische* Hindernisse einem »großen Sprung nach vorn« im Wege. Das erste ist die Tatsache, daß die Parteifunktionäre, die Bürokraten und andere Mitglieder der Elite, die (von ihrem Rang abhängig) eine große Zahl von Privilegien genießen, sich praktisch in ihren Stellungen eingegraben haben. Sie genießen ein Macht- und Einflußmonopol. Die Planung und das Preissystem zu dezentralisieren, die Bauern von den Kontrollen der Kolchose zu befreien, den Leitern der Fabriken eine größere Handlungsfreiheit zu erlauben, Anreize für individuelle Unternehmungen statt für Parteiloyalität zu bieten, veraltete Fabriken zu schließen, minderwertige Produkte nicht zu akzeptieren und einen freieren Informationsfluß zu erlauben, muß von diesen Machthabern als eine schreckliche Bedrohung ihrer Position empfunden werden. Ermahnungen, flexiblere Planung, erhöhte Investitionen in diesem oder jenem Sektor und disziplinarische Feldzüge gegen Alkoholismus oder korruptes Management sind schön und gut – aber alle vorgeschlagenen Veränderungen müssen, so haben sowjetische Parteifunktionäre immer wieder betont, »im Rahmen des wissenschaftlichen Sozialismus« und ohne »Verschiebungen zugunsten einer Marktwirtschaft oder eines privaten Unternehmertums« stattfinden.[154] Nach Ansicht eines Beobachters, der vor kurzem das Land besuchte, »braucht die Sowjetunion ihre Ineffizienz, um sowjetisch zu bleiben«.[155] Wenn das zutrifft, ist es unwahrscheinlich, daß Gorbatschows Drängen auf eine »grundlegende Umgestaltung« des Systems sich auf die langfristigen Wachstumsraten auswirken wird.

Das zweite politische Hindernis ist der sehr signifikante Anteil des Bruttosozialproduktes, den die UdSSR der Verteidigung widmet. Wie man die Gesamtausgaben am besten errechnen kann und in welchem Verhältnis sie zu den westlichen Verteidigungsausgaben stehen, ist eine Frage, die viele Analytiker beschäftigt hat. Die Aussage des CIA aus dem Jahre 1975, daß der Rubelpreis der sowjetischen Waffen doppelt so hoch sei wie zuvor angenommen – und daß die Sowjetunion wahrscheinlich 11–13 Prozent und nicht 6–8 Prozent ihres Bruttosozialproduktes für die Verteidigung ausgebe –, hat zu allen möglichen Fehlinterpretationen geführt.[156] Aber die genauen Zahlen (die vielleicht selbst den sowjetischen Planern nicht zugänglich sind) bedeuten weniger als die Tatsache, daß der Kreml, obwohl sich die Zunahme der Rüstungsausgaben nach 1976 verlangsamt hat, offenbar einen doppelt so hohen Anteil des Bruttosozialproduktes für diesen Bereich bereitstellt wie die USA – selbst während der enormen Aufrüstung unter Reagan. Und das heißt wiederum, daß die sowjetischen Streitkräfte enorme Reserven an ausgebildeten Arbeitskräften, Wissenschaftlern, Maschinen und Investitionen abgeschöpft haben, die sonst der zivilen Wirtschaft zugute gekommen wären. Das heißt aber *nicht*, daß eine starke Reduzierung der Verteidigungsausgaben schnell zu einem Anstieg der industriellen Wachstumsraten in Rußland führen würde, ganz einfach weil es lange dauern würde, bis beispielsweise ein T-72-Panzer-Montagewerk für eine andere Aufgabe umgerüstet wäre.[157] Wenn andererseits der Rüstungswettlauf mit der NATO bis zum Jahre 2000 den Anteil der russischen Verteidigungsausgaben von 14 auf 17 oder mehr Prozent des Bruttosozialproduktes hochtriebe, würde eine immer größere Menge an Ausrüstung wie Werkzeugmaschinen und Anlagen zur Metallverarbeitung vom Militär vereinnahmt. Das würde das Investitionskapital für die restliche Industrie weiter schmälern. Obwohl fast alle Wirtschaftsexperten glauben, daß »dies für die sowjetischen Entscheidungsträger ein gewaltiges Problem werden wird«[158], sprechen die Anzeichen dafür, daß die Verteidigungsausgaben nach wie vor schneller steigen werden als das Bruttosozialprodukt – mit allen daraus erwachsenden Konsequenzen für den Wohlstand und den Konsum.

Wie jede andere der Großmächte muß sich die UdSSR daher bei der Zuteilung von nationalen Ressourcen entscheiden zwischen den Erfordernissen des Militärs – und der ihm eigenen Fähigkeit, die russischen Sicherheitsbedürfnisse zu formulieren – und andererseits dem zunehmendem Bedürfnis der russischen Bevölkerung nach Konsumartikeln und besseren Lebens- und Arbeitsverhältnissen, ganz zu schweigen von verbesserten Sozialleistungen, um der hohen Sterbe- und Krankheitsrate Einhalt zu gebieten; und schließlich den Forderungen von Landwirtschaft und Industrie nach neuen Kapitalinvestitionen, um die Wirtschaft zu modernisieren, die Produktivität zu erhöhen, mit dem Fortschritt der anderen Schritt zu halten, und auf lange Frist sowohl die Verteidigungs- als auch die sozialen Bedürfnisse des Landes zu befriedigen.[159] Wie anderswo auch erfordert dies von den Betroffenen schwierige Entscheidungen. Indessen, wie groß und dringend die Bedürfnisse der russischen Konsumenten und die Notwendigkeit der »Modernisierung« der Wirtschaft auch sein mögen, man hat den Eindruck, daß die grundsätzliche Entscheidung aufgrund der traditionellen Besessenheit Moskaus von militärischer Sicherheit schon getroffen ist. Wenn es der Gorbatschow-Regierung nicht gelingt, die Dinge wirklich umzugestalten, werden Kanonen immer wichtiger sein als Butter und, wenn es sein muß, auch als das Wirtschaftswachstum. Das, wie jedes andere Charakteristikum, unterscheidet Rußland grundsätzlich von Japan und Westeuropa und sogar von China und den Vereinigten Staaten.

Historisch betrachtet also folgt der Kreml mit seinem Wunsch, genauso große und, wenn möglich, größere Streitkräfte zu haben wie jede andere Macht, der Tradition der Romanow-Zaren und Stalins. Es besteht kein Zweifel daran, daß die militärische Stärke der UdSSR zur Zeit extrem beeindruckend ist. Zu versuchen, eine realistische Summe der jährlichen Verteidigungsausgaben der UdSSR zu geben, wäre wahrscheinlich Selbstbetrug: Einerseits sind die *offiziellen* Zahlen Moskaus absurd niedrig, und hohe Ausgaben, die in den Verteidigungskomplex gehören, werden unter anderen Titeln (»Wissenschaft«, Raumfahrt, innere Sicherheit, Zivilverteidigung, Bauwirtschaft) versteckt; andererseits werden westliche Schätzungen der Gesamtsumme durch den künstlichen Dollar-Rubel-Wechselkurs, durch ein begrenztes Verständnis der sowjetischen Art der Budgetierung, durch die Probleme, die beispielsweise der CIA hat, wenn er versucht, einen »Dollarpreis« für die russischen Waffen oder die Lohnkosten der Herstellung festzulegen, und durch institutionelle oder ideologische Vorurteile erschwert. Das Ergebnis sind eine Reihe von »Schätzungen«, unter denen man nach Gutdünken auswählen kann.[160] Außer Frage steht jedoch, daß alle Zweige der sowjetischen Streitkräfte, ob atomar oder konventionell, zu Land, zur See und in der Luft, in hohem Maße modernisiert worden sind. Ob man das rapide Wachstum der russischen land- und seegestützten strategischen Raketensysteme, die Tausende von Flugzeugen und Zehntausende von Kampfpanzern, die außerordentliche Entwicklung der Marine und der U-Boot-Flotte, die Spezialeinheiten (Luftlande- und amphibische Kampftruppen, chemische Kriegführung) oder auch die Aktivitäten des Geheimdienstes betrachtet, das Ergebnis bleibt beeindruckend. Die Kosten dieser Modernisierung können den Ausgaben des Pentagon für die amerikanischen Streitkräfte entsprochen haben oder nicht; ohne Zweifel aber verfügt die UdSSR über eine Bandbreite militärischer Fähigkeiten, wie sie nur noch die rivalisierende amerikanische Supermacht besitzt. Dies ist *nicht* ein militärisches Gegenstück der Potemkinschen Dörfer, das bei der ersten ernsthaften Prüfung zusammenbrechen wird.[161]

Aber die sowjetische Kriegsmaschinerie hat andererseits auch ihre Schwächen und Probleme und sollte sicherlich nicht als eine allmächtige Kraft dargestellt werden, die in der Lage ist, alle möglichen eventuell vom Kreml geforderten Operationen mit vollendeter Effizienz durchzuführen. Da in diesem Kapitel auch auf die Probleme hingewiesen wurde, denen sich die Strategen der *anderen* großen Mächte der Welt gegenübersehen, ist es nur angemessen, den Blick auf die unterschiedlichen Schwierigkeiten zu richten, mit denen die russische militärisch-politische Führung sich konfrontiert sieht – ohne jedoch die gegenteilige Schlußfolgerung zu ziehen, daß die Sowjetunion daher kaum lange »überleben« wird.[162]

Einige der Schwierigkeiten, denen sich die russischen militärischen Entscheidungsträger über kurz oder lang stellen müssen, leiten sich direkt von den bereits skizzierten wirtschaftlichen und demographischen Problemen der Sowjetunion ab. Die erste Schwierigkeit liegt im Gebiet der Technologie. Seit den Zeiten Peters des Großen – um eine Aussage zu wiederholen, die in den vorhergehenden Kapiteln dieses Buches gemacht wurde – hat Rußland seine größte militärische Wirkung immer dann entfaltet, wenn sich die Veränderung der Waffentechnologie so verlangsamte, daß eine Standardisierung der Ausrüstung und der Kampfeinheiten und Taktiken möglich wurde – sei es bei der Infanteriekolonne des 18. Jahrhunderts oder bei der Panzerdivision in der Mitte des 20. Jahrhunderts. Wann immer jedoch eine aufwärts strebende Spirale der Waffentechnologie den Schwerpunkt auf Qualität statt auf Quantität legte, schrumpfte der russische Vorsprung. Und während es eindeutig ist, daß Rußland die technologische Kluft zum Westen, die in der zaristischen Zeit existierte, in der Substanz geschlossen hat und daß sein Militär jetzt unangefochtenen Zugang zu den wissenschaftlichen und produktiven Ressourcen einer staatlich gelenkten Wirtschaft besitzt, gibt es bei einer großen Zahl von technologischen Entwicklungen Beweise für beträchtliche zeitliche Verzögerungen.[163] Eines der deutlichsten Zeichen dafür ist, daß die Sowjetunion mit großer Nervosität zusehen mußte, wie ihre Waffen wiederholt in den Stellvertreterkriegen, die im Mittleren Osten und anderswo in den letzten Jahrzehnten stattgefunden haben, von den amerikanischen übertroffen wurden. Zugegebenermaßen war die Qualität der nordkoreanischen, ägyptischen, syrischen und libyschen Piloten und Panzerbesatzungen nie die höchste, aber selbst wenn sie es gewesen wäre, gibt es berechtigte Zweifel, ob sie sich beispielsweise gegen die amerikanischen Jäger mit überlegenen Flugeigenschaften, besserer Radarausrüstung, miniaturisierten Leitsystemen und so weiter hätten durchsetzen können. Sicher auch als Reaktion darauf versucht das sowjetische Militär ständig die Qualität seiner Waffen zu verbessern[164] und – ein paar Jahre später – »Spiegelbilder« der US-Waffensysteme zu produzieren.

Aber dies zieht wiederum die sowjetischen Planer in den gleichen Strudel, der die westlichen Verteidigungsprogramme bedroht: Noch höher entwickelte Systeme führen zu längeren Produktionszeiten, aufwendigeren Wartungsplänen, (meistens) schwererer und (immer) wesentlich teurerer »Hardware« und einem Rückgang der Produktionszahlen. Dies ist keine beruhigende Entwicklung für eine Macht, die sich traditionell auf eine große Zahl von Waffen verlassen hat, um ihre sehr unterschiedlichen strategischen Aufgaben zu bewältigen.

Eine weitere Sorge der Sowjets hängt mit dem sogenannten »Strategic Defense Initiative« (SDI)-Programm zusammen, das von der Reagan-Regierung initiiert wurde. Es scheint in diesem Stadium schwer vorstellbar, daß es die Vereinigten Staaten wirklich gegenüber atomaren Angriffen vollständig unverwundbar machen wird (es kann zum Beispiel nichts gegen tieffliegende »cruise missiles« ausrichten), aber der Schutz, den es amerikanischen Raketenabschußrampen und Militärflugplätzen bietet und die zusätzliche Belastung des sowjetischen Verteidigungsbudgets, da sie viel mehr Raketen und Sprengköpfe produzieren müssen, um das SDI-System rein zahlenmäßig zu überschwemmen, kann dem Kreml kaum willkommen sein. Noch besorgniserregender aber sind vielleicht die Auswirkungen auf die *konventionelle* High-Tech-Kriegführung. Ein Kommentator hat darauf hingewiesen:

> Eine Verteidigung, die 99 Prozent des sowjetischen atomaren Arsenals abwehren kann, mag angesichts des destruktiven Potentials der Waffen, die überleben könnten, als nicht ausreichend bewertet werden ... Aber falls die Vereinigten Staaten eine technologische Überlegenheit erreichten, die eine Zerstörung eines großen Teils der konventionellen Flugzeuge, Panzer und Schiffe der Sowjetunion sicherstellen würde, wäre die sowjetische numerische Überlegenheit weniger bedrohlich. Technologien, die für SDI nicht geeignet sind, könnten für die nichtatomare Kriegführung durchaus anwendbar sein.[165]

Dies wiederum erzwingt eine viel größere russische Investition in die fortgeschrittene Laser-, Optik-, Supercomputer-, Leitsystem- und Navigationstechnologie. Wie es ein russischer Sprecher ausgedrückt hat, wird es »einen ganz neuen Rüstungswettlauf auf einem viel höheren technologischen Niveau geben«.[166] Urteilt man aufgrund der 1984 von Marschall Ogarkow, dem damaligen Generalstabschef des Heeres, ausgesprochenen Warnungen über die entsetzlichen Konsequenzen eines russischen Versagens, mit der westlichen Technologie Schritt zu halten, so scheint die Rote Armee nicht sehr zuversichtlich zu sein, daß sie einen solchen Wettlauf gewinnen könnte.

Auf der anderen Seite des Spektrums wird der traditionelle russische Vorteil der *Quantität*, das heißt der Truppenstärke, von den demographischen Entwicklungen bedroht. Wie bereits beschrieben, ist dies das Ergebnis zweier Tendenzen: des Absinkens der Geburtenrate in der gesamten UdSSR und des steigenden Anteils der Geburtenzahlen in den nicht-russischen Regionen. Wenn dies schon zu Schwierigkeiten bei der Verteilung der Arbeitskräfte zwischen Landwirtschaft und Industrie führt, so wird es erst recht ein langfristiges Problem für die militärische Rekrutierung. An sich sollte es kein Problem sein, jährlich 1,3 bis 1,5 Millionen Rekruten unter 2,1 Millionen zur Verfügung stehenden Männern einzuziehen; aber ein zunehmender Anteil stammt aus den asiatischen Bereichen der UdSSR. Viele von ihnen sind nicht sehr versiert in der russischen Sprache, sie haben eine viel geringere Kompetenz im Umgang mit Maschinen (ganz zu schweigen von der Elektronik), und sie sind zum Teil stark vom Islam beeinflußt. Alle Studien über die ethnische Zusammensetzung der sowjetischen Streitkräfte zeigen, daß das Offizierskorps und die Unteroffiziere überwiegend slawisch sind – dasselbe gilt für die Raketeneinheiten, die Luftwaffe, die Marine und die technischen Einheiten.[167] Natürlich trifft dies auch auf die Elite-Divisionen der Roten Armee zu. Im Gegensatz dazu bestehen die Divisionen der Kategorien II und III und die meisten Instandsetzungs- und Transporteinheiten aus Nicht-Slawen, was die interessante Frage aufwirft, wie effektiv diese »nachfolgenden« Divisionen in einem konventionellen Krieg gegen die NATO sein würden, wenn die Divisionen der ersten Kategorie erhebliche Unterstützung benötigten. Dieses Vorurteil als »rassistisch« und (großrussisch) »nationalistisch« abzustempeln, wie es viele westliche Kommentatoren tun, ist in streng militärischer Hinsicht weniger bedeutsam als die Tatsache, daß ein beträchtlicher Anteil der zur Verfügung stehenden sowjetischen Soldaten vom eigenen Generalstab als unzuverlässig und ineffizient angesehen wird – was wahrscheinlich ein zutreffendes Urteil ist. Man lese die Berichte über moslemischen Fundamentalismus in der südlichen Sowjetunion und über die Bestürzung dieser Truppen, als sie beispielsweise in Afghanistan einmarschieren mußten.

Mit anderen Worten, wie das Österreich-Ungarn und im übrigen auch das *zaristische* Reich vor 80 Jahren, sieht sich die sowjetische Führung einem »Nationalitätenproblem«[168] gegenüber, das durch die Ideologie des Marxismus nicht geschwächt worden ist. Sicherlich ist der Kontrollapparat jetzt viel gewaltiger als der von vor 1914, und man sollte die Behauptungen, daß zum Beispiel die Ukraine eine »Brutstätte« der Unzufriedenheit sei, vielleicht mit Vorbehalt betrachten.[169] Aber Erinnerungen daran, wie die Ukrainer die deutschen Invasoren im Jahre 1941 willkommen hießen, Berichte über die Unzufriedenheit in den baltischen Provinzen, die kraftvollen (und erfolgreichen) georgischen Proteste bei dem Versuch des Jahres 1978, die russische Sprache zur ersten Sprache der Republik zu machen, und vor allen Dingen vielleicht die Tatsache, daß zu beiden Seiten der chinesisch-russischen Grenze Millionen von Kasachen und Uiguren leben, sowie die Existenz von 48 Millionen Moslems im Norden der unsicheren Grenzen zur Türkei, dem Iran und Afghanistan – alle diese Dinge scheinen die russische Führung zu beschäftigen und ihre Unsicherheit zu verstärken. Um es präziser zu sagen, sie provozieren eine zunehmende Besorgnis darüber, wo man die sinkende Zahl der »zuverlässigeren« slawischen Jugend einsetzen soll. Sollen sie in der Armee, in den Elitedivisionen und Spezialeinheiten eingesetzt werden, selbst wenn dann immer weniger von ihnen für die Landwirtschaft und die Industrie zur Verfügung stehen, obwohl beide Sektoren verzweifelt einen Zustrom ausgebildeter und loyaler Arbeitskräfte brauchen? Oder sollte die nicht-slawische Bevölkerung trotz der Risiken für die militärische Effizienz einen wachsenden Anteil der Roten Armee stellen, um Russen und andere Slawen für zivile Zwecke freizustellen?[170] Da in der sowjetischen Tradition »Sicherheit« an erster Stelle steht, wird sich der erste Vorschlag wahrscheinlich durchsetzen; aber dies löst das Dilemma bei weitem nicht, sondern reflektiert nur eine Wahl zwischen zwei Übeln.

Wenn die wirtschaftlichen Komponenten der »Korrelation der Kräfte«,[171] wie es die sowjetischen Strategen nennen, den Politbüromitgliedern Sorge bereiten, werden sie in den streng *militärischen* Aspekten des globalen Machtgefüges kaum Trost finden. Wie beeindruckend und erschreckend die sowjetische Militärmaschinerie außenstehenden Beobachtern auch erscheinen mag, es lohnt sich trotzdem, diese Kräfte an den strategischen Aufgaben, die das sowjetische Militär unter Umständen erfüllen muß, zu messen.

Wenn man solch eine Berechnung anstellt, ist es sinnvoll, die Betrachtung konventioneller Kriegführung von derjenigen, die nukleare Waffen einschließt, zu trennen. Aus verständlichen Gründen ist *der* Punkt, der die meiste Aufmerksamkeit auf sich gezogen hat, das Arsenal strategischer Atomwaffen in den Händen der Großmächte, insbesondere der Vereinigten Staaten und der UdSSR. Beide haben die Möglichkeit, die Welt zu zerstören. Hier ist die »Zählung« der strategischen Atomsprengköpfe beider Mächte aus dem Jahre 1986, aufgestellt vom International Institute of Strategic Studies:

Tabelle 47 Geschätzte Anzahl strategischer Nuklearsprengköpfe[172]

	USA	UdSSR
Sprengköpfe für Interkontinentalraketen	2118	6420
Sprengköpfe für Mittelstreckenraketen	5536	2787+
Bombergestützte Sprengköpfe	2520	680
Summe	10174	9987+

Wie der einzelne auf diese Zahlen reagiert, hängt ganz von dem jeweiligen Interesse ab. Diejenigen, die sich allein für die Zahlen oder die mögliche Fehlinterpretation der Zahlen interessieren, werden die Teilsummen genau überprüfen und daran erinnern, daß jede Supermacht noch zusätzliche große Vorräte an *taktischen* Nuklearwaffen besitzt.[173] Einer sehr beträchtlichen Zahl von Kommentatoren und der Öffentlichkeit wird das schiere Ausmaß und die destruktive Kapazität der Atomwaffen, die in diesen beiden Arsenalen lagern, als ein Zeichen politischer Unfähigkeit oder Geisteskrankheit erscheinen, als etwas, das das Leben auf diesem Planeten bedroht und so schnell wie möglich abgeschafft oder zumindest stark reduziert werden sollte.[174] Auf der anderen Seite gibt es einen Reihe von Kommentatoren – in »Denkfabriken« und Universitäten sowie in den Verteidigungsministerien –, welche die Möglichkeit, daß Atomwaffen in der Tat *eingesetzt* werden könnten, als einen Teil der nationalen Strategie akzeptiert haben, und die ihre intellektuelle Energie daher darauf verwenden, diese Waffensysteme, Eskalationsstrategien und »Kriegsspiele«, das Für und Wider der Rüstungskontrolle und der Überprüfungsvereinbarungen, die ballistischen Nutzlasten der Raketen, die »footprints« (Zerstörungsgebiete der Raketen) und »gleichwertige Megatonnen an Sprengkraft«, »Zielstrategien« und »Zweitschlag-Szenarien« intensiv zu studieren.[175]

Sich in einem fünf Jahrhunderte umspannenden Überblick mit der »atomaren Frage«[176] zu befassen, ist offensichtlich sehr problematisch. Ist es nicht so, daß die Existenz von Atomwaffen – oder besser, die Möglichkeit, sie in großen Mengen einzusetzen – jegliche Betrachtung des Krieges, der Strategie, der Finanzen aus einer traditionellen Sicht überflüssig gemacht hat? Wären im Falle eines Schlagabtausches mit strategischen Atomwaffen Schätzungen über ihre Auswirkungen auf das »sich verändernde Machtgleichgewicht« der Welt nicht für jeden in der nördlichen Hemisphäre (und vielleicht auch für jeden in der südlichen) irrelevant? Ging das traditionelle Muster – der Rivalitäten zwischen den großen Mächten, die sich von Zeit zu Zeit in offene Kriege verwandeln – nicht 1945 zu Ende?

Solche Fragen sind offensichtlich nicht gültig zu beantworten. Es gibt jedoch Anzeichen dafür, daß die heutigen Großmächte, trotz – und in vieler Beziehung aufgrund – der Existenz von Atomwaffen zu traditionelleren Annahmen über den Einsatz von Gewalt zurückkehren. Zunächst scheint es heute – und wahrscheinlich schon seit einigen Jahren – zwischen beiden Supermächten im wesentlichen ein Gleichgewicht der Atomwaffen zu geben. Trotz aller Debatten über »Fenster der Verwundbarkeit« und der möglichen »Erstschlagsfähigkeit« der einen oder anderen Seite ist es eindeutig, daß weder Washington noch Moskau die Garantie besitzen, den Rivalen vernichten zu können, ohne das Risiko einzugehen, selbst zerstört zu werden; und die Entwicklung der »Star Wars«-Technologie wird diese Tatsache nicht signifikant ändern. Insbesondere weil beide Seiten eine große Zahl *U-Boot*-gestützter Raketen besitzen, die schwer zu orten sind,[177] ist es unvorstellbar anzunehmen, man könnte die gesamten Atomwaffen des Feindes auf einen Schlag vernichten. Diese Tatsache, vielleicht mehr noch als die Angst vor einem »atomaren Winter«, wird dazu führen, daß die Entscheidungsträger sich zurückhalten, wenn sie nicht in eine versehentlich ausgelöste Eskalation hineingezogen werden. Folglich sind beide Seiten in eine atomare Sackgasse geraten, aus der es keine Umkehr gibt. Denn es ist praktisch unmöglich, die Erfindung der atomaren Technologie rückgängig zu machen, und keine der beiden Supermächte würde den Besitz der Atomwaffen aufgeben. Andererseits ist der Einsatz der Waffen zu riskant.

Mit anderen Worten, die enormen atomaren Arsenale der beiden Supermächte werden weiter existieren, aber (schließt man einen Abschuß »aus Versehen« aus) sie sind aller Wahrscheinlichkeit nach nicht einsetzbar, weil sie der uralten Annahme widersprechen, daß in einem Krieg, wie bei den meisten anderen Dingen, Mittel und Zweck im rechten Verhältnis stehen müssen. Im Gegensatz dazu läuft man bei einem Atomkrieg Gefahr, der Menschheit solchen Schaden zuzufügen, daß dies keinem politischen, ideologischen oder wirtschaftlichen Zweck mehr dienen kann. Obwohl viel Intelligenz in die Entwicklung einer »nuklearen Strategie« investiert wurde, ist es schwer, Jervis' Beobachtung etwas entgegenzusetzen, daß »eine rationale Strategie für den Einsatz von Atomwaffen ein Widerspruch in sich ist«.[178] Ist einmal die erste Rakete abgefeuert, so wäre dies das Ende der »gegenseitigen Geiselnahme« – einer Lage, in die beide Seiten gedrängt wurden, nachdem die Vereinigten Staaten ihr atomares Monopol verloren hatten. Das Ergebnis wäre so verheerend, daß keine rationale politische Führung jemals den Schritt über diese Schwelle wagen würde. Wenn es keinen unbeabsichtigten Atomkrieg gibt – was aufgrund menschlichen Versagens und technischer Fehlfunktionen immer möglich ist[179] –, wird jede Seite wahrscheinlich davor zurückschrecken, Atomwaffen einzusetzen. Falls es zu einem Konflikt kommt, wird sowohl die politische als auch die militärische Führung versuchen, ihn auf dem Niveau des konventionellen Kampfes »einzudämmen«.

Dies läßt ein anderes, vielleicht noch ernsteres Problem, dem die beiden rivalisierenden Supermächte in den nächsten zwanzig Jahren gegenüberstehen werden, außer acht: die Verbreitung von Atomwaffen in wesentlich labileren Teilen der Welt – im Nahen Osten, auf dem indischen Subkontinent, in Südafrika und möglicherweise Lateinamerika.[180] Da diese Staaten kein Teil des Großmachtsystems sind, wird die schreckliche Möglichkeit, daß sie auf Atomwaffen zurückgreifen könnten, hier nicht diskutiert. Insgesamt gesehen aber kann man wohl sagen, daß die Vereinigten Staaten und die UdSSR ein gemeinsames Interesse daran haben, die Verbreitung von Atomwaffen aufzuhalten, da dies die globale Politik mehr denn je komplizieren würde. Der Trend zur Verbreitung könnte die Supermächte eher dazu bringen, ihre Gemeinsamkeiten schätzen zu lernen.

Die schnell wachsenden atomaren Arsenale Chinas, Großbritanniens und Frankreichs sind – zumindest aus Moskaus Sicht – von ganz anderer Bedeutung. Bis vor ein paar Jahren hat man allgemein angenommen, daß alle drei Nationen für das atomare Gleichgewicht nur von marginaler Bedeutung seien und daß ihre atomare Strategie überhaupt nicht »glaubwürdig« sei, da sie (in allen drei Fällen) der UdSSR nur begrenzten Schaden zufügen könnten, während sie selbst mit Sicherheit vernichtet würden. Aber alle Anzeichen deuten darauf hin, daß diese Annahme möglicherweise bald modifiziert werden muß. Die alarmierendste Entwicklung – wiederum aus Moskauer Sicht – ist die wachsende atomare Schlagkraft der Volksrepublik China, über die sich die UdSSR schon seit 25 Jahren Sorgen macht.[181] Wenn China nicht nur ein höher entwickeltes landgestütztes Interkontinentalraketensystem, sondern auch – was seine Intention zu sein scheint – ein U-Boot-gestütztes Langstreckenraketensystem entwickeln kann, und wenn chinesisch-sowjetische Auseinandersetzungen nicht zu gegenseitiger Zufriedenheit geregelt werden können, dann sieht sich die UdSSR der Möglichkeit eines bewaffneten Grenzkonflikts gegenüber, der im schlechtesten Fall in einem atomaren Schlagabtausch mit dem chinesischen Nachbarn gipfeln könnte. So wie die Dinge im Moment liegen, wäre die Verwüstung Chinas enorm; aber Moskau könnte nicht ausschließen, daß zumindest eine gewisse Zahl (und in den

1990er Jahren eine größere Zahl) von chinesischen Atomraketen die Sowjetunion treffen würde.

Besorgniserregender in technischer Hinsicht, wenn auch politisch vielleicht weniger erschreckend, ist der Aufbau britischer und französischer Nuklearsysteme. Bis vor kurzem erschien der »Abschreckungseffekt« der strategischen Atomwaffen dieser beiden Mächte zweifelhaft. In dem recht unwahrscheinlichen Fall, daß sie in einen atomaren Schlagabtausch mit der UdSSR verwickelt würden, in dem sich die Vereinigten Staaten neutral verhielten (was schließlich die Rechtfertigung für die britischen und französischen Systeme ist), könnte man sich kaum vorstellen, daß sie den nationalen Selbstmord riskierten, während sie Rußland mit ihren bescheidenen Abschußsystemen nur partiellen Schaden zufügen könnten. In den nächsten Jahren wird jedoch der Grad der Verwüstung, die diese mittleren Mächte der UdSSR zufügen können, durch die enorme Verstärkung ihrer U-Boot-gestützten Raketensysteme um ein Vielfaches steigen. Die britische Anschaffung von U-Booten mit Trident-II-Raketensystemen beispielsweise – vom *Economist* wegen der hohen Kosten und der exzessiven Schlagkraft als »der Rolls-Royce der Atomraketen«[182] verhöhnt – wird dem Land eine beinahe unverwundbare Abschreckungskraft geben, da die Briten dann mehr als 350 sowjetische Ziele – statt der jetzigen 16 – zerstören könnten. Auf ähnliche Weise ist Frankreichs neues U-Boot, die *L'Inflexible*, mit der M-4-Rakete mit Mehrfachsprengkopf und größerer Reichweite wahrscheinlich in der Lage, 96 sowjetische Ziele anzugreifen – »mehr als die früheren fünf U-Boote Frankreichs zusammengenommen«[183] –, und sobald auch andere Boote mit den M-4-Raketen ausgerüstet sind, werden sich Frankreichs strategische Sprengköpfe *verfünffacht* haben. Somit besteht theoretisch die Möglichkeit, Hunderte von russischen Zielen aus Tausenden von Kilometern Entfernung zu treffen.

Was dies tatsächlich bedeutet, kann man natürlich unmöglich vorhersagen. In Großbritannien selbst finden viele prominente Persönlichkeiten die Idee, daß ihr Land seine Atomwaffen *unabhängig* gegen Rußland einsetzen könnte, buchstäblich »unglaublich«;[184] und solche Kritiker werden wohl kaum durch das Gegenargument überzeugt, daß der Selbstmord des Landes wenigstens mit einem viel größeren Schaden in der UdSSR einhergeht als bisher. Auch in Frankreich findet die Öffentlichkeit – und manche strategischen Kommentatoren – die verkündetete Abschreckungspolitik wenig glaubhaft.[185] Auf der anderen Seite scheint es gerechtfertigt anzunehmen, daß die russischen Militärplaner, welche die Möglichkeit eines Atomkrieges in der Tat ernst nehmen, diese neuerlichen Entwicklungen sehr beunruhigend finden. Sie sehen sich nicht nur *vier* Ländern – statt allein den Vereinigten Staaten – gegenüber, die das Potential haben, dem sowjetischen Kernland schweren (vielleicht außerordentlich schweren) Schaden zuzufügen, sondern sie müssen außerdem bedenken, wie das »spätere« militärische Gleichgewicht der Welt beschaffen wäre, wenn Rußland in einen atomaren Schlagabtausch mit einer dieser Mächte (beispielsweise China) verstrickt würde, während die anderen neutrale Beobachter dieser gegenseitigen Zerstörung blieben. Deswegen besteht die Sowjetunion so beharrlich darauf, daß in allen umfassenden SALT-Abkommen (Strategic Arms Limitation Treaty) mit den Vereinigten Staaten die englisch-französischen Systeme ebenfalls berücksichtigt werden *und* daß der UdSSR ein gewisses Maß atomarer Überlegenheit zugebilligt wird, um mit China fertigzuwerden. Man kann wohl sagen, daß all dies die Atomwaffen aus der Sicht des Kremls zu einem noch zweifelhafteren Instrument *rationaler* militärischer Politik macht.

Wenn jedoch dadurch die konventionellen Waffen zum Hauptmaßstab sowjetischer Militärstärke werden – und zum wichtigsten Werkzeug, um die politischen Ziele des sowjetischen Staates zu sichern –, ist kaum anzunehmen, daß sich die russischen Planer bei der jetzigen internationalen Gewichtsverteilung sicherer fühlen. Dies mag eine kühne Aussage sein angesichts der »Publicity«, welche die zahlenmäßige Überlegenheit der sowjetischen Flugzeuge, Panzer, Artillerie und Infanteriedivisionen in Schätzungen des »militärischen Gleichgewichts« zwischen den USA und der UdSSR erhalten hat – ganz zu schweigen von der häufigen Behauptung, daß die Truppen der NATO, da sie in einem konventionellen Krieg in Europa nicht standhalten könnten, nach wenigen Tagen gezwungen wären, auf Atomwaffen zurückzugreifen. Eine zunehmende Zahl neuer Studien des »Gleichgewichts« deutet jedoch an, daß genau dieses existiert – nämlich eine Situation, bei der »*beide* Seiten insgesamt nicht stark genug sind, um einen Sieg zu garantieren«.[186] Um zu diesem Ergebnis zu gelangen, ist eine sehr detaillierte vergleichende Analyse (zum Beispiel über die Zusammensetzung der US- im Gegensatz zu den russischen Panzerdivisionen) und die Erwägung gewisser allgemeinerer und schwer zu fassender Faktoren nötig (beispielsweise der Rolle Chinas, der Zuverlässigkeit des Warschauer Paktes). Hier kann nur eine Zusammenfassung dieser Faktoren geboten werden, aber wenn diese Indizien auch nur in Umrissen richtig sind, kann das Ganze für die sowjetischen Planer kaum tröstlich sein.

Der erste und einleuchtendste Punkt ist, daß eine Analyse des *konventionellen* Mächtegleichgewichts die rivalisierenden Allianzen als Ganzes bewerten muß, besonders in ihrem europäischen Kontext. Wenn man das macht, wird klar, daß die nicht-amerikanischen Teile der NATO viel bedeutender sind als die nicht-russischen Teile des Warschauer Paktes. Das britische Verteidigungs-Weißbuch des Jahres 1985 betont ausdrücklich, daß in der Tat »die europäischen Länder den größten Teil der einsatzbereiten (NATO) Truppen in Europa stellen: 90 Prozent der Mannschaften, 85 Prozent der Panzer, 95 Prozent der Artillerie und 80 Prozent der Kampfflugzeuge sowie über 70 Prozent der größeren Kampfschiffe im Atlantik und in europäischen Gewässern . . . Die voll mobilisierte Mannschaftsstärke der europäischen Truppen belief sich auf ungefähr sieben Millionen Soldaten gegenüber 3,5 Millionen der Vereinigten Staaten.«[187] Wahr ist natürlich auch, daß die Vereinigten Staaten 250000 Mann in Deutschland stationiert haben, daß die Armeedivisionen und Air-Force-Staffeln, die es im Falle eines europäischen Krieges über den Atlantik schicken würde, eine entscheidende Verstärkung brächten, und daß die NATO als Ganzes von der amerikanischen atomaren Abschreckung und der amerikanischen Seemacht abhängt. Aber der Punkt ist, daß die nordatlantische Allianz viel besser zwischen den beiden Pfeilern des »Bogens« ausbalanciert ist als der Warschauer Pakt, der zu kopflastig und nach Moskau geneigt ist. Es ist außerdem wichtig anzumerken, daß Amerikas NATO-Alliierte sechsmal soviel für die Verteidigung ausgeben wie die Verbündeten der UdSSR im Warschauer Pakt; tatsächlich zahlen Großbritannien, Frankreich und Westdeutschland *jeder für sich genommen* mehr als alle nicht-russischen Warschauer-Pakt-Länder zusammen.[188]

Wird also die Stärke der beiden Allianzen als Ganzes gemessen – ohne die merkwürdigen Auslassungen und Vorbehalte, die für einige der alarmierenderen westlichen Bewertungen* charakteristisch waren, ergibt sich im großen und ganzen ein Bild strategischer Parität; und selbst wo der Warschauer Pakt einen zahlenmäßigen Vorsprung hat, hat dieser keine entscheidende Dimension. Beispielsweise scheint jede Allianz ähnlich viele »Bodentruppen in Europa« und »Reservetruppen«[189] zu haben. Stark *vereinfacht* sind die 13,9 Millionen Mann des Warschauer Pakts (6,4 Millionen »aktive Truppen« und 7,5 Millionen Reservisten) nicht so viel mehr als die 11,9 Millionen Mann (5 Millionen »aktive Truppen« und 6,9 Millionen Reservisten) der NATO, insbesondere da ein großer Teil der Truppen des Warschauer Paktes aus Einheiten der Kategorie III und aus Reservetruppen der Roten Armee besteht. Selbst an der entscheidenden zentralen Front in Europa, wo die Masse an russischen gepanzerten Divisionen den NATO-Truppen zahlenmäßig ernsthaft überlegen ist, kann der Vorteil für den Warschauer Pakt nicht sehr beruhigend sein – besonders wenn man bedenkt, wie schwierig es wäre, auf dem dichtbesiedelten Territorium Norddeutschlands schnelle offensive »Manöver« umzusetzen, und wenn man sich bewußt wird, wie viele der 52000 »sowjetischen Kampfpanzer« veraltete T-54 sind, die nur die Straßen verstopfen würden. Vorausgesetzt, die NATO hätte ausreichende Reserven an Munition, Benzin, Waffennachschub und so weiter, wäre sie heute sicherlich weit eher in der Lage, eine konventionelle sowjetische Offensive zurückzuschlagen als in den 50er Jahren.[190]

Außerdem gibt es da noch das unberechenbare Element des inneren Zusammenhalts der jeweiligen militärischen Allianzen. Daß die NATO viele deutliche Schwächen hat, ist unbestreitbar: von den häufigen transatlantischen Auseinandersetzungen über die »Lastenverteilung« bis zu der verzwickten Frage der Konsultation

* Es ist beispielsweise nur zu leicht, den Warschauer Pakt als massiv überlegen darzustellen, wenn man alle Streitkräfte der UdSSR (selbst die an Chinas Grenzen stationierten) hinzurechnet und die, sagen wir, Frankreichs außer acht läßt.

im Fall eines nuklearen Konfliktes. Neutralitätsgelüste und Anti-NATO-Ressentiments in Parteien links der Mitte von Westdeutschland und Großbritannien bis Spanien und Griechenland geben immer wieder Anlaß zur Besorgnis.[191] Und wenn es irgendwann in der Zukunft in einem der Staaten entlang der westlichen Grenzen des Warschauer Paktes (besonders natürlich in Westdeutschland) zu einer »Finnlandisierung« käme, wäre dies für die UdSSR sowohl ein großer strategischer Gewinn als auch eine wirtschaftliche Erleichterung. Aber selbst wenn eine solche Konstellation *theoretisch* möglich wäre, kann man das kaum mit Moskaus momentanen Sorgen um die Zuverlässigkeit seines »Reiches« in Osteuropa vergleichen. Die breite Popularität der *Solidarnosc*-Bewegung in Polen, der offensichtliche Wunsch Ostdeutschlands, die Beziehungen zu Bonn zu verbessern, der »schleichende Kapitalismus« der Ungarn und das wirtschaftliche Elend nicht nur in Polen und Rumänien, sondern in ganz Osteuropa stellen außerordentlich schwierige Probleme für die sowjetische Führung dar. Dies sind keine Probleme, die der Einsatz der Roten Armee aus der Welt schaffen könnte, noch scheint es so, als könnten neue Dosen des »wissenschaftlichen Sozialismus« den Osteuropäern eine zufriedenstellende Antwort bieten. Trotz der neuesten Rhetorik des Kreml über die Modernisierung und Überprüfung der marxistischen Wirtschafts- und Sozialpolitik ist es schwer vorstellbar, daß Rußland seine Kontrolle über Osteuropa aufgibt. Diese unterschiedlichen Anzeichen politischer Unzufriedenheit und wirtschaftlicher Not stellen jedoch die Zuverlässigkeit der *nicht-russischen* Armeen des Warschauer Paktes immer mehr in Frage.[192] Die polnischen Streitkräfte dienen beispielsweise kaum der Verstärkung des Paktes; eher trifft das Gegenteil zu, da sie – und die entscheidend wichtigen polnischen Straßen und Eisenbahnlinien – in Kriegszeiten von der Roten Armee streng überwacht werden müßten.[193] Es ist ähnlich schwer vorstellbar, daß die tschechischen und die ungarischen Armeen enthusiastisch vorstürmen würden, um auf Moskaus Befehl die NATO-Stellungen anzugreifen. Selbst die Einstellung der ostdeutschen Truppen, die wahrscheinlich die effektivsten und modernsten unter den russischen Alliierten sind, könnte durch den Befehl, nach Westen vorzustoßen, in Mitleidenschaft gezogen werden. Es ist richtig, daß ein großer Teil (vier Fünftel) der Truppen des Warschauer Paktes russisch sind und daß die sowjetischen Divisionen in jedem konventionellen Krieg gegen den Westen die Speerspitze wären, aber es wäre für die Befehlshaber der Roten Armee eine schwierige Aufgabe, einen solchen Krieg zu führen und gleichzeitig ein Auge auf die Million oder mehr osteuropäischen Soldaten zu haben, von denen die meisten nicht sehr effizient und manche nicht sehr verläßlich sind.[194] Außerdem erhöht allein die Möglichkeit (so entfernt sie auch sein mag), daß die NATO als Antwort auf eine Offensive des Warschauer Paktes versuchen könnte, eine Gegenoffensive beispielsweise in die Tschechoslowakei[195] zu unternehmen, die russische Besorgnis, die wahrscheinlich ebenso politischer wie militärischer Natur ist.

Ferner hatten die russischen Strategen seit den frühen 60er Jahren mit einem noch erschreckenderen Problem zu kämpfen: mit der Möglichkeit, daß sie in einen großen Konflikt mit der NATO *und* mit China verwickelt werden könnten. Sollte dies gleichzeitig passieren, wären die Aussichten, Verstärkungen von einer Front zur anderen schicken zu können, ernsthaft eingeschränkt, wenn nicht gar unmöglich. Aber selbst wenn es nur an einer Front zum Krieg käme, hätte der Kreml vielleicht Probleme, Divisionen aus einer Region, die zwar im technischen Sinne neutral ist, aber an deren Grenze eine große Menge von Streitkräften eines potentiellen Feindes stehen, abzuziehen und sie gegen den Westen einzusetzen. Schon jetzt glaubt die UdSSR, ungefähr 50 Divisionen und 13000 Panzer für einen möglichen chinesisch-sowjetischen Zusammenstoß bereithalten zu müssen. Und obwohl die russischen Streitkräfte moderner und mobiler sind als die chinesischen, ist es schwer vorstellbar, wie sie einen totalen Sieg – ganz zu schweigen von einer langen Besetzung – gegen eine viermal so große Armee erringen sollten.[196] All dies setzt notwendigerweise voraus, daß der Krieg ein konventioneller wäre (was angesichts mancher russischer Andeutungen darüber, wie sie China zu besiegen gedenken, eine völlig falsche Annahme sein kann); aber *wenn* es zu einem russisch-chinesischen nuklearen Schlagabtausch käme, müßten die sowjetischen Planer darüber nachdenken, ob ihr Land nicht gegenüber einem neutralen, aber keineswegs freundlichen Westen in eine unterlegene Position zurückfiele. Ähnlich müßte sich eine durch nukleare oder ausgedehnte konventionelle Kämpfe mit der NATO schwer geschädigte Sowjetunion Sorgen machen, wie sie mit dem Druck Chinas fertig würde.[197]

Obwohl China (abgesehen von der NATO) den sowjetischen Planern schon wegen seiner Größe am meisten Sorgen bereitet, heißt das nicht, daß sie die Probleme der gesamten asiatischen »Flanke« ganz ignorieren könnten. Geopolitisch betrachtet scheint es, als sei die jahrhundertealte moskowitisch-russische Politik der stetigen Expansion in Asien zum Stillstand gekommen. Der Wiederaufstieg Chinas, die Unabhängigkeit (und wachsende Stärke) Indiens, die wirtschaftliche Erholung Japans – ganz abgesehen von dem Selbstbewußtsein vieler kleinerer asiatischer Staaten – haben sicherlich die im 19. Jahrhundert vorherrschende Angst, daß Rußland langsam die Herrschaft über den gesamten Kontinent an sich reißen könnte, zerstreut. (Der sowjetische Generalstab würde heutzutage schon bei der bloßen Idee vor Schreck erblassen!) Sicherlich muß das Moskau nicht daran hindern, sich auf Abenteuer wie Afghanistan einzulassen; aber die Geschichte dieses Konfliktes und die Feindseligkeit, die er in der Region hinterlassen hat, bestätigen nur, daß die Kosten einer weiteren Ausdehnung des russischen Territoriums militärisch und politisch unberechenbar wären. Im Gegensatz zu den selbstbewußten russischen Ankündigungen seiner »asiatischen Mission« vor einem Jahrhundert sind die Herrscher im Kreml heute über den moslemischen Fundamentalismus beunruhigt, der aus dem Mittleren Osten durch ihre südlichen Grenzen ins Land sickert. Wie groß die Zahl der in Asien stationierten Divisionen auch sein mag, es scheinen nie genug zu sein, um diese enorme Peripherie zu sichern, besonders da die Transsibirische Eisenbahn immer noch sehr leicht durch einen feindlichen Raketenangriff unterbrochen werden könnte, was wiederum schwerwiegende Folgen für die sowjetischen Truppen im Fernen Osten hätte.[198]

Angesichts des traditionellen Sicherheitsbedürfnisses des russischen Regimes im eigenen Land ist es kaum überraschend, daß die sowjetische Kapazität sowohl zur See als auch in der überseeischen Welt sehr viel weniger bedeutend ist. Das heißt nicht, daß die sehr beeindruckende Erweiterung der Roten Marine im Laufe des letzten Vierteljahrhunderts und die große Bandbreite neuer und stärkerer

U-Boote, Überwasserschiffe und sogar experimenteller Flugzeugträger, die auf Kiel gelegt werden, geleugnet werden soll. Auch die starke Vergrößerung der sowjetischen Handelsmarine und Fischereiflotten und deren bedeutende strategische Rolle muß anerkannt werden.[199] Aber bis heute gibt es im maritimen Arsenal der UdSSR nichts, das die Schlagkraft der 15 Flugzeugträgerkampfverbände der US-Navy besäße. Sobald man außerdem die Flotten der beiden *Allianzen* vergleicht und nicht nur die der beiden Supermächte, fällt der beträchtliche Beitrag der nicht-amerikanischen NATO-Flotten sehr stark ins Gewicht.

Tabelle 48 Flottenstärke der NATO und des Warschauer Pakts[200]

	Warschauer Pakt			NATO		
	Außer UdSSR	UdSSR	Summe	Summe	USA	Außer USA
Atom-U-Boote	–	105	105	97	85	12
Diesel-U-Boote	6	168	174	137	5	132
Großkampfschiffe	3	184	187	376	149	227
Marineflugzeuge	52	755	807	2533	2250	283

Selbst wenn man China außer acht läßt, haben die westlichen Alliierten doppelt so viele große Überwasserkriegsschiffe, eine dreimal so große Marineluftwaffe und ungefähr genausoviele U-Boote wie der Warschauer Pakt, was aus Tabelle 48 hervorgeht. Wenn man dieser Tatsache noch hinzufügt, daß viele große Überwasserkriegsschiffe und U-Boote des Warschauer Paktes über zwanzig Jahre alt sind, daß ihre Fähigkeit, feindliche U-Boote aufzuspüren, begrenzt ist und daß 75 Prozent der Besatzungen der Roten Marine Wehrdienstleistende sind (im Gegensatz zu den westlichen Berufssoldaten), ist es kaum denkbar, daß die UdSSR in der nächsten Zukunft in der Lage wäre, nach der »Seeherrschaft« zu greifen.[201]

Wenn es schließlich der wirkliche Zweck der neuen und größeren Überwasserkriegsschiffe der sowjetischen Marine ist, beispielsweise eine »Meeresbastion« in der Barentssee zu errichten, um ihre Atom-U-Boote vor alliierten Angriffen zu schützen – das heißt, wenn die russische Flotte hauptsächlich konzipiert ist, die *strategische Abschreckung* des Landes zu erhöhen[202] –, dann hat sie eindeutig wenig überschüssige Stärke (abgesehen von ihren älteren U-Booten), um die maritimen Verbindungen der NATO zu unterbrechen. Weitergedacht heißt dies, daß die UdSSR kaum in der Lage wäre, ihren in Übersee verstreuten Stützpunkten und Truppen im Falle eines größeren Konfliktes Nachschub zukommen zu lassen. Tatsächlich hat die UdSSR, obwohl dem russischen Vormarsch in der Dritten Welt so viel Publizität geschenkt wurde, nur sehr wenige Truppen in Übersee stationiert (das heißt außerhalb Osteuropas), und die einzigen größeren überseeischen Stützpunkte liegen in Vietnam, Äthiopien, im Südjemen und in Kuba. Alle diese Staaten benötigen viel direkte finanzielle Hilfe, was in der Sowjetunion selbst anscheinend zunehmend auf Ablehnung stößt. Es könnte sein, daß die UdSSR, nachdem sie die Verwundbarkeit der Transsibirischen Eisenbahn im Falle eines Krieges mit China erkannt hat, systematisch versucht, Nachschublinien zur See zu schaffen, die über den Indischen Ozean zu ihren fernöstlichen Territorien führen. Wie die Dinge im Moment liegen, muß diese Route jedoch noch sehr gefährdet erscheinen. Zum einen kann man die Einflußsphären der UdSSR nicht mit der viel größeren Zahl der amerikanischen (plus britischen und französischen) Stützpunkte, Truppen und Überseeflotten vergleichen, die über den ganzen Globus verteilt sind, und zum anderen sind die wenigen existierenden russischen Positionen, exponiert wie sie sind, durch westlichen Druck in Kriegszeiten leicht verwundbar. Wenn man China, Japan und einige kleinere pro-westliche Länder mitzählt, wird die Bilanz noch unausgeglichener. Sicherlich wäre es kein großer wirtschaftlicher Verlust für die Sowjetunion, wenn sie den Einfluß in der Dritten Welt ganz verlöre, da ihr Handel, ihre Investitionen und ihre Kredite in diesen Ländern im Vergleich mit den westlichen winzig sind[203] – aber das spiegelt im Grunde wiederum nur die Tatsache, daß die UdSSR in diesem Sinne keine Weltmacht ist.

Obwohl es nun so scheinen mag, als seien die gegen die Sowjetunion sprechenden Faktoren übertrieben, ist es bemerkenswert, daß ihre eigenen Strategen eindeutig über den »schlimmstmöglichen Fall« nachdenken. Ihre Unterhändler bei Rüstungskontrollverhandlungen widersetzen sich immer der Idee einer *Gleichheit* der Kräfte mit den Vereinigten Staaten und argumentieren statt dessen, daß die UdSSR einen gewissen »Spielraum« benötige, um sich gegen China abzusichern und die 13000 Kilometer lange Grenze zu schützen. Für jeden vernünftigen ausländischen Beobachter hat die UdSSR bereits mehr als genug Kraft, um ihre Sicherheit zu garantieren, und daß Moskau darauf besteht, ständig neue Waffensysteme zu bauen, verursacht lediglich Unsicherheit bei allen anderen. Für die Entscheidungsträger im Kreml aber, Erben einer militaristischen und oft paranoiden Tradition der Staatskunst, scheint Rußland von gefährdeten Grenzen umgeben zu sein – in Osteuropa, entlang jener zum Mittleren Osten und an der langen Grenze mit China. Die vielen russischen Divisionen und Luftwaffenstaffeln, die zur Stabilisierung dieser Grenzen entsandt wurden, haben jedoch nicht die erhoffte Unverwundbarkeit gebracht. Man hat aber auch Angst, sich aus Osteuropa zurückzuziehen oder Grenzzugeständnisse an China zu machen, weil dies neben den lokalen Auswirkungen auch als ein Zeichen nachlassender Willenskraft angesehen werden könnte. Und während der Kreml mit diesen traditionellen Problemen der Sicherung des riesigen Landes ringt, muß er gleichzeitig versuchen, mit den Vereinigten Staaten auf dem Gebiet der Raketen, der satelliten-gestützten Waffensysteme, der Erforschung des Weltraums und so weiter Schritt zu halten. Somit wird die UdSSR – oder besser, das marxistische System der UdSSR – sowohl quantitativ als auch qualitativ im Rennen um die Weltmacht geprüft; und die Handicaps behagen ihr nicht.

Aber diese Handicaps wären offensichtlich geringer, wenn die Wirtschaft gesünder wäre, was uns zu Rußlands langfristigem Problem zurückführt. Die sowjetischen Militärs interessieren sich sehr für die Wirtschaft, nicht nur weil sie Marxisten sind und weil sie ihre Waffen und Gehälter bezahlt, sondern auch, weil sie ihre Bedeutung für den Ausgang eines ausgedehnten Koalitionskrieges der Großmächte erkennen. Es *könnte* wahr sein, gab die *Sowjetische Militärenzyklopädie* 1979 zu, daß ein weltweiter Koalitionskrieg von kurzer Dauer wäre, besonders wenn Atomwaffen eingesetzt würden. »Zieht man jedoch das große militärische und wirtschaftliche Potential der möglichen Koalitionen feindlicher Staaten in Betracht, ist es nicht ausgeschlossen, daß ein solcher Krieg sich auch in die Länge ziehen könnte.«[204] Aber wenn ein solcher Krieg »sich in die Länge zieht«, gewinnt das wirtschaftliche Stehvermögen an Bedeutung – wie schon in den großen Koalitionskriegen der Vergangenheit. Unter dieser Voraussetzung muß es die sowjetische Führung beunruhigen, daß die UdSSR nur einen Anteil von 12 oder 13 Prozent des Bruttosozialproduktes der Welt erwirtschaftet (oder ungefähr 17 Prozent, wenn man es wagt, die Warschauer-Pakt-Satellitenstaaten als *positive* Faktoren hinzuzufügen), und daß das Bruttosozialprodukt nicht nur weit hinter den Vereinigten Staaten und Westeuropa herhinkt, sondern auch von Japan überholt wird und eventuell – wenn die langfristigen Wachstumsraten sich so fortsetzen wie bisher – innerhalb der nächsten dreißig Jahre sogar von China. Wenn dies zu kühn erscheint, sollte man sich die kühle Beobachtung des *Economist* ins Gedächtnis rufen, daß im Jahre 1913 »das imperiale Rußland ein tatsächliches Produktionsvolumen bei einer Arbeitsstunde pro Mann hatte, das dreieinhalbmal so groß war wie das Japans, aber es hat seinen siebzig Jahre dauernden Sozialismus dazu benutzt, um bis heute auf ein Viertel der japanischen Quote zurückzufallen«.[205] Wie man die militärische Stärke der UdSSR im Moment auch einschätzen mag, die Aussicht, daß sie im frühen 21. Jahrhundert nur das viert- oder fünftgrößte Produktionszentrum der Welt sein wird, gibt der sowjetischen Führung aufgrund der Auswirkungen, die dies für die langfristige Erhaltung russischer Macht haben wird, allen Anlaß zur Sorge.

Das heißt *nicht*, daß die Sowjetunion dicht vor dem Zusammenbruch steht, aber sie sollte auch nicht als ein Land von fast übernatürlicher Stärke angesehen werden. Was es aber auf jeden Fall heißt, ist, daß ihr eine unangenehme Entscheidung bevorsteht. Ein russischer Experte hat dies folgendermaßen ausgedrückt: »Die Politik der Kanonen, der Butter und des Wachstums – der politische Eckpfeiler der Breschnew-Ära – ist nicht länger durchführbar ... Selbst bei optimistischer Einschätzung ... wird die Sowjetunion eine weit ernstere Wirtschaftskrise erleben als in den 60er und 70er Jahren.«[206] Wahrscheinlich wird man keine Anstrengung und keine Umgestaltung scheuen, um die russische Wirtschaft zu stärken. Aber da selbst von einem tatkräftigen Regime in Moskau kaum zu erwarten ist, daß es entweder den »wissenschaftlichen Sozialismus« aufgeben wird, um die Ökonomie anzuspornen, oder die Last der

Verteidigungsausgaben drastisch kürzen wird und dadurch dem militärischen Kern des sowjetischen Staates schaden würde, sind die Aussichten für eine Flucht aus den Widersprüchen, in welche die UdSSR verstrickt ist, nicht gut. Ohne ihre massive militärische Stärke zählt sie nicht viel in der Welt, *durch* ihre massive militärische Stärke verunsichert sie die anderen und schadet ihren wirtschaftlichen Aussichten. Es ist ein grimmiges Dilemma.[207]

Dies kann jedoch im Westen kaum ungetrübte Freude hervorrufen, da es im Charakter oder der Tradition des russischen Staates keine Anzeichen dafür gibt, daß er den imperialen Abstieg jemals ruhig und in Frieden akzeptieren könnte. Historisch betrachtet hat sich in der Tat *keines* der überdehnten multinationalen Reiche, die in dieser Untersuchung betrachtet wurden – das Osmanische, das Spanische, das Napoleonische, das Britische –, von sich aus auf seine eigene ethnische Basis zurückgezogen. Sie taten es alle erst, als sie in einem Krieg der großen Mächte geschlagen worden oder (wie im Falle Großbritanniens nach 1945) so durch einen Krieg geschwächt waren, daß ein imperialer Rückzug politisch unvermeidbar wurde. Jene, die sich an den heutigen Schwierigkeiten der Sowjetunion erfreuen und die dem Zusammenbruch des Reiches erwartungsvoll entgegensehen, sollten sich daran erinnern, daß solche Veränderungen normalerweise einen sehr hohen Preis haben und nicht immer in vorhersehbarer Weise vonstatten gehen.

Die Vereinigten Staaten: das Problem der Nummer eins im relativen Abstieg

Es lohnt sich, die Schwierigkeiten der Sowjetunion im Kopf zu behalten, wenn man sich der Analyse der heutigen und zukünftigen Lage der Vereinigten Staaten zuwendet, denn es gibt zwei wichtige Unterschiede. Der erste besteht darin, daß – obwohl man argumentieren kann, der amerikanische Anteil an der Weltmacht sei im Laufe der letzten Jahrzehnte *relativ* betrachtet schneller geschrumpft als der Rußlands – die amerikanischen Probleme wahrscheinlich nicht annähernd so groß sind wie die des sowjetischen Rivalen. Ferner ist die *absolute* Stärke der Vereinigten Staaten (besonders im industriellen und technologischen Bereich) immer noch viel größer als die der UdSSR. Der zweite ist, daß die sehr wenig strukturierte Laisser-faire-Beschaffenheit der amerikanischen Gesellschaft (die zwar auch Schwächen hat) wahrscheinlich besser in der Lage ist, sich den verändernden Umständen anzupassen als eine rigide und dirigistische Macht. Aber das hängt wiederum von der Existenz einer nationalen Führung ab, welche die geschichtlichen Prozesse in der heutigen Welt zu erfassen vermag und sich der Stärken und Schwächen der amerikanischen Position bewußt ist.

Obwohl die Vereinigten Staaten momentan wirtschaftlich und vielleicht sogar militärisch noch eine Klasse für sich sind, können sie den beiden Prüfungen, an denen die *Langlebigkeit* jeder großen Macht, die in der Welt den »ersten Platz« einnimmt, gemessen werden, nicht ausweichen. Erstens: Kann das Land im militärisch-strategischen Bereich ein vernünftiges Gleichgewicht finden zwischen seinen selbstauferlegten Verteidigungspflichten und den verfügbaren Mitteln, um diesen Verpflichtungen nachzukommen? Und kann es zweitens, was eng damit zusammenhängt, das technologische und ökonomische Fundament seiner Macht angesichts der sich ständig wandelnden Strukturen der Weltwirtschaft vor dem relativen Verfall bewahren? Diese Prüfung der amerikanischen Fähigkeiten ist um so härter, als die Vereinigten Staaten – wie das Spanische Reich um 1600 oder das Britische Empire um 1900 – eine enorme Reihe von strategischen Verpflichtungen geerbt haben, die sie Jahrzehnte zuvor übernahmen, als die politischen, wirtschaftlichen und militärischen Fähigkeiten der Nation so viel gesicherter erschienen. Folglich unterliegen die Vereinigten Staaten heute jener Gefährdung, die Historikern, die sich mit dem Aufstieg und Fall ehemaliger großer Mächte beschäftigen, so vertraut ist und die grob »imperiale Überdehnung« genannt werden könnte. Die Entscheidungsträger in Washington müssen nun der unangenehmen Tatsache ins Auge sehen, daß die Gesamtsumme der globalen Interessen und Verpflichtungen der Vereinigten Staaten heutzutage weit größer ist als die Kraft des Landes, sie alle gleichzeitig zu erfüllen.

Im Gegensatz zu den Mächten, die früher mit dem Problem der strategischen Überdehnung zu kämpfen hatten, sehen sich die Vereinigten Staaten mit der Möglichkeit atomarer Vernichtung konfrontiert – eine Tatsache, die, wie viele Menschen glauben, die gesamte Natur der internationalen Machtpolitik verändert hat. Falls es tatsächlich zu einem größeren nuklearen Schlagabtausch kommen sollte, wäre jede Erwägung der »Aussichten« der Vereinigten Staaten problematisch bis zur Sinnlosigkeit – selbst wenn es zutrifft, daß die amerikanische Position in einem solchen Konflikt (aufgrund ihrer Verteidigungssysteme und des geographischen Ausmaßes) wahrscheinlich günstiger wäre als beispielsweise die Frankreichs oder Japans. Andererseits legt die Geschichte des Rüstungswettlaufs nach 1945 nahe, daß Atomwaffen zwar den Osten und den Westen gleichermaßen bedrohen, aber auch gleichermaßen unbrauchbar erscheinen – das ist der Hauptgrund dafür, daß die Mächte weiterhin die Ausgaben für ihre *konventionellen* Streitkräfte erhöhen. Falls jedoch die Möglichkeit besteht, daß die großen Staaten eines Tages in einen konventionellen Krieg verstrickt werden (ob nur regional oder auf höherer Ebene), tritt die Ähnlichkeit der strategischen Bedingungen zwischen den Vereinigten Staaten heute und dem imperialen Spanien und Großbritannien zur Zeit Eduards viel deutlicher zutage. In beiden Fällen sah sich die Macht »Nummer eins« Bedrohungen gegenüber, die weniger der Sicherheit des Heimatlandes (bei den Vereinigten Staaten ist die Gefahr, von einer Invasionsarmee erobert zu werden, denkbar gering) als den Interessen der Nation in Übersee galten – Interessen von solcher Spannweite, daß es schwierig wäre, sie alle gleichzeitig zu verteidigen, die aber aufzugeben ebenfalls weitere Risiken bedeutete.

Alle diese überseeischen Interessen wurden, wie man gerechterweise bemerken muß, von den Vereinigten Staaten aus damals sehr plausibel (und oft sehr dringlich) erscheinenden Gründen wahrgenommen, und in den meisten Fällen bestehen die Gründe für die amerikanische Präsenz immer noch. In bestimmten Teilen der Welt scheinen die Interessen der USA heute für die Entscheidungsträger in Washington sogar bedeutender zu sein als vor einigen Jahrzehnten.

Das gilt sicherlich, so kann man argumentieren, für die amerikanischen Verpflichtungen im Mittleren Osten. In dieser Region, die von Marokko im Westen bis Afghanistan im Osten reicht, sind die Vereinigten Staaten mit einer Reihe von Konflikten und Problemen konfrontiert, deren bloße Aufzählung einem (wie es ein Beobachter ausgedrückt hat) »die Sprache verschlägt«.[208] Es ist eine Gegend, die einen großen Teil des Ölvorrats der Welt besitzt; die (zumindest auf der Landkarte) für sowjetische Einflußnahme anfällig erscheint; in der sich ein isoliertes, aber militärisch effizientes Israel befindet, das durch eine mächtige amerikanische Lobby unterstützt wird; in der arabische Staaten (Ägypten, Saudi-Arabien, Jordanien, die Golf-Emirate), die im allgemeinen dem Westen zugeneigt sind, sowohl von ihren eigenen islamischen Fundamentalisten als auch von Drohungen aus dem Ausland (zum Beispiel Libyen) unter Druck gesetzt werden; und in der alle arabischen Staaten, wie auch immer ihre eigenen Rivalitäten geartet sein mögen, Israels Politik gegenüber den Palästinensern ablehnen. Aus diesem Grunde ist die Region für die Vereinigten Staaten wichtig, aber gleichzeitig ist sie gegen jede einfache politische Lösung verblüffend resistent. Zusätzlich scheint sie zumindest teilweise die Gegend der Welt zu sein, deren Länder am häufigsten auf kriegerische Mittel zurückgreifen. Schließlich liegt in dieser Gegend das einzige Territorium – Afghanistan –, das die Sowjetunion nach dem Zweiten Weltkrieg durch ihre Streitkräfte zu erobern versucht hat. Es ist daher kaum überraschend, daß der Mittlere Osten als ein Gebiet angesehen wurde, das ständig die – militärische oder diplomatische – Aufmerksamkeit Amerikas erfordert. Aber die Erinnerung an das Debakel im Iran im Jahre 1979 und an das unglückliche Unternehmen im Libanon im Jahre 1983, die diplomatische Komplexität der Feindschaften (wie soll man Saudi-Arabien unterstützen, ohne Israel zu alarmieren?) und die Unbeliebtheit der Vereinigten Staaten bei den Arabern machen es für die amerikanische Regierung extrem schwierig, im Mittleren Osten eine zusammenhängende, langfristige Politik zu verwirklichen.

Auch in Lateinamerika werden die nationalen Interessen der Vereinigten Staaten zunehmend bedroht. Sollte es irgendwo auf der Welt zu einer größeren internationalen Schuldenkrise kommen, die dem weltweiten Kreditsystem und besonders den US-Banken einen schweren Schlag versetzen könnte, so würde sie wahrscheinlich in dieser Region ihren Anfang nehmen. So wie die Dinge stehen, haben die wirtschaftlichen Probleme Lateinamerikas nicht nur den internationalen Kredit vieler großer amerikanischer Banken herabgesetzt, sondern auch zu einem beträchtlichen Rückgang der US-Exporte in diese Gegend geführt. Hier, wie auch in Ostasien, stellt die Drohung, daß die fortgeschrittenen, wohlhabenden Länder der Welt stetig ihre Zölle gegen den Import von Produkten aus Niedriglohnländern erhöhten und immer geringere Entwicklungshilfe leisten, einen Grund zu größter Besorgnis dar. Dies alles wird noch durch die Tatsache erschwert, daß Lateinamerika sich im Laufe der letzten Jahrzehnte wirtschaftlich und sozial bemerkenswert schnell verändert hat.[209] Zur gleichen Zeit übt die Bevölkerungsexplosion in einer beträchtlichen Anzahl dieser Staaten einen immer höheren Druck auf die vorhandenen Ressourcen und auf die älteren konservativen Regierungsstrukturen aus. Dies hat zu von weiten Kreisen unterstützten Bewegungen für soziale und konstitutionelle Reformen oder sogar zu regelrechten »Revolutionen« geführt – oft durch die radikalen Regime in Kuba und Nicaragua beeinflußt. Diese Bewegungen haben natürlich ihrerseits eine starke konservative Reaktion verursacht, die zur Polarisierung der Gesellschaft führte. Diese soziale und politische Zerrissenheit zwingt die Vereinigten Staaten oft, zwischen ihrem Verlangen, die Demokratie in Lateinamerika zu fördern, und ihrem Wunsch, den Marxismus zu besiegen, zu wählen. Außerdem muß Washington erwägen, ob es seine Ziele allein durch politische und wirtschaftliche Mittel durchsetzen will, oder ob es auf militärische Aktionen zurückgreift (wie im Falle von Grenada).

Aber das bei weitem beunruhigendste Problem liegt im Süden der Vereinigten Staaten und läßt die polnische »Krise« der UdSSR vergleichsweise klein erscheinen. Es gibt auf der ganzen Welt kein Gegenstück zu dem momentanen amerikanisch-mexikanischen Verhältnis. Mexiko steht am Rande des wirtschaftlichen Bankrotts und der Zahlungsunfähigkeit; die innere Wirtschaftskrise zwingt jährlich Hunderttausende, illegal in Richtung Norden zu ziehen; der sehr profitable Handel mit den Vereinigten Staaten entwickelt sich schnell zu einem brutal gelenkten Strom harter Drogen; und gleichzeitig ist die Grenze für diese Art von Verkehr immer noch außerordentlich durchlässig.[210]

Wenn die Herausforderung der amerikanischen Interessen in

Ostasien auch in weiter Ferne zu liegen scheint, so mindert das nicht die Bedeutung dieses riesigen Gebietes. Der höchste Anteil der Weltbevölkerung lebt dort; ein zunehmend größerer Teil des amerikanischen Handels wird mit Ländern des »pazifischen Rands« geführt; zwei zukünftige Großmächte der Welt, China und Japan, sind dort situiert; auch die Sowjetunion ist direkt und (durch Vietnam) indirekt vertreten. Dort findet man auch die neuindustrialisierten asiatischen Länder, zerbrechliche quasi-Demokratien, die einerseits den kapitalistischen Laisser-faire-Ethos mit Inbrunst angenommen haben und andererseits die amerikanischen Hersteller in allen Bereichen von der Textilindustrie bis zur Elektronik unterbieten. Überdies hat Amerika in Ostasien, meistens noch aus der Zeit des Kalten Krieges, ein beträchtliche Anzahl von militärischen Verpflichtungen.

Bereits eine bloße Aufzählung dieser Verpflichtungen legt nahe, wie außerordentlich weitgespannt die amerikanischen Interessen in dieser Region sind. Vor einigen Jahren hat das US-Verteidigungsministerium versucht, eine kurze Zusammenfassung der amerikanischen Interessen in Ostasien aufzustellen, aber die Prägnanz dieses Papiers verwies paradoxerweise nur darauf, wie fast grenzenlos das Ausmaß dieses strategischen Engagements ist:

Die Bedeutung der Sicherheit Ostasiens und des Pazifiks für die Vereinigten Staaten erweist sich an den bilateralen Verträgen mit Japan, Korea und den Philippinen; dem Manila-Pakt, der Thailand unseren Vertragspartnern anfügt; unseren Verträgen mit Australien und Neuseeland – dem ANZUS-Pakt. Die Stationierung von Landstreitkräften und Luftwaffeneinheiten in Korea und Japan und die Präsenz der Siebenten Flotte im westlichen Pazifik unterstreichen unser Interesse an der Sicherheit in dieser Sphäre. Unsere wichtigsten regionalen Operationsziele, in Absprache mit unseren regionalen Freunden und Verbündeten, sind: die Sicherheit unserer wesentlichen Seewege und die Interessen der Vereinigten Staaten in der Region aufrechtzuerhalten; die Fähigkeit zu bewahren, unseren vertraglichen Verpflichtungen im Pazifik und in Ostasien nachzukommen; die Sowjetunion, Nordkorea und Vietnam daran zu hindern, sich in die Angelegenheiten anderer Staaten einzumischen; eine dauerhafte strategische Beziehung zur Volksrepublik China aufzubauen; und die Stabilität und Unabhängigkeit uns freundlicher Länder zu unterstützen.[211]

Ferner verdeckt diese sorgfältig gewählte Sprache natürlich eine

Anzahl von extrem delikaten politischen und strategischen Problemen: Wie soll man »die Stabilität und Unabhängigkeit uns freundlicher Länder unterstützen«, während man versucht, die Überflutung des amerikanischen Marktes durch ihre Exporte zu kontrollieren; wie soll man die Japaner dazu bringen, einen größeren Anteil an der Verteidigung des westlichen Pazifik zu übernehmen, ohne ihre Nachbarn zu alarmieren; wie US-Stützpunkte zum Beispiel auf den Philippinen aufrechterhalten, ohne lokale Ressentiments hervorzurufen; wie die amerikanische militärische Präsenz in Südkorea reduzieren, ohne dem Norden ein falsches »Signal« zu senden...

Noch größer, zumindest gemessen an der Truppenstärke, ist der amerikanische Einsatz in Westeuropa – dessen Verteidigung, mehr als alles andere, die strategische Rechtfertigung der amerikanischen Armee und eines großen Teils der Luftwaffe und der Marine bildet. Einigen geheimen Berechnungen zufolge sind tatsächlich fünfzig bis sechzig Prozent der amerikanischen Streitkräfte der NATO zugeteilt, einer Organisation, in der (wie Kritiker betonen) die anderen Mitglieder einen bedeutend geringeren Anteil ihres Bruttosozialproduktes der Verteidigung opfern, obwohl Europas Bevölkerungszahl und Einkommen heute größer sind als die der USA.[212] Dies ist nicht der Ort, die verschiedenen europäischen Gegenargumente aus der »Lastenverteilungsdebatte« zu wiederholen (wie die sozialen Kosten, die Länder wie Frankreich und Westdeutschland mit der Aufrechterhaltung der Wehrpflicht zahlen), oder das Argument zu entwickeln, daß die USA im Falle einer »Finnlandisierung« Westeuropas noch mehr für die Verteidigung ausgeben müßten als heute.[213] Es ist aus amerikanischer strategischer Perspektive eine unübersehbare Tatsache, daß Westeuropa schon immer gegenüber russischem Druck verwundbarer war als beispielsweise Japan – teils weil es *keine* Insel ist und teils weil die UdSSR auf der anderen Seite der europäischen Landgrenze den größten Teil ihrer Land- und Luftstreitkräfte versammelt hat, bedeutend mehr, als man vernünftigerweise für die innere Sicherheit bräuchte. Das mag Rußland immer noch nicht die militärische Kapazität geben, um Westeuropa zu überrennen (siehe oben), aber es ist auch keine Situation, in der es klug erschiene, einseitig erhebliche US-Land- und -Luftstreitkräfte abzuziehen. Selbst die entlegene Möglichkeit, daß die größte Industriezusammenballung der Welt in die russische Einflußsphäre geraten *könnte*, reicht aus, das Pentagon zu überzeugen, daß »die Sicherheit Westeuropas für die Sicherheit der Vereinigten Staaten lebenswichtig ist«.[214]

Wie einleuchtend indessen die amerikanische Verpflichtung gegenüber Europa aus strategischer Sicht auch sein mag, diese Tatsache allein ist keine Garantie für die Vermeidung militärischer und politischer Komplikationen, die immer wieder zu transatlantischen Mißstimmungen geführt haben. Obwohl die NATO die Vereinigten Staaten und Westeuropa einander auf einer Ebene näherbringt, ist die EG, wie Japan, wirtschaftlich gesehen ein Rivale, besonders auf den schrumpfenden Agrarmärkten. Noch bedeutsamer ist, daß es – während die *offizielle* europäische Politik immer betont hat, wie wichtig der amerikanische »atomare Schirm« ist – in der Öffentlichkeit ein weitverbreitetes Unbehagen über die Stationierung amerikanischer Waffen (»cruise missiles«, Pershing II, U-Boote mit Tridentwaffensystemen – ganz zu schweigen von Neutronenbomben) auf europäischem Boden gibt. Aber selbst wenn die beiden Supermächte, um auf einen früheren Punkt zurückzukommen, im Falle eines größeren Konfliktes den Einsatz von Atomwaffen vermieden, bestünden immer noch beträchtliche Probleme, die Verteidigung Europas mit *konventionellen* Mitteln zu garantieren. Erstens wäre dies ein sehr kostspieliges Unterfangen. Zweitens müßte man, wenn man akzeptiert, daß den Land- und Luftstreitkräften des Warschauer Paktes tatsächlich Einhalt geboten werden könnte, die gegenwärtige Truppenstärke der NATO erhöhen. Aus dieser Sicht wäre nichts widersprüchlicher, als die US-Truppen in Europa zu reduzieren oder gar abzuziehen – auch wenn dies aus wirtschaftlichen Gründen oder zur Verstärkung der amerikanischen Präsenz anderswo in der Welt nötig wäre. Es ist jedoch extrem schwierig, eine Großstrategie zu verfolgen, die sowohl global wirksam als auch flexibel sein soll, wenn ein großer Teil der amerikanischen Streitkräfte auf eine bestimmte Region festgelegt ist.

Angesichts dieser Situation ist es nicht überraschend, daß sich die Streitkräfte selbst die meisten Sorgen über die Diskrepanz zwischen amerikanischen Verpflichtungen und amerikanischer Stärke machen – ganz einfach, weil sie als erste unter der Aufdeckung strategischer Schwächen in der harten Prüfung eines Krieges leiden würden. Daher warnt das Pentagon häufig davor, einen globalen logistischen Jongleurakt ausführen zu müssen, bei dem Truppen von einem »heißen Punkt« zum nächsten verfrachtet werden, sobald neuer Ärger aufkommt. Auch wenn dies Ende 1983 besonders akut war, als zusätzliche Entsendungen von US-Truppen nach Zentralamerika, Grenada, in den Tschad und den Libanon dem damaligen Chef des Generalstabs die Äußerung entlockten, daß das »Ungleichgewicht« zwischen den amerikanischen Streitkräften und der amerikanischen Strategie »heute größer ist als je zuvor«[215] – das Problem existierte schon Jahre vorher. Interessanterweise werden solche Warnungen, daß die amerikanischen Streitkräfte »bis zum Äußersten gedehnt« seien, von Karten der »weltweiten Stationierung der US-Streitkräfte«[216] illustriert, die Historiker sehr an die Kette von Flottenstützpunkten und Garnisonen erinnern, welche die ehemalige Weltmacht Großbritannien auf dem Höhepunkt ihrer strategischen Überdehnung besaß.[217]

Auf der anderen Seite ist es unwahrscheinlich, daß die Vereinigten Staaten je aufgerufen sein werden, *alle* ihre überseeischen Interessen gleichzeitig und ohne Hilfe einer beträchtlichen Anzahl von Alliierten – den NATO-Staaten in Westeuropa, Israel im Mittleren Osten und Japan im Pazifik, Australien und möglicherweise China – zu verteidigen. Außerdem entwickeln sich die regionalen Trends in militärischen Begriffen nicht alle ungünstig für die Vereinigten Staaten; beispielsweise würde heute eine durchaus mögliche Aggression durch das unberechenbare nordkoreanische Regime wohl kaum von Peking begrüßt werden – und zusätzlich hat Südkorea heute selbst eine Bevölkerung, die zweimal so groß, und ein Bruttosozialprodukt, das viermal so groß ist wie das Nordkoreas. Auf ähnliche Weise wurde die für Washington alarmierende Expansion der russischen Streitkräfte im Fernen Osten dadurch ausgeglichen, daß die Volksrepublik China die russischen Verbindungen nach Osten zu Land und zur See bedroht. Das kürzliche nüchterne Eingeständnis des US-Verteidigungsministers, daß »wir es uns nicht leisten können, ausreichende Kapazitäten zu erwerben, um all

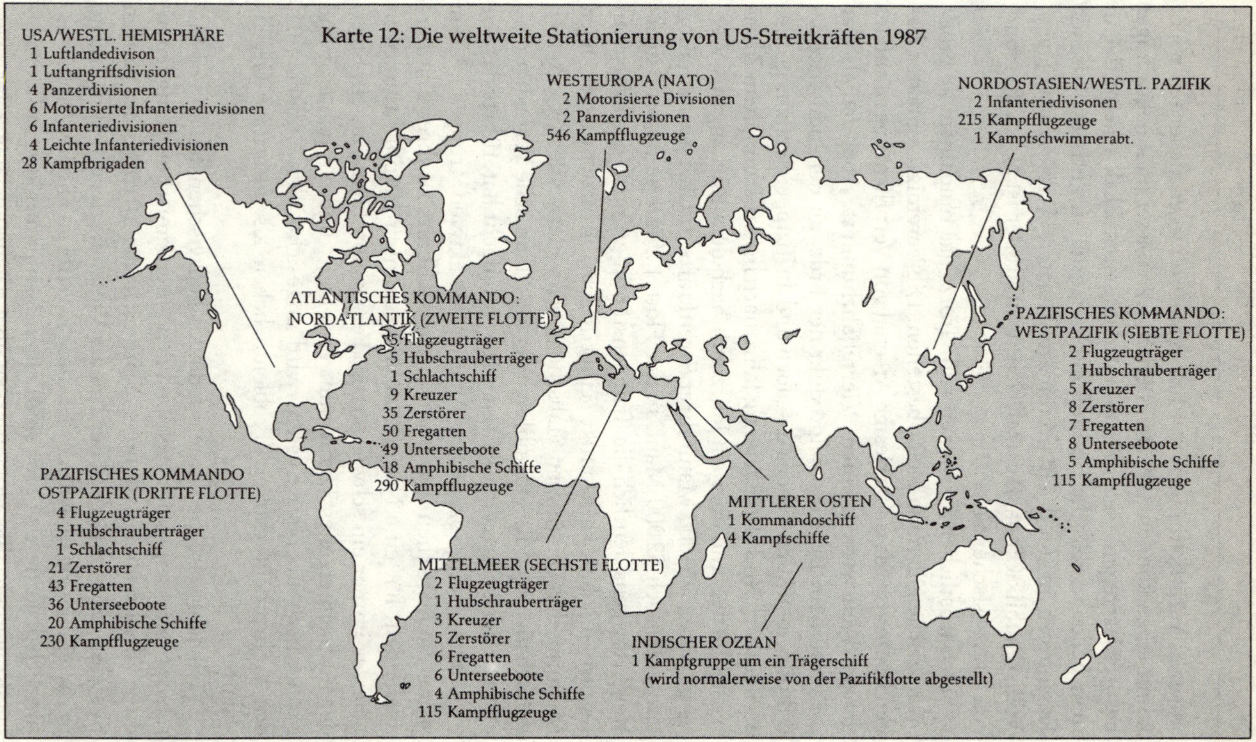
Karte 12: Die weltweite Stationierung von US-Streitkräften 1987
USA/WESTL. HEMISPHÄRE
1 Luftlandedivison
1 Luftangriffsdivision
4 Panzerdivisionen
6 Motorisierte Infanteriedivisionen
6 Infanteriedivisionen
4 Leichte Infanteriedivisionen
28 Kampfbrigaden
WESTEUROPA (NATO)
2 Motorisierte Divisionen
2 Panzerdivisionen
546 Kampfflugzeuge
NORDOSTASIEN/WESTL. PAZIFIK
2 Infanteriedivisonen
215 Kampfflugzeuge
1 Kampfschwimmerabt.
ATLANTISCHES KOMMANDO:
NORDATLANTIK (ZWEITE FLOTTE)
5 Flugzeugträger
5 Hubschrauberträger
1 Schlachtschiff
9 Kreuzer
35 Zerstörer
50 Fregatten
49 Unterseeboote
18 Amphibische Schiffe
290 Kampfflugzeuge
PAZIFISCHES KOMMANDO:
WESTPAZIFIK (SIEBTE FLOTTE)
2 Flugzeugträger
1 Hubschrauberträger
5 Kreuzer
8 Zerstörer
7 Fregatten
8 Unterseeboote
5 Amphibische Schiffe
115 Kampfflugzeuge
PAZIFISCHES KOMMANDO
OSTPAZIFIK (DRITTE FLOTTE)
4 Flugzeugträger
5 Hubschrauberträger
1 Schlachtschiff
21 Zerstörer
43 Fregatten
36 Unterseeboote
20 Amphibische Schiffe
230 Kampfflugzeuge
MITTLERER OSTEN
1 Kommandoschiff
4 Kampfschiffe
MITTELMEER (SECHSTE FLOTTE)
2 Flugzeugträger
1 Hubschrauberträger
3 Kreuzer
5 Zerstörer
6 Fregatten
6 Unterseeboote
4 Amphibische Schiffe
115 Kampfflugzeuge
INDISCHER OZEAN
1 Kampfgruppe um ein Trägerschiff
(wird normalerweise von der Pazifikflotte abgestellt)

unseren Verpflichtungen mit hundertprozentiger Sicherheit nachkommen zu können«,[218] ist sicherlich wahr; aber dies mag weniger besorgniserregend sein, als es auf den ersten Blick scheint, wenn man bedenkt, daß die Summe der potentiellen anti-sowjetischen Ressourcen in der Welt (Vereinigte Staaten, Westeuropa, Japan, Volksrepublik China, Australasien) weit größer ist als die Ressourcen auf russischer Seite.

Solch tröstlichen Gedanken zum Trotz: das fundamentale großstrategische Dilemma bleibt bestehen. Die Vereinigten Staaten haben heute etwa dasselbe riesige Arsenal von Verpflichtungen auf der ganzen Welt wie vor einem Vierteljahrhundert. Aber damals war ihr Anteil am Bruttosozialprodukt der Erde, an der Industrieproduktion, an militärischen Ausgaben und an Truppen weitaus größer als heute.[219] Noch 1985, vierzig Jahre nach ihrem Triumph im Zweiten Weltkrieg und über ein Jahrzehnt nach dem Rückzug aus Vietnam, waren 520000 Mann ihrer Streitkräfte in Übersee stationiert (einschließlich 52000 Mann in der Flotte).[220] Diese Summe übersteigt übrigens deutlich die Truppenstationierungen des britischen Empire auf dem Höhepunkt seiner Macht. Trotzdem ist es, nach Meinung der Vereinigten Stabschefs und vieler ziviler Experten,[221] einfach nicht genug. Obwohl sich der amerikanische Verteidigungsetat seit den späten 70er Jahren fast verdreifacht hat, führte das nur zu einem »fünfprozentigen Anstieg der aktiven Truppe«.[222] Wie schon die britischen und französischen Militärs zu ihrer Zeit herausfanden, hat eine Nation mit ausgedehnten Verpflichtungen in Übersee immer ein schwierigeres »Personalproblem« als ein Staat, der nur sein eigenes Territorium verteidigt; und ein politisch und ökonomisch liberales System wird angesichts der Unbeliebtheit der Wehrpflicht größere Probleme haben als autoritäre Gesellschaften.[223]

Vielleicht wäre die Sorge um die Lücke zwischen den amerikanischen Interessen in der Welt und den amerikanischen Fähigkeiten, diese zu verteidigen, geringer, wäre nicht die *Effizienz* des ganzen Systems – zumindest seit der Zeit des Vietnamkrieges – zunehmend in Zweifel gezogen worden. Da diese Zweifel an anderer Stelle ausführlich diskutiert worden sind, sollen sie hier nur kurz zusammengefaßt werden; dies ist kein Essay über das heiße Thema der »Verteidigungsreform«.[224] Besonders umstritten war dabei der Bereich der Rivalität zwischen den Waffengattungen, ein Problem, das es natürlich in allen Streitkräften gegeben hat, das aber im amerikanischen System offenbar besonders tiefe Wurzeln geschlagen hat. Vielleicht liegt es daran, daß die Vereinigten Stabschefs nur relativ bescheidene Macht besitzen, vielleicht daran, daß zu viele Energien sich auf die Beschaffung richten und weniger auf strategische und operationelle Fragen. In Friedenszeiten mag man das als ein extremes Beispiel »bürokratischen Nahkampfes« abtun, aber unter Kriegsbedingungen, zum Beispiel bei Operationen der »Rapid Deployment Joint Task Force« (einer Schnellen Einsatztruppe), die Elemente aller vier Waffengattungen umfaßt, kann ein Mangel an Koordination sich fatal auswirken.

Auf dem Gebiet militärischer Beschaffung sind Vorwürfe von »Vergeudung, Betrug und Mißbrauch«[225] schon alltäglich. Die verschiedenen Skandale über grauenvoll teure und zugleich leistungsschwache Waffen, welche im Mittelpunkt öffentlichen Interesses standen, haben durchaus plausible Erklärungen: den Mangel an wirklich kompetitiven Ausschreibungen, die Aufhebung der Marktmechanismen im »militärisch-industriellen Komplex«, die Tendenz, immer kompliziertere und damit teurere Waffensysteme zu entwickeln und schließlich das Streben nach größtmöglichem Profit. Indessen ist es schwierig, solche Schwächen im Beschaffungsprozeß von deutlich fundamentaleren Vorgängen zu trennen: der wachsenden Auswirkung neuer Technologien auf die Bewaffnung. Wenn man zugesteht, daß die UdSSR auf dem Gebiet der »High Technology« am verwundbarsten erscheint – und daß daher amerikanische *Qualität* benutzt werden kann, um der russischen *Quantität* an Panzern und Flugzeugen zu begegnen –, haben »kompetitive Strategien« (wie Caspar Weinberger es genannt hat) bei der Beschaffung neuer Systeme natürlich eine große Anziehungskraft.[226] Nichtsdestoweniger verweist die Tatsache, daß Reagans Regierung in ihrer ersten Amtszeit 75 Prozent mehr für die Luftwaffe ausgab, aber nur neun Prozent mehr Flugzeuge anschaffte, auf *das* Beschaffungsproblem des späten zwanzigsten Jahrhunderts: Würden die USA und ihre Alliierten angesichts der vom technologischen Fortschritt angetriebenen Tendenz zu immer teureren Waffen in immer geringerer Stückzahl wirklich über ausreichende Mengen an teuren und hochkomplizierten Flugzeugen und Panzern verfügen, um einen längeren konventionellen Konflikt durchzustehen? Hat die US-Navy genug U-Boote oder auch Fregatten, wenn sie in der ersten Phase einer *dritten* Atlantikschlacht schwere Verlust erlitte? Wenn nicht, wären die Folgen verheerend, denn es ist klar, daß die heutigen komplexen Waffensysteme nicht in der kurzen Zeit ersetzt werden könnten wie im Zweiten Weltkrieg.

Dieses Dilemma wird durch zwei andere Faktoren in der komplizierten Rechnung einer effektiven amerikanischen Verteidigungspolitik akzentuiert. Der erste liegt in den Budgetzwängen des Pentagon. Außer wenn die außenpolitische Lage sehr viel bedrohlicher würde, wäre es ein bemerkenswerter Akt politischer Überredung, die nationalen Verteidigungsausgaben deutlich über, sagen wir, 7,5 Prozent des Bruttoinlandproduktes anzuheben – um so mehr, als das amerikanische Haushaltsdefizit der Einschränkung der Regierungsausgaben höchste Priorität zuweist. Gibt es aber auch nur eine Verlangsamung im Zuwachs der Verteidigungsausgaben oder gar ein Einfrieren würde das angesichts der steil ansteigenden Waffenkosten den Pentagon in noch größere Probleme stürzen.

Der zweite Faktor besteht in der enormen Variationsbreite militärischer Kontingenzen, für die eine globale Supermacht wie die Vereinigten Staaten Pläne entwickeln muß – und die alle verschiedene Forderungen an die Streitkräfte und ihre Bewaffnung stellen. Auch das ist nicht beispiellos in der Geschichte der großen Mächte; die britische Armee stand oft vor dem Problem, einen Kampf an der Nordwestgrenze von Indien *oder* in Belgien planen zu müssen. Aber selbst solche Herausforderungen verblassen neben der Aufgabe, der sich die »Nummer eins« von heute gegenübersieht. Wenn es der entscheidende Punkt für die Vereinigten Staaten ist, auf *allen* Ebenen der Eskalation eine nukleare Abschreckung aufrechtzuerhalten, dann muß man das Geld eindeutig in Waffen wie die MX-Rakete, die B-1 und »Stealth«-Bomber, in Pershing II-Raketen, Cruisemissiles und Trident-U-Boote stecken. Wenn ein großer konventioneller Krieg gegen den Warschauer Pakt das wahrscheinlichste Szenario ist, müssen die Mittel sehr wahrscheinlich in ganz andere Waffensysteme fließen: taktische Jäger, Kampfpanzer, große Flugzeugträger, Fregatten, Kampfunterseeboote und in die Logistik. Wenn es wahrscheinlicher ist, daß die USA und die UdSSR einen direkten Zusammenstoß vermeiden und beide in der Dritten Welt aktiver werden, dann ändert sich der »Waffen-Mix« wiederum: Handfeuerwaffen, Hubschrauber, eine Verstärkung des Marine Corps wären dann die Prioritäten. Schon daraus wird deutlich, daß ein großer Teil der Kontroverse um die »Verteidigungsreform« sich aus den Annahmen über den Typus des Konfliktes herleitet, den die Vereinigten Staaten unter Umständen zu bestehen hätten. Aber was wenn die führenden Politiker den falschen Annahmen folgen?

Eine weitere Sorge um die Effizienz des Systems – und eine, die auch von jenen geteilt wird, die einer »Erneuerung« amerikanischer Macht das Wort reden[227] – besteht darin, ob das augenblickliche System der Entscheidungsfindung überhaupt die Durchführung einer richtigen Großstrategie erlaubt. Das hieße nicht nur, daß man eine größere Kohärenz in der Militärpolitik erreichen mußte – also weniger Streit um die Frage des Vorrangs etwa einer »maritimen Strategie« gegenüber einer »Koalitionskriegführung«[228] –, sondern auch, daß man zu einer langfristigen Synthese politischer, ökonomischer und strategischer Interessen käme, die an die Stelle des bürokratischen Kleinkriegs träte, der so häufig die Politik Washingtons charaterisiert hat. Ein vielzitiertes Beispiel dafür ist der nur zu häufige öffentliche Disput darüber, wie und wo die Vereinigten Staaten ihre Streitkräfte in Übersee einsetzen sollten, um ihre nationalen Interessen zu verteidigen. Das Außenministerium wünschte dabei oft klare und feste Reaktionen gegen jene, die solche Interessen gefährden, während das Verteidigungsministerium (insbesondere nach dem Libanon-Debakel) nur noch unter besonderen Bedingungen willens war, Truppen nach Übersee zu schicken.[229] Andererseits hat es auch Fälle gegeben, in denen das Pentagon eine Neigung zu einseitigen Entscheidungen im Rüstungswettlauf zeigte (zum Beispiel beim SDI-Programm und bei der Aufgabe von SALT II), ohne daß die wichtigsten Alliierten konsultiert wurden, was wiederum Probleme für das Außenministerium schuf. Immer wieder gab es Ungewißheiten über die Rolle, die der Nationale Sicherheitsrat oder auch einzelne Sicherheitsberater spielten. Die Politik im Mittleren Osten war voller Widersprüche – zum Teil aufgrund der praktischen Unlösbarkeit der Palästinenserfrage, zum Teil aber auch, weil das strategische Interessen der Vereinigten Staaten, die konservativen pro-westlichen Araberstaaten gegen den sowjetischen Einfluß zu stützen, oft an der gut organisierten pro-Israel-Lobby in Washington scheiterte. Es gab interministerielle Streitigkeiten um den Einsatz von ökonomischen Instrumenten – von Handelsboykotten bis zu Ausfuhrverboten von technologisch wertvollen Geräten, von Waffenlieferungen bis zu Getreideverkäufen – zur Unterstützung amerikanischer diplomatischer Interessen zum Beispiel in Südafrika, der Sowjetunion, Polen, der EG und so weiter. Kein vernünftiger Mensch würde behaupten, daß die vielen außenpolitischen Probleme jeweils eine offensichtliche und greifbare »Lösung« anböten, aber andererseits ist der Wahrung langfristiger amerikanischer Interessen sicher nicht gedient, wenn die Formulierung einer nationalen Politik durch häufige innere Streitigkeiten erschwert wird.

Pessimistischere Kritiker haben Zweifel über die politische Kultur geäußert, innerhalb derer sich die Entscheidungsträger in Washington bewegen müssen. Das ist eine bei weitem zu komplexe und umfassende Frage als daß sie hier im Detail untersucht werden könnte. Aber es ist immer häufiger gesagt worden, daß einem Land, das seine Großstrategie im Lichte größerer und unkontrollierbarer Veränderungen in der Weltpolitik neu formulieren muß, nicht unbedingt mit einem Wahlsystem gedient ist, das die Außenpolitik alle zwei Jahre lahmzulegen scheint. Auch mag ihm nicht mit dem außerordentlich Druck gedient sein, den Lobbyisten, politische Komitees und andere Interessengruppen entwickeln; und sicher auch nicht mit der »Vereinfachung« lebenswichtiger, aber komplexer internationaler und strategischer Fragen durch Massenmedien, deren Zeit und Raum für solche Dinge begrenzt sind und deren *raison d'être* es ist, Geld zu machen und das Publikum zu interessieren, und erst in zweiter Linie, zu informieren. Auch mag ihm nicht gedient sein mit den noch immer machtvollen »eskapistischen« Tendenzen der amerikanischen Gesellschaft, die in den Begriffen der »Frontier«-Vergangenheit verständlich sein mögen, aber sicher ein

Hindernis für das Verständnis der modernen Welt und *anderer* Kulturen und Ideologien sind. Schließlich leidet das Land unter einer Teilung konstitutioneller und exekutiver Macht, die bewußt geschaffen wurde, als es geographisch und strategisch vom Rest der Welt isoliert war und ihm Zeit blieb, sich in Ruhe über die wenigen Streitfragen zu einigen, die wirklich die »Außen«politik berührten. Heute, da das Land eine globale Supermacht geworden ist, muß es oft zu schnellen Entscheidungen kommen, um mit Staaten Schritt zu halten, die weit weniger konstitutionelle Hemmnisse kennen. Keiner dieser Faktoren stellt für sich ein unüberwindliches Hindernis für die Durchführung einer zusammenhängenden langfristigen Großstrategie dar; ihr kumulativer und ineinandergreifender Effekt macht es indessen sehr viel schwieriger, notwendige politische Korrekturen durchzuführen, wenn sie gegen Sonderinteressen verstoßen oder wenn sie in ein Wahljahr fallen. Es mag daher durchaus sein, daß die Entwicklung einer effektiven amerikanischen Politik für das 21. Jahrhundert in diesem, dem kulturellen und innenpolitischen Bereich, ihrer härtesten Prüfung entgegengeht.

Die schließliche Frage des richtigen Verhältnisses von »Mittel und Zweck« in der Wahrung der globalen amerikanischen Interessen bezieht sich auf die ökonomischen Herausforderungen, denen sich das Land gegenübersieht. Diese Herausforderungen sind so unterschiedlich, daß sie die Entwicklung einer nationalen Politik enorm erschweren. Die außerordentliche Breite und Kompliziertheit der amerikanischen Ökonomie macht es schwierig zusammenzufassen, was in den verschiedenen Bereichen vor sich geht – besonders zu einer Zeit, da diese Ökonomie so unterschiedliche Signale aussendet.[230] Nichtsdestoweniger setzen sich die Hauptzüge, die im vorigen Kapitel beschrieben wurden, weiter fort.

Der erste dieser Züge besteht in dem relativen industriellen Niedergang des Landes, wenn man es an den Parametern der Weltproduktion mißt. Dies gilt nicht nur für die traditionelleren Erzeugnisse wie Textilien, Eisen und Stahl, Schiffbau und chemische Produkte, sondern auch für – obwohl es viel weniger leicht ist, das Endergebnis eines Kampfes auf so hoher technischer Ebene vorherzusagen – die globalen Anteile bei Industrierobotern, der Luftfahrttechnik, bei Automobilen, im Maschinenbau und bei Computern. Beide

Bereiche stellen die Vereinigten Staaten vor immense Probleme: im Bereich der traditionellen Industrie sind die Lohnkostenunterschiede zu den jungen Industriestaaten wahrscheinlich so groß, daß selbst die besten »Effizienz-Maßnahmen« die Lücke nicht schließen könnten; sollte aber das Land den Konkurrenzkampf um die Zukunftstechnologien verlieren, so wäre das sogar noch verheerender. Ende 1986 berichtete beispielsweise eine Kongreßstudie, daß der Handelsüberschuß der USA im »High Tech«-Bereich von 27 Milliarden Dollar im Jahre 1980 auf bloße 4 Milliarden gesunken war und sich schnell auf ein Defizit zubewegte.[231]

Der zweite und in vieler Hinsicht überraschendere Bereich des Niedergangs ist die Landwirtschaft. Noch vor einem Jahrzehnt sagten Experten ein erschreckendes globales Ungleichgewicht zwischen Nahrungsmittelbedarf und Ernteergebnissen voraus.[232] Aber dieses Szenario von Hungersnöten und Katastrophen stimulierte zwei machtvolle Reaktionen. Die erste bestand in massiven Investitionen in die amerikanische Landwirtschaft von den 70er Jahren an, in der Hoffnung auf immer weiter anwachsende Nahrungsmittelausfuhren; die zweite war eine enorme (von der westlichen Welt finanzierte) wissenschaftliche Anstrengung, die Ernten in der Dritten Welt zu erhöhen. Dies erwies sich als so erfolgreich, daß eine wachsende Zahl dieser Länder sich in Getreide*exporteure* verwandelten – was sie zu Konkurrenten der Vereinigten Staaten machte. Diese Trends waren unabhängig von, fielen aber zeitlich zusammen mit der Entwicklung der EG in einen Produzenten von Agrarüberschüssen. Infolgedessen sprechen nun Experten von einem »Nahrungsmittelüberhang«[233], was zu stark nachgebenden Preisen und einer Verminderung amerikanischer Agrarexporte führt – und viele Farmer zur Aufgabe zwingt.

Es kann niemanden überraschen, daß diese ökonomischen Probleme protektionistischen Neigungen unter Geschäftsleuten, Gewerkschaftlern, Farmern und ihren Kongreßrepräsentanten großen Auftrieb gegeben haben. Wie schon bei der »Zollreform«-Agitation im Eduardischen Großbritannien[234] klagen die Verfechter höherer Zölle über unfaire Praktiken des Auslands, über »dumping«-Preise und enorme Subventionen für ausländische Bauern. Darauf kann, wie sie meinen, die US-Regierung nur mit der Aufgabe ihrer

Laisser-faire-Handelspolitik und mit harten Gegenmaßnahmen reagieren. Viele dieser Einzelklagen (zum Beispiel das »dumping« von japanischen Chips auf dem amerikanischen Markt) sind gerechtfertigt. In einem weiteren Sinne spiegeln aber die wachsenden protektionistischen Neigungen die Erosion der einst unangefochtenen industriellen Vormachtstellung der Vereinigten Staaten wider. Wie die viktorianischen Briten waren die Amerikaner nach 1945 ganz für den Freihandel und für offene Konkurrenz – nicht nur weil sie überzeugt waren, daß auf die Weise Handel und Prosperität auf der ganzen Welt gefördert würden, sondern auch weil sie wußten, daß sie am meisten vom Abbau des Protektionismus profitieren würden. Vierzig Jahre später ist dieses Selbstvertrauen geschwunden, und nun wendet sich die öffentliche Meinung, wie nicht anders zu erwarten, wieder dem Schutz des heimischen Produzenten und des Binnenmarktes zu. Und wiederum genau wie in jenem zurückliegenden britischen Fall treten auch Verteidiger der bestehenden Ordnung auf und warnen davor, daß höhere Zölle die heimischen Produkte nicht nur noch weniger konkurrenzfähig machen könnten, sondern daß es auch verschiedene sehr nachteilige Auswirkungen geben könnte – einen weltweiten Zollkrieg, Schläge gegen den amerikanischen Export, die Schwächung der Währung gewisser junger Industriestaaten und eine Wiederkehr der Wirtschaftskrise der 30er Jahre.

Neben diesen Schwierigkeiten auf den Gebieten der amerikanischen Industrie und Landwirtschaft gibt es beispiellose Turbulenzen im Finanzgefüge der Nation. Die mangelnde Konkurrenzfähigkeit amerikanischer Industrieprodukte und das Nachlassen der Agrarexporte haben zusammengewirkt, um ein atemberaubendes Defizit im sichtbaren Handel aufzubauen – zum Beispiel ein Minus von 160 Milliarden Dollar in den zwölf Monaten bis Mai 1986. Aber noch alarmierender ist die Tatsache, daß auch die »unsichtbaren« Einkünfte diese Lücke nicht mehr füllen können, was beim Großbritannien vor 1914 noch der Fall war. In Gegenteil, die Vereinigten Staaten können ihre Schulden nur noch bezahlen, indem sie wachsende Kapitalsummen importieren. Das hat das Land *im Verlauf von wenigen Jahren* vom größten Gläubiger der Welt in den größten Schuldner der Welt verwandelt.

Was dieses Problem verschärft – in den Augen vieler Kritiker vielleicht sogar begründet[235] –, ist die Haushaltspolitik der US-Regierung. Schon in den 60er Jahren gab es in Washington die Tendenz, sich eher auf ein »deficit spending« als auf Steuererhöhungen zu stützen, um die wachsenden Verteidigungs- und Sozialkosten zu bestreiten. Aber die Beschlüsse der Reagan-Regierung in den frühen 80er Jahren – hohe Zuwächse in den Verteidigungsausgaben plus Steuerabbau, aber *ohne* signifikante Reduktionen in anderen Ausgaben des Bundes – haben das Defizit in außergewöhnliche Höhen getrieben und damit auch die Staatsschuld (siehe Tabelle 49).

Tabelle 49 Haushaltsdefizit, Schulden und Zinsen der Vereinigten Staaten 1980–1985[236] (Milliarden $)

	Defizit	Schulden	Schuldzinszahlungen
1980	59,6	914,3	52,5
1983	195,4	1381,9	87,8
1985	202,8	1823,1	129,0

Alarmierte Stimmen haben darauf hingewiesen, daß die Fortsetzung solcher Trends die Staatsschuld der Vereinigten Staaten bis zum Jahre 2000 auf etwas 13 *Billionen* Dollar treiben würde (vierzehnmal soviel wie die von 1980) und die Zinszahlungen auf 1.5 *Billionen* (29mal soviel wie 1980).[237] Niedrigere Zinsen würden diese Schätzungen allerdings vermindern,[238] aber der allgemeine Trend ist dennoch sehr ungesund. Selbst wenn das Bundesdefizit auf »bloße« 100 Billionen Dollar im Jahr reduziert werden könnte, würde das Zusammenwirken von Staatsschuld und Zinsdienst dazu führen, daß zu Beginn des 21. Jahrhunderts beispiellose Summen in diesen Bereich gelenkt werden müßten. Es fällt einem nur ein einziges historisches Beispiel einer großen Macht ein, die ihre Verschuldung in *Friedenszeiten* so erhöhte, und das ist Frankreich in den 1780ern, als die fiskalische Krise entscheidend zu der folgenden politischen Krise beitrug.

Diese amerikanischen Handels- und Haushaltsdefizite interagieren jetzt mit einem neuen Phänomen in der Weltwirtschaft – und das ist die »Verlagerung« der internationalen Kapitalströme weg vom Handel mit Gütern und Dienstleistungen. Aufgrund der wachsenden Verflechtung der Weltwirtschaft ist das Handelsvolumen sowohl bei Industriegütern als auch bei Finanzdienstleistungen weit größer denn je zuvor, und zusammengenommen mag es sich auf etwa drei Billionen im Jahr belaufen. Aber diese Summe wird jetzt weit von den unglaublichen Kapitalströmen übertroffen, die sich auf die Geldmärkte der Welt ergießen. Allein der Eurodollar-Markt mit Basis in London hat ein Volumen, das »mindestens 25mal so groß ist wie das Volumen des Welthandels«.[239] Dieser Trend wurde durch die Vorgänge in den 70er Jahren verstärkt (durch die Abwendung von »fixen« zu »floatenden« Währungen, durch die überschüssigen Gelder aus den OPEC-Ländern), aber er wurde auch durch die US-Defizite stimuliert, da die Regierung in Washington die gähnende Lücke zwischen ihren Ausgaben und ihren Einkünften nur durch das Aufsaugen gewaltiger Summen flüssigen Kapitals aus Europa und (besonders) Japan schließen konnte.[240] Es ist in der Tat schwierig, sich vorzustellen, wie die amerikanische Wirtschaft ohne den Zufluß ausländischen Kapitals in den frühen 80er Jahren zurechtgekommen wäre. Das hatte allerdings die unangenehme Folge, daß der Wert des Dollar sich erhöhte und damit amerikanische Exporte weiter erschwerte. Dies wiederum führt zu der besorgniserregenden Frage, was passiert, wenn diese riesigen und sehr beweglichen Gelder dem Dollar plötzlich entzogen würden und er steil abstürzte.

Wie immer in solchen Streitfragen haben sich auch Stimmen zu Wort gemeldet, welche die Sorgen um die amerikanische Ökonomie als überzogen bezeichnen und den pessimistischen Kritikern vorwerfen, sie sähen die »Natürlichkeit« der meisten dieser Entwicklungen nicht. Zum Beispiel wäre der Farmgürtel des Mittleren Westens viel besser dran, hätten nicht so viele Spekulanten in den späten 70ern Land zu überhöhten Preisen und exzessiven Zinsraten aufgekauft. Auch wird die Verschiebung von der Industrieproduktion zu den Dienstleistungen als etwas Normales bezeichnet, das in allen fortgeschrittenen Ökonomien vor sich geht. Und man muß sich in der Tat ins Gedächtnis rufen, daß die Industrieproduktion der USA in absoluten Zahlen gestiegen ist, auch wenn die Beschäftigung in diesem Bereich gesunken ist – ebenfalls ein »natürlicher«

Trend in einer Welt, die sich zunehmend von einer materialbestimmten zu einer wissensbestimmten Produktion bewegt. Auch ist an der Entwicklung amerikanischer Finanzinstitute in Weltfinanzinstitute mit Niederlassungen in Tokio, London und New York nichts Ungesundes. Nur aufgrund dieser Expansion können die Institute das große Volumen der Kapitalströme handhaben (und von ihm profitieren), was wiederum die Einnahmen des Landes aus Finanzdienstleistungen in die Höhe treibt. Sogar die hohen jährlichen Haushaltsdefizite und die wachsende Staatsschuld werden manchmal als nicht allzu gravierend beschrieben. Man muß die inflationären Steigerungen herausrechnen, und in einigen Kreisen glaubt man daran, daß die Ökonomie aus diesen Defiziten »herauswachsen« wird, oder daß von der Politik Maßnahmen ergriffen werden, um die Lücke zu schließen. Dies könnte durch Steuererhöhungen oder durch Reduzierung der Ausgaben oder eine Kombination aus beiden geschehen. Ein zu abrupter Versuch, das Defizit zu drücken, so wird gewarnt, könnte eine große Depression auslösen.

Noch beruhigender sind nach dieser Meinung die positiven Anzeichen des Wachstums in der amerikanischen Ökonomie. Aufgrund des Booms auf dem Dienstleistungssektor haben die Vereinigten Staaten im vergangenen Jahrzehnt schneller Arbeitsplätze geschaffen als je zuvor in Friedenszeiten – und auf jeden Fall sehr viel schneller als Westeuropa. Dazu hat die weit größere Mobilität der amerikanischen Arbeiter und Angestellten beigetragen. Überdies verspricht das enorme Engagement in der High Technology – nicht nur in Kalifornien, sondern auch in Neuengland, Virginia, Arizona und in vielen anderen Landesteilen – eine wachsende Produktion auf diesem Gebiet und damit zunehmende nationale Prosperität. Es sind in der Tat genau diese Möglichkeiten der amerikanischen Ökonomie, die noch immer Millionen von Immigranten anziehen und die Tausende neuer Unternehmer stimulieren. Auch kann der ins Land schwappende Kapitalstrom für weitere Investitionen, besonders auf dem Gebiet von Forschung und Entwicklung, genutzt werden. Und schließlich sollten die Verschiebungen auf den internationalen Märkten, die zur Verbilligung der Rohstoffe geführt haben, einer Ökonomie nützen, die nach wie vor große Mengen Rohöl, Erze und so weiter einführt (auch wenn dies bestimmte

Produzenten in den Vereinigten Staaten wie Farmer oder Ölfirmen hart trifft).

Viele dieser Argumente mögen durchaus etwas für sich haben. Da die amerikanische Wirtschaft so breit und vielfältig ist, werden einige Sektoren und Regionen wachsen, während andere zur gleichen Zeit zurückfallen – und es ist daher unangemessen, das Ganze mit Verallgemeinerungen wie »Krise« oder »Boom« zu charakterisieren. Angesicht der Verbilligung von Rohstoffen, dem Rückgang im Wert des Dollar seit 1985, der niedrigeren Zinsen – und der Wirkung aller drei Faktoren auf die Inflation und die Stimmung in der Geschäftswelt – ist es nicht überraschend, daß einige Ökonomen optimistisch in die Zukunft blicken.[241] Aus der Perspektive einer amerikanischen Großstrategie indessen und mit Blick auf das ökonomische Fundament, auf dem eine effektive, langfristige Strategie aufbauen muß, ist das Bild viel weniger rosig. Zunächst einmal ist die Fähigkeit der Vereinigten Staaten, die globalen Verpflichtungen, die sie seit 1945 auf sich genommen haben, zu erfüllen, offensichtlich viel geringer als vor einigen Jahrzehnten. Damals war ihr Anteil an der Weltproduktion sehr viel größer, ihre Landwirtschaft befand sich nicht in einer Krise, ihre Zahlungsbilanz war viel gesünder, der Haushalt war ausgeglichen, und sie waren beim Rest der Welt nicht tief verschuldet. In diesem weiteren Sinne ist die Analogie berechtigt, die manche Politologen zwischen der Position der USA heute und jener früherer »niedergehender Hegemonialmächte« sehen.[242]

Dabei ist es wiederum lehrreich, sich die unheimlichen Ähnlichkeiten zwischen der Atmosphäre zunehmender Sorge in nachdenklichen Kreisen der Vereinigten Staaten heute und jener Atmosphäre vor Augen zu halten, die im Eduardischen Großbritannien alle Parteien durchdrang und zu dem führte, was man damals die Bewegung »nationaler Effizienz« nannte: das heißt, eine große Debatte in Kreisen der Politik, der Wirtschaft und des Erziehungswesens über die verschiedenen Maßnahmen, die dem entgegenwirken sollten, was man als zunehmende Konkurrenzunfähigkeit gegenüber anderen Gesellschaften erkannte. In den Begriffen ökonomischer Kompetenz, der Ausbildung, der Produktivität, des Lebensstandards schien die Nummer eins von 1900 ihre Spitzenposition zu verlieren, was langfristig auch strategische Konsequenzen haben mußte. Daher kamen die Aufrufe zur »Erneuerung« und »Reorganisation« genauso von der Rechten wie von der Linken.[243] Solche Kampagnen führen hier und da auch wirklich zu Reformen; aber daß es sie überhaupt gibt, ist ironischerweise eine Bestätigung des Niedergangs. Offensichtlich wäre eine solche Agitation ein paar Jahrzehnte zuvor, als die Spitzenposition der Nation noch unzweifelhaft war, nicht notwendig gewesen. Ein starker Mann, bemerkte der Schriftsteller G. K. Chesterton höhnisch, macht sich keine Sorgen um seinen Körper; erst wenn er schwach wird, spricht er von Gesundheit.[244] Wenn eine große Macht stark und unangefochten ist, wird sie über die Fähigkeit, ihre Verpflichtungen zu erfüllen, kaum diskutieren.

Im engeren Sinne könnte ein weiteres Schrumpfen der industriellen Basis ernsthafte Implikationen für die amerikanische Großstrategie haben. Sollte es jemals einen großen Krieg geben, der konventionell geführt würde (da beide Parteien die atomare Vernichtung fürchten), dann muß man sich fragen, welche Wirkung die Jahre des Niedergangs in gewissen Schlüsselindustrien haben würde. In diesem Zusammenhang fällt einem Hewins' alarmierter Aufschrei von 1904 ein, als er die Wirkung des industriellen Niedergangs auf die Macht Großbritanniens reflektierte:[245]

> Nehmen wir einmal an, eine Industrie, die an der Wurzel des Systems der nationalen Verteidigung liegt, wird [durch ausländische Konkurrenz] bedroht, was dann? Ohne die Stahlindustrie würde man nicht auskommen können, da man in der modernen Kriegführung nicht länger die Mittel hätte, seine Flotten und Armeen aufzubauen und instandzuhalten.

Es ist schwer sich vorzustellen, daß der Rückgang der amerikanischen industriellen Kraft je so umfassend sein könnte: die produktive Basis der Vereinigten Staaten ist einfach soviel breiter als die des Eduardischen Großbritannien; und – was ein wichtiger Punkt ist – die »verteidigungsrelevanten« Industrien sind nicht nur durch die Bestellungen des Pentagon gestützt worden, sie haben auch die Wendung von einer materialintensiven zu einer wissensintensiven (High Technology) Produktion vollzogen, welche langfristig die Abhängigkeit des Westens von kritischen Rohstoffen verringern wird.

Trotzdem, der sehr hohe Anteil von, sagen wir, Halbleitern, die im Ausland produziert und dann in die Vereinigten Staaten transportiert werden,[246] oder – um ein Produkt zu nehmen, das denkbar weit von Halbleitern entfernt ist – der Niedergang der amerikanischen Schiffbauindustrie, oder die Schließung von so vielen amerikanischen Minen und Ölfedern – solche Trends können sich im Falle eines weiteren langen Koalitionskrieges der großen Mächte nur schädlich auswirken. Wenn überdies historische Präzedenzfälle überhaupt Geltung haben, ist der kritischste Bereich jeder Kriegsanstrengung der des Arbeitskräftereservoirs an Facharbeitern[247] – und da hätten die Vereinigten Staaten angesichts des massiven langfristigen Rückgangs ihrer Facharbeiterschaft einigen Anlaß zur Sorge.

Ein ganz anderes Problem, aber eines von gleicher Bedeutung für die Aufrechterhaltung einer amerikanischen Großstrategie, liegt in der Auswirkung geringen ökonomischen Wachstums auf den gesellschaftlichen Konsens in den Vereinigten Staaten. In einem Maße, welches die meisten Europäer verblüfft, haben es die USA im zwanzigsten Jahrhundert verstanden, offene Klassengegensätze in der Politik zu vermeiden. Dies mag darauf zurückzuführen sein, daß so viele ihrer Immigranten gesellschaftlich rigiden und engen Heimatländern entflohen waren, daß die Weite des Landes den Unzufriedenen erlaubte, in den Westen zu »entkommen«. Dadurch wurde auch die Organisation der Arbeiterschaft sehr viel schwieriger als in Frankreich oder Großbritannien. Und dieselben geographischen Dimensionen mit ihren unternehmerischen Möglichkeiten förderten die Entwicklung eines Laisser-faire-Kapitalismus, der die politische Kultur der Nation (trotz gelegentlicher Gegenangriffe von der Linken) dominiert hat. Infolgedessen ist die »Einkommenslücke« zwischen reich und arm in den Vereinigten Staaten signifikant größer als in jeder anderen Industriegesellschaft; und aus denselben Gründen sind die Sozialausgaben des Staates, gemessen am Bruttosozialprodukt, niedriger als in vergleichbaren Ländern (außer Japan, das offenbar eine Form der Unterstützung für die Armen und Alten gefunden hat, die sich viel stärker auf die Familie verläßt).

Das Fehlen von »Klassenkonflikten« trotz der offensichtlichen sozioökonomischen Disparitäten geht wahrscheinlich auf die Tatsache zurück, daß es seit den 30er Jahren ein Wirtschaftswachstum gegeben hat, welches der Mehrheit der Bevölkerung individuelle Chancen zu einer Verbesserung ihrer Lage bot. Vielleicht hat zu der politischen Ruhe die eher besorgniserregende Tatsache beigetragen, daß das ärmste Drittel der amerikanischen Gesellschaft nicht einmal »mobilisiert« werden konnte, zur Wahl zu gehen. Aber angesichts der unterschiedlichen Geburtenrate zwischen der weißen Bevölkerung auf der einen und der schwarzen und hispanischen auf der anderen Seite – ganz zu schweigen vom Strom der Immigranten aus Lateinamerika –, angesichts auch des ökonomischen Strukturwandels, der zum Verlust von Millionen relativ hochbezahlter Arbeitsplätze in der Industrie und der Schaffung von Millionen schlechtbezahlter Stellen in Dienstleistungsbetrieben führt, wäre es unklug davon auszugehen, daß die im Moment vorherrschenden Normen der amerikanischen Wirtschaftspolitik (geringe Staatsausgaben, niedrige Besteuerung der Reichen) aufrechterhalten würden, wenn die Wirtschaft in eine Depression geriete. Eine amerikanische Politik heutigen Stils, welche die Verteidigungsausgaben erhöht, um auswärtigen Schwierigkeiten zu begegnen, und die Sozialausgaben kappt, um den Budgetzwängen gerecht zu werden, läuft unter Umständen Gefahr, einen politischen »Backlash« zu provozieren. Wie bei allen anderen Mächten, die in diesem Kapitel beschrieben wurden, gibt es keine einfachen Lösungen für die ständige Spannung zwischen den drei Polen Verteidigung, Konsum und Investition.

Dies bringt uns unvermeidlich zu der schwierigen Beziehung zwischen langsamem ökonomischen Wachstum und hohen Verteidigungsausgaben. Die Debatte um »die Ökonomie der Verteidigungskosten« ist hochkontrovers. Wenn man sich die Breite der amerikanischen Wirtschaft vor Augen hält, die stimulierende Wirkung, die von großen Regierungsaufträgen ausgehen kann, und die technischen Nebenprodukte, die »spin-offs«, welche die militärische Forschung abwerfen kann – so ist es nicht einfach, eine klare Antwort zu geben.[248] Für unsere Zwecke wichtig sind vor allem Vergleichsparameter. Selbst wenn die Verteidigungsaufwendungen (worauf oft verwiesen wird) unter Eisenhower 10 Prozent des Bruttoinlandproduktes ausmachten und neun Prozent unter Kennedy, so war der Anteil der Vereinigten Staaten an der Weltproduktion damals doppelt so hoch wie heute, und die amerikanische Wirtschaft stand überdies sowohl in der traditionellen als auch der »High Tech«-Produktion unangefochten da. Wenn die Vereinigten Staaten weiterhin sieben Prozent oder mehr ihres Bruttoinlandproduktes in die Verteidigung stecken, während ihre großen ökonomischen Rivalen, besonders Japan, einen weit kleineren Anteil für das Militär ausgeben, dann werden letztere viel mehr verfügbares Kapital für Investitionen haben. Wenn die Vereinigten Staaten einen massiven Teil ihrer Forschungs- und Entwicklungskapazitäten militärischen Zwecken unterordnen, während die Japaner und die Westdeutschen sich auf die kommerzielle Seite von Forschung und Entwicklung konzentrieren, und wenn das Pentagon weiterhin eine Mehrheit der Wissenschaftler und Ingenieure von der zivilen Produktion abzieht, während solche Leute in anderen Ländern vor allem für den privaten Konsumenten arbeiten, dann erscheint ein weiteres Abschmelzen des amerikanischen Anteils an der Weltproduktion unvermeidlich. Und es ist auch wahrscheinlich, daß seine ökonomischen Zuwachsraten niedriger sein werden, als die jener Länder, die für den Markt arbeiten und sehr viel weniger Ressourcen in die Verteidigung lenken.[249]

Es ist fast überflüssig zu sagen, daß diese Tendenzen die Vereinigten Staaten langfristig vor ein fast unlösbares Dilemma stellen. Einfach weil das Land die Supermacht ist, mit viel umfassenderen militärischen Verpflichtungen als eine regionale Macht wie Japan oder Westdeutschland, braucht es weit größere Streitkräfte – genauso wie das kaiserliche Spanien überzeugt davon war, daß es eine weit größere Armee brauchte als seine Zeitgenossen, oder wie das Viktorianische Großbritannien darauf bestand, eine größere Flotte zu haben als jedes andere Land. Da überdies die UdSSR als die entscheidende Bedrohung amerikanischer Interessen überall auf der Welt angesehen wird und die Russen ihrer Verteidigung einen weit größeren Anteil des Bruttoinlandproduktes zubilligen, hätten amerikanische Politiker bei einem Zurücknehmen ihrer Ausgaben sicher die Angst, den Rüstungswettlauf zu »verlieren«. Andererseits wird auch in Amerika zunehmend erkannt, daß die Last der Rüstung dabei ist, die russische Wirtschaft zu ruinieren, und daß beide Supermächte, wenn sie weiterhin immer größere Anteile des Nationaleinkommens in das unproduktive Gebiet der Rüstung stecken, bald vor der Frage stehen werden: »Welche Ökonomie verfällt schneller, die russische oder die amerikanische, gemessen an solchen expandierenden Staaten wie Japan und China?« Geringe Verteidigungsaufwendungen mögen dazu führen, daß sich eine global überdehnte Macht wie die Vereinigten Staaten sehr schnell überall verwundbar fühlt; aber sehr hohe Ausgaben für die Rüstung können, obwohl sie auf kurze Sicht mehr Sicherheit bringen mögen, die Konkurrenzfähigkeit der amerikanischen Wirtschaft so untergraben, daß die Nation auf lange Sicht *weniger* sicher ist.[250]

Auch in diesem Fall sind die historischen Präzedenzfälle nicht ermutigend. Denn für »Nummer eins«-Länder ist es immer ein geläufiges Dilemma gewesen, daß äußere Herausforderungen sie dazu zwangen, mehr an Ressourcen auf den Militärsektor zu konzentrieren, während *zugleich* ihre relative ökonomische Kraft nachließ. Dieser Prozeß beschleunigt sich, da immer weniger Kapital für produktive Investitionen übrigbleibt. Dazu kommen höhere Steuern, wachsende Uneinigkeit über politische Prioritäten und eine sich abschwächende Fähigkeit, die militärischen Lasten zu tragen.[251] Wenn dies wirklich das Muster der Geschichte ist, dann ist man versucht, Shaws todernstes Bonmot zu paraphrasieren und zu sagen: »Rom ist gefallen; Babylon ist gefallen; Scarsdales* Zeit wird kommen.«[252]

Im weitesten Sinne also, lautet die einzige Antwort auf die Frage, ob die Vereinigten Staaten ihre gegenwärtige Position halten können: »nein« – denn es ist einfach niemals einer Gesellschaft gegeben gewesen, daß sie ihren Vorsprung vor allen anderen *permanent* hielt. Das würde ein Einfrieren der differenzierten Muster der Wachstumsraten, des technischen Fortschritts und der militärischen Entwicklungen implizieren, etwas, das es seit Menschengedenken nicht gegeben hat. Auf der anderen Seite bedeutet dieser Bezug auf historische Präzedenzfälle *nicht*, daß den Vereinigten Staaten bestimmt ist, in die relative Obskurität früherer führender Mächte

* Scarsdale ist ein sehr reicher Vorort von New York, in dem u. a. die Börsenmakler wohnen. A.d.Ü.

wie Spanien oder die Niederlande zurückzufallen, oder auseinanderzubrechen wie das Römische Reich oder Österreich-Ungarn. Es ist zu groß, um das erste zu tun, und wahrscheinlich zu homogen, um das zweite zu erleiden. Auch die britische Analogie, die im Moment in wissenschaftlichen Kreisen sehr beliebt ist, taugt nichts, wenn der Unterschied im Maßstab nicht beachtet wird. Das kann man auch anders ausdrücken: geographische Größe, Bevölkerungszahl und natürliche Ressourcen würden nahelegen, daß Großbritannien etwa drei oder vier Prozent von Macht und Reichtum der Welt besitzen müßte, wenn *alles gleich verteilt wäre;* aber genau weil *niemals* alles gleich verteilt gewesen ist, erlaubte eine besondere Kombination von historischen und technologischen Bedingungen es den britischen Inseln, etwa 25 Prozent von Macht und Reichtum der Welt in ihren Besitz zu bringen. Und seit diese günstigen Bedingungen verschwunden sind, hat Großbritannien nichts anderes getan, als zu seiner »natürlichen« Größe zurückzukehren. In demselben Sinne kann man argumentieren, daß die geographische Ausdehnung, die Bevölkerungszahl und die natürlichen Ressourcen der USA es nahelegen, daß sie vielleicht 16 bis 18 Prozent von Macht und Reichtum der Welt besitzen müßten. Da aber die geschichtlichen und technischen Umständen, günstig waren, stieg dieser Anteil bis 1945 auf vierzig Prozent oder mehr. Und im Augenblick werden wir Zeugen der ersten Jahrzehnte der Rückführung dieser außergewöhnlich hohen Zahl auf einen »natürlichen« Anteil. Dieser Niedergang wird im Moment noch überdeckt von den enormen militärischen Kapazitäten des Landes und auch dadurch, daß es ihm gelungen ist, den amerikanischen Kapitalismus und die amerikanische Kultur zu »internationalisieren«.[253] Aber selbst wenn sie in weiter Zukunft auf ihren »natürlichen« Anteil an der Macht und dem Reichtum dieser Welt zurückfallen, werden die Vereinigten Staaten einfach aufgrund ihrer Größe eine sehr bedeutende Macht in einer multipolaren Welt sein.

Die Aufgabe, der sich amerikanische Staatsmänner in den nächsten Jahrzehnten stellen müssen, besteht also darin zu erkennen, daß breite Trends gegen sie arbeiten und daß die amerikanische Politik in einer Weise »gemanagt« werden muß, welche die relative Abschwächung der amerikanischen Position nicht durch falsche Maßnahmen, die nur kurfristige Vorteile bringen, beschleunigt. Dies bedeutet, daß man – vom Präsidenten abwärts – begreift, daß der technologische und damit der sozioökonomische Wandel heute schneller greift als je zuvor; daß die internationale Gemeinschaft der Staaten politisch und kulturell viel unterschiedlicher ist, als man in Washington bisher angenommen hat; daß sie gegen vereinfachende Lösungen, ob sie nun aus Moskau oder Washington kommen, resistent ist; daß die Gewichte der Weltproduktion nicht mehr so verteilt sind, daß sie die Vereinigten Staaten begünstigten; und daß es selbst auf militärischem Gebiet Anzeichen für eine gewisse Umverteilung der Macht gibt, weg von einem bipolaren und hin zu einem multipolaren System, in dem die amerikanische ökonomisch/militärische Stärke die der anderen nicht mehr so disproportional übersteigen wird wie in den Jahrzehnten nach dem Zweiten Weltkrieg. Das ist in sich noch keine schlechte Entwicklung, wenn man sich zum Beispiel an Kissingers Bemerkungen über die Schwierigkeiten der Politik in einer bipolaren Welt erinnert; und sie erscheint noch weniger schlecht, wenn man daran denkt, wieviel stärker die UdSSR von der sich wandelnden Dynamik der Weltmacht betroffen ist. In all den Diskussionen über die Erosion der amerikanischen Führungsposition muß wieder und wieder gesagt werden, daß es sich um einen relativen, nicht um einen absoluten Abstieg handelt – um einen vollkommen natürlichen Vorgang. Die einzig ernsthafte Bedrohung der wirklichen Interessen der Vereinigten Staaten kann aus dem Versagen entstehen, sich vernünftig der neueren Weltordnung anzupassen.

Bei den beträchtlichen Stärken, welche die Vereinigten Staaten immer noch besitzen, sollte es aufeinanderfolgenden Regierungen in Washington *theoretisch* nicht allzu schwerfallen, die Diplomatie und Strategie dieser Anpassung in den Griff zu bekommen. Dann könnten, in Walter Lippmanns klassischen Worten »die Verpflichtungen der Nation und die Macht der Nation ... ins Gleichgewicht gebracht werden«.[254] Obwohl es keinen offensichtlichen einzelnen »Nachfolgestaat« gibt, der Amerikas globale Bürden übernehmen könnte, wie 1940 die USA die Rolle Großbritanniens übernahmen, ist es nichtsdestoweniger auch wahr, daß die Vereinigten Staaten weniger Probleme haben als das ringsum von Feinden belagerte imperiale Spanien oder die zwischen England und Frankreich eingequetschten Niederlande oder ein Britisches Empire, daß von einer Meute von Feinden gehetzt wurde. Die Prüfungen, denen sich die Vereinigten Staaten auf dem Weg ins 21. Jahrhundert gegenübersehen, sind mit Gewißheit beängstigend, vielleicht besonders im ökonomischen Bereich; aber die Ressourcen der Nation bleiben beträchtlich, *wenn* sie richtig organisiert werden und *wenn* die Grenzen und Möglichkeiten amerikanischer Macht abgewogen und anerkannt werden.

Aus einer Perspektive kann das Dilemma, dem sich die Vereinigten Staaten gegenübersehen, kaum einmalig genannt werden. Welches Land in der Welt, ist man versucht zu fragen, stößt *nicht* auf Probleme, wenn es eine tragfähige Militärpolitik entwickeln will, wenn es zwischen Kanonen und Butter und Investitionen wählen muß? Aus einer anderen Perspektive indessen ist die amerikanische Position eine sehr besondere. Trotz des ökonomischen und vielleicht auch militärischen Niedergangs bleiben die Vereinigten Staaten – mit Pierre Hassners Worten – »der entscheidende Akteur in jeder Streitfrage und in jedem Machtvergleich«.[255] Weil es soviel Macht zum Guten wie zum Bösen hat, weil es der Stützpfeiler der westlichen Allianz und das Zentrum der betehenden Weltwirtschaftsordnung ist, wird das, was Amerika tut *oder nicht tut*, soviel wichtiger sein als das, was irgendeine andere Macht zu tun beschließt.

Epilog

Nach einem Fünfhundertjahresüberblick des Aufstiegs und Falls der großen Mächte spräche einiges dafür, mit einer substantiellen Diskussion von *Theorie* und *Methodologie* zu schließen, in welcher der Autor auf die immer weiter ausufernden Theorien über »den Krieg und den Zyklus relativer Macht«,[1] über »Weltkriege, Staatsschulden und den langen Zyklus«,[2] über »die Größe und die Dauer von Imperien«[3] und über die verschiedensten anderen Versuche[4] von Politwissenschaftlern eingeht, Sinn in das Ganze zu bringen und – gewöhnlich – Anhaltspunkte für die Zukunft zu liefern. Aber dies ist kein Werk der politischen Wissenschaft, auch wenn es hofft, den Gelehrten dieser Disziplin, welche die größeren Muster von Krieg und Veränderung der internationalen Ordnung untersuchen, einen großen Fundus an detaillierten Fakten und Kommentaren zu bieten.

Auch soll in diesem Abschnitt nicht versucht werden, zusammenfassend darzustellen, wo wir heute stehen, denn das würde einer der Hauptbotschaften dieses Buches widersprechen, nämlich, daß das internationale System dauerndem Wandel unterworfen ist, einem Wandel, der nicht nur von der Tagespolitik der Staatsmänner und den Gezeiten politischer und militärischer Aktionen bewirkt wird, sondern auch von den tieferen Transformationen in den Grundlagen der Weltmacht, die irgendwann bis zur Oberfläche durchdringen.

Es ist nichtsdestoweniger angemessen, am Ende dieser Studie einige generelle Bemerkungen zu machen. Durch das gesamte Buch zieht sich das Argument, daß Reichtum und Macht oder ökonomische Stärke und militärische Macht, soweit sie das internationale System betreffen, immer relativ sind und so gesehen werden sollten. Da sie relativ sind und da alle Gesellschaften unerbittlich dem

Wandel unterworfen sind, kann die Waage der internationalen Macht nie stillstehen, und es ist eine politische Torheit, zu glauben, daß sie es je täte. Angesichts der anarchischen und kompetitiven Natur der Rivalitäten zwischen den Nationen ist die Geschichte der internationalen Beziehungen in den vergangenen fünf Jahrhunderten nur zu häufig eine Geschichte von Kriegen gewesen, oder zumindest eine von Vorbereitungen auf Kriege – beides verschlingt Ressourcen, die Gesellschaften zu besseren Zwecken einsetzen könnten, ob nun staatlich oder privat. Auf welcher Stufe ökonomischer und wissenschaftlicher Entwicklung auch immer, jedes Jahrhundert hat daher seine Debatte über das Ausmaß erlebt, in dem das nationale Einkommen für militärische Zwecke gebraucht werden sollte. Und es hat in jedem Jahrhundert die Debatten darüber gegeben, wie die Prosperität der Nation am besten zu erhöhen sei, nicht nur wegen der individuellen Vorteile, die erhöhter Wohlstand bringt, sondern auch aus der Erkenntnis, daß ökonomisches Wachstum, Produktivität, gesunde Finanzen die Aussichten einer großen Macht im Falle eines internationalen Konflikts beeinflussen. In der Tat verweist das Ergebnis aller längeren Kriege unter den großen Mächten, die hier analysiert worden sind, immer wieder auf die entscheidenden Einflüsse der produktiven ökonomischen Kräfte – sowohl während des Kampfes selbst als auch während der Perioden *zwischen* Kriegen, als unterschiedliche Wachstumsraten die verschiedenen Mächte relativ stärker oder schwächer werden ließen. In hohem Maße bekräftigt das Ergebnis der großen Koalitionskriege der Periode 1500–1945 die Verschiebungen, die sich über lange Zeiträume auf ökonomischer Ebene vollzogen. Die neue territoriale Ordnung, die sich nach dem Ende jedes Krieges etablierte, spiegelt so die Umverteilung der Macht wider, die innerhalb des internationalen Systems vonstatten ging. Auch der Zustand des Friedens stellt indessen den Prozeß kontinuierlichen Wandels nicht still; und die unterschiedliche Geschwindigkeit des ökonomischen Wachstums unter den großen Mächten garantiert, daß der Prozeß von Aufstieg und Fall in Relation zueinander immer weitergeht.

Ob die Existenz »aufsteigender« und »fallender« Mächte in einer anarchischen Weltordnung immer zum Krieg führen muß, ist nicht sicher. Der größte Teil der historischen Werke geht davon aus, daß

»Krieg« und das »Großmachtsystem« Hand in Hand gehen. Mackinder, einer der Gründerväter des merkantilistischen und geopolitischen Denkens, argumentierte daß »die großen Kriege der Geschichte ... die direkte oder indirekte Folge des ungleichen Wachstums von Nationen«[5] waren. Aber brach dieses Muster 1945 ab? Es mag in der Tat so sein, daß die Ankunft nuklearer Waffen mit der ihnen innewohnenden Drohung, jeden Schußwechsel in völlige gegenseitige Zerstörung zu verwandeln, die Gewohnheit gezügelt hat, als Antwort auf säkuläre Verschiebungen im Kräfteverhältnis der großen Mächte auf die Waffen zurückzugreifen. Vielleicht kann es nur noch indirekte, kleine »Surrogat«-Kriege geben. Ebensogut aber ist es möglich, daß zukünftige Konflikte aufgrund der Furcht vor nuklearen Waffen konventionell bleiben – allerdings wären auch diese Kriege angesichts der modernen Gefechtsfeldwaffen grauenvoll blutige und zerstörerische Konflikte.

Niemand kann diese Fragen beantworten. Jene, die glauben, daß die Menschheit nie mehr so töricht wäre, sich auf einen weiteren ruinösen Krieg zwischen großen Mächten einzulassen, sollten sich daran erinnern, daß dieser Glaube auch im 19. Jahrhundert weitverbreitet war. Und Norman Angells Buch *Die große Illusion*, das mit dem Argument, ein Krieg wäre sowohl für den Sieger als auch den Besiegten ökonomisch katastrophal, zum Bestseller avancierte, erschien 1910, als die Generalstäbe in Europa in aller Stille ihre Kriegspläne abschlossen. Wie wahrscheinlich nukleare oder konventionelle Konflikte auch immer sein mögen, es ist klar, daß wichtige Veränderungen der Machtverhältnisse vor sich gehen und sich auch weiter fortsetzen werden, wahrscheinlich sogar schneller als je zuvor. Mehr noch, sie gehen auf den beiden getrennten aber interagierenden Ebenen ökonomischer Produktion und strategischer Macht vor sich. Wenn sich die Trends der zwei letzten Jahrzehnte nicht ändern (und warum sollten sie?), sieht das *Muster* der Weltpolitik in Umrissen so aus:

Erstens wird es eine Verschiebung sowohl in den Anteilen an der gesamten Weltproduktion und den gesamten militärischen Ausgaben der Welt weg von den fünf größten Machtkonzentrationen hin zu vielen Nationen mehr geben; aber dies wird ein allmählicher Prozeß sein, und kein anderer Staat wird in näherer Zukunft zu der bestehenden »Pentarchie« der Vereinigten Staaten, der UdSSR, Chinas, Japans und der EG stoßen.

Zweitens haben die globalen produktiven Gewichte zwischen diesen Fünf bereits begonnen, sich zu verschieben. Und zwar in bestimmte Richtungen: weg von der UdSSR und den Vereinigten Staaten, weg auch von der EG und hin zu Japan und China. Das heißt nicht, daß es sich hier um ein *gleichgewichtiges* fünfseitiges Verhältnis in ökonomischen Begriffen handelt, denn die Vereinigten Staaten und die EG sind in Handel und Produktion etwa gleich stark; auch die UdSSR und Japan sind etwa ebenbürtig (obwohl Japan weitaus schneller wächst), wobei diese beiden etwa zwei Drittel der Produktivität der Erstgenannten haben; und die Volksrepublik China liegt noch weit zurück, wächst aber am schnellsten überhaupt.

Drittens existiert in militärischen Begriffen noch immer eine bipolare Welt, da nur die Vereinigten Staaten und die UdSSR die Kapazität besitzen, einander – und jeden anderen Staat – mit Sicherheit zu vernichten. Diese Bipolarität wird aber offenbar langsam untergraben, sowohl auf *nuklearer* Ebene – entweder weil diese Waffen unter den meisten Umständen nicht einsetzbar sind, oder weil China, Frankreich und Großbritannien ihre nuklearen Arsenale massiv verstärken –, als auch auf *konventioneller* Ebene, weil die Chinesen ständig stärker werden und weil zunehmend erkannt wird, daß eine westdeutsch-französische (unter Umständen unter Hinzufügung Großbritanniens und Italiens) Zusammenfassung von Boden-, Luft- und Seestreitkräften eine extrem große Machtkonzentration wäre, wenn diese Nationen wirklich effizient zusammenarbeiteten. Aus innenpolitischen Gründen ist das in näherer Zukunft kaum zu erwarten; aber die bloße Tatsache, daß ein solches Potential existiert, stellt das bipolare System, zumindest auf der konventionellen Ebene, in Frage. Im Gegensatz dazu behauptet im Moment niemand, daß Japan sich in eine große Militärmacht verwandeln wird; aber niemand, der sich mit den Mustern politischen und militärischen Wandels beschäftigt hat, wäre überrascht, wenn eines Tages eine andere politische Führung in Tokio beschlösse, seine ökonomische Stärke in höherem Maße in militärische Macht umzusetzen.

Sollte sich Japan wirklich entscheiden, eine aktive Militärmacht zu werden, dann wahrscheinlich weil es das Gefühl hätte, seine Interessen nicht länger als bloßer »Handelsstaat«[6] wahren zu können. Durch die Verstärkung seiner Streitkräfte würde es daher darauf zielen, seine Macht und seinen Einfluß international in einer Weise zu erhöhen, die mit nichtmilitärischen Maßnahmen nicht erreichbar wäre. Indessen hat die Geschichte der letzten fünfhundert Jahre internationaler Rivalität demonstriert, daß militärische »Sicherheit« allein nie genug ist. Sie mag kurzfristig rivalisierende Staaten abschrecken oder besiegen (und das ist für die meisten politischen Führer und ihre Anhängerschaft vollkommen ausreichend). Aber wenn sich die Nation durch solche Siege geographisch und strategisch überdehnt, wenn sie beschließt, einen großen Teil ihres Einkommens der »Sicherheit« zu opfern, und nur wenig für »produktive Investitionen« übrigläßt, dann wird diese Nation schnell feststellen, daß ihre Produktivität nachläßt, was sich sowohl auf den Lebensstandard ihrer Bürger als auch auf ihre internationale Position nachteilig auswirken wird.[7] Dies geschieht bereits im Falle der UdSSR, der Vereinigten Staaten und Großbritanniens. Und es ist bedeutsam, daß sowohl China als auch Westdeutschland darum kämpfen, exzessive Investitionen in militärische Rüstung zu vermeiden, weil sie beide den Verdacht haben, dies könne ihre langfristigen Wachstumschancen beeinträchtigen.

Damit kehren wir zu dem Widerspruch zurück, der Strategen und Ökonomen und politische Führer seit der Antike beschäftigt hat. Eine große Macht zu sein – nach der Definition, eine Macht, die gegen jede andere Nation bestehen kann[8] – fordert eine florierende wirtschaftliche Basis. List hat es so ausgedrückt: »Krieg oder auch nur die Möglichkeit eines Krieges macht die Etablierung einer produktiven Kraft zur unerläßlichen Voraussetzung einer Nation ersten Ranges . . .«[9] Aber das Führen von Kriegen oder die Umlenkung eines großen Anteils der »produktiven Kraft« einer Nation in Ausgaben für die »unproduktive« Rüstung trägt immer das Risiko in sich, die eigene ökonomische Basis zu untergraben, besonders in der Auseinandersetzung mit Staaten, die einen größeren Teil ihres Einkommens auf produktive Investitionen für langfristiges Wachstum konzentrieren.

All dies wurde von den Klassikern der politischen Ökonomie voll erkannt. Jene, die Adam Smith folgten, neigten dazu, die Verteidigungsausgaben niedrig zu halten; jene die mit Lists Auffassung der Nationalökonomie sympathisierten, wollten den Staat im Besitz starker Machtinstrumente wissen. Alle gaben, wenn sie ehrlich waren, zu, daß es letztlich eine subjektive Entscheidung war – und eine schwierige dazu.[10] Im Idealfall sollten natürlich »Profit« und »Macht« Hand in Hand gehen. Viel zu oft indessen sahen sich Staatsmänner dem üblichen Dilemma gegenüber: entweder sie erkauften militärische Sicherheit in einer Zeit realer oder vermeintlicher Gefahr, eine Sicherheit, die dann zu einer Belastung der nationalen Ökonomie wurde; oder sie hielten die Verteidigungsausgaben niedrig, sahen dann aber die eigenen Interessen manchmal von anderen Staaten bedroht.[11]

Die gegenwärtigen großen Mächte im internationalen System sind deshalb gezwungen mit der doppelten Herausforderung zu ringen, der auch ihre Vorgänger gegenüberstanden: zunächst mit den ungleichmäßigen Mustern wirtschaftlichen Wachstums, welche dazu führen, daß einige von ihnen reicher (und dadurch gewöhnlich in Relation zu den anderen stärker) werden; und zweitens mit den Problemen der Konkurrenz oder der Kriegsgefahr, die sie zwingt, sich zwischen kurzfristiger militärischer Sicherheit und langfristiger ökonomischer Sicherheit zu entscheiden. *Keine* allgemeine Regel bietet da eine auf alle Fälle anwendbare Lösung. Wenn die Politiker es versäumen, für eine angemessene militärische Verteidigung zu sorgen, sind sie unter Umständen nicht in der Lage, sich gegen eine rivalisierende Macht, die ihre Schwäche ausnutzt, zu wehren; wenn sie zuviel für die Rüstung ausgeben – oder wenn sie, was häufiger der Fall ist, zuviel Geld darauf verwenden, Verpflichtungen aufrechtzuerhalten, die sie in einer früheren Periode eingegangen sind – dann überanstrengen sie sich wahrscheinlich. Eine Nation ist dann wie ein alter Mann, der eine Arbeit verrichten will, die seine Kraft übersteigt. All das wird nicht leichter durch »die wachsenden Kosten des Krieges«.[12] Selbst wenn man, um das häufig zitierte Beispiel aufzunehmen, verhindern kann, daß das ganze Budget der US-Air Force im Jahre 2020 schließlich von der Produktion eines *einzigen* Flugzeugs verschlungen wird, ist die Kostensteigerung auf dem

Gebiet moderner Waffen für alle Regierungen – und ihre Steuerzahler alarmierend.

Jede der großen Mächte von heute – die Vereinigten Staaten, die UdSSR, China, Japan und (potentiell) die EG – kämpft daher mit den uralten Dilemmata von Aufstieg und Fall, mit den sich immer wandelnden Rhythmen des produktiven Wachstums, mit Veränderungen der internationalen Szene, mit den eskalierenden Kosten der Bewaffnung, mit Verschiebungen des Mächtegleichgewichts. Dies sind keine Entwicklungen, die von einem einzelnen Staat oder einem Individuum kontrolliert werden können. Um Bismarcks berühmte Bemerkung zu paraphrasieren, all diese Mächte fahren dahin »im Strom der Zeit«, den sie weder »schaffen noch lenken«, auf dem sie aber »mit mehr oder weniger Erfahrung und Geschick« steuern können.[13] Wie sie aus dieser Reise hervorgehen, hängt in hohem Maße von der Weisheit der Regierenden in Washington, Moskau, Tokio, Peking und den verschiedenen europäischen Hauptstädten ab. Die vorliegende Analyse hat versucht, die wahrscheinlichen Aussichten für jedes dieser Staatswesen und folglich für das Großmachtsystem als Ganzes zu benennen. Aber es bleibt sehr viel übrig, das von »der Erfahrung und dem Geschick« abhängt, mit dem sie auf dem »Strom der Zeit« dahinzufahren verstehen.

Anhang

Anmerkungen

Der Aufstieg der westlichen Welt

1 W. H. McNeill: *A World History*, London 1979, S. 295; ders.: *The Rise of the West*, Chicago 1967, S. 565; J. M. Roberts: *The Pelican History of the World*, Harmondsworth 1980, S. 519; G. Barraclough (Hg.): *The Times Atlas of World History*, London 1978, S. 153.

2 Zu einem Überblick über die internationalen Beziehungen in Europa um 1500 s. *The New Cambridge Modern History* (hiernach immer *NCMH*), Bd. 1, *The Renaissance 1493–1520*, (Hg.) G. R. Potter, Cambridge 1961, besonders die Kap. 7–14; Bd. 2, *The Reformation 1520–1529*, (Hg.) G. R. Elton, Cambridge 1958, die Kapitel 10, 11 u. 16; G. R. Elton: *Reformation Europe 1517–1559*, London 1963, Kap. 2; G. Mattingly: *Renaissance Diplomacy*, Harmondsworth 1965, S. 115ff.

3 In McNeills *Rise of the West* finden sich auf den Seiten 524–534 sehr präzise Darstellungen Chinas in der Ming-Zeit. Auch Roberts: *History of the World*, S. 424–444. Detaillierter ist C. O. Hucker: *China's Imperial Past*, Stanford 1975, S. 303ff.; J. A. Harrison: *The Chinese Empire*, New York 1972; W. Eberhard: *A History of China*, London 1960, S. 232–270; M. Elvin: *The Pattern of the Chinese Past*, London 1973.

4 Y. Shiba: *Commerce and Society in Sung China*, Ann Arbor 1970; J. Needham: *The Development of Iron and Steel Technology in China*, London 1958; L.-S. Yang: *Money and Credit in China*, Cambridge, Mass. 1952, und insbesondere W. H. McNeill: *The Pursuit of Power: Technology, Armed Forces and Society Since 1000 A. D.*, Chicago 1983, Kap. 2.

5 Die wichtigste Quelle in englischer Sprache auf diesem Gebiet ist J. Needham: *Science and Civilization in China*, Bd. 4, Teil 3: *Civil Engineering and Nautics*, Cambridge 1971, besonders S. 379–536; s. aber auch Lo Jung-pang: »The Emergence of China as a Sea Power During Late Sung and Early Yuan Periods«, *Far Eastern Quarterly*, 14 (1955) S. 489–503; C. G. Reynolds: *Command of the Sea: The History and Strategy of Maritime Empires*, New York 1974, S. 98–104.

6 Für das folgende s. McNeill: *World History*, S. 254f.; Needham: *Science and Civilization in China*, Bd. 4, Teil 3, S. 524ff.; R. Dawson: *Imperial China*, London 1972, S. 230ff.; Lo Jung-pang: »The Decline of the Early Ming Navy«, *Orient Extremus* 5 (1958) S. 149–168; und Ho Ping-Ti: »Economic and Institutional Factors in the Decline of the Chinese Empire«, in: C. Cipolla (Hg.): *The*

Economic Decline of Empires, London 1970, S. 274–276, obwohl im allgemeinen das Bild, das in diesem Buch gezeichnet wird, weniger düster ist als in anderen Berichten. Siehe auch die sorgfältigen Vergleiche in: J. Needham: *The Grand Titration: Science and Society in East and West*, London 1969; und in: E. L. Jones: *The European Miracle: Environments, Economies and Geopolitics in the History of Europe and Asia*, Cambridge 1981.

7 Jones: *European Miracle*, Kap. 9; F. Braudel: *La Méditerranée et le monde méditerranéen à l'époque de Philip II*, 2 Bde., Paris 1966; P. Wittek: *The Rise of the Ottoman Empire*, London 1938; H. Inalcik: *The Ottoman Empire: The Classical Age 1300–1600*, New York 1973; M. A. Cook (Hg.): *A History of the Ottoman Empire to 1730*, Cambridge 1976; M. G. S. Hodgson: *The Venture of Islam*, Bde. 2 u. 3, Chicago/London 1924; C. M. Kortepeter: *Ottoman Imperialism During the Reformation*, London 1973.

8 A. C. Hess: »The Evolution of the Ottoman Seaborne Empire in the Age of the Oceanic Discoveries, 1453–1525«, *American Historical Review* 75 (1970) S. 1892–1919; Braudel: a. a. O., Bd. 2; Reynolds: *Command of the Sea*, S. 112ff.; und die Kommentare in: J. F. Guilmartin: *Gunpowder and Galleys: Changing Technology and Mediterranean Warfare at Sea in the Sixteenth Century*, Cambridge 1974.

9 Jones: *European Miracle*, S. 176ff.; Cook (Hg.): *History of the Ottoman Empire*, insbesondere S. 103ff.; B. Lewis: »Some Reflections on the Decline of the Ottoman Empire«, in: Cipolla (Hg.): *Economic Decline of Empires*, S. 215–234; H. A. R. Gibbs u. H. Bowen: *Islamic Society and the West*, Bd. 1, London 1950 u. 1957, Teil 1, S. 273ff.; Teil 2, S. 1–37. Siehe auch H. Inalcik: *The Ottoman Empire: Conquest, Organization and Economy: Collected Studies*, London 1978, Kap. 10–13.

10 Jones: *European Miracle*, S. 182.

11 Zur düsteren Seite s. ebda.: Kap. 10; Roberts: *History of the World*, S. 415–423; W. H. Moreland: *From Akbar to Aurangzeb: A Study in Indian Economic History*, London 1923; M. D. Morris: »Values as an Obstacle to Economic Growth in South Asia«, *Journal of Economic History* 27 (1967) S. 588–607. Eine positivere Darstellung gibt A. J. Qaisar: *The Indian Response to European Technology and Culture, A. D. 1498–1707*, Delhi 1982; und zu einer ein wenig späteren Periode C. A. Bayley: *Rulers, Townsmen and Bazaars*, Cambridge 1983.

12 McNeill: *Rise of the West*, S. 645–649; Jones: *European Miracle*, S. 157–159; R. Bendix: *Kings or People: Power and the Mandate to Rule*, Berkeley 1978, S. 431ff.; G. B. Sansom: *The Western World and Japan*, London 1950, S. 3–208; ders.: *A History of Japan*, Bde. 2–3, London 1961 u. 1964; C. R. Boxer: *The Christian Century in Japan 1549–1650*, Berkeley 1951; J. W. Hall: *Government and Local Power in Japan*, Princeton 1966; D. M. Brown: »The Impact of Firearms on Japanese Warfare«, *Far Eastern Quarterly* 7 (1947) S. 236–245; R. P. Toby: *State and Diplomacy in Early Modern Japan*, Princeton 1984.

13 McNeill: *World History*, S. 328–343; Bendix: *Kings or People*, S. 491ff.; I. Wallerstein: *The Modern World System*, Bd. 1: *Capitalist Agriculture and the Origins of the European World-Economy in the Sixteenth Century*, New York/

London 1974, S. 301–324; G. Vernadsky: *The Tsardom of Muscovy 1547–1682*, New Haven 1969; R. H. Fisher: *The Russian Fur Trade 1550–1700*, Berkeley 1943; M. Florinsky: *Russia: A Short History*, New York 1964, Kap. 3–9; R. J. Kerner: *The Urge to the Sea*, New York 1971; T. Szamuely: *The Russian Traditions*, London 1974; L. Kochan u. R. Abraham: *The Making of Modern Russia*, Harmondsworth 1983, Kap. 3–6.

14 Siehe Roberts: *History of the World*, S. 585: »So unbekannt war Rußland selbst noch im 17. Jahrhundert, daß ein französischer König dem Zaren schreiben konnte, ohne zu wissen, daß der Herrscher, an den er sich wandte, seit zehn Jahren tot war.« Bemerkenswert sind auch die herablassenden Äußerungen englischer Händler in Rußland, wie sie von Kochan u. Abraham in: *Making of Modern Russia* auf den Seiten 56f. wiedergegeben werden.

15 Die Überschrift dieses Kapitels ist natürlich identisch mit dem Titel von E. L. Jones' beeindruckendem Buch. Dieses und die wichtige Arbeit von W. H. McNeill: *The Pursuit of Power* haben meine Argumentation in den folgenden Absätzen stark beeinflußt. Siehe auch McNeill: *Rise of the West*; Wallerstein: *Modern World System*; D. C. North u. R. P. Thomas: *The Rise of the Western World*, Cambridge 1973; J. H. Parry: *The Establishment of the European Hegemony 1415–1715*, New York 1966; S. Viljoen: *Economic Systems in World History*, London 1974; P. Chaunu: *Extension européenne du 13ᵉ au 15ᵉ siècle*, Paris 1969.

16 H. C. Darby: »The Face of Europe on the Eve of the Great Discoveries«, in: *NCMH*, Bd. 1, S. 20–49; N. J. G. Pounds u. S. S. Ball: »Core-Areas and the Development of the European States System«, *Annals of the Association of American Geographers* 54 (1964) S. 24–40; R. G. Wesson: *State Systems: International Relations, Politics and Culture*, New York 1978, S. 111; Jones: *European Miracle*, Kap. 7.

17 N. J. G. Pounds: *An Historical Geography of Europe 1500–1840*, Cambridge 1979, Kap. 1; C. Cipolla: *Before the Industrial Revolution: European Society and Economy 1000–1700*, London 1980; C. Cipolla (Hg.): *The Fontana Economic History of Europe*, Bd. 1, *The Middle Ages*, London 1972, Kap. 7; E. Samhaber: *Merchants Make History*, London 1963, S. 130ff.; Wallerstein: *Modern World System*, Bd. 1, S. 42ff.; Braudel: La Méditerranée, Bd. 1.

18 Roberts: *History of the World*, S. 505f.; J. H. Parry: *The Age of Reconnaissance*, London 1966, S. 60ff.

19 Zitiert in: Jones: *European Miracle*, S. 235.

20 McNeill: *Pursuit of Power*, Kap. 3; J. U. Nef: *War and Human Progress*, New York 1968, Kap. 2; R. A. Preston, S. F. Wise u. H. O. Werner: *Men in Arms*, London 1962, Kap. 7; C. Cipolla: *Guns and Sails in the Early Phase of European Expansion 1400–1700*, London 1965; und R. Bean: „War and the Birth of the Nation State«, *Journal of Economic History* 33 (1973) S. 203–221.

21 Man muß hier das Wort »national« in Anführungsstriche setzen, da so viele Soldaten in der französischen Armee Söldner waren: s. dazu V. G. Kiernan: »Foreign Mercenaries and Absolute Monarchy«, *Past and Present* 11 (1957) S. 72. Zu den obenstehenden allgemeinen Kommentaren s. McNeill: *Pursuit of Power*, Kap. 3; H. Thomas: *History of the World*, New York 1979, Kap. 24; M. E. Mallet: *Mercenaries and Their Masters: Warfare in Renaissance Italy*,

London 1976; und J. R. Hale: »Armies, Navies and the Art of War«, in: *NCMH*, Bd. 2, besonders S. 486ff.; ders.: *War and Society in Renaissance Europe 1450–1620*, London 1985, Kap. 2.

22 Cipolla: *Guns and Sails;* Nef: *War and Human Progress*, S. 46ff.

23 C. Duffy: *Siege Warfare: The Fortress in the Early Modern World 1494–1660*, London 1979, Kap. 1–2; McNeill: *Pursuit of Power*, Kap. 3; Wesson: *State Systems*, S. 112ff.; Braudel: a. a. O., Bd. 2; J. R. Hale: »The Early Development of the Bastion: An Italian Chronology c. 1450–c. 1534«, in: Hale u. a. (Hg.): *Europe in the Later Middle Ages*, London 1965, S. 466–494.

24 Zu dem Folgenden s. Perry: *Age of Reconnaissance*, Kap. VII; *Reynolds: Command of the Sea*, S. 106ff.; P. Padfield: *Guns at Sea*, London 1973, Teil 1; G. V. Scammell: *The World Encompassed: The First European Maritime Empires, c. 800–1650*, Berkeley 1981. Das letzte Buch stellt die großen Seereisen des 15. Jahrhunderts in den breiteren Zusammenhang des europäischen Expansionismus.

25 Jones: *European Miracle*, S. 80. Die Bedeutung »effizienter ökonomischer Organisation« wird wiederholt auch betont in: North u. Thomas: *Rise of the Western World*, S. 1ff.

26 Dies ist die Richtung, in die die Argumentation von Guilmartins herausragender Studie *Gunpowder and Galleys* geht.

27 Zum portugiesischen Handelsreich s. Parry: *Age of Reconnaissance;* P. Padfield: *Tide of Empires: Decisive Naval Campaigns in the Rise of the West*, Bd. 1, *1481–1654*, London 1979, Kap. 2; C. R. Boxer: *The Portuguese Seaborne Empire 1415–1825*, London 1969; V. Magalhaes-Godinho: *L'économie de l'Empire Portugais aux XVe et XVIe siècles*, Paris 1969; B. W. Diffie u. C. D. Winius: *Foundations of the Portuguese Empire 1415–1580*, Minneapolis 1977; Wallerstein: *Modern World System*, S. 325ff.; Braudel: a. a. O., Bd. 2; Scammell: *World Encompassed*, Kap. 5.

28 P. M. Kennedy: *The Rise and Fall of British Naval Mastery*, London/New York 1976, S. 18.

29 Padfield: *Tide of Empires*, Bd. 1, S. 49.

30 Ob die portugiesische Regierung selbst davon so sehr profitierte, ist zweifelhafter: s. M. Newitt: »Plunder and the Rewards of Office in the Portuguese Empire«, in: M. Duffy (Hg.): *The Military Revolution and the State 1500–1800*, Exeter 1980, S. 10–28; und W. Reinhard: *Geschichte der europäischen Expansion*, Bd. 1, Stuttgart 1983, Kap. 3 u. 5.

31 Wallerstein: *Modern World System*, S. 170; C. H. Haring: *The Spanish Empire in America*, New York 1947; Parry: *Spanish Seaborne Empire;* Scammell: *World Encompassed*, Kap. 6; C. Gibson: *Spain in America*, New York 1966.

32 Wallerstein: *Modern World System*, s. auch Jones: *European Miracle*, Kap. 4; Parry: *Age of Reconnaissance*, Teil 3; Roberts: *History of the World*, S. 600ff.; *Cambridge Economic History of Europe*, Bd. 4, *The Economy of Expanding Europe in the Sixteenth and Seventeenth Centuries*, Cambridge 1967. Eine vernünftige Warnung gegen die vorschnelle Annahme eines realen »Weltsystems« enthält R. A. Dodgshon: »A Spatial Perspective«, *Peasant Studies* 6 (1977) S. 8–19.

33 Zu den Anfängen der Herausforderung an das iberische Handelsmonopol in

Übersee s. *NCMH*, Bd. 1, Kap. 16 u. Bd. 3, Kap. 17; Padfield: *Tide of Empires*, Kap. 4; Scammell: *World Encompassed*, Kap. 7 u. 9.

34 K. Mendelsohn: *Science and Western Domination*, London 1976; Nef: *War and Human Progress*, Kap. 3; Elton: *Reformation Europe*, S. 292ff.; McNeill: *Rise of the West*, S. 592–598; Cipolla (Hg.): *Fontana Economic History of Europe*, Bd. 2, Kap. 3; A. Wolf: *A History of Science: Technology and Philosophy in the Sixteenth and Seventeenth Centuries*, New York 1935.

35 Jones: *European Miracle*, S. 170f.; A. G. Frank: *World Accumulation 1492–1789*, New York/London 1978, S. 137ff.

36 Siehe wiederum Mendelsohn: *Science and Western Domination*, das die Bedeutung wissenschaftlicher Beobachtung und Vorhersage betont; und McNeill: *Rise of the West*, S. 593–599.

Der Griff der Habsburger nach der Macht, 1519–1659

1 C. Oman: *A History of the Art of War in the Sixteenth Century*, London 1937, S. 3. Zu früheren Kriegen s. ders.: *A History of the Art of War in the Middle Ages*, 2 Bde., London 1924.

2 Siehe die Einschränkungen in: G. R. Elton: *Reformation Europe 1517–1559*, London 1963, S. 305ff.

3 Ebda., S. 35.

4 R. A. Stradling: *Europe and the Decline of Spain: A Study of the Spanish System, 1580–1720*, London/Boston 1981, S. 44.

5 Zum Beispiel Gattinaras Erklärung an Karl V.: »Gott hat Euch auf den Pfad zur Welt-Monarchie gestellt.« Zitiert in: *NCMH*, Bd. 2, S. 301ff. Siehe auch die Zitate in: H. Kamen: *Spain 1469–1714*, London 1983, S. 67.

6 Oman: *War in the Sixteenth Century*, S. 5. Dieses Buch bleibt der beste *militärische* Bericht über die Periode. Nützliche knappe Darstellungen dieser 140 Jahre finden sich in den drei relevanten Bänden der *Fontana History of Europe*: G. R. Elton: *Reformation Europe 1517–1559*, London 1963; J. H. Elliott: *Europe Divided 1559–1598*, London 1968; und G. Parker: *Europe in Crisis 1598–1648*, London 1979. Siehe auch *NCMH*, Bde. 2–5; und H. G. Koenigsberger: *The Habsburgs and Europe 1516–1660*, Ithaca/London 1971.

7 *NCMH*, Bd. 2, Kap. 11 u. 17.

8 V. S. Mamatey: *Rise of the Habsburg Empire 1526–1815*, Huntingdon 1978, S. 9.

9 Details in: Oman: *War in the Sixteenth Century*, S. 703ff.; Braudel: *La Méditerranée et le monde méditerranée à l'époque de Philip II*, Bd. 2.

10 H. C. Koenigsberger: »Western Europe and the Power of Spain«, in: *NCMH*, Bd. 3, S. 234–318; G. Parker: *Spain and the Netherlands 1559–1659*, London 1979; C. Wilson: *The Transformation of Europe 1558–1648*, London 1976, Kap. 8–9.

11 Der internationale Charakter dieser Rivalität wird sehr gut von Parker erfaßt:

»The Dutch Revolt and the Polarization of International Politics«, in: *Spain and the Netherlands*, S. 74ff. Eine Interpretation aus ökonomisch-sozialer Sicht gibt J. V. Polisensky: *The Thirty Years War*, London 1971, siehe besonders Kap. 4.

12 C. V. Wedgewood: *The Thirty Years War*, London 1964, Kap. 3–6.

13 Parker: *Europe in Crisis*, S. 252; J. H. Elliott: *The Count-Duke of Olivares*, New Haven 1986, S. 495.

14 Parker: *Spain and the Netherlands*, S. 54–77; C. R. Boxer: *The Dutch Seaborne Empire 1600–1800*, London 1972, S. 25f.

15 Zu den letzten Jahren des Konflikts s. Stradling: *Europe and the Decline of Spain*, Kap. 2–4; J. Stoye: *Europe Unfolding 1648–1688*, London 1969, Kap. 3–4.

16 Von den Quellen abgesehen, die im folgenden erscheinen, ist dieser Abschnitt von einer Anzahl hervorragender Studien zur Machtentfaltung des spanischen Kaisertums beeinflußt, von J. H. Elliott: *Imperial Spain 1469–1716*, Harmondsworth 1970; J. Lynch: *Spain Under the Habsburgs*, 2 Bde., Oxford 1964 und 1969; Stradling: *Europe and the Decline of Spain*. Auch zwei ältere Werke wurden herangezogen: R. Trevor Davies: *The Golden Century of Spain 1501–1621*, London 1937; und B. Chudoba: *Spain and the Empire 1519–1643*, New York 1969, Schließlich muß John Elliotts kluger Aufsatz genannt werden, der in Cipolla (Hg.): *Economic Decline of Empires* unter dem Titel »The Decline of Spain« auf den Seiten 168–195 abgedruckt wurde.

17 Koenigsberger: *Habsburgs and Europe*, S. xi.

18 R. Ehrenberg: *Das Zeitalter der Fugger: Geldkapital und Creditverkehr im 16. Jahrhundert*, 2 Bde., Jena 1896; E. Samhaber: *Merchants Make History*, London 1963, Kap. 8; und s. auch den breitangelegten, moderneren Überblick, den G. Parker in: »The Emergence of Modern Finance in Europe 1500–1730«, abgedruckt in: Cipolla (Hg.): *Fontana Economic History of Europe*, Bd. 2, S. 527–589, ermöglicht.

19 *NCMH*, Bd. 1, Kap. 7; R. A. Kann: *A History of the Habsburg Empire 1526–1918*, Berkeley/Los Angeles/London 1974, Kap. 1–2.

20 Lynch: *Spain Under the Habsburgs*, Bd. 1, S. 77.

21 M. Roberts: »The Military Revolution, 1560–1660«, in: Roberts: *Essays in Swedish History*, London 1967, S. 195–225; G. Parker: »The ›Military Revolution 1560–1660‹ – a Myth?«, in: Parker: *Spain and the Netherlands*, S. 86–105; M. van Creveld: *Supplying War: Logistics from Wallenstein to Patton*, Cambridge 1977, S. 5f.; J. R. Hale: »Armies, Navies, and the Art of War«, in: *NCMH*, Bd. 2, S. 481–509, und Bd. 3; S. 171–208; McNeill: *Pursuit of Power*, Kap. 4; R. Bean: »War and the Birth of the Nation State«, *Journal of Economic History* 33 (1973) S. 203–221.

22 G. Parker: *The Army of Flanders and the Spanish Road 1567–1659: The Logistics of Spanish Victory and Defeat in the Low Countries War*, Cambridge 1972, S. 6.

23 I. A. A. Thompson: *War and Government in Habsburg Spain 1560–1620*, London 1976, S. 16. Eine allgemeinere Darstellung findet sich in: Reynolds: *Command of the Sea*, Kap. 4–6.

24 Lynch: *Spain Under the Habsburgs*, Bd. 1, S. 53–58.

25 Ders., S. 128. Siehe auch Parker: *Army of Flanders and the Spanish Road*, Kap. 6.
26 Braudel: *La Méditerranée et le monde méditerranéen*, Bd. 2. Eine genaue Aufstellung gibt Parker: »Lepanto (1571): the Costs of Victory«, in: *Spain and the Netherlands*, S. 122–134.
27 *NCMH*, Bd. 3, S. 275 ff.; Parker: »Why Did the Dutch Revolt Last So Long?« und »Mutiny and Discontent in the Spanish Army of Flanders 1572–1607«, in: *Spain and the Netherlands*, S. 45–64, 106–121.
28 Thompson: *War and Government in Habsburg Spain*, Kap. 3.
29 Ders.: S. 36 ff., 89 ff.; Lynch: *Spain Under the Habsburgs*, Bd. 2, S. 30 ff.
30 Weitere Details in: J. Regla: »Spain and Her Empire«, in: *NCMH*, Bd. 5, S. 319–383; Lynch: *Spain Under the Habsburgs*, Bd. 2 Kap. 4–5; Elliott: *Imperial Spain*, Kap. 10; Stradling: *Europe and the Decline of Spain*, Kap. 3–5. Aber auch Kamen: *Spain 1469–1714*, der von einer dann folgenden »Erholung« spricht.
31 Siehe die interessanten Bemerkungen Braudels über die Nachteile der beiden »überdehnten« Reiche Spaniens und des Islams in: *La Méditerranée et le monde méditerranéen*, Bd. 2.
32 Die Fluktuationen der spanischen Kriegsanstrengung von einem Schauplatz zum anderen sind sehr schön nachgezeichnet in: Parker: »Spain, Her Enemies and the Revolt of the Netherlands, 1559–1648«, in: *Spain and the Netherlands*, S. 17–42.
33 Lynch: *Spain Under the Habsburgs*, Bd. 1, S. 347.
34 Ders.: Bd. 2, S. 70.
35 E. Heischmann: *Die Anfänge des stehenden Heeres in Österreich*, Wien 1925.
36 *NCMH*, Bd. 5, Kap. 18 und 20; Kann: *History of the Habsburg Empire*.
37 Siehe die ausgezeichnete Analyse des Niederländischen Krieges in: Duffy: *Siege Warfare*, Kap. 4.
38 Parker: *Spain and the Netherlands*, S. 185, S. 188.
39 Ders.: *Army of Flanders and the Spanish Road*, S. 50 ff.
40 *NCMH*, Bd. 3, S. 308.
41 Zitiert in: Parker: *Europe in Crisis*, S. 238.
42 Ebda., S. 239.
43 Zum Folgenden s. Kamen: *Spain 1469–1714*, S. 81 ff., 161 ff., 214 ff.; H. G. Koenigsberger: »The Empire of Charles V in Europe«, in: *NCMH*, Bd. 2, S. 301–333, und die ausführlichere Darstellung in: Koenigsberger: *Habsburgs and Europe*.
44 H. G. Koenigsberger: *The Government of Sicily Under Philip II, London 1951*.
45 Ders.: *The Habsburgs and Europe*; s. auch die hervorragende Untersuchung von D. Stella: *Crisis and Continuity: The Economy of Spanish Lombardy in the Seventeenth Century*, Cambridge, Mass. 1979.
46 Parker: *Spain and the Netherlands*, S. 21 f.
47 *NCMH*, Bd. 1, S. 450 ff. und Bd. 2, S. 320 ff.; Elliott: *Imperial Spain*, Kap. 5 und 8; Lynch: *Spain Under the Habsburgs*, Bd. 1, S. 53 ff. und Bd. 2, S. 3 ff.
48 Zum Folgenden siehe Cipolla: *Before the Industrial Revolution*, S. 250 ff.; J. V. Vives: »The Decline of Spain in the Seventeenth Century«, in: Cipolla (Hg.): *Economic Decline of Empires*, S. 121–167, Davies: *Golden Century of Spain*,

Kap. 3 und Kap. 8; Wallerstein: *Modern World System*, Bd. 1, S. 191ff.; gleichfalls die Bücher von Elliott und Lynch.

49 Cipolla: *Guns and Sails*, S. 33; Thompson: *War and Government in Habsburg Spain*, S. 25.

50 D. Maland: *Europe in the Seventeenth Century*, London 1966, S. 214; Lynch: *Spain Under the Habsburgs*, Bd. 2, S. 139ff. Aber diese spanische Politik, den Handel mit den holländischen Feinden zu tolerieren, wurde oft widerrufen – siehe Israels Aufsatz hierzu in Anmerkung 82 unten.

51 Thompson: *War and Government in Habsburg Spain*, S. i; Parker: *Europe in Crisis*, S. 71–75; allgemeiner: Hale: *War and Society in Renaissance Europe*, Kap. 8–9.

52 Parker: *Spain and the Netherlands*, S. 96.

53 *NCMH*, Bd. 2, S. 472.

54 Ders., Bd. 1, Kap. 10, und insbesondere M. Wolfe: *The Fiscal System of Renaissance France*, New Haven/London 1972, Kap. 2–3.

55 Oman: *War in the Sixteenth Century*, S. 393–536, zeichnet die militärischen Details der französischen Kriege genau nach. Zur Politik s. J. H. M. Salmon: *Society in Crisis: France in the Sixteenth Century*, London 1975, und R. Briggs: *Early Modern France 1560–1715*, Oxford 1977, Kap. 1.

56 Nef: *War and Human Progress*, S. 103ff.; Wolfe: *Fiscal System of Renaissance France*, Kap. 8; Salmon: *Society in Crisis*, S. 301ff.; E. J. Hamilton: »Origin and Growth of National Debt in Western Europe«, *American Economic Review* 37 (1947) S. 119f.

57 *NCMH*, Bd. 3, S. 314–317; Wolfe: *Fiscal System of Renaissance France*, Kap. 8; Salmon: *Society in Crisis*, Kap. 12; Briggs: *Early Modern France*, S. 80ff.; Parker: *Europe in Crisis*, S. 119–122.

58 Parker: *Europe in Crisis*, S. 17ff., 246ff.; J. B. Wolf: *Toward a European Balance of Power 1620–1715*, Chicago 1970, S. 17–19.

59 A. Guery: »Les finances de la monarchie Française«, *Annales* 33 (1978) S. 216–239, insbesondere S. 228–230, 236. Die Ähnlichkeit der Belastungen, unter denen Frankreich und Spanien litten, weist J. H. Elliott in: *Richelieu and Olivares*, Cambridge 1984, insbesondere Kap. 3 und 5–6, sehr überzeugend nach; s. auch M. S. Kimmell: »War, State Finance, and Revolution«, in: P. McGowan und C. W. Kegley (Hg.): *Foreign Policy and the Modern World-System*, Beverly Hills 1983, S. 89–124.

60 E. H. Jenkins: *A History of the French Navy*, London 1973, Kap. 4; Briggs: *Early Modern France*, S. 128–144; Parker: *Europe in Crisis*, S. 276ff.

61 R. Stradling: »Castastrophe and Recovery: The Defeat of Spain 1639–1643«, *History* 64 (1979) S. 205–219.

62 Zur englischen Wirtschaftsgeschichte dieser Periode s. Cipolla: *Before the Industrial Revolution*, S. 276–296; D. C. Coleman: *The Economy of England 1450–1750*, Oxford 1977; B. Murphy: *A History of the British Economy*, London 1973, Teil 1, Kap. 4; C. Hill: *Reformation to Industrial Revolution*, Harmondsworth 1969; R. Davis: *English Overseas Trade 1500–1700*, London 1973. Unter den bekannteren politischen Darstellungen befinden sich G. R. Elton: *England Under the Tudors*, London 1955; D. M. Loades: *Politics and the Nation 1450–1660*, London 1974, S. 118ff.; und P. Williams: *The Tudor Re-*

gime, Oxford 1979, insbesondere Kap. 2 und 9. Zu den Finanzen der Krone s. die ältere Untersuchung von F. C. Dietz: *English Public Finance 1485–1641,* Bd. 1, *English Government Finance 1485–1558,* London 1964.

63 Nef: *War and Human Progress,* S. 10–12, 71–73, 87 f.

64 C. Barnett: *Britain and Her Army 1509–1970: A Military, Political and Social Survey,* London 1970, Kap. 1; Oman: *War in the Sixteenth Century,* S. 285 ff.; G. J. Millar: *Tudor Mercenaries and Auxiliaries 1485–1547,* Charlottesville 1980. Zur späteren Periode s. C. G. Cruikshank: *Elizabeth's Army,* Oxford 1966.

65 Williams: *Tudor Regime,* S. 64 ff.; Dietz: *English Government Finance,* Kap. 7–14; Hill: *Reformation to Industrial Revolution,* Kap. 6; P. S. Crowson: *Tudor Foreign Policy,* London 1973, Kap. 25.

66 K. R. Andrews: *Elizabethan Privateering,* Cambridge 1964; ders.: *Trade, Plunder and Settlement,* Cambridge 1983; Padfield: *Tide of Empires,* Bd. 1, S. 120 ff.; D. B. Quinn und A. N. Ryan: *England's Sea Empire, 1550–1642,* London 1983, Kap. 5; Scammell: *World Encompassed,* S. 465 ff.

67 So zitiert in: Kennedy: *British Naval Mastery,* S. 28. Siehe auch M. Howard: »The British Way in Warfare« (Neale Lecture) London 1975; Barnett: *Britain and Her Army,* S. 25 ff., 51 ff.; R. B. Wernham: »Elizabethan War Aims and Strategy«, in: *Elizabethan Government and Society,* (Hg.): S. T. Bindoff, J. Hurstfield und C. H. Williams, London 1961, S. 340–368. Siehe auch die beiden allgemeinen Darstellungen von Wernham: *Before the Armada: The Growth of English Foreign Policy 1485–1588,* London 1966, und *The Making of Elizabethan Foreign Policy 1588–1603,* Berkeley/Los Angeles/London 1980.

68 Zu diesen Zahlen s. F. C. Dietz: »The Exchequer in Elizabeth's Reign«, *Smith College Studies in History,* 8 (1923); ders.: *English Public Finance 1485–1641,* Bd. 2, *1558–1641,* Kap. 2–5; W. R. Scott: *The Constitution and Finance of English, Scottish and Irish Joint Stock Companies to 1720,* 3 Bde., Cambridge 1912, Bd. 3, S. 485–544.

69 Loades: *Politics and the Nation,* S. 301 ff.; R. Ashton: *The Crown and the Money Market 1603–1640,* Oxford 1960, insbesondere Kap. 2 und 7.

70 R. Ashton: *The English Civil War: Conservatism and Revolution 1603–1649,* London 1979; C. Hill: *The Century of Revolution* 1603–1714, Edinburgh 1961, Teil 1; C. Russell (Hg.): *The Origins of the English Civil War,* London 1973; Stone: *The Causes of the English Revolution 1529–1642,* London 1972; Loades: *Politics and the Nation,* S. 327 ff.

71 Kennedy: *British Naval Mastery,* S. 44 ff.; Barnett: *Britain and Her Army,* S. 90 ff.; Hill: *Reformation to Industrial Revolution,* S. 155 ff.; J. R. Jones: *Britain and the World 1649–1815,* London 1980, S. 51 ff. Siehe auch zwei wichtige deutsche Untersuchungen: B. Martin: »Außenhandel und Außenpolitik Englands unter Cromwell«, *Historische Zeitschrift* 218 (1974) S. 571–592, und H. C. Junge: *Flottenpolitik und Revolution: Die Entstehung der englischen Seemacht während der Herrschaft Cromwells,* Stuttgart 1980.

72 M. Ashley: *Financial and Commercial Policy Under the Cromwellian Protectorate,* London 1962, S. 48.

73 C. Hill: *Century of Revolution,* S. 161.

74 North und Thomas: *Rise of the Western World,* S. 118, 150.

75 Das Folgende stützt sich stark auf die Arbeiten von Michael Roberts, nicht nur auf seinen klassischen *Gustavus Adolphus*, 2 Bde., London 1958, sondern auch auf seine breiteren Darstellungen: *Essays in Swedish History*, London 1967; *Gustavus Adolphus and the Rise of Sweden*, London 1973; (Hg.): *Sweden's Age of Greatness, 1632–1718*, London 1973 und *The Swedish Imperial Experience 1560–1718*, Cambridge 1979.

76 Cipolla: *Guns and Sails*, S. 52ff.; Roberts: *Gustavus Adolphus*, Bd. 2, S. 107ff.; Wallerstein: *Modern World System*, Bd. 2, S. 203ff., und E. F. Heckscher: *An Economic History of Sweden*, Cambridge, Mass. 1963, Kap. 4, insbesondere S. 101ff.

77 In: Roberts: *Gustavus Adolphus and the Rise of Sweden*, Kap. 6–7, findet sich eine Zusammenfassung der Reformmaßnahmen. Ausführliche Details in: ders.: *Gustavus Adolphus*, Bd. 2, S. 63–304.

78 Siehe F. Redlich: »Contributions in the Thirty Years War«, *Economic History Review* 12 (1959) S. 247–254, sowie seine größere Arbeit *The German Military Enterpriser and His Work Force*, 2 Bde., Wiesbaden 1964. M. Ritter: »Das Kontributionssystem Wallensteins«, *Historische Zeitschrift* 90 (1902) und A. Ernstberger: *Hans de Witte: Finanzmann Wallensteins*, Wiesbaden 1954, bringen weitere Details. Zu Schweden s. Roberts: *Gustavus Adolphus and the Rise of Sweden*, Kap. 8, und S. Lundkvist: »Svensk krigsfinansiering 1630–1635«, *Historisk tidskrift* (1966) S. 377–421, mit einer deutschsprachigen Zusammenfassung.

79 Roberts: »Charles XI«, *Essays in Swedish History*, S. 233.

80 Ders.: *Swedish Imperial Experience*, S. 132–137.

81 A. a. O., S. 51.

82 G. Parker: *The Dutch Revolt*, London 1977. Dies ist das wichtigste Werk zum »80jährigen Krieg« in seiner Phase vor 1600. Zu den späteren Kämpfen s. den wichtigen Aufsatz von J. I. Israel: »A Conflict of Empires: Spain and the Netherlands, 1618–1648«, *Past and Present* 76 (1977) S. 34–74, und ders.: *The Dutch Republic and the Hispanic World, 1606–1661*, Oxford 1982.

83 G. Gash: *Renaissance Armies 1480–1650*, Cambridge 1975, S. 106.

84 C. Wilson: *The Dutch Republic and the Civilization of the Seventeenth Century*, London 1968, S. 31. Siehe auch Wallerstein: *Modern World System*, Bd. 1, S. 199ff., Bd. 2, Kap. 2.

85 Zitiert aus: Parker: *Dutch Revolt*, S. 249; Reynolds: *Command of the Sea*, S. 158ff.; Boxer: *Dutch Seaborne Empire*; Padfield: *Tide of Empires*, Bd. 1, Kap. 5; Scammell: *World Encompassed*, Kap. 7.

86 Über diese »Verschiebung« vom Mittelmeer zum Atlantik s. Cipolla: *Before the Industrial Revolution*, Kap. 10; Braudel: *Monde méditerranéen*, Bd. 2; Wallerstein: *Modern World Systems*, Bde. 1 und 2, und R. T. Rapp: »The Unmaking of the Mediterranean Trade Hegemony«, *Journal of Economic History* 35 (1975) S. 499–525, mit einigen nützlichen Einschränkungen zu dem Ablauf.

87 Über die Verluste, die den Niederlanden durch den Krieg zugefügt wurden, s. Parker: »War and Economic Change« und Israel: »Conflict of Empires«. Zu Amsterdams finanzieller Rolle und seiner Verschuldung s. Parker: »Emergence of Modern Finance in Europe«, S. 549ff., 573ff.; V. Barbour: *Capitalism in Amsterdam in the Seventeenth Century*, Baltimore 1950; André-E. Sayous:

»Le rôle d'Amsterdam dans l'histoire du capitalisme commercial et financier«, *Revue Historique* 183 (1938) S. 242–280.

88 Bean: »War and the Birth of the Nation State«. Siehe auch S. E. Finer: »State and Nation-Building in Europe: The Role of the Military«, in: C. Tilly (Hg.): *The Formation of National States in Western Europe,* Princeton 1975, S. 84–163.

89 *NCMH,* Bd. 3, Kap. 16; Wesson: *State Systems,* S. 121 ff.; O. Ranum (Hg.): *National Consciousness, History and Political Culture in Early-Modern Europe,* Baltimore/London 1975, und E. D. Marcu: *Sixteenth Century Nationalism,* New York 1976. Das wurde damals im Rahmen »nationaler« ökonomischer Theorien bereits gesehen: vgl. G. H. McCormick: »Strategic Considerations in the Development of Economic Thought«, S. 4–8, in: G. H. McCormick und R. E. Bissess (Hg.): *Strategic Dimensions of Economic Behavior,* New York 1984.

90 Unter den allgemeineren Interpretationen und Synthesen s. Tilly (Hg.): *Formation of National States in Western Europe;* Bendix: *Kings or People,* S. 247 ff.; Wallerstein: *Modern World System,* Bd. 1, Kap. 3; V. G. Kiernan: »State and Nation in Western Europe«, *Past and Present* 31 (1965) S. 20–38; J. H. Shennan: *The Origins of the Modern European State 1450–1725,* London 1974; H. Lubasz (Hg.): *The Development of the Modern State,* New York 1964.

91 Zitiert in: Creveld: *Supplying War,* S. 17.

92 Ebda., S. 13–17.

93 Siehe wiederum Elliott: *Richelieu and Olivares,* Kap. 6.

Finanzwesen, Geographie und das Gewinnen von Kriegen, 1660–1815

1 Als grundlegende Berichte über diese Periode siehe D. McKay und H. M. Scott: *The Rise of the Great Powers 1648–1815,* London 1983 – ein hervorragender Überblick; *NCMH,* Bde. 5–9; W. Doyle: *The Old European Order 1660–1800,* Oxford 1978, E. N. Williams: *The Ancien Regime in Europe 1648–1789,* Harmondsworth 1979. Europäische Politik und Wirtschaft außerhalb des Kontinents behandelt J. H. Parry: *Trade and Dominion: The European Overseas Empire in the Eighteenth Century,* London 1966. Eine kartographische Darstellung dieser Tendenzen findet sich in: G. Barraclough (Hg.): *Times Atlas of World History,* S. 192 ff.

2 Zu den allgemeinen militärischen und maritimen Entwicklungen siehe Nef: *War and Human Progress,* Teil 2; Ropp: *War in the Modern World,* Kap. 1–4; Preston, Wise und Werner: *Men in Arms,* Kap. 9–12; McNeill: *Pursuit of Power,* Kap. 4–6; H. Strachan: *European Armies and the Conduct of War,* London/Boston 1983, Kap. 1–4; J. Childs: *Armies and Warfare in Europe 1648–1789,* Manchester 1982. Zur Marine siehe Reynolds: *Command of the Sea,* Kap. 6–9; Kennedy: *Rise and Fall of British Naval Mastery,* Kap. 3–5; Padfield: *Tide of Empires,* Bd. 2.

3 Zu diesen Entwicklungen siehe über die Hinweise in Anm. 2 hinaus: A. Corvisier: *Armies and Societies in Europe 1494–1789*, Bloomington 1979, insbesondere Teil 2; Howard: *War in European History*, Kap. 4; van Creveld: *Supplying War*, S. 10ff.; C. Tilly (Hg.): *The Formation of National States in Western Europe*, Princeton 1975, insbesondere S. Finers Essay: »State-and-Nation-Building in Europe: The Role of the Military«, S. 84–163.

4 G. Parker: »Emergence of Modern Finance in Europe«; Tilly (Hg.): *Formation of National States in Western Europe*, Kap. 3–4; F. Braudel: *The Wheels of Commerce*, Bd. 2 von *Civilization and Capitalism, 15th–18th Centuries*, London 1982; H. van der Wee: »Monetary, Credit and Banking Systems«, in: E. R. Rich and C. H. Wilson (Hg.): *The Cambridge Economic History of Europe*, Bd. 5, Cambridge 1977, S. 290–392; P. G. M. Dickson and J. Sperling: »War Finance, 1689–1714«, in: *NCMH*, Bd. 6, Kap. 9. Siehe auch K. A. Rasler und W. R. Thompson: »Global Wars, Public Debts, and the Long Cycle«, *World Politics* 35 (1983) S. 489–516 und C. Webber und A. Wildavsky: *A History of Taxation and Expenditure in the Western World*, New York 1986, S. 250ff.

5 Der Begriff bezieht sich natürlich auf den Titel von P. G. M. Dicksons hervorragendem Buch: *The Financial Revolution in England: A Study in the Development of Public Credit 1688–1756*, London 1967.

6 Diese endlose Debatte untersucht W. Sombart in: *Krieg und Kapitalismus*, München 1913; Nef: *War and Human Progress;* sowie eine Reihe späterer Bücher und Aufsätze. Siehe die nützliche Einleitung und Bibliographie in: J. M. Winter (Hg.): *War and Economic Development*, Cambridge 1975.

7 Parker: »Emergence of Modern Finance«; Wallerstein: *Modern World System*, Bd. 2, S. 57ff.; C. H. Wilson: *Anglo-Dutch Commerce and Finance in the Eighteenth Century*, Cambridge 1966; V. Barbour: *Capitalism in Amsterdam in the Seventeenth Century*, Baltimore 1950, insbesondere Kapitel 6; vor allem aber J. C. Riley: *International Government Finance and the Amsterdam Capital Market 1740–1815*, Cambridge 1980.

8 Siehe die Untersuchung dieser Frage in: Wilson: »Decline of The Netherlands«, in: *Economic History and the Historian: Collected Essays*, London 1969, S. 22–47, ders.: *Anglo-Dutch Commerce and Finance* sowie die Hinweise in Anmerkung 23 unten.

9 Riley: *International Government Finance*, Kap. 6–7.

10 Zu allgemeinen Vergleichen der französischen und britischen Wirtschaft, Finanzpolitik und Steuersystem siehe Wallerstein: *Modern World System*, Bd. 2, Kap. 3 und 6; P. Mathias und P. O'Brien: »Taxation in Britain and France, 1715–1810«, *Journal of European Economic History* 5 (1976) S. 601–649; F. Crouzet: »L'Angleterre et France au XVIIIe siècle: essai d'analyse comparée de deux croissances économiques«, *Annales* 21 (1966) S. 254–291; McNeill: *Pursuit of Power*, insbesondere Kap. 6; N. F. R. Crafts: »Industrial Revolution in England and France: Some Thoughts on the Question: ›Why was England First?‹«, *Economic History Review*, 2. Folge 30 (1977) S. 429–441. Für eine kurze Übersicht: P. Kriedte: *Peasants, Landlords and Merchant Capitalists: Europe and the World Economy, 1500–1800*, Leamington Spa 1983, S. 115ff.

11 Mathias und O'Brien: »Taxation in Britain and France« und zur früheren Periode wiederum Dickson und Sperling: »War Finance 1689–1714«. Es gibt in-

dessen nichts, was mit R. Brauns scharfsinnigem Aufsatz zu vergleichen wäre: »Taxation, Sociopolitical Structure, and State Building«, in: Tilly (Hg.): *Formation of National States in Western Europe*, S. 243–327.

12 Dickson: *Financial Revolution in England*, S. 198; zur Geschichte der Institution selbst siehe J. H. Clapham: *The Bank of England*, Bd. 1, *1694–1797*, Cambridge 1944, und H. Roseveare: *The Treasury: The Evolution of a British Institution*, London/New York 1969; man vergleiche dies mit der weit weniger zufriedenstellenden Situation vor 1688: C. D. Chandaman: *The English Public Revenue 1660–1688*, Oxford 1975.

13 Riley: *International Government Finance*, Kap. 4 und 6; Wilson: *Anglo-Dutch Commerce and Finance;* A. C. Carter: »Dutch Foreign Investment, 1738–1800«, *Economica* 20 (1953) S. 322–340. Die Rolle niederländischen Kapitals im Wachstum Großbritanniens wird ebenfalls betont (und vielleicht übertrieben) in: Wallerstein: *Modern World System*, Bd. 2, S. 279ff.; siehe aber auch die interessante Argumentation in: L. Neal: »Interpreting Power and Profit in Economic History: A Case Study of the Seven Years War«, *Journal of Economic History* 37 (1977) S. 34f.

14 Dickson: *Financial Revolution in England*, S. 9. Dieses Buch ist die Quelle für Tabelle 2.

15 Das Zitat von Bischof Berkeley stammt aus: Dickson: *Financial Revolution in England*, S. 15. Zu McNeills Argument siehe *Pursuit of Power*, S. 178, 206ff.

16 Die nützlichste Untersuchung hierzu ist J. F. Bosher: *French Finances, 1770–1795*, Cambridge 1970; siehe aber auch die Aufsätze von Dickson und Sperling: »War Finance« und Mathias und O'Brien: »Taxation in Britain and France« sowie die Anmerkungen zu Kap. 2, die sich auf die Arbeiten von Bonney, Dent und Guery beziehen. Siehe auch die ältere Arbeit von R. Mousnier: »L'evolution des finances publiques en France et en Angleterre pendant les guerres de la Ligue d'Augsburg et de la Succession d'Espagne«, *Revue Historique* 44 (1951) S. 1–23.

17 Bosher: *French Finance 1770–1795*, S. 20. Diese Argumentation wird zusammengefaßt in Boshers Aufsatz »French Administration and Public Finance in their European Setting«, in: *NCMH*, Bd. 8, Kap. 20. Zu Schätzungen über den Anteil an den Steuern, die in privater Hand blieben, siehe Mathias und O'Brien: »Taxation in Britain and France«, S. 643–646.

18 Die direkten Zitate stammen aus: J. G. Clark: *La Rochelle and the Atlantic Economy During the Eighteenth Century*, Baltimore/London 1981, S. 23, S. 226, siehe insbesondere Kapitel 1 und 7 und die abschließenden Bemerkungen. Diese Geschichte kann man mit den britischen Erfahrungen vergleichen, die R. Davis wiedergibt: *The Rise of the Atlantic Economies*, London 1975; W. E. Minchinton (Hg.): *The Growth of English Overseas Trade in the Seventeenth and Eighteenth Centuries*, London 1969; A. Calder: *Revolutionary Empire: The Rise of the English-Speaking Empires from the Fifteenth Century to the 1780s*, London 1981, Bde. 2–3; außerdem findet sich reichliches Material dazu in einer großen Zahl von Büchern über einzelne Häfen und Handelsrouten.

19 Siehe die erhellenden Details in den Kapiteln »Finances« und »Supply and Equipment« in: L. Kennet: *The French Armies in the Seven Years War: A Study in Military Organization and Administration*, Durham 1967. Zu den

Schwächen der Marine, insbesondere, was Nachschub und Holz betrifft, siehe P. W. Bamford: *Forests and French Sea Power 1660–1789*, Toronto 1956, und Jenkins: *History of the French Navy*, Kap. 8, sowie die bemerkenswerte Analyse von J. F. Bosher: »Financing the French Navy in the Seven Years War: *Beaujon, Goossens et compagnie* in 1759«, erscheint bald in: *U. S. Naval Institute Proceedings*. Zum Vergleich mit britischen Verhältnissen siehe vor allem D. A. Baugh: *British Naval Administration in the Age of Walpole*, Princeton 1965.

20 Zu diesen vergleichenden Statistiken siehe Bosher: *French Finances 1770–1795*, S. 23f. Dies wird ergänzt durch R. D. Harris: »French Finances and the American War, 1777–1783«, *Journal of Modern History* 46 (1976) S. 233–258; G. Ardent: »Financial Policy and Economic Infrastructure of Modern States and Nations«, in: Tilly (Hg.): *Formation of National States in Western Europe*, S. 217ff.; Hamilton: »Origin and Growth of the National Debt in Western Europe«, S. 122–124. Die Rolle der Besteuerung in der französischen Krise der späten 1780er wird umrissen in: Doyle: *The Old European Order*, S. 313–320, und *NCMH*, Bd. 8, Kap. 20–21. Zu Pitts Reformen siehe J. Ehrmann: *The Younger Pitt*, 2 Bde. bisher, London 1969 und 1983, Bd. 1, S. 239ff., und J. E. D. Binney: *British Public Finance and Administration, 1774–1792*, Oxford 1958.

21 Es ist ganz unmöglich, eine zufriedenstellende (geschweige denn erschöpfende) Liste von Werken zu den Finanzen dieser Staaten zu geben. Allgemein siehe Tilly (Hg.): *Formation of National States in Western Europe*, Kap. 3–4; *NCMH*, Bd. 6, S. 20ff., 284ff., und C. Moraze: »Finance et despotisme, essai sur les despotes eclaires«, *Annales* 3 (1948) S. 279–296. Zu Preußen siehe die kurzen Anmerkungen in: *NCMH*, Bd. 7, S. 296ff., und Bd. 8, S. 7ff., 565ff, und C. Duffy: *The Army of Frederick the Great*, Newton Abbott 1974, Kap. 8. Zu Habsburg siehe ders.: *The Army of Maria Theresa: The Armed Forces of Imperial Austria, 1740–1780*, London 1977, Kap. 10. Selbst im Falle Rußlands mit seiner Wehrpflicht und der Ausbeutung des Landes für militärische Zwecke war die frühere Selbstgenügsamkeit an Bargeld und Schuldverschreibungen im letzten Jahrzehnt des achtzehnten Jahrhunderts durch zunehmende Inanspruchnahme ausländischer Kredite abgelöst worden. Siehe ders.: *Russia's Military Way to the West: Origins and Nature of Russian Military Power 1700–1800*, London 1981, S. 36–38, 179f.

22 Jones: *Britain and Europe in the Seventeenth Century*, Kap. 5; Kennedy: *Rise and Fall of British Naval Mastery*, S. 50ff.

23 J. G. Stork-Penning: »The Ordeal of the States: Some Remarks on Dutch Politics During the War of the Spanish Succession«, *Acta Historiae Neerlandica* 2 (1967) S. 107–141; C. R. Boxer: »The Dutch Economic Decline«, in: Cipolla (Hg.): *Economic Decline of Empires;* Wilson: »Taxation and the Decline of Empires: An Unfashionable Theme«, in: *Economic History and the Historian*, S. 114–127; Wolf: *Toward a European Balance of Power*, Kap. 7. Siehe auch die Synopsis in: C. P. Kindleberger: »Commercial Expansion and the Industrial Revolution«, *Journal of European Economic History* 4 (1975) S. 620ff.

24 A. C. Carter: *The Dutch Republic in Europe in the Seven Years War*, London 1971, besonders Kap. 7, und, allgemeiner, ders.: *Neutrality or Commitment:*

the Evolution of Dutch Foreign Policy (1667–1795), London 1975, ein exzellenter Überblick.

25 Carter: *Neutrality or Commitment*, S. 89 ff., und die relevanten Kapitel in: E. H. Kossmann: *The Low Countries 1780–1940*, Oxford 1978.

26 Zahlen aus: Doyle: *Old European Order*, S. 242. Zu Frankreich unter Ludwig XIV. siehe *NCMH*, Bde. 5–6; A. de St. Leger und P. Sagnac: *La Prepondérance française, Louis XIV, 1661–1715*, Paris 1935; R. M. Hatton (Hg.): *Louis XIV and Europe*, London 1976; P. Goubert: *Louis XIV and Twenty Million Frenchmen*, London 1970, und J. B. Wolf: *Louis XIV*, London 1968.

27 Hervorragende Analysen der militärisch-geopolitischen Probleme, denen sich die Herrscher in Wien während dieser Zeit gegenübersahen, siehe K. A. Roider: *Austria's Eastern Question 1700–1790*, Princeton 1982, und C. W. Ingrao: »Habsburg Strategy and Geopolitics during the Eighteenth Century«, in: G. E. Rothenberg, B. K. Kiraly und P. F. Sugar (Hg.): *East Central European Society and War in the Pre-Revolutionary Eighteenth Century*, New York 1982, S. 49–96. Siehe auch den durchgehenden Kommentar in: D. Mackay: *Prince Eugene of Savoy*, London 1977.

28 O. Hufton: *Europe: Privilege and Protest 1730–1789*, London 1980, S. 155. Siehe auch *NCMH*, Bd. 8, Kap. 10; Kann: *History of the Habsburg Empire*, Kap. 3 und 5; E. Wangermann: *The Austrian Achievement*, New York 1973, und V. S. Mamatey: *Rise of the Habsburg Empire 1526–1815*, New York 1971. Siehe auch die nützlichen Kommentare in: Duffy: *Army of Maria Theresa*.

29 Hufton: *Europe: Privilege and Protest*, Kap. 7; Williams: *Ancien Regime and Europe*, Kap. 13–16; Wallerstein: *Modern World System*, Bd. 2, S. 225 ff.; F. L. Carsten: *The Origins of Prussia*, Oxford 1954; H. Rosenberg: *Bureaucracy, Aristocracy and Autocracy: The Prussian Experience 1660–1815*, Cambridge, Mass., 1958. Auch in: *NCMH*, Bd. 7, Kap. 13, findet sich ein guter Abriß der preußischen Reformen und des preußischen Systems.

30 G. Craig: *The Politics of the Prussian Army 1640–1945*, Oxford 1955, S. 22 ff.; Duffy: *Army of Frederick the Great*; T. N. Dupuy: *A Genius for War: The German Army and General Staff, 1807–1945*, Englewood Cliffs 1977, S. 17 ff.; P. Paret: *Yorck and the Era of Prussian Reform*, Princeton 1961.

31 Eine kurze, aber sehr nützliche Analyse findet sich in: P. Dukes: *The Emergence of the Super-Powers: A Short Comparative History of the USA and the USSR*, London 1970, Kap. 1–2.

32 Zitat aus: P. Bairoch: »International Industrialization Levels from 1750 to 1980«, *Journal of European Economic History* 11 (1982) S. 291. Siehe auch L. H. Gipson: *The Coming of the Revolution 1763–1775*, New York 1962, S. 13–18; R. M. Robertson: *History of the American Economy*, New York 1973, S. 64.

33 *NCMH*, Bd. 7, Kap. 14 und Bd. 8, Kap. 11; Kochan und Abraham: *Making of Modern Russia*, Kap. 7–9; Duffy: *Russia's Military Way to the West*; P. Dukes: *The Making of Russian Absolutism 1613–1801*, London 1982; M. Falkus: *The Industrialization of Russia 1700–1914*, London 1972, Kap. 2–3; M. Raeff: *Imperial Russia 1682–1825*, New York 1971, und die vielen Kommentare zum Aufstieg Rußlands in: M. S. Anderson: *Europe in the Eighteenth Century*, London 1961, insbesondere Kap. 9.

34 A. de Tocqueville: *Democracy in America,* 2 Bde., New York 1945, S. 452, und siehe auch die Vorhersagen, die Dukes in: *Emergence of the Super-Powers,* Kap. 1–3, wiedergibt; H. Gollwitzer: *Geschichte des weltpolitischen Denkens,* 2 Bde., Göttingen 1972, Bd. 1, S. 403ff., und der Kommentar in: W. Woodruff: *America's Impact on the World: A Study of the Role of the United States in the World Economy 1750–1970,* New York 1973.

35 A. T. Mahan: *The Influence of Sea Power upon History 1660–1783,* London 1965, S. 29.

36 Dazu siehe Kennedy: *The Rise and Fall of the British Naval Mastery,* Einleitung und Kap. 3–5; M. Howard: *The British Way in Warfare,* Neale Lecture, University of London 1974; Jones: *Britain and the World,* Kap. 1–2 und weitere.

37 D. E. C. Eversley: »The Home Market and Economic Growth in England 1750–1780«, in: E. L. Jones und G. E. Mingay (Hg.): *Land, Labour and Population of the Industrial Revolution,* London 1967, S. 206–259; F. Crouzet: »Toward an Export Economy: British Exports During the Industrial Revolution«, *Explorations in Economic History* 17 (1980) S. 48–93; P. J. Cain und A. G. Hopkins: »The Political Economy of British Expansion Overseas, 1750–1914«, *Economic History Review* 33 (1980) S. 463–490.

38 Zitiert in: H. Richmond: *Statesmen and Sea Power,* Oxford 1946, S. 111; zu weiteren Details dieser strategischen Debatte siehe R. Pares: »American versus Continental Warfare 1739–1763«, *English History Review* 51 (1936) S. 429–465, Wallerstein: *Modern World System,* Bd. 2, S. 246ff., G. Niedhart: *Handel und Krieg in der britischen Weltpolitik 1738–1763,* München 1979, S. 64ff.

39 L. Dehio: *The Precarious Balance,* London 1963, S. 118.

40 Diese Zahlen – alles annähernde Werte – stammen aus verschiedenen Quellen, darunter Cipolla: *Before the Industrial Revolution,* S. 4; A. Armengaud: »Population in Europe 1700–1914«, in: C. M. Cipolla (Hg.): *Fontana Economic History of Europe,* Bd. 3, 1976, S. 22–76; *NCMH,* Bd. 8, S. 714; B. R. Mitchell: *European Historical Statistics, 1750–1970,* London 1975, Teil A; W. Woodruff: *Impact of Western Man: A Study of Europe's Role in the World Economy 1750–1960,* New York 1967, S. 104.

41 Corvisier: *Armies and Societies in Europe 1494–1789,* S. 113, liefert andere Daten als Childs: *Armies and Warfare in Europe 1648–1789,* S. 42 – und beide weichen manchmal von den Angaben ab, die in spezielleren Werken über nationale Armeen oder einzelne Kriege genannt werden.

42 Diese Zahlen sind Anderson: *Europe in the Eighteenth Century,* S. 144f., entnommen; ein wenig abweichende Angaben finden sich in: L. W. Cowie: *Eighteenth-Century Europe,* London 1963, S. 141f. Auch hier sind später wieder Änderungen gemacht worden, weil vertrauenerweckendere Quellen aufgetaucht sind; so stammen die 1779-Zahlen von J. Dull: *The French Navy and American Independence,* Princeton 1975, Anhang F, und die Gesamtsummen von 1790 von O. von Pivka: *Navies of the Napoleonic Era,* Newton Abbott 1980, S. 30 (aber vgl. auch *NCMH,* Bd. 8, S. 190).

43 Siehe S. 219–221 unten.

44 Zum Folgenden siehe McKay und Scott: *Rise of the Great Powers,* S. 14ff.;

Stoye: *Europe Unfolding 1648–1688,* Kap. 9; Wolf: *Toward a European Balance of Power;* ders.: *The Emergence of the Great Powers 1685–1715,* New York 1951, Kap. 1–7; *NCMH,* Bd. 5, Kap. 9; St. Leger und Sagnac: *La Préponderance française;* und Hatton (Hg.): *Louis XIV and Europe.*

45 L. Andre: *Michel Le Tellier et Louvois,* Paris 1943; C. Jones: »The Military Revolution and the Professionalization of the French Army under the Ancien Régime«, in: M. Duffy (Hg.): *The Military Revolution and the State 1500–1800,* Exeter Studies in History, Nr. 1, Exeter 1980, S. 29–48; Jenkins: *History of the French Navy,* Kap. 5.

46 Jones: *Britain and the World,* S. 100–110; ders.: *Country and Court 1658–1714,* London 1978, S. 106ff.; Padfield: *Tide of Empires,* Bd. 2, Kap. 4.

47 McKay und Scott: *Rise of the Great Powers,* S. 34ff; Hatton (Hg.): *Louis XIV and Europe.*

48 *NCMH,* Bd. 6, Kap. 7; Wolf: *Toward a European Balance of Power,* Kap. 4; McKay und Scott: *Rise of the Great Powers,* S. 43–50.

49 G. Symcox: *The Crisis of French Seapower 1689–1697,* Den Haag 1974; Jenkins: *History of the French Navy,* S. 69–88; Padfield: *Tide of Empires,* Bd. 2, Kap. 5.

50 Zu diesen Bemerkungen siehe Symcox: *Crisis of French Seapower;* Kennedy: *Rise and Fall of British Naval Mastery,* S. 76–80; G. N. Clarke: *The Dutch Alliance and the War Against French Trade 1688–1697,* New York 1971; D. G. Chandler: »Fluctuations in the Strength of Forces in English Pay sent to Flanders During the Nine Years War, 1688–1697«, *War and Society* 1 (1983) S. 1–20; S. B. Baxter: *William III and the Defense of European Liberty 1650–1702,* Westport 1976, S. 288ff.

51 McKay und Scott: *Rise of the Great Powers,* S. 54–63; Wolf: *Toward a European Balance of Power,* Kap. 7; *NCMH,* Bd. 6, Kap. 12.

52 Zu den militärischen Ereignissen und der Taktik in diesem Krieg siehe G. Chandler: *The Art of Warfare in the Age of Marlborough,* London 1976; Barnett: *Britain and Her Army,* S. 152ff.; McKay: *Prince Eugene of Savoy,* S. 58ff.

53 Mahan: *Influence of Sea Power upon History,* Kap. 5; Kennedy: *Rise and Fall of British Naval Mastery,* S. 82–88; Padfield: *Tide of Empires,* Bd. 2, S. 156ff.; Jones: *Britain and Europe in the Seventeenth Century,* Kap. 7; *NCMH,* Bd. 6, Kap. 11–13, 15.

54 Zum Frieden von Utrecht siehe McKay und Scott: *Rise of the Great Powers,* S. 63–66; *NCMH,* Bd. 6, Kap. 14. Zur Abtretung von Asiento siehe G. J. Walker: *Spanish Politics and Imperial Trade, 1700–1789,* Bloomington 1979, Kap. 4.

55 J. W. Stoye: *The Siege of Vienna,* London 1964; T. M. Barker: *Double Eagle and Crescent,* Albany 1967; McKay: *Prince Eugene of Savoy,* Kap. 3 und 5; *NCMH,* Bd. 6, Kap. 19. Zu den Wesenszügen der Kriegführung in Osteuropa siehe B. K. Kiraly und G. Rothenberg (Hg.): *War and Society in Eastern Europe,* Bd. 1, New York 1979, insbesondere S. 1–33, 361ff.

56 Zu Karl XII. siehe R. M. Hatton: *Charles XII of Sweden,* London 1968, und Kap. 20(i) in: *NCMH,* Bd. 6 sowie die Anmerkungen in: Roberts: *Swedish Imperial Experience.* Zu Peter siehe M. S. Anderson: *Peter the Great,* London

1978; R. Wittram: *Peter I: Zar und Kaiser,* 2 Bde., Göttingen 1964; B. H. Sumner: *Peter the Great and the Emergence of Russia,* London 1940; *NCMH,* Bd. 6, Kap. 20 (i) und 21.

57 McKay und Scott: *Rise of the Great Powers,* S. 92.

58 Dehio: *Precarious Balance,* S. 102.

59 McKay und Scott: *Rise of the Great Powers,* Kap. 4.

60 *NCMH,* Bd. 7, Kap. 9. Zur Politik der einzelnen Mächte siehe A. M. Wilson: *French Foreign Policy During the Administration of Cardinal Fleury,* Cambridge, Mass., 1936; P. Langford: *The Eighteenth Century, 1688–1815: British Foreign Policy,* London 1976, S. 71 ff.; Kann: *History of the Habsburg Empire,* S. 90 ff.

61 Padfield: *Tide of Empires,* Bd. 2, S. 194 ff.; R. Pares: *War and Trade in the West Indies 1739–1763,* Oxford 1936; M. Savelle: *Empires to Nations: Expansion in America, 1713–1824,* Minneapolis 1974, Kap. 6; Walker: *Spanish Politics and Imperial Trade,* insbesondere Teil 3; W. L. Dorn: *Competition for Empire 1740–1763,* New York 1940. Zum Österreichischen Erbfolgekrieg siehe *NCMH,* Bd. 7, Kap. 17.

62 Dorn: *Competition for Empire;* Pares: *War and Trade;* ders.: »American versus Continental Warfare«; *NCMH,* Bd. 7, Kap. 20 und 22; Padfield: *Tide of Empires,* Bd. 2, S. 224 ff.; Saville: *Empires to Nations,* S. 135 ff.; C. M. Andrews: »Anglo-French Commercial Rivalry, 1700–1750«, *American Historical Review* 20 (1915) S. 539–556, 761–780; P. L. R. Higonnet: »The Origins of the Seven Years War«, *Journal of Modern History* 40 (1968) S. 57–90.

63 Siehe wieder Carter: *Dutch Republic in the Seven Years War;* Walker: *Spanish Politics and Imperial Trade.*

64 Allgemein zum Siebenjährigen Krieg siehe *NCMH,* Bd. 7, Kap. 20; McKay und Scott: *Rise of the Great Powers,* S. 192–200. Die britische Politik wird analysiert in: Niedhart: *Handel und Krieg in der britischen Weltpolitik,* S. 121–138; Jones: *Britain and the World,* S. 207 ff., B. Tunstall: *William Pitt, Earl of Chatham,* London 1938; J. S. Corbett: *England in the Seven Years War: A Study in Combined Strategy,* 2 Bde., London 1907; R. Savory: *His Britannic Majesty's Army in Germany During the Seven Years War,* Oxford 1966. Die schwache französische Leistung wird gut beschrieben in: Kennett: *French Armies in the Seven Years War,* die verbesserte Kampfkraft der Österreicher in: Duffy: *Army of Maria Theresa.* Rußlands frühe Rolle wird geschildert in: H. H. Kaplan: *Russia and the Outbreak of the Seven Years War,* Berkeley 1968, und Duffy: *Russia's Military Way to the West,* S. 92 ff. Präzise Darstellungen der Kampfhandlungen Preußens finden sich in: Duffy: *Army of Frederick the Great* und J. Kunisch: *Das Mirakel des Hauses Brandenburg,* München 1978, mit nützlichen Vergleichen.

65 Zitiert in: Kennedy: *Rise and Fall of British Naval Mastery,* S. 106. Siehe auch Pares: »American versus Continental Warfare«. Zu Pitts Schwierigkeiten in der Regierung von 1757–1762 siehe R. Middleton: *The Bells of Victory,* Cambridge 1985.

66 Zitiert in: H. Rosinski: »The Role of Sea Power in the Global Warfare of the Future«, *Brassey's Naval Annual* (1947) S. 103. Zu den finanziellen Schwächen der Franzosen während des Siebenjährigen Krieges siehe Kennett: *French*

Armies in the Seven Years War und Bosher: »Financing the French Navy in the Seven Years War«.

67 Zum Obenstehenden siehe McKay und Scott: *Rise of the Great Powers*, S. 253–258; *NCMH*, Bd. 8, S. 254ff.; J. F. Ramsay: *Anglo-French Relations 1763–1770: A Study of Choiseul's Foreign Policy*, Berkeley 1939; H. M. Scott: »The Importance of Bourbon Naval Reconstruction to the Strategy of Choiseul after the Seven Years War«, *International History Review* 1 (1979) S. 17–35; R. Abarca: »Classical Diplomacy and Bourbon ›Revanche‹ Strategy, 1763–1770«, *Review of Politics*, 32 (1970) S. 313–337; M. Roberts: *Splendid Isolation 1763–1780*, Stenton Lecture, Reading 1970.

68 Zum Folgenden siehe I. R. Christie: *Wars and Revolutions: Britain 1760–1815*, London 1982, Kap. 4–6; P. Mackesy: *The War for America 1775–1783*, London 1964; B. Donoughue: *British Politics and the American Revolution*, London 1964; G. S. Brown: *The American Secretary: The Colonial Policy of Lord George Germain 1775–1778*, Ann Arbor 1963; *NCMH*, Bd. 8, Kap. 15–19; und die nützliche Aufsatzsammlung von D. Higginbotham (Hg.): *Reconsiderations on the Revolutionary War*, Westport 1978. Eine gute Übersicht über die neuere Literatur befindet sich in: H. M. Scott: »British Foreign Policy in the Age of the American Revolution«, *International History Review* 6 (1984) S. 113–125.

69 D. Syrett: *Shipping and the American War 1775–1783*, London 1970, S. 243. Siehe auch N. Baker: *Government and Contractors: The British Treasury and War Supplies 1775–1783*, London 1971; R. A. Bowler: *Logistics and the Failure of the British Army in America 1775–1783*, Princeton 1975; E. E. Curtis: *The Organization of the British Army in the American Revolution*, Menston 1972. Zur amerikanischen Seite siehe den ausgezeichneten Überblick von D. Higginbotham: *The War of American Independence*, Bloomington 1977.

70 Barnett: *Britain and Her Army*, S. 225.

71 Zahlen aus: Kennedy: *Rise and Fall of British Naval Mastery*, S. 111. Siehe auch die ausgezeichnete Arbeit von Dull: *French Navy and American Independence*; und A. T. Patterson: *The Other Armada: The Franco-Spanish Attempt to Invade Britain in 1779*, Manchester 1960. Zu den diplomatischen Aspekten siehe I. de Madariaga: *Britain, Russia and the Armed Neutrality of 1780*, London 1962; S. F. Bemis: *The Diplomacy of the American Revolution*, New York 1935; Higginbotham: *The War of American Independence*, Kap. 10; und Dull: *A Diplomatic History of the American Revolution*, New Haven 1985.

72 Zum Folgenden siehe McKay und Scott: *Rise of the Great Powers*, Kap. 8; *NCMH*, Bd. 8, Kap. 9 und 12; I. de Madariaga: *Russia in the Age of Catherine the Great*, London 1981.

73 Ehrmann: *Younger Pitt*, Bd. 1, S. 516–571, und Bd. 2 S. 42 ff.; Jones: *Britain and the World*, S. 252ff.; Binney: *British Public Finance and Administration*; und zum Vergleich mit Frankreichs Wirtschaft zwischen 1780 und 1790 siehe nochmals Crouzet: »Angleterre et France«; Mathias und O'Brien: »Taxation in Britain and France, 1715–1810«; und Nef: *War and Human Progress*, S. 282ff.

74 Zu den Reformen des Militärs siehe *NCMH*, Bd. 8, S. 190ff. und Bd. 9, Kap. 3; McNeill: *Pursuit of Power*, S. 158ff.; Strachan: *European Armies and the Conduct of War*, S. 25ff.; R. S. Quimby: *The Background of Napoleonic Warfare*, New York 1957; D. Bien: »The Army in the French Enlightenment: Reform,

Reaction and Revolution«, *Past and Present* 85 (1979) S. 68–98; und G. Rothenberg: *The Art of Warfare in the Age of Napoleon*, Bloomington 1978. Zu den frühen Phasen des Feldzugs siehe M. Glover: *The Napoleonic Wars: An Illustrated History 1792–1815*, New York 1979; S. T. Ross: *Quest for Victory: French Military Strategy 1792–1799*, London/New York 1973, Kap. 1–4; G. Rothenberg: *Napoleon's Great Adversaries: The Archduke Charles and the Austrian Army 1792–1814*, London 1982, Kap. 2.

75 Britische Politik und Strategie wird behandelt in: Jones: *Britain and the World*, S. 259ff.; Ehrman: *Younger Pitt*, Bd. 2, Teile 4–5; Christie: *Wars and Revolutions*, S. 215–326; J. M. Sherwig: *Guineas and Gunpowder: British Foreign Aid in the Wars with France 1793–1815*, Cambridge, Mass. 1969, Kap. 1–4; M. Duffy: »British Policy in the War Against Revolutionary France«, in: C. Jones (Hg.): *Britain and Revolutionary France: Conflict, Subversion and Propaganda*, Exeter Studies in History Nr. 5, Exeter 1983; D. Geggus: »The Cost of Pitt's Caribbean Campaigns, 1793–1798«, *Historical Journal* 26 (1983) S. 691–706.

76 Zitiert in: Glover: *Napoleonic Wars*, S. 50. Zu Napoleon als Stratege und Befehlshaber siehe D. G. Chandler: *The Campaigns of Napoleon*, New York 1966; C. Barnett: *Napoleon*, London 1978; Rothenberg: *Art of Warfare in the Age of Napoleon*; und den laufenden Kommentar in G. Lefevre: *Napoleon*, 2 Bd., London/New York 1969.

77 Siehe A. B. Rodger: *The War of the Second Coalition, 1798–1801*, Oxford 1964; P. Mackesy: *Statesmen at War: The Strategy of Overthrow, 1798–1799*, London 1974; die kontroversen Kommentare in: E. Ingram: *Commitment to Empire: Prophecies of the Great Game in Asia, 1797–1800*, Oxford 1981; Sherwig: *Guineas and Gunpowder*, Kap. 6–7; Rothenberg: *Napoleon's Great Adversaries*, Kap. 3. Zur französischen Seite siehe Ross: *Quest for Victory*, Kap. 5–12; und ders.: *European Diplomatic History 1789–1815: France Against Europe*, Malabar 1981, Kap. 6. Die russische Intervention wird behandelt in: A. A. Lobanov-Rostovsky: *Russia and Europe 1789–1825*, Durham 1947, S. 43–64; und Duffy: *Russia's Military Way to the West*, S. 208ff.

78 Jones: *Britain and the World*, S. 272–280; C. Emsley: *British Society and the French Wars 1793–1815*, London 1979, Kap. 4–5; Lefevre: *Napoleon*, Bd. 1, Kap. 5 und 7; Glover: *Napoleonic Wars*, S. 83f. Siehe auch den Kommentar in: E. L. Presseisen: *Amiens and Munich: Comparisons in Appeasement*, Den Haag 1978.

79 Lefevre: *Napoleon*, Bd. 1, Kap. 7 und 9; Ross: *European Diplomatic History*, Kap. 8; Chandler: *Campaigns of Napoleon*, Teil 7; Glover: *Napoleonic Wars*, Kap. 3; Rothenberg: *Napoleon's Great Adversaries*, Kap. 5; Sherwig: *Guineas and Gunpowder*, Kap. 7–8; Jones: *Britain and the World*, S. 281–287; Marcus: *Naval History of England*, Bd. 2, S. 221–302.

80 Zum Folgenden siehe Jones: *Britain and the World*, S. 289ff.; F. Crouzet: *L'Économie britannique et le Blocus Continental 1806–1813*, 2 Bände, Paris 1958; ders.: »Wars, Blockade, and Economic Change in Europe 1792–1815«, *Journal of Economic History* 24 (1964) S. 567–588; Kennedy: *Rise and Fall of British Naval Mastery*, S. 143–145; *NCMH*, Bd. 9, S. 326ff.; E. F. Heckscher: *The Continental System*, Oxford 1922. Zur Debatte über die Wirkung der Aus-

einandersetzung 1793–1815 auf die britische Wirtschaft siehe ergänzend Emsley: *British Society and the French Wars,* Kap. 7–8; J. E. Cookson: »Political Arithmetic and War 1793–1815«, *War and Society 1* (1983) S. 37–60; G. Hueckel: »War and the British Economy, 1793–1815: A General Equilibrium Analysis«, *Explorations in Economic History* 10 (1973) S. 365–396; P. Deane: »War and Industrialisation«, in: Winter (Hg.): *War and Economic Development,* S. 91–102; J. L. Anderson: »Aspects of the Effects on the British Economy of War against France, 1793–1815«, *Australian Economic History Review* 12 (1972) S. 1–20.

81 Siehe Tabelle 2 oben. Zu den britischen Kriegsfinanzen siehe N. J. Silberling: »Financial and Monetary Policy of Great Britain During the Napoleonic Wars«, *Quarterly Journal of Economics* 38 (1923–1924) S. 214–233; E. B. Schumpeter: »English Prices and Public Finance, 1660–1822«, *Review of Economic Statistics* 20 (1938) S. 21–37; A. Hope-Jones: *Income Tax in the Napoleonic Wars,* Cambridge 1939; P. O'Brien: *British Financial and Fiscal Policy in the Wars Against France, 1793–1815,* Oxford 1984.

82 L. Bergeron: *France under Napoleon,* Princeton 1981, S. 37ff., 159ff.; G. Brunn: *Europe and the French Imperium, 1799–1815,* New York 1938, Kap. 4–5; S. B. Clough: *France: A History of National Economics 1789–1939,* New York 1939, Kap. 2–3; Lefevre: *Napoleon,* Bd. 2, Kap. 1–4; C. Trebilcock: *The Industrialization of the Continental Powers 1780–1914,* London 1981, S. 125ff.

83 Bergeron: *France Under Napoleon,* S. 167ff., 184ff.; Crouzet: »Wars, Blockade, and Economic Change«.

84 Bergeron: *France Under Napoleon,* S. 37ff.; Lefevre: *Napoleon,* Bd. 2, S. 171ff.; Clough: *France,* Kap. 2–3.

85 Zum Folgenden siehe Bergeron: *France Under Napoleon,* S. 40f; Lefevre: *Napoleon,* Bd. 2, S. 291; McNeill: *Pursuit of Power,* S. 198ff.; Brunn: *Europe and the French Imperium,* S. 73–75, 110ff., E. J. Hobsbawm: *The Age of Revolution 1789–1848,* London 1962, S. 97; G. Rudé: *Revolutionary Europe 1783–1815,* London 1964, Kap. 13 und besonders S. 274f.; S. Schama: »The Exigencies of War and the Politics of Taxation in the Netherlands 1795–1810«, in: Winter (Hg.): *War and Economic Development,* S. 111, 117, 128.

86 Zitiert in: Glover: *Napoleonic Wars,* S. 129; und vgl. mit Guiberts bemerkenswerter, vor der Revolution getroffener Vorhersage von einem Volk, »das, weil es ohne große Kosten Krieg zu führen und von der Siegesbeute zu leben versteht, nicht gezwungen war, aus Finanzgründen die Waffen niederzulegen« – im Englischen zitiert in: *NCMH,* Bd. 8, S. 217; und mit Spenser Wilkinsons Bemerkungen, zitiert in: Tilly (Hg.): *Formation of National States in Western Europe,* S. 147f., 152.

87 Glover: *Napoleonic Wars,* S. 140f.; Jones: *Britain and the World,* S. 22, 317; Sherwig: *Guineas and Gunpowder,* Kap. 9–10.

88 Zahlen aus: Glover: *Napoleonic Wars,* S. 152; siehe auch Chandler: *Campaigns of Napoleon,* S. 734. Zu Feldzügen und Erholung der österreichischen Armee siehe Rothenberg: *Napoleon's Great Adversaries,* S. 123ff.

89 Zum Krieg um die Iberische Halbinsel siehe die sachdienlichen Abschnitte in: Glover: *Campaigns of Napoleon;* J. Weller: *Wellington in the Peninsula,* Lon-

don 1962; R. Glover: *Peninsular Preparation: The Reform of the British Army, 1795–1809,* Cambridge 1963; M. Glover: *The Peninsular War, 1807–1814: A Concise History,* Newton Abbott 1974; Sherwig: *Guineas and Gunpowder,* S. 198ff. Die französische Seite wird behandelt in: J. Thiry: *La Guerre d'Espagne,* Paris 1966; Ross: *European Diplomatic History,* S. 276ff.; G. H. Lovett: *Napoleon and the Birth of Modern Spain,* 2 Bde., New York 1965. Die Wichtigkeit des spanischen Beitrags wird zu Recht hervorgehoben in: D. Gates: *The Spanish Ulcer: A History of the Peninsula War,* London 1986.

90 Brunn: *Europe and the French Imperium,* Kap. 8; Rudé: *Revolutionary Europe,* Kap. 13–14; Lefevre: *Napoleon,* Bd. 2, Kap. 7–8; J. Godechet, B. F. Hyslop und D. L. Dowd: *The Napoleonic Era in Europe,* New York 1971, bes. Kap. 8; G. Best: *War and Society in Revolutionary Europe, 1770–1870,* London 1982, Kap. 11–13; R. J. Rath: *The Fall of the Napoleonic Kingdom of Italy,* New York 1941, Kap. 1–2.

91 Crouzet: »Wars, Blockade and Economic Change«; Glover: *Napoleonic Wars,* Kap. 4–5; O. Connelly: *Napoleon's Satellite Kingdoms,* New York 1965. Zur russischen Politik siehe Chandler: *Campaigns of Napoleon,* S. 739ff.; *NCMH,* Bd. 9, S. 512ff.; Lobanov-Rostovsky: *Russia in Europe, 1789–1825;* und, früher, H. Ragsdale: *Détente in the Napoleonic Era: Bonaparte and the Russians,* Lawrence 1980.

92 Chandler: *Campaigns of Napoleon,* Teile 13–14; Glover: *Napoleonic Wars,* S. 160ff.; Ross: *European Diplomatic History,* S. 310ff.; A. Palmer: *Napoleon in Russia,* New York 1967; C. Duffy: *Borodino and the War of 1812,* London 1973; Lefevre: *Napoleon,* Bd. 2, Kap. 9; G. Blond: *La Grande Armée 1804/1815,* Paris 1979.

93 Glover: *Napoleonic Wars,* S. 193; Sherwig: *Guineas and Gunpowder,* Kap. 12–13, bes. S. 287f.; Rothenberg: *Napoleon's Great Adversaries,* S. 178ff.

94 Was möglicherweise der Grund für die beinah völlige Nichtbeachtung in so vielen Militär- und Diplomatiegeschichten dieser Zeit ist. Zu Einzelheiten siehe E. B. Potter (Hg.): *Sea Power: A Naval History,* Annapolis 1981, Kap. 10 und Bibliographie auf S. 392; B. Perkins: *Prologue to War: England and the United States 1805–1812,* Berkeley 1961; A. T. Mahan: *Sea Power in its Relations to the War of 1812,* 2 Bde., London 1905; Marcus: *Naval History of England,* Bd. 2, Kap. 16.

95 Ingram: *Commitment to Empire;* G. J. Adler: »Britain and the Defence of India – The Origins of the Problem, 1798–1815«, *Journal of Asian History* 6 (1972) S. 14–44.

96 Chandler: *Campaigns of Napoleon,* Teil 17; Glover: *Napoleonic Wars,* S. 212ff.; Lefevre: *Napoleon,* Bd. 2, Kap. 10; Blond: *La Grande Armée,* Kap. 16; H. Lachouque: *Waterloo,* Paris 1972; U. Pericoli und M. Glover: *1815: The Armies at Waterloo,* London 1973.

97 Zu Einzelheiten über die Abmachungen von 1814–1815 siehe Sherwig: *Guineas and Gunpowder,* Kap. 14; *NCMH,* Bd. 9, Kap. 24; E. V. Gulick: *Europe's Classical Balance of Power,* New York 1967; C. K. Webster: *The Foreign Policy of Castlereagh, 1812–1815: Britain and the Reconstruction of Europe,* London 1931; H. G. Nicolson: *The Congress of Vienna,* London/New York 1946; D. Da-

kin: »The Congress of Vienna, 1814–1815, and Its Antecedents«, in: A. Sked (Hg.): *Europe's Balance of Power 1815–1848*, London 1979.

98 Gulick: *Europe's Classical Balance of Power,* S. 304. Siehe auch die Bemerkungen in: H. Kissinger: *A World Restored: Metternich, Castlereagh and the Problems of Peace 1812–1822*, Boston 1957.

99 Für eine knappe Erfassung der umfangreichen Literatur siehe P. J. Marshall: »British Expansion in India in the Eighteenth Century: An Historical Revision«, *History* 60 (1975) S. 28–43; sowie die Bemerkungen in: Ingram: *Commitment to Empire.*

100 Siehe Braudel: *Wheels of Commerce,* S. 403 ff. für eine nützliche Erörterung der Bedeutung des Fernhandels. Zum spezifisch britischen Kontext habe ich aus dem Aufsatz von Patrick O'Brien: »The Impact of the Revolutionary and Napoleonic Wars, 1793–1815, on the Long Run Growth of the British Economy«, Davis Center-Aufsatz 1983, Nutzen gezogen.

101 Diese Literatur ist erfaßt in: Crouzet: »Toward an Export Economy«; Cain und Hopkins: »The Political Economy of British Expansion Overseas, 1750–1914«; R. Davis: *The Industrial Revolution and British Overseas Trade,* Leicester 1979; N. F. R. Crafts: »British Economic Growth, 1700–1831: A Review of the Evidence«, *Economic History Review,* Zweite Folge, 36 (1983) S. 177–199.

102 Der Begriff wird gebraucht in: Crouzet: *The Victorian Economy,* London 1982, S. 1.

103 Glover: *Napoleonic Wars,* S. 182 f.

104 Zitiert in: Marcus: *Naval History of England,* Bd. 2, S. 501.

Industrialisierung und die Verschiebung der globalen Machtverhältnisse, 1815–1885

1 S. Pollard: *Peaceful Conquest: The Industrialization of Europe 1760–1970,* Oxford 1981. Für gute Abhandlungen über die industrielle Revolution im Westen in Länderdarstellungen siehe T. Kemp: *Industrialization in Nineteeth-Century Europe,* London 1969; W. O. Henderson: *The Industrial Revolution on the Continent: Germany, France, Russia 1800–1914,* London 1967; C. Trebilcock: *The Industrialization of the Continental Powers 1780–1914,* London 1981; C. M. Cipolla (Hg.): *Fontana Economic History of Europe,* Bd. 3: *The Industrial Revolution,* London 1973; A. S. Milward und S. B. Saul: *The Economic Development of Continental Europe 1780–1870,* London 1973.

2 C. M. Cipolla: »Introduction«, in: Cipolla (Hg.): *Industrial Revolution,* S. 7.

3 D. Landes: *The Unbound Prometheus: Technological Change and Industrial Development in Western Europe from 1750 to the Present,* Cambridge 1969, S. 41.

4 Ebenda.

5 Braudel: *Civilization and Capitalism,* Bd. 1, S. 42 ff.

6 Für Details siehe McNeill: *Pursuit of Power,* S. 185 ff.; G. Rudé: *Paris and London in the Eighteenth Century: Studies in Popular Protest,* New York 1971.

7 T. S. Ashton: *The Industrial Revolution 1760–1830*, Oxford 1968, S. 129. Für weitere ausgezeichnete Untersuchungen des wirtschaftlichen Wandels im Großbritannien dieser Epoche siehe Mathias: *First Industrial Nation;* Hobsbawm: *Industry and Empire,* Kap. 2–4 und 6; und Crouzet: *Victorian Economy,* Teil 1, woher die Zahlen für Bevölkerung und Bruttosozialprodukt im vorhergehenden Abschnitt stammen.

8 Landes: *Unbound Prometheus,* S. 97 f.

9 S. Ashton: *Industrial Revolution,* S. 129.

10 S. Mathias: *First Industrial Nation,* S. 5.

11 Bairoch: »International Industrialization Levels from 1750 to 1980«, S. 296 bzw. 294. Im methodologischen Anhang dieses wichtigen Aufsatzes erörtert Bairoch, wie er zu diesen Zahlen gelangt. Seine Annahmen sind durchaus nicht unumstritten, siehe A. Maddison: »A Comparison of Levels of GDP per Capita in Developed and Developing Countries, 1700–1980«, *Journal of Economic History* 43 (1983), S. 27–41.

12 Bairoch: »International Industrialization Levels«, S. 290 ff.; Crouzet: *Victorian Economy,* Einleitung.

13 Woodruff: *Impact of Western Man;* D. Fieldhouse: *The Colonial Empires: A Comparative Survey from the Eighteenth Century,* London 1966, Teil 2; ders.: *Economics and Empire 1830–1916,* London 1973.

14 Dazu siehe V. Kiernan: *European Empires from Conquest to Collapse, 1815–1960,* London 1982; Strachen: *European Armies and the Conduct of War,* Kap. 6.

15 Zahlen aus: Fieldhouse: *Colonial Empires,* S. 178.

16 Sehr gut behandelt in: D. R. Headrich: *The Tools of Empire: Technology and European Imperialism in the Nineteenth Century,* Oxford 1981, Kap. 2.

17 E. Hobsbawm: *The Age of Capital 1848–1875,* London 1975, Kap. 7.

18 Bairoch: »International Industrialization Levels«, S. 291. Eine Studie, die die relative Langsamkeit des britischen Wirtschaftswachstums dieser Jahrzehnte betont (und möglicherweise überbetont) gibt N. F. R. Crafts: *British Economic Growth During the Industrial Revolution,* Oxford 1985.

19 Crouzet: *Victorian Economy,* S. 4 f.

20 Zitiert in: R. Hyam: *Britain's Imperial Century 1815–1914,* London 1975, S. 47. Für weitere Details siehe B. Porter: *The Lion's Share: A Short History of British Imperialism 1850–1970,* London 1976; Cain und Hopkins: »The Political Economy of British Expansion Overseas, 1750–1914«; Crouzet: »Towards an Export Economy«; J. B. Williams: *British Commercial Policy and Trade Expansion 1750–1850,* Oxford 1972.

21 P. Bairoch: »Europe's Gross National Product: 1800–1975«, *Journal of European Economic History* 5 (1976), S. 282. Siehe auch Tabelle 10 unten.

22 D. French: *British Economic and Strategic Planning 1905–1915,* London 1982, Kap. 1: »Nineteenth-Century Political Economy and the Problem of War« ist eine gute Einführung in diese Ideen.

23 Siehe H. Strachan: *Wellington's Legacy: The Reform of the British Army, 1830–1854,* Manchester 1984.

24 Dies scheinen vernünftige Annahmen. Sie beruhen auf den groben Zahlen des britischen Bruttosozialprodukts und der Regierungsausgaben, die verfügbar

sind in: A. T. Peacock and J. Wiseman: *The Growth of Public Expenditure in the United Kingdom*, London 1967; und P. Flora (Hg.): *State, Economy and Society in Western Europe 1875–1975*, Bd. 1, Frankfurt/London 1983, besonders Teil 4, S. 441.

25 Die Zahlen sind dem »Correlates of War«-Datenausdruck entnommen, der durch »Inter-University Consortium for Political and Social Research« an der University of Michigan verfügbar ist.

26 C. Lloyd: *The Nation and the Navy*, London 1961, S. 223.

27 Für Einzelheiten siehe Kennedy: *Rise and Fall of British Naval Mastery*, Kap. 6; und bes. C. J. Bartlett: *Great Britain and Sea Power 1815–1853*, Oxford 1963. Zu einigen regionalen Erscheinungen siehe G. S. Graham: *Great Britain in the Indian Ocean: A Study of Maritime Enterprise 1810–1850*, Oxford 1967; B. Gough: *The Royal Navy and the North West Coast of America 1810–1914*, Vancouver 1971; G. Fox: *British Admirals and Chinese Pirates 1832–1869*, London 1940.

28 A. G. L. Shaw (Hg.): *Great Britain and the Colonies 1815–1865*, London 1970. Hier sind ebenfalls wichtig Hyam: *Britain's Imperial Century*; Porter: *Lion's Share*; J. Gallagher und R. Robinson: »The Imperialism of Free Trade«, *Economic History Review*, 2. Folge, 6 (1953) S. 1–15.

29 Zu britischen Voraussetzungen siehe B. Porter: *Britain, Europe and the World, 1850–1982: Delusions of Grandeur*, London/Boston 1983, Kap. 1; B. J. Wendt: »Freihandel und Friedenssicherung: Zur Bedeutung des Cobden-Vertrags von 1860 zwischen England und Frankreich«, *Vierteljahresschrift für Sozial- und Wirtschaftsgeschichte* 61 (1974) S. 29 ff. Zu den ökonomischen Details siehe Cain und Hopkins: »Political Economy of British Expansion Overseas«; L. H. Jenks: *Migration of British Capital to 1875*, London 1963; Crouzet: *Victorian Economy*, Kap. 10–11; Mathias: *First Industrial Nation*, Kap. 11; A. H. Imlah: *Economic Elements in the »Pax Britannica«*, Cambridge, Mass. 1958. Die wechselseitige Entsprechung der Handels- und Zahlungsbeziehungen ist gut abgedeckt in: S. B. Saul: *Studies in British Overseas Trade 1870–1914*, Liverpool 1960; und J. Foreman-Peck: *A History of the World Economy: International Economic Relations since 1850*, Brighton 1983, bes. Kap. 1–6.

30 Zu diesem Thema siehe Kennedy: *Rise and Fall of British Naval Mastery*, Kap. 7.

31 F. Crouzet: »Towards an Export Economy«, S. 70.

32 Porter: *Britain, Europe and the World*, Kap. 1–2. Zu den strategischen Konsequenzen des zunehmenden Rückzugs Großbritanniens auf Dienstleistungsindustrien siehe P. Kennedy: *Strategy and Diplomacy, 1860–1945: Eight Essays*, London/Boston 1983, Kap. 3; French: *British Economic and Strategic Planning*.

33 Zitiert in: Higham: *Britain's Imperial Century*, S. 49.

34 Siehe S. 212–216 oben.

35 Kemp: *Industrialization in Nineteenth-century Europe*, Kap. 2–3; Pollard: *Peaceful Conquest*, Kap. 2–3; T. Hamerow: *Restoration, Revolution, Reaction: Economics and Politics in Germany*, Princeton 1958.

36 J. Droz: *Europe Between Revolutions 1815–1848*, London 1967, S. 18.

37 D. Thomson: *Europe Since Napoleon*, Harmondsworth 1966, S. 111; und siehe ebenfalls Best: *War and Society in Revolutionary Europe*, Teil 3; A. Sked:

»Metternich's Enemies or the Threat from Below«, in: Sked (Hg.): *Europe's Balance of Power 1815–1848*, London 1979, Kap. 8.

38 F. R. Bridge and R. Bullen: *The Great Powers and the European States System 1815–1914*, London 1980, Kap. 2–3; Craig: *Politics of the Prussian Army*, S. 65 ff.; R. Albrecht-Carrié: *A Diplomatic History of Europe Since the Congress of Vienna*, London 1965, Kap. 1 und 3–4. Die beste Untersuchung preußischer und deutscher Staatsgeschäfte dieser Epoche ist T. Nipperdey: *Deutsche Geschichte 1800–1866*, München 1983.

39 D. Showalter: *Railroads and Rifles: Soldiers, Technology and the Unification of Germany*, Hamden 1975; Dupuy: *Genius for War*, Kap. 4–6; *NCMH*, Bd. 10; *The Zenith of European Power 1830–1870*, Kap. 12 und 19; L. H. Addington: *The Patterns of War Since the Eighteenth Century*, Bloomington 1984, S. 39 ff.

40 Siehe nochmals Mamatey: *Rise of the Habsburg Empire 1526–1815*; Kann: *A History of the Habsburg Empire*, Kap. 3 und 5.

41 A. Sked: »The Metternich System, 1815–1848«, in Sked (Hg.): *Europe's Balance of Power 1815–1848*, Kap. 5; Bridge und Bullen: *Great Powers and the European States System*; Albrecht-Carrié: *Diplomatic History*, Kap. 3–4; P. W. Schroeder: »World War I as a Galloping Gertie«, *Journal of Modern History* 44 (1972) S. 319–345. Dieser Aufsatz wiederholt einige der Äußerungen seiner Arbeit: *Austria, Britain and the Crimean War: The Destruction of the European Concert*, Ithaca 1972.

42 Zitiert in: C. McEvedy: *The Penguin Atlas of Recent History*, Harmondsworth 1982, S. 8; siehe ebenfalls Droz: *Europe Between Revolutions*, S. 170 ff.

43 G. Rothenberg: *The Army of Francis Joseph*, West Lafayette 1976, S. xi, 61. Siehe ebenfalls A. Sked: *The Survival of the Habsburg Empire: Radetzky, The Imperial Army and the Class War, 1848*, London 1979, Teil 1.

44 D. F. Good: *The Economic Rise of the Habsburg Empire, 1750–1914*, Berkeley 1984, ist hier am besten.

45 Rothenberg: *Army of Francis Joseph*, S. 9; und J. Niemeyer: *Das österreichische Militärwesen im Umbruch*, Osnabrück 1979, S. 43–45.

46 Siehe Rothenberg: *Army of Francis Joseph*, S. 10, 41, 46, 58, zu finanziellen Bewilligungen; und G. A. Craig: »Command and Staff Problems in the Austrian Army, 1740–1866«, in: M. Howard (Hg.): *The Theory and Practice of War*, London 1965, S. 43–67, zu institutionellen Schwierigkeiten.

47 Rothenberg: *Army of Francis Joseph*, S. 19; P. Kann: *History of the Habsburg Empire*, Kap. 6; A. Sked: »The Metternich System«, in: *Europe's Balance of Power 1815–1848*.

48 Für einen knappen Überblick siehe R. Bullen: »France and Europe, 1815–1848: The Problems of Defeat and Recovery«, in: Sked (Hg.): *Survival of the Habsburg Empire*, S. 122–144. Zur Wirtschaftsgeschichte siehe nochmals Clough: *France; A History of National Economics*; F. Caron: *An Economic History of Modern France*, New York 1979, Teil 1; T. Kemp: *Economic Forces in French History*, London 1971, Kap. 6–8, 10.

49 Bullen: »France and Europe, 1815–1848«, S. 125 f.

50 Ebenda.

51 McNeill: *Pursuit of Power*, S. 213, Fußnote 57.

52 Wie zitiert in: Milward und Saul: *Economic Development of Continental Europe 1780–1870*, S. 307–309. Siehe ebenfalls Clough: *France*, S. 41 ff.; Trebilcock: *Industrialization of the Continental Powers 1780–1914*, S. 130 ff.; Kemp: *Economic Forces in French History*, S. 106 ff.

53 Errechnet aus den in Tabelle 10 in: Bairoch: »International Industrialization Levels from 1750 to 1980«, S. 296, vorgelegten Zahlen. Siehe auch die in: R. E. Cameron: »Economic Growth and Stagnation in France 1815–1914«, *Journal of Modern History* 30 (1958) S. 1–13, angebotenen Zahlen.

54 Zu diesen Argumenten siehe Caron: *Economic History of Modern France*, bes. Kap. 1. Die Studie von P. O'Brien und C. Keydor: *Economic Growth in Britain and France 1780–1914*, London 1978, ist ebenfalls ein nützliches Korrektiv zur älteren Literatur; da die Studie sich aber nicht mit dem von den Autoren sogenannten »merkantilistischen Jargon der ›Nationalgewalt‹« (S. 176) beschäftigt, ist sie für unsere Analyse nicht so bedeutsam. Für eine Kritik an O'Briens und Keydors Umgang mit vergleichender Statistik siehe V. Hentschel: »Produktion, Wachstum und Produktivität in England, Frankreich und Deutschland von der Mitte des 19. Jahrhunderts bis zum Ersten Weltkrieg«, *Vierteljahresschrift für Sozial- und Wirtschaftsgeschichte* 68 (1981) S. 457–510.

55 R. Cameron: *France and the Economic Development of Europe 1800–1914*, Princeton 1961; Trebilcock: *Industrialization of the Continental Powers*, S. 176 ff.; A. Rowley: *Evolution économique de la France de milieu du XIX*[e] *siècle à 1914*, Paris 1982, S. 413 ff.

56 McNeill: *Pursuit of Power*, S. 226 ff. Französische taktische und strategische (als auch technische) Innovationen werden sorgfältig verglichen in: C. E. Hamilton: »The Royal Navy, *La Royale*, and the Militarization of Naval Warfare, 1840–1870«, *Journal of Strategic Studies* 6 (1983) S. 182–212.

57 Nach der Definition von Padfield siehe: *Tide of Empires*, Bd. 1, Vorwort; und siehe nochmals Bullen: »France and Europe«. Frankreichs kolonialistische Bestrebungen werden knapp abgehandelt in: Fieldhouse: *Colonial Empires*, Kap. 13.

58 Dies war der Ausspruch von Palmerston vom April 1848, siehe *NCMH*, Bd. 10, S. 260. Für einen allgemeinen Überblick zu Rußlands Stellung nach 1815 siehe Bridge und Bullen: *Great Powers and the European States System*; Lobanov-Rostovsky: *Russia and Europe 1789–1825*; R. W. Seton-Watson: *The Russian Empire 1801–1917*, Oxford 1967, Kap. 9.

59 Siehe die Erörterung in: M. E. Falkus: *The Industrialization of Russia 1700–1914*, London 1972, Kap. 4; W. C. Blackwell: *The Beginnings of Russian Industrialization, 1800–1860*, Princeton 1968; und ders.: *The Industrialization of Russia: A Historical Perspective*, New York 1970, Kap. 1–2.

60 Bairoch: »Europe's Gross National Product, 1800–1975«, Tabelle 4, S. 281.

61 Ebenda: Tabelle 6, S. 286.

62 Kochan und Abraham: *Making of Modern Russia*, S. 164.

63 Ebenda: Kap. 9–10; Trebilcock: *Industrialization of the Continental Powers*, Kap. 4; Falkus: *Industrialization of Russia*, Kap. 4–5; Dukes: *Emergence of the Super-Powers*, Kap. 3–4.

64 J. S. Curtiss: *The Russian Army Under Nicholas I, 1825–1855*, Durham 1965; Best: *War and Society in Revolutionary Europe*, Kap. 18; Seton-Watson: *Rus-*

sian Empire, S. 289 ff.; J. Keep: »The Military Style of the Romanov Rulers«, *War and Society* 1 (1983), S. 61–84. Zur anglo-russischen Rivalität siehe D. Gillard: *The Struggle for Asia 1828–1961,* London 1977; E. Ingram: *The Beginning of the Great Game in Asia 1828–1834,* Oxford 1979; Ingram (Hg.): »The Great Game in Asia«, *International History Review* 2 (1980) Sondernummer.

65 Curtiss: *Russian Army Under Nicholas I,* S. 310 f.

66 Die mit Abstand beste Untersuchung ist J. S. Curtiss: *Russia's Crimean War,* Durham 1979; siehe aber auch A. Seaton: *The Crimean War: A Russian Chronicle,* London 1977; ders.: *The Russian Army of the Crimea,* Reading 1973.

67 D. W. Mitchell: *A History of Russian and Soviet Sea Power,* New York 1974, Kap. 8.

68 Zu diesen Einzelheiten siehe Curtiss: *Russia's Crimean War;* Seaton: *Crimean War;* Seton-Watson: *Russian Empire,* S. 319 ff.; Blackwell: *Beginnings of Industrialization in Russia,* S. 183 ff.; und die sehr gute Übersicht in: W. Baumgart: *The Peace of Paris, 1856,* Santa Barbara 1981, S. 68–80, woher auch das Zitat stammt.

69 Baumgart: *Peace of Paris,* S. 72–74; Seton-Watson: *Russian Empire,* S. 248; W. Pintner: »Inflation in Russia During the Crimean War Period«, *American Slavic and East European Review* 18 (1959) S. 85–87.

70 Baumgart: *Peace of Paris,* S. 25–31.

71 Ebda., S. 31 ff.; Barnett: *Britain and Her Army,* S. 283–291; E. M. Spiers: *The Army and Society 1815–1914,* London 1980, Kap. 4; J. A. S. Grenville: *Europe Reshaped 1848–1878,* London 1976, Kap. 10.

72 O. Anderson: *A Liberal State at War,* London 1967.

73 Zahlen dem »Correlates of War«-Datenausdruck entnommen.

74 Siehe nochmals MacDonagh: *Liberal State at War,* und vgl. mit Schroeder: *Austria, Britain and the Crimean War;* Baumgart: *The Peace of Paris;* und N. Rich: *Why the Crimean War? A Cautionary Tale,* Hanover 1985, S. 157 ff., die sich viel stärker auf Palmerstons kriegerische Haltung konzentrieren.

75 Zitiert in: D. C. B. Lieven: *Russia and the Origins of the First World War,* London 1983, S. 21. Siehe ebenfalls D. Beyrau: *Militär und Gesellschaft im vorrevolutionären Russland,* Göttingen 1984.

76 W. E. Mosse: *Alexander II and the Modernization of Russia,* New York 1962; Kochan und Abraham: *Making of Modern Russia,* Kap. 10; Seton-Watson: *Russian Empire,* Teil 4; Falkus: *Industrialization of Russia 1700–1914,* Kap. 5; Blackwell: *Industrialization of Russia,* Kap. 2.

77 Siehe nochmals Dukes: *Emergence of Super-Powers,* Kap. 3–4; Gollwitzer: *Geschichte des weltpolitischen Denkens,* Bd. 1, Kap. 3–4.

78 Behandelt in: K. Bourne: *Britain and the Balance of Power in North America 1815–1908,* London 1967.

79 »Correlates of War«-Datenausdruck; zu den Schienenkilometern der Eisenbahn siehe W. W. Rostow: *The World Economy, History and Prospect,* Austin 1978, S. 152. Siehe ebenfalls W. H. Becker und S. F. Wells, Jr. (Hg.): *Economics and World Power: An Assessment of American Diplomacy Since 1789,* New York 1984, S. 56 ff.

80 Die Literatur zum Amerikanischen Bürgerkrieg ist von atemberaubendem Um-

fang. Ich fand am brauchbarsten H. Hattaway und A. Jones: *How the North Won: A Military History of the Civil War,* Urbana 1983; P. J. Parish: *The American Civil War,* New York 1975; A. R. Millett und P. Maslowski: *For the Common Defense: A Military History of the United States of America,* New York 1984, Kap. 6–7; R. F. Weigley: *History of the United States Army,* Bloomington 1984, Kap. 10–11; Ropp: *War in the Modern World,* S. 174–194; Addington: *Patterns of War,* S. 62–82.

81 Millett und Maslowski: *For the Common Defense,* S. 155.

82 R. F. Weigley: *The American Way of War: A History of the United States Military Strategy and Policy,* Bloomington 1977; Millett und Maslowski: *For the Common Defense.*

83 Zu knappen Details dieses Standpunkts siehe K. Bourne: *Victorian Foreign Policy 1830–1902,* Oxford 1970, S. 90–96; und, viel ausführlicher, E. D. Adams: *Great Britain and the American Civil War,* 2 Bde., London 1925.

84 J. Luvaas: *The Military Legacy of the Civil War: The European Inheritance,* Chicago 1959.

85 Zur Diplomatie in Europa nach dem Krimkrieg siehe Bridge und Bullen: *Great Powers and the European States System,* S. 88 ff.; Albrecht-Carrié: *Diplomatic History,* S. 94 ff.; W. E. Mosse: *The Rise and Fall of the Crimean System 1855–1871,* London 1963; *NCMH,* Bd. 10, Kap. 10, S. 268 ff.; A. J. P. Taylor: *The Struggle for Mastery in Europe 1848–1918,* Oxford 1954, S. 83 ff.

86 Rothenberg: *Army of Francis Joseph,* S. 52 ff.

87 McNeill: *Pursuit of Power,* Kap. 7; C. Harvie: *War and Society in the 19th Century,* Teil 4, Abschnitt 10 von *War and Society,* The Open University, Bletchley 1973; Strachan: *European Armies,* Kap. 8; Ropp: *War in the Modern World,* Kap. 6; Showalter: *Railroads and Rifles; NCMH,* Bd. 10, Kap. 12; M. Glover: *Warfare from Waterloo to Mons,* London 1980, Teile 2–3.

88 Zu preußischen militärischen Entwicklungen siehe nochmals Dupuy: *Genius for War,* S. 75 ff.; Showalter: *Railroads and Rifles;* Strachan: *European Armies,* S. 98 ff. Zu den im Jahre 1866 begangenen Fehlern siehe M. van Creveld: *Command in the War,* Cambridge, Mass. 1985, Kap. 4; G. A. Craig: *The Battle of Koeniggratz,* London 1965. Die österreichische Seite wird zusammengefaßt in: Rothenberg: *Army of Francis Joseph,* S. 66 ff.

89 Siehe nochmals van Creveld: *Command in War,* S. 140 ff.; M. Howard: *The Franco-Prussian War,* London 1981.

90 Zu militärischen Einzelheiten siehe Craig: *Koeniggratz;* zum diplomatischen und politischen Hintergrund O. Pflanze: *Bismarck and the Development of Germany: The Period of Unification 1815–1871,* Princeton 1963, Kap. 13–15.

91 Howard: *Franco-Prussian War,* behandelt diese Ereignisse ausgezeichnet. Zu Frankreichs militärischen Schwächen siehe auch R. Holmes: *The Road to Sedan: The French Army, 1866–70,* London 1984.

92 Howard: *Franco-Prussian War,* S. 1; und zur französischen Seite R. Holmes: *Road to Sedan.*

93 Die unbearbeiteten Zahlen sind verfügbar in: Flora: *State, Economy and Society in Western Europe 1815–1975,* Kap. 1; und in: B. R. Mitchell: *European Historical Statistics 1750–1975,* New York 1981, so z. B. Zahlen für Kohle auf S. 381, etc. Für vergleichende Analysen der Wirtschaft beider Nationen siehe

nochmals Trebilcock: *Industrialization of the Continental Powers*, Kap. 2–3; Kemp: *Industrialization in Nineteenth-Century Europe*, Kap. 3–4; Landes: *Unbound Prometheus*, Kap. 4.

94 Die Diplomatie im französisch-preußischen Krieg wird behandelt in: Taylor: *Struggle for Mastery in Europe*, S. 201–17; W. E. Mosse: *The European Powers and the German Question 1848–1870*, Cambridge 1958; E. Kolb (Hg.): *Europa und die Reichsgründung, Historische Zeitschrift*, Beiheft 6, München 1980; Bridge und Bullen: *Great Powers and the European States System*, S. 108 ff.

95 Dazu siehe A. Mitchell: *The German Influence in France After 1870: The Formation of the French Republic*, Chapel Hill 1979; und ders.: *Victors and Vanquished: The German Influence on Army and Church in France after 1870*, Chapel Hill 1984.

96 Siehe die aufschlußreichen Zahlen in: Taylor: *Struggle for Mastery in Europe*, S. xxiv–xxvi (und die Bemerkung auf S. xxiii, Fußnote 4); ebenfalls D. Mack Smith: *Italy: A Modern History*, Ann Arbor 1959; und C. J. Lowe und F. Marzari: *Italian Foreign Policy 1870–1940*, London 1975.

97 Um die von P. W. Schroeder: »The Lost Intermediaries: The Impact of 1870 on the European System«, *International History Review* 6 (1984), S. 14, angewendeten Termini zu gebrauchen.

98 Zu den Implikationen siehe ebenda.

99 Taylor: *Struggle for Mastery in Europe*, S. 218 ff.; Bridge und Bullen: *Great Powers and the European State System*, S. 112 ff.; W. L. Langer: *European Alliances and Alignments 1871–1890*, New York 1950; Grenville: *Europe Reshaped 1848–1878*, Kap. 18. Britische Politik ist gut behandelt in: K. Hildebrand: »Großbritannien und die deutsche Reichsgründung«, in: Kolb (Hg.): *Europa und die Reichsgründung*, S. 37 ff.

100 Für eine gute Diskussion siehe A. Hillgruber: *Bismarcks Außenpolitik*, Freiburg 1972, knapp zusammengefaßt in: ders.: *Die gescheiterte Großmacht: Eine Skizze des Deutschen Reiches 1871–1945*, Düsseldorf 1980, S. 17–30.

101 A. Hillgruber: »Die ›Krieg-in-Sicht‹-Krise 1875«, in: E. Schulin (Hg.): *Gedenkschrift Martin Göhring, Studien zur europäischen Geschichte*, Wiesbaden 1968, S. 239–253; P. Kennedy: *The Rise of the Anglo-German Antagonism, 1860–1914*, London/Boston 1980, S. 29–31.

102 Hillgruber: *Die gescheiterte Großmacht*, S. 30 ff.; und für eine anregende Erörterung der längerfristigeren Fragen siehe D. Calleo: *The German Problem Reconsidered: Germany and the World Order, 1870 to the Present*, New York/ Cambridge 1978, bes. Kap. 2–4; W. D. Gruner: *Die deutsche Frage: Ein Problem der europäischen Geschichte seit 1800*, München 1985; K. Hildebrand: »Staatskunst oder Systemzwang? Die ›Deutsche Frage‹ als Problem der Weltpolitik«, *Historische Zeitschrift* 228 (1979).

103 Taylor: *Struggle for Mastery in Europe*, S. 228 ff.; Langer: *European Alliances and Alignments*, Kap. 3–5; B. Jelavich: *The Great Powers, the Ottoman Empire, and the Straits Question 1870–1887*, Bloomington 1973.

104 Zitiert in: Seton-Watson: *Russian Empire*, S. 455. Zur Marine siehe Mitchell: *A History of Russian and Soviet Sea Power*, S. 184–190. Allgemeiner siehe B. H. Sumner: *Russia and the Balkans 1870–1880*, London 1937.

105 Siehe die Aufsätze von Beyrau (über Rußland) und Rumpler (über Österreich-Ungarn) in: Kolb (Hg.): *Europa und die Reichsgründung;* Taylor: *Struggle for Mastery in Europe,* Kap. 12; Langer: *European Alliances and Alignments,* Kap. 6–7; W. Windelband: *Bismarck und die europäischen Großmächte 1878–1885,* Essen 1940; B. Waller: *Bismarck at the Crossroads,* London 1974.

106 Taylor: *Struggle for Mastery in Europe,* Kap. 13; Langer: *European Alliances and Alignments,* Kap. 7–9; *NCMH,* Bd. 11, Kap. 20–22.

107 Kennedy: *Rise and Fall of British Naval Mastery,* S. 189 f.

Das Entstehen einer bipolaren Welt und die Krise der »Mittelmächte«: Teil 1, 1885–1918

1 Für umfassende Einzelheiten siehe S. E. Crowe: *The Berlin West African Conference 1884–1885,* Westport 1970. Zum allgemeinen Hintergrund siehe nochmals Langer: *European Alliances and Alignments,* Kap. 9; *NCMH,* Bd. 11, Kap. 20–22; und verschiedene Kapitel in: E. A. Benians et al. (Hg.): *The Cambridge History of the British Empire,* Bd. 3: *The Empire–Commonwealth 1870–1919,* Cambridge 1959.

2 Allgemein siehe D. M. Pletcher: »Economic Growth and Diplomatic Adjustment, 1861–1898«, in: W. H. Becker und S. F. Wells (Hg.): *Economics and World Power: An Assessment of American Diplomacy Since 1789,* New York 1984, S. 119–171; M. Plesur: *America's Outward Thrust: Approaches to Foreign Affairs 1865–1890,* DeKalb 1971, S. 151 ff.; W. A. Williams: *The Roots of the Modern American Empire,* New York 1969, S. 262.

3 Crowe: *Berlin West Africa Conference,* S. 220.

4 G. F. Hudson: *The Far East in World Affairs,* London 1939, S. 74.

5 Diese allg. Darstellung kann verfolgt werden in: G. Barraclough: *An Introduction to Contemporary History,* Harmondsworth 1967, Kap. 3–4; A. dePorte: *Europe Between the Super Powers,* New Haven/London 1979, Kap. 1–5; *NCMH,* Bd. 12: *The Shifting Balance of World Forces, 1898–1965;* W. R. Keylor: *The Twentieth-Century World: An International History,* Oxford 1984, Teil 1; J. Bartlett: *The Global Conflict, 1880–1970: The International Rivalry of the Great Powers,* London 1984, Kap. 1–9; F. H. Hinsley: *Power and the Pursuit of Peace,* Cambridge 1967, S. 300 ff.

6 Barraclough: *Contemporary History,* Kap. 3; F. Fischer: *War of Illusions: German Policies from 1911 to 1914,* London 1975, Kap. 3; Kennedy: *Rise and Fall of British Naval Mastery,* Kap. 7.

7 J. A. S. Grenville: *Lord Salisbury and Foreign Policy: The Close of the Nineteenth Century, 1895–1902,* London 1964, S. 165 f.; und, allgemeiner, W. L. Langer: *The Diplomacy of Imperialism 1890–1902,* New York 1965, Kap. 3 und S. 505.

8 Fischer: *War of Illusions,* S. 36 ff.

9 Ebenda, S. 35.

10 Zitiert in: P. Kennedy: »Maritime Strategieprobleme der deutsch-englischen Flottenrivalität«, in: H. Schottelius u. W. Deist (Hg.): *Marine und Marinepolitik im kaiserlichen Deutschland 1871–1914*, Düsseldorf 1972, S. 207.
11 H. Gollwitzer: *Geschichte des weltpolitischen Denkens*, Bd. 2: *Zeitalter des Imperialismus und der Weltkriege*, Göttingen 1982, S. 198.
12 P. Kennedy: *The Rise of the Anglo-German Antagonism, 1860–1914*, London/Boston 1980, Kap. 16–17.
13 Ders.: *Strategy and Diplomacy*, S. 46; Keylor: *Twentieth-Century World*, S. 27 ff.
14 Kommentar von Amery über H. J. Mackinder: »The Geographical Pivot of History«, *Geographical Journal* 23 (1904), S. 441.
15 Thukydides: *The Peleponnesian War*, Harmondsworth 1954, S. 49. Für eine Diskussion dieser Sicht siehe R. Gilpin: *War and Change in World Politics*, Cambridge 1981.
16 Landes: *Unbound Prometheus*, S. 259.
17 Zahlen dem »Correlates of War«-Datenausdruck entnommen.
18 C. E. Black et al.: *The Modernization of Japan and Russia: A Comparative Study*, New York 1975, S. 6 f.; und die heute klassische Darstellung von W. W. Rostow: *The Process of Economic Growth*, Oxford 1960.
19 Ebenda.
20 Zahlen aus Bairoch: »International Industrialization Levels from 1750 to 1980«, S. 294, 302.
21 »Correlates of War«-Datenausdruck.
22 Ebenda.
23 Bairoch: »International Industrialization Levels«, S. 292, 299.
24 Ebenda, S. 296 und 304.
25 C. Barnett: *The Collapse of British Power*, London/New York 1972, S. xi.
26 Wright: *Study of War*, S. 670 f.
27 Ebenda. Die Gesamtzahl des Jahres 1890 für die Vereinigten Staaten wird von Wright mit nur 40 000 beziffert, was zweifellos ein Fehler ist.
28 Siehe S. 293 f. oben.
29 Siehe Tabelle 14 oben. Zur italienischen Geschichte allgemein siehe D. Mack Smith: *Italy, A Modern History*, Ann Arbor 1969, S. 101 ff.; C. Seton-Watson: *Italy from Liberalism to Fascism*, London 1967, S. 129–412. Es ist bemerkenswert, daß es in der *New Modern Cambridge History*, Bd. 11, *1870–1898*, keinen Abschnitt zu Italien gibt, und nur wenige Seiten, 482–487, in Bd. 12, *1898–1945*.
30 Kemp: *Industrialization in Nineteenth-Century Europe*, Kap. 6.
31 Siehe die Verweise in A. Tamborra: »The Rise of Italian Industry and the Balkans«, *Journal of European Economic History* 3 (1974), S. 87–120. Andere nützliche Untersuchungen sind G. Mori: »The Genesis of Italian Industrialization«, *Journal of European Economic History* 4 (1975), S. 79–94; ders.: »The Process of Industrialization in Italy: Some Suggestions, Problems and Questions«, *Journal of European Economic History* 8 (1979), S. 60–82; Trebilcock: *Industrialization of the Continental Powers 1780–1914*, Kap. 5; Pollard: *Peaceful Conquest*, S. 229–232, Seton-Watson: *Italy from Liberalism to Fascism*, S. 284 ff.; S. B. Clough: *The Economic History of Modern Italy, 1830–1914*,

New York 1964; L. Cafagua: »The Industrial Revolution in Italy 1830–1914«, in: C. Cipolla (Hg.): *Fontana Economic History of Europe*, Bd. 4, Teil 1: *The Emergence of Industrial Societies*, S. 287–325.

32 A. S. Milward und S. B. Saul: *The Development of the Economies of Continental Europe 1850–1914*, Cambridge 1977, S. 253 ff., J. S. Cohen: »Financing Industrialization in Italy, 1894–1914: The Partial Transformation of a Late-Comer«, *Journal of Economic History* 27 (1967), S. 363–382; V. Castronovo: »The Italian Takeoff: A Critical Re-examination of the Problem«, *Journal of Italian History* 1 (1978), S. 492–510.

33 R. J. B. Bosworth: *Italy, the Least of the Great Powers: Italian Foreign Policy Before the First World War*, Cambridge 1979, S. 4.

34 Siehe die interessante (und gründlich deprimierende) Aufsatzsammlung über »Italian Military Efficiency«, *Journal of Strategic Studies* 5 (1982), S. 248 ff.; J. Gooch: »Italy Before 1915: The Quandary of the Vulnerable«, in: E. R. May (Hg.): *Knowing One's Enemies: Intelligence Assessment Before the Two World Wars*, Princeton 1984, S. 205 ff.; J. Whittam: *The Politics of the Italian Army 1861–1918*, London 1977; und ders.: »War Aims and Strategy: The Italian Government and High Command 1914–1919«, in: B. Hunt und A. Preston (Hg.): *War Aims and Strategic Policy in the Great War*, London 1977, S. 85–104.

35 P. Halpern: *The Mediterranean Naval Situation, 1908–1914*, Cambridge 1971, Kap. 7; A. J. Marder: *The Anatomy of British Seapower*, Hamden 1964, S. 174 f.

36 Bosworth: *Italy, the Least of the Great Powers*. Siehe auch ders.: *Italy and the Approach of the First World War*, London 1983; Lowe und Marzari: *Italian Foreign Policy, 1870–1940*.

37 P. Kennedy: »The First World War and the International Power System«, in: S. E. Miller (Hg.): *Military Strategy and the Origins of the First World War*, Princeton 1985, S. 15.

38 W. R. Keylor: *The Twentieth-Century World*, S. 14 f. Für andere allg. Darstellungen siehe *NCMH*, Bd. 12, Kap. 12; I. Nish: *Japan's Foreign Policy, 1869–1942*, London 1978; R. Storry: *Japan and the Decline of the West in Asia 1894–1943*, London 1979.

39 Die politische und wirtschaftliche Modernisierung Japans ist knapp abgehandelt in: R. Storry: *A History of Modern Japan*, Harmondsworth 1982, Kap. 5; und viel ausführlicher in: W. H. Beasley: *The Meiji Restoration*, Stanford 1972; E. H. Norman: *Japan's Emergence as a Modern State*, New York 1940; T. Smith: *Political Change and Industrial Development in Japan: Government Enterprise 1868–1880*, Stanford 1955.

40 Die wirtschaftlichen Aspekte der Modernisierung Japans können nachverfolgt werden in: G. S. Allen: *A Short Economic History of Japan*, London 1981, Kap. 2–5; L. Klein und K. Ohkawa (Hg.): *Economic Growth: The Japanese Experience Since the Meiji Era*, Holmwood 1968; Rostow: *World Economy*, S. 416–425; K. Ohkawa und H. Rosovsky: *Japanese Economic Growth*, Stanford 1973.

41 E. B. Potter (Hg.): *Sea Power: A Naval History*, Annapolis 1981, S. 166 ff.; Glover: *Warfare from Waterloo to Mons*, S. 181–184.

42 Zitiert in Storry: *Japan and the Decline of the West in Asia*, S. 30.

43 Dazu siehe jetzt I. Nish: *The Origin of the Russo-Japanese War,* London 1985. Der Konflikt selbst ist am besten beschrieben in: J. N. Westwood: *Russia Against Japan, 1904/5: A New Look at the Russo-Japanese War,* London 1986, und ist ebenfalls behandelt in: Storry: *Japan und the Decline of the West in Asia,* Kap. 4–5; S. Okamoto: *The Japanese Oligarchy and the Russo-Japanese War,* New York 1970; J. A. White: *The Diplomacy of the Russo-Japanese War,* Princeton 1964. Der Seekrieg wird kurz behandelt in: Potter (Hg.): *Sea Power,* S. 168 ff., und P. Padfield: *The Battleship Era,* London 1972, S. 167 ff.; der Krieg zu Lande in P. Walden: *The Short Victorious War: A History of the Russo-Japanese War, 1904/5,* New York 1974.

44 Siehe A. J. Sherman: »German-Jewish Bankers in World Politics: The Financing of the Russo-Japanese War«, *Leo Baeck Institute Yearbook* 28 (1983), S. 59–73.

45 Zitiert in: Kennedy: *Rise of the Anglo-German Antagonism,* S. 464.

46 Für allg. Darstellungen des Wirtschaftswachstums von Deutschland siehe Fisher: *War of Illusions,* Teil 1; Calleo: *The German Problem Reconsidered,* Kap. 4; N. Stone: *Europe Transformed 1878–1916,* London 1983, S. 159 ff.; W. G. Hoffmann: *Das Wachstum der deutschen Wirtschaft seit der Mitte des 19. Jahrhunderts,* Berlin 1965; W. O. Henderson: *The Rise of German Industrial Power, 1834–1914,* Berkeley/Los Angeles 1972, Teil 3; M. Kitchen: *The Political Economy of Germany 1815–1914,* London 1978.

47 Ich entnahm diese Zahl dem Aufsatz von John Gooch: »Italy During the First World War«, S. 3, in: A. Millett und W. Murray (Hg.): *Military Effectiveness,* Bd. 1, Winchester 1988.

48 Siehe die Zahlen in: Calleo: *German Problem Reconsidered,* S. 66, 68.

49 Zitiert in: W. Conze: »Friedrich Naumann: Grundlagen und Ansatz seiner Politik in der nationalsozialen Zeit (1895–1903)«, in: *Schicksalswege deutscher Vergangenheit,* Düsseldorf 1950, S. 363.

50 Langer: *Diplomacy of Imperialism,* S. 96; und siehe nochmals Gollwitzer: *Geschichte des weltpolitischen Denkens,* Bd. 2, S. 83–252; ders.: *Europe in the Age of Imperialism,* London 1969; W. Baumgart: *Imperialism: The Idea and Reality of British and French Colonial Expansion 1880–1914,* Oxford 1982, Teil 3.

51 Zu diesen Zitaten siehe, in dieser Reihenfolge, Bundesarchiv Koblenz, Nachlaß Bülow, Bd. 29, Redemanuskripte zur »Kolonialpolitik«; ebenda: Manuskript zur Rede über »Flotte und Weltpolitik«; J. C. Röhl: »A Document of 1892 on Germany, Prussia, and Poland«, *Historical Journal* 7 (1964) S. 144 ff.; Fisher: *War of Illusions,* Kap. 3.

52 Ich entnehme diesen Ausdruck H.-U. Wehler: *Bismarck und der Imperialismus,* Köln 1969, Teil 3, S. 112 ff.

53 Siehe die Bewertungen in: A. J. Marder: *From the Dreadnought to Scapa Flow: The Royal Navy in the Fisher Period,* Bd. 1: *The Road to War 1904–1914,* London 1961, Kap. 13; Kennedy: *Rise and Fall of British Naval Mastery,* Kap. 8–9.

54 Kennedy: »Maritime Strategieprobleme der deutsch-englischen Flottenrivalität«, S. 210.

55 B. F. Schulte: *Die deutsche Armee,* Düsseldorf 1977; V. R. Berghahn: *Ger-*

many and the Approach of War in 1914, London/New York 1974, Kap. 1 und 6. Gute Beispiele der häufigen, törichten Unterschätzung der militärischen Stärke Deutschlands (besonders im Vergleich mit Rußland und Frankreich) finden sich in: P. Towle: »The European Balance of Power in 1914«, *Army Quarterly and Defense Journal* 104 (1974), S. 333–362.

56 Alle diese Zahlen aus: Wright: *Study of War,* S. 670 f.

57 J. K. Tannenbaum: »French Estimates of Germany's Operational War Plans«, in: May (Hg.): *Knowing One's Enemies,* S. 162.

58 Calleo: *German Problem Reconsidered,* Einleitung.

59 Stenographische Berichte über die Verhandlungen des Reichstags, 10. Legislaturperiode, I. Sitzung (1898–1900), Bd. IV, 119. Sitzung am 11. 12. 1899, S. 3293.

60 Siehe nochmals Gilpin: *War and Change in World Politics.*

61 Starke Belege dafür finden sich in den Aufsätzen von J. G. C. Röhl und N. Sombart (Hg.): *Kaiser Wilhelm II: New Interpretations,* Cambridge 1982.

62 Zitiert in: G. A. Craig: *Deutsche Geschichte 1866–1945,* München 1980, S. 296. Es finden sich deutliche Anzeichen für diese Konfusion in: I. N. Lambi: *The Navy and German Power Politics 1862–1914,* London/Boston 1984.

63 Fisher: *War of Illusions;* Berghahn: *Germany and the Approach of War.*

64 Dies wird weiter untersucht in: P. Kennedy (Hg.): *The War Plans of the Great Powers 1880–1914,* London/Boston 1979, Einleitung.

65 Calleo: *German Problem Reconsidered,* S. 5.

66 Zitiert in: Kennedy: »Maritime Strategieprobleme«, S. 207.

67 Siehe die Tabellen zur »Relativen Macht« von Frankreich, Großbritannien und Österreich-Ungarn in: C. F. Doran und W. Parsons: »War and the Cycle of Relative Power«, *American Political Science Review* 74 (1980), S. 956.

68 Taylor: *Struggle for Mastery in Europe,* S. xxviii.

69 Dies wird knapp behandelt in: Kann: *History of the Habsburg Empire,* S. 461 ff.; ein guter Überblick findet sich in: Milward und Saul: *Development of the Economies of Continental Europe 1850–1914,* S. 271 ff.; eine anspruchsvollere Analyse, die das Reich mit Italien und Spanien vergleicht, findet sich in: Trebilcock: *Industrialization of the Continental Powers,* Kap. 5.

70 Bairoch: »Europe's Gross National Product 1800–1975«, S. 287.

71 L. L. Farrar: *Arrogance and Anxiety: The Ambivalence of German Powers 1849–1914,* Iowa City 1981, Kap. 3, Fn. 9 und 18. Farrar berechnet »Macht«, indem er Bevölkerungszahl und Industrieproduktion multipliziert. Der Anfang des vorliegenden Kapitels sollte deutlich machen, daß Macht eine viel komplexere Erscheinung ist.

72 Für vergleichende Wachstumsraten siehe Good: *The Economic Rise of the Habsburg Empire 1750–1914,* S. 239; zur industriellen Leistungsfähigkeit siehe Tabelle 17 oben.

73 Zahlen aus Good: *Economic Rise of the Habsburg Empire,* S. 150.

74 Zum folgenden siehe die ausgezeichnete Darstellung in: Stone: *Europe Transformed,* S. 303 ff.; Kann: *History of the Habsburg Empire,* Kap. 8; C. A. MacArtney: *The Habsburg Empire 1790–1918,* London 1969, Kap. 14–17; A. J. May: *The Habsburg Monarchy 1862–1916,* Cambridge, Mass. 1960, S. 343 ff.

75 Rothenberg: *Army of Francis Joseph,* Kap. 9; Langer: *Diplomacy of Imperial-*

ism, S. 596 ff.; und bes. C. Andrew: *Théophile Delcassé and the Making of the Entente Cordiale*, London 1968, S. 127 ff.

76 Zitiert in: Stone: *Europe Transformed*, S. 316 f.; siehe ebenfalls Rothenberg: *Army of Francis Joseph*, S. 106.

77 Wright: *Study of War*, S. 670 f., Spalten 10–12; ebenfalls nützlich ist Rothenberg: *Army of Francis Joseph*, S. 125 f., 148, 160, 172.

78 Zum Zustand der österreichisch-ungarischen Marine siehe Halpern: *Mediterranean Naval Situation*, Kap. 6. Der Zustand der Armee vor 1914 wird untersucht in Rothenbergs ausgezeichnetem *Army of Francis Joseph*, Kap. 9–12; N. Stone: »Moltke and Conrad: Relations Between the Austro-Hungarian and German General Staffs 1909–1914«, in: Kennedy (Hg.): *War Plans of the Great Powers 1880–1914*, S. 222 ff.; ders.: *The Eastern Front 1914–1917*, London 1975, Kap. 4; ders: »Austria-Hungary«, in: May (Hg.): *Knowing One's Enemies*, S. 37 ff.

79 Rothenberg: *Army of Francis Joseph*, S. 159, auch S. 152, 163.

80 Ebenda, S. 159. Siehe ebenfalls Stone: »Moltke and Conrad«, in: Kennedy (Hg.): *War Plans of the Great Powers*.

81 Stone: »Austria-Hungary«, S. 52.

82 Siehe hierzu P. W. Schroeders packende und elegante Befürwortung der These, daß die großen Mächte (vor allem Großbritannien) das österreichisch-ungarische Kaiserreich hätten bewahren sollen, um den Status quo zu retten: »World War I as a Galloping Gertie«, *Journal of Modern History* 44 (1972), S. 319–345. Dies ist dem Argument nicht unähnlich, daß nach 1945 die Vereinigten Staaten und die UdSSR hätten versuchen sollen, das britische Weltreich zu erhalten, um die folgende Instabilität in der Dritten Welt zu vermeiden.

83 Zur französischen Außenpolitik siehe das ältere Werk von E. M. Carroll: *French Public Opinion and Foreign Affairs 1880–1914*, London 1931; G. F. Kennan: *The Decline of Bismarck's European Order: Franco-Russian Relations 1875–1890*, Princeton 1979; Andrew: *Théophile Delcassé and the Making of the Entente Cordiale*; J. F. V. Keiger: *France and the Origins of the First World War*, London 1983.

84 Es gibt keine umfassende Geschichte französischer Verteidigungspolitik dieser Epoche; allerdings finden sich brauchbare Einzelheiten in: D. Porch: *The March to the Marne: the French Army 1871–1914*, Cambridge 1981; P. M. de la Gorce: *The French Army: A Military Political History*, New York 1963, Kap. 1–5; R. D. Challenor: *The French Theory of the Nation in Arms 1866–1939*, New York 1955; sowie die Verweise in den Anmerkungen 88 und 89 unten.

85 Marder: *Anatomy of British Sea Power*, S. 71 ff., 86 f., 107 ff., 124 ff.; und die Verweise in: Kennedy: *Rise of the Anglo-German Antagonism*, Kap. 11, Fn. 27.

86 Französischer Kolonialismus und das französische Kolonialreich werden behandelt in: A. S. Kanya-Forstner: *The Conquest of the Western Sudan: A Study in French Military Imperialism*, Cambridge 1969; R. Betts: *Tricouleur: The French Empire*, London 1978; H. Brunschwig: *French Colonialism, 1871–1916: Myths and Realities*, London 1966; R. Girardet: *L'idée coloniale en France de*

1871 à 1962, Paris 1972; J. Ganiage: *L'expansion coloniale de la France sous la Troisième Republique 1871–1914*, Paris 1968.

87 Eine gute Zusammenfassung dieser Argumentation bietet A. S. Kanya-Forstner: »French Expansion in Africa: The Mythical Theory«, in: R. Owen und R. Sutcliffe (Hg.): *Studies in the Theory of Imperialism*, London 1972, S. 285 ff.

88 Die französische Marinepolitik wird knapp behandelt in Jenkins: *History of the French Navy*, S. 303 ff.; Williamson: *Politics of Grand Strategy*, S. 227 ff.; Halpern: *Mediterranean Naval Situation*, S. 47 ff.; und T. Ropp: *The Development of a Modern Navy: French Naval Policy 1871–1904*, Annapolis 1987.

89 Dies könnte auch erklären, warum zahlreiche Historiker dazu neigten, sich auf die zivil-militärischen Beziehungen in Frankreich zu konzentrieren, anstatt auf Militärpolitik per se. Für Beispiele, in Ergänzung der in Anmerkung 84 oben angeführten Werke, siehe R. Girardet: *La société militaire dans la France contemporaine*, Paris 1953; G. Krumeich: *Armaments and Politics in France on the Eve of the First World War*, Leamington Spa 1986.

90 Zum folgenden siehe Milward und Saul: *Development of the Economies of Continental Europe 1850–1914*, Kap. 3; ders.: *Economic Forces in French History*, Kap. 9; Trebilcock: *Industrialization of the Continental Powers*, Kap. 3 (eine ausgezeichnete Übersicht); Rowley: *Evolution économique de la France du Milieu du XIXe siècle à 1914;* Caron: *Economic History of Modern France* Teil 1; J. H. Clapham: *The Economic Development of France and Germany, 1815–1914*, Cambridge 1948; R. Price: *The Economic Modernization of France*, London 1975.

91 Kemp: *Industrialization in Nineteenth-Century Europe*, S. 71 f.

92 Die Literatur zum französischen Bankwesen und zu Kapitalanlagen in Übersee ist enorm; für eine kurze Zusammenfassung siehe Kindleberger: *Financial History of Western Europe*, S. 225 ff.; Trebilcock: *Industrialization of the Continental Powers*, S. 173 ff; R. Cameron: *France and the Economic Development of Europe*, Princeton 1961. Die russischen Anleihen und die französisch-russische Diplomatie werden behandelt in: R. Girault: *Emprunts russes et investisements français en Russie, 1887–1914*, Paris 1973; und Krumeich: *Armaments and Politics in France*, Kap. 6.

93 Trebilcock: *Industrialization of the Continental Powers*, S. 182.

94 Ebenda, S. 158.

95 Bairoch: »Europe's Gross National Product«, S. 281; ders.: »International Industrialization Levels«, S. 297; Wright: *Study of War*, S. 670 f. Siehe ebenfalls die sorgfältigen Vergleiche in: V. Hentschel: »Produktion, Wachstum und Produktivität in England, Frankreich und Deutschland von der Mitte des 19. Jahrhunderts bis zum Ersten Weltkrieg«, *Vierteljahresschrift für Sozial- und Wirtschaftsgeschichte* 68 (1981), S. 457–510. Dies alles steht ganz im Widerspruch zu Stone: *Europe Transformed*, S. 282.

96 Siehe die überwältigenden Belege in: Mitchell: *Victors and Vanquished*, Kap. 1–5, bes. S. 109 ff.

97 Porch: *March to the Marne*, S. 227.

98 Für neuerliche Beispiele dieser Art von Behauptungen siehe E. Weber: *The Nationalist Revival in France, 1905–1916*, Berkeley 1959; H. Contamine: *La*

Revanche, 1871–1914, Paris 1957; Krumeich: *Armament and Politics in France*.

99 Ebenda. Siehe auch Williamson: *Politics of Grand Strategy*, Kap. 5 und 8; B. H. Liddell Hart: »French Military Ideas Before the First World War«, in: M. Gilbert (Hg.): *A Century of Conflict, 1850–1950*, London 1966, S. 133–148.

100 Zum Folgenden siehe Andrew: *Théophile Delcassé and the Making of the Entente Cordiale*; Keiger: *France and the Origins of the First World War*, Kap. 1 und 4.

101 J. J. Becker: *1914. Comment les Français sont entrés dans la guerre*, Paris 1977; J. Joll: *The Origins of the First World War*, London/New York 1984, Kap. 8.

102 J. Remak: »1914 – The Third Balkan War: Origins Reconsidered«, in: Koch (Hg.): *Origins of the First World War*, S. 89 f.

103 Der Ausdruck wurde zuerst benutzt in: R. Robinson und J. Gallagher, mit A. Denny: *Africa and the Victorian: The Official Mind of Imperialism*, London 1981. Für eine Diskussion dieses Terminus und der weiteren Gedanken der Autoren siehe P. Kennedy: »Continuity and Discontinuity in British Imperialism 1815–1914«, in: C. C. Eldridge (Hg.): *British Imperialism in the Nineteenth Century*, London 1984, S. 20–38.

104 Siehe nochmals Bourne: *Britain and the Balance of Power in North America*. Zur Beilegung dieser Differenzen und zu anderen Aspekten der Beziehung siehe B. Perkins: *The Great Rapprochement*, New York 1969.

105 Gillard: *Struggle for Asia*; F. Kazemzadeh: *Russia and Britain in Persia, 1864–1914*, New Haven 1968; E. Hölzle: *Die Selbstentmachtung Europas*, S. 85 ff.

106 L. K. Young: *British Policy in China 1895–1902*, Oxford 1970; P. Lowe: *Britain in the Far East: A Survey from 1819 to the Present*, London 1981, Kap. 3–4.

107 Hobsbawm: *Industry and Empire*, S. 150. Siehe ebenfalls P. J. Cain: *Economic Foundations of British Overseas Expansion 1815–1914*, London 1980, Kap. 9; W. G. Hynes: *The Economics of Empire: Britain, Africa and the New Imperialism, 1870–1895*, London 1979; Cain und Hopkins: »Political Economy of British Expansion Overseas«, S. 485 ff.

108 Zu Einzelheiten siehe die anfänglichen Kapitel von Grenville: *Lord Salisbury and Foreign Policy*.

109 Marder: *Anatomy of British Sea Power*; Kennedy: *Rise and Fall of British Naval Mastery*, Kap. 7–8; und J. Gooch: *The Plans of War: The General Staff and British Military Strategy c. 1900–1916*, London 1974, behandeln Marine- und Heeresplanung.

110 Folglich ist die Literatur enorm umfangreich und wächst jährlich an. Hobsbawm: *Industry and Empire*, S. 136–153, 172–185; Landes: *Unbound Prometheus*, S. 326–358; und Mathias: *First Industrial Nation*, S. 243–252, 306–334, 365–426, sind immer noch sehr aufschlußreich. Crouzet: *Victorian Economy*, S. 371 ff., gibt eine kurze und bündige neuere Übersicht.

111 Zitiert in: Kennedy: *Rise of the Anglo-German Antagonism*, S. 315.

112 Zitiert in N. Mansergh: *The Commonwealth Experience*, London 1969, S. 134.

113 Kennedy: *Rise of the Anglo-German Antagonism*, S. 307 und anderswo.
114 Angeführt in: G. R. Searle: *The Quest for National Efficiency 1899–1914*, Oxford 1971, S. 5, mit einer Fülle weiterer Einzelheiten zu dieser Stimmung.
115 Porter: *Lion's Share*, S. 353f.
116 Taylor: *Struggle for Mastery in Europe*, S. xxix; Peacock and Wiseman: *Growth of Public Expenditure in the United Kingdom*, S. 166; Kennedy: *Rise of the Anglo-German Antagonism*, Kap. 17.
117 Zahlen aus: Woodruff: »The Emergence of an Industrial Economy 1700–1914«, in: Cipolla (Hg.): *Fontana Economic History of Europe*, Bd. 4, Teil 2: *The Emergence of Industrial Societies*, S. 707.
118 Zu diesem Thema siehe Porters ausgezeichnetes: *Britain, Europe and the World*.
119 Kennedy: *Rise and Fall of British Naval Mastery*, S. 195ff.
120 Mansergh: *Commonwealth Experience*, Kap. 5; D. C. Gordon: *The Dominion Partnership in Imperial Defense 1870–1914*, Baltimore 1965.
121 Dazu siehe J. Ehrman: *Cabinet Governement and War 1890–1940*, Cambridge 1958; F. A. Johnson: *Defense by Committee*, London 1960.
122 Siehe Anmerkung 102 oben.
123 Hervorragend analysiert in: M. Howard: *The Continental Commitment*, London 1972.
124 French: *British Economic and Strategic Planning;* Kennedy: »Strategy versus Finance in Twentieth-Century Britain«, in: *Strategy and Diplomacy*, S. 89–106; und die anregende Abhandlung in: Porter: *Britain, Europe and the World*, Kap. 3.
125 Zitiert in: F. Fischer: *Krieg der Illusionen*, Düsseldorf 1969, S. 584.
126 Diese Worte stammen vom britischen Botschafter in Rußland, Buchanan, wie zitiert in: K. Wilson: »British Power in the European Balance, 1906–1914«, in: D. Dilks (Hg.): *Retreat from Power: Studies in Britain's Foreign Policy in the Twentieth Century*, 2 Bde., London 1981, Bd. 1, S. 39.
127 Dies ist der ungefähre Untertitel bzw. der Haupttitel von R. Ropponen: *Die Kraft Rußlands: Wie beurteilte die politische und militärische Führung der europäischen Großmächte in der Zeit von 1905 bis 1914 die Kraft Rußlands?*, Helsinki 1968, eine außergewöhnlich ergiebige Materialsammlung.
128 Der folgende Abschnitt zur russischen Wirtschaft vor 1914 gründet sich auf G. Grossman: »The Industrialization of Russia and the Soviet Union«, in: Cipolla (Hg.): *Fontana Economic History of Europe*, Bd. 4, Teil 2, S. 486ff.; R. Munting: *The Economic Development of the USSR*, London 1982, Kap. 1; O. Crisp: *Studies in the Russian Economy Before* 1914, London 1976, bes. Kap. 1: »The Pattern of Industrialization in Russia, 1700–1914«; Seton-Watson: *Russian Empire*, S. 506ff., 647ff.; Blackwell: *Industrialization of Russia*, Kap. 2; M. E. Falkus: *Industrialization of Russia 1700–1914*, Kap. 7–9; Milward und Saul: *Development of the Economies of Continental Europe*, S. 365–423; die Vergleiche in: Black (Hg.): *Modernization of Japan and Russia;* und die zahlreichen Statistiken in dem älteren Werk von M. S. Miller: *The Economic Development of Russia, 1905–1914*, London 1926.
129 Crisp: »Pattern of Industrialization«, S. 40f.
130 Munting: *Economic Development*, S. 34; Girault: *Emprunts russes et investi-*

sements français en Russie; und J. P. Machay: *Pioneer for Profit: Foreign Entrepreneurs and Russian Industrialization,* Chicago/London 1970. Zu einheimischen Unternehmern siehe R. Portal: »Muscovite Industrialists: The Cotton Sector 1861–1914«, in: W. L. Blackwell (Hg.): *Russian Economic Development from Peter the Great to Stalin,* New York 1974, S. 161–196.

131 Munting: *Economic Development,* S. 31. Allgemeiner, A. Gershrenkon: *Economic Backwardness in Historical Perspective,* Cambridge, Mass. 1962; M. Falkus: »Aspects of Foreign Investment in Tsarist Russia«, *Journal of European Economic History* 8 (1979), S. 14ff. Die neueste, sehr anspruchsvolle, aber deshalb auch sehr komplizierte Bewertung stammt von P. Gatrell: *The Tsarist Economy, 1850–1917,* London 1986.

132 Siehe Tabellen 14–18 oben; und die ausgezeichnete vergleichende Statistik von A. Nove in: *An Economic History of the USSR,* Harmondsworth 1969, S. 14f.

133 Munting: *Economic Development,* S. 27; Trebilcock: *Industrialization of the Continental Powers,* S. 216ff., 247ff.

134 Grossman: »Industrialization of Russia and the Soviet Union«, S. 489.

135 Ebenda, S. 486.

136 Lieven: *Russia and the Origins of the First World War,* S. 4. Von seinem Buch sind die Kapitel 1 und 5 in dieser Hinsicht überzeugend, wie auch T. H. von Laue: *Sergei Witte and the Industrialization of Russia,* New York 1963.

137 Lieven: *Russia and the Origins of the First World War,* S. 13; H. Rogge: *Russia in the Age of Modernization and Revolution 1881–1917,* London 1983, S. 71ff.; Falkus: »Aspects of Foreign Investment«, S. 10.

138 Stone: *Europe Transformed,* S. 257ff., ist hierzu besonders gut. Siehe ebenfalls Seton-Watson: *Russian Empire,* S. 541ff.; Milward und Saul: *Development of the Economies of Continental Europe,* S. 397ff.; J. H. L. Keep: »Russia«, in: *NCMH,* Bd. 9, S. 369.

139 Stone: *Europe Transformed,* S. 212f. Siehe auch Blackwell: *Industrialization of Russia,* S. 32ff.

140 Stone: *Europe Transformed,* S. 244.

141 Seton-Watson: *Russian Empire,* S. 485ff., 607ff., 643ff.; Rogge: *Russia in the Age of Modernization and Revolution,* Kap. 9. Zur Abneigung der Armee, als Polizei im Innern zu fungieren, siehe J. Bushnell: *Mutiny and Repression: Russian Soldiers in the Revolution of 1905–1906,* Bloomington 1985, S. 32ff.

142 Lieven: *Russia and the Origins of the First World War,* Kap. 5; Joll: *Origins of the First World War,* S. 102ff.

143 Siehe Tabellen 14–18 oben.

144 K. Neilson: »Watching the ›Steamroller‹: British Observers and the Russian Army Before 1914«, *Journal of Strategic Studies* 8 (1985), S. 213.

145 Und nicht überraschend, da die militärischen Berichte des Kriegsministeriums über das Ausland »Geographie, Topographie, Ethnographie, Verteidigungsanlagen, Handel, finanzielle Reserven, Fernmelde- und Nachrichtenwesen, politische Bedingungen, etc.« abdeckten – siehe T. G. Ferguson: *British Military Intelligence, 1870–1914,* Frederick 1984, S. 223.

146 O. Crisp, zitiert in: Lieven: *Russia and the Origins of the First World War,* S. 9; und siehe die Einzelheiten in: J. Bushnell: »Peasants in Uniform: The

Tsarist Army as a Peasant Society«, *Journal of Social History* 13 (1980), S. 565–576. Siehe ebenfalls A. K. Wildman: *The End of the Russian Imperial Army*, Princeton 1980, Kap. 1–2.

147 Das Zitat stammt von Fuller: »The Russian Empire«, in: May (Hg.): *Knowing One's Enemies*, S. 114. Ebenfalls wichtig ist hier J. Bushnell: »The Tsarist Officer Corps, 1881–1914: Customs, Duties, Inefficiencies«, *American Historical Review* 86 (1981), S. 753–780; P. Kenez: »Russian Officer Corps Before the Revolution: The Military Mind«, *Russian Review* 31 (1972), S. 226–236; Die Untersuchung von Bushnell: *Mutiny and Repression*, enthält weitere überraschende Einzelheiten, wie auch W. C. Fuller: *Civil-Military Conflict in Imperial Russia 1881–1914*, Princeton 1985.

148 Fuller: »Russian Empire«; A. K. Wildman: *End of the Russian Imperial Army*, Kap. 1–2; W. B. Lincoln: *Passage Through Armageddon: The Russians in the War and Revolution 1914–1918*, New York 1986, S. 52ff.

149 Lieven: *Russia and the Origins of the First World War*, S. 149f. Das Zitat stammt aus: Stone: *Eastern Front*, S. 134.

150 Die Verworrenheit der russischen Vorkriegsplanung wird behandelt in: Stone: *Eastern Front*, S. 30ff.; Lieven: *Russia and the Origins of the First World War*, Kap. 5; L. C. F. Turner: »The Russian Mobilization in 1914«, in: Kennedy: *War Plans of the Great Powers*, S. 252–262; Fuller: »Russian Empire«, S. 111ff.

151 Mitchell: *History of Russian and Soviet Sea Power*, S. 279.

152 Doran und Parsons: »War and the Cycle of Relative Power«, S. 956.

153 D. M. Pletcher: »1861–1898: Economic Growth and Diplomatic Adjustments«, in: W. H. Becker und S. F. Wells (Hg.): *Economics and World Power: An Assessment of American Diplomacy Since 1789*, New York 1984, S. 120. Für andere Überblicke über dieses Wachstum siehe M. L. Eysenbach: *American Manufactured Exports 1897–1914: A Study of Growth and Comparative Advantage*, New York 1976; H. G. Vatter: *The Drive to Industrial Maturity: The U. S. Economy, 1860–1914*, Westport 1975.

154 Stone: *Europe Transformed*, S. 211ff.; vgl. R. M. Robertson: *History of American Economy*, New York 1975, Kap. 13.

155 Barraclough: *Introduction to Contemporary History*, S. 51.

156 Entnommen Q. Wright: *Study of War*, S. 670f., mit meinen Berechnungen zum Pro-Kopf-Einkommen.

157 Siehe Tabellen 15–16 oben – aber vgl. Taylor: *Struggle for Mastery in Europe*, S. xxx.

158 Farrar: *Arrogance and Anxiety*, S. 39, Fn. 168.

159 Ebenda.; D. H. Aldcroft: *From Versailles to Wall Street: The International Economy in the 1920s*, Berkeley/Los Angeles 1977, S. 98, Tabelle 4.

160 Keylor: *Twentieth-Century World*, S. 39; Crouzet: *Victorian Economy*, S. 342, Fn. 153.

161 Woodruff: *America's Impact on the World*, S. 161.

162 W. LaFeber: *The New Empire: An Interpretation of American Expansion 1860–1898*, Ithaca 1963; W. A. Williams: *The Roots of the Modern American Empire*, New York 1969. Für allgemeinere Übersichten zur amerikanischen Außenpolitik siehe T. A. Bailey: *A Diplomatic History of the American*

People, New York 1974; R. D. Schulzinger: *American Diplomacy in the Twentieth Century*, New York/Oxford 1984, Kap. 2–3.

163 Pletcher: »1861–1898«, S. 124ff.; T. McCormick: *China Market: America's Quest for Informal Empire*, Chicago 1967; D. G. Munro: *Intervention and Dollar Diplomacy in the Caribbean 1900–1921*, Princeton 1964; E. R. May: *Imperial Democracy: The Emergence of America as a Great Power*, New York 1961, S. 5f.; Perkins: *Great Rapprochement*, S. 122ff.

164 Für eine kritische Analyse siehe M. de Cecco: *Money and Empire: The International Gold Standard 1890–1914*, Oxford 1974, S. 110–126; zur Krise von 1907 siehe J. H. Clapham: *The Economic History of Modern Britain*, 3 Bde., Cambridge 1938, Bd. 3, S. 55ff.

165 Die Literatur zu den Motiven und Handlungen des amerikanischen Imperialismus zwischen 1895 und 1914 ist riesig. Außer den Verweisen in den Anmerkungen 162 und 163 oben siehe auch R. Dallek: *The American Style of Foreign Policy*, New York 1983, Kap. 1–3; E. R. May: *American Imperialism: A Speculative Essay*, New York 1968; G. F. Linderman: *The Mirror of War: American Society and the Spanish-American War*, Ann Arbor 1974; Howard K. Beale: *Theodore Roosevelt and the Rise of America to World Power*, New York 1962.

166 Dallek: *American Style of Foreign Policy*, S. 23.

167 Beale: *Theodore Roosevelt and the Rise of America to World Power;* Dallek: *American Style of Foreign Policy*, Kap. 2; Schulzinger: *American Diplomacy in the Twentieth Century*, S. 24–38.

168 Siehe bes. die Kritik in: G. F. Kennan: *American Diplomacy*, Chicago 1984, Kap. 1–3; und Dallek: *American Style of Foreign Policy*.

169 Wachstum und Politik der Marine der Vereinigten Staaten in dieser Epoche sind nun hervorragend abgedeckt. Neben Potter (Hg.): *Sea Power*, Kap. 15 und 17–18, siehe K. J. Hagan: *In Peace and War: Interpretations of American Naval History, 1775–1978*, Westport 1978, Kap. 9–10; W. R. Braisted: *The United States Navy in the Pacific*, 2 Bde., Austin 1958/1971; und die älteren Werke H. und M. Sprout: *The Rise of American Naval Power, 1776–1918*, Princeton 1946; und W. Mills: *Arms and Men*, New York 1956, Kap. 2.

170 Neben dem wichtigen Werk von Braisted siehe R. D. Challenor: *Admirals, Generals and American Foreign Policy 1898–1914*, Princeton 1973; J. A. S. Grenville und G. B. Young: *Politics, Strategy and American Diplomacy: Studies in Foreign Policy, 1873–1917*, New Haven 1966.

171 Challenor: *Admirals, Generals, and American Foreign Policy;* H. H. Herwig: *Politics of Frustration: The United States in German Naval Planning, 1889–1941*, New York 1976. Zur Verbesserung der britisch-amerikanischen Beziehungen siehe C. S. Campbell: *From Revolution to Rapprochement: The United States and Great Britain, 1783–1900*, New York 1974, Kap. 13–14.

172 Millet und Maslowski: *For the Common Defense*, Kap. 9–10. Für weitere Einzelheiten siehe D. F. Trask: *The War with Spain in 1898*, New York 1981; und G. A. Cosmas: *An Army for Empire: The United States Army in the Spanish-American War*, Columbia 1971. Ebenfalls nützlich zur Änderung der amerikanischen Haltung ist J. L. Abrahamson: *America Arms for a New Century*,

New York 1981; R. Weighley: *History of the United States Army*, Kap. 13–14.

173 Siehe nochmals Tabellen 14–20 oben.

174 F. Gilbert: *The End of the European Era, 1890 to the Present*, New York 1984, S. 110. Für detaillierte Analysen dieser Jahrzehnte siehe Taylor: *Struggle for Mastery in Europe*, S. 325 ff.; Bridge und Bullen: *Great Powers and the European States System*, Kap. 6–8; Albrecht-Carrié: *Diplomatic History of Europe Since the Congress of Vienna*, S. 207 ff.; Bartlett: *Global Conflicts*, Kap. 2–3.

175 B. Waller: *Bismarck at the Crossroads: The Reorientation of German Foreign Policy After the Congress of Berlin 1878–1880*, London 1974, S. 195. Siehe auch Taylor: *Struggle for Mastery*, S. 258 ff.; und Kennan: *Decline of Bismarck's European Order*, S. 73 ff.

176 Kennan: *Decline of Bismarck's European Order;* und ders.: *The Fateful Alliance: France, Russia and the Coming of the First World War*, New York 1984. Die deutsche Seite ist gut behandelt in: N. Rich: *Friedrich von Holstein*, 2 Bde., Cambridge 1965, Bd. 1.

177 Das Argument, daß die europäische Lage in den neunziger Jahren des 19. Jahrhunderts »stabilisiert« war und somit die Hinwendung zu Kolonialfragen zuließ, ist am besten behandelt in: W. L. Langer: *The Diplomacy of Imperialism 1890–1902*, New York 1951.

178 Der Ausdruck von Langer: siehe ebenda, Kap. 13; und allg. Padfield: *Battleship Era*, Kap. 14.

179 Zu dieser Umgestaltung siehe nochmals Perkins: *Great Rapprochement;* Campbell: *From Revolution to Rapprochement*, Kap. 14.

180 Das Standardwerk hierzu ist I. H. Nish: *The Anglo-Japanese Alliance*, London 1966; aber siehe auch C. J. Lowe: *The Reluctant Imperialists: British Foreign Policy 1878–1902*, 2 Bde., London 1967, Bd. 1, Kap. 10.

181 Taylor: *Struggle for Mastery in Europe*, Kap. 18; Andrew: *Delcassé and the Making of the Entente Cordiale*, Albrecht-Carrié: *Diplomatic History*, S. 232 ff. Siehe auch die Erläuterungen in: M. Behnen: *Rüstung – Bündnis – Sicherheit*, Tübingen 1985.

182 Dies ist am besten behandelt in: Andrew: *Delcassé;* und G. L. Monger: *The End of Isolation: British Foreign Policy 1900–1907*, London 1963.

183 O. J. Hale: *Germany and the Diplomatic Revolution 1904–1906*, Philadelphia 1931; Kennedy: *Rise of the Anglo-German Antagonism*, Kap. 14.

184 Kennedy: *Rise of the Anglo-German Antagonism*, S. 268 ff.; weitere Einzelheiten in: B. Vogel: *Deutsche Rußlandpolitik, 1900–1906*, Düsseldorf 1973.

185 Die komplizierten Ereignisse werden behandelt in den Werken von Taylor, Monger, Andrew, Rich und Kennedy, wie zuvor zitiert. Siehe ebenfalls H. Raulff: *Zwischen Machtpolitik und Imperialismus: Die deutsche Frankreichpolitik 1904–1905*, Düsseldorf 1976; und die ausgezeichnete Arbeit von Lambi: *Navy and German Power Politics 1862–1914*, Kap. 13..

186 Taylor: *Struggle for Mastery*, Kap. 19; Z. Steiner: *Britain and the Origins of the First World War*, London 1977, Kap. 2 und folg. Zur russischen Reaktion auf die Demütigung des Jahres 1909 siehe Lieven: *Russia and the Origin of the First World War*, S. 36 ff.

187 Steiner: *Britain and the Origins of the First World War,* S. 200ff.; Williamson: *Politics of Grand Strategy,* bes. Kap. 7.

188 Die detailreichste Studie dieser Ereignisse ist von L. Albertini: *The Origin of the War of 1914,* 3 Bde., London 1952–1957; aber es gibt gute knappe Darstellungen in: L. C. F. Turner: *Origins of the First World War,* London 1970; J. Joll: *Origins of the First World War,* Kap. 2–3; und Langhorne: *Collapse of the Concert of Europe,* Kap. 6–7.

189 Zu den Kriegsplänen vor 1914 ist die Literatur immens; für Überblicke siehe P. M. Kennedy (Hg.): *The War Plans of the Great Powers, 1880–1914,* London/Boston 1979; S. E. Miller (Hg.): *Military Strategy and the Origins of the First World War,* Princeton 1985; J. Snyder: *The Ideology of the Offensive,* Ithaca 1984.

190 Strachan: *European Armies and the Conduct of War,* Kap. 9; B. E. Schmitt und H. C. Vedeler: *The World in the Crucible 1914–1919,* New York 1984, S. 62ff.

191 Kennedy: *Rise and Fall of British Naval Mastery,* Kap. 9.

192 Zu dieser Auseinandersetzung siehe L. L. Farrar: *The Short-War Illusion,* Santa Barbara 1973.

193 Dazu siehe kurz Schulzinger: *American Diplomacy in the Twentieth Century,* S. 62ff.; und ausführlicher D. M. Smith: *The Great Departure: The United States and World War I, 1914–1920,* New York 1965; P. Devlin: *Too Proud to Fight: Woodrow Wilson's Neutrality,* New York 1975; E. R. May: *The World War and American Isolation,* Chicago 1966; A. S. Link: *Wilson,* 5 Bde. bis heute, Princeton 1947–1965, Bde. 3–5.

194 Bosworth: *Italy, the Least of the Great Powers,* ist hierzu am besten.

195 Zu diesen Ablenkungen siehe P. Guinn: *British Strategy and Politics, 1914–1918,* Oxford 1965; Beloff: *Imperial Sunset,* Bd. 1, Kap. 5; und D. French: *British Strategy and War Aims 1914–1916,* London/Boston 1986.

196 Rothenberg: *Army of Francis Joseph,* Kap. 12–14, gibt eine ausgezeichnete Analyse österreichisch-ungarischer Militärpolitik während des Krieges, die ihre Stärken als auch Schwächen beinhaltet.

197 Zu dieser Auseinandersetzung siehe Steiner: *Britain and the Origins of the First World War,* Kap. 9; Kennedy: *Rise of the Anglo-German Antagonism,* S. 458ff.

198 Für eine breitere Erörterung siehe Kennedy: *British Naval Mastery,* Kap. 9.

199 Ebenda.

200 Strachen: *European Armies and the Conduct of War,* Kap. 9; und siehe ebenfalls die ausgezeichnete Analyse des Problems in: S. Bidwell und D. Graham: *Fire-Power: British Army Weapons and Theories of War, 1904–1945,* London 1982, Kap. 4–8. Für eine knappe Übersicht siehe B. Bond: »The First World War«, in: *NCMH,* Bd. 12, Kap. 7.

201 Für ausgezeichnete Beispiele siehe Stone: *Eastern Front,* S. 265.

202 Van Creveld: *Supplying War,* Kap. 4, ist hierzu überzeugend. Siehe auch die Kritik in: G. Ritter: *The Schlieffen Plan,* New York 1958; und in: L. C. F. Turner: »The Significance of the Schlieffen Plan«, in: Kennedy (Hg.): *War Plans of the Great Powers,* S. 199–221.

203 Für weitere Einzelheiten siehe Stone: *Eastern Front,* Kap. 3–8; Schmitt und

Vedeler: *World in the Crucible*, Kap. 4–5; B. H. Liddell Hart: *History of the First World War*, London 1970, Kap. 4–5; Lincoln: *Passage Through Armageddon*, Kap. 2–4.

204 Schmitt und Vedeler: *World in the Crucible*, Kap. 6; J. L. Stokesbury: *A Short History of World War I*, New York 1981, Kap. 11–12.

205 Siehe beispielsweise Stone über Rußland in: *Eastern Front*, Kap. 9; Barnett über Großbritannien in: *Collapse of British Power*, S. 113 ff.; McNeill über Frankreich in: *Pursuit of Power*, S. 318 ff.

206 Neben der ausgezeichneten allg. Übersicht von McNeill siehe auch G. Hardach: *The First World War 1914–1918*, London 1977, bes. Kap. 4 und 6; und A. Marwick: *War and Social Change in the Twentieth Century*, London 1974, Kap. 2–3.

207 Siehe nochmals Rothenberg: *Army of Francis Joseph*, Kap. 12–14; zu den inneren Problemen, Kann: *History of the Habsburg Empire*, Kap. 9; A. J. May: *The Passing of the Habsburg Monarchy, 1914–1918*, 2 Bde., Philadelphia 1966.

208 Siehe bes. den Aufsatz von J. Gooch: »Italy During the First World War«, in der Textsammlung von A. Millett und W. Murray (Hg.): *Military Effectiveness.*

209 J. A. S. Grenville: *A World History of the Twentieth Century 1900–1945*, London 1980, Bd. 1, S. 218 f.

210 Stone: *Eastern Front*, enthält ausgezeichnete Einzelheiten (auch wenn seine Begründung der industriellen Erfolge von Rußland bestimmte Fragen aufwirft). Siehe ebenfalls Seton-Watson: *Russian Empire*, S. 698 ff.; und D. R. Jones: »Imperial Russia's Armed Forces at War, 1914–1918: An Analysis of Combat Effectiveness«, in: Millett und Murray (Hg.): *Military Effectiveness.* Die Rolle der Moskauer Industriellen und ihres Streits mit den Ministerien ist im Detail dargestellt in: L. H. Siegelbaum: *The Politics of Industrial Mobilization in Russia, 1914–1917*, New York 1984; weiterhin finden sich unzählige Details in: A. L. Sidorov: *The Economic Position of Russia During the First World War*, Moskau 1973, Übers. Die Bemühungen des Zaren sind untersucht in: D. R. Jones: »Nicholas II and the Supreme Command«, *Sbornik* 11 (1985), S. 47–83.

211 Schmitt und Vedeler: *World in the Crucible*, S. 188–199. Dieses Zitat ist aus: N. Golovine: *Russian Army in the World War*, New Haven 1932, S. 281. Zur Zahl der Verwundeten bzw. der Höhe der Verluste und der Unzufriedenheit bei der Einberufung der »Zweiten Kategorie« siehe Wildman: *End of the Russian Imperial Army*, Kap. 3; und die gute Übersicht in: Lincoln: *Passage Through Armageddon.*

212 G. Pedrocini: *Les mutineries de 1917*, Paris 1967, ist die beste einer Reihe von Untersuchungen dieser Krise.

213 McNeill: *Pursuit of Power*, S. 322, mit einer guten Synthese der Literatur. Siehe auch Hardach: *First World War*, S. 86 ff., 131 ff.

214 Siehe das ältere Werk von M. Ange-Laribé: *L'agriculture pendant la guerre*, Paris 1925, sowie die Bearbeitung in Hardach und McNeill.

215 Zahlen aus Stokesbury: *Short History of World War I*, S. 289.

216 Kennedy: »Great Britain Before 1914«, in: May (Hg.): *Knowing One's Enemies* S. 172–204; French: *British Economic and Strategic Planning.*

217 Siehe nochmals Barnett: *Collapse of British Power,* S. 113ff.; Hardach: *First World War,* S. 77ff.; McNeill: *Pursuit of Power,* S. 325ff.; R. J. Q. Adams: *Arms and the Wizard: Lloyd George and the Ministry of Munitions, 1915,* London 1978.

218 Zahlen aus: Hardach: *First World War,* S. 87.

219 Kennedy: *Realities Behind Diplomacy,* S. 146, mit den aus Tabellen von Peacock und Wiseman entnommenen Zahlen: *Growth of Public Expenditure in the United Kingdom.*

220 Bond: »First World War«, in: *NCMH,* Bd. 12; Guinn: *British Strategy and Politics;* Schmitt und Vedeler: *World in the Crucible,* Kap. 6–8; D. R. Woodward: *Lloyd George and the Generals,* Newark 1983.

221 Zitiert in: Beloff: *Imperial Sunset,* Bd. 1, S. 255. Für die gesamten Einzelheiten siehe K. Burk: *Britain, America and the Sinews of War 1914–1918,* London/Boston 1985.

222 F. S. Northedge: *The Troubled Giant: Britain Among the Great Powers,* London 1966, S. 623.

223 Gut behandelt in: T. Lupfer: »The Dynamics of Doctrine: The Changes in German Tactical Doctrine During the First World War«, *Leavenworth Papers,* Nr. 4, Fort Leavenworth 1981; und Van Creveld: *Command in War,* S. 168ff.

224 Hardach: *First World War,* S. 55ff.; G. Feldman: *Army, Industry and Labour in Germany 1914–1918,* Princeton 1966.

225 Siehe die vorschnellen Schlüsse in: Beloff: *Imperial Sunset,* S. 239ff., 246ff., 271.

226 Hardach: *First World War,* S. 63ff.; McNeill: *The Pursuit of Power,* S. 338ff.; Bond: »The First World War«, S. 198f., in: *NCMH,* Bd. 12.

227 Gesamte Einzelheiten in: A. Skalweit: *Die Deutsche Kriegsnährungswirtschaft,* Berlin 1927, mit einer Zusammenfassung in: Hardach: *First World War,* S. 112ff. Zu der Belastung des deutschen Volkes durch den Krieg siehe J. Kocka: *Facing Total War: German Society 1914–1918,* Leamington Spa 1984, Kap. 2 und 4; McNeill: *Pursuit of Power,* S. 340, für das Zitat.

228 Siehe die Verweise in Anmerkung 193 oben. Für eine historiographische Zusammenfassung siehe D. M. Smith: »National Interest and American Intervention, 1917: An Historical Appraisal«, *Journal of American History* 52 (1965), S. 5–24.

229 Der amerikanische Beitrag ist vorzüglich zusammengefaßt in: Millett und Maslowski: *For the Common Defense,* Kap. 11; Weigley: *History of the United States Army,* Kap. 16; T. K. Nenninger: »American Military Effectiveness in World War I«, in: Millett und Murray (Hg.): *Military Effectiveness,* erscheint in Kürze.

230 Strachan: *European Armies and the Conduct of War,* S. 148. Siehe auch die nützlichen Einzelheiten in: Ritter: *The Sword and the Scepter,* 4 Bde., London 1975, Bd. 4, S. 119ff., 229ff.

231 Bond: »First World War«, *NCMH,* Bd. 12, S. 199, woher diese Zahlen stammen; Schmitt und Vedeler: *World in the Crucible,* S. 261. Für detaillierte Untersuchungen der Feldzüge im Jahre 1918 siehe J. Toland: *No Man's Land: The Story of 1918,* London 1980; H. Essame: *The Battle for Europe, 1918,* New York 1972; B. Pitt: *1918 – The Last Act,* New York 1962.

232 Für Einzelheiten siehe Schmitt und Vedeler: *World in the Crucible*, S. 255ff., 376ff.; A. J. Ryder: *The German Revolution of 1918*, Cambridge 1967.

233 J. Keegan: *The Face of Battle*, Harmondsworth 1978, J. Williams: *The Home Fronts: Britain, France and Germany, 1914–1918*, London 1972: A. Marwick: *The Deluge – British Society in the First World War*, London 1965; ders.: *War and Social Change in the Twentieth Century*, Kap. 2–3.

234 Dieses Thema zieht sich durch die Bücher von Kennan; siehe z. B.: *Decline of Bismarck's European Order*, S. 3. Eine ähnliche Linie verfolgt Hölzle: *Die Selbstentmachtung Europas*. Untersuchungen der psychologisch-kulturellen Auswirkungen, die sich auch auf die detailliertere Literatur beziehen, sind zu finden in: Schmitt und Vedeler: *World in the Crucible*, S. 476ff.; und J. Joll: *Europe Since 1870*, London 1973, bes. Kap. 11.

235 Zahlen für Kriegsausgaben aus: Hardach: *First World War*, S. 153; die Gesamtzahl der mobilisierten Truppen aus Barraclough (Hg.): *Atlas of World History*, S. 252.

236 Siehe die Anekdoten in: M. Middlebrook: *The Kaiser's Battle: 21 March 1918*, London 1978.

Das Entstehen einer bipolaren Welt und die Krise der »Mittelmächte«: Teil II, 1919–1942

1 Zu den Übereinkommen von 1919–1923 siehe die allg. Abhandlungen in: *NCMH*, Bd. 12, Kap. 8; Albrecht-Carrié: *Diplomatic History of Europe*, S. 360ff.; G. Ross: *The Great Powers and the Decline of the European States System 1914–1945*, London 1983, Kap. 3; R. J. Sontag: *A Broken World, 1919–1939*, New York 1971, Kap. 1 und 4; M. L. Dockrill und J. D. Goold: *Peace Without Promise: Britain and the Peace Conferences 1919–1923*, London 1981; S. Marks: *The Illusion of Peace: International Relations in Europe 1918–1933*, London 1976, Kap. 1.

2 Ross: *Great Powers*, Kap. 4; Marks: *Illusion of Peace*, Kap. 3; A. J. P. Taylor: *The Origins of the Second World War*, Harmondsworth 1964, Kap. 3; J. Jacobsen: *Locarno Diplomacy: Germany and the West 1925–1929*, Princeton 1972; und G. Grun: »Locarno, Ideal and Reality«, *International Affairs* 31 (1955), S. 477–485, sind hierzu am besten.

3 Die Literatur über Reparationszahlungen und Kriegsschulden ist mittlerweile zu einer Flut geworden. Unter den bedeutenderen jüngeren Werken sind M. Trachtenberg: *Reparation in World Politics: France and European Diplomacy 1916–1923*, New York 1980; W. A. McDougall: *France's Rhineland Diplomacy 1914–1924*, Princeton 1978; H. Rupieper: *The Cuno Government and Reparations, 1922–1923*, London 1979; S. A. Shuker: *The End of French Predominance in Europe: The Financial Crisis of 1924 and the Adoption of the Dawes Plan*, Chapel Hill 1976; D. P. Silverman: *Reconstructing Europe After the Great War*, Cambridge, Mass. 1982. Marks: *Illusion of Peace*, Kap. 2, ist

ebenfalls brauchbar, und es gibt eine gute Zusammenfassung in: Kindleberger: *Financial History of Western Europe*, Teil 4.

4 D. H. Aldcroft: *From Versailles to Wall Street, 1919–1929*, London 1977, S. 13. Dies ist eine gute Zusammenfassung aller nach 1919 verfaßten, häufig von der »Carnegie Foundation« geförderten Untersuchungen über »die Kosten des Krieges«, wie auch der neueren Literatur.

5 Aldcroft: *From Versailles to Wall Street*, S. 14.

6 Ders.: *The European Economy 1914–1980*, London 1978, S. 19.

7 Ders.: *From Versailles to Wall Street*, S. 34f., 98ff.

8 Rostow: *World Economy*, S. 194–200, bietet eine gute Zusammenfassung, aber siehe auch Kenwood und Lougheed: *Growth of the International Economy*, Kap. 11; A. S. Milward: *The Economic Effects of the World Wars in Britain*, London 1970; Landes: *Unbound Prometheus*, Kap. 6.

9 I. Svennilson: *Growth and Stagnation in the European Economy*, Geneva 1954, S. 204f.

10 Farrar: *Arrogance and Anxiety*, S. 39, Fn. 17.

11 Aldcroft: *From Versailles to Wall Street*, Kap. 1 und S. 99ff.; Kenwood und Lougheed: *Growth of the International Economy*, S. 176ff. Zu Einzelheiten des Preissturzes amerikanischer Farmen nach 1919 siehe Robertson: *History of the American Economy*, S. 515.

12 Für eine gute Zusammenfassung siehe Hardach: *First World War*, Kap. 6; ebenfalls Aldcroft: *From Versailles to Wall Street*, S. 30ff.

13 Siehe die Verweise in Anmerkung 3 oben; und Aldcroft: *From Versailles to Wall Street*, Kap. 4.

14 Siehe hier die Aufsätze in: Rowland (Hg.): *Balance of Power or Hegemony: The Inter-War Monetary System*; C. P. Kindleberger: *The World in Depression 1929–1939*, California 1973, bes. Kap. 1 und 4; A. Fishlow: »Lessons from the Past: Capital Markets During the 19th Century and the Interwar Period«, *International Organization* 39 (1985), bes. S. 415–427. Eine ebenfalls sehr gute Analyse ist in: Kennedy: *Over Here*, S. 334–347.

15 Für eine Analyse dieser Ereignisse siehe Aldcroft: *From Versailles to Wall Street*, Kap. 7–11; Kindleberger: *World in Depression*, Kap. 3–9; ders.: *Financial History of Western Europe*, Kap. 20.

16 Kindleberger: *World in Depression*, S. 231; Rowland: »Preparing the American Ascendancy: The Transfer of Economic Power from Britain to the United States, 1933–1944«, in: Rowland (Hg.): *Balance of Power or Hegemony*, S. 198ff. Zu Chamberlains Zitat siehe D. Reynolds: *The Creation of the Anglo-American Alliance, 1937–1961*, London 1981, S. 16; ebenfalls C. A. MacDonald: *The United States, Britain and Appeasement 1936–1939*, London 1980.

17 A. J. P. Taylor: *The Trouble-Makers: Dissent Over Foreign Policy, 1789–1939*, London 1969, Kap. 4–6; Z. S. Steiner: *The Foreign Office and Foreign Policy, 1898–1914*, Cambridge 1969; G. A. Craig und A. L. George: *Force and Statecraft: Diplomatic Problems of our Time*, Oxford 1983, Kap. 5.

18 Siehe z. B. L. Martin: *Peace without Victory – Woodrow Wilson and the English Liberals*, New York 1973; Taylor: *Trouble-Makers*, Kap. 5.

19 A. J. Mayer: *Political Origins of the New Diplomacy*, New York 1970; S. R. Grabaud: *British Labour and the Russian Revolution 1917–1924*, Cambridge,

Mass. 1956; F. S. Northedge und A. Wells: *Britain and Soviet Communism: The Impact of a Revolution,* London 1982, Kap. 8.

20 G. Schmidt: »Wozu noch politische Geschichte?«, *Aus Politik und Zeitgeschichte* 17 (1975), S. 32ff.

21 Mayer: *Politics and Diplomacy of Peacemaking: Containment and Counter-Revolution at Versailles 1918–1919,* London 1968; Joll: *Europe Since 1870,* Kap. 9: »Revolution and Counter-Revolution«. Gute Einzelheiten zu diesen Ängsten vor der Revolution sind auch zu finden in: C. S. Maier: *Recasting Bourgeois Europe,* Princeton 1975, bes. Kap. 1.

22 Joll: *Europe Since 1870,* Kap. 9–12; Sontag: *Broken World,* S. 24ff.

23 Schmitt und Vedeler: *World in the Crucible,* S. 476ff.; B. Bengonzi: *Heroes' Twilight,* New York 1966; P. Fussell: *The Great War and Modern Memory,* New York 1975; Barnett: *Collapse of British Power,* S. 426ff.

24 Siehe nochmals Joll: *Europe Since 1870,* S. 262ff.; Gollwitzer: *Geschichte des weltpolitischen Denkens,* Bd. 2, S. 538ff.; A. Hamilton: *The Appeal of Fascism,* London 1971; P. Hayes: *Fascism,* London 1973; R. A. L. Waite: *Vanguard of Nazism: the Free Corps Movement in Postwar Germany,* Cambridge, Mass. 1952; J. Diehl: *Paramilitary Politics in Weimar Germany,* Bloomington 1977.

25 D. Caute: *The Fellow Travellers,* London 1973; Northedge und Wells: *Britain and Soviet Communism,* Kap. 6–8.

26 Zum Folgenden siehe die ausgezeichnete Analyse in: Barraclough: *Introduction to Contemporary History,* Kap. 6: »The Revolt Against the West«; und die Karten in: Barraclough (Hg.): *Atlas of World History,* S. 248, 260f. Siehe auch Gollwitzer: *Geschichte des weltpolitischen Denkens,* Bd. 2, S. 575ff.; *NCMH,* Bd. 12, Kap. 10–12; H. Bull und A. Watson: *The Expansion of International Society,* Oxford 1984, bes. Teil 3; R. F. Holland: *European Decolonization 1918–1981,* London 1985, Kap. 1; H. Griml: *Decolonization: The British, French, Dutch, and Belgian Empires 1919–1963,* London 1978; Kap. 1–3.

27 Für ein gutes Beispiel auf der britischen Seite siehe B. R. Tomlinson: *The Political Economy of the Raj 1914–1947,* Cambridge 1979; allgemeiner: Tomlinson: »The Contraction of England: National Decline and the Loss of Empire«, *Journal of Imperial and Commonwealth History* 11 (1982), S. 58–72; Thornton: *Imperial Idea and its Enemies,* Kap. 4–6; Beloff: *Imperial Sunset,* Bd. 1, Kap. 6.

28 Barraclough: *Introduction to Contemporary History,* S. 156ff.

29 Storry: *Japan and the Decline of the West in Asia,* S. 107ff.; Grenville: *World History of the Twentieth Century,* S. 117ff.; Keylor: *Twentieth-Century World,* S. 229ff.; Gollwitzer: *Geschichte des weltpolitischen Denkens,* Bd. 2, S. 575ff.

30 A. Iriye: *After Imperialism: The Search for a New Order in the Far East 1921–1931,* New York 1978.

31 Kiernan: *European Empires from Conquest to Collapse,* Kap. 13; *NCMH,* Bd. 12, S. 319, 324f.; C. M. Andrew und A. S. Kanya-Forstner: *The Climax of French Imperial Expansion 1914–1924,* Stanford 1981, S. 246.

32 Howard: *Continental Commitment,* S. 56ff.; B. Bond: *British Military Policy Between the Two World Wars,* Oxford 1980, Kap. 1 und 3–4.

33 Für Erörterungen dieser »Kontinuität« in der deutschen Politik nach 1919 siehe die allg. gehaltenen Abhandlungen in: Calleo: *German Problem Reconsidered;* Gruner: *Die deutsche Frage,* S. 126ff.; Hillgruber: *Deutschlands Rolle in der Vorgeschichte der beiden Weltkriege.* Siehe auch die beiden bedeutenden neueren Werke: G. Stokes: *Hitler and the Quest for World Dominion: Nazi Ideology and Foreign Policy in the 1920's,* Leamington Spa 1986; M. Lee und W. Michalka: *German Foreign Policy 1917–1933: Continuity or Break?,* Leamington Spa 1987.

34 Taylor: *Origins of the Second World War,* S. 48.

35 Ebenda. Für andere Übersichten über das »Gleichgewicht« nach 1919 siehe DePorte: *Europe Between the Super-Powers,* Kap. 3; Thomson: *Europe Since Napoleon,* S. 622ff.; Ross: *Great Powers and the Decline of the European States System,* Kap. 3–6.

36 E. M. Bennett: *German Rearmament and the West, 1932–1933,* Princeton 1979, S. 92ff., ist hierzu am besten.

37 P. Wandycz: *France and Her Eastern Allies 1919–1925,* Minneapolis 1962; und die klassische ältere Arbeit von A. Wolfers: *Britain and France Between Two Wars,* New York 1966, bes. Kap. 8. Spätere französische Anstrengungen, Deutschland in Osteuropa im Zaum zu halten, werden in L. Radice: *Prelude to Appeasement, East Central European Diplomacy in the Early 1930s,* New York 1981, Kap. 3–4, untersucht.

38 W. N. Medlicott: *British Foreign Policy Since Versailles, 1919–1963,* London 1968, S. 61ff.; Ross: *Great Powers,* S. 57; A. Orde: *Britain and International Security 1920–1926,* London 1978. Zur Kontinuität dieser Politik siehe P. W. Schroeder: »Munich and the British Tradition«, *Historical Journal* 19 (1976), S. 223–243.

39 A. Teichova: *An Economic Background to Munich,* Cambridge 1974; D. Kaiser: *Economic Diplomacy and the Origins of the Second World War,* Princeton 1980; B. J. Wendt: »England und der deutsche ›Drang nach Südosten‹«, in: I. Geiss und B. J. Wendt (Hg.): *Deutschland in der Weltpolitik des 19. und 20. Jahrhunderts,* Düsseldorf 1973, S. 483–512.

40 Angeführt in: Northedge: *Troubled Giant,* S. 220. Es gibt eine gute und knappe Übersicht über die Aktivitäten des Völkerbundes in: *NCMH,* Bd. 12, Kap. 9; und in: Ross: *Great Powers,* Kap. 7.

41 E. H. Carr: *The Twenty Years Crisis 1919–1939,* London 1939; Sontag: *Broken World;* A. Adamthwaite: *The Lost Peace: International Relations in Europe 1918–1939,* London 1980.

42 D. Mack Smith: *Mussolini: A. Biography,* New York 1982, gibt ein gutes Porträt des Menschen, wenn auch weniger der italienischen Politik und Wirtschaft unter ihm. Für diese Aspekte siehe M. Knox: *Mussolini Unleashed 1939–1941,* Cambridge 1982, Kap. 1; J. Whittam: »The Italian General Staff and the Coming of the Second World War«, in: A. Preston (Hg.): *General Staffs and Diplomacy Before the Second World War,* London 1978, S. 77–97; A. Raspin: »Wirtschaftliche und politische Aspekte der italienischen Aufrüstung Anfang der dreißiger Jahre bis 1940«, in: F. Forstmeier und H. E. Volkmann (Hg.): *Wirtschaft und Rüstung am Vorabend des Zweiten Weltkrieges,* Düsseldorf 1975, S. 202–221; B. R. Sullivan: »The Italian Armed Forces,

1918–1940«, in: Millett und Murray (Hg.): *Military Effectiveness*, Bd. 2, Winchester 1988.

43 S. Ricossa: »Italy«, in: Cipolla (Hg.): *Fontana Economic History of Europe*, Bd. 6, Nr. 1, S. 272 ff.; R. Higham: *Air Power: A Concise History*, Manhattan 1984, S. 48; J. W. Thompson: *Italian Civil and Military Aircraft 1930–1945*, Fallbrook 1963.

44 Knox: *Mussolini Unleashed*, S. 20.

45 Zitiert aus: Ricossa: »Italy«, S. 266; siehe auch Knox: *Mussolini Unleashed*, S. 30 f., 43.

46 Ricossa: »Italy«, S. 270.

47 Knox: *Mussolini Unleashed*, Kap. 1; Mack Smith: *Mussolini's Roman Empire*, Kap. 13; Raspin: »Wirtschaftliche und politische Aspekte«; W. Murray: *The Change in the European Balance of Power, 1938–1939*, Princeton 1984, S. 110 ff.

48 Knox: *Mussolini Unleashed*, S. 48.

49 Ebenda, S. 73. Allgemeiner siehe McNeill: *Pursuit of Power*, S. 350 ff.; W. Murray: »German Air Power and the Munich Crisis«, in: B. Bond und I. Roy (Hg.): *War and Society* 1 (1976), S. 107–118.

50 Die Zahlen, die weder in runden noch eckigen Klammern stehen, stammen aus: Hillman: »Comparative Strength of the Powers«, in: A. J. Toynbee und F. T. Ashton-Gwatkin (Hg.): *The World in 1939*, London 1952, Tabelle VI, S. 454, mit Währungsumrechnungen zu den Wechselkursen, die er in der Fußnote angibt. Die Zahlen in runden Klammern entstammen dem »Correlates of War«-Ausdruck. Es ist anzunehmen, daß Währungsveränderungen für einige der Diskrepanzen verantwortlich sind, sowie national verschiedene Verfahren der Buchführung. Im Fall von Japan verkompliziert sich die Sache noch mehr, da zwischen gewöhnlichen und »außergewöhnlichen« Verteidigungsausgaben und »Truppen in der Heimat« und »anderen« (d. h. Chinesischer Krieg) unterschieden wird. Die Zahlen in eckigen Klammern stammen aus: K. Ohkawa und M. Shinohara (Hg.): *Patterns of Japanese Economic Development*, New Haven 1979, und enthalten keine »anderen«.

51 Mack Smith: *Mussolini's Roman Empire*, S. 177 f.

52 Knox: *Mussolini Unleashed*, S. 9–16; ders.: »Conquest, Foreign and Domestic, in Fascist Italy and Nazi Germany«, *Journal of Modern History* 56 (1986), S. 1–57.

53 Mack Smith: *Mussolini*, ist dazu überwältigend.

54 Ebenda. Siehe unten: »Die sich entfaltende Krise«, Kap. 6.

55 Diese rassisch/kulturellen Haltungen werden gut behandelt in: Thorne: *The Issue of War: States, Societies, and the Far Eastern Conflict of 1941–1945*, London 1985. Siehe auch Storry: *Japan and the Decline of the West in Asia*.

56 Howarth: *Fighting Ships of the Rising Sun*, S. 199 ff.

57 Allen: *Short Economic History of Modern Japan*, S. 100 ff.

58 Völkerbund: *World Economic Survey*, Genf 1945, Tabelle III, S. 134.

59 Allen: *Economic History*, S. 101–113; Storry: *Japan and the Decline of the West in Asia*, S. 115.

60 Zu diesem wichtigen Thema siehe bes. J. B. Crowley: *Japan's Quest for Autonomy: National Security and Foreign Policy 1930–1958*, Princeton 1966; M. A.

Barnhart: »Japan's Economic Security and the Origins of the Pacific War«, *Journal of Strategic Studies* 4 (1981), S. 105–124; J. W. Morley (Hg.): *Dilemmas of Growth in Prewar Japan*, Princeton 1971.

61 Allen: *Economic History of Modern Japan*, S. 141.

62 Howarth: *Fighting Ships of the Rising Sun*, Teil 4; H. P. Willmott: *Empires in the Balance*, Annapolis 1982, Kap. 3; A. J. Marder: *Old Friends, New Enemies: The Royal Navy and the Imperial Japanese Navy*, Oxford 1981, Kap. 11; S. E. Pelz: *Race to Pearl Harbor*, Cambridge, Mass. 1974, bes. Teile 1 und 5; C. Bateson: *The War with Japan*, East Lansing 1968, Teil 2.

63 Willmott: *Empires in the Balance*, S. 89 ff.; R. H. Spector: *Eagle Against the Sun: The American War with Japan*, New York 1985, Kap. 2 und 4; S. Hayashi mit A. Coox: *Kogun: The Japanese Army in the Pacific War*, Westport 1978, Kap. 1.

64 Willmott: *Empires in the Balance*, S. 55; P. M. Kennedy: »Japan's Strategic Decisions, 1939–1945«, in: Kennedy: *Strategy and Diplomacy 1870–1945*, S. 182 ff.; C. Boyd: »Military Organizational Effectiveness: Imperial Japanese Armed Forces Between the World Wars«, in: Millett und Murray (Hg.): *Military Effectiveness*, Bd. 2; Pelz: *Race to Pearl Harbor*, Kap. 12, ist sehr gut über die Auseinandersetzungen zwischen Armee und Marine. Der Chinesische Krieg selbst ist abgehandelt in: F. Dorn: *The Sino-Japanese War 1937–1941*, New York 1974.

65 Barnhart: »Japan's Economic Security«, S. 112–116.

66 Barnhart: »Japan's Economic Security«, S. 114, woher das Zitat stammt. Siehe ebenfalls B. Martin: »Aggressionspolitik als Mobilisierungsfaktor: Der militärische und wirtschaftliche Imperialismus Japans 1931 bis 1941«, in: F. Forstmeier und H.-E. Volkmann (Hg.): *Wirtschaft und Rüstung am Vorabend des Zweiten Weltkrieges*, Düsseldorf 1975, S. 234 f.

67 Hayashi und Coox: *Kogun*, S. 14–17; M. A. Barnhart: »Japanese Intelligence Before the Second World War«, in: May (Hg.): *Knowing One's Enemies*, S. 435 ff.; und bes. A. Coox: *Nomonhan*, 2 Bde., Stanford 1985.

68 Wright: *Study of War*, S. 672; Overy: *Air War*, S. 151; Bairoch: »World Industrialization Levels«, S. 299.

69 Zu der Entscheidung selbst siehe Willmott: *Empires in the Balance*, Kap. 3; Hayashi und Coox: *Kogun*, S. 19 ff.; Barnhart: »Japan's Economic Security«, S. 116 ff.; I. Nobutaka (Hg.): *Japan's Decision for War*, Stanford 1967; Spector: *Eagle Against the Sun*, Kap. 4; R. J. Butow: *Tojo and the Coming of War*, Princeton 1961.

70 Für allg. Überblicke siehe Craig: *Germany 1866–1945*, S. 396 ff.; A. J. Nicholls: *Weimar and the Rise of Hitler*, London 1979. Zusammenfassungen der extrem umfangreichen Historiographie und der scharf geführten Debatten über Deutschland in der Nazi-Ära finden sich in: I. Kershaw: *The Nazi Dictatorship*, London 1985; und K. Hildebrand: *The Third Reich*, London/Boston 1984.

71 Taylor: *Origins of the Second World War*; J. Hiden: *Germany and Europe 1919–1939*, London 1977, bes. Kap. 7; F. Fischer: *Bündnis der Eliten*, Düsseldorf 1979. Zu Einzelheiten der »Kontinuität« in den Streitkräften siehe G. Schreiber: *Revisionismus und Weltmachtstreben*, Stuttgart 1978; J. Dülffer: *Weimar, Hitler und die Marine: Reichspolitik und Flottenbau 1920–1939*, Düs-

seldorf 1973; M. Geyer: *Aufrüstung oder Sicherheit*, Wiesbaden 1980. Zum Folgenden ebenfalls wichtig ist W. Deist et al. (Hg.): *Das deutsche Reich und der Zweite Weltkrieg*, Bd. 1: *Ursachen und Voraussetzungen der deutschen Kriegspolitik*, Stuttgart 1979.

72 A. Bullock: *Hitler: A Study in Tyranny*, London 1962; A. Hillgruber: *Germany and the Two World Wars*, Cambridge, Mass. 1981, bes. Kap. 5 und 8; N. Rich: *Hitler's War Aims*, 2 Bde., London 1973/74; G. Weinberg: *The Foreign Policy of Hitler's Germany*, 2 Bde., Chicago 1970 und 1980; und die Literatur in: M. Hauner: »A Racial Revolution?«, *Journal of Contemporary History* 19 (1984), S. 669–687; Calleo: *The German Problem Reconsidered*, S. 85–95; Gruner: *Die deutsche Frage*, S. 145 ff.; A. Kuhn: *Hitlers außenpolitisches Programm*, Stuttgart 1970; E. Jackel: *Hitler's Weltanschauung*, Middletown 1982.

73 Der Ausdruck stammt aus: E. N. Petersen: *The Limits of Hitler's Power*, Princeton 1969; aber siehe auch Craig: *Germany 1860–1945*, Kap. 17; Kershaw: *Nazi Dictatorship*, Kap. 4 und 7; Hildebrand: *Third Reich*, S. 83 ff., 152 ff.; ebenfalls I. Kershaw: *Popular Opinion and Political Dissent in the Third Reich: Bavaria 1933–1945*, Oxford 1983.

74 Murray: *Change in the European Balance of Power*, S. 20 f.; Hillman: »Comparative Strength of the Great Powers«, S. 454.

75 Zitiert in: A. Seaton: *The German Army 1933–1945*, London 1982, S. 55. Siehe auch Craig: *Politics of the Prussian Army*, S. 397 ff.

76 Seaton: *German Army 1933–1945*, Kap. 3–4, behandelt diese halsbrecherische Ausdehnung, wie auch W. Deist: *The Wehrmacht and German Rearmament*, London 1981, Kap. 3 und 6, mit Nachweisen der umfangreichen weiteren Literatur.

77 Für weitere Einzelheiten siehe Deist: *Wehrmacht*, Kap. 4; Overy: *Air War*, S. 21; W. Murray: *Luftwaffe*, Baltimore 1985, Kap. 1; E. L. Homze: *Arming the Luftwaffe*, Lincoln 1976; K.-H. Volker: *Die deutsche Luftwaffe 1933–1939*, Stuttgart 1967.

78 Deist: *Wehrmacht;* S. 81; mit vielen weiteren Einzelheiten in Dülffer: *Weimar, Hitler und die Marine;* und M. Selewski: *Die deutsche Seekriegsleitung 1935–1945*, 3 Bde., Frankfurt 1970–75.

79 R. J. Overy: *The Nazi Economic Recovery 1932–1938*, London 1932, S. 19 ff.

80 Ebenda, S. 28 ff. Die kurze Arbeit von Overy enthält alle Nachweise der weiteren Untersuchungen zur deutschen Wirtschaft unter den Nazis.

81 Deist: *Wehrmacht*, S. 89 ff.; A. S. Milward: *The German Economy at War*, London 1965, S. 17–24.

82 Murray: *Change in the European Balance of Power*, S. 4 ff., ist hier die beste Zusammenfassung; aber siehe auch Hillmann: »Comparative Strength of the Powers«, S. 368 ff.

83 Murray: *Balance of Power*, S. 15.

84 Ebenda, S. 15 f. Siehe auch das bedeutende Kapitel von H.-E. Volkmann: »Die NS-Wirtschaft in Vorbereitung des Krieges«, in: Deist et al.: *Ursachen und Voraussetzungen der deutschen Kriegspolitik*, bes. S. 349 ff.

85 Deist: *Wehrmacht*, S. 90; Seaton: *German Army*, S. 93–96.

86 Angeführt in Murray: *Luftwaffe*, S. 20; ders.: »German Air Power and the

Munich Crisis«, in: Bond und Roy (Hg.): *War and Society*, Bd. 1; Deist: *Wehrmacht*, S. 66–69.

87 B. R. Posen: *The Sources of Military Doctrine: France, Britain and Germany Between the World Wars*, Ithaca 1984; W. Murray: »German Army Doctrine, 1918–1939, and the Post-1945 Theory of Blitzkrieg Strategy«, in: C. Fink et al. (Hg.): *German Nationalism and the European Response 1890–1945*, Chapel Hill 1985, S. 71–94; Dupuy: *Genius for War*, Kap. 15.

88 Murray: *Balance of Power*, S. 150f.; und Volkmann: »Die NS-Wirtschaft in Vorbereitung des Krieges«, S. 323ff. Einzelheiten der Beziehung zwischen Deutschlands wirtschaftlichen Schwierigkeiten und der »Vorwärts«-Politik von Hitler finden sich in: B. A. Carroll: *Design for Total War: Arms and Economics in the Third Reich*, Den Haag 1968; T. W. Mason: »Innere Krise und Angriffskrieg 1938/39« in: Forstmeicr und Volkmann (Hg.): *Wirtschaft und Rüstung am Vorabend des Zweiten Weltkrieges*, S. 158–188; J. Dülffer: »Der Beginn des Krieges 1939«, *Geschichte und Gesellschaft* 2 (1976), S. 443–470.

89 T. W. Mason: »Some Origins of the Second World War«, S. 125, in: E. M. Robertson (Hg.): *The Origins of the Second World War*, London 1971; ders.: »Innere Krise und Angriffskrieg 1938/39«, in: Murray: *Balance of Power*, S. 290ff., zeigt detailliert die Beutezüge der Jahre 1938 und 1939.

90 R. J. Overy: »Hitler's War and the German Economy: A Reinterpretation«, *Economic History Review*, zweite Folge, 35 (1982), S. 272–291, ist hier wichtig.

91 Hillgruber: *Deutschlands Rolle in der Vorgeschichte der beiden Weltkriege*; Deist: *Wehrmacht*, Kap. 7; Murray: *Luftwaffe*, S. 81ff.; M. Hauner: »Did Hitler Want a World Dominion?«, *Journal of Contemporary History*, Bd. 13, S. 15–32; J. Thies: *Architekt der Weltherrschaft: Die »Endziele« Hitlers*, Düsseldorf 1976; und siehe die historiographische Diskussion in: Kershaw: *Nazi Dictatorship*, Kap. 6.

92 Dazu siehe die beiden älteren Werke: A. Wolfers: *Britain and France Between the Wars*, New York 1940; und W. M. Jordan: *Britain, France and the German Problem*, London 1943; sowie auch die Aufsätze in: N. Waites (Hg.): *Troubled Neighbours: Franco-British Relations in the Twentieth Century*, London 1971; und N. Rostow: *Anglo-French Relations 1934–1936*, London 1984.

93 C. Fohlen: »France«, in: Cipolla (Hg.): *Fontana Economic History of Europe*, Bd. 6, Nr. 1, S. 80–86; T. Kemp: *The French Economy 1913–39: The History of a Decline*, New York 1972, Kap. 5–7; G. Ziebura: »Determinanten der Außenpolitik Frankreichs 1932–1939«, in: K. Rohe (Hg.): *Die Westmächte und das Dritte Reich 1933–1939*, Paderborn 1983, S. 136ff. Es finden sich viele Einzelheiten (auch voreingenommene Kommentare) in: A. Sauvy: *Histoire économique de la France entre les deux guerres*, 2 Bde., Paris 1965–67; und größere Ausgewogenheit in: *Histoire économique et sociale de la France*, Bd. 4, Teil 2: *1914–1950*, hg. von F. Braudel und E. Labrousse, Paris 1980.

94 Fohlen: »France«, S. 88.

95 Ebenda, S. 86–91; Landes: *Unbound Prometheus*, S. 388ff.; Kemp: *French Economy 1913–39*, Kap. 8–12 (mit sehr guten Einzelheiten); Caron: *Economic History of Modern France*, S. 258ff.

96 Hierzu die beste Quelle ist R. Frankenstein: *Le Prix du réarmement français*

1935–1939, Paris 1939, für die Ausgabesumme siehe S. 303. Die Summe des nationalen Einkommens ist entnommen A. Adamthwaite: *France and the Coming of the Second World War,* London 1977, S. 164. Siehe auch B. A. Lee: »Strategy, Arms and the Collapse of France 1939–1940«, in: R. T. B. Langhorne (Hg.): *Diplomacy and Intelligence During the Second World War,* Cambridge 1985, S. 63 ff.

97 R. J. Young: *In Command of France: French Foreign Policy and Military Planning 1933–1940,* Cambridge, Mass. 1978, Kap. 1; siehe auch die Aufsätze in: *Les Relations franco-allemandes 1933–1939*, Paris 1976.

98 Frankenstein: *Le Prix du réarmement français,* S. 317; ders.: »The Decline of France, and French Appeasement Policies 1936–9«, in: Mommsen und Kettenacker (Hg.): *Fascist Challenge and the Policy of Appeasement,* S. 238; Overy: *Air War,* S. 21. Die verhältnismäßig großzügige Behandlung der Marine – und die Undankbarkeit dieser Waffengattung – wird detailliert geschildert in: R. Chalmers Hood: *Royal Republicans: The French Naval Dynasties Between the World Wars,* Baton Rouge 1985.

99 Frankenstein: *Le Prix du réarmement français,* S. 319; Murray: *Change in the European Balance of Power,* S. 107 f. Die derzeitige Stärke der Marine wird bewertet in: P. Masson: »La Marine française en 1939–40«, *Revue historique des armées* 4 (1979), S. 57–77.

100 Es soll hier nicht der Versuch unternommen werden, die gesamte Literatur zur französischen Politik und Gesellschaft in den 1930er Jahren und zu deren Haltung zu der »seltsamen Niederlage« von 1940 abzudecken. Wichtige Überblicke finden sich in: J. B. Duroselle: *La Décadence 1932–1939*, Paris 1979; R. Hohne: »Innere Desintegration und äußerer Machtzerfall: Die französische Politik in den Jahren 1933–36«, in: Rohe (Hg.): *Die Westmächte und das Dritte Reich*, S. 157 ff.; H. Dubief: *Le Déclin de la IIIe République 1929–1938,* Paris 1976; J. Joll (Hg.): *The Decline of the Third Republic,* New York 1959. Eine nützliche Zusammenfassung findet sich auch in: J. C. Cairns: »Some Recent Historians and the ›Strange Defeat‹ of 1940«, *Journal of Modern History* 46 (1974), S. 60–85.

101 Für Details siehe A. Horne: *The French Army and Politics 1870–1970,* London 1984, Kap. 3; P. C. F. Bankwitz: *Maxime Weygand and Civil-Military Relations in Modern France,* Cambridge, Mass. 1967; die stärker technischen Details in: Frankenstein: *Le prix du réarmement français,* und H. Dutailly: *Les Problèmes de l'Armée de terre française 1933–1939,* Paris 1980; und siehe die vorsichtigen Kommentare in: R. A. Doughty: »The French Armed Forces, 1918–1940«, in: Millett und Murray (Hg.): *Military Effectiveness,* Bd. 2.

102 Adamthwaite: *France and the Coming of the Second World War,* S. 166; Gorce: *French Army: A Military-Political History,* S. 270 ff.; Young: »French Military Intelligence and Nazi Germany«, in: May (Hg.): *Knowing One's Enemies,* S. 271–309.

103 Posen: *Sources of Military Doctrine,* Kap. 4; Doughty: »French Armed Forces, 1918–1940«; Murray: *Change in the European Balance of Power,* S. 97 ff.; L. Mysyrowicz: *Autopsie d'une Défaite; Origines de l'effondrement militaire français de 1940,* Lausanne 1973. Aber die sorgfältigste Analyse gibt

R. A. Doughty: *The Seeds of Disaster: The Development of French Army Doctrine 1919–1939*, Hamden 1985.

104 Die französische Dipolomatie während dieser kritischen Jahre wird am besten beschrieben in: Adamthwaite: *France and the Coming of the Second World War*; Duroselle: *La Décadence*; und P. Wandycz: *The Twilight of the French Eastern Alliances, 1926–1936* (erscheint bald).

105 Siehe R. Girault: »The Impact of the Economic Situation on the Foreign Policy of France, 1936–9«, in: Mommsen und Kettenacker (Hg.): *Fascist Challenge and the Policy of Appeasement*, S. 209–226.

106 Siehe insbesondere Young: »La Guerre de Longue Durée: Some Reflections on French Strategy and Diplomacy in the 1930s«, in: Preston (Hg.): *General Staffs and Diplomacy Before the Second World War*, S. 41–64; und Posen: *Sources of Military Doctrine*, S. 112 ff., 127 ff. Für vollständige diplomatische Details siehe Adamthwaite: *France and the Coming of the Second World War*, besonders Teil 3; die Beiträge zu *Les Relations Franco-Britanniques 1935–39*, Paris 1975; und Young: *In Command of France*, Kap. 8–9.

107 Neben den Details in den Büchern von Adamthwaite und Young siehe auch Barnett: *Collapse of British Power*; Howard: *Continental Commitment*; und nicht zuletzt J. C. Cairns: »A Nation of Shopkeepers in Search of a Suitable France«, *American Historical Review* 79 (1974), S. 710–743.

108 Zahlen aus: Kennedy: *Realities Behind Diplomacy*, S. 240. Es ist unmöglich, auch nur ein Zehntel der Studien zur britischen »Appeasement«-Politik in den 1930er Jahren aufzulisten, aber es gibt sehr nützliche zusammenfassende Aufsätze in: Mommsen und Kettenacker (Hg.): *Fascist Challenge and the Power of Appeasement*, Kap. 6–13 und 19–25; und reichlich Detail (und eine enorme Bibliographie) in: G. Schmidt: *England in der Krise: Grundzüge und Grundlagen der britischen Appeasement-Politik, 1930–1937*, Opladen 1981.

109 Siehe besonders R. Ovendale: *Appeasement and the English-Speaking World*, Cardiff 1975, sowie sein Kapitel 23 in: Mommsen und Kettenacker (Hg.): *Fascist Challenge*; R. F. Holland: *Britain and the Commonwealth Alliance, 1918–1939*, London 1981.

110 B. Bond: *British Military Policy Between Two World Wars*, Oxford 1980, bes. Kap. 1 u. 4, ist hierzu am besten.

111 R. Meyers: »British Imperial Interests and the Policy of Appeasement«, und W. R. Louis: »The Road to Singapore: British Imperialism in the Far East 1932–1942«, beide in: Mommsen und Kettenacker (Hg.): *Fascist Challenge*; A. J. Marder: *Old Friends, New Enemies: The Royal Navy and the Imperial Japanese Navy*, Oxford 1981; L. R. Pratt: *East of Malta, West of Suez: Britain's Mediterranean Crisis*, London 1975; S. W. Roskill: *Naval Policy Between the Wars*, Bd. 2, London 1976.

112 Kennedy: *British Naval Mastery*, Kap. 10. Für Details politischer Implikationen siehe die abweichenden Einschätzungen in: G. C. Peden: *British Rearmament and the Treasury 1932–1939*, Edinburgh 1979; R. P. Shay: *British Rearmament in the Thirties: Politics and Profits*, Princeton 1977; Barnett: *Collapse of British Power*, Kap. 5; und N. H. Gibbs: *Grand Strategy*, Bd. 1, London 1976.

113 Zur wirtschaftlichen Erholung und neueren Industrien siehe Pollard: *Devel-*

opment of the British Economy, Kap. 3; H. W. Richardson: *Economic Recovery in Britain, 1932–1939*, London 1967; B. W. E. Alford: *Depression and Recovery? British Economic Growth 1918–1939*, London 1972.

114 Zitiert in: Howard: *Continental Commitment*, S. 99. Für vollständigere Details siehe Peden: *British Rearmament and the Treasury*, Kap. 3–4; siehe auch R. Meyers: *Britische Sicherheitspolitik 1934–1938*, Düsseldorf 1976; und Gibbs: *Grand Strategy*, Bd. 1, Kap. 4.

115 Howard: *Continental Commitment*, S. 120f.

116 Details in: U. Bialer: *The Shadow of the Bomber: The Fear of Air Attack and British Politics 1932–1939*, London 1980; M. Smith: *British Air Strategy Between the Wars*, Oxford 1984, bes. Teil 2.

117 Zu diesem Argument siehe besonders Barnett: *Collapse of British Power*, und Murray: *Change in the European Balance of Power.*

118 D. C. Watt: *Too Serious a Business: European Armed Forces and the Approach of the Second World War*, London 1975, ist ein Schlüsselwerk hierzu.

119 Siehe nochmals Dehio: *Precarious Balance.* Für gute Untersuchungen dazu, wie bewußt sich das britische Kabinett über die strategischen Dilemmata des Landes war, siehe Barnett: *Collapse of British Power;* Howard: *The Continental Commitment;* Posen: *Sources of Military Doctrine*, Kap. 5; D. Dilks: »The Unnecessary War? Military Advice and Foreign Policy in Great Britain 1931–1939«, in: Preston (Hg.): *General Staffs and Diplomacy Before the Second World War*, S. 98–132; und G. Schmidts gehaltvoller Aufsatz in: Rohe (Hg.): *Die Westmächte und das Dritte Reich*, S. 29–56.

120 Schmidt, in: Rohe (Hg.): *Die Westmächte*, S. 46ff.; C. A. MacDonald: *United States, Britain and Appeasement 1936–1939.*

121 Schmidt: *England in der Krise*, Kap. 1, ist hierzu am besten; aber siehe auch die obengenannten Werke von Howard, Bond, Barnett, Dilks, Gibbs und Meyers; und die gute Zusammenfassung in: G. Niedhardt: »Appeasement: Die britische Antwort auf die Krise des Weltreichs und des internationalen Systems vor dem Zweiten Weltkrieg«, *Historische Zeitschrift* 226 (1978), S. 68–88.

122 Barnett: *Collapse of British Power;* Murray: *Change in the European Balance of Power;* Kennedy: *Realities Behind Diplomacy*, S. 290ff.; A. Adamthwaite: »The British Government and the Media, 1937–1938«, *Journal of Contemporary History* 18 (1983), S. 281–297.

123 Zitiert in: Barnett: *Collapse of British Power*, S. 564.

124 Hillmann: »Comparative Strength of the Great Powers«, in: Toynbee (Hg.): *World in March 1939*, S. 439, 446.

125 Für mehr Details zu diesem Argument siehe Kennedy: «Strategy versus Finance in Twentieth-Century Britain«, in: *Strategy and Diplomacy*, S. 100–106; und für eine noch stärker deterministische Sicht: Porter: *Britain, Europe and the World*, S. 86ff., 95ff.

126 Zahlen aus: Pollard: *Peaceful Conquest*, S. 294; aber siehe auch Munting: *Economic Development of the USSR*, S. 45ff.; Nove: *Economic History of Russia*, Kap. 6–10; und die interessante Erörterung in: Grossman: »The Industrialization of Russia and the Soviet Union«, in: Cipolla (Hg.): *Fontana Economic History of Europe*, Bd. 4, Teil 2, S. 501ff.

127 S. H. Cohn: *Economic Development in the Soviet Union,* Lexington 1970, S. 70f.; F. D. Holzmann: »Financing Soviet Economic Development«, in: Blackwell (Hg.): *Russian Economic Development from Peter the Great to Stalin,* S. 259–276; Kochan und Abraham: *Making of Modern Russia,* S. 361ff. Siehe auch M. Lewin: *Russian Peasants and Soviet Power,* Evanston 1968.

128 W. A. Lewis: *Economic Survey 1919–1939,* London 1949, S. 131; Nove: *Economic History,* Kap. 7; Munting: *Economic Development of the USSR,* S. 99; H. J. Ellison: »The Decision to Collectivize Agriculture«, in: Blackwell (Hg.): *Russian Economic Development from Peter the Great to Stalin,* S. 241–255.

129 Dazu siehe Munting: *Economic Development of the USSR,* S. 106ff.

130 Nove: *Economic History,* S. 232; Lewis: *Economic Survey,* S. 133; M. McCauley: *The Soviet Union Since 1917,* London 1981, S. 85–87.

131 Munting: *Economic Development of the Soviet Union,* S. 93; Nove: *Economic History,* S. 187ff.; Blackwell: *Industrialization of Russia,* S. 132ff.; Lewis: *Economic Survey,* S. 125.

132 Siehe Hillmann: »Comparative Strength of the Great Powers«, in: Toynbee (Hg.): *World in March 1939,* S. 439, 446; Black et al.: *Modernization of Japan and Russia,* S. 195–197; S. H. Cohn: »The Soviet Economy: Performance and Growth«, in: Blackwell (Hg.): *Russian Economic Development from Peter the Great to Stalin,* S. 321–351.

133 Nove: *Economic History,* S. 236. Für weitere Details siehe Kochan und Abraham: *Making of Modern Russia,* S. 382ff.; R. Conquest: *The Great Terror,* London 1968.

134 Nove: *Economic History,* S. 236.

135 Zahlen aus: Overy: *Air War,* S. 21. Die italienischen Zahlen für die Jahre 1932–1937 (nicht vorhanden in Overy) wurden von meinem Kollegen Brian Sullivan ergänzt, sind jedoch nur grobe Schätzwerte; dasselbe trifft auf die französischen Zahlen für 1932–1934 zu – generell nimmt man 50 pro Monat an – siehe Young: *In Command of France,* S. 164. Verhältnismäßige Vernachlässigung der Marine wird behandelt in: Mitchell: *History of Russia and Soviet Sea Power,* Kap. 17.

136 McNeill: *Pursuit of Power,* S. 350, Fn. 77. Für die folgenden Kommentare zur sowjetischen militärischen Entwicklung allgemein siehe J. Erickson: *The Soviet High Command, 1918–1941,* London 1962; E. F. Ziemke: »The Soviet Armed Forces in the Interwar Period«, in: Millett und Murray (Hg.): *Military Effectiveness,* Bd. 1; B. H. Liddell Hart (Hg.): *The Red Army,* New York, 1956 Kap. 3–9. Russische Verteidigungsausgaben werden erörtert in: Nove: *Economic History,* S. 227f.; und Munting: *Economic Development of the USSR,* S. 114.

137 Ulam: *Expansion and Coexistence,* Kap. 5–6; J. Haslam: *The Soviet Union and the Struggle for Collective Security in Europe 1933–39,* New York 1984; und J. Hochmann: *The Soviet Union and the Failure of Collective Security 1934–1938,* Ithaca 1984, sind hierzu am besten.

138 Hillmann: »Comparative Strength of the Great Powers«, S. 446.

139 M. Mackintosh: »The Red Army 1920–36«, in: Liddell Hart (Hg.): *Red Army,* S. 63.

140 Erickson: *Soviet High Command,* S. 532ff.; K. Dittmar und G. J. Antonov:

»The Red Army in the Finnish War«, in: Liddell Hart (Hg.): *Red Army*, S. 79–92. Vor allem Coox: *Nomonhan*.

141 Ericksons Werke – *The Soviet High Command; The Road to Stalingrad*, Anfangskapitel; und »Threat Identification and Strategic Appraisal by the Soviet Union, 1930–1941«, in: May (Hg.): *Knowing One's Enemies*, S. 375–423 – sind hierzu am besten. Zum diplomatischen Hintergrund siehe W. Carr: *Poland to Pearl Harbor*, London 1985, Kap. 3–4.

142 Zahlen aus: Nove: *Economic History*, S. 228.

143 Zitiert in: Munting: *Economic Development of the USSR*, S. 86; siehe auch Ziemke: »Soviet Armed Forces«, zu den hektischen Vorbereitungen in den Jahren 1939–1941.

144 Rostow: *World Economy*, S. 210.

145 Siehe die hervorragende Analyse in: M. P. Leffler: »Expansionist Impulse and Domestic Constraints, 1921–1932«, in: Becker und Wells (Hg.): *Economics and World Power*, S. 246–248.

146 Hillmann: »Comparative Strenght of the Great Power«, in: Toynbee (Hg.): *World in March 1939*, S. 421 f.

147 Ebenda, S. 422.

148 Leffler: »Expansionist Impulses and Domestic Constraints«, in: Becker und Wells (Hg.): *Economics and World Power*, S. 258.

149 Für einen guten, präzisen Überblick zur amerikanischen Verteidigungspolitik zwischen den Kriegen siehe Millett und Maslowski: *For the Common Defense*, Kap. 12.

150 H. Yardley: *The American Black Chamber*, New York 1931, S. 262 f.

151 Siehe oben: »Die Ordnung der Nachkriegszeit«, Kap. 6.

152 R. M. Hathaway: »Economic Diplomacy in a Time of Crisis«, in: Becker und Wells (Hg.): *Economics and World Power*, S. 277 f.

153 L. Silk: »Protectionist Mood: Mounting Pressure«, *New York Times*, 17. September 1985, S. D1; Robertson: *History of the American Economy*, S. 516 ff.

154 Kindleberger: *World in Depression*, Kap. 12 und S. 280–287.

155 Tabelle aus: Hillman: »Comparative Strength of the Great Powers«, in: Toynbee (Hg.): *World in March 1939*, S. 439.

156 Hathaway: »Economic Diplomacy in a Time of Crisis«, in: Becker und Wells (Hg.): *Economics and World Power*, S. 285.

157 Ebenda, S. 309, 312. Für einen kurzen Überblick siehe Schulzinger: *American Diplomacy in the Twentieth Century*, S. 147 ff.

158 Dies ist gut dargestellt in: MacDonald: *United States, Britain and Appeasement 1936–1939*; und Carr: *Poland to Pearl Harbor*, Kap. 1. Siehe auch D. Reynolds: *Creation of the Anglo-American Alliance 1937–1941*, Kap. 1–2; A. Offner: *American Appeasement. United States Foreign Policy and Germany 1933–1938*, Cambridge, Mass. 1969; und N. Graebner: *America as a World Power*, Wilmington 1984, Kap. 2.

159 Millett und Maslowski: *For the Common Defense*, S. 386 ff.; Mills: *Arms and Men*, S. 237 ff.; J. A. Iseley and P. A. Crowl: *The U.S. Marines and Amphibious War*, Princeton 1945; M. H. Gillie: *Forging the Thunderbolt*, Harrisburg 1947; M. S. Watson: *Chief of Staff: Pre-War Plans and Preparations*, Washington, D. C. 1950; J. Major: »The Navy Plans for War, 1937–1941«, in:

Hagan (Hg.): *In Peace and War,* S. 237ff.; Weighley: *History of the United States Army,* S. 416ff.

160 Robertson: *History of the American Economy,* S. 709ff. Die Statistiken für Stahl stammen aus: Hillman: »Comparative Strength of the Great Powers«, in: Toynbee (Hg.): *World in March 1939,* S. 443 und Fußnote.

161 Zahlen aus: Wright: *Study of War,* S. 672.

162 Zahlen aus: Hillman: »Comparative Strength of the Great Powers«, in: Toynbee (Hg.): *World in March 1939,* S. 446.

163 M. S. Kendrick: *A Century and a Half of Federal Expenditures,* New York 1955, S. 12.

164 Die umfassende Literatur zu Hitlers Sicht der Vereinigten Staaten ist handlich zusammengefaßt in: Herwig: *Politics of Frustration,* S. 179ff. Siehe auch die Kommentare in: Weinberg: *Foreign Policy of Hitler's Germany,* Bde. 1–2; ders.: *World in the Balance,* New Hampshire/London 1981, S. 53–136.

165 Zitiert in: Willmott: *Empires in the Balance,* S. 62; siehe auch Pelz: *Race to Pearl Harbor,* S. 217f., 224.

166 Zitiert in: Thorne: *Limits of Foreign Policy,* S. 90 – ein Buch, das alle vorausgegangenen Studien zur mandschurischen Krise überflüssig macht.

167 Ebenda, S. 148ff., 231ff.

168 Ebenda; Crowley: *Japan's Quest for Autonomy,* S. 161ff.; A. Rappaport: *Henry L. Stimson and Japan, 1931–1933,* Chicago 1963; Schulzinger: *American Diplomacy,* S. 148ff.

169 Crowley: *Japan's Quest for Autonomy,* Kap. 2; Storry: *History of Modern Japan,* S. 186ff.

170 Bennett: *German Rearmament and the West,* ist hierzu am besten.

171 Siehe oben: »Die Herausforderer«, Kap. 6; und Howard: *The Continental Commitment,* Kap. 5. Die 1934 vorgebrachten Argumente für und gegen eine anglo-japanische Einigung werden schön behandelt in: W. R. Louis: »The Road to Singapore: British Imperialism in the Far East 1932–42«, in: Mommsen und Kettenacker (Hg.): *Fascist Challenge and the Policy of Appeasement,* S. 359ff.

172 Ross: *The Great Powers and the Decline of the European States System,* S. 85–87; Ulam: *Expansion and Coexistence,* Kap. 5.

173 Am Ausführlichsten behandelt in: Rostow: *Anglo-French Relations 1934–36,* bes. Kap. 5; aber siehe auch Taylor: *Origins of the Second World War,* Kap. 5; Ross: *Great Powers,* S. 90ff. Das englisch-deutsche Flottenabkommen wird behandelt in: E. Haraszti: *Treaty-Breakers or »Real-Politiker«? The Anglo-German Naval Agreement of June 1935,* Boppard 1974.

174 F. Hardie: *The Abyssinian Crisis,* London 1974; A. J. Marder: »The Royal Navy in the Italo-Ethiopian War 1935–36«, *American Historical Review* 75 (1970), S. 1327–56; R. A. C. Parker: »Great Britain, France and the Ethiopian Crisis 1935–1936«, *English Historical Review* 89 (1974), S. 293–332; Mack Smith: *Mussolini's Roman Empire,* Kap. 5; F. D. Laurens: *France and the Italo-Ethiopian Crisis, 1935–6,* Den Haag 1967; G. Baer: *Test Case: Italy, Ethiopia, and the League of Nations,* Stanford 1976.

175 Pelz: *Road to Pearl Harbor,* Teil 4.

176 Behandelt in: J. T. Emmerson: *The Rhineland Crisis,* London 1977, und E.

Haraszti: *The Invaders: Hitler Occupies the Rhineland*, Budapest 1983. Siehe auch Rostow: *Anglo-French Relations 1934–36*, S. 233 ff.

177 Siehe nochmals Rohe (Hg.): *Die Westmächte und das Dritte Reich.*

178 Ross: *Great Powers*, S. 98; siehe auch MacDonald: *The United States, Great Britain, and Appeasement.*

179 Siehe oben: »Die Herausforderer«.

180 Obwohl der zweite Band der maßgebenden Biographie von D. Dilks noch aussteht, ist die Literatur zu Chamberlain und »Appeasement« bereits enorm. Für Überblicke siehe die jeweiligen Kapitel in: Mommsen und Kettenacker (Hg.): *Fascist Challenge and the Policy of Appeasement;* K. Middlemas: *Diplomacy of Illusion: The British Government and Germany 1937–39*, London 1972; M. Cowling: *The Impact of Hitler: British Politics and British Policies 1933–1940;* Barnett: *Collapse of British Power*, Kap. 5. Ebenfalls sehr wichtig ist M. Gilbert: *Winston Churchill*, Bd. 5, *1922–1939*, London 1976.

181 Die bei weitem umfassendste Analyse ist T. Taylor: *Munich: The Price of Peace*, New York 1979; aber siehe auch A. J. P. Taylor: *Origins of the Second World War*, Kap. 8; Middlemas: *Diplomacy of Illusion*, S. 211 ff.; Weinberg: *Foreign Policy of Hitler's Germany*, Bd. 2, Kap. 10–11; K. Robbins: *Munich, 1938*, London 1968.

182 W. Murray: »Munich, 1938; The Military Confrontation«, *Journal of Strategic Studies* 2 (1979), S. 282–302; Barnett: *Collapse of British Power*, S. 505 ff.; Kennedy: *Realities Behind Diplomacy*, S. 291–293.

183 Die Entfaltung der Ereignisse des Jahres 1939 wird behandelt in: Murray: *Change in the European Balance of Power*, Kap. 8–10; Taylor: *Origins of the Second World War*, Kap. 9–11; S. Aster: *1939: The Making of the Second World War*, London 1973; Weinberg: *Foreign Policy of Hitler's Germany*, Bd. 2, S. 465 ff.; Barnett: *Collapse of British Power*, S. 554 ff.; H. Graml (Hg.): *Sommer 1939: Die Großmächte und der europäische Krieg*, Stuttgart 1979; D. Kaiser: *Economic Diplomacy and the Origins of the Second World War*, S. 263 ff.

184 Für die gesamte strategische Dimension von 1939 bis 1940 siehe Kennedy: *Rise and Fall of British Naval Mastery*, S. 300 ff.; Murray: *Change in the European Balance of Power*, S. 310 ff.; B. H. Liddell Hart: *History of the Second World War*, London 1970, S. 16 ff.; *Grand Strategy*, Bd. 1 (Gibbs) und 2 (Butler).

185 Murray: *Change in the European Balance of Power*, S. 314–321; Pratt: *East of Malta, West of Suez*, Kap. 6; Gibbs: *Grand Strategy*, S. 664 ff.; G. Schreiber et al.: *Der Mittelmeerraum und Südosteuropa*, Bd. 3 von *Das Deutsche Reich und der Zweite Weltkrieg*, Stuttgart 1984, Kap. 1.

186 K. Maier et al.: *Die Errichtung der Hegemonie auf dem europäischen Kontinent*, Bd. 2 von *Das Deutsche Reich und der Zweite Weltkrieg*, Stuttgart 1979; Murray: *Change in the European Balance of Power*, Kap. 10; ders.: *Luftwaffe*, Kap. 2; Overy: *Air War*, S. 26–30; Posen: *Sources of Military Doctrine*, Kap. 3; J. A. Gunsberg: *Divided and Conquered: The French High Command and the Defeat of the West*, 1940, Westport 1979. Für eine gute Analyse der Gründe für die Untätigkeit der Alliierten und den deutschen Ent-

schluß zum Angriff siehe auch J. Mearsheimer: *Conventional Deterrence*, Ithaca 1983, Kap. 3–4.

187 Knox: *Mussolini Unleashed*, ist am besten zu jenen wiederholten italienischen Katastrophen; aber siehe auch Schreiber et al.: *Mittelmeerraum*, Teil 2–3 und 5. Für eine mitfühlendere Schilderung der Schwächen Italiens siehe J. L. Sadkovich: »Minerals, Weapons and Warfare: Italy's Failure in World War II«, angenommen für *Storia contemporanea*.

188 Overy: *Air War*, S. 28; Kennedy: *Rise and Fall of British Naval Mastery*, S. 309.

189 Carr: *Poland to Pearl Harbor*, S. 99ff.; Reynolds: *Creation of the Anglo-American Alliance*, S. 108ff. Siehe auch J. Leutze: *Bargaining for Supremacy: Anglo-American Naval Relations 1937–1941*, Chapel Hill 1977.

190 J. Lukacs: *The Last European War, September 1939/December 1941*, London 1977; H. Baldwin: *The Crucial Years 1939–41*, New York 1976; Carr: *Poland to Pearl Harbor*. Zur deutschen Seite siehe A. Hillgruber: *Hitlers Strategie: Politik und Kriegführung 1940–41*, Frankfurt 1965.

191 Van Creveld: *Supplying War*, Kap. 5; Murray: *Luftwaffe*, Kap. 3–4; Milward: *German Economy at War*, S. 39ff. Für vollständige Details der frühen Feldzüge siehe H. Boog et al.: *Der Angriff auf die Sowjetunion*, Bd. 4 von *Das Deutsche Reich und der Zweite Weltkrieg*, Stuttgart 1983; und A. Clark: *Barbarossa: The Russo-German Conflict 1941–1945*, London 1965, S. 71–216. Zur russischen Seite siehe Erickson: *Road to Stalingrad*; A. Seaton: *The Russo-German War 1941–45*, London 1971.

192 Erickson, S. 237ff.; Carr: *From Poland to Pearl Harbor*, S. 150ff.

193 Willmott: *Empires in the Balance*, S. 68ff., ist hierzu am besten; aber siehe auch J. Morley (Hg.): *The Fateful Choice: Japan's Advance into Southeast Asia, 1939–1941*, New York 1980.

194 Dupuy: *Genius for War*, Appendix E.

Stabilität und Wandel in einer bipolaren Welt, 1943–1980

1 Zitiert in: Spector: *Eagle Against the Sun*, S. 123.

2 Für eine kurze Zusammenfassung siehe Liddell Hart: *History of the Second World War*, S. 230–233; J. Neidpath: *The Singapore Naval Base and the Defense of Britain's Eastern Empire 1919–41*, Oxford 1981, Kap. 8; Barclay: *Empire Is Marching*, Kap. 8–9.

3 Spector: *Eagle Against the Sun*, Kap. 8–12; Liddell Hart: *History of the Second World War*, Kap. 23 und 29.

4 Liddell Hart: *History of the Second World War*, Kap. 20–22 und 25.

5 Ebenda, Kap. 24; S. W. Roskill: *The War at Sea*, 3 Bde., London 1954–1961; F. H. Hinsley et al.: *British Intelligence in the Second World War*, Bd. 2, London, Kap. 26.

6 Bei weitem die beste Übersicht ist Murray: *Luftwaffe*, Kap. 5–7; aber siehe

auch N. Frankland: *The Bomber Offensive Against Germany*, London 1965.

7 Generaloberst Halder: *Kriegstagebuch*, Bd. 3: *Der Rußlandfeldzug bis zum Marsch auf Stalingrad (22.6.1941–24.9.1942)*, Stuttgart 1964, S. 170.

8 Ebenda, S. 334. Viel vollständigere Details finden sich in: Erickson: *Road to Stalingrad*; ders.: *The Road to Berlin*, London 1983; E. F. Ziemke: *Stalingrad to Berlin: The German Defeat in the East 1942–1945*, Washington, D. C. 1968; Clark: *Barbarossa*; und Seaton: *Russo-German War 1941–45*.

9 Erickson: *Road to Stalingrad*, S. 272.

10 Dupuy: *Genius for War*, S. 343.

11 Clark: *Barbarossa*, Kap. 17–18; Erickson: *Road to Berlin*, Kap. 4.

12 Diese Rivalität kommt klar zum Ausdruck in: Clark: *Barbarossa*; und wird detaillierter behandelt in: Milward: *Germany Economy at War*, bes. Kap. 6; und in: Speer: *Erinnerungen*, Berlin 1969, Teil 2–3; Seaton: *Germany Army, 1933–45*, Kap. 9–11; Hildebrand: *Third Reich*, S. 49ff.

13 Kennedy: »Japanese Strategic Decisions, 1939–45«, in: *Strategy and Diplomacy*, S. 181–195; C. G. Reynolds: »Imperial Japan's Continental Strategy«, *U.S. Naval Institute Proceedings*, 109 (1983) S. 65–71; Spector: *Eagle Against the Sun*; und die exzellente Übersicht von A. Coox: »The Effectiveness of the Japanese Military Establishment in World War II«, in: Millett und Murray (Hg.): *Military Effectiveness*, Bd. 3.

14 Willmott: *Empires in the Balance*, S. 89.

15 R. Lewin: *The American Magic: Codes, Cyphers and the Defeat of Japan*, New York 1982, stellt die beste Zusammenfassung dar.

16 Clark: *Barbarossa*, S. 228; Erickson: *Road to Stalingrad*, Kap. 6. Zur sowjetischen Kriegsproduktion siehe Nove: *Economic History of the USSR*, Kap. 10; Munting: *Economic Development of the USSR*, Kap. 5; A. Milward: *War, Economy and Society 1939–1945*, Berkeley 1979, S. 94ff.

17 Siehe Tabelle 34; und Overy: *Air War*, S. 49ff.

18 Erickson: *Road to Berlin*, S. 447. Siehe auch die Zahlen in: Liddell Hart (Hg.): *Red Army*, Kap. 13.

19 Liddell Hart: *History of the Second World War*, S. 559.

20 Siehe: Dupuy: *Genius for War*; M. van Crefeld: *Fighting Power: German and U.S. Army Performance, 1939–1945*, Westport 1982; M. Hastings: *Overlord: D-Day and the Battle for Normandy*, London 1984, S. 14, 370.

21 Ropp: *War in the Modern World*, S. 342. Für Details der japanischen »Überdehnung« siehe Hayashi und Coox: *Kogun*. Allgemeiner siehe das vergleichbare Argument in: A. J. Levine: »Was World War II a Near-Run Thing?«, *Journal of Strategic Studies* 8 (1985), S. 38–63.

22 Zahlen aus: Willmott: *Empires in the Balance*, S. 98.

23 Ropp: *War in the Modern World*, S. 328, der zitiert aus: S. E. Morison: *History of United States Naval Operations*, Bd. 10, *The Atlantic Battle Won*, Boston 1956, S. 64. Weitere Details siehe Roskill: *The War at Sea*, 3 Bde.; Liddell Hart: *History of the Second World War*, Kap. 24; Potter (Hg.): *Sea Power*, Kap. 24; Levine: »Was World War II a Near-Run Thing?«, S. 46ff.

24 Zum Vergleich siehe Kennedy: *Rise and Fall of British Naval Mastery*, S. 309f.; Seaton: *German Army 1933–45*, S. 239 (Seaton hat in diesen Panzer-Summen die Kanonen auf Selbstfahrlafetten einbezogen).

25 Overy: *Air War,* S. 150. Overys Zahlen für die italienische Produktion während der ersten Kriegshälfte sind viel geringer als die in Tabelle XVIII des Artikels von James J. Sadkovich: »Minerals, Weapons and Warfare: Italy's Failure in World War II«, *Storia contemporanea* (erscheint bald).
26 Overy: *Air Wair,* S. 150.
27 Murray: *Luftwaffe,* Kap. 6–7.
28 Siehe Tabellen 30 und 32 oben.
29 Hillman: »Comparative Strength of the Powers«, in: Toynbee (Hg.): *World in March 1939,* S. 439, 446; Wright: *Study of War,* S. 672. Siehe auch R. W. Goldsmith: »The Power of Victory: Munitions Output in World War II«, *Military Affairs* 10 (1946), S. 69–80.
30 Zahlen aus: R. Wagenführ: *Die deutsche Industrie im Kriege 1939–1945,* Berlin 1963, S. 34, 87. Die italienischen Zahlen sind meine eigenen sehr vagen Schätzungen, die auf der Größe seiner Wirtschaft im Vergleich zu der der anderen Mächte basieren. Weitere Vergleiche siehe F. Forstmeier und H. E. Volkmann (Hg.): *Kriegswirtschaft und Rüstung 1939–1945,* Düsseldorf 1977.
31 Milward: *German Economy at War,* S. 72 ff.; Wagenführ: *Die deutsche Industrie im Kriege,* Kap. 3; und für allgemeinere Vergleiche siehe Aldcroft: *European Economy 1914–1980,* S. 124 ff.
32 Spector: *Eagle Against the Sun,* Kap. 23; L. Giovannetti und F. Freed: *The Decision to Drop the Bomb,* London 1967; H. Feis: *The Atomic Bomb and the End of World War II,* Princeton 1966; G. Alperowitz: *Atomic Diplomacy: Hiroshima and Potsdam,* London 1966; M. J. Sherwin: *A World Destroyed: The Atomic Bomb and the Grand Alliance,* New York 1975.
33 Zitiert in: M. Matloff: *Strategic Planning for Coalition Warfare, 1943–1944,* Washington, D. C. 1959, S. 523 f.
34 DePorte: *Europe Between the Superpowers,* Kap. 4.
35 W. Ashworth: *A Short History of the International Economy Since 1850,* London 1975, S. 268. Siehe auch die Zahlen in: Milward: *War, Economy and Society 1939–1945,* S. 63.
36 Rowland (Hg.): *Balance of Power or Hegemony,* S. 220.
37 Ashworth: *Short History of the International Economy Since 1850,* S. 268.
38 Neben den Anfangskapiteln von L. Freedman: *The Evolution of Nuclear Strategy,* London 1981, siehe auch D. A. Rosenberg: »The Origins of Overkill: Nuclear Weapons and American Strategy, 1945–1960«, *International Security* 7 (1983); M. Mandelbaum: *The Nuclear Question: The United States and Nuclear Weapons 1946–1976,* New York 1979.
39 Zahlen aus: W. P. Mako: *U.S. Ground Forces and the Defense of Central Europe,* Washington, D. C. 1983, S. 8.
40 R. Steel: *Pax Americana,* New York 1977, Kap. 2. Zu den Parallelen mit Großbritannien nach 1815 siehe oben S. 240–251; und T. Smith: *The Pattern of Imperialism: The United States, Great Britain and the Late-Industrializing World Since 1815,* Cambridge 1981, S. 182 ff.
41 M. Balfour: *The Adversaries: America, Russia, and the Open World, 1941–62,* London 1981, S. 14.
42 G. Kolko: *The Politics of War 1943–1945,* New York 1968; Becker und Wells (Hg.): *Economics and World Power,* Kap. 6–7; R. Keohane: »State Power and

Industry Influence: American Foreign Oil Policy in the 1940s«, *International Organization* 36 (1982), S. 165–83; A. E. Eckes: *The United States and the Global Struggle for Minerals,* Austin 1979.

43 Balfour: *Adversaries,* S. 15.

44 Dazu siehe R. N. Gardner: *Sterling-Dollar-Diplomacy,* New York 1969.

45 Die Wendung wird gebraucht in: Steel: *Pax Americana,* S. 10.

46 Zitiert aus: R. Dallek: »The Postwar World: Made in the USA«, in: S. J. Ungar (Hg.): *Estrangement: America and the World,* New York 1985, S. 32.

47 Zitiert in: J. W. Spanier: *American Foreign Policy Since World War II,* London 1972, S. 26. Siehe auch R. A. Divine: *Second Chance: The Triumph of Internationalism in America During World War II,* New York 1971.

48 Thorne: *Issue of War,* S. 206. Siehe auch M. P. Lefflers Aufsatz: »The American Conception of National Security and the Beginnings of the Cold War, 1945–48«, *American Historical Review* 89 (1984), S. 349–381; und seine Lehrman-Institut-Arbeit: »Security and Containment Before Kennan: The Identification of American Interests at the End of World War II.«

49 Erickson: *Road to Berlin,* S. ix.

50 G. Hosking: *A History of the Soviet Union,* London 1985, S. 296.

51 Nove: *Economic History of the USSR,* S. 285.

52 Siehe die Zahlen in: Munting: *Economic Development of the USSR,* S. 118.

53 McCauley: *Soviet Union Since 1917,* S. 138. Für weitere Details siehe Nove: *Economic History of the USSR,* S. 140–142.

54 McCauley: *Soviet Union Since 1917,* S. 140–142.

55 Für Details siehe M. A. Evangelista: »Stalin's Postwar Army Reappraised«, *International Security* 7 (1982–83), S. 110–138.

56 Mackintosh: *Juggernaut: A History of the Soviet Armed Forces,* S. 272 f.

57 Ebenda. Siehe auch die relevanten Kapitel in: Liddell Hart (Hg.): *The Red Army,* Teil 2; D. Holloway: *The Soviet Union and the Arms Race,* New Haven 1983, S. 15 ff.; Mitchell: *History of Russian and Soviet Sea Power,* S. 469 ff.

58 Hosking: *History of the Soviet Union,* Kap. 11, ist hierzu am besten. Siehe auch McCauley: *Soviet Union Since 1917,* Kap. 5; Nove: *Economic History,* S. 266 ff.; Ulam: *Expansion and Coexistence,* S. 467 ff.

59 Spanier: *American Foreign Policy Since World War II,* S. 3; G. Challiand und J.-P. Rageau: *Strategic Atlas: A Comparative Geopolitics of the World's Powers,* New York 1985, S. 18 ff.; J. L. Gaddis: *Strategies of Containment,* New York 1982, S. 57 ff.; und die Kommentare in: A. K. Henrikson: »America's Changing Place in the World: From ›Periphery‹ to ›Center‹?«, in: J. Gottman (Hg.): *Center and Periphery,* Beverly Hills 1980, S. 73–100.

60 Ulam: *Expansion and Coexistence,* S. 405.

61 Zitiert in: H. Feis: *Churchill–Roosevelt–Stalin,* Princeton 1967, S. 462.

62 Landes: *Unbound Prometheus,* S. 488, Fn. 1.

63 Allen: *Short Economic History of Modern Japan,* S. 187 ff. und die relevanten Tabellen im Appendix B.

64 Ricossa: »Italy 1920–1970«, in: Cipolla (Hg.): *Fontana Economic History of Europe,* Bd. 6, Teil 1, S. 240.

65 Ebenda, S. 316.

66 Wright: *Ordeal of Total War,* S. 264.

67 Fohlen: »France 1920–1970«, in: Cipolla (Hg.): *Fontana Economic History of Europe*, Bd. 6, Teil 1, S. 92, 109.

69 Ebenda, S. 100.

69 De Gaulles Haltung gegenüber den angelsächsischen Mächten ist herausgearbeitet in: F. Kersaudy: *Churchill and de Gaulle*, London 1981, sowie in de Gaulles *Memoires de Guerre*, 3 Bde., Paris 1954–59. Zur französischen Kolonialpolitik während und nach dem Krieg siehe L. von Albertini: *Decolonization*, New York 1971, S. 358 ff.; und – mit britischen Vergleichen – Smith: *Pattern of Imperialism*, Kap. 3.

70 Barnett: *Collapse of British Power*, S. 587 f.; und mit ähnlichem Tenor: Porter: *Britain, Europe and the World 1850–1982*, S. 111 ff.

71 Zitiert in: Kennedy: *Realities Behind Diplomacy*, S. 318, mit weiteren Details zu Großbritanniens wirtschaftlicher Position. Siehe auch Hobsbawm: *Industry and Empire*, S. 356 ff.; Barnett: *The Audit of War*, London 1986.

72 Das beste davon ist: K. O. Morgan: *Labour in Power 1945–1951*, Oxford 1984, auch die Appendices 3–5. Aber siehe auch die relevanten Kapitel in: K. Harris: *Attlee*, London 1982, und A. Bullock: *Ernest Bevin: Foreign Secretary*, Oxford 1983. Die Wirtschaftspolitik wird ausgeführt in: A. Cairncross: *Years of Recovery: British Economic Policy 1945–51*, London 1985, und zusammengefaßt in: D. H. Aldcroft: *The British Economy*, Bd. 1, London 1986, Kap. 8.

73 Siehe besonders H. M. Sachar: *Europe Leaves the Middle East 1936–1954*, London 1972; W. R. Louis: *The British Empire in the Middle East, 1945–1951*, Oxford 1984; und H. Rahman: »British Post-Second World War Military Planning for the Middle East«, *Journal of Strategic Studies* 5 (1982), S. 511–530, für Details über die steigende Bedeutung der Region. Der ökonomische Wert des Empire nach 1945 wird zusammengefaßt in: Porter: *Lion's Share*, S. 319 ff.

74 Zu dieser Kooperation siehe T. H. Anderson: *The United States, Great Britain and the Cold War, 1944–1947*, Columbia 1981, zu frühen Austauschhandlungen; J. Baylis: *Anglo-American Defense Relations 1939–1980*, London 1981, für eine allgemeine Einschätzung; und Bartlett: *Global Conflict*, S. 269 ff.

75 Siehe die Details in: Bairoch: »Europe's Gross National Product, 1800–1975«, S. 291 f.

76 Siehe Bairoch: »International Industrialization Levels«, S. 304, vgl. S. 296.

77 Die Zahlen für das Bruttosozialprodukt pro Kopf sind entnommen: S. H. Cohn: *Economic Development in the Soviet Union*, Lexington 1970, Appendix C, Tabelle C 1. Um die nationalen Bruttosozialprodukt-Werte zu erhalten, multiplizierte ich mit der Bevölkerungszahl, angegeben im »The Correlates of War«-Datenausdruck.

78 »Correlates of War«-Datenausdruck.

79 Zitate aus: Sherwin: *World Destroyed*, S. 314.

80 Dazu siehe Freedman: *Evolution of Nuclear Strategy*; und die sehr nützliche Übersicht in: A. L. Friedberg: »A History of U.S. Strategic ›Doctrine‹, 1945–1980«, *Journal of Strategic Studies* 3 (1983), S. 40 ff. Zu einigen früh veröffentlichten Beispielen dieser Überlegungen siehe B. Brody: *The Absolute Weapon*, New York 1946; ders.: *Strategy in the Nuclear Age*, Princeton 1959; H. Kahn: *On Thermonuclear War*, Princeton 1960; J. Slessor: *Strategy for the*

West, London 1954; P. M. S. Blackett: *Fear, War, and the Bomb*, New York 1948.

81 Holloway: *Soviet Union and the Arms Race*, Kap. 2; J. Prados: *The Soviet Estimate: U.S. Intelligence Analysis and Russian Military Strength*, New York 1982, S. 17ff.; R. L. Garthoff: *Soviet Strategy in the Nuclear Age*, New York 1958; H. S. Dinerstein: *War and the Soviet Union*, London 1962, besonders Kap. 1–6.

82 Prados: *Soviet Estimate*, S. 17f.; Freedman: *Evolution of Nuclear Strategy*, Kap. 5 und folgende; T. B. Larson: *Soviet-American Rivalry*, New York 1978, S. 178ff.

83 M. Growing: *Independence and Deterrence: Britain and Atomic Energy 1945–1952*, 2 Bde., London 1974, Bd. 1, S. 184. Siehe auch L. Freedman: *Britain and Nuclear Weapons*, London 1980; A. Pierce: *Nuclear Politics: The British Experience with an Independent Strategic Nuclear Force, 1939–1970*, London 1972; und J. Groom: *British Thinking About Nuclear Weapons*, London 1974.

84 Siehe unten: »Das Zersplittern der bipolaren Welt.«; und Freedman: *Evolution of Nuclear Strategy*, Kap. 21; W. Kohl: *French Nuclear Diplomacy*, Princeton 1971, mit erschöpfenderen Verweisen.

85 Dallek: *American Style of Foreign Policy*, S. 130.

86 Ebenda, S. 152.

87 Zitiert in: Balfour: *Adversaries*, S. 71. Zu dem Wandel in der amerikanischen Politik und Meinung siehe auch Anderson: *United States, Great Britain, and the Cold War, 1944–1947*, Kap. 6–7; J. L. Gaddis: *The United States and the Origins of the Cold War, 1941–1947*, New York 1972; und B. R. Kuniholm: *The Origins of the Cold War in the Near East*, Princeton 1980.

88 Dallek: *American Style of Foreign Policy*, S. 170.

89 Ulam: *Expansion and Coexistence*, S. 437.

90 G. Lichtheim: *Europe in The Twentieth Century*, London 1972, S. 351.

91 Balfour: *Adversaries*, S. 8ff.; und für vollständigere Details L. E. Davis: *The Cold War Begins: Soviet-American Conflict over Eastern Europe*, Princeton 1974; Feis: *Churchill–Roosevelt–Stalin*; B. Dovrig: *The Myth of Liberation*, Baltimore 1973; A. Polonsky: *The Great Powers and the Polish Question 1941–1945*, London 1976; V. Rothwell: *Britain and the Cold War 1941–47*, London 1982, bes. Kap. 3; R. Douglas: *From War to Cold War 1942–1948*, London 1981.

92 Ulam: *Expansion and Coexistence*, Kap. 7–9; T. Wolfe: *Soviet Power and Europe 1945–1970*, Baltimore 1970; M. McCauley (Hg.): *Communist Power in Europe, 1944–1949*, London 1977; W. Taubman: *Stalin's American Policy: From Entente to Detente to Cold War*, New York 1982.

93 Eine erschöpfende Bibliographie der immensen Literatur über den Kalten Krieg zu geben, ist unmöglich. Balfour: *Adversaries*; Larson: *Soviet-American Rivalry*; Ulam: *Expansion and Coexistence*; und Bartlett: *Global Conflict*, Kap. 10–11, liefern Übersichten mit Verweisen zur weiteren Literatur. Siehe ebenfalls Anm. 87 oben.

94 Balfour: *Adversaries*, S. 94; M. Balfour und J. Mair: *Four-Power Control in Germany and Austria 1945–1946*, London 1956; Rothwell: *Britain and the*

Cold War, Kap. 6. Siehe auch die sehr wichtige Sammlung von J. Foschepoth (Hg.): *Kalter Krieg und deutsche Frage,* Göttingen 1985, bes. Teil 3.

95 Ein Verweis auf Gaddis' hervorragende Studie: *Strategies of Containment.*

96 Ebenda, S. 30.

97 Ebenda, S. 31.

98 Ebenda, S. 30.

99 Anderson: *United States, Great Britain and the Cold War;* Bullock: *Ernest Bevin: Foreign Secretary,* bes. Kap. 10; Kuniholm: *Origins of the Cold War in the Near East;* Keylor: *Twentieth Century World,* S. 270–271.

100 Neben Ulams Buch siehe auch die Verweise in Fußnote 92 oben; und M. D. Shulman: *Stalin's Foreign Policy Reappraised,* New York 1969; M. Kaser: *Comecon,* London 1967; J. K. Hoensch: *Sowjetische Osteuropa-Politik 1945–1974,* Düsseldorf 1977.

101 Siehe die Verweise in: R. Poidevin: »Die Neuorientierung der französischen Deutschlandpolitik in 1948/9«, in : Foschepoth (Hg.): *Kalter Krieg und deutsche Frage;* J. W. Young: *Britain, France and the Unity of Europe 1945–51,* Leicester 1984, besonders Kap. 5; Douglas: *From War to Cold War,* S. 167 ff.; und zu den britischen Widersprüchen siehe S. Greenwood: »Return to Dunkirk: The Origins of the Anglo-French Treaty of March 1947«, *Journal of Strategic Studies* 6 (1983), S. 49–65.

102 Bullock: *Bevin,* S. 571 ff.; W. P. Davison: *The Berlin Blockade,* Princeton 1958; die relevanten Kapitel in: R. Morgan: *The United States and West Germany 1945–73,* London 1974; J. H. Backer: *Winds of History: The German Years of Lucius DuBignon Clay,* New York 1983, Kap. 10; M. Bell: »Die Blokkade Berlins – Konfrontation der Alliierten in Deutschland«, in: Foschepoth (Hg.): *Kalter Krieg und deutsche Frage,* S. 217 ff.

103 Evangelista: »Stalin's Postwar Army Reconsidered«; W. LaFeber: *America, Russia, and the Cold War 1945–1975,* New York 1976, S. 83 ff.; Lord Ismay: *NATO – the First Five Years, 1949–1954,* Utrecht 1954; Gaddis: *Strategies of Containment,* S. 72 ff.; A. K. Henrikson: »The Creation of the North Atlantic Alliance, 1948–1952«, *Naval War College Review* 32 (1980), S. 4–39; L. S. Kaplan: *The United States and NATO: The Formative Years,* Lexington 1984.

104 Dazu siehe A. Grosser: *West Germany from Defeat to Rearmament,* London 1955; R. McGeehan: *The German Rearmament Question,* Urbana 1971; D. Lerner und R. Aron: *France Defeats EDC,* New York 1957; DePorte: *Europe Between the Superpowers,* S. 158 ff.; und T. Schwartz: »The Case of German Rearmament: Alliance Crisis in the ›Golden Age‹«, *Fletcher Forum* (1984), S. 295–309.

105 Bartlett: *Global Conflict,* S. 312.

106 Ulam: *Expansion and Coexistence,* S. 544 ff.; D. J. Dallin: *Soviet Foreign Policy After Stalin,* Philadelphia 1961; R. A. Remington: *The Warsaw Pact,* Cambridge, Mass. 1971.

107 Dazu siehe nochmals Kolko: *Politics of War;* und Thorne: *Issue of War.*

108 Kolko: *Politics of War,* S. 298 ff.; Kuniholm: *Origins of the Cold War in the Near East;* Louis: *British Empire in the Middle East,* S. 53 ff.

109 Ulam: *Expansion and Coexistence,* S. 428; und siehe auch Anderson: *United States, Great Britain and the Cold War,* S. 103 ff.

110 Zitiert in: Bartlett: *Global Conflict,* S. 261 (meine Hervorhebung); und siehe nochmals die Werke von Anderson, Louis und Kuniholm oben.

111 Griml: *Decolonization,* S. 183 ff. stellt eine gute Zusammenfassung dar; siehe auch Kiernan: *European Empires from Conquest to Collapse,* S. 210 ff.; Holland: *European Decolonization 1918–1981,* S. 86 ff.

112 M. Heald und L. S. Kaplan: *Culture and Diplomacy: The American Experience,* Westport 1977, Kap. 5 und 8; P. A. Varg: *Missionaries, Chinese, and Diplomats ... 1890–1952,* Princeton 1952; A. Iriye: *Across the Pacific,* New York 1967; und spezieller: B. W. Tuchman: *Stilwell and the American Experience in China,* New York 1971; H. Feis: *The China Tangle,* Princeton 1953; N. B. Tucker: *Patterns in the Dust: Chinese-American Relations and the Recognition Controversy 1949–50,* New York 1983.

113 M. Schaller: *The American Occupation of Japan: The Origins of the Cold War in Asia,* New York 1985, das die US-Politik gegenüber Japan in einen viel breiteren Kontext Ostasiens und des Kalten Krieges setzt; und W. S. Borden: *The Pacific Alliance,* Madison 1984.

114 Zitiert in: Schaller: *American Occupation of Japan,* S. 232; siehe auch Smith: *The Pattern of Imperialism,* S. 193–194. Die amerikanische Politik in dieser Region wird gut behandelt, in: W. W. Stueck: *The Road to Confrontation,* Chapel Hill 1981; R. M. Blum: *Drawing the Line: The Origin of American Containment Policy in East Asia,* New York 1982; B. Cumings: *The Origins of the Korean War,* Princeton 1981; N. Yonosuke und A. Iriye (Hg.): *The Origins of the Cold War in Asia,* New York 1977. Siehe auch R. Dingman: »Strategic Planning and the Policy Process: American Plans for War in East Asia, 1945–50«, *Naval War College Review* 32 (1979), S. 4–21.

115 Eine präzise Darstellung des Korea-Kriegs findet sich in: Millett und Maslowski: *For the Common Defense,* S. 484 ff.; und noch mehr Detail in: D. Rees: *Korea: The Limited War,* New York 1966; F. H. Heller (Hg.): *The Korean War: A 25-Year Perspective,* Kansas 1977.

116 N. A. Graebner: *America as a World Power,* Wilmington 1984, Kap. 7, »Global Containment: The Truman Years«; Tucker: *Patterns in the Dust;* D. Borg und W. Heinrichs (Hg.): *Uncertain Years: Chinese-American Relations, 1947–50,* New York 1980; Schaller: *American Occupation of Japan,* Kap. 11–15; E. M. Irving: *The First Indochina War: French and American Policy, 1945–1954,* London 1975.

117 Eine härtere Sicht zeigt Gaddis: *Strategies of Containment,* Kap. 5–6. Siehe auch den durchdachten Aufsatz von R. Jervis: »The Impact of the Korean War on the Cold War«, *Journal of Conflict Resolution* 24 (1980), S. 563–592.

118 »Correlates of War«-Datenausdruck.

119 Siehe auch die Graphik in: R. W. DeGrasse: *Military Expansion, Economic Decline,* Armonk 1983, S. 119.

120 Holloway: *Soviet Union and the Arms Race,* S. 43, 115 ff. Es ist natürlich unmöglich, zuverlässige Zahlen für die sowjetischen Ausgaben zu erhalten, und der »explizite« Anteil der Verteidigungsausgaben am Budget ist viel zu niedrig; siehe F. D. Holzman: *Financial Checks on Soviet Defense Expenditures,* Lexington 1975.

121 Zitiert in : Gaddis: *Strategies of Containment,* S. 100. Siehe auch S. F. Wells:

»Sounding the Tocsin: NSC-68 and the Soviet Threat«, *International Security* 4 (1979) S. 116–138; und Paul Nitzes Erwiderung: »The Development of NSC-68«, *International Security* (1980), S. 159–169; Paul Y. Hammond: »NSC-68: Prologue to Rearmament«, in: W. R. Schilling et al.: *Strategy, Politics, and Defense Budgets*, New York 1962, S. 267–378.

122 Siehe Bartlett: *Global Conflict*, S. 303 ff.; und die Details zur Aufstockung der NATO in: Ismay: *NATO*; T. P. Ireland: *Creating the Entangling Alliance*, London 1981; und Kaplan: *United States and NATO*, S. 143 ff.

123 Mackintosh: *Juggernaut*, S. 292 ff.; die verschiedenen Aufsätze in: Liddell Hart (Hg.): *Red Army*, Teil 2; Wolfe: *Soviet Power and Europe*; A. Lee: *The Soviet Air Force*, London 1961; R. Kilmarx: *A History of Soviet Air Power*, London 1962.

124 Reynolds: *Command of the Sea*, S. 530–543; Kennedy: *Rise and Fall of British Naval Mastery*, Kap. 11.

125 Reynolds: a. a. O., S. 545 ff.; Hagan (Hg.): *In Peace and War: Interpretations of American Naval History 1775–1978*, Kap. 15–16; Potter (Hg.): *Sea Power*, Kap. 31–32; J. Woods (Pseud.): »The Royal Navy Since World War II«, *U. S. Naval Institute Proceedings* 108 (1982), S. 82 ff.

126 Mitchell: *History of Russian and Soviet Sea Power*, Kap. 21–22, behandelt den Aufbau nach 1945. Siehe auch N. Polmar: *Soviet Naval Developments*, 1982, 4. Aufl., Annapolis 1981, S. 3–13; R. W. Herrick: *Soviet Naval Strategy*, Annapolis 1968; L. L. Whetton: »The Mediterranean Threat«, *Survival* 8 (1980), S. 252–258; G. Jukes: »The Indian Ocean in Soviet Naval Policy«, *Adelphi Papers* 87 (1972). Sehr wichtig in diesem Zusammenhang sind die Werke von M. McGwire: *Soviet Naval Developments*, New York 1973, *Soviet Naval Policy*, New York 1975, und *Soviet Naval Influence*, New York 1977, zusammengefaßt in: ders.: »The Rationale for the Development of Soviet Seapower«, in: J. Baylis und G. Segal (Hg.): *Soviet Strategy*, London 1981, S. 210 ff.

127 Dazu siehe G. Herken: *The Winning Weapon: The Atomic Bomb in the Cold War 1945–1950*, New York 1980; Freedman: *Evolution of Nuclear Strategy*, S. 38 ff.; aber siehe auch H. R. Borowski: *A Hollow Threat: Strategic Air Power and Containment before Korea*, Westport 1982. Für Implikationen und Vergleiche M. Mandelbaum: *The Nuclear Revolution: International Politics Before and After Hiroshima*, New York 1981.

128 Prados: *Soviet Estimate*, Kap. 4, ist hierzu am besten.

129 Gaddis: *Strategies of Containment*, Kap. 4–5, liefert den übergreifenden Zusammenhang. Siehe auch D. A. Rosenberg: »American Atomic Strategy and the Hydrogen Bomb Decision«, *Journal of American History* 66 (1979), S. 62–87; ders.: »›A Smoking Radiating Ruin at the End of Two Hours‹: Documents on American Plans for Nuclear War with the Soviet Union, 1954–55«, *International Security* 6 (1981–82), S. 3–38; Freedman: *Evolution of Nuclear Strategy*, Kap. 6; Weigley: *The American Way of War*, Kap. 17.

130 Prados: *Soviet Estimate*, Kap. 5–8; auch E. Bottome: *The Missile Gap*, Rutherford 1971.

131 Freedman: *Evolution of Nuclear Strategy*, S. 175 ff.; Friedberg: »A History of the U. S. Strategic ›Doctrine‹, 1945 to 1980«, S. 41 ff. Ebenfalls sehr hilfreich

ist John Gaddis: »The Origins of Self-Deterrence: The United States and the Non-Use of Nuclear Weapons, 1945–1958« (Ms.). Die strategischen Denker werden erörtert in: G. Herken: *Counsels of War*, New York 1985, und F. Kaplan: *The Wizards of Armageddon*, New York 1983.

132 R. V. Daniels: *Russia: The Roots of Confrontation*, Cambridge, Mass. 1985, S. 234; McCauley: *The Soviet Union Since 1917*, S. 155 ff.; Ulam: *Expansion and Coexistence*, Kap. 9–10.

133 Steele: *Pax Americana*, S. 9; und detaillierter R. E. Osgood: *NATO: The Entangling Alliance*, Chicago 1962; DePorte: *Europe Between the Superpowers*, S. 115 ff.; Kaplan: *United States and NATO*.

134 Steele: *Pax Americana*, S. 134. Siehe auch R. Aron: *The Imperial Republic*, London 1975; D. Horowitz: *The Free World Colossus*, New York 1971; Schulzinger: *American Diplomacy in the Twentieth Century*, Kap. 11–12.

135 Keylor: *Twentieth-Century World*, S. 375; J. L. Gaddis: »The Strategic Perspective: The Rise and Fall of the ›Defensive Perimeter‹ Concept«, in: Borg und Heinrichs (Hg.): *Uncertain Years*, S. 61–118; und – mit einigen sehr guten Zitaten – Schaller: *The American Occupation of Japan*, S. 279 ff.

136 Zitiert in: Woodruff: *America's Impact on the World*, S. 65.

137 Ulam: *Expansion and Coexistence*, S. 539 ff.; McCauley: *Soviet Union Since 1917*, S. 198 ff.; Daniels: *Russia: The Roots of Confrontation*, S. 333 ff.

138 Die Literatur zu diesem Thema ist überwältigend. Zu den wichtigeren Studien zählen: G. Jukes: *The Soviet Union in Asia*, Berkeley 1973; H. D. Cohn: *Soviet Policy Toward Black Africa*, New York 1972; R. H. Donaldson: *Soviet Policy Toward India*, Cambridge, Mass. 1974; R. Kanet (Hg.): *The Soviet Union and the Developing Nations*, Baltimore 1974; E. Taborsky: *Communist Penetration of the Third World*, New York 1963.

139 P. Lyon: »The Emergence of the Third World«, in: H. Bull und A. Watson (Hg.): *The Expansion of International Society*, Oxford 1984, S. 229 ff., sowie andere Aufsätze in Abschnitt 3; Barraclough: *Introduction to Contemporary History*, Kap. 6; R. Emerson: *From Empire to Nation: The Rise to Self-Assertion of Asian and African Peoples*, Cambridge, Mass. 1962.

140 Lyon: a. a. O., S. 229; ders.: *Neutralism*, Leicester 1963; G. H. Jansen: *Afro-Asia and Non-Alignment*, London 1966.

141 Neben den Werken in Fußnote 139 oben siehe auch L. S. Stavrianos: *Global Rift: The Third World Comes of Age*, New York 1981; R. A. Mortimer: *The Third World Coalition in International Politics*, New York 1980; R. L. Rothstein: *The Weak in the World of the Strong: The Developing Countries in the International System*, New York 1977; ders.: *The Third World and U. S. Foreign Policy*, Boulder 1981.

142 Balfour: *Adversaries*, S. 157 ff.; Ulam: *Expansion and Coexistence*, S. 461 ff.; D. Rusinov: *The Yugoslav Experiment, 1948–1974*, London 1977; Lyon: »Emergence of the Third World«.

143 McCauley: *Soviet Union Since 1917*, S. 204. Allgemeiner siehe Verweise in Fußnote 138 oben, und R. C. Horn: *The Soviet Union and India: The Limits of Influence*, New York 1981; R. H. Donaldson (Hg.): *The Soviet Union in the Third World: Successes and Failures*, Boulder 1981; M. H. Haykal: *The Sphinx and the Commissar: The Rise and Fall of Soviet Influence in the*

Middle East, London 1978; K. Dawisha: *Soviet Foreign Policy Towards Egypt*, London 1979.

144 McCauley: *Soviet Union since 1917*, S. 210; Donaldson (Hg.): *Soviet Union in the Third World: Successes and Failures;* A. Dawisha und K. Dawisha (Hg.): *The Soviet Union in the Middle East*, New York 1982.

145 »Correlates of War«-Datenausdruck, der für Zahlen der frühen 1970er Jahre zuverlässiger ist als *Military Balance* (siehe folgende Anmerkung).

146 *The Military Balance 1974–75*, London 1974, S. 7, 10; S. 19, 22.

147 H. Pemsel: *Atlas of Naval Warfare*, London 1977, S. 159.

148 *Military Balance 1974–75*, S. 75–77; zu China, S. 48 f.

149 Siehe die Verweise in Anm. 126 oben.

150 Zu den sowjetisch-amerikanischen Beziehungen in den 1970er Jahren siehe Keylor: *Twentieth-Century World*, S. 364 ff., 405 ff.; Schulzinger: *American Diplomacy in the Twentieth Century*, S. 299 ff.; S. Hoffman: *Primacy or World Order*, New York 1978; Lawson: *Soviet-American Rivalry*; McCauley: *Soviet Union since 1917*, S. 238 ff.; Daniels: *Russia: Roots of Confrontation*, S. 321 ff.; und die vollständige Bibliographie auf S. 394–396. Siehe auch R. L. Garthoff: *Détente and Confrontation: American-Soviet Relations from Nixon to Reagan*, Washington, D. C. 1985, mit enormem Detailreichtum.

151 Keylor: a. a. O., S. 371.

152 Zu dem Folgenden siehe R. C. Thornton: *The Bear and the Dragon*, New York 1972; R. C. North: *Moscow and the Chinese Communists*, Stanford 1953; R. R. Simmons: *The Strained Alliance*, New York 1975; G. Ginsburgs und C. F. Pinkele: *The Sino-Soviet Territorial Dispute, 1949–64*, New York 1978; D. Floyd: *Mao Against Krushchev*, New York 1964; A. D. Low: *The Sino-Soviet Dispute*, Rutherford 1976, und eine gute kurze Zusammenfassung in: Bartlett: *Global Conflict*, S. 325 ff.

153 Ulam: *Expansion and Coexistence*, S. 693; O. E. Clubb: *China and Russia: The »Great Game«*, New York 1971, enthält mehr Details als J. Camilleri: *Chinese Foreign Policy: The Maoist Era and Its Aftermath*, Seattle 1980.

154 Keylor: *Twentieth-Century World*, S. 398.

155 H. Kissinger: *The White-House Years*, Boston 1979, S. 172 ff.; und die bedeutende Analyse in : D. L. Strode: »Arms Control and Sino-Soviet Relations«, *Orbis* 28 (1984), S. 163–188.

156 Gaddis: *Strategies of Containment*, S. 210, Fußnote.

157 W. E. Griffith (Hg.): *Communism in Europe: Continuity, Change and the Sino-Soviet Dispute*, 2 Bde., Cambridge, Mass. 1964–66; J. G. Whelan: *World Communism, 1967–1969: Soviet Attempts to Reestablish Control*, Library of Congress, Legislative Reference Service, Washington, D. C. 1970; Z. Brzezinski: *The Soviet Bloc: Unity and Conflict*, Cambridge, Mass. 1967.

158 Siehe die schöne kurze Übersicht von C. Bell: »China and the International Order«, in: Bull und Watson (Hg.): *Expansion of International Society*, Kap. 17; detaillierter in: M. B. Yahuda: *China's Role in World Affairs*, New York 1978.

159 Zitiert in: W. L. Kohl: *French Nuclear Diplomacy*, Princeton 1971, S. 103. Siehe auch W. Mendl: *Deterrence and Persuasion: French Nuclear Armament in the Context of National Policy, 1945–1969*, London 1970; M. M. Harri-

son: *Reluctant Ally: France and Atlantic Security*, Baltimore 1981; und bes. E. Kolodziej: *French International Policy Under de Gaulle and Pompidou: The Politics of Grandeur*, Ithaca 1974.

160 Kolodziej: *French International Policy;* A. Grosser: *The Western Alliance: European-American Relations since 1945*, London 1980, S. 183 ff., 209 ff.

161 Siehe unten: »Die Verschiebung der wirtschaftlichen Kräfteverhältnisse«.

162 Eine kurze Übersicht über de Gaulles Politik geben dePorte: *Europe Between the Superpowers*, S. 229 ff.; und Keylor: *Twentieth-Century World*, S. 346 ff.

163 Bairoch: »International Industrialization Levels«, S. 304.

164 Keylor: *Twentieth-Century World*, S. 354 ff., 408 ff.; A. Bronke und D. Novak (Hg.): *The Communist States in the Era of Detente, 1971–1977*, Oakville 1979; R. L. Tokes: *Euro-Communism and Détente*, New York 1978; G. B. Ginsburgs und A. Z. Rubinstein (Hg.): *Soviet Foreign Policy Towards Western Europe*, New York 1978; L. L. Whetten: *Germany's Ostpolitik*, London 1971; und W. E. Griffith: *The Ostpolitik of the Federal Republic of Germany*, Cambridge, Mass. 1978, behandeln die deutschen Aspekte.

165 H. Salisbury: *The Coming War Between Russia and China*, London 1969.

166 Einige dieser Befürchtungen werden in: E. Morton und G. Segal (Hg.): *Soviet Strategy Toward Western Europe*, London 1984, erörtert.

167 Bartlett: *Global Conflict*, S. 355. Siehe auch G. Segal: *The Great Power Triangle*, London 1982; R. Sutter: *China Watch: Toward Sino-American Reconciliation*, Baltimore 1978; und die Aufsätze in : R. H. Solomon (Hg.): *The China Factor: Sino-American Relations and the Global Scene*, New York 1981, und G. Segal (Hg.): *The China Factor: Peking and the Superpowers*, London 1982, bes. B. Garrett: »The United States and the Great Power Triangle«, S. 76–104.

168 Gaddis: *Strategies of Containment*, S. 249–250, 259.

169 A. Kendrick: *The Wound Within: America in the Vietnam Years, 1945–1974*, Boston 1974; T. Powers: *The War at Home: Vietnam and the American People, 1964–1968*, New York 1973; F. Fitzgerald: *Fire in the Lake: The Vietnamese and the Americans in Vietnam*, Boston 1972; W. O'Neill: *Coming Apart*, New York 1971; R. J. Lifton: *Home from the War: Vietnam Veterans*, New York 1973; L. Baskir und P. Strauss: *Chance and Circumstance: The War, The Draft, and the Vietnam Generation*, New York 1978; und G. Kolko: *Vietnam: Anatomy of a War, 1940–1975*, New York 1986, sind einige der Flut von guten Büchern zu diesen Themen.

170 Auch die Literatur zur amerikanischen Kriegsstrategie und -führung ist bereits überwältigend. Millet und Maslowski: *For the Common Defense*, Kap. 17, stellt eine gute Zusammenfassung dar. H. G. Summers: *On Strategy: A Critical Analysis of the Vietnam War*, New York 1972, untersucht den Krieg durch die Clausewitzsche Brille. B. Palmer: *The 25-Year War: America's Military Role in Vietnam*, New York 1984, bes. Teil 2: »Assessment«; S. Karnow: *Vietnam: A History*, New York 1984; G. C. Herring: *America's Longest War: The United States and Vietnam, 1950–1975*, New York 1979, sind alle wichtig.

171 Zahlen aus: Gaddis: *Strategies of Containment*, S. 359; siehe auch Millett und Maslowski: *For the Common Defense*, S. 565 ff.

172 Siehe nochmals Ungar (Hg.): *Estrangement: America and the World;* aber besonders G. Hodgson: »Disorder Within, Disorder Without.«

173 Dies kann man unter anderem an den Titeln vieler amerikanischer Studien zum internationalen System und der Stellung der Vereinigten Staaten erkennen. Neben Ungar (Hg.): *Estrangement,* siehe auch K. A. Oye et al. (Hg.): *Eagle Entangled: U. S. Foreign Policy in a Complex World,* New York 1979; R. D. Keohane: *After Hegemony,* Princeton 1974; J. Kwitny: *Endless Enemies,* New York 1984; und das wichtige frühere Werk von S. Hoffman: *Gulliver's Troubles,* New York 1968.

174 Gaddis: *Strategies of Containment,* S. 275. Siehe nochmals die Verweise in Anm. 167 oben und den sehr nützlichen Überblick in: Garthoff: *Détente and Confrontation,* S. 24 ff.

175 Gaddis: S. 179. Siehe auch Kissingers *White House Years;* und H. Starr: *Henry Kissinger: Perceptions of International Politics,* Lexington 1982. Dallek: *American Style of Foreign Policy,* Kap. 9, ist viel kritischer.

176 Gaddis: S. 284, 297.

177 Vergleiche Kennan: *Decline of Bismarck's European Order,* mit Kissinger: »The White Revolutionary: Reflections on Bismarck«, *Daedelus,* 97 (1968), S. 888–924.

178 Gaddis: *Strategies of Containment,* S. 280–282; und zwei schöne detaillierte Studien: C. Bell: *The Diplomacy of Détente: The Kissinger Era,* New York 1977; und R. S. Litwak: *Détente and the Nixon Doctrine: American Foreign Policy and the Pursuit of Stability, 1969–1975,* Cambridge 1984.

179 Neben den (oft widersprüchlichen) Memoiren Carters, seines Außenministers Vance, und seines nationalen Sicherheitsberaters Brzezinski, siehe die Abhandlung in: Garthoff: *Détente and Confrontation,* S. 563 ff.; und, viel knapper, Ambrose: *Rise to Globalism,* Kap. 15; Schulzinger: *American Diplomacy,* S. 316 ff.; und John Gaddis' abschließende Gedanken im »Epilog« zu *Strategies of Containment.* Vor allem siehe G. Smith: *Morality, Reason and Power: American Diplomacy in the Carter Years,* New York 1986, bes. S. 241 ff.

180 B Rubin: *Paved with Good Intentions: The United States and Iran,* New York 1980; G. Sick: *All Fall Down: America's Tragic Encounter with Iran,* New York 1985; und Smith: Kap. 9, sind hierzu am besten.

181 Garthoff: *Détente and Confrontation,* Kap. 26–27, ist hierzu am besten.

182 Siehe unter anderem J. S. Gansler: *The Defense Industry,* Cambridge, Mass. 1980; J. Fallows: *National Defense,* New York 1981, besonders Kap. 3; R. W. DeGrasse: *Military Expansion, Economic Decline,* Armonk 1983; J. Coates und M. Kilian: *Heavy Losses,* New York 1985.

183 Siehe die beißenden Kommentare in: Schulzinger: *American Diplomacy,* S. 339 ff.; S. Talbott: *Deadly Gambits: The Reagan Administration and the Stalemate in Nuclear Arms Control,* New York 1984, mit aufschlußreichen Details; Haigs Memoiren: *Caveat,* New York 1984; E. Luttwak: *The Pentagon and the Art of War,* New York 1985.

184 Ulam: *Dangerous Relations: The Soviet Union in World Politics 1970–1982,* New York 1983, S. 39.

185 D. Holloway: *The Soviet Union and the Arms Race,* New Haven 1984,

S. 134 ff.; und eine eher technische Analyse gibt A. Bergson: »Technological Progress«, in : Bergson und H. S. Levine (Hg.): *The Soviet Economy: Toward the Year 2000*, London 1983, S. 34–78.

186 Garthoff: *Détente and Confrontation*, S. 887 ff. ist hierzu hervorragend. Siehe auch H. S. Bradsher: *Afghanistan and the Soviet Union*, Durham 1983; und T. T. Hammond: *Red Flag over Afghanistan*, Boulder 1984.

187 Garthoff: S. 982 ff. Siehe auch die in Anm. 167 oben zitierten Werke, sowie B. Garrett: »China Policy and the Constraints of Triangular Logic«, in: K. A. Oye et al. (Hg.): *Eagle Defiant: United States Foreign Policy in the 1980s*, Boston 1983, bes. S. 245 ff.

188 Gaddis: *Strategies of Containment*, S. 280 (meine Hervorhebung).

189 Am kritischsten ist dies natürlich bei *russischen* Daten: siehe F. D. Holzmann: »Soviet Military Spending: Assessing the Numbers Game«, *International Security* 6 (1982), S. 78–101, eine gute Einführung zu diesem Thema.

190 Bairoch: »International Industrialization Levels«, S. 276.

191 Rostow: *World Economy*, S. 662. (Der Hauptunterschied besteht darin, daß Rostow als Grundwert 1913 = 100 verwendet, während Bairoch 1900 wählt.)

192 Bairoch: »International Industrialization Levels«, S. 273.

193 Ebenda, S. 276.

194 Aus: Rostow: *World Economy*, S. 669.

195 Ashworth: *Short History of the International Economy*, S. 287–288.

196 Ebenda, S. 289; und die detailliertere Erörterung in: Bairoch: *The Economic Development of the Third World Since 1900*, Berkeley 1975.

197 Foreman-Peck: *History of the World Economy*, S. 376.

198 Bairoch: »International Industrialization Levels«, S. 304.

199 Siehe die Tabelle in: Oye et al. (Hg.): *Eagle Defiant*, S. 8.

200 G. Blackburn: *The West and the World Since 1945*, New York 1985, S. 96; und Bairoch: *Economic Development*, mit einer guten Bibliographie auf S. 250–252.

201 R. Rosecrance: *The Rise of the Trading State*, New York 1985, bes. Kap. 7; und M. Smith et al.: *Asia's New Industrial World*, New York 1985.

202 Siehe Schaller: *American Occupation of Japan*, S. 289.

203 Vielleicht die wichtigste Studie hierzu ist E. F. Vogel: *Japan as Number One: Lessons for America*, New York 1980.

204 Smith et al., S. 18; C. Johnson: *MITI and the Japanese Miracle*, Stanford 1982.

205 Vogel: *Japan as Number One*, S. 9–10 (meine Hervorhebung). Allen: *A Short Economic History of Modern Japan*, Teil 2, ist hierzu sehr wertvoll. Die Kraftfahrzeug-Statistiken stammen aus: *The Economist*, 2. November 1985, S. 111.

206 Die meisten Arbeiten über China nach 1945 scheinen sich eher auf Mao oder kulturelle/ideologische Fragen konzentriert zu haben, als auf die Außenpolitik: dazu jedoch Bell: »China and the International Order«, in: Bull und Watson (Hg.): *The Expansion of International Society*, S. 255–267; H. Harding (Hg.): *China's Foreign Relations in the 1980s*, New Haven 1984, bes. Kap. 1 u. 5–6; A. D. Barnett: *China and the Major Powers in East Asia*, Washington, D. C. 1977; M. Yahuda: *China's Role in World Affairs*, New York 1978;

P. van Ness: *Revolution and Chinese Foreign Policy,* Berkeley 1971; und R. H. Solomon (Hg.): *The China Factor: Sino-American Relations and the Global Scene,* Englewood Cliffs 1981, mit einigen sehr nützlichen Kapiteln.
207 Bairoch: »International Industrialization Levels«, S. 299, 302.
208 Rostow: *World Economy,* S. 525 ff.; und D. H. Perkins (Hg.): *China's Modern Economy in Historical Perspective,* Stanford 1975.
209 Blackburn: *West and the World Since 1945,* S. 77.
210 Ebenda; und Bairoch: *Economic Development of the Third World,* S. 188 ff., 201 ff., der die Aufmerksamkeit, die die Chinesen der Landwirtschaft schenkten, lobend kommentiert.
211 »Correlates of War«-Datenausdruck für 1980.
212 Bairoch: »International Industrialization Levels«, S. 304.
213 D. H. Perkins: »Thc International Consequences of China's Economic Development«, in: Solomon (Hg.): *China Factor,* S. 114–136, ist wichtig hierzu.
214 Einige der europäischen Dilemmata werden besprochen in: DePorte: *Europe Between the Superpowers;* J. R. Wegs: *Europe Since 1945,* New York 1984, bes. Kap. 8–15; S. Holt: *The Common Market: The Conflict of Theory and Practice,* London 1967.
215 Aldcroft: *European Economy 1914–1980,* S. 161.
216 Ebenda; s. auch Landes: *Unbound Prometheus,* Kap. 7; Pollard: *Peaceful Conquest,* Kap. 9; Maddison: »Economic Policy and Performance in Europe 1913–1970«, in: Cipolla (Hg.): *Fontana Economic History of Europe,* Bd. 5, Teil 2, S. 476 ff. Zur frühen Phase gibt es detaillierte Studien: M. M. Postan: *An Economic History of Western Europe, 1945–1964,* London 1967; und A. S. Milward: *The Reconstruction of Western Europe, 1945–1951,* London 1984.
217 Aldcroft: *European Economy,* S. 161 f.
218 Oye et al. (Hg.): *Eagle Defiant,* S. 8 und Anmerkungen in Tabelle 1-1.
219 Zu diesem Argument siehe nochmals Pollard: *Peaceful Conquest.*
220 Ebenda, S. 305.
221 Ebenda, S. 171.
222 Aldcroft: *European Economy,* S. 161.
223 Siehe die Daten in: Wegs: *Europe Since 1945,* Kap. 9; A. S. Deaton: »The Structure of Demand 1920–1970«, in: Cipolla (Hg.): *Fontana Economic History of Europe,* Bd. 5, Teil 1.
224 Ricossa: »Italy, 1920–1970«, in: Cipolla (Hg.): *Fontana Economic History of Europe,* Bd. 6, Teil 1, S. 290 ff.; G. Scimone: »The Italian Miracle«, in: J. Hennessy et al.: *Economic »Miracles«,* London 1964; G. H. Hildebrandt: *Growth and Structure in the Economy of Modern Italy,* Cambridge, Mass. 1965.
225 Siehe oben, »Die neue strategische Landschaft«.
226 Porter: *Britain, Europe and the World,* Kap. 5; Kennedy: *Realities behind Diplomacy,* Kap. 7–8.
227 Die Literatur zu Großbritanniens relativem ökonomischen Abstieg nach 1945 ist enorm. Siehe u. a. Gamble: *Britain in Decline;* Kirby: *Decline of British Economic Power Since 1870,* Kap. 5; F. Blackaby (Hg.): *De-industrialization,* London 1979; W. Beckerman (Hg.): *Slow Growth in Britain: Causes and Consequences,* Oxford 1979; J. Eatwell: *Wathever Happened to Britain?,* London 1982.

228 Bairoch: »International Industrialization Levels«, S. 303.
229 Wegs: *Europe Since 1945*, S. 161. Die Zahlen zur Welt-Industrieproduktion sind von Bairoch, die zu den Anteilen am Welthandel aus: Kirby: *Decline*, S. 149, Tabelle 15.
230 V. Berghahn: *Unternehmer und Politik in der Bundesrepublik*, Frankfurt 1985; K. Hardach: *The Political Economy of Germany in the Twentieth Century*, Berkeley 1980, S. 140 ff.
231 Vollständigere Details siehe Hardach: *Political Economy of Germany*, S. 178 ff.; L. Erhards zufriedenes Resümee: *Deutsche Wirtschaftspolitik*, Düsseldorf 1962; Hardach: »Germany 1914–1970«, in: Cipolla (Hg.): *Fontana Economic History of Europe*, Bd. 6, Teil 1, S. 217 ff.; Landes: *Unbound Prometheus*, S. 502 ff., 531 ff.; Balfour: *Adversaries*, S. 122 ff.
232 Hardach: »Germany 1914–1970«, in: Cipolla (Hg.): *Fontana Economic History of Europe*, Bd. 6, Teil 1, S. 221.
233 Wegs: *Europe Since 1945*, S. 161.
234 Die diplomatischen und Sicherheitsinteressen der Bundesrepublik sowie die Haltung anderer Mächte ihr gegenüber werden untersucht in : DePorte: *Europe Between the Superpowers*, S. 1180 ff.; C. M. Kelleher: *Germany and the Politics of Nuclear Weapons*, New York 1975; W. F. Hanrieden: *West German Foreign Policy 1949–1963*, Stanford 1967; Willis: *France, Germany and the New Europe;* Calleo: *The German Problem Reconsidered*, S. 161 ff.; P. Windsor: *German Reunification*, London 1969; Kaiser: *German Foreign Policy in Transition*; Gruner: *Die deutsche Frage*, S. 176 ff.
235 Bairoch: »International Industrialization Levels«, S. 302.
236 Fohlen: »France 1920–1970«, in: Cipolla (Hg.): *Fontana Economic History of Europe*, Bd. 6, Teil 1, S. 100 ff.; E. Malinraud: *La Croissance française*, Paris 1972; M. Parodi: *L'économie et la société française de 1945 à 1970*, Paris 1971; Garon: *Economic History of Modern France*, S. 182 ff.; R. F. Kuisel: *Capitalism and the State in Modern France*, Cambridge 1981, Kap. 7–9; und Kindleberger: »The Postwar Resurgence of the French Economy«, in: S. Hoffman (Hg.): *In Search of France*, Cambridge, Mass. 1963.
237 Siehe nochmals Kolodziej: *French International Policy Under de Gaulle and Pompidou: The Politics of Grandeur.*
238 Siehe die Statistik in: CIA: *Handbook of Economic Statistics*, 1984, S. 16 ff.
239 Siehe zum Beispiel Hosking: *History of the Soviet Union*, Appendix C, S. 483; Munting: *Economic Development of the USSR*, S. 133; Nove: *Economic History of the USSR*, S. 340, 387; J. P. Nettl: *The Soviet Achievement*, London 1967, Kap. 6.
240 Munting: a. a. O., S. 133.
241 Die Probleme der sowjetischen Landwirtschaft haben in der Fachliteratur breite Aufmerksamkeit gefunden; siehe insbesondere die nützlichen Aufsätze 4 und 5 in: Bergson und Levine (Hg.): *Soviet Economy: Toward the Year 2000;* D. M. Schooner: »Soviet Agricultural Policies«, in: *Soviet Economy in a Time of Change*, Washington, D. C. 1979 (Arbeitspapier, Joint Economic Committee, U. S.-Kongreß), S. 87–115; und Munting: *Economic Development of the USSR*, S. 142 ff., 160 ff.
242 CIA: *Handbook of Economic Statistics*, 1984, S. 27.

243 Cipolla (Hg.): *Fontana Economic History of Europe*, Bd. 5, Teil 2, S. 476 ff., und Bd. 6, Teil 2, S. 593 ff.; N. Spulber: *The State and Economic Development in Eastern Europe*, New York 1966; Kaser: *Comecon*; und eine hervorragende Zusammenfassung in: Aldcroft: *European Economy 1914–1980*, Kap. 6.

244 Nove: *Economic History*, S. 330 ff., 363 ff.; Bergson und Levine (Hg.): *Soviet Economy: Toward the Year 2000*, S. 148.

245 Details in: M. I. Goldman: *The Enigma of Soviet Petroleum*, London/Boston 1980, der eine rosigere Zukunftsvision für die russische Ölproduktion gibt als der CIA, das Problem der Verschwendung jedoch erkennt.

246 Vieles hierzu wird nochmals im letzten Kapitel erörtert werden, siehe jedoch Bergson und Levine (Hg.): *Soviet Economy: Toward the Year 2000*, bes. S. 402 ff.; H. S. Rowen: »Living with a Sick Bear«, *National Interest* 2 (1985–86), S. 14–26; M. I. Goldman: *USSR in Crisis: The Failure of an Economic System*, New York 1983; P. Dibb: *The Soviet Union: The Incomplete Super-Power*, London 1985, Kap. 3; T. J. Colton: *The Dilemma of Reform in the Soviet Union*, New York 1984. Zu den osteuropäischen Problemen siehe die »Cracks in the Soviet-Empire?«-Ausgabe von *International Security* 6 (1981–82).

247 Bairoch: »International Industrialization Levels«, S. 304.

248 Siehe Tabelle 43 unten; und CIA: *Handbook of Economic Statistics, 1984*, S. 4 – das (da es mit U. S. Dollar rechnet) vermutlich die Zahlen für 1987 deutlich geändert haben wird, da die amerikanische Währung an Wert verloren hat.

249 Balfour: *Adversaries*, S. 204.

250 Ebenda, S. 193.

251 L. Thurow: »America Among Equals«, in: Ungar (Hg.): *Estrangement*, S. 159–178; ders.: *The Zero-Sum Society*, New York 1980, bes. Kap. 1 u. 4; DeGrasse: *Military Expansion, Economic Decline*, bes. Kap. 2.

252 Siehe besonders Grosser: *Western Alliance*, S. 217 ff.; J. J. Servan-Schreiber: *The American Challenge*, Harmondsworth 1969, bes. Teil 2; R. Barnet: *Global Reach*, New York 1974; S. Rolfe: *The International Corporation*, Paris 1969; sowie Woodruff: *America's Impact on the World*, Kap. 4.

253 Becker und Wells (Hg.): *Economics and World Power*, Kap. 7–8; D. Calleo: *The Imperious Economy*, Cambridge, Mass. 1982; J. Gowa: *Closing the Gold Window: Domestic Politics and the End of Bretton Woods*, Ithaca 1983; G. Epstein: »The Triple Debt Crisis«, *World Policy Journal* 2 (1985), S. 628 ff.; *Economist*, 5. Oktober 1985, »Monetary Reform«-Teil, S. 11.

254 Thurow: »America Among Equals«, in: Ungar (Hg.): *Estrangement*, S. 163.

255 Ders.: *Zero-Sum Society*, S. 3 f. (Die Zahlen für die Vereinigten Staaten sahen zur Zeit des Dollar-Anstiegs, 1983–1985, besser aus und verschlechterten sich dann wiederum mit dem Niedergang der Währung nach 1985.)

256 Calleo: »Since 1961: American Power in a New World«, in: Becker und Wells (Hg.): *Economic and World Power*, S. 391–393.

257 Oye et al. (Hg.): *Eagle Defiant*, S. 8 (mit einer Anmerkung zu den benutzten Quellen).

258 Die Zahlen für die Bevölkerung und das Bruttosozialprodukt pro Kopf habe ich Chaliand und Gageau: *Strategic Atlas*, S. 214–220, entnommen, der sich

auf die Publikation der Weltbank: *Report on World Development, 1982*, bezieht. Die Summe des Bruttosozialprodukts ist meine Errechnung.

259 Perkins' Einschätzung in: Solomon (Hg.): *China Factor*, S. 118 f., folgend, daß Chinas Bruttosozialprodukt pro Kopf im Jahre 1979 eher zwischen $ 400 und $ 500 lag als bei den $ 266 des offiziellen Umtauschwerts, habe ich für 1980 eine Berechnung vorgenommen, die auf $ 450 pro Kopf basiert.

260 W. I. Lenin: *Der Imperialismus als höchstes Stadium des Kapitalismus*, Frankfurt 1971, S. 128 f.

In das 21. Jahrhundert

1 Keylor: *Twentieth-Century World*, S. 405.

2 Die klassische These hierzu ist die von E. H. Carr: *What is History?*, Harmondsworth 1964, Kap. 1: »The Historian and his Facts«; aber siehe auch D. Thomson: *The Aims of History*, London 1969, Kap. 4.

3 Siehe u. a. Gilpin: *War and Change in World Politics;* G. Modelski: »The Long Cycle of Global Politics and the Nation State«, *Comparative Studies in Society and History* 20 (1978), S. 214–235; Rasler und Thompson: »Global Wars, Public Debts, and the Long Cycle«; McNeill: *Pursuit of Power;* Rosecrance: *Action and Reaction in World Politics.*

4. Wie in dem bekannten Zitat aus: *Herrn Eugen Dührings Umwälzung der Wissenschaft*, Stuttgart 1894, S. 155.

5 Die Politikwissenschafts-Literatur hierzu ist überwältigend. Als Auswahl siehe M. Wight: *Power Politics*, Harmondsworth 1979; K. Waltz: *Man, the State and War*, New York 1959; H. Bull: *The Anarchical Society*, New York 1977.

6 Siehe zum Beispiel P. F. Drucker: »The Changed World Economy«, *Foreign Affairs* 64 (1986), S. 768–791 – ein bemerkenswerter Artikel. Siehe auch die Zahlen, die angegeben sind in: »Beyond Factory Robots«, *Economist*, 5. Juli 1986, S. 61.

7 Drucker: »Changed World Economy«, S. 771 f.; »China and India«, *Economist*, 21. Dezember 1985, S. 66 f.

8 Wiederum ist die Literatur zu diesem Thema immens. Gute allgemeine Einführungen sind S. B. Linder: *The Pacific Century*, Stanford 1986; J. W. Morley (Hg.): *The Pacific Basin*, New York 1986; M. Smith et al.: *Asia's New Industrial World*, London 1985; K. E. Calder: »The Making of a Trans-Pacific Economy«, *World Policy Journal* 2 (1985), S. 593–623.

9 Linder: *Pacific Century*, S. 13 f.

10 Ebenda, S. 6, 15.

11 P. Drysdale: »The Pacific Basin and its Economic Vitality«, in: Morley (Hg.): *The Pacific Basin*, S. 11.

12 Mathias: *First Industrial Nation*, S. 44.

13 M. Kaldor: *The Baroque Arsenal*, London 1982, S. 18. Weitere Beispiele – aus einer recht andersgearteten Quelle – siehe F. Cooper: »Affordable Defense: In Search of a Strategy«, *Journal of the Royal United Services Institute for De-*

fense Studies 130 (1985), S. 4. Ebenfalls sehr hilfreich ist die Sonderstudie »Defense Technology«, *Economist*, 21. Mai 1983.

14 Das zentrale Werk hierzu (von einem in der Rüstungsindustrie tätigen Experten) ist J. S. Gansler: *The Defense Industry*, Cambridge 1980.

15 Dazu siehe McNeill: *Pursuit of Power;* und Kaldor: *Baroque Arsenal.*

16 *The Military Balance 1985–86,* S. 170–173; und die SIPRI (Stockholm International Peace Research Institute)-Veröffentlichung *The Arms Race and Arms Control*, London 1982, besonders Kap. 2–3.

17 L. Brown et al.: *State of the World, 1986,* New York 1986, S. 196.

18 »Exzessiv« ist natürlich ein starker Begriff; denn wenn sich ein Land unter akutem Druck äußerer Feinde fühlt (z. B. Israel), erscheint es unangemessen, diesen Begriff zu verwenden. Andererseits deutet die historische Dokumentation darauf hin, daß, wenn eine bestimmte Nation *langfristig* mehr als 10 Prozent (und in manchen Fällen – wenn sie strukturell schwach ist – mehr als 5 Prozent) ihres Bruttosozialprodukts für die Rüstung verwendet, dies wahrscheinlich ihre Wachstumsrate einschränkt.

19 Einige Beispiele dafür siehe Cipolla (Hg.): *Economic Decline of Empires;* Kennedy: *Strategy and Diplomacy,* Kap. 3; F. Lewis: »Military Spending Questioned«, *New York Times*, 11. November 1986, S. D1, D5.

20 Berichtet in: »The Elusive Boom in Productivity«, *New York Times,* 8. April 1984, Wirtschaftsteil, S. 1, 26. Siehe auch »Richer Than You«, *Economist*, 25. Oktober 1986, S. 13 f.

21 Siehe T. Fingar (Hg.): *China's Quest for Independence*, Boulder 1980; G. Segal und W. Tow (Hg.): *Chinese Defense Policy*, London 1984; Chaliand und Rageau: *Strategic Atlas*, S. 143; und die wichtigen Aufsätze in: R. H. Solomon (Hg.): *The China Factor: Sino-American Relations and the Global Scene*, Englewood Cliffs 1981; und J. Camilleri: *Chinese Foreign Policy: The Maoist Era and Its Aftermath*, Seattle 1980.

22 G. Segal: *Defending China*, London 1985; behandelt detailliert den Niedergang der chinesischen Kampfeffektivität; siehe auch H. W. Jencks: *From Missiles to Muskets: Politics and Professionalism in the Chinese Army 1945–1981*, Boulder 1982.

23 Siehe D. H. Perkins: »The International Consequences of China's Economic Development«, in: Solomon (Hg.): *China Factor,* S. 118.

24 Siehe den wichtigen Artikel »A New Long March in China«, *Economist*, 25. Januar 1986, S. 29–31; J. T. Dreyer: »China's Military Modernization«, *Orbis* 27 (1984), S. 1011–1026; *Military Balance 1985–1986,* S. 111–115; M. Y. M. Kan: »Deng's Quest for Military Modernization and National Security«, in: *Mainland China's Modernization: Its Prospects and Problems*, Berkeley 1982, S. 227–244.

25 Dreyer: »China's Military Modernization«, S. 1017.

26 Ebenda, S. 1016. Siehe auch J. D. Pollack: »China as a Nuclear Power«, in: W. H. Overholt (Hg.): *Asia's Nuclear Future*, Boulder 1977.

27 Zur kurzen Übersicht über diese Schwächen siehe nochmals Dreyer: »China's Military Modernization«, S. 1017 ff. Zur Entwicklung der U-Boot-Flotte siehe *New York Times*, 1. April 1986, S. C1, C3.

28 »As China Grows Strong«, *Economist*, 25. Januar 1986, S. 11; und bes. G. Se-

gal: »Defense Culture and Sino-Soviet Relations«, *Journal of Strategic Studies* 8 (1985), S. 180–198, mit vollständigeren Verweisen.

29 B. Reynolds: »China in the International Economy«, in: H. Harding (Hg.): *China's Foreign Relations in the 1980s*, New Haven 1984, S. 75.

30 D. H. Perkins: »The International Consequences of China's Economic Development«, in: Solomon (Hg.): *China Factor*, S. 115 f.; und für mehr Detail Perkins (Hg.): *China's Modern Economy in Historical Perspective*, Stanford 1975; und A. D. Barnett: *China's Economy in Global Perspective*, Washington, D. C. 1981.

31 *New York Times*, 27. März 1986, S. A14; Rostow: *World Economy*, S. 532 ff.

32 Perkins: »International Consequences«, in: Solomon (Hg.): *China Factor*, S. 128.

33 Reynolds: »China in the International Economy«, in: Harding (Hg.): *China's Foreign Relations in the 1980s*, S. 87.

34 Zitiert in: Brown et al.: *State of the World*, 1986, S. 19; und siehe auch: »China and India: Two Billion People Discover the Joys of the Market«, *Economist*, 21. Dezember 1985, S. 66 f.

35 »China and India«, und siehe die erstaunlichen Augenzeugendetails des jüngsten Wandels in: O. Schell: *To Get Rich is Glorious: China in the 80s*, New York 1985.

36 *New York Times*, 27. März 1986, S. A14; und allgemeiner: K. Lieberthal: »Domestic Politics and Foreign Policy«, in: Harding (Hg.): *China's Foreign Relations in the 1980s*, S. 58 ff. Siehe auch den CIA-Bericht »China: Economic Performance in 1985«, Washington, D. C. 1986; und schließlich den äußerst intelligenten Artikel von A. D. Barnett: »Ten Years After Mao«, *Foreign Affairs* 65 (1986), S. 37–65.

37 Siehe wiederum den wichtigen Artikel »China and India«, *Economist*, 21. Dezember 1985, S. 65–70, bes. S. 68; und *Ramses*, 1982, *The State of the World Economy*, Cambridge, Mass. 1982, S. 286–367.

38 Perkins: »International Consequences«, S. 130 f.

39 *Military Balance 1985–86*, S. 112; Perkins: »The International Consequences ...«, in: Solomon (Hg.): *China Factor*, S. 132.

40 Siehe die Tabelle in: Brown et al.: *State of the World, 1986*, S. 207.

41 Perkins: »International Consequences«, in: Solomon (Hg.): *China Factor*, S. 132 f.; *Economist*, 25. Januar 1986, S. 29.

42 Perkins: »International Consequences«, in: Solomon (Hg.): *China Factor*, S. 120.

43 Diese Projektion geht davon aus, daß »die vier größten Wirtschaftsmächte in Westeuropa von 1985–2000 in demselben Maße wachsen wie von 1970–82« (Die Zeitschrift gibt zu, daß dies zu pessimistisch sein könnte): »China and India«, S. 69.

44 *Ramses*, 1982, S. 285; die Zahlen in: Morley (Hg.): *Pacific Basin*, S. 13; Reynolds: »China in the International Economy«, S. 73 f. Zum Vergleich siehe nochmals Rosecrance: *Rise of the Trading State*.

45 Siehe nochmals Segal: »Defense Culture and Sino-Soviet Relations«.

46 Aber man beachte R. Taylor: *The Sino-Japanese Axis*, New York 1985.

47 »Russia and China«, *Economist*, 29. März 1986, S. 34 f. Dies macht es jedoch

nicht automatisch zum Mitglied einer »Vereinigten Anti-Sowjetischen Front«, wie C. D. McFetridge argumentiert: »Some Implications of China's Emergence as a Great Power«, *Journal of the Royal United Services Institute for Defense Studies* 128 (1983), S. 43.

48 Dazu siehe J. G. Stoessinger: *Nations in Darkness: China, Russia and America*, New York 1978 (Hg.); Solomon (Hg.); *China Factor;* Segal (Hg.): *China Factor*; und Harding (Hg.): *China's Foreign Relations in the 1980s*, bes. Kap. 6.

49 Pollack: »China and the Global Strategic Balance«, in: Harding (Hg.): *China's Foreign Relations in the 1980s*, S. 173 f.

50 »A New Long March in China«, *Economist*, 25. Januar 1986, S. 31.

51 Zu dieser Politik siehe besonders E. A. Olsen: *U. S.-Japan Strategic Reciprocity: A Neo-Internationalist View*, Stanford 1985; die Bemerkungen zu Japan in: R. A. Scalapino: »China and Northeast Asia«, in: Solomon (Hg.): *China Factor*, S. 193 ff.; Scalapino (Hg.): *The Foreign Policy of Modern Japan*, Berkeley 1977; T. J. Pempel: »Japanese Foreign Economic Policy«, Kap. 5 in: P. J. Katzenstein (Hg.): *Between Power und Plenty: Foreign Economic Policies of Advanced Industrial States*, Madison 1978.

52 Dies ist wahrscheinlich am schlüssigsten argumentiert in: Vogel: *Japan as Number One;* aber siehe auch seinen Artikel »Pax Nipponica?«, *Foreign Affairs* 64 (1986), S. 752–767; und H. Kahn: *The Emerging Japanese Superstate*, London, 1971. Zum gegenteiligen Argument siehe »High Technology: Clash of the Titans«, *Economist*, 23. August 1986, S. 318 ff., der die Vorteile der USA herausstellt.

53 Siehe nochmals Smith et al.: *Asia's New Industrial World;* und Linder: *Pacific Century*.

54 Zu dem folgenden siehe Linder: *Pacific Century*, S. 107 ff.; E. Wilkinson: *Misunderstanding: Europe versus Japan*, Tokyo 1981; »Is It Too Late to Stop the Slide to Protectionism?« *Times* (London), 14. Januar 1982, S. 15; Olsen: *U. S.-Japan Strategic Reciprocity*, Kap. 4.

55 »Japan Frets About Tomorrow«, *New York Times*, 30. April 1986, S. D1-D2.

56 »Obstacles to Change in Japan«, *New York Times*, 29. April 1986, S. D1.

57 Siehe die Zahlen in dem *CIA Handbook of Economic Statistics, 1984*, S. 50–54; den wöchentlichen *Economist*-Index der Rohstoffpreise; und Drucker: »Changed World Economy«.

58 Siehe die hilfreiche Zusammenfassung in: R. B. Reich: »Japan in the Chips«, *New York Review of Books*, 5. Juli 1985; und »Silicon Valley Has a Big Chip About Japan«, *Economist*, 20. März 1986, S. 63 f.

59 »Big Japanese Gain in Computers Seen«, *New York Times*, 13. Februar 1984, S. A1, A19; »Will Japan Leapfrog America on Superfast Computers?«, *Economist*, 6. März 1982, S. 95.

60 »Japan Sets Next Target«, *Sunday Times* (London), 29. November 1981.

61 »Westinghouse/Mitsubishi«, *Economist*, 6. Februar 1982, S. 65.

62 R. B. Reich: »A Faustian Bargain with the Japanese«, *New York Times*, 6. April 1986, Wirtschaftsteil, S. 2; »Japanese All Set for Take-off«, *Times* (London), 11. November 1981; Smith et al.: *Asia's New Industrial World*, S. 21–24.

63 Das Zitat ist aus: Vogel: »Pax Nipponica«, S. 753. Allgemeiner siehe »Japanese Technology«, *Times* (London), 14. Juni 1983, »Special Report«, S. i-viii. Die er-

folgreichere japanische Nutzung der Roboter-Technologie ist dargestellt in: B. J. Feder: »New Challenge in Automation«, *New York Times*, 30. Oktober 1986, S. D2.

64 »Reconsider Japan«, *Economist*, 26. April 1986, S. 19–22; aber siehe nochmals Johnson: *MITI and the Japanese Miracle*; Vogel: *Japan as Number One*, S. 70ff.

65 Vogel: »Pax Nipponica«, S. 754.

66 Siehe die Tabellen in *Economist*, 9. Juli 1983, »Japan Survey«-Teil, S. 7; und Pempel: »Japanese Foreign Economic Policy«; S. 171f.

67 *Economist*, 26. April 1986, S. 22; Vogel: »Pax Nipponica«, S. 753; ders.: *Japan as Number One*, Kap. 7; Smith et al.: *Asia's New Industrial World*, S. 13ff.

68 Zum Beispiel: S. Kamata: *Japan in the Passing Lane*, New York 1984; J. Taylor: *Shadows of the Rising Sun: A Critical View of the »Japanese Miracle«*, New York 1984; »There Can be Clouds Too«, *Economist*, 9. Juli 1983, »Japan Survey«.

69 D. Halberstam: »Can We Rise to the Japanese Challenge?«, *Parade*, 9. Oktober 1983, S. 4f.; und der noch alarmierendere Artikel von T. H. White: »The Danger from Japan«, *New York Times Magazine*, 28. Juli 1985.

70 »The New Global Top Banker: Tokyo and Its Mighty Money«, *New York Times*, 27. April 1986, S. 1, 16.

71 F. Marsh: *Japanese Overseas Investment*, Economist Intelligence Unit, London 1983; *Times* (London) 22. April 1983.

72 Zu diesen Zahlen und Voraussagen siehe: »Japan Investing Enormous Sums of Cash Abroad«, *New York Times*, 11. März 1986, S. A1, D12; »The New Global Top Banker«, *New York Times*, 27. April 1986, S. 1, 16.

73 »Japan's Investment Bankers Head for the Big Wide World«, *Economist*, 19. April 1986, S. 91–94; D. Burstein: »When the Yen Leaves the Sky It May Capture the Earth«, *New York Times*, 3. September 1986, S. A27.

74 »New Global Top Banker«, S. 1.

75 Siehe die Tabelle in: Linder: *Pacific Century*, S. 12, zitiert aus der *Japan in the Year 2000*-Studie.

76 Siehe CIA: *Handbook of Economic Statistics, 1984*, S. 33, Fußnote unten.

77 »The Yen Also Rises«, *New York Times*, 5. März 1986, S. D2.

78 Siehe nochmals die sehr sachdienliche Studie von Olsen: *U. S.-Japan Strategic Reciprocity*.

79 Siehe die Zahlen in: *Military Balance 1985–86*, S. 170–172.

80 Olsen: *U.S.-Japan Strategic Reciprocity*; Z. Brzezinski: »Japan Should Increase Spending for Defense«, *New Haven Register*, 16. August 1985, »Forum«, S. 15.

81 Ein gutes Gespür für die japanische Anti-Kriegs-Bewegung beweist Storry: *History of Modern Japan*, Kap. 11. Siehe auch *Economist*, 16. August 1985, S. 21f.

82 Olsen: *U.S.-Japan Strategic Reciprocity*, S. 149.

83 Siehe die Diskussion in: Reynolds: »China in the International Economy«, in: Harding (Hg.): *China's Foreign Relations in the 1980s*, Kap. 3 (und bes. S. 86, woher das Zitat stammt); Scalapino: »China and Northeast Asia«, in: Solomon (Hg.): *China Factor*, bes. S. 193ff. Auf der anderen Seite siehe Taylor: *Sino-Japanese Axis*.

84 Scalapino: »China and Northeast Asia«, S. 200. Siehe auch die Kommentare zur japanischen Außenpolitik in: »Japan Survey«, *Economist*, 7. Dezember 1985, S. 10ff.

85 Siehe nochmals Gruner: *Die deutsche Frage*, bes. Kap. 4.

86 Ich entnehme diese Summen *The Military Balance 1985–86*, S. 40–43, 46–54.

87 CIA: *Handbook of Economic Statistics, 1984*, S. 37.

88 Die Zahlen zur Arbeitslosigkeit wurden entnommen aus: *The Economist Diary, 1984*, S. 44. Zu den steigenden Sozialausgaben siehe den OECD-Bericht vom März 1985, *Social Expenditures 1960–1990*.

89 Zitiert in: Linder: *Pacific Century*, S. 108.

90 Siehe die Rezension: »Down to Earth: A Survey of the West German Economy«, *Economist*, 4. Februar 1984.

91 Calleo: *German Problem Reconsidered*, und Gruner: *Die Deutsche Frage* sind hierzu am besten; aber siehe auch DePorte: *Europe Between the Superpowers*, S. 180ff.

92 W. Gruner: »Der Deutsche Bund – Modell für eine Zwischenlösung?«, *Politik und Kultur* 9 (1982).

93 P. Dibb: *The Soviet Union: The Incomplete Superpower*, London 1986, S. 43f.

94 Die Literatur zur europäischen Verteidigung und ihren Atomwaffen ist enorm. Ich habe mich gestützt auf: A. J. Pierre (Hg.): *Nuclear Weapons in Europe*, New York 1984; auf die Debatte, die hervorgerufen wurde von M. Bundy et al.: »Nuclear Weapons and the Atlantic Alliance«, *Foreign Affairs* 6 (Frühjahr 1982), S. 753–768; und von *Strengthening Conventional Deterrence in Europe: Proposals for the 1980s*, New York 1983; J. D. Steinbrunner und L. V. Segal (Hg.): *Alliance Security: NATO and the No-First-Use Question*, Washington, D. C. 1983; G. Prins (Hg.): *The Nuclear Crisis Reader*, New York 1984.

95 *Military Balance 1985–86*, S. 49.

96 »West German Defense: Early Warnings«, *Economist*, 29. Juni 1985, S. 46.

97 Siehe nochmals die gute Erörterung in: Calleo: *German Problem Reconsidered*, Kap. 8–9; und J. Dean: »Directions in Inner-German Relations«, *Orbis* 29 (1985), S. 609–632; und G. F. Treverton: *Making the Alliance Work: The United States and Europe*, Ithaca 1985.

98 »When the Oil Runs Out«, *Economist*, 19. Oktober 1985, S. 65; »After the Oil Years«, *Economist*, 6. März 1985, S. 57.

99 »Manufacturing«, *Economist*, 28. September 1985, S. 57.

100 Siehe nochmals Gamble: *Britain in Decline*; Kirby: *Decline of British Economic Power Since 1870*; Eatwell: *Whatever Happened to Britain*; und S. Pollard: *The Wasting of the British Economy*, London 1982.

101 »After the Oil Years«, *Economist*, 6. März 1986, S. 57.

102 A. Waters: *Britain's Industrial Renaissance*, London 1986 – Waters war natürlich Frau Thatchers Wirtschaftsberater.

103 »Scientists' Lament«, *Economist*, 18. Januar 1986, S. 16.

104 Siehe nochmals die Statistik in: *Military Balance 1985–86*.

105 Der Anteil am Welt-Bruttosozialprodukt ist errechnet aus: CIA: *Handbook of Economic Statistics, 1984*, S. 32. Zu einer vernichtenden Attacke gegen diesen

Versuch, eine überdehnte internationale Stellung zu bewahren, siehe A. Barnett: »The Dangerous Dream«, *New Statesman*, 17. Juni 1983, S. 9–11. Weniger kritisch, aber ebenso ernüchternd ist »Yes, But How Do We Pay for It?«, *Times* (London), 15. Juni 1983.

106 »Navy Wins War of the Frigates«, *The Sunday Times* (London), 17. Oktober 1982; C. Wain: »The Navy's Future«, *The Listener*, 19. August 1982.

107 Siehe die häufigen Angriffe des *Economist* dagegen: z. B.: »Trident: Bad Money After Bad«, 3. November 1984, S. 34; »Not Trident«, 9. Februar 1985, S. 16. Die Begründung der Regierung für Trident steht in: *Statement of the Defense Estimates, 1985*, Bd. 1 (Cmnd. 9430-1).

108 »Message to the New Defense Secretary: Think Small«, *Sunday Times* (London), 12. Januar 1986, S. 16; siehe auch: »Defense Budget Costs Go over the Top«, *Daily Telegraph*, 10. Dezember 1985. Es gibt hervorragende Studien zu dem Problem – und verschiedene Vorschläge, damit umzugehen – in: J. Baylis (Hg.): *Alternative Approaches to British Defense Policy*, London 1983.

109 Zur französischen Verteidigungspolitik siehe allgemein M. M. Harrison: *The Reluctant Ally: France and Atlantic Security*, Baltimore 1981; R. F. Laird: *France, the Soviet Union, and the Nuclear Weapons Issue*, Boulder 1985; und D. S. Yost: *France's Deterrent Posture*, Adelphi Papers, Nr. 194 und 195.

110 »Frankreich«-Studie, *Economist*, 9. Februar 1985, S. 8.

111 Siehe besonders das Werk von P. Lellouche: *L'avenir de la guerre*, Paris 1985, sehr gut erörtert in: D. S. Yost: »Radical Change in French Defense Policy«, *Survival* 28 (1986), S. 53–68; R. F. Laird: »The French Strategic Dilemma«, *Orbis* 28 (1984) S. 307–328.

112 R. S. Rudney: »Mitterrand's New Atlanticism: Evolving French Attitudes toward NATO«, *Orbis* 28 (1984), der Aron zitiert.

113 Ebenda.

114 »Chirac Is Pledged to Stick with NATO and Bonn«, *New York Times*, 6. April 1986, »The Week in Review«-Teil, S. 2.

115 H. Schmidt: *Eine Strategie für den Westen*. Siehe auch J. P. Pigasse: *Le bouclier d'Europe*, Paris 1982.

116 Siehe die Erörterung in: Yost: »Radical change in French defense policy?«, sowie derselbe: *France and Conventional Defense in Central Europe*, Boulder 1985.

117 »The French are Ready to Cross the Rhine«, *Economist*, 13. Juli 1985, S. 43–44; »French Defence: Count on Us«, *Economist*, 25. Oktober 1986, S. 50f.

118 P. Stares: »The Modernization of the French Strategic Nuclear Force«, *Journal of the Royal United Services Institute* 125 (1980), S. 37.

119 Siehe nochmals Laird: »French Strategic Dilemma«; und P. Lellouche: »France and the Euromissiles«, *Foreign Affairs* (1983–84), S. 318–334.

120 Siehe die Analyse in: L. Kolakowski: *Main Currents of Marxism*, Bd. 1, *The Founders*, Oxford 1981, Kap. 13: »The Contradictions of Capital«; und Engels' Erörterung von Widersprüchen in: *Die Entwicklung des Sozialismus von der Utopie zur Wissenschaft*, Berlin (DDR) 1988.

121 »Excerpts from Gorbachev's Speech to the Party«, *New York Times*, 26. Februar 1986. Siehe auch »Making Mr. Gorbachev Frown«, *Economist*, 8. März

1986, S. 67; S. Bialer: »The Harsh Decade: Soviet Policies in the 1980s«, *Foreign Affairs* 59 (1981) S. 999–1020.

122 Brown et al.: *State of the World, 1986*, S. 14–19; »Focus: Food«, *Economist*, 12. April 1986, S. 107.

123 M. I. Goldman: *USSR in Crisis: The Failure of an Economic System*, New York 1983, S. 86. Zu weiteren Analysen siehe Bergson und Levine (Hg.): *Soviet Economy: Toward the Year 2000*, Kap. 4–5. Wie (relativ) rasch sich die Position der UdSSR verschlechtert hat, wird erkennbar, wenn man die rosigere Einschätzung der Kluft zwischen ihr und den Vereinigten Staaten, die sich im Jahr 2000 schließen sollte, wiederliest, wie sie sich in Larsons sehr nüchternem: *Soviet-American Rivalry* (geschrieben 1976–77?), S. 272, findet.

124 Wie berichtet in: »Soviet Is Facing Sixth Poor Harvest in a Row«, *New York Times*, 28. August 1985, S. A1, D17. Allgemeiner: R. E. M. Mellor: *The Soviet Union and Its Geographical Problems*, London 1982; Larson: *Soviet-American Rivalry*, S. 17ff.

125 Zu dem folgenden siehe Hosking: *History of the Soviet Union*, S. 392ff.; J. R. Millar: »The Prospects for Soviet Agriculture«, in: M. Bornstein, Hg.: *The Soviet Economy: Continuity and Change*, Boulder 1981, S. 273–291 (optimistischer als die meisten); Goldman: *USSR in Crisis*, Kap. 3.

126 »The Soviet Economy«, *New York Times*, 15. März 1985, S. A1, A6.

127 Goldman: *USSR in Crisis*, S. 81.

128 Ebenda, S. 83; und die Bemerkungen in: Nove: *Economic History of the USSR*, S. 362ff.

129 Abgedruckt aus: Brown et al.: *State of the World, 1986*, S. 18.

130 Siehe nochmals Goldman: *USSR in Crisis*, S. 70f.; und ausführlicher: R. W. Tucker: »Swollen State, Spent Society: Stalin's Legacy to Brezhnev's Russia«, *Foreign Affairs* 60 (1981–82), S. 415ff.

131 Brown et al.: *State of the World, 1986*, S. 18.

132 Ebenda, S. 11.

133 Siehe die vergleichenden Zahlen in: CIA: *Handbook of Economic Statistics, 1984*, S. 28–30.

134 Goldman: *USSR in Crisis*, S. 40, gibt einige bemerkenswerte Zahlen zu dieser Ineffizienz. Siehe auch den äußerst durchdachten Artikel von J. S. Berliner: »Planning and Management«, in: Bergson und Levine (Hg.): *Soviet Economy: Toward the Year 2000*, S. 350–389.

135 Die Wendung stammt von Daniels: *Russia: The Roots of Confrontation*, S. 289.

136 Entnommen aus: »Inputs Misused«, *Economist*, 6. Juli 1985, S. 12. (Aus der Wortwahl des Artikels geht hervor, daß der Verfasser mit eher noch schlechteren Zahlen rechnet.)

137 Dies ist am besten erörtert in: M. I. Goldman: *The Enigma of Soviet Petroleum: Half-Full or Half-Empty*, London 1980; aber siehe auch L. Silk: »Soviet Oil Troubles«, *New York Times*, 5. Juni 1985, S. D2.

138 »Russia Drills Less Oil, OPEC Keeps It Cheap«, *Economist*, 8. Juni 1985, S. 65.

139 *Economist*, 3. Mai 1986, S. 55–57; allgemeiner siehe R. W. Campbell:

»Energy«, in: Bergson und Levine (Hg.): *Soviet Economy: Toward the Year 2000*, S. 191ff.
140 Dibb: *Soviet Union: The Incomplete Superpower*, S. 93.
141 Campbell: »Energy«, S. 213f., in: Bergson und Levine (Hg.): *Soviet Economy: Toward the Year 2000*; siehe auch L. Dienes: »An Energy Crunch Ahead in the Soviet Union?«, in: Bornstein (Hg.): *Soviet Economy*, S. 313–343.
142 Siehe unten: »Die Sowjetunion und ihre ›Widersprüche‹«.
143 Goldman: »A Low-Tech Economy at Home«, *New York Times*, 19. Februar 1984, Wirtschaftsteil, S. 2; und die interessanten Details in: R. Amann und J. Cooper (Hg.): *Industrial Innovation in the Soviet Union*, New Haven 1982.
144 »Losing Battle«, *Wall Street Journal*, 25. Juli 1984.
145 Außer Goldman: *USSR in Crisis*, S. 131, siehe R. Amann et al. (Hg.): *The Technological Level of Soviet Industry*, New Haven 1977.
146 Goldmann: *USSR in Crisis*, Kap. 6; »Shadows over Comecon«, *Economist*, 29. Mai 1982, S. 84f.; Comecon-Studie: *Economist*, 20. April 1985, S. 3–18.
147 Siehe nochmals Drucker: »Changed World Economy«; »Oil's Decline Seen Curbing Soviet Plans«, *New York Times*, 10. März 1986; »East European Trade«, *Economist*, 26. Oktober 1985, S. 119. Die Implikationen für Osteuropa werden ebenfalls analysiert in: T. Gustafson: »Energy and the Soviet Union«, *International Security* 6 (1981–82), S. 65–89.
148 M. Feshbach: »Population and Labor Force«, in: Bergson und Levine (Hg.): *Soviet Economy: Toward the Year 2000*, S. 79. Siehe auch Goldman: *USSR in Crisis*, S. 100ff.; und T. J. Colton: *The Dilemma of Reform in the Soviet Union*, New York 1984, S. 15ff.
149 »Sick Men of Europe«, *Economist*, 22. März 1986, S. 53.
150 Dibb: *Soviet Union: The Incomplete Superpower*, S. 92f.
151 Feshbach: »Population and Labor Force«, in: Bergson und Levine (Hg.): *Soviet Economy: Toward the Year 2000*.
152 Siehe das Argument in: J. W. Kiser: »How the Arms Race Really Helps Moscow«, *Foreign Policy* 60 (1985), S. 40–51.
153 Munting: *Economic Development of the USSR*, S. 208.
154 »Gorbachev's Plans: Westerners See a Lot of Zeal, but Little Basic Change«, *New York Times*, 23. Februar 1986, S. 16; »Russia Under Gorbachev«, *Economist*, 16. November 1985, S. 21.
155 »The Soviet Economy«, *New York Times*, 15. März 1985, S. A1, A6, der Leonard Silk zitiert; Colton: *Dilemma of Reform in the Soviet Union*, Kap. 3; Daniels: *Russia: The Roots of Confrontation*, S. 273ff.; J. F. Hough und M. Fainsod: *How the Soviet Union Is Governed*, Cambridge, Mass. 1979.
156 Dies ist am besten behandelt von F. D. Holzmans Artikeln: »Are the Soviets Really Outspending the U. S. on Defense?«, *International Security* 4 (1980), S. 86–104 und »Soviet Military Spending: Assessing the Numbers Game«, *International Security* (1982), S. 78–101; sowie ders.: *Financial Checks on Soviet Defense Expenditures*, Lexington 1975. Siehe auch Holloway: *Soviet Union and the Arms Race*, S. 114ff.; Dibb: *Soviet Union: The Incomplete Superpower*, S. 80ff.
157 Diese Feststellung wird getroffen sowohl von Colton: *Dilemma of Reform in*

the Soviet Union, S. 91; als auch von Bond und Levine: »An Overview«, in: Bergson und Levine (Hg.): *Soviet Economy: Toward the Year 2000*, S. 19–21.

158 Ebenda, S. 20, die Quelle dieses Zitats; siehe auch: »Can Andropov Control His Generals?«, *Economist*, 6. August 1983, S. 33–35.

159 L. H. Gelb: »A Common Desire for Guns and Butter«, *New York Times*, 10. November 1985, »The Week in Review«-Teil, S. 2.

160 Siehe die Tabelle in: Holloway: *Soviet Union and the Arms Race*, S. 114; und die Diskussion in: *Military Balance 1985–86*, S. 17–20; Holzman: »Soviet Military Spending«, W. T. Lee: *The Estimation of Soviet Defense Expenditures 1955–75*, New York 1977; G. Adams: »Moscow's Military Costs«, *New York Times*, 10. Januar 1984, S. A23.

161 Für Details kann die etwas haarsträubende jährliche Publikation des US-Verteidigungsministeriums: *Soviet Military Power* und die des »Komitees für Gefahren der Gegenwart« (Committee on the Present Danger): *Can America Catch Up?* konsultiert werden – Ansichten, die von solchen Kritikern angefochten werden wie: T. Gervasi: *The Myth of Soviet Military Supremacy*, New York 1986; und A. Cockburn: *The Threat: Inside the Soviet Military Machine*, New York 1984. Für unpolemisch präsentierte Details siehe das jährliche *Military Balance* und den jährlichen Bericht von SIPRI (Stockholm International Peace Research Institute). Ein gutes allgemeines Werk ist J. Steele: *Soviet Power*, New York 1984, aber siehe auch Dibb: *Soviet Union: The Incomplete Superpower*; und Holloway: *Soviet Union and the Arms Race*, sowie die folgenden Verweise.

162 A. Amalrik: *Will the Soviet Union Survive Until 1984?*, New York 1970. Siehe auch M. Garder: *L'Agonie du régime en Russie sovietique*, Paris 1966 und die darauffolgende Debatte in der Zeitschrift *Problems of Communism*; und Colton: *Dilemma of Reform in the Soviet Union*.

163 Siehe die vergleichenden Tabellen in: Bergson: »Technological Progress«, in: Bergson und Levine (Hg.): *Soviet Economy: Toward the Year 2000*, S. 51 ff.; Rostow: *World Economy*, S. 434; Holloway: *Soviet Union and the Arms Race*, S. 134 ff.

164 »Soviet Arms: Their Quality Is Upgraded«, *New York Times*, 12. Februar 1984; Cockburn: *The Threat*, S. 455 f.

165 Alex Gliksman: »Behind Moscow's Fear of ›Star Wars‹«, *New York Times*, 13. Februar 1986.

166 Zitiert in: Flora Lewis: »Soviet SDI Fears«, *New York Times*, 6. März 1986, S. A27.

167 Dibb: *Soviet Union: The Incomplete Superpower*, S. 51 ff.; J. Kazokins: »Nationality in the Soviet Army«, *Journal of the United Services Institute for Defense Studies* 130 (1985), S. 27–34. Ein rosigeres Bild gibt E. Jones: »Manning the Soviet Military«, *International Security* 7 (1982), S. 105–131.

168 Dazu siehe Dibb: *Soviet Union: The Incomplete Superpower*, S. 44 ff., »The Nationality Problem«, Hosking: *History of the Soviet Union*, Kap. 14; Daniels: *Russia: The Roots of Confrontation*, S. 315 ff.; sowie die detaillierteren Studien wie: H. Carrere d'Encausse: *Decline of an Empire*, New York 1979; M. Rywkin: *Moscow's Muslim Challenge*, New York 1982; A. Bennigsen und M. Broxup: *The Islamic Threat to the Soviet State*, London 1983; und

S. E. Wimbush (Hg.): *Soviet Nationalities in Strategic Perspective*, New York 1985.

169 J. Anderson: »Ukraine a Hotbed of Dissent, Nationalism«, *New Haven Register*, 13. Juni 1985; aber siehe auch P. T. Potichny (Hg.): *The Ukraine in the Seventies*, Oakville 1982; Hosking: *History of the Soviet Union*, S. 432ff.

170 Neben Kazokins: »Nationality in the Soviet Army«, siehe die höchst informativen Details in: Cockburn: *Threat*, S. 74ff.; E. Jones: »Minorities in the Soviet Armed Forces«, *Comparative Strategy* 3 (1982), S. 285–318; und die Rand Corporation-Studien: S. Curran und D. Ponomoreff: *Managing the Ethnic Factor in the Russian and Soviet Armed Forces: An Historical Overview*, Santa Monica 1982; und E. Brunner, Jr.: *Soviet Demographic Trends and the Ethnic Composition of Draft Age Males, 1980–1985*, Santa Monica 1981.

171 Zu diesem Begriff siehe zum Beispiel die Abhandlung in: D. Leebaert (Hg.): *Soviet Military Thinking*, London 1981, bes. die Aufsätze in Teil 1; J. Baylis und G. Segal (Hg.): *Soviet Strategy*, London 1981, bes. Aufsätze 4 und 5.

172 *Military Balance 1985–86*, S. 180.

173 Zum Beispiel Gervasi: *Myth of Soviet Military Supremacy*, dort bes. S. 116–118.

174 Als Beispiele: J. Schell: *The Fate of the Earth*, New York 1982; H. Caldicott: *Nuclear Madness*, Brookline 1979; E. P. Thompson: *Zero Option*, London 1982.

175 Eine gute kurze Übersicht über diese strategischen Ideen befindet sich in: E. Bottome: *The Balance of Terror*, Boston 1986, Kap. 4–7 (und ein Glossar der Begriffe, S. 243–254); A. W. Garfinkle: *The Politics of the Nuclear Freeze*, Philadelphia 1984; und T. Powers: *Thinking About Nuclear Weapons*, New York 1983.

176 Von der riesigen Menge an Studien zu diesem Problem bevorzuge ich M. Mandelbaum: *The Nuclear Future*, Ithaca 1983; R. Jervis: *The Illogic of American Nuclear Strategy*, Ithaca 1984; und S. Zuckerman: *Nuclear Illusion and Reality*, London 1982. Ebenfalls hilfreich ist S. M. Keeny und W. K. H. Panofsky: »MAD vs. NUTS: The Mutual Hostage Relationship of the Superpowers«, *Foreign Affairs* 60 (1981–82), S. 287–304.

177 Siehe nochmals: »In Battle of Wits, Submarines Evade Advanced Efforts at Detection«, *New York Times*, 1. April 1986, S. C1; und die Kommentare in: McGwire: »Rationale for the Development of Soviet Seapower«, zu den Schwierigkeiten, die die UdSSR hat, die amerikanischen U-Boot-gestützten Langstreckenraketen in ihre strategische Planung zu integrieren.

178 Das Zitat stammt aus: Jervis: *Illogic of American Nuclear Strategy*. Als Beispiel für »kriegerische« Autoren siehe C. Gray: »Nuclear Strategy: A Case for a Theory of Victory«, *International Security* 4 (1979), S. 54–87.

179 Siehe besonders P. Bracken: *The Command and Control of Nuclear Weapons*, New Haven 1983; auch N. Calder: *Nuclear Nightmares*, Harmondsworth 1981.

180 Zu diesem Thema siehe besonders J. C. Snyder und S. F. Wells (Hg.): *Limiting Nuclear Proliferation*, Cambridge, Mass. 1985; Mandelbaum: *Nuclear Future*, Kap. 3; G. Quester (Hg.): *Nuclear Proliferation: Breaking the Chain*,

Madison 1981. Im Gegensatz dazu K. N. Waltz: »Toward Nuclear Peace«, Wilson Center, International Security Studies Program, Arbeitspapier Nr. 16.

181 D. L. Strode: »Arms Control and Sino-Soviet Relations«, *Orbis* 28 (1984), bes. S. 168 ff.

182 *The Economist*, 9. Februar 1985: »Not Trident«, S. 16. Siehe auch Gervasi: *The Myth of Soviet Military Supremacy*, S. 171.

183 »France Tests Longer-Range Sub Missile«, *New York Times*, 6. März 1986, S. A3. Siehe auch die Tabelle, die den Aufbau der französischen Atomsprengköpfe skizziert in: *New York Times*, 6. April 1986, »The Week in Review«-Teil, S. 2.

184 Zum Beispiel: »Powell Derides Nuclear ›Last Resort‹«, *Times* (London), 1. Juni 1983, S. 4. Lord Carver: »Why Britain Should Reject Trident«, *Sunday Times* (London), 21. Februar 1982.

185 Siehe nochmals Yost: »Radical Change in French Defense Policy?«

186 Dibb: *Soviet Union: The Incomplete Superpower*, S. 161. Im Gegensatz dazu siehe Gervasi: *Myth of Soviet Military Supremacy*, Kap. 26, der davon ausgeht, daß die NATO-Zahlen in der Tat höher sind. Ebenfalls wichtig sind die *International Security*-Aufsätze, herausgegeben von S. E. Miller: *Conventional Forces and American Defense Policy*, Princeton 1986.

187 *Statement on the Defense Estimates, 1985*, Bd. 1 (Cmnd. 9430), zusammengefaßt in: *Survey of Current Affairs* 15 (1985), S. 179.

188 Wie aufgezeigt von F. D. Holzman: »What Defense-Spending Gap?«, *New York Times*, 4. März 1986.

189 Siehe Dibb: *Soviet Union: The Incomplete Superpower*, S. 162; *Military Balance 1985–86*, S. 186 f.; R. L. Fischer: *Defending the Central Front: The Balance of Forces*, Adelphi Papers, Nr. 127, London 1976.

190 Dies ist ein heikles (und äußerst umstrittenes) Thema. Zu der optimistischen Sicht – zu der ich neige – siehe J. Mearsheimer: »Why the Soviets Can't Win Quickly in Central Europe«, S. 121–157 und B. R. Posen: »Measuring the Euorpean Conventional Balance«, S. 79–120, beide in: Miller (Hg.): *Conventional Forces and American Defense Policy*. Siehe auch Steele: *Soviet Power*, S. 76 ff.; und C. N. Donnelly: »Tactical Problems Facing the Soviet Army: Recent Debates in the Soviet Military Press«, *International Defense Review* 11 (1978), S. 1405–1412. Ernüchterndere Einschätzungen liefern R. A. Mason: »Military Strategy«, in: E. Moreton und G. Segal (Hg.): *Soviet Strategy Toward Western Europe*, London 1984, S. 175–202; P. A. Peterson und J. G. Hines: »The Conventional Offensive in Soviet Theater Strategy«, *Orbis* 27 (1983), S. 695–739; und – mit Hinweis auf die Möglichkeit der sowjetischen Nutzung von taktischen Atomraketen – D. M. Gormley: »A New Dimension to Soviet Theater Strategy«, *Orbis* 29 (1985), S. 537–569. Eine gute aktuelle Übersicht liegt vor in: »NATO's Central Front«, in: *Economist*, 30. August 1986.

191 Dies wird zur Zeit am besten behandelt in: Treverton: *Making the Alliance Work*; aber siehe auch J. Joffe: »European-American Relations: The Enduring Crisis«, *Foreign Affairs* 59 (1981).

192 V. Bunce: »The Empire Strikes Back: The Evolution of the Eastern Bloc from a Soviet Asset to a Soviet Liability«, *International Organization* 39 (1985),

S. 13–28. Siehe auch die Artikel zu »Cracks in the Soviet Empire?«, *International Security* 6 (1981–82); D. R. Herspring und I. Volgyes: »Political Reliability in the Eastern European Warsaw Pact Armies«, *Armed Forces and Society* 6 (1980), S. 270–296; A. R. Johnson et al.: *East European Military Establishments: The Warsaw Pact Northern Tier*, New York 1982.

193 D. A. Andelman: »Contempt and Crisis in Poland«, *International Security* 6 (1981–82), S. 90–104.

194 Herspring und Volgyes: »Political Reliability« B. S. Lambeth: »Uncertainties for the Soviet War Planner«, in: Miller (Hg.): *Conventional Forces and American Defense Policy*, S. 181 f.; W. E. Griffith: »Superpower Problems in Europe: A Comparative Assessment«, *Orbis* 29 (1986), S. 748–749.

195 Siehe den kontroversen Vorschlag von S. P. Huntington: »Conventional Deterrence and Conventional Retaliation in Europe«, in: Miller (Hg.): *Conventional Forces and American Defense Policy*, S. 251–275. Für eine weitreichende Berücksichtigung all dieser Fragen siehe E. R. Alterman: »Central Europe: Misperceived Threats und Unforeseen Dangers«, *World Policy Journal* 2 (1985), S. 681–709.

196 Siehe die Diskussion in Dibb: *Soviet Union: The Incomplete Superpower*, S. 165 f.; Segal: *Defending China*; ders.: »Defense Culture and Sino-Soviet Relations«; und siehe oben: »Chinas Balanceakt«.

197 Dibb: *Soviet Union: The Incomplete Superpower*, S. 147 ff., Segal: »The China Factor«, in: Moreton und Segal (Hg.): *Soviet Strategy Towards Western Europe*, S. 154–159; Strode: »Arms Control and Sino-Soviet Relations«.

198 Siehe Steele: *Soviet Power*, Kap. 8: »Asian Anxieties«; auch T. B. Millar: »Asia in the Global Balance«, in: D. H. McMillen (Hg.): *The Soviet Union in East Asia*, Boulder 1983; M. Hauner: »The Soviet Geostrategic Dilemma« (Manuskript-Artikel für das Foreign Policy Research Institute).

199 Siehe nochmals McGwire: »Rationale for the Development of Soviet Seapower«, in: Baylis und Segal (Hg.): *Soviet Strategy*, S. 210–254; Polmar: *Soviet Naval Developments*.

200 Zahlen aus: Dibb: *Soviet Union: The Incomplete Superpower*, S. 172.

201 Das Zitat ist aus: ders.: S. 171; aber siehe auch Steele: *Soviet Power*, S. 33–36; und Cockburn: *Threat*, Kap. 15.

202 McGwire: »The Rationale«, S. 226 ff.; Dibb: *Soviet Union: The Incomplete Superpower*, S. 167–174.

203 Siehe die vergleichende Statistik in: Smith: *Pattern of Imperialism*, S. 215; das Argument in: Steele: *Soviet Power*, Kap. 9–12; F. Fukuyama: »Gorbachev and the Third World«, *Foreign Affairs* (1986), S. 715–731; K. Menon: *Soviet Power and the Third World*, New York 1985.

204 Zitiert in Dibb: *Soviet Union: The Incomplete Superpower*, S. 160. Ebenfalls zu beachten: N. Eberstadt: »›Danger‹ to the Soviet«, *New York Times*, 26. September 1983, S. A21, der argumentiert, wie schwach der Einfluß der UdSSR wäre, wenn es keine Atomwaffen gäbe.

205 »If Gorbachev Dares«, *Economist*, 6. Juli 1985.

206 Zitate aus: Bialer: »Politics and Priorities«, in: Bergson und Levine (Hg.): *Soviet Economy: Toward the Year 2000*, S. 403, 405.

207 Zu Rußlands Problemen und seiner Zukunft siehe H. S. Rosen: »Living with a Sick Bear«, *National Interest* 2 (1985–86), S. 14–26; Garthoff: *Détente and Confrontation*, Kap. 29–30; Colton: *Dilemma of Reform in the Soviet Union*; Goldman: *USSR in Crisis*, Kap. 7; Dibb: *Soviet Union: The Incomplete Superpower*, Kap. 8; und die gesamte Ausgabe von *Orbis* 30 (1986).

208 B. Rubin: »The Reagan Administration and the Middle East«, in: Oye et al. (Hg.): *Eagle Defiant*, S. 367 – eine gute Übersicht. Siehe auch H. Saunders: *The Middle East Problem in the 1980s*, Washington, D. C. 1981. Zu speziellen Problemen siehe P. Jabber: »Egypt's Crisis, America's Dilemma«, *Foreign Affairs* 64 (1986), S. 960–980; und R. W. Tucker: »The Arms Balance and the Persian Gulf«, in: *The Purposes of American Power*, New York 1981, Kap. 4.

209 A. F. Lowenthal: »Ronald Reagan and Latin America: Coping with Hegemony in Decline«, in: Oye et al. (Hg.): *Eagle Defiant*, S. 311 ff.; R. Bonachea: »The United States and Central America«, in: Kaplan: *Global Power*, S. 209–241; P. A. Armella et al. (Hg.): *Financial Policies and the World Capital Markets: The Place of Latin American Countries*, Chicago 1983.

210 »An Economy Struggles to Break Its Fall«, *New York Times*, 8. Juni 1986, S. E3; »Hard Times in Mexico Cause Concern in U.S.«, *New York Times*, 19. Oktober 1986, S. 1, 20.

211 *Report of the Secretary of Defense Caspar W. Weinberger to Congress, on Fiscal Year 1984 Budget*, Washington, D. C. 1983, S. 17.

212 »NATO: Burdens Shared«, *Economist*, 4. August 1984, S. 3. Siehe ebenfalls die Diskussion hierzu in Calleo: *Imperious Economy*, S. 169–171 und Anm. 16–17 zu S. 256 f.; E. Conine: »Do the Interests of the U.S. Really Cover the World?«, *New Haven Register*, 7. Februar 1985, S. 11; M. Kahler: »The United States and Western Europe«, in: Oye et al. (Hg.): *Eagle Defiant*, Kap. 9; und besonders Treverton: *Making the Alliance Work*.

213 Hilfreiche Abhandlungen finden sich in: Mako: *U.S. Ground Forces and the Defense of Central Europe*; Treverton: *Making the Alliance Work*; L. Sullivan: »A New Approach to Burden-Sharing«, *Foreign Policy* 60 (1985) S. 91 ff.; K. Knorr: »Burden-Sharing in NATO: Aspects of U.S. Policy«, *Orbis* 29 (1985) S. 517–536.

214 *Report of the Secretary of Defense ... Fiscal Year 1984*, S. 17.

215 »Military Forces Stretched Thin, Army Chief Says«, *New York Times*, 10. August 1983, S. A1, A3.

216 »U.S. Forces: Need Arising for More Troops, Ships and Planes«, *New York Times*, 26. Oktober 1983, S. A 16 (mit Karte).

217 Siehe zum Beispiel die Karte im hinteren Deckblatt von Barnett: *Collapse of British Power*, und von Marder: *Anatomy of British Sea Power*.

218 C. W. Weinberger: »U.S. Defense Strategy«, *Foreign Affairs* 64 (1986) S. 678. In diesem Zusammenhang siehe auch B. R. Posen und S. Van Evera: »Defense Policy and the Reagan Administration: Departure from Containment«, in: Miller (Hg.): *Conventional Forces and American Defense Policy*, S. 19–61.

219 Für statistische Belege hierfür siehe Oye et al. (Hg.): *Eagle Defiant*, Kap. 1; Bairoch: »International Industrialization Levels from 1750 to 1980«. Andere Messungen siehe A. Bergeson und C. Sahoo: »Evidence of the Decline of

American Hegemony in World Production«, *Review* 8 (1985), S. 595–611; und S. D. Krasner: »United States Commercial and Monetary Policy«, in: Katzenstein (Hg.): *Between Power and Plenty*, S. 58–59, 68–69.

220 *Military Balance 1985–86*, S. 13.

221 Für ein gutes Beispiel siehe E. A. Cohen: »When Policy Outstrips Power – American Strategy and Statecraft«, *Public Interest* 75 (1984), S. 3–19.

222 Luttwak: *Pentagon and the Art of War*, S. 256.

223 Siehe besonders E. A. Cohen: *Citizens and Soldiers: The Dilemma of Military Service*, Ithaca 1985, Kap. 7–9; und Canbys interessante Anmerkungen zur europäischen Erfahrung in: »Military Reform and the Art of War«, Wilson Center, International Security Studies Program, Arbeitspapier Nr. 41, S. 8ff.

224 Als eine Auswahl siehe G. Hart und W. S. Lind: *America Can Win*, Bethesda 1986; Kaufman: *Reasonable Defense;* Luttwak: *Pentagon and the Art of War;* J. Record: »Reagan's Strategy Gap«, *New Republic*, 29. Oktober 1984, S. 17–21; J. Fallows: *National Defense*, New York 1981; ders.: »The Spend-Up«, *Atlantic*, Juli 1986, S. 27–31; Gansler: *Defense Industry;* S. L. Canby: »Military Reform and the Art of War«; »Forum: Military Reform and Defense Planning«, *Orbis* 27 (1983), S. 245–300. Ebenfalls sehr wichtig in diesem Zusammenhang sind die überzeugenden Ausführungen von A. T. Hadley: *The Straw Giant: Triumph and Failure: America's Armed Forces*, New York 1986.

225 Kaufman: *Reasonable Defense*, S. 35; »Bungling the Military Build-Up«, *New York Times*, 27. Januar 1985, Wirtschaftsteil, S. 1, 8; Gansler: *Defense Industry;* Fallows: »The Spend-Up«; doch siehe auch Luttwak: *Pentagon and the Art of War*, Kap. 5, für interessante Richtigstellungen.

226 Weinberger: »U.S. Defense Strategy«, S. 694; doch siehe die Zweifel angemeldet in: Record: »Reagan's Strategy Gap«; Fallows: »The Spend-Up«; und Canby: »Military Reform and the Art of War«; sowie die schlüssige Verteidigung von High-Technology-Waffen durch K. N. Lewis im *Orbis*-Forum »Military Reform«.

227 Folgende würde ich dazu zählen: Luttwak: *Pentagon and the Art of War;* Canby: »Military Reform and the Art of War«; und Cohen: »When Policy Outstrips Power«.

228 Siehe zum Beispiel R. W. Komer: *Maritime Strategy or Coalition Defense?*, Cambridge, Mass. 1984; und die Debatte im Jahre 1986 in solchen Zeitschriften wie *International Security* über die »maritime Strategie« der Reagan-Regierung.

229 Kürzlich dargelegt in: Weinberger: »U.S. Defense Strategy«, S. 684ff. Siehe auch: »Schultz-Weinberger Discord«, *New York Times*, 11. Dezember 1984, S. A1, A12.

230 Siehe zum Beispiel L. C. Thurow: »Losing the Economic Race«, *New York Review of Books*, 27. September 1984, S. 29–31; vgl. W. D. Nordhaus: »On the Eve of a Historic Economic Boom«, *New York Times*, 6. April 1986, der auf den Artikel von P. G. Petersen in derselben Zeitung folgte: »When the Economic Valium Wears Off.«

231 S. M. Bodner: »Our Trade Gap Is Really a Standard of Living Gap«, *New York Times*, 6. Mai 1986 (Briefe); und »Why America Cannot Pay its Way«, *Econo-*

mist, 13. Juli 1985, S. 69, beide behandeln die Probleme, denen traditionelle Industriezweige gegenüberstehen. Zur Debatte über zukünftige Technologien siehe: »High Technology: Clash of the Titans«, *Economist*, 23. August 1986. Zur Kongreß-Studie siehe: »A Disturbing New Deficit«, *Time*, 3. November 1986, S. 56.

232 Während beispielsweise der *Global 2000 Report to the President*, Washington, D. C. 1980, Bd. 1, S. 18f., auf den absoluten Anstieg der Welt-Getreideproduktion verwies, sagte er wachsende Rückgänge in China, Südasien und Westeuropa voraus.

233 »Farmers' Slipping Share of the Market«, *New York Times*, 26. Mai 1986; »Farm Imports Rise as Exports Plunge«, *New York Times*, 20. April 1986; »Elephant-High Farm Debts«, *Economist*, 14. September 1985, S. 17.

234 Einen guten kurzen Überblick bietet P. Cain: »Political Economy in Edwardian England: The Tariff-Reform Controversy«, in: A. O'Day (Hg.): *The Edwardian Age*, London 1979, S. 34–59.

235 Peterson: »When the Economic Valium Wears Off«; F. Rohatyn: »The Debtor Economy: A Proposal«, *New York Review of Books*, 8. November 1984, S. 16–21; J. Chace: *Solvency, the Price of Survival*, New York 1981, Kap. 1–2.

236 *President's Private Sector Survey on Cost Control*, Bericht, wie abgedruckt in: »Of Debt, Deficits, and the Death of a Republic« (Figgie-International-Anzeige), *New York Times*, 20. April 1986, S. F9. Diese Anzeige enthält einen Druckfehler: die Summe der Zinsen im Jahre 1985 sind nicht, wie es heißt, $ 179 Milliarden, sondern $ 129 Milliarden.

237 Ebenda.

238 »Cost of Paying Interest Eases Dramatically for U.S.«, *New York Times*, 28. Dezember 1986, S. 1, 24.

239 Das Zitat ist aus: Drucker: »Changed World Economy«, S. 782. Siehe auch M. Shubik und P. Bracken: »Strategic Purpose and the International Economy«, in: McCormick und Bissell (Hg.): *Strategic Dimensions of Economic Behaviour*, S. 212.

240 Drucker: »Changed World Economy«; S. Marriss: *Deficits and the Dollar: The World Economy at Risk*, Washington, D. C. 1985; und die Kommentare in: »As America Diets, Allies Must Eat« (Leitartikel), *New York Times*, 17. Januar 1986; »A Nation Hooked on Foreign Funds«, *New York Times*, 18. November 1984, Wirtschaftsteil, S. 1, 24; »U.S. as Debtor: A Threat to World Trade«, *New York Times*, 22. September 1985, Wirtschaftsteil, S. 3.

241 Siehe nochmals Nordhaus: »On the Eve of a Historic Economic Boom«; das untypisch rosige Argument in: »America Manufactures Still«, *Economist*, 19. April 1986, S. 81; und L. Silk: »Can the U.S. Remain No. 1?«, *New York Times*, 10. August 1984, S. D2 (übrigens eine Frage, die vor zehn oder zwanzig Jahren nicht gestellt worden wäre).

242 Rasler und Thompson: »Global Wars, Public Debts, and the Long Cycle«; Gilpin: *War and Change in World Politics*.

243 Am besten beschrieben in: G. R. Searle: *The Quest for National Efficiency: A Study in British Politics and British Political Thought, 1899–1914*, Oxford 1971.

244 Zitiert in: ebenda, S. 101.

245 Siehe oben, S. 348 f.

246 Siehe die Brookings-Studie von J. Grundwald und K. Flamm: *The Global Factory: Foreign Assembly in International Trade*, Washington, D. C. 1985; und P. Seabury: »International Policy und National Defense«, *Journal of Contemporary Studies*, Frühjahr 1983.

247 Siehe zum Beispiel die britische Erfahrung in den späten 1930er Jahren, wie sie dargestellt wird in: Gibbs: *Grand Strategy*, Bd. 1, S. 311.

248 Gansler: *Defense Industry*, S. 12 ff.; und besonders R. W. DeGrasse: *Military Expansion, Economic Decline*, Armonk 1985; G. Adama: *The Iron Triangle*, New York 1981; Thurow: »How to Wreck the Economy«, *New York Review of Books*, 14. Mai 1981, S. 3–8; Kaufmann: *A Reasonable Defense*, S. 33 f; allgemeiner: G. Kennedy: *Defense Economics*, London 1983, bes. Kap. 8; S. Chan: »The Impact of Defense Spending on Economic Performance: A Survey of Evidence and Problems«, *Orbis* 29 (1985), S. 403 ff.; B. Russett: »Defense Expenditures and National Well-Being«, *American Political Science Review* 76 (1982), S. 767 f.

249 Kaldor: *Baroque Arsenal*; DeGrasse: *Military Expansion, Economic Decline*; Thurow: »How to Wreck the Economy«; Chace: *Solvency*, Kap. 2; E. Rothschild: »The American Arms Boom«, in: E. P. Thompson und D. Smith (Hg.): *Protest and Survive*, Harmondsworth 1980, S. 170 ff.; Rosecrance: *Rise of the Trading State*, Kap. 6 und 10.

250 E. Rothschild: »The Costs of Reaganism«, *New York Review of Books*, 15. März 1984, S. 14–17.

251 Siehe nochmals Cipolla: *Economic Decline of Empires;* und Rasler und Thompson: »Global Wars, Public Debts, and the Long Cycle.«

252 Das Wortspiel ist aus: *Misalliance* (1909), und heißt im Original: »Hindhead's turn will come« (Hindhead wird auch bald an der Reihe sein). Wie Hobsbawm in: *Industry and Empire*, S. 193, bemerkt, war dies ein offensichtlicher Seitenhieb auf die Wohnorte der Börsenmakler südlich von London, die prosperierten, während andere Teile der Wirtschaft unter Druck gerieten.

253 Siehe oben, S. 357. Ebenfalls hilfreich in diesem Zusammenhang ist B. Russett: »America's Continuing Strengths«, *International Organisation* 39 (1985), S. 207–231.

254 W. Lippman: *U.S. Foreign Policy: Shield of the Republic*, Boston 1943, S. 7 f.; und siehe nochmals Cohen: »When Policy Outstrips Power«; und die Schlußbemerkungen in: E. Bottome: *The Balance of Terror*, Boston 1986, S. 235–242.

255 P. Hassner: »Europe and the Contradictions in American Policy«, in: R. Rosecrance (Hg.): *America as an Ordinary Power*, Ithaca 1976, S. 60–86. Siehe auch Helmut Schmidts Bekräftigung in: *Eine Strategie für den Westen*, S. 147, daß »die Führungsrolle nur von den Vereinigten Staaten übernommen werden kann«.

Epilog

1 Siehe nochmals Doran und Parsons: »War and the Cycle of Relative Power«; G. Modelski: »Wars and the Great Power System«; ders.: »The Long Cycle of Global Politics and the Nation-State«. Siehe auch J. Levy: *War in the Modern Great Power System*, Lexington 1983.
2 Rasler und Thompson: »Global Wars, Public Debts, and the Long Cycle«.
3 L. E. Davis und R. A. Huttenback: »The Cost of Empire«, in: R. L. Ransom et al. (Hg.): *Exploration in the New Economic History*, New York 1982, S. 41–69; R. Taagepera: »Size and Duration of Empires: Systematics of Size«, *Social Science Research* 7 (1978), S. 108–127; ders.: »Growth Curves of Empires«, *General Systems* 13 (1968), S. 171–175.
4 Ich denke hier an die verschiedenen Wissenschaftler, die von Wallersteins »Weltsystem«-Idee beeinflußt wurden. Zum Beispiel A. Bergesen: »Cycles of War in the Reproduction of the World Economy«, in: P. M. Johnson und W. R. Thompson (Hg.): *Rhythms in Politics and Economics*, New York 1985; E. Friedman (Hg.): *Ascent and Decline in the World-System*, Beverly Hills (Hg.) 1982; Bergesen (Hg.): *Studies in the Modern World-System*, New York 1980; McGowan und Kegley (Hg.): *Foreign Policy and the Modern World System*.
5 Gilpin: *War and Change in World Politics*, S. 93.
6 Rosecrance: *Rise of the Trading State*.
7 Gilpin: *War and Change in World Politics*, S. 158–159, liefert eine sehr gute Abhandlung dieses Arguments.
8 Siehe die Analyse in: Wight: *Power Politics*, Kap. 3.
9 Zitiert von McCormick auf S. 19 seines Artikels: »Strategic Considerations in the Development of Economic Thought«, in: McCormick und Bissell (Hg.): *Strategic Dimensions of Economic Behavior*.
10 Ebenda.
11 Kennedy: »Strategy versus Finance in Twentieth Century Britain«, und auch J. H. Maurer: »Economics, Strategy, and War in Historical Perspective«, in: McCormick und Bissell (Hg.): *Strategic Dimensions of Economic Behavior*, S. 59–83.
12 Gilpins Begriff; siehe *War and Change in World Politics*, S. 162.
13 H. von Petersdorff et al. (Hg.): *Bismarck: Die gesammelten Werke*, Bd. 13, Berlin 1930, S. 558.

Bibliographie

Abarca, R.: »Classical Diplomacy and Bourbon ›Revanche‹ Strategy, 1763–1770«, *Review of Politics* 32 (1970).

Abrahamson, J. L.: *America Arms for a New Century.* New York 1981.

Adama, G.: *The Iron Triangle.* New York 1981.

Adams, E. D.: *Great Britain and the American Civil War*, 2 vols. London 1925.

Adams, R. J. Q.: *Arms and the Wizard: Lloyd George and the Ministry of Munitions, 1915.* London 1978.

Adamthwaite, A.: *France and the Coming of the Second World War 1936–1939.* Cambridge 1977.

– »The British Government and the Media, 1937–1938«, *Journal of Contemporary History* 18 (1983).

– *The Lost Peace: International Relations in Europe 1918–1939.* London 1980.

Addington, L. H.: *The Patterns of War Since the Eighteenth Century.* Bloomington, Ind. 1984.

Adler, G. J.: »Britain and the Defence of India – the Origins of the Problem, 1798–1815«, *Journal of Asian History* 6 (1972).

Albertini, L.: *The Origin of the War of 1914*, 3 vols. London 1952–1957.

Albertini, R. von: *Decolonization.* New York 1971 edn.

– (dt.: *Dekolonisation.* Köln u. Opladen 1966.)

Albrecht-Carrié, R.: *A Diplomatic History of Europe Since the Congress of Vienna.* London 1965 edn.

Aldcroft, D. H.: *The British Economy*, vol. 1. London 1986.

– *From Versailles to Wall Street: The International Economy in the 1920s.* Berkeley, Calif. 1977.

– *The European Economy, 1914–1980.*

Alford, B. W. E.: *Depression and Recovery: British Economic Growth 1918–1939.* London 1972.

Allen, G. S.: *A Short Economic History of Japan.* London 1981 edn.

Alperowitz, G.: *Atomic Diplomacy: Hiroshima and Potsdam.* London 1966.

Alterman, E. R.: »Central Europe: Misperceived Threats and Unforeseen Dangers«, *World Policy Journal* 2 (1985).

Amalrik, A.: *Will the Soviet Union Survive until 1984?* New York 1970.

Amann, R., and J. Cooper, eds.: *Industrial Innovation in the Soviet Union*. New Haven, Conn. 1982.

– et al., eds.: *The Technological Level of Soviet Industry*. New Haven, Conn. 1977.

Ambrose, S.: *Rise to Globalism: American Foreign Policy Since 1938*. 4th edn., New York 1985.

Andelman, D. A.: »Contempt and Crisis in Poland«, *International Security* 6 (1981–1982).

Anderson, J. L.: »Aspects of the Effects on the British Economy of the War Against France, 1793–1815«, *Australian Economic History Review* 12 (1972).

Anderson, M. S.: *Europe in the Eighteenth Century*. London 1961.

– *Peter the Great*. London 1978.

Anderson, O.: *A Liberal State at War*. London 1967.

Anderson, T. H.: *The United States, Great Britain and the Cold War, 1944–1947*. Columbia, Mo. 1981.

André, L.: *Michel le Tellier et Louvois*. Paris 1943 edn.

Andrew, C. M., and A. S. Kanya-Forstner.: *The Climax of French Imperial Expansion 1914–1924*. Stanford, Calif. 1981.

– *Théophile Delcassé and the Making of the Entente Cordiale*. London 1968.

Andrews, C. M.: »Anglo-French Commercial Rivalry 1700–1750«, *American Historical Review* 20 (1915).

Andrews, K. R.: *Elizabethan Privateering*. Cambridge 1964.

– *Trade, Plunder and Settlement*. Cambridge 1983.

Ange-Laribe, M.: *L'agriculture pendant la guerre*. Paris 1925.

Armella, P. A., et al., eds.: *Financial Policies and the World Capital Markets: The Place of Latin American Countries*. Chicago 1983.

Aron, R.: *The Imperial Republic*. London 1975.

Ashley, M.: *Financial and Commercial Policy under the Cromwellian Protectorate*. London 1962 edn.

Ashton, R.: *The Crown and the Money Market 1603–1640*. Oxford 1960.

Ashton, T. S.: *The Industrial Revolution 1760–1830*. Oxford 1968 edn.

Ashworth, W.: *A Short History of the International Economy Since 1850*. London 1975.

Aster, S.: *1939: The Marking of the Second World War*. London 1973.

Backer, J. H.: *Winds of History: The German Years of Lucius DuBignon Clay*. New York 1983.

– (dt.: *Die deutschen Jahre des Generals Clay. Der Weg zur Bundesrepublik 1945–1949*. München 1983.)

Baer, G.: *Test Case: Italy, Ethiopia, and the League of Nations.* Stanford, Calif. 1976.

Bailey, T. A.: *A Diplomatic History of the American People.* New York 1974 edn.

Bairoch, P.: »International Industrialization Levels from 1750 to 1980«, *Journal of European Economic History* 11 (1982).

– »Europe's Gross National Product: 1800–1975«, *Journal of European Economic History* 5 (1976).

– *The Economic Development of the Third World Since 1900.* Berkeley, Calif. 1975.

Baker, N.: *Government and Contractors: The British Treasury and War Supplies 1775–1783.* London 1971.

Baldwin, H.: *The Crucial Years 1939–1941.* New York 1976.

Balfour, M.: *The Adversaries: America, Russia and the Open World, 1941–1962.* London 1981.

– and J. Mair: *Four-Power Control in Germany and Austria 1945–1946.* London 1956.

Bamford, P. W.: *Forests and French Sea Power 1660–1780.* Toronto 1956.

Bankwitz, P. C. F.: *Maxime Weygand and Civil-Military Relations in Modern France.* Cambridge, Mass. 1967.

Barbour, V.: *Capitalism in Amsterdam in the Seventeenth Century.* Baltimore 1950.

Barclay, G.: *The Empire Is Marching: A Study of the Military Effort of the British Empire.* London 1976.

Barker, T. M.: *Double Eagle and Crescent.* Albany, N. Y. 1967.

Barnet, R.: *Global Reach.* New York 1974.

Barnett, A. D.: *China and the Major Powers in East Asia.* Washington, D.C. 1977.

– *China's Economy in Global Perspective.* Washington, D.C. 1981.

– »Ten Years After Mao«, *Foreign Affairs* 65 (1986).

Barnett, C.: *Britain and Her Army 1509–1970: A Military, Political and Social Survey.* London 1970.

– *Napoleon.* London 1978.

– *The Audit of War.* London 1986.

– *The Collapse of British Power.* London 1972.

Barnhart, M. A.: »Japan's Economic Security and the Origins of the Pacific War«, *The Journal of Strategic Studies* 4 (1981).

Barraclough, G., ed.: *The Times Atlas of World History.* London 1978.

– *An Introduction to Contemporary History.* Harmondsworth, Mddsx. 1967.

Bartlett, C. J.: *Great Britain and Sea Power 1815–1853.* Oxford 1963.

– *The Global Conflict, 1880–1970: The International Rivalry of the Great Powers.* London 1984.

Baskir, L., and P. Strauss: *Chance and Circumstance: The War, the Draft, and the Vietnam Generation.* New York 1978.

Bateson, C.: *The War with Japan.* East Lansing, Mich. 1968.

Baugh, D. A.: *British Naval Administration in the Age of Walpole.* Princeton, N.J. 1965.

Baumgart, W.: *Imperialism: The Idea and Reality of British and French Colonial Expansion.* Oxford 1982.

– (dt.: *Der Imperialismus.* Stuttgart 1975.)

– *The Peace of Paris, 1856.* Santa Barbara, Calif. 1981.

– (dt.: *Der Friede von Paris 1856. Studien zum Verhältnis von Kriegsführung, Politik und Friedensbewahrung.* München 1972.)

Baxter, S. B.: *William III. and the Defense of European Liberty 1650–1702.* Westport, Conn. 1976 reprint.

Bayley, C. A.: *Rulers, Townsmen and Bazaars.* Cambridge 1983.

Baylis, J., ed.: *Alternative Approaches to British Defense Policy.* London 1983.

– and G. Segal, eds.: *Soviet Strategy.* London 1981.

– *Anglo-American Defense Relations 1939–1980.* London 1981.

Beale, H. K.: *Theodore Roosevelt and the Rise of America to World Power.* New York 1962 edn.

Bean, R.: »War and the Birth of the Nation State«, *Journal of Economic History* 33 (1973).

Beasley, W. H.: *The Meiji Restoration.* Stanford, Calif. 1972.

Becker, J. J.: *1914: Comment les Français sont entrés dans la guerre.* Paris 1977.

Becker, W. H., and S. F. Wells, Jr., eds.: *Economics and World Power: An Assessment of American Diplomacy Since 1789.* New York 1984.

Beckerman, W., ed.: *Slow Growth in Britain: Causes and Consequences.* Oxford 1979.

Behnen, M.: *Rüstung – Bündnis – Sicherheit.* Tübingen 1985.

Bell, C.: *The Diplomacy of Détente: The Kissinger Era.* New York 1977.

Beloff, M.: *Imperial Sunset,* vol. I, *Britain's Liberal Empire.* London 1969.

Bemis, S. F.: *The Diplomacy of the American Revolution.* New York 1935.

Bendix, R.: *Kings or People: Power and the Mandate to Rule.* Berkeley Calif., 1978.

– (dt.: *Könige oder Volk. Machtausübung und Herrschaftsmandat.* 2 Bde. Frankfurt 1980.)

Bengonzi, B.: *Heroes' Twilight.* New York 1966.

Benians, E. A., ed.: *The Cambridge History of the British Empire,* vol. III, *The Empire-Commonwealth 1870–1919.* Cambridge 1959.

Bennett, E. M.: *German Rearmament and the West, 1932–1933.* Princeton, N.J. 1979.

Bennigson, A., and M. Broxup.: *The Islamic Threat to the Soviet State.* London 1983.
Bergeron, L.: *France under Napoleon.* Princeton, N.J. 1981.
Bergeson, A., ed.: *Studies in the Modern World-System.* New York 1980.
– and C. Sahoo: »Evidence of the Decline of American Hegemony in World Production«, *Review* 8 (1985).
Berghahn, V. R.: *Germany and the Approach of War in 1914.* London 1974.
– *Unternehmer und Politik in der Bundesrepublik.* Frankfurt 1985.
Bergson, A., and H. S. Levine, eds.: *The Soviet Economy: Toward the Year 2000.* London 1983.
Best, G.: *War and Society in Revolutionary Europe, 1770–1870.* London 1982.
Betts, R.: *Tricouleur: The French Colonial Empire.* London 1978.
Beyrau, D.: *Militär und Gesellschaft im vorrevolutionären Rußland.* Göttingen 1984.
Bialer, S.: »The Harsh Decade: Soviet Policies in the 1980s«, *Foreign Affairs* 59 (1981).
Bialer, U.: *The Shadow of the Bomber: The Fear of Air Attack and British Politics 1932–1939.* London 1980.
Bidwell, S., and D. Graham.: *Fire-Power: British Army Weapons and Theories of War, 1904–1945.* London 1982.
Bien, D.: »The Army in the French Enlightenment: Reform, Reaction and Revolution«, *Past and Present* 85 (1979).
Bindoff, S. T., J. Hurstfield, and C. H. Williams, eds.: *Elizabethan Government and Society.* London 1961.
Binney, J. E. D.: *British Public Finance and Administration 1774–1792.* Oxford 1958.
Black, C. E., et al.: *The Modernization of Japan and Russian: A Comparative Study.* New York 1975.
Blackaby, F., ed.: *De-industrialization.* London 1979.
Blackburn, G.: *The West and the World Since 1945.* New York 1985.
Blackett, P. M. S.: *Fear, War, and the Bomb.* New York 1948.
Blackwell, W. L.: *The Beginnings of Russian Industrialization, 1800–1860.* Princeton, N.J. 1968.
– *The Industrialization of Russia: An Historical Perspective.* New York 1970.
– ed.: *Russian Economic Development from Peter the Great to Stalin.* New York 1974.
Blond, G.: *La Grande Armée 1804/1815.* Paris 1979.
Blum, R. M.: *Drawing the Line: The Origin of American Containment Policy in East Asia.* New York 1982.
Bond, B.: *British Military Policy Between Two World Wars.* Oxford 1980.

– »The First World War«, *New Cambridge Modern History*, vol. 12 (rev. edn.). Cambridge 1968.

Boog, H. et al., Hg.: *Das Deutsche Reich und der Zweite Weltkrieg*, Bd. 4, *Der Angriff auf die Sowjetunion*. Stuttgart 1983.

Borden, W. S.: *The Pacific Alliance*. Madison, Wi. 1984.

Borg, D., and W. Heinrichs, eds.: *Uncertain Years: Chinese-American Relations, 1947–1950*. New York 1980.

Bornstein, M., ed.: *The Soviet Economy: Continuity and Change*. Boulder, Col. 1981.

Borowski, H. R.: *A Hollow Threat: Strategic Air Power and Containment Before Korea*. Westport, Conn. 1982.

Bosher, J. F.: »Financing the French Navy in the Seven Years War: Beaujou, Goossens et compagnie in 1759«, *U.S. Naval Institute Proceedings*, forthcoming.

– »French Administration and Public Finance in Their European Setting«, *New Cambridge Modern History*, vol. VIII. Cambridge 1965.

– *French Finances 1770–1795*. Cambridge 1975.

Bosworth, J. R. B.: *Italy and the Approach of the First World War*. London 1983.

– *Italy, the Least of the Great Powers: Italian Foreign Policy Before the First World War*. Cambridge 1979.

Bottome, E.: *The Balance of Terror*. Boston 1986 edn.

– *The Missile Gap*. Rutherford, N.J. 1971.

Bourne, K.: *Britain and the Balance of Power in North America 1815–1908*. London 1967.

– *Victorian Foreign Policy 1830–1902*. Oxford 1970.

Bowler, A.: *Logistics and the Failure of the British Army in the America 1775–1783*. Princeton, N.J. 1975.

Boxer, C. R.: *The Christian Century in Japan 1549–1650*. Berkeley, Calif. 1951.

– *The Dutch Seaborne Empire 1600–1800*. London 1972.

– *The Portuguese Seaborne Empire 1415–1825*. London 1969.

Bracken, P.: *The Command and Control of Nuclear Weapons*. New Haven, Conn. 1983.

Bradsher, H. S.: *Afghanistan and the Soviet Union*. Durham, N.C. 1983.

Braisted, W. R.: *The United States Navy in the Pacific*, 2 vols. Austin, Tex. 1958, 1971.

Braudel, F.: *The Mediterranean and the Mediterranean World in the Age of Philip II.*, 2 vols. London 1972.

– (dt.: zu dem Thema: *Die Welt des Mittelmeeres. Zur Geschichte und Geographie kultureller Lebensformen*. Frankfurt 1987.)

– et E. Labrousse, eds.: *Histoire économique et sociale de la France*, vol. IV. Paris 1980.

– (dt.: *Wirtschafts- und Sozialgeschichte Frankreichs der Jahre 1789–1880.* 2 Bde. Frankfurt 1986.)
– *Civilization and Capitalism. 15th–18th Centuries,* 3 vols. London 1981–1984.
Bridge, F. R., and R. Bullen.: *The Great Powers and the European States System 1815–1914.* London 1980.
Briggs, R.: *Early Modern France 1560–1715.* Oxford 1977.
Brodie, B.: *Strategy in the Nuclear Age.* Princeton, N.J. 1959.
– *The Absolute Weapon.* New York 1946.
Bronke, A., and D. Novak, eds.: *The Communist States in the Era of Détente, 1971–1977.* Oakville, Ont. 1979.
Brown, D. M.: »The Impact of Firearms on Japanese Warfare«, *Far Eastern Quarterly* 7 (1947).
Brown, G. S.: *The American Secretary: The Colonial Policy of Lord George Germain 1775–1778.* Ann Arbor, Mich. 1963.
Brown, L., et al.: *State of the World, 1986.* New York 1986.
Brunn, G.: *Europe and the French Imperium, 1799–1815.* New York 1938.
Brunner, E., Jr.: *Soviet Demographic Trends and the Ethnic Composition of Draft Age Males, 1980–1995.* Santa Monica, Calif. 1981.
Brunschwig, H.: *French Colonialism, 1871–1916: Myths and Realities.* London 1966.
Brzezinski, Z.: *The Soviet Bloc: Unity and Conflict.* Cambridge, Mass. 1967 edn.
Bull, H.: *The Anarchical Society.* New York 1977.
– and A. Watson, eds.: *The Expansion of International Society.* Oxford 1984.
Bullock, A.: *Ernest Bevin, Foreign Secretary.* Oxford 1983.
– *Hitler: A Study in Tyranny.* London 1962 edn.
Bunce, V.: »The Empire Strikes Back: The Evolution of the Eastern Bloc from a Soviet Asset to a Soviet Liability«, *International Organization* 39 (1985).
Bundesarchiv Koblenz, Nachlaß Bülow, Bd. 29, Redemanuskripte zur »Kolonialpolitik«; ebenda, Manuskript zur Rede über »Flotte und Weltpolitik«.
Bundy, M., et al.: »Nuclear Weapons and the Atlantic Alliance«, *Foreign Affairs* 62 (1982).
Burk, K.: *Britain, America and the Sinews of War 1914–1918.* London 1985.
Bushnell, J.: *Mutiny and Repression: Russian Soldiers in the Revolution of 1905–1906.* Bloomington, Ind. 1985.
– »Peasants in Uniform: The Tsarist Army as a Peasant Society«, *Journal of Social History* 13 (1980).

– »The Tsarist Officer Corps, 1881–1915: Customs, Duties, Inefficiencies«, *American Historical Review* 86 (1981).
Butler, J. R. M.: *Grand Strategy*, vol. II. London 1957.
Butow, R. J.: *Tojo and the Coming of War*. Princeton, N.J. 1961.

Cain, P. J.: *Economic Foundations of British Overseas Expansion 1815–1914*. London 1980.
– and A. G. Hopkins: »The Political Economy of British Expansion Overseas, 1750–1914«, *Economic History Review* 33 (1980).
Cairncross, A.: *Years of Recovery: British Economic Policy 1945–1951*. London 1985.
Cairns, J. C.: »A Nation of Shopkeepers in Search of a Suitable France«, *American Historical Review* 79 (1974).
– »Some Recent Historians and the ›Strange Defeat‹ of 1940«, *Journal of Modern History* 46 (1974).
Calder, A.: *Revolutionary Empire: The Rise of the English-Speaking Empires from the Fifteenth Century to the 1780's*. London 1981.
Calder, K. E.: »The Making of a Trans-Pacific Economy«, *World Policy Journal* 2 (1985).
Calder, N.: *Nuclear Nightmares*. Harmondsworth, Mddsx. 1981.
Caldicott, H.: *Nuclear Madness*. Brookline, Mass. 1979.
Calleo, D.: *The German Problem Reconsidered: Germany and the World Order, 1870 to the Present*. New York 1978.
– *The Imperious Economy*. Cambridge, Mass. 1982.
Cameron, R. E.: »Economic Growth and Stagnation in France 1815–1914«, *Journal of Modern History* 30 (1958).
– *France and the Economic Development of Europe 1800–1914*. Princeton, N.J. 1961.
Camilleri, J.: *Chinese Foreign Policy: The Maoist Era and Its Aftermath*. Seattle 1980.
Campbell, C. S.: *From Revolution to Rapprochement: The United States and Great Britain, 1783–1900*. New York 1974.
Canby, S. L.: »Military Reform and the Art of War«, Wilson Center, International Security Studies Program, working paper 41. Washington, D.C. 1982.
Caron, F.: *An Economic History of Modern France*. New York 1979.
Carr, E. H.: *The Twenty Years Crisis 1919–1939*. London 1939.
– *What Is History?* Harmondsworth, Mddsx. 1964.
– (dt.: *Was ist Geschichte?* Hamburg 1981.)
Carr, W.: *Poland to Pearl Harbor*. London 1985.
– (dt.: *Von Polen bis Pearl Harbor. Zur Entwicklung des Zweiten Weltkrieges*. Stuttgart 1987.)
Carrere d'Encausse, H.: *Decline of an Empire*. New York 1979.

Carroll, B. A.: *Design for Total War: Arms and Economics in the Third Reich.* Den Haag 1968.
Carroll, E. M.: *French Public Opinion and Foreign Affairs 1880–1914.* London 1931.
Casten, F. L.: *The Origins of Prussia.* Oxford 1954.
– (dt.: *Geschichte des preußischen Junkertums.* Frankfurt 1987.)
Carter, A. C.: »Dutch Foreign Investment, 1738–1800«, *Economica* 20 (1953).
– *Neutrality or Commitment: The Evolution of Dutch Foreign Policy (1667–1795).* London 1975.
– *The Dutch Republic in the Seven Years War.* London 1971.
Castronovo, V.: »The Italian Takeoff: A Critical Re-examination of the Problem«, *Journal of Italian History* 1 (1978).
Caute, D.: *The Fellow Travellers.* London 1973.
Cecco, M. de: *Money and Empire: The International Gold Standard 1890–1914.* Oxford 1974.
Central Intelligence Agency: »China: Economic Performance in 1985«, Washington, D.C. 1986.
– *Handbook of Economic Statistics,* Washington, D. C. 1984.
Chace, J.: *Solvency, the Price of Survival.* New York 1981.
Challenor, R. D.: *Admirals, Generals and American Foreign Policy 1898–1914.* Princeton, N.J. 1973.
– *The French Theory of the Nation in Arms 1866–1939.* New York 1955.
Challiand, G., and J.-P. Rageau: *Strategic Atlas: A Comparative Geopolitics of the World's Powers.* New York 1985.
Chalmers Hood, R.: *Royal Republicans: The French Naval Dynasties Between the World Wars.* Baton Rouge, La. 1985.
Chan, S.: »The Impact of Defense Spending on Economic Performance: A Survey of Evidence and Problems«, *Orbis* 29 (1985).
Chandaman, C.D.: *The English Public Revenue 1660–1688.* Oxford 1975.
Chandler, D. G.: »Fluctuation in the Strength of Forces in English Pay Sent to Flanders During the Nine Years War, 1688–1697«, *War and Society* 1 (1983).
– *The Art of Warfare in the Age of Marlborough.* London 1976.
– *The Campaigns of Napoleon.* New York 1966.
Chaunu, P.: *European Expansion in the Later Middle Ages.* Amsterdam 1979.
Childs, J.: *Armies and Warfare in Europe 1648–1789.* Manchester 1982.
Christie, I. R.: *Wars and Revolutions: Britain 1760–1815.* London 1982.
Chudoba, B.: *Spain and the Empire 1519–1643.* New York 1969 edn.
Cipolla, C., ed.: *The Economic Decline of Empires.* London 1970.
– *The Fontana Economic History of Europe,* 6 vols. London, 1972–1976.
– (dt.: *Europäische Wirtschaftsgeschichte.* 5 Bde. Jena 1983–1986.)

– *Before the Industrial Revolution: European Society and Economy 1000–1700*, 2nd edn. London 1980.
– *Guns and Sails in the Early Phase of European Expansion 1400–1700.* London 1965.
Clapham, J. H.: *The Bank of England, I, 1694–1797*. Cambridge 1944.
– *The Economic Development of France and Germany, 1815–1914*. Cambridge 1948.
– *The Economic History of Modern Britain*, 3 vols. Cambridge 1938.
Clark, A.: *Barbarossa: The Russo-German Conflict 1941–1945*. London 1965.
Clark, J. G.: *La Rochelle and the Atlantic Economy During the Eighteenth Century*. Baltimore 1981.
Clarke, G. N.: *The Dutch Alliance and the War Against French Trade 1688–1697*. New York 1971 edn.
Clough, S. B.: *France: A History of National Economics 1789–1939*. New York 1939.
– *The Economic History of Modern Italy, 1830–1914*. New York 1964.
Clubb, O. E.: *China and Russia: The »Great Game«*. New York 1971.
Coates, J., and M. Kilian: *Heavy Losses*. New York 1985 edn.
Cockburn, A.: *The Threat: Inside the Soviet Military Machine*. New York 1984 edn.
Cohen, E. A.: *Citizens and Soldiers: The Dilemma of Military Service*. Ithaca, N.Y. 1985.
– »When Policy Outstrips Power – American Strategy and Statecraft«, *The Public Interest* 75 (1984).
Cohen, J. S.: »Financing Industrialization in Italy, 1898–1914: The Partial Transformation of a Latecomer«, *Journal of Economic History* 27 (1967).
Cohn, H. D.: *Soviet Policy Toward Black Africa*. New York 1972.
Cohn, S. H.: *Economic Development in the Soviet Union*. Lexington, Mass. 1970.
Coleman, D. C.: *The Economic History of England 1450–1750*. Oxford 1977.
Colton, T. J.: *The Dilemma of Reform in the Soviet Union*. New York 1984.
Connelly, O.: *Napoleon's Satellite Kingdoms*. New York 1965.
Conquest, R.: *The Great Terror*. London 1968.
– (dt. zu dem Thema: *Ernte des Todes. Stalins Holocaust in der Ukraine 1929–1933*. München 1988.)
Contamine, H.: *La Revanche, 1871–1914*. Paris 1957.
Conze, W.: »Friedrich Naumann: Grundlagen und Ansatz seiner Politik in der nationalsozialen Zeit (1895 bis 1903)«, in: *Schicksalswege deutscher Vergangenheit*, Düsseldorf 1950.

Cook, M. A., ed.: *A History of the Ottoman Empire to 1730*. Cambridge 1976.

Cookson, J. E.: »Political Arithmetic and War 1793–1815«, *War and Society* 1 (1983).

Cooper, F.: »Affordable Defense: In Search of a Strategy«, *Journal of the Royal United Services Institute for Defence Studies* 130 (1985).

Coox, A.: *Nomonhan*, 2 vols. Stanford, Calif. 1985.

Corbett, J. S.: *England in the Seven Years War: A Study in Combined Strategy*, 2 vols. London 1907.

Corvisier, A.: *Armies and Societies in Europe 1494–1789*. Bloomington, Ind. 1979.

Cosmas, G. A.: *An Army for Empire: The United States Army in the Spanish-American War*. Columbia, Mo. 1971.

Cowie, L. W.: *Eighteenth-Century Europe*. London 1963.

Cowling, M.: *The Impact of Hitler: British Politics and British Policies 1933–1940*. Cambridge 1975.

Crafts, N. F. R.: *British Economic Growth During the Industrial Revolution*. Oxford 1985.

– »British Economic Growth, 1700–1831: A Review of the Evidence«, *Economic History Review* 36 (1983).

– »Industrial Revolution in England and France: Some Thoughts on the Question: ›Why Was England First?‹«, *Economic History Review* 30 (1977).

Craig, G. A.: *Germany 1866–1965*. Oxford 1978.

– (dt. in Auszügen: *Deutsche Geschichte 1866–1945. Vom Norddeutschen Bund bis zum Ende des Dritten Reiches*. München 1985.)

– *The Battle of Koeniggratz*. London 1965.

– (dt.: *Königgrätz*. München 1987.)

– *The Politics of the Prussian Army 1640–1945*. Oxford 1955.

– and A. G. George: *Force and Statecraft: Diplomatic Problems of Our Time*. Oxford 1983.

Creveld, M. van: *Command in War*. Cambridge, Mass. 1985.

– *Fighting Power: German and U.S. Army Performance, 1939–1945*. Westport, Conn. 1982.

– (dt.: *Kampfkraft. Das deutsche Heer und die US Army im Vergleich 1939–1945*. Freiburg 1986.)

– *Supplying War: Logistics from Wallenstein to Patton*. Cambridge 1977.

Crisp, O.: *Studies in the Russian Economy Before 1914*. London 1976.

Crouzet, F.: »L'Angleterre et France au XVIIIe siècle: essai d'analyse comparée de deux croissances économiques«, *Annales* 21 (1966).

– *L'Economie britannique et le Blocus Continental 1806–1813*, 2 vols. Paris 1958.

– *The Victorian Economy*. London 1982.

– »Toward an Export Economy: British Exports During the Industrial Revolution«, *Explorations in Economic History* 17 (1980).

– »Wars, Blockade and Economic Change in Europe, 1792–1815«, *Journal of Economic History* 24 (1964).

Crowe, S. E.: *The Berlin West African Conference 1884–1885*. Westport, Conn. 1970 reprint.

Crowley, J. B.: *Japan's Quest for Autonomy: National Security and Foreign Policy 1930–1958*. Princeton, N.J. 1966.

Crowson, P. S.: *Tudor Foreign Policy*. London 1973.

Cruikshank, C. G.: *Elizabeth's Army*. 2nd edn., Oxford 1966.

Cumings, B.: *The Origins of the Korean War*. Princeton, N.J. 1981.

Curran, S., and D. Ponomoreff: *Managing the Ethnic Factor in the Russian and Soviet Armed Forces: An Historical Overview*. Santa Monica, Calif. 1982.

Curtis, E. E.: *The Organization of the British Army in the American Revolution*. Menston, Yorkshire 1972 reprint.

Curtiss, J. S.: *Russia's Crimean War*. Durham, N.C. 1979.

– *The Russian Army Under Nicholas I, 1825–1855*. Durham, N.C. 1965.

Dallek, R.: *The American Style of Foreign Policy*. New York 1983.

Dallin, D. J.: *Soviet Foreign Policy After Stalin*. Philadelphia 1961.

Daniels, R. V.: *Russia: The Roots of Confrontation*. Cambridge, Mass. 1985.

Darby, H. C.: »The Face of Europe on the Eve of the Great Discoveries«, *New Cambridge Modern History*, vol. I. Cambridge 1961.

Davies, R. T.: *The Golden Century of Spain 1501–1621*. London 1937.

Davis, L. E.: *The Cold War Begins: Soviet-American Conflict over Eastern Europe*. Princeton, N.J. 1974.

Davis, R.: *English Overseas Trade 1500–1700*. London 1973.

– *The Industrial Revolution and British Overseas Trade*. Leicester 1979.

– *The Rise of the Atlantic Economies*. London 1975.

Davison, W. P.: *The Berlin Blockade*. Princeton, N.J. 1958.

Dawisha, A., and K. Dawisha, eds.: *The Soviet Union in the Middle East*. New York 1982.

Dawisha, K.: *Soviet Foreign Policy Towards Egypt*. London 1979.

Dawson, R.: *Imperial China*. London 1972.

Dean, J.: »Directions in Inner-German Relations«, *Orbis* 29 (1985).

DeGrasse, R. W.: *Military Expansion, Economic Decline*. Armonk, N.Y. 1983.

Dehio, L.: *The Precarious Balance*. London 1963.

– (dt. zu dem Thema: *Gleichgewicht oder Hegemonie. Betrachtungen über ein Grundproblem der neueren Staatsgeschichte*. Krefeld 1974.)

Deist, W.: *The Wehrmacht and German Rearmament*. London 1981.

– et al., Hg.: *Das Deutsche Reich und der Zweite Weltkrieg*, Bd. 1, *Ursachen und Voraussetzungen der deutschen Kriegspolitik*. Stuttgart 1979.
De Gaulle, C.: *Mémoires de Guerre*, 3 vols., Paris 1954–1959.
DePorte, A.: *Europe Between the Superpowers*. New Haven, Conn. 1979.
de St. Leger, A., et P. Sagnac: *La Préponderance française, Louis XIV., 1661–1715*. Paris 1935.
Devlin, P.: *Too Proud to Fight: Woodrow Wilson's Neutrality*. New York 1975.
Dibb, P.: *The Soviet Union: The Incomplete Super-power*. London 1985.
Dickson, P. G. M.: *The Financial Revolution in England: A Study in the Development of Public Credit 1688–1756*. London 1967.
– and J. Sperling: »War Finance, 1689–1714«, *New Cambridge Modern History*, vol. VI. Cambridge 1970.
Diehl, J.: *Paramilitary Politics in Weimar Germany*. Bloomington, Ind. 1977.
Dietz, F. C.: *English Public Finance 1485–1641*, 2 vols. London 1964 edn.
– »The Exchequer in Elizabeth's Reign«, *Smith College Studies in History* 8 (1923).
Diffie, B. W., and C. D. Winius: *Foundations of the Portuguese Empire 1415–1580*. Minneapolis 1977.
Dilks, D., ed.: *Retreat from Power: Studies in Britain's Foreign Policy in the Twentieth Century*, 2 vols. London 1981.
– *Neville Chamberlain: Pioneering and Reform, 1869–1929*, vol. 1, Cambridge 1985.
Dinerstein, H. S.: *War and the Soviet Union*. London 1962 edn.
Dingman, R.: »Strategic Planning and the Policy Process: American Plans for War in East Asia, 1945–1950«, *Naval War College Review* 32 (1979).
Divine, R. A.: *Second Chance: The Triumph of Internationalism in America During World War II*. New York 1971.
Dockrill, M. L., and J. D. Goold: *Peace Without Promise: Britain and the Peace Conferences 1919–1923*. New York 1981.
Dodgshon, R. A.: »A Spatial Perspective«, *Peasant Studies* 6 (1977).
Donaldson, R. H., ed.: *The Soviet Union in the Third World: Successes and Failures*. Boulder, Col. 1981.
– *Soviet Policy Toward India*. Cambridge, Mass. 1974.
Donnelly, C. N.: »Tactical Problems Facing the Soviet Army: Recent Debates in the Soviet Military Press«, *International Defense Review* 11 (1978).
Donoughue, B.: *British Politics and the American Revolution*. London 1964.
Doran, C. F., and W. Parsons: »War and the Cycle of Relative Power«, *American Political Science Review* 74 (1980).

Dorn, F.: *The Sino-Japanese War 1937–1941*. New York 1974.
Dorn, W. L.: *Competition for Empire 1740–1763*. New York 1940.
Doughty, R. A.: *The Seeds of Disaster: The Development of French Army Doctrine 1919–1939*. Hamden, Conn. 1985.
Douglas, R.: *From War to Cold War 1942–1948*. London 1981.
Dovrig, B.: *The Myth of Liberation*. Baltimore, Md. 1973.
Doyle, W.: *The Old European Order 1660–1800*. Oxford 1978.
Dreyer, J. T.: »China's Military Modernization«, *Orbis* 27 (1984).
Droz, J.: *Europe Between Revolutions 1815–1848*. London 1967.
Drucker, P. F.: »The Changed World Economy«, *Foreign Affairs* 64 (1986).
Dubief, H.: *Le Déclin de la IIIe République 1929–1938*. Paris 1976.
Duffy, C.: *Borodino and the War of 1812*. London 1973.
– *Russia's Military Way to the West: Origins and Nature of Russian Military Power 1700–1800*. London 1981.
– *Siege Warfare: The Fortress in the Early Modern World 1494–1660*. London 1979.
– *The Army of Frederick the Great*. Newton Abbott 1974.
– (dt.: *Friedrich der Große und seine Armee*. Stuttgart 1978.)
– *The Army of Maria Theresa: The Armed Forces of Imperial Austria 1740–1780*. London 1977.
Duffy, M., ed.: *The Military Revolution and the State 1500–1800*. Exeter 1980.
Dukes, P.: *The Emergence of the Super-Powers: A Short Comparative History of the USA and the USSR*. London 1970.
– *The Making of Russian Absolutism 1613–1801*. London 1982.
Dülffer, J.: »Der Beginn des Krieges 1939«, *Geschichte und Gesellschaft* 2 (1976).
– *Weimar, Hitler und die Marine: Reichspolitik und Flottenbau 1920–1939*. Düsseldorf 1973.
Dull, J.: *A Diplomatic History of the American Revolution*. New Haven, Conn. 1985.
– *The French Navy and American Independence*. Princeton, N.J. 1975.
Dupuy, N.: *A Genius for War: The German Army and General Staff, 1807–1945*. Englewood Cliffs, N.J. 1977.
Duroselle, J. B.: *La Décadence 1932–1939*. Paris 1979.
Dutailly, H.: *Les Problèmes de l'Armée de terre française 1933–1939*. Paris 1980.

Eatwell, J.: *Whatever Happened to Britain?* London 1982.
Eberhard, W.: *A History of China*, 2nd edn. London 1960.
– (dt.: *Geschichte Chinas. Von den Anfängen bis zur Gegenwart*. Stuttgart 1980.)

Eckes, A. E.: *The United States and the Global Struggle for Minerals.* Austin, Tex. 1979.

Ehrenberg, R. *Das Zeitalter der Fugger: Geldkapital und Creditverkehr im 16. Jahrhundert,* 2 Bde. Jena. 1896.

Ehrman, J.: *Cabinet Government and War 1890–1940.* Cambridge 1958.

– *The Younger Pitt,* 2 vols. London 1969, 1983.

Eldridge, C. C., ed.: *British Imperialism in the Nineteenth Century.* London 1984.

Elliott, J. H.: *Europe Divided 1559–1598.* London 1968.

– *Imperial Spain 1469–1716.* Harmondsworth, Mddsx. 1970.

– *Richelieu and Olivares.* Cambridge 1984.

– *The Count-Duke of Olivares.* New Haven, Conn. 1986.

Elton, G. R. ed.: *The New Cambridge Modern History,* vol. II, *The Reformation 1520–1559.* Cambridge 1958.

– *England Under the Tudors.* London 1955.

– *Reformation Europe 1517–1559.* London 1963.

– (dt.: *Europa im Zeitalter der Reformation 1517–1559.* München 1982.)

Elvin, M.: *The Pattern of the Chinese Past.* London 1963.

Emerson, R.: *From Empire to Nation: The Rise to Self-Assertion of Asian and African Peoples.* Cambridge, Mass. 1962.

Emmerson, J. T.: *The Rhineland Crisis.* London 1977.

Emsley, C.: *British Society and the French Wars 1793–1815.* London 1979.

Engels, F.: *Herr Eugen Dühring's Revolution in Science.* London 1936 edn.

– (dt.: *Herrn Eugen Dührings Umwälzung der Wissenschaft: »Anti-Dühring«.* Berlin [DDR] 1987.)

– »Socialism: Utopian and Scientific«, in: *The Essential Left.* London 1960.

– (dt.: *Die Entwicklung des Sozialismus von der Utopie zur Wissenschaft.* Berlin [DDR] 1987.)

Epstein, G.: »The Triple Debt Crisis«, *World Policy Journal* 2 (1985).

Erhard, L.: *Deutsche Wirtschaftspolitik,* Düsseldorf 1962.

Erickson, J.: *The Road to Berlin.* London 1983.

– *The Road to Stalingrad.* London 1975.

– *The Soviet High Command, 1918–1941.* London 1962.

Ernstberger, A.: *Hans de Witte: Finanzmann Wallensteins.* Wiesbaden 1954.

Essame, H.: *The Battle for Europe, 1918.* New York 1972.

Evangelista, M. A.: »Stalin's Postwar Army Reappraised«, *International Security* 7 (1982–1983).

Eysenbach, M. L.: *American Manufactured Exports 1897–1914: A Study of Growth and Comparative Advantage.* New York 1976.

Falkus, M.: *The Industrialization of Russia 1700–1914*. London 1972.
– »Aspects of Foreign Investment in Tsarist Russia«, *Journal of European Economic History* 8 (1979).
Fallows, J.: *National Defense*. New York 1981.
Farrar, L. L.: *Arrogance and Anxiety: The Ambivalence of German Power 1849–1914*. Iowa City, Ia. 1981.
– *The Short War Illusion*. Santa Barbara, Calif. 1973.
Feis, H.: *Churchill–Roosevelt–Stalin*. Princeton, N.J. 1967.
– *The Atomic Bomb and the End of World War II*. Princeton, N.J. 1966 edn.
– *The China Tangle*. Princeton, N.J. 1953.
Feldman, G.: *Army, Industry and Labor in Germany 1914–1918*. Princeton, N.J. 1966.
– (dt.: *Armee, Industrie und Arbeiterschaft in Deutschland 1914–1918*. Bonn 1985.)
Ferguson, T. G.: *British Military Intelligence 1870–1914*. Frederick, Md. 1984.
Fieldhouse, D.: *Economics and Empire 1830–1914*. London 1973.
– *The Colonial Empires: A Comparative Study from the Eighteenth Century*. London 1966.
– (dt.: *Die Kolonialreiche seit dem 18. Jahrhundert*. Frankfurt am Main 1987.)
Fingar, T., ed.: *China's Quest for Independence*. Boulder, Col. 1980.
Fink, C. L. et al., eds.: *German Nationalism and the European Response 1890–1945*. Chapel Hill, N.C. 1985.
Fischer, E.: *The Passing of the European Age*. Cambridge, Mass. 1943.
Fischer, F.: *Bündnis der Eliten*. Düsseldorf 1979.
– *War of Illusions: German Policies from 1911 to 1914*. London 1975.
– (dt.: *Krieg der Illusionen*. Düsseldorf 1969.)
Fischer, R. L.: »Defending the Central Front: The Balance of Forces«, *Adelphi Papers* 127 (1976).
Fisher, R. H.: *The Russian Fur Trade 1550–1700*. Berkeley, Calif. 1943.
Fishlow, A.: »Lessons from the Past: Capital Markets During the 19th Century and the Interwar Period«, *International Organization* 39 (1985).
Fitzgerald, F.: *Fire in the Lake: The Vietnamese and the Americans in Vietnam*. Boston 1972.
Flora, P., Hg.: *State, Economy and Society in Western Europe 1875–1975*, Bd. 1. Frankfurt 1983.
Florinsky, M.: *Russia: A Short History*. New York 1964.
Floyd, D.: *Mao Against Khrushchev*. New York 1964.
Foreman-Peck, J.: *A History of the World Economy: International Economic Relations Since 1850*. Brighton, Sussex 1983.

Forstmeier, F., und H. E. Volkmann, Hg.: *Kriegswirtschaft und Rüstung 1939–1945*. Düsseldorf 1977.
– *Wirtschaft und Rüstung am Vorabend des Zweiten Weltkrieges*. Düsseldorf 1975.
Foschepoth, J., Hg.: *Kalter Krieg und deutsche Frage*. Göttingen 1985.
Fox, G.: *British Admirals and the Chinese Pirates 1832–1869*. London 1940.
Frank, A. G.: *World Accumulation 1492–1789*. New York 1978.
Frankenstein, R.: *Le Prix du réarmement français 1935–1939*. Paris 1939.
Frankland, N.: *The Bomber Offensive Against Germany*. London 1965.
– (dt.: *Die Bomberoffensive*. Rastatt 1985.)
Freedman, L.: *Britain and Nuclear Weapons*. London 1980.
– *The Evolution of Nuclear Strategy*. London 1981.
French, D.: *British Economic and Strategic Planning, 1905–1919*. London 1982.
– *British Strategy and War Aims 1914–1916*. London 1986.
Friedberg, A. L.: »A History of US Strategic ›Doctrine‹, 1945–1980«, *Journal of Strategic Studies* 3 (1983).
Friedman, E., ed.: *Ascent and Decline in the World-System*. Beverly Hills, Calif. 1982.
Fukuyama, F.: »Gorbachev and the Third World«, *Foreign Affairs* 64 (1986).
Fuller, W. C.: *Civil-Military Conflict in Imperial Russia 1881–1914*. Princeton, N.J. 1985.
Fussell, P.: *The Great War and Modern Memory*. New York 1975.

Gaddis, J. L.: *Strategies of Containment*. New York 1982.
– »The Origins of Self-Deterrence: The United States and the Non-Use of Nuclear Weapons, 1954–1958«, forthcoming.
– *The United States and the Origins of the Cold War, 1941–1947*. New York 1972.
Gallagher, J., and R. Robinson.: »The Imperialism of Free Trade«, *Economic History Review* 6 (1953).
Gansler, J. S.: *The Defense Industry*. Cambridge, Mass. 1980.
Garder, M.: *L'Agonie du régime en Russie soviétique*. Paris 1966.
Gardner, R. N.: *Sterling-Dollar Diplomacy*. New York 1969.
Garfinkle, A. W.: *The Politics of the Nuclear Freeze*. Philadelphia 1984.
Garthoff, R. L.: *Détente and Confrontation: American-Soviet Relations from Nixon to Reagan*. Washington, D.C. 1985.
– *Soviet Strategy in the Nuclear Age*. New York 1958.
Gash, G.: *Renaissance Armies 1480–1650*. Cambridge 1975.
Gates, D.: *The Spanish Ulcer: A History of the Peninsula War*. London 1986.

Gatrell, P.: *The Tsarist Economy, 1850–1917.* London 1983.
Geggus, D.: »The Cost of Pitt's Caribbean Campaigns, 1793–1798«, *Historical Journal* 26 (1983).
Geiss, I. und B. J. Wendt, Hg.: *Deutschland in der Weltpolitik des 19. und 20. Jahrhunderts.* Düsseldorf 1973.
Gershrenkon, A.: *Economic Backwardness in Historical Perspective.* Cambridge, Mass. 1962.
Gervasi, T.: *The Myth of Soviet Military Supremacy.* New York 1986.
Geyer, M.: *Aufrüstung oder Sicherheit.* Wiesbaden 1980.
Gibbs, H. A. R., and H. Bowen: *Islamic Society and the West,* 2 vols. London 1950, 1957.
Gibbs, N. H.: *Grand Strategy,* vol. I. London 1976.
Gibson, C.: *Spain in America.* New York 1966.
Gilbert, F.: *The End of the European Era, 1890 to the Present,* 3rd edn. New York 1984.
Gilbert, M., ed.: *A Century of Conflict, 1850–1950.* London 1966.
– *Winston Churchill,* vol. V, *1922–1939.* London 1976.
Gillard, D.: *The Struggle for Asia 1828–1961.* London 1977.
Gillie, M. H.: *Forging the Thunderbolt.* Harrisburg, Pennsylvania 1947.
Gilpin, R.: *War and Change in World Politics.* Cambridge 1981.
Ginsburgs, G., and C. F. Pinkele: *The Sino-Soviet Territorial Dispute, 1949–1964.* New York 1978.
– and A. Z. Rubinstein, eds.: *Soviet Foreign Policy Towards Western Europe.* New York 1978.
Giovannetti, L., and F. Freed: *The Decision to Drop the Bomb.* London 1967.
Gipson, L. H.: *The Coming of the Revolution 1763–1775.* New York 1962.
Girardet, R.: *La société militaire dans la France contemporaine.* Paris 1953.
– *L'idée coloniale de la France sous la Troisième République 1871–1914.* Paris 1968.
Girault, R.: *Emprunts russes et investisements français en Russie, 1887–1914.* Paris 1973.
Global 2000 Report to the President, The. Washington, D.C. 1980.
Glover, M.: *The Napoleonic Wars: An Illustrated History 1792–1815.* New York 1979.
– *The Peninsular War, 1807–1814: A Concise History.* Newton Abbott 1974.
– *Warfare from Waterloo to Mons.* London 1980.
Glover, R.: *Peninsular Preparation: The Reform of the British Army, 1795–1809.* Cambridge 1963.

Godechet, J., B. F. Hyslop, and D. L. Dowd: *The Napoleonic Era in Europe*. New York 1971.

Goldman, M. I.: *The Enigma of Soviet Petroleum: Half-Full or Half-Empty?* London 1980.

– *USSR in Crisis: The Failure of an Economic System*. New York 1983.

Goldsmith, R. W.: »The Power of Victory: Munitions Output in World War II«, *Military Affairs* 10 (1946).

Gollwitzer, H.: *Europe in the Age of Imperialism*. London 1969.

– *Geschichte des weltpolitischen Denkens*, 2 Bde. Göttingen 1972, 1982.

Golovine, N.: *Russian Army in the World War*. New Haven, Conn. 1932.

Gooch, J.: *The Plans of War: The General Staff and British Military Strategy c. 1900–1916*. London 1974.

Good, D. F.: *The Economic Rise of the Habsburg Empire, 1750–1914*. Berkeley, Calif. 1984.

– (dt.: *Der wirtschaftliche Aufstieg des Habsburgerreiches 1750–1914*. Wien 1986.)

Gorce, P.-M. de la: *The French Army: A Military Political History*. New York 1963.

Gordon, D. C.: *The Dominion Partnership in Imperial Defense 1870–1914*. Baltimore, Md. 1965.

Gormley, D. M.: »A New Dimension to Soviet Theater Strategy«, *Orbis* 29 (1985).

Gottmann, J., ed.: *Center and Periphery*. Beverly Hills, Calif. 1980.

Goubert, P.: *Louis XIV. and Twenty Million Frenchmen*. London 1970.

Gough, B.: *The Royal Navy and the North West Coast of America 1810–1914*. Vancouver 1971.

Gowa, J.: *Closing the Gold Window: Domestic Politics and the End of Bretton Woods*. Ithaca, N.Y. 1983.

Grabaud, S. R.: *British Labour and the Russian Revolution 1917–1924*. Cambridge, Mass. 1956.

Graebner, N. A.: *America as a World Power*. Wilmington, Del. 1984.

Graham, G. S.: *Great Britain in the Indian Ocean: A Study of Maritime Enterprise 1810–1850*. Oxford 1967.

Graml, H., Hg.: *Sommer 1939. Die Großmächte und der europäische Krieg*. Stuttgart 1979.

Gray, C.: »Nuclear Strategy: A Case for a Theory of Victory«, *International Security* 4 (1979).

Greenwood, S.: »Return to Dunkirk: The Origins of the Anglo-French Treaty of March 1947«, *Journal of Strategic Studies* 6 (1983).

Grenville, J. A. S., and G. B. Young: *Politics, Strategy and American Diplomacy: Studies in Foreign Policy, 1873–1917*. New Haven, Conn. 1966.

– *A World History of the Twentieth Century 1900–1945*. London 1980.

– *Europe Reshaped 1848–1878.* London 1976.
– *Lord Salisbury and Foreign Policy: The Close of the Nineteenth Century, 1895–1902.* London 1964.
Griffith, W. E., ed.: *Communism in Europe: Continuity, Change and the Sino-Soviet Dispute,* 2 vols. Cambridge, Mass. 1964–1966.
– »Superpower Problems in Europe: A Comparative Assessment«, *Orbis* 29 (1986).
– *The Ostpolitik of the Federal Republic of Germany.* Cambridge, Mass. 1978.
– (dt.: *Die Ostpolitik der Bundesrepublik Deutschland.* Stuttgart 1981.)
Groom, J.: *British Thinking About Nuclear Weapons.* London 1974.
Grosser, A.: *The Western Alliance: European-American Relations Since 1945.* London 1980.
– (dt.: *Das Bündnis. Die westeuropäischen Länder und die USA seit dem Krieg.* München 1981.)
– *West Germany from Defeat to Rearmament.* London 1955.
– (dt. zu dem Thema: *Das Deutschland im Westen. Eine Bilanz nach 40 Jahren.* München 1988.)
Growing, M.: *Independence and Deterrence: Britain and Atomic Energy 1945–1952,* 2 vols. London 1974.
Grün, G.: »Locarno, Ideal and Reality«, *International Affairs* 31 (1955).
Gruner, W.: »Der Deutsche Bund – Modell für eine Zwischenlösung?« *Politik und Kultur* 9 (1982).
– *Die deutsche Frage: Ein Problem der europäischen Geschichte seit 1800.* München 1985.
Grunwald, J., and K. Flamm: *The Global Factory: Foreign Assembly in International Trade.* Washington, D.C. 1985.
Guéry, A.: »Les finances de la monarchie française«, *Annales* 33 (1978).
Guilmartin, J. F.: *Gunpowder and Galleys: Changing Technology and Mediterranean Warfare at Sea in the Sixteenth Century.* Cambridge 1974.
Guinn, P.: *British Strategy and Politics, 1914–1918.* Oxford 1965.
Gulick, E. V.: *Europe's Classical Balance of Power.* New York 1967 edn.
Gunsberg, J. A.: *Divided and Conquered: The French High Command and the Defeat of the West, 1940.* Westport, Conn. 1979.
Gustafson, T.: »Energy and the Soviet Union«, *International Security* 6 (1981–1982).

Hadley, A. T.: *The Straw Giant: Triumph and Failure: America's Armed Forces.* New York 1986.
Hagan, K. J., ed.: *In Peace and War: Interpretations of American Naval History, 1775–1978.* Westport, Conn. 1978.
Haig, A.: *Caveat.* New York 1984.

Halder, F.: *Kriegstagebuch*, Bd. 3. Stuttgart 1964.
Hale, J. R., ed.: *Europe in the Later Middle Ages*. London 1965.
– »Armies, Navies and the Art of War«, *New Cambridge Modern History*, vol. II. Cambridge 1958.
– *War and Society in Renaissance Europe 1450–1620*. London 1985.
Hale, O. J.: *Germany and the Diplomatic Revolution 1904–1906*. Philadelphia 1931.
Hall, J. W.: *Government and Local Power in Japan*. Princeton, N.J. 1966.
Halpern, P.: *The Mediterranean Naval Situation, 1908–1914*. Cambridge, Mass. 1971.
Hamerow, T.: *Restoration, Revolution, Reaction: Economics and Politics in Germany*. Princeton, N.J. 1958.
Hamilton, A.: *The Appeal of Fascism*. London 1971.
Hamilton, C. E.: »The Royal Navy, *La Royale* and the Militarization of Naval Warfare, 1840–1870«, *Journal of Strategic Studies* 6 (1983).
Hamilton, E. J.: »Origin and Growth of National Debt in Western Europe«, *American Economic Review* 37 (1947).
Hammond, T. T.: *Red Flag over Afghanistan*. Boulder, Col. 1984.
Hanrieder, W.: *West German Foreign Policy 1949–1963*. Stanford 1967.
Haraszti, E.: *The Invaders: Hitler Occupies the Rhineland*. Budapest 1983.
– *Treaty-Breakers or ›Realpolitiker‹? The Anglo-German Naval Agreement of June 1935*. Boppard 1974.
Hardach, G.: *The First World War 1914–1918*. London 1977.
Hardach, K.: *The Political Economy of Germany in the Twentieth Century*. Berkeley, Calif. 1980.
– (dt.: *Wirtschaftsgeschichte Deutschlands im 20. Jahrhundert*. Göttingen 1979.)
Hardie, F.: *The Abyssinian Crisis*. London 1974.
Harding, H., ed.: *China's Foreign Relations in the 1980s*. New Haven, Conn. 1984.
Haring, C. H.: *The Spanish Empire in America*. New York 1947.
Harris, K.: *Attlee*. London 1982.
Harris, R. D.: »French Finances and the American War, 1777–1783«, *Journal of Modern History* 46 (1976).
Harrison , J. A.: *The Chinese Empire*. New York 1972.
Harrison, M. M.: *Reluctant Ally: France and Atlantic Security*. Baltimore 1981.
Hart, G., and W. S. Lind: *America Can Win*. Bethesda, Md. 1986.
Harvie, C.: *War and Society in the 19th Century*. Bletchley 1973.
Haslam, J.: *The Soviet Union and the Struggle for Collective Security in Europe 1933–1939*. New York 1984.
Hastings, M.: *Overlord: D-Day and the Battle for Normandy*. London 1984.

– (dt.: *Overlord. D-Day und die Invasion in der Normandie 1944.* München 1985.)

Hattaway, H., and A. Jones: *How the North Won: A Military History of the Civil War.* Urbana, Ill. 1983.

Hatton, R. M., ed.: *Louis XIV. and Europe.* London 1976.

– *Charles XII. of Sweden.* London 1968.

Hauner, M.: »A Racial Revolution«, *Journal of Contemporary History* 19 (1984).

– »Did Hitler Want a World Dominion?«, *Journal of Contemporary History* 13 (1968).

– »The Soviet Geostrategic Dilemma«, Foreign Policy Research Institute, forthcoming.

Hayashi, S., and A. Coox: *Kogun: The Japanese Army in the Pacific War.* Westport, Conn. 1978 reprint.

Hayes, P.: *Fascism.* London 1973.

Haykal, M. H.: *The Sphinx and the Commissar: The Rise and Fall of Soviet Influence in the Middle East.* London 1978.

Headrich, D. R.: *The Tools of Empire: Technology and European Imperialism in the Nineteenth Century.* Oxford 1981.

Heald, M., and L. S. Kaplan: *Culture and Diplomacy: The American Experience.* Westport, Conn. 1977.

Hecksher, E. F.: *An Economic History of Sweden.* Cambridge, Mass. 1963.

– *The Continental System.* Oxford 1922.

Heischmann, E.: *Die Anfänge des stehenden Heeres in Österreich.* Wien 1925.

Heller, F. H., ed.: *The Korean War: A 25-Year Perspective.* Lawrence, Kan. 1977.

Henderson, W. O.: *The Industrial Revolution on the Continent: Germany, France, Russia 1800–1914.* London 1967 edn.

– *The Rise of German Industrial Power, 1834–1914.* Berkeley, Calif. 1972.

Hennessy, J., et al.: *Economic »Miracles«.* London 1964.

Henrickson, A. K.: »The Creation of the North Atlantic Alliance, 1948–1952«, *Naval War College Review* 32 (1980).

Hentschel, V.: »Produktion, Wachstum und Produktivität in England, Frankreich und Deutschland von der Mitte des 19. Jahrhunderts bis zum Ersten Weltkrieg«, *Vierteljahresschrift für Sozial- und Wirtschaftsgeschichte* 68 (1981).

Herken, G.: *Counsels of War.* New York 1985.

– *The Winning Weapon: The Atomic Bomb in the Cold War 1945–1950.* New York 1980.

Herrick, R. W.: *Soviet Naval Strategy.* Annapolis, Md. 1968.

Herring, G.: *America's Longest War: The United States and Vietnam, 1950–1975*. New York 1979.

Herspring, D. R., and I. Volgyes: »Political Reliability in the Eastern European Warsaw Pact Armies«, *Armed Forces and Society* 6 (1980).

Herwig, H. H.: *Politics of Frustration: The United States in German Naval Planning, 1889–1941*. New York 1976.

Hess, A. C.: »The Evolution of the Ottoman Seaborne Empire in the Age of Oceanic Discoveries, 1453–1525«, *American Historical Review* 75 (1970).

Hiden, J.: *Germany and Europe 1919–1939*. London 1977.

Higginbotham, D., ed.: *Reconsiderations on the Revolutionary War*. Westport, Conn. 1978.

– *The War of American Independence*. Bloomington, Ind. 1977 edn.

Higham, R.: *Air Power: A Concise History*. Manhattan, Kan. 1984 edn.

Higonnet, P. L. R.: »The Origins of the Seven Years War«, *Journal of Modern History* 40 (1968).

Hildebrand, G. H.: *Growth and Structure in the Economy of Modern Italy*. Cambridge, Mass. 1965.

Hildebrand, K.: »Staatskunst oder Systemzwang? Die ›Deutsche Frage‹ als Problem der Weltpolitik«, *Historische Zeitschrift* 228 (1979).

– *The Third Reich*. London 1984.

– (dt.: *Das Dritte Reich*. 3. überarb. u. erw. Aufl. München 1987.)

Hill, C.: *Reformation to Industrial Revolution*. Harmondsworth 1969.

– (dt.: *Von der Reformation zur Industriellen Revolution. Sozial- und Wirtschaftsgeschichte Englands 1530–1780*. Frankfurt 1977.)

– *The Century of Revolution 1603–1714*. Edinburgh 1961.

Hillgruber, A.: *Bismarcks Außenpolitik*. Freiburg 1972.

– *Die gescheiterte Großmacht: Eine Skizze des Deutschen Reiches 1871–1945*. Düsseldorf 1980.

– *Germany and the Two World Wars*. Cambridge, Mass. 1981.

– (dt.: *Deutschlands Rolle in der Vorgeschichte der beiden Weltkriege*. 3. Aufl. Göttingen 1986.)

– *Hitlers Strategie: Politik und Kriegsführung 1940–1941*. Frankfurt 1965.

Hinsley, F. H., et al.: *British Intelligence in the Second World War*, vol II. London 1981.

– *Power and the Pursuit of Peace*. Cambridge 1967.

Hobsbawm, E. J.: *The Age of Capital 1848–1875*. London 1975.

– (dt.: *Die Blütezeit des Kapitals. Eine Kulturgeschichte der Jahre 1848–1875*. Frankfurt 1980.)

– *Industry and Empire*. Harmondsworth, Mddsx. 1969.

– (dt.: *Industrie und Empire. Britische Wirtschaftsgeschichte seit 1750*. 2 Bde. Frankfurt 1975.)

– *The Age of Revolution 1789–1848.* London 1962.
Hochmann, J.: *The Soviet Union and the Failure of Collective Security 1934–1938.* Ithaca, N.Y. 1984.
Hodgson, M. G. S.: *The Venture of Islam.* Chicago 1924.
Hoensch, J. K.: *Sowjetische Osteuropa-Politik 1945–1974.* Düsseldorf 1977.
Hörnigk, P. W.: *Österreich über alles, wann es nur will (1684).* Frankfurt 1948.
Hoffman, S., ed.: *In Search of France.* Cambridge, Mass. 1963.
– *Gulliver's Troubles.* New York 1968.
– *Primacy or World Order?* New York 1978.
Hoffmann, W. G.: *Das Wachstum der deutschen Wirtschaft seit der Mitte des 19. Jahrhunderts.* Berlin 1965.
Holland, R. F.: *Britain and the Commonwealth Alliance, 1918–1939.* London 1981.
– *European Decolonization: The British, French, Dutch, and Belgian Empires 1919–1963.* London 1978.
Holloway, D.: *The Soviet Union and the Arms Race,* 2nd edn. New Haven, Conn. 1984.
Holmes, R.: *The Road to Sedan: The French Army, 1866–1870.* London 1984.
Holt, S.: *The Common Market: The Conflict of Theory and Practice.* London 1967.
Holzle, E.: *Die Selbstentmachtung Europas.* Göttingen 1975.
Holzman, F. D.: »Are the Soviets Really Outspending the US on Defense?«, *International Security* 4 (1980).
– *Financial Checks on Soviet Defense Expenditures.* Lexington, Mass. 1975.
– »Soviet Military Spending; Assessing the Numbers Game«, *International Security* 6 (1982).
Homze, E. L.: *Arming the Luftwaffe.* Lincoln, Neb. 1976.
Hope-Jones, A.: *Income Tax in the Napoleonic Wars.* Cambridge 1939.
Horn, R. C.: *The Soviet Union and India. The Limits of Influence.* New York 1981.
Horne, A.: *The French Army and Politics 1870–1970.* London 1984.
Horowitz, D.: *The Free World Colossus.* New York 1971 edn.
Hosking, G.: *A History of the Soviet Union.* London 1985.
Hough, J. F., and M. Fainsod: *How the Soviet Union Is Governed.* Cambridge, Mass. 1979.
Howard, M. ed.: *The Theory and Practice of War.* London 1965.
– (dt. zu dem Thema: *Der Krieg in der europäischen Geschichte. Vom Ritterheer zur Atomstreitmacht.* München 1981.)
– *The British Way in Warfare.* Neale Lecture, London 1975.

– *The Continental Commitment*. London 1972.
– *The Franco-Prussian War*. London 1981 edn.
Howarth, S.: *The Fighting Ships of the Rising Sun: The Drama of the Imperial Japanese Navy 1895–1945*. New York 1983.
Hucker, C. O.: *China's Imperial Past*. Stanford, Calif. 1975.
Hudson, G. F.: *The Far East in World Affairs*, 2nd edn. London 1939.
Hueckel, G.: »War and the British Economy, 1793–1815: A General Equilibrium Analysis«, *Explorations in Economic History* 10 (1972).
Hufton, O.: *Europe: Privilege and Protest 1730–1789*. London 1980.
Hint B., and A. Preston, eds.: *War Aims and Strategic Policy in the Great War*. London 1977.
Hyam, R.: *Britain's Imperial Century 1815–1914*. London 1975.
Hynes, W. G.: *The Economics of Empire: Britain, Africa and the New Imperialism, 1870–1895*. London 1979.

Imlah, A. H.: *Economic Elements in the »Pax Britannica«*. Cambridge, Mass. 1958.
Inalcik, H.: *The Ottoman Empire: Conquest, Organization and Economy: Collected Studies*. London 1978.
– *The Ottoman Empire: The Classical Age 1300–1600*. New York 1973.
Ingram, E., ed.: »The Great Game in Asia«, *The International History Review* 2 (1980).
– *Commitment to Empire: Prophecies of the Great Game in Asia, 1797–1800*. Oxford 1981.
– *The Beginning of the Great Game in Asia 1828–1834*. Oxford 1979.
Ireland, T. P.: *Creating the Entangling Alliance*. London 1981.
Iriye, A.: *Across the Pacific*. New York 1967.
– *After Imperialism: The Search for a New Order in the Far East 1921–1931*. New York 1978 edn.
Irving, E. M.: *The First Indochina War: French and American Policy, 1945–1954*. London 1975.
Iseley, J. A., and P. A. Crowl: *The U.S. Marines and Amphibious War*. Princeton, N.J. 1945.
Ismay, Lord.: *NATO – The First Five Years, 1949–1954*. Utrecht 1954.
Israel, J. I.: »A Conflict of Empires: Spain and the Netherlands, 1618–1648«, *Past and Present* 76 (1977).
– *The Dutch Republic and the Hispanic World, 1606–1661*. Oxford 1982.

Jabber, P.: »Egypt's Crisis, America's Dilemma«, *Foreign Affairs* 64 (1986).
Jackel, E.: *Hitler's Weltanschauung*. Middletown, Conn. 1982.
Jacobsen, J.: *Locarno Diplomacy: Germany and the West 1925–1929*. Princeton, N.J. 1972.

Jansen, G. H.: *Afro-Asia and Non-Alignment*. London 1966.
Jelavich, B.: *The Great Powers, the Ottoman Empire, and the Straits Question 1870–1887*. Bloomington, Ind. 1973.
Jencks, H. W.: *From Missiles to Muskets: Politics and Professionalism in the Chinese Army 1945–1981*. Boulder, Col. 1982.
Jenkins, E. H.: *A History of the French Navy*. London 1973.
Jenks, L. H.: *Migration of British Capital to 1875*. London 1963 edn.
Jervis, R.: *The Illogic of American Nuclear Strategy*. Ithaca, N.Y. 1984.
– »The Impact of the Korean War on the Cold War«, *Journal of Conflict Resolution* 24 (1980).
Joffe, J.: »European-American Relations: The Enduring Crisis«, *Foreign Affairs* 59 (1981).
Johnson, A. R., et al.: *East European Military Establishments: The Warsaw Pact Northern Tier*. New York 1982.
Johnson, C.: *MITI and the Japanese Miracle: The Growth of Industrial Policy 1925–1975*. Stanford, Calif. 1982.
Johnson, F. A.: *Defense by Committee*. London 1960.
Johnson, P. M., and W. R. Thompson, eds.: *Rhythms in Politics and Economics*. New York 1985.
Joll, J., ed.: *The Decline of the Third Republic*. New York 1959.
– *Europe Since 1870*. London 1973.
– *The Origins of the First World War*. London 1984.
– (dt.: *Die Ursprünge des Ersten Weltkriegs*. München 1988.)
Jones, C., ed.: *Britain and Revolutionary France: Conflict, Subversion and Propaganda*. Exeter 1983.
Jones, D. R.: »Nicholas II. and the Supreme Command«, *Sbornik* 11 (1985).
Jones, E.: »Manning the Soviet Military«, *International Security* 7 (1982).
– »Minorities in the Soviet Armed Forces«, *Comparative Strategy* 3 (1982).
Jones, E. L., and G. E. Mingay, eds.: *Land, Labour and Population of the Industrial Revolution*. London 1967.
– *The European Miracle: Environments, Economies and Geopolitics in the History of Europe and Asia*. Cambridge 1981.
Jones, J. R.: *Britain and the World 1649–1815*. London 1980.
– *Country and Court 1658–1714*. London 1978.
Jordan, W. M.: *Britain, France and the German Problem*. London 1943.
Jukes, G.: »The Indian Ocean in Soviet Naval Policy«, *Adelphi Papers* 87 (1972).
– *The Soviet Union in Asia*. Berkeley, Calif. 1973.
Junge, C.: *Flottenpolitik und Revolution: Die Entstehung der englischen Seemacht während der Herrschaft Cromwells*. Stuttgart 1980.

Kahn, H.: *On Thermonuclear War*. Princeton, N.J. 1960.
– (dt. zu dem Thema: *Nachdenken über den Atomkrieg. Konfliktszenarios mit simulierten Situationen im Dienste der Friedensstrategie*. Berlin 1987.)
– *The Emerging Japanese Superstate*. London 1971.
Kaiser, D.: *Economic Diplomacy and the Origins of the Second World War*. Princeton, N.J. 1980.
Kaldor, M.: *The Baroque Arsenal*. London 1982.
– (dt.: *Rüstungsbarock. Das Arsenal der Zerstörung und das Ende der Techno-Logik*. Berlin 1981.)
Kamata, S.: *Japan in the Passing Lane*. New York 1984.
Kamen, H.: *Spain 1469–1714*. London 1983.
Kan, M. Y. M.: *Mainland China's Modernization: Its Prospects and Problems*. Berkeley, Calif. 1982.
Kanet, R., ed.: *The Soviet Union and the Developing Nations*. Baltimore 1974.
Kann, R. A.: *A History of the Habsburg Empire 1526–1918*. Berkeley, Calif. 1974.
– (dt.: *Die Geschichte des Habsburgerreiches 1526–1918*. Wien 1982.)
Kanya-Forstner, A. S.: *The Conquest of the Western Sudan: A Study in French Military Imperialism*. Cambridge 1969.
Kaplan, F.: *The Wizards of Armageddon*. New York 1983.
Kaplan, H.: *Russia and the Outbreak of the Seven Years War*. Berkeley, Calif. 1968.
Kaplan, L. S.: *The United States and NATO: The Formative Years*. Lexington, Ky. 1984.
Karnow, S.: *Vietnam: A History*. New York 1984.
Kaser, M.: *Comecon*. London 1967.
Katzenstein, P. J., ed.: *Between Power and Plenty: Foreign Economic Policies of Advanced Industrial States*. Madison, Wi. 1978.
Kazemzadeh, F.: *Russia and Britain in Persia 1864–1914*. New Haven, Conn. 1968.
Kazokins, J.: »Nationality in the Soviet Army«, *Journal of the Royal United Services Institute for Defense Studies* 30 (1985).
Keegan, J.: *The Face of Battle*. Harmondsworth, Mddsx. 1978.
Keeny, S. M., and W. K. H. Panofsky: »MAD vs. NUTS: The Mutual Hostage Relationship of the Superpowers«, *Foreign Affairs* 60 (1981–1982).
Keep, J. H. L.: »The Military Style of the Romanov Rulers«, *War and Society* 1 (1983).
– »Russia«, *New Cambridge Modern History*, vol. XI. Cambridge 1962.
Keiger, J. F. V.: *France and the Origins of the First World War*. London 1983.

Kelleher, C. M.: *Germany and the Politics of Nuclear Weapons.* New York 1975.

Kemp, T.: *Economic Forces in French History.* London 1971.

– *Industrialization in Nineteenth-Century Europe.* London 1969.

– *The French Economy 1913–1939: The History of a Decline.* New York 1972.

Kendrick, A.: *The Wound Within: America in the Vietnam Years, 1945–1974.* Boston 1974.

Kendrick, M. S.: *A Century and a Half of Federal Expenditures.* New York 1955.

Kenez, P.: »Russian Officer Corps Before the Revolution: The Military Mind«, *Russian Review* 31 (1972).

Kennan, G. F.: *The Decline of Bismarck's European Order: Franco-Russian Relations 1875–1890.* Princeton, N.J. 1979.

– (dt.: *Bismarcks europäisches System in der Auflösung. Die französisch-russische Annäherung 1875–1890.* Berlin 1981.)

– *American Diplomacy.* Chicago 1984 edn.

– *The Fateful Alliance: France, Russia, and the Coming of the First World War.* New York 1984.

Kennedy, D.: *Over Here: The First World War and American Society.* Oxford 1980.

Kennedy, G.: *Defense Economics.* London 1983.

Kennedy, P. M., ed.: *The War Plans of the Great Powers 1880–1914.* London 1979.

– *Strategy and Diplomacy, 1860–1945: Eight Essays.* London 1983.

– *The Realities Behind Diplomacy.* London 1981.

– *The Rise and Fall of British Naval Mastery.* London 1976.

– (dt.: *Aufstieg und Verfall der britischen Seemacht.* Herford 1978.)

– *The Rise of the Anglo-German Antagonism, 1860–1914.* London 1980.

– (dt.: »Maritime Strategieprobleme der deutsch-englischen Flottenrivalität«, in: H. Schottelius u. W. Deist, Hg.: *Marine und Marinepolitik im kaiserlichen Deutschland 1871–1914,* Düsseldorf 1972.)

Kennet, L.: *The French Armies in the Seven Years War: A Study in Military Organization and Administration.* Durham, N.C. 1967.

Keohane, R. O.: »State Power and Industry Influence: American Foreign Oil Policy in the 1940s«, *International Organization* 36 (1982).

– *After Hegemony.* Princeton, N.J. 1974.

Kerner, R. J.: *The Urge to the Sea.* New York 1971 reprint.

Kersaudy, F.: *Churchill and De Gaulle.* London 1981.

Kershaw, I.: *Popular Opinion and Political Dissent in the Third Reich: Bavaria 1933–1945.* Oxford 1983.

– (dt. zu dem Thema: *Der Hitler-Mythos. Volksmeinung und Propaganda im Dritten Reich.* München 1979.)

– *The Nazi Dictatorship*. London 1985.

Keylor, W. R.: *The Twentieth-Century World: An International History*. Oxford 1984.

Kiernan, V. G.: *European Empires from Conquest to Collapse, 1815–1960*. London 1982.

– »Foreign Mercenaries and Absolute Monarchy«, *Past and Present* 11 (1957).

– »State and Nation in Western Europe«, *Past and Present* 31 (1965).

Kilmarx, R.: *A History of Soviet Air Power*. London 1962.

Kindleberger, C. P.: *A Financial History of Western Europe*. London 1984.

– »Commercial Expansion and the Industrial Revolution«, *Journal of European Economic History* 4 (1975).

– *The World in Depression 1929–1939*. Berkeley, Calif. 1973.

– (dt.: *Geschichte der Weltwirtschaft im 20. Jahrhundert*. 6 Bde. Bd. 4, *Die Weltwirtschaftskrise 1929–1939*. München 1972.)

Kiraly, B. K., and G. E. Rothenberg, eds.: *War and Society in Eastern Europe*, vol I. New York 1979.

Kiser, J. W.: »How the Arms Race Really Helps Moscow«, *Foreign Policy* 60 (1985).

Kissinger, H.: *A World Restored: Metternich, Castlereagh and the Problems of Peace 1812–1822*. Boston 1957.

– (dt.: *Das Gleichgewicht der Großmächte. Metternich, Castlereagh und die Neuordnung Europas 1812–1822*. Zürich 1986.)

– *The White House Years*. Boston 1979.

– »The White Revolutionary: Reflections on Bismarck«, *Daedelus* 97 (1968).

Kitchen, M.: *The Political Economy of Germany 1815–1914*. London 1978.

Klein, L., and K. Ohkawa, eds.: *Economic Growth: The Japanese Experience Since the Meiji Era*. Holmwood, Ill. 1968.

Knorr, K.: »Burden-Sharing in NATO: Aspects of US Policy«, *Orbis* 29 (1985).

Knox, M.: »Conquest, Foreign and Domestic, in Fascist Italy and Nazi Germany«, *Journal of Modern History* 56 (1986).

– *Mussolini Unleashed 1939–1941*. Cambridge 1982.

Koch, H. W., ed.: *The Origins of the First World War*. London 1982.

Kochan, L., and R. Abraham: *The making of Modern Russia*. Harmondsworth, Mddsx. 1983 edn.

Kocka, J.: *Facing Total War: German Society 1914–1918*. Leamington Spa 1984.

– (dt.: *Klassengesellschaft im Krieg. Deutsche Sozialgeschichte 1914 bis 1918*. 2. erw. Aufl., Göttingen 1978.)

Koenigsberger, H. G.: »The Empire of Charles V. in Europe«, *New Cambridge Modern History*, vol. II. Cambridge 1958.
– »Western Europe and the Power of Spain«, *New Cambridge Modern History*, vol. 3. Cambridge 1968.
– *The Government of Sicily Under Philip II*. London 1951.
– *The Habsburgs and Europe 1516–1660*. Ithaca, N.Y. 1971.
Kohl, W. L.: *French Nuclear Diplomacy*. Princeton, N.J. 1971.
Kolakowski, L.: *Main Currents of Marxism, I, The Founders*. Oxford 1981.
– (dt.: *Die Hauptströmungen des Marxismus*. Bd. 1. München 1988.)
Kolb, E. Hrsg.: »Europa und die Reichsgründung«, *Historische Zeitschrift*, Beiheft 6. München 1980.
Kolko, G.: *The Politics of War 1943–1945*. New York 1968.
– *Vietnam: Anatomy of a War, 1940–1975*. New York 1986.
Kolodziej, E.: *French International Policy Under De Gaulle and Pompidou: The Politics of Grandeur*. Ithaca, N.Y. 1974.
Komer, R. W.: *Maritime Strategy or Coalition Defense?* Cambridge, Mass. 1984.
Kortepeter, C. M.: *Ottoman Imperialism, During the Reformation*. London 1973.
Kriedte, P.: *Peasants, Landlords and Merchant Capitalists: Europe and the World Economy, 1500–1800*. Leamington Spa 1983.
– (dt.: *Spätfeudalismus und Handelskapital. Grundlinien der europäischen Wirtschaftsgeschichte vom 16. bis zum Ausgang des 18. Jahrhunderts*. Göttingen 1980.)
Krumeich, G.: *Armaments and Politics in France on the Eve of the First World War*. Leamington Spa 1986.
– (dt.: *Aufrüstung und Innenpolitik in Frankreich vor dem Ersten Weltkrieg*. Stuttgart 1980.)
Kuhn, A.: *Hitlers außenpolitisches Programm*. Stuttgart 1970.
Kuisel, R. F.: *Capitalism and the State in Modern France*. Cambridge 1981.
Kuniholm, B. R.: *The Origins of the Cold War in the Near East*. Princeton, N.J. 1980.
Kunisch, J.: *Das Mirakel des Hauses Brandenburg*. München 1978.
Kwitny, J.: *Endless Enemies*. New York 1972.

Lachouque, H.: *Waterloo*. Paris 1972.
LaFeber, W.: *America, Russia and the Cold War 1945–1975*. New York 1976.
– *The New Empire: An Interpretation of American Expansion 1860–1898*. Ithaca, N.Y. 1963.
Laird, R. F.: *France, the Soviet Union, and the Nuclear Weapons Issue*. Boulder, Col. 1986.

– »The French Strategic Dilemma«, *Orbis* 28 (1984).

Lambi, I. N.: *The Navy and German Power Politics 1862–1914*. London 1984.

Landes, D.: *The Unbound Prometheus: Technological Change and Industrial Development in Western Europe from 1750 to the Present*. Cambridge 1969.

– (dt.: *Der entfesselte Prometheus. Technologischer Wandel und industrielle Entwicklung in Westeuropa von 1750 bis zur Gegenwart*. Köln 1973.)

Langer, W. L.: *European Alliances and Alignments 1871–1890*. New York 1950 edn.

– *The Diplomacy of Imperialism 1890–1902*, 2nd edn. New York 1965.

Langford, P.: *The Eighteenth Century 1688–1815: British Foreign Policy*. London 1976.

Langhorne, R. T. B., ed.: *Diplomacy and Intelligence During the Second World War*. Cambridge 1985.

Larson, T. B.: *Soviet-American Rivalry*. New York 1978.

Laue, T. H. von: *Sergei Witte and the Industrialization of Russia*. New York 1963.

Laurens, F. D.: *France and the Italo-Ethiopian Crisis, 1935–1936*. Den Haag 1967.

Lee, A.: *The Soviet Air Force*. London 1961.

Lee, M., and W. Michalka: *German Foreign Policy 1917–1933: Continuity or Break?* Leamington Spa 1987.

Lee, W. T.: *The Estimation of Soviet Defense Expenditures 1955–1975*. New York 1977.

Leebaert, D., ed.: *Soviet Military Thinking*. London 1981.

Lefebvre, G.: *Napoleon*, 2 vols. London 1969.

Leffler, M. P.: »Security and Containment Before Kennan: The Identification of American Interests at the End of World War II«, Lehrman Institute Paper, forthcoming.

– »The American Conception of National Security and the Beginnings of the Cold War, 1945–1948«, *American Historical Review* 89 (1984).

Lellouche, P.: *L'avenir de la guerre*. Paris 1985.

– »France and the Euromissiles«, *Foreign Affairs* 62 (1983–1984).

Lenin, W. I.: *Der Imperialismus als höchstes Stadium des Kapitalismus*, Frankfurt 1971.

Lerner, D., and R. Aron: *France Defeats EDC*. New York 1957.

Leutze, J.: *Bargaining for Supremacy: Anglo-American Naval Relations 1937–1941*. Chapel Hill, N.C. 1977.

Levine, A. J.: »Was World War II a Near-Run Thing?«, *Journal of Strategic Studies* 8 (1985).

Levy, J.: *War in the Modern Great Power System*. Lexington, Ky. 1983.

Lewin, M.: *Russian Peasants and Soviet Power*. Evanston, Ill. 1968.
Lewin, R.: *The American Magic: Codes, Ciphers and the Defeat of Japan*. New York 1982.
– (dt. zu dem Thema: *Entschied Ultra den Krieg? Die alliierte Funkaufklärung im 2. Weltkrieg*. Bonn 1981.)
Lewis, W. A.: *Economic Survey 1919–1939*. London 1949.
Lichtheim, G.: *Europe in the Twentieth Century*. London 1972.
Liddell Hart, B. H., ed.: *The Red Army*. New York 1956.
– *History of the First World War*. London 1970 edn.
– *History of the Second World War*. London 1970.
– (dt.: *Geschichte des 2. Weltkrieges*. 2 Bde. Bergisch-Gladbach 1980.)
Lieven, D. C. B.: *Russia and the Origins of the First World War*. London 1983.
Lifton, R. J.: *Home from the War: Vietnam Veterans*. New York 1973.
Lincoln, W. B.: *Passage Through Armageddon: The Russians in the War and Revolution 1914–1918*. New York 1986.
Linder, S. B.: *The Pacific Century*. Stanford, Calif. 1986.
Lindermann, G. F.: *The Mirror of War: American Society and the Spanish-American War*. Ann Arbor, Mich. 1974.
Link, A. S.: *Wilson*, 5 vols. Princeton, N.J. 1947–1965.
Lippmann, W.: *U.S. Foreign Policy: Shield of the Republic*. Boston 1943.
Litwak, R. S.: *Détente and the Nixon Doctrine: American Foreign Policy and the Pursuit of Stability, 1969–1975*, Cambridge 1984.
Lloyd, C.: *The Nation and the Navy*. London 1961.
Loades, D. M.: *Politics and the Nation 1450–1660*. London 1974.
Lobonov-Rostovsky, A. A.: *Russia and Europe 1789–1825*. Durham, N.C. 1947.
Lo Jung-pang: »The Decline of the Early Ming Navy«, *Orient Extremus* 5 (1958).
– »The Emergence of China as a Sea Power During the Late Sung and Early Yuan Periods«, *Far Eastern Quarterly* 14 (1955).
Louis, W. R.: *The British Empire in the Middle East, 1945–1951*. Oxford 1984.
Lovett, G. H.: *Napoleon and the Birth of Modern Spain*, 2 vols. New York 1965.
Low, A. D.: *The Sino-Soviet Dispute*. Rutherford, N.J. 1976.
Lowe, C. J., and F. Marzari: *Italian Foreign Policy 1870–1940*. London 1975.
Lowe, P.: *Britain in the Far East: A Survey from 1819 to the Present*. London 1981.
Lubasz, H., ed.: *The Development of the Modern State*. New York 1964.
Lukacs, J.: *The Last European War, September 1939/December 1941*. London 1977.

Lundkvist, S.: »Svensk krigsfinansiering 1630–1635« (mit deutscher Zusammenfassung), *Historisk tidskrift* (1966).
Lupfer, T.: »The Dynamics of Doctrine: The Changes in German Tactical Doctrine During the First World War«, *Leavenworth Papers* 4. Leavenworth, Kan. 1981.
Luttwak, E.: *The Pentagon and the Art of War*. New York 1985.
Luvaas, J.: *The Military Legacy of the Civil War: The European Inheritance*. Chicago 1959.
Lynch, J.: *Spain Under the Habsburgs*, 2 vols. Oxford 1964, 1969.
Lyon, P.: *Neutralism*. Leicester 1963.

Macartney, C. A.: *The Habsburg Empire 1790–1918*. London 1969.
McCauley, M., ed.: *Communist Power in Europe, 1944–1949*. London 1977.
– *The Soviet Union Since 1917*. London 1981.
McCormick, T.: *China Market: America's Quest for Informal Empire*. Chicago 1967.
MacDonald, C. A.: *The United States, Britain and Appeasement 1936–1939*. London 1980.
McDougall, W. A.: *France's Rhineland Diplomacy 1914–1924*. Princeton, N.J. 1978.
McEvedy, C.: *The Penguin Atlas of Recent History*. Harmondsworth, Mddsx. 1982.
McFetridge, C. D.: »Some Implications of China's Emergence as a Great Power«, *Journal of the Royal United Services Institute for Defence Studies* 128 (1983).
McGeehan, R.: *The German Rearmament Question*. Urbana, Illinois 1971.
McGowan, P., and C. W. Kegley, eds.: *Foreign Policy and the Modern World-System*. Beverly Hills, Calif. 1983.
Machay, J. P.: *Pioneer for Profit: Foreign Entrepreneurs and Russian Industrialization*. Chicago 1970.
Mack Smith, D.: *Italy: A Modern History*. Ann Arbor, Mich. 1959.
– *Mussolini's Roman Empire*. London 1976.
– *Mussolini: A Biography*. New York 1982.
Mackay, D.: *Prince Eugene of Savoy*. London 1977.
Mackay, D., and H. M. Scott: *The Rise of the Great Powers 1648–1815*. London 1983.
Mackesy, P.: *Statesman at War: The Strategy of Overthrow, 1798–1799*. London 1974.
– *The War for America 1775–1783*. London 1964.
Mackinder, H. J.: »The Geographical Pivot of History«, *Geographical Journal* 23 (1904).

Mackintosh, M.: *Juggernaut: A History of the Soviet Armed Forces*. New York 1967.
McMillen, D. H., ed.: *Asian Perspectives on International Security*. London 1984.
McNeill, W. H.: *A World History*. London 1979 edn.
– *The Pursuit of Power: Technology, Armed Forces and Society Since 1000 A. D.* Chicago 1983.
– (dt.: *Krieg und Macht. Militär, Wirtschaft und Gesellschaft vom Altertum bis heute*. München 1984.)
– *The Rise of the West*. Chicago 1967.
Madariaga, I. de: *Britain, Russia and the Armed Neutrality of 1780*. London 1962.
– *Russia in the Age of Catherine the Great*. London 1981.
Maddison, A.: »A Comparison of Levels of GDP per Capita in Developed and Developing Countries, 1700–1980«, *Journal of Economic History* 43 (1983).
Magalhaes-Godinho, V.: *L'économie de l'Empire Portugais aux XVe et XVIe siècles*. Paris 1969.
Mahan, A. T.: *Sea Power in Its Relations to the War of 1812*, 2 vols. London 1905.
– *The Influence of Sea Power upon History 1660–1783*. London 1965 edn.
– (dt.: *Der Einfluß der Seemacht auf die Geschichte*. Herford 1974.)
Maier, C. S.: *Recasting Bourgeois Europe*. Princeton, N.J. 1975.
Maier, K. A., et al., Hg.: *Das Deutsche Reich und der Zweite Weltkrieg*, Bd. 2, *Die Errichtung der Hegemonie auf dem europäischen Kontinent*. Stuttgart 1979.
Mako, W. P.: *U.S. Ground Forces and the Defense of Central Europe*. Washington, D.C. 1983.
Maland, D.: *Europe in the Seventeenth Century*. London 1966.
Malinraud, E.: *La Croissance française*. Paris 1972.
Mallet, M. E.: *Mercenaries and Their Masters: Warfare in Renaissance Italy*. London 1976.
Mamatey, V. S.: *Rise of the Habsburg Empire 1526–1815*. Huntingdon, N.Y. 1978 edn.
Mandelbaum, M.: *The Nuclear Future*. Ithaca, N.Y. 1983.
– *The Nuclear Question: The United States and Nuclear Weapons 1946–1976*. New York 1979.
– *The Nuclear Revolution: International Politics Before and After Hiroshima*. New York 1981.
Mansergh, N.: *The Commonwealth Experience*. London 1969.
Marder, A. J.: *From the Dreadnought to Scapa Flow: The Royal Navy in the Fisher Period*, vol. I, *The Road to War, 1904–1914*. London 1961.

– *Old Friends, New Enemies: The Royal Navy and the Imperial Japanese Navy*. Oxford 1981.
– *The Anatomy of British Sea Power*. Hamden, Conn. 1964 reprint.
– »The Royal Navy in the Italo-Ethiopian War 1935–1936«, *American Historical Review* 75 (1970).
Marks, S.: *The Illusion of Peace: International Relations in Europe 1918–1933*. London 1976.
Marriss, S.: *Deficits and the Dollar: The World Economy at Risk*. Washington, D.C. 1985.
– (dt.: *Defizite und der Dollar. Die Weltwirtschaft in Gefahr*. Hamburg 1986.)
Marsh, F.: *Japanese Overseas Investment*. London 1983.
Marshall, P. J.: »British Expansion in India in the Eighteenth Century: An Historical Revision«, *History* 60 (1975).
Martin, B.: »Außenhandel und Außenpolitik Englands unter Cromwell«, *Historische Zeitschrift* 218 (1974).
Martin, L.: *Peace Without Victory – Woodrow Wilson and the English Liberals*. New York 1973 edn.
Marwick, A.: *The Deluge – British Society in the First World War*. London 1965.
– *War and Social Change in the Twentieth Century*. London 1974.
Masson, P.: »La Marine française en 1939–1940«, *Revue historique des armées* 4 (1979).
Mathias, P.: *The First Industrial Nation: An Economic History of Britain 1700–1914*. London 1969.
– and P. O'Brien: »Taxation in Britain and France, 1715–1810«, *Journal of European Economic History* 5 (1976).
Matloff, M.: *Strategic Planning for Coalition Warfare, 1943–1944*. Washington, D.C. 1959.
Mattingly, G.: *Renaissance Diplomacy*. Harmondsworth, Mddsx. 1965.
May, A. J.: *The Habsburg Monarchy 1862–1916*. Cambridge, Mass. 1960.
– *The Passing of the Habsburg Monarchy, 1914–1918*, 2 vols. Philadelphia 1966.
May, E. R., ed.: *Knowing One's Enemies: Intelligence Assessment Before the Two World Wars*. Princeton, N.J. 1984.
– *American Imperialism: A Speculative Essay*. New York 1968.
– *Imperial Democracy: The Emergence of America as a Great Power*. New York 1961.
– *The World War and American Isolation*. Chicago 1966 edn.
Mayer, A. J.: *Political Origins of the New Diplomacy*. New York 1970.
– *Politics and Diplomacy of Peacemaking: Containment and Counterrevolution at Versailles 1918–1919*. London 1968.

McGwire, M.: *Soviet Naval Developments.* New York 1973.
– *Soviet Naval Influence.* New York 1977.
– *Soviet Naval Policy.* New York 1975.
Mearsheimer, J.: *Conventional Deterrence.* Ithaca, N.Y. 1983.
Medlicott, W. N.: *British Foreign Policy Since Versailles, 1919–1963.* London 1968.
Mellor, R. E. M.: *The Soviet Union and Its Geographical Problems.* London 1982.
Mendelsohn, K.: *Science and Western Domination.* London 1976.
Mendl, W.: *Deterrence and Persuasion: French Nuclear Armament in the Context of National Policy, 1945–1969.* London 1970.
Menon, K.: *Soviet Power and the Third World.* New York 1985.
Meyers, R.: *Britische Sicherheitspolitik 1934–1938. Studien zum außen- und sicherheitspolitischen Entscheidungsprozeß.* Düsseldorf 1976.
Middlebrook, M.: *The Kaiser's Battle: 21 March 1918.* London 1978.
Middlemas, K.: *Diplomacy of Illusion: The British Government and Germany 1937–1939.* London 1972.
Middleton, R.: *The Bells of Victory.* Cambridge 1985.
Military Balance, The: International Institute of Strategic Studies. London, annual.
Millar, G. J.: *Tudor Mercenaries and Auxiliaries 1485–1547.* Charlottesville, Va. 1980.
Miller, M. S.: *The Economic Development of Russia, 1905–1914.* London 1926.
Miller, S. E., ed.: *Military Strategy and the Origins of the First World War.* Princeton, N.J. 1985.
– ed.: *Conventional Forces and American Defense Policy.* Princeton, N.J. 1986.
Millett, A. R., and W. Murray, eds.: *Military Effectiveness.* Winchester 1988.
– and P. Maslowski: *For the Common Defense: A Military History of the United States of America.* New York 1984.
Mills, W.: *Arms and Men.* New York 1956.
Milward, A. S.: *The Economic Effects of the World Wars in Britain.* London 1970.
– *The German Economy at War.* London 1965.
– *The Reconstruction of Western Europe, 1945–1951.* London 1984.
– *War, Economy and Society 1939–1945.* Berkeley, Calif. 1979.
– (dt.: *Der Zweite Weltkrieg 1939–1945.* Bd. 5. München 1977.)
– and S. B. Saul: *The Development of the Economies of Continental Europe 1850–1914.* Cambridge, Mass. 1977.
– *The Economic Development of Continental Europe 1780–1870.* London 1973.

Minchinton, W. E., ed.: *The Growth of English Overseas Trade in the Seventeenth and Eighteenth Centuries.* London 1969.
Mitchell, A.: *The German Influence in France after 1870: The Formation of the French Republic.* Chapel Hill, N.C. 1979.
– *Victors and Vanquished: The German Influence on Army and Church in France after 1870.* Chapel Hill, N.C. 1984.
Mitchell, B. R.: *European Historical Statistics 1750–1970.* London 1975.
Mitchell, D. W.: *A History of Russian and Soviet Sea Power.* New York 1974.
Modelski, G.: »The Long Cycle of Global Politics and the Nation-State«, *Comparative Studies in Society and History* 20 (1978).
Mommsen, W. J., and L. Kettenacker, eds.: *The Fascist Challenge and the Policy of Appeasement.* London 1983.
Monger, G. L.: *The End of Isolation: British Foreign Policy 1900–1907.* London 1963.
Morazé, C.: »Finance et despotisme, essai sur les despotes éclairés«, *Annales* 3 (1948).
Moreland, W. H.: *From Akbar to Aurangzeb: A Study in Indian Economic History.* London 1923.
Moreton, E., and G. Segal, eds.: *Soviet Strategy Toward Western Europe.* London 1984.
Morgan, K. O.: *Labour in Power 1945–1951.* Oxford 1984.
Morgan, R.: *The United States and West Germany 1945–1973.* London 1974.
Mori, G.: »The Genesis of Italian Industrialization«, *Journal of European Economic History* 4 (1975).
– »The Process of Industrialization in Italy: Some Suggestions, Problems and Questions«, *Journal of European Economic History* 8 (1979).
Morison, S. E.: *History of the United States Naval Operations,* vol. X, *The Atlantic Battle Won.* Boston, Mass. 1956.
Morley, J. W., ed.: *Dilemmas of Growth in Prewar Japan.* Princeton, N.J. 1971.
– ed.: *The Fateful Choice: Japan's Advance into Southeast Asia, 1939–1941.* New York 1980.
– ed.: *The Pacific Basin.* New York 1986.
Morris, M. D.: »Values as an Obstacle to Growth in South Asia«, *Journal of Economic History* 27 (1967).
Mortimer, R. A.: *The Third World Coalition in International Politics.* New York 1980.
Morton, E., and G. Segal, eds.: *Soviet Strategy Toward Western Europe.* London 1984.
Mosse, W. E.: *Alexander II. and the Modernization of Russia.* New York 1962 edn.

– *The European Powers and the German Question 1848–1870.* Cambridge 1958.
– *The Rise and Fall of the Crimean System 1855–1871.* London 1963.
Mousnier, R.: »L'Évolution des finances publiques en France et en Angleterre pendant les guerres de la Ligue d'Augsburg et de la Succession d'Espagne«, *Revue Historique* 44 (1951).
Mowat, C. L., ed.: *New Cambridge Modern History,* vol. XII (rev. ed.), *The Shifting Balance of World Forces.* Cambridge 1968.
Munro, D. G.: *Intervention and Dollar Diplomacy in the Caribbean 1900–1921.* Princeton, N.J. 1964.
Munting, R.: *The Economic Development of the USSR.* London 1982.
Murphy, B.: *A History of the British Economy.* London 1973.
Murray, W.: »German Air Power and the Munich Crisis«, *War and Society* 1 (1976).
– *Luftwaffe.* Baltimore, Md. 1985.
– »Munich, 1938: The Military Confrontation«, *Journal of Strategic Studies* 2 (1979).
– *The Change in the European Balance of Power, 1938–1939.* Princeton, N.J. 1984.
Mysyrowics, L.: *Autopsie d'une Défaite: Origines de l'effrondrement militaire français de 1940.* Lausanne 1973.

Neal, L.: »Interpreting Power and Profit in Economic History: A Case Study of the Seven Years War«, *Journal of Economic History* 37 (1977).
Needham, J.: *Science and Civilization in China,* vol. IV, *Civil Engineering and Nautics.* Cambridge 1971.
– (dt. bisher: *Wissenschaft und Zivilisation in China.* Bd. 1. Frankfurt 1988.)
– *The Development of Iron and Steel Technology in China.* London 1958.
– *The Grand Titration. Science and Society in East and West.* London 1969.
Nef, J. U.: *War and Human Progress.* New York 1968.
Neidpath, J.: *The Singapore Naval Base and the Defense of Britain's Eastern Empire 1919–1941.* Oxford 1981.
Neilson, K.: »Watching the ›Steamroller‹: British Observers and the Russian Army Before 1914«, *Journal of Strategic Studies* 8 (1985).
Nettl, J. P.: *The Soviet Achievement.* London 1967.
Nicholls, A. J.: *Weimar and the Rise of Hitler.* London 1979 edn.
Nicolson, H. G.: *The Congress of Vienna.* London 1946.
Niedhart, G.: »Appeasement: Die britische Antwort auf die Krise des Weltreichs und des internationalen Systems vor dem Zweiten Weltkrieg«, *Historische Zeitschrift* 226 (1978).

– *Handel und Krieg in der britischen Weltpolitik 1738–1763*. München 1979.
Niemeyer, J.: *Das österreichische Militärwesen im Umbruch*. Osnabrück 1979.
Nipperdey, T.: *Deutsche Geschichte 1800–1866*. München 1983.
Nish, I.: *Japan's Foreign Policy, 1869–1942*. London 1978.
– *The Anglo-Japanese Alliance*. London 1966.
– *The Origins of the Russo-Japanese War*. London 1985.
Nitze, P.: »The Development of NSC-68«, *International Security* 5 (1980).
Nobutaka, I., ed.: *Japan's Decision for War*. Stanford, Calif. 1967.
Norman, E. H.: *Japan's Emergence as a Modern State*. New York 1940.
North, D. C., and R. P. Thomas: *The Rise of the Western World*. Cambridge 1973.
North, R. C.: *Moscow and the Chinese Communists*. Stanford, Calif. 1953.
Northedge, F. S., and A. Wells: *Britain and Soviet Communism: The Impact of a Revolution*. London 1982.
– *The Troubled Giant: Britain Among the Great Powers*. London 1966.
Nove, A.: *An Economic History of the USSR*. Harmondsworth, Mddsx. 1969.
– (dt.: *Das sowjetische Wirtschaftssystem*. Baden-Baden 1980.)

O'Brien, P.: *British Financial and Fiscal Policy in the Wars Against France, 1793–1815*. Oxford 1984.
– and C. Keydor: *Economic Growth in Britain and France 1780–1914*. London 1978.
O'Day, A., ed.: *The Edwardian Age*. London 1979.
Offner, A.: *American Appeasement, United States Foreign Policy and Germany 1933–1938*. Cambridge, Mass. 1969.
Ohkawa, K., and H. Rosovsky: *Japanese Economic Growth*. Stanford, Calif. 1973.
– and M. Shinohara, eds.: *Patterns of Japanese Economic Development*. New Haven, Conn. 1979.
Okamoto, S.: *The Japanese Oligarchy and the Russo-Japanese War*. New York 1970.
Olsen, E. A.: *U.S.-Japan Strategic Reciprocity: A Neo-Internationalist View*. Stanford, Calif. 1985.
Oman, C.: *A History of the Art of War in the Middle Ages*, 2 vols. London 1924.
– *A History of the Art of War in the Sixteenth Century*. London 1937.
O'Neill, W.: *Coming Apart*. New York 1971.
Orde, A.: *Britain and International Security 1920–1926*. London 1978.

Osgood, R. E.: *NATO: The Entangling Alliance*. Chicago 1962.
Ovendale, R.: *Appeasement and the English-Speaking World*. Cardiff 1975.
Overholt, W. H., ed.: *Asia's Nuclear Future*. Boulder, Col. 1977.
Overy, R. J.: »Hitler's War and the German Economy: A Reinterpretation«, *Economic History Review* 35 (1982).
– *The Air War, 1939–1945*. New York 1980.
– *The Nazi Economic Recovery 1932–1938*. London 1982.
Owen, R., and R. Sutcliffe, eds.: *Studies in the Theory of Imperialism*. London 1972.
Oye, K. A., et al., eds.: *Eagle Defiant: United States Foreign Policy in the 1980s*. Boston 1983.
– et al., eds.: *Eagle Entangled: U.S. Foreign Policy in a Complex World*. New York 1979.

Padfield, P.: *Guns at Sea*. London 1973.
– *The Battleship Era*. London 1972.
– *Tide of Empires: Decisive Naval Campaigns in the Rise of the West*, 2 vols. London 1979, 1982.
Palmer, A.: *Napoleon in Russia*. New York 1967.
Palmer, B.: *The 25-Year War: America's Military Role in Vietnam*. New York 1984.
Pares, R.: »American versus Continental Warfare 1739–1763«, *English Historical Review* 51 (1936).
– *War and Trade in the West Indies 1739–1763*. Oxford 1936.
Paret, P.: *Yorck and the Era of Prussian Reform*. Princeton, N.J. 1961.
Parish, P. J.: *The American Civil War*. New York 1975.
Parker, G.: *Europe in Crisis 1598–1648*. London 1979.
– (dt.: *Der Dreißigjährige Krieg*. Frankfurt 1987.)
– *Spain and the Netherlands 1559–1659*. London 1979.
– *The Army of Flanders and the Spanish Road 1567–1659: The Logistics of Spanish Victory and Defeat in the Low Countries War*. Cambridge 1972.
– *The Dutch Revolt*. London 1977.
Parker, R. A. C.: »Great Britain, France and the Ethiopian Crisis 1935–1936«, *English Historical Review* 89 (1974).
Parodi, M.: *L'économie et la société française de 1945 a 1970*. Paris 1971.
Parry, J. H.: *The Age of Reconnaissance*, 2nd edn. London 1966.
– *The Establishment of the European Hegemony 1415–1715*, 3rd edn. New York 1966.
– *Trade and Dominion: The European Overseas Empire in the Eighteenth Century*. London 1971.

Patterson, A. T.: *The Other Armada: The Franco-Spanish Attempt to Invade Britain in 1779.* Manchester 1960.
Peacock, A. T., and J. Wiseman: *The Growth of Public Expenditure in the United Kingdom.* London 1967 edn.
Peden, G. C.: *British Rearmament and the Treasury 1932–1939.* Edinburgh 1979.
Pedroncini, G.: *Les mutineries de 1917.* Paris 1967.
Pelz, S. E.: *Race to Pearl Harbor.* Cambridge, Mass. 1974.
Pemsel, H.: *Atlas of Naval Warfare.* London 1977.
– (dt. zu dem Thema: *Biographisches Lexikon zur Seekriegsgeschichte von der Antike bis zur Gegenwart. Admirale.* Koblenz 1985.)
Pericoli, U., and M. Glover: *1815. The Armies at Waterloo.* London 1973.
Perkins, B.: *Prologue to War: England and the United States 1805–1812.* Berkeley, Calif. 1961.
– *The Great Rapprochement.* New York 1969.
Perkins, D. H., ed.: *China's Modern Economy in Historical Perspective.* Stanford, Calif. 1975.
Petersdorff, H. von, Hg.: *Bismarck: Die gesammelten Werke,* Bd. 13, Berlin 1930.
Petersen, E. N.: *The Limits of Hitler's Power.* Princeton, N.J. 1969.
Petersen, P. A., and J. G. Hines: »The Conventional Offensive in Soviet Theater Strategy«, *Orbis* 27 (1983).
Pflanze, O.: *Bismarck and the Development of Germany: The Period of Unification 1815–1871.* Princeton, N.J. 1963.
– (dt. zu dem Thema: *Innenpolitische Probleme des Bismarck-Reiches.* München 1983.)
Pierre, A. J.: *Nuclear Politics: The British Experience with an Independent Strategic Nuclear Force, 1939–1970.* London 1972.
– ed.: *Nuclear Weapons in Europe.* New York 1984.
Pigasse, J. P.: *Le bouclier d'Europe.* Paris 1982.
Pintner, W.: »Inflation in Russia During the Crimean War Period«, *American Slavic and East European Review* 18 (1959).
Pitt, B.: *1918 – The Last Act.* New York 1962.
Pivka, O. von: *Navies of the Napoleonic Era.* Newton Abbott 1980.
Plesur, M.: *America's Outward Thrust: Approaches to Foreign Affairs 1865–1890.* DeKalb, Ill. 1971.
Polisensky, J. V.: *The Thirty Years War.* London 1971.
– (dt.: *Der Krieg und die Gesellschaft in Europa 1618–1648.* Wien 1971.)
Pollard, S.: *Peaceful Conquest: The Industrialization of Europe 1760–1970.* Oxford 1981.
– (dt. erw.: *Europa im Zeitalter der Industrialisierung. Eine Wirtschaftsgeschichte Europas 1750–1980.* Göttingen 1988.)
– *The Wasting of the British Economy.* London 1982.

Polmar, N.: *Soviet Naval Developments, 1982*, 4th edn. Annapolis, Md. 1981.

Polonsky, A.: *The Great Powers and the Polish Question 1941–1945*. London 1976.

Porch, D.: *The March to the Marne: The French Army 1871–1914*. Cambridge 1981.

Porter, B.: *Britain, Europe and the World, 1850–1982: Delusions of Grandeur*. London 1983.

– *The Lion's Share: A Short History of British Imperialism 1850–1970*. London 1976.

Posen, B. R.: *The Sources of Military Doctrine: France, Britain and Germany Between the World Wars*. Ithaca, N.Y. 1984.

Postan, M. M.: *An Economic History of Western Europe, 1945–1964*. London 1967.

Potichny, P. T., ed.: *The Ukraine in the Seventies*. Oakville, Ont. 1982.

Potter, E. B., ed.: *Sea Power: A Naval History*. Annapolis, Md. 1981.

Potter, G. R., ed.: *The New Cambridge Modern History*, vol. I, *The Renaissance 1493–1520*. Cambridge 1961.

Pounds, N. J. G.: *An Historical Geography of Europe 1500–1840*. Cambridge 1979.

– and S. S. Ball: »Core Areas and the Development of the European States System«, *Annals of the Association of American Geographers* 54 (1964).

Powers, T.: *The War at Home: Vietnam and the American People, 1964–1968*. New York 1973.

– *Thinking About Nuclear Weapons*. New York 1983.

Prados, J.: *The Soviet Estimate: U.S. Intelligence Analysis and Russian Military Strength*. New York 1982.

Pratt, L. R.: *East of Malta, West of Suez: Britain's Mediterranean Crisis*. London 1975.

Presseisen, E. L.: *Amiens and Munich: Comparisons in Appeasement*. Den Haag 1978.

Preston, A., ed.: *General Staffs and Diplomacy Before the Second World War*. London 1978.

Preston, R. A., S. F. Wise, and H. O. Werner: *Men in Arms*. London 1962.

Price, R.: *The Economic Modernization of France*. London 1975.

Prins, G., ed.: *The Nuclear Crisis Reader*. New York 1984.

Qaisar, A. J.: *The Indian Response to European Technology and Culture, A.D. 1498–1707*. Delhi 1982.

Quester, G.: *Nuclear Proliferation: Breaking the Chain*. Madison, Wi. 1981.

Quimby, R. S.: *The Background of Napoleonic Warfare.* New York 1957.

Quinn, D. B., and A. N. Ryan: *England's Sea Empire, 1550–1642.* London 1983.

Radice, L.: *Prelude to Appeasement: East Central European Diplomacy in the Early 1930s.* New York 1981.

Raeff, M.: *Imperial Russia 1682–1825.* New York 1971.

Ragsdale, H.: *Détente in the Napoleonic Era: Bonaparte and the Russians.* Lawrence, Kan. 1980.

Rahman, H.: »British Post-Second World War Military Planning for the Middle East«, *Journal of Strategic Studies* 5 (1982).

Ramsay, J. F.: *Anglo-French Relations 1763–1770: A Study of Choiseul's Foreign Policy.* Berkeley, Calif. 1939.

Ranke, L. von: *Die großen Mächte,* Leipzig 1917.

Ransom, R. L., et al., eds.: *Explorations in the New Economic History.* New York 1982.

Ranum, O., ed.: *National Consciousness, History and Political Culture in Early Modern Europe.* Baltimore 1975.

Rapp, R. T.: »The Unmaking of the Mediterranean Trade Hegemony«, *Journal of Economic History* 35 (1975).

Rappaport, A.: *Henry L. Stimson and Japan, 1931–1933.* Chicago 1963.

Rasler, K. A., and W. R. Thompson: »Global Wars, Public Debts, and the Long Cycle«, *World Politics* 35 (1983).

Rath, R. J.: *The Fall of the Napoleonic Kingdom of Italy.* New York 1941.

Raulff, H.: *Zwischen Machtpolitik und Imperialismus: Die deutsche Frankreichpolitik 1904–1905.* Düsseldorf 1976.

Reamington, R. A.: *The Warsaw Pact.* Cambridge, Mass. 1971.

Redlich, F.: »Contributions in the Thirty Years War«, *Economic History Review* 12 (1959).

– *The German Military Enterpriser and His Work Force,* 2 vols. Wiesbaden 1964.

Rees, D.: *Korea: The Limited War.* New York 1966.

Regla, J.: »Spain and Her Empire«, *New Cambridge Modern History,* vol. V. Cambridge 1961.

Reinhard, W.: *Geschichte der europäischen Expansion,* Bd. I. Stuttgart 1983.

Les Relations franco-allemandes 1933–1939. Paris 1976.

Les Relations franco-britanniques 1935–1939. Paris 1975.

Reynolds, C. G.: *Command of the Sea: The History and Strategy of Maritime Empires.* New York 1974.

– »Imperial Japan's Continental Strategy«, *U.S. Naval Institute Proceedings* 109 (1983).

Reynolds, D.: *The Creation of the Anglo-American Alliance, 1937–1961*. London 1981.

Rich, N.: *Friedrich von Holstein*, 2 vols. Cambridge 1965.

– *Hitler's War Aims*, 2 vols. London 1973–1974.

– *Why the Crimean War?: A Cautionary Tale*. Hanover, N.H. 1985.

Richardson, H. W.: *Economic Recovery in Britain, 1932–1939*. London 1967.

Richmond, H.: *Statesmen and Sea Power*. Oxford 1946.

Riley, J. C.: *International Government Finance and the Amsterdam Capital Market 1740–1815*. Cambridge 1980.

Ritter, G.: *The Schlieffen Plan*. New York 1958.

– *The Sword and the Scepter*, 4 vols. London 1975.

– (dt.: *Staatskunst und Kriegshandwerk. Das Problem des »Militarismus« in Deutschland*. 4 Bde. München 1964–1973.)

Ritter, M.: »Das Kontributionssystem Wallensteins«, *Historische Zeitschrift* 90 (1902).

Robbins, K.: *Munich, 1938*. London 1968.

Roberts, J. M.: *The Pelican History of the World*. Harmondsworth, Mddsx. 1980.

Roberts, M.: *Essays in Swedish History*. London 1967.

– *Gustavus Adolphus and the Rise of Sweden*. London 1973.

– *Gustavus Adolphus*, 2 vols. London 1958.

– *Splendid Isolation 1763–1780*. Stenton Lecture, Reading 1970.

– *The Swedish Imperial Experience 1560–1718*. Cambridge 1979.

Robertson, E. M., ed.: *The Origins of the Second World War*. London 1971.

Robertson, R. M.: *History of American Economy*. New York 1975 edn.

Robinson, R., J. Gallagher, and A. Denny: *Africa and the Victorians: The Official Mind of Imperialism*, 2nd edn. London 1982.

Rodger, A. B.: *The War of the Second Coaliton, 1798–1801*. Oxford 1964.

Rogge, H.: *Russia in the Age of Modernization and Revolution 1881–1917*. London 1983.

Rohe, K., Hg.: *Die Westmächte und das Dritte Reich 1933–1939*. Paderborn 1982.

Röhl, J. C. G.: »A Document of 1892 on Germany, Prussia, and Poland«, *Historical Journal* 7 (1964).

– and N. Sombart, eds.: *Kaiser Wilhelm II.: New Interpretations*. Cambridge 1982.

– (dt. zu dem Thema: *Kaiser, Hof und Staat. Wilhelm II. und die deutsche Politik*. München 1988.)

Roider, K. A.: *Austria's Eastern Question 1700–1790*. Princeton, N.J. 1982.

Rolfe, S.: *The International Corporation*. Paris 1969.

– (dt. zu dem Thema: *Die Multinationale Unternehmung. Direktinvestitionen diesseits und jenseits des Atlantik*. Baden-Baden 1971.)

Ropp, T.: *The Development of a Modern Navy: French Naval Policy 1871–1904*. Annapolis, Md. 1987.

– *War in the Modern World*. Durham, N.C. 1959.

Ropponen, R.: *Die Kraft Rußlands: Wie beurteilte die politische und militärische Führung der europäischen Großmächte in der Zeit von 1905 bis 1914 die Kraft Rußlands?* Helsinki 1968.

Rosecrance, R., ed.: *America as an Ordinary Power*, Ithaca, N.Y. 1976.

– *The Rise of the Trading State*. New York 1985.

– (dt.: *Der neue Handelsstaat. Herausforderungen für Politik und Wirtschaft*. Frankfurt 1987.)

Rosenberg, D. A.: »A Smoking Radiating Ruin at the End of Two Hours: Documents on American Plans for Nuclear War with the Soviet Union, 1954–1955«, *International Security* 6 (1981–1982).

– »American Atomic Strategy and the Hydrogen Bomb Decision«, *Journal of American History* 66 (1979).

– »The Origins of Overkill: Nuclear Weapons and American Strategy, 1945–1960«, *International Security* 7 (1983).

Rosenberg, H.: *Bureaucracy, Aristocracy and Autocracy: The Prussian Experience 1660–1815*. Cambridge, Mass. 1958.

Roseveare, H.: *The Treasury: The Evolution of a British Institution*. London 1969.

Rosinski, H.: »The Role of Sea Power in the Global Warfare of the Future«, *Brassey's Naval Annual* (1947).

Roskill, S. W.: *Naval Policy Between the Wars*, vol. II. London 1976.

– *The War at Sea*, 3 vols. London 1954–1961.

Ross, G.: *The Great Powers and the Decline of the European States System 1914–1945*. London 1983.

Ross, S. T.: *European Diplomatic History 1789–1815: France Against Europe*. Malabar, Fla. 1981 reprint.

– *Quest for Victory: French Military Strategy 1792–1799*. London 1973.

Rostow, N.: *Anglo-French Relations 1934–1936*. London 1984.

Rostow, W. W.: *The Process of Economic Growth*, 2nd edn. Oxford 1960.

– *The World Economy: History and Prospect*. Austin, Tex., 1978.

Rothenberg, G. E., B. K. Kiraly, and P. F. Sugar, eds.: *East Central European Society and War in the Pre-Revolutionary Eighteenth Century*. New York 1982.

– *Napoleon's Great Adversaries: The Archduke Charles and the Austrian Army 1792–1814*. London 1982.

– *The Army of Francis Joseph*. West Lafayette, Ind. 1976.

– *The Art of Warfare in the Age of Napoleon*. Bloomington, Indiana 1978.

Rothstein, R. L.: *The Third World and U.S. Foreign Policy*. Boulder, Col. 1981.
– *The Weak in the World of the Strong: The Developing Countries in the International System*. New York 1977.
Rothwell, V.: *Britain and the Cold War 1941–1947*. London 1982.
Rowen, H. S.: »Living with a Sick Bear«, *The National Interest* 2 (1985–1986).
Rowland, B. M., ed.: *Balance of Power or Hegemony: The Inter-War Monetary System*. New York 1976.
Rowley, A.: *Évolution économique de la France de milieu du XIXe siècle à 1914*. Paris 1982.
Rubin, B.: *Paved with Good Intentions: The United States and Iran*. New York 1980.
Rudé, G.: *Paris and London in the Eighteenth Century: Studies in Popular Protest*. New York 1971.
– *Revolutionary Europe 1783–1815*. London 1964.
Rudney, R. S.: »Mitterrand's New Atlanticism: Evolving French Attitudes Toward NATO«, *Orbis* 28 (1984).
Rupieper, H.: *The Cuno Government and Reparations, 1922–1923*. London 1979.
Rusinov, D.: *The Yugoslav Experiment 1948–1974*. London 1977.
Russell, C., ed.: *The Origins of the English Civil War*. London 1973.
Russett, B.: »America's Continuing Strengths«, *International Organization* 39 (1985).
– »Defense Expenditures and National Well-being«, *American Political Science Review* 76 (1982).
Ryder, A. J.: *The German Revolution of 1918*. Cambridge 1967.
Rywkin, M.: *Moscow's Muslim Challenge*. New York 1982.

Sachar, H. M.: *Europe Leaves the Middle East 1936–1954*. London 1972.
Sadkovich, J. J.: »Minerals, Weapons and Warfare: Italy's Failure in World War II«, *Storia contemporanea*, forthcoming.
Salewski, M.: *Die deutsche Seekriegsleitung 1935–1945*, 3 Bde. Frankfurt 1970–1975.
Salisbury, H.: *The Coming War Between Russia and China*. London 1969.
Salmon, J. M. H.: *Society in Crisis: France in the Sixteenth Century*. London 1975.
Samhaber, E.: *Merchants Make History*. London 1963.
Sansom, G. B.: *A History of Japan*, 3 vols. London 1958–1966.
– *The Western World and Japan*. London 1950.
Saul, S. B.: *Studies in British Overseas Trade 1870–1914*. Liverpool 1960.

Saunders, H.: *The Middle East Problem in the 1980s.* Washington, D.C. 1981.
Sauvy, A.: *Histoire économique de la France entre les deux guerres,* 2 vols. Paris 1965–1967.
Savelle, M.: *Empires to Nations: Expansion in America, 1713–1824.* Minneapolis 1974.
Savory, R.: *His Britannic Majesty's Army in Germany During the Seven Years War.* Oxford 1966.
Sayous, A.: »Le rôle d'Amsterdam dans l'histoire du capitalisme commercial et financier«, *Revue Historique* 183 (1938).
Scalapino, R. A., ed.: *The Foreign Policy of Modern Japan.* Berkeley, Calif. 1977.
Scammell, G. V.: *The World Encompassed: The First European Maritime Empires, c. 800–1650.* Berkeley, Calif. 1981.
Schaller, M.: *The American Occupation of Japan: The Origins of the Cold War in Asia.* New York 1985.
Schell, J.: *The Fate of the Earth.* New York 1982.
– (dt.: *Das Schicksal der Erde. Gefahr und Folgen eines Atomkrieges.* München 1984.)
Schell, O.: *To Get Rich Is Glorious: China in the 80s.* New York 1985.
– (dt.: *Lieber reich als gleich. Das neue Bewußtsein der Chinesen.* Berlin 1986.)
Schilling, W. R., et al.: *Strategy, Politics, and Defense Budgets.* New York 1962.
Schmidt, G.: *England in der Krise: Grundzüge und Grundlagen der britischen Appeasement-Politik, 1930–1937.* Opladen 1981.
– »Wozu noch politische Geschichte?«, *Aus Politik und Zeitgeschichte* B17 (1975).
Schmidt, H.: *Eine Strategie für den Westen.* Berlin 1986.
Schmitt, B. E., and H. C. Vedeler: *The World in the Crucible 1914–1919.* New York 1984.
Schooner, D. M.: *Soviet Economy in a Time of Change.* Washington, D.C. 1979.
Schreiber, G., et al., Hg.: *Das Deutsche Reich und der Zweite Weltkrieg,* Bd. III, *Der Mittelmeerraum und Südosteuropa.* Stuttgart 1984.
– *Revisionismus und Weltmachtstreben.* Stuttgart 1978.
Schroeder, P. W.: *Austria, Britain and the Crimean War: The Destruction of the European Concert.* Ithaca, N.Y. 1972.
– »Munich and the British Tradition«, *Historical Journal* (1976).
– »The Lost Intermediaries: The Impact of 1870 on the European System«, *International History Review* 6 (1984).
– »World War I as a Galloping Gertie«, *Journal of Modern History* 44 (1972).

Schulin, E., Hg.: *Gedenkschrift Martin Göhring: Studien zur europäischen Geschichte.* Wiesbaden 1968.

Schulte, B. F.: *Die deutsche Armee.* Düsseldorf 1977.

Schulzinger, R. D.: *American Diplomacy in the Twentieth Century.* New York 1984.

Schumpeter, E. B.: »English Prices and Public Finance, 1660–1822«, *Review of Economic Statistics* 20 (1938).

Schwartz, T.: »The Case of German Rearmament: Alliance Crisis in the ›Golden Age‹«, *The Fletcher Forum* (1984).

Scott, H. M.: »British Foreign Policy in the Age of the American Revolution«, *International History Review* 6 (1984).

– »The Importance of Bourbon Naval Reconstruction to the Strategy of Choiseul after the Seven Years War«, *International History Review* 1 (1979).

Scott, W. R.: *The Constitution and Finance of English, Scottish and Irish Joint Stock Companies to 1720,* 3 vols. Cambridge 1912.

Seabury, P.: »International Policy and National Defense«, *Journal of Contemporary Studies* (1983).

Searle, G. R.: *The Quest for National Efficiency: A Study in British Politics and British Political Thought, 1899–1914.* Oxford 1971.

Seaton, A.: *The Crimean War: A Russian Chronicle.* London 1977.

– *The German Army 1933–1945.* London 1982.

– *The Russian Army of the Crimea.* Reading, Berkshire 1973.

– *The Russo-German War 1941–1945.* London 1971.

Segal, G., ed.: *The China Factor: Peking and the Superpowers.* London 1982.

– *The Soviet Union in East Asia.* Boulder, Col. 1983.

– and W. Tow, eds.: *Chinese Defense Policy.* London 1984.

– *Defending China.* London 1985.

– »Defense Culture and Sino-Soviet Relations«, *Journal of Strategic History* 8 (1985).

– *The Great Power Triangle.* London 1982.

Servan-Schreiber, J. J.: *The American Challenge.* Harmondsworth, Mddsx. 1969 edn.

Seton-Watson, C.: *Italy from Liberalism to Fascism.* London 1967.

Seton-Watson, R. W.: *The Russian Empire 1801–1917.* Oxford 1967.

Shaw, A. G. L., ed.: *Great Britain and the Colonies 1815–1865.* London 1970.

Shay, R. P.: *British Rearmament in the Thirties: Politics and Profits.* Princeton, N.J. 1977.

Shennan, J. H.: *The Origins of the Modern European State 1450–1725.* London 1974.

Sherman, A. J.: »German-Jewish Bankers in World Politics: The Finan-

cing of the Russo-Japanese War«, *Leo Baeck Institute Yearbook* 28 (1983).
Sherwig, J. M.: *Guineas and Gunpowder: British Foreign Aid in the Wars with France 1793–1815*. Cambridge, Mass. 1969.
Sherwin, M. J.: *A World Destroyed: The Atomic Bomb and the Grand Alliance*. New York 1975.
Shiba, Y.: *Commerce and Society in Sung China*. Ann Arbor, Mich. 1970.
Showalter, D.: *Railroads and Rifles: Soldiers, Technology and the Unification of Germany*. Hamden, Conn. 1975.
Shuker, S. A.: *The End of French Predominance in Europe: The Financial Crisis of 1924 and the Adoption of the Dawes Plan*. Chapel Hill, N.C. 1976.
Shulman, M. D.: *Stalin's Foreign Policy Reappraised*. New York 1969.
Sick, G.: *All Fall Down: America's Tragic Encounter with Iran*. New York 1985.
Sidorov, A. L.: *The Economic Position of Russia During the First World War*. Moscow 1973.
Siegelbaum, L. H.: *The Politics of Industrial Mobilization in Russia, 1914–1917*. New York 1984.
Silberling, N. J.: »Financial and Monetary Policy of Great Britain During the Napoleonic Wars«, *Quarterly Journal of Economics* 38 (1923–1924).
Silverman, D. P.: *Reconstructing Europe After the Great War*. Cambridge, Mass. 1982.
Simmons, R. R.: *The Strained Alliance*. New York 1975.
Skalweit, A.: *Die deutsche Kriegsnährungswirtschaft*. Berlin 1927.
Sked, A., ed.: *Europe's Balance of Power 1815–1848*. London 1979.
– *The Survival of the Habsburg Empire: Radetsky, the Imperial Army and the Class War, 1848*. London 1979.
Slessor, J.: *Strategy for the West*. London 1954.
Smith, D. M.: »National Interest and American Intervention, 1917: An Historical Appraisal«, *Journal of American History* 52 (1965).
– *The Great Departure: The United States and World War I, 1914–1920*. New York 1965.
Smith, G.: *Morality, Reason and Power: American Diplomacy in the Carter Years*. New York 1986.
Smith, M., et al.: *Asia's New Industrial World*. London 1985.
– *British Air Strategy Between the Wars*. Oxford 1984.
Smith, T.: *Political Change and Modern Development in Japan: Government Enterprise 1868–1880*. Stanford, Calif. 1955.
– *The Pattern of Imperialism: The United States, Great Britain and the Late-Industrializing World Since 1815*. Cambridge 1981.

Snyder, J.: *The Ideology of the Offensive*. Ithaca, N.Y. 1984.
Snyder, J. C., and S. F. Wells, eds.: *Limiting Nuclear Proliferation*. Cambridge, Mass. 1985.
Solomon, R. H., ed.: *The China Factor: Sino-American Relations and the Global Scene*. Englewood Cliffs, N.J. 1981.
Sombart, W.: *Krieg und Kapitalismus*. München 1913.
Sontag, R. J.: *A Broken World, 1919–1939*. New York 1971.
Spanier, J. W.: *American Foreign Policy Since World War II*. London 1972 edn.
Spector, R. H.: *Eagle Against the Sun: The American War with Japan*. New York 1985.
Speer, A.: *Erinnerungen*. Berlin 1969.
Spiers, E. M.: *The Army and Society 1815–1914*. London 1980.
Sprout, H., and M. Sprout: *The Rise of American Naval Power, 1776–1918*. Princeton, N.J. 1946 edn.
Spulber, N.: *The State and Economic Development in Eastern Europe*. New York 1966.
Stares, P.: »The Modernization of the French Strategic Nuclear Force«, *Journal of the Royal United Services Institute for Defence Studies* 125 (1980).
Starr, H.: *Henry Kissinger: Perceptions of International Politics*. Lexington, Ky. 1982.
State of World Economy, The. Cambridge, Mass. 1982.
Stavrianos, L. S.: *Global Rift: The Third World Comes of Age*. New York 1981.
Steel, R.: *Pax Americana*. New York 1977.
Steele, J.: *Soviet Power*. New York 1984.
Steinberg, J.: »The Copenhagen Complex«, *Journal of Contemporary History* 1 (1966).
Steinbrunner, D. D., and L. V. Segal, eds.: *Alliance Security: NATO and the No-First-Use Question*. Washington, D.C. 1983.
Steiner, Z. S.: *Britain and the Origins of the First World War*. London 1977.
– *The Foreign Office and Foreign Policy 1898–1914*. Cambridge 1969.
Stella, D.: *Crisis and Continuity: The Economy of Spanish Lombardy in the Seventeenth Century*. Cambridge, Mass. 1979.
Stenographische Berichte über die Verhandlungen des Reichstags, 10. Legislaturperiode, I. Sitzung (1898–1900), Bd. IV, 119. Sitzung, vom 11. 12. 1899.
Stoakes, G.: *Hitler and the Quest for World Dominion: Nazi Ideology and Foreign Policy in the 1920s*. Leamington Spa 1986.
Stockholm International Peace Research Institute: *The Arms Race and Arms Control*. London 1982.

Stoessinger, J. G.: *Nations in Darkness: China, Russia and America.* New York 1978.
Stokesbury, J. L.: *A Short History of World War I.* New York 1981.
Stone, L.: *The Causes of the English Revolution 1529–1642.* London 1972.
Stone, N.: *Europe Transformed 1878–1919.* London 1983.
– *The Eastern Front 1914–1917.* London 1975.
Stork-Penning, J. G.: »The Ordeal of the States: Some Remarks on Dutch Politics During the War of the Spanish Succession«, *Acta Historiae Neerlandica* 2 (1967).
Storry, R.: *A History of Modern Japan.* Harmondsworth, Mddsx. 1982 edn.
– *Japan and the Decline of the West in Asia 1894–1943.* London 1979.
Stoye, J. W.: *Europe Unfolding 1648–1688.* London 1969.
– *The Siege of Vienna.* London 1964.
Strachan, H.: *European Armies and the Conduct of War.* London 1983.
– *Wellington's Legacy: The Reform of the British Army, 1830–1854.* Manchester 1984.
Stradling, R. A.: »Catastrophe and Recovery: The Defeat of Spain 1639–1643«, *History* 64 (1979).
– *Europe and the Decline of Spain: A Study of the Spanish System, 1580–1720.* London 1981.
Strengthening Conventional Deterrence in Europe: Proposals for the 1980s. New York 1983.
Storde, D. L.: »Arms Control and Sino-Soviet Relations«, *Orbis* 28 (1984).
Stueck, W. W.: *The Road to Confrontation.* Chapel Hill, North Carolina 1981.
Sullivan, L.: »A New Approach to Burden-Sharing«, *Foreign Policy* 60 (1985).
Summers, H. G.: *On Strategy: A Critical Analysis of the Vietnam War.* New York 1972.
Sumner, B. H.: *Peter the Great and the Emergence of Russia.* London 1940.
– *Russia and the Balkans 1870–1880.* London 1937.
Sutter, R.: *China Watch: Toward Sino-American Reconciliation.* Baltimore 1978.
Svennilson, I.: *Growth and Stagnation in the European Economy.* Genf 1954.
Symcox, G.: *The Crisis of French Sea Power 1689–1697.* Den Haag 1974.
Syrett, D.: *Shipping and the American War 1775–1783.* London 1970.
Szamuely, T.: *The Russian Tradition.* London 1974.

Taagepera, R.: »Growth Curves of Empires«, *General Systems* 13 (1968).
– »Size and Duration of Empires: Systematics of Size«, *Social Science Research* 7 (1978).
Taborsky, E.: *Communist Penetration of the Third World.* New York 1963.
Talbott, S.: *Deadly Gambits: The Reagan Administration and the Stalemate in Nuclear Arms Control.* New York 1984.
Tamborra, A.: »The Rise of Italian Industry and the Balkans«, *Journal of European Economic History* 3 (1974).
Taubman, W.: *Stalin's American Policy: From Entente do Détente to Cold War.* New York 1982.
Taylor, A. J. P.: *The Origins of the Second World War.* Harmondsworth, Mddsx. 1964 edn.
– *The Struggle for Mastery in Europe 1848–1918.* Oxford 1954.
– *The Trouble-Makers: Dissent over Foreign Policy, 1789–1939.* London 1969 edn.
Taylor, J.: *Shadows of the Rising Sun: A Critical View of the »Japanese Miracle«.* New York 1984.
Taylor, R.: *The Sino-Japanese Axis.* New York 1985.
Taylor, T.: *Munich: The Price of Peace.* New York 1979.
Teichova, A.: *An Economic Background to Munich.* Cambridge 1974.
Thies, J.: *Architekt der Weltherrschaft: Die »Endziele« Hitlers.* Düsseldorf 1976.
Thiry, J.: *La Guerre d'Espagne.* Paris 1966.
Thomas, H.: *History of the World.* New York 1979 edn.
– (dt.: *Geschichte der Welt.* München 1987.)
Thompson, E. P.: *Zero Option.* London 1982.
– and D. Smith, eds.: *Protest and Survive.* Harmondsworth, Mddsx. 1980.
Thompson, I. A. A.: *War and Government in Habsburg Spain 1560–1620.* London 1976.
Thompson, J. W.: *Italian Civil and Military Aircraft 1930–1935.* Fallbrook, Calif. 1963.
Thompson, D.: *Europe Since Napoleon.* Harmondsworth, Mddsx. 1966 edn.
– *The Aims of History.* London 1969.
Thorne, C.: *The Issue of War: States, Societies, and the Far Eastern Conflict of 1941–1945.* London 1985.
– *The Limits of Foreign Policy: The West, the League and the Far Eastern Crisis of 1931–1933.* London 1972.
Thornton, A. P.: *The Imperial Idea and Its Enemies.* London 1966.
Thornton, R. C.: *The Bear and the Dragon.* New York 1972.

Thucydides: *The Peleponnesian War.* Harmondsworth, Mddsx. 1954 edn.
– (dt.: *Geschichte des Peloponnesischen Krieges.* München 1976.)
Thurow, L.: *The Zero-Sum Society.* New York 1980.
– (dt.: *Die Null-Summen-Gesellschaft. Einkommensverteilung und Möglichkeiten wirtschaftlichen Wandels.* München 1981.)
Tilly, C., ed.: *The Formation of the National States in Western Europe.* Princeton, N.J. 1975.
Toby, R. P.: *State and Diplomacy in Early Modern Japan.* Princeton, N.J. 1984.
Tocqueville, A. de: *Democracy in America,* 2 vols. New York 1945 edn.
– (dt.: *Über die Demokratie in Amerika.* 2 Bde. Zürich 1987.)
Tokes, R. L.: *Euro-Communism and Détente.* New York 1978.
Toland, J.: *No Man's Land: The Story of 1918.* London 1980.
Tomlinson, B. R.: »The Contraction of England: National Decline and the Loss of Empire«, *Journal of Imperial and Commonwealth History* 11 (1982).
– *The Political Economy of the Raj 1914–1947.* Cambridge 1979.
Towle, P.: »The European Balance of Power in 1914«, *Army Quarterly and Defense Journal* 104 (1974).
Toynbee, A. J., and F. T. Ashton-Gwatkin, eds.: *The World in 1939.* London 1952.
Trachtenberg, M.: *Reparation in World Politics: France and European Diplomacy 1916–1923.* New York 1980.
Trask, D. F.: *The War with Spain in 1898.* New York 1981.
Trebilcock, C.: *The Industrialization of the Continental Powers 1780–1914.* London 1981.
Treverton, G. F.: *Marking the Alliance Work: The United States and Europe.* Ithaca, N.Y. 1985.
Tuchman, B. W.: *Stilwell and the American Experience in China.* New York 1971.
– (dt.: *Sand gegen den Wind. General Stilwell und die amerikanische Politik in China 1911–1945.* Frankfurt 1988.)
Tucker, N. B.: *Patterns in the Dust: Chinese-American Relations and the Recognition Controversy 1949–1950.* New York 1983.
Tucker, R. W.: »Swollen State, Spent Society: Stalin's Legacy to Brezhnev's Russia«, *Foreign Affairs* 60 (1981–1982).
– *The Purposes of American Power.* New York 1981.
Tunstall, B.: *William Pitt, Earl of Chatham.* London 1938.
Turner, L. C. F.: *Origins of the First World War.* London 1970.

Ulam, A.: *Dangerous Relations: The Soviet Union in World Politics 1970–1982.* New York 1983.

– *Expansion and Coexistence: The History of Soviet Foreign Policy 1917–1973.* New York 1974.

Ungar, S. J., ed.: *Estrangement: America and the World.* New York 1985.

van der Wee, H.: »Monetary, Credit and Banking Systems«, *The Cambridge Economic History of Europe,* vol. V. Cambridge 1977.

Van Ness, P.: *Revolution and Chinese Foreign Policy.* Berkeley, Calif. 1971.

Varg, P. A.: *Missionaries, Chinese, and Diplomats … 1890–1952.* Princeton, N.J. 1952.

Vatter, H. G.: *The Drive to Industrial Maturity: The U.S. Economy, 1860–1914.* Westport, Conn. 1975 edn.

Vernadsky, G.: *The Tsardom of Muscovy, 1547–1682.* New Haven, Conn. 1969.

Viljoen, S.: *Economic Systems in World History.* London 1974.

Völkerbund: *World Economic Survey.* Genf 1945.

Vogel, B.: *Deutsche Rußlandpolitik, 1900–1906.* Düsseldorf 1973.

Vogel, E. F.: *Japan as Number One: Lessons for America.* New York 1980 edn.

– »Pax Nipponica?«, *Foreign Affairs* 64 (1986).

Volcker, K.-H.: *Die deutsche Luftwaffe 1933–1939.* Stuttgart 1967.

Wagenführ, R.: *Die deutsche Industrie im Kriege 1939–1945.* Berlin 1963.

Waite, R. A. L.: *Vanguard of Nazism: The Free Corps Movement in Postwar Germany.* Cambridge, Mass. 1952.

Waites, N., ed.: *Troubled Neighbours: Franco-British Relations in the Twentieth Century.* London 1971.

Walden, P.: *The Short Victorious War: A History of the Russo-Japanese War, 1904–1905.* New York 1974.

Walker, G. J.: *Spanish Politics and Imperial Trade 1700–1789.* Bloomington, Ind. 1979.

Waller, B.: *Bismarck at the Crossroads: The Reorientation of German Foreign Policy After the Congress of Berlin 1878–1880.* London 1974.

Wallerstein, I.: *The Modern World System,* 2 vols. to date. London 1974, 1980.

– (dt.: *Das moderne Weltsystem. Kapitalistische Landwirtschaft und die Entstehung der europäischen Weltwirtschaft im 16. Jahrhundert.* Frankfurt 1986.)

Waltz, K.: *Man, the State and War.* New York 1959.

Waltz, K. N.: »Toward Nuclear Peace«, Wilson Center, International Security Studies, Working Paper 16.

Wandycz, P.: *France and Her Eastern Allies 1919–1925.* Minneapolis 1962.
– *The Twilight of the French Eastern Alliances, 1926–1936,* forthcoming.
Wangermann, E.: *The Austrian Achievement.* New York 1973.
Waters, A.: *Britain's Industrial Renaissance.* London 1986.
Watson, M. S.: *Chief of Staff: Pre-War Plans and Preparations.* Washington, D.C. 1950.
Watt, D. C.: *Too Serious a Business: European Armed Forces and the Approach of the Second World War.* London 1975.
Webber, C., and A. Wildavsky: *A History of Taxation and Expenditure in the Western World.* New York 1986.
Weber, E.: *The Nationalist Revival in France, 1905–1916.* Berkeley, Calif. 1959.
Webster, C. K.: *The Foreign Policy of Castlereagh, 1812–1815: Britain and the Reconstruction of Europe.* London 1931.
Wedgewood, C. V.: *The Thirty Years War.* London 1964 edn.
– (dt.: *Der Dreißigjährige Krieg.* Bergisch-Gladbach 1977.)
Wegs, J. R.: *Europe Since 1945,* 2nd edn. New York 1984.
Wehler, H.-U.: *Bismarck und der Imperialismus.* Köln 1969.
Weigley, R. F.: *History of the United States Army.* Bloomington, Ind. 1984 edn.
– *The American Way of War: A History of the United States Military Strategy and Policy.* Bloomington, Ind. 1977 edn.
Weinberg, G.: *The Foreign Policy of Hitler's Germany,* 2 vols. Chicago 1970, 1980.
Weinberger, C.: *Report of the Secretary of Defense Caspar W. Weinberger to the Congress on Fiscal Year 1984 Budget.* Washington, D.C. 1983.
– »U.S. Defense Strategy«, Foreign Affairs 64 (1986).
Weller, J.: *Wellington in the Peninsula.* London 1962.
Wells, S. F.: »Sounding the Tocsin: NSC-68 and the Soviet Threat«, *International Security* 4 (1979).
Wendt, B. J.: »Freihandel und Friedenssicherung: Zur Bedeutung des Cobden-Vertrags von 1860 zwischen England und Frankreich«, *Vierteljahresschrift für Sozial- und Wirtschaftsgeschichte* 61 (1974).
Wernham, R. B.: *Before the Armada: The Growth of English Foreign Policy 1485–1588.* London 1966.
– *The Making of Elizabethan Foreign Policy 1588–1603.* Berkeley, Calif. 1980.
Wesson, R. G.: *State Systems: International Relations: Politics and Culture.* New York 1978.
Westwood, J. N.: *Russia Against Japan, 1904–1905: A New Look at the Russo-Japanese War.* London 1986.

Whelan, J. G.: *World Communism, 1967–1969: Soviet Attempts to Reestablish Control.* Washington, D.C. 1970.

Whetten, L. L.: *Germany's Ostpolitik.* London 1971.

– »The Mediterranean Threat«, *Survival* 8 (1980).

White, J. A.: *The Diplomacy of the Russo-Japanese War.* Princeton, N.J. 1964.

Whittam, J.: *The Politics of the Italian Army 1861–1918.* London 1977.

Wight, M.: *Power Politics.* Harmondsworth, Mddsx. 1979.

Wildman, A. K.: *The End of the Russian Imperial Army.* Princeton, N.J. 1980.

Wilkinson, E.: *Misunderstanding: Europe versus Japan.* Tokio 1981.

Williams, E. N.: *The Ancien Régime in Europe 1648–1789.* Harmondsworth, Mddsx. 1979 edn.

Williams, G.: *The Expansion of Europe in the Eighteenth Century.* London 1966.

Williams, J.: *The Home Fronts: Britain, France and Germany, 1914–1918.* London 1972.

Williams, J. B.: *British Commercial Policy and Trade Expansion 1750–1850.* Oxford 1972.

Williams, P.: *The Tudor Regime.* Oxford 1979.

Williams, W. A.: *The Roots of the Modern American Empire.* New York 1969.

Willmott, H. P.: *Empires in the Balance.* Annapolis, Md. 1982.

Wilson, A. M.: *French Foreign Policy During the Administration of Cardinal Fleury.* Cambridge, Mass. 1936.

Wilson, C. H., ed.: *Economic History and the Historian: Collected Essays.* London 1969.

– *Anglo-Dutch Commerce and Finance in the Eighteenth Century.* Cambridge 1966 reprint.

– *The Dutch Republic and the Civilization of the Seventeenth Century.* London 1968.

– *The Transformation of Europe 1558–1648.* London 1976.

Wimbush, W. E., ed.: *Soviet Nationalities in Strategic Perspective.* New York 1985.

Windelband, W.: *Bismarck und die europäischen Großmächte 1878–1885.* Essen 1940.

Windsor, P.: *German Reunification.* London 1969.

Winter, J. M., ed.: *War and Economic Development.* Cambridge 1975.

Wittek, P.: *The Rise of the Ottoman Empire.* London 1938.

Wittram, R.: *Peter I. Czar und Kaiser,* 2 Bde. Göttingen 1964.

Wolf, A.: *A History of Science, Technology and Philosophy in the Sixteenth and Seventeenth Centuries.* New York 1935.

Wolf, J. B.: *Louis XIV.* London 1968.

– *The Emergence of the Great Powers 1685–1715.* New York 1951.
– *Toward a European Balance of Power 1620–1715.* Chicago 1970.
Wolfe, M.: *The Fiscal System of Renaissance France.* New Haven, Conn. 1972.
Wolfe, T.: *Soviet Power and Europe, 1945–1970.* Baltimore, Md. 1970.
Wolfers, A.: *Britain and France Between Two Wars.* New York 1966 edn.
Woodruff, W.: *America's Impact on the World: A Study of the Role of the United States in the World Economy 1750–1970.* New York 1973.
– *Impact of Western Man: A Study of Europe's Role in the World Economy 1750–1960.* New York 1967.
Woods, J. (pseudonym): »The Royal Navy Since World War II«, *U.S. Naval Institute Proceedings* 108 (1982).
Woodward, D. R.: *Lloyd George and the Generals.* Newark, N.J. 1983.
Wright, G.: *The Ordeal of Total War, 1939–1945.* New York 1968.
Wright, Q.: *A Study of War.* Chicago 1942.

Yahuda, M. B.: *China's Role in World Affairs.* New York 1978.
Yang, L.-S.: *Money and Credit in China.* Cambridge, Mass. 1952.
Yardley, H.: *The American Black Chamber.* New York 1931.
Yonosuke, N., and A. Iriye, eds.: *The Origins of the Cold War in Asia.* New York 1977.
Yost, D. S.: *France and Conventional Defense in Central Europe.* Boulder, Col. 1985.
– »France's Deterrent Posture«, *Adelphi Papers* 194 and 195 (1985).
Young, J. W.: *Britain, France and the Unity of Europe 1945–1951.* Leicester 1984.
Young, L. K.: *British Policy in China 1895–1902.* Oxford 1970.
Young, R. J.: *In Command of France: French Foreign Policy and Military Planning 1933–1940.* Cambridge, Mass. 1978.

Ziemke, E. F.: *Stalingrad to Berlin: The German Defeat in the East 1942–1945.* Washington, D.C. 1968.
Zuckerman, S.: *Nuclear Illusion and Reality.* London 1982.

Register

Saarland 472
Sadat, Anwar 587

Karten

Tabellen und Graphiken

Graphiken

Danksagung

Was immer die Schwächen dieses Buches sein mögen, sie wären weit größer gewesen ohne die großmütige Hilfe von Freunden. J. R. Jones und Gordon Lee gingen das ganze Manuskript durch und wurden nie müde, auf Klärung ihrer Nachfragen zu dringen. Mein Kollege Jonathan Spence unternahm es (ich fürchte mit nur teilweisem Erfolg), die kulturellen Grundannahmen zu zügeln, die in den ersten beiden Kapiteln auftauchten. John Elliott ermutigte mich sehr beim Abfassen des 2. Kapitels, obwohl es sich hier offensichtlich nicht um »mein Gebiet« handelte. Paddy O'Brian und John Bosher bemühten sich sehr, meine Kommentare zum Finanzwesen des achtzehnten Jahrhunderts in Großbritannien und Frankreich etwas weniger krude zu machen. Nick Rizopoulos und Michael Mandelbaum nahmen nicht nur die späteren Kapitel unter die Lupe, sondern luden mich auch ein, meine Ideen bei einer Folge von Konferenzen im Lehrman-Institut in New York vorzustellen. Sehr viele Wissenschaftler haben mich über verschiedene Themen aus dem Buch sprechen hören, und sie haben mir mit weiteren Anregungen, Hinweisen, mit sehr notwendiger Kritik und mit Ermutigung geholfen.

Die Bibliotheken und Bibliothekare an den Universitäten von East Anglia und Yale waren mir eine große Stütze. Mein Doktorand Kevin Smith hat mir bei der Suche nach historischen Statistiken geholfen. Mein Sohn Jim Kennedy hat die Karten vorbereitet. Sheila Klein und Sue McClain retteten mich mit Schreibmaschine und Word Processor, und Maarten Pereboom half mir bei der Bibliographie. Ich bin für die nie erlahmende Unterstützung und Ermutigung meines literarischen Agenten Bruce Hunter außerordentlich dankbar. Jason Epstein war ein fester und geduldiger Lektor, der mich immer wieder an den Durchschnittsleser erinnerte – und auch früher als der Autor selbst erkannte, wie anspruchsvoll und anstrengend es sein würde, mit einer Thematik dieser Spannweite umzugehen.

Meine Familie hat mir Unterstützung und, was noch wichtiger war, heitere Ablenkung gegeben. Dieses Buch ist meiner Frau gewidmet, der ich so viel schulde.

Paul Kennedy
Hamden, Connecticut